A dictionary of Russian Verbs

E. Daum · W. Schenk

A dictionary
of Russian Verbs

Bases of inflection · *Aspects*
Regimen · *Stressing* · *Meanings*

With an essay on the syntax and semantics
of the verb in present-day Russian
by Professor RUDOLF RŮŽIČKA

HIPPOCRENE
BOOKS, INC.

New York, N. Y.

In addition to the authors, the following collaborators worked on the English
meanings of the verbs: G. Baurley, R. Männel, B. G. Rubalski, G. Sosnin.
The paper "On the syntax and semantics of the verb in present-day Russian"
was translated from the German by H. Pollanka.

HIPPOCRENE BOOKS, INC.
171 Madison Avenue
New York, N. Y. 100016

Library of Congress Catalog Card Number 76–17455
ISBN 0–88254–420–9

© VEB Verlag Enzyklopädie Leipzig, 1983
Second Edition
Cover design by Ursula Küster, Leipzig
Printed in the German Democratic Republic

Preface

Experience teaches that for the beginner, the conjugation of the Russian verb, its syntactic regimen, and its stressing presents considerable difficulty. The aspects, too, in all their variety of meaning, are not immediately obvious. A reliable and easy-to-use reference work on the inflected forms, syntactic regimen, and aspects of the Russian verbs requires no further justification.

In our work, approximately 20,000 verbs have been carefully checked against the most up-to-date sources of information, not least the 17-volume dictionary of modern literary Russian (Словарь современного русского литературного языка), the 4-volume Словарь русского языка, both published by the Institute of Linguistic Sciences of the Academy of Sciences of the USSR, and the stressing and pronouncing dictionary (Русское литературное произношение и ударение) by R. I. Avanesov and S. I. Ozhegov. Great help was accorded us by the Moscow Soviet Encyclopaedia Publishing House, which checked the inflected forms of all our verbs. The stylistic level was determined on the basis of present-day usage.

In view of the important part played by the verb in determining the syntactic structure of the sentence, it seemed appropriate to include a paper by Professor Růžička on the relationship between the sense of the verb and the syntax.

We would like to express our heartfelt thanks to all those whose assistance has contributed to our book, and in particular to the staff of the Soviet Encyclopaedia Publishing House and to Frau Regina Männel and Mr George Baurley, both of Leipzig. We are further indebted to Mr Baurley for his assistance in cases of doubt regarding the English meanings.

We trust that everyone with an interest in the Russian language, and not least school and university students, will find in our book a useful tool.

E. Daum   *W. Schenk*

Contents

How to use this book

1. Alphabetical order. All the verbs are entered in the alphabetical order of their infinitive form, which appears in bold type.

2. Aspect. The aspect of a verb is indicated by the use of *perf* and *imperf*. In the case of perfective/imperfective verb pairs it is usually the entry for the perfective verb that lists the inflected forms (or the reference to the conjugation type), syntactic regimen, and English equivalent.

> **нагноить** *perf* **1.** что *or* чего   rot
> **2.** что fester ‖ *imperf* нагна́ивать 1 a
> *ft.*   нагною́, -ои́шь, -оя́т
> *imp.*   нагно́й, ∼те
> *pt.*   нагнои́л
> *g.pt.a.*   нагнои́в
> *p.pt.a.*   нагнои́вший
> *p.pt.p.*   нагноённый; нагноён, -ена́

The entry for the imperfective verb then simply refers the user to the perfective verb entry.

> **нагна́ивать** *imperf of* нагнои́ть

In a number of prefixless imperfective verbs one or more prefixes in round brackets follows the English equivalent. Sometimes more than one meaning is identified by the use of arabic numerals. The prefixes are then followed by *with* 1, *with* 2, etc., indicated that, with the meaning given in the entry for 1, 2, etc., the corresponding perfective verb is to be regarded for all practical purposes as the perfective twin of the imperfective entry even though the two verbs do not strictly speaking constitute a perfective/imperfective pair

> **му́сорить** *imperf* cover with rubbish. — (на-)
> **ме́рить** *imperf* кого-что **1.** measure **2.** try on. — (по- *with* 2)
> **точи́ть** *imperf* что **1.** sharpen, whet; grind; strop **2.** *tech* turn out on a lathe, shape on a lathe **3.** *1st and 2nd pers not used* eat [gnaw] away; corrode **4.** *1st and 2nd pers not used fig* gnaw, prey upon, wear out. — (вы- *with* 2, на- *with* 1)

3. Conjugation types. The inflected forms of verbs of the productive classes are shown in conjugation patterns (see p. 10). An exception is made in the case of productive verbs ending in -ить, for which no conjugation pattern is given because they present certain difficulties with their change of consonant and frequent shift of stress. In the case of reflexive verbs that immediately follow the non-reflexive verb no inflected forms are given and no reference is made to a conjugation type: to form a reflexive verb it is only necessary to add -ся (-сь after a vowel) to the non-reflexive forms. It should be noted that the formation of the reflexive gerund in -в automatically incorporates infixed -ши-.

добить *perf* кого-что **1.** kill, finish **2.** break up *a chipped cup etc.* ‖ *imperf* добивать 2a

ft.	добью, добьёшь, добьют
imp.	добей, ~те
pt.	добил
g.pt.a.	добив
p.pt.a.	добивший
p.pt.p.	добитый

торопить *imperf* **1.** кого-что hurry, hasten, urge on; кого-что с чем hurry (for), press (for) **2.** что precipitate, expedite. — (по- *with* 1)

pr.	тороплю, -опишь, -опят
imp.	торопи, ~те
pt.	торопил
g.pr.a.	торопя
p.pr.a.	торопящий
p.pr.a.	торопивший
p.pr.p.	торопимый*

добиться *perf* чего get, obtain ‖ *imperf* добиваться supply:

ft.	добьюсь, добьёшься, добьются
imp.	добейся, -ейтесь
pt.	добился, -лась
g.pt.a.	добившись
p.pt.a.	добившийся

торопиться *imperf with infinitive* с чем *or without object* be in a hurry, hasten. — (по-) supply:

pr.	тороплюсь, -опишься, -опятся
imp.	торопись, -итесь
pt.	торопился, -ласъ
g.pt.a.	торопясь
p.pr.a.	торопящийся
p.pt.a.	торопившийся

4. The listing of the basic forms. In the *present tense* (of the imperfective) and the *future* (of the perfective) the first and second person singular and the third person plural is given, thus:

> **беречь** *imperf*: берегу, -ежёшь, -егут
> **поглядеть** *perf*: погляжу, -ядишь, -ядят

Where, for semantic reasons, the first person is not in use, the second person singular and the third person plural is given. Similarly, if the first and second persons are semantically excluded from use, the third person singular and plural is given. Impersonal verbs appear in the third person singular of the present and the past.

> **теплиться** *imperf*: теплится, -лятся
> **спаться** *imperf impers*: спится; спалось

The formation of the future tense of imperfective verbs, from the future of быть and the infinitive of the imperfective verb in question, presents no difficulties and is not indicated.
In general, the *imperative form* of verbs marked *1st and 2nd person not used* is not given. Variant forms of the imperative are given throughout.

> **испортить** *perf*: испорти, ~те *and coll*
> испорть, ~те

If the masculine form only of the *past tense* is given, the other past forms can be derived regularly, thus: from делал (supply: делала, делало, делали). Any irregularly formed past forms are expressly given, the stress indicated for the last form to appear applying equally to whatever forms are not given, thus:

вёз, везла́ (supply: везло́, везли́)
взял, взяла́, взя́ло (supply: взя́ли)
рва́лся, рвала́сь, рва́лось (supply: рва́-
ли́сь)

Variants of the *gerundial forms* are given:

стере́в *and* стёрши

As a rule, passive participles are only formed from transitive verbs. The short form of the *present passive participle* is not given, being formed regularly from the long form: from ви́деть: ви́димый (supply: ви́дим, ~а, ~о, ~ы). If the long form of the *past passive participle* can be stressed in two ways, both possibilities are indicated, e.g. на-по́енный *and* напоённый. If the stressing of the short form does not vary from that of the long form, the short form is not supplied: сде́ланный (supply: сде́лан, сде́лана, сде́лано, сде́ланы). All unusual stressings of the short form are given, the stress indicated for the last form given applying equally to all unlisted forms, as in напоён, -ена́ (supply: напоено́, напоены́).
In some cases the reference to the aspectual twin follows the sign ‖, either with the number of the conjugation type or, where this does not apply, with the note "forms ib.", indicating that the basic forms of inflection are to be found under the entry for the twin.

5. Regimen. Syntactic regimen is shown by the use of Russian pronouns as follows: кого́-что for the Accusative, кого́-чего́ for the Genitive, кому́-чему́ for the Dative, кем-чем for the Instrumental, and о ком-чём for the Prepositional. If the verb is associated with a particular preposition, this is indicated: — от кого́-чего́, с кем-чем etc.

6. The meanings of the verbs in English. English meanings have been fairly liberally supplied. Senses that are to all intents and purposes synonymous, given as a succinct clue to the sense to be conveyed by an otherwise ambiguous English word, are separated by a comma, greater differences in shades of meaning by a semicolon. Disparate meanings are listed under different arabic numerals. As far as it has proved necessary and practical, further help in determining the sense of a word has been given by means of a marker in italics, or in the form of a short explanation or definition, also in italics.

7. Stress. Stress is shown by means of an accent on the vowel of the stressed syllable. If there are two possible ways of stressing a word, two accents are printed.

8. The use of symbols. The hyphen (-) is employed to indicate the omission of part of the preceding word. The swung dash (~) stands for the preceding word in its entirety. Rare verbs and individual forms are marked with an asterisk (*).

Conjugation types

In the following conjugation types, separate patterns are given for perfective and imperfective forms, which ensures the rapid and accurate location of the required form. Any form that varies from the pattern is expressly listed in the dictionary entry. Special patterns for the reflexive verbs have not been given as they are regularly formed from their non-reflexive counterparts by adding the reflexive particle -ся (after a vowel -сь), see p. 7, Conjugation types.

Reflexive verb forms whose stressing departs from that of the non-reflexive forms appear in the body of the dictionary, thus:

> сорвáть *perf*: сорвáл, -алá, -áло
> сорвáться *perf*: сорвáлся, -алáсь, -áлóсь

In the elaboration of the conjugation patterns the stress as well as the inflexion was taken into account, with the result that the conjugation patterns for the verbs in -ать (-ять), -овать and -нуть divide into pairs according to the stress pattern. In these cases it should be noted that, if the verb is stressed on the final syllable, the stress of the past passive participle regularly moves back one syllable. Exceptions are noted in the dictionary entry.

Verbs ending in -ать, -ять

1 сдéлать *perf*

ft.	сдéлаю, -аешь, -ают
imp.	сдéлай, ～те
pt.	сдéлал
g.pt.a.	сдéлав
p.pt.a.	сдéлавший
p.pt.p.	сдéланный; сдéлан, ～а, ～о, ～ы

1а дéлать *imperf*

pr.	дéлаю, -аешь, -ают
imp.	дéлай, ～те
ft.	бýду дéлать
pt.	дéлал
g.pr.a.	дéлая
p.pr.a.	дéлающий
p.pt.a.	дéлавший
p.pr.p.	дéлаемый; дéлаем, ～а, ～о, ～ы

2 разломáть *perf*

ft.	разломáю, -áешь, -áют
imp.	разломáй, ～те
pt.	разломáл
g.pt.a.	разломáв
p.pt.a.	разломáвший
p.pt.p.	разлóманный; разлóман, ～а, ～о, ～ы

2а ломáть *imperf*

pr.	ломáю, -áешь, -áют
imp.	ломáй, ～те
ft.	бýду ломáть
pt.	ломáл
g.pr.a.	ломáя
p.pr.a.	ломáющий
p.pt.a.	ломáвший
p.pr.p.	ломáемый; ломáем, ～а, ～о, ～ы

Verbs ending in -еть

3 побелéть *perf*

ft.	побелéю, -éешь, -éют
imp.	побелéй, ~те
pt.	побелéл
g.pt.a.	побелéв
p.pt.a.	побелéвший

3a белéть *imperf*

pr.	белéю, -éешь, -éют
imp.	белéй, ~те
ft.	бýду белéть
pt.	белéл
g.pr.a.	белéя
p.pr.a.	белéющий
p.pt.a.	белéвший

No special pattern has been drawn up for verbs ending in -еть without final stress as they are comparatively rare. They maintain the stressing of the infinitive in all forms and inflect like the final-stressed verbs to whose conjugation type reference is made.

Verbs ending in -овать

4 посовéтовать *perf*

ft.	посовéтую, -уешь, -уют
imp.	посовéтуй, ~те
pt.	посовéтовал
g.pt.a.	посовéтовав
p.pt.a.	посовéтовавший
p.pt.p.	посовéтованный; посовéтован, ~а, ~о, ~ы

4a совéтовать *imperf*

pr.	совéтую, -уешь, -уют
imp.	совéтуй, ~те
ft.	бýду совéтовать
pt.	совéтовал
g.pr.a.	совéтуя
p.pr.a.	совéтующий
p.pt.a.	совéтовавший
p.pr.p.	совéтуемый; совéтуем, ~а, ~о, ~ы

5 застрахова́ть *perf*

ft.	застрахýю, -ýешь, -ýют
imp.	застрахýй, ~те
pt.	застрахова́л
g.pt.a.	застрахова́в
p.pt.a.	застрахова́вший
p.pt.p.	застрахóванный; застрахóван, ~а, ~о, ~ы

5a страхова́ть *imperf*

pr.	страхýю, -ýешь, -ýют
imp.	страхýй, ~те
ft.	бýду страхова́ть
pt.	страхова́л
g.pr.a.	страхýя
p.pr.a.	страхýющий
p.pt.a.	страхова́вший
p.pr.p.	страхýемый; страхýем, ~а, ~о, ~ы

Verbs ending in -нуть

6 аýкнуть *perf*

ft.	аýкну, -нешь, -нут
imp.	аýкни, ~те
pt.	аýкнул
g.pt.a.	аýкнув
p.pt.a.	аýкнувший

7 столкнýть *perf*

ft.	столкнý, -нёшь, -нýт
imp.	столкни́, ~те
pt.	столкнýл
g.pt.a.	столкнýв
p.pt.a.	столкнýвший
p.pt.p.	стóлкнутый; стóлкнут, ~а, ~о, ~ы

All verbs ending in -нуть with a suffixless form in the past are given in full in the dictionary.

Abbreviations used in the dictionary

a.	also	*ling*	linguistics
agr	agriculture	*math*	mathematics
arch	architecture	*med*	medicine
av	aviation	*mil*	military
biol	biology	*min*	mining
bot	botany	*mus*	music
cf.	compare	*naut*	nautical
chem	chemistry	*obs*	obsolete
coll	colloquial	*perf*	perfective (aspect)
contp	contemptuous	*pers*	person
def	definite	*phot*	photography
derog	derogatory	*phys*	physics
dressm	dressmaking	*pl*	plural
econ	economics	*poet*	poetic
e. g.	for example	*pol*	politics
el	electricity	*p.pr.a.(p.)*	present active (passive) participle
elev	elevated style		
etc.	and so on	*p.pt.a.(p.)*	past active (passive) participle
fig	figurative	*pr.*	present tense
fin	finance	*print*	printing
freq	frequentative, iterative	*pt.*	past tense
ft.	future tense	*reg*	regional
geol	geology	*rel*	religion, ecclesiastical
g.pr.a.	present tense gerund	*s.*	see
g.pt.a.	past tense gerund	*semelf*	semelfactive, momentary
gram	grammar	*sg*	singular
hist	history	*smb*	somebody
ib.	ibidem	*smth*	something
i. e.	that is	*sub*	substandard
imp.	imperative	*tech*	technical
imperf	imperfective (aspect)	*text*	textile industry
impers	impersonal	*theat*	theatre
indef	indefinite	*tr*	transitive verb
intr	intransitive verb	*usu*	usually
iron	ironical	*ven*	venery
joc	jocular	*wrl*	wireless
leg	legislation	*zool*	zoology

The Russian verbs

A

абони́ровать 4 *and* 4а *perf, imperf* что *obs* take , have on order *a periodical publication*

абони́роваться *perf, imperf* на что *obs* take, have on order *a periodical publication*

абсорби́ровать 4 *and* 4а *perf, imperf* что absorb

абсорби́роваться *perf, imperf* be absorbed

абстраги́ровать 4 *and* 4а *perf, imperf* что abstract

абстраги́роваться *perf, imperf* от чего disengage oneself (from)

аванси́ровать 4 *and* 4а *perf, imperf* кого-что advance *money*

автоматизи́ровать 4 *and* 4а *perf, imperf* что automatize, automate

автоматизи́роваться *perf, imperf* be automated

авторизова́ть 5 *and* 5а *perf, imperf* что authorize

агити́ровать 4а *imperf* **1.** campaign, agitate **2.** кого-что persuade. — (с- *with* 2)

агонизи́ровать 4а *imperf* be in agony

агони́ровать 4а *imperf* be in agony

адапти́ровать 4 *and* 4а *perf, imperf* что adapt

администри́ровать 4а *imperf* administer

адресова́ть 5 *and* 5а *perf, imperf* что кому́ address (to), direct (to)

адресова́ться *perf, imperf* куда́ *or* к кому́ address oneself (to)

адсорби́ровать 4 *and* 4а *perf, imperf* что adsorb

аза́ртничать 1а *imperf coll* grow heated, get excited

а́кать 1а *imperf* pronounce unstressed "о" as "а"

акклиматизи́ровать 4 *and* 4а *perf, imperf* кого-что acclimatize

акклиматизи́роваться *perf, imperf* acclimatize oneself

аккомпани́ровать 4а *imperf* кому́-чему́ на чём *mus* accompany

аккредитова́ть 5 *and* 5а *perf, imperf* кого-что accredit

аккумули́ровать 4а *imperf* что accumulate

p.pt.p.   аккумули́рованный

активизи́ровать 4 *and* 4а *perf, imperf* кого-что make more active, stir up

активизи́роваться *perf, imperf* liven up

активи́ровать 4 *and* 4а *perf, imperf* что activate

акти́ровать 4 *and* 4а *perf, imperf* что certify presence (*or* absence)

акценти́ровать 4 *and* 4а *perf, imperf* что accent, accentuate

акцентова́ть 5 *and* 5а *perf, imperf* что accent, accentuate

але́ть 3а *imperf* **1.** *1st and 2nd pers not used* show red **2.** turn scarlet [red]; glow. — (по- *with* 2)

алка́ть *imperf* чего́ *bookish obs* crave (for), hunger (for). — (вз-)

pr.	а́лчу, а́лчешь, а́лчут *and* алка́ю, -а́ешь, -а́ют
imp.	алка́й, ~те
pt.	алка́л
g.pr.a.	алка́я *and* а́лча
p.pr.a.	а́лчущий *and* алка́ющий
p.pt.a.	алка́вший

амальгами́ровать 4 *and* 4а *perf, imperf* что *chem* amalgamate

амнисти́ровать 4 *and* 4а *perf, imperf* кого-что amnesty

амортизи́ровать 4 *and* 4а *perf, imperf* что amortize

ампути́ровать 4 *and* 4а *perf, imperf* что amputate

аму́риться *imperf* с кем-чем *coll obs* spoon

pr.	аму́рюсь, -ришься, -рятся
imp.	аму́рься, -рьтесь
pt.	аму́рился, -лась
g.pr.a.	аму́рясь
p.pr.a.	аму́рящийся
p.pt.a.	аму́рившийся

амурничать 1а *imperf* с кем-чем *sub obs* flirt, gallivant

анализировать 4 *and* 4а *perf, imperf* что analyse

анатомировать 4 *and* 4а *perf, imperf* кого-что anatomize

ангажировать 4 *and* 4а *perf, impef* кого-что *obs* engage

анестезировать 4 *and* 4а *perf, imperf* что *med* anesthetize

аннексировать 4 *and* 4а *perf, imperf* annex

аннотировать 4 *and* 4а *perf, imperf* что annotate

аннулировать 4 *and* 4а *perf, imperf* что annul

анонсировать 4 *and* 4а *perf, imperf* что *or* о чём *bookish* announce

апеллировать 4 *and* 4а *perf, imperf* **1.** *leg* appeal **2.** к кому-чему invoke, appeal (to)

аплодировать 4а *imperf* кому-чему applaud, cheer

апперципировать 4 *and* 4а *perf, imperf* что perceive

аппретировать 4 *and* 4а *perf, imperf* что dress

апробировать 4 *and* 4а *perf, imperf* что *bookish* approve

аранжировать 4 *and* 4а *perf, imperf* что *mus* arrange

аргументировать 4 *and* 4а *perf, imperf* что advance arguments (for), give reasons (for)

арендовать 5 *and* 5а *perf, imperf* что rent, lease, have a lease (on)

арестовать 5 (*and* 5а) *perf* (*and obs imperf*) кого-что arrest ‖ *imperf a.* арестовывать 1а

арестовывать *imperf of* арестовать

армировать 4 *and* 4а *perf, imperf* что *tech* reinforce

артачиться *imperf coll* **1.** *of horse* jib, be restive **2.** be obstinate, kick

pr.	артачусь, -чишься, -чатся
imp.	артачься, -чьтесь
pt.	артачился, -лась

g.pr.a.	артачась
p.pr.a.	артачащийся
p.pt.a.	артачившийся

артикулировать 4а *imperf* что articulate

ассигновать 5 *and* 5а *perf, imperf* что на что assign (to, for); allocate (to)

ассигновывать 1а *imperf* что на что assign (to, for); allocate (to)

ассимилировать 4 *and* 4а *perf, imperf* кого-что assimilate

ассимилироваться *perf, imperf* assimilate

ассистировать 4а *imperf* кому *or without object* assist

ассоциировать 4 *and* 4а *perf, imperf* что *or* что с чем associate (with)

ассоциироваться *perf, imperf* с кем-чем associate (with)

асфальтировать 4 *and* 4а *perf, imperf* что asphalt, lay with asphalt

атаковать 5 *and* 5а *perf, imperf* кого-что attack

атаманствовать 4а *imperf* be in command

атрофироваться 4 *and* 4а, *1st and 2nd pers not used, perf, imperf bookish* atrophy

аттестовать 5 *and* 5а *perf, imperf* кого-что recommend

атукать 1а *imperf* halloo *to hounds* ‖ *perf semelf* атукнуть 6

атукнуть *perf semelf of* атукать

аукать 1а *imperf coll* halloo *in the forest* ‖ *perf semelf* аукнуть 6

аукаться *imperf coll* halloo to each other ‖ *perf semelf* аукнуться

аукнуть(ся) *perf semelf of* аукать(ся)

афишировать 4 *and* 4а *perf, imperf* что *bookish* parade; make a show (of)

аффектировать 4а *imperf* что *or without object* assume an appearance (of)

аффинировать 4 *and* 4а *perf, imperf* что *tech* refine

ахать *imperf of* ахнуть

ахнуть 6 *perf and semelf* **1.** *coll* groan, lament **2.** кого-что *sub* deal *smb* a blow **3.** *sub* roar ‖ *imperf* ахать 1а

Б

ба́бничать 1 a *imperf* **1.** *sub* be prissy, be effeminate **2.** *sub* be a ladies' man, be a ladykiller **3.** *obs* be a midwife

ба́грить *imperf* кого́-что spear *fish*, fish with a gaff
pr.	ба́грю, -ришь, -рят
imp.	ба́гри, ~те
pt.	ба́грил
g.pr.a.	ба́гря
p.pr.a.	ба́грящий
p.pt.a.	ба́гривший
p.pr.p.	ба́гримый
p.pt.p.	ба́гренный

багри́ть *imperf* кого́-что redden, make red. — (о-)
pr.	багрю́, -ри́шь, -ря́т
imp.	багри́, ~те
pt.	багри́л
g.pr.a.	багря́
p.pr.a.	багря́щий
p.pt.a.	багри́вший
p.pr.p.	багри́мый
p.pt.p.	багрённый; багрён, -ена́

багрове́ть 3 a *imperf* redden, go red, flush. — (по-)

бази́ровать 4 a *imperf* что на чём found *a thing* on

бази́роваться *imperf* **1.** на чём be based on, rest on **2.** на что *or* на чём be based on, be stationed at

балагу́рить *imperf coll* play pranks, play practical jokes
pr.	балагу́рю, -ришь, -рят
imp.	балагу́рь, ~те
pt.	балагу́рил
g.pr.a.	балагу́ря
p.pr.a.	балагу́рящий
p.pt.a.	балагу́ривший

баламу́тить *imperf sub* **1.** кого́-что confuse; unsettle, disturb **2.** что muddy, stir up, agitate *water*. — (вз-)
pr.	баламу́чу, -у́тишь, -у́тят
imp.	баламу́ть, ~те
pt.	баламу́тил
g.pr.a.	баламу́тя
p.pr.a.	баламу́тящий
p.pt.a.	баламу́тивший
p.pt.p.	баламу́ченный

баланси́ровать[1] 4 a *imperf* на чём *or* чем balance

баланси́ровать[2] 4 a *imperf* что **1.** strike a balance **2.** balance, compensate; level up, even up; make good **3.** *tech* balance, counter-balance. — (с-)

баллоти́ровать 4 a *imperf* кого́-что put to the vote, vote for, vote on

баллоти́роваться *imperf* stand, run *for office*

балова́ть 5 a *imperf* **1.** кого́-что spoil, coddle; humour, indulge **2.** *without object sub* be naughty, be badly behaved, be wild. — (из- *with* 1)
p.pt.p.	бало́ванный

балова́ться *imperf coll* **1.** behave badly **2.** чем enjoy oneself; indulge (in)

бальзами́ровать 4 a *imperf* кого́-что embalm. — (на-)

баля́сничать 1 a *imperf sub* tell jokes

банкро́титься *imperf* go bankrupt. — (о-)
pr.	банкро́чусь, -о́тишься, -о́тятся
imp.	банкро́ться, -тьтесь
pt.	банкро́тился, -лась
g.pr.a.	банкро́тясь
p.pr.a.	банкро́тящийся
p.pt.a.	банкро́тившийся

бараба́нить *imperf* drum, patter
pr.	бараба́ню, -нишь, -нят
imp.	бараба́нь, ~те
pt.	бараба́нил
g.pr.a.	бараба́ня
p.pr.a.	бараба́нящий
p.pt.a.	бараба́нивший

бара́хтаться 1 a *imperf* struggle, kick, flounder

баррикади́ровать 4 a *imperf* что block the way, barricade. — (за-)

баррикади́роваться *imperf* barricade oneself (in). — (за-)

ба́рствовать 4 a *imperf* live idly, be a parasite, be a drone

бары́шничать 1 a *imperf* чем *obs* make a living from speculative dealing

баси́ть *imperf coll* speak with a bass voice; sing bass
pr.	башу́, баси́шь, бася́т
imp.	баси́, ~те
pt.	баси́л
g.pr.a.	бася́
p.pr.a.	бася́щий
p.pt.a.	баси́вший

бастова́ть 5а *imperf* be on strike

батра́чить *imperf* be a farmhand
pr.　батря́чу, -чишь, -чат
imp.　батра́чь, ~те
pt.　батра́чил
g.pr.a.　батра́ча
p.pr.a.　батра́чащий
p.pt.a.　батра́чивший

бахва́литься *imperf* чем *sub* vaunt, boast (of), brag (of)
pr.　бахва́люсь, -лишься, -лятся
imp.　бахва́лься, -льтесь
pt.　бахва́лился, -лась
g.pr.a.　бахва́лясь
p.pr.a.　бахва́лящийся
p.pt.a.　бахва́лившийся

баю́кать 1а *imperf* кого́-что sing to sleep; rock to sleep. — (y-)

бдеть, *1st pers not used, imperf, bookish obs* 1. lie awake *in expectation of something happening* 2. observe closely, keep an observant eye on
pr.　бдишь, бдят
imp.　бди, ~те
pt.　бдел
g.pr.a.　бдя
p.pr.a.　бдя́щий
p.pt.a.　бде́вший

бе́гать 1а *imperf* 1. *indef of* бежа́ть 2. *sub* от кого́-чего́ avoid, shun 3. *1st and 2nd pers not used* flit about 4. *of eyes* rove, shift, wander

бедне́ть 3а *imperf* become impoverished, grow poor. — (o-)

бедоку́рить *imperf coll* cause mischief, cause bother. — (на-)
pr.　бедоку́рю, -ришь, -рят
imp.　бедоку́рь, ~те
pt.　бедоку́рил
g.pr.a.　бедоку́ря
p.pr.a.　бедоку́рящий
p.pt.a.　бедоку́ривший

бе́дствовать 4а *imperf* live in distressed circumstances, eke out an existence

бежа́ть *imperf* 1. *def* run 2. run, flow; trickle, drip 3. boil over 4. *def, a. perf* flee, escape | *indef* бе́гать 1а *with* 1, 4
pr.　бегу́, бежи́шь, бегу́т
imp.　беги́, ~те
pt.　бежа́л
g.pt.a.　бежа́в *with* 4
p.pr.a.　бегу́щий
p.pt.a.　бежа́вший

безде́йствовать 4а *imperf* be inactive; stand idle

безде́льничать 1а *imperf* laze, idle, loaf

безмо́лвствовать 4а *imperf* remain silent, say nothing

безобра́зить *imperf* 1. кого́-что disfigure 2. *without object, sub* be cheeky, behave like a lout. — (o- *with* 1)
pr.　безобра́жу, -а́зишь, -а́зят
imp.　безобра́зь, ~те
pt.　безобра́зил
g.pr.a.　безобра́зя
p.pr.a.　безобра́зящий
p.pt.a.　безобра́зивший

безобра́зничать 1а *imperf coll* be cheeky, behave like a lout

безу́мствовать 4а *imperf* rage, rave; carry on like a madman

беле́ть 3а *imperf* 1. turn white, fade 2. *1st and 2nd pers not used* show up white. — (по- *with* 1)

беле́ться, *1st and 2nd pers not used, imperf* show up white

бели́ть *imperf* что 1. whitewash; whiten; paint white 2. make up white 3. bleach. — (по- *with* 1, на- *with* 2, вы- *with* 3)
pr.　белю́, бе́лишь, бе́лят
imp.　бели́, ~те
pt.　бели́л
g.pr.a.　беля́
p.pr.a.　беля́щий
p.pt.a.　бели́вший
p.pr.p.　бели́мый
p.pt.p.　белённый; белён, -ена́

бели́ться *imperf* lay on white *make-up*, put on white make-up. — (на-)

береди́ть *imperf* что irritate, chafe. — (раз-)
pr.　бережу́, -еди́шь, -едя́т
imp.　береди́, ~те
pt.　береди́л
g.pr.a.　бередя́
p.pr.a.　бередя́щий
p.pt.a.　береди́вший
p.pr.p.　береди́мый

бере́менеть 3а, *stress as infinitive, imperf* become pregnant. — (за-)

бере́чь *imperf* кого́-что 1. guard, take care of, look after 2. preserve; save 3. protect; spare, conserve
pr.　берегу́, бережёшь, берегу́т
imp.　береги́, ~те
pt.　берёг, -егла́
p.pr.a.　берегу́щий

p.pt.a. берёгший
p.pt.p. бережённый; бережён, -ена

бере́чься *imperf* кого-чего *or with infinitive* **1.** take care, be cautious *of …ing* **2.** be on *one's* guard against, beware of

бесе́довать 4a *imperf* с кем-чем talk (to), carry on a conversation (with)

беси́ть *imperf* кого́-что enrage, infuriate, irritate. — (вз-)
pr. бешу́, бе́сишь, бе́сят
imp. беси́, ~те
pt. беси́л
g.pr.a. беся́
p.pr.a. беся́щий
p.pt.a. беси́вший

беси́ться *imperf* **1.** *1st and 2nd pers not used, of animals* get hydrophobia, go mad, get rabies **2.** rage **3.** *sub* be wild, behave boisterously, romp about

беснова́ться 5a *imperf* rage, behave like a madman

беспоко́ить *imperf* кого́-что **1.** unsettle, disturb **2.** disturb, bother, trouble. — (о-, по-)
pr. беспоко́ю, -о́ишь, -о́ят
imp. беспоко́й, ~те
pt. беспоко́ил
g.pr.a. беспоко́я
p.pr.a. беспоко́ящий
p.pt.a. беспоко́ивший
p.pr.p. беспоко́имый

беспоко́иться *imperf* **1.** о ком-чём be concerned (about), worry (about) **2.** give oneself pains *to do smth, with smth.* — (о-, по-)

беспу́тничать 1a *coll* lead a dissolute life

бессла́вить *imperf* кого́-что dishonour, bring disgrace upon. — (о-)
pr. бессла́влю, -вишь, -вят
imp. бессла́вь, ~те
pt. бессла́вил
g.pr.a. бессла́вя
p.pr.a. бессла́вящий
p.pt.a. бессла́вивший

бессты́дничать 1a *imperf coll* be impudent, behave shamelessly

бесче́стить *imperf* кого́-что dishonour, bring disgrace upon. — (о-)
pr. бесче́щу, -е́стишь, -е́стят
imp. бесче́сти, ~те *and* бесче́сть, ~те
pt. бесче́стил
g.pr.a. бесче́стя
p.pr.a. бесче́стящий
p.pt.a. бесче́стивший

p.pr.p. бесче́стимый
p.pt.p. бесче́щенный *obs*

бесчи́нствовать 4a *imperf* misconduct oneself, create a disturbance

бетони́ровать 4a *imperf* что concrete. — (за-)
p.pt.p. бетони́рованный

бива́ть *imperf freq of* бить
pt. бива́л
p.pt.a. бива́вший

бинтова́ть 5a *imperf* кого́-что bandage, dress *wound.* — (за-)

бить *imperf* **1.** по чему́ *or* во что beat (on), strike (at, on, in), slap; бить по недоста́ткам attack [combat] shortcomings **2.** *of clock, bell* ring, strike **3.** кого́ beat, chastise **4.** кого́-что beat, inflict a defeat on **5.** кого́-что slaughter **6.** кого́-что shoot, bring down, kill **7.** *without object* well up, gush out **8.** что break, smash | *imperf coll freq* бива́ть, forms ib. — (по- *with* 3, про- *with* 2, раз- *with* 3)
pr. бью, бьёшь, бьют
imp. бей, ~те
pt. бил
g.pr.a. бия *obs*
p.pr.a. бью́щий
p.pt.a. би́вший
p.pt.p. би́тый

би́ться *imperf* **1.** scuffle, brawl **2.** *of heart* beat, pulsate **3.** за что fight (for, about, over) **4.** обо что keep knocking [jogging, jostling, striking] (against) **5.** над чем contend (with), tire oneself out (with), drudge (at), toil and moil (at) **6.** get smashed

бичева́ть *imperf* кого́-что *bookish* **1.** scourge **2.** *fig* stigmatize; pillory
pr. бичу́ю, -у́ешь, -у́ют
imp. бичу́й, ~те
pt. бичева́л
g.pr.a. бичу́я
p.pr.a. бичу́ющий
p.pt.a. бичева́вший
p.pr.p. бичу́емый

благоволи́ть *imperf* к кому́-чему́ be well-disposed (to, towards)
pr. благоволю́, -ли́шь, -ля́т
imp. благоволи́, ~те
pt. благоволи́л
g.pr.a. благоволя́
p.pr.a. благоволя́щий
p.pt.a. благоволи́вший

благогове́ть 3а *imperf* пе́ред кем-чем *bookish* revere, look up (to)

благодари́ть *imperf* кого́-что thank. — (по-)
pr.	благодарю́, -ри́шь, -ря́т
imp.	благодари́, ~те
pt.	благодари́л
g.pr.a.	благодаря́
p.pr.a.	благодаря́щий
p.pt.a.	благодари́вший

благоде́нствовать 4а *imperf* live in easy [comfortable] circumstances

благоприя́тствовать 4а *imperf* кому́-чему favour, be favourable [conducive] (to)

благослови́ть *perf* кого́-что **1.** bless, give one's blessing (to) **2.** *obs* be thankful, be grateful ‖ *imperf* благословля́ть 2а
ft.	благословлю́, -ви́шь, -вя́т
imp.	благослови́, ~те
pt.	благослови́л
g.pt.a.	благослови́в
p.pt.a.	благослови́вший
p.pt.p.	благословлённый; благо-словлён, -ена́

благословля́ть *imperf of* благослови́ть

благоустра́ивать *imperf of* благоустро́ить

благоустро́ить *perf* что furnishluxuriously ‖ *imperf* благоустра́ивать 1а
ft.	благоустро́ю, -о́ишь, -о́ят
imp.	благоустро́й, ~те
pt.	благоустро́ил
g.pt.a.	благоустро́ив
p.pt.a.	благоустро́ивший
p.pt.p.	благоустро́енный

блаже́нствовать 4а *imperf* be blissfully happy

бледне́ть 3а *imperf* **1.** pale, go pale **2.** fade, lose colour; pale beside. — (по- *with* 2)

блёкнуть *imperf* turn pasty; become worn, become jaded; wilt; fade. — (по-)
pr.	блёкну, -нешь, -нут
imp.	блёкни, ~те
pt.	блёкнул *and* блёк, блёкла
g.pt.a.	блёкнув
g.pr.a.	блёкнущий
p.pt.a.	блёкнувший

блесну́ть 7 *perf* **1.** *semelf of* блесте́ть shine, flash **2.** flash; у меня́ блесну́ла мысль a thought flashed upon me, a thought flashed across my mind, the thought crossed my mind
no *p.pt.p.*

блесте́ть *imperf* gleam, sparkle, glitter, glisten ‖ *perf semelf* блесну́ть 7, но *p.pt.p.*

pr.	блещу́, блести́шь, блестя́т *and* бле́щешь, бле́щут
imp.	блести́, ~те
pt.	блесте́л
g.pr.a.	блестя́
p.pr.a.	блестя́щий *and* бле́щущий
p.pt.a.	блесте́вший

бле́ять *and* **блея́ть**, *1st and 2nd pers not used, imperf, of animals* bleat
pr.	бле́ет *and* блеёт, бле́ют
pt.	бле́ял
g.pr.a.	бле́я
p.pr.a.	бле́ющий
p.pt.a.	бле́явший

бли́зиться, *1st and 2nd pers not used, imperf* **1.** approach, draw near **2.** *temporal reference to day, night spring, an era, etc.* begin, approach; dawn, break, fall, be coming (in). — (при-)
pr.	бли́зится, -зятся
pt.	бли́зился, -лась
g.pr.a.	бли́зясь
p.pr.a.	бли́зящийся
p.pt.a.	бли́зившийся

блиста́ть 2а *imperf* **1.** shine, be conspicuous **2.** чем shine, distinguish oneself

блоки́ровать 4 *and* 4а *perf, imperf* кого́-что block the way, bar the way; blockade

блоки́роваться *perf, imperf pol* join a bloc ‖ *perf a.* сблоки́роваться

блуди́ть[1] *imperf sub* lead a dissolute [lewd, lecherous] life, be randy
pr.	блужу́, блуди́шь, блудя́т
imp.	блуди́, ~те
pt.	блуди́л
g.pr.a.	блудя́
p.pr.a.	блудя́щий
p.pt.a.	блуди́вший

блуди́ть[2] *imperf sub* wander, be lost
pr. блужу́, блу́дишь, блу́дят
other forms as блуди́ть[1]

блужда́ть 2а *imperf* **1.** wander aimlessly **2.** wander, rove

блюсти́ *imperf* что guard, protect; observe, attend to, keep, respect. — (со-)
pr.	блюду́, -дёшь, -ду́т
imp.	блюди́, ~те
pt.	блюл, ~а́
g.pr.a.	блюдя́
p.pr.a.	блюду́щий
p.pt.a.	блю́дший
p.pr.p.	блюдо́мый *obs*
p.pt.p.	блюдённый; блюдён, -ена́ *obs*

богате́ть 3а *imperf* grow rich. — (раз-)

боготвори́ть *imperf* кого́-что adore, worship, idolize. — (o-)
pr.   боготворю́, -ри́шь, -ря́т
imp.   боготвори́, ~те
pt.   боготвори́л
g.pr.a.   боготворя́
p.pr.a.   боготворя́щий
p.pt.a.   боготвори́вший
p.pr.p.   боготвори́мый
бода́ть 2a *imperf* кого́-что butt, toss, gore
бода́ться *imperf* **1.** be in the habit of butting **2.** butt each other
бодри́ть *imperf* кого́-что encourage, stimulate; egg on, back up, urge on. — (o-)
pr.   бодрю́, -ри́шь, -ря́т
imp.   бодри́, ~те
pt.   бодри́л
g.pr.a.   бодря́
p.pr.a.   бодря́щий
p.pt.a.   бодри́вший
бодри́ться *imperf* take courage, pluck up courage. — (o-)
бо́дрствовать 4a *imperf bookish* lie awake *in expectation of something happening*
божи́ться *imperf obs* swear (by god) ‖ *perf* побожи́ться, forms ib.
pr.   божу́сь, божи́шься, божа́тся
imp.   божи́сь, -и́тесь
pt.   божи́лся, -лась
g.pr.a.   божа́сь
p.pr.a.   божа́щийся
p.pt.a.   божи́вшийся
бойкоти́ровать 4a *imperf* кого́-что boycott
бокси́ровать 4a *imperf* box
боле́ть[1] 3a *imperf* **1.** чем be sick (with), suffer (from), be down (with) **2.** о ком-чём *or* за кого́-что be worried [anxious] (at, about) **3.** за кого́-что *coll* follow, support *a team or a player*
боле́ть[2], *1st and 2nd pers not used, imperf* hurt, ache, smart
pr.   боли́т, боля́т
pt.   боле́л
g.pr.a.   боля́*
p.pr.a.   боля́щий
p.pt.a.   боле́вший
болта́ть[1] 2a *imperf coll* **1.** stir; shake *liquid* **2.** чем dangle ‖ *perf semelf* болтну́ть 7, no *p.pt.p.*
болта́ть[2] 2a *imperf* о чём *or without object coll* chat incessantly, chatter, jabber away, babble (on) ‖ *perf semelf* болтну́ть 7, no *p.pt.p.*

болта́ться *imperf* **1.** *coll* dangle, hang down; *of clothes* hang loose **2.** *sub* loaf about, hang around
болтну́ть[1,2] *perf semelf of* болта́ть[1,2]
бомбардирова́ть 5a *imperf* кого́-что bombard *a. fig,* shell; bomb
бомби́ть *imperf* кого́-что *coll* bombard, bomb
pr.   бомблю́, -би́шь, -бя́т
imp.   бомби́, ~те
pt.   бомби́л
g.pr.a.   бомбя́
p.pr.a.   бомбя́щий
p.pt.a.   бомби́вший
бормота́ть *imperf* что murmur, mutter, mumble
pr.   бормочу́, -о́чешь, -о́чут
imp.   бормочи́, ~те
pt.   бормота́л
p.pr.a.   бормоча́
g.pr.a.   бормо́чущий
p.pt.a.   бормота́вший
борозди́ть *imperf* что furrow *a. fig.* — (вз-, из-)
pr.   борозжу́, -зди́шь, -здя́т
imp.   борозди́, ~те
pt.   борозди́л
g.pr.a.   борозди́
p.pr.a.   борозди́щий
p.pr.a.   борозди́вший
p.pr.p.   борозди́мый
борони́ть *imperf* что *agr* harrow. — (вз-)
pr.   бороню́, -ни́шь, -ня́т
imp.   борони́, ~те
pt.   борони́л
g.pr.a.   бороня́
p.pr.a.   бороня́щий
p.pr.a.   борони́вший
боронова́ть 5a *imperf* что *agr* harrow. — (вз-)
боро́ться *imperf* с кем-чем **1.** fight (with) **2.** *sports* wrestle
pr.   борю́сь, бо́решься, бо́рются
imp.   бори́сь, -и́тесь
pt.   боро́лся, -лась
g.pr.a.   боря́сь
p.pr.a.   бо́рющийся
p.pt.a.   боро́вшийся
боя́ться *imperf* кого́-чего́ *or with infinitive* **1.** be afraid of **2.** *1st and 2nd pers not used, of things* be susceptible to, not take well [kindly] to, be adversely affected by
pr.   бою́сь, бои́шься, боя́тся

imp.	бо́йся, бо́йтесь
pt.	боя́лся, -лась
g.pr.a.	боя́сь
p.pr.a.	боя́щийся
p.pt.a.	боя́вшийся

брави́ровать 4a *imperf* чем be reckless; boast

бра́жничать 1a *imperf obs and reg* carouse

бракова́ть 5a *imperf* что reject *as unfit for use.* — (за-)

p.pt.p.	брако́ванный

бра́нивать *imperf freq of* брани́ть

брани́ть *imperf* кого́-что за что scold, bawl out, censure; be abusive, call names | *imperf freq* бра́нивать* 1a. — (вы-)

pr.	браню́, -ни́шь, -ня́т
imp.	брани́, ~те
pt.	брани́л
g.pr.a.	браня́
p.pr.a.	браня́щий
p.pt.a.	брани́вший
p.pr.p.	брани́мый

брани́ться *imperf* с кем **1.** quarrel **2.** swear, cuss. — (по- *with* 1)

брата́ться 2a *imperf* с кем-чем **1.** make close friends (with) **2.** *of troops* fraternize || *perf* побрата́ться 2

брать *imperf* кого́-что **1.** seize, grasp **2.** take with one **3.** accept, receive **4.** take into service, engage **5.** borrow **6.** call in, claim, demand, charge **7.** occupy, take possession of **8.** *1st and 2nd pers not used fig, of emotions* seize **9.** *1st and 2nd pers not used* take *time*, require, need **10.** buy || *perf* взять, forms ib.

pr.	беру́, берёшь, беру́т
imp.	бери́, ~те
pt.	брал, брала́, бра́ло
g.pr.a.	беря́
g.pt.a.	бра́в(ши)*
p.pr.a.	беру́щий
p.pt.a.	бра́вший

бра́ться *imperf* **1.** за что get hold of one another **2.** *with infinitive* take upon oneself to, undertake to **3.** за что tackle, approach, start, undertake *a job of work* || *perf* взя́ться

pt.	бра́лся, брала́сь, бра́ло́сь

бре́дить *imperf* **1.** ramble, be delirious **2.** кем-чем be delirious with joy, be transported (with joy), be in raptures; be delighted with, at *a thing*

pr.	бре́жу, бре́дишь, бре́дят
pt.	бре́дил

g.pr.a.	бре́дя
p.pr.a.	бре́дящий
p.pt.a.	бре́дивший

бре́диться, *1st and 2nd pers not used*, *imperf* кому́-чему́ dream no *g.pr.a.*

бре́згать 1a *imperf* кем-чем **1.** have an aversion (to, towards), be squeamish (about) **2.** scorn, despise, disdain || *perf* побре́згать 1

бре́зжить *imperf* **1.** *1st and 2nd pers not used* glimmer faintly, shine feebly **2.** *impers, of day* dawn, break

pr.	бре́зжит, -ат
pt.	бре́зжило
g.pr.a.	бре́зжа
p.pr.a.	бре́зжущий
p.pt.a.	бре́зживший

бре́зжиться *imperf* **1.** *1st and 2nd pers not used* glimmer faintly, shine feebly **2.** *impers, of day* dawn, break

бренча́ть *imperf* jingle; strum

pr.	бренчу́, -чи́шь, -ча́т
imp.	бренчи́, ~те
pt.	бренча́л
g.pr.a.	бренча́
p.pr.a.	бренча́щий
p.pt.a.	бренча́вший

брести́ *imperf def* **1.** drag oneself along, plod, trudge, traipse **2.** stroll; dawdle | *indef* броди́ть[1]

pr.	бреду́, -дёшь, -ду́т
imp.	бреди́, ~те
pt.	брёл, брела́
g.pr.a.	бредя́
p.pr.a.	бреду́щий
p.pt.a.	бре́дший

бреха́ть *imperf sub* **1.** bark, yap **2.** lie; draw the long bow | *perf semelf* брехну́ть 7

pr.	брешу́, бре́шешь, бре́шут
imp.	бреши́, ~те
pt.	бреха́л
p.pr.a.	бре́шущий
p.pt.a.	бреха́вший

брехну́ть *perf semelf of* бреха́ть

брикети́ровать 4 *and* 4a *perf, imperf* что make briquettes (of, from)

брить *imperf* кого́-что shave. — (по-)

pr.	бре́ю, бре́ешь, бре́ют
imp.	брей, ~те
pt.	брил
g.pr.a.	бре́я
p.pr.a.	бре́ющий

p.pt.a.   бри́вший
p.pt.p.   бри́тый

бри́ться *imperf* get shaved, *i. e.* have a shave *or* get a shave. — (по-)

броди́ть[1] *imperf* **1.** *indef of* брести́ **2.** dart, slip, touch, graze, play (on)
pr.   брожу́, бро́дишь, бро́дят
imp.   броди́, ~те
pt.   броди́л
g.pr.a.   бродя́
p.pr.a.   бродя́щий
p.pt.a.   броди́вший

броди́ть[2], *1st and 2nd pers not used,* *imperf* ferment
forms as броди́ть[1]

бродя́жить *imperf coll* lead a vagrant life
pr.   бродя́жу, -жишь, -жат
imp.   бродя́жь, ~те
pt.   бродя́жил
g.pr.a.   бродя́жа
p.pr.a.   бродя́жащий
p.pt.a.   бродя́живший

бродя́жничать 1 a *imperf coll* lead a vagrant life

бронзирова́ть 5 *and* 5 a *perf, imperf* bronze. — (на-)

брони́ровать 4 a *imperf* что reserve, put *one's* name down for. — (за-)
p.pt.p.   брони́рованный

бронирова́ть 5 *and* 5 a *perf, imperf* armour

броса́ть(ся) *imperf of* бро́сить(ся)

бро́сить *perf* кого́-что **1.** throw, hurl **2.** abandon, leave in the lurch **3.** give over, stop, give up ‖ *imperf* броса́ть 2 a
ft.   бро́шу, бро́сишь, бро́сят
imp.   брось, ~те
pt.   бро́сил
g.pt.a.   бро́сив
p.pt.a.   бро́сивший
p.pt.p.   бро́шенный

бро́ситься *perf* **1.** pelt one another **2.** на кого́-что hurl oneself *at someone*; apply oneself to *a job of work* **3.** jump down ‖ *imperf* броса́ться

брошюрова́ть 5 a *imperf* что stitch *a book.* — (с-)
p.pt.p.   брошюро́ванный

бры́згать *imperf* **1.** spurt, gush out, spray out **2.** на кого́-что *or* что spray, sprinkle, splash, spatter ‖ *perf semelf* бры́знуть 6
pr.   бры́зжу, -жешь, -жут *and* бры́згаю, -аешь, -ают
imp.   бры́зжи, ~те *and* бры́згай, ~те

pt.   бры́згал
g.pr.a.   бры́зжа *and* бры́згая
p.pr.a.   бры́зжущий *and* бры́згающий
p.pt.a.   бры́згавший

бры́згаться *imperf* **1.** spurt, spray out **2.** splash [sprinkle, spray] each other

бры́знуть 6 *perf* **1.** *semelf of* бры́згать **2.** spout, gush, gush forth

брыка́ть 2 a *imperf* kick, kick out, kick up *with the hind legs* ‖ *perf semelf* брыкну́ть 7, no *p.pt.p.*

брыка́ться *imperf* **1.** kick, kick out, kick up *with the hind legs* **2.** *sub* be obstinate, be mulish, be pigheaded ‖ *perf semelf* брыкну́ться

брыкну́ть(ся) *perf semelf of* брыка́ть(ся)

брюзжа́ть *imperf* carp, nag, grouse, grumble; be grumpy
pr.   брюзжу́, -жи́шь, -жа́т
imp.   брюзжи́, ~те
pt.   брюзжа́л
g.pr.a.   брюзжа́
p.pr.a.   брюзжа́щий
p.pt.a.   брюзжа́вший

бря́кать *imperf of* бря́кнуть

бря́кнуть 6 *perf and semelf coll* **1.** чем rattle, jingle **2.** что plonk down, put down with a clatter **3.** что burst out, blurt out ‖ *imperf* бря́кать 1 a

бряца́ть 2 a *imperf* чем clatter, jingle, clank, chink

бубни́ть *imperf coll* grumble to oneself, growl [mutter, mumble] into *one's* beard
pr.   бубню́, -ни́шь, -ня́т
imp.   бубни́, ~те
pt.   бубни́л
g.pr.a.   бубня́
p.pr.a.   бубня́щий
p.pt.a.   бубни́вший

буди́ть *imperf* **1.** кого́-что wake up; wake *smb* up **2.** *fig* что awake, rouse, arouse. — (раз- *with* 1, про- *with* 2)
pr.   бужу́, бу́дишь, бу́дят
imp.   буди́, ~те
pt.   буди́л
g.pr.a.   будя́
p.pr.a.   будя́щий
p.pt.a.   буди́вший
p.pt.p.   буди́мый

будора́жить *imperf* кого́-что *coll* excite, agitate; stir, stir up. — (вз-)
pr.   будора́жу, -жишь, -жат
imp.   будора́жь, ~те
pt.   будора́жил

g.pr.a.	будора́жа
p.pr.a.	будора́жащий
p.pt.a.	будора́живший

бузи́ть, *1st pers sg not used, imperf coarse sub* make a racket, kick up a din, make a row

pr.	бузи́шь, бузя́т
imp.	бузи́, ~те
pt.	бузи́л
g.pr.a.	бузя́
p.pr.a.	бузя́щий
p.pt.a.	бузи́вший

бу́йствовать 4a *imperf* rampage, create a hullaballoo, perpetrate acts of violence

букси́ровать 4a *imperf* что have in tow, tow away

буксова́ть 5a, *1st and 2nd pers not used, imperf, of wheels* skid, slip

бултыха́ться 2a *imperf coll* **1.** plump into the water **2.** *of liquids* plash, splash, slop, slap | *perf semelf* булты́хну́ться 6 *and* 7

булты́хну́ться *perf semelf of* бульты-ха́ться

бу́лькать 1a *imperf, of water* gurgle, laugh | *perf semelf* бу́лькнуть 6

бу́лькнуть *perf semelf of* бу́лькать

бункерова́ть 5a *imperf* что bunker

бунтова́ть 5a *imperf* **1.** *without object* rebel, revolt **2.** *obs* кого-что rouse, incite

бура́вить *imperf* что drill. — (про-)

pr.	бура́влю, -вишь, -вят
imp.	бура́вь, ~те
pt.	бура́вил
g.pr.a.	бура́вя
p.pr.a.	бура́вящий
p.pt.a.	бура́вивший

буре́ть 3a become (gray-) brown. — (по-)

бури́ть *imperf* что *geol* drill. — (про-)

pr.	бурю́, бури́шь, буря́т
imp.	бури́, ~те
pt.	бури́л
g.pr.a.	буря́
p.pr.a.	буря́щий
p.pt.a.	бури́вший
p.pr.p.	бури́мый

бу́ркать *imperf of* бу́ркнуть

бу́ркнуть 6 *perf and semelf* что *or without object sub* grumble, growl || *imperf* бу́р-кать 1a

бурла́чить *imperf* work as tracker *towing a barge*

pr.	бурла́чу, -чишь, -чат
imp.	бурла́чь, ~те

pt.	бурла́чил
g.pr.a.	бурла́ча
p.pr.a.	бурла́чащий
p.pt.a.	бурла́чивший

бурли́ть *imperf* seethe, well, well up, boil, churn up *a. fig*

pr.	бурлю́, -ли́шь, -ля́т
imp.	бурли́, ~те
pt.	бурли́л
g.pr.a.	бурля́
p.pr.a.	бурля́щий
p.pt.a.	бурли́вший

бурча́ть *imperf coll* **1.** grumble, murmur, mutter **2.** *1st and 2nd pers not used* rumble, growl

pr.	бурчу́, -чи́шь, -ча́т
imp.	бурчи́, ~те
pt.	бурча́л
g.pr.a.	бурча́
p.pr.a.	бурча́щий
p.pt.a.	бурча́вший

бути́ть *imperf* что **1.** line with rubble **2.** face with ashlar. — (за-)

pr.	бучу́, бути́шь, бутя́т
imp.	бути́, ~те
pt.	бути́л
g.pr.a.	бутя́
p.pr.a.	бутя́щий
p.pt.a.	бути́вший

бу́хать *imperf of* бу́хнуть[1]

бу́хаться *imperf of* бу́хнуться

бу́хнуть[1] 6 *perf and semelf coll* **1.** *of a shot* crack, ring out; *of a door* slam **2.** что slam down **3.** crash down, fall with a crash || *imperf* бу́хать 1a

бу́хнуть[2], *1st and 2nd pers not used, imperf* well up, swell up, swell

pt.	бух, ~ла

other forms as бу́хнуть[1]

бу́хнуться 6 *perf and semelf coll* plop down || *imperf* бу́хаться 1a

бушева́ть *imperf* **1.** rage, storm; foam, roar **2.** *coll* create a racket

pr.	бушу́ю, -у́ешь, -у́ют
imp.	бушу́й, ~те
pt.	бушева́л
g.pr.a.	бушу́я
p.pr.a.	бушу́ющий
p.pt.a.	бушева́вший

буя́нить *imperf coll* make a racket, make a row

pr.	буя́ню, -нишь, -нят
imp.	буя́нь, ~те
pt.	буя́нил

g.pr.a.	буя́ня
p.pr.a.	буя́нящий
p.pt.a.	буя́нивший

быва́ть 2a *imperf* **1.** occur, happen **2.** be usual, generally happen

бытова́ть 5a, *1st and 2nd pers not used,* *imperf* occur, happen

быть *imperf* be

pr.	3rd person singular only есть and obs 3rd person plural суть
imp.	будь, ~те
ft.	бу́ду, бу́дешь, бу́дут
pt.	был, была́, бы́ло (*negated:* не́ был, не была́, не́ было)
g.pr.a.	бу́дучи
g.pt.a.	бы́в(ши)*
p.pt.a.	бы́вший

В

ва́бить *imperf* кого́-что *ven* lure, decoy

pr.	ва́блю, ва́бишь, ва́бят
imp.	вабь, ~те
pt.	ва́бил
g.pr.a.	ва́бя
p.pr.a.	ва́бящий
p.pt.a.	ва́бивший
p.pr.p.	ва́бимый*
p.pt.p.	ва́бленный*

ва́живать[1] *imperf freq of* води́ть

ва́живать[2] *imperf freq of* вози́ть

ва́жничать 1a *imperf coll* put on airs

ва́ксить *imperf* что *coll* polish *boots* ‖ *perf* нава́ксить, forms ib.

pr.	ва́кшу, ва́ксишь, ва́ксят
imp.	ваксь *and* ва́кси, ~те
pt.	ва́ксил
g.pr.a.	ва́кся
p.pr.a.	ва́ксящий
p.pt.a.	ва́ксивший
p.pr.p.	ва́ксимый

вала́ндаться 1a *imperf sub and reg* **1.** loiter, dawdle **2.** waste *one's* time

ва́ливать *imperf freq of* вали́ть[1]

вали́ть[1] *imperf* **1.** кого́-что bring down, throw down, overturn, fell **2.** что *coll* heap up, pile up **3.** *fig* что на кого́-что *coll* blame *smb*, lay the blame *on smb* ‖ *imperf coll freq* ва́ливать 1a ‖ *perf semelf sub* вальну́ть 7, по *p.pt.p.* — (по- *with* 1, с-)

pr.	валю́, ва́лишь, ва́лят
imp.	вали́, ~те
pt.	вали́л
g.pr.a.	валя́
p.pr.a.	валя́щий
p.pt.a.	вали́вший
p.pr.p.	вали́мый

вали́ть[2], *1st and 2nd pers not used, imperf coll, of people* flock, throng, come in flocks; *of snow* fall thickly; *of smoke* pour out

pr.	вали́т, валя́т

other forms as вали́ть[1]

вали́ться[1] *imperf* fall over; lean over. — (по-, с-) forms follow вали́ть[1]

вали́ться[2], *1st and 2nd pers not used, imperf sub* flock, throng, come in flocks [crowds] forms follow вали́ть[2]

вальну́ть *perf semelf of* вали́ть[1]

вальси́ровать 4a *and* **вальсирова́ть** 5a *imperf* waltz

вальцева́ть *imperf* что *tech* roll

pr.	вальцу́ю, -у́ешь, -у́ют
imp.	вальцу́й, ~те
pt.	вальцева́л
g.pr.a.	вальцу́я
p.pr.a.	вальцу́ющий
p.pt.a.	вальцева́вший
p.pr.p.	вальцу́емый
p.pt.p.	вальцо́ванный

валя́ть 2a *imperf* кого́-что **1.** в чём roll (in); по чему́ roll (in, on), drag about (on) **2.** *sub and reg* knead *dough, paste* **3.** full *cloth*; felt *hats* **4.** *sub* execute negligently [carelessly] **5.** *imp.* валя́й(те)! *sub* off!, go!. — (вы- *with* 1, с- *with* 2, 3)

валя́ться *imperf* **1.** roll about, wallow **2.** *coll* loll about, loaf **3.** *coll* lie about *in disorder*. — (вы- *with* 1)

вари́ть *imperf* **1.** что cook, make *dinner etc.*; boil *eggs, fish etc.*; found *steel etc.* **2.** *of the stomach* digest **3.** что *tech* weld. — (с-)

pr.	варю́, ва́ришь, ва́рят
imp.	вари́, ~те
pt.	вари́л
g.pr.a.	варя́

p.pr.a.	варя́щий
p.pt.a.	вари́вший
p.pr.p.	вари́мый
p.pt.p.	ва́ренный

вари́ться *imperf* boil, be boiling. — (c-)

варьи́ровать 4а *imperf* что vary

варьи́роваться, *1st and 2nd pers not used,* *imperf* vary

ва́ять 2а *imperf* что sculpture; cut, carve; model, form. — (из-)

вбега́ть *imperf of* вбежа́ть

вбежа́ть *perf* run *into a room etc.*; come running, run in ‖ *imperf* вбега́ть 2а
ft.	вбегу́, вбежи́шь, вбегу́т
imp.	вбеги́, ~те
pt.	вбежа́л
g.pt.a.	вбежа́в
p.pt.a.	вбежа́вший

вбива́ть *imperf of* вбить

вбира́ть(ся) *imperf of* вобра́ть(ся)

вбить *perf* что drive in, hammer in; во что drive (into), hammer (into); вбить себе́ в го́лову get [take] it into *one's* head ‖ *imperf* вбива́ть 2а
ft.	вобью́, вобьёшь, вобью́т
imp.	вбей, ~те
pt.	вбил
g.pt.a.	вбив
p.pt.a.	вби́вший
p.pt.p.	вби́тый

вбра́сывать[1] *imperf of* вбро́сить

вбра́сывать[2] *imperf of* вброса́ть

вброса́ть 2 *perf* что *sub* throw in *after repeatedly going through preparatory motions* ‖ *imperf* вбра́сывать 1а

вбро́сить *perf* что во что throw (in), cast (in) ‖ *imperf* вбра́сывать 2а
ft.	вбро́шу, -о́сишь, -о́сят
imp.	вбрось, ~те
pt.	вбро́сил
g.pt.a.	вбро́сив
p.pt.a.	вбро́сивший
p.pt.p.	вбро́шенный

вва́ливать(ся) *imperf of* ввали́ть(ся)

ввали́ть *perf* кого́-что во что *coll* throw (in, into), dump ‖*imperf* вва́ливать 1а
ft.	ввалю́, вва́лишь, вва́лят
imp.	ввали́, ~те
pt.	ввали́л
g.pt.a.	ввали́в
p.pt.a.	ввали́вший
p.pt.p.	вва́ленный

ввали́ться *perf* 1. во что *coll* tumble (in, into), fall (in) 2. *1st and 2nd pers not used* become hollow [sunken] 3. во что *sub* burst (in, into) ‖ *imperf* вва́ливаться

ввезти́ *perf* кого́-что во что bring (in); import *goods etc.* ‖ *imperf* ввози́ть, forms ib.
ft.	ввезу́, -зёшь, -зу́т
imp.	ввези́, ~те
pt.	ввёз, ввезла́
g.pt.a.	ввезя́ *and obs* ввёзши
p.pt.a.	ввёзший
p.pt.p.	ввезённый; ввезён, -ена́

вверга́ть(ся) *imperf of* вве́ргнуть(ся)

вве́ргнуть *perf* кого́-что во что fling (into), cast (into), throw (into) ‖ *imperf* вверга́ть 2а
ft.	вве́ргну, -нешь, -нут
imp.	вве́ргни, ~те
pt.	вверг *and obs* вве́ргнул, вве́ргла
g.pt.a.	вве́ргнув
p.pt.a.	вве́ргший *and obs* вве́ргнувший
p.pt.p.	вве́ргнутый *and obs* вве́рженный

вве́ргнуться *perf* во что throw [cast] oneself in, precipitate oneself in ‖ *imperf* вверга́ться

вве́рить *perf* кого́-что кому́-чему́ entrust (with; to), confide (to) ‖ *imperf* вверя́ть 2а
ft.	вве́рю, -ришь, -рят
imp.	вверь, ~те
pt.	вве́рил
g.pt.a.	вве́рив
p.pt.a.	вве́ривший
p.pt.p.	вве́ренный

вве́риться *perf* кому́-чему́ place oneself in *smb's* hands, confide (in someone); unbosom oneself (to someone) ‖ *imperf* вверя́ться

вверну́ть 7 *perf* что 1. screw in; во что screw (into) 2. *fig coll*: вверну́ть словцо́ put a word in ‖ *imperf* ввёртывать 1а
p.pt.p.	ввёрнутый

ввёртывать *imperf of* вверну́ть

вверя́ть(ся) *imperf of* вве́рить(ся)

ввести́ *perf* кого́-что 1. lead in, bring in; во что lead (into), bring (into) 2.: ввести́ кого́-н. в расхо́ды put *smb* to expense; ввести́ в заблужде́ние mislead, deceive; lead into error 3.: ввести́ в эксплуата́цию put into operation *a new*

railway etc. **4.** что introduce ‖ *imperf*
вводи́ть, forms ib.
ft.   введу́, -дёшь, -ду́т
imp.   введи́, ~те
pt.   ввёл, ввела́
g.pt.a.   введя́ *and obs* вве́дши
p.pt.a.   вве́дший
p.pt.p.   введённый; введён, -ена́

ввести́сь, *1st and 2nd pers not used, perf*
be introduced, come into use ‖ *imperf*
вводи́ться

ввива́ть *imperf of* ввить

ввинти́ть *perf* что во что screw (into) ‖
imperf вви́нчивать 1 а
ft.   ввинчу́, -нти́шь, -нтя́т
imp.   ввинти́, ~те
pt.   ввинти́л
g.pt.a.   ввинти́в
p.pt.a.   ввинти́вший
p.pt.p.   вви́нченный

вви́нчивать *imperf of* ввинти́ть

ввить *perf* что во что interlace ‖ *imperf*
ввива́ть 2 а
ft.   вовью́, вовьёшь, вовью́т
imp.   ввей, ~те
pt.   ввил, ввила́, вви́ло
g.pt.a.   ввив
p.pt.a.   вви́вший
p.pt.p.   вви́тый; ввит, ввита́, вви́то

вводи́ть *imperf of* ввести́
pr.   ввожу́, вво́дишь, вво́дят
imp.   вводи́, ~те
pt.   вводи́л
g.pr.a.   вводя́
p.pr.a.   вводя́щий
p.pt.a.   вводи́вший
p.pr.p.   вводи́мый

вводи́ться *imperf of* ввести́сь

ввози́ть *imperf of* ввезти́
pr.   ввожу́, вво́зишь, вво́зят
imp.   ввози́, ~те
pt.   ввози́л
g.pr.a.   ввозя́
p.pr.a.   ввозя́щий
p.pt.a.   ввози́вший
p.pr.p.   ввози́мый

ввяза́ть *perf* во что **1.** что knit (in) **2.** *fig*
кого́-что *coll* involve, implicate ‖ *imperf*
ввя́зывать 1 а
ft.   ввяжу́, ввя́жешь, ввя́жут
imp.   ввяжи́, ~те
pt.   ввяза́л
g.pt.a.   ввяза́в

p.pt.a.   ввяза́вший
p.pt.p.   ввя́занный

ввяза́ться *perf* во что *coll* meddle (in,
with), interfere (with); get involved (in) ‖
imperf ввя́зываться

ввя́зывать(ся) *imperf of* ввяза́ть(ся)
вгиба́ть(ся) *imperf of* вогну́ть(ся)

вгляде́ться *perf* в кого́-что peer (into),
look narrowly (at); take a good look (at)
‖ *imperf* вгля́дываться 1 а
ft.   вгляжу́сь, -яди́шься, -адя́тся
imp.   вгляди́сь, -и́тесь
pt.   вглгде́лся, -лась
g.pt.a.   вгляде́вшись
p.pt.a.   вгляде́вшийся

вгля́дываться *imperf of* вгляде́ться

вгоня́ть *imperf of* вогна́ть

вгрыза́ться *imperf of* вгры́зться

вгры́зться *perf* в кого́-что *coll* lock it's
teeth (into) ‖ *imperf* вгрыза́ться 2 а
ft.   вгрызу́сь, -зёшься, -зу́тся
imp.   вгрызи́сь, -и́тесь
pt.   вгры́зся, -злась
g.pt.a.   вгры́зшись
p.pt.a.   вгры́зшийся

вдава́ться *imperf of* вда́ться
pr.   вдаю́сь, вдаёшься, вдаю́тся
imp.   вдава́йся, -а́йтесь
pt.   вдава́лся -лась
g.pr.a.   вдава́ясь
p.pr.a.   вдаю́щийся
p.pt.a.   вдава́вшийся

вдави́ть *perf* что во что press (in, into),
force (into) ‖ *imperf* вда́вливать 1 а
ft.   вдавлю́, вда́вишь, вда́вят
imp.   вдави́, ~те
pt.   вдави́л
g.pt.a.   вдави́в
p.pt.a.   вдави́вший
p.pt.p.   вда́вленный

вдави́ться *perf* (во что) press in; be
pressed in, be bent in ‖ *imperf* вда́вли-
ваться

вда́вливать(ся) *imperf of* вдави́ть(ся)
вда́лбливать *imperf of* вдолби́ть

вда́ться *perf* во что **1.** jut out (into);
press in, wedge in **2.** indulge (in), plunge
(into), go (into), give oneself up (to);
вда́ться в кра́йности go [run] to ex-
tremes; вда́ться в подро́бности go into
detail(s) ‖ *imperf* вдава́ться, forms ib.

ft.   вда́мся, вда́шься, вда́стся, вдади́мся, вдади́тесь, вдаду́тся
imp.   вда́йся, вда́йтесь
pt.   вда́лся, вдала́сь
g.pt.a. вда́вшись
p.pt.a. вда́вшийся

вдвига́ть(ся) *imperf of* вдви́нуть(ся)

вдви́нуть 6 *perf* что во что put (in), push (in) ‖ *imperf* вдвига́ть 2 a
imp.   вдвинь, ~те
p.pt.p. вдви́нутый

вдви́нуться *perf* (во что) go in, be pushed in ‖ *imperf* вдвига́ться

вдева́ть(ся) *imperf of* вде́ть(ся)

вде́лать 1 *perf* что во что fit (in); set (in) ‖ *imperf* вде́лывать 1 a

вде́лывать *imperf of* вде́лать

вдёргивать *imperf of* вдёрнуть

вдёрнуть 6 *perf* что во что pull in, draw in; thread *a needle* ‖ *imperf* вдёргивать 2 a
p.pt.p. вдёрнутый

вде́ть *perf* что во что thread *a needle*; put in ‖ *imperf* вдева́ть 2 a
ft.   вде́ну, -нешь, -нут
imp.   вдень, ~те
pt.   вдел
g.pt.a. вдев
p.pt.a. вде́вший
p.pt.p. вде́тый

вде́ться, *1st and 2nd pers not used, perf* (во что) be threaded; be put in ‖ *imperf* вдева́ться

вдове́ть 3 a *imperf* be widowed; be a widow; be a widower

вдо́вствовать 4 a *imperf* be widowed; be a widow; be a widower

вдолби́ть *perf* что в кого-что *or* кому́-чему́ *sub* drum (*smth* into *smb*), ram (*smth* into *smb*) ‖ *imperf* вда́лбливать 1 a
ft.   вдолблю́, -би́шь, -бя́т
imp.   вдолби́, ~те
pt.   вдолби́л
g.pt.a. вдолби́в
p.pt.a. вдолби́вший
p.pt.p. вдолблённый; вдолблён, -ена́

вдохнови́ть *perf* 1. кого-что inspire 2. кого-что на что inspire (to) ‖ вдохновля́ть 2 a
ft.   вдохновлю́, -ви́шь, -вя́т
imp.   вдохнови́, ~те
pt.   вдохнови́л

g.pt.a.. вдохнови́в
p.pt.a. вдохнови́вший
p.pt.p   вдохновлённый; вдохновлён, -ена́

вдохнови́ться *perf* чем be inspired (by) ‖ *imperf* вдохновля́ться

вдохновля́ть(ся) *imperf of* вдохнови́ть(ся)

вдохну́ть 7 *perf* 1. что inhale, breathe in 2. что в кого-что breathe (into), instil (into); inspire (with) ‖ *imperf* вдыха́ть 2 a

вдува́ть *imperf of* вдуть

вду́маться 1 *perf* во что consider (carefully), ponder (over) ‖ *imperf* вду́мываться 1 a

вду́мываться *imperf of* вду́маться

вду́нуть *perf semelf of* вдува́ть

вдуть *perf* что во что blow in ‖ *imperf* вдува́ть 2 a | *perf semelf* вду́нуть 6, *imp.* вдунь, ~те, *p.pt.p.* вду́нутый
ft.   вду́ю, вду́ешь, вду́ют
imp.   вдуй, ~те
pt.   вдул
g.pt.a. вдув
p.pt.a. вду́вший
p.pt.p. вду́тый

вдыха́ть *imperf of* вдохну́ть

ве́дать 1 *imperf* 1. что *obs* know 2. чем be in charge (of), manage

везти́ *imperf* 1. *def* кого-что carry *to means of transport*; drive somewhere; draw *a cart* 2. *impers* кому́-чему́ (в чём) *coll*: ему́ везёт he is lucky, he is in luck ‖ *perf* повезти́ *with* 2, forms ib. | *indef* вози́ть *with* 1, forms ib.
pr.   везу́, везёшь, везу́т
imp.   вези́, ~те
pt.   вёз, везла́
g.pr.a. везя́
p.pr.a. везу́щий
p.pt.a. вёзший
p.pr.p. везо́мый

веле́ть *perf, imperf* кому́-чему́ *with infinitive or* чтобы order, tell *smb* to do *smth*
pr. and ft. велю́, вели́шь, веля́т
imp.   вели́, ~те
pt.   веле́л *only perf*
g.pr.a. веля́
g.pt.a. веле́в
p.pr.a. веля́щий
p.pt.a. веле́вший

великоду́шничать 1 a *imperf coll* play at being generous, be generous

величáть 2a *imperf* когó-что **1.** кем-чем call, name, style **2.** *obs* praise, glorify

вентили́ровать 4a *imperf* что ventilate, air. — (про-)

венчáть 2a *imperf* **1.** *a. perf* когó-что *usu* with чем wreathe **2.** *fig* crown; конéц венчáет дéло the end crowns all **3.** когó-что *or* когó с кем marry *smb in church.*— (об- *with* 3, по- *with* 3, у- *with* 1, 2)
p.pt.p. вéнчанный *and obs* венчáнный

венчáться *imperf* be married, marry *in church.* — (об-, по-)

вербовáть 5a *imperf* когó-что во что *or* на что engage, hire; enlist, recruit. — (за-, на-)
p.pt.p. вербóванный

вереди́ть *imperf* что *sub* irritate, chafe. — (раз-)
pr. вережý, -еди́шь, -едя́т
imp. вереди́, ~те
pt. вереди́л
g.pr.a. вередя́
p.pr.a. вередя́щий
p.pt.a. вереди́вший
p.pr.p. вереди́мый

верещáть *imperf* chirp; squeal
pr. верещý, -щи́шь, -щáт
imp. верещи́, ~те
pt. верещáл
g.pr.a. верещá
p.pr.a. верещáщий*
p.pt.a. верещáвший

вéрить *imperf* **1.** во что believe (in) **2.** комý-чемý believe *smb,* trust *smb* ‖ *perf* повéрить, forms ib.
pr. вéрю, вéришь, вéрят
imp. верь, ~те
pt. вéрил
g.pr.a. вéря
p.pr.a. вéрящий
p.pt.a. вéривший

вéриться *impers imperf* комý-чемý во что be believed; мне не вéрится I can hardly believe (it), I can't believe
pr. вéрится
pt. вéрилось

вернýть 7 *perf* когó-что **1.** return, give back **2.** recover, get back; win back **3.** make return, bring back

вернýться *perf* return, come back

вéровать 4a *imperf* в когó-что believe (in)

верстáть[1] 2a *imperf* print make up into pages. — (с-)
p.pt.p. вёрстанный

верстáть[2] 2a *imperf obs* когó-что **1.** с кем adjust, compare; equalize **2.** чем allot (to), give, endow (with) **3.** (*with preposition* в *and old form of accusative plural*) *mil* levy, enlist ‖ *perf* поверстáть 2, *p.pt.p.* повёрстанный
p.pt.p. вёрстанный

вертéть *imperf* **1.** когó-что *and coll* кем-чем twirl; twist about, twiddle; turn **2.** кем-чем *coll:* вертéть кéм-н. twist *smb* round *one's* finger
pr. верчý, вéртишь, вéртят
imp. верти́, ~те
pt. вертéл
g.pr.a. вертя́
p.pr.a. вертя́щий
p.pt.a. вертéвший

вертéться *imperf* **1.** turn (round), revolve **2.** fidget, move about *in a restless way*; loaf; hang about *or* around **3.** *fig sub* hedge, beat about the bush, prevaricate, shuffle

верховóдить *imperf coll* кем-чем be the leading spirit (among), lord it (over), boss the show
pr. верховóжу, -óдишь, -óдят
imp. верховóдь, ~те
pt. верховóдил
g.pr.a. верховóдя
p.pr.a. верховóдящий
p.pt.a. верховóдивший

верши́ть *imperf* что *or* чем resolve, decide; direct; accomplish
pr. вершý, -ши́шь, -шáт
imp. верши́, ~те
pt. верши́л
g.pr.a. вершá
p.pr.a. вершáщий
p.pt.a. верши́вший
p.pr.p. верши́мый

веселéть 3a *imperf* brighten up. — (по-)

весели́ть *imperf* когó-что amuse, divert, cheer. — (раз-)
pr. веселю́, -ли́шь, -ля́т
imp. весели́, ~те
pt. весели́л
g.pr.a. веселя́
p.pr.a. веселя́щий
p.pt.a. весели́вший
p.pr.p. весели́мый

весели́ться *imperf* have fun, enjoy oneself, make merry, have a good time

вéсить *imperf* weigh *i.e. have a certain weight*
pr. вéшу, вéсишь, вéсят
imp. весь, ~те

pt.	вéсил
g.pr.a.	вéся
p.pr.a.	вéсящий
p.pt.a.	вéсивший

вести *imperf* **1.** *def* когó-что lead *a horse, blind man etc.*; *smb by the hand etc.*, take *smb* **2.** *def* что drive *a car*; steer *a ship*; fly *an aeroplane* **3.** чем по чемý *def* draw (over), pass (over); move **4.** *1st and 2nd pers not used, of a road etc.* lead **5.** *fig* conduct, guide, direct, run; keep **6.** что carry on *negotiations etc.*; вести борьбý wage a struggle; вести переписку с кем-н. correspond with *smb* **7.** *fig* к чемý lead (to), bring on, cause ‖ *perf* повести *with* 7, forms ib. │ *indef* водить *with* 1, 2, 3, forms ib.

pr.	ведý, ведёшь, ведýт
imp.	веди, ~те
pt.	вёл, велá
g.pr.a.	ведя
p.pr.a.	ведýщий
p.pt.a.	вéдший
p.pr.p.	ведóмый

вестись, *1st and 2nd pers not used, imperf* **1.** be conducted on, be carried on **2.** *coll:* так уж у нас ведётся that is a custom among us ‖ *perf* повестись

ветвиться, *1st and 2nd pers not used, imperf* ramify

pr.	ветвится, -вятся
pt.	ветвился, -лась
g.pr.a.	ветвясь
p.pr.a.	ветвящийся
p.pt.a.	ветвившийся

ветшáть 2а *imperf obs* fall into decay, dilapidate, weaken. — (об-)

вечерéть 3а, *1st and 2nd pers not used, imperf usu impers, of the day* decline; вечерéет dusk [night] is falling ‖ *perf* повечерéть 3

вéшать[1] 1а *imperf* когó-что **1.** hang, hang up *smth* **2.** hang *smb*. — (повéсить)

вéшать[2] 1а *imperf* когó-что weigh, weigh out. — (с-)

вéшаться[1] *imperf* hang oneself. — (повéситься)

вéшаться[2] *imperf sub* check one's weight, weigh oneself. — (с-)

вещáть 2а *imperf* что *and without object* **1.** *elev obs* prophesy; pronounce **2.** *1st and 2nd pers not used wrl* broadcast, be on the air

вéять *imperf* **1.** *1st and 2nd pers not used,* of wind blow **2.** *1st and 2nd pers not used* flutter, float in the wind **3.** *agr* winnow. — (про- *with* 3)

pr.	вéю, вéешь, вéют
imp.	вей, ~те
pt.	вéял
g.pr.a.	вéя
p.pr.a.	вéющий
p.pt.a.	вéявший
p.pr.p.	вéемый
p.pt.p.	вéянный

вживáться *imperf of* вжиться

вжиться *perf* во что *coll* accustom oneself (to), get used (to) ‖ *imperf* вживáться 2а

ft.	вживýсь, -вёшься, -вýтся
imp.	вживись, -йтесь
pt.	вжился, -лась
g.pt.a.	вжившись
p.pt.a.	вжившийся

взаимодéйствовать 4а *imperf* interact; co-operate

взалкáть 2 *perf* чегó *elev, now iron* crave (for), long (for), hunger (for)

взбáдривать *imperf of* взбодрить

взбаламýтить *perf sub* когó-что trouble, stir up

ft.	взбаламýчу, -ýтишь, -ýтят
imp.	взбаламýть, ~те
pt.	взбаламýтил
g.pt.a.	взбаламýтив
p.pt.a.	взбаламýтивший
p.pt.p.	взбаламýченный

взбáлтывать *imperf of* взболтáть

взбегáть *imperf of* взбежáть

взбежáть *perf* run up ‖ *imperf* взбегáть 2а

ft.	взбегý, -ежишь, -егýт
imp.	взбеги, ~те
pt.	взбежáл
g.pt.a.	взбежáв
p.pt.a.	взбежáвший

взбелениться *perf sub* get into a rage, get into a white heat

ft.	взбеленюсь, -нишься, -нятся
imp.	взбеленись, -йтесь
pt.	взбеленился, -лась
g.pt.a.	взбеленившись
p.pt.a.	взбеленившийся

взбесить *perf* когó-что enrage, infuriate, madden

ft.	взбешý, -éсишь, -éсят
imp.	взбеси, ~те
pt.	взбесил
g.pt.a.	взбесив

p.pt.a. взбеси́вший
p.pt.p. взбешённый; взбешён, -ена́

взбеси́ться *perf* **1.** go mad, become rabid **2.** *sub* rage, be in rage, get [fly] into a rage

взбива́ть *imperf of* взбить

взбира́ться *imperf of* взобра́ться

взбить *perf* **1.** что churn up; whip, beat up **2.** shake up *pillows*; puff up ‖ *imperf* взбива́ть 2а
ft. взобью́, -бьёшь, -бью́т
imp. взбей, ~те
pt. взбил
g.pt.a. взбив
p.pt.a. взби́вший
p.pt.p. взби́тый

взбле́скивать *imperf of* взблесну́ть

взблесну́ть* 7 *perf and semelf* flash (out), sparkle ‖ *imperf* взбле́скивать 1а

взбодри́ть *perf* кого́-что *coll* buck up, embolden ‖ *imperf* взба́дривать 1а
ft. взбодрю́, -ри́шь, -ря́т
imp. взбодри́, ~те
pt. взбодри́л
g.pt.a. взбодри́в
p.pt.a. взбодри́вший
p.pt.p. взбодрённый; взбодрён, -ена́

взболта́ть 2 *perf* что shake up, stir up ‖ *imperf* взба́лтывать 1а

взборозди́ть *perf* что furrow, make furrows
ft. взборозжу́, -зди́шь, -здя́т
imp. взборозди́, ~те
pt. взборозди́л
g.pt.a. взборозди́в
p.pt.a. взборозди́вший
p.pt.p. взборождённый; взборождён, -ена́

взborони́ть *perf* что *agr* harrow
ft. взбороню́, -ни́шь, -ня́т
imp. взборони́, ~те
pt. взборони́л
g.pt.a. взborони́в
p.pt.a. взборони́вший
p.pt.p. взборонённый; взборонён, -ена́

взборонова́ть 5 *perf* что *agr* harrow

взбреда́ть *imperf of* взбрести́

взбрести́ *perf* на что *coll* mount slowly; взбрести́ в го́лову [на ум] *coll* come into one's head ‖ *imperf* взбреда́ть 2а
ft. взбреду́, -дёшь, -ду́т
imp. взбреди́, ~те
pt. взбрёл, -ела́

g.pt.a. взбредя́ *and obs* взбре́дши
p.pt.a. взбре́дший

взбры́згивать *imperf of* взбры́знуть

взбры́знуть 6 *perf* **1.** кого́-что *coll* sprinkle **2.** что *sub joc* have one for *i.e. to celebrate smth with a drink* ‖ *imperf* взбры́згивать 1а
p.pt.p. взбры́знутый

взбудора́живать(ся) *imperf of* взбудора́жить(ся)

взбудора́жить *perf coll* кого́-что excite, trouble, disturb ‖ *imperf* взбудора́живать 1а
ft. взбудора́жу, -жишь, -жат
imp. взбудора́жь, ~те
g.pt.a. взбудора́жив
pt. взбудора́жил
p.pt.p. взбудора́женный

взбудора́житься *perf coll* riot; worry oneself, be uneasy (about); become [get] anxious *or* nervous ‖ *imperf* взбудора́живаться

взбунтова́ть 5 *perf* кого́-что revolt, instigate, stir up

взбунтова́ться *perf* revolt, rise in revolt

взбуха́ть *imperf of* взбу́хнуть

взбу́хнуть, *1st and 2nd pers not used, perf* swell ‖ *imperf* взбуха́ть 2а
ft. взбу́хнет, -нут
pt. взбух, ~ла
g.pt.a. взбу́хнув *and* взбу́хши
p.pt.a. взбу́хший

взва́ливать *imperf of* взвали́ть

взвали́ть *perf* что на кого́-что load (with), charge (with); saddle (with) ‖ *imperf* взва́ливать 1а
ft. взвалю́, -а́лишь, -а́лят
imp. взвали́, ~те
pt. взвали́л
g.pt.a. взвали́в
p.pt.a. взвали́вший
p.pt.p. взва́ленный

взве́сить *perf* кого́-что **1.** weigh, weigh out **2.** weigh, ponder, consider ‖ *imperf* взве́шивать 1а
ft. взве́шу, -е́сишь, -е́сят
imp. взвесь, ~те
pt. взве́сил
g.pt.a. взве́сив
p.pt.a. взве́сивший
p.pt.p. взве́шенный

взве́ситься *perf* weigh oneself ‖ *imperf* взве́шиваться

взвести́ *perf* что **1.** lead up; lift **2.** на кого́ unjustly impute (to) ‖ *imperf* взводи́ть, forms ib.

ft.	взведу́, -дёшь, -ду́т
imp.	взведи́, ∼те
pt.	взвёл, -ела́
g.pt.a.	взведя́ *and obs* взве́дши
p.pt.a.	взве́дший
p.pt.p.	взведённый; взведён, -ена́

взве́шивать(ся) *imperf of* взве́сить(ся)

взвива́ть(ся) *imperf of* взви́ть(ся)

взви́деть *perf* кого́-что *usu negated obs*: он све́та не взви́дел everything went dark before him

ft.	взви́жу, взви́дишь, взви́дят
pt.	взви́дел
g.pt.a.	взви́дев *and* взви́дя
p.pt.a.	взви́девший

взви́згивать *imperf of* взви́згнуть

взви́згнуть 6 *perf* squeak, scream, screech ‖ *imperf* взви́згивать 1 a

взвинти́ть *perf* кого́-что *coll* **1.** excite, work up **2.** raise *prices* ‖ *imperf* взви́нчивать 1 a

ft.	взвинчу́, -нти́шь, -нтя́т
imp.	взвинти́, ∼те
pt.	взвинти́л
g.pt.a.	взвинти́в
p.pt.a.	взвинти́вший
p.pt.p.	взви́нченный

взви́нчивать *imperf of* взвинти́ть

взвить *perf* что whirl up; raise ‖ *imperf* взвива́ть 2 a

ft.	взовью́, -вьёшь, -вью́т
imp.	взвей, ∼те
pt.	взвил, -ила́, -и́ло
g.pt.a.	взвив
p.pt.a.	взви́вший
p.pt.p.	взви́тый; взвит, -ита́, -и́то

взви́ться *perf* soar; *of flag* be raised ‖ *imperf* взвива́ться

pt.	взви́лся, -ила́сь, -ило́сь

взви́хриться, *1st and 2nd pers not used*, *perf* whirl up, swirl, fly up

ft.	взви́хрится, -рятся
pt.	взви́хрился, -лась
g.pt.a.	взви́хрившись
p.pt.a.	взви́хрившийся

взвихри́ться, *1st and 2nd pers not used*, *perf coll* rise, fly up (into the air)

ft.	взвихри́тся, -ря́тся
p.t.	взвихри́лся, -лась
g.pt.a.	взвихри́вшись
p.pt.a.	взвихри́вшийся

взводи́ть *imperf of* взвести́

pr.	взвожу́, -о́дишь, -о́дят
imp.	взводи́, ∼те
pt.	взводи́л
g.pr.a.	взводя́
p.pr.a.	взводя́щий
p.pt.a.	взводи́вший
p.pr.p.	взводи́мый

взволнова́ть 5 *perf* кого́-что **1.** ruffle, stir up *waves* **2.** agitate, excite; *of bad news etc.* upset; worry, move *smb deeply*

взволнова́ться *perf* **1.** ripple; *of water* be rough **2.** be nervous; be excited; be upset; be worried

взвыть *perf* howl, set up a howl

ft.	взво́ю, -о́ешь, -о́ют
imp.	взвой, ∼те
pt.	взвыл
g.pt.a.	взвыв
p.pt.a.	взвы́вший

взгля́дывать *imperf of* взгляну́ть

взгляну́ть 7 *perf* на кого́-что have a look (at), cast a glance (at), look (at) ‖ *imperf* взгля́дывать 1 a

ft.	взгляну́, -я́нешь, -я́нут
no *p.pt.p.*	

взгрева́ть *imperf of* взгреть

взгреть 3 *perf* кого́-что *sub* thrash; give it hot ‖ *imperf* взгрева́ть 2 a

взгромозжда́ть(ся) *imperf of* взгромозди́ть(ся)

взгромозди́ть *perf* что *coll* pile up ‖ *imperf* взгромозжда́ть 2 a

ft.	взгромозжу́, -зди́шь, -здя́т
imp.	взгромозди́, ∼те
pt.	взгромозди́л
g.pt.a.	взгромозди́в
p.pt.a.	взгромозди́вший
p.pt.p.	взгромождённый; взгромождён, -ена́

взгромозди́ться *perf* на что *coll* clamber on to, climb onto ‖ *imperf* взгромозжда́ться

взгрустну́ться *impers perf* кому́-чему́ *coll*: мне взгрустну́лось my spirits have gone down, I am sad at heart

ft.	взгрустнётся
pt.	взгрустну́лось

вздва́ивать[1] *imperf of* вздво́ить

вздва́ивать[2] *imperf of* вздвои́ть

вздво́ить *perf* что double *the rows*; вздво́ить ряды́ form fours ‖ *imperf* вздва́ивать 1 a

ft.	вздвóю, -óишь, -óят
imp.	вздвóй, ~те
pt.	вздвóил
g.pt.a.	вздвóив
p.pt.a.	вздвóивший
p.pt.p.	вздвóенный

вздвои́ть *perf* что *agr* plough (land) a second time ‖ *imperf* вздва́ивать 1 a

ft.	вздвою́, -ои́шь, -оя́т
imp.	вздвои́, ~те
pt.	вздвои́л
g.pt.a.	вздвои́в
p.pt.a.	вздвои́вший
p.pt.p.	вздвоённый; вздвоён, -ена́

вздева́ть *imperf of* вздеть

вздёргивать *imperf of* вздёрнуть

вздёрнуть 6 *perf* когó-что 1. *coll* jerk up 2. *sub* hang, string up ‖ *imperf* вздёргивать 1 a

p.pt.p.	вздёрнутый

вздеть *perf* что *sub* put on ‖ *imperj* вздева́ть 2 a

ft.	вздéну, -нешь, -нут
imp.	вздень, ~те
pt.	вздел
g.pt.a.	вздев
p.pt.a.	вздéвший
p.pt.p.	вздéтый

вздóрить *imperf coll* squabble; с кем-чем из-за чегó quarrel (with *smb* over *smth*)‖ *perf* повздóрить, forms ib.

pr.	вздóрю, -ришь, -рят
imp.	вздорь, ~те
pt.	вздóрил
g.pr.a.	вздóря
p.pr.a.	вздóрящий
p.pt.a.	вздóривший

вздорожа́ть 2, *1st and 2nd pers not used›* *perf* become dearer, rise in price

вздохну́ть 7 *perf* 1. *semelf of* вздыха́ть 2. *coll* rest, take a breather

вздра́гивать *imperf of* вздрóгнуть

вздремну́ть 7 *perf coll* doze, take a nap no *p.pt.p.*

вздрóгнуть 6 *perf* start, flinch, wince; shudder ‖ *imperf* вздра́гивать 1 a

вздува́ть *imperf of* вздуть[1]

вздува́ться *imperf of* взду́ться

взду́мать 1 *perf coll with infinitive* conceive the idea (of), take it into *one's* head

взду́маться *impers perf with infinitive* комý *coll*: емý взду́малось he took it

into his head; как вздýмается at *one's* own sweet will

вздуть[1] *perf* что 1. whirl up, raise 2. blow up, fan *fire* 3. swell 4. *coll* inflate, run up ‖ *imperf* вздува́ть 2 a

ft.	вздýю, -ýешь, -ýют
imp.	вздуй, ~те
pt.	вздул
g.pt.a.	вздув
p.pt.a.	взду́вший
p.pt.p.	взду́тый

вздуть[2] *perf* когó-что *sub* thrash, give a hiding forms as вздуть[1]

взду́ться, *1st and 2nd pers not used, perf coll* 1. swell up, rise, distend 2. inflate, increase *in price* ‖ *imperf* вздува́ться 2 a

вздыма́ть 2 a *imperf* что raise, whirl up

вздыма́ться *imperf* rise; heave

вздыха́ть 2 a *imperf* 1. sigh *with sadness etc.* 2. по ком-чём *or* о ком-чём sigh (for), yearn (for), long (for) | *perf semelf* вздохну́ть 7 *with* 1, no *p.pt.p.*

взима́ть 2 a *imperf* что с когó-чегó levy, collect (from)

взира́ть 2 a *imperf* на когó-что *obs* look (at), gaze (at); не взира́я на without regard to, notwithstanding

взла́мывать *imperf of* взлома́ть

взлеза́ть *imperf of* взлезть

взлезть *perf* на когó-что *coll* climb up ‖ *imperf* взлеза́ть 2 a

ft.	взлéзу, -зешь, -зут
imp.	взлезь, ~те
pt.	взлез, ~ла
g.pt.a.	взлéзши
p.pt.a.	взлéзший

взлелéять *perf* когó-что cherish, foster

ft.	взлелéю, -éешь, -éют
imp.	взлелéй, ~те
pt.	взлелéял
g.pt.a.	взлелéяв
p.pt.a.	взлелéявший
p.pt.p.	взлелéянный

взлета́ть *imperf of* взлетéть

взлетéть *perf* 1. fly up, soar; take wing 2. *of an aircraft* take off 3. *coll* run up *stairs* 4.: взлетéть на вóздух blow up, explode ‖ *imperf* взлета́ть 2 a

ft.	взлечý, -ети́шь, -етя́т
imp.	взлети́, ~те
pt.	взлетéл
g.pt.a.	взлетéв
p.pt.a.	взлетéвший

взломать 2 *perf* что 1. break open; force open 2. *mil* break through ‖ *imperf* взламывать 1 a

взлохматить *perf* кого-что tousle, dishevel, ruffle ‖ *imperf* взлохмачивать 1 a
ft. взлохмачу, -атишь, -атят
imp. взлохмать, ~те
pt. взлохматил
g.pt.a. взлохматив
p.pt.a. взлохмативший
p.pt.p. взлохмаченный

взлохматиться *perf* be tousled, be dishevelled ‖ *imperf* взлохмачиваться

взлохмачивать(ся) *imperf of* взлохматить(ся)

взлущить *perf* что *agr* peel off, take off turf, stubble
ft. взлущу, -щишь, -щат
imp. взлущи, ~те
pt. взлущил
g.pt.a. взлущив
p.pt.a. взлущивший
p.pt.p. взлущённый; взлущён, -ена

взлюбить *perf only negated*: не взлюбить *obs s.* невзлюбить

взмаливаться *imperf of* взмолиться

взмахивать *imperf of* взмахнуть

взмахнуть 7 *perf* чем swing; flap *wings*; wave *hands, a kerchief etc.* ‖ *imperf* взмахивать 1 a
no *p.pt.p.*

взмащиваться *imperf of* взмоститься

взмести *perf* что whirl up; throw up, fling up ‖ *imperf* взметать 2 a
ft. взмету, -тёшь, -тут
imp. взмети, ~те
pt. взмёл, взмела
g.pt.a. взметя
p.pt.a. взмётший *and obs* взметший
p.pt.p. взметённый; взметён, -ена

взметать[1] *perf* что 1. throw up 2. *agr* plough in ‖ *imperf* взмётывать 1 a
ft. взмечу, -ечешь, -ечут
imp. взмечи, ~те
pt. взметал
g.pt.a. взметав
p.pt.a. взметавший
p.pt.p. взметанный

взметать[2] *imperf of* взметнуть

взметать[3] *imperf of* взмести

взметнуть 7 *perf and semelf* 1. что throw up 2. чем flap *smth*, flourish *smth*; взмет-

нуть крыльями beat with the wings ‖ *imperf* взметать 2 a *and* взмётывать 1 a
no *p.pt.p.*

взметнуться, *1st and 2nd pers not used, perf* rise, ascend; shoot up ‖ *imperf* взмётываться

взмётывать[1] *imperf of* взметать[1]

взмётывать[2] *imperf of* взметнуть

взмётываться *imperf of* взметнуться

взмолиться *perf* о чём beg (for), implore (for) ‖ *imperf* взмаливаться* 1 a
ft. взмолюсь, -олишься, -олятся
imp. взмолись, -итесь
pt. взмолился, -лась
g.pt.a. взмолившись
p.pt.a. взмолившийся

взмоститься *perf* на кого-что *sub* perch (on); clamber (on to) ‖ *imperf* взмащиваться 1 a
ft. взмощусь, -остишься, -остятся
imp. взмостись, -итесь
pt. взмостился, -лась
g.pt.a. взмостившись
p.pt.a. взмостившийся

взмутить *perf* кого-что make muddy ‖ *imperf* взмучивать 1 a
ft. взмучу, -утишь, -утят
imp. взмути, ~те
pt. взмутил
g.pt.a. взмутив
p.pt.a. взмутивший
p.pt.p. взмучённый *and* взмученный

взмучивать *imperf of* взмутить

взмывать *imperf of* взмыть

взмыливать *imperf of* взмылить

взмылить *perf* кого-что 1. *coll* cause to foam 2. work *a horse* into a lather ‖ *imperf* взмыливать 1 a
ft. взмылю, -лишь, -лят
imp. взмыль, ~те
pt. взмылил
g.pt.a. взмылив
p.pt.a. взмыливший
p.pt.p. взмыленный

взмыть *perf* rocket, soar up *or* upwards ‖ *imperf* взмывать 2 a
ft. взмою, взмоешь, взмоют
imp. взмой, ~те
pt. взмыл
g.pt.a. взмыв
p.pt.a. взмывший

взнузда́ть 2 *perf* кого́-что bridle ‖ *imperf* взну́здывать 1 a

взну́здывать *imperf of* взнузда́ть

взобра́ться *perf* на кого́-что climb (up) *a hill etc.*; climb (on to); get (on to) ‖ *imperf* взбира́ться 2 a

ft.	взберу́сь, -рёшься, -ру́тся
imp.	взбери́сь, -йтесь
pt.	взобра́лся, -ала́сь, -а́ло́сь
g.pt.a.	взобра́вшись
p.pt.a.	взобра́вшийся

взойти́ *perf* **1.** mount, ascend, climb *a mountain* **2.** *of the sun*, *moon* rise **3.** *of plants* come up, sprout ‖ *imperf* всходи́ть, forms ib.

ft.	взойду́, -дёшь, -ду́т
imp.	взойди́, ～те
pt.	взошёл, -шла́
g.pt.a.	взойдя́ *and obs* взоше́дши
p.pt.a.	взоше́дший

взопре́ть 3 *perf sub* sweat

взорва́ть *perf* кого́-что **1.** blow up, explode **2.** *fig coll* enrage, exasperate ‖ *imperf* взрыва́ть 2 a *with* 1

ft.	взорву́, -вёшь, -ву́т
imp.	взорви́, ～те
pt.	взорва́л, -ала́, -а́ло
g.pt.a.	взорва́в
p.pt.a.	взорва́вший
p.pt.p.	взо́рванный

взорва́ться, *1st and 2nd pers not used, perf* **1.** blow up; explode **2.** *fig coll* be indignant, be outraged, explode ‖ *imperf* взрыва́ться

pt.	взорва́лся, -ала́сь, -а́ло́сь

взрасти́ть *perf* кого́-что *bookish* grow, cultivate ‖ *imperf* взра́щивать 1 a

ft.	взращу́, -асти́шь, -астя́т
imp.	взрасти́, ～те
pt.	взрасти́л
g.pt.a.	взрасти́в
p.pt.a.	взрасти́вший
p.pt.p.	взращённый; взращён, -ена́

взра́щивать *imperf of* взрасти́ть

взреве́ть *perf* roar; utter a roar

ft.	взреву́, -вёшь, -ву́т
imp.	взреви́, ～те
pt.	взреве́л
g.pt.a.	взреве́в
p.pt.a.	взреве́вший

взре́зать *perf* кого́-что cut up; cut open; make an incision ‖ *imperf* взреза́ть 2 a *and* взре́зывать 1 a

ft.	взре́жу, -жешь, -жут

3*

imp.	взре́жь, ～те
pt.	взре́зал
g.pt.a.	взре́зав
p.pt.a.	взре́завший
p.pt.p.	взре́занный

взреза́ть *imperf of* взре́зать

взре́зывать *imperf of* взре́зать

взросле́ть 3 a *imperf coll* grow up, become adult. — (по-)

взрыва́ть[1] *imperf of* взорва́ть

взрыва́ть[2] *imperf of* взрыть

взрыва́ться *imperf of* взорва́ться

взрыть *perf* что dig up, plough up ‖ *imperf* взрыва́ть 2 a

ft.	взро́ю, -о́ешь, -о́ют
imp.	взрой, ～те
pt.	взрыл
g.pt.a.	взрыв
p.pt.a.	взры́вший
p.pt.p.	взры́тый

взрыхли́ть *perf* что loosen, break up *earth*; dig up ‖ *imperf* взрыхля́ть 2 a

ft.	взрыхлю́, -ли́шь, -ля́т
imp.	взрыхли́, ～те
pt.	взрыхли́л
g.pt.a.	взрыхли́в
p.pt.a.	взрыхли́вший
p.pt.p.	взрыхлённый; взрыхлён, -ена́

взрыхля́ть *imperf of* взрыхли́ть

взъеда́ться *imperf of* взъе́сться

взъезжа́ть *imperf of* взъе́хать

взъерепе́ниться *perf sub and reg* bristle up, be obstinate, get on *one's* hind legs

ft.	взъерепе́нюсь, -нишься, -нятся
imp.	взъерепе́нься, -ньтесь
pt.	взъерепе́нился, -лась
g.pt.a.	взъерепе́нившись
p.pt.a.	взъерепе́нившийся

взъеро́шивать(ся) *imperf of* взъеро́шить(ся)

взъеро́шить *perf* что *coll* tousle, dishevel ‖ *imperf* взъеро́шивать 1 a

ft.	взъеро́шу, -шишь, -шат
imp.	взъеро́шь, ～те
pt.	взъеро́шил
g.pt.a.	взъеро́шив
p.pt.a.	взъеро́шивший
p.pt.p.	взъеро́шенный

взъеро́шиться, *1st and 2nd pers not used, perf coll* be tousled, be dishevelled; *of hair* bristle up, stand on end ‖ *imperf* взъеро́шиваться

взъе́сться *perf* на кого́-что *sub* pitch (into), rail (at), fall (on), assail ‖ *imperf* взъеда́ться 2а
ft. взъе́мся, взъе́шься, взъе́стся, взъеди́мся, взъеди́тесь, взъедя́тся
imp. взъе́шься, -шьтесь
pt. взъе́лся, -лась
g.pt.a. взъе́вшись
p.pt.a. взъе́вшийся

взъе́хать *perf* на что ride up, drive up ‖ *imperf* взъезжа́ть 2а
ft. взъе́ду, -дешь, -дут
pt. взъе́хал
g.pt.a. взъе́хав
p.pt.a. взъе́хавший

взыва́ть 2а *imperf* cry, call; *elev* к кому́-чему́ о чём appeal (to *smb* for *smth*); взыва́ть о по́мощи call for help. — (воззва́ть)

взыгра́ть 2 *perf* 1. get worked up *about a game*, warm to *a game*; rejoice, exult 2. *reg* spring up, run high 3. *reg* break out

взыска́ть *perf* 1. что с кого́-чего́ exact (from, of), recover (from) 2. с кого́-чего́ за что call to account (for); impose a penalty (on) ‖ *imperf* взы́скивать 1а
ft. взыщу́, взы́щешь, взы́щут
imp. взыщи́, ~те
pt. взыска́л
g.pt.a. взыска́в
p.pt.a. взыска́вший
p.pt.p. взы́сканный

взы́скивать *imperf of* взыска́ть

взять *perf* 1. *perf of* брать 2. *coll* conclude, reason 3. *coll* arrest, seize 4. *coll usu imperative with* да *and a verb in the same form to indicate a sudden, unexpected event*: а он возьми́ да умри́ and he upped and died
ft. возьму́, -мёшь, -му́т
imp. возьми́, ~те
pt. взял, взяла́, взя́ло
g.pt.a. взяв
p.pt.a. взя́вший
p.pt.p. взя́тый; взят, взята́, взя́то

взя́ться *perf of* бра́ться
pt. взя́лся, взяла́сь, взяло́сь

вибри́ровать 4а, *1st and 2nd pers not used, imperf* vibrate

вида́ть[1] 2а *imperf* кого́-что 1. see often, see (now and then) 2. see, experience 3. *coll negated*: не вида́ть not to be seen, not in evidence. — (по- *with* 1, 2, у- *with* 1, 2)

вида́ть[2] *sub impers predicative, infinitive only* see; be seen; ничего́ не вида́ть there is nothing to be seen

вида́ться 2а *imperf* с кем-чем *or without object* see; meet, see each other. — (по-, у-)

ви́деть *imperf* кого́-что 1. see *light, things etc.*, perceive; catch sight (of) 2. see *have sight* 3. meet, see 4. live through, see, experience 5. *fig* see, realize ‖ *imperf freq* coll ви́дывать 1а, *pr. not used.* — (у-)
pr. ви́жу, ви́дишь, ви́дят
imp. (смотри́, ~те)
pt. ви́дел
g.pr.a. ви́дя
p.pr.a. ви́дящий
p.pt.a. ви́девший
p.pr.p. ви́димый
p.pt.p. ви́денный

ви́деться *imperf* 1. с кем *or without object* see each other, meet 2. кому́-чему́ *impers* dream of. — (при- *with* 2, с- *with* 1, у- *with* 1)

виднё́ться 3а, *1st and 2nd pers not used, imperf* appear, be seen, be discernible

видоизмени́ть *perf* что alter, change, modify ‖ *imperf* видоизменя́ть 2а
ft. видоизменю́, -ни́шь, -ня́т
imp. видоизмени́, ~те
pt. видоизмени́л
g.pt.a. видоизмени́в
p.pt.a. видоизмени́вший
p.pt.p. видоизменённый; видоизменён, -ена́

видоизмени́ться *perf* alter, change ‖ *imperf* видоизменя́ться

видоизменя́ть(ся) *imperf of* видоизмени́ть(ся)

ви́дывать *imperf freq of* ви́деть

ви́згнуть *perf semelf of* визжа́ть

визжа́ть *imperf* squeal, screech; squall ‖ *perf semelf* ви́згнуть 6
pr. визжу́, -жи́шь, -жа́т
imp. визжи́, ~те
pt. визжа́л
g.pr.a. визжа́
p.pr.a. визжа́щий
p.pt.a. визжа́вший

визи́ровать[1] 4 *and* 4а *perf, imperf* что visa. — (за-)

визи́ровать[2] 4 *and* 4а *perf, imperf* что sight *a target through an apparatus*

вильну́ть 7 *perf* **1.** *perf semelf of* виля́ть
2. change direction in running; turn here
and there; weave

виля́ть 2a *imperf* **1.** чем wag *the tail*
2. *fig coll* prevaricate, shuffle | *perf semelf*
вильну́ть 7 *with* 1

вини́ть *imperf* кого́-что в чём accuse (of);
за что blame (for)
pr.	виню́, вини́шь, виня́т
imp.	вини́, ~те
pt.	вини́л
g.pr.a.	виня́
p.pr.a.	виня́щий
p.pt.a.	вини́вший

вини́ться *imperf* в чём *obs and sub* plead
guilty (of), confess *one's* fault ‖ *perf*
повини́ться, forms ib.

винти́ть[1] *imperf* что *coll* screw, screw up
pr.	винчу́, винти́шь, винтя́т
imp.	винти́, ~те
pt.	винти́л
g.pr.a.	винтя́
p.pr.a.	винтя́щий
p.pt.a.	винти́вший

винти́ть[2] *imperf coll* play whist
forms as винти́ть[1]

висе́ть *imperf* **1.** hang; be suspended **2.** над
кем-чем hang over *a. fig*
pr.	вишу́, виси́шь, вися́т
imp.	виси́, ~те
pt.	висе́л
g.pr.a.	вися́
p.pr.a.	вися́щий
p.pt.a.	висе́вший

ви́снуть *imperf coll* **1.** hang, be suspended;
hang down **2.** *fig* на ком-чём hang on. —
(по-)
pr.	ви́сну, -нешь, -нут
imp.	ви́сни, ~те
pt.	ви́снул *and* вис, ви́сла
g.pt.a.	ви́снув
p.pr.a.	ви́снущий
p.pt.a.	ви́снувший

вита́ть 2a *imperf bookish* stay, linger; soar,
hover

вити́йствовать 4a *imperf bookish obs*
speak in an oratorical manner

вить *imperf* что **1.** twist *wind together*;
weave **2.** build *nests*. — (с-)
pr.	вью, вьёшь, вьют
imp.	вей, ~те
pt.	вил, вила́, ви́ло
g.pr.a.	вия́ *obs*
p.pr.a.	вью́щий

| *p.pt.a.* | ви́вший |
| *p.pt.p.* | ви́тый; вит, вита́, ви́то |

ви́ться *imperf* **1.** climb, twine, creep
2. eddy, spin, whirl **3.** *of birds etc.* hover,
circle **4.** *of road, stream* wind, meander
5. *of hair* curl
| *pt.* | ви́лся, вила́сь, вило́сь |

вихля́ть 2a *imperf sub* reel

вихля́ться *imperf sub* reel, be unsteady

ви́хриться *and* вихри́ться, *1st and 2nd
pers not used, imperf* whirl. — (вз-)
pr.	ви́хри́тся, ви́хря́тся
pt.	ви́хри́лся, -лась
g.pr.a.	ви́хря́сь
p.pr.a.	ви́хря́щийся
p.pt.a.	ви́хри́вшийся

вка́лывать *imperf of* вколо́ть

вка́пывать *imperf of* вкопа́ть

вкати́ть *perf* что roll in, wheel in; во что
roll (into; up, on), wheel (into; up, on)
‖ *imperf* вка́тывать 1a
ft.	вкачу́, вка́тишь, вка́тят
imp.	вкати́, ~те
pt.	вкати́л
g.pt.a.	вкати́в
p.pt.a.	вкати́вший
p.pt.p.	вка́ченный

вкати́ться *perf* во что roll (into), come
rolling (into); *fig* run in, burst (into) ‖
imperf вка́тываться

вка́тывать(ся) *imperf of* вкати́ть(ся)

вкла́дывать *imperf of* вложи́ть

вкле́ивать *imperf of* вкле́ить

вкле́ить *perf* что во что paste (into),
stick (into); вкле́ить словцо́ *fig coll* put
in a word ‖ *imperf* вкле́ивать 1a
ft.	вкле́ю, -е́ишь, -е́ят
imp.	вклей, ~те
pt.	вкле́ил
g.pt.a.	вкле́ив
p.pt.a.	вкле́ивший
p.pt.p.	вкле́енный

вкли́нивать(ся) *imperf of* вкли́нить(ся)

вкли́нить *and* вклини́ть *perf* что во что
wedge (in, into) ‖ *imperf* вкли́нивать 1a
and coll вклиня́ть 2a
ft.	вкли́ню́, вкли́ни́шь, вкли́ня́т
imp.	вклинь, ~те *and* вклини́, ~те
pt.	вкли́ни́л
g.pt.a.	вкли́ни́в
p.pt.a.	вкли́ни́вший
p.pt.p.	вкли́ненный *and* вклинённый;
вклинён, -ена́

вклиниться *and* **вклиниться** *perf* во что be wedged in, force one's way (into) ‖ *imperf* вклиниваться *and coll* вклиняться

вклинять(ся) *imperf of* вклинить(ся)

включать(ся) *imperf of* включить(ся)

включить *perf* **1.** кого-что во что include (in); insert; contain, embrace **2.** что во что *tech, el* connect (up) **3.** что *tech* engage, start; switch on, turn on *make an electric circuit* ‖ *imperf* включать 2 a

ft.	включу́, -чи́шь, -ча́т
imp.	включи́, ~те
pt.	включи́л
g.pt.a.	включи́в
p.pt.a.	включи́вший
p.pt.p.	включённый; включён, -ена́

включиться *perf* во что join (in), take part (in); enter *engage in* ‖ *imperf* включаться

вколачивать *imperf of* вколотить

вколотить *perf* что во что *coll* drive in, hammer in ‖ *imperf* вколачивать 1 a

ft.	вколочу́, -о́тишь, -о́тят
imp.	вколоти́, ~те
pt.	вколоти́л
g.pt.a.	вколоти́в
p.pt.a.	вколоти́вший
p.pt.p.	вколо́ченный

вколоть *perf* что во что stick (in, into) ‖ *imperf* вка́лывать 1 a

ft.	вколю́, вко́лешь, вко́лют
imp.	вколи́, ~те
pt.	вколо́л
g.pt.a.	вколо́в
p.pt.a.	вколо́вший
p.pt.p.	вко́лотый

вкопать 2 *perf* что во что dig (in, into) ‖ *imperf* вка́пывать 1 a

вкоренить *perf* что в кого-что inculcate, root *smth* in ‖ *imperf* вкореня́ть 2 a

ft.	вкореню́, -ни́шь, -ня́т
imp.	вкорени́, -те
pt.	вкорени́л
g.pt.a.	вкорени́в
p.pt.a.	вкорени́вший
p.pt.p.	вкоренённый; вкоренён, -ена́

вкорениться, *1st and 2nd pers not used*, *perf* take root, become rooted ‖ *imperf* вкореня́ться

вкореня́ть(ся) *imperf of* вкорени́ть(ся)

вкра́дываться *imperf of* вкра́сться

вкра́пить *and* **вкрапи́ть** *perf* что **1.** sprinkle (with) **2.** *fig* intersperse (with) ‖ *imperf* вкра́пливать 1 a *and* вкрапля́ть 2 a

ft.	вкра́плю́, вкра́пишь, вкра́пят
imp.	вкрапь, ~те *and* вкрапи́, ~те
pt.	вкра́пил
g.pt.a.	вкра́пив
p.pt.a.	вкра́пивший
p.pt.p.	вкра́пленный *and* вкраплённый; вкраплён, -ена́

вкра́пливать *imperf of* вкра́пить

вкрапля́ть *imperf of* вкрапи́ть

вкра́сться *perf* во что **1.** *1st and 2nd pers not used* creep (in, into), steal (in, into) **2.** *fig* insinuate oneself into ‖ *imperf* вкра́дываться 1 a

ft.	вкраду́сь, -дёшься, -ду́тся
imp.	вкради́сь, -и́тесь
pt.	вкра́лся, -лась
g.pt.a.	вкра́вшись
p.pt.a.	вкра́вшийся

вкрути́ть *perf* что во что screw in ‖ *imperf* вкру́чивать 1 a

ft.	вкручу́, -у́тишь, -у́тят
imp.	вкрути́, ~те
pt.	вкрути́л
g.pt.a.	вкрути́в
p.pt.a.	вкрути́вший
p.pt.p.	вкру́ченный

вкру́чивать *imperf of* вкрути́ть

вкуси́ть *perf* что *or* чего́ **1.** *bookish obs* taste **2.** *elev* savour, experience, taste ‖ *imperf* вкуша́ть 2 a

ft.	вкушу́, вку́сишь, вку́сят
imp.	вкуси́, ~те
pt.	вкуси́л
g.pt.a.	вкуси́в
p.pt.a.	вкуси́вший
p.pt.p.	вкушённый; вкушён, -ена́

вкуша́ть *imperf of* вкуси́ть

влага́ть *imperf of* вложи́ть

владе́ть 3 a *imperf* кем-чем **1.** possess, own, have **2.** be able to use, know how to use; wield *a weapon etc.*; manage **3.** *fig of a thought etc.* possess, occupy **4.** rule, govern

владычествовать 4 a *imperf obs and elev* rule (over), dominate

влажне́ть 3 a, *1st and 2nd pers not used*, *imperf* become humid. — (по-)

вла́мываться *imperf of* вломи́ться

вла́ствовать 4 a *imperf* кем-чем, над кем-чем *or without object obs and elev* rule (over), govern, dominate

влачи́ть *imperf* что *bookish* **1.** *obs* drag,
draw **2.**: влачи́ть жа́лкое существова́ние
eke out a wretched existence

pr.	влачу́, -чи́шь, -ча́т
imp.	влачи́, ~те
pt.	влачи́л
g.pr.a.	влача́
p.pr.a.	влача́щий
p.pt.a.	влачи́вший
p.pr.p.	влачи́мый

влега́ть *imperf of* влечь[1]

влеза́ть *imperf of* влезть

влезть *perf* **1.** на что climb (up) *a tree etc.*;
cimb (on to) **2.** во что get in, climb in;
get (into), climb (into) **3.** во что *coll* find
room **4.** во что *sub* go *into a container*
‖ *imperf* влеза́ть 2a

ft.	вле́зу, -зешь, -зут
imp.	влезь, ~те
pt.	влез, ~ла
g.pt.a.	вле́зши
p.pt.a.	вле́зший

влепи́ть *perf* что во что **1.** paste in **2.**: вле-
пи́ть кому́-н. пощёчину give *smb* a slap
[smack] on the face, give *smb* a box on
the ear ‖ *imperf* влепля́ть 2a

ft.	влеплю́, вле́пишь, вле́пят
imp.	влепи́, ~те
pt.	влепи́л
g.pt.a.	влепи́в
p.pt.a.	влепи́вший
p.pt.p.	вле́пленный

влепля́ть *imperf of* влепи́ть

влета́ть *imperf of* влете́ть

влете́ть *perf* **1.** во что fly in(to) **2.** во что
coll burst (into), dash (into) **3.** *impers*
кому́-чему́ *coll*: ему́ здо́рово влете́ло he
got it hot ‖ *imperf* влета́ть 2a

ft.	влечу́, влети́шь, влетя́т
imp.	влети́, ~те
pt.	влете́л
g.pt.a.	влете́в
p.pt.a.	влете́вший

влечь[1] *perf* во что wedge itself in, get
wedged in ‖ *imperf* влега́ть 2a

ft.	вля́гу, вля́жешь, вля́гут
imp.	вляг, ~те
pt.	влёг, влегла́
g.pt.a.	влёгши
p.pt.a.	влёгший

влечь[2] *imperf* кого́-что **1.** *bookish* draw,
drag, pull **2.** *fig* attract, draw *excite
interest etc.* **3.** *fig*: влечь за собо́й involve,
entail, bring on

pr.	влеку́, влечёшь, влеку́т
imp.	влеки́, ~те
pt.	влёк, влекла́
p.pr.a.	влеку́щий
p.pr.a.	влёкший
p.pr.p.	влеко́мый

вле́чься *imperf* **1.** *bookish* drag along,
trail along; be dragged, be trailed **2.** к
кому́-чему́ feel (oneself) drawn (to); yearn
towards; take to someone; strive (for,
after)
forms follow влечь[2]

влива́ть(ся) *imperf of* вли́ть(ся)

влипа́ть *imperf of* вли́пнуть

вли́пнуть *perf* во что *sub* get into trouble;
get into a scrape; be in a nice mess ‖ *imperf* влипа́ть 2a

ft.	вли́пну, -нешь, -нут
imp.	вли́пни, ~те
pt.	влип, ~ла
g.pt.a.	вли́пнув *and* вли́пши
p.pt.a.	вли́пший

вли́ть *perf* что во что **1.** *a.* чего́ pour in
a liquid; pour *a liquid into smth*; *fig* give,
instil *courage etc.* **2.** amalgamate (with),
make part (of) ‖ *imperf* влива́ть 2a

ft.	волью́, вольёшь, волью́т
imp.	влей, ~те
pt.	влил, влила́, вли́ло
g.pt.a.	влив
p.pt.a.	вли́вший
p.pt.p.	вли́тый; влит, влита́, вли́то

вли́ться, *1st and 2nd pers not used, perf*
во что **1.** flow (into), stream (into); fall
(into) **2.** *fig* join the ranks (of) ‖ *imperf*
влива́ться

pt.	вли́лся, влила́сь, вли́ло́сь

влия́ть 2a *imperf* на кого́-что influence,
have an influence (on); affect, have an
effect (on) ‖ *perf* повлия́ть 2

вложи́ть *perf* что во что **1.** put in, insert,
enclose **2.** invest; deposit *money* ‖ *imperf*
влага́ть 2a *and* вкла́дывать 1a

ft.	вложу́, вло́жишь, вло́жат
imp.	вложи́, ~те
pt.	вложи́л
g.pt.a.	вложи́в
p.pt.a.	вложи́вший
p.pt.p.	вло́женный

вломи́ться *perf* во что break (into); burst
(into); get in by force ‖ *imperf* вла́мы-
ваться 1a

ft.	вломлю́сь, вло́мишься, вло́мятся

imp.	вломи́сь, -и́тесь
pt.	вломи́лся, -лась
g.pt.a.	вломи́вшись
p.pt.a.	вломи́вшийся

вло́паться 1 *perf* во что *sub* plump (into), flop (into)

влюби́ть *perf* кого́-что turn a person's head ‖ *imperf* влюбля́ть 2 a

ft.	влюблю́, влю́бишь, влю́бят
imp.	влюби́, ~те
pt.	влюби́л
g.pt.a.	влюби́в
p.pt.a.	влюби́вший

влюби́ться *perf* в кого́-что fall in love (with), lose *one's* heart (to) ‖ *imperf* влюбля́ться

влюбля́ть(ся) *imperf of* влюби́ть(ся)

вма́зать *perf* что во что cement (in); putty (in) ‖ *imperf* вма́зывать 1 a

ft.	вма́жу, -жешь, -жут
imp.	вмажь, ~те
pt.	вма́зал
g.pt.a.	вма́зав
p.pt.a.	вма́завший
p.pt.p.	вма́занный

вма́зывать *imperf of* вма́зать

вма́тывать *imperf of* вмота́ть

вмени́ть *perf* что кому́-чему́ во что *obs* impute (to), consider (as); вмени́ть что́-н. кому́-н. в вину́ accuse *smb* of *smth,* charge *smb* with *smth;* вмени́ть в обя́занность кому́-н. сде́лать что́-н. charge *smb* to do *smth,* make it *smb's* duty to do *smth* ‖ *imperf* вменя́ть 2 a

ft.	вменю́, -ни́шь, -ня́т
imp.	вмени́, ~те
pt.	вмени́л
g.pt.a.	вмени́в
p.pt.a.	вмени́вший
p.pt.p.	вмене́нный; вменён, -ена́

вменя́ть *imperf of* вмени́ть

вмеси́ть *perf* что во что knead in, mix in ‖ *imperf* вме́шивать 1 a

ft.	вмешу́, вме́сишь, вме́сят
imp.	вмеси́, ~те
pt.	вмеси́л
g.pt.a.	вмеси́в
p.pt.a.	вмеси́вший
p.pt.p.	вме́шенный

вмести́ть *perf* что 1. *1st and 2nd pers not used* hold, contain; *of a hall* seat; *of a block of flats etc.* accomodate 2. во что go (into) ‖ *imperf* вмеща́ть 2 a

ft.	вмещу́, вмести́шь, вмести́т

imp.	вмести́, ~те
pt.	вмести́л
g.pt.a.	вмести́в
p.pt.a.	вмести́вший
p.pt.p.	вмещённый; вмещён, -ена́

вмести́ться *perf* fit in, find room; go *into a container* ‖ *imperf* вмеща́ться

вмета́ть 2 *perf* что tack in *in sewing* ‖ *imperf* вмётывать 1 a

p.pt.p.	вмётанный

вмётывать *imperf of* вмета́ть

вмеша́ть 2 *perf* во что 1. что *or* чего́ mix in, mingle (with) 2. кого́-что *fig* mix up (in), involve (in), implicate (in) ‖ *imperf* вме́шивать 1 a

вмеша́ться *perf* во что 1.: вмеша́ться в толпу́ mix [mingle] with the crowd 2. *fig* interfere (in, with), intervene (in); meddle (in, with); step (in) ‖ *imperf* вме́шиваться

вме́шивать[1] *imperf of* вмеша́ть

вме́шивать[2] *imperf of* вмеси́ть

вме́шиваться *imperf of* вмеша́ться

вмеща́ть(ся) *imperf of* вмести́ть(ся)

вмина́ть *imperf of* вмять

вмонти́ровать 4 *perf* что во что build in, fit in

вмота́ть 2 *perf* что roll up in, wind in ‖ *imperf* вма́тывать 1 a

вмурова́ть 5 *perf* что wall in; immure in a wall ‖ *imperf* вмуро́вывать 1 a

вмуро́вывать *imperf of* вмурова́ть

вмять *perf* что во что crumple in, press in, knead in ‖ *imperf* вмина́ть 2 a

ft.	вомну́, -нёшь, -нут
imp.	вомни́, ~те
pt.	вмял
g.pt.a.	вмяв
p.pt.a.	вмя́вший
p.pt.p.	вмя́тый

внедри́ть *perf* что во что introduce *new methods of production etc., in industry etc.;* inculcate (in, on), instil (in, into) ‖ *imperf* внедря́ть 2 a

ft.	внедрю́, -ри́шь, -ря́т
imp.	внедри́, ~те
pt.	внедри́л
g.pt.a.	внедри́в
p.pt.a.	внедри́вший
p.pt.p.	внедрённый; внедрён, -ена́

внедри́ться *perf* в кого́-что take root, strike deep roots ‖ *imperf* внедря́ться

внедря́ть(ся) *imperf of* внедри́ть(ся)

внести́ *perf* кого́-что **1.** bring in, carry in; во что bring (into), carry (into) **2.** pay (in) **3.** introduce, enter *in a register;* insert, make *correction* **4.** move, submit *a proposal* **5.** во что contribute (to) ‖ *imperf* вноси́ть, forms ib.

ft.	внесу́, -сёшь, -су́т
imp.	внеси́, ~те
pt.	внёс, внесла́
g.pt.a.	внеся́ *and obs* внёсши
p.pt.a.	внёсший
p.pt.p.	внесённый; внесён, -ена́

вника́ть *imperf of* вни́кнуть

вни́кнуть *perf* во что go [look] deep (into), penetrate (into), fathom, try to grasp; scrutinize, examine carefully *a matter etc.* ‖ *imperf* вника́ть 2a

ft.	вни́кну, -нешь, -нут
imp.	вни́кни, ~те
pt.	вник *and obs* вни́кнул, вни́кла
g.pt.a.	вни́кнув *and* вни́кши
p.pt.a.	вни́кший *and* вни́кнувший

внима́ть *imperf* кому́-чему́ **1.** *obs* listen (to), hearken (to); heed; follow, watch **2.** *elev* direct *one's* attention (to) ‖ *perf* внять *with* 1, forms ib.

pr.	внима́ю, -а́ешь, -а́ют *and obs* вне́млю, -лешь, -лют
imp.	внима́й, ~те *and obs* вне́мли, ~те
pt.	внима́л
g.pr.a.	внима́я *and obs* вне́мля
p.pr.a.	внима́ющий *and obs* вне́млющий
p.pt.a.	внима́вший

вноси́ть *imperf of* внести́

pr.	вношу́, вно́сишь, вно́сят
imp.	вноси́, ~те
pt.	вноси́л
g.pr.a.	внося́
p.pr.a.	внося́щий
p.pt.a.	вноси́вший
p.pr.p.	вноси́мый

внуша́ть *imperf of* внуши́ть

внуши́ть *perf* что кому́-чему́ *or with conjunction* что **1.** instil *an idea;* bring home *to smb that ...;* impress *on smb that ...* **2.** fill *smb with a certain feeling;* suggest, inspire (with) ‖ *imperf* внуша́ть 2a

ft.	внушу́, -ши́шь, -ша́т
imp.	внуши́, ~те
pt.	внуши́л
g.pt.a.	внуши́в
p.pt.a.	внуши́вший
p.pt.p.	внушённый; внушён, -ена́

внюхаться 1 *perf* во что *sub* take a whiff to identify the smell of *smth* ‖ *imperf* внюхиваться 1a

внюхиваться *imperf of* внюхаться

внять *perf* кому́-чему́ **1.** *obs perf of* внима́ть **2.** pay [give] attention (to); он внял мое́й про́сьбе he heeded my request

ft.	not used
imp.	вонми́, ~те *obs*
pt.	внял, вняла́, вня́ло
g.pt.a.	вняв
p.pt.a.	вня́вший

вобра́ть *perf* что absorb, imbibe *water etc.*; inhale *air* ‖ *imperf* вбира́ть 2a

ft.	вберу́, -рёшь, -ру́т
imp.	вбери́, ~те
pt.	вобра́л, -ала́, -а́ло
g.pt.a.	вобра́в
p.pt.a.	вобра́вший
p.pt.p.	во́бранный; во́бран, во́брана *and obs* вобрана́, во́брано

вобра́ться *1st and 2nd pers not used,* perf soak (in, into, up), be absorbed (by); ooze, infiltrate (in, into) ‖ *imperf* вбира́ться

pt.	вобра́лся, -ала́сь, -а́лось

вовлека́ть(ся) *imperf of* вовле́чь(ся)

вовле́чь *perf* кого́-что во что **1.** drag (in, into) **2.** *fig* draw (in, into), involve (in) ‖ *imperf* вовлека́ть 2a

ft.	вовлеку́, -ечёшь, -еку́т
imp.	вовлеки́, ~те
pt.	вовлёк, -екла́
g.pt.a.	вовлёкши
p.pt.a.	вовлёкший
p.pt.p.	вовлечённый; вовлечён, -ена́

вовле́чься *perf* во что be drawn (into) ‖ *imperf* вовлека́ться

вогна́ть *perf* кого́-что во что **1.** drive in, drive (into) **2.** *coll* drive (into), knock (into) **3.** *fig coll* put in an awkward position ‖ *imperf* вгоня́ть 2a

ft.	вгоню́, вго́нишь, вго́нят
imp.	вгони́, ~те
pt.	вогна́л, -ала́, -а́ло
g.pt.a.	вогна́в
p.pt.a.	вогна́вший
p.pt.p.	во́гнанный

вогну́ть 7 *perf* что curve [bend] inwards, bend in ‖ *imperf* вгиба́ть 2a

вогну́ться, *1st and 2nd pers not used, perf* curve [band] inwards ‖ *imperf* вгиба́ться

водвори́ть *perf* **1.** кого́-что во что install; settle; put back; send back **2.** *fig* (re)establish ‖ *imperf* водворя́ть 2а

ft.	водворю́, -ри́шь, -ря́т
imp.	водвори́, ~те
pt.	водвори́л
g.pt.a.	водвори́в
p.pt.a.	водвори́вший
p.pt.p.	водворённый; водворён, -ена́

водвори́ться *perf* **1.** в чём install oneself, establish oneself, settle **2.** *1st and 2nd pers not used* be established ‖ *imperf* водворя́ться

водворя́ть(ся) *imperf of* водвори́ть(ся)

води́ть *imperf* **1.** *indef of* вести́ **2.** что с кем-чем keep up (with); води́ть знако́мство keep up an acquaintance (with); keep up friendly relations (with) **3.** что lead the round dance | *imperf coll freq* ва́живать 1а

pr.	вожу́, во́дишь, во́дят
imp.	води́, ~те
pt.	води́л
g.pr.a.	водя́
p.pr.a.	водя́щий
p.pt.a.	води́вший
p.pr.p.	води́мый

води́ться *imperf* **1.** *1st and 2nd pers not used* be found, be, live; be customary, be the custom **2.** с кем-чем *coll* associate (with)

водружа́ть(ся) *imperf of* водрузи́ть(ся)

водрузи́ть *perf* что *bookish* erect, set up; hoist *flag* ‖ *imperf* водружа́ть 2а

ft.	водружу́, -узи́шь, -узя́т
imp.	водрузи́, ~те
pt.	водрузи́л
g.pt.a.	водрузи́в
p.pt.a.	водрузи́вший
p.pt.p.	водружённый; водружён, -ена́

водрузи́ться, *1st and 2nd pers not used, perf bookish* be erected, be set up ‖ *imperf* водружа́ться

воева́ть *imperf* с кем-чем wage war (against), be at war (with), fight (with, against)

pr.	вою́ю, вою́ешь, вою́ют
imp.	вою́й, ~те
pt.	воева́л
g.pr.a	вою́я

p.pr.a. вою́ющий
p.pt.a. воева́вший

военизи́ровать 4 *and* 4а *perf, imperf* кого́-что militarize

возблагодари́ть *perf* кого́-что *obs* thank, give thanks to

ft.	возблагодарю́, -ри́шь, -ря́т
imp.	возблагодари́, ~те
pt.	возблагодари́л
g.pt.a.	возблагодари́в
p.pt.a.	возблагодари́вший
p.pt.p.	возблагодарённый; возблагодарён, -ена́

возбрани́ть *perf* что *obs* prohibit, forbid, interdict ‖ *imperf* возбраня́ть 2а

ft.	возбраню́, -ни́шь, -ня́т
imp.	возбрани́, ~те
pt.	возбрани́л
g.pt.a.	возбрани́в
p.pt.a.	возбрани́вший
p.pt.p.	возбранённый; возбранён, -ена́

возбраня́ть *imperf of* возбрани́ть

возбраня́ться 2а, *1st and 2nd pers not used, imperf obs* be prohibited, be forbidden

возбуди́ть *perf* кого́-что **1.** arouse, rouse; excite, stimulate, inspire; provoke *feelings* **2.** excite, stir up; incite, rouse **3.** raise *a question*; возбуди́ть де́ло про́тив кого́-н. take proceedings against *smb* **3.** про́тив кого́-чего́ stir up (against), instigate (against), incite (against) ‖ *imperf* возбужда́ть 2а

ft.	возбужу́, -уди́шь, -удя́т
imp.	возбуди́, ~те
pt.	возбуди́л
g.pt.a.	возбуди́в
p.pt.a.	возбуди́вший
p.pt.p.	возбуждённый; возбуждён, -ена́

возбуди́ться *perf* get excited ‖ *imperf* возбужда́ться

возбужда́ть(ся) *imperf of* возбуди́ть(ся)

возвели́чивать *imperf of* возвели́чить

возвели́чить *perf* кого́-что *obs and elev* exalt, praise, glorify ‖ *imperf* возвели́чивать 1а

ft.	возвели́чу, -чишь, -чат
imp.	возвели́чь, ~те
pt.	возвели́чил
g.pt.a.	возвели́чив
p.pt.a.	возвели́чивший
p.pt.p.	возвели́ченный

возвести́ *perf* кого́-что **1.** erect, raise **2.** во что *math* raise to a higher power **3.** к чему́ derive (from), trace back (to) **4.** *obs and elev* raise, lift up **5.** в кого́-что elevate, promote *smb to the rank of* **6.**: возвести́ клевету́ на кого́-н. calumniate *smb*; возвести́ обвине́ние на кого́-н. accuse *smb* ‖ *imperf* возводи́ть, forms ib.

ft.	возведу́, -дёшь, -ду́т
imp.	возведи́, ~те
pt.	возвёл, -ела́
g.pt.a.	возведя́ *and obs* возве́дши
p.pt.a.	возве́дший
p.pt.p.	возведённый; возведён, -ена́

возвести́ть *perf* что *or* о чём *bookish* announce, proclaim ‖ *imperf* возвеща́ть 2a

ft.	возвещу́, -ести́шь, -естя́т
imp.	возвести́, ~те
pt.	возвести́л
g.pt.a.	возвести́в
p.pt.a.	возвести́вший
p.pt.p.	возвещённый; возвещён, -ена́

возвеща́ть *imperf of* возвести́ть

возводи́ть *imperf of* возвести́

pr.	возвожу́, -о́дишь, -о́дят
imp.	возводи́, ~те
pt.	возводи́л
g.pr.a.	возводя́
p.pr.a.	возводя́щий
p.pt.a.	возводи́вший
p.pr.p.	возводи́мый

возврати́ть *perf* кого́-что **1.** return, give back; pay back **2.** restore, recover ‖ *imperf* возвраща́ть 2a

ft.	возвращу́, -ати́шь, -атя́т
imp.	возврати́, ~те
pt.	возврати́л
g.pt.a.	возврати́в
p.pt.a.	возврати́вший
p.pt.p.	возвращённый; возвращён, -ена́

возврати́ться *perf* **1.** return *home etc.*; come back; go back **2.** к кому́-чему́ revert (to) ‖ *imperf* возвраща́ться

возвраща́ть(ся) *imperf of* возврати́ть(ся)

возвы́сить *perf* кого́-что raise, elevate; exalt, ennoble, elate ‖ *imperf* возвыша́ть 2a

ft.	возвы́шу, -ы́сишь, -ы́сят
imp.	возвы́сь, ~те
pt.	возвы́сил
g.pt.a.	возвы́сив
p.pt.a.	возвы́сивший
p.pt.p.	возвы́шенный

возвы́ситься *perf* rise ‖ *imperf* возвыша́ться

возвыша́ть *imperf of* возвы́сить

возвыша́ться 2a *imperf* **1.** *imperf of* возвы́ситься **2.** над кем-чем tower (above, over), rise high (above); *fig* be above

возгла́вить *perf* что lead, head, be at the head (of) ‖ *imperf* возглавля́ть 2a

ft.	возгла́влю, -вишь, -вят
imp.	возгла́вь, ~те
pt.	возгла́вил
g.pt.a.	возгла́вив
p.pt.a.	возгла́вивший
p.pt.p.	возгла́вленный

возглавля́ть *imperf of* возгла́вить

возгласи́ть *perf* что *obs and elev* proclaim ‖ *imperf* возглаша́ть 2a

ft.	возглашу́, -аси́шь, -ася́т
imp.	возгласи́, ~те
pt.	возгласи́л
g.pt.a.	возгласи́в
p.pt.a.	возгласи́вший
p.pt.p.	возглашённый; возглашён, -ена́

возглаша́ть *imperf of* возгласи́ть

возгора́ться *imperf of* возгоре́ться

возгорди́ться *perf* чем be proud (of), grow proud (of); get a swelled head (over)

ft.	возгоржу́сь, -рди́шься, -рдя́тся
imp.	возгорди́сь, -и́тесь
pt.	возгорди́лся, -лась
g.pt.a.	возгорди́вшись
p.pt.a.	возгорди́вшийся

возгоре́ться *perf* **1.** *obs* kindle, flare up **2.** *fig bookish* чем be seized (with), be inflamed (with); be smitten (with) ‖ *imperf* возгора́ться 2a

ft.	возгорю́сь, -ри́шься, -рятся
imp.	возгори́сь, -и́тесь
pt.	возгоре́лся, -лась
g.pt.a.	возгоре́вшись
p.pt.a.	возгоре́вшийся

воздава́ть *imperf of* возда́ть

pr.	воздаю́, -аёшь, -аю́т
imp.	воздава́й, ~те
pt.	воздава́л
g.pr.a.	воздава́я
p.pr.a.	воздаю́щий
p.pt.a.	воздава́вший
p.pr.p.	воздава́емый

воздать *perf obs and elev* **1.** что render; show *honour* etc.; воздать должное кому́-н. give *smb* his due **2.** чем reward, recompense, requite ‖ *imperf* воздава́ть, forms ib.

ft.	возда́м, -да́шь, -да́ст, -дади́м, -дади́те, -даду́т
imp.	возда́й, ~те
pt.	возда́л, -ала́, -а́ло
g.pt.a.	возда́в
p.pt.a.	возда́вший
p.pt.p.	во́зданный; во́здан, воздана́, во́здано

воздвига́ть 2a *imperf* что erect, construct, raise, set up ‖ *perf* воздви́гнуть, forms ib.

воздви́гнуть *perf of* воздвига́ть

ft.	воздви́гну, -нешь, -нут
imp.	воздви́гни, ~те
pt.	воздви́г *and* воздви́гнул, воздви́гла
g.pt.a.	воздви́гнув *and obs* воздви́гши
p.pt.a.	воздви́гший *and* воздви́гнувший
p.pt.p.	воздви́гнутый

воздева́ть *imperf of* возде́ть

возде́йствовать 4 *and* 4a *perf, imperf* на кого́-что influence, exert influence (on); act (upon), affect

возде́лать *perf of* возде́лывать

возде́лывать 1a *imperf* что **1.** cultivate, till **2.** grow, cultivate ‖ *perf* возде́лать 1

воздержа́ться *perf* от чего́ keep oneself (from), refrain (from); abstain (from) ‖ *imperf* возде́рживаться 1a

ft.	воздержу́сь, -е́ржишься, -е́ржатся
imp.	воздержи́сь, -и́тесь
pt.	воздержа́лся, -лась
g.pt.a.	воздержа́вшись
p.pt.a.	воздержа́вшийся

возде́рживаться *imperf of* воздержа́ться

возде́ть *perf bookish obs* uplift, raise up ‖ *imperf* воздева́ть 2a

ft.	возде́ну, -нешь, -нут
imp.	возде́нь, ~те
pt.	возде́л
g.pt.a.	возде́в
p.pt.a.	возде́вший
p.pt.p.	возде́тый

возже́чь *perf* что *obs* kindle, inflame; excite ‖ *imperf* возжига́ть 2a

ft.	возжгу́, -жжёшь, -жгу́т
imp.	возжги́, ~те
pt.	возжёг, -жгла́

g.pt.a.	возжёгши
p.pt.a.	возжёгший
p.pt.p.	возжжённый; возжжён, -ена́

возжига́ть *imperf of* возже́чь

воззва́ть *perf obs and elev* call, cry; invoke; к кому́-чему́ о чём appeal (to *smb* for *smth*). — (взыва́ть)

ft.	воззову́, -вёшь, -ву́т
imp.	воззови́, ~те
pt.	воззва́л
g.pt.a.	воззва́в
p.pt.a.	воззва́вший

воззре́ть *perf* на кого́-что *obs* look (at)

ft.	воззрю́, -ри́шь, -ря́т
imp.	воззри́, ~те
pt.	воззре́л
g.pt.a.	воззре́в
p.pt.a.	воззре́вший

вози́ть *imperf* **1.** *indef of* везти́ **2.** чём-н. по чему́-н. *coll* draw (over), pass (over) ‖ *imperf coll freq* ва́живать 1a

pr.	вожу́, во́зишь, во́зят
imp.	вози́, ~те
pt.	вози́л
g.pr.a.	возя́
p.pr.a.	возя́щий
p.pt.a.	вози́вший
p.pr.p.	вози́мый

вози́ться *imperf* **1.** potter about **2.** с кем-чем *coll* take pains with **3.** с кем-чем *coll* dawle **4.** *of children* romp

возлага́ть *imperf of* возложи́ть

возлега́ть *imperf of* возле́чь

возлежа́ть *imperf* на чём *obs poet, now joc* lie (on), rest (on), recline (on)

pr.	возлежу́, -жи́шь, -жа́т
imp.	возлежи́, ~те
pt.	возлежа́л
g.pr.a.	возлежа́
p.pr.a.	возлежа́щий
p.pt.a.	возлежа́вший

возле́чь *perf obs poet, now joc* на что lie down (on, upon) ‖ *imperf* возлега́ть 2a

ft.	возля́гу, -я́жешь, -я́гут
imp.	возля́г, ~те
pt.	возлёг, -егла́
g.p.t.a.	возлёгши
p.pt.a.	возлёгший

возликова́ть 5 *perf elev* give oneself up to joy, rejoice, triumph

возложи́ть *perf* что на кого́-что **1.** lay *a wreath* etc. (on) **2.** entrust (with), charge (with) ‖ *imperf* возлага́ть 2a

ft.	возложу́, -о́жишь, -о́жат
imp.	возложи́, ~те
pt.	возложи́л
g.pt.a.	возложи́в
p.pt.a.	возложи́вший
p.pt.p.	возло́женный

возлюби́ть *perf* кого́-что *obs* take a fancy [liking] (to), grow fond (of); fall in love (with)

ft.	возлюблю́, -ю́бишь, -ю́бят
imp.	возлюби́, ~те
pt.	возлюби́л
g.pt.a.	возлюби́в
p.pt.a.	возлюби́вший
p.pt.p.	возлю́бленный

возмести́ть *perf* что (чем) compensate, make up (for); refund ‖ *imperf* возмеща́ть 2a

ft.	возмещу́, -ести́шь, -естя́т
imp.	возмести́, ~те
pt.	возмести́л
g.pt.a.	возмести́в
p.pt.a.	возмести́вший
p.pt.p.	возмещённый; возмещён, -ена́

возмечта́ть 2 *perf* **1.** be given to dreaming **2.** *obs*: возмечта́ть о себе́ get a high opinion of oneself, become conceited

возмеща́ть *imperf of* возмести́ть

возмужа́ть 2 *perf* **1.** attain the age of puberty **2.** grow up; be grown up no *p.pt.p.*

возмути́ть *perf* кого́-что **1.** (a)rouse indignation (of), make indignant; exasperate **2.** *obs* stir up ‖ *imperf* возмуща́ть 2a

ft.	возмущу́, -ути́шь, -утя́т
imp.	возмути́, ~те
pt.	возмути́л
g.pt.a.	возмути́в
p.pt.a.	возмути́вший
p.pt.p.	возмущённый; возмущён, -ена́

возмути́ться *perf* **1.** кем-чем be indignant (at), be filled with indignation (at); be outraged **2.** про́тив *obs* rebel (against) ‖ *imperf* возмуща́ться

возмуща́ть(ся) *imperf of* возмути́ть(ся)

вознагради́ть *perf* кого́-что reward, recompense, indemnify; remunerate ‖ *imperf* вознагражда́ть 2a

ft.	вознагражу́, -ади́шь, -адя́т
imp.	вознагради́, ~те
pt.	вознагради́л
g.pt.a.	вознагради́в
p.pt.a.	вознагради́вший

p.pt.p.	вознаграждённый; вознаграждён, -ена́

вознагради́ться, *1st and 2nd pers not used*, *perf* be compensated, be indemnified ‖ *imperf* вознагражда́ться

вознагражда́ть(ся) *imperf of* вознагради́ть(ся)

вознаме́риваться *imperf of* вознаме́риться

вознаме́риться *perf with infinitive obs* intend, decide ‖ *imperf* вознаме́риваться 1a

ft.	вознаме́рюсь, -ришься, -рятся
imp.	вознаме́рься, -рьтесь
pt.	вознаме́рился, -лась
g.pt.a.	вознаме́рившись
p.pt.a.	вознаме́рившийся

вознегодова́ть 5 *perf* на кого́-что *bookish* be indignant (at, with)

возненави́деть *perf* кого́-что conceive a hatred (for), begin to detest

ft.	возненави́жу, -и́дишь, -и́дят
imp.	возненави́дь, ~те
pt.	возненави́дел
g.pt.a.	возненави́дев
p.pt.a.	возненави́девший
p.pt.p.	возненави́денный

вознести́ *perf* кого́-что *elev* raise, elevate; exalt; вознести́ кого́-н. до небе́с praise a person up to the skies ‖ *imperf* возноси́ть, forms ib.

ft.	вознесу́, -сёшь, -су́т
imp.	вознеси́, ~те
pt.	вознёс, -есла́
g.pt.a.	вознеся́ *and obs* вознёсши
p.pt.a.	вознёсший
p.pt.p.	вознесённый; вознесён, -ена́

вознести́сь *perf* **1.** *obs* rise **2.** *sub* become haughty ‖ *imperf* возноси́ться

возника́ть *imperf of* возни́кнуть

возни́кнуть *perf* arise, spring up, originate, come into being ‖ *imperf* возника́ть 2a

ft.	возни́кну, -нешь, -нут
imp.	возни́кни, ~те
pt.	возни́к *and obs* возни́кнул, возни́кла
g.pt.a.	возни́кнув *and obs* возни́кши
p.pt.a.	возни́кший *and* возни́кнувший

возноси́ть *imperf of* вознести́

pr.	возношу́, -о́сишь, -о́сят
imp.	возноси́, ~те
pt.	возноси́л
g.pr.a.	вознося́
p.pr.a.	вознося́щий

p.pt.a. возноси́вший
p.pr.p. возноси́мый

возноси́ться *imperf of* вознести́сь

возоблада́ть 2 *perf* над кем-чем *bookish* get the better (of),gain ascendency (over), obtain advantage (over)

возобнови́ть *perf* что renew *an agreement etc.*; resume *talks etc.* ‖ *imperf* возобновля́ть 2а
ft. возобновлю́, -ви́шь, -вя́т
imp. возобнови́, ~те
pt. возобнови́л
g.pt.a. возобнови́в
p.pt.a. возобнови́вший
p.pt.p. возобновлённый; возобновлён, -ена́

возобнови́ться, *1st and 2nd pers not used, perf* be renewed; recommence, begin again ‖ *imperf* возобновля́ться

возобновля́ть(ся) *imperf of* возобнови́ть(ся)

возомни́ть *perf coll:* возомни́ть о себе́ have a high opinion of oneself, think a lot of oneself
ft. возомню́, -ни́шь, -ня́т
imp. возомни́, ~те
pt. возомни́л
g.pt.a. возомни́в
p.pt.a. возомни́вший

возопи́ть *perf obs bookish* cry out, bawl; lament, wail
ft. возоплю́, -пи́шь, -пя́т
imp. возопи́, ~те
pt. возопи́л
g.pt.a. возопи́в
p.pt.a. возопи́вший

возра́доваться 4 *perf obs* rejoice, be glad, be joyful

возража́ть *imperf of* возрази́ть

возрази́ть *perf* 1. кому́-чему́ на что return (to), retort (to) 2. про́тив кого́-чего́ object (to), raise an objection (to) ‖ *imperf* возража́ть 2а
ft. возражу́, -ази́шь, -азя́т
imp. возрази́, ~те
pt. возрази́л
g.pt.a. возрази́в
p.pt.a. возрази́вший
p.pt.p. возражённый*

возраста́ть *imperf of* возрасти́

возрасти́, *1st and 2nd pers not used, perf* grow, increase ‖ *imperf* возраста́ть 2а
ft. возрастёт, -ту́т
pt. возро́с, -осла́

g.pt.a. возро́сши
p.pt.a. возро́сший

возроди́ть *perf* кого́-что revive, restore; regenerate, revitalize ‖ *imperf* возрожда́ть 2а
ft. возрожу́, -оди́шь, -одя́т
imp. возроди́, ~те
pt. возроди́л
g.pt.a. возроди́в
p.pt.a. возроди́вший
p.pt.p. возрождённый; возрождён, -ена́

возроди́ться *perf* revive; be regenerated; be born again ‖ *imperf* возрожда́ться

возрожда́ть(ся) *imperf of* возроди́ть(ся)

возропта́ть *perf obs poet* begin to murmur (against)
ft. возропщу́, -о́пщешь, -о́пщут
imp. возропщи́, ~те
pt. возропта́л
g.pt.a. возропта́в
p.pt.a. возропта́вший

возыме́ть 3 *perf* что 1. *obs* have, possess 2. *bookish* conceive, form; возыме́ть наме́рение form the intention; возыме́ть жела́ние conceive a desire

войти́ *perf* во что 1. enter *a room etc.*; come in, get in, go in, step inside; come (into), get (into), go (into) 2. fit in, find room, have hold 3. be included (in) 4. be a member (of); take part (in) 5. go *into details, smb's interests etc.*; penetrate (into) 6. с чем: войти́ с предложе́нием put forward [submit] a proposal; bring in a motion ‖ *imperf* входи́ть, forms ib.
ft. войду́, -дёшь, -ду́т
imp. войди́, ~те
pt. вошёл, вошла́
g.pt.a. войдя́ *and obs* вошедши
p.pt.a. вошедший

волнова́ть 5а *imperf* кого́-что 1. ruffle, stir up *waves* 2. *fig of bad news etc.* agitate, excite, upset; disturb; worry; move *smb deeply* 3. *obs* stir up, incite. — (вз-)

волнова́ться *imperf* 1. *of water* ripple; be rough 2. be nervous; be excited, be disturbed; be upset; be worried 3. *obs* rebel, rise; be in a ferment. — (вз-)

волочи́ть *imperf* кого́-что 1. drag, pull, draw 2. draw *as an industrial process*
pr. волочу́, -о́чишь, -о́чат
imp. волочи́, ~те

pt.	волочи́л
g.pr.a.	волоча́
p.pr.a.	волоча́щий
p.pt.a.	волочи́вший
p.pt.p.	волочённый*; волочён, -ена́

волочи́ться *imperf* **1.** trail; drag oneself, crawl along; be dragged, be trailed **2.** за кем-чем *coll obs* run after, court

воло́чь *imperf* кого-что *coll* drag, pull, draw

pr.	волоку́, -очёшь, -оку́т
imp.	волоки́, ~те
pt.	воло́к, -окла́
g.pr.a.	волоча́
p.pr.a.	волоку́щий
p.pt.a.	воло́кший
p.pt.p.	воло́ченный*

воло́чься *imperf coll* trail; crawl along; be dragged, be trailed

во́льничать 1a *imperf coll* take liberties (with), presume (on)

вонза́ть(ся) *imperf of* вонзи́ть(ся)

вонзи́ть *perf* что в кого-что stick *a pin etc.* (into), thrust, stab *a knife etc.* (into) ‖ *imperf* вонза́ть 2a

ft.	вонжу́, вонзи́шь, вонзя́т
imp.	вонзи́, ~те
pt.	вонзи́л
g.pt.a.	вонзи́в
p.pt.a.	вонзи́вший
p.pt.p.	вонзённый; вонзён, -ена́

вонзи́ться, *1st and 2nd pers not used, perf* go into, pierce, be stuck ‖ *imperf* вонза́ться

воня́ть 2a *imperf coll* (чем) stink (of), smell (of); have a foul smell

вообража́ть *imperf of* вообрази́ть

вообрази́ть *perf* кого-что imagine, fancy ‖ *imperf* вообража́ть 2a; вообража́ть о себе́ *sub* think a lot of oneself, be conceited

ft.	воображу́, -ази́шь, -азя́т
imp.	вообрази́, ~те
pt.	вообрази́л
g.pt.a.	вообрази́в
p.pt.a.	вообрази́вший
p.pt.p.	воображённый; воображён, -ена́

воодушеви́ть *perf* кого-что inspire, fill with enthusiasm ‖ *imperf* воодушевля́ть 2a

ft.	воодушевлю́, -ви́шь, -вя́т
imp.	воодушеви́, ~те
pt.	воодушеви́л
g.pt.a.	воодушеви́в

p.pt.a.	воодушеви́вший
p.pt.p.	воодушевлённый; воодушевлён, -ена́

воодушеви́ться *perf* чем be inspired (by), be filled with enthusiasm (by) ‖ *imperf* воодушевля́ться

воодушевля́ть(ся) *imperf of* воодушеви́ть(ся)

вооружа́ть(ся) *imperf of* вооружи́ть(ся)

вооружи́ть *perf* кого-что **1.** arm **2.** чем equip (with) **3.** про́тив кого-чего́ incite, stir up (against), instigate (against) ‖ *imperf* вооружа́ть 2a

ft.	вооружу́, -жи́шь, -жа́т
imp.	вооружи́, ~те
pt.	вооружи́л
g.pt.a.	вооружи́в
p.pt.a.	вооружи́вший
p.pt.p.	вооружённый; вооружён, -ена́

вооружи́ться *perf* чем **1.** arm, arm oneself (with) **2.** *fig* provide [furnish]; вооружи́ться терпе́нием arm oneself with patience ‖ *imperf* вооружа́ться

вопи́ть *imperf coll* howl; wail, lament

pr.	воплю́, вопи́шь, вопя́т
imp.	вопи́, ~те
pt.	вопи́л
g.pr.a.	вопя́
p.pr.a.	вопя́щий
p.pt.a.	вопи́вший

вопия́ть *imperf elev* cry out, clamour, exclaim

pr.	вопию́, вопие́шь, вопию́т
pt.	вопия́л
g.pr.a.	вопия́
p.pr.a.	вопию́щий
p.pt.a.	вопия́вший

воплоти́ть *perf* кого-что (в ком-чём) incarnate, embody *an idea etc.*; personify, be the personification of; воплоти́ть в жизнь realize, bring into fact, put into practice ‖ *imperf* воплоща́ть 2a

ft.	воплощу́, -оти́шь, -отя́т
imp.	воплоти́, ~те
pt.	воплоти́л
g.pt.a.	воплоти́в
p.pt.a.	воплоти́вший
p.pt.p.	воплощённый; воплощён, -ена́

воплоти́ться *perf* в ком-чём be incarnated (in), be embodied (in); be personified; be realized ‖ *imperf* воплоща́ться

воплоща́ть(ся) *imperf of* воплоти́ть(ся)

вопроси́ть *perf* кого-что *obs* question, interrogate ‖ *imperf* вопроша́ть 2a

ft. вопрошу*, -осишь*, -осят*
imp. вопроси*, ~те*
pt. вопросил
g.pt.a. вопросив
p.pt.a. вопросивший
p.pt.p. вопрошённый; вопрошён, -ена

вопрошать *imperf of* вопросить

зорваться *perf* во что rush (into), burst (into) *a room etc.*; enter (by force) ‖ *imperf* врываться 2a
ft. ворвусь, -вёшься, -вутся
imp. ворвись, -итесь
pt. ворвался, -алась, -алось
g.pt.a. ворвавшись
p.pt.a. ворвавшийся

ворковать 5a *imperf* **1.** *1st and 2nd pers not used* coo **2.** *fig joc, iron* bill and coo

воровать 5a *imperf* что steal
p.pt.p. ворованный

ворожить *imperf* tell fortunes
pr. ворожу, -жишь, -жат
imp. ворожи, ~те
pt. ворожил
g.pr.a. ворожа
p.pr.a. ворожащий
p.pt.a. вороживший

воронить *imperf sub* be awkward, be absent in mind; gawk
pr. вороню, -нишь, -нят
imp. воронь, ~те
pt. воронил
g.pr.a. вороня
p.pr.a. воронящий
p.pt.a. воронивший

воронить *imperf* что *tech* blue, burnish, brown
pr. вороню, -нишь, -нят
imp. верони, ~те
pt. воронил
g.pr.a. вороня
p.pr.a. воронящий
p.pt.a. воронивший
p.pt.p. воронённый

воротить *perf* кого-что *coll* call back, bring back; give back; return
ft. ворочу, -отишь, -отят
imp. вороти, ~те
pt. воротил
g.pt.a. воротив
p.pt.a. воротивший
p.pt.p. вороченный

воротиться *perf sub* come back, return

ворохнуть *perf semelf of* ворошить

ворочать 1a *imper* **1.** кого-что move, shift *stones, pieces of furniture etc.* **2.** что *a.* чем turn round **3.** кем-чем *fig* run, handle, manage

ворочаться *imperf coll* turn over *in bed*; беспокойно ворочаться toss and turn

ворошить *imperf* что turn (over), stir ‖ *perf semelf coll* ворохнуть 7. — (раз-)
pr. ворошу, -шишь, -шат
imp. вороши, ~те
pt. ворошил
g.pr.a. вороша
p.pr.a. ворошащий
p.pt.a. воworшивший
p.pr.p. ворошимый
p.pt.p. ворошённый; ворошён, -ена

ворсить *imperf* что *text* tease ‖ *perf* наворсить, forms ib.
pr. воршу, ворсишь, ворсят
imp. ворси, ~те
pt. ворсил
g.pr.a. ворся
p.pr.a. ворсящий
p.pt.a. ворсивший

ворсовать 5a *imperf text* tease ‖ *perf* наворсовать 5
p.pt.p. ворсованный

ворчать *imperf* **1.** *of a dog* growl **2.** *coll* grumble, growl *with discontent*
pr. ворчу, -чишь, -чат
imp. ворчи, ~те
pt. ворчал
g.pr.a. ворча
p.pr.a. ворчащий
p.pt.p. ворчавший

воскликнуть 6 *perf* exclaim, cry out ‖ *imperf* восклицать 2a

восклицать *imperf of* воскликнуть

воскресать *imperf of* воскреснуть

воскресить *perf* кого-что **1.** *rel* resurrect, raise from the dead **2.** *fig* revive, resuscitate; recall ‖ *imperf* воскрешать 2a
ft. воскрешу, -есишь, -есят
imp. воскреси, ~те
pt. воскресил
g.pt.a. воскресив
p.pt.a. воскресивший
p.pt.p. воскрешённый; воскрешён, -ена

воскреснуть *perf* **1.** *rel* resurrect, rise from the dead **2.** *fig of a feeling etc.* revive; воскреснуть в памяти recur to *one's* memory ‖ *imperf* воскресать 2a

ft.	воскре́сну, -нешь, -нут
imp.	воскре́сни, ~те
pt.	воскре́с, ~ла
g.pt.a.	воскре́снув *and obs* воскре́сши
p.pt.a.	воскре́сший *and* воскре́снувший

воскреша́ть *imperf of* воскреси́ть

воску́ривать 1а *imperf obs*: воску́ривать фимиа́м кому́-н. *iron* belaud *smb*, praise *smb* to the skies ‖ *perf* воскури́ть[1], forms ib.

воскури́ть[1] *perf of* воску́ривать

ft.	воскурю́, -у́ришь, -у́рят
imp.	воскури́, ~те
pt.	воскури́л
g.pt.a.	воскури́в
p.pt.a.	воскури́вший
p.pt.p.	воску́ренный

воскури́ть[2] *perf of* воскуря́ть
forms as воскури́ть[1]

воскуря́ть 2а *imperf obs*: воскуря́ть фимиа́м кому́-н. *iron* belaud *smb*, praise *smb* to the skies ‖ *perf* воскури́ть[2], forms ib.

воспали́ть *perf* что *obs* inflame ‖ *imperf* воспаля́ть 2а

ft.	воспалю́, -ли́шь, -ля́т
imp.	воспали́, ~те
pt.	воспали́л
g.pt.a.	воспали́в
p.pt.a.	воспали́вший
p.pt.p.	воспалённый; воспалён, -ена́

воспали́ться, *1st and 2nd pers not used*, *perf med* become inflamed ‖ *imperf* воспаля́ться

воспаля́ть(ся) *imperf of* воспали́ть(ся)

воспари́ть *perf obs* soar (to, up), fly up, rise *into the air* ‖ *imperf* воспаря́ть 2а

ft.	воспарю́, -ри́шь, -ря́т
imp.	воспари́, ~те
pt.	воспари́л
g.pt.a.	воспари́в
p.pt.a.	воспари́вший

воспаря́ть *imperf of* воспари́ть

воспева́ть *imperf of* воспе́ть

воспе́ть *perf* кого́-что *elev* praise in song, sing of ‖ *imperf* воспева́ть 2а

ft.	воспою́, -оёшь, -ою́т
imp.	воспо́й, ~те
pt.	воспе́л
g.pt.a.	воспе́в
p.pt.a.	воспе́вший
p.pt.p.	воспе́тый

воспита́ть 2 *perf* кого́-что 1. bring up; educate 2. в ком cultivate, inculcate, foster ‖ *imperf* воспи́тывать 1а

воспита́ться* *perf* be brought up ‖ *imperf* воспи́тываться

воспи́тывать(ся) *imperf of* воспита́ть(ся)

воспламени́ть *perf* кого́-что 1. set on fire, kindle; *tech* ignite 2. *fig* inflame, incite, fire ‖ *imperf* воспламеня́ть 2а

ft.	воспламеню́, -ни́шь, -ня́т
imp.	воспламени́, ~те
pt.	воспламени́л
g.pt.a.	воспламени́в
p.pt.a.	воспламени́вший
p.pt.p.	воспламенённый; воспламенён, -ена́

воспламени́ться *perf* 1. *1st and 2nd pers not used* catch fire, ignite 2. чем *fig* be fired with a passion (for); be fired with zeal (for); be inflamed (with) ‖ *imperf* воспламеня́ться

воспламеня́ть(ся) *imperf of* воспламени́ть(ся)

воспо́лнить *perf* что fill (up); make good, make up (for); complete ‖ *imperf* восполня́ть 2а

ft.	воспо́лню, -нишь, -нят
imp.	воспо́лни, ~те
pt.	воспо́лнил
g.pt.a.	воспо́лнив
p.pt.a.	воспо́лнивший
p.pt.p.	воспо́лненный

восполня́ть *imperf of* воспо́лнить

воспо́льзоваться 4 *perf* чем 1. avail oneself (of), take advantage (of), profit (by) 2. use, make use (of) 3. enjoy *rights*, *smb's confidence etc.*; воспо́льзоваться авторите́том have authority (with), have prestige (with) 4. take *opportunity*

воспомина́ть 2а *imperf* кого́-что *obs* recollect, recall, remember

воспосле́довать 4 *perf bookish* follow, result, happen

воспрепя́тствовать 4 *perf* кому́-чему́ *bookish* prevent, hinder

воспрети́ть *perf* что *or with infinitive* prohibit, forbid, interdict ‖ *imperf* воспреща́ть 2а

ft.	воспрещу́, -ети́шь, -етя́т
imp.	воспрети́, ~те
pt.	воспрети́л
g.pt.a.	воспрети́в
p.pt.a.	воспрети́вший

воспрещать

-ена
воспреща́ть *imperf of* воспрети́ть
воспреща́ться 2а, *1st and 2nd pers not
used, imperf* be prohibited, be forbidden

воспринима́ть(ся) *imperf of* восприня́ть-
(ся)

восприня́ть *perf* что perceive, apprehend;
absorb, take in, grasp *ideas etc.*; interpret
(as), take (as); receive ‖ *imperf* восприни-
ма́ть 2а
ft. восприму́, -и́мешь, -и́мут
imp. восприми́, ~те
pt. воспри́нял, -иняла́, -и́няло
g.pt.a. восприня́в
p.pt.a. восприня́вший
p.pt.p. воспри́нятый

восприня́ться, *1st and 2nd pers not used,
perf* be noticeable; be noticed, be per-
ceived, be understood; be felt ‖ *imperf*
воспринима́ться; мои́ слова́ ло́жно
воспринима́ются my remarks were taken
the wrong way

воспроизвести́ *perf* что 1. reproduce
2. recall, call to mind 3. render ‖ *imperf*
воспроизводи́ть, forms ib.
ft. воспроизведу́, -дёшь, -ду́т
imp. воспроизведи́, ~те
pt. воспроизвёл, -ела́
g.pt.a. воспроизведя́ *and obs*
воспроизве́дши
p.pt.a. воспроизве́дший
p.pt.p. воспроизведённый;
воспроизведён, -ена́

воспроизводи́ть *imperf of* воспроизвести́
pr. воспроизвожу́, -о́дишь, -о́дят
imp. воспроизводи́, ~те
pt. воспроизводи́л
g.pr.a. воспроизводя́
p.pr.a. воспроизводя́щий
p.pt.a. воспроизводи́вший
p.pr.p. воспроизводи́мый

воспроти́виться *perf* кому́-чему́ be against,
be opposed (to), object (to); resist
ft. воспроти́влюсь, -вишься,
-вятся
imp. воспроти́вься, -вьтесь
pt. воспроти́вился, -лась
g.pt.a. воспроти́вившись
p.pt.a. воспроти́вившийся

воспря́нуть 6 *perf obs and elev* arouse
oneself, bestir oneself; cheer up, liven
up; воспря́нуть ду́хом take fresh heart
воспыла́ть 2 *perf* 1. *obs* blaze up, flare

up 2. чем *bookish* be inflamed (with),
be ablaze (with), blaze up (with)

восседа́ть 1 *imperf obs poet, now joc*
sit in state

воссе́сть *perf obs poet, now joc* assume
one's seat
ft. восся́ду, -я́дешь, -я́дут
imp. восся́дь, ~те
pt. воссе́л
g.pt.a. воссе́в
p.pt.a. воссе́вший

воссия́ть 2 *perf obs and elev* gleam, begin
to shine

воссла́вить *perf* кого́-что *obs and elev*
praise, extol, glorify ‖ *imperf* восссла-
вля́ть 2а
ft. воссла́влю, -вишь, -вят
imp. воссла́вь, ~те
pt. воссла́вил
g.pt.a. воссла́вив
p.pt.a. воссла́вивший
p.pt.p. воссла́вленный

воссавля́ть *imperf of* воссла́вить

воссоедини́ть *perf* что с чем reunite
(with) ‖ *imperf* воссоединя́ть 2а
ft. воссоединю́, -ни́шь, -ня́т
imp. воссоедини́, ~те
pt. воссоедини́л
g.pt.a. воссоедини́в
p.pt.a. воссоедини́вший
p.pt.p. воссоединённый;
воссоединён, -ена́

воссоедини́ться *perf* reunite ‖ *imperf* вос-
соединя́ться

воссоединя́ть(ся) *imperf of* воссоедини́ть-
(ся)

воссоздава́ть *imperf of* воссозда́ть
pr. воссоздаю́, -аёшь, -аю́т
imp. воссоздава́й, ~те
pt. воссоздава́л
g.pr.a. воссоздава́я
p.pr.a. воссоздаю́щий
p.pt.a. воссоздава́вший
p.pr.p. воссоздава́емый

воссоздава́ться *imperf of* воссозда́ться

воссозда́ть *perf* кого́-что 1. re-create;
reconstitute, reconstruct; re-establish;
воссозда́ть в па́мяти recall, renew in the
mind 2. realize; bring to *one's* mind ‖ *imperf* воссоздава́ть, forms ib.
ft. воссозда́м, -а́шь, -а́ст, -ади́м,
-ади́те, -аду́т
imp. воссозда́й, ~те
pt. воссозда́л, -ала́, -а́ло

g.pt.a.   воссозда́в
p.pt.a.   воссозда́вший
p.pt.p.   воссо́зданный

воссозда́ться *perf* be re-created; be re-constituted, be reconstructed ‖ *imperf* воссоздава́ться

восстава́ть *imperf of* восста́ть
pr.   восстаю́, -аёшь, -аю́т
imp.   восстава́й, ∼те
pt.   восстава́л
g.pr.a.   восстава́я
p.pr.a.   восстаю́щий
p.pt.a.   восстава́вший

восста́вить *perf* что *math*: восста́вить перпендикуля́р drop a perpendicular ‖ *imperf* восставля́ть 2a
ft.   восста́влю, -вишь, -вят
imp.   восста́вь, ∼те
pt.   восста́вил
g.pt.a.   восста́вив
p.pt.a.   восста́вивший
p.pt.p.   восста́вленный

восставля́ть *imperf of* восста́вить

восстана́вливать(ся) *imperf of* восстанови́ть(ся)

восстанови́ть *perf* кого́-что 1. rehabilitate, reconstruct, restore; recover 2. call to mind, recall 3. в чём reinstate *in former employment*; restore *rights* 4. про́тив кого́-чего́ stir up, set (against), incite (against) ‖ *imperf* восстана́вливать 1a *and* восстановля́ть 2a
ft.   восстановлю́, -о́вишь, -о́вят
imp.   восстанови́, ∼те
pt.   восстанови́л
g.pt.a.   восстанови́в
p.pt.a.   восстанови́вший
p.pt.p.   восстано́вленный

восстанови́ться *perf* 1. recover, be restored 2. recur, come back 3. в чём be reinstated (in) ‖ *imperf* восстана́вливаться *and* восстановля́ться

восстановля́ть(ся) *imperf of* восстанови́ть(ся)

восста́ть *perf* 1. rise, revolt 2. про́тив кого́-чего́ revolt (against), oppose ‖ *imperf* восстава́ть, forms ib.
ft.   восста́ну, -нешь, -нут
imp.   восста́нь, ∼те
pt.   восста́л
g.pt.a.   восста́в
p.pt.a.   восста́вший

восторга́ть 2a *imperf* кого́-что delight, enrapture

восторга́ться *imperf* кем-чем be delighted (with), be enraptured (with), be enthusiastic (about); express *one's* delight (with)

восторжествова́ть 5 *perf* над кем-чем triumph (over)

востре́бовать 4 *perf* что claim, call for

восхвали́ть *perf* кого́-что extol, laud, praise ‖ *imperf* восхваля́ть 2a
ft.   восхвалю́, -а́лишь, -а́лят
imp.   восхвали́, ∼те
pt.   восхвали́л
g.pt.a.   восхвали́в
p.pt.a.   восхвали́вший
p.pt.p.   восхвалённый; восхвалён, -ена́

восхваля́ть *imperf of* восхвали́ть

восхи́тить *perf* кого́-что *obs poet* carry away *or* off ‖ *imperf* восхища́ть 2a
ft.   восхи́щу, -и́тишь, -и́тят
imp.   восхи́ти, ∼те
pt.   восхи́тил
g.pt.a.   восхи́тив
p.pt.a.   восхи́тивший
p.pt.p.   восхи́щенный

восхити́ть *perf* кого́-что delight, enrapture ‖ *imperf* восхища́ть 2a
ft.   восхищу́, -ити́шь, -итя́т
imp.   восхити́, ∼те
pt.   восхити́л
g.pt.a.   восхити́в
p.pt.a.   восхити́вший
p.pt.p.   восхищённый; восхищён, -ена́

восхити́ться *perf* кем-чем be delighted (with), be in raptures (over), admire; be carried away (by) ‖ *imperf* восхища́ться

восхища́ть[1] *imperf of* восхи́тить

восхища́ть[2] *imperf of* восхити́ть

восхища́ться *imperf of* восхити́ться

восходи́ть *imperf* 1. ascend, rise, climb 2. *of the sun, the moon* rise 3. к чему́ go back (to)
pr.   восхожу́, -о́дишь, -о́дят
imp.   восходи́, ∼те
pt.   восходи́л
g.pr.a.   восходя́
p.pr.a.   восходя́щий
p.pt.a.   восходи́вший

восчу́вствовать 4 *perf* что *obs* feel

воти́ровать 4 *and* 4a *perf, imperf* что *or* за кого́-что, про́тив кого́-чего́ vote (on) *in parliament* вотироваться *imperf* be voted on, be put to the vote

воткать *perf* что weave into, interweave
ft. вотку, -кёшь, -кут
imp. вотки, ~те
pt. воткал, -ала, -ало
g.pt.a. воткавши
p.pt.a. воткавший
p.pt.p. вотканный

воткнуть 7 *perf* что во что 1. thrust (into), drive *a stake etc.* (into) 2. stick *a needle etc.* (into) ‖ *imperf* втыкать 2a

воткнуться, *1st and 2nd pers not used*, *perf* во что pierce ‖ *imperf* втыкаться

воцариться *perf* 1. *obs* ascend the throne 2. *1st and 2nd pers not used, fig bookish* set in, be established; be restored; fall ‖ *imperf* воцаряться 2a
ft. воцарюсь, -ришься, -рятся
imp. воцарись, -йтесь
pt. воцарился, -лась
g.pt.a. воцарившись
p.pt.a. воцарившийся

воцаряться *imperf of* воцариться

вощить *imperf* что wax, polish with wax.
— (на-)
pr. вощу, вощишь, вощат
imp. вощи, ~те
pt. вощил
g.pr.a. воща
p.pr.a. вощащий
p.pt.a. вощивший
p.pt.p. вощённый

впадать 2a *imperf* 1. *imperf of* впасть 2. *1st and 2nd pers not used* во что *of a river* flow (into), discharge (into)

впаивать *imperf of* впаять

впархивать *imperf of* впорхнуть

впасть *perf* 1. *1st and 2nd pers not used* be sunken, become haggard, sink in 2. во что fall (into), lapse (into), sink (into) ‖ *imperf* впадать 2a
ft. впаду, -дёшь, -дут
imp. впади, ~те
pt. впал
g.pt.a. впав
p.pt.a. впавший

впаять 2 *perf* что во что solder (in) ‖ *imperf* впаивать 1a

вперить *perf bookish*: вперить взор в кого-н. *or* на кого-н. fix *one's* gaze on *smb* ‖ *imperf* вперять 2a
ft. вперю, вперишь, вперят
imp. впери, ~те

pt. вперил
g.pt.a. вперив
p.pt.a. вперивший
p.pt.p. вперённый; вперён, -ена

вперять *imperf of* вперить

впивать 2a *imperf* что suck in, imbibe ‖ *perf* впить, forms ib.

впиваться[1,2] *imperf of* впиться[1,2]

вписать *perf* кого-что 1. insert, add 2. inscribe, enter *in a book* 3. *math* inscribe ‖ *imperf* вписывать 1a
ft. впишу, впишешь, впишут
imp. впиши, ~те
pt. вписал
g.pt.a. вписав
p.pt.a. вписавший
p.pt.p. вписанный

вписаться *perf coll* inscribe *one's* name, put *one's* name down ‖ *imperf* вписываться

вписывать(ся) *imperf of* вписать(ся)

впитать 2 *perf* что soak up *or* in; absorb, imbibe *a. fig* ‖ *imperf* впитывать 1a

впитаться, *1st and 2nd pers not used, perf* во что be absorbed (by), soak (into) ‖ *imperf* впитываться

впитывать(ся) *imperf of* впитать(ся)

впить *perf of* впивать
ft. вопью, вопьёшь, вопьют
imp. впей, ~те
pt. впил, впила, впило
g.pt.a. впив
p.pt.a. впивший

впиться[1] *perf* в кого-что 1. fasten on, cling to, adhere to; pierce, penetrate, dig its claws (into) 2. cling (to) 3. fix *one's* eyes (on) ‖ *imperf* впиваться 2a
pt. впился, впилась, впилось

впиться[2] *perf sub* give oneself to drink ‖ *imperf* впиваться 2a
pt. впился, впилась, впилось

впихать 2 *perf* кого-что во что *sub* push (into), squeeze (into), cram (into), stuff (into) ‖ *imperf* впихивать 1a

впихивать[1] *imperf of* впихнуть

впихивать[2] *imperf of* впихать

впихнуть 7 *perf* кого-что во что *coll* push (into), squeeze (into), cram (into), stuff (into) ‖ *imperf* впихивать 1a

вплести *perf* что во что entwine (in), thread (through), interlace (with) ‖ *imperf* вплетать 2a
ft. вплету, -тёшь, -тут

imp.	вплети́, ~те
pt.	вплёл, -ела́
g.pt.a.	вплетя́ *and* вплётши
p.pt.a.	вплётший
p.pt.p.	вплетённый; вплетён, -ена́

вплета́ть *imperf of* вплести́

вплыва́ть *imperf of* вплыть

вплыть *perf* во что swim in; float in; *of ship* sail in ‖ *imperf* вплыва́ть 2а

ft.	вплыву́, -вёшь, -ву́т
imp.	вплыви́, ~те
pt.	вплыл, -ыла́, -ы́ло
g.pt.a.	вплы́в
p.pt.a.	вплы́вший

вползать *imperf of* вползти́

вползти́ *perf* во что; на что crawl (in, into; on, up), creep (in, into; on, up) ‖ *imperf* вполза́ть 2а

ft.	вползу́, -зёшь, -зу́т
imp.	вползи́, ~те
pt.	вполз, ~ла́
g.pt.a.	впо́лзши
p.pt.a.	вползший

впорхну́ть 7 *perf* **1.** fly up **2.** flit in; во что flit (into) ‖ *imperf* впа́рхивать 1а

впра́вить *perf* что *med* set, reduce *dislocated limb, fracture* ‖ *imperf* вправля́ть 2а

ft.	впра́влю, -вишь, -вят
imp.	вправь, ~те
pt.	впра́вил
g.pt.a.	впра́вив
p.pt.a.	впра́вивший
p.pt.p.	впра́вленный

вправля́ть *imperf of* впра́вить

впры́гивать *imperf of* впры́гнуть

впры́гнуть 6 *perf* во что; на что jump (in, into; on) ‖ *imperf* впры́гивать 1а

впры́скивать *imperf of* впры́снуть

впры́снуть 6 *perf* что *med* inject, jab ‖ *imperf* впры́скивать 2а

впряга́ть(ся) *imperf of* впря́чь(ся)

впрячь *perf* кого-что во что harness (to), put (to) ‖ *imperf* впряга́ть 2а

ft.	впрягу́, -яжёшь, -ягу́т
imp.	впряги́, ~те
pt.	впряг, ~ла́
g.pt.a.	впря́гши
p.pt.a.	впря́гший
p.pt.p.	впряжённый; впряжён, -ена́

впря́чься *perf* harness oneself (to); впря́чься в рабо́ту get to work ‖ *imperf* впряга́ться

впуска́ть *imperf of* впусти́ть

впусти́ть *perf* кого-что let in, admit *into a room etc.* ‖ *imperf* впуска́ть 2а

ft.	впущу́, впу́стишь, впу́стят
imp.	впусти́, ~те
pt.	впусти́л
g.pt.a.	впусти́в
p.pt.a.	впусти́вший
p.pt.p.	впу́щенный

впу́тать 1 *perf* кого-что **1.** twist in **2.** *fig* во что involve (in), entangle (in) ‖ *imperf* впу́тывать 1а

впу́таться *perf* во что be involved (in), become entangled (in), get mixed up (in) ‖ *imperf* впу́тываться

впу́тывать(ся) *imperf of* впу́тать(ся)

враба́тываться *imperf of* врабо́таться

врабо́таться 1 *perf coll* make oneself acquainted [familiar] *with new work etc.* ‖ *imperf* враба́тываться 1а

враждова́ть 5а *imperf* с кем-чем be at enmity (with), have a feud (with)

вразуми́ть *perf* кого-что instruct, make wise; convince; put sense into; bring to reason ‖ *imperf* вразумля́ть 2а

ft.	вразумлю́, -ми́шь, -мя́т
imp.	вразуми́, ~те
pt.	вразуми́л
g.pt.a.	вразуми́в
p.pt.a.	вразуми́вший
p.pt.p.	вразумлённый; вразумлён, -ена́

вразумля́ть *imperf of* вразуми́ть

враста́ть *imperf of* врасти́

врасти́, *1st and 2nd pers not used, perf* во что grow (into); become embedded (in), settle, subside ‖ *imperf* враста́ть 2а

ft.	врастёт, -ту́т
pt.	врос, ~ла́
g.pt.a.	вро́сши
p.pt.a.	вро́сший

врать *imperf coll* **1.** lie, tell lies **2.** be wrong, be inaccurate **3.** make a mistake; play a wrong note; sing out of tune **4.** *obs* talk nonsense ‖ *perf* совра́ть, forms ib.

pr.	вру, врёшь, врут
imp.	ври, ~те
pt.	врал, врала́, вра́ло
p.pr.a.	вру́щий
p.pt.a.	вра́вший

врачева́ть *imperf* кого-что *bookish* heal; cure

pr.	врачу́ю, -у́ешь, -у́ют
imp.	врачу́й, ~те

pt.	врачева́л
g.pr.a.	врачу́я
p.pr.a.	врачу́ющий
p.pt.a.	врачева́вший

враща́ть 2а *imperf* что *or* чем revolve, rotate, turn

враща́ться *imperf* 1. revolve, rotate, turn 2. (в чём) associate (with); mix (with), mingle (with)

вреди́ть *imperf* кому́-чему́ (do) harm (to), cause damage (to), injure, hurt. — (по-)

pr.	врежу́, вреди́шь, вредя́т
imp.	вреди́, ~те
pt.	вреди́л
g.pr.a.	вредя́
p.pr.a.	вредя́щий
p.pt.a.	вреди́вший

вре́зать *perf* что 1. cut in; fit in; lay in; во что cut (into); fit (into); lay (into) 2. engrave, be impressed on ‖ *imperf* вреза́ть 2а *and* вре́зывать 1а

ft.	вре́жу, -жешь, -жут
imp.	врежь, ~те
pt.	вре́зал
g.pt.a.	вре́зав
p.pt.a.	вре́завший
p.pt.p.	вре́занный

вреза́ть *imperf of* вре́зать

вре́заться *perf* во что 1. cut (into), run (into) 2. cut (into), plunge (into); project (into) 3. be imprinted (on), be engraved (on), impress (on) 4. *sub* be smitten (with), be head over heels in love with ‖ *imperf* вреза́ться 2а *and* вре́зываться 1а forms follow вре́заться

вреза́ться *imperf of* вре́заться

вре́зывать(ся) *imperf of* вре́зать(ся)

вруба́ть(ся) *imperf of* вруби́ть(ся)

вруби́ть *perf* что cut in, hew in; во что cut (into), hew (into) ‖ *imperf* вруба́ть 2а

ft.	врублю́, вру́бишь, вру́бят
imp.	вруби́, ~те
pt.	вруби́л
g.pt.a.	вруби́в
p.pt.a.	вруби́вший
p.pt.p.	вру́бленный

вруби́ться *perf* во что cut one's way (into); break through ‖ *imperf* вруба́ться

вруча́ть *imperf of* вручи́ть

вручи́ть *perf* что кому́-чему́ 1. hand, hand in; hand over (to), deliver (to); present (to) 2. *fig* entrust (to) ‖ *imperf* вруча́ть 2а

ft.	вручу́, -чи́шь, -ча́т
imp.	вручи́, ~те
pt.	вручи́л
g.pt.a.	вручи́в
p.pt.a.	вручи́вший
p.pt.p.	вручённый; вручён, -ена́

врыва́ть *imperf of* врыть

врыва́ться[1] *imperf of* врыться

врыва́ться[2] *imperf of* ворва́ться

врыть *perf* что во что dig in; dig (into); врыть столбы́ в зе́млю fix posts in the ground ‖ *imperf* врыва́ть 2а

ft.	вро́ю, вро́ешь, вро́ют
imp.	врой, ~те
pt.	врыл
g.pt.a.	врыв
p.pt.a.	вры́вший
p.pt.p.	вры́тый

вры́ться *perf* во что dig oneself (in) ‖ *imperf* врыва́ться

всади́ть *perf* что во что stick (into), thrust (into), drive (into) ‖ *imperf* вса́живать 1а

ft.	всажу́, вса́дишь, вса́дят
imp.	всади́, ~те
pt.	всади́л
g.pt.a.	всади́в
p.pt.a.	всади́вший
p.pt.p.	вса́женный

вса́живать *imperf of* всади́ть

вса́сывать(ся) *imperf of* всоса́ть(ся)

всели́ть *perf* 1. кого́-что во что put *tenants into a house*; install (in), lodge (in), move (into) 2. что в кого́-что inspire (*smb with smth*; *smth into smb*) ‖ *imperf* вселя́ть 2а

ft.	вселю́, -ли́шь, -ля́т
imp.	всели́, ~те
pt.	всели́л
g.pt.a.	всели́в
p.pt.a.	всели́вший
p.pt.p.	вселённый; вселён, -ена́

всели́ться *perf* во что 1. move *into a dwelling*, install oneself *in a dwelling* 2. *fig* take root (in), be inspired, become implanted ‖ *imperf* вселя́ться

вселя́ть(ся) *imperf of* всели́ть(ся)

вска́кивать *imperf of* вскочи́ть

вска́пывать *imperf of* вскопа́ть

вскара́бкаться 1 *perf* на кого́-что *coll* climb (up), clamber (up, on to) ‖ *imperf* вскара́бкиваться 1а

вскара́бкиваться *imperf of* вскара́бкаться

вска́рмливать *imperf of* вскорми́ть

вски́дывать *imperf of* вски́нуть

вски́нуть 6 *perf* что 1. на что heave (on to) 2. hoist, jerk up, yank up, throw into the air ‖ *imperf* вски́дывать 1а
imp.	вски́нь, ~те
p.pt.p.	вски́нутый

вскипа́ть *imperf of* вскипе́ть

вскипе́ть *perf* 1. *1st and 2nd pers not used* boil up, come to the boil 2. *fig* flare up, fly into a rage [passion] ‖ *imperf* вскипа́ть 2а
ft.	вскиплю́, -пи́шь, -пя́т
imp.	вскипи́, ~те
pt.	вскипе́л
g.pt.a.	вскипе́в
p.pt.a.	вскипе́вший

вскипяти́ть *perf* что boil, bring to the boil
ft.	вскипячу́, -яти́шь, -ятя́т
imp.	вскипяти́, ~те
pt.	вскипяти́л
g.pt.a.	вскипяти́в
p.pt.a.	вскипяти́вший
p.pt.p.	вскипячённый; вскипячён, -ена́

вскипяти́ться *perf* 1. come to the boil 2. *fig coll* flare up, boil over, boil up

всклоко́чивать *imperf of* всклоко́чить

всклоко́чить *perf* (*usu p.pt.p.*) что *coll* tousle, entangle, dishevel *the hair etc.* ‖ *imperf* всклоко́чивать 1а
ft.	всклоко́чу, -чишь, -чат
imp.	всклоко́чь, ~те
pt.	всклоко́чил
g.pt.a.	всклоко́чив
p.pt.a.	всклоко́чивший
p.pt.p.	всклоко́ченный

всклочивать *imperf of* всклочить

всклочить *perf* (*usu p.pt.p.*) что *coll* tousle, entangle, dishevel *the hair etc.* ‖ *imperf* всклочивать 1а
ft.	всклочу́, -чишь, -чат
imp.	всклочь, ~те
pt.	всклочил
g.pt.a.	всклочив
p.pt.a.	всклочивший
p.pt.p.	всклоченный

всколыха́ть *perf* кого́-что *obs* 1. stir 2. *fig* stir, rouse; stimulate to action ‖ *imperf* всколы́хивать 1а
ft.	всколы́шу, -ы́шешь, -ы́шут *and* всколыха́ю, -а́ешь, -а́ют
imp.	всколыха́й, ~те *and* всколы́шь, ~те *and rarely* всколыши́, ~те
pt.	всколыха́л
g.pt.a.	всколыха́в
p.pt.a.	всколыха́вший
p.pt.p.	всколы́шенный

всколыха́ться *perf obs* 1. stir 2. *fig* stir, be aroused ‖ *imperf* всколы́хиваться

всколы́хивать(ся)¹ *imperf of* всколыха́ть(ся)

всколы́хивать(ся)² *imperf of* всколыхну́ть(ся)

всколыхну́ть 7 *perf* кого́-что 1. stir 2. *fig* stir, rouse; stimulate to action ‖ *imperf* всколы́хивать 1а

всколыхну́ться *perf* 1. stir 2. *fig* stir, be aroused ‖ *imperf* всколы́хиваться

вскопа́ть 2 *perf* что dig up ‖ *imperf* вска́пывать 1а

вскорми́ть *perf* кого́-что raise, rear, bring up; feed ‖ *imperf* вска́рмливать 1а
ft.	вскормлю́, -о́рмишь, -о́рмят
imp.	вскорми́, ~те
pt.	вскорми́л
g.pt.a.	вскорми́в
p.pt.a.	вскорми́вший
p.pt.p.	вско́рмленный *and obs* вскормлённый; вскормлён, -ена́

вскочи́ть *perf* 1. на кого́-что jump (on; into) 2. jump up, leap up, spring up; вскочи́ть с посте́ли jump out of bed 3. *1st and 2nd pers not used* break out, erupt, come up, swell (up) ‖ *imperf* вска́кивать 1а
ft.	вскочу́, -о́чишь, -о́чат
imp.	вскочи́, ~те
pt.	вскочи́л
g.pt.a.	вскочи́в
p.pt.a.	вскочи́вший

вскри́кивать *imperf of* вскри́кнуть

вскри́кнуть 6 *perf* cry out, scream, utter a cry ‖ *imperf* вскри́кивать 1а

вскрича́ть *perf* exclaim, cry
ft.	вскричу́, -чи́шь, -ча́т
imp.	вскричи́, ~те
pt.	вскрича́л
g.pt.a.	вскрича́в
p.pt.a.	вскрича́вший

вскружи́ть *perf* что: вскружи́ть го́лову кому́-н. turn *smb's* head
ft.	вскружу́, -у́жи́шь, -у́жа́т
imp.	вскружи́, ~те
pt.	вскружи́л
g.pt.a.	вскружи́в
p.pt.a.	вскружи́вший
p.pt.p.	вскружённый; вскружён, -ена́ *and* вскру́женный

вскружи́ться, *1st and 2nd pers not used*,
perf: у меня́ вскружи́лась голова́ I felt
giddy, my head swam
ft. вскру́жится
pt. вскружи́лась

вскрыва́ть(ся) *imperf of* вскры́ть(ся)

вскрыть *perf* что 1. open, unseal 2. *med*
dissect; lance, cut, open 3. *fig* reveal,
disclose ‖ *imperf* вскрыва́ть 2 a
ft. вскро́ю, -о́ешь, -о́ют
imp. вскрой, ~те
pt. вскрыл
g.pt.a. вскрыв
p.pt.a. вскры́вший
p.pt.p. вскры́тый

вскры́ться, *1st and 2nd pers not used, perf*
1. *of an abscess* burst, break 2.: река́
вскры́лась the ice in the river has broken
up 3. *fig* be revealed, be disclosed, come
to light ‖ *imperf* вскрыва́ться

вслу́шаться 1 *perf* во что listen attentively
(to) ‖ *imperf* вслу́шиваться 1 a

вслу́шиваться *imperf of* вслу́шаться

всма́триваться *imperf of* всмотре́ться

всмотре́ться *perf* в кого́-что peer (into),
look narrowly (at); scrutinize; look
closely (at) ‖ *imperf* всма́триваться 1 a
ft. всмотрю́сь, -о́тришься,
-о́трятся
imp. всмотри́сь, -и́тесь
pt. всмотре́лся, -лась
g.pt.a. всмотре́вшись
p.pt.a. всмотре́вшийся

всова́ть 5 *perf* что во что *sub* put (into,
in), shove (into, in), thrust (into, in);
slip (into, in) ‖ *imperf* всо́вывать 1 a
ft. всую́, всуёшь, всую́т

всо́вывать[1] *imperf of* всу́нуть

всо́вывать[2] *imperf of* всова́ть

всоса́ть *perf* что suck up *or* in, soak up
or in, absorb, imbibe ‖ *imperf* вса́сы-
вать 1 a
ft. всосу́, -сёшь, -су́т
imp. всоси́, ~те
pt. всоса́л
g.pt.a. всоса́в
p.pt.a. всоса́вший
p.pt.p. всо́санный

всоса́ться, *1st and 2nd pers not used, perf*
во что soak (in), be absorbed (into, in) ‖
imperf вса́сываться

вспа́ивать *imperf of* вспои́ть

вспа́рхивать *imperf of* вспорхну́ть

вспа́рывать *imperf of* вспоро́ть

вспаха́ть *perf* что plough up, turn up ‖
imperf вспа́хивать 1 a
ft. вспашу́, -а́шешь, -а́шут
imp. вспаши́, ~те
pt. вспаха́л
g.pt.a. вспаха́в
p.pt.a. вспаха́вший
p.pt.p. вспа́ханный

вспа́хивать *imperf of* вспаха́ть

вспе́нивать(ся) *imperf of* вспе́нить(ся)

вспе́нить *perf* что make foam [froth];
вспе́нить мы́ло make soap lather ‖ *imperf* вспе́нивать 1 a
ft. вспе́ню, -нишь, -нят
imp. вспе́нь, ~те
pt. вспе́нил
g.pt.a. вспе́нив
p.pt.a. вспе́нивший
p.pt.a. вспе́ненный *and obs* вспенён-
ный; вспенён, -ена́

вспе́ниться, *1st and 2nd pers not used, perf*
foam, froth; lather ‖ *imperf* вспе́ниваться

всплакну́ть 7 *perf* о ком-чём *or without
object coll* shed a few tears (over), have a
little cry (over)

всплёскивать *and* всплёскивать *imperf of*
всплесну́ть

всплесну́ть 7 *perf semelf* splash; всплес-
ну́ть рука́ми fling up *one's* hands, throw
up *one's* arms ‖ *imperf* всплёскивать 1 a
and всплёскивать
p.pt.p. всплёснутый

всплыва́ть *imperf of* всплыть

всплыть *perf* 1. come [rise] to the surface,
emerge; *of submarine* surface 2. *1st and
2nd pers not used* come to light; *of question* arise, come up ‖ *imperf* всплыва́ть 2 a
ft. всплыву́, -вёшь, -ву́т
imp. всплыви́, ~те
pt. всплыл, -ыла́, -ы́ло
g.pt.a. всплы́в
p.pt.a. всплы́вший

вспои́ть *perf* кого́-что *coll* 1. rear, raise,
raise on milk *animals* 2.: вспои́ть,
вскорми́ть bring up *a child* ‖ *imperf* вспа́и-
вать 1 a
ft. вспою́, -ои́шь, -оя́т
imp. вспой, ~те
pt. вспои́л
g.pt.a. вспои́в
p.pt.a. вспои́вший
p.pt.p. вспоённый; вспоён, -ена́ *and*
вспо́енный

всполохну́ть(ся) *perf semelf of* всполо-
ши́ть(ся)

всполоши́ть *perf* кого́-что *coll* startle,
alarm | *perf semelf* всполохну́ть 7
ft. всполошу́, -ши́шь, -ша́т
imp. всполоши́, ~те
pt. всполоши́л
g.pt.a. всполоши́в
p.pt.a. всполоши́вший
p.pt.p. всполошённый; всполошён,
-ена́

всполоши́ться *perf coll* be startled, take
alarm; be thrown into a flutter | *perf
semelf* всполохну́ться

вспомина́ть(ся) *imperf of* вспо́мнить(ся)

вспо́мнить *perf* кого́-что *or* ком-чём
remember, recall, recollect | *imperf* вспо-
мина́ть 2 a
ft. вспо́мню, -нишь, -нят
imp. вспо́мни, ~те
pt. вспо́мнил
g.pt.a. вспо́мнив
p.pt.a. вспо́мнивший

вспо́мниться, *1st and 2nd pers not used,
perf* come back | *imperf* вспомина́ться;
мне вспомина́ется де́тство my childhood
comes back to me

вспомяну́ть 7 *perf* кого́-что *or* о ком-
чём *sub* remember, recall, recollect
ft. вспомяну́, -я́нешь, -я́нут
p.pt.p. вспомя́нутый

вспоро́ть *perf* что *coll* rip up | *imperf*
вспа́рывать 1 a
ft. вспорю́, -о́решь, -о́рют
imp. вспори́, ~те
pt. вспоро́л
g.pt.a. вспоро́в
p.pt.a. вспоро́вший
p.pt.p. вспо́ротый

вспорхну́ть 7 *perf* fly up; take wing | *im-
perf* вспа́рхивать 1 a
no *p.pt.p.*

вспоте́ть 3 *perf* **1.** sweat, perspire, break
out in a sweat **2.** be damp, sweat, ooze
moisture

вспры́гивать *imperf of* вспры́гнуть

вспры́гнуть 6 *perf* на кого́-что jump up
(on), spring up (on) | *imperf* вспры́ги-
вать 1 a

вспры́скивать *imperf of* вспры́снуть

вспры́снуть 6 *perf* что **1.** чем sprinkle
(with), damp (with) **2.** *coll med* inject,
jab, give a shot in the arm **3.** *coll joc*

celebrate, have a drink in celebration
of; вспры́снуть сде́лку wet a bargain |
imperf вспры́скивать 1 a
p.pt.p. вспры́снутый

вспу́гивать *imperf of* вспугну́ть

вспугну́ть 7 *perf* кого́-что start, scare
[frighten] away | *imperf* вспу́гивать 1 a

вспуха́ть *imperf of* вспу́хнуть

вспу́хнуть, *1st and 2nd pers not used, perf*
swell, become swollen | *imperf* вспу-
ха́ть 2 a
ft. вспу́хнет, -нут
pt. вспух, ~ла
g.pt.a. вспу́хнув *and* вспу́хши
p.pt.a. вспу́хший *and* вспу́хнувший

вспу́чивать(ся) *imperf of* вспу́чить(ся)

вспу́чить *usu impers perf* что *sub* swell up
or out; distend | *imperf* вспу́чивать 1 a
ft. вспу́чит, -чат
pt. вспу́чил
g.pt.a. вспу́чив
p.pt.a. вспу́чивший
p.pt.p. вспу́ченный

вспу́читься, *1st and 2nd pers not used, perf
sub* be swollen; rise; distend | *imperf*
вспу́чиваться

вспыли́ть *perf coll* fly into a temper, flare
up; get angry
ft. вспылю́, -ли́шь, -ля́т
imp. вспыли́, ~те
pt. вспыли́л
g.pt.a. вспыли́в
p.pt.a. вспыли́вший

вспы́хивать *imperf of* вспы́хнуть

вспы́хнуть 6 *perf* **1.** blaze up, take fire;
flare up; *of a light* flash; *of a fire* break
out **2.** flush, blush *with shame* **3.** *fig* break
out **4.** burst into a rage; grow angry,
flare up | *imperf* вспы́хивать 1 a

встава́ть *imperf of* встать
pr. встаю́, встаёшь, встаю́т
imp. встава́й, ~те
pt. встава́л
g.pr.a. встава́я
p.pr.a. встаю́щий
p.pt.a. встава́вший

вста́вить *perf* кого́-что во что set (into,
in), put (into, in), fix (into, in); insert
(into) | *imperf* вставля́ть 2 a
ft. вста́влю, -вишь, -вят
imp. вставь, ~те
pt. вста́вил
g.pt.a. вста́вив

p.pt.a. вста́вивший
p.pt.p. вста́вленный
вставля́ть *imperf of* вста́вить

встать *perf* 1. stand up, rise, get up 2. step on to 3. *of the sun, the moon etc.* rise 4. arise, come up; встал вопро́с the question arose 5. *fig* rise, rise up *to defend smth* ‖ *imperf* встава́ть, forms ib.
ft. вста́ну, -нешь, -нут
imp. встань, ~те
pt. встал
g.pt.a. встав
p.pt.a. вста́вший

встопо́рщить *perf* что *coll* ruffle, rub up the wrong way
ft. встопо́рщу, -щишь, -щат
pt. встопо́рщил
g.pt.a. встопо́рщив
p.pt.a. встопо́рщивший
p.pt.p. встопо́рщенный

встопо́рщиться, *1st and 2nd pers not used, perf coll* bristle (up), stand on end, stand up

встра́ивать *imperf of* встро́ить

встрево́жить *perf* кого́-что 1. alarm, disquiet, worry, trouble 2. disturb, bother
ft. встрево́жу, -жишь, -жат
imp. встрево́жь, ~те
pt. встрево́жил
g.pt.a. встрево́жив
p.pt.a. встрево́живший
p.pt.p. встрево́женный

встрево́житься *perf* 1. be anxious, be nervous; be worried about 2. trouble [worry] oneself

встрепену́ться 7 *perf* 1. start; *of birds* open [spread, shake] its wings 2. rouse oneself 3. *of heart* begin to throb

встре́тить *perf* кого́-что 1. meet, encounter; come across 2. come to meet 3. meet with *kindness etc.* 4. receive; greet, welcome ‖ *imperf* встреча́ть 2a
ft. встре́чу, -е́тишь, -е́тят
imp. встреть, ~те
pt. встре́тил
g.pt.a. встре́тив
p.pt.a. встре́тивший
p.pt.p. встре́ченный

встре́титься *perf* 1. с кем-чем *of people, lines etc.* meet; meet with, come across 2. с кем-чем see *each other*; *little of smb etc.* 3. *1st and 2nd pers not used* be found, turn up, occur, happen ‖ *imperf* встреча́ться

встреча́ть(ся) *imperf of* встре́тить(ся)

встро́ить *perf* что во что build (in, into), install (in) ‖ *imperf* встра́ивать 1a
ft. встро́ю, -о́ишь, -о́ят
imp. встрой, ~те
pt. встро́ил
g.pt.a. встро́ив
p.pt.a. встро́ивший
p.pt.p. встро́енный

встря́хивать(ся) *imperf of* встряхну́ть(ся)

встряхну́ть 7 *perf* кого́-что 1. shake; jolt 2. *fig* shake up, stir up ‖ *imperf* встря́хивать 1a *with* 1

встряхну́ться *perf* 1. shake oneself 2. *coll* rouse oneself, cheer up; have a change ‖ *imperf* встря́хиваться

вступа́ть(ся) *imperf of* вступи́ть(ся)

вступи́ть *perf* во что 1. enter (into), step (into); march (into) 2. join *a party, trade union etc.* 3. enter (into), start *an argument, conversation etc.* ‖ *imperf* вступа́ть 2a
ft. вступлю́, -у́пишь, -у́пят
imp. вступи́, ~те
pt. вступи́л
g.pt.a. вступи́в
p.pt.a. вступи́вший

вступи́ться *perf* за кого́-что stand up (for), stick up (for); intercede (for); protect; take *smb's* part ‖ *imperf* вступа́ться

всу́нуть 6 *perf* что во что thrust (into, in), shove (into, in), put (into, in), slip (into, in) ‖ *imperf* всо́вывать 1a
imp. всунь, ~те
p.pt.p. всу́нутый

всу́чивать *imperf of* всучи́ть

всучи́ть *perf* что 1. interlace, intertwine 2. кому́ *sub* foist (*smth* on), fob off (*smth* on) ‖ *imperf* всу́чивать 1a
ft. всучу́, всу́чишь, всуча́т
imp. всучи́, ~те
pt. всучи́л
g.pt.a. всучи́в
p.pt.a. всучи́вший
p.pt.p. всу́ченный *and* всучённый; всучён, -ена́

всхли́пнуть *perf semelf of* всхли́пывать

всхли́пывать 1a *imperf* sob | *perf semelf* всхли́пнуть 6

всходи́ть *imperf of* взойти́
pr. всхожу́, -о́дишь, -о́дят
imp. всходи́, ~те
pt. всходи́л
g.pr.a. всходя́

p.pr.a.   всходя́щий
p.pt.a.   всходи́вший

всхрапну́ть 7 *perf* **1.** *semelf of* всхра́пывать **2.** *sub* nap, take a nap

всхра́пывать 1 a *imperf* **1.** snore **2.** *of animals* breathe heavily | *perf semelf* всхрапну́ть 7

всы́пать *perf* **1.** что *or* чего́ во что pour (into), put (into) **2.** кому́ make it hot for *smb*, warm *smb*, thrash *smb* ‖ *imperf* всыпа́ть 2 a
ft.   всы́плю, -лешь, -лют *and coll*
              -пешь, -пют
imp.   всыпь, ~те
pt.   всы́пал
g.pt.a.   всы́пав
p.pt.a.   всы́павший
p.pt.p.   всы́панный

всыпа́ть *imperf of* всы́пать

вта́лкивать[1] *imperf of* втолкну́ть

вта́лкивать[2] *imperf of* втолка́ть

вта́птывать *imperf of* втопта́ть

втаска́ть 2 *perf* кого́-что *sub* **1.** pull (in), drag (in); во что pull (into), drag (into) *after preparatory motions* **2.** pull (up), drag (up) *after preparatory motions* ‖ *imperf* вта́скивать 1 a

вта́скивать[1] *imperf of* втащи́ть

вта́скивать[2] *imperf of* втаска́ть

вта́скиваться *imperf of* втащи́ться

втача́ть 2 *perf* что во что sew (in, into), stitch (in, into) ‖ *imperf* вта́чивать 1 a

вта́чивать *imperf of* втача́ть

втащи́ть *perf* кого́-что **1.** pull (in), drag (in); во что pull (into), drag (into) **2.** pull up, drag up ‖ *imperf* вта́скивать 1 a
ft.   втащу́, вта́щишь, вта́щат
imp.   втащи́, ~те
pt.   втащи́л
g.pt.a.   втащи́в
p.pt.a.   втащи́вший
p.pt.p.   вта́щенный

втащи́ться *perf coll* во что drag oneself (in, into) **2.** drag oneself up ‖ *imperf* вта́скиваться

втека́ть 2 a, *1st and 2nd pers not used, imperf* во что flow (into), discharge (into) ‖ *perf* втечь, forms ib.

втемя́шивать(ся) *imperf of* втемя́шить(ся)

втемя́шить *perf* что кому́-чему́ *sub* get *smth* into *smb's* head, drum *smth* into

smb, drill *smth* into *smb* ‖ *imperf* втемя́шивать 1 a
ft.   втемя́шу, -шишь, -шат
imp.   втемя́шь, ~те
pt.   втемя́шил
g.pt.a.   втемя́шив
p.pt.a.   втемя́шивший
p.pt.p.   втемя́шенный

втемя́шиться, *1st and 2nd pers not used, perf* кому́ get into *one's* head ‖ *imperf* втемя́шиваться

втере́ть *perf* что во что rub (into) ‖ *imperf* втира́ть 2 a
ft.   вотру́, -рёшь, -ру́т
imp.   вотри́, ~те
pt.   втёр, ~ла
g.pt.a.   втере́в *and* втёрши
p.pt.a.   втёрший
p.pt.p.   втёртый

втере́ться *perf* во что **1.** *coll* make one's way (into) **2.** *fig coll* worm oneself (into), insinuate oneself **3.** *1st and 2nd pers not used* soak in, rub in, penetrate ‖ *imperf* втира́ться
g.pt.a.   втёршись

втеса́ться *perf* во что *sub* sneak (in), smuggle oneself (through) ‖ *imperf* втёсываться 1 a
ft.   втешу́сь, вте́шешься,
              вте́шутся
imp.   втеши́сь, -и́тесь
pt.   втеса́лся, -лась
g.pt.a.   втеса́вшись
p.pt.a.   втеса́вшийся

втёсываться *imperf of* втеса́ться

втечь *perf of* втека́ть
ft.   втечёт, втеку́т
pt.   втёк, втекла́
g.pt.a.   втёкши
p.pt.a.   втёкший

втира́ть(ся) *imperf of* втере́ть(ся)

втиска́ть 1 *perf* что во что *sub* jam in, force in, squeeze in ‖ *imperf* вти́скивать 1 a

втиска́ться *perf* во что *sub* **1.** *1st and 2nd pers not used* be a tight fit; be forced in **2.** force oneself in ‖ *imperf* вти́скиваться

вти́скивать(ся)[1] *imperf of* втиска́ть(ся)

вти́скивать(ся)[2] *imperf of* вти́снуть(ся)

вти́снуть 6 *perf* что во что squeeze (into) ‖ *imperf* вти́скивать 1 a
p.pt.p.   вти́снутый

вти́снуться, *1st and 2nd pers not used, perf coll* во что squeeze oneself (into) ‖ *imperf* вти́скиваться

втолка́ть 2 *perf* кого́-что во что push (into), shove (into) *after repeatedly going through preparatory motions* ‖ *imperf* вта́лкивать 1 a

втолкну́ть 7 *perf* кого́-что push in, shove in; во что push (into), shove (into) ‖ *imperf* вта́лкивать 1 a

втолкова́ть 5 *perf* что кому́-чему́ *coll* make understand; ника́к э́того ему́ не втолку́ешь you simply cannot get it into his head ‖ *imperf* втолко́вывать 1 a

втолко́вывать *imperf of* втолкова́ть

втопта́ть *perf* что во что trample (into) ‖ *imperf* вта́птывать 1 a

ft.	втопчу́, вто́пчешь, вто́пчут
imp.	втопчи́, ~те
pt.	втопта́л
g.pt.a.	втопта́в
p.pt.a.	втопта́вший
p.pt.p.	вто́птанный

вторга́ться *imperf of* вто́ргнуться

вто́ргнуться *perf* во что 1. invade *a country*; encroach (upon), break (into) 2. *fig* intrude (upon), meddle (with) ‖ вторга́ться 2 a

ft.	вто́ргнусь, -нешься, -нутся
imp.	вто́ргнись, -итесь
pt.	вто́ргся *and* вто́ргнулся, вто́рглась
g.pt.a.	вто́ргшись *and* вто́ргнувшись
p.pt.a.	вто́ргшийся *and* вто́ргнувшийся

вто́рить *imperf* кому́-чему́ 1. echo 2. repeat 3. *mus* sing [play] the second part

pr.	вто́рю, -ришь, -рят
imp.	вто́рь, ~те
pt.	вто́рил
g.pr.a.	вто́ря
p.pr.a.	вто́рящий
p.pt.a.	вто́ривший

втрави́ть *perf* 1. кого́ *ven* enter, train *a hunting dog* 2. кого́-что во что draw (into), involve (in) ‖ *imperf* втра́вливать 1 a

ft.	втравлю́, -а́вишь, -а́вят
imp.	встрави́, ~те
pt.	втрави́л
g.pt.a.	втрави́в
p.pt.a.	втрави́вший
p.pt.p.	втра́вленный

втра́вливать *imperf of* втрави́ть

втыка́ть(ся) *imperf of* воткну́ть(ся)

втю́риться *perf* в кого́-что *sub* 1. fall in love (with) 2. get entangled (in), get caught up (in)

ft.	втю́рюсь, -ришься, -рятся
imp.	втю́рься, -рьтесь
pt.	втю́рился, -лась
g.pt.a.	втю́рившись
p.pt.a.	втю́рившийся

втя́гивать(ся) *imperf of* втяну́ть(ся)

втяну́ть 7 *perf* кого́-что во что 1. pull in, draw in; pull (into, on to), draw (into, on to) 2. breathe in; absorb *a liquid* 3. *fig* draw (into); involve (in), engage (in) ‖ *imperf* втя́гивать 1 a

ft.	втяну́, втя́нешь, втя́нут
p.pt.p.	втя́нутый

втяну́ться *perf coll* 1. во что become involved (in), be drawn (into); become engaged (in); enter; get used (to) 2. *1st and 2nd pers not used, of cheeks* be wasted; его́ щёки втяну́лись his cheeks are sunken ‖ *imperf* втя́гиваться

вуали́ровать 4a *imperf* что veil. — (за-)

вулканизи́ровать 4 *and* 4a *perf, imperf* что *tech* vulcanize

вулканизова́ть 5 *and* 5a *perf, imperf* что *tech* vulcanize

вульгаризи́ровать 4 *and* 4a *perf, imperf* кого́-что popularize *a subject*

входи́ть *imperf of* войти́

pr.	вхожу́, вхо́дишь, вхо́дят
imp.	входи́, ~те
pt.	входи́л
g.pr.a.	входя́
p.pr.a.	входя́щий
p.pt.a.	входи́вший

вцепи́ться *perf* в кого́-что grasp, cling to, seize, catch hold (of) ‖ *imperf* вцепля́ться 2 a

ft.	вцеплю́сь, вце́пишься, вце́пятся
imp.	вцепи́сь, -и́тесь
pt.	вцепи́лся, -лась
g.pt.a.	вцепи́вшись
p.pt.a.	вцепи́вшийся

вцепля́ться *imperf of* вцепи́ться

вчерти́ть *perf* что во что inscribe (in), trace (in) ‖ *imperf* вче́рчивать 1 a

ft.	вчерчу́, вче́ртишь, вче́ртят
imp.	вчерти́, ~те
pt.	вчерти́л
g.pt.a.	вчерти́в

p.pt.a.	вчерти́вший
p.pt.p.	вче́рченный

вче́рчивать *imperf of* вчерти́ть

вчини́ть *perf* что *obs*: вчини́ть иск кому́-н. bring an action against someone ‖ *imperf* вчиня́ть 2a

ft.	вчиню́, -ни́шь, -ня́т
imp.	вчини́, ∼те
pt.	вчини́л
g.pt.a.	вчини́в
p.pt.a.	вчини́вший
p.pt.p.	вчинённый; вчинён, -ена́

вчиня́ть *imperf of* вчини́ть

вчита́ться 2 *perf* во что *coll* read carefully; become familiar with *smth* by reading, read up ‖ *imperf* вчи́тываться 1a

вчи́тываться *imperf of* вчита́ться

вчу́вствоваться 4 *perf* во что get into the spirit (of), project oneself (into)

вшива́ть *imperf of* вшить

вшиве́ть 3a, *stress as infinitive, imperf* become lousy. — (за-, обо-)

вшить *perf* что во что sew (in, into) ‖ *imperf* вшива́ть 2a

ft.	вошью́, вошьёшь, вошью́т
imp.	вшей, ∼те
pt.	вшил
g.pt.a.	вшив
p.pt.a.	вши́вший
p.pt.p.	вши́тый

въеда́ться[1,2] *imperf of* въе́сться[1,2]

въезжа́ть *imperf of* въе́хать

въе́сться[1], *1st and 2nd pers not used, perf* во что bite (into); eat (into) ‖ *imperf* въеда́ться 2a

ft.	въе́стся, въедя́тся
pt.	въе́лся, -лась
g.pt.a.	въе́вшись
p.pt.a.	въе́вшийся

въе́сться[2] *perf sub and reg* get used to a particular food ‖ *imperf* въеда́ться 2a

ft.	въе́мся, въе́шься, въе́стся,
	въеди́мся, въеди́тесь, въедя́тся
imp.	въе́шься, -шьтесь

other forms as въе́сться[1]

въе́хать *perf* **1.** во что, на что ride in, drive in; ride (into), drive (into); enter *on horseback or in a vehicle* **2.** на что go up; drive up **3.** во что move *into a new flat* ‖ *imperf* въезжа́ть 2a

ft.	въе́ду, -дешь, -дут
pt.	въе́хал

g.pt.a.	въе́хав
p.pt.a.	въе́хавший

выба́лтывать *imperf of* вы́болтать

вы́бегать 1 *perf* что *sub* **1.** go all over *a place*, run through *a place* **2.** get [obtain] by running, run around for *or* after ‖ *imperf* выбе́гивать* 1a

выбега́ть *imperf of* вы́бежать

выбе́гивать *imperf of* вы́бегать

вы́бежать *perf* run out, come running out ‖ *imperf* выбега́ть 2a

ft.	вы́бегу, -ежишь, -егут
imp.	вы́беги, ∼те
pt.	вы́бежал
g.pt.a.	вы́бежав
p.pt.a.	вы́бежавший

вы́белить *perf* что whitewash, whiten

ft.	вы́белю, -лишь, -лят
imp.	вы́бели, ∼те
pt.	вы́белил
g.pt.a.	вы́белив
p.pt.a.	вы́беливший
p.pt.p.	вы́беленный

выбива́ть(ся) *imperf of* вы́бить(ся)

выбира́ть(ся) *imperf of* вы́брать(ся)

вы́бить *perf* кого-что **1.** knock out *a wedge*; break open *or* down *a door*; smash *a window* **2.** drive out, dislodge *an enemy* **3.** *coll* beat out *dust* **4.** stamp, coin ‖ *imperf* выбива́ть 2a

ft.	вы́бью, вы́бьешь, вы́бьют
imp.	вы́бей, ∼те
pt.	вы́бил
g.pt.a.	вы́бив
p.pt.a.	вы́бивший
p.pt.p.	вы́битый

вы́биться *perf* break out; work one's way out; extricate oneself from; get out of; вы́биться из сил be(come) exhausted, be at the end of one's tether; вы́биться из колеи́ get off the beaten track; её во́лосы вы́бились из-под шля́пы her hair was showing from under her hat ‖ *imperf* выбива́ться

вы́болтать 1 *perf* что *sub* blab out, let out ‖ *imperf* выба́лтывать 1a | *perf semelf* вы́болтнуть 6

вы́болтнуть *perf semelf of* выба́лтывать

вы́бранить *perf* кого-что *coll* berate, rail at

ft.	вы́браню, -нишь, -нят
imp.	вы́брани, ∼те
pt.	вы́бранил

g.pt.a.	вы́бранив
p.pt.a.	вы́бранивший
p.pt.p.	вы́браненный

выбра́сывать(ся) *imperf of* вы́бросить(ся)

вы́брать *perf* кого́-что **1.** choose; select, pick out, sort out **2.** elect *representatives etc.* **3.** take (everything) out **4.**: вы́брать снасть take [haul] in nets; вы́брать я́корь weigh anchor **5.** *coll* find ‖ *imperf* выбира́ть 2a

ft.	вы́беру, -решь, -рут
imp.	вы́бери, ~те
pt.	вы́брал
g.pt.a.	вы́брав
p.pt.a.	вы́бравший
p.pt.p.	вы́бранный

вы́браться *perf coll* (из чего́) **1.** find *one's* way out (of), get out *of a difficulty* **2.** move out *of a flat* **3.** *coll* be available, be free; я не могу́ вы́браться из до́му I can't get away from the house ‖ *imperf* выбира́ться

выбреда́ть *imperf of* вы́брести

вы́брести *perf coll* walk out (slowly); manage to get about again *after sickness*; find *one's* way out (of), get out ‖ *imperf* выбреда́ть 2a

ft.	вы́бреду, -едешь, -едут
imp.	вы́бреди, ~те
pt.	вы́брел
g.pt.a.	вы́бредя *and obs* вы́бредши
p.pt.a.	вы́бредший

выбрива́ть(ся) *imperf of* вы́брить(ся)

вы́брить *perf* что shave (clean) ‖ *imperf* выбрива́ть 2a

ft.	вы́брею, -еешь, -еют
imp.	вы́брей, ~те
pt.	вы́брил
g.pt.a.	вы́брив
p.pt.a.	вы́бривший
p.pt.p.	вы́бритый

вы́бриться *perf* shave; чи́сто вы́бриться have a close shave ‖ *imperf* выбрива́ться

вы́бросить *perf* кого́-что **1.** throw out *or* away; вы́бросить на бе́рег cast ashore **2.** exclude, omit, leave out **3.** dismiss **4.** throw out, fling out **5.** *coll* waste, squander, throw away **6.** *sub*: вы́бросить что́-н. на ры́нок release *smth* for sale, put *smth* on the market ‖ *imperf* выбра́сывать 1a

ft.	вы́брошу, -осишь, -осят
imp.	вы́брось *and* вы́броси, вы́бросьте

pt.	вы́бросил
g.pt.a.	вы́бросив
p.pt.a.	вы́бросивший
p.pt.p.	вы́брошенный

вы́броситься *perf* **1.** jump out, fling *oneself* out; вы́броситься на парашю́те bale out **2.**: вы́броситься на мель run aground ‖ *imperf* выбра́сываться

выбыва́ть *imperf of* вы́быть

вы́быть *perf* **1.** leave, withdraw, drop out, quit **2.**: вы́быть из стро́я quit the ranks; *mil* become a casualty ‖ *imperf* выбыва́ть 2a

ft.	вы́буду, -дешь, -дут
imp.	вы́будь, ~те
pt.	вы́был
g.pt.a.	вы́быв
p.pt.a.	вы́бывший

выва́ливать(ся)[1] *imperf of* вы́валить(ся)

выва́ливать(ся)[2] *imperf of* вы́валять(ся)

вы́валить *perf* что из чего́ *coll* throw out, discharge, dump ‖ *imperf* выва́ливать 1a

ft.	вы́валю, -лишь, -лят
imp.	вы́вали, ~те
pt.	вы́валил
g.pt.a.	вы́валив
p.pt.a.	вы́валивший
p.pt.p.	вы́валенный

вы́валиться *perf* из чего́ fall out (of); tumble out (of) ‖ *imperf* выва́ливаться

вы́валять 1 *perf* кого́-что *sub* roll (in); roll around (and soil); вы́валять в грязи́ drag in *or* through the mud ‖ *imperf* выва́ливать 1a

вы́валяться *perf* в чём *sub* wallow; вы́валяться в грязи́ be covered with mud ‖ *imperf* выва́ливаться

выва́ривать(ся) *imperf of* вы́варить(ся)

вы́варить *perf* что **1.** boil to nothing, boil down **2.** boil out, extract by boiling ‖ *imperf* выва́ривать 1a

ft.	вы́варю, -ришь, -рят
imp.	вы́вари, ~те
pt.	вы́варил
g.pt.a.	вы́варив
p.pt.a.	вы́варивший
p.pt.p.	вы́варенный

вы́вариться, *1st and 2nd pers not used, perf* be boiled to pulp, be boiled out ‖ *imperf* выва́риваться

вы́ведать 1 *perf* что *coll* find out, worm out, sift, (try to) elicit ‖ *imperf* выве́дывать 1a

выве́дывать *imperf of* вы́ведать

вы́везти *perf* кого́-что **1.** get [take, bring, move] out; remove, take away *garbage etc.* **2.** export **3.** bring (back) **4.** *1st and 2nd pers not used sub* help out of a difficulty, bale out ‖ *imperf* вывози́ть, forms ib.

ft.	вы́везу, -зешь, -зут
imp.	вы́вези, ~те
pt.	вы́вез, ~ла
g.pt.a.	вы́везя *and obs* вы́везши
p.pt.a.	вы́везший
p.pt.p.	вы́везенный

вы́верить *perf* что check, verify; *tech* regulate, adjust ‖ *imperf* выверя́ть 2a

ft.	вы́верю, -ришь, -рят
imp.	вы́вери, ~те *and* вы́верь, ~те
pt.	вы́верил
g.pt.a.	вы́верив
p.pt.a.	вы́веривший
p.pt.p.	вы́веренный

вы́вернуть 6 *perf* что **1.** из чего́ unscrew **2.** *coll* dislocate, wrench, twist **3.** turn (inside out) ‖ *imperf* вывёртывать 1a

p.pt.p.	вы́вернутый

вы́вернуться *perf* **1.** *1st and 2nd pers not used* из чего́ *coll* come unscrewed **2.** *1st and 2nd pers not used* be put out of joint, be dislocated **3.** slip away *or* out **4.** из чего́ *coll* wriggle out, extricate oneself *out of difficulties* **5.** *sub* appear suddenly, pop up, turn up ‖ *imperf* вывёртываться

вы́вертеть *perf* что из чего́ *sub* unscrew ‖ *imperf* выве́рчивать 1a

ft.	вы́верчу, -ртишь, -ртят
imp.	вы́верти, ~те
pt.	вы́вертел
g.pt.a.	вы́вертев
p.pt.a.	вы́вертевший
p.pt.p.	вы́верченный

вывёртывать(ся) *imperf of* вы́вернуть(ся)

выве́рчивать *imperf of* вы́вертеть

выверя́ть *imperf of* вы́верить

вы́весить[1] *perf* что hang out *a flag etc.*; put up *an announcement* ‖ *imperf* выве́шивать 1a

ft.	вы́вешу, -есишь, -есят
imp.	вы́веси, ~те *and coll* вы́весь, ~те
pt.	вы́весил
g.pt.a.	вы́весив
p.pt.a.	вы́весивший
p.pt.p.	вы́вешенный

вы́весить[2] *perf* что test the weight (of); вы́весить ги́ри verify [inspect] weights ‖ *imperf* выве́шивать 1a forms as вы́весить[1]

вы́вести *perf* кого́-что **1.** lead (out), take (out), move (out); help (out) **2.** expel, remove *smb from a committee etc.* **3.** exterminate, destroy *vermin*; remove *stains* **4.** arrive at a conclusion **5.** cultivate, grow; raise *animals*; hatch *from the egg* **6.** construct, erect **7.** write [draw] carefully **8.** depict ‖ *imperf* выводи́ть, forms ib.

ft.	вы́веду, -дешь, -дут
imp.	вы́веди, ~те
pt.	вы́вел
g.pt.a.	вы́ведя *and obs* вы́ведши
p.pt.a.	вы́ведший
p.pt.p.	вы́веденный

вы́вестись, *1st and 2nd pers not used, perf* **1.** die out, become extinct; go out of use **2.** disappear; *of spots* come out **3.** hatch, hatch out *from the egg* ‖ *imperf* выводи́ться

выве́тривать(ся) *imperf of* вы́ветрить(ся)

вы́ветрить *perf* что air, ventilate ‖ *imperf* выве́тривать 1a

ft.	вы́ветрю, -ришь, -рят
imp.	вы́ветри, ~те
pt.	вы́ветрил
g.pt.a.	вы́ветрив
p.pt.a.	вы́ветривший
p.pt.p.	вы́ветренный

вы́ветриться, *1st and 2nd pers not used, perf* **1.** *geol* weather, be weathered **2.** fade; вы́ветриться из па́мяти be effaced from the memory ‖ *imperf* выве́триваться

выве́шивать[1,2] *imperf of* вы́весить[1,2]

вы́винтить *perf* что из чего́ unscrew, screw off ‖ *imperf* выви́нчивать 1a

ft.	вы́винчу, -нтишь, -нтят
imp.	вы́винти, ~те
pt.	вы́винтил
g.pt.a.	вы́винтив
p.pt.a.	вы́винтивший
p.pt.p.	вы́винченный

выви́нчивать *imperf of* вы́винтить

выви́хивать *imperf of* вы́вихнуть

вы́вихнуть 6 *perf* что dislocate, sprain ‖ *imperf* выви́хивать 1a

p.pt.p.	вы́вихнутый

выводи́ть *imperf of* вы́вести

pr.	вывожу́, -о́дишь, -о́дят
imp.	выводи́, ~те

pt.	выводи́л
g.pr.a.	выводя́
p.pr.a.	выводя́щий
p.pt.a.	выводи́вший
p.pr.p.	выводи́мый

выводи́ться *imperf of* вы́вестись

вывози́ть *imperf of* вы́везти

pr.	вывожу́, -о́зишь, -о́зят
imp.	вывози́, ~те
pt.	вывози́л
g.pr.a.	вывозя́
p.pr.a.	вывозя́щий
p.pt.a.	вывози́вший
p.pr.p.	вывози́мый

вывола́кивать *imperf of* вы́волочь

вы́волочь *perf* что *coll* drag out (of) ‖ *imperf* вывола́кивать 1a

ft.	вы́волоку, -очешь, -окут
imp.	вы́волоки, ~те
pt.	вы́волок, ~ла
g.pt.a.	вы́волокши
p.pt.a.	вы́волокший
p.pt.p.	вы́волоченный

вывора́чивать(ся) *imperf of* вы́воро-тить(ся)

вы́воротить *perf* что *sub* 1. tear out, pull out; twist out; distort 2. turn (inside out) ‖ *imperf* вывора́чивать 1a

ft.	вы́ворочу, -отишь, -отят
imp.	вы́вороти, ~те
pt.	вы́воротил
g.pt.a.	вы́воротив
p.pt.a.	вы́воротивший
p.pt.p.	вы́вороченный

вы́воротиться, *1st and 2nd pers not used, perf coll of a coat* turn out, be turned ‖ *imperf* вывора́чиваться

вы́вязать *perf* что *coll* knit; earn by knitting ‖ *imperf* вывя́зывать 1a

ft.	вы́вяжу, -яжешь, -яжут
imp.	вы́вяжи, ~те
pt.	вы́вязал
g.pt.a.	вы́вязав
p.pt.a.	вы́вязавший
p.pt.p.	вы́вязанный

вывя́зывать *imperf of* вы́вязать

вы́гадать 1 *perf* что save, economize; gain ‖ *imperf* выга́дывать 1a

выга́дывать *imperf of* вы́гадать

выгиба́ть(ся) *imperf of* вы́гнуть(ся)

вы́гладить *perf* что iron, press, smooth (down) *a dress etc.* ‖ *imperf* выгла́жи-вать 1a

ft.	вы́глажу, -адишь, -адят
imp.	вы́глади, ~те
pt.	вы́гладил
g.pt.a.	вы́гладив
p.pt.a.	вы́гладивший
p.pt.p.	вы́глаженный

выгла́живать *imperf of* вы́гладить

вы́глядеть[1] *perf* кого-что *sub* find, discover; spy out ‖ *imperf* выгля́дывать 1a

ft.	вы́гляжу, -ядишь, -ядят
imp.	вы́гляди, ~те
pt.	вы́глядел
g.pt.a.	вы́глядев
p.pt.a.	вы́глядевший

вы́глядеть[2] *imperf* look *bad, young etc.*

pr.	вы́гляжу, -ядишь, -ядят
pt.	вы́глядел
g.pr.a.	вы́глядя
p.pr.a.	вы́глядящий
p.pt.a.	вы́глядевший

выгля́дывать[1] *imperf of* вы́глядеть[1]

выгля́дывать[2] *imperf of* вы́глянуть

вы́глянуть 6 *perf* 1. look out *of the window etc.* 2. peep out *through smth*, emerge *from behind smth*; appear, show ‖ *imperf* выгля́дывать 1a

imp.	вы́гляни, ~те *and sub* вы́глянь, ~те

вы́гнать *perf* кого-что 1. turn out, drive out, expel 2. distil ‖ *imperf* выгоня́ть 2a

ft.	вы́гоню, -нишь, -нят
imp.	вы́гони, ~те
pt.	вы́гнал
g.pt.a.	вы́гнав
p.pt.a.	вы́гнавший
p.pt.p.	вы́гнанный

вы́гнуть 6 *perf* что bend, curve; arch ‖ *imperf* выгиба́ть 2a

p.pt.p.	вы́гнутый

вы́гнуться *perf* bend, be curved; be arched ‖ *imperf* выгиба́ться

выгова́ривать 1a *imperf* 1. *imperf of* вы́говорить 2. кому-чему *coll* rebuke, reprove, reprimand

вы́говорить *perf* что 1. say; pronounce; utter 2. кому-чему *coll* stipulate (for), reserve (to oneself) ‖ *imperf* выгова́-ривать 1a

ft.	вы́говорю, -ришь, -рят
imp.	вы́говори, ~те
pt.	вы́говорил
g.pt.a.	вы́говорив
p.pt.a.	вы́говоривший
p.pt.p.	вы́говоренный

выгоня́ть *imperf of* вы́гнать

выгора́живать *imperf of* вы́городить

выгора́ть[1,2] *imperf of* вы́гореть[1,2]

вы́гореть[1], *1st and 2nd pers not used, perf*
1. burn down, be gutted; be reduced to
ashes **2.** *of colours* fade ‖ *imperf* выго-
ра́ть 2a

ft.	вы́горит, -рят
pt.	вы́горел
g.pt.a.	вы́горев
p.pt.a.	вы́горевший

вы́гореть[2], *1st and 2nd pers not used, perf*
sub come off, succeed; де́ло не вы́горело
the affair did not come off, it fell through
‖ *imperf* выгора́ть 2a
forms as вы́гореть[1]

вы́городить *perf* кого́-что **1.** fence off,
enclose **2.** *fig sub* stand up for ‖ *imperf*
выгора́живать 1a

ft.	вы́горожу, -одишь, -одят
imp.	вы́городи, ~те
pt.	вы́городил
g.pt.a.	вы́городив
p.pt.a.	вы́городивший
p.pt.p.	вы́гороженный

вы́гравировать 4 *perf* что на чём engrave
(on)

выгреба́ть *imperf of* вы́грести

вы́грести *perf* **1.** что rake out; clean out,
empty **2.** row, pull ‖ *imperf* выгре-
ба́ть 2a

ft.	вы́гребу, -бешь, -бут
imp.	вы́греби, ~те
pt.	вы́греб, ~ла
g.pt.a.	вы́гребя *and* вы́гребши
p.pt.p.	вы́гребенный

выгружа́ть(ся) *imperf of* вы́грузить(ся)

вы́грузить *perf* что discharge ‖ *imperf*
выгружа́ть 2a

ft.	вы́гружу, -узишь, -узят
imp.	вы́грузи, ~те
pt.	вы́грузил
g.pt.a.	вы́грузив
p.pt.a.	вы́грузивший
p.pt.p.	вы́груженный

вы́грузиться *perf* debark, detrain; disembark ‖ *imperf* выгружа́ться

выгрыза́ть *imperf of* вы́грызть

вы́грызть *perf* что gnaw out ‖ *imperf*
выгрыза́ть 2a

ft.	вы́грызу, -зешь, -зут
imp.	вы́грызи, ~те

pt.	вы́грыз, ~ла
g.pt.a.	вы́грызши
p.pt.a.	вы́грызший
p.pt.p.	вы́грызенный

выдава́ть *imperf of* вы́дать

pr.	выдаю́, выдаёшь, выдаю́т
imp.	выдава́й, ~те
pt.	выдава́л
g.pr.a.	выдава́я
p.pr.a.	выдаю́щий
p.pt.a.	выдава́вший
p.pr.p.	выдава́емый

выдава́ться *imperf of* вы́даться

вы́давить *perf* что **1.** squeeze out, press
out **2.** break; вы́давить (око́нное)
стекло́ break in a window **3.** emboss,
stamp ‖ *imperf* выда́вливать 1a

ft.	вы́давлю, -вишь, -вят
imp.	вы́дави, ~те
pt.	вы́давил
g.pt.a.	вы́давив
p.pt.a.	вы́давивший
p.pt.p.	вы́давленный

выда́вливать *imperf of* вы́давить

выда́ивать *imperf of* вы́доить

выда́лбливать *imperf of* вы́долбить

вы́дать *perf* кого́-что **1.** give, hand; give
out, pay out; distribute **2.** draw up,
issue *a receipt, passport etc.* **3.** give up,
extradite *a criminal* **4.** give away, betray
a secret etc. **5.** .: выдава́ть себя́ за кого́-н.
give oneself out to be *smb*, pose as *smb* ‖
imperf выдава́ть, forms ib.

ft.	вы́дам, -ашь, -аст. -адим,
	-адите, -адут
imp.	вы́дай, ~те
pt.	вы́дал
g.pt.a.	вы́дав
p.pt.a.	вы́давший
p.pt.p.	вы́данный

вы́даться, *1st and 2nd pers not used, perf*
1. stand out, jut out, protrude, project
2. be conspicuous (for), be distinguished
(by); stand out *among others* **3.** *coll* occur,
happen to be, turn out ‖ *imperf* выда-
ва́ться

выдвига́ть(ся) *imperf pf* вы́двинуть(ся)

вы́двинуть 6 *perf* кого́-что **1.** pull out,
move out; push forward **2.** *fig* put forward, suggest *a theory, idea etc.*; выдви-
нуть вопро́с raise a question; вы́двинуть
предложе́ние put forward a proposal
3. nominate *to an office*; *a candidate*;
promote to ‖ *imperf* выдвига́ть 2a

imp.	вы́двинь, ~те
p.pt.p.	вы́двинутый

вы́двинуться *perf* **1.** move forward; advance **2.** slide out, pull out **3.** rise; rise from the ranks; work *one's* way up ‖ *imperf* выдвига́ться

вы́дворить *perf* кого́-что **1.** *obs* eject; evict **2.** turn out; send away *or* out, have removed ‖ *imperf* выдворя́ть 2a

ft.	вы́дворю, -ришь, -рят
imp.	вы́двори, ~те
pt.	вы́дворил
g.pt.a.	вы́дворив
p.pt.a.	вы́дворивший
p.pt.p.	вы́дворенный

выдворя́ть *imperf of* вы́дворить

вы́делать 1 *perf* что **1.** work, make, fashion **2.** treat, dress, curry *leather* ‖ *imperf* выде́лывать 1a

вы́делить *perf* кого́-что **1.** pick out, select, choose, single out **2.** separate, detach **3.** portion *give as a share*; apportion; allot *money*; allocate, earmark; **4.** mark out *as suitable for*; distinguish *smb* **5.** *med* secrete; excrete **6.** *chem* evolve, educe ‖ *imperf* выделя́ть 2a

ft.	вы́делю, -лишь, -лят
imp.	вы́дели, ~те
pt.	вы́делил
g.pt.a.	вы́делив
p.pt.a.	вы́деливший
p.pt.p.	вы́деленный

вы́делиться *perf* **1.** чем be distinguished (by, for); вы́делиться на фо́не stand out against a background **2.** receive *one's* share **3.** discharge; ooze out, exude ‖ *imperf* выделя́ться

выде́лывать 1a *imperf* **1.** *imperf of* вы́делать **2.** что manufacture, produce **3.** do, perform; что он там выде́лывает? what is he up to there?

выделя́ть(ся) *imperf of* вы́делить(ся)

вы́дергать 1 *perf* что *coll* pull out, pluck ‖ *imperf* выдёргивать 1a

выдёргивать[1] *imperf of* вы́дернуть

выдёргивать[2] *imperf of* вы́дергать

вы́держать *perf* что **1.** bear, stand, sustain; endure **2.** pass *examination* **3.** contain oneself; она́ не вы́держала и распла́калась she broke down and burst into tears **4.** *coll* hold out, bear **5.** season; вы́держать вино́ mature wine ‖ *imperf* выде́рживать 1a

ft.	вы́держу, -жишь, -жат
imp.	вы́держи, ~те
pt.	вы́держал
g.pt.a.	вы́держав
p.pt.a.	вы́державший
p.pt.p.	вы́держанный

выде́рживать *imperf of* вы́держать

вы́дернуть 6 *perf* что pull out, pluck ‖ *imperf* выдёргивать 1a

p.pt.p.	вы́дернутый

выдира́ть *imperf of* вы́драть[1]

вы́доить *perf* кого́-что milk dry ‖ *imperf* выда́ивать 1a

ft.	вы́дою, вы́доишь, вы́доят
imp.	вы́дои, ~те
pt.	вы́доил
g.pt.a.	вы́доив
p.pt.a.	вы́доивший
p.pt.p.	вы́доенный

вы́долбить *perf* что **1.** gouge, make a hollow (in), hollow (out) **2.** *sub* learn by heart, cram ‖ *imperf* выда́лбливать 1a

ft.	вы́долблю, -бишь, -бят
imp.	вы́долби, ~те
pt.	вы́долбил
g.pt.a.	вы́долбив
p.pt.a.	вы́долбивший
p.pt.p.	вы́долбленный

вы́дохнуть 6 *perf* что breathe out ‖ *imperf* выдыха́ть 2a

p.pt.p.	вы́дохнутый

вы́дохнуться *perf* **1.** lose its power [strength, smell]; *of wine, beer* become flat **2.** *coll* peter out, come to nothing; get tired [exhausted], be played out ‖ *imperf* выдыха́ться

pt.	вы́дохся, -хлась
g.pt.a.	вы́дохшись
p.pt.a.	вы́дохшийся

вы́драть[1] *perf* что *coll* tear out ‖ *imperf* выдира́ть 2a

ft.	вы́деру, -решь, -рут
imp.	вы́дери, ~те
pt.	вы́драл
g.pt.a.	вы́драв
p.pt.a.	вы́дравший
p.pt.p.	вы́дранный

вы́драть[2] *perf* кого́-что *coll* thrash, give a thrashing
forms as вы́драть[1]

вы́дрессировать 4 *perf* кого́-что train *animals*

вы́дубить *perf* что tan

ft.	вы́дублю, -бишь, -бят
imp.	вы́дуби, ~те

pt.	вы́дубил
g.pt.a.	вы́дубив
p.pt.a.	вы́дубивший
p.pt.p.	вы́дубленный

выдува́ть *imperf of* вы́дуть

вы́думать 1 *perf* что 1. invent, devise; think up 2. make up, fabricate, concoct ‖ *imperf* выду́мывать 1 a

выду́мывать *imperf of* вы́думать

вы́дуть *perf* что 1. blow out; blow away; всё тепло́ вы́дует all the heat will escape 2. *tech* blow 3. *sub* drink to the last drop, swill down, drain ‖ *imperf* выдува́ть 2 a

ft.	вы́дую, -уешь, -уют
imp.	вы́дуй, ~те
pt.	вы́дул
g.pt.a.	вы́дув
p.pt.a.	вы́дувший
p.pt.p.	вы́дутый

выдыха́ть(ся) *imperf of* вы́дохнуть(ся)

выеда́ть *imperf of* вы́есть

вы́ездить *perf* кого́-что break in *a horse* ‖ *imperf* выезжа́ть 2 a

ft.	вы́езжу, -здишь, -здят
imp.	вы́езди, ~те
pt.	вы́ездил
g.pt.a.	вы́ездив
p.pt.a.	вы́ездивший
p.pt.p.	вы́езженный

выезжа́ть[1] *imperf of* вы́ехать

выезжа́ть[2] *imperf of* вы́ездить

вы́есть *perf* что 1. eat hollow, eat the inside of; consume 2. corrode, eat away ‖ *imperf* выеда́ть 2 a

ft.	вы́ем, вы́ешь, вы́ест, вы́едим, вы́едите, вы́едят
imp.	вы́ешь, ~те
pt.	вы́ел
g.pt.a.	вы́ев
p.pt.a.	вы́евший
p.pt.p.	вы́еденный

вы́ехать *perf* 1. leave, depart, go out (of), go away 2. drive out, ride out 3. move (from), change residence 4. на ком-чём *coll*: вы́ехать на чём-н. turn *smth* to account, profit by *smth* ‖ *imperf* выезжа́ть 2 a

ft.	вы́еду, -дешь, -дут
pt.	вы́ехал
g.pt.a.	вы́ехав
p.pt.a.	вы́ехавший

выжа́ривать *imperf of* вы́жарить

вы́жарить *perf* что *sub* dry by the fire; fire *pottery in a kiln* ‖ *imperf* выжа́ривать 1 a

ft.	вы́жарю, -ришь, -рят
imp.	вы́жарь, ~те
pt.	вы́жарил
g.pt.a.	вы́жарив
p.pt.a.	вы́жаривший
p.pt.p.	вы́жаренный

вы́жать[1] *perf* что 1. squeeze out, press out; wring out 2. *sports* lift ‖ *imperf* выжима́ть 2 a

ft.	вы́жму, -мешь, -мут
imp.	вы́жми, ~те
pt.	вы́жал
g.pt.a.	вы́жав
p.pt.a.	вы́жавший
p.pt.p.	вы́жатый

вы́жать[2] *perf* что reap; mow off *or* down ‖ *imperf* выжина́ть 2 a

ft.	вы́жну, -нешь, -нут
imp.	вы́жни, ~те
pt.	вы́жал
g.pt.a.	вы́жав
p.pt.a.	вы́жавший
p.pt.p.	вы́жатый

вы́ждать *perf* кого́-что *or without object* wait (for); bide *one's* time; wait till *smth* is over ‖ *imperf* выжида́ть 2 a

ft.	вы́жду, -дешь, -дут
imp.	вы́жди, ~те
pt.	вы́ждал
g.pt.a.	вы́ждав
p.pt.a.	вы́ждавший

вы́желтить *perf* что paint [dye] yellow

ft.	вы́желчу, -лтишь, -лтят
imp.	вы́желти, ~те
pt.	вы́желтил
g.pt.a.	вы́желтив
p.pt.a.	вы́желтивший
p.pt.p.	вы́желченный

вы́жечь *perf* что 1. burn out; burn down; вы́жечь клеймо́ на чём-н. brand *smth* 2. *med* cauterize ‖ *imperf* выжига́ть 2 a

ft.	вы́жгу, вы́жжешь, вы́жгут
imp.	вы́жги, ~те
pt.	вы́жег, вы́жгла
g.pt.a.	вы́жегши
p.pt.a.	вы́жегший
p.pt.p.	вы́жженный

выжива́ть[1,2] *imperf of* вы́жить[1,2]

выжига́ть *imperf of* вы́жечь

выжида́ть *imperf of* вы́ждать

выжима́ть *imperf of* вы́жать[1]

выжина́ть *imperf of* вы́жать[2]

вы́жить[1] *perf* **1.** survive; live; pull through **2.** stay, remain *a certain time* **3.** что suffer, bear, endure, stand ‖ *imperf* выжива́ть 2a

ft.	вы́живу, -вешь, -вут
imp.	вы́живи, ~те
pt.	вы́жил
g.pt.a.	вы́жив
p.pt.a.	вы́живший

вы́жить[2] *perf* кого́-что *coll* drive out, dislodge; get rid of; вы́жить кого́-н. из до́му drive out of the house ‖ *imperf* выжива́ть 2a

p.pt.p.	вы́житый

other forms as вы́жить[1]

вы́звать *perf* кого́-что **1.** call; send (for); call (on, upon) *pupil*; *theat* call; invite; вы́звать к доске́ call out, call to the blackboard; вы́звать кого́-н. по телефо́ну ring *smb* up **2.** на что challenge *to a contest etc.* **3.** summon *to a court etc.* **4.** arouse, excite; provoke, cause ‖ *imperf* вызыва́ть 2a

ft.	вы́зову, -вешь, -вут
imp.	вы́зови, ~те
pt.	вы́звал
g.pt.a.	вы́звав
p.pt.a.	вы́звавший
p.pt.p.	вы́званный

вы́зваться *perf* volunteer, undertake, offer oneself; он вы́звался пойти́ he volunteered to go, he offered to go ‖ *imperf* вызыва́ться

вы́звездить *impers perf*: вы́звездило the sky is studded with stars

ft.	вы́звездит
pt.	вы́звездило

вы́зволить *perf* кого́-что *sub* help out ‖ *imperf* вызволя́ть 2a

ft.	вы́зволю, -лишь, -лят
imp.	вы́зволи, ~те *and* вы́зволь, ~те
pt.	вы́зволил
g.pt.a.	вы́зволив
p.pt.a.	вы́зволивший
p.pt.p.	вы́зволенный

вызволя́ть *imperf of* вы́зволить

выздора́вливать *imperf of* вы́здороветь

вы́здороветь 3 *perf* recover, be convalescent, get better ‖ *imperf* выздора́вливать 1a

вызола́чивать *imperf of* вы́золотить

вы́золотить *perf* что gild ‖ *imperf* вызола́чивать 1a

ft.	вы́золочу, -отишь, -отят
imp.	вы́золоти, ~те
pt.	вы́золотил
g.pt.a.	вы́золотив
p.pt.a.	вы́золотивший
p.pt.p.	вы́золоченный

вызрева́ть *imperf of* вы́зреть

вы́зреть 3, *1st and 2nd pers not used, perf* ripen, grow ripe ‖ *imperf* вызрева́ть 2a

вызу́бривать[1,2] *imperf of* вы́зубрить[1,2]

вы́зубрить[1] *perf* что notch ‖ *imperf* вызу́бривать 1a

ft.	вы́зубрю, -ришь, -рят
imp.	вы́зубри, ~те
pt.	вы́зубрил
g.pt.a.	вы́зубрив
p.pt.a.	вы́зубривший
p.pt.p.	вы́зубренный

вы́зубрить[2] *perf* что *coll* learn by heart, cram ‖ *imperf* вызу́бривать 1a forms as вы́зубрить[1]

вызыва́ть(ся) *imperf of* вы́звать(ся)

вы́играть 1 *perf* **1.** что *or without object* win; вы́играть у кого́-н. beat *smb*, defeat *smb in a game etc.* **2.** на чём, в чём, от чего́ gain (by *smth*), profit (by *smth*), benefit (by *smth*); в чём gain (in) ‖ *imperf* выи́грывать 1a

выи́грывать *imperf of* вы́играть

вы́искать *perf* что *coll* look for; find out, discover, hunt out *or* up ‖ *imperf* вы́иски-вать 1a

ft.	вы́ищу, -щешь, -щут
imp.	вы́ищи, ~те
pt.	вы́искал
g.pt.a.	вы́искав
p.pt.a.	вы́искавший
p.pt.p.	вы́исканный

вы́искаться, *1st and 2nd pers not used, perf coll* turn up, be found; како́й у́мник вы́искался! what a clever person we have found! ‖ *imperf* выи́скиваться

вы́искивать(ся) *imperf of* вы́искать(ся)

вы́йти *perf* **1.** go out, leave; come out, emerge; get out *of a car etc.* **2.** leave, withdraw, retire **3.**: вы́йти на рабо́ту appear at *one's* work, turn up at *one's* work; вы́йти в мо́ре put to sea **4.** be published, appear **5.** run out, use up, come to an end **6.** be, make; из неё вы́йдет хоро́ший учи́тель she will make a good teacher **7.** come off; turn out, result; happen, arise, originate ‖ *imperf* выходи́ть, forms ib.

ft.	вы́йду, -дешь, -дут

imp.	вы́йди, ~те
pt.	вы́шел, -шла
g.pt.a.	вы́йдя *and obs* вы́шедши
p.pt.a.	вы́шедший

вы́казать *perf* что *coll* show, prove; display ‖ *imperf* выка́зывать 1 a

ft.	вы́кажу, -жешь, -жут
imp.	вы́кажи, ~те
pt.	вы́казал
g.pt.a.	вы́казав
p.pt.a.	вы́казавший
p.pt.p.	вы́казанный

выка́зывать *imperf of* вы́казать

выка́лывать *imperf of* вы́колоть

выка́пывать *imperf of* вы́копать

вы́карабкаться 1 *perf* из чего́ *coll* **1.** scramble out, climb out **2.** *fig* get out, extricate oneself *from some troublesome affair* ‖ *imperf* выкара́бкиваться 1 a

выкара́бкиваться *imperf of* вы́карабкаться

выка́рмливать *imperf of* вы́кормить

вы́катать[1] 1 *perf* что mangle *linen* ‖ *imperf* выка́тывать 1 a

вы́катать[2] 1 *perf* что *sub* roll out, shove out *continuously or at several goes* ‖ *imperf* выка́тывать 1 a

вы́катить *perf* что roll out; wheel out; push out, move out ‖ *imperf* выка́тывать 1 a

ft.	вы́качу, -атишь, -атят
imp.	вы́кати, ~те
pt.	вы́катил
g.pt.a.	вы́катив
p.pt.a.	вы́кативший
p.pt.p.	вы́каченный

вы́катиться *perf* roll out ‖ *imperf* выка́тываться

выка́тывать[1,2] *imperf of* вы́катать[1,2]

выка́тывать[3] *imperf of* вы́катить

выка́тываться *imperf of* вы́катиться

вы́кать 1 a *imperf* кому́-чему́, *obs* кого́-что *or without object sub* adress a person with "вы"

вы́качать 1 *perf* что pump out ‖ *imperf* выка́чивать 1 a

выка́чивать *imperf of* вы́качать

выка́шивать *imperf of* вы́косить

выка́шливать(ся) *imperf of* выкашлять-(ся)

вы́кашлять 1 *perf* что *coll* cough up, expectorate ‖ *imperf* выка́шливать 1 a

выка́шляться *perf coll* clear *one's* throat ‖ *imperf* выка́шливаться

выки́дывать(ся) *imperf of* вы́кинуть(ся)

вы́кинуть 6 *perf* что **1.** throw out *or* away; discard *give up*; omit, exclude **2.** *sub* miscarry, have a miscarriage **3.** *coll* play *trick* ‖ *imperf* выки́дывать 1 a

imp.	вы́кинь, ~те
p.pt.p.	вы́кинутый

вы́кинуться *perf sub* hurl oneself out; jump out (of); *of smoke* pour out ‖ *imperf* выки́дываться

выкипа́ть *imperf of* вы́кипеть

вы́кипеть *1st and 2nd pers not used, perf* boil away, evaporate ‖ *imperf* выкипа́ть 2 a

ft.	вы́кипит, -пят
pt.	вы́кипел
g.pt.a.	вы́кипев
p.pt.a.	вы́кипевший

вы́кипятить *perf* что *coll* boil out; scald out

ft.	вы́кипячу, -ятишь, -ятят
imp.	вы́кипяти, ~те
pt.	вы́кипятил
g.pt.a.	вы́кипятив
p.pt.a.	вы́кипятивший
p.pt.p.	вы́кипяченный

выкиса́ть *imperf of* вы́киснуть

вы́киснуть *1st and 2nd pers not used, perf* become acid, turn sour to a certain degree ‖ *imperf* выкиса́ть 2 a

ft.	вы́киснет, -нут
pt.	вы́кис, ~ла
g.pt.a.	вы́кисши
p.pt.a.	вы́кисший

выкла́дывать *imperf of* вы́ложить

вы́клевать *perf* что **1.** peck out *with the beak* **2.** peck [eat] *everything* up ‖ *imperf* выклёвывать 1 a / *perf semelf* вы́клюнуть 6 *with* 1, *p.pt.p.* вы́клюнутый

ft.	вы́клюю, -юешь, -юют
imp.	вы́клюй, ~те
pt.	вы́клевал
g.pt.a.	вы́клевав
p.pt.a.	вы́клевавший
p.pt.p.	вы́клеванный

выклёвывать *imperf of* вы́клевать

выклика́ть 2 a *imperf* кого́-что *or without object* call out; call the roll | *perf semelf* вы́кликнуть 6, *p.pt.p.* вы́кликнутый

вы́кликнуть *perf semelf of* выклика́ть

вы́клюнуть *perf semelf of* выклёвывать

выключа́ть *imperf of* вы́ключить

вы́ключить *perf* кого́-что **1.** switch off, turn off *electric light, gas etc.*; cut off *the telephone, power supply etc.*; вы́ключить мото́р shut off [stop] an engine **2.** exclude; leave out; expel ‖ *imperf* выключа́ть 2a

ft.	вы́ключу, -чишь, -чат
imp.	вы́ключи, ~те
pt.	вы́ключил
g.pt.a.	вы́ключив
p.pt.a.	вы́ключивший
p.pt.p.	вы́ключенный

выкля́нчивать *imperf of* вы́клянчить

вы́клянчить *perf* (что-н. у кого́-н.) *sub* cadge (*smth* off *smb*), wheedle (*smth* out of *smb*) ‖ *imperf* выкля́нчивать 1a

ft.	вы́клянчу, -чишь, -чат
imp.	вы́клянчи, ~те
pt.	вы́клянчил
g.pt.a.	вы́клянчив
p.pt.a.	вы́клянчивший
p.pt.p.	вы́клянченный

вы́ковать 4 *perf* что forge; *fig* shape, mould; forge ‖ *imperf* выко́вывать 1a

выко́вывать *imperf of* вы́ковать

выкови́ривать *imperf of* вы́ковырять

вы́ковырнуть *perf semelf of* выкови́ривать

вы́ковырять 1 *perf* что *coll* pick out ‖ *imperf* выкови́ривать 1a │ *perf semelf* вы́ковырнуть 6, *p.pt.p.* вы́ковырнутый

выкола́чивать *imperf of* вы́колотить

выкола́шиваться *imperf of* вы́колоситься

вы́колоситься, *1st and 2nd pers not used*, *perf of corn* ear, be eared ‖ *imperf* выкола́шиваться 1a

ft.	вы́колосится, -сятся
pt.	вы́колосился, -лась
g.pt.a.	вы́колосившись
p.pt.a.	вы́колосившийся

вы́колотить *perf* что **1.** beat out, knock out; вы́колотить пыль из чего́-н. beat the dust out of *smth* **2.** *coll* extort, force out ‖ *imperf* выкола́чивать 1a

ft.	вы́колочу, -отишь, -отят
imp.	вы́колоти, ~те
pt.	вы́колотил
g.pt.a.	вы́колотив
p.pt.a.	вы́колотивший
p.pt.p.	вы́колоченный

вы́колоть *perf* что prick out *a pattern*; put out *the eyes*; cut out *stone, ice with*

an axe ‖ *imperf* выка́лывать 1a

ft.	вы́колю, -лешь, -лют
imp.	вы́коли, ~те
pt.	вы́колол
g.pt.a.	вы́колов
p.pt.a.	вы́коловший
p.pt.p.	вы́колотый

вы́колупать 1 *perf* что *sub* pick out ‖ *imperf* выколу́пывать 1a │ *perf semelf* вы́колупнуть 6, *p.pt.p.* вы́колупнутый

вы́колупнуть *perf semelf of* выколу́пывать

выколу́пывать *imperf of* вы́колупать

вы́копать 1 *perf* что **1.** dig **2.** dig up *or* out **3.** *fig coll* dig up, unearth ‖ *imperf* выка́пывать 1a

вы́кормить *perf* кого́-что bring up, rear ‖ *imperf* выка́рмливать 1a

ft.	вы́кормлю, -мишь, -мят
imp.	вы́корми, ~те
pt.	вы́кормил
g.pt.a.	вы́кормив
p.pt.a.	вы́кормивший
p.pt.p.	вы́кормленный

вы́корчевать *perf* что **1.** root up *or* out; grub up **2.** *fig* extirpate, root out ‖ *imperf* выкорчёвывать 1a

ft.	вы́корчую, -уешь, -уют
imp.	вы́корчуй, ~те
pt.	вы́корчевал
g.pt.a.	вы́корчевав
p.pt.a.	вы́корчевавший
p.pt.p.	вы́корчеванный

выкорчёвывать *imperf of* вы́корчевать

вы́косить *perf* что **1.** mow off *or* down **2.** *fig* mow down ‖ *imperf* выка́шивать 1a

ft.	вы́кошу, -осишь, -осят
imp.	вы́коси, ~те
pt.	вы́косил
g.pt.a.	вы́косив
p.pt.a.	вы́косивший
p.pt.p.	вы́кошенный

выкра́дывать *imperf of* вы́красть

выкра́ивать *imperf of* вы́кроить

вы́красить *perf* что paint; dye ‖ *imperf* выкра́шивать 1a

ft.	вы́крашу, -асишь, -асят
imp.	вы́краси, ~те *and* вы́крась, ~те
pt.	вы́красил
g.pt.a.	вы́красив
p.pt.a.	вы́красивший
p.pt.p.	вы́крашенный

вы́краситься *perf* **1.** be painted; take paint; dye **2.** *coll* get paint on oneself ‖ *imperf* выкра́шиваться

вы́красть *perf* что steal ‖ *imperf* выкра́-
дывать 1 а
ft.   вы́краду, -дешь, -дут
imp.   вы́кради, ~те
pt.   вы́крал
g.pt.a.   вы́крав
p.pt.a.   вы́кравший
p.pt.p.   вы́краденный

выкра́шивать[1] *imperf of* вы́красить

выкра́шивать[2] *imperf of* вы́крошить

выкра́шиваться[1] *imperf of* вы́краситься

выкра́шиваться[2] *imperf of* вы́крошиться

выкри́кивать *imperf of* вы́крикнуть

вы́крикнуть 6 *perf* что cry out, scream
out; call out ‖ *imperf* выкри́кивать 1 а
p.pt.p.   вы́крикнутый

вы́кристаллизоваться 4, *1st and 2nd pers
not used, perf* crystallize *a. fig* ‖ *imperf*
выкристаллизо́вываться 1 а

выкристаллизо́вываться *imperf of* вы́-
кристаллизоваться

вы́кроить *perf* что (из чего́) 1. cut out
a dress etc. 2. *fig coll* make *the money*
do for *smth*, find, hunt (up); вы́кроить
де́ньги на что́-н. make *one's* money run
to *smth* ‖ *imperf* выкра́ивать 1 а
ft.   вы́крою, -оишь, -оят
imp.   вы́крои, ~те
pt.   вы́кроил
g.pt.a.   вы́кроив
p.pt.a.   вы́кроивший
p.pt.p.   вы́кроенный

вы́крошить *perf* что crumble ‖ *imperf*
выкра́шивать 1 а
ft.   вы́крошу, -шишь, -шат
imp.   вы́кроши, ~те
pt.   вы́крошил
g.pt.a.   вы́крошив
p.pt.a.   вы́крошивший
p.pt.p.   вы́крошенный

вы́крошиться, *1st and 2nd pers not used,
perf coll* crumble ‖ *imperf* выкра́шиваться

вы́крутить *perf* что (из чего́) unscrew ‖ *imperf* выкру́чивать 1 а
ft.   вы́кручу, -утишь, -утят
imp.   вы́крути, ~те
pt.   вы́крутил
g.pt.a.   вы́крутив
p.pt.a.   вы́крутивший
p.pt.p.   вы́крученный

вы́крутиться *perf* из чего́ *sub* 1. come
unscrewed 2. *fig* wriggle out (of) ‖ *imperf*
выкру́чиваться

выкру́чивать(ся) *imperf of* вы́крутить(ся)

вы́купать 1 *perf* кого́-что bath, give *smb*
a bath

выкупа́ть *imperf of* вы́купить

вы́купаться 1 *perf* bathe, take [have] a
bath; go bathing

выкупа́ться *imperf of* вы́купиться

вы́купить *perf* кого́-что redeem; ransom
‖ *imperf* выкупа́ть 2 а
ft.   вы́куплю, -пишь, -пят
imp.   вы́купи, ~те
pt.   вы́купил
g.pt.a.   вы́купив
p.pt.a.   вы́купивший
p.pt.p.   вы́купленный

вы́купиться *perf* buy oneself out *of an
obligation, captivity* ‖ *imperf* выкупа́ться

выку́ривать[1,2] *imperf of* вы́курить[1,2]

вы́курить[1] *perf* кого́-что 1. smoke 2.
smoke out 3. *sub* get rid of ‖ *imperf*
выку́ривать 1 а
ft.   вы́курю, -ришь, -рят
imp.   вы́кури, ~те
pt.   вы́курил
g.pt.a.   вы́курив
p.pt.a.   вы́куривший
p.pt.a.   вы́куренный

вы́курить[2] *perf* что *obs* distil *spirits* ‖ *imperf* выку́ривать 1 а
forms as вы́курить[1]

вы́кушать 1 *perf* что (*or* чего́) *sub* drink
up, take

выла́вливать *imperf of* вы́ловить

вы́лакать 1 *perf* что lap up

выла́мывать[1] *imperf of* вы́ломать

выла́мывать[2] *imperf of* вы́ломить

выла́щивать *imperf of* вы́лощить

вы́лежать *perf* be [remain] in bed, keep
to *one's* bed, be bedridden *for a certain
time* ‖ *imperf* вылёживать 1 а
ft.   вы́лежу, -жишь, -жат
imp.   вы́лежи, ~те
pt.   вы́лежал
g.pt.a.   вы́лежав
p.pt.a.   вы́лежавший

вы́лежаться *perf* 1. *coll* have a spell in
bed, have a complete rest in bed 2. *1st
and 2nd pers not used* ripen; mature; be left
to ripen [mature] ‖ *imperf* вылёжи-
ваться

вылёживать(ся) *imperf of* вы́лежать(ся)

вылеза́ть *imperf of* вы́лезти

вы́лезти *and* **вы́лезть** *perf* **1.** crawl out; come out, climb out **2.** *sub* get out *of a tram etc.* **3.** *1st and 2nd pers not used, of hair* fall out, come out ‖ *imperf* вылеза́ть 2a

ft.	вы́лезу, -зешь, -зут
imp.	вы́лези, ~те *and* вы́лезь, ~те
pt.	вы́лез, ~ла
g.pt.a.	вы́лезши
p.pt.a.	вы́лезший

вы́лепить *perf* кого́-что model, mould *in clay, wax etc.* ‖ *imperf* вылепля́ть 2a

ft.	вы́леплю, -пишь, -пят
imp.	вы́лепи, ~те
pt.	вы́лепил
g.pt.a.	вы́лепив
p.pt.a.	вы́лепивший
p.pt.p.	вы́лепленный

вылепля́ть *imperf of* вы́лепить

вылета́ть *imperf of* вы́лететь

вы́лететь *perf* **1.** fly out; start, leave *by air*; во что leave, take off (for) **2.** rush out *or* up; dash out; fall out ‖ *imperf* вылета́ть 2a

ft.	вы́лечу, -етишь, -етят
imp.	вы́лети, ~те
pt.	вы́летел
g.pt.a.	вы́летев
p.pt.a.	вы́летевший

вылéчивать(ся) *imperf of* вы́лечить(ся)

вы́лечить *perf* кого́-что cure *a patient, a disease* ‖ *imperf* вылéчивать 1a

ft.	вы́лечу, -чишь, -чат
imp.	вы́лечи, ~те
pt.	вы́лечил
g.pt.a.	вы́лечив
p.pt.a.	вы́лечивший
p.pt.p.	вы́леченный

вы́лечиться *perf* be cured, recover ‖ *imperf* вылéчиваться

вылива́ть(ся) *imperf of* вы́лить(ся)

вы́лизать *perf* кого́-что lick clean ‖ *imperf* выл*и́*зывать 1a

ft.	вы́лижу, -жешь, -жут
imp.	вы́лижи, ~те
pt.	вы́лизал
g.pt.a.	вы́лизав
p.pt.a.	вы́лизавший
p.pt.p.	вы́лизанный

вылúзывать *imperf of* вы́лизать

вы́линять 1, *1st and 2nd pers not used, perf* **1.** lose colour, fade **2.** run **3.** *zool* moult

вы́лить *perf* что **1.** из чего́ pour out (of); empty **2.** cast, found *bells, candlesticks etc.*; mould *a statue* ‖ *imperf* вылива́ть 2a

ft.	вы́лью, вы́льешь, вы́льют
imp.	вы́лей, ~те
pt.	вы́лил
g.pt.a.	вы́лив
p.pt.a.	вы́ливший
p.pt.p.	вы́литый

вы́литься, *1st and 2nd pers not used, perf* **1.** из чего́ run out (of), pour out (of), overflow **2.** *fig* во что take the shape [form] (of), develop (into) ‖ *imperf* вылива́ться

вы́ловить *perf* кого́-что **1.** catch *all the fish* **2.** из чего́ fish out (of), get out (of) ‖ *imperf* выла́вливать 1a

ft.	вы́ловлю, -вишь, -вят
imp.	вы́лови, ~те
pt.	вы́ловил
g.pt.a.	вы́ловив
p.pt.a.	вы́ловивший
p.pt.p.	вы́ловленный

вы́ложить *perf* что **1.** take out *things from a suitcase etc.*; lay out, spread out **2.** чем face (with); line (with); border; вы́ложить кирпичо́м brick; вы́ложить плúтами flag *a pavement etc.* **3.** *fig coll* tell plainly, set (before *smb*) one's thoughts *etc.* **4.** *reg* castrate, geld *a horse, a ram* ‖ *imperf* выкла́дывать 1a

ft.	вы́ложу, -жишь, -жат
imp.	вы́ложи, ~те
pt.	вы́ложил
g.pt.a.	вы́ложив
p.pt.a.	вы́ложивший
p.pt.p.	вы́ложенный

вы́ломать 1 *perf* что break out *or* in; wrench out; вы́ломать дверь break open a door ‖ *imperf* выла́мывать 1a

вы́ломить *perf* что *coll* break out; wrench out ‖ *imperf* выла́мывать 1a

ft.	вы́ломлю, -мишь, -мят
imp.	вы́ломи, ~те
pt.	вы́ломил
g.pt.a.	вы́ломив
p.pt.a.	вы́ломивший
p.pt.p.	вы́ломленный

вы́лощить *perf* что polish ‖ *imperf* выла́щивать 1a

ft.	вы́лощу, -щишь, -щат
imp.	вы́лощи, ~те
pt.	вы́лощил
g.pt.a.	вы́лощив

p.pt.a.	вы́лощивший
p.pt.p.	вы́лощенный

вы́лудить *perf* что tin
ft.	вы́лужу, -удишь, -удят
imp.	вы́луди, ~те
pt.	вы́лудил
g.pt.a.	вы́лудив
p.pt.a.	вы́лудивший
p.pt.p.	вы́луженный

вы́лупить *perf* что **1.** *sub* shell *walnuts, peas*; peel *an orange*; husk *cereals* **2.**: вы́лупить глаза́ *coarse sub* goggle ‖ *imperf* вылу́пливать 1 a *and* вылупля́ть 2 a
ft.	вы́луплю, -пишь, -пят
imp.	вы́лупи, ~те
pt.	вы́лупил
g.pt.a.	вы́лупив
p.pt.a.	вы́лупивший
p.pt.p.	вы́лупленный

вы́лупиться, *1st and 2nd pers not used,* *perf* hatch out ‖ *imperf* вылу́пливаться *and* вылупля́ться

вылу́пливать(ся) *imperf of* вы́лупить(ся)

вылупля́ть(ся) *imperf of* вы́лупить(ся)

вылу́щивать *imperf of* вы́лущить

вы́лущить *perf* что из чего́ **1.** husk; shell *walnuts, peas* **2.** *med* excise, cut out, cut away ‖ *imperf* вылу́щивать 1 a
ft.	вы́лущу, -щишь, -щат
imp.	вы́лущи, ~те
pt.	вы́лущил
g.pt.a.	вы́лущив
p.pt.a.	вы́лущивший
p.pt.p.	вы́лущенный

вы́мазать *perf* что (чем) **1.** smear (with); grease, oil **2.** *coll* cover (with), besmear (with), dirty (with), soil ‖ *imperf* выма́зывать 1 a *with* 1
ft.	вы́мажу, -жешь, -жут
imp.	вы́мажи, ~те *and* вы́мажь, ~те
pt.	вы́мазал
g.pt.a.	вы́мазав
p.pt.a.	вы́мазавший
p.pt.p.	вы́мазанный

вы́мазаться *perf* get dirty, make oneself dirty, (be)smear oneself ‖ *imperf* выма́зываться

выма́зывать(ся) *imperf of* вы́мазать(ся)

выма́ливать *imperf of* вы́молить

выма́нивать *imperf of* вы́манить

вы́манить *perf* **1.** кого-что из чего́ lure (from, out of) **2.** что-н. у кого́-н. coax

(*smth* out of *smb*); cheat (*smb* out of *smth*); swindle (*smb* out of *smth*) ‖ *imperf* выма́нивать 1 a
ft.	вы́маню, -нишь, -нят
imp.	вы́мани, ~те
pt.	вы́манил
g.pt.a.	вы́манив
p.pt.a.	вы́манивший
p.pt.p.	вы́маненный

вы́марать **1** *perf* что *sub* **1.** dirty, soil, besmear **2.** strike out, cross out, delete ‖ *imperf* выма́рывать 1 a

вы́мараться *perf sub* get dirty, dirty oneself ‖ *imperf* выма́рываться

выма́ривать *imperf of* вы́морить

выма́рывать(ся) *imperf of* вы́марать(ся)

выма́тывать *imperf of* вы́мотать

выма́чивать *imperf of* вы́мочить

выма́щивать *imperf of* вы́мостить

вымеа́ивать *imperf of* вы́менять

вы́менять **1** *perf* кого-что на кого́-что barter (for), exchange (for) ‖ *imperf* вымеа́ивать 1 a

вы́мереть, *1st and 2nd pers not used, perf* **1.** die out; become extinct **2.** perish, die, become desolate ‖ *imperf* вымира́ть 2 a
ft.	вы́мрет, -рут
pt.	вы́мер, ~ла
g.pt.a.	вы́мерев *and* вы́мерши
p.pt.a.	вы́мерший

вымерза́ть *imperf of* вы́мерзнуть

вы́мерзнуть, *1st and 2nd pers not used, perf* **1.** *of plants* be destroyed by frost **2.** freeze solid ‖ *imperf* вымерза́ть 2 a
ft.	вы́мерзнет, -нут
pt.	вы́мерз, ~ла
g.pt.a.	вы́мерзнув *and* вы́мерзши
p.pt.a.	вы́мерзший

выме́ривать *imperf of* вы́мерить

вы́мерить *perf* что measure (out) ‖ *imperf* выме́ривать 1 a *and* вымеря́ть 2 a
ft.	вы́мерю, -ришь, -рят *and coll* вы́меряю, -яешь, -яют
imp.	вы́мери, ~те *and coll* вы́меряй, ~те
pt.	вы́мерил
g.pt.a.	вы́мерив
p.pt.a.	вы́меривший
p.pt.p.	вы́меренный

вымеря́ть *imperf of* вы́мерить

вы́месить *perf* что knead thoroughly *dough* ‖ *imperf* выме́шивать 1 a
ft.	вы́мешу, -есишь, -есят

imp.	вы́меси, ~те
pt.	вы́месил
g.pt.a.	вы́месив
p.pt.a.	вы́месивший
p.pt.p.	вы́мешенный

вы́мести *perf* что sweep (out) ‖ *imperf* вымета́ть 2a

ft.	вы́мету, -тешь, -тут
imp.	вы́мети, ~те
pt.	вы́мел
g.pt.a.	вы́метя
p.pt.a.	вы́метший
p.pt.p.	вы́метенный

вы́местить *perf* что на ком-чём take *smth* out (on); вы́местить (свою́) зло́бу на ко́м-н. wreak [vent] *one's* anger on *smb* ‖ *imperf* вымеща́ть 2a

ft.	вы́мещу, -естишь, -естят
imp.	вы́мести, ~те
pt.	вы́местил
g.pt.a.	вы́местив
p.pt.a.	вы́местивший
p.pt.p.	вы́мещенный

вы́метать[1] *perf* что 1. throw out, cast out 2. *1st and 2nd pers not used:* вы́метать икру́ spawn ‖ *imperf* вымётывать 1a

ft.	вы́мечу, -чешь, -чут
imp.	вы́мечи, ~те
pt.	вы́метал
g.pt.a.	вы́метав
p.pt.a.	вы́метавший
p.pt.p.	вы́метанный

вы́метать[2] 1 *perf:* вы́метать пе́тли work [make] buttonholes ‖ *imperf* вымёты-вать 1a

вымета́ть *imperf of* вы́мести

вымётывать[1,2] *imperf of* вы́метать[1,2]

выме́шивать *imperf of* вы́месить

вымеща́ть *imperf of* вы́местить

вымира́ть *imperf of* вы́мереть

вымога́ть 2a *imperf* что extort

вымока́ть *imperf of* вы́мокнуть

вы́мокнуть *perf* 1. wet through, get wet 2. be soaked, be steeped ‖ *imperf* вы-мока́ть 2a

ft.	вы́мокну, -нешь, -нут
imp.	вы́мокни, ~те
pt.	вы́мок, ~ла
g.pt.a.	вы́мокнув *and* вы́мокши
p.pt.a.	вы́мокший

вымола́чивать *imperf of* вы́молотить

вы́молвить *perf* что *coll* utter, say

ft.	вы́молвлю, -вишь, -вят

imp.	вы́молви, ~те
pt.	вы́молвил
g.pt.a.	вы́молвив
p.pt.a.	вы́молвивший
p.pt.p.	вы́молвленный

вы́молить *perf* что *or* чего́ implore, get [obtain] by entreaties ‖ *imperf* вымали-вать 1a

ft.	вы́молю, -лишь, -лят
imp.	вы́моли, ~те
pt.	вы́молил
g.pt.a.	вы́молив
p.pt.a.	вы́моливший
p.pt.p.	вы́моленный

вы́молотить *perf* что thrash out *corn* ‖ *imperf* вымола́чивать 1a

ft.	вы́молочу, -отишь, -отят
imp.	вы́молоти, ~те
pt.	вы́молотил
g.pt.a.	вы́молотив
p.pt.a.	вы́молотивший
p.pt.p.	вы́молоченный

вымора́живать *imperf of* вы́морозить

вы́морить *perf* кого́-что extirpate, ex-terminate; вы́морить го́лодом starve (out) ‖ *imperf* выма́ривать 1a

ft.	вы́морю, -ришь, -рят
imp.	вы́мори, ~те
pt.	вы́морил
g.pt.a.	вы́морив
p.pt.a.	вы́моривший
p.pt.p.	вы́моренный

вы́морозить *perf* кого́-что 1. freeze (out) 2. kill by cold *or* frost, exterminate (by freezing out) ‖ *imperf* вымора́живать 1a

ft.	вы́морожу, -озишь, -озят
imp.	вы́морози, ~те *and* вы́морозь, ~те
pt.	вы́морозил
g.pt.a.	вы́морозив
p.pt.a.	вы́морозивший
p.pt.p.	вы́мороженный

вы́мостить *perf* что pave ‖ *imperf* выма-щивать 1a

ft.	вы́мощу, -остишь, -остят
imp.	вы́мости, ~те
pt.	вы́мостил
g.pt.a.	вы́мостив
p.pt.a.	вы́мостивший
p.pt.p.	вы́мощенный

вы́мотать 1 *perf* что *coll* drain, exhaust ‖ *imperf* выма́тывать 1a

вы́мочить *perf* кого́-что 1. drench, soak through, wet through 2. soak, steep; ret ‖ *imperf* выма́чивать 1a

ft.	вы́мочу, -чишь, -чат
imp.	вы́мочи, ~те
pt.	вы́мочил
g.pt.a.	вы́мочив
p.pt.a.	вы́мочивший
p.pt.p.	вы́моченный

вымучивать *imperf of* вы́мучить

вы́мучить *perf* что *or* что из себя *coll* produce with travail ‖ *imperf* вымучивать 1 a

ft.	вы́мучу, -чишь, -чат
imp.	вы́мучи, ~те
pt.	вы́мучил
g.pt.a.	вы́мучив
p.pt.a.	вы́мучивший
p.pt.p.	вы́мученный

вы́муштровать 4 *perf* кого-что *coll* drill, discipline

вымыва́ть *imperf of* вы́мыть

вы́мыть *perf* кого-что wash (out, up); hollow out; wash away ‖ *imperf* вымыва́ть 2 a

ft.	вы́мою, -оешь, -оют
imp.	вы́мой, ~те
pt.	вы́мыл
g.pt.a.	вы́мыв
p.pt.a.	вы́мывший
p.pt.p.	вы́мытый

вы́мыться *perf* wash, wash oneself

вына́шивать *imperf of* выносить

вы́нести *perf* кого-что 1. carry out, take out *of some place*; ло́дку вы́несло на бе́рег the boat was swept up on the shore 2. submit *for discussion* 3. stand, bear, endure *pain, smb etc.* 4. pass *a resolution, sentence etc.* ‖ *imperf* выноси́ть, forms ib.

ft.	вы́несу, -сешь, -сут
imp.	вы́неси, ~те
pt.	вы́нес, ~ла
g.pt.a.	вы́неся *and obs* вы́несши
p.pt.a.	вы́несший
p.pt.p.	вы́несенный

вы́нестись *perf* dart out, fly out; remove ‖ *imperf* выноси́ться

вынима́ть(ся) *imperf of* вы́нуть(ся)

вы́носить *perf* кого-что 1. carry for the full period of pregnancy, bring forth 2. think out, reason out; mature 3. train *falcons* 4. *coll* wear out *clothes* ‖ *imperf* вына́шивать 1 a

ft.	вы́ношу, -осишь, -осят
imp.	вы́носи, ~те
pt.	вы́носил

g.pt.a.	вы́носив
p.pt.a.	вы́носивший
p.pt.p.	вы́ношенный

выноси́ть *imperf of* вы́нести

pr.	выношу́, -о́сишь, -о́сят
imp.	выноси́, ~те
pt.	выноси́л
g.pr.a.	вынося́
p.pr.a.	вынося́щий
p.pt.a.	выноси́вший
p.pr.p.	выноси́мый

выноси́ться *imperf of* вы́нестись

вы́нудить *perf* кого-что force, compel; make (*smb* do *smth*); у кого-чего *or* от кого-чего extort (*smth* from *smb*) ‖ *imperf* вынужда́ть 2 a

ft.	вы́нужу, -удишь, -удят
imp.	вы́нуди, ~те
pt.	вы́нудил
g.pt.a.	вы́нудив
p.pt.a.	вы́нудивший
p.pt.p.	вы́нужденный

вынужда́ть *imperf of* вы́нудить

вы́нуть 6 *perf* что take out *of a bag etc.*; pull out *a handkerchief*; draw out, draw, withdraw *money from the bank* ‖ *imperf* вынима́ть 2 a

imp.	вынь, ~те
p.pt.p.	вы́нутый

вы́нуться, *1st and 2nd pers not used, perf* be removable, be removed; *of drawer etc.* draw out, pull out, come out ‖ *imperf* вынима́ться

выны́ривать *imperf of* вы́нырнуть

вы́нырнуть 6 *perf* 1. emerge, come to the surface 2. emerge, appear, turn up ‖ *imperf* выны́ривать 1 a

вы́нюхать 1 *perf* что *sub* 1. smell out, nose out 2. find out, spy out, ferret out ‖ *imperf* выню́хивать 1 a

выню́хивать *imperf of* вы́нюхать

выня́нчивать *imperf of* вы́нянчить

вы́нянчить *perf* кого-что *coll* bring up *a child* ‖ *imperf* выня́нчивать 1 a

ft.	вы́нянчу, -чишь, -чат
imp.	вы́нянчи, ~те
pt.	вы́нянчил
g.pt.a.	вы́нянчив
p.pt.a.	вы́нянчивший
p.pt.p.	вы́нянченный

выпада́ть *imperf of* вы́пасть

выпа́ивать *imperf of* вы́поить

выпа́ливать *imperf of* вы́палить

вы́палить *perf coll* **1.** в кого-что fire (at, on, upon), shoot (at, on, upon) **2.** *fig* что *or without object* blurt out, come out with ‖ *imperf* выпа́ливать 1 а

ft.	вы́палю, -лишь, -лят
imp.	вы́пали ~те
pt.	вы́палил
g.pt.a.	вы́палив
p.pt.a.	вы́паливший
p.pt.p.	вы́паленный

выпа́лывать *imperf of* вы́полоть

выпа́ривать(ся) *imperf of* вы́парить(ся)

вы́парить *perf* что **1.** steam **2.** evaporate ‖ *imperf* выпа́ривать 1 а

ft.	вы́парю, -ришь, -рят
imp.	вы́пари, ~те *and* вы́парь, ~те
pt.	вы́парил
g.pt.a.	вы́парив
p.pt.a.	вы́паривший
p.pt.p.	вы́паренный

вы́париться *perf* **1.** steam clean, clean with steam **2.** evaporate **3.** *coll* beat oneself with birch-twigs *in turkish bath* ‖ *imperf* выпа́риваться

выпа́рхивать *imperf of* вы́порхнуть

выпа́рывать *imperf of* вы́пороть[1]

вы́пасть *perf* **1.** fall out *of smth*; drop out *of smb's hands*; slip out **2.** *1st and 2nd pers not used* fall out, come out *of hair* **3.** *1st and 2nd pers not used* fall *of rain etc.* **4.** *1st and 2nd pers not used* кому fall (to); вы́пасть кому-н. на до́лю fall to *smb's lot* ‖ *imperf* выпада́ть 2 а

ft.	вы́паду, -дешь, -дут
imp.	вы́пади, -те
pt.	вы́пал
g.pt.a.	вы́пав
p.pt.a.	вы́павший

вы́пахать *perf* что **1.** plough up **2.** exhaust by ploughing *earth* ‖ *imperf* выпа́хивать 1 а

ft.	вы́пашу, -ашешь, -ашут
imp.	вы́паши, ~те
pt.	вы́пахал
g.pt.a.	вы́пахав
p.pt.a.	вы́пахавший
p.pt.p.	вы́паханный

выпа́хивать *imperf of* вы́пахать

вы́пачкать 1 *perf* кого-что *coll* soil; get dirty, make dirty

вы́пачкаться *perf coll* make oneself dirty; get dirty

выпева́ть *imperf of* вы́петь

выпека́ть(ся) *imperf of* вы́печь(ся)

вы́переть *perf* кого-что **1.** *coll* push out, hustle out, thrust out **2.** *sub* chuck out, throw out, turn out ‖ *imperf* выпира́ть 2 а

ft.	вы́пру, -решь, -рут
imp.	вы́при, ~те
pt.	вы́пер, ~ла
g.pt.a.	вы́перев *and* вы́перши
p.pt.a.	вы́перший
p.pt.p.	вы́пертый

вы́пестовать 4 *perf* кого-что **1.** *elev* foster, nurture **2.** *obs* bring up

вы́петь *perf* что sing carefully ‖ *imperf* выпева́ть 2 а

ft.	вы́пою, -оешь, -оют
imp.	вы́пой, ~те
pt.	вы́пел
g.pt.a.	вы́пев
p.pt.a.	вы́певший
p.pt.p.	вы́петый

вы́печь *perf* что **1.** bake *a certain quantity of loaves* **2.** bake thoroughly, bake to a turn ‖ *imperf* выпека́ть 2 а

ft.	вы́пеку, -ечешь, -екут
imp.	вы́пеки, ~те
pt.	вы́пек, ~ла
g.pt.a.	вы́пекши
p.pt.a.	вы́пекший
p.pt.p.	вы́печенный

вы́печься *perf* bake, be baked through; хорошо́ вы́печься be well baked ‖ *imperf* выпека́ться

выпива́ть *imperf of* вы́пить

выпи́ливать *imperf of* вы́пилить

вы́пилить *perf* что saw; cut out ‖ *imperf* выпи́ливать 1 а

ft.	вы́пилю, -лишь, -лят
imp.	вы́пили, ~те
pt.	вы́пилил
g.pt.a.	вы́пилив
p.pt.a.	вы́пиливший
p.pt.p.	вы́пиленный

выпира́ть 2 а *imperf* **1.** *imperf of* вы́переть **2.** *1st and 2nd pers not used* bulge out, protrude, stick out

вы́писать *perf* кого-что **1.** write out *or* down; copy out *of a book etc.* **2.** write [draw] carefully **3.** make out, write *a document, receipt* **4.** take *to a periodical*; order *a commodity by mail* **5.** write for *smb* to come **6.** discharge *from hospital*; dismiss; strike off the list ‖ *imperf* выпи́сывать 1 а

ft.	вы́пишу, -шешь, -шут
imp.	вы́пиши, ~те
pt.	вы́писал
g.pt.a.	вы́писав
p.pt.a.	вы́писавший
p.pt.p.	вы́писанный

вы́писаться *perf* check out, register *one's* departure; be struck off the register; вы́писаться из больни́цы be discharged from hospital, leave hospital ‖ *imperf* выпи́сываться

выпи́сывать(ся) *imperf of* вы́писать(ся)

вы́пить *perf* 1. что *or* чего́ drink; take, have *tea etc.*; drink up; drain, empty *a glass* 2. за кого́-что *or without object coll* drink (to); вы́пить за кого́-н. drink to *smb*; вы́пить за чьё-н. здоро́вье drink *smb's* health 3. *coll* get drunk; он вы́пил (ли́шнее) he has had a drop (too much) ‖ *imperf* выпива́ть 2a

ft.	вы́пью, вы́пьешь, вы́пьют
imp.	вы́пей, ~те
pt.	вы́пил
g.pt.a.	вы́пив
p.pt.a.	вы́пивший
p.pt.p.	вы́питый

вы́пихать 2 *perf* кого́-что *sub* push [shove] out ‖ *imperf* выпи́хивать 1a

выпи́хивать[1] *imperf of* вы́пихнуть

выпи́хивать[2] *imperf of* вы́пихать

вы́пихнуть 6 *perf* кого́-что *coll* push [shove] out ‖ *imperf* выпи́хивать 1a

p.pt.p.	вы́пихнутый

вы́плавить *perf* что melt, smelt; вы́плавить сталь make steel ‖ *imperf* выпла-вля́ть 2a

ft.	вы́плавлю, -вишь, -вят
imp.	вы́плави, ~те
pt.	вы́плавил
g.pt.a.	вы́плавив
p.pt.a.	вы́плавивший
p.pt.p.	вы́плавленный

выплавля́ть *imperf of* вы́плавить

вы́плакать *perf* что 1.: вы́плакать го́ре sob out *one's* grief; вы́плакать все глаза́ cry *one's* eyes out 2. *coll* obtain by weeping ‖ *imperf* выпла́кивать 1a

ft.	вы́плачу, -чешь, -чут
imp.	вы́плачь, ~те
pt.	вы́плакал
g.pt.a.	вы́плакав
p.pt.a.	вы́плакавший
p.pt.p.	вы́плаканный

вы́плакаться *perf* have a good cry, cry *one's* heart out ‖ *imperf* выпла́киваться*

выпла́кивать(ся) *imperf of* вы́плакать(ся)

вы́платить *perf* что pay; pay out *or* off, pay in full; settle *debts* ‖ *imperf* выпла́-чивать 1a

ft.	вы́плачу, -атишь, -атят
imp.	вы́плати, ~те
pt.	вы́платил
g.pt.a.	вы́платив
p.pt.a.	вы́плативший
p.pt.p.	вы́плаченный

выпла́чивать *imperf of* вы́платить

вы́плевать *perf* что spit out ‖ *imperf* вы-плёвывать 1a

ft.	вы́плюю, вы́плюешь, вы́плюют
imp.	вы́плюй, ~те
pt.	вы́плевал
g.pt.a.	вы́плевав
p.pt.a.	вы́плевавший
p.pt.p.	вы́плеванный

выплёвывать[1] *imperf of* вы́плевать

выплёвывать[2] *imperf of* вы́плюнуть

вы́плескать *perf* что tip out, splash out, spill *liquids* ‖ *imperf* выплёскивать 1a

ft.	вы́плещу, -щешь, -щут
imp.	вы́плещи, ~те
pt.	вы́плескал
g.pt.a.	вы́плескав
p.pt.a.	вы́плескавший
p.pt.p.	вы́плесканный

вы́плескаться, *1st and 2nd pers not used, perf* splash out, be splashed out ‖ *imperf* выплёскиваться

выплёскивать(ся)[1] *imperf of* вы́плес-кать(ся)

выплёскивать(ся)[2] *imperf of* вы́плес-нуть(ся)

вы́плеснуть 6 *perf and semelf* что tip out, dash out, splash out; wash ashore ‖ *im-perf* выплёскивать 1a

p.pt.p.	вы́плеснутый

вы́плеснуться, *1st and 2nd pers not used, perf and semelf* splash out, be splashed out ‖ *imperf* выплёскиваться

вы́плести *perf* что 1. plait out; braid 2. weave ‖ *imperf* выплета́ть 2a

ft.	вы́плету, -тешь, -тут
imp.	вы́плети, ~те
pt.	вы́плел
g.pt.a.	вы́плетя *and* вы́плетши

p.pt.a.	вы́плетший
p.pt.p.	вы́плетенный

вы́плестись, *1st and 2nd pers not used, perf* work loose, unplait ‖ *imperf* выплетáться

выплетáть(ся) *imperf of* вы́плести(сь)

выплывáть *imperf of* вы́плыть

вы́плыть *perf* **1.** come up, break surface, emerge; swim ashore **2.** swim out, appear **3.** *fig* emerge, turn up, come up ‖ *imperf* выплывáть 2a

ft.	вы́плыву, -вешь, -вут
imp.	вы́плыви, ~те
pt.	вы́плыл
g.pt.a.	вы́плыв
p.pt.a.	вы́плывший

вы́плюнуть 6 *perf* что spit out ‖ *imperf* выплёвывать 1a

imp.	вы́плюни, ~те *and* вы́плюнь, ~те
p.pt.p.	вы́плюнутый

выпля́сывать 1a *imperf* что *or without object coll* dance *folk dances with figures*

вы́поить *perf* когó-что: вы́поить молокóм feed on milk ‖ *imperf* выпáивать 1a

ft.	вы́пою, -оишь, -оят
imp.	вы́пои, ~те *and coll* вы́пой, ~те
pt.	вы́поил
g.pt.a.	вы́поив
p.pt.a.	вы́поивший
p.pt.p.	вы́поенный

выполáскивать *imperf of* вы́полоскать

выползáть *imperf of* вы́ползти

вы́ползти *perf* из чегó creep out, crawl out ‖ *imperf* выползáть 2a

ft.	вы́ползу, -зешь, -зут
imp.	вы́ползи, ~те
pt.	вы́полз, ~ла
g.pt.a.	вы́ползши
p.pt.a.	вы́ползший

вы́полнить *perf* что carry out, fulfil, implement; carry into effect, accomplish ‖ *imperf* выполня́ть 2a

ft.	вы́полню, -нишь, -нят
imp.	вы́полни, ~те
pt.	вы́полнил
g.pt.a.	вы́полнив
p.pt.a.	вы́полнивший
p.pt.p.	вы́полненный

выполня́ть *imperf of* вы́полнить

вы́полоскать *perf* что rinse (out); gargle ‖ *imperf* выполáскивать 1a

ft.	вы́полощу, -щешь, -щут
imp.	вы́полощи, ~те

pt.	вы́полоскал
g.pt.a.	вы́полоскав
p.pt.a.	вы́полоскавший
p.pt.p.	вы́полосканный

вы́полоть *perf* что weed (out); pull up ‖ *imperf* выпáлывать 1a

ft.	вы́полю, -лешь, -лют
imp.	вы́поли, ~те
pt.	вы́полол
g.pt.a.	вы́полов
p.pt.a.	вы́половший
p.pt.p.	вы́полотый

вы́пороть[1] *perf* что rip out ‖ *imperf* выпáрывать 1a

ft.	вы́порю, -решь, -рют
imp.	вы́пори, ~те
pt.	вы́порол
g.pt.a.	вы́поров
p.pt.a.	вы́поровший
p.pt.p.	вы́поротый

вы́пороть[2] *perf* когó-что *sub* flog, whip, give a thrashing
forms as вы́пороть[1]

вы́порхнуть 6 *perf* flutter out, flit out ‖ *imperf* выпáрхивать 1a

вы́потрошить *perf* когó-что draw, disembowel; gut

ft.	вы́потрошу, -шишь, -шат
imp.	вы́потроши, ~те
pt.	вы́потрошил
g.pt.a.	вы́потрошив
p.pt.a.	вы́потрошивший
p.pt.p.	вы́потрошенный

вы́править[1] *perf* что **1.** set right, set straight, straighten (out) **2.** correct; rectify ‖ *imperf* выправля́ть 2a

ft.	вы́правлю, -вишь, -вят
imp.	вы́прави, ~те *and* вы́правь, ~те
pt.	вы́правил
g.pt.a.	вы́правив
p.pt.a.	вы́правивший
p.pt.p.	вы́правленный

вы́править[2] *perf* что *sub* get, obtain *passport etc.* ‖ *imperf* выправля́ть 2a
forms as вы́править[1]

вы́правиться *perf* **1.** *1st and 2nd pers not used* straighten out **2.** *coll* improve ‖ *imperf* выправля́ться

выправля́ть[1,2] *imperf of* вы́править[1,2]

выправля́ться *imperf of* вы́правиться

выпрáстывать *imperf of* вы́простать

выпрáшивать *imperf of* вы́просить

выпровáживать *imperf of* вы́проводить

вы́проводить *perf* кого́-что send about one's business, send someone packing, turn out ‖ *imperf* выпрова́живать 1 а

ft.	вы́провожу, -одишь, -одят
imp.	вы́проводи, ~те
pt.	вы́проводил
g.pt.a.	вы́проводив
p.pt.a.	вы́проводивший
p.pt.p.	вы́провоженный

вы́просить *perf* что cadge, ask (for), beg (for), (try to) obtain by request ‖ *imperf* выпра́шивать 1 а

ft.	вы́прошу, -осишь, -осят
imp.	вы́проси, ~те
pt.	вы́просил
g.pt.a.	вы́просив
p.pt.a.	вы́просивший
p.pt.p.	вы́прошенный

вы́простать 1 *perf* что *sub* 1. get out; вы́простать ру́ки get [work] one's hands free 2. empty ‖ *imperf* выпра́стывать 1 а

выпры́гивать *imperf of* вы́прыгнуть

вы́прыгнуть 6 *perf* jump out *or* off ‖ *imperf* выпры́гивать 1 а

выпряга́ть *imperf of* вы́прячь

выпряда́ть *imperf of* вы́прясть

вы́прямить *perf* что 1. straighten *a piece of wire etc.* 2. rectify *electric current* ‖ *imperf* выпрямля́ть 2 а

ft.	вы́прямлю, -мишь, -мят
imp.	вы́прями, ~те
pt.	вы́прямил
g.pt.a.	вы́прямив
p.pt.a.	вы́прямивший
p.pt.p.	вы́прямленный

вы́прямиться *perf* straighten one's back, draw oneself up ‖ *imperf* выпрямля́ться

выпрямля́ть(ся) *imperf of* вы́прямить(ся)

вы́прясть *perf* что spin out *a certain quantity of thread*; earn by spinning ‖ *imperf* выпряда́ть 2 а

ft.	вы́пряду, -дешь, -дут
imp.	вы́пряди, ~те
pt.	вы́прял
g.pt.a.	вы́прядя *and* вы́прядши
p.pt.a.	вы́прядший
p.pt.p.	вы́пряденный

вы́прячь *perf* кого́-что unharness ‖ *imperf* выпряга́ть 2 а

ft.	вы́прягу, -яжешь, -ягут
imp.	вы́пряги, ~те
pt.	вы́пряг, ~ла

g.pt.a.	вы́прягши
p.pt.a.	вы́прягший
p.pt.p.	вы́пряженный

выпуска́ть *imperf of* вы́пустить

вы́пустить *perf* кого́-что 1. let out *people, water etc.*; let go 2. publish *books etc.*; issue *money etc.* 3. produce, turn out 4. set free, release 5. graduate, turn out 6. omit, leave out 7. ease, let out 8. shoot out, thrust out ‖ *imperf* выпуска́ть 2 а

ft.	вы́пущу, -устишь, -устят
imp.	вы́пусти, ~те
pt.	вы́пустил
g.pt.a.	вы́пустив
p.pt.a.	вы́пустивший
p.pt.p.	вы́пущенный

вы́путать 1 *perf* 1. что disentangle, unravel 2. кого́-что disengage, extricate *from a difficult situation* ‖ *imperf* выпу́тывать 1 а

вы́путаться *perf* 1. disentangle oneself 2. из чего́ pull through; extricate oneself *from a difficulty*, get out (of), clear oneself *of an affair* ‖ *imperf* выпу́тываться

выпу́тывать(ся) *imperf of* вы́путать(ся)

вы́пучивать(ся) *imperf of* вы́пучить(ся)

вы́пучить *perf* что *coll* 1. bulge, protrude, make convex 2.: вы́пучить глаза́ *sub* goggle, open one's eyes wide ‖ *imperf* выпу́чивать 1 а

ft.	вы́пучу, -чишь, -чат
imp.	вы́пучи, ~те
pt.	вы́пучил
g.pt.a.	вы́пучив *and obs* вы́пуча
p.pt.a.	вы́пучивший
p.pt.p.	вы́пученный

вы́пучиться, *1st and 2nd pers not used, perf coll* bulge, swell, swell out ‖ *imperf* выпу́чиваться

вы́пытать 1 *perf* что у кого́ *coll* elicit (*smth* from *smb*), find out (*smth* from *smb*) ‖ *imperf* выпы́тывать 1 а

выпы́тывать *imperf of* вы́пытать

выпя́ливать(ся) *imperf of* вы́пялить(ся)

вы́пялить *perf* что *sub* take out of a frame; вы́пялить глаза́ stare; goggle ‖ *imperf* выпя́ливать 1 а

ft.	вы́пялю, -лишь, -лят
imp.	вы́пяли, ~те
pt.	вы́пялил
g.pt.a.	вы́пялив
p.pt.a.	вы́пяливший
p.pt.p.	вы́пяленный

вы́пялиться *perf sub* lean out ‖ *imperf* выпя́ливаться

вы́пятить *perf* что *coll* thrust out, stick out, protrude; *fig* emphasize, lay stress (upon) ‖ *imperf* выпя́чивать 1 a

ft.	вы́пячу, -ятишь, -ятят
imp.	вы́пяти, ~те
pt.	вы́пятил
g.pt.a.	вы́пятив
p.pt.a.	вы́пятивший
p.pt.p.	вы́пяченный

вы́пятиться *perf coll* bulge out, stick out, protrude; *fig* stick out ‖ *imperf* выпя́чиваться

выпя́чивать(ся) *imperf of* вы́пятить(ся)

выраба́тывать(ся) *imperf of* вы́работать(ся)

вы́работать 1 *perf* что 1. produce, manufacture, make; generate *power* 2. work out, draw up, elaborate *a plan etc.* 3. form, cultivate *a habit, strong will etc.* 4. earn, make ‖ *imperf* выраба́тывать 1 a

вы́работаться, *1st and 2nd pers not used*, *perf* form, develop ‖ *imperf* выраба́тываться

выра́внивать(ся) *imperf of* вы́ровнять(ся)

выража́ть *imperf of* вы́разить

выража́ться 2 a *imperf* 1. *imperf of* вы́разиться 2. *sub* use bad [strong] language, swear

вы́разить *perf* что express *an idea, desire etc.*; вы́разить слова́ми put into words ‖ *imperf* выража́ть 2 a

ft.	вы́ражу, -азишь, -азят
imp.	вы́рази, ~те
pt.	вы́разил
g.pt.a.	вы́разив
p.pt.a.	вы́разивший
p.pt.p.	вы́раженный

вы́разиться *perf* 1. *1st and 2nd pers not used* в чём find expression (in), manifest itself; take the form (of), consist (in) 2. express oneself, express [state] *one's* opinion ‖ *imperf* выража́ться

выраста́ть *imperf of* вы́расти

вы́расти *perf* 1. grow, grow up 2. в кого-что grow (into), develop (into) 3. increase, grow 4. из чего *coll* grow *out of a coat etc.* 5. emerge, appear, arise ‖ *imperf* выраста́ть 2 a

ft.	вы́расту, -тешь, -тут
imp.	вы́расти, ~те
pt.	вы́рос, ~ла
g.pt.a.	вы́росши
p.pt.a.	вы́росший

вы́растить *perf* кого-что 1. rear, bring up; breed, raise; grow, cultivate 2. *fig* train *personnel etc.* ‖ *imperf* выра́щивать 1 a

ft.	вы́ращу, -астишь, -астят
imp.	вы́расти, ~те
pt.	вы́растил
g.pt.a.	вы́растив
p.pt.a.	вы́растивший
p.pt.p.	вы́ращенный

выра́щивать *imperf of* вы́растить

вы́рвать[1] *perf* что 1. pull out, tear out, snatch out; pull up, tear up 2. у кого *fig* wring (from), wrest (from), extort (from) ‖ *imperf* вырыва́ть 2 a

ft.	вы́рву, -вешь, -вут
imp.	вы́рви, ~те
pt.	вы́рвал
g.pt.a.	вы́рвав
p.pt.a.	вы́рвавший
p.pt.p.	вы́рванный

вы́рвать[2] *impers perf* кого-что *coll* vomit, spew, be sick; его́ вы́рвало he was sick, he felt ill

ft.	вы́рвет
pt.	вы́рвало

вы́рваться *perf* 1. struggle to get free, try to break away 2. break away, rush (out), break loose, tear oneself free 3. *fig* escape, burst out, break through; сло́во вы́рвалось у него́ a word passed his lips ‖ *imperf* вырыва́ться 2 a
forms follow вы́рвать[1]

вы́резать *perf* кого-что 1. cut out, clip; *med* excise, remove 2. carve, chisel 3. engrave 4. slaughter, butcher ‖ *imperf* выреза́ть 2 a *and* выре́зывать 1 a

ft.	вы́режу, -жешь, -жут
imp.	вы́режи, ~те *and coll* вы́режь, ~те
pt.	вы́резал
g.pt.a.	вы́резав
p.pt.a.	вы́резавший
p.pt.p .	вы́резанный

выреза́ть *imperf of* вы́резать

выре́зывать *imperf of* вы́резать

вы́решить *perf* что *sub* arrive at a final decision

ft.	вы́решу, -шишь, -шат
imp.	вы́реши, ~те
pt.	вы́решил
g.pt.a.	вы́решив

p.pt.a.   вы́решивший
p.pt.p.   вы́решенный

вы́рисовать 4 *perf* что trace out, draw (in all its details), draw carefully; inscribe ‖ *imperf* вырисо́вывать 1 a

вы́рисоваться, *1st and 2nd pers not used*, *perf* be outlined, come into view, appear; loom; на чём stand out (against) ‖ *imperf* вырисо́вываться

вырисо́вывать(ся) *imperf of* вы́рисовать(ся)

вы́ровнять 1 *perf* что 1. smooth, level; (make) even; *tech* plane 2. steer [fly] straight; flatten out 3. align; *mil* dress 4. equalize ‖ *imperf* выра́внивать 1 a
p.pt.p.   вы́ровненный

вы́ровняться *perf* 1. straighten out; flatten out 2. *1st and 2nd pers not used* line up; *mil* dress 3. develop, grow up; improve ‖ *imperf* выра́вниваться

вы́родиться, *1st and 2nd pers not used*, *perf* degenerate ‖ *imperf* вырожда́ться 2 a
ft.   вы́родится, -дятся
pt.   вы́родился, -лась
g.pt.a.   вы́родившись
p.pt.a.   вы́родившийся

вырожда́ться *imperf of* вы́родиться

вы́ронить *perf* что из чего́ drop, let fall; вы́ронить что́-н. из рук drop *smth*, drop *smth* out of *one's* hands
ft.   вы́роню, -нишь, -нят
imp.   вы́рони, ~те
pt.   вы́ронил
g.pt.a.   вы́ронив
p.pt.a.   вы́ронивший
p.pt.p.   вы́роненный

выруба́ть *imperf of* вы́рубить

вы́рубить *perf* что 1. cut down; fell 2. из чего́ cut out; hew out; carve ‖ *imperf* выруба́ть 2 a
ft.   вы́рублю, -бишь, -бят
imp.   вы́руби, ~те
pt.   вы́рубил
g.pt.a.   вы́рубив
p.pt.a.   вы́рубивший
p.pt.p.   вы́рубленный

вы́ругать 1 *perf* кого́-что scold, give *smb* a telling off

вы́ругаться *perf coll* swear, rail, curse

выруча́ть *imperf of* вы́ручить

вы́ручить *perf* кого́-что *coll* 1. come to *smb's* help; rescue, relieve, save; help *smb out of trouble* 2. что receive (in

cash), make, gain *money*; clear *a profit* ‖ *imperf* выруча́ть 2 a
ft.   вы́ручу, -чишь, -чат
imp.   вы́ручи, ~те
pt.   вы́ручил
g.pt.a.   вы́ручив
p.pt.a.   вы́ручивший
p.pt.p.   вы́рученный

вырыва́ть[1] *imperf of* вы́рвать[1]

вырыва́ть[2] *imperf of* вы́рыть

вырыва́ться *imperf of* вы́рваться

вы́рыть *perf* что 1. dig 2. dig up, unearth ‖ *imperf* вырыва́ть 2 a
ft.   вы́рою, -оешь, -оют
imp.   вы́рой, ~те
pt.   вы́рыл
g.pt.a.   вы́рыв
p.pt.a.   вы́рывший
p.pt.p.   вы́рытый

вы́рядить *perf* кого́-что *sub* dress up ‖ *imperf* выряжа́ть 2 a
ft.   вы́ряжу, -ядишь, -ядят
imp.   вы́ряди, ~те
pt.   вы́рядил
g.pt.a.   вы́рядив
p.pt.a.   вы́рядивший
p.pt.p.   вы́ряженный

вы́рядиться *perf sub* get oneself up ‖ *imperf* выряжа́ться

выряжа́ть(ся) *imperf of* вы́рядить(ся)

вы́садить *perf* кого́-что 1. land *troops*; disembark, put ashore 2. help out; из чего́ let *smb* get off *or* out *of a tram etc.*, set down, drop *passengers* 3. plant, transplant 4. *sub* smash; break in *or* open *a door* ‖ *imperf* выса́живать 1 a
ft.   вы́сажу, -адишь, -адят
imp.   вы́сади, ~те
pt.   вы́садил
g.pt.a.   вы́садив
p.pt.a.   вы́садивший
p.pt.p.   вы́саженный

вы́садиться *perf* из чего́ get out (of), get off, alight (from); disembark (from), land ‖ *imperf* выса́живаться

выса́живать(ся) *imperf of* вы́садить(ся)

выса́сывать *imperf of* вы́сосать

вы́сватать 1 *perf* кого́-что *obs and reg* seek in marriage; promise in marriage; match, make a match; become engaged (to); вы́сватать кому́ невесту ask *smb's* hand in marriage ‖ *imperf* высва́тывать 1 a

высва́тывать *imperf of* вы́сватать

высве́рливать *imperf of* вы́сверлить

вы́сверлить *perf* что drill, bore ‖ *imperf* высве́рливать 1а
ft.	вы́сверлю, -лишь, -лят
imp.	вы́сверли, ~те
pt.	вы́сверлил
g.pt.a.	вы́сверлив
p.pt.a.	вы́сверливший
p.pt.p.	вы́сверленный

вы́свистать *perf* кого-что *coll* whistle *a tune* ‖ *imperf* высви́стывать 1а
ft.	вы́свищу, -щешь, -щут
imp.	вы́свищи, ~те
pt.	вы́свистал
g.pt.a.	вы́свистав
p.pt.a.	вы́свиставший

вы́свистеть *perf* кого-что *coll* whistle *a tune* ‖ *imperf* высви́стывать 1а
ft.	вы́свищу, -истишь, -истят
imp.	вы́свисти, ~те
pt.	вы́свистел
g.pt.a.	вы́свистев
p.pt.a.	вы́свистевший

высви́стывать[1] *imperf of* вы́свистать

высви́стывать[2] *imperf of* вы́свистеть

вы́свободить *perf* кого-что 1. free, liberate; let out; disentangle 2. release, make available ‖ *imperf* высвобожда́ть 2а
ft.	вы́свобожу, -одишь, -одят
imp.	вы́свободи, ~те
pt.	вы́свободил
g.pt.a.	вы́свободив
p.pt.a.	вы́свободивший
p.pt.p.	вы́свобожденный

вы́свободиться *perf* 1. free oneself; disentangle oneself; release oneself 2. become available ‖ *imperf* высвобожда́ться

высвобожда́ть(ся) *imperf of* вы́свободить(ся)

высева́ть *imperf of* вы́сеять

высе́ивать *imperf of* вы́сеять

высека́ть *imperf of* вы́сечь[1]

вы́селить *perf* кого-что (из чего) evíct *tenants*; transfer, move ‖ *imperf* выселя́ть 2а
ft.	вы́селю, -лишь, -лят
imp.	вы́сели, ~те
pt.	вы́селил
g.pt.a.	вы́селив
p.pt.a.	вы́селивший
p.pt.p.	вы́селенный

вы́селиться *perf* move; migrate; change abode ‖ *imperf* выселя́ться

выселя́ть(ся) *imperf of* вы́селить(ся)

вы́семениться, *1st and 2nd pers not used, perf, of plant* scatter seed
ft.	вы́семенится, -нятся
pt.	вы́семенился, -лась
g.pt.a.	вы́семенившись
p.pt.a.	вы́семенившийся

вы́серебрить *perf* что silver
ft.	вы́серебрю, -ришь, -рят
imp.	вы́серебри, ~те
pt.	вы́серебрил
g.pt.a.	вы́серебрив
p.pt.a.	вы́серебривший
p.pt.p.	вы́серебренный

вы́сечь[1] *perf* что 1. на чём, в чём cut (on, out of), hew (out of) 2. из чего carve (out of) 3. strike *fire* ‖ *imperf* высека́ть 2а
ft.	вы́секу, -ечешь, -екут
imp.	вы́секи, ~те
pt.	вы́сек, ~ла
g.pt.a.	вы́секши
p.pt.a.	вы́секший
p.pt.p.	вы́сеченный

вы́сечь[2] *perf* кого-что birch; flog forms as вы́сечь[1]

вы́сеять *perf* что sow ‖ *imperf* высева́ть 2а *and* высе́ивать 1а
ft.	вы́сею, -еешь, -еют
imp.	вы́сей, ~те
pt.	вы́сеял
g.pt.a.	вы́сеяв
p.pt.a.	вы́сеявший
p.pt.p.	вы́сеянный

вы́сидеть *perf* 1. кого-что hatch out 2. *coll* sit (out), stay, remain 3. *fig* что *sub* just manage *to do smth*, hardly manage *to do smth* ‖ *imperf* выси́живать 1а
ft.	вы́сижу, -идишь, -идят
imp.	вы́сиди, ~те
pt.	вы́сидел
g.pt.a.	вы́сидев
p.pt.a.	вы́сидевший
p.pt.p.	вы́сиженный

выси́живать *imperf of* вы́сидеть

вы́ситься, *1st and 2nd pers not used, imperf* над кем-чем tower (above), rise (above)
pr.	вы́сится, вы́сятся
pt.	вы́сился, -лась
p.pt.a.	вы́сившийся

выска́бливать *imperf of* вы́скоблить

вы́сказать *perf* что tell, state; express *in words*; вы́сказать предложе́ние suggest *as a supposition* ‖ *imperf* выска́зывать 1 a

ft.	вы́скажу, -жешь, -жут
imp.	вы́скажи, ∼те
pt.	вы́сказал
g.pt.a.	вы́сказав
p.pt.a.	вы́сказавший
p.pt.p.	вы́сказанный

вы́сказаться *perf* 1. speak (out), express oneself; о чём express *one's opinion, thoughts etc.* (about) 2. за кого́-что *or* про́тив кого́-чего́ speak (for, against), declare oneself (in favour of, for, against) ‖ *imperf* выска́зываться

выска́зывать(ся) *imperf of* вы́сказать(ся)

вы́скакать *perf* ride out ‖ *imperf* выска́кивать 1 a

ft.	вы́скачу, -ачешь, -ачут
imp.	вы́скачи, ∼те
pt.	вы́скакал
g.pt.a.	вы́скакав
p.pt.a.	вы́скакавший

выска́кивать[1] *imperf of* вы́скакать

выска́кивать[2] *imperf of* вы́скочить

выска́льзывать *imperf of* вы́скользнуть

вы́скоблить *perf* что scrape; scrub clean; scrape off; erase, scrape out *writing*; *med* curette ‖ *imperf* выска́бливать 1 a

ft.	вы́скоблю, -лишь, -лят
imp.	вы́скобли, ∼те
pt.	вы́скоблил
g.pt.a.	вы́скоблив
p.pt.a.	вы́скобливший
p.pt.p.	вы́скобленный

выскользáть *imperf of* вы́скользнуть

вы́скользнуть 6 *perf* 1. slip out 2. slip off ‖ *imperf* выска́льзывать 1 a *and* выскользá́ть* 2 a

вы́скочить *perf* 1. jump out, leap out; rush out; spring out, dart out 2. fall out ‖ *imperf* выска́кивать 1 a

ft.	вы́скочу, -чишь, -чат
imp.	вы́скочи, ∼те
pt.	вы́скочил
g.pt.a.	вы́скочив
p.pt.a.	вы́скочивший

выскребáть *imperf of* вы́скрести

выскрёбывать *imperf of* вы́скрести

вы́скрести *perf* что *coll* scrub clean; scratch out, scrape off *or* out ‖ *imperf* выскребáть 2 a *and* выскрёбывать 1 a

ft.	вы́скребу, -бешь, -бут
imp.	вы́скреби, ∼те
pt.	вы́скреб, ∼ла
g.pt.a.	вы́скребши
p.pt.a.	вы́скребший
p.pt.p.	вы́скребенный

вы́слать *perf* кого́-что 1. send (forward); send out *or* away 2. banish, exile; deport, expel ‖ *imperf* высылáть 2 a

ft.	вы́шлю, -лешь, -лют
imp.	вы́шли, ∼те
pt.	вы́слал
g.pt.a.	вы́слав
p.pt.a.	вы́славший
p.pt.p.	вы́сланный

вы́следить *perf* кого́-что track (down), trace; shadow ‖ *imperf* выслéживать 1 a

ft.	вы́слежу, -едишь, -едят
imp.	вы́следи, ∼те
pt.	вы́следил
g.pt.a.	вы́следив
p.pt.a.	вы́следивший
p.pt.p.	вы́слеженный

выслéживать *imperf of* вы́следить

выслýживать(ся) *imperf of* вы́служить(ся)

вы́служить *perf* что 1. obtain [gain] by *or* for service; вы́служить пéнсию qualify for a pension 2. *coll* serve (out) a certain period ‖ *imperf* выслýживать 1 a

ft.	вы́служу, -жишь, -жат
imp.	вы́служи, ∼те
pt.	вы́служил
g.pt.a.	вы́служив
p.pt.a.	вы́служивший
p.pt.p.	вы́служенный

вы́служиться *perf contp, coll* пéред кем curry favour (with), insinuate oneself, (into), ingratiate oneself (with) ‖ *imperf* выслýживаться

вы́слушать 1 *perf* кого́-что 1. listen (to); listen to the whole (of), hear out 2. *med* sound; auscultate ‖ *imperf* выслýшивать 1 a

выслýшивать *imperf of* вы́слушать

высмáливать *imperf of* вы́смолить

высмáтривать *imperf of* вы́смотреть

высмéивать *imperf of* вы́смеять

вы́смеять *perf* кого́-что make fun of, ridicule, deride ‖ *imperf* высмéивать 1 a

imp.	вы́смей, ∼те
ft.	вы́смею, -еешь, -еют
pt.	вы́смеял
g.pt.a.	вы́смеяв

p.pt.a.	вы́смеявший
p.pt.p.	вы́смеянный

вы́смолить *perf* что tar ‖ *imperf* высма́ливать 1 a

ft.	вы́смолю, -лишь, -лят
imp.	вы́смоли, ~те
pt.	вы́смолил
g.pt.a.	вы́смолив
p.pt.a.	вы́смоливший
p.pt.p.	вы́смоленный

вы́сморкать 1 *perf*: вы́сморкать нос blow *one's* nose

вы́сморкаться *perf coll* blow *one's* nose

вы́смотреть *perf* кого-что notice, detect; discern; look out for; spy out; injure *the eyes* by too much use ‖ *imperf* высма́тривать 1 a

ft.	вы́смотрю, -ришь, -рят
imp.	вы́смотри, ~те
pt.	вы́смотрел
g.pt.a.	вы́смотрев
p.pt.a.	вы́смотревший
p.pt.p.	вы́смотренный

высо́вывать(ся) *imperf of* вы́сунуть(ся)

вы́сосать *perf* что из чего suck out; вы́сосать из па́льца что-н. make *smth* up, concoct *smth*, fabricate *smth*; вы́сосать все со́ки из кого-н. exhaust *smb*, wear *smb* out ‖ *imperf* выса́сывать 1 a

ft.	вы́сосу, -сешь, -сут
imp.	вы́соси, ~те
pt.	вы́сосал
g.pt.a.	вы́сосав
p.pt.a.	вы́сосавший
p.pt.p.	вы́сосанный

вы́сохнуть *perf* 1. *1st and 2nd pers not used* dry (up) 2. wither 3. *coll* waste away, fall off, grow lean ‖ *imperf* высыха́ть 2 a

ft.	вы́сохну, -нешь, -нут
imp.	вы́сохни, ~те
pt.	вы́сох, ~ла
g.pt.a.	вы́сохнув *and* вы́сохши
p.pt.a.	вы́сохший

вы́спаться *perf* have a good sleep; have a good night's rest; sleep *one's* fill, sleep enough ‖ *imperf* высыпа́ться 2 a

ft.	вы́сплюсь, -пишься, -пятся
imp.	вы́спись, -итесь
pt.	вы́спался, -лась
g.pt.a.	вы́спавшись
p.pt.a.	вы́спавшийся

выспева́ть *imperf of* вы́спеть

вы́спеть 3, *stress as infinitive, 1st and 2nd pers not used, perf* ripen, become ripe, grow ripe ‖ *imperf* выспева́ть 2 a

выспра́шивать *imperf of* вы́спросить

вы́спросить *perf* что (у кого-н.) *or without object coll* pump (*smth* out of), question (*smth* about *or* on *smth*), try to find out *smb* ‖ *imperf* выспра́шивать 1 a

ft.	вы́спрошу, -осишь, -осят
imp.	вы́спроси, ~те
pt.	вы́спросил
g.pt.a.	вы́спросив
p.pt.a.	вы́спросивший
p.pt.p.	вы́спрошенный

вы́ставить *perf* кого-что 1. put in front, put forward, advance 2. take out, remove 3. put out; *fig sub* chuck out, turn out of the room etc. 4. exhibit, display, show, expose 5. propose, bring up; вы́ставить чью-н. кандидату́ру nominate *smb*, propose *smb's* candidature 6. mark, provide with date 7. *coll* present; вы́ставить кого-н. в хоро́шем све́те represent *smb* in a favourable light ‖ *imperf* выставля́ть 2 a

ft.	вы́ставлю, -вишь, -вят
imp.	вы́стави, ~те *and* вы́ставь, ~те
pt.	вы́ставил
g.pt.a.	вы́ставив
p.pt.a.	вы́ставивший
p.pt.p.	вы́ставленный

вы́ставиться *perf coll* come out, emerge; put oneself forward ‖ *imperf* выставля́ться

выставля́ть(ся) *imperf of* вы́ставить(ся)

выста́ивать(ся) *imperf of* вы́стоять(ся)

вы́стегать[1] 1 *perf* что stitch ‖ *imperf* выстёгивать 1 a

вы́стегать[2] 1 *perf* кого-что *sub* lash, whip

выстёгивать *imperf of* вы́стегать[1]

вы́стелить *perf* что (чем) *sub* cover (with); line (with); floor, pave (with) ‖ *imperf* выстила́ть 2 a

ft.	вы́стелю, -лешь, -лют
imp.	вы́стели, ~те
pt.	вы́стелил
g.pt.a.	вы́стелив
p.pt.a.	вы́стеливший
p.pt.p.	вы́стланный *and* вы́стеленный

выстила́ть[1] *imperf of* вы́стлать

выстила́ть[2] *imperf of* вы́стелить

вы́стирать 1 *perf* что wash, launder

вы́стлать *perf* что (чем) cover (with); line (with); floor, pave (with) ‖ *imperf* выстила́ть 2 a

ft.	вы́стелю, -лешь, -лют
imp.	вы́стели, ~те
pt.	вы́стлал
g.pt.a.	вы́стлав
p.pt.a.	вы́стлавший
p.pt.p.	вы́стланный

вы́стоять *perf* **1.** что stand (out) *a certain time* **2.** stand; *fig* hold out, withstand ‖ *imperf* выста́ивать 1a

ft.	вы́стою, -оишь, -оят
imp.	вы́стои, ~те *and coll* вы́стой, ~те
pt.	вы́стоял
g.pt.a.	вы́стояв
p.pt.a.	вы́стоявший

вы́стояться, *1st and 2nd pers not used,* *perf* **1.** *of wine* mature **2.** *of a horse* rest ‖ *imperf* выста́иваться

выстра́гивать *imperf of* вы́строгать

выстрада́ть 1 *perf* **1.** suffer, endure **2.** что achieve through suffering, conceive in suffering

выстра́ивать(ся) *imperf of* вы́строить(ся)

выстра́чивать *imperf of* вы́строчить

вы́стрелить *perf* fire, shoot; fire a shot; вы́стрелить в кого́-н. fire at *or* on *smb*

ft.	вы́стрелю, -лишь, -лят
imp.	вы́стрели, ~те
pt.	вы́стрелил
g.pt.a.	вы́стрелив
p.pt.a.	вы́стреливший

выстрига́ть *imperf of* вы́стричь

вы́стричь *perf* что cut off; shear ‖ *imperf* выстрига́ть 2a

ft.	вы́стригу, -ижешь, -игут
imp.	вы́стриги, ~те
pt.	вы́стриг, ~ла
g.pt.a.	вы́стригши
p.pt.a.	вы́стригший
p.pt.p.	вы́стриженный

вы́строгать 1 *perf* что plane (off) ‖ *imperf* выстра́гивать 1a

вы́строить *perf* **1.** что build, put up **2.** кого́-что draw up, form up ‖ *imperf* выстра́ивать 1a

ft.	вы́строю, -оишь, -оят
imp.	вы́строи, ~те *and* вы́строй, ~те
pt.	вы́строил
g.pt.a.	вы́строив
p.pt.a.	вы́строивший
p.pt.p.	вы́строенный

вы́строиться *perf* **1.** form up, draw up, line up **2.** be built out ‖ *imperf* выстра́иваться

вы́строчить *perf* что hemstitch ‖ *imperf* выстра́чивать 1a

ft.	вы́строчу, -чишь, -чат
imp.	вы́строчи, ~те
pt.	вы́строчил
g.pt.a.	вы́строчив
p.pt.a.	вы́строчивший
p.pt.p.	вы́строченный

вы́стругать 1 *perf* что *coll* plane (off) ‖ *imperf* выстру́гивать 1a

выстру́гивать *imperf of* вы́стругать

вы́студить *perf* что *sub* chill, cool ‖ *imperf* высту́живать 1a

ft.	вы́стужу, -удишь, -удят
imp.	вы́студи, ~те
pt.	вы́студил
g.pt.a.	вы́студив
p.pt.a.	вы́студивший
p.pt.p.	вы́стуженный

высту́живать *imperf of* вы́студить

вы́стукать 1 *perf* кого́-что *coll* **1.** tap out **2.** *med* percuss, tap ‖ *imperf* выстуки́вать 1a

выстуки́вать *imperf of* вы́стукать

выступа́ть 2a *imperf* **1.** *imperf of* вы́ступить **2.** *1st and 2nd pers not used* jut out; overhang **3.** strut, stalk along

вы́ступить *perf* **1.** come [step] forward; step out *of a line, rank*; emerge **2.** set out, march out *or* off **3.** speak *at a meeting*; perform *during a concert etc.*; вы́ступить с докла́дом deliver a report; give a lecture **4.** appear, come out; *of sweat* stand out; *of tears* start *to one's eyes* **5.**: вы́ступить из берего́в overflow its banks ‖ *imperf* выступа́ть 2a

ft.	вы́ступлю, -пишь, -пят
imp.	вы́ступи, ~те
pt.	вы́ступил
g.pt.a.	вы́ступив
p.pt.a.	вы́ступивший

выстыва́ть *imperf of* вы́стыть

вы́стыть, *1st and 2nd pers not used, perf* *coll* become cold, cool ‖ *imperf* выстыва́ть 1a

ft.	вы́стынет, -нут
pt.	вы́стыл
g.pt.a.	вы́стыв
p.pt.a.	вы́стывший

вы́сунуть 6 *perf* что (из чего́) put out, thrust out; вы́сунуть язы́к put [stick] out *one's* tongue ‖ *imperf* высо́вывать 1a

imp. высуни *and* высунь, высуньте
p.pt.p. высунутый

высунуться *perf* lean out; stick out, show (oneself) || *imperf* высовываться

высушивать(ся) *imperf of* высушить(ся)

высушить *perf* что dry *wet things etc.*; drain; *fig* drain, exhaust || *imperf* высушивать 1a
ft. высушу, -шишь, -шат
imp. высуши, ~те
pt. высушил
g.pt.a. высушив
p.pt.a. высушивший
p.pt.p. высушенный

высушиться *perf* be dried, be drained; dry, get dry || *imperf* высушиваться

высчитать 1 *perf* что 1. calculate; compute, reckon 2. deduct || *imperf* высчитывать 1a

высчитывать *imperf of* высчитать

высылать *imperf of* выслать

высыпать *perf* 1. что pour out *or* in; spill 2. *1st and 2nd pers not used* break out; высыпало на лице a rash has broken out on *one's* face 3. *1st and 2nd pers not used coll, of people* run out, pour out *into the street*; swarm forth *or* out ‖ *imperf* высыпать 2a
ft. высыплю, -лешь, -лют *and coll* -пешь, -пют
imp. высыпь, ~те
pt. высыпал
g.pt.a. высыпав
p.pt.a. высыпавший
p.pt.p. высыпанный

высыпать *imperf of* высыпать

высыпаться, *1st and 2nd pers not used*, *perf* 1. fall out, pour out; spill out 2. *coll* run out, pour out || *imperf* высыпаться
forms follow высыпать

высыпаться[1] *imperf of* высыпаться

высыпаться[2] *imperf of* выспаться

высыхать *imperf of* высохнуть

вытаивать *imperf of* вытаять

выталкивать[1] *imperf of* вытолкать

выталкивать[2] *imperf of* вытолкнуть

вытанцеваться *perf of* вытанцовываться
ft . вытанцуется, -уются
pt. вытанцевался, -лась

вытанцовываться 1a, *1st and 2nd pers not used, imperf coll* succeed; дело не

вытанцовывается the affair is not coming off; nothing will come of it || *perf* вытанцеваться, forms ib.

вытапливать(ся)[1,2] *imperf of* вытопить(ся)[1,2]

вытаптывать *imperf of* вытоптать

вытаращивать *imperf of* вытаращить

вытаращить *perf* что: вытаращить глаза *coll* stare with bulging eyes, open *one's* eyes wide || *imperf* вытаращивать 1a
ft. вытаращу, -щишь, -щат
imp. вытаращи, ~те
pt. вытаращил
g.pt.a. вытаращив
p.pt.a. вытаращивший
p.pt.p. вытаращенный

вытаращиться *perf coll* goggle

вытаскать 1 *perf* что *coll* drag out; take out, pull out || *imperf* вытаскивать 1a

вытаскивать[1] *imperf of* вытаскать

вытаскивать[2] *imperf of* вытащить

вытаскиваться *imperf of* вытащиться

вытачать 1 *perf* что sew together

вытачивать *imperf of* выточить

вытащить *perf* кого-что 1. drag out; take out, pull out; *fig coll* get out 2. tear out 3. *coll* steal, take || *imperf* вытаскивать 1a
ft. вытащу, -щишь, -щат
imp. вытащи, ~те
pt. вытащил
g.pt.a. вытащив
p.pt.a. вытащивший
p.pt.p. вытащенный

вытащиться *perf* 1. *of nail etc.* come out with difficulty, be hard to remove 2. pull [drag] oneself hardly out || *imperf* вытаскиваться

вытаять, *1st and 2nd pers not used, perf* thaw out, melt || *imperf* вытаивать 1a
ft. вытает, -ают
pt. вытаял
g.pt.a. вытаяв
p.pt.a. вытаявший

вытвердить *perf* что *coll* learn by heart
ft. вытвержу, -рдишь, -рдят
imp. вытверди, ~те
pt. вытвердил
g.pt.a. вытвердив
p.pt.a. вытвердивший
p.pt.p. вытверженный

вытворить *perf of* вытворять
ft. вытворю, -ришь, -рят

imp. вы́твори, ~те
pt. вы́творил
g.pt.a. вы́творив
p.pt.a. вы́воривший
p.pt.p. вы́творенный

вытворя́ть 2a *imperf* что *coll* be up to *smth*, do; вытворя́ть глу́пости do foolish things ‖ *perf* вы́творить, forms ib.

вытека́ть 2a, *1st and 2nd pers not used*, *imperf* 1. *imperf of* вы́течь 2. *of a river* rise, have its source 3. *fig* result, follow *as a consequence*

вы́теребить *perf* что pluck out, tear out, pull out; ripple *flax*
ft. вы́тереблю, -бишь, -бят
imp. вы́тереби, ~те
pt. вы́теребил
g.pt.a. вы́теребив
p.pt.a. вы́теребивший
p.pt.p. вы́теребленный

вы́тереть *perf* что 1. wipe, wipe dry, dry 2. *coll* wear out *or* threadbare ‖ *imperf* вытира́ть 2a
ft. вы́тру, -решь, -рут
imp. вы́три, ~те
pt. вы́тер, ~ла
g.pt.a. вы́терев *and* вы́терши
p.pt.a. вы́терший
p.pt.p. вы́тертый

вы́тереться *perf* 1. wipe oneself, dry oneself 2. *1st and 2nd pers not used* be worn out *or* off, become threadbare ‖ *imperf* вытира́ться

вы́терпеть *perf* что endure, suffer, bear
ft. вы́терплю, -пишь, -пят
imp. вы́терпи, ~те
pt. вы́терпел
g.pt.a. вы́терпев
p.pt.a. вы́терпевший

вы́тесать *perf* что cut (out), hew (out) ‖ *imperf* вытёсывать 1a
ft. вы́тешу, -шешь, -шут
imp. вы́теши, ~те
pt. вы́тесал
g.pt.a. вы́тесав
p.pt.a. вы́тесавший
p.pt.p. вы́тесанный

вы́теснить *perf* кого-что 1. force out, push out; dislodge 2. *of smth new* replace, supersede *smth old, out of date* ‖ *imperf* вытесня́ть 2a
ft. вы́тесню, -нишь, -нят
imp. вы́тесни, ~те
pt. вы́теснил
g.pt.a. вы́теснив

p.pt.a. вы́теснивший
p.pt.p. вы́тесненный

вытесня́ть *imperf of* вы́теснить

вытёсывать *imperf of* вы́тесать

вы́течь, *1st and 2nd pers not used, perf of liquids* run out, flow out, leak out ‖ *imperf* вытека́ть 2a
ft. вы́течет, -екут
pt. вы́тек, ~ла
g.pt.a. вы́текши
p.pt.a. вы́текший

вытира́ть(ся) *imperf of* вы́тереть(ся)

вы́тиснить *perf* что stamp, imprint, impress ‖ *imperf* вытисня́ть 2a
ft. вы́тисню, -нишь, -нят
imp. вы́тисни, ~те
pt. вы́тиснил
g.pt.a. вы́тиснив
p.pt.a. вы́тиснивший
p.pt.p. вы́тисненный

вытисня́ть *imperf of* вы́тиснить

вы́ткать *perf* что 1. weave 2. weave in
ft. вы́тку, -кешь, -кут
imp. вы́тки, ~те
pt. вы́ткал
g.pt.a. вы́ткав
p.pt.a. вы́ткавший
p.pt.p. вы́тканный

вы́толкать 1 *perf* кого-что *coll* chuck [throw] out ‖ *imperf* выта́лкивать 1a

вы́толкнуть 6 *perf* кого-что push [jostle, hustle] out ‖ *imperf* выта́лкивать 1a
p.pt.p. вы́толкнутый

вы́топить[1] *perf* что heat *a stove*; вы́топить ко́мнату warm a room *by heating a stove* ‖ *imperf* выта́пливать 1a
ft. вы́топлю, -пишь, -пят
imp. вы́топи, ~те
pt. вы́топил
g.pt.a. вы́топив
p.pt.a. вы́топивший
p.pt.p. вы́топленный

вы́топить[2] *perf* что melt (down *or* out) ‖ *imperf* выта́пливать 1a forms as вы́топить[1]

вы́топиться[1], *1st and 2nd pers not used, perf* warm up, become [get] warm, be heated ‖ *imperf* выта́пливаться

вы́топиться[2], *1st and 2nd pers not used, perf* melt, be melted ‖ *imperf* выта́пливаться

вытоптать *perf* что trample down; tread
(out) ‖ *īmperf* вытáптывать 1 а
ft.	вы́топчу, -чешь, -чут
imp.	вы́топчи, ~те
pt.	вы́топтал
g.pt.a.	вы́топтав
p.pt.a.	вы́топтавший
p.pt.p.	вы́топтанный

вы́торговать 4 *perf* что *coll* **1.** get *on
favourable terms* by haggling, make a good
bargain **2.** get *a sum* knocked off *the
price* of *smth* **3.** make a *certain* profit
from dealing ‖ *imperf* выторгóвывать 1 а

выторгóвывать *imperf of* вы́торговать

вы́точить *perf* что **1.** turn (on a lathe)
2. *sub* grind, sharpen **3.** *1st and 2nd pers
not used sub* gnaw *of worms* ‖ *imperf*
вытáчивать 1 а
ft.	вы́точу, -чишь, -чат
imp.	вы́точи, ~те
pt.	вы́точил
g.pt.a.	вы́точив
p.pt.a.	вы́точивший
p.pt.p.	вы́точенный

вы́травить[1] *perf* что **1.** exterminate,
destroy **2.** corrode; *print* etch; remove,
take out *stains* **3.** trample down; *of cattle*
graze; let the cattle browse; вы́травить
посéвы damage young crops ‖ *imperf*
вытрáвливать 1 а *and* вытравля́ть 2 а
ft.	вы́травлю, -вишь, -вят
imp.	вы́трави, ~те
pt.	вы́травил
g.pt.a.	вы́травив
p.pt.a.	вы́травивший
p.pt.p.	вы́травленный

вы́травить[2] *perf* что *naut* ease out, slacken
out, slack away ‖ *imperf* вытрáвливать 1 а and вытравля́ть
forms as вы́травить[1]

вытрáвливать[1,2] *imperf of* вы́травить[1,2]

вытравля́ть[1,2] *imperf of* вы́травить[1,2]

вы́требовать 4 *perf* когó-что *coll* **1.** obtain
on demand; get *smth* out of *smb* **2.** summon, send (for)

вы́трезвить *perf* когó-что sober, make
sober ‖ *imperf* вытрезвля́ть 2 а
ft.	вы́трезвлю, -вишь, -вят
imp.	вы́трезви, ~те
pt.	вы́трезвил
g.pt.a.	вы́трезвив
p.pt.a.	вы́трезвивший
p.pt.p.	вы́трезвленный

вы́трезвиться *perf* sober, become sober ‖
imperf вытрезвля́ться

вытрезвля́ть(ся) *imperf of* вы́трезвить(ся)

вы́трусить *perf* что *sub* shake out
ft.	вы́трушу, -усишь, -усят
imp.	вы́труси, ~те
pt.	вы́трусил
g.pt.a.	вы́трусив
p.pt.a.	вы́трусивший
p.pt.p.	вы́трушенный

вытряса́ть *imperf of* вы́трясти

вы́трясти *perf* что shake [jolt] out ‖ *imperf* вытряса́ть 2 а
ft.	вы́трясу, -сешь, -сут
imp.	вы́тряси, ~те
pt.	вы́тряс, ~ла
g.pt.a.	вы́трясши
p.pt.a.	вы́трясший
p.pt.p.	вы́трясенный

вытряхá́ть *imperf of* вы́тряхнуть

вытря́хивать *imperf of* вы́тряхнуть

вы́тряхнуть 6 *perf* что shake out; cause
to fall by shaking; вы́тряхнуть из
трýбки пéпел knock the ashes out of
one's pipe ‖ *imperf* вытря́хивать 1 а *and
sub* вытряхáть 2 а
p.pt.p.	вы́тряхнутый

выту́ривать *imperf of* вы́турить

вы́турить *perf* когó-что *sub* turn [drive,
cast] out ‖ *imperf* выту́ривать 1 а
ft.	вы́турю, -ришь, -рят
imp.	вы́тури, ~те
pt.	вы́турил
g.pt.a.	вы́турив
p.pt.a.	вы́туривший
p.pt.p.	вы́туренный

выть *imperf* howl; wail; roar
pr.	вóю, вóешь, вóют
imp.	вой, ~те
pt.	выл
g.pr.a.	вóя
p.pr.a.	вóющий

вытя́гивать(ся) *imperf of* вы́тянуть(ся)

вы́тянуть 6 *perf* что **1.** draw [pull, stretch]
(out); extract; drain *pus* **2.** *mil:* вы́тянуть
фронт draw up in a line, dress **3.** *fig*
get out, extract **4.** *coll* endure, bear, hold
out ‖ *imperf* вытя́гивать 1 а *with* 1—4
p.pt.p.	вы́тянутый

вы́тянуться *perf* **1.** *1st and 2nd pers not
used* stretch, be stretched out; grow longer;
lengthen; extend **2.** stretch oneself, throw

oneself down at full length **3.** *coll* grow, shoot up **4.** stand up straight, draw oneself up; come to attention ‖ *imperf* вытя́гиваться

вы́удить *perf* кого́-что **1.** fish out **2.** *fig sub* coax out; fish out; вы́удить де́ньги у кого́-н. coax money out of *smb* ‖ *imperf* выу́живать 1 a

ft.	вы́ужу, вы́удишь, вы́удят
imp.	вы́уди, ~те
pt.	вы́удил
g.pt.a.	вы́удив
p.pt.a.	вы́удивший
p.pt.p.	вы́уженный

выу́живать *imperf of* вы́удить

вы́утюжить *perf* что iron (out)

ft.	вы́утюжу, -жишь, -жат
imp.	вы́утюжи, ~те *and coll* вы́утюжь, ~те
pt.	вы́утюжил
g.pt.a.	вы́утюжив
p.pt.a.	вы́утюживший
p.pt.p.	вы́утюженный

выу́чивать(ся) *imperf of* вы́учить(ся)

вы́учить *perf* **1.** что learn; memorize **2.** кого́-что чему́ *or with infinitive* teach, train; вы́учить ребёнка чита́ть teach a child to read ‖ *imperf* выу́чивать 1 a

ft.	вы́учу, -чишь, -чат
imp.	вы́учи, ~те
pt.	вы́учил
g.pt.a.	вы́учив
p.pt.a.	вы́учивший
p.pt.p.	вы́ученный

вы́учиться *perf* **1.** чему́ *or with infinitive* learn; вы́учиться чита́ть learn to read; вы́учиться англи́йскому языку́ (to speak) English **2.** finish *one's* education ‖ *imperf* выу́чиваться

вы́франтиться *perf sub obs* get [dress] oneself up, put on frills, doll up

ft.	вы́франчусь, -нтишься, -нтятся
imp.	вы́франтись, -итесь
pt.	вы́франтился, -лась
g.pt.a.	вы́франтившись
p.pt.a.	вы́франтившийся

выха́живать *imperf of* вы́ходить

выхва́ливать *imperf of* вы́хвалить

вы́хвалить *perf* кого́-что *coll* praise, load with praises ‖ *imperf* выхва́ливать 1 a *and* выхваля́ть 2 a

ft.	вы́хвалю, -лишь, -лят
imp.	вы́хвали, ~те

pt.	вы́хвалил
g.pt.a.	вы́хвалив
p.pt.a.	вы́хваливший
p.pt.p.	вы́хваленный

выхваля́ть *imperf of* вы́хвалить

вы́хватить *perf* что **1.** у кого́, из чего́ snatch (from, out of); *coll* snap (up, off) **2.** whip out; вы́хватить цита́ты quote unfairly ‖ *imperf* выхва́тывать 1 a

ft.	вы́хвачу, -атишь, -атят
imp.	вы́хвати, ~те
pt.	вы́хватил
g.pt.a.	вы́хватив
p.pt.a.	вы́хвативший
p.pt.p.	вы́хваченный

выхва́тывать *imperf of* вы́хватить

вы́хлебать 1 *perf* что *sub* eat up *with a spoon*; eat up, drink up ‖ *imperf* выхлё-бывать 1 a

вы́хлебнуть 6 *perf* что eat up, drink up

выхлёбывать *imperf of* вы́хлебать

выхлопа́тывать *imperf of* вы́хлопотать

вы́хлопотать *perf* что obtain, get (after much trouble), manage to get ‖ *imperf* выхлопа́тывать 1 a

ft.	вы́хлопочу, -чешь, -чут
imp.	вы́хлопочи, ~те
pt.	вы́хлопотал
g.pt.a.	вы́хлопотав
p.pt.a.	вы́хлопотавший
p.pt.p.	вы́хлопотанный

вы́ходить *perf* кого́-что *coll* **1.** nurse through an illness, restore to health **2.** rear, bring up *children* ‖ *imperf* выха́живать 1 a

ft.	вы́хожу, -одишь, -одят
imp.	вы́ходи, ~те
pt.	вы́ходил
g.pt.a.	вы́ходив
p.pt.a.	вы́ходивший
p.pt.p.	вы́хоженный

выходи́ть *imperf* **1.** *imperf of* вы́йти **2.** *of windows etc.* give (on), look (on to), overlook; ко́мната выхо́дит о́кнами на у́лицу the room faces [overlooks] the street **3.** *coll*: и выхо́дит, что он прав and it follows that he is right; из э́того ничего́ хоро́шего не вы́йдет no good will come of it

pr.	выхожу́, -о́дишь, -о́дят
imp.	выходи́, ~те
pt.	выходи́л
g.pr.a.	выходя́

p.pr.a.	выходя́щий
p.pt.a.	выходи́вший

выхола́щивать *imperf of* вы́холостить

вы́холить *perf* кого́-что pamper, spoil, pet; care well for
ft.	вы́холю, -лишь, -лят
imp.	вы́холи, ~те
pt.	вы́холил
g.pt.a.	вы́холив
p.pt.a.	вы́холивший
p.pt.p.	вы́холенный

вы́холостить *perf* **1.** кого́-что geld, castrate **2.** *fig* emasculate, make vapid [insipid], dilute ‖ *imperf* выхола́щивать 1 a
ft.	вы́холощу, -остишь, -остят
imp.	вы́холости, ~те
pt.	вы́холостил
g.pt.a.	вы́холостив
p.pt.a.	вы́холостивший
p.pt.p.	вы́холощенный

вы́царапать 1 *perf* что **1.** scratch out; scratch **2.** *fig* у кого́ *coll* squeeze [get] *smth* out of *smb* ‖ *imperf* выцара́пывать 1 a

выцара́пывать *imperf of* вы́царапать

вы́цвести, *1st and 2nd pers not used, perf* fade, wither, lose colour ‖ *imperf* выцвета́ть 2 a
ft.	вы́цветет, -тут
pt.	вы́цвел
g.pt.a.	вы́цветя *and* вы́цветши
p.pt.a.	вы́цветший

выцвета́ть *imperf of* вы́цвести

вы́цедить *perf* что **1.** tap *wine, beer* **2.** *sub* sip ‖ *imperf* выце́живать 1 a
ft.	вы́цежу, -едишь, -едят
imp.	вы́цеди, ~те
pt.	вы́цедил
g.pt.a.	вы́цедив
p.pt.a.	вы́цедивший
p.pt.p.	вы́цеженный

выце́живать *imperf of* вы́цедить

вычека́нивать *imperf of* вы́чеканить

вы́чеканить *perf* что coin; chase ‖ *imperf* вычека́нивать 1 a
ft.	вы́чеканю, -нишь, -нят
imp.	вы́чекань, ~те
pt.	вы́чеканил
g.pt.a.	вы́чеканив
p.pt.a.	вы́чеканивший
p.pt.p.	вы́чеканенный

вычёркивать *imperf of* вы́черкнуть

вы́черкнуть 6 *perf* кого́-что cross out, strike out; expunge; вы́черкнуть из спи́ска strike off a list ‖ *imperf* вычёркивать 1 a
p.pt.p.	вы́черкнутый

вы́черпать 1 *perf* что scoop out; exhaust; dredge out; bail out ‖ *imperf* вычёрпывать 1 a │ *perf semelf* вы́черпнуть 6

вы́черпнуть *perf semelf of* вычёрпывать

вычёрпывать *imperf of* вы́черпать

вы́чертить *perf* что draw, trace ‖ *imper* вычё́рчивать 1 a
ft.	вы́черчу, -тишь, -ртят
imp.	вы́черти, ~те
pt.	вы́чертил
g.pt.a.	вы́чертив
p.pt.a.	вы́чертивший
p.pt.p.	вы́черченный

вычё́рчивать *imperf of* вы́чертить

вы́чесать *perf* кого́-что comb out ‖ *imper* вычё́сывать 1 a
ft.	вы́чешу, -шешь, -шут
imp.	вы́чеши, ~те
pt.	вы́чесал
g.pt.a.	вы́чесав
p.pt.a.	вы́чесавший
p.pt.p.	вы́чесанный

вы́честь *perf* что из чего́ **1.** *math* subtract **2.** deduct, keep back *money* ‖ *imperf* вычита́ть 2 a
ft.	вы́чту, -тешь, -тут
imp.	вы́чти, ~те
pt.	вы́чел, вы́чла
g.pt.a.	вы́чтя
p.pt.a.	вы́четший
p.pt.p.	вы́чтенный

вычё́сывать *imperf of* вы́чесать

вы́числить *perf* что calculate, compute, reckon ‖ *imperf* вычисля́ть 2 a
ft.	вы́числю, -лишь, -лят
imp.	вы́числи, ~те
pt.	вы́числил
g.pt.a.	вы́числив
p.pt.a.	вы́числивший
p.pt.p.	вы́численный

вычисля́ть *imperf of* вы́числить

вы́чистить *perf* кого́-что clean, scrub, brush, polish ‖ *imperf* вычища́ть 2 a
ft.	вы́чищу, -истишь, -истят
imp.	вы́чисти, ~те
pt.	вы́чистил
g.pt.a.	вы́чистив
p.pt.a.	вы́чистивший
p.pt.p.	вы́чищенный

вычиститься *perf* give oneself a brush down, tidy up ‖ *imperf* вычища́ться

вы́читать 1 *perf* что **1.** *coll* read; learn (by reading); find (in a book *etc.*); вы́читать из кни́ги, что ... read in a book that ... **2.** *print* read for the press ‖ *imperf* вычи́тывать 1 a

вычита́ть *imperf of* вы́честь

вычи́тывать *imperf of* вы́читать

вычища́ть(ся) *imperf of* вы́чистить(ся)

вы́шагать 1 *perf* что *coll* go through *with measured steps* ‖ *imperf* выша́гивать 1 a

выша́гивать 1 a *imperf coll* **1.** *imperf of* вы́шагать **2.** walk *with measured steps*, pace

вы́шагнуть 6 *perf coll* step forth, step forward

вышвы́ривать *imperf of* вы́швырнуть

вы́швырнуть 6 *perf* кого́-что *coll* fling out, hurl out, throw out; turn out ‖ *imperf* вышвы́ривать 1 a

p.pt.p.	вы́швырнутый

вышелу́шивать *imperf of* вы́шелушить

вы́шелушить *perf* что husk, peel ‖ *imperf* вышелу́шивать 1 a

ft.	вы́шелушу, -шишь, -шат
imp.	вы́шелуши, ~те
pt.	вы́шелушил
g.pt.a.	вы́шелушив
p.pt.a.	вы́шелушивший
p.pt.p.	вы́шелушенный

вышиба́ть *imperf of* вы́шибить

вы́шибить *perf* кого́-что *coll* **1.** knock out; break, force *a door*; вы́шибить что́-н. из рук кого́-н. knock *smth* out of *smb's* hands **2.** chuck out, kick out ‖ *imperf* вышиба́ть 2 a

ft.	вы́шибу, -бешь, -бут
imp.	вы́шиби, ~те
pt.	вы́шиб, ~ла
g.pt.a.	вы́шибив* *and* вы́шибя*
p.pt.a.	вы́шибивший*
p.pt.p.	вы́шибленный

вышива́ть *imperf of* вы́шить

вы́шить *perf* что embroider; вы́шить шёлком embroider in silk ‖ *imperf* вышива́ть 2 a

ft.	вы́шью, вы́шьешь, вы́шьют
imp.	вы́шей, ~те
pt.	вы́шил
g.pt.a.	вы́шив
p.pt.a.	вы́шивший
p.pt.p.	вы́шитый

вы́школить *perf* кого́-что *coll* train, school, discipline

ft.	вы́школю, -лишь, -лят
imp.	вы́школь, ~те *and* вы́школи, ~те
pt.	вы́школил
g.pt.a.	вы́школив
p.pt.a.	вы́школивший
p.pt.p.	вы́школенный

вы́шмыгнуть 6 *perf coll* slip out

вышпа́ривать *imperf of* вы́шпарить

вы́шпарить *perf* кого́-что *sub* scald *a pan etc.* with boiling water ‖ *imperf* вышпа́ривать 1 a

ft.	вы́шпарю, -ришь, -рят
imp.	вы́шпарь, ~те *and* вы́шпари, ~те
pt.	вы́шпарил
g.pt.a.	вы́шпарив
p.pt.a.	вы́шпаривший

выштукату́ривать *imperf of* вы́штукату́рить

вы́штукатурить *perf* что plaster, roughcast ‖ *imperf* выштукату́ривать 1 a

ft.	вы́штукатурю, -ришь, -рят
imp.	вы́штукатурь, ~те
pt.	вы́штукатурил
g.pt.a.	вы́штукатурив
p.pt.a.	вы́штукатуривший

вы́шутить *perf* кого́-что make fun of, ridicule ‖ *imperf* вышу́чивать 1 a

ft.	вы́шучу, -утишь, -утят
imp.	вы́шути, ~те
pt.	вы́шутил
g.pt.a.	вы́шутив
p.pt.a.	вы́шутивший
p.pt.p.	вы́шученный

вышу́чивать *imperf of* вы́шутить

выщела́чивать *imperf of* вы́щелочить

вы́щелочить *perf* что **1.** *chem* lixiviate, leach **2.** steep, soak in lye ‖ *imperf* выщела́чивать 1 a

ft.	вы́щелочу, -чишь, -чат
imp.	вы́щелочи, ~те
pt.	вы́щелочил
g.pt.a.	вы́щелочив
p.pt.a.	вы́щелочивший
p.pt.p.	вы́щелоченный

вы́щербить *perf* что *coll* notch ‖ *imperf* выщербля́ть 2 a

ft.	вы́щерблю, -бишь, -бят
imp.	вы́щерби, ~те
pt.	вы́щербил
g.pt.a.	вы́щербив

p.pt.a. вы́щербивший
p.pt.p. вы́щербленный

выщербля́ть *imperf of* вы́щербить

вы́щипать *perf* что pull out, pluck out ‖ *imperf* выщи́пывать 1а
ft. вы́щиплю, -лешь, -лют *and coll* -ипешь, -ипют *and coll* вы́щипаю, -аешь, -ают
imp. вы́щипли, ∼те *and coll* вы́щипи, ∼те *and coll* вы́щипай, ∼те
pt. вы́щипал
g.pt.a. вы́щипав
p.pt.a. вы́щипавший
p.pt.p. вы́щипанный

вы́щипнуть 6 *perf* что pull out, pluck out ‖ *imperf* выщи́пывать 1а

выщи́пывать[1] *imperf of* вы́щипать

выщи́пывать[2] *imperf of* вы́щипнуть

вы́щупать 1 *perf* кого-что *coll* feel, touch ‖ *imperf* выщу́пывать 1а

выщу́пывать *imperf of* вы́щупать

вы́явить *perf* кого-что 1. reveal, bring to light 2. expose, show up, uncover 3. bring out, make known ‖ *imperf* выявля́ть 2а
ft. вы́явлю, -вишь, -вят
imp. вы́яви, ∼те
pt. вы́явил
g.pt.a. вы́явив
p.pt.a. вы́явивший
p.pt.p. вы́явленный

вы́явиться, *1st and 2nd pers not used, perf* come to light, be revealed ‖ *imperf* выявля́ться

выявля́ть(ся) *imperf of* вы́явить(ся)

вы́яснить *perf* что find out, ascertain; clear up, elucidate ‖ *imperf* выясня́ть 2а
ft. вы́ясню, -нишь, -нят
imp. вы́ясни, ∼те
pt. вы́яснил
g.pt.a. вы́яснив
p.pt.a. вы́яснивший
p.pt.p. вы́ясненный

вы́ясниться, *1st and 2nd pers not used, perf* turn out; come to light; вы́яснилось, что ... it turned out that ..., it was discovered that ... ‖ *imperf* выясня́ться

выясня́ть(ся) *imperf of* вы́яснить(ся)

вы́южить, *1st and 2nd pers not used, imperf of snow* drive
pr. вы́южит
pt. вы́южило
g.pr.a. вы́южа
p.pr.a. вы́южащий
p.pt.a. вы́южнвший

вью́чить *imperf* кого-что load, burden, saddle *beasts of burden*; pack (up). — (на-)
pr. вью́чу, -чишь, -чат
imp. вью́чь, ∼те
pt. вью́чил
g.pr.a. вью́ча
p.pr.a. вью́чащий
p.pt.a. вью́чивший

вяза́ть *imperf* 1. кого-что bind, tie up *sheaves etc.*; bind together 2. что knit *with needles*; crochet 3. что *or without object coll* be astringent; *impers* во рту вя́жет *coll* it sets *one's* teeth on edge. — (с- *with* 1—4)
pr. вяжу́, вя́жешь, вя́жут
imp. вяжи́, ∼те
pt. вяза́л
g.pt.a. вяза́в
p.pr.a. вя́жущий
p.pt.a. вяза́вший
p.pt.p. вя́занный

вяза́ться, *1st and 2nd pers not used, imperf* с чем fit in (with); be compatible (with); match, be in keeping (with); де́ло не вя́жется things are not making headway

вя́знуть *imperf* в чём stick *in the mud*, sink in; stick *to one's teeth*. — (за-, у-)
pr. вя́зну, -нешь, -нут
imp. вя́зни, ∼те
pt. вяз *and* вя́знул, вя́зла
p.pr.a. вя́знущий
p.pt.a. вя́знувший

вя́лить *imperf* что dry, sun; cure, jerk, jug. — (про-)
pr. вя́лю, вя́лишь, вя́лят
imp. вяль, ∼те
pt. вя́лил
g.pr.a. вя́ля
p.pr.a. вя́лящий
p.pt.a. вя́ливший
p.pr.p. вя́лимый
p.pt.p. вя́ленный

вя́литься, *1st and 2nd pers not used, imperf* be dried *in the open air, sun etc.* — (про-)

вя́нуть *imperf* fade, wither; droop. — (за-, у-)
pr. вя́ну, вя́нешь, вя́нут
imp. вянь, ∼те
pt. вял *and* вя́нул, вя́ла
p.pr.a. вя́нущий
p.pt.a. вя́нувший

Г

га́вкать 1a *imperf* bark, yelp ‖ *perf semelf* га́вкнуть 6

га́вкнуть *perf semelf of* га́вкать

гада́ть 2a *imperf* 1. tell fortunes, tell *smb's* fortune 2. о ком-чём guess, conjecture ‖ *perf* погада́ть 2 *with* 1

га́дить *imperf* 1. *coll* soil; void 2. кому́-чему́ *sub* spoil ‖ *perf* нага́дить, forms ib.
pr.	га́жу, га́дишь, га́дят
imp.	гадь, ~те
pt.	га́дил
g.pr.a.	га́дя
p.pr.a.	га́дящий
p.pt.a.	га́дивший

га́ерничать 1a *imperf obs* play the fool

га́ерствовать 4a *imperf* play the fool

гази́ровать 4a *imperf* что aerate
p.pt.p.	газиро́ванный

газифици́ровать 4 *and* 4a *perf, imperf* что 1. gasify 2. install gas (in); supply with gas

галде́ть, *1st pers not used, imperf sub* be noisy, kick up a row
pr.	галди́шь, -дя́т
imp.	галди́, ~те
pt.	галде́л
g.pr.a.	галдя́
p.pr.a.	галдя́щий
p.pt.a.	галде́вший

галлюцини́ровать 4a *imperf* suffer from hallucinations

галопи́ровать 4a *imperf* gallop

гальванизи́ровать 4 *and* 4a *perf, imperf* кого́-что galvanize

гальванизова́ть 5 *and* 5a *perf, imperf* кого́-что galvanize

гаранти́ровать 4 *and* 4a *perf, imperf* 1. что кому́ guarantee 2. кого́-что от чего́ secure (against)

га́ркать *imperf of* га́ркнуть

га́ркнуть 6 *perf sub* 1. кого́-что *or without object* cry, scream 2. на кого́-что shout (at) ‖ *imperf* га́ркать 1a

гармони́зи́ровать 4 *and* 4a *perf, imperf* что *mus* harmonize

гармонизова́ть 5 *and* 5a *perf, imperf* что *mus* harmonize

гармони́ровать 4a *imperf* с чем harmonize, be in harmony (with)

гарни́ровать 4 *and* 4a *perf, imperf* что garnish

гарпу́нить *imperf* кого́-что harpoon
pr.	гарпу́ню, -нишь, -нят
imp.	гарпу́нь, ~те
pt.	гарпу́нил
g.pr.a.	гарпу́ня
p.pr.a.	гарпу́нящий
p.pt.a.	гарпу́нивший

гарцева́ть *imperf* на ком prance
pr.	гарцу́ю, -у́ешь, -у́ют
imp.	гарцу́й, ~те
pt.	гарцева́л
g.pr.a.	гарцу́я
p.pr.a.	гарцу́ющий
p.pt.a.	гарцева́вший

гаси́ть *imperf* что 1. put out, extinguish; *el* switch off 2. reduce; damp 3. cancel ‖ *perf* погаси́ть *with* 1, 2, forms ib.
pr.	гашу́, га́сишь, га́сят
imp.	гаси́, ~те
pt.	гаси́л
g.pr.a.	гася́
p.pr.a.	гася́щий
p pt.a.	гаси́вший
p.pt.p.	гаси́мый
p.pt.p.	га́шенный

га́снуть, *1st and 2nd pers not used, imperf* go out, become extinguished. — (за-, по-, у-)
pr.	га́снет, -нут
pt.	га́снул *and* гас, ~ла
g.pt.a.	га́снув
p.pr.a.	га́снущий
p.pt.a.	га́снувший *and* га́сший

гастроли́ровать 4a *imperf* 1. tour, be on tour 2. *fig contp* call in *from time to time*

гати́ть *imperf* что build a corduroy road. — (за-)
pr.	гачу́, гати́шь, гатя́т
imp.	гати́, ~те
pt.	гати́л
g.pr.a.	гатя́
p.pr.a.	гатя́щий
p.pt.a.	гати́вший

га́щивать *imperf freq of* гости́ть

гвозди́ть *imperf* кого́-что *sub* hit
pr.	гвозжу́, -зди́шь, -здя́т
imp.	гвозди́, ~те
pt.	гвозди́л
g.pr.a.	гвоздя́

p.pr.a.	гвоздя́щий
p.pt.a.	гвозди́вший

гектографи́ровать 4a *imperf* что hecto-graph

гербаризи́ровать 4a *imperf* что herborize
p.pt.p.	гербаризи́рованный

германизи́ровать 4 *and* 4a *perf, imperf* кого́-что Germanize

германизова́ть 5 *and* 5a *perf, imperf* кого́-что Germanize

герметизи́ровать 4 *and* 4a *perf, imperf* что close hermetically

героизи́ровать 4a *imperf* кого́-что heroize

геро́йствовать 4a *imperf* accomplish great things

ги́бнуть *imperf* perish, be ruined. — (по-)
pr.	ги́бну, -нешь, -нут
imp.	ги́бни, ~те
pt.	ги́бнул *and* гиб, ги́бла
g.pt.a.	ги́бнув
p.pr.a.	ги́бнущий
p.pt.a.	ги́бнувший

ги́кать 1a *imperf coll* whoop ‖ *perf semelf* ги́кнуть 6

ги́кнуть *perf semelf of* ги́кать

гильотини́ровать 4 *and* 4a *perf, imperf* кого́-что guillotine

гипертрофи́роваться, *1st and 2nd pers not used*, 4 *and* 4a *perf, imperf* hypertrophy

гипнотизи́ровать 4a *imperf* кого́-что hypnotize. — (за-)

гипсова́ть 5a *imperf* что *med* plaster
p.pt.p.	гипсо́ванный

главе́нствовать 4a *imperf* в чём *or* над кем-чем predominate (over)

гла́дить *imperf* 1. что iron; press 2. кого́-что *or* по кому́-чему stroke. — (вы-with 1, по- with 2)
pr.	гла́жу, гла́дишь, гла́дят
imp.	гладь, ~те
pt.	гла́дил
g.pr.a.	гла́дя
p.pr.a.	гла́дящий
p.pt.a.	гла́дивший
p.pr.p.	гла́димый
p.pt.p.	гла́женный

глазе́ть 3a *imperf* на кого́-что *sub* stare (at), gape (at)

глазирова́ть 5 *and* 5a *perf, imperf* что 1. glaze 2. candy 3. give a glossy finish (to)

глазурова́ть 5 *and* 5a *perf, imperf* что glaze

гласи́ть, *1st and 2nd pers not used, imperf* что *or without object* read, run
pr.	гласи́т, -ся́т
pt.	гласи́л
g.pr.a.	глася́
p.pr.a.	глася́щий
p.pt.a.	гласи́вший

глода́ть *imperf* кого́-что gnaw (at) *a. fig*
pr.	гложу́, гло́жешь, гло́жут *and* глода́ю, -áешь, -áют
imp.	гложи́, ~те *and* глода́й, ~те
pt.	глода́л
g.pr.a.	гложа́ *and* глода́я
p.pr.a.	гло́жущий *and* глода́ющий
p.pt.a.	глода́вший
p.pr.p.	глода́емый
p.pt.p.	гло́данный

глота́ть 2a *imperf* 1. swallow, gulp 2. *fig* devour ‖ *perf semelf* глотну́ть 7, no *p.pt.p.*

глотну́ть *perf semelf of* глота́ть

гло́хнуть *imperf* 1. become deaf 2. die away, abate 3. grow wild. — (за- *with* 2, 3, о- *with* 1)
pr.	гло́хну, -нешь, -нут
imp.	гло́хни, ~те
pt.	глох *and* гло́хнул, гло́хла
g.pt.a.	гло́хнув
p.pr.a.	гло́хнущий
p.pt.a.	гло́хнувший *and* гло́хший

глуми́ться *imperf* над кем-чем mock, jeer (at)
pr.	глумлю́сь, -ми́шься, -мя́тся
imp.	глуми́сь, -и́тесь
pt.	глуми́лся, -лась
g.pr.a.	глумя́сь
p.pr.a.	глумя́щийся
p.pt.a.	глуми́вшийся

глупе́ть 3a *imperf* become stupid. — (по-)

глупи́ть *imperf coll* be foolish, be silly. — (с-)
pr.	глуплю́, -пи́шь, -пя́т
imp.	глупи́, ~те
pt.	глупи́л
g.pr.a.	глупя́
p.pr.a.	глупя́щий
p.pt.a.	глупи́вший

глуши́ть *imperf* кого́-что 1. stun 2. muffle 3. choke 4. throttle. — (за- *with* 2—4, о- *with* 1)
pr.	глушу́, глу́шишь, глу́шат
imp.	глуши́, ~те
pt.	глуши́л
g.pr.a.	глуша́

p.pr.a.   глуша́щий
p.pt.a.   глуши́вший
гляде́ть *imperf* **1.** на кого́-что look (at) **2.** *coll* за кем-чем look (after) | *perf semelf* гля́нуть 6 *with* 1, *imp.* глянь, ∼те. — (по-)
pr.   гляжу́, гляди́шь, глядя́т
imp.   гляди́, ∼те
pt.   гляде́л
g.pr.a.   глядя́
p.pr.a.   глядя́щий
p.pt.a.   гляде́вший
гляде́ться *imperf* во что look at oneself (in). — (по-)
гля́нуть *perf semelf of* гляде́ть
глянцева́ть 5а *imperf* что polish. — (на-)
p.pt.p.   глянцо́ванный
гнать *imperf* **1.** *def* кого́-что drive; turn out; hunt, persue **2.** что distil | *indef* гоня́ть 2а
pr.   гоню́, го́нишь, го́нят
imp.   гони́, ∼те
pt.   гнал, гнала́, гна́ло
g.pr.a.   гоня́
p.pr.a.   гоня́щий
p.pt.a.   гна́вший
p.pr.p.   гони́мый
гна́ться *imperf* за кем-чем *def* **1.** persue, chase **2.** *coll* seek (after), run (after) | *indef* гоня́ться 2а
pt.   гна́лся, гнала́сь, гна́ло́сь
гне́ваться 1а *imperf* на кого́-что *or without object obs* be angry (with)
гневи́ть *imperf* кого́-что *obs* enrage, anger. — (про-)
pr.   гневлю́, -ви́шь, -вя́т
imp.   гневи́, ∼те
pt.   гневи́л
g.pr.a.   гневя́
p.pr.a.   гневя́щий
p.pt.a.   гневи́вший
гнезди́ться, *1st pers not used, imperf* **1.** nest, build a nest **2.** *fig* nestle
pr.   гнезди́шься, -дя́тся
pt.   гнезди́лся, -лась
g.pr.a.   гнездя́сь
p.pr.a.   гнездя́щийся
p.pt.a.   гнезди́вшийся
гнездова́ться 5а, *1st and 2nd pers not used, imperf* build a nest
гнести́ *imperf* кого́-что **1.** squeeze, press **2.** *fig* oppress
pr.   гнету́, -тёшь, -ту́т
imp.   гнети́, ∼те

g.pr.a.   гнетя́
p.pr.a.   гнету́щий
гнить *imperf* rot, decay. — (по-, с-)
pr.   гнию́, гниёшь, гнию́т
pt.   гнил, гнила́, гни́ло
g.pr.a.   гния́
p.pr.a.   гнию́щий
p.pt.a.   гни́вший
гнои́ть *imperf* что fester, cause to suppurate. — (с-)
pr.   гною́, гнои́шь, гноя́т
imp.   гной, ∼те
pt.   гнои́л
g.pr.a.   гноя́
p.pr.a.   гноя́щий
p.pt.a.   гнои́вший
p.pt.p.   гнои́мый
гнои́ться, *1st and 2nd pers not used, imperf* suppurate
гнуса́вить *imperf* snuffle, speak through the nose
pr.   гнуса́влю, -вишь, -вят
imp.   гнуса́вь, ∼те
pt.   гнуса́вил
g.pr.a.   гнуса́вя
p.pr.a.   гнуса́вящий
p.pt.a.   гнуса́вивший
гнуси́ть *imperf coll* snuffle, speak through the nose
pr.   гнушу́, гнуси́шь, гнуся́т
imp.   гнуси́, ∼те
pt.   гнуси́л
g.pr.a.   гнуся́
p.pr.a.   гнуся́щий
p.pt.a.   гнуси́вший
гнуть *imperf* что **1.** bend, bow **2.** *a.* к чему́ drive (at), aim (at). — (по- *with* 2, со- *with* 1, 2)
pr.   гну, гнёшь, гнут
imp.   гни, ∼те
pt.   гнул
p.pr.a.   гну́щий
p.pt.a.   гну́вший
p.pt.p.   гну́тый
гну́ться *imperf* bend. — (по-, со-)
гнуша́ться 2а *imperf* кого́-чего́ *or with infinitive* **1.** despise, disdain **2.** have an aversion (to) | *perf* погнуша́ться 2
гова́ривать *imperf freq of* говори́ть
гове́ть 3а *imperf* fast; keep Lent
говори́ть *imperf* **1.** speak, talk **2.** что say, tell **3.** о ком-чём show, reveal | *imperf freq* гова́ривать 1а *with* 2. — (сказа́ть)
pr.   говорю́, -ри́шь, -ря́т

imp.	говори́, ~те
pt.	говори́л
g.pr.a.	говоря́
p.pr.a.	говоря́щий
p.pt.a.	говори́вший
p.pt.p.	говорённый; говорён, -ена́

говори́ться, *1st and 2nd pers not used*, *imperf* be said

гогота́ть *imperf* **1.** cackle **2.** *sub* roar with laughter

pr.	гогочу́, -о́чешь, -о́чут
imp.	гогочи́, ~те
pt.	гогота́л
g.pr.a.	гогоча́
p.pr.a.	гого́чущий
p.pt.a.	гогота́вший

годи́ться *imperf* **1.** на что be fit (for), do (for) **2.** be fitted (for); be seemly

pr.	гожу́сь, годи́шься, годя́тся
pt.	годи́лся, -лась
g.pr.a.	годя́сь
p.pr.a.	годя́щийся
p.pt.a.	годи́вшийся

голода́ть 2a *imperf* starve; suffer hunger

голоси́ть *imperf* **1.** *sub* sing loudly **2.** *obs* lament, wail

pr.	голошу́, -оси́шь, -ося́т
imp.	голоси́, ~те
pt.	голоси́л
g.pr.a.	голося́
p.pr.a.	голося́щий
p.pt.a.	голоси́вший

голосова́ть 5a *imperf* что *or* за кого́-что vote. — (про-)

голубе́ть 3a, *1st and 2nd pers not used*, *imperf* **1.** become blue **2.** show blue. — (по- *with* 2)

голу́бить *uv* кого́-что *poet* fondle, caress

pr.	голу́блю, -бишь, -бят
imp.	голу́бь, ~те
pt.	голу́бил
g.pr.a.	голу́бя
p.pr.a.	голу́бящий
p.pt.a.	голу́бивший

гоня́ть 2a *imperf* **1.** *indef of* гнать **2.** кого́-что send on errands

гоня́ться *imperf indef of* гна́ться

го́рбить *imperf* что bend. — (с-)

pr.	го́рблю, -бишь, -бят
imp.	го́рби, ~те
pt.	го́рбил
g.pr.a.	го́рбя
p.pr.a.	го́рбящий
p.pt.a.	го́рбивший

p.pr.p.	го́рбимый

го́рбиться *imperf* stoop, bend. — (с-)

горди́ться *imperf* кем-чем be proud (of)

pr.	горжу́сь, горди́шься, гордя́тся
imp.	горди́сь, -и́тесь
pt.	горди́лся, -лась
g.pr.a.	гордя́сь
p.pr.a.	гордя́щийся
p.pt.a.	горди́вшийся

горева́ть *imperf* о ком-чём grieve (for), mourn (over)

pr.	горю́ю, -юешь, -юют
imp.	горю́й, ~те
pt.	горева́л
g.pr.a.	горю́я
p.pr.a.	горю́ющий
p.pt.a.	горева́вший

горе́ть *imperf* **1.** burn, be on fire **2.** glow, gleam **3.** sparkle. — (с-)

pr.	горю́, гори́шь, горя́т
imp.	гори́, ~те
pt.	горе́л
g.pr.a.	горя́
p.pr.a.	горя́щий
p.pt.a.	горе́вший

го́ркнуть, *1st and 2nd pers not used*, *imperf* become rancid. — (про-)

pr.	го́ркнет, -нут
pt.	го́ркнул *and* горк, го́ркла
g.pt.a.	го́ркнув
p.pr.a.	го́ркнущий
p.pt.a.	го́ркнувший

горла́нить *imperf sub* bawl

pr.	горла́ню, -нишь, -нят
imp.	горла́нь, ~те
pt.	горла́нил
g.pr.a.	горла́ня
p.pr.a.	горла́нящий
p.pt.a.	горла́нивший

городи́ть *imperf* что **1.** *reg* fence, hedge **2.** *sub* talk nonsense

pr.	горожу́, -о́дишь, -о́дят
imp.	городи́, ~те
pt.	городи́л
g.pr.a.	городя́
p.pr.a.	городя́щий
p.pt.a.	городи́вший
p.pr.p.	городи́мый

горчи́ть, *1st and 2nd pers not used*, *imperf* taste bitter, have a bitter taste

pr.	горчи́т, -ча́т
pt.	горчи́л
g.pr.a.	горча́
p.pr.a.	горча́щий
p.pt.a.	горчи́вший

горячи́ть *imperf* кого́-что excite. — (раз-)
pr. горячу́, -чи́шь, -ча́т
imp. горячи́, -те
pt. горячи́л
g.pr.a. горяча́
p.pr.a. горяча́щий
p.pt.a. горячи́вший

горячи́ться *imperf* be excited. — (раз-)

госпитализи́ровать 4 *and* 4a *perf, imperf* кого́-что hospitalize

госпо́дствовать 4a *imperf* **1.** над кем-чем rule (over) **2.** prevail, predominate

гости́ть *imperf* у кого́ stay (with) | *imperf freq coll* га́щивать 1a
pr. гощу́, гости́шь, гостя́т
imp. гости́, ~те
pt. гости́л
g.pr.a. гостя́
p.pr.a. гостя́щий
p.pt.a. гости́вший

гото́вить *imperf* кого́-что **1.** prepare **2.** cook, make **3.** train
pr. гото́влю, -вишь, -вят
imp. гото́вь, ~те
pt. гото́вил
g.pr.a. гото́вя
p.pr.a. гото́вящий
p.pt.a. гото́вивший

гото́виться *imperf* **1.** к чему́ *or with infinitive* prepare (for), make ready (for) **2.** be ahead

гофрирова́ть 5 *and* 5a *perf, imperf* что crimp; goffer; corrugate

гра́бить *imperf* кого́-что rob, plunder. — (о-)
pr. гра́блю, -бишь, -бят
imp. грабь, ~те
pt. гра́бил
g.pr.a. гра́бя
p.pr.a. гра́бящий
p.pt.a. гра́бивший
p.pr.p. гра́бимый
p.pt.p. гра́бленный

гравирова́ть 5a *imperf* что engrave. — (вы́-, на-)
p.pt.p. гравиро́ванный

гради́ровать 4 *and* 4a *perf, imperf* что graduate (brine)

градуи́ровать 4 *and* 4a *perf, imperf* что graduate

грани́ть *imperf* что facet
pr. граню́, -ни́шь, -ня́т
imp. грани́, ~те
pt. грани́л

g.pr.a. граня́
p.pr.a. граня́щий
p.pt.a. грани́вший
p.pt.o. гранённый; гранён, -ена́

грани́чить *1st and 2nd pers not used, imperf* с чем border (on)
pr. грани́чит, -чат
pt. грани́чил
g.pr.a. грани́ча
p.pr.a. грани́чащий
p.pt.a. грани́чивший

грануля́ровать 4 *and* 4a *perf, imperf* что granulate

грасси́ровать 4a *imperf* roll *one's* "r"

графи́ть *imperf* что rule, draw lines on. — (раз-)
pr. графлю́, -фи́шь, -фя́т
imp. графи́, ~те
pt. графи́л
g.pr.a. графя́
p.pr.a. графя́щий
p.pt.a. графи́вший
p.pt.p. графлённый; графлён, -ена́

гребну́ть *perf semelf of* грести́

гре́зить *imperf* dream
pr. гре́жу, гре́зишь, гре́зят
pt. гре́зил
g.pr.a. гре́зя
p.pr.a. гре́зящий
p.pt.a. гре́зивший

гре́зиться, *1st and 2nd pers not used, imperf* кому́: ему́ гре́зилось, (что) he dreamed (that). — (при-)

греме́ть *imperf* **1.** thunder **2.** clank, jingle **3.** *fig coll* resound
pr. гремлю́, -ми́шь, -мя́т
imp. греми́, ~те
pt. греме́л
g.pr.a. гремя́
p.pr.a. гремя́щий
p.pt.a. греме́вший

грести́ *imperf* **1.** row; scull **2.** что rake | *perf semelf* гребну́ть 7
pr. гребу́, -бёшь, -бу́т
imp. греби́, ~те
pt. грёб, гребла́
g.pr.a. гребя́
p.pr.a. гребу́щий
p.pt.a. грёбший

греть 3a *imperf* **1.** warm **2.** кого́-что heat up. — (на- *with* 2, со-)
g.pr.a. гре́я *and obs* гре́ючи
p.pt.p. гре́тый

гре́ться *imperf* warm oneself. — (на-, со-)

греши́ть *imperf* **1.** *obs* sin **2.** про́тив чего́ *or* чем err (from) ‖ *perf* согреши́ть *with* 1, forms ib.
pr. грешу́, -ши́шь, -ша́т
imp. греши́, ~те
pt. греши́л
g.pr.a. греша́
p.pr.a. греша́щий
p.pt.a. греши́вший

грима́сничать 1 a *imperf* grimace

гримирова́ть 5a *imperf* кого́-что make up. — (за-, на-)
p.pt.p. гримиро́ванный

гримирова́ться *imperf* make (oneself) up. — (за-)

грози́ть *imperf* кому́-чему́ чем threaten (with). — (по-, при-)
pr. грожу́, грози́шь, грозя́т
imp. грози́, ~те
pt. грози́л
g.pr.a. грозя́
p.pr.a. грозя́щий
p.pt.a. грози́вший

грози́ться *imperf sub* threaten. — (по-)

громи́ть *imperf* кого́-что smash up, wreck. — (раз-)
pr. громлю́, -ми́шь, -мя́т
imp. громи́, ~те
pt. громи́л
g.pr.a. громя́
p.pr.a. громя́щий
p.pt.a. громи́вший

громозди́ть *imperf* что heap up, pile up. — (на-)
pr. громозжу́, -зди́шь, -здя́т
imp. громозди́, ~те
pt. громозди́л
g.pr.a. громоздя́
p.pr.a. громоздя́щий
p.pt.a. громозди́вший

громозди́ться, *1st and 2nd pers not used, imperf* tower

громыха́ть 2a *imperf coll* rumble ‖ *perf semelf* громыхну́ть 7

громыхну́ть *perf semelf of* громыха́ть

гро́хать(ся) *imperf of* гро́хнуть(ся)

гро́хнуть 6 *perf and semelf* кого́-что *coll* drop with a crash ‖ *imperf* гро́хать 1 a

гро́хнуться *perf coll* fall down with a crash ‖ *imperf* гро́хаться

грохота́ть *imperf* crash; roll; roar, thun-

der ‖ *perf semelf* грохотну́ть 7, no *p.pt.p.*
pr. грохочу́, -о́чешь, -о́чут
imp. грохочи́, ~те
pt. грохота́л
g.pr.a. грохоча́
p.pr.a. грохо́чущий
p.pt.a. грохота́вший

грохоти́ть *imperf* что *agr* riddle, sift
pr. грохочу́, -оти́шь, -отя́т
imp. грохоти́, ~те
pt. грохоти́л
g.pr.a. грохотя́
p.pr.a. грохотя́щий
p.pt.a. грохоти́вший

грохотну́ть *perf semelf of* грохота́ть

грубе́ть 3a *imperf* coarsen. — (о-)

груби́ть *imperf* кому́-чему́ be rude (to). — (на-)
pr. грублю́, -би́шь, -бя́т
imp. груби́, ~те
pt. груби́л
g.pr.a. грубя́
p.pr.a. грубя́щий
p.pt.a. груби́вший

грубия́нить *imperf* кому́-чему́ be rude (to). — (на-)
pr. грубия́ню, -нишь, -нят
imp. грубия́нь, ~те
pt. грубия́нил
g.pr.a. грубия́ня
p.pr.a. грубия́нящий
p.pt.a. грубия́нивший

грузи́ть *imperf* что **1.** load **2.** entrain; emplane. — (за-, на- *with* 1, по- *with* 2)
pr. гружу́, гру́зишь, гру́зят
imp. грузи́, ~те
pt. грузи́л
g.pr.a. грузя́
p.pr.a. грузя́щий
p.pt.a. грузи́вший
p.pt.p. гру́зимый*
p.pt.p. гру́женный *and* гружённый; гружён, -ена́

грузи́ться *imperf* **1.** be loaded **2.** be entrained. — (по-)

грузне́ть 3a *imperf* get heavy; get tubby, get stoutish. — (по-)

гру́знуть *imperf* во что sink (into)
pr. гру́зну, -нешь, -нут
imp. гру́зни, ~те
pt. груз *and* гру́знул, гру́зла
g.pt.a. гру́знув
p.pr.a. гру́знущий
p.pt.a. гру́зший

грунтовать 5а *imperf* что prime. — (за-)
p.pt.p.   грунтованный

группировать 5а *imperf* кого-что group;
classify. — (с-)

группироваться, *1st and 2nd pers not used,*
imperf group. — (с-)

грустить *imperf* be sad
pr.   грущу, грустишь, грустят
imp.   грусти, ~те
pt.   грустил
g.pr.a.   грустя
p.pr.a.   грустящий
p.pt.a.   грустивший

грызть *imperf* 1. что gnaw; nibble 2. кого-
что tease, provoke. — (раз- *with* 1)
pr.   грызу, -зёшь, -зут
imp.   грызи, ~те
pt.   грыз, ~ла
g.pr.a.   грызя
p.pr.a.   грызущий
p.pt.a.   грызший
p.pr.p.   грызомый*

грызться *imperf* 1. fight 2. *coll* wrangle,
squabble

грязнеть 3а *imperf* become dirty

грязнить *imperf* кого-что 1. soil, make
dirty 2. *fig* soil, besmirch. — (за-)
pr.   грязню, -нишь, -нят
imp.   грязни, ~те
pt.   грязнил
g.pr.a.   грязня
p.pr.a.   грязнящий
p.pt.a.   грязнивший

грязниться *imperf* become dirty. — (за-)

грянуть 6 *perf* 1. *1st and 2nd pers not used*
break out 2. *1st and 2nd pers not used*:
грянул выстрел a shot rang out 3. burst
(out)
imp.   грянь, ~те

грянуться *perf coll* dump, plump

губить *imperf* кого-что ruin; destroy ‖ *perf*
погубить, forms ib.
pr.   гублю, губишь, губят
imp.   губи, ~те
pt.   губил
g.pr.a.   губя
p.pr.a.   губящий
p.pt.a.   губивший
p.pr.p.   губимый*

губиться *imperf* 1. be ruined 2. be spilled

гудеть *imperf* buzz; drone; honk; hoot
pr.   гужу, гудишь, гудят
imp.   гуди, ~те
pt.   гудел
g.pr.a.   гудя
p.pr.a.   гудящий
p.pt.a.   гудевший

гудронировать 4 *and* 4а *perf, imperf* что
tar

гульнуть *perf semelf of* гулять

гулять 2а *imperf* 1. have [take] a walk
2. *coll* have time off 3. enjoy oneself ‖ *perf*
semelf sub гульнуть 7 *with* 3, но *p.pt.p.* —
(по- *with* 1, 3)

гуммировать 4 *and* 4а *perf, imperf* что
gum

густеть 3а, *1st and 2nd pers not used,*
imperf thicken, get thicker. — (за-,
по-)

густить *imperf* что boil down, thickn
pr.   гущу, густишь, густят
imp.   густи, ~те
pt.   густил
g.pr.a.   густя
p.pr.a.   густящий
p.pt.a.   густивший
p.pr.p.   густимый*

Д

давать *imperf of* дать
pr.   даю, даёшь, дают
imp.   давай, ~те
pt.   давал
g.pr.a.   давая
p.pr.a.   дающий
p.pt.a.   дававший
p.pr.p.   даваемый

даваться *imperf of* даться
давить *imperf* кого-что 1. *a* на что press;
weigh (on), lie heavy (on) 2. *1st and 2nd pers*
not used press 3. squeeze, press; crush
4. press (together) 5. run over 6. *coll*
strangle 7. oppress. — (за- *with* 5, раз-
with 4, 5, у- *with* 6)
pr.   давлю, давишь, давят

imp.   дави́, ~те
pt.   дави́л
g.pr.a.   давя́
p.pr.a.   да́вящий
p.pt.a.   дави́вший

дави́ться *imperf* **1.** чем be pressed **2.** *coll* hang oneself. — (по- *with* 1, y- *with* 2)

да́кать 1a *imperf sub* answer in the affirmative | *perf semelf* да́кнуть 6

да́кнуть *perf semelf of* да́кать

да́ривать *imperf freq of* дари́ть

дари́ть *imperf* кого́-что кому́ give, present ‖ *perf* подари́ть, forms ib. | *imperf coll freq* да́ривать 1a, *pr. not used*

pr.   дарю́, да́ришь, да́рят
imp.   дари́, ~те
pt.   дари́л
g.pr.a.   даря́
p.pr.a.   даря́щий
p.pt.a.   дари́вший
p.pr.p.   дари́мый

дарова́ть 5 *and* 5a *perf, imperf* что *elev obs* grant

дати́ровать 4 *and* 4a *perf, imperf* что date

дати́роваться 4a, *1st and 2nd pers not used, imperf* date, be dated

дать *perf* что **1.** give; bestow **2.** кому́ *with infinitive* let, allow ‖ *imperf* дава́ть, forms ib.

ft.   дам, дашь, даст, дади́м, дади́те, даду́т
imp.   дай, ~те
pt.   дал, дала́, да́ло, да́ли (*negated:* не́ дал, не дала́, не́ дало)
g.pt.a.   дав
p.pt.a.   да́вший
p.pt.p.   да́нный; дан, дана́

да́ться *perf* **1.** *usu negated* give oneself to, let oneself; allow [suffer] oneself **2.** *1st and 2nd pers not used* succeed in **3.** *1st and 2nd pers not used* кому́ please [catch] *smb's* fancy ‖ *imperf* дава́ться

pt.   да́лся, дала́сь, дал-о́сь

дви́гать *imperf* **1.** (*usu* -аю, -аешь) кого́-что move; shift **2.** (*usu* -аю, -аешь) чем move, stir **3.** (*usu* -аю, -аешь) кого́-что move, advance *troops* **4.** *1st and 2nd pers not used* что set in motion, set going, get *smth* started **5.** *fig* что promote, foster stimulate | *perf semelf* дви́нуть 6, *imp.* двинь, ~те

pr.   дви́гаю, -аешь, -ают *and* дви́жу, -жешь, -жут
imp.   дви́гай, ~те

pt.   дви́гал
g.pr.a.   дви́гая
p.pr.a.   дви́гающий *and* дви́жущий
p.pt.a.   дви́гавший
p.pr.p.   дви́гаемый *and* дви́жимый

дви́гаться *imperf* **1.** move, stir **2.** be promoted, advance ‖ *perf* дви́нуться

дви́нуть *perf semelf of* дви́гать

дви́нуться *perf of* дви́гаться

двои́ть *imperf* что **1.** divide in two **2.** double. — (вз-)

pr.   двою́, двои́шь, двоя́т
imp.   двои́, ~те
pt.   двои́л
g.pr.a .   двоя́
p.pr.a.   двоя́щий
p.pt.a.   двои́вший
p.pr.p.   двои́мый

двои́ться *imperf* **1.** bifurcate **2.**: двои́ться в глаза́х see double

двуру́шничать 1a *imperf* be a double--dealer

дебати́ровать 4a *imperf* что *and without object* debate, discuss

дебетова́ть 5 *and* 5a *perf, imperf* что debit

деблоки́ровать 4 *and* 4a *perf, imperf* кого́-что raise a blockade

дебоши́рить *imperf* kick up a row. — (на-)

pr.   дебоши́рю, -ришь, -рят
imp.   дебоши́рь, ~те
pt.   дебоши́рил
g.pr.a.   дебоши́ря
p.pr.a.   дебоши́рящий
p.pt.a.   дебоши́ривший

дебюти́ровать 4 *and* 4a *perf, imperf* make *one's* debut

дева́ть 2 *and* 2a *perf, imperf coll* **1.** *imperf of* деть **2.** *perf* (*only pt. used*) put somewhere, put out of *one's* hand, mislay **3.** *perf* (*only pt. used*) что quarter, find a berth for; spend, expend, exhaust

дева́ться 1. *imperf of* де́ться **2.** *perf* (*only pt. used*) find its way (to); vanish; get hidden **3.** *perf* (*only pt. used*) take [find] shelter

дегази́ровать 4 *and* 4a *perf, imperf* что decontaminate, degas

дегенери́ровать 4 *and* 4a *perf, imperf* degenerate

дегради́ровать 4 *and* 4a *perf, imperf* degrade

дегусти́ровать 4 *and* 4а *perf, imperf* что
taste

дедуци́ровать 4 *and* 4а *perf, imperf* что
deduce

дежу́рить *imperf* **1.** be on duty **2.** watch
pr. дежу́рю, -ришь, -рят
imp. дежу́рь, ~те
pt. дежу́рил
g.pr.a. дежу́ря
g.pt.a. дежу́рив
p.pr.a. дежу́рящий
p.pt.a. дежу́ривший

дезавуи́ровать 4 *and* 4а *perf, imperf*
кого́-что *bookish* disavow

дезерти́ровать 4 *and* 4а *perf, imperf*
desert

дезинфици́ровать 4 *and* 4а *perf, imperf*
что disinfect

дезинфици́роваться *perf, imperf* be dis-
infected

дезинформи́ровать 4 *and* 4а *perf, imperf*
кого́-что misinform

дезорганизова́ть 5 *and* 5а *perf, imperf* что
disorganize

дезорганизова́ться, *1st and 2nd pers not
used, perf, imperf* become disorganized

дезорганизо́вывать 1а *imperf* что disorganize

дезорганизо́вываться *imperf* become disorganized

дезориенти́ровать 4 *and* 4а *perf, imperf*
кого́-что confuse, disorient

дезориенти́роваться *perf, imperf* lose *one's*
bearings; be in confusion

де́йствовать 4а *imperf* **1.** act; *mil* operate
2. function; run **3.** на кого́-что *or without
object* have an effect (on) ‖ *perf* подействовать 4 *with* 3

декальки́ровать 4 *and* 4а *perf, imperf* что
apply transfers (to), stick transfers (on)

декати́ровать 4 *and* 4а *and* декатирова́ть
5 *and* 5а *perf, imperf* что sponge

деквалифици́роваться 4 *and* 4а *perf,
imperf* get disqualified

деклами́ровать 4а *imperf* что *and without
object* recite; declaim. — (про-)

деклари́ровать 4 *and* 4а *perf, imperf* что
proclaim, declare

деклассироваться 4 *and* 4а *perf, imperf*
become declassed

декори́ровать 4 *and* 4а *perf, imperf* что
decorate

декрети́ровать 4 *and* 4а *perf, imperf* что
decree

де́лать 1а *imperf* что **1.** make, do **2.**
produce, construct ‖ *perf* сде́лать 1

де́латься *imperf* **1.** чем become, grow
2. *1st and 2nd pers not used* happen ‖ *perf*
сде́латься

делеги́ровать 4 *and* 4а *perf, imperf* кого́-
что send as a delegate

делика́тничать 1а *imperf coll* с кем-чем
handle [treat] too gently

дели́ть *imperf* кого́-что **1.** divide **2.** с
кем share (with). — (по- *with* 1, раз-
with 1, 2)
pr. делю́, де́лишь, де́лят
imp. дели́, ~те
pt. дели́л
g.pr.a. деля́
p.pr.a. деля́щий
p.pt.a. дели́вший
p.pr.p. дели́мый

дели́ться *imperf* **1.** *1st and 2nd pers not
used* be divisible **2.** чем с кем share
(with), confide (to)
p.pr.a. деля́щийся

демаски́ровать 4 *and* 4а *perf, imperf*
кого́-что unmask

демилитаризова́ть 5 *and* 5а *perf, imperf*
что demilitarize

демобилизова́ть 5 *and* 5а *perf, imperf*
кого́-что demobilize

демобилизова́ться *perf, imperf* be demo-
bilized

демократизи́ровать 4 *and* 4а *perf, imperf*
кого́-что democratize

демонстри́ровать 4 *and* 4а *perf, imperf*
1. demonstrate **2.** что show *film*. — (про-
with 2)

демонти́ровать 4 *and* 4а *perf, imperf* что
dismantle

деморализова́ть 5 *and* 5а *perf, imperf*
кого́-что demoralize

демуниципализи́ровать 4 *and* 4а *perf,
imperf* что return *property to private
ownership*

денатурализова́ть 5 *and* 5а *perf, imperf*
кого́-что denaturalize

денатури́ровать 4 *and* 4а *perf, imperf* что
denature

денационализи́ровать 4 *and* 4a *perf,* *imperf* что denationalize

деноси́ровать 4 *and* 4a *perf, imperf* что denounce

депони́ровать 4 *and* 4a *perf, imperf* что deposit

дёргать 1a *imperf* кого-что **1.** за что pull, tug (at) **2.** *coll* pull out **3.** чем *coll* jerk | *perf semelf* дёрнуть 6

дёргаться *imperf* twitch | *perf semelf* дёрнуться

деревене́ть 3a *imperf* **1.** lignify **2.** stiffen; grow numb. — (o-)

держа́ть *imperf* кого-что **1.** keep, hold **2.** support **3.** keep *a dog etc.* **4.** steer
pr.	держу́, де́ржишь, де́ржат
imp.	держи́, ~те
pt.	держа́л
g.pr.a.	держа́
p.pr.a.	держа́щий
p.pt.a.	держа́вший
p.pt.p.	де́ржанный

держа́ться *imperf* **1.** за кого-что hold on (to) **2.** *1st and 2nd pers not used* на чём be supported (by); keep on **3.** keep **4.** behave, conduct oneself **5.** чего́ stick (to) **6** .hold out, stand

дерза́ть 2a *imperf* **1.** *elev* dare, venture **2.** *bookish* на что *or with infinitive* risk, hazard || *perf* дерзну́ть 7 *with* 2, no *p.pt.p.*

дерзи́ть, *1st pers not used, imperf* кому́ be insolent (to). — (на-)
pr.	дерзи́шь, -зя́т
imp.	дерзи́, ~те
pt.	дерзи́л
g.pr.a.	дерзя́
p.pr.a.	дерзя́щий
p.pt.a.	дерзи́вший

дерзну́ть *perf of* дерза́ть

дерне́ть 3a, *1st and 2nd pers not used, imperf* be covered with turf

дернова́ть 5a *imperf* что turf, cover with turf

дёрнуть(ся) *perf semelf of* дёргать(ся)

детализи́ровать 4 *and* 4a *perf, imperf* что work out in detail

детализова́ть 5 *and* 5a *perf, imperf* что work out in detail

детони́ровать[1] 4a, *1st and 2nd pers not used, imperf* detonate

детони́ровать[2] 4a *imperf mus* be out of tune

деть *perf* кого-что *coll* **1.** put, place; mislay **2.** spend, expend || *imperf* дева́ть 2a, *only infinitive and pr.*
ft.	де́ну, де́нешь, де́нут
imp.	день, ~те
pt.	дел
g.pt.a.	де́вши
p.pt.a.	де́вший
p.pt.p.	де́тый

де́ться *perf coll* **1.** get to; disappear **2.** stay || *imperf* дева́ться, *only infinitive and pr.*; не зна́ю куда́ де́ньги дева́ются I do not know what becomes of the money

дефили́ровать 4a *imperf* defile. — (про-)

деформи́ровать 4 *and* 4a *perf, imperf* кого-что deform

деформи́роваться *perf, imperf* lose shape

децентрализи́ровать 4 *and* 4a *perf, imperf* что decentralize

децентрализова́ть 5 *and* 5a *perf, imperf* что decentralize

дешеве́ть 3a, *1st and 2nd pers not used, imperf* become cheaper. — (по-)

дешеви́ть *imperf sub* force the price down
pr.	дешевлю́, -ви́шь, -вя́т
imp.	дешеви́, ~те
pt.	дешеви́л
g.pr.a.	дешевя́
p.pr.a.	дешевя́щий
p.pt.a.	дешеви́вший

дешифри́ровать 4 *and* 4a *perf, imperf* что decode

дешифрова́ть 5 *and* 5a *perf, imperf* что decode

де́яться, *only 3rd pers singular used, imperf sub and reg* happen
| *pr.* | де́ется |
| *pt.* | де́ялось |

джигитова́ть 5a *imperf* perform feats of horsemanship

дзи́нькать 1 *imperf coll* tinkle, jingle | *perf semelf* дзи́нькнуть 6

дзи́нькнуть *perf semelf of* дзи́нькать

диагности́ровать 4 *and* 4a *perf, imperf* что make a diagnosis

диафрагми́ровать 4a *imperf phot* stop down *lens aperture*

диви́ть *imperf* кого-что *coll* surprise
pr.	дивлю́, -ви́шь, -вя́т
imp.	диви́, ~те
pt.	диви́л

g.pr.a.	дивя́
p.pr.a.	дивя́щий
p.pt.a.	диви́вший

диви́ться *imperf* кому́-чему́ *coll* wonder (at). — (по-)

дивова́ться 5а *imperf sub reg* wonder (at), marvel (at)

дикта́торствовать 4а *imperf* govern with dictatorial powers

диктова́ть 5а *imperf* что dictate. — (про-)

дире́кторствовать 4а *imperf coll* general--manage, be a managing director

дирижи́ровать 4а *imperf* чем conduct

дисгармони́ровать 4а *imperf* с чем clash (with), jar (with)

дисквалифици́ровать 4 *and* 4а *perf, imperf* кого́-что disqualify

дисквалифици́роваться *perf, imperf* be struck off *professional register etc.*

дисконти́ровать 4 *and* 4а *perf, imperf* что discount

дискредити́ровать 4 *and* 4а *perf, imperf* кого́-что discredit, bring discredit (on)

дискримини́ровать 4 *and* 4а *perf, imperf* кого́-что discriminate (against)

дискути́ровать 4а *imperf* что *or* о чём discuss, debate

дислоци́ровать 4 *and* 4а *perf, imperf* кого́-что station

диспути́ровать 4а *imperf* debate

диссони́ровать 4а *imperf mus* be dissonant, discord

дистилли́ровать 4 *and* 4а *perf, imperf* что distil

дисциплини́ровать 4 *and* 4а *perf, imperf* кого́-что discipline

дифференци́ровать 4 *and* 4а *perf, imperf* что differentiate

дифференци́роваться, *1st and 2nd pers not used, perf, imperf* differentiate

дича́ть 2а *imperf* **1.** run wild **2.** become shy. — (о-)

дичи́ться *imperf* кого́-чего́ be shy (of)

pr.	дичу́сь, -чи́шься, -ча́тся
imp.	дичи́сь, -и́тесь
pt.	дичи́лся, -лась
g.pr.a.	дича́сь
p.pr.a.	дича́щийся
p.pt.a.	дичи́вшийся

длинне́ть 3а, *1st and 2nd pers not used, imperf coll* become longer

длить *imperf* что delay, defer

pr.	длю, длишь, длят
pt.	длил
g.pr.a.	для
p.pr.a.	для́щий
p.pt.a.	для́вший

дли́ться, *1st and 2nd pers not used, imperf* last, continue, endure

днева́лить *imperf mil coll* be on duty

pr.	днева́лю, -лишь, -лят
imp.	днева́ль, ~те
pt.	днева́лил
g.pr.a.	днева́ля
p.pr.a.	днева́лящий
p.pt.a.	днева́ливший

днева́ть *imperf* spend the day

pr.	днюю, дню́ешь, дню́ют
imp.	дню́й, ~те
pt.	днева́л
g.pr.a.	дню́я
p.pr.a.	дню́ющий
p.pt.a.	днева́вший

доба́вить *perf* что *or* чего́ add ‖ *imperf* добавля́ть 2а

ft.	доба́влю, -вишь, -вят
imp.	доба́вь, ~те
pt.	доба́вил
g.pt.a.	доба́вив
p.pt.a.	доба́вивший
p.pt.p.	доба́вленный

доба́виться, *1st and 2nd pers not used, perf* be added ‖ *imperf* добавля́ться

добавля́ть(ся) *imperf of* доба́вить(ся)

доба́лтываться *imperf of* доболта́ться

добега́ть *imperf of* добежа́ть

добе́гаться 1 *perf coll:* добе́гаться до уста́лости run till one is tired

g.pt.a.	добе́гавшись

добежа́ть *perf* до кого́-чего́ run up (to) ‖ *imperf* добега́ть 2а

ft.	добегу́, -ежи́шь, -егу́т
imp.	добеги́, ~те
pt.	добежа́л
g.pt.a.	добежа́в
p.pt.a.	добежа́вший

добива́ть(ся) *imperf of* доби́ть(ся)

добира́ть(ся) *imperf of* добра́ть(ся)

доби́ть *perf* кого́-что **1.** kill, finish **2.** break up *a chipped cup etc.* ‖ *imperf* добива́ть 2а

ft.	добью́, добьёшь, добью́т
imp.	добе́й, ~те
pt.	доби́л

g.pt.a. доби́в
p.pt.a. доби́вший
p.pt.p. доби́тый

доби́ться *perf* чего́ get, obtain ‖ *imperf* добива́ться

доболта́ться 1 *perf sub* **1.** reach an agreement by talking the matter over **2.** *perf only* до чего́ have the nerve (to), have the cool cheek (to); go so far (as to) ‖ *imperf* доба́лтываться 1а *with* 1
g.pt.a. доболта́вшись

добра́сывать *imperf of* добро́сить

добра́ть *perf* **1.** кого́-чего́ *or* кого́-что gather, collect, glean **2.** *print* complete the composition of type, finish setting type ‖ *imperf* добира́ть 2а
ft. доберу́, -рёшь, -ру́т
imp. добери́, ~те
pt. добра́л, -ала́, -а́ло
g.pt.a. добра́в
p.pt.a. добра́вший
p.pt.p. до́бранный

добра́ться *perf* до кого́-чего́ get there; reach, arrive (at, in) ‖ *imperf* добира́ться
pt. добра́лся, -ала́сь, -а́ло́сь

добре́ть[1] 3а *imperf* become kinder

добре́ть[2] 3а *imperf coll* become corpulent

добрива́ть *imperf of* добри́ть

добри́ть *perf* кого́-что finish shaving ‖ *imperf* добрива́ть 2а
ft. добре́ю, -е́ешь, -е́ют
imp. добре́й, ~те
pt. добри́л
g.pt.a. добри́в
p.pt.a. добри́вший
p.pt.p. добри́тый

доброжела́тельствовать 4а *imperf* wish *smb* well

доброса́ть 2 *perf* что finish throwing

добро́сить *perf* что throw so far ‖ *imperf* добра́сывать 1а
ft. добро́шу, -о́сишь, -о́сят
imp. добро́сь, ~те
pt. добро́сил
g.pt.a. добро́сив
p.pt.a. добро́сивший
p.pt.p. добро́шенный

добуди́ться *perf* кого́-что *coll* manage to wake *smb* up
ft. добужу́сь, -у́дишься, -у́дятся
imp. добуди́сь, -и́тесь
pt. добуди́лся, -лась

g.pt.a. добуди́вшись
p.pt.a. добуди́вшийся

добыва́ть *imperf of* добы́ть

добы́ть *perf* что **1.** get, obtain **2.** *geol* extract; mine ‖ *imperf* добыва́ть 2а
ft. добу́ду, -дешь, -дут
imp. добу́дь, ~те
pt. до́бы́л, добыла́, до́бы́ло
g.pt.a. добы́в
p.pt.a. добы́вший
p.pt.p. до́бы́тый; до́бы́т, добы́та́, до́бы́то

дова́ривать(ся) *imperf of* довари́ть(ся)

довари́ть *perf* кого́-что finish boiling ‖ *imperf* дова́ривать 1а
ft. доварю́, -а́ришь, -а́рят
imp. довари́, ~те
pt. довари́л
g.pt.a. довари́в
p.pt.a. довари́вший
p.pt.p. дова́ренный

довари́ться, *!st and 2nd pers not used, perf* be boiled enough ‖ *imperf* дова́риваться

дове́дать 1 *perf* что *obs and reg* discover ‖ *imperf* дове́дывать 1а

дове́дывать *imperf of* дове́дать

довезти́ *perf* кого́-что take (to), bring (to) ‖ *imperf* довози́ть, forms ib.
ft. довезу́, -зёшь, -зу́т
imp. довези́, ~те
pt. довёз, -езла́
g.pt.a. довезя́ *and obs* довёзши
p.pt.a. довёзший
p.pt.p. довезённый; довезён, -ена́

дове́рить *perf* кому́-чему́ **1.** кого́-что *or with infinitive* trust *smb* with, confide *smth* to *smb* **2.** *with infinitive* entrust (with) ‖ *imperf* доверя́ть 2а
ft. дове́рю, -ришь, -рят
imp. дове́рь, ~те
pt. дове́рил
g.pt.a. дове́рив
p.pt.a. дове́ривший
p.pt.p. дове́ренный

дове́риться *perf* кому́-чему́ rely [depend] on ‖ *imperf* доверя́ться

доверну́ть 7 *perf* что screw down ‖ *imperf* довёртывать 1а
p.pt.p. довёрнутый

доверте́ть *perf* что *coll* turn fast [tight], tighten ‖ *imperf* довёртывать 1а
ft. доверчу́, -е́ртишь, -е́ртят
imp. доверти́, ~те
pt. доверте́л

g.pt.a.	доверте́в
p.pt.a.	доверте́вший
p.pt.p.	дове́рченный

доверти́вать[1] *imperf of* доверте́ть

доверти́вать[2] *imperf of* доверну́ть

доверша́ть *imperf of* доверши́ть

доверши́ть *perf* что complete ‖ *imperf* доверша́ть 2a

ft.	доверши́у, -ши́шь, -ша́т
imp.	доверши́, ~те
pt.	доверши́л
g.pt.a.	доверши́в
p.pt.a.	доверши́вший
p.pt.p.	доверши́нный; доверше́н, -ена́

доверя́ть(ся) *imperf of* дове́рить(ся)

довести́ *perf* кого́-что до чего́ **1.** lead to; drive (to) **2.** bring (to) ‖ *imperf* доводи́ть, forms ib.

ft.	доведу́, -дёшь, -ду́т
imp.	доведи́, ~те
pt.	довёл, -ела́
g.pt.a.	доведя́ *and obs* дове́дши
p.pt.a.	дове́дший
p.pt.p.	доведённый; доведён, -ена́

довести́сь *impers perf* have occasion to, come about that ‖ *imperf* доводи́ться

довле́ть 3a, *1st and 2nd pers not used, imperf* **1.** кому́-чему́ *obs* suffice **2.** над кем-чем *or without object sub* rest (on *smb*)

доводи́ть *imperf of* довести́

pr.	довожу́, -о́дишь, -о́дят
imp.	доводи́, ~те
pt.	доводи́л
g.pr.a.	доводя́
p.pr.a.	доводя́щий
p.pt.a.	доводи́вший
p.pr.p.	доводи́мый

доводи́ться *imperf of* довести́сь

довози́ть *imperf of* довезти́

pr.	довожу́, -о́зишь, -о́зят
imp.	довози́, ~те
pt.	довози́л
g.pr.a.	довозя́
p.pr.a.	довозя́щий
p.pt.a.	довози́вший
p.pr.p.	довози́мый

дово́льствовать 4a *imperf* кого́-что supply

дово́льствоваться *imperf* **1.** *mil* draw allowances **2.** чем content oneself (with)

догада́ться 2 *perf* guess ‖ *imperf* дога́дываться 1a

дога́дываться *imperf of* догада́ться

догляде́ть *perf coll* **1.** что stay to the end (of); see the end (of) **2.** за кем-чем *usu negated* take care (of), look (after) ‖ *imperf* догля́дывать 1a

ft.	догляжу́, -яди́шь, -яди́т
imp.	догляди́, ~те
pt.	догляде́л
g.pt.a.	догляде́в
p.pt.a.	догляде́вший

догля́дывать *imperf of* догляде́ть

догна́ть *perf* кого́-что overtake, catch up (with) ‖ *imperf* догоня́ть 2a

ft.	догоню́, -о́нишь, -о́нят
imp.	догони́, ~те
pt.	догна́л, -ала́, -а́ло
g.pt.a.	догна́в
p.pt.a.	догна́вший
p.pt.p.	до́гнанный

догова́ривать(ся) *imperf of* договори́ть(ся)

договори́ть *perf* что finish; *without object* finish speaking ‖ *imperf* догова́ривать 1a

ft.	договорю́, -ри́шь, -ря́т
imp.	договори́, ~те
pt.	договори́л
g.pt.a.	договори́в
p.pt.a.	договори́вший
p.pt.p.	договорённый; договорён, -ена́

договори́ться *perf* **1.** с кем о чём make arrangements (with *smb* about *smth*) **2.:** договори́ться до абсу́рда reach the point of uttering an absurdity ‖ *imperf* догова́риваться

догоня́ть *imperf of* догна́ть

догора́ть *imperf of* догоре́ть

догоре́ть *perf* **1.** burn down **2.** go out ‖ *imperf* догора́ть 2a

ft.	догорю́, -ри́шь, -ря́т
imp.	догори́, ~те
pt.	догоре́л
g.pt.a.	догоре́в
p.pt.a.	догоре́вший

догреба́ть *imperf of* догрести́

догрести́ *perf* **1.** row to **2.** что finish raking ‖ *imperf* догреба́ть 2a

ft.	догребу́, -бёшь, -бу́т
imp.	догреби́, ~те
pt.	догрёб, -гребла́
g.pt.a.	догрёбши
p.pt.a.	догрёбший
p.pt.p.	догребённый; догребён, -ена́

догружа́ть *imperf of* догрузи́ть

догрузи́ть *perf* кого́-что **1.** load full **2.** *a.* чего́ load additionally ‖ *imperf* догружа́ть 2a

ft.	догружу́, -у́зишь, -у́зят
imp.	догрузи́, ~те
pt.	догрузи́л
g.pt.a.	догрузи́в
p.pt.a.	догрузи́вший
p.pt.p.	догру́женный *and* догружённый; догружён, -ена́

догу́ливаться *imperf of* догуля́ться

догуля́ться 2 *perf coll* get [catch] *a complaint* by taking too long a walk ‖ *imperf* догу́ливаться 1a

g.pt.a.	догуля́вшись

додава́ть *imperf of* дода́ть

pr.	додаю́, -аёшь, -аю́т
imp.	додава́й, ~те
pt.	додава́л
g.pr.a.	додава́я
p.pr.a.	додаю́щий
p.pt.a.	додава́вший
p.pr.p.	додава́емый

дода́ть *perf* кого́-что give [make up] the rest (of) ‖ *imperf* додава́ть, forms ib.

ft.	– дода́м, дода́шь, дода́ст, додади́м, додади́те, додаду́т
imp.	дода́й, ~те
pt.	до́дал, додала́, до́дало
g.pt.a.	дода́в
p.pt.a.	дода́вший
p.pt.p.	до́данный; до́дан, додана́, до́дано

доде́лать 1 *perf* что finish, complete ‖ *imperf* доде́лывать 1a

доде́лывать *imperf of* доде́лать

додержа́ть *perf* кого́-что detain, hold back ‖ *imperf* доде́рживать 1a

ft.	додержу́, -е́ржишь, -е́ржат
imp.	додержи́, ~те
pt.	додержа́л
g.pt.a.	додержа́в
p.pt.a.	додержа́вший
p.pt.p.	доде́ржанный

доде́рживать *imperf of* додержа́ть

доду́маться 1 *perf* до чего́ hit (upon) ‖ *imperf* доду́мываться 1a

доду́мываться *imperf of* доду́маться

доеда́ть *imperf of* дое́сть

доезжа́ть *imperf of* дое́хать

дое́сть *perf* что eat up; finish eating ‖ *imperf* доеда́ть 2a

ft.	дое́м, дое́шь, дое́ст, доеди́м, доеди́те, доедя́т
imp.	дое́шь, ~те
pt.	дое́л
g.pt.a.	дое́в
p.pt.a.	дое́вший
p.pt.p.	дое́денный

дое́хать *perf* до чего́ reach; arrive (at) ‖ *imperf* доезжа́ть 2a

ft.	дое́ду, -дешь, -дут
pt.	дое́хал
g.pt.a.	дое́хав
p.pt.a.	дое́хавший

дожа́ривать *imperf of* дожа́рить

дожа́рить *perf* кого́-что do to a turn ‖ *imperf* дожа́ривать 1a

ft.	дожа́рю, -ришь, -рят
imp.	дожа́рь, ~те
pt.	дожа́рил
g.pt.a.	дожа́рив
p.pt.a.	дожа́ривший
p.pt.p.	дожа́ренный

дожа́ть[1] *perf* что finish reaping ‖ *imperf* дожина́ть 2a

ft.	дожну́, дожнёшь, дожну́т
imp.	дожни́, ~те
pt.	дожа́л
g.pt.a.	дожа́в
p.pt.a.	дожа́вший
p.pt.p.	дожа́тый

дожа́ть[2] *perf* что press [squeeze] enough ‖ *imperf* дожима́ть 2a

ft.	дожму́, дожмёшь, дожму́т
imp.	дожми́, ~те
pt.	дожа́л
g.pt.a.	дожа́в
p.pt.a.	дожа́вший
p.pt.p.	дожа́тый

дожда́ться *perf* кого́-чего́ wait (for, till) ‖ *imperf* дожида́ться 2a

ft.	дожду́сь, -дёшься, -ду́тся
imp.	дожди́сь, -и́тесь
pt.	дожда́лся, -ала́сь, -а́ло́сь
g.pt.a.	дожда́вшись
p.pt.a.	дожда́вшийся

дожди́ть *impers imperf coll* rain

pr.	дожди́т
pt.	дожди́ло

доже́чь *perf* что burn sufficiently ‖ *imperf* дожига́ть 2a

ft.	дожгу́, -жжёшь, -жгу́т
imp.	дожги́, ~те
pt.	дожёг, -жгла́
g.pt.a.	дожёгши
p.pt.a.	дожёгший
p.pt.p.	дожжённый; дожжён, -ена́

дожива́ть *imperf of* дожи́ть

дожига́ть *imperf of* доже́чь

дожида́ться *imperf of* дожда́ться

дожима́ть *imperf of* дожа́ть[2]

дожина́ть *imperf of* дожа́ть[1]

дожи́ть *perf* 1. до чего́ live (till) 2. что stay (the rest of) ‖ *imperf* дожива́ть 2a
ft.	доживу́, -вёшь, -ву́т
imp.	доживи́, ~те
pt.	до́жил, дожила́, до́жило
g.pt.a.	дожи́в
p.pt.a.	дожи́вший
p.pt.p.	до́житый; до́жит, дожита́, до́жито

дозва́ниваться *imperf of* дозвони́ться

дозва́ться *perf* кого́-чего́ call in
ft.	дозову́сь, -вёшься, -ву́тся
imp.	дозови́сь, -и́тесь
pt.	дозва́лся, -ала́сь, -а́ло́сь
g.pt.a.	дозва́вшись
p.pt.a.	дозва́вшийся

дозво́лить *perf* что *obs sub* permit, allow ‖ *imperf* дозволя́ть 2a
ft.	дозво́лю, -лишь, -лят
imp.	дозво́ль, ~те
pt.	дозво́лил
g.pt.a.	дозво́лив
p.pt.a.	дозво́ливший
p.pt.p.	дозво́ленный

дозволя́ть *imperf of* дозво́лить

дозвони́ться *perf* до кого́-чего́ 1. ring till the phone is answered 2. go on ringing till the door is opened ‖ *imperf* дозва́ниваться 1a
ft.	дозвоню́сь, -ни́шься, -ня́тся
imp.	дозвони́сь, -и́тесь
pt.	дозвони́лся, -лась
g.pt.a.	дозвони́вшись
p.pt.a.	дозвони́вшийся

дози́ровать 4 *and* 4a *perf, imperf* что dose

дознава́ться *imperf of* дозна́ться
pr.	дознаю́сь, -аёшься, -аю́тся
imp.	дознава́йся, -а́йтесь
pt.	дознава́лся, -лась
g.pr.a.	дознава́ясь
p.pr.a.	дознаю́щийся
p.pt.a.	дознава́вшийся

дозна́ться 2 *perf coll* find out, get to know ‖ *imperf* дознава́ться, forms ib.

дозрева́ть *imperf of* дозре́ть

дозре́ть 3, *1st and 2nd pers not used, perf* ripen ‖ *imperf* дозрева́ть 2a

доигра́ть 2 *perf* что finish playing ‖ *imperf* дои́грывать 1a

доигра́ться *perf* до чего́ *coll* incur by playing; play (till) ‖ *imperf* дои́грываться

дои́грывать(ся) *imperf of* доигра́ть(ся)

доиска́ться *perf coll* чего́ find out ‖ *imperf* дои́скиваться 1a
ft.	доищу́сь, дои́щешься, дои́щутся
imp.	доищи́сь, -и́тесь
pt.	доиска́лся, -лась
g.pt.a.	доиска́вшись
p.pt.a.	доиска́вшийся

дои́скиваться *imperf of* доиска́ться

дои́ть *imperf* кого́-что milk
pr.	дою́, до́ишь, до́ят
imp.	дои́, ~те *and sub* дой, ~те
pt.	дои́л
g.pr.a.	доя́
p.pr.a.	доя́щий
p.pt.a.	дои́вший
p.pt.p.	до́енный

дои́ться, *1st and 2nd pers not used, imperf* yield milk

дойти́ *perf* 1. до кого́-чего́ go [get] (as far as) 2. до кого́-чего́ reach 3. до чего́ reach, come up (to) 4. до чего́ *fig* reach, arrive (at) 5. *coll* ripen ‖ *imperf* доходи́ть, forms ib.
ft.	дойду́, -дёшь, -ду́т
imp.	дойди́, ~те
pt.	дошёл, дошла́
g.pt.a.	дойдя́ *and obs* доше́дши
p.pt.a.	доше́дший

доказа́ть *perf* что prove, demonstrate ‖ *imperf* дока́зывать 1a
ft.	докажу́, -а́жешь, -а́жут
imp.	докажи́, ~те
pt.	доказа́л
g.pt.a.	доказа́в
p.pt.a.	доказа́вший
p.pt.p.	дока́занный

дока́зывать *imperf of* доказа́ть

дока́лывать *imperf of* доколо́ть

дока́нчивать *imperf of* доко́нчить

дока́пывать(ся) *imperf of* докопа́ть(ся)

докати́ть *perf* кого́-что finish rolling; roll (to) ‖ *imperf* дока́тывать 1a
ft.	докачу́, -а́тишь, -а́тят
imp.	докати́, ~те
pt.	докати́л

g.pt.a.	докати́в
p.pt.a.	докати́вший
p.pt.p.	дока́ченный

докати́ться *perf* до чего́ **1.** roll (to) **2.** *coll contp* sink (to) ‖ *imperf* дока́тываться

дока́тывать(ся) *imperf of* докати́ть(ся)

докида́ть 2 *perf* что *coll* throw up (to); finish throwing ‖ *imperf* доки́дывать 1а

доки́дывать[1] *imperf of* докида́ть

доки́дывать[2] *imperf of* доки́нуть

доки́нуть 6 *perf* что до чего́ throw (to) ‖ *imperf* доки́дывать 1а

imp.	доки́нь, ~те
p.pt.p.	доки́нутый

докла́дывать[1,2] *imperf of* доложи́ть[1,2]

докле́ивать *imperf of* докле́ить

докле́ить *perf* что finish sticking together ‖ *imperf* докле́ивать 1а

ft.	докле́ю, -е́ишь, -е́ят
imp.	докле́й, ~те
pt.	докле́ил
g.pt.a.	докле́ив
p.pt.a.	докле́ивший
p.pt.p.	докле́енный

докли́каться *perf* кого́-чего́ *sub* call together, drum up

ft.	докли́чусь, -и́чешься, -и́чутся
imp.	докли́чься, -чьтесь
pt.	докли́кался, -лась
g.pt.a.	докли́кавшись
p.pt.a.	докли́кавшийся

доколо́ть *perf* кого́-что **1.** finish chopping; chop up **2.** stab to death ‖ *imperf* доко́лывать 1а

ft.	доколю́, -о́лешь, -о́лют
imp.	доколи́, ~те
pt.	доколо́л
g.pt.a.	доколо́в
p.pt.a.	доколо́вший
p.pt.p.	доко́лотый

докона́ть 2 *perf* кого́-что *coll* finish, end

доко́нчить *perf* что finish, end ‖ *imperf* доко́нчивать 1а

ft.	доко́нчу, -чишь, -чат
imp.	доко́нчи, ~те
pt.	доко́нчил
g.pt.a.	доко́нчив
p.pt.a.	доко́нчивший
p.pt.p.	доко́нченный

докопа́ть 2 *perf* что finish digging ‖ *imperf* дока́пывать 1а

докопа́ться *perf* до чего́ **1.** dig (to) **2.** *fig*

coll find out, discover ‖ *imperf* дока́пываться

докрича́ться *perf* кого́-чего́ make *smb* hear, shout till one is heard

ft.	докричу́сь, -чи́шься, -ча́тся
imp.	докричи́сь, -и́тесь
pt.	докрича́лся, -лась
g.pt.a.	докрича́вшись
p.pt.a.	докрича́вшийся

документи́ровать 4 *and* 4а *perf, imperf* что document

докупа́ть[1] *imperf of* докупи́ть

докупа́ть[2] 2 *perf* кого́-что finish bathing

докупа́ться 2 *perf* **1.** finish bathing **2.** get *a complaint* by *too much* bathing

докупи́ть *perf* что (*or* чего́) buy in addition (to) ‖ *imperf* докупа́ть 2а

ft.	докуплю́, -у́пишь, -у́пят
imp.	докупи́, ~те
pt.	докупи́л
g.pt.a.	докупи́в
p.pt.a.	докупи́вший
p.pt.p.	доку́пленный

доку́ривать *imperf of* докури́ть

докури́ть *perf* что finish smoking ‖ *imperf* доку́ривать 1а

ft.	докурю́, -у́ришь, -у́рят
imp.	докури́, ~те
pt.	докури́л
g.pt.a.	докури́в
p.pt.a.	докури́вший
p.pt.p.	доку́ренный

докуча́ть 2а *imperf* кому́-чему́ чем *coll* bother (with), pester (with)

долби́ть *imperf* что **1.** gouge, hollow out, chisel **2.** *sub* tell again and again **3.** *sub* cram, swat up

pr.	долблю́, -би́шь, -бя́т
imp.	долби́, ~те
pt.	долби́л
g.pr.a.	долбя́
p.pr.a.	долбя́щий
p.pr.a.	долби́вший
p.pr.p.	долби́мый
p.pt.p.	долблённый; долблён, -ена́

долеза́ть *imperf of* доле́зть

доле́зть *perf* до чего́ climb up (to) ‖ *imperf* долеза́ть 2а

ft.	доле́зу, -е́зешь, -е́зут
imp.	доле́зь, ~те
pt.	доле́з, ~ла
g.pt.a.	доле́зши
p.pt.a.	доле́зший

долета́ть *imperf of* долете́ть

долете́ть *perf* до кого́-чего́ reach; fly (to) ‖ *imperf* долета́ть 2a
ft.	долечу́, -ети́шь, -етя́т
imp.	долети́, ~те
pt.	долете́л
g.pt.a.	долете́в
p.pt.a.	долете́вший

долечивать *imperf of* долечи́ть

долечи́ть *perf* кого́-что restore to health ‖ *imperf* доле́чивать 1a
ft.	долечу́, -е́чишь, -е́чат
imp.	долечи́, ~те
pt.	долечи́л
g.pt.a.	долечи́в
p.pt.a.	долечи́вший
p.pt.p.	доле́ченный

должа́ть 2a *imperf obs* get [run] into debt

долженствова́ть 5a *imperf with infinitive bookish obs* be obliged to, have to

долива́ть *imperf of* доли́ть

доли́ть *perf* что *or* чего́ fill up, add ‖ *imperf* долива́ть 2a
ft.	долью́, долье́шь, долью́т
imp.	доле́й, ~те
pt.	до́ли́л, долила́, до́ли́ло
g.pt.a.	доли́в
p.pt.a.	доли́вший
p.pt.p.	доли́тый; до́ли́т, долита́, до́ли́то

доложи́ть[1] *perf* что *or* о ком-чём report (on) ‖ *imperf* докла́дывать 1a
ft.	доложу́, -о́жишь, -о́жат
imp.	доложи́, ~те
pt.	доложи́л
g.pt.a.	доложи́в
p.pt.a.	доложи́вший
p.pt.p.	доло́женный

доложи́ть[2] *perf* что *or* чего́ *coll* add ‖ *imperf* докла́дывать 1a
forms as доложи́ть[1]

дома́зать *perf* что finish greasing ‖ *imperf* дома́зывать 1a
ft.	дома́жу, -жешь, -жут
imp.	дома́жь, ~те
pt.	дома́зал
g.pt.a.	дома́зав
p.pt.a.	дома́завший
p.pt.p.	дома́занный

дома́зывать *imperf of* дома́зать

дома́лывать *imperf of* домоло́ть

домини́ровать 4a, *1st and 2nd pers not used, imperf* predominate

домовни́чать 1a *imperf sub and reg* keep house

домога́ться 2a *imperf* чего́ solicit

домола́чивать *imperf of* домолоти́ть

домолоти́ть *perf* что finish threshing ‖ *imperf* домола́чивать 1a
ft.	домолочу́, -о́тишь, -о́тят
imp.	домолоти́, ~те
pt.	домолоти́л
g.pt.a.	домолоти́в
p.pt.a.	домолоти́вший
p.pt.p.	домоло́ченный

домоло́ть *perf* что finish grinding ‖ *imperf* дома́лывать 1a
ft.	домелю́, -е́лешь, -е́лют
imp.	домели́, ~те
pt.	домоло́л
g.pt.a.	домоло́в
p.pt.a.	домоло́вший
p.pt.p.	домо́лотый

домча́ть *perf* кого́-что take *smb somewhere* in no time
ft.	домчу́, -чи́шь, -ча́т
imp.	домчи́, ~те
pt.	домча́л
g.pt.a.	домча́в
p.pt.a.	домча́вший

домча́ться *perf* get [be] *somewhere* in no time

домыва́ть *imperf of* домы́ть

домы́ть *perf* кого́-что finish washing, wash the remainder ‖ *imperf* домыва́ть 2a
ft.	домо́ю, -о́ешь, -о́ют
imp.	домо́й, ~те
pt.	домы́л
g.pt.a.	домы́в
p.pt.a.	домы́вший
p.pt.p.	домы́тый

дона́шивать(ся) *imperf of* доноси́ть(ся)[1]

донести́[1] *perf* кого́-что bring, carry ‖ *imperf* доноси́ть[2], forms ib.
ft.	донесу́, -сёшь, -су́т
imp.	донеси́, ~те
pt.	донёс, -есла́
g.pt.a.	донеся́ *and obs* донёсши
p.pt.a.	донёсший
p.pt.p.	донесённый; донесён, -ена́

донести́[2] *perf* 1. о чём report, inform 2. на кого́-что denounce (to) ‖ *imperf* доноси́ть[3], forms ib.
no *p.pt.p.*
other forms as донести́[1]

донести́сь *perf* **1.** *1st and 2nd pers not used* be heard **2.** reach, be carried ‖ *imperf* доноси́ться[2], forms ib.

донима́ть *imperf of* доня́ть

донкихо́тствовать 4a *imperf bookish* fight windmills

доноси́ть[1] *perf* кого́-что **1.** wear out **2.** carry *a child for the full period of pregnancy* ‖ *imperf* дона́шивать 1a
ft.	доношу́, -о́сишь, -о́сят
imp.	доноси́, ~те
pt.	доноси́л
g.pt.a.	доноси́в
p.pt.a.	доноси́вший
p.pt.p.	доно́шенный

доноси́ть[2,3] *imperf of* донести́[1,2]
pr.	доношу́, -о́сишь, -о́сят
imp.	доноси́, ~те
pt.	доноси́л
g.pr.a.	донося́
p.pr.a.	доноси́щий
p.pt.a.	доноси́вший
p.pr.p.	доноси́мый

доноси́ться[1], *1st and 2nd pers not used*, *perf* be worn out ‖ *imperf* дона́шиваться 1a
ft.	доно́сится, -сятся
pt.	доноси́лся, -лась
g.pt.a.	доноси́вшись
p.pt.a.	доноси́вшийся

доноси́ться[2] *imperf of* донести́сь
pr.	доно́сится, -сятся
pt.	доноси́лся, -лась
g.pr.a.	донося́сь
p.pr.a.	донося́щийся
p.pt.a.	доноси́вшийся

доня́ть *perf* кого́-что *coll* pester, persecute ‖ *imperf* донима́ть 2a
ft.	дойму́, -мёшь, -му́т
imp.	дойми́, ~те
pt.	до́нял, доняла́, до́няло
g.pt.a.	доня́в
p.pt.a.	доня́вший
p.pt.p.	до́нятый; до́нят, донята́, до́нято

допа́лзывать *imperf of* доползти́

допаха́ть *perf* что finish ploughing ‖ *imperf* допа́хивать 1a
ft.	допашу́, -а́шешь, -а́шут
imp.	допаши́, ~те
pt.	допаха́л
g.pt.a.	допаха́в
p.pt.a.	допаха́вший
p.pt.p.	допа́ханный

допа́хивать *imperf of* допаха́ть

допека́ть(ся) *imperf of* допе́чь(ся)

допе́чь *perf* кого́-что **1.** do to a turn *pastry etc.* **2.** *coll* pester; worry, plague ‖ *imperf* допека́ть 2a
ft.	допеку́, -ечёшь, -еку́т
imp.	допеки́, ~те
pt.	допёк, -екла́
g.pt.a.	допёкши
p.pt.a.	допёкший
p.pt.p.	допечённый; допечён, -ена́

допе́чься *perf* be well baked ‖ *imperf* допека́ться

допива́ть(ся) *imperf of* допи́ть(ся)

дописа́ть *perf* что finish writing ‖ *imperf* допи́сывать 1a
ft.	допишу́, -и́шешь, -и́шут
imp.	допиши́, ~те
pt.	дописа́л
g.pt.a.	дописа́в
p.pt.a.	дописа́вший
p.pt.p.	допи́санный

допи́сывать *imperf of* дописа́ть

допи́ть *perf* что drink up, finish up ‖ *imperf* допива́ть 2a
ft.	допью́, допьёшь, допью́т
imp.	допе́й, ~те
pt.	до́пил, допила́, до́пило
g.pt.a.	допи́в
p.pt.a.	допи́вший
p.pt.p.	допи́тый; до́пит, допита́, до́пито

допи́ться *perf* до чего́ drink oneself into a state (of) ‖ *imperf* допива́ться
pt.	допи́лся, -ила́сь, -ило́сь

доплати́ть *perf* что pay the rest (of) ‖ *imperf* допла́чивать 1a
ft.	доплачу́, -а́тишь, -а́тят
imp.	доплати́, ~те
pt.	доплати́л
g.pt.a.	доплати́в
p.pt.a.	доплати́вший
p.pt.p.	допла́ченный

допла́чивать *imperf of* доплати́ть

доплести́сь *perf coll* до чего́ drag oneself (to) ‖ *imperf* доплета́ться 2a
ft.	доплету́сь, -тёшься, -ту́тся
imp.	доплети́сь, -и́тесь
pt.	доплёлся, -ела́сь
g.pt.a.	доплетя́сь
p.pt.a.	доплётшийся

доплета́ться *imperf of* доплести́сь

доплыва́ть *imperf of* доплы́ть

доплы́ть *perf* до чего́ swim (to) ‖ *imperf* доплыва́ть 2а
ft.	доплыву́, -вёшь, -ву́т
imp.	доплыви́, ~те
pt.	доплы́л, -ыла́, -ы́ло
g.pt.a.	доплы́в
p.pt.a.	доплы́вший

доползать *imperf of* доползти́

доползти́ *perf* до чего́ crawl (to), creep (to) ‖ *imperf* дополза́ть 2а *and* допа́лзывать 1а
ft.	доползу́, -зёшь, -зу́т
imp.	доползи́, ~те
pt.	допо́лз, -олзла́
g.pt.a.	допо́лзши
p.pt.a.	допо́лзший

допо́лнить *perf* кого́-что supplement, complete ‖ *imperf* дополня́ть 2а
ft.	допо́лню, -нишь, -нят
imp.	допо́лни, ~те
pt.	допо́лнил
g.pt.a.	допо́лнив
p.pt.a.	допо́лнивший
p.pt.p.	допо́лненный

дополня́ть *imperf of* допо́лнить

дополуча́ть *imperf of* дополучи́ть

дополучи́ть *perf* что receive the remainder ‖ *imperf* дополуча́ть 2а
ft.	дополучу́, -у́чишь, -у́чат
imp.	дополучи́, ~те
pt.	дополучи́л
g.pt.a.	дополучи́в
p.pt.a.	дополучи́вший
p.pt.p.	дополу́ченный

допра́шивать *imperf of* допроси́ть

допра́шиваться[1,2] *imperf of* допроси́ться[1,2]

допроси́ть *perf* кого́-что interrogate, question ‖ *imperf* допра́шивать 1а
ft.	допрошу́, -о́сишь, -о́сят
imp.	допроси́, ~те
pt.	допроси́л
g.pt.a.	допроси́в
p.pt.a.	допроси́вший
p.pt.p.	допро́шенный

допроси́ться[1] *perf, usu negated, coll* чего́ wheedle *smth* out of *smb*, make *smb* do *smth* ‖ *imperf* допра́шиваться

допроси́ться[2] *perf* о чём *coll* sift, keep on asking until one finds out ‖ *imperf* допра́шиваться

допуска́ть *imperf of* допусти́ть

допусти́ть *perf* 1. кого́-что до кого́-чего́ *or* к кому́-чему́ admit (to); allow 2. что assume ‖ *imperf* допуска́ть 2а
ft.	допущу́, -у́стишь, -у́стят
imp.	допусти́, ~те
pt.	допусти́л
g.pt.a.	допусти́в
p.pt.a.	допусти́вший
p.pt.p.	допу́щенный

допыта́ться 2 *perf coll* find out ‖ *imperf* допы́тываться 1а

допы́тываться 1а *imperf* 1. *imperf of* допыта́ться 2. try to find out

дораба́тывать(ся) *imperf of* дорабо́тать(ся)

дорабо́тать 1 *perf* 1. до чего́ *coll* finish off, complete 2. что elaborate ‖ *imperf* дораба́тывать 1а

дорабо́таться *perf* до чего́ *coll* work (till one is …) ‖ *imperf* дораба́тываться

дораста́ть *imperf of* дорасти́

дорасти́ *perf* до чего́ 1. grow as high as 2. reach (the age of) ‖ *imperf* дорастать 2а
ft.	дорасту́, -тёшь, -ту́т
imp.	дорасти́, ~те
pt.	доро́с, -осла́
g.pt.a.	доро́сши
p.pt.a.	доро́сший

дорва́ться *perf* до кого́-чего́ *sub* fall greedily upon, be all over *smth* ‖ *imperf* дорыва́ться 2а
ft.	дорву́сь, -вёшься, -ву́тся
imp.	дорви́сь, -и́тесь
pt.	дорва́лся, -ала́сь, -ало́сь
g.pt.a.	дорва́вшись
p.pt.a.	дорва́вшийся

доре́зать *perf* кого́-что finish cutting ‖ *imperf* дореза́ть 2а *and* доре́зывать 1а
ft.	доре́жу, -е́жешь, -е́жут
imp.	доре́жь, ~те
pt.	доре́зал
g.pt.a.	доре́зав
p.pt.a.	доре́завший
p.pt.p.	доре́занный

дореза́ть *imperf of* доре́зать

доре́зывать *imperf of* доре́зать

дорисова́ть 5 *perf* кого́-что finish drawing ‖ *imperf* дорисо́вывать 1а

дорисо́вывать *imperf of* дорисова́ть

дорожа́ть 2а, *1st and 2nd pers not used*, *imperf* rise in price. — (вз-, по-)

дорожи́ть *imperf* кем-чем value, esteem
pr.	дорожу́, -жи́шь, -жа́т
imp.	дорожи́, ~те
pt.	дорожи́л

g.pr.a.	дорожа́	
p.pr.a.	дорожа́щий	
p.pt.a.	дорожи́вший	

дорожи́ться *imperf coll* ask too high a price

дорыва́ться *imperf of* дорва́ться

досади́ть[1] *perf* кому́-чему́ annoy, vex ‖ *imperf* досажда́ть 2a

ft.	досажу́, -ади́шь, -адя́т
imp.	досади́, ~те
pt.	досади́л
g.pt.a.	досади́в
p.pt.a.	досади́вший

досади́ть[2] *perf* что finish setting [planting] ‖ *imperf* доса́живать 2a

ft.	досажу́, -а́дишь, -а́дят
p.pt.p.	доса́женный

other forms as досади́ть[1]

доса́довать 4a *imperf* на кого́-что be annoyed (with), be vexed (with)

досажа́ть 2 *perf* что *sub* finish setting [planting] ‖ *imperf* доса́живать 1a

досажда́ть *imperf of* досади́ть[1]

доса́живать[1] *imperf of* досади́ть[2]

доса́живать[2] *imperf of* досажа́ть

досева́ть *imperf of* досе́ять

досе́ивать *imperf of* досе́ять

досе́ять *perf* что sow *seed* ‖ *imperf* досе́ивать 1a *and* досева́ть 2a

ft.	досе́ю, -е́ешь, -е́ют
imp.	досе́й, ~те
pt.	досе́ял
g.pt.a.	досе́яв
p.pt.a.	досе́явший
p.pt.p.	досе́янный

досиде́ть *perf* stay (till) ‖ *imperf* доси́живать 1a

ft.	досижу́, -иди́шь, -идя́т
imp.	досиди́, ~те
pt.	досиде́л
g.pt.a.	досиде́в
p.pt.a.	досиде́вший

доси́живать *imperf of* досиде́ть

досказа́ть *perf* что finish telling, tell everything ‖ *imperf* доска́зывать 1a

ft.	доскажу́, -а́жешь, -а́жут
imp.	доскажи́, ~те
pt.	досказа́л
g.pt.a.	досказа́в
p.pt.a.	досказа́вший
p.pt.p.	доска́занный

доска́зывать *imperf of* досказа́ть

доскака́ть *perf* reach by hopping; до чего́ hop (to) ‖ *imperf* доска́кивать 1a

ft.	доскачу́, -а́чешь, -а́чут
imp.	доскачи́, ~те
pt.	доскака́л
g.pt.a.	доскака́в
p.pt.a.	доскака́вший

доска́кивать[1] *imperf of* доскака́ть

доска́кивать[2] *imperf of* доскакну́ть

доска́кивать[3] *imperf of* доскочи́ть

доскакну́ть 7 *perf and semelf coll* leap [spring] up (to) ‖ *imperf* доска́кивать 1a

доскочи́ть *perf coll* до чего́ leap [spring] up (to) ‖ *imperf* доска́кивать 1a

ft.	доскочу́, -о́чишь, -о́чат
imp.	доскочи́, ~те
pt.	доскочи́л
g.pt.a.	доскочи́в
p.pt.a.	доскочи́вший

досла́ть *perf* кого́-что send *the remainder* ‖ *imperf* досыла́ть 2a

ft.	дошлю́, -лёшь, -лю́т
imp.	дошли́, ~те
pt.	досла́л
g.pt.a.	досла́в
p.pt.a.	досла́вший
p.pt.p.	до́сланный

доследовать 4 *perf* что complete the examination (of)

дослу́живать(ся) *imperf of* дослужи́ть(ся)

дослужи́ть *perf* до чего́ serve one's time ‖ *imperf* дослу́живать 1a

ft.	дослужу́, -у́жишь, -у́жат
imp.	дослужи́, ~те
pt.	дослужи́л
g.pt.a.	дослужи́в
p.pt.a.	дослужи́вший
p.pt.p.	дослу́женный

дослужи́ться *perf* до чего́ rise to the rank (of) ‖ *imperf* дослу́живаться

дослу́шать 1 *perf* кого́-что listen to the end (of) ‖ *imperf* дослу́шивать 1a

дослу́шивать *imperf of* дослу́шать

досма́тривать *imperf of* досмотре́ть

досмотре́ть *perf* кого́-что 1. stay to the end, see to the end 2. examine 3. за кем-чем *usu negated* take care (of), look after ‖ *imperf* досма́тривать 1a

ft.	досмотрю́, -о́тришь, -о́трят
imp.	досмотри́, ~те
pt.	досмотре́л
g.pt.a.	досмотре́в
p.pt.a.	досмотре́вший
p.pt.p.	досмо́тренный

доспа́ть *perf* до чего́ *coll* sleep ‖ *imperf* досыпа́ть 2а

ft.	досплю́, -пи́шь, -пя́т
imp.	доспи́, ~те
pt.	доспа́л, -ала́, -а́ло
g.pt.a.	доспа́в
p.pt.a.	доспа́вший

доспева́ть *imperf of* доспе́ть

доспе́ть 3, *1st and 2nd pers not used, perf* ripen ‖ *imperf* доспева́ть 2а

достава́ть *imperf of* доста́ть

pr.	достаю́, -аёшь, -аю́т
imp.	достава́й, ~те
pt.	достава́л
g.pr.a.	достава́я
p.pr.a.	достаю́щий
p.pt.a.	достава́вший
p.pr.p.	достава́емый

достава́ться *imperf of* доста́ться

доста́вить *perf* кого́-что 1. deliver 2. give, afford ‖ *imperf* доставля́ть 2а

ft.	доста́влю, -вишь, -вят
imp.	доста́вь, ~те
pt.	доста́вил
g.pt.a.	доста́вив
p.pt.a.	доста́вивший
p.pt.p.	доста́вленный

доставля́ть *imperf of* доста́вить

доста́ть *perf* 1. что get (out), take (out) 2. что get, obtain 3. до чего́ reach 4. *impers* чего́ *coll* be enough ‖ *imperf* достава́ть, forms ib.

ft.	доста́ну, -нешь, -нут
imp.	доста́нь, ~те
pt.	доста́л
g.pt.a.	доста́в
p.pt.a.	доста́вший

доста́ться *perf* кому́-чему́ 1. fall to *one's* lot 2. *impers coll* go hard with *smb.*, have *one's* share of tribulations, suffer misfortune, suffer a reprimand ‖ *imperf* достава́ться

достига́ть *imperf of* дости́гнуть *and* дости́чь

дости́гнуть *and* **дости́чь** *perf* чего́ reach, attain; get ‖ *imperf* достига́ть 2а, *p.pr.p.* достига́емый

ft.	дости́гну, -нешь, -нут
imp.	дости́гни, ~те
pt.	дости́г *and obs* дости́гнул, дости́гла
g.pt.a.	дости́гнув *and* дости́гши

p.pt.a.	дости́гший *and obs* дости́гнувший
p.pt.p.	дости́гнутый

дости́чь *s.* дости́гнуть

достра́ивать *imperf of* достро́ить

достро́итъ *perf* что finish building ‖ *imperf* достра́ивать 1а

ft.	достро́ю, -о́ишь, -о́ят
imp.	достро́й, ~те
pt.	достро́ил
g.pt.a.	достро́ив
p.pt.a.	достро́ивший
p.pt.p.	достро́енный

достуча́ться *perf* knock till one is heard; достуча́ться у две́ри knock till the door is opened

ft.	достучу́сь, -чи́шься, -ча́тся
imp.	достучи́сь, -и́тесь
pt.	достуча́лся, -лась
g.pt.a.	достуча́вшись
p.pt.a.	достуча́вшийся

досчита́ть 2 *perf* кого́ -что *or without object* finish counting; до чего́ count (to) ‖ *imperf* досчи́тывать 1а

досчи́тывать *imperf of* досчита́ть

досыла́ть *imperf of* досла́ть

досы́пать *perf* что *or* чего́ add to, fill up ‖ *imperf* досыпа́ть 2а

ft.	досы́плю, -лешь, -лют *and coll* -пешь, -пют
imp.	досы́пь, ~те
pt.	досы́пал
g.pt.a.	досы́пав
p.pt.a.	досы́павший
p.pt.p.	досы́панный

досыпа́ть[1] *imperf of* доспа́ть

досыпа́ть[2] *imperf of* досы́пать

дота́скивать(ся) *imperf of* дотащи́ть(ся)

дотащи́ть *perf* кого́-что drag up (to) ‖ *imperf* дота́скивать 1а

ft.	дотащу́, -а́щишь, -а́щат
imp.	дотащи́, ~те
pt.	дотащи́л
g.pt.a.	дотащи́в
p.pt.a.	дотащи́вший
p.pt.p.	дота́щенный

дотащи́ться *perf coll* drag oneself up (to) ‖ *imperf* дота́скиваться

дотра́гиваться *imperf of* дотро́нуться

дотро́нуться 6 *perf* до кого́-чего́ touch ‖ *imperf* дотра́гиваться 1а

imp.	дотро́нься, -ньтесь

дотя́гивать(ся) *imperf of* дотяну́ть(ся)

дотяну́ть 7 *perf* **1.** кого́-что до чего́ drag, lug (to) **2.** что до чего́ stretch, extend **3.** *coll* live to see **4.** что до чего́ *coll* drag out, delay **5.** до чего́ *coll* get by (until) ‖ *imperf* дотя́гивать 1а
ft.   дотяну́, -я́нешь, -я́нут
p.pt.p.   дотя́нутый

дотяну́ться *perf* до чего́ **1.** extend (to) **2.** *of time* continue (to), draw out (to) ‖ *imperf* дотя́гиваться

доу́чивать(ся) *imperf of* доучи́ть(ся)

доучи́ть *perf* кого́-что **1.** finish teaching **2.** finish learning ‖ *imperf* доу́чивать 1а
ft.   доучу́, -у́чишь, -у́чат
imp.   доучи́, ~те
pt.   доучи́л
g.pt.a.   доучи́в
p.pt.a.   доучи́вший
p.pt.p.   доу́ченный

доучи́ться *perf* finish studying ‖ *imperf* доу́чиваться

до́хнуть, *1st and 2nd pers not used, imperf* die. — (из-, по-)
pr.   до́хнет, -нут
pt.   дох *and* до́хнул, до́хла
g.pt.a.   до́хнув *and* до́хши
p.pr.a.   до́хнущий
p.pt.a.   до́хнувший *and* до́хший

дохну́ть 7 *perf* **1.** *coll* breathe **2.** *of breeze* stir, play
no *p.pt.p.*

доходи́ть *imperf of* дойти́
pr.   дохожу́, -о́дишь, -о́дят
imp.   доходи́, ~те
pt.   доходи́л
g.pr.a.   доходя́
p.pr.a.   доходя́щий
p.pt.a.   доходи́вший

доцвести́, *1st and 2nd pers not used, perf* cease flowering ‖ *imperf* доцвета́ть 2а
ft.   доцветёт, -ту́т
pt.   доцвёл, -ела́
g.pt.a.   доцве́тши
p.pt.a.   доцве́тший

доцвета́ть *imperf of* доцвести́

дочерти́ть *perf* что finish drawing ‖ *imperf* дочёрчивать 1а
ft.   дочерчу́, -е́ртишь, -е́ртят
imp.   дочерти́, ~те
pt.   дочерти́л
g.pt.a.   дочерти́в
p.pt.a.   дочерти́вший
p.pt.p.   дочёрченный

дочёрчивать *imperf of* дочерти́ть

дочи́стить *perf* кого́-что clean; polish up ‖ *imperf* дочища́ть 2а
ft.   дочи́щу, -и́стишь, -и́стят
imp.   дочи́сти *and* дочи́сть, дочи́стите
pt.   дочи́стил
g.pt.a.   дочи́стив
p.pt.a.   дочи́стивший
p.pt.p.   дочи́щенный

дочита́ть 2 *perf* что read to the end ‖ *imperf* дочи́тывать 1а

дочи́тывать *imperf of* дочита́ть

дочища́ть *imperf of* дочи́стить

драги́ровать 4 *and* 4а *perf, imperf* что drag, dredge

дразни́ть *imperf* кого́-что **1.** tease, banter **2.** excite
pr.   дразню́, дра́знишь, дра́знят
imp.   дразни́, ~те
pt.   дразни́л
g.pr.a.   дразня́
p.pr.a.   дразня́щий
p.pr.a.   дразни́вший

дра́ить *imperf* что *naut* scrub. — (на-)
pr.   дра́ю, дра́ишь, дра́ят
imp.   драй, ~те
pt.   дра́ил
g.pr.a.   дра́я
p.pr.a.   дра́ящий
p.pr.a.   дра́ивший
p.pr.p.   дра́имый*

драматизи́ровать 4 *and* 4а *perf, imperf* что dramatize

дра́пать 1а *imperf coarse sub* bugger off

драпирова́ть 5а *imperf* кого́-что drape. — (за-)
p.pt.p.   драпиро́ванный

драпирова́ться *imperf* во что *or* чем drape oneself. — (за-)

драть *imperf* **1.** что tear up, tear to shreds **2.** что pull off, draw out **3.** кого́-что за что tease, tug **4.** кого́-что чем *coll* lick, trounce **5.** *without object* scratch **6.** кого́-что lacerate, tear to bits **7.** с кого́ *sub* sting, charge too much. — (вы- *with* 3, 4, за-, со- *with* 2)
pr.   деру́, дерёшь, деру́т
imp.   дери́, ~те
pt.   драл, драла́, дра́ло
g.pr.a.   деря́
p.pr.a.   деру́щий
p.pt.a.   дра́вший

дра́ться *imperf* **1.** с кем-чем fight, have a fight **2.** за что fight (for). — (по- *with* 1)
pt.	дра́лся, драла́сь, дра́ло́сь

дребезжа́ть, *1st and 2nd pers not used*, *imperf* rattle, jingle
pr.	дребезжи́т, -жа́т
pt.	дребезжа́л
g.pr.a.	дребезжа́
p.pr.a.	дребезжа́щий
p.pt.a.	дребезжа́вший

дре́йфить *imperf sub* be hesitant, back down. — (с-)
pr.	дре́йфлю, -фишь, -фят
imp.	дрейфь, ~те
pt.	дре́йфил

дрейфова́ть 5a *imperf naut* drift

дрема́ть *imperf* doze
pr.	дремлю́, дре́млешь, дре́млют
imp.	дремли́, ~те
pt.	дрема́л
g.pr.a.	дремля́
p.pr.a.	дре́млющий
p.pt.a.	дрема́вший

дрема́ться *impers imperf* кому́ be sleepy

дрени́ровать 4 *and* 4a *perf, imperf* что drain

дрессирова́ть 5a *imperf* кого́-что train. — (вы́-)
p.pt.a.	дрессиро́ванный

дроби́ть *imperf* что break into pieces, crush. — (раз-)
pr.	дроблю́, -би́шь, -бя́т
imp.	дроби́, ~те
pt.	дроби́л
g.pr.a.	дробя́
p.pr.a.	дробя́щий
p.pt.a.	дроби́вший
p.pr.p.	дроби́мый
p.pt.p.	дроблённый; дроблён, -ена́

дроби́ться, *1st and 2nd pers not used*, *imperf* be broken into pieces, be crushed. — (раз-)

дро́гнуть[1] 6 *perf* shiver, tremble

дро́гнуть[2] *imperf* freeze; be cold
pr.	дро́гну, -нешь, -нут
imp.	дро́гни, ~те
pt.	дрог *and* дро́гнул, дро́гла
g.pt.a.	дро́гнув *and* дро́гши
p.pt.a.	дро́гнувший *and* дро́гший

дрожа́ть *imperf* **1.** tremble, quiver **2.** flicker **3.** за кого́-что tremble (for); над кем-чем tremble (over)
pr.	дрожу́, -жи́шь, -жа́т

imp.	дрожи́, ~те
pt.	дрожа́л
g.pr.a.	дрожа́
p.pr.a.	дрожа́щий
p.pt.a.	дрожа́вший

дружи́ть *imperf* с кем be friends (with), be on friendly terms (with)
pr.	дружу́, дру́жи́шь, дру́жа́т
imp.	дружи́, ~те
pt.	дружи́л
g.pr.a.	дружа́
p.pr.a.	дружа́щий
p.pt.a.	дружи́вший

дружи́ться *imperf* с кем become friends. — (по-)

дры́гать 1a *imperf* чем *coll* jerk | *perf semelf* дры́гнуть 6

дры́гнуть *perf semelf of* дры́гать

дры́згать 1a *imperf* чем *sub* spatter *with* mud, blood *etc.*; douse *with* water. — (на-)

дры́згаться *imperf sub* wallow

дры́хнуть *imperf sub* sleep soundly
pr.	дры́хну, -нешь, -нут
imp.	дры́хни, ~те
pt.	дрых *and* дры́хнул, дры́хла
g.pt.a.	дры́хнув
p.pr.a.	дры́хнущий
p.pt.a.	дры́хнувший

дря́бнуть *imperf coll* wither, droop
pr.	дря́бну, -нешь, -нут
imp.	дря́бни, ~те
pt.	дряб *and* дря́бнул, дря́бла
p.pr.a.	дря́бнущий
p.pt.a.	дря́бнувший

дряхле́ть 3a *imperf* grow decrepit. — (о-)

дуба́сить *imperf sub* **1.** кого́-что thrash, beat up **2.** по чему́ *or* во что knock violently (at). — (от- *with* 1)
pr.	дуба́шу, -а́сишь, -а́сят
imp.	дуба́сь, ~те
pt.	дуба́сил
g.pr.a.	дуба́ся
p.pt.a.	дуба́сивший

дуби́ть *imperf* что tan. — (вы́-)
pr.	дублю́, дуби́шь, дубя́т
imp.	дуби́, ~те
pt.	дуби́л
g.pr.a.	дубя́
p.pr.a.	дубя́щий
p.pt.a.	дуби́вший
p.pt.p.	ду́бленный

дубли́ровать 4a *imperf* что 1. dub *film* 2.: дубли́ровать роль understudy apart 3.: дубли́ровать рабо́ту duplicate work
p.pt.p. дубли́рованный

дуде́ть, *1st pers not used, imperf* pipe
pr. дуди́шь, дудя́т
imp. дуди́, ~те
pt. дуде́л
g.pr.a. дудя́
p.pr.a. дудя́щий
p.pt.a. дуде́вший

ду́мать 1a *imperf* 1. о чём think (about, of); над чем consider 2. think 3. think *(of doing smth)* ‖ *perf* поду́мать 1 *with* 1, 3

ду́маться *impers imperf* кому́ seem

ду́нуть *perf semelf of* дуть

дура́чить *imperf* кого́-что *coll* fool. — (о-)
pr. дура́чу, -чишь, -чат
imp. дура́чь, ~те
pt. дура́чил
g.pr.a. дура́ча
p.pr.a. дура́чащий
p.pt.a. дура́чивший

дура́читься *imperf coll* play the fool

дуре́ть 3a *imperf sub* become stupid. — (о-)

дури́ть *imperf coll* 1. play the fool 2. jib
pr. дурю́, дури́шь, дуря́т
imp. дури́, ~те
pt. дури́л
g.pr.a. дуря́
p.pr.a. дуря́щий
p.pt.a. дури́вший

дурма́нить *imperf* кого́-что intoxicate. — (о-)
pr. дурма́ню, -нишь, -нят
imp. дурма́нь, ~те
pt. дурма́нил
g.pr.a. дурма́ня
p.pr.a. дурма́нящий
p.pt.a. дурма́нивший
p.pr.p. дурма́нимый

дурне́ть 3a *imperf* grow ugly. — (по-)

дуть *imperf* 1. blow 2. что blow *glass* 3. *sub* drink like a fish 4. *sub* show zeal (in) ‖ *perf semelf* ду́нуть 6, *imp.* дунь, ~те. — (вы- *with* 3, 4)
pr. ду́ю, ду́ешь, ду́ют
imp. дуй, ~те
pt. дул

g.pr.a. ду́я
p.pr.a. ду́ющий
p.pt.a. ду́вший
p.pt.p. ду́тый

ду́ться *imperf* на кого́-что *coll* sulk, be sulky (with *smb*)

души́ть[1] *imperf* кого́-что 1. strangle 2. *fig* strangle at birth, suppress. — (за-)
pr. душу́, ду́шишь, ду́шат
imp. души́, ~те
pt. души́л
g.pr.a. душа́
g.pt.a. души́в
p.pr.a. ду́шащий
p.pt.a. души́вший

души́ть[2] *imperf* кого́-что perfume, scent. — (на-)
forms as души́ть[1]

души́ться *imperf* put on scent, wear scent. — (на-)

дыми́ть *imperf* 1. *1st and 2nd pers not used* smoke, smoulder 2. чем puff away. — (на-)
pr. дымлю́, дыми́шь, дымя́т
imp. дыми́, ~те
pt. дыми́л
g.pr.a. дымя́
p.pr.a. дымя́щий
p.pt.a. дыми́вший

дыми́ться, *1st and 2nd pers not used, imperf* smoke

дыря́вить *imperf* что *sub* make holes in
pr. дыря́влю, -вишь, -вят
imp. дыря́вь, ~те
pt. дыря́вил
g.pt.a. дыря́вя
p.pr.a. дыря́вящий
p.pt.a. дыря́вивший

дыхну́ть 7 *perf sub and reg* 1. draw a breath 2. wallow

дыша́ть *imperf* 1. breathe 2. чем *fig* radiate, express, show, beam *with joy etc.*
pr. дышу́, ды́шишь, ды́шат
imp. дыши́, ~те
pt. дыша́л
g.pr.a. дыша́
p.pr.a. ды́шащий
p.pt.a. дыша́вший

дыша́ться *impers imperf* кому́-чему́ be able to breathe

Е

европеизи́ровать 4 *and* 4a *perf, imperf* кого́-что europeanize

егози́ть *imperf coll* **1.** fidget **2.** *contp* пе́ред кем-чем make up (to)
pr.	егожу́, егози́шь, егозя́т
imp.	егози́, ~те
pt.	егози́л
g.pr.a.	егозя́
p.pr.a.	егозя́щий
p.pt.a.	егози́вший

еда́ть *imperf freq of* есть[1]
pt.	еда́л
g.pt.a.	еда́в
p.pt.a.	еда́вший

единобо́рствовать 4a *imperf obs* engage *smb* in single combat

ёжить *imperf* что *coll* press *smth* together and make it tight; wrinkle *one's* nose, purse *one's* lips
pr.	ёжу, ёжишь, ёжат
imp.	ёжь, ~те
pt.	ёжил
g.pr.a.	ёжа
p.pr.a.	ёжащий
p.pt.a.	ёживший

ёжиться *imperf* shiver. — (съ-)

е́здить *imperf* **1.** *indef of* е́хать **2.** drive; ride | *imperf coll freq* е́зживать 1a, *pr. not used and* езжа́ть, forms ib.
pr.	е́зжу, е́здишь, е́здят
imp.	е́зди, ~те
pt.	е́здил
g.pr.a.	е́здя
g.pt.a.	е́здив
p.pr.a.	е́здящий
p.pt.a.	е́здивший

езжа́ть *imperf freq of* е́здить
imp.	езжа́й, ~те *sub*
pt.	езжа́л

е́зживать *imperf freq of* е́здить

ёкать 1a *imperf* tremble, quiver; се́рдце ёкало *coll* my heart was pounding | *perf semelf* ёкнуть 6

ёкнуть *perf semelf of* ёкать

ело́зить *imperf sub* fidget
pr.	ело́жу, ело́зишь, ело́зят
imp.	ело́зь, ~те
pt.	ело́зил
g.pr.a.	ело́зя
p.pr.a.	ело́зящий
p.pt.a.	ело́зивший

ерепе́ниться *imperf sub* bristle up. — (взъ-)
pr.	ерепе́нюсь, -нишься, -нятся
imp.	ерепе́нься, -ньтесь
pt.	ерепе́нился, -лась
g.pr.a.	ерепе́нясь
p.pr.a.	ерепе́нящийся
p.pt.a.	ерепе́нившийся

ёрзать 1a *imperf coll* fidget

еро́шить *imperf* что *coll* ruffle, rumple. — (взъ-)
pr.	еро́шу, -шишь, -шат
imp.	еро́шь, ~те
pt.	еро́шил
g.pr.a.	еро́ша
p.pr.a.	еро́шащий
p.pt.a.	еро́шивший

еро́шиться, *1st and 2nd pers not used, imperf coll, of hair* stand on end

ерунди́ть, *1st pers not used, imperf sub* talk nonsense; play the fool
pr.	ерунди́шь, -дя́т
imp.	ерунди́, ~те
pt.	ерунди́л
g.pr.a.	ерундя́
p.pr.a.	ерундя́щий
p.pt.a.	ерунди́вший

ерши́ться *imperf coll* get into a temper
pr.	ершу́сь, ерши́шься, ерша́тся
imp.	ерши́сь, -и́тесь
pt.	ерши́лся, -лась
g.pr.a.	ерша́сь
p.pr.a.	ерша́щийся
p.pt.a.	ерши́вшийся

есть[1] *imperf* кого́-что **1.** eat **2.** *1st and 2nd pers not used* chem corrode **3.** *fig coll* nag **4.** *sub* remonstrate (with) | *imperf freq* еда́ть *with* 1, forms ib. — (съ-)
pr.	ем, ешь, ест, еди́м, еди́те, едя́т
imp.	ешь, ~те
pt.	ел, е́ла
g.pt.a.	е́вши
p.pr.a.	едя́щий
p.pt.a.	е́вший

есть[2] **1.** *predicative* there is **2.** *3rd pers singular present of* быть, *usu in definitions*; *also used in other persons*; is, am, are; кто ты есть? who are you?

е́хать *imperf* **1.** *def* go, travel **2.** slip *to one side* | *indef* е́здить, forms ib.
pr.	е́ду, е́дешь, е́дут
pt.	е́хал

g.pr.a.	éдучи *sub*
g.pt.a.	éхав
p.pr.a.	éдущий
p.pt.a.	éхавший

ехи́дничать 1а *imperf coll* be spiteful, speak maliciously
ехи́дствовать 4а *imperf coll* be spiteful, speak maliciously

Ж

жадне́ть 3а *imperf coll* grow more greedy
жа́дничать 1а *imperf coll* be greedy; be mean
жа́ждать *imperf* **1.** *obs* be thirsty **2.** чегó *or with infinitive bookish* thirst (for), long (for), crave (for)

pr.	жа́жду, -дешь, -дут
pt.	жа́ждал
g.pr.a.	жа́ждя
p.pr.a.	жа́ждущий
p.pt.a.	жа́ждавший

жале́ть 3а *imperf* **1.** когó-что pity, be sorry (for) **2.** о ком-чём *or* чегó *or with conjunction* что regret, be sorry (for) **3.** что *or* чегó spare *horse, crew etc.*, save, be grudging with *efforts etc.* ‖ *perf* пожале́ть 3
g.pr.a. *a. sub* жале́ючи

жа́лить *imperf* когó-что sting; *coll of snakes* bite ‖ *perf* ужа́лить, forms ib.

pr.	жа́лю, жа́лишь, жа́лят
imp.	жаль, ~те
pt.	жа́лил
g.pr.a.	жа́ля
p.pr.a.	жа́лящий
p.pt.a.	жа́ливший

жа́литься *imperf sub and reg*, *of nettles* sting

жа́ловать 4а *imperf* **1.** когó-что чем *or* комý-чемý что *obs* grant, bestow **2.** когó-что *coll* like; be gracious ‖ *perf* пожа́ловать 4

жа́ловаться *imperf* на когó-что **1.** complain (about, of) **2.** *leg* institute legal proceedings (against) **3.** *coll* calumniate ‖ *perf* пожа́ловаться

жа́рить *imperf* когó-что **1.** roast, fry; cook **2.** *of sun* burn, scorch **3.** *sub* stoke up, make hot **4.** *sub* scorch; dash *smth* off *on the concertina.* — (за-, из- *with* 1)

pr.	жа́рю, жа́ришь, жа́рят
imp.	жарь, ~те
pt.	жа́рил
g.pr.a.	жа́ря
p.pr.a.	жа́рящий
p.pt.a.	жа́ривший
p.pt.p.	жа́ренный

жа́риться *imperf* **1.** *1st and 2nd pers not used* fry; roast **2.**: жа́риться на сóлнце roast in the sun. — (за-, из- *with* 1)

жать[1] *imperf* когó-что **1.** press, squeeze **2.** pinch

pr.	жму, жмёшь, жмут
imp.	жми, ~те
pt.	жал
g.pt.a.	жа́вши
p.pr.a.	жмýщий
p.pt.a.	жа́вший
p.pt.p.	жа́тый*

жать[2] *imperf* что reap. — (с-)

pr.	жну, жнёшь, жнут
imp.	жни, ~те
pt.	жал
g.pt.a.	жа́вши
p.pr.a.	жнýщий
p.pt.a.	жа́вший
p.pt.p.	жа́тый*

жа́ться *imperf* **1.** к комý-чемý press (against), cling (to) **2.** *coll* hesitate **3.** *coll* be stingy
forms as жать[1]

ждать *imperf* когó-что *or* когó-чегó wait (for), await

pr.	жду, ждёшь, ждут
imp.	жди, ~те
pt.	ждал, ждала́, жда́ло
g.pr.a.	(ожида́я)
g.pr.a.	ждав
p.pr.a.	ждýщий
p.pt.a.	жда́вший
p.pr.p.	(ожида́емый)

жева́ть *imperf* что chew

pr.	жую́, жуёшь, жую́т
imp.	жуй, ~те
pt.	жева́л
g.pr.a.	жуя́
g.pt.a.	жева́в
p.pr.a.	жую́щий

p.pt.a. жева́вший
p.pt.p. жёванный

жела́ть 2a *imperf* кого́-что *or* чего́ *or with infinitive or with conjunction* что́бы wish, desire ‖ *perf* пожела́ть 2

жела́ться *impers imperf* чего́ *or with infinitive*: мне жела́ется I want, I wish

желте́ть 3a *imperf* 1. turn yellow 2. show yellow. — (по- *with* 1)

желте́ться, *1st and 2nd pers not used*, *imperf* show yellow

желти́ть *imperf* что colour [paint] yellow. — (вы́-, за-)
pr. желчу́, желти́шь, желтя́т
imp. желти́, ~те
pt. желти́л
g.pr.a. желтя́
p.pr.a. желтя́щий
p.pt.a. желти́вший

желти́ться, *1st and 2nd pers not used*, *imperf* become yellow

жема́ниться *imperf coll* be mincing, be affected
pr. жема́нюсь, -нишься, -нятся
imp. жема́нься, -ньтесь
pt. жема́нился, -лась
g.pr.a. жема́нясь
p.pr.a. жема́нящийся
p.pt.a. жема́нившийся

жема́нничать 1a *imperf coll* be mincing, be affected

жени́ть *perf, imperf* кого́ на ком marry (to)
ft. and pr. женю́, же́нишь, же́нят
imp. жени́, ~те
pt. жени́л
g.pr.a. женя́
g.pt.a. жени́в
p.pr.a. же́нящий
p.pt.a. жени́вший

жени́ться *perf, imperf* на ком marry

жереби́ться, *1st and 2nd pers not used*, *imperf* foal. — (о-)
pr. жереби́тся, -бя́тся
pt. жереби́лась, -лись
g.pr.a. жеребя́сь
p.pr.a. жереби́щаяся
p.pt.a. жереби́вшаяся

же́ртвовать 4a *imperf* 1. что make a donation (to) 2. кем-чем sacrifice ‖ *perf* поже́ртвовать 4

жестикули́ровать 4a *imperf* gesticulate

жечь *imperf* кого́-что 1. burn 2. *a. without*

object burn, sear 3. *a. without object fig* torment. — (с- *with* 1, 2)
pr. жгу, жжёшь, жгут
imp. жги, ~те
pt. жёг, жгла
p.pr.a. жгу́щий
p.pt.a. жёгший

же́чься *imperf coll* 1. *1st and 2nd pers not used* burn; *of nettles* sting 2. burn oneself

жива́ть *imperf freq of* жить

живи́ть *imperf* кого́-что vivify, give life to; *of air* be bracing
pr. живлю́, живи́шь, живя́т
imp. живи́, ~те
pt. живи́л
g.pr.a. живя́
p.pr.a. живя́щий
p.pt.a. живи́вший

живописа́ть *perf, imperf* что *bookish, obs* paint [depict, describe] vividly
ft. and pr. живопису́ю, -у́ешь, -у́ют
imp. живопису́й, ~те
pt. живописа́л
g.pr.a. живопису́я
p.pr.a. живопису́ющий
p.pt.a. живописа́вший
p.pr.p. живопису́емый

животвори́ть *imperf* кого́-что *bookish, obs* give life to, vivify
pr. животворю́, -ри́шь, -ря́т
imp. животвори́, ~те
pt. животвори́л
g.pr.a. животворя́
p.pr.a. животворя́щий
p.pt.a. животвори́вший

жи́литься *imperf sub* pull oneself together, exert oneself
pr. жи́люсь, жи́лишься, жи́лятся
imp. жи́лься, -льтесь
pt. жи́лился, -лась
g.pr.a. жи́лясь
p.pr.a. жи́лящийся
p.pt.a. жи́лившийся

жире́ть 3a *imperf* get [grow] fat. — (о-, раз-)

жирова́ть[1] 5a *imperf* что *tech* lubricate, grease

жирова́ть[2] 5a, *1st and 2nd pers not used*, *imperf of animals* enjoy abundant feeding and grow fat and buoyant in the process, luxuriate on plentiful food

жить *imperf* 1. live 2. с кем-чем *coll* get on (with *smb*) 3. кем-чем live only (for),

live entirely (for) | *imperf coll freq* жива́ть
2a *with* 1, 2, *no pr.*

pr.	живу́, живёшь, живу́т
imp.	живи́, ~те
pt.	жил, жила́, жи́ло (*negated*: не́ жил, не жила́, не́ жило)
g.pr.a.	живя́ *and sub* жи́вучи
p.pr.a.	живу́щий
p.pt.a.	жи́вший

жи́ться *impers imperf* кому́-чему́ *with
adverb coll*: ему́ живётся непло́хо he is
quite well off

pr.	живётся
pt.	жило́сь

жму́рить *imperf* что: жму́рить глаза́
screw up *one's* eyes. — (за-)

pr.	жму́рю, -ришь, -рят
imp.	жмурь, ~те
pt.	жму́рил
g.pr.a	жму́ря
p.pr.a.	жму́рящий
p.pt.a.	жму́ривший

жму́риться *imperf* screw up *one's* eyes. —
(за-)

жонгли́ровать 4a *imperf* чем juggle

жрать *imperf* что *coarse, sub* guzzle, gorge.
— (со-)

pr.	жру, жрёшь, жрут
imp.	жри, ~те
pt.	жрал, жрала́, жра́ло
g.pt.a.	жра́вши
p.pt.a.	жру́ший
p.pt.a.	жра́вший

жужжа́ть *imperf* hum, buzz

pr.	жужжу́, жужжи́шь, жужжа́т
imp.	жужжи́, ~те
pt.	жужжа́л

g.pr.a.	жужжа́
p.pr.a.	жужжа́щий
p.pt.a.	жужжа́вший

жуи́ровать 4a *imperf obs* seek in life only
sensual pleasure and enjoyment, be out
for the pleasures of life

жу́льничать 1a *imperf coll* swindle, cheat.
— (с-)

жури́ть *imperf* кого́-что *coll* reprove,
rebuke

pr.	журю́, жури́шь, журя́т
imp.	жури́, ~те
pt.	жури́л
g.pr.a.	журя́
p.pr.a.	журя́щий
p.pt.a.	жури́вший

журча́ть, *1st and 2nd pers not used, imperf*
murmur

pr.	журчи́т, -ча́т
pt.	журча́л
g.pr.a.	журча́
p.pr.a.	журча́щий
p.pt.a.	журча́вший

жу́хнуть, *1st and 2nd pers not used, imperf,
of grass, leaves etc.* lose freshness [bright-
ness] of colour; *of leather etc.* become
tough [hardened]

pr.	жу́хнет, -нут
pt.	жу́хнул *and* жух, жу́хла
g.pt.a.	жу́хнув
p.pt.a.	жу́хнувший

жу́чить *imperf sub* кого́-что nag

pr.	жу́чу, жу́чишь, жу́чат
imp.	жучь, ~те
pt.	жу́чил
g.pr.a.	жу́ча
p.pr.a.	жу́чащий
p.pt.a.	жу́чивший

З

заале́ть 3, *1st and 2nd pers not used, perf*
1. crimson 2. begin to glow

зааплоди́ровать 4 *perf* begin clapping
[applauding]

заарендова́ть 5 *perf* что rent, lease ‖ *imperf*
заарендо́вывать 1a

заарендо́вывать *imperf of* заарендова́ть

заарта́читься *perf* begin to be obstinate

ft.	заарта́чусь, -чишься, -чатся
imp.	заарта́чься, -чьтесь
pt.	заарта́чился, -лась
g.pt.a.	заарта́чившись
p.pt.a.	заарта́чившийся

заасфальти́ровать 4 *perf* что asphalt

заба́вить *imperf* кого́-что *obs* amuse

pr.	забавлю, -вишь, -вят
imp.	заба́вь, ~те
pt.	заба́вил

g.pr.a.   забавя
p.pr.a.   забавящий
p.pt.a.   забавивший

забавля́ть 2a *imperf* кого́-что amuse

забавля́ться *imperf* amuse oneself

забаллоти́рова́ть 4 *and* 5 *perf* blackball ‖ *imperf* забаллотиро́вывать 1a

забаллотиро́вывать *imperf of* забаллоти́рова́ть

заба́лтывать(ся) *imperf of* заболта́ть(ся)[1]

забараба́нить *perf* begin to drum
ft.   забараба́ню, -нишь, -нят
imp.   забараба́нь, ~те
pt.   забараба́нил
g.pt.a. забараба́нив
p.pt.a. забараба́нивший

забаррикади́ровать 4 *perf* что barricade

забаррикади́роваться *perf* entrench oneself

забастова́ть 5 *perf* go on strike, come out on strike

забе́гать 1 *perf* begin to run about

забега́ть *imperf of* забежа́ть

забе́гаться 1 *perf coll* tire oneself out

забежа́ть *perf* 1. к кому́ *coll* drop in to see *smb* 2. run off ‖ *imperf* забега́ть 2a
ft.   забегу́, -ежи́шь, -егу́т
imp.   забеги́, ~те
pt.   забежа́л
g.pt.a. забежа́в
p.pt.a. забежа́вший

забе́ливать *imperf of* забели́ть

забели́ть *perf* что 1. whitewash 2. *coll and reg* put milk into ‖ *imperf* забе́ливать 1a *and* забеля́ть 2a
ft.   забелю́, -ли́шь, -ля́т
imp.   забели́, ~те
pt.   забели́л
g.pt.a. забели́в
p.pt.a. забели́вший
p.pt.p. забелённый; забелён, -ена́

забеля́ть *imperf of* забели́ть

забере́менеть 3, *stress as infinitive, perf* become pregnant

забеспоко́иться *perf* begin to worry
ft.   забеспоко́юсь, -о́ишься, -о́ятся
imp.   забеспоко́йся, -о́йтесь
pt.   забеспоко́ился, -лась
g.pt.a. забеспоко́ившись
p.pt.a. забеспоко́ившийся

забетони́ровать 4 *perf* что concrete

забива́ть(ся) *imperf of* заби́ть(ся)[1]

забинтова́ть 5 *perf* кого́-что bandage ‖ *imperf* забинто́вывать 1a

забинто́вывать *imperf of* забинтова́ть

забира́ть[1,2] *imperf of* забра́ть[1,2]

забира́ться *imperf of* забра́ться

заби́ть[1] *perf* кого́-что 1. drive in *a nail* 2. strike home *a billiard ball*; score *in a game* 3. clog up, choke up, obstruct the passage of *smth* 4. board up 5. *coll* overcome, get the better of, subdue 6. stupefy *by beating*; beat the life out of *smb*, kill by beating 7. *reg* slaughter, butcher *for food* ‖ *imperf* забива́ть 2a
ft.   забью́, забьёшь, забью́т
imp.   забе́й, ~те
pt.   заби́л
g.pt.a. заби́в
p.pt.a. заби́вший
p.pt.p. заби́тый

заби́ть[2] *perf* 1. begin to strike 2. gush forth
no *p.pt.p.*
other forms as заби́ть[1]

заби́ться[1] *perf* 1. *coll* hide 2. *of dust* get into, penetrate 3. get stopped up, get blocked (up) ‖ *imperf* забива́ться 2a

заби́ться[2] *perf* 1. *of the heart* begin to beat 2.: заби́ться в су́дорогах *med* go off into convulsions

заблагорассу́диться *impers perf* like
ft.   заблагорассу́дится
pt.   заблагорассу́дилось

заблесте́ть *perf* begin to shine
ft.   заблещу́, -ести́шь, -естя́т *and* -е́щешь, -е́щут
imp.   заблести́, ~те
pt.   заблесте́л
g.pt.a. заблесте́в
p.pt.a. заблесте́вший

заблуди́ться *perf* lose one's way, get lost
ft.   заблужу́сь, -у́дишься, -у́дятся
imp.   заблуди́сь, -и́тесь
pt.   заблуди́лся, -лась
g.pt.a. заблуди́вшись
p.pt.a. заблуди́вшийся

заблужда́ться 2a *imperf* err, be mistaken

забода́ть 2 *perf* кого́-что gore

забола́чиваться *imperf of* заболо́титься

заболева́ть[1,2] *imperf of* заболе́ть[1,2]

заболе́ть[1] 3 *perf* чем fall ill ‖ *imperf* заболева́ть 2а

заболе́ть[2], *1st and 2nd pers not used, perf* begin to ache ‖ *imperf* заболева́ть 2а
ft. заболи́т, -ля́т
pt. заболе́л
g.pt.a. заболе́в
p.pt.a. заболе́вший

заболо́титься, *1st and 2nd pers not used, perf* become boggy ‖ *imperf* заболо́чиваться 1а
ft. заболо́тится, -тятся
pt. заболо́тился, -лась
g.pt.a. заболо́тившись
p.pt.a. заболо́тившийся

заболта́ть[1] 1 *perf* что *sub* stir in, stir up in ‖ *imperf* заба́лтывать 1а

заболта́ть[2] 1 *perf coll* start chatting
no *p.pt.p.*

заболта́ться[1] *perf sub* lose track of time while chatting ‖ *imperf* заба́лтываться 1а

заболта́ться[2] *perf coll* begin to dangle

забора́нивать *imperf of* забороми́ть

забороми́ть *perf* что *agr* harrow ‖ *imperf* забора́нивать 1а
ft. забороню́, -о́нишь, -о́нят
imp. забороми́, ~те
pt. забороми́л
g.pt.a. забороми́в
p.pt.a. забороми́вший
p.pt.p. заборо́ненный *and* заборонённый; заборонён, -ена́

забо́тить *imperf* кого́-что worry. — (о-)
pr. забо́чу, -о́тишь, -о́тят
imp. забо́ть, ~те
pt. забо́тил
g.pr.a. забо́тя
p.pr.a. забо́тящий
p.pt.a. забо́тивший

забо́титься *imperf* о ком-чём 1. be worried (about) 2. look (after), take care (of) ‖ *perf* позабо́титься, forms ib.

забракова́ть 5 *perf* что scrap; reject ‖ *imperf* забрако́вывать 1а

забрако́вывать *imperf of* забракова́ть

забра́сывать[1] *imperf of* заброса́ть[1]

забра́сывать[2] *imperf of* забро́сить

забра́ть[1] *perf* кого́-что 1. take 2. *coll* take away; arrest 3. take in ‖ *imperf* забира́ть 2а
ft. заберу́, -рёшь, -ру́т
imp. забери́, ~те
pt. забра́л, -ала́, -а́ло

g.pt.a. забра́в
p.pt.a. забра́вший
p.pt.p. за́бранный; за́бран, забрана́, за́брано

забра́ть[2] *perf* close with boards, wall up ‖ *imperf* забира́ть 2а
forms as забра́ть[1]

забра́ться *perf* 1. get (to); на что climb (on) 2. во что penetrate (into) 3. go away ‖ *imperf* забира́ться
pt. забра́лся, -ала́сь, -а́ло́сь

забреда́ть *imperf of* забрести́

забре́зжить, *1st and 2nd pers not used, perf* 1. be dawning 2. light up
ft. забре́зжит, -жат
pt. забре́зжил
g.pt.a. забре́зжив
p.pt.a. забре́зживший

забрести́ *perf coll* stray, wander ‖ *imperf* забреда́ть 2а
ft. забреду́, -дёшь, -ду́т
imp. забреди́, ~те
pt. забрёл, -ела́
g.pt.a. забредя́ *and obs* забре́дши
p.pt.a. забре́дший

забрива́ть *imperf of* забри́ть

забри́ть *perf obs*: забри́ть кого́-н. *or* кому́-н. лоб recruit *smb* ‖ *imperf* забрива́ть 2а
ft. забре́ю, -е́ешь, -е́ют
imp. забре́й, ~те
pt. забри́л
g.pt.a. забри́в
p.pt.a. забри́вший
p.pt.p. забри́тый

заброни́ровать 4 *perf* что reserve

забронирова́ть 5 *perf* что armour

заброса́ть[1] 2 *perf* кого́-что чем 1. cover (with) 2. *fig* bombard ‖ *imperf* забра́сывать 1а

заброса́ть[2] 2 *perf* begin to throw
no *p.pt.p.*

забро́сить *perf* кого́-что 1. throw 2. mislay 3. neglect; abandon ‖ *imperf* забра́сывать 1а
ft. забро́шу, -о́сишь, -о́сят
imp. забро́сь, ~те
pt. забро́сил
g.pt.a. забро́сив
p.pt.a. забро́сивший
p.pt.p. забро́шенный

забры́згать[1] 1 *perf* что splash; bespatter ‖ *imperf* забры́згивать 1а

забры́згать[2] *perf* begin to splash
ft.	забры́зжу, -жешь, -жут *and* забры́згаю, -аешь, -ают
imp.	забры́зжи, ~те *and* забры́згай, ~те
pt.	забры́згал
g.pt.a.	загры́згав
p.pt.a.	загры́згавший

забры́згивать *imperf of* забры́згать[1]

забути́ть *perf* что fill with rubble ‖ *imperf* забу́чивать 1a
ft.	забучу́, -ути́шь, -утя́т
imp.	забути́, ~те
pt.	забути́л
g.pt.a.	забути́в
p.pt.a.	забути́вший
p.pt.p.	забу́ченный

забуха́ть *imperf of* забу́хнуть

забу́хнуть, *1st and 2nd pers not used, perf* swell; plump ‖ *imperf* забуха́ть 2a
ft.	забу́хнет, -нут
pt.	забу́х, ~ла
g.pt.a.	забу́хнув *and* забу́хши
p.pt.a.	забу́хший

забу́чивать *imperf of* забути́ть

забушева́ть *perf* begin to rage
ft.	забушу́ю, -у́ешь, -у́ют
imp.	забушу́й, ~те
pt.	забушева́л
g.pt.a.	забушева́в
p.pt.a.	забушева́вший

забыва́ть(ся) *imperf of* забы́ть(ся)

забы́ть *perf* 1. кого́-что *or* о ком-чём forget 2. *with infinitive* neglect 3. leave ‖ *imperf* забыва́ть 2a
ft.	забу́ду, -дешь, -дут
imp.	забу́дь, ~те
pt.	забы́л
g.pt.a.	забы́в
p.pt.a.	забы́вший
p.pt.p.	забы́тый

забы́ться *perf* 1. doze off 2. lose consciousness 3.: забы́ться в мечта́х lose oneself in dreams 4. forget oneself ‖ *imperf* забыва́ться

зава́жнивать 1 *perf coll* put on airs

зава́ливать(ся) *imperf of* завали́ть(ся)

завали́ть *perf* кого́-что 1. cover; fill up 2. block up; *coll* overload 3. *coll* tumble ‖ *imperf* зава́ливать 1a
ft.	завалю́, -а́лишь, -а́лят
imp.	завали́, ~те
pt.	завали́л
g.pt.a.	завали́в

p.pt.a.	завали́вший
p.pt.p.	зава́ленный

завали́ться *perf* 1. *usually of lost things* fall [slip] behind some object 2. *sub* flop into bed 3. *coll* collapse, fall through; *fig* fail in an examination 4. *coll* drop [slip] to one side, lean over on one side ‖ *imperf* зава́ливаться
g.pt.a.	завали́вшись *and* заваля́сь

завали́ться 1 *perf coll* be soiled by lying about

зава́ривать(ся) *imperf of* завари́ть(ся)

завари́ть *perf* что 1. *a.* чего́ make; pour boiling water over 2. *tech* weld 3. *fig sub* get *smb* into hot water, cause trouble for ‖ *imperf* зава́ривать 1a
ft.	заварю́, -а́ришь, -а́рят
imp.	завари́, ~те
pt.	завари́л
g.pt.a.	завари́в
p.pt.a.	завари́вший
p.pt.p.	зава́ренный

завари́ться, *1st and 2nd pers not used, perf* 1.: чай завари́лся tea is ready 2. *coll of trouble* be brewing ‖ *imperf* зава́риваться

заве́довать 4a *and obs* заве́дывать 1a *imperf* чем manage, be in charge (of)

завезти́ *perf* кого́-что 1. deliver en route, drop on the way 2. take miles away ‖ *imperf* завози́ть, forms ib.
ft.	завезу́, -зёшь, -зу́т
imp.	завези́, ~те
pt.	завёз, -езла́
g.pt.a.	завезя́ *and obs* завёзши
p.pt.a.	завёзший
p.pt.p.	завезённый; завезён, -ена́

завербова́ть 5 *perf* кого́-что во что recruit ‖ *imperf* завербо́вывать 1a

завербо́вывать *imperf of* завербова́ть

заве́рить *perf* 1. кого́-что в чём assure 2. что certify ‖ *imperf* заверя́ть 2a
ft.	заве́рю, -ришь, -рят
imp.	заве́рь, ~те
pt.	заве́рил
g.pt.a.	заве́рив
p.pt.a.	заве́ривший
p.pt.p.	заве́ренный

заверну́ть 7 *perf* 1. кого́-что wrap 2. что tuck up; roll up 3. turn (aside) 4. drop in on the way 5. что screw up ‖ *imperf* завёртывать 1a
p.pt.p.	завёрнутый

заверну́ться *perf* 1. wrap oneself up

2. *1st and 2nd pers not used* get folded over, turn over ‖ *imperf* завёртываться

заверте́ть[1] *perf* кого́-что *coll* turn smb's head, confuse *smb*
ft.   заверчу́, -е́ртишь, -е́ртят
imp.   заверти́, ~те
pt.   заверте́л
g.pt.a. заверте́в
p.pt.a. заверте́вший
p.pt.p. заве́рченный

заверте́ть[2] *perf* чем begin to twirl forms as заверте́ть[1]

заверте́ться[1] *perf* begin to turn

заверте́ться[2] *perf coll* be in a spin [whirl], be very busy

завёртывать(ся) *imperf of* заверну́ть(ся)

заверша́ть(ся) *imperf of* заверши́ть(ся)

заверши́ть *perf* что complete, accomplish ‖ *imperf* заверша́ть 2а
ft.   завершу́, -ши́шь, -ша́т
imp.   заверши́, ~те
pt.   заверши́л
g.pt.a. заверши́в
p.pt.a. заверши́вший
p.pt.p. завершённый; завершён, -ена́

заверши́ться, *1st and 2nd pers not used*, *perf* be completed ‖ *imperf* заверша́ться

заверя́ть *imperf of* заве́рить

заве́сить *perf* кого́-что curtain, cover ‖ *imperf* заве́шивать 1а
ft.   заве́шу, -е́сишь, -е́сят
imp.   заве́сь, ~те
pt.   заве́сил
g.pt.a. заве́сив
p.pt.a. заве́сивший
p.pt.p. заве́шенный

заве́ситься *perf* veil oneself ‖ *imperf* заве́шиваться

завести́ *perf* кого́-что **1.** take smb or smth somewhere **2.** *coll* drop smb or smth somewhere **3.** lead smb astray, lead smb off the right path **4.** induce smb to do smth beyond certain reasonable limits **5.** acquire smth, establish smth, start a business **6.** start *a conversation*; provoke *a quarrel* **7.** wind up, start up *a spring*, *an engine*; set *an alarm clock* ‖ *imperf* заводи́ть, forms ib.
ft.   заведу́, -дёшь, -ду́т
imp.   заведи́, ~те
pt.   завёл, -ела́
g.pt.a. заведя́ *and obs* заве́дши

p.pt.a.   заве́дший
p.pt.p.   заведённый; заведён, -ена́

завести́сь, *1st and 2nd pers not used*, *perf* **1.** appear; nest; у него́ завели́сь де́ньги he has got money **2.** be established **3.** *tech* start up ‖ *imperf* заводи́ться

завечере́ть 3 *impers perf coll*: завечере́ло dusk had fallen

заве́шать 1 *perf* что чем hang *curtains*, *draperies*, *pictures* all over the wall ‖ *imperf* заве́шивать 1а

заве́шивать[1] *imperf of* заве́шать

заве́шивать[2] *imperf of* заве́сить

заве́шиваться *imperf of* заве́ситься

завеща́ть 2 *and* 2а *perf*, *imperf* кого́-что кому́-чему́ bequeath (to), leave in *one's* will

завива́ть *imperf of* зави́ть

завива́ться *imperf of* зави́ться[1]

зави́деть *perf* кого́-что catch sight (of)
ft.   зави́жу, -и́дишь, -и́дят
pt.   зави́дел
g.pt.a. зави́дев *and coll* завидя́
p.pt.a. зави́девший

завидне́ться 3, *1st and 2nd pers not used*, *perf* **1.** come into sight **2.** *impers coll* grow light with the morning, grow light at the break of day

зави́довать 4а *imperf* кому́-чему́ envy. — (по-)

завизжа́ть *perf* begin to scream [to whine]
ft.   завизжу́, -жи́шь, -жа́т
imp.   завизжи́, ~те
pt.   завизжа́л
g.pt.a. завизжа́в
p.pt.a. завизжа́вший

завизи́ровать 4 *perf* что visa

завиля́ть 2 *perf* **1.** чем begin to wag **2.** *fig coll* begin to dodge

завинти́ть *perf* что screw up, screw tight, screw fast ‖ *imperf* зави́нчивать 1а
ft.   завинчу́, -нти́шь, -нтя́т
imp.   завинти́, ~те
pt.   завинти́л
g.pt.a. завинти́в
p.pt.a. завинти́вший
p.pt.p. зави́нченный

зави́нчивать *imperf of* завинти́ть

завира́ться *imperf of* завра́ться

зави́сеть *imperf* от кого́-чего́ depend (on)
pr.   зави́шу, -и́сишь, -и́сят
pt.   зави́сел

g.pr.a.	зави́ся
p.pr.a.	зави́сящий
p.pt.a.	зави́севший

зави́ть *perf* что **1.** curl **2.** twist ‖ *imperf* завива́ть 2а
ft.	завью́, завьёшь, завью́т
imp.	заве́й, ~те
pt.	зави́л, -ила́, -и́ло
g.pt.a.	зави́в
p.pt.a.	зави́вший
p.pt.p.	зави́тый; зави́т, -ита́, -и́то

зави́ться[1] *perf* **1.** curl **2.** have *one's* hair waved ‖ *imperf* завива́ться
pt.	зави́лся, -ила́сь, -ило́сь

зави́ться[2] *perf coll* begin to curl
pt.	зави́лся, -ила́сь, -ило́сь

завладева́ть *imperf of* завладе́ть

завладе́ть 3 *perf* кем-чем **1.** take possession of, seize **2.** *fig* grip ‖ *imperf* завладева́ть 2а

завлека́ть *imperf of* завле́чь

завле́чь *perf* кого́-что **1.** entice; lure **2.** captivate; enthrall ‖ *imperf* завлека́ть 2а
ft.	завлеку́, -ечёшь, -еку́т
imp.	завлеки́, ~те
pt.	завлёк, -екла́
g.pt.a.	завлёкши
p.pt.a.	завлёкший
p.pt.p.	завлечённый; завлечён, -ена́

заводи́ть *imperf of* завести́
pr.	завожу́, -о́дишь, -о́дят
imp.	заводи́, ~те
pt.	заводи́л
g.pr.a.	заводя́
p.pr.a.	заводя́щий
p.pt.a.	заводи́вший
p.pr.p.	заводи́мый

заводи́ться *imperf of* завести́сь

завоева́ть *perf* кого́-что **1.** conquer **2.** *fig* win ‖ *imperf* завоёвывать 1а
ft.	завою́ю, -ю́ешь, -ю́ют
imp.	завою́й, ~те
pt.	завоева́л
g.pt.a.	завоева́в
p.pt.a.	завоева́вший
p.pt.p.	завоёванный

завоёвывать *imperf of* завоева́ть

завози́ть *imperf of* завезти́
pr.	завожу́, -о́зишь, -о́зят
imp.	завози́, ~те
pt.	завози́л
g.pr.a.	завозя́

p.pr.a.	завозя́щий
p.pt.a.	завози́вший

заволаки́вать(ся) *imperf of* заволо́чь(ся)

заволнова́ться 5 *perf* **1.** get rough **2.** *fig* get roused, get excited

заволо́чь *perf* что cloud (over) ‖ *imperf* заволаки́вать 1а
ft.	заволоку́, -очёшь, -оку́т
imp.	заволоки́, ~те
pt.	заволо́к, -окла́
g.pt.a.	заволо́кши
p.pt.a.	заволо́кший
p.pt.p.	заволочённый; заволочён, -ена́

заволо́чься *perf* become shrouded ‖ *imperf* заволаки́ваться

завопи́ть *perf coll* begin to yell
ft.	завоплю́, -пи́шь, -пя́т
imp.	завопи́, ~те
pt.	завопи́л
g.pt.a.	завопи́в
p.pt.a.	завопи́вший

завора́живать *imperf of* заворожи́ть

завора́чивать 1а *imperf* **1.** *imperf of* завороти́ть **2.** чем *sub* manage; administer

заворожи́ть *perf* кого́-что charm ‖ *imperf* завора́живать 1а
ft.	заворожу́, -жи́шь, -жа́т
imp.	заворожи́, ~те
pt.	заворожи́л
g.pt.a.	заворожи́в
p.pt.a.	заворожи́вший
p.pt.p.	заворожённый; заворожён, -ена́

завороти́ть *perf coll* **1.** turn (in) **2.** что roll up ‖ *imperf* завора́чивать 1а
ft.	заворочу́, -о́тишь, -о́тят
imp.	завороти́, ~те
pt.	завороти́л
g.pt.a.	завороти́в
p.pt.a.	завороти́вший
p.pt.p.	заворо́ченный

заворо́чаться 1 *perf coll* begin to toss and turn

заворча́ть *perf* begin to grumble
ft.	заворчу́, -чи́шь, -ча́т
imp.	заворчи́, ~те
pt.	заворча́л
g.pt.a.	заворча́в
p.pt.a.	заворча́вший

завра́ться *perf coll* talk through *one's* hat ‖ *imperf* завира́ться 2а
ft.	заврусь, -рёшься, -ру́тся

imp.   заври́сь, -и́тесь
pt.   завра́лся, -ала́сь, -а́ло́сь
g.pt.a.   завра́вшись
p.pt.a.   завра́вшийся

за́втракать 1a *imperf* breakfast, have breakfast. — (по-)

завуали́ровать 4 *perf* что veil; *fig* disguise

завши́веть 3, *stress as infinitive, perf sub* become [be] lousy

завыва́ть 2a *imperf* howl

завы́сить *perf* что overstate ‖ *imperf* завыша́ть 2a
ft.   завы́шу, -ы́сишь, -ы́сят
imp.   завы́сь, ～те
pt.   завы́сил
g.pt.a.   завы́сив
p.pt.a.   завы́сивший
p.pt.p.   завы́шенный

завы́ть *perf* begin to howl
ft.   заво́ю, -о́ешь, -о́ют
imp.   заво́й, ～те
pt.   завы́л
g.pt.a.   завы́в
p.pt.a.   завы́вший

завыша́ть *imperf of* завы́сить

завяда́ть *imperf of* завя́нуть

завяза́ть[1] *perf* что **1.** tie up; knot **2.** *fig* start ‖ *imperf* завя́зывать 1a
ft.   завяжу́, -я́жешь, -я́жут
imp.   завяжи́, ～те
pt.   завяза́л
g.pt.a.   завяза́в
p.pt.a.   завяза́вший
p.pt.p.   завя́занный

завяза́ть[2] *imperf of* завя́знуть

завяза́ться, *1st and 2nd pers not used, perf* **1.** be tied up **2.** begin, start **3.** *bot* set ‖ *imperf* завя́зываться
forms follow завяза́ть[1]

завязи́ть, *1st pers not used, perf* что *coll* sink into *smth* soggy [swampy, spongy]; stick *smth* into a viscous substance
ft.   завязи́шь, -зя́т
imp.   завязи́, ～те
pt.   завязи́л
g.pt.a.   завязи́в
p.pt.a.   завязи́вший

завя́знуть *perf* stick, sink ‖ *imperf* завяза́ть 2a
ft.   завя́зну, -нешь, -нут
imp.   завя́зни, ～те
pt.   завя́з, ～ла

завя́зывать *imperf of* завяза́ть[1]

завя́зываться *imperf of* завяза́ться

завя́ливать *imperf of* завя́лить

завя́лить *perf* кого́-что dry ‖ *imperf* завя́ливать 1a
ft.   завя́лю, -лишь, -лят
imp.   завя́ль, ～те
pt.   завя́лил
g.pt.a.   завя́лив
p.pt.a.   завя́ливший

завя́нуть *perf* fade, droop, wither ‖ *imperf* завяда́ть 2a
ft.   завя́ну, -нешь, -нут
imp.   завя́нь, ～те
pt.   завя́л
g.pt.a.   завя́нув
p.pt.a.   завя́нувший *and* завя́дший

загада́ть 2 *perf* что **1.**: загада́ть зага́дку set a riddle **2.** *fig* think (of) **3.** *coll* think ahead; make plans ‖ *imperf* зага́дывать 1a

зага́дить *perf* что *coll* dirty ‖ *imperf* зага́живать 1a
ft.   зага́жу, -а́дишь, -а́дят
imp.   зага́дь, ～те
pt.   зага́дил
g.pt.a.   зага́див
p.pt.a.   зага́дивший
p.pt.p.   зага́женный

зага́дывать *imperf of* загада́ть

зага́живать *imperf of* зага́дить

загалде́ть, *1st pers not used, perf sub* begin to talk noisily
ft.   загалди́шь, -дя́т
imp.   загалди́, ～те
pt.   загалде́л
g.pt.a.   загалде́в
p.pt.a.   загалде́вший

загаса́ть *imperf of* загасну́ть

загаси́ть *perf* что put out ‖ *imperf* загаша́ть 2a
ft.   загашу́, -а́сишь, -а́сят
imp.   загаси́, ～те
pt.   загаси́л
g.pt.a.   загаси́в
p.pt.a.   загаси́вший
p.pt.p.   зага́шенный

загасну́ть, *1st and 2nd pers not used, perf coll* go out; die out ‖ *imperf* загаса́ть 2a
ft.   зага́снет, -нут

pt.	зага́с, ~ла
g.pt.a.	зага́снув *and* зага́сши
p.pt.a.	зага́сший *and* зага́снувший

загати́ть *perf* что make a corduroy road ‖ *imperf* зага́чивать 1a

ft.	загачу́, -ати́шь, -атя́т
imp.	загати́, ~те
pt.	загати́л
g.pt.a.	загати́в
p.pt.a.	загати́вший
p.pt.p.	зага́ченный

зага́чивать *imperf of* загати́ть

загаша́ть *imperf of* загаси́ть

зага́щиваться *imperf of* загости́ться

загиба́ть *imperf of* загну́ть

загипнотизи́ровать 4 *perf* кого́-что hypnotize

загла́дить *perf* что 1. smooth out; iron out 2. make amends ‖ *imperf* загла́живать 1a

ft.	загла́жу, -а́дишь, -а́дят
imp.	загла́дь, ~те
pt.	загла́дил
g.pt.a.	загла́див
p.pt.a.	загла́дивший
p.pt.p.	загла́женный

загла́живать *imperf of* загла́дить

загла́тывать *imperf of* заглота́ть

заглота́ть 2, *1st and 2nd pers not used,* *perf* кого́-что swallow ‖ *imperf* загла́тывать 1a

загло́хнуть *perf* 1. die away; go out 2. grow wild

ft.	загло́хну, -нешь, -нут
imp.	загло́хни, ~те
pt.	загло́х, ~ла *and* загло́хнул*, ~а
g.pt.a.	загло́хнув
p.pt.a.	загло́хший *and* загло́хнувший

заглуша́ть *imperf of* заглуши́ть

заглуши́ть *perf* кого́-что 1. deafen, drown 2. deaden; soothe 3. suppress 4. *bot* grow over ‖ *imperf* заглуша́ть 2a

ft.	заглушу́, -ши́шь, -ша́т
imp.	заглуши́, ~те
pt.	заглуши́л
g.pt.a.	заглуши́в
p.pt.a.	заглуши́вший
p.pt.p.	заглушённый; заглушён, -ена́

загляде́ться *perf* на кого́-что be lost in contemplation (of) ‖ *imperf* загля́дываться 1a

ft.	загляжу́сь, -яди́шься, -ядя́тся
imp.	загляди́сь, -и́тесь

pt.	загляде́лся, -лась
g.pt.a.	загляде́вшись
p.pt.a.	загляде́вшийся

загля́дывать *imperf of* загляну́ть

загля́дываться *imperf of* загляде́ться

загляну́ть 7 *perf* 1. peep in; glance 2. к кому́ drop in ‖ *imperf* загля́дывать 1a

ft.	загляну́, -я́нешь, -я́нут

по *p.pt.p.*

загна́ивать(ся) *imperf of* загнои́ть(ся)

загна́ть *perf* кого́-что 1. drive 2. exhaust, fatigue 3. *coll* drive in 4. *sub* dispose of, clear off ‖ *imperf* загоня́ть 2a

ft.	загоню́, -о́нишь, -о́нят
imp.	загони́, ~те
pt.	загна́л, -ала́, -а́ло
g.pt.a.	загна́в
p.pt.a.	загна́вший
p.pt.p.	за́гнанный

загнива́ть *imperf of* загни́ть

загни́ть *perf* rot; decay ‖ *imperf* загнива́ть 2a

ft.	загнию́, -иёшь, -ию́т
pt.	загни́л, -ила́, -и́ло
g.pt.a.	загни́в
p.pt.a.	загни́вший

загнои́ть *perf* что *coll* fester ‖ *imperf* загна́ивать 1a

ft.	загною́, -ои́шь, -оя́т
imp.	загнои́, ~те
pt.	загнои́л
g.pt.a.	загнои́в
p.pt.a.	загнои́вший
p.pt.p.	загноённый; загноён, -ена́

загнои́ться, *1st and 2nd pers not used,* *perf* fester ‖ *imperf* загна́иваться

загну́ть 7 *perf* 1. что turn up; turn down 2. *sub* dog-ear, double down *a page*; загну́ть кре́пкое словцо́ rap out an oath ‖ *imperf* загиба́ть 2a

загова́ривать[1] 1a *imperf* open a conversation

загова́ривать[2] *imperf of* заговори́ть[1]

загова́риваться[1] 1a *imperf coll* talk confusedly

загова́риваться[2] *imperf of* заговори́ться

загове́ться 3 *perf coll* eat milk and meat for the last time before a fast ‖ *imperf* заговля́ться 2a

заговля́ться *imperf of* загове́ться

заговори́ть[1] *perf* кого́-что 1. *coll* wear *smb* out with *one's* conversation 2. be-

witch ‖ *imperf* загова́ривать 1 a
ft. заговорю́, -ри́шь, -ря́т
imp. заговори́, ∼те
pt. заговори́л
g.pt.a. заговори́в
p.pt.a. заговори́вший
p.pt.p. заговорённый; заговорён, -ена́

заговори́ть[2] *perf* **1.** begin to speak **2.** acquire command of a language
no *p.pt.p.*
other forms as заговори́ть[1]

заговори́ться *perf* **1.** lose track of time while conversing **2.** *coll* rave [talk] senselessly; tell fibs ‖ *imperf* загова́риваться 1 a

заголи́ть *perf* что *sub* undress; strip ‖ *imperf* заголя́ть 2 a
ft. заголю́, -ли́шь, -ля́т
imp. заголи́, ∼те
pt. заголи́л
g.pt.a. заголи́в
p.pt.a. заголи́вший
p.pt.p. заголённый; заголён, -ена́

заголоси́ть *perf sub* begin to wail
ft. заголошу́, -оси́шь, -ося́т
imp. заголоси́, ∼те
pt. заголоси́л
g.pt.a. заголоси́в
p.pt.a. заголоси́вший

заголя́ть *imperf of* заголи́ть

загоня́ть[1] *imperf of* загна́ть

загоня́ть[2] 2 *perf* кого́-что *coll* run *smb* off his feet
no *p.pt.p.*

загоря́живать(ся) *imperf of* загороди́ть(ся)

загора́ть(ся) *imperf of* загоре́ть(ся)

загорди́ться *perf coll* become stuck up, get a high opinion of oneself
ft. загоржу́сь, -рди́шься, -рдя́тся
imp. загорди́сь, -и́тесь
pt. загорди́лся, -лась
g.pt.a. загорди́вшись
p.pt.a. загорди́вшийся

загоре́ть *perf* get sunburnt ‖ *imperf* загора́ть 2 a
ft. загорю́, -ри́шь, -ря́т
imp. загори́, ∼те
pt. загоре́л
g.pt.a. загоре́в
p.pt.a. загоре́вший

загоре́ться *perf* **1.** catch fire **2.** begin to glow **3.** чем inflame **4.** break out ‖ *imperf* загора́ться

загороди́ть *perf* кого́-что **1.** fence in **2.** block, bar ‖ *imperf* загора́живать 1 a
ft. загорожу́, -ро́ди́шь, -ро́дя́т
imp. загороди́, ∼те
pt. загороди́л
g.pt.a. загороди́в
p.pt.a. загороди́вший
p.pt.p. загоро́женный

загороди́ться *perf* **1.** screen oneself, shield oneself **2.** fence oneself off ‖ *imperf* загора́живаться

загости́ться *perf coll* stay too long ‖ *imperf* зага́щиваться 1 a
ft. загощу́сь, -ости́шься, -остя́тся
imp. загости́сь, -и́тесь
pt. загости́лся, -лась
g.pt.a. загости́вшись
p.pt.a. загости́вшийся

загота́вливать *imperf of* загото́вить

загото́вить *perf* что *or* чего́ **1.** prepare in advance **2.** lay in, store up ‖ *imperf* загота́вливать 1 a *and* заготовля́ть 2 a
ft. загото́влю, -вишь, -вят
imp. загото́вь, ∼те
pt. загото́вил
g.pt.a. загото́вив
p.pt.a. загото́вивший
p.pt.p. загото́вленный

заготовля́ть *imperf of* загото́вить

заграба́стать 1 *perf* кого́-что *sub derog* grab, seize ‖ *imperf* заграба́стывать 1 a

заграба́стывать *imperf of* заграба́стать

загради́ть *perf* что block, bar ‖ *imperf* загражда́ть 2 a
ft. загражу́, -ади́шь, -адя́т
imp. загради́, ∼те
pt. загради́л
g.pt.a. загради́в
p.pt.a. загради́вший
p.pt.p. заграждённый; заграждён, -ена́

загражда́ть *imperf of* загради́ть

загреба́ть 2 a *imperf* **1.** что rake in **2.** *coll* row *in a boat* ‖ *perf* загрести́, forms ib.

загреме́ть[1] *perf sub* fall with a crash
ft. загремлю́, -ми́шь, -мя́т
imp. загреми́, ∼те
pt. загреме́л
g.pt.a. загреме́в
p.pt.a. загреме́вший

загреме́ть[2] *perf* begin to thunder
forms as загреме́ть[1]

загрести́ *perf of* загреба́ть
ft.   загребу́, -бёшь, -бу́т
imp.   загреби́, ~те
pt.   загрёб, -гребла́
g.pt.a.   загребя́ *and* загрёбши
p.pt.a.   загрёбший

загримирова́ть 5 *perf* кого́-что make up ‖ *imperf* загримиро́вывать 1 a

загримирова́ться *perf* make oneself up ‖ *imperf* загримиро́вываться

загримиро́вывать(ся) *imperf of* загримирова́ть(ся)

загроможда́ть *imperf of* загромозди́ть

загромозди́ть *perf* что 1. block up 2. *fig* overload ‖ *imperf* загромажда́ть 2 a
ft.   загромозжу́, -зди́шь, -здя́т
imp.   загромозди́, ~те
pt.   загромозди́л
g.pt.a.   загромозди́в
p.pt.a.   загромозди́вший
p.pt.p.   загромождённый; загро-
             мождён, -ена́

загрохота́ть *perf* begin to rattle [to rumble]
ft.   загрохочу́, -о́чешь, -о́чут
imp.   загрохочи́, ~те
pt.   загрохота́л
g.pt.a.   загрохота́в
p.pt.a.   загрохота́вший

загрубе́ть 3 *perf* 1. coarsen, become coarsened 2. *of skin* become rough [chapped]

загружа́ть *imperf of* загрузи́ть

загрузи́ть *perf* кого́-что 1. load 2. *coll fig* keep *smb* busy 3. *tech* charge *furnace etc.* ‖ *imperf* загружа́ть 2 a
ft.   загружу́, -у́зи́шь, -у́зя́т
imp.   загрузи́, ~те
pt.   загрузи́л
g.pt.a.   загрузи́в
p.pt.a.   загрузи́вший
p.pt.p.   загру́женный *and* загружён-
             ный; загружён, -ена́

загрунтова́ть 5 *perf* что prime, ground ‖ *imperf* загрунто́вывать 1 a

загрунто́вывать *imperf of* загрунтова́ть

загрусти́ть *perf* grow sad
ft.   загрущу́, -усти́шь, -устя́т
imp.   загрусти́, ~те
pt.   загрусти́л
g.pt.a.   загрусти́в
p.pt.a.   загрусти́вший

загрыза́ть *imperf of* загры́зть

загры́зть *perf* кого́-что 1. bite to death, kill 2. *fig coll* nag ‖ *imperf* загрыза́ть 2 a
ft.   загрызу́, -зёшь, -зу́т
imp.   загрызи́, ~те
pt.   загры́з, ~ла
g.pt.a.   загры́зши
p.pt.a.   загры́зший
p.pt.p.   загры́зенный

загрязни́ть *perf* кого́-что 1. soil, make dirty 2. *fig* soil ‖ *imperf* загрязня́ть 2 a
ft.   загрязню́, -ни́шь, -ня́т
imp.   загрязни́, ~те
pt.   загрязни́л
g.pt.a.   загрязни́в
p.pt.a.   загрязни́вший
p.pt.p.   загрязнённый; загрязнён, -ена́

загрязни́ться *perf* get dirty ‖ *imperf* загрязня́ться

загря́знуть *perf sub* stick (fast) [get stuck] in *smth* swampy [spongy]; sink into some viscous substance
ft.   загря́зну, -нешь, -нут
imp.   загря́зни, ~те
pt.   загря́з, ~ла
g.pt.a.   загря́знув
p.pt.a.   загря́зший *and* загря́знувший

загрязня́ть(ся) *imperf of* загрязни́ть(ся)

загуби́ть *perf* кого́-что 1. *coll* ruin 2. *sub* waste
ft.   загублю́, -у́бишь, -у́бят
imp.   загуби́, ~те
pt.   загуби́л
g.pt.a.   загуби́в
p.pt.a.   загуби́вший
p.pt.p.   загу́бленный

загуде́ть *perf* begin to hoot
ft.   загужу́, -уди́шь, -удя́т
imp.   загуди́, ~те
pt.   загуде́л
g.pt.a.   загуде́в
p.pt.a.   загуде́вший

загу́ливать(ся) *imperf of* загуля́ть(ся)

загуля́ть 2 *perf sub* start drinking, take to drink ‖ *imperf* загу́ливать 1 a

загуля́ться *perf coll* 1. walk without noticing the time 2. stay out late ‖ *imperf* загу́ливаться

загусте́ть 3, *1st and 2nd pers not used*, *perf* thicken

загусти́ть *perf* что *coll* make thick, make too thick, thicken ‖ *imperf* загуща́ть 2 a
ft.   загущу́, -усти́шь, -устя́т
imp.   загусти́, ~те
pt.   загусти́л

g.pt.a.	загусти́в
p.pt.a.	загусти́вший
p.pt.p.	загущённый; загущён, -ена́

загуща́ть *imperf of* загусти́ть

зада́бривать *imperf of* задо́брить

задава́ть *imperf of* зада́ть
pr.	задаю́, -аёшь, -аю́т
imp.	задава́й, ~те
pt.	задава́л
g.pr.a.	задава́я
p.pr.a.	задаю́щий
p.pt.a.	задава́вший

задава́ться[1] *imperf of* зада́ться

задава́ться[2] *imperf sub* give oneself airs

задави́ть *perf* кого́-что 1. crush 2. *sub* throttle 3. restrain ‖ *imperf* зада́вливать* 1a
ft.	задавлю́, -а́вишь, -а́вят
imp.	задави́, ~те
pt.	задави́л
g.pt.a.	задави́в
p.pt.a.	задави́вший
p.pt.p.	зада́вленный

зада́вливать *imperf of* задави́ть

зада́ривать *imperf of* задари́ть

задари́ть *perf* кого́-что 1. lavish gifts (upon) 2. bribe with gifts ‖ *imperf* зада́ривать 1a
ft.	задарю́, -а́ришь, -а́рят
imp.	задари́, ~те
pt.	задари́л
g.pt.a.	задари́в
p.pt.a.	задари́вший
p.pt.p.	зада́ренный *and* задарённый; задарён, -ена́

зада́ть *perf* 1. что кому́-чему́ set *a task* 2. что give *a concert* ‖ *imperf* задава́ть, forms ib.
ft.	зада́м, -а́шь, -а́ст, -ади́м, -ади́те, -аду́т
imp.	зада́й, ~те
pt.	за́дал, задала́, за́дало
g.pt.a.	зада́в
p.pt.a.	зада́вший
p.pt.p.	за́данный; за́дан, задана́, за́дано

зада́ться *perf* 1. чем make up *one's* mind 2. *coll, usu negated* succeed ‖ *imperf* задава́ться
pt.	зада́лся, -ала́сь

задви́гать 1 *perf* что *or* чем begin to move

задвига́ть *imperf of* задви́нуть

задви́гаться 1 *perf* begin to move
ft.a.	задви́жусь, -жешься, -жутся

задвига́ться *imperf of* задви́нуться

задви́нуть 6 *perf* что 1. push 2. close ‖ *imperf* задвига́ть 2a
imp.	задви́нь, ~те
p.pt.p.	задви́нутый

задви́нуться, *1st and 2nd pers not used, perf* shut, slide to ‖ *imperf* задвига́ться

задева́ть[1] *imperf of* заде́ть

задева́ть[2] 2 *perf* что *sub* mislay
по p.pt.p.	

задева́ться *perf sub* get mislaid and be missed as a result, go missing

заде́лать 1 *perf* что close ‖ *imperf* заде́лывать 1a

заде́латься *perf* кем *sub* make oneself ‖ *imperf* заде́лываться

заде́лывать(ся) *imperf of* заде́лать(ся)

задёргать[1] 1 *perf* кого́-что worry; wear out ‖ *imperf* задёргивать 1a

задёргать[2] 1 *perf* что *or* чем begin to pull

задёргаться *perf* begin to quiver [squirm, twitch]

задёргивать[1] *imperf of* задёрнуть

задёргивать[2] *imperf of* задёргать[1]

задеревене́ть 3 *perf coll* 1. lignify, become woody 2. grow numb [stiff]

задержа́ть *perf* кого́-что 1. stop, retain, keep back 2. delay, retard 3. sequestrate ‖ *imperf* заде́рживать 1a
ft.	задержу́, -е́ржишь, -е́ржат
imp.	задержи́, ~те
pt.	задержа́л
g.pt.a.	задержа́в
p.pt.a.	задержа́вший
p.pt.p.	заде́ржанный

задержа́ться *perf* 1. stay too long 2. lag ‖ *imperf* заде́рживаться

заде́рживать(ся) *imperf of* задержа́ть(ся)

задёрнуть 6 *perf* что 1. draw 2. чем cover ‖ *imperf* задёргивать 1a
p.pt.p.	задёрнутый

заде́ть *perf* кого́-что 1. *or* за что brush 2. *coll* sting, wound 3. *med* exhaust, fatigue; affect ‖ *imperf* задева́ть 2a
ft.	заде́ну, -нешь, -нут
imp.	заде́нь, ~те
pt.	заде́л
g.pt.a.	заде́в
p.pt.a.	заде́вший
p.pt.p.	заде́тый

задира́ть 2a *imperf coll* **1.** *imperf of* задра́ть **2.** кого́-что tease

задира́ться *imperf coll* **1.** *imperf of* задра́ться **2.** be pugnacious, look for trouble

задо́брить *perf* кого́-что cajole, coax ‖ *imperf* задо́бривать 1a

ft.	задо́брю, -ришь, -рят
imp.	задо́бри, ～те
pt.	задо́брил
g.pt.a.	задо́брив
p.pt.a.	задо́бривший
p.pt.p.	задо́бренный

задолжа́ть 2 *perf coll* get into debt

задолжа́ться *perf coll* get into debt

задо́риться *imperf* become heated

pr.	задо́рюсь, -ришься, -рятся
imp.	задо́рься, -рьтесь
pt.	задо́рился, -лась
g.pt.a.	задо́рившись *and* задо́рясь
p.pt.a.	задо́рившийся

задохну́ться *perf* от чего́ **1.** be out of breath, pant **2.** be suffocated; choke (with) *a. fig* ‖ *imperf* задыха́ться 2a

ft.	задохну́сь, -нёшься, -ну́тся
imp.	задохни́сь, -и́тесь
pt.	задохну́лся, -лась *and* задо́хся, -хлась
g.pt.a.	задохну́вшись *and* задо́хшись
p.pt.a.	задохну́вшийся *and* задо́хшийся

задра́знивать *imperf of* задразни́ть[1]

задразни́ть[1] *perf* кого́-что tease, irritate ‖ *imperf* задра́знивать 1a

ft.	задразню́, -а́знишь, -а́знят
imp.	задразни́, ～те
pt.	задразни́л
g.pt.a.	задразни́в
p.pt.a.	задразни́вший
p.pt.p.	задразнённый; задразнён, -ена́

задразни́ть[2] *perf coll* begin to tease [to provoke]

no *p.pt.p.*

other forms as задразни́ть[1]

задра́ивать *imperf of* задра́ить

задра́ить *perf* что *naut* batten down ‖ *imperf* задра́ивать 1a

ft.	задра́ю, -а́ишь, -а́ят
imp.	задра́й, ～те
pt.	задра́ил
g.pt.a.	задра́ив
p.pt.a.	задра́ивший
p.pt.p.	задра́енный

задрапирова́ть 5 *perf* кого́-что чем drape (with), curtain (with) ‖ *imperf* задрапиро́вывать 1a

задрапирова́ться *perf* чем drape oneself (with); wrap oneself (with) ‖ *imperf* задрапиро́вываться

задрапиро́вывать(ся) *imperf of* задрапирова́ть(ся)

задра́ть *perf* кого́-что **1.** *coll* lift; crane **2.** *sub* pull up **3.** fret, gall **4.** pull down prey ‖ *imperf* задира́ть 2a

ft.	задеру́, -рёшь, -ру́т
imp.	задери́, ～те
pt.	задра́л, -ала́, -а́ло
g.pt.a.	задра́в
p.pt.a.	задра́вший
p.pt.p.	за́дранный; за́дран, за́драна́ за́драно

задра́ться, *1st and 2nd pers not used, perf coll* **1.** turn up **2.** abrade [graze] *one's* skin ‖ *imperf coll* задира́ться

задребезжа́ть, *1st and 2nd pers not used, perf* begin to rattle

ft.	задребезжи́т, -жа́т
pt.	задребезжа́л
g.pt.a.	задребезжа́в
p.pt.a.	задребезжа́вший

задрема́ть *perf* doze off ‖ *imperf* задрёмывать 1a

ft.	задремлю́, -е́млешь, -е́млют
imp.	задремли́, ～те
pt.	задрема́л
g.pt.a.	задрема́в
p.pt.a.	задрема́вший

задрёмывать *imperf of* задрема́ть

задрожа́ть *perf* begin to tremble

ft.	задрожу́, -жи́шь, -жа́т
imp.	задрожи́, ～те
pt.	задрожа́л
g.pt.a.	задрожа́в
p.pt.a.	задрожа́вший

задува́ть[1,2] *imperf of* заду́ть[1,2]

заду́мать 1 *perf* **1.** что *or with infinitive* intend, plan **2.** что conceive ‖ *imperf* заду́мывать 1a

заду́маться *perf* **1.** become thoughtful, fall to thinking **2.** *with infinitive, usu negated* hesitate ‖ *imperf* заду́мываться

заду́мывать(ся) *imperf of* заду́мать(ся)

заду́ть[1] *perf* что blow out, extinguish ‖ *imperf* задува́ть 2a

ft.   задую, -уешь, -уют
imp.   задуй, ~те
pt.   задул
g.pt.a.   задув
p.pt.a.   задувший
p.pt.p.   задутый

задуть[2] *perf* что *tech* blow in *blast furnace* ‖ *imperf* задувать 2а
forms as задуть[1]

задуть[3] *perf coll* begin to blow
no *p.pt.p.*
other forms as задуть[1]

задушить *perf* кого-что **1.** strangle **2.** *fig* suppress, stifle
ft.   задушу, -ушишь, -ушат
imp.   задуши, ~те
pt.   задушил
g.pt.a.   задушив
p.pt.a.   задушивший
p.pt.p.   задушенный

задымить[1] *perf* что blacken with smoke
ft.   задымлю, -мишь, -мят
imp.   задыми, ~те
pt.   задымил
g.pt.a.   задымив
p.pt.a.   задымивший
p.pt.p.   задымлённый; задымлён, -ена

задымить[2] *perf* begin to smoke
no *p.pt.p.*
other forms as задымить[1]

задымиться[1], *1st and 2nd pers not used,* *perf coll* be blackened with smoke

задымиться[2], *1st and 2nd pers not used,* *perf* begin to smoke

задыхаться *imperf of* задохнуться

задышать *perf* begin to breathe
ft.   задышу, -ышишь, -ышат
imp.   задыши, ~те
pt.   задышал
g.pt.a.   задышав
p.pt.a.   задышавший

заедать(ся) *imperf of* заесть(ся)

заездить *perf* кого-что *coll* **1.** wear out *a horse* **2.** *fig* fatigue ‖ *imperf* заезживать 1а
ft.   заезжу, -здишь, -здят
imp.   заезди, ~те
pt.   заездил
g.pt.a.   заездив
p.pt.a.   заездивший
p.pt.p.   заезженный

заезжать *imperf of* заехать

заезживать *imperf of* заездить

заёрзать 1 *perf coll* begin to fidget

заесть *perf* **1.** кого-что kill, tear to pieces **2.** что чем eat *to take away the taste* **3.** *usu impers* что *coll* bite fast, hold on ‖ *imperf* заедать 2а
ft.   заем, -ёшь, -ёст, -едим, -едите, -едят
imp.   заешь, ~те
pt.   заел
g.pt.a.   заев
p.pt.a.   заевший
p.pt.p.   заеденный

заесться *perf sub* become a dainty eater, become fussy about *one's* food ‖ *imperf* заедаться

заехать *perf* **1.** pay a flying visit **2.** за кем-чем fetch, meet **3.** во что get (into) **4.** come, approach *from the left or the right* **5.** кому во что *sub* smack *smb's face* ‖ *imperf* заезжать 2а
ft.   заеду, -дешь, -дут
pt.   заехал
g.pt.a.   заехав
p.pt.a.   заехавший

зажаривать(ся) *imperf of* зажарить(ся)

зажарить *perf* что fry ‖ *imperf* зажаривать 1а
ft.   зажарю, -ришь, -рят
imp.   зажарь, ~те
pt.   зажарил
g.pt.a.   зажарив
p.pt.a.   зажаривший
p.pt.p.   зажаренный

зажариться, *1st and 2nd pers not used, perf* be fried ‖ *imperf* зажариваться

зажать[1] *perf* кого-что **1.** squeeze **2.**: зажать нос hold *one's* nose **3.** *fig coll* suppress; keep down ‖ *imperf* зажимать 2а
ft.   зажму, -мёшь, -мут
imp.   зажми, ~те
pt.   зажал
g.pt.a.   зажав
p.pt.a.   зажавший
p.pt.p.   зажатый

зажать[2] *perf* begin to reap *corn* ‖ *imperf reg* зажинать 2а
ft.   зажну, -нёшь, -нут
imp.   зажни, ~те
pt.   зажал
g.pt.a.   зажав
p.pt.a.   зажавший

зажда́ться *perf* кого-чего *coll* be waiting impatiently

ft.	зажду́сь, -дёшься, -ду́тся
imp.	зажди́сь, -йтесь
pt.	зажда́лся, -ала́сь, -ало́сь
g.pt.a.	зажда́вшись
p.pt.a.	зажда́вшийся

зажелти́ть *perf* что *coll* colour [paint] yellow

ft.	зажелчу́, -лти́шь, -лтя́т
imp.	зажелти́, ~те
pt.	зажелти́л
g.pt.a.	зажелти́в
p.pt.a.	зажелти́вший
p.pt.p.	зажелчённый; зажелчён, -ена́

заже́чь *perf* кого́-что **1.** light; *el* turn on, switch on **2.** *fig* kindle ‖ *imperf* зажига́ть 2a

ft.	зажгу́, зажжёшь, зажгу́т
imp.	зажги́, ~те
pt.	зажёг, зажгла́
g.pt.a.	зажёгши
p.pt.a.	зажёгший
p.pt.p.	зажжённый; зажжён, -ена́

заже́чься *perf* **1.** light up **2.** чем *or without object* flame up ‖ *imperf* зажига́ться

зажива́ть *imperf of* зажи́ть[2]

зажива́ться *imperf of* зажи́ться

заживи́ть *perf* что heal ‖ *imperf* заживля́ть 2a

ft.	заживлю́, -ви́шь, -вя́т
imp.	заживи́, ~те
pt.	заживи́л
g.pt.a.	заживи́в
p.pt.a.	заживи́вший
p.pt.p.	заживлённый; заживлён, -ена́

заживля́ть *imperf of* заживи́ть

зажига́ть(ся) *imperf of* заже́чь(ся)

зажи́ливать *imperf of* зажи́лить

зажи́лить *perf* что *sub* "forget" to return, take over

ft.	зажи́лю, -лишь, -лят
imp.	зажи́ль, ~те
pt.	зажи́лил
g.pt.a.	зажи́лив
p.pt.a.	зажи́ливший
p.pt.p.	зажи́ленный

зажима́ть *imperf of* зажа́ть[1]

зажина́ть *imperf of* зажа́ть[2]

зажи́ть[1] *perf*: зажи́ть но́вой жи́знью begin a new life; зажи́ть семе́йной жи́знью settle down (to family life)

ft.	заживу́, -вёшь, -ву́т
imp.	заживи́, ~те
pt.	за́жил *and coll* зажи́л, зажила́, за́жило *and coll* зажи́ло

g.pt.a.	зажи́в
p.pt.a.	зажи́вший

зажи́ть[2], *1st and 2nd pers not used, perf of wounds* heal, close ‖ *imperf* зажива́ть 2a
forms as зажи́ть[1]

зажи́ться *perf coll* live too long *in one place* ‖ *imperf* зажива́ться

pt.	зажи́лся, -ила́сь, -ило́сь

зажму́ривать(ся) *imperf of* зажму́рить(ся)

зажму́рить *perf* что: зажму́рить глаза́ screw up *one's* eyes ‖ *imperf* зажму́ривать 1a

ft.	зажму́рю, -ришь, -рят
imp.	зажму́рь, ~те
pt.	зажму́рил
g.pt.a.	зажму́рив
p.pt.a.	зажму́ривший
p.pt.p.	зажму́ренный

зажму́риться *perf* screw up *one's* eyes ‖ *imperf* зажму́риваться

зажужжа́ть *perf* begin to buzz

ft.	зажужжу́, -жжи́шь, -жжа́т
imp.	зажужжи́, ~те
pt.	зажужжа́л
g.pt.a.	зажужжа́в
p.pt.a.	зажужжа́вший

зажурча́ть, *1st and 2nd pers not used, perf of stream* begin to burble

ft.	зажурчи́т, -ча́т
pt.	зажурча́л
g.pt.a.	зажурча́в
p.pt.a.	зажурча́вший

зажу́хнуть, *1st and 2nd pers not used, perf* **1.** *of colour* get dull, fade **2.** *sub of material* become tough [hardened]

ft.	зажу́хнет, -нут
pt.	зажу́х, ~ла
g.pt.a.	зажу́хнув *and* зажу́хши
p.pt.p.	зажу́хший *and* зажу́хнувший

зазва́ть *perf* кого́-что press *smb* to come ‖ *imperf* зазыва́ть 2a

ft.	зазову́, -вёшь, -ву́т
imp.	зазови́, ~те
pt.	зазва́л, -ала́, -а́ло
g.pt.a.	зазва́в
p.pt.a.	зазва́вший
p.pt.p.	за́званный

зазвене́ть *perf* begin to sound

ft.	зазвеню́, -ни́шь, -ня́т
imp.	зазвени́, ~те
pt.	зазвене́л
g.pt.a.	зазвене́в
p.pt.a.	зазвене́вший

зазвони́ть *perf* begin to ring
ft.	зазвоню́, -ни́шь, -ня́т
imp.	зазвони́, ~те
pt.	зазвони́л
g.pt.a.	зазвони́в
p.pt.a.	зазвони́вший

зазвуча́ть, *1st and 2nd pers not used, perf* sound, resound
ft.	зазвучи́т, -ча́т
pt.	зазвуча́л
g.pt.a.	зазвуча́в
p.pt.a.	зазвуча́вший

зазева́ться 2 *perf coll* **1.** gape **2.** be absent-minded, not pay attention ‖ *imperf* зазёвываться 1 a

зазёвываться *imperf of* зазева́ться

зазелене́ть 3, *1st and 2nd pers not used, perf* turn green

зазелени́ть *perf* что *coll* make green stains (on)
ft.	зазеленю́, -ни́шь, -ня́т
imp.	зазелени́, ~те
pt.	зазелени́л
g.pt.a.	зазелени́в
p.pt.a.	зазелени́вший
p.pt.p.	зазеленённый; зазеленён, -ена́

заземли́ть *perf* что *wrl* earth, ground ‖ *imperf* заземля́ть 2 а
ft.	заземлю́, -ли́шь, -ля́т
imp.	заземли́, ~те
pt.	заземли́л
g.pt.a.	заземли́в
p.pt.a.	заземли́вший
p.pt.p.	заземлённый; заземлён, -ена́

заземли́ться, *1st and 2nd pers not used, perf wrl* be earthed, be grounded ‖ *imperf* заземля́ться

заземля́ть(ся) *imperf of* заземли́ть(ся)

зазимова́ть 5 *perf* winter

зазира́ть 2 а *imperf obs and sub* give the once-over, lamp

зазнава́ться *imperf of* зазна́ться
pr.	зазнаю́сь, -аёшься, -аю́тся
imp.	зазнава́йся, -а́йтесь
pt.	зазнава́лся, -лась
g.pr.a.	зазнава́ясь
p.pr.a.	зазнаю́щийся
p.pt.a.	зазнава́вшийся

зазна́ться 2 *perf coll* be too proud of oneself ‖ *imperf* зазнава́ться, forms ib.

за́зрить *perf*: е́сли со́весть не за́зрит if conscience does not reproach

зазу́бривать(ся)[1] *imperf of* зазубри́ть(ся)[1]

зазу́бривать(ся)[2] *imperf of* зазубри́ть(ся)[2]

зазубри́ть[1] *and* **зазу́брить** *perf* что make jagged, gap, notch ‖ *imperf* зазу́бривать 1 а
ft.	зазубрю́, -у́бришь, -у́бря́т
imp.	зазубри́, ~те
pt.	зазубри́л
g.pt.a.	зазубри́в
p.pt.a.	зазубри́вший
p.pt.p.	зазу́бренный

зазубри́ть[2] *perf* что *coll* grind at, swot up ‖ *imperf* зазу́бривать
ft.	зазубрю́, -у́бришь, -у́бря́т
imp.	зазубри́, ~те
pt.	зазубри́л
g.pt.a.	зазубри́в
p.pt.a.	зазубри́вший
p.pt.p.	зазу́бренный

зазубри́ться[1] *and* **зазу́бриться**, *1st and 2nd pers not used, perf* get jagged, become notched ‖ *imperf* зазу́бриваться
forms follow зазубри́ть[1]

зазубри́ться[2] *perf coll* become torpid [dull] as a result of excessive cramming or learning by rote ‖ *imperf* зазу́бриваться
forms follow зазубри́ть[2]

зазыва́ть *imperf of* зазва́ть

заигра́ть[1] 2 *perf* что **1.** wear out **2.** over-play *a tune* ‖ *imperf* заи́грывать 1 а

заигра́ть[2] 2 *perf* begin to play

заигра́ться *perf* lose sense of time while playing ‖ *imperf* заи́грываться 1 а

заи́грывать[1] *imperf of* заигра́ть[1]

заи́грывать[2] 1 а *imperf coll* с кем **1.** flirt (with) **2.** make advances (to)

заи́грываться *imperf of* заигра́ться

заика́ться 2 а *imperf* **1.** *imperf of* заикну́ться **2.** stutter, stammer

заикну́ться 7 *perf coll* **1.** bite *one's* tongue, nearly blurt out an untoward remark **2.** о ком-чём hint; mention ‖ *imperf* заика́ться 2 а

заи́мствовать 4 *and* 4 а *perf, imperf* что adopt, borrow

заи́ндеветь 3, *stress as infinitive, perf* be covered with rime

заинтересова́ть 5 *perf* кого́-что **1.** чем interest *smb* in *smth* **2.** в чём give *smb* an interest in *a venture* ‖ *imperf* заинтересо́вывать 1 а

заинтересова́ться *perf* кем-чем become

interested (in) ‖ *imperf* заинтересо́вы-
ваться

заинтересо́вывать(ся) *imperf of* заинте-
ресова́ть(ся)

заинтригова́ть 5 *perf* кого́-что arouse
smb's curiosity ‖ *imperf* заинтриго́вы-
вать 1a

заинтриго́вывать *imperf of* заинтриго-
ва́ть

заиска́ть *perf of* заи́скивать
ft.	заищу́, -и́шешь, -и́щут
imp.	заищи́, ~те
pt.	заиска́л
g.pt.a.	заиска́в
p.pt.a.	заиска́вший

заи́скивать 1a *imperf* пе́ред кем-чем
ingratiate oneself (with) ‖ *perf* заиска́ть*,
forms ib.

зайти́ *perf* 1. к кому́-чему́ pay a flying
visit 2. за кем-чем call (for) 3. get into
4. *of stars* go down, set ‖ *imperf* захо-
ди́ть[2], forms ib. | *imperf freq coll* заха́-
живать 1a *with* 1—3
ft.	зайду́, -дёшь, -ду́т
imp.	зайди́, ~те
pt.	зашёл, зашла́
g.pt.a.	зайдя́
p.pt.a.	заше́дший

зайти́сь, *1st and 2nd pers not used*, *perf*
sub от чего́ go stiff *with cold, from fear* ‖
imperf заходи́ться

закабали́ть *perf* кого́-что enslave ‖ *imperf*
закабаля́ть 2a
ft.	закабалю́, -ли́шь, -ля́т
imp.	закабали́, ~те
pt.	закабали́л
g.pt.a.	закабали́в
p.pt.a.	закабали́вший
p.pt.p.	закабалённый; закабалён, -ена́

закабали́ться *perf* enter into bandage ‖
imperf закабаля́ться

закабаля́ть(ся) *imperf of* закабали́ть(ся)

заказа́ть[1] *perf* что order ‖ *imperf* зака́-
зывать 1a
ft.	закажу́, -а́жешь, -а́жут
imp.	закажи́, ~те
pt.	заказа́л
g.pt.a.	заказа́в
p.pt.a.	заказа́вший
p.pt.p.	зака́занный

заказа́ть[2] *perf* что or *with infinitive* forbid

‖ *imperf* зака́зывать 1a
forms as заказа́ть[1]

зака́зывать[1,2] *imperf of* заказа́ть[1,2]

зака́иваться *imperf of* зака́яться

зака́ливать(ся) *imperf of* закали́ть(ся)

закали́ть *perf* 1. что *tech* harden, temper
2. кого́-что steel ‖ *imperf* зака́ливать 1a
and закаля́ть 2a
ft.	закалю́, -ли́шь, -ля́т
imp.	закали́, ~те
pt.	закали́л
g.pt.a.	закали́в
p.pt.a.	закали́вший
p.pt.p.	закалённый; закалён, -ена́

закали́ться *perf* 1. *1st and 2nd pers not
used, tech* be hardened 2. harden [toughen]
oneself, make oneself fit ‖ *imperf* зака́-
ливаться *and* закаля́ться

зака́лывать *imperf of* заколо́ть[1]

зака́лываться *imperf of* заколо́ться

закаля́ть(ся) *imperf of* закали́ть(ся)

зака́нчивать(ся) *imperf of* зако́нчить(ся)

зака́пать[1] *perf* что 1. spatter 2. *coll* instil
[introduce, put] drop by drop ‖ *imperf*
зака́пывать 1a
ft.	зака́паю, -аешь, -ают *and obs*
	зака́плю, -лешь, -лют
imp.	зака́пай, ~те
pt.	зака́пал
g.pt.a.	зака́пав
p.pt.a.	зака́павший
p.pt.p.	зака́панный

зака́пать[2] *perf* что begin to drop
no *p.pt.p.*
other forms as зака́пать[1]

зака́пчивать *imperf of* закопти́ть[1]

зака́пчиваться *imperf of* закопти́ться

зака́пывать[1] *imperf of* закопа́ть[1]

зака́пывать[2] *imperf of* зака́пать[1]

зака́пываться *imperf of* закопа́ться[1]

зака́ркать 1 *perf* begin to caw

зака́рмливать *imperf of* закорми́ть

заката́ть[1] 2 *perf* кого́-что 1. во что roll
smth up (in) 2. *coll* tuck up *skirts*; roll
up *sleeves* ‖ *imperf* зака́тывать 1a

заката́ть[2] 2 *perf coll* begin to roll

закати́ть *perf* что 1. roll 2. *sub*: закати́ть
сканда́л cause a scene 3. *sub*: закати́ть
кому́-н. пощёчину slap *smb's* face ‖ *imperf* зака́тывать 1a
| *ft.* | закачу́, -а́тишь -а́тят, |

imp.	закати́, ~те
pt.	закати́л
g.pt.a.	закати́в
p.pt.a.	закати́вший
p.pt.p.	зака́ченный

закати́ться *perf* **1.** roll **2.** *of the sun etc.* set **3.** *coll*: закати́ться сме́хом burst out laughing ‖ *imperf* зака́тываться

зака́тывать[1] *imperf of* заката́ть[1]

зака́тывать[2] *imperf of* закати́ть

зака́тываться *imperf of* закати́ться

закача́ть[1] 2 *perf* кого́-что **1.** rock to sleep **2.** *impers*: его́ закача́ло the rocking has made him seasick [travelsick] ‖ *imperf* зака́чивать 1a

закача́ть[2] 2 *perf* begin to rock

закача́ться[1] *perf coll* get tired [exhausted] with constant rolling *on a boat etc.*

закача́ться[2] *perf* start swaying

зака́чивать *imperf of* закача́ть[1]

зака́шивать *imperf of* закоси́ть[1]

зака́шливаться *imperf of* зака́шляться

зака́шлять 1 *perf* begin to cough

зака́шляться *perf* have a fit of coughing ‖ *imperf* зака́шливаться 1a

зака́яться *perf with infinitive coll* forswear ‖ *imperf* зака́иваться 1a

ft.	зака́юсь, -а́ешься, -а́ются
imp.	зака́йся, -а́йтесь
pt.	зака́ялся, -лась
g.pt.a.	зака́явшись
p.pt.a.	зака́явшийся

заква́кать 1 *perf* begin to croak

заква́сить *perf* что make sour, sour; leaven ‖ *imperf* заква́шивать 1a

ft.	заква́шу, -а́сишь, -а́сят
imp.	заква́сь, ~те
pt.	заква́сил
g.pt.a.	заква́сив
p.pt.a.	заква́сивший
p.pt.p.	заква́шенный

заква́шивать *imperf of* заква́сить

закива́ть 2 *perf* begin to nod *one's* head

закида́ть 2 *perf* кого́-что чем *coll* bespatter *a. fig* ‖ *imperf* заки́дывать 1a

заки́дывать[1] *imperf of* закида́ть

заки́дывать[2] *imperf of* заки́нуть

заки́дываться *imperf of* заки́нуться

заки́нуть 6 *perf* кого́-что **1.** throw **2.**: заки́нуть го́лову throw back *one's* head ‖ *imperf* заки́дывать 1a

imp.	заки́нь, ~те
p.pt.p.	заки́нутый

заки́нуться, *1st and 2nd pers not used, perf, of the head* jerk back ‖ *imperf* заки́дываться

закипа́ть *imperf of* закипе́ть

закипе́ть *perf* **1.** begin to boil **2.** be in full swing ‖ *imperf* закипа́ть 2a

ft.	закиплю́, -пи́шь, -пя́т
imp.	закипи́, ~те
pt.	закипе́л
g.pt.a.	закипе́в
p.pt.a.	закипе́вший

закиса́ть *imperf of* заки́снуть

заки́снуть *perf* **1.** sour **2.** *fig coll* get dulled ‖ *imperf* закиса́ть 2a

ft.	заки́сну, -нешь, -нут
imp.	заки́сни, ~те
pt.	заки́с, ~ла
g.pt.a.	заки́снув *and* заки́сши
p.pt.a.	заки́сший

закла́дывать *imperf of* заложи́ть

заклева́ть[1] *perf* кого́-что **1.** peck to death **2.** *fig coll* persecute ‖ *imperf* заклёвывать 1a

ft.	заклюю́, -люёшь, -люю́т
imp.	заклюй, ~те
pt.	заклева́л
g.pt.a.	заклева́в
p.pt.a.	заклева́вший
p.pt.p.	заклёванный

заклева́ть[2] *perf* begin to peck no *p.pt.p.* other forms as заклева́ть[1]

заклёвывать *imperf of* заклева́ть[1]

закле́ивать *imperf of* закле́ить

закле́ить *perf* что stick together, seal up ‖ *imperf* закле́ивать 1a

ft.	закле́ю, -е́ишь, -е́ят
imp.	закле́й, ~те
pt.	закле́ил
g.pt.a.	закле́ив
p.pt.a.	закле́ивший
p.pt.p.	закле́енный

заклейми́ть *perf* кого́-что **1.** stamp; brand *a horse* **2.** *fig* brand

ft.	заклеймлю́, -ми́шь, -мя́т
imp.	заклейми́, ~те
pt.	заклейми́л
g.pt.a.	заклейми́в
p.pt.a.	заклейми́вший
p.pt.p.	заклеймённый; заклеймён, -ена́

заклепа́ть *perf* что rivet ‖ *imperf* заклёпывать 1 а

ft.	заклепа́ю, -а́ешь, -а́ют *and* заклеплю́, -е́плешь, -е́плют
imp.	заклепа́й, ~те *and* заклепли́, ~те *and* заклепи́, ~те
pt.	заклепа́л
g.pt.a.	заклепа́в
p.pt.a.	заклепа́вший
p.pt.p.	заклёпанный

заклёпывать *imperf of* заклепа́ть

заклина́ть 2 а *imperf* кого́-что **1.** bewitch, put under a spell **2.** entreat, implore ‖ *perf* закля́сть, forms ib.

заклина́ться *imperf of* закля́сться[1]

закли́нивать *imperf of* заклини́ть

заклини́ть *and* **заклини́ть** *perf* что **1.** secure with a wedge **2.** wedge, jam ‖ *imperf* закли́нивать 1 а

ft.	заклиню́, -и́ни́шь, -и́ня́т
imp.	заклини́, ~те *and* закли́нь, ~те
pt.	заклини́л
g.pt.a.	заклини́в
p.pt.a.	заклини́вший
p.pt.p.	заклинённый; заклинён, -ена́ *and* закли́ненный

заклокота́ть, *1st and 2nd pers not used, perf* begin to bubble

ft.	заклоко́чет, -чут
pt.	заклокота́л
g.pt.a.	заклокота́в
p.pt.a.	заклокота́вший

заклуби́ть, *1st and 2nd pers not used, perf, of smoke etc.* mass

ft.	заклуби́т, -бя́т
pt.	заклуби́л
g.pt.a.	заклуби́в
p.pt.a.	заклуби́вший

заклуби́ться, *1st and 2nd pers not used, perf, of smoke etc.* mass

заключа́ть 2 а *imperf* **1.** *imperf of* заключи́ть **2.**: заключа́ть в себе́ что-н. contain smth

заключа́ться *imperf* **1.** в чём consist (in) **2.** чем end (in), conclude (with, by) **3.** *imperf of* заключи́ться

заключи́ть *perf* **1.** что conclude **2.** что чем conclude (with, by), end (with) **3.** *with conjunction* что conclude, deduce **4.** кого́-что во что imprison (in) ‖ *imperf* заключа́ть 2 а

ft.	заключу́, -чи́шь, -ча́т
imp.	заключи́, ~те
pt.	заключи́л

g.pt.a.	заключи́в
p.pt.a.	заключи́вший
p.pt.p.	заключённый; заключён, -ена́

заключи́ться *perf obs* shut oneself up ‖ *imperf* заключа́ться

закля́сть *perf of* заклина́ть

ft.	закляну́, -нёшь, -ну́т
imp.	закляни́, ~те
pt.	закля́л, -яла́, -я́ло
g.pt.a.	закля́в
p.pt.a.	закля́вший
p.pt.p.	закля́тый; закля́т, -ята́, -я́то

закля́сться[1] *perf coll* swear, vow ‖ *imperf* заклина́ться 2 а

закля́сться[2] *perf coll* begin to swear [vow]

закова́ть 5 *perf* кого́-что chain, fetter ‖ *imperf* зако́вывать 1 а

ft.	закую́, -уёшь, -у́ют

зако́вывать *imperf of* закова́ть

заковыля́ть 2 *perf coll* **1.** begin to hobble **2.** hobble

закогти́ть, *1st and 2nd pers not used, perf* кого́-что lacerate, rip with the claws

ft.	закогти́т, -тя́т
pt.	закогти́л
g.pt.a.	закогти́в
p.pt.a.	закогти́вший

закола́чивать *imperf of* заколоти́ть[1]

заколдова́ть 5 *perf* кого́-что bewitch, put under a spell ‖ *imperf* заколдо́вывать 1 а

заколдо́вывать *imperf of* заколдова́ть

заколеба́ться *perf* begin to waver

ft.	заколе́блюсь, -лешься, -лются
imp.	заколе́блись, -итесь
pt.	заколеба́лся, -лась
g.pt.a.	заколеба́вшись
p.pt.a.	заколеба́вшийся

заколоси́ться, *1st and 2nd pers not used, perf, of grain* ear, head

ft.	заколоси́тся, -ся́тся
pt.	заколоси́лся, -лась
g.pt.a.	заколоси́вшись
p.pt.a.	заколоси́вшийся

заколоти́ть[1] *perf* что *coll* **1.** board up; nail up **2.** drive in *a nail* ‖ *imperf* закола́чивать 1 а

ft.	заколочу́, -о́тишь, -о́тят
imp.	заколоти́, ~те
pt.	заколоти́л
g.pt.a.	заколоти́в
p.pt.a.	заколоти́вший
p.pt.p.	заколо́ченный

заколоти́ть[2] *perf coll, of heart* begin to hammer, pound
no *p.pt.p.*
other forms as заколоти́ть[1]

заколоти́ться *perf coll, of heart* begin to hammer, pound

заколо́ть[1] *perf* кого́-что 1. stab 2. slaughter 3. pin, pin up ‖ *imperf* зака́лывать 1а

ft.	заколю́, -о́лешь, -о́лют
imp.	заколи́, ~те
pt.	заколо́л
g.pt.a.	заколо́в
p.pt.a.	заколо́вший
p.pt.p.	зако́лотый

заколо́ть[2], *1st and 2nd pers not used, perf*: у меня́ заколо́ло в боку́ I have a stitch (in my side)
no *p.pt.p.*
other forms as заколо́ть[1]

заколо́ться *perf* stab oneself to death ‖ *imperf* зака́лываться 1а

заколыха́ться, *1st and 2nd pers not used, perf, of flags* begin to flutter; *of sails* begin to belly; *of corn* begin to wave

ft.	заколы́шется, -шутся *and coll* заколыха́ется, -а́ются
pt.	заколыха́лся, -лась
g.pt.a.	заколыха́вшись
p.pt.a.	заколыха́вшийся

закольцева́ть *perf* кого́-что ring *birds* ‖ *imperf* закольцо́вывать 1а

ft.	закольцу́ю, -у́ешь, -у́ют
imp.	закольцу́й, ~те
pt.	закольцева́л
g.pt.a.	закольцева́в
p.pt.a.	закольцева́вший
p.pt.p.	закольцо́ванный

закольцо́вывать *imperf of* закольцева́ть

законопа́тить *perf* что caulk ‖ *imperf* законопа́чивать 1а

ft.	законопа́чу, -а́тишь, -а́тят
imp.	законопа́ть, ~те
pt.	законопа́тил
g.pt.a.	законопа́тив
p.pt.a.	законопа́тивший
p.pt.p.	законопа́ченный

законопа́чивать *imperf of* законопа́тить

законсерви́ровать 4 *perf* что 1. preserve; tin 2. interrupt, suspend *work etc.*

законспекти́ровать 4 *perf* что sum up, summarize

законспири́ровать 4 *perf* conspire, plot

законтрактова́ть 5 *perf* кого́-что enter into a contract (with) ‖ *imperf* законтракто́вывать 1а

законтрактова́ться *perf* на что contract, put oneself under contract (for) ‖ *imperf* законтракто́вываться

законтракто́вывать(ся) *imperf of* законтрактова́ть(ся)

зако́нчить *perf* что end, finish ‖ *imperf* зака́нчивать 1а

ft.	зако́нчу, -чишь, -чат
imp.	зако́нчи, ~те
pt.	зако́нчил
g.pt.a.	зако́нчив
p.pt.a.	зако́нчивший
p.pt.p.	зако́нченный

зако́нчиться, *1st and 2nd pers not used, perf* come to an end ‖ *imperf* зака́нчиваться

закопа́ть[1] 2 *perf* кого́-что bury ‖ *imperf* зака́пывать 1а

закопа́ть[2] 2 *perf* begin to dig

закопа́ться[1] *perf* bury oneself *in sand, leaves etc.* ‖ *imperf* зака́пываться 1а

закопа́ться[2] *perf coll* 1. *mil* dig oneself in 2. bury oneself *in sand, leaves etc.*

закопоши́ться *perf coll* begin to crawl with *insects*; begin to stir

ft.	закопошу́сь, -ши́шься, -ша́тся
imp.	закопоши́сь, -и́тесь
pt.	закопоши́лся, -лась
g.pt.a.	закопоши́вшись
p.pt.a.	закопоши́вшийся

закопте́ть 3, *1st and 2nd pers not used, perf coll* be choked; soot over with soot

закопти́ть[1] *perf* кого́-что 1. fill with smoke 2. smoke ‖ *imperf* зака́пчивать 1а

ft.	закопчу́, -пти́шь, -птя́т
imp.	закопти́, ~те
pt.	закопти́л
g.pt.a.	закопти́в
p.pt.a.	закопти́вший
p.pt.p.	закопчённый; закопчён, -ена́

закопти́ть[2] *perf* begin to smoke
no *p.pt.p.*
other forms as закопти́ть[1]

закопти́ться, *1st and 2nd pers not used, perf* 1. be choked with soot 2. be smoked ‖ *imperf* зака́пчиваться 1а

закорене́ть 3 *perf* 1. в чём insist (on) 2. take root; *fig* become engrained

закорми́ть *perf* кого́-что overfeed ‖ *imperf* зака́рмливать 1а

ft.	закормлю́, -о́рмишь, -о́рмят

imp.	закорми́, ~те
pt.	закорми́л
g.pt.a.	закорми́в
p.pt.a.	закорми́вший
p.pt.p.	зако́рмленный

закоси́ть[1] *perf* что *coll while mowing* take in *a strip of a field or grass-plot that one should not cut down as belonging to a neighbour etc.* ‖ *imperf* зака́шивать 1 a

ft.	закошу́, -о́сишь, -о́сят
imp.	закоси́, ~те
pt.	закоси́л
g.pt.a.	закоси́в
p.pt.a.	закоси́вший
p.pt.p.	зако́шенный

закоси́ть[2] *perf coll* begin to mow
no *p.pt.p.*
other forms as закоси́ть[1]

закосне́ть 3 *perf* в чём become rigid [set] *in one's ways*; become confirmed *in a habit*

закостене́ть 3 *perf* 1. become stiff 2. *fig* в чём become rigid [set] *in one's ways*; become confirmed *in a habit*

закочене́ть 3 *perf* become numb *with cold*

закра́дываться *imperf of* закра́сться

закра́ивать *imperf of* закро́йть[1]

закра́сить *perf* что paint over ‖ *imperf* закра́шивать 1 a

ft.	закра́шу, -а́сишь, -а́сят
imp.	закра́сь, ~те
pt.	закра́сил
g.pt.a.	закра́сив
p.pt.a.	закра́сивший
p.pt.p.	закра́шенный

закрасне́ть 3, *1st and 2nd pers not used*, *perf* begin to redden

закрасне́ться *perf* begin to look red

закра́сться, *1st and 2nd pers not used*, *perf*, *of a feeling, a doubt etc.* steal (upon), come (on) *smb* ‖ *imperf* закра́дываться

ft.	закрадётся, -ду́тся
pt.	закра́лся, -лась
g.pt.a.	закра́вшись
p.pt.a.	закра́вшийся

закра́шивать *imperf of* закра́сить

закрепи́ть *perf* кого́-что 1. fasten, secure 2. *fig* consolidate 3. за кем-чем assign (to), reserve (for) 4. *chem* fix ‖ *imperf* закрепля́ть 2 a

ft.	закреплю́, -пи́шь, -пя́т

imp.	закрепи́, ~те
pt.	закрепи́л
g.pt.a.	закрепи́в
p.pt.a.	закрепи́вший
p.pt.p.	закреплённый; закреплён, -ена́

закрепи́ться *perf* 1. *1st and 2nd pers not used* be fastened 2. *mil* mount defences 3. be consolidated ‖ *imperf* закрепля́ться

закрепля́ть(ся) *imperf of* закрепи́ть(ся)

закрепости́ть *perf* кого́-что 1. *hist* make a serf of *smb* 2. *fig* enslave ‖ *imperf* закрепоща́ть 2 a

ft.	закрепощу́, -ости́шь, -остя́т
imp.	закрепости́, ~те
pt.	закрепости́л
g.pt.a.	закрепости́в
p.pt.a.	закрепости́вший
p.pt.p.	закрепощённый; закрепощён, -ена́

закрепоща́ть *imperf of* закрепости́ть

закриви́ть[1] *perf* что *coll* bend ‖ *imperf* закривля́ть 2 a

ft.	закривлю́, -ви́шь, -вя́т
imp.	закриви́, ~те
pt.	закриви́л
g.pt.a.	закриви́в
p.pt.a.	закриви́вший
p.pt.p.	закривлённый; закривлён, -ена́

закриви́ть[2] *perf* что *coll* begin to bend
no *p.pt.p.*
other forms as закриви́ть[1]

закривля́ть *imperf of* закриви́ть[1]

закристаллизова́ть 5 *perf* что crystallize

закристаллизова́ться, *1st and 2nd pers not used*, *perf* crystallize

закрича́ть *perf* 1. cry out 2. begin to cry

ft.	закричу́, -чи́шь, -ча́т
imp.	закричи́, ~те
pt.	закрича́л
g.pt.a.	закрича́в
p.pt.a.	закрича́вший

закро́йть[1] *perf* что cut, cut out *cloth, suiting etc.* ‖ *imperf* закра́ивать 1 a

ft.	закро́ю, -о́йшь, -о́ят
imp.	закро́й, ~те
pt.	закро́йл
g.pt.a.	закро́йв
p.pt.a.	закро́йвший
p.pt.p.	закро́енный

закро́йть[2] *perf sub* begin to cut [cut out]
no *p.pt.p.*
other forms as закро́йть[1]

закругли́ть *perf* что **1.** make round **2.** *fig* polish *an expression* ‖ *imperf* закруглять 2а

ft.	закруглю́, -ли́шь, -ля́т
imp.	закругли́, ~те
pt.	закругли́л
g.pt.a.	закругли́в
p.pt.a.	закругли́вший
p.pt.p.	закруглённый; закруглён, -ена́

закругли́ться *perf* **1.** *1st and 2nd pers not used* become round **2.** *sub joc* be brief ‖ *imperf* закругля́ться

закругля́ть(ся) *imperf of* закругли́ть(ся)

закружи́ть[1] *perf* кого́-что **1.** whirl **2.** *coll* confuse

ft.	закружу́, -у́жи́шь, -у́жа́т
imp.	закружи́, ~те
pt.	закружи́л
g.pt.a.	закружи́в
p.pt.a.	закружи́вший
p.pt.p.	закру́женный *and* закружён-ный; закружён, -ена́

закружи́ть[2] *perf* begin to whirl
no *p.pt.p.*
forms as закружи́ть[1]

закружи́ться[1] *perf* be giddy, be dizzy

закружи́ться[2] *perf* begin to whirl

закрути́ть[1] *perf* что **1.** twist, twine; tie hard *with a rope* **2.** bind, rope up **3.** *sub* tighten a screw; screw down, screw tight ‖ *imperf* закру́чивать 1а

ft.	закручу́, -у́тишь, -у́тят
imp.	закрути́, ~те
pt.	закрути́л
g.pt.a.	закрути́в
p.pt.a.	закрути́вший
p.pt.p.	закру́ченный

закрути́ть[2] *perf coll* begin to turn
no *p.pt.p.*
other forms as закрути́ть[1]

закрути́ться[1] *perf* twist ‖ *imperf* закру́чиваться

закрути́ться[2] *perf coll* swirl

закру́чивать(ся) *imperf of* закрути́ть(ся)[1]

закручи́ниться *perf sub* grow sad

ft.	закручи́нюсь, -нишься, -нятся
imp.	закручи́нься, -ньтесь
pt.	закручи́нился, -лась
g.pt.a.	закручи́нившись
p.pt.a.	закручи́нившийся

закрыва́ть(ся) *imperf of* закры́ть(ся)

закры́ть *perf* кого́-что **1.** shut, close **2.** cover up **3.** lock up, shut up **4.** close

eyes **5.** close, finish ‖ *imperf* закрыва́ть 2а

ft.	закро́ю, -о́ешь, -о́ют
imp.	закро́й, ~те
pt.	закры́л
g.pt.a.	закры́в
p.pt.a.	закры́вший
p.pt.p.	закры́тый

закры́ться *perf* **1.** shut, close **2.** cover oneself up **3.** close down; end ‖ *imperf* закрыва́ться

закряхте́ть *perf coll* begin to groan

ft.	закряхчу́, -хти́шь, -хтя́т
imp.	закряхти́, ~те
pt.	закряхте́л
g.pt.a.	закряхте́в
p.pt.a.	закряхте́вший

закуда́хтать, *1st and 2nd pers not used*, *perf* begin to cackle

ft.	закуда́хчет, -чут *and sub* закуда́хтает, -ают
pt.	закуда́хтал
g.pt.a.	закуда́хтав
p.pt.a.	закуда́хтавший

закупа́ть *imperf of* закупи́ть

закупи́ть *perf* что buy a stock (of), buy smth in ‖ *imperf* закупа́ть 2а

ft.	закуплю́, -у́пишь, -у́пят
imp.	закупи́, ~те
pt.	закупи́л
g.pt.a.	закупи́в
p.pt.a.	закупи́вший
p.pt.p.	заку́пленный

заку́поривать(ся) *imperf of* заку́порить(ся)

заку́порить *perf* что stopper up; cork ‖ *imperf* заку́поривать 1а

ft.	заку́порю, -ришь, -рят
imp.	заку́порь, ~те *and* заку́пори, ~те
pt.	заку́порил
g.pt.a.	заку́порив
p.pt.a.	заку́поривший
p.pt.p.	заку́поренный

заку́пориться, *1st and 2nd pers not used*, *perf* **1.** be corked **2.** *med* become blocked **3.** shut oneself in ‖ *imperf* заку́пориваться

заку́ривать(ся) *imperf of* закури́ть(ся)

закури́ть *perf* **1.** что light *a cigarette* **2.** take up smoking, start smoking **3.** что fill with tobacco smoke ‖ *imperf* заку́ривать 1а

ft.	закурю́, -у́ришь, -у́рят

imp.	закури́, ~те
pt.	закури́л
g.pt.a.	закури́в
p.pt.a.	закури́вший
p.pt.p.	заку́ренный

закури́ться, *1st and 2nd pers not used, perf* begin to smoke ‖ *imperf* закури́ваться

закуса́ть[1] 2 *perf* кого́-что *coll* bite, sting

закуса́ть[2] 2 *perf* begin to bite

закуси́ть[1] *perf* что bite (on) ‖ *imperf* заку́сывать 1 a

ft.	закушу́, -у́сишь, -у́сят
imp.	закуси́, ~те
pt.	закуси́л
g.pt.a.	закуси́в
p.pt.a.	закуси́вший
p.pt.p.	заку́шенный

закуси́ть[2] *perf with or without* чем have a bite ‖ *imperf* заку́сывать
no *p.pt.p.*
other forms as закуси́ть[1]

заку́сывать[1,2] *imperf of* закуси́ть[1,2]

закута́ть 1 *perf* кого́-что чем *or* во что wrap up (in) ‖ *imperf* заку́тывать 1 a

закута́ться *perf* wrap oneself up, wrap up ‖ *imperf* заку́тываться

закути́ть *perf* begin to carouse

ft.	закучу́, -ку́тишь, -ку́тят
imp.	закути́, ~те
pt.	закути́л
g.pt.a.	закути́в
p.pt.a.	закути́вший

заку́тывать(ся) *imperf of* заку́тать(ся)

зала́дить *perf sub* **1.** что repeat (the same thing) over and over again **2.** *with infinitive* make a habit of

ft.	зала́жу, -а́дишь, -а́дят
imp.	зала́дь, ~те
pt.	зала́дил
g.pt.a.	зала́див
p.pt.a.	зала́дивший

зала́мывать *imperf of* заломи́ть

заласка́ть 2 *perf* кого́-что *coll* smother with caresses

залата́ть 2 *perf* что *sub* patch

зала́ять *perf* begin to bark

ft.	зала́ю, -а́ешь, -а́ют
imp.	зала́й, ~те
pt.	зала́ял
g.pt.a.	зала́яв
p.pt.a.	зала́явший

залега́ть *imperf of* зале́чь

заледене́ть 3 *perf* **1.** be covered with ice **2.** freeze

залежа́ться *perf* **1.** lie too long **2.** *1st and 2nd pers not used* become stale, get old ‖ *imperf* залёживаться 1 a

ft.	залежу́сь, -жи́шься, -жа́тся
imp.	залежи́сь, -и́тесь
pt.	залежа́лся, -лась
g.pt.a.	залежа́вшись
p.pt.a.	залежа́вшийся

залёживаться *imperf of* залежа́ться

залеза́ть *imperf of* зале́зть

зале́зть *perf* **1.** на что climb (up) **2.** во что sneak into **3.** во что *coll* put one's hand into, reach into ‖ *imperf* залеза́ть 2 a

ft.	зале́зу, -зешь, -зут
imp.	зале́зь, ~те
pt.	зале́з, ~ла
g.pt.a.	зале́зши
p.pt.a.	зале́зший

залени́ться[1] *perf coll* grow lazy

ft.	заленю́сь, -е́нишься, -е́нятся
imp.	залени́сь, -и́тесь
pt.	залени́лся, -лась
g.pt.a.	залени́вшись
p.pt.a.	залени́вшийся

залени́ться[2] *perf* grow lazy
forms as залени́ться[1]

залепета́ть *perf* begin to babble

ft.	залепечу́, -е́чешь, -е́чут
imp.	залепечи́, ~те
pt.	залепета́л
g.pt.a.	залепета́в
p.pt.a.	залепета́вший

залепи́ть *perf* **1.** что чем seal, seal up **2.** что cover **3.:** залепи́ть кому́-н. пощёчину *sub* slap *smb* in the face ‖ *imperf* залепля́ть 2 a

ft.	залеплю́, -е́пишь, -е́пят
imp.	залепи́, ~те
pt.	залепи́л
g.pt.a.	зале́пив
p.pt.a.	залепи́вший
p.pt.p.	зале́пленный

залепля́ть *imperf of* залепи́ть

залеси́ть, *1st pers not used, perf* что afforest

ft.	залеси́шь, -ся́т
imp.	залеси́, ~те
pt.	залеси́л
g.pt.a.	залеси́в
p.pt.a.	залеси́вший
p.pt.p.	залесённый; залесён, -ена́

залета́ть *imperf of* залете́ть

залете́ть *perf* **1.** fly into **2.** fly high; fly beyond *smth* **3.** за кем-чем *coll* land somewhere on the way ‖ *imperf* залета́ть 2 a

ft.	залечу́, -ети́шь, -етя́т
imp.	залети́, ~те
pt.	залете́л
g.pt.a.	залете́в
p.pt.a.	залете́вший

зале́чивать(ся) *imperf of* залечи́ть(ся)

залечи́ть *perf* кого́-что **1.** heal **2.** *coll* plague with treatment [remedies] ‖ *imperf* зале́чивать 1 a

ft.	залечу́, -е́чишь, -е́чат
imp.	залечи́, ~те
pt.	залечи́л
g.pt.a.	залечи́в
p.pt.a.	залечи́вший
p.pt.p.	зале́ченный

залечи́ться *perf* heal, heal over ‖ *imperf* зале́чиваться

зале́чь *perf* **1.** lie down **2.** *mil* drop flat, take cover **3.** *of ore etc.* lie, be located, be deposited ‖ *imperf* залега́ть 2 a

ft.	заля́гу, -я́жешь, -я́гут
imp.	заля́г, ~те
pt.	залёг, -егла́
g.pt.a.	залёгши
p.pt.a.	залёгший

залива́ть *imperf of* зали́ть

залива́ться[1,2] *imperf of* зали́ться[1,2]

зализа́ть *perf* что **1.** lick (clean) **2.** *coll* sleek (down) ‖ *imperf* зали́зывать 1 a

ft.	залижу́, -и́жешь, -и́жут
imp.	залижи́, ~те
pt.	зализа́л
g.pt.a.	зализа́в
p.pt.a.	зализа́вший
p.pt.p.	зали́занный

зали́зывать *imperf of* зализа́ть

зали́ть *perf* что **1.** flood, overflow **2.** *fig* flood **3.** pour (over); spill **4.** put out with water, pour water over ‖ *imperf* залива́ть 2 a

ft.	залью́, зальёшь, залью́т
imp.	залей, ~те
pt.	за́лил, залила́, за́лило
g.pt.a.	зали́в
p.pt.a.	зали́вший
p.pt.p.	за́ли́тый; за́ли́т, залита́, за́ли́то

зали́ться[1] *perf* trickle, seep in ‖ *imperf* залива́ться

pt.	зали́лся, -ила́сь, -ило́сь

зали́ться[2] *perf* чем **1.** (begin to) bark, trill, warble **2.** burst out *laughing*; burst into *tears* ‖ *imperf* залива́ться

pt.	зали́лся, -ила́сь, -ило́сь

заложи́ть *perf* что **1.** за что put, lay **2.** *coll* mislay **3.** чем brick up *a gap* **4.**: заложи́ть осно́ву lay the foundation (of) ‖ *imperf* закла́дывать 1 a

ft.	заложу́, -о́жишь, -о́жат
imp.	заложи́, ~те
pt.	заложи́л
g.pt.a.	заложи́в
p.pt.a.	заложи́вший
p.pt.p.	зало́женный

заломи́ть *perf* что **1.** *coll* break off **2.** *sub*: заломи́ть це́ну ask an exorbitant price ‖ *imperf* зала́мывать 1 a

ft.	заломлю́, -о́мишь, -о́мят
imp.	заломи́, ~те
pt.	заломи́л
g.pt.a.	заломи́в
p.pt.a.	заломи́вший
p.pt.p.	зало́мленный

залосни́ться, *1st and 2nd pers not used, perf* become shiny

ft.	залосни́тся, -ня́тся
pt.	залосни́лся, -лась
g.pt.a.	залосни́вшись
p.pt.a.	залосни́вшийся

залупи́ть *perf* что *sub and reg* peel off; pare, strip; abrade, graze *skin* ‖ *imperf* залупля́ть 2 a

ft.	залуплю́, -у́пишь, -у́пят
imp.	залупи́, ~те
pt.	залупи́л
g.pt.a.	залупи́в
p.pt.a.	залупи́вший
p.pt.p.	залу́пленный

залупи́ться, *1st and 2nd pers not used, perf sub, of skin* peel ‖ *imperf* залупля́ться

ft.	залу́пится, -пятся
pt.	залупи́лся, -лась
g.pt.a.	залупи́вшись
p.pt.a.	залупи́вшийся

залупля́ть(ся) *imperf of* залупи́ть(ся)

залуча́ть *imperf of* залучи́ть

залучи́ть *perf* кого́-что *coll* entice, lure ‖ *imperf* залуча́ть 2 a

ft.	залучу́, -чи́шь, -ча́т
imp.	залучи́, ~те
pt.	залучи́л
g.pt.a.	залучи́в
p.pt.a.	залучи́вший
p.pt.p.	залучённый; залучён, -ена́

залюбова́ться 5 *perf* кем-чем gaze with

admiration (at); lose oneself in admiration (of)

заля́пать 1 *perf* что чем *sub* make muddy ‖ *imperf* заля́пывать 1а

заля́пывать *imperf of* заля́пать

зама́зать *perf* что 1. paint over 2. *fig coll* cover up 3. seal; putty 4. besmear, soil, dirty ‖ *imperf* зама́зывать 1а
ft.	зама́жу, -жешь, -жут
imp.	зама́жь, ~те
pt.	зама́зал
g.pt.a.	зама́зав
p.pt.a.	зама́завший
p.pt.p.	зама́занный

зама́заться *perf* get soiled, get dirty ‖ *imperf* зама́зываться

зама́зывать(ся) *imperf of* зама́зать(ся)

зама́ливать *imperf of* замоли́ть

зама́лчивать *imperf of* замолча́ть[2]

зама́нивать *imperf of* замани́ть

замани́ть *perf* кого́-что entice, lure, decoy ‖ *imperf* зама́нивать 1а
ft.	заманю́, -а́нишь, -а́нят
imp.	замани́, ~те
pt.	замани́л
g.pt.a.	замани́в
p.pt.a.	замани́вший
p.pt.p.	зама́ненный *and* заманённый; заманён, -ена́

замара́ть 2 *perf* кого́-что soil, besmear

замара́ться *perf* 1. get dirty, get soiled 2. *fig* be disgraced

зама́ривать *imperf of* замори́ть

замаринова́ть 5 *perf* что 1. pickle 2. *sub* shelve, keep putting *things* off ‖ *imperf* замарино́вывать 1а

замарино́вывать *imperf of* замаринова́ть

замаскирова́ть 5 *perf* кого́-что 1. mask 2. *fig* disguise; *mil* camouflage ‖ *imperf* замаскиро́вывать 1а

замаскирова́ться *perf* 1. disguise oneself; put on a mask 2. *mil* be camouflaged ‖ *imperf* замаскиро́вываться

замаскиро́вывать(ся) *imperf of* замаскирова́ть(ся)

зама́сливать(ся) *imperf of* зама́слить(ся)

зама́слить *perf* кого́-что spot with grease, fat ‖ *imperf* зама́сливать 1а
ft.	зама́слю, -лишь, -лят
imp.	зама́сли, ~те
pt.	зама́слил

g.pt.a.	зама́слив
p.pt.a.	зама́сливший
p.pt.p.	зама́сленный

зама́слиться *perf* 1. become soiled [greasy] 2. *1st and 2nd pers not used*: его́ глаза́ зама́слились his eyes glistened ‖ *imperf* зама́сливаться

заматере́ть 3 *perf* rigid [set] in *one's* ways

зама́тывать *imperf of* замота́ть[1]

зама́тываться *imperf of* замота́ться

замаха́ть *perf* чем begin to wave
ft.	замашу́, -а́шешь, ,-а́шут *and coll* замаха́ю, -а́ешь, -а́ют
imp.	замаши́, ~те *and coll* замаха́й, ~те
pt.	замаха́л
g.pt.a.	замаха́в
p.pt.a.	замаха́вший

зама́хиваться *imperf of* замахну́ться

замахну́ться 7 *perf* чем raise *one's* arm, swing *one's* arm back *to deal a blow* ‖ *imperf* зама́хиваться 1а

зама́чивать *imperf of* замочи́ть

зама́щивать *imperf of* замости́ть

зама́яться *perf sub* be pegged out, be exhausted
ft.	зама́юсь, -а́ешься, -а́ются
imp.	зама́йся, -а́йтесь
pt.	зама́ялся, -лась
g.pt.a.	зама́явшись
p.pt.a.	зама́явшийся

замая́чить *perf coll* loom
ft.	замая́чу, -чишь, -чат
imp.	замая́чь, ~те
pt.	замая́чил
g.pt.a.	замая́чив
p.pt.a.	замая́чивший

заме́длить *perf* 1. что slow down 2. что retard, delay 3. *usu negated, with infinitive or* с чем be slow (with, about) ‖ *imperf* замедля́ть 2а
ft.	заме́длю, -лишь, -лят
imp.	заме́дли, ~те
pt.	заме́длил
g.pt.a.	заме́длив
p.pt.a.	заме́дливший
p.pt.p.	заме́дленный

заме́длиться, *1st and 2nd pers not used, perf* slow down; be delayed ‖ *imperf* замедля́ться

замедля́ть(ся) *imperf of* заме́длить(ся)

заме́ливать *imperf of* замели́ть

замели́ть *perf* что *coll* coat [cover] with chalk ‖ *imperf* заме́ливать 1a
ft. замелю́, -ли́шь, -ля́т
imp. замели́, ~те
pt. замели́л
g.pt.a. замели́в
p.pt.a. замели́вший
p.pt.p. замелённый; замелён, -ена́

замелька́ть 2 *perf* **1.** begin to twinkle **2.** flash by *or* past

замени́ть *perf* кого́-что **1.** кем-чем replace by **2.** кому́-чему́ replace, take the place of ‖ *imperf* заменя́ть 2a
ft. заменю́, -е́нишь, -е́нят
imp. замени́, ~те
pt. замени́л
g.pt.a. замени́в
p.pt.a. замени́вший
p.pt.p. заменённый; заменён, -ена́

заменя́ть *imperf of* замени́ть

замере́ть *perf* **1.** falter, break off **2.** *1st and 2nd pers not used* die away ‖ *imperf* замира́ть 2a
ft. замру́, -рёшь, -ру́т
imp. замри́, ~те
pt. за́мер, замерла́, за́мерло
g.pt.a. замере́в
p.pt.a. за́мерший

замерза́ть *imperf of* замёрзнуть

замёрзнуть *perf* **1.** freeze **2.** freeze to death **3.** be frozen ‖ *imperf* замерза́ть 2a
ft. замёрзну, -нешь, -нут
imp. замёрзни, ~те
pt. замёрз, ~ла
g.pt.a. замёрзнув *and* замёрзши
p.pt.a. замёрзший

замеси́ть *perf* что mix ‖ *imperf* заме́шивать 1a
ft. замешу́, -е́сишь, -е́сят
imp. замеси́, ~те
pt. замеси́л
g.pt.a. замеси́в
p.pt.a. замеси́вший
p.pt.p. заме́шенный

замести́ *perf* **1.** что sweep up **2.** *only 3rd pers or impers* cover, block ‖ *imperf* замета́ть 2a
ft. замету́, -тёшь, -ту́т
imp. замети́, ~те
pt. замёл, -ела́
g.pt.a. заметя́
p.pt.a. замётший
p.pt.p. заметённый; заметён, -ена́

замести́ть *imperf of* замеща́ть

ft. замещу́, -ести́шь, -естя́т
imp. замести́, ~те
pt. замести́л
g.pt.a. замести́в
p.pt.a. замести́вший
p.pt.p. замещённый; замещён, -ена́

замета́ть[1] *imperf of* замести́

замета́ть[2] **2** *perf* что affix, fasten, tack on ‖ *imperf* замётывать 1a
p.pt.p. замётанный

замета́ться *perf* start tossing about, begin to toss and turn
ft. замечу́сь, -е́чешься, -е́чутся
imp. замечи́сь, -и́тесь
pt. замета́лся, -лась
g.pt.a. замета́вшись
p.pt.a. замета́вшийся

заме́тить *perf* **1.** кого́-что *or with conjunction* что *or* как notice **2.** что take note (of) **3.** что signal, mark **4.** remark, observe, say ‖ *imperf* замеча́ть 2a
ft. замечу́, -е́тишь, -е́тят
imp. заме́ть, ~те
pt. заме́тил
g.pt.a. заме́тив
p.pt.a. заме́тивший
p.pt.p. заме́ченный

замётывать *imperf of* замета́ть[2]

замеча́ть *imperf of* заме́тить

замеча́ться 2a, *1st and 2nd pers not used*, *imperf* make oneself conspicuous

замечта́ться 2 *perf* be lost in a dream

замеша́ть 2 *perf* кого́-что во что implicate (in) ‖ *imperf* заме́шивать 1a

замеша́ться *perf* во что **1.** be implicated (in) **2.** get lost in *a crowd*, mingle with *the crowd* ‖ *imperf* заме́шиваться

заме́шивать[1] *imperf of* замеси́ть

заме́шивать[2] *imperf of* замеша́ть

заме́шиваться *imperf of* замеша́ться

заме́шкаться 1 *perf coll* dally, tarry

замеща́ть 2 *perf* **1.** кого́-что кем-чем replace (by) **2.** кого́-что act (for), deputize (for) **3.** что кем-чем fill *vacancy* ‖ *imperf* замести́ть, forms ib.

замига́ть 2 *perf* begin to blink, begin to twinkle

замина́ть(ся) *imperf of* замя́ть(ся)

замини́ровать 4 *perf* что sow with mines

замира́ть *imperf of* замере́ть

замири́ть *perf* кого́-что *sub obs* reconcile, bring together ‖ *imperf* замиря́ть 2a

ft.	замирю́, -ри́шь, -ря́т
imp.	замири́, ~те
pt.	замири́л
g.pt.a.	замири́в
p.pt.a.	замири́вший
p.pt.p.	замирённый; замирён, -ена́

замири́ться *perf* с кем-чем *sub obs* make peace ‖ *imperf* замиря́ться

замиря́ть(ся) *imperf of* замири́ть(ся)

замкну́ть 7 *perf* что 1. *obs and sub* lock; lock up, shut up 2. surround, encircle ‖ *imperf* замыка́ть 2а

замкну́ться *perf* во что *or* в чём isolate oneself (within) ‖ *imperf* замыка́ться

замока́ть *imperf of* замо́кнуть

замо́кнуть, *1st and 2nd pers not used, perf* get soaked ‖ *imperf* замока́ть 2а

ft.	замо́кнет, -нут
pt.	замо́к, ~ла
g.pt.a.	замо́кнув *and* замо́кши
p.pt.a.	замо́кший

замо́лвить *perf coll*: замо́лвить сло́во за кого́-н. put in a word for *smb*

ft.	замо́лвлю, -вишь, -вят
imp.	замо́лви, ~те
pt.	замо́лвил
g.pt.a.	замо́лвив
p.pt.a.	замо́лвивший
p.pt.p.	замо́лвленный

замоли́ть *perf* что *coll* try to secure forgiveness [absolution] by praying ‖ *imperf* зама́ливать 1а

ft.	замолю́, -о́лишь, -о́лят
imp.	замоли́, ~те
pt.	замоли́л
g.pt.a.	замоли́в
p.pt.a.	замоли́вший
p.pt.p.	замолённый; замолён, -ена́

замолка́ть *imperf of* замо́лкнуть

замо́лкнуть *perf* 1. stop [cease] talking 2. *1st and 2nd pers not used* die away ‖ *imperf* замолка́ть 2а

ft.	замо́лкну, -нешь, -нут
imp.	замо́лкни, ~те
pt.	замо́лк, ~ла
g.pt.a.	замо́лкнув *and* замо́лкши
p.pt.a.	замо́лкший *and* замо́лкнувший

замолча́ть¹ *perf* 1. stop [cease] talking 2. *1st and 2nd pers not used* die away

ft.	замолчу́, -чи́шь, -ча́т
imp.	замолчи́, ~те
pt.	замолча́л
g.pt.a.	замолча́в
p.pt.a.	замолча́вший

замолча́ть² *perf* что *coll* hush up, conceal ‖ *imperf* зама́лчивать 1а
forms as замолча́ть¹

замора́живать *imperf of* заморо́зить

заморга́ть 2 *perf* begin to blink; begin to twinkle

замори́ть *perf coll* кого́-что 1. plague, abuse 2. stain ‖ *imperf* зама́ривать 1а

ft.	заморю́, -ри́шь, -ря́т
imp.	замори́, ~те
pt.	замори́л
g.pt.a.	замори́в
p.pt.a.	замори́вший
p.pt.p.	заморённый; заморён, -ена́

замори́ться *perf sub* wear oneself out

заморо́зить *perf* кого́-что 1. freeze 2. *coll* chill ‖ *imperf* замора́живать 1а

ft.	заморо́жу, -о́зишь, -о́зят
imp.	заморо́зь, ~те
pt.	заморо́зил
g.pt.a.	заморо́зив
p.pt.a.	заморо́зивший
p.pt.p.	заморо́женный

замороси́ть, *1st and 2nd pers not used, perf* begin to drizzle

ft.	заморо́сит, -ся́т
pt.	заморо́сил
g.pt.a.	заморо́сив
p.pt.a.	заморо́сивший

замости́ть *perf* что pave ‖ *imperf* зама́щивать 1а

ft.	замощу́, -ости́шь, -остя́т
imp.	замости́, ~те
pt.	замости́л
g.pt.a.	замости́в
p.pt.a.	замости́вший
p.pt.p.	замощённый; замощён, -ена́

замота́ть¹ 2 *perf* 1. что *coll* wind up 2. что чем *coll* twist (round) 3. кого́-что *sub* tire out ‖ *imperf* зама́тывать 1а

замота́ть² 2 *perf* чем *coll* begin to shake

замота́ться *perf* 1. *coll* wind round 2. *sub* become exhausted ‖ *imperf* зама́тываться 1а

замочи́ть *perf* кого́-что 1. wet 2. steep ‖ *imperf* зама́чивать 1а

ft.	замочу́, -о́чишь, -о́чат
imp.	замочи́, ~те
pt.	замочи́л
g.pt.a.	замочи́в
p.pt.a.	замочи́вший
p.pt.p.	замо́ченный

замурлы́кать *perf* begin to purr

ft.	замурлы́чу, -чишь, -чат *and* замурлы́каю, -аешь, -ают

imp.	замурлы́чь, ~те *and* замур-лы́кай, ~те
pt.	замурлы́кал
g.pt.a.	замурлы́кав
p.pt.a.	замурлы́кавший

замурова́ть 5 *perf* кого́-что **1.** brick up **2.** wall up, immure ‖ *imperf* замуро́вывать 1 а

замурова́ться *perf coll obs* bury oneself *in the country*, shut oneself up (from) ‖ *imperf* замуро́вываться

замуро́вывать(ся) *imperf of* замурова́ть-(ся)

замусливать(ся) *imperf of* замуслить(ся)

замуслить *perf* кого́-что *coll* finger, mess up, besmear ‖ *imperf* замусливать 1 а

ft.	замуслю, -лишь, -лят
imp.	замусли, ~те
pt.	замуслил
g.pt.a.	замуслив
p.pt.a.	замусливший
p.pt.p.	замусленный

замуслиться *perf coll* slaver ‖ *imperf* замусливаться

замусоливать(ся) *imperf of* замусолить-(ся)

замусолить *perf* кого́-что *coll* finger, mess up; besmear ‖ *imperf* замусоливать 1 а

ft.	замусолю, -лишь, -лят
imp.	замусоль, ~те
pt.	замусолил
g.pt.a.	замусолив
p.pt.a.	замусоливший
p.pt.p.	замусоленный

замусолиться *perf coll* slaver ‖ *imperf* замусоливаться

замусоривать(ся) *imperf of* замусорить-(ся)

замусорить *perf* что litter with rubbish ‖ *imperf* замусоривать 1 а

ft.	замусорю, -ришь, -рят
imp.	замусорь, ~те *and* замусори, ~те
pt.	замусорил
g.pt.a.	замусорив
p.pt.a.	замусоривший
p.pt.p.	замусоренный

замусориться, *1st and 2nd pers not used, perf* be covered with rubbish ‖ *imperf* замусориваться

замутить *perf* кого́-что **1.** make turbid **2.** *obs sub* stir up, incite

ft.	замучу, -у́тишь, -у́тят

imp.	замути́, ~те
pt.	замути́л
g.pt.a.	замути́в
p.pt.a.	замути́вший
p.pt.p.	замутнённый; замутнён, -ена́ *with* 1

замути́ться, *1st and 2nd pers not used, perf* become turbid

заму́чивать(ся) *imperf of* заму́чить(ся)

заму́чить *perf* кого́-что **1.** torture to death **2.** torture, torment ‖ *imperf* заму́чивать 1 а

ft.	заму́чу, -чишь, -чат *and coll* заму́чаю, -аешь, -ают
imp.	заму́чь, ~те *and coll* заму́чай, ~те
pt.	заму́чил
g.pt.a.	заму́чив
p.pt.a.	заму́чивший
p.pt.p.	заму́ченный

заму́читься *perf* fag at *smth*, wear oneself out ‖ *imperf* заму́чиваться

замше́ть 3, *1st and 2nd pers not used, perf* be coated with moss

замыва́ть *imperf of* замы́ть

замы́згать 1 *perf* что *sub* **1.** soil, dirty **2.** wear out ‖ *imperf* замы́згивать 1 а

замы́згивать *imperf of* замы́згать

замыка́ть(ся) *imperf of* замкну́ть(ся)

замы́слить *perf* что *or with infinitive* plan, intend, contemplate ‖ *imperf* замышля́ть 2 а

ft.	замы́слю, -лишь, -лят
imp.	замы́сли, ~те
pt.	замы́слил
g.pt.a.	замы́слив
p.pt.a.	замы́сливший
p.pt.p.	замы́шленный

замыта́рить *perf* кого́-что *coll* worry

ft.	замыта́рю, -ришь, -рят
imp.	замыта́рь, ~те
pt.	замыта́рил
g.pt.a.	замыта́рив
p.pt.a.	замыта́ривший
p.pt.p.	замыта́ренный

замыта́риться *perf coll* be worried; wear oneself out

замы́ть *perf* что **1.** wash off **2.** efface ‖ *imperf* замыва́ть 2 а

ft.	замо́ю, -о́ешь, -о́ют
imp.	замо́й, ~те
pt.	замы́л
g.pt.a.	замы́в

p.pt.a.	замы́вший
p.pt.p.	замы́тый

замыча́ть *perf, of cattle* begin to low

ft.	замычу́, -чи́шь, -ча́т
imp.	замычи́, ~те
pt.	замыча́л
g.pt.a.	замыча́в
p.pt.a.	замыча́вший

замышля́ть *imperf of* замы́слить

замя́ть *perf* что *coll* **1.** crush **2.** hush up, suppress ‖ *imperf* замина́ть 2a

ft.	замну́, -нёшь, -ну́т
imp.	замни́, ~те
pt.	замя́л
g.pt.a.	замя́в
p.pt.a.	замя́вший
p.pt.p.	замя́тый

замя́ться *perf coll* **1.** become confused, stop short **2.** falter, stumble ‖ *imperf* замина́ться

занаве́сить *perf* что curtain, drape with ‖ *imperf* занаве́шивать 1a

ft.	занаве́шу, -е́сишь, -е́сят
imp.	занаве́сь, ~те
pt.	занаве́сил
g.pt.a.	занаве́сив
p.pt.a.	занаве́сивший
p.pt.p.	занаве́шенный

занаве́шивать *imperf of* занаве́сить

зана́шивать(ся) *imperf of* заноси́ть(ся)[2]

занеду́жить *perf reg* fall ill

ft.	занеду́жу, -жишь, -жат
imp.	занеду́жь, ~те
pt.	занеду́жил
g.pt.a.	занеду́жив
p.pt.a.	занеду́живший

занеду́житься *perf reg* **1.** fall ill **2.** *impers* кому́-чему́: ему́ занеду́жилось he was not well

занеме́ть 3 *perf coll* go numb

занемога́ть *imperf of* занемо́чь

занемо́чь *perf* fall ill ‖ *imperf* занемога́ть 2a

ft.	занемогу́, -о́жешь, -о́гут
imp.	занемоги́, ~те
pt.	занемо́г, -огла́
g.pt.a.	занемо́гши
p.pt.a.	занемо́гший

занести́ *perf* кого́-что **1.** bring **2.** take in, leave **3.** note [write] down **4.** raise *one's arm* ‖ *imperf* заноси́ть[1], forms ib.

ft.	занесу́, -сёшь, -су́т
imp.	занеси́, ~те

pt.	занёс, -есла́
g.pt.a.	занеся́ *and obs* занёсши
p.pt.a.	занёсший
p.pt.p.	занесённый; занесён, -ена́

занести́сь *perf coll* **1.** be carried away **2.** give oneself airs ‖ *imperf* заноси́ться

занижа́ть *imperf of* зани́зить

зани́зить *perf* что underestimate, set too low ‖ *imperf* занижа́ть 2a

ft.	зани́жу, -и́зишь, -и́зят
imp.	зани́зь, ~те
pt.	зани́зил
g.pt.a.	зани́зив
p.pt.a.	зани́зивший
p.pt.p.	зани́женный

занима́ть(ся)[1,2] *imperf of* заня́ть(ся)[1,2]

занози́ть *perf* что get a splinter (in)

ft.	заножу́, -ози́шь, -озя́т
imp.	занози́, ~те
pt.	занози́л
g.pt.a.	занози́в
p.pt.a.	занози́вший

заноси́ть[1] *imperf of* занести́

pr.	заношу́, -о́сишь, -о́сят
imp.	заноси́, ~те
pt.	заноси́л
g.pt.a.	занося́
p.pr.a.	заноси́ящий
p.pt.a.	заноси́вший
p.pr.p.	заноси́мый

заноси́ть[2] *perf* что wear out ‖ *imperf* зана́шивать 1a

ft.	заношу́, -о́сишь, -о́сят
imp.	заноси́, ~те
pt.	заноси́л
g.pt.a.	заноси́в
p.pt.a.	заноси́вший
p.pt.p.	зано́шенный

заноси́ться[1] *imperf of* занести́сь forms follow заноси́ть[1]

заноси́ться[2], *1st and 2nd pers not used,* *perf* become worn out, become shabby ‖ *imperf* зана́шиваться 1a forms follow заноси́ть[2]

заночева́ть *perf* stay the night ‖ *imperf* заночёвывать 1a

ft.	заночу́ю, -у́ешь, -у́ют
imp.	заночу́й, ~те
pt.	заночева́л
g.pt.a.	заночева́в
p.pt.a.	заночева́вший

заночёвывать *imperf of* заночева́ть

занумерова́ть 5 *perf* кого́-что number ‖ *imperf* занумеро́вывать 1a занумеро́вывать *imperf of* занумерова́ть

занывать *imperf of* заны́ть

заны́ть *perf* 1. *of limbs*, *wounds*, *the heart etc*. start aching 2. begin to whine [to whimper] ‖ *imperf* занывать* 2а
ft. заною́, -беешь, -бют
imp. заной, ~те
pt. заны́л
g.pt.a. заны́в
p.pt.a. заны́вший

заня́ть[1] *perf* что у кого́ borrow (from) ‖ *imperf* занима́ть 2а
ft. займу́, -мёшь, -му́т
imp. займи́, ~те
pt. за́нял, заняла́, за́няло
g.pt.a. заня́в
p.pt.a. заня́вший
p.pt.p. за́нятый; за́нят, занята́, за́нято

заня́ть[2] *perf* кого́-что 1. occupy, take up 2. engage; reserve, secure *place* 3. occupy *post* 4. *mil* occupy 5. take *time* 6. interest ‖ *imperf* занима́ть 2а
forms as заня́ть[1]

заня́ться[1] *perf* 1. чем be occupied (with), be engaged (in) 2. с кем-чем attend (to) ‖ *imperf* занима́ться
pt. занялся́, -ла́сь, -ло́сь

заня́ться[2], *1st and 2nd pers not used*, *perf* catch fire ‖ *imperf* занима́ться
pt. занялся́, -ла́сь, -ло́сь

заостри́ть *perf* что 1. sharpen; point 2. *fig* sharpen ‖ *imperf* заостря́ть 2а
ft. заострю́, -ри́шь, -ря́т
imp. заостри́, ~те
pt. заостри́л
g.pt.a. заостри́в
p.pt.a. заостри́вший
p.pt.p. заострённый; заострён, -ена́

заостри́ться, *1st and 2nd pers not used*, *perf* become pointed; taper ‖ *imperf* заостря́ться

заостря́ть(ся) *imperf of* заостри́ть(ся)

зао́хать 1 *perf coll* begin to groan

запа́дать 1 *perf coll* begin to fall

запада́ть *imperf of* запа́сть

запа́здывать *imperf of* запозда́ть

запа́ивать *imperf of* запая́ть

запакова́ть 5 *perf* что pack (up) ‖ *imperf* запако́вывать 1 а

запако́вывать *imperf of* запакова́ть

запа́костить *perf* что *sub* soil, dirty
ft. запа́кощу, -остишь, -остят

imp. запа́кости, ~те
pt. запа́костил
g.pt.a. запа́костив
p.pt.a. запа́костивший
p.pt.p. запа́кощенный

запа́ливать *imperf of* запали́ть

запали́ть *perf* что *sub* kindle, set fire to ‖ *imperf* запа́ливать 1 а
ft. запалю́, -ли́шь, -ля́т
imp. запали́, ~те
pt. запали́л
g.pt.a. запали́в
p.pt.a. запали́вший
p.pt.p. запалённый; запалён, -ена́

запа́мятовать 4 *perf* что *obs and sub* forget
no *p.pt.p.*

запаникова́ть 5 *perf coll* be seized with panic

запа́ривать *imperf of* запа́рить[1]
запа́риваться *imperf of* запа́риться

запа́рить[1] *perf* кого́-что 1. steam, stew; soften *by scalding in hot water, e. g. animal feed* 2. *sub* be boiled, be baked *with the heat of the day* 3. override *a horse* ‖ *imperf* запа́ривать 1 а
ft. запа́рю, -ришь, -рят
imp. запа́рь, ~те
pt. запа́рил
g.pt.a. запа́рив
p.pt.p. запа́ривший
p.pt.p. запа́ренный

запа́рить[2] *impers perf sub*, *of the heat* grow oppressive [sultry]
ft. запа́рит
pt. запа́рил

запа́риться *perf* 1. *coll* stew, be stewing 2. *sub* be exhausted 3. *sub* tire oneself out ‖ *imperf* запа́риваться 1 а

запарши́веть 3, *stress as infinitive*, *perf coll* become mangy

запа́рывать[1,2] *imperf of* запоро́ть[1,2]

запаса́ть(ся) *imperf of* запасти́(сь)

запасти́ *perf* что (*or* чего́) stock up ‖ *imperf* запаса́ть 2а
ft. запасу́, -сёшь, -су́т
imp. запаси́, ~те
pt. запа́с, -асла́
g.pt.a. запа́сши
p.pt.a. запа́сший
p.pt.p. запасённый; запасён, -ена́

запасти́сь *perf* чем provide oneself (with) ‖ *imperf* запаса́ться

запа́сть, *1st and 2nd pers not used, perf*
1. *of the face* fall in **2.** за что *and* во что
coll fall behind **3.** sink in ‖ *imperf* за-
пада́ть 2a
ft.	западёт, -ду́т
pt.	запа́л
g.pt.a.	запа́в
p.pt.a.	запа́вший

запатентова́ть 5 *perf* что patent ‖ *imperf*
запатенто́вывать 1a

запатенто́вывать *imperf of* запатенто-
ва́ть

запатова́ть 5 *perf* кого́-что stalemate

запаха́ть *perf* что plough ‖ *imperf* за-
па́хивать 1a
ft.	запашу́, -а́шешь, -а́шут
imp.	запаши́, ~те
pt.	запаха́л
g.pt.a.	запаха́в
p.pt.a.	запаха́вший
p.pt.p.	запа́ханный

запа́хивать¹ *imperf of* запаха́ть

запа́хивать² *imperf of* запахну́ть

запа́хиваться *imperf of* запахну́ться

запа́хнуть *perf* begin to smell of *smth*
ft.	запа́хну, -нешь, -нут
pt.	запа́х, ~ла
g.pt.a.	запа́хнув *and* запа́хши
p.pt.a.	запа́хший *and* запа́хнувший

запахну́ть 7 *perf* что **1.** wrap tighter
[closer] **2.** *coll* slam ‖ *imperf* запа́хи-
вать 1a

запахну́ться *perf* wrap oneself up (in);
запахну́ться в шу́бу huddle up in *one's*
coat ‖ *imperf* запа́хиваться

запа́чкать 1 *perf* **1.** кого́-что soil, dirty
2. *fig* что sully

запа́чкаться *perf* make oneself dirty, get
dirty

запая́ть 2 *perf* что solder ‖ *imperf* за-
па́ивать 1a

запева́ть 2a *imperf* что *or without object*
1. start singing, break into song **2.** lead
the chorus

запека́ть(ся) *imperf of* запе́чь(ся)

запелена́ть 2 *perf* кого́-что swaddle
| *p.pt.p.* | запелёнатый |

запеленгова́ть 5 *perf* что take a bearing
(on)

запе́нивать(ся) *imperf of* запе́нить(ся)

запе́нить *perf* что froth ‖ *imperf* запе́ни-
вать 1a

запе́ниться, *1st and 2nd pers not used, perf*
begin to foam ‖ *imperf* запе́ниваться

запере́ть *perf* кого́-что **1.** lock up **2.** lock,
bolt **3.** surround, encircle ‖ *imperf* за-
пира́ть 2a
ft.	запру́, -рёшь, -ру́т
imp.	запри́, ~те
pt.	за́пер, заперла́, за́перло
g.pt.a.	заперёв *and* за́перши
p.pt.a.	за́перший *and* запёрший
p.pt.p.	за́пертый; за́перт, заперта́, за́перто

запере́ться *perf* **1.** lock oneself up **2.**:
я́щик запира́ется на замо́к the box can
be locked **3.** *coll* clam, keep *one's* trap
shut ‖ *imperf* запира́ться
| *g.pt.a.* | заперши́сь |

заперши́ть *impers perf coll*: у меня́ запер-
ши́ло в го́рле I have a tickling in my
throat
| *ft.* | заперши́т |
| *pt.* | заперши́ло |

запестре́ть 3, *1st and 2nd pers not used*,
perf appear variegated, shine in all the
colours of the rainbow

запе́ть *perf* что begin to sing
ft.	запою́, -оёшь, -ою́т
imp.	запо́й, ~те
pt.	запе́л
g.pt.a.	запе́в
p.pt.a.	запе́вший
p.pt.p.	запе́тый

запеча́тать 1 *perf* что **1.** seal *with a seal*
2. seal, seal up *a letter* ‖ *imperf* запеча́-
тывать 1a

запеча́таться, *1st and 2nd pers not used*,
perf be sealed, be put under seal ‖ *imperf*
запеча́тываться

запечатлева́ть(ся) *imperf of* запечат-
ле́ть(ся)

запечатле́ть 3 *perf* что **1.** stand for **2.** impress *smth* on *one's* memory **3.** manifest,
demonstrate, show ‖ *imperf* запечатле-
ва́ть 2a
| *p.pt.p.* | запечатлённый; запечатлён, -ена́ |

запечатле́ться *perf* be imprinted [engraved]

on *one's* mind ‖ *imperf* запечатле-
ва́ться

запеча́тывать(ся) *imperf of* запеча́тать(ся)

запе́чь *perf* кого́-что 1. crust, bake a crust
2. fritter, fry in batter ‖ *imperf* запе-
ка́ть 2а

ft.	запеку́, -ечёшь, -еку́т
imp.	запеки́, ~те
pt.	запёк, -екла́
g.pt.a.	запёкши
p.pt.a.	запёкший
p.pt.p.	запечённый; запечён, -ена́

запе́чься, *1st and 2nd pers not used, perf*
1. bake 2. clot, coagulate 3. *of lips* crack ‖
imperf запека́ться

запива́ть[1,2] *imperf of* запи́ть[1,2]

запина́ться *imperf of* запну́ться

запира́ть(ся) *imperf of* запере́ть(ся)

записа́ть *perf* кого́-что 1. write down
2. record *on tape* 3. enrol, register 4. *obs*
sub make over, leave (to) ‖ *imperf* за-
пи́сывать 1а

ft.	запишу́, -и́шешь, -и́шут
imp.	запиши́, ~те
pt.	записа́л
g.pt.a.	записа́в
p.pt.a.	записа́вший
p.pt.p.	запи́санный

записа́ться *perf* register, put *one's* name
down ‖ *imperf* запи́сываться

запи́сывать(ся) *imperf of* записа́ть(ся)

запи́ть[1] *perf* что чем take (with), drink
(after), wash down ‖ *imperf* запива́ть 2а

ft.	запью́, запьёшь, запью́т
imp.	запе́й, ~те
pt.	запи́л, запила́, запи́ло
g.pt.a.	запи́в
p.pt.a.	запи́вший
p.pt.p.	запи́тый; запи́т, -ита́, -и́то

запи́ть[2] *perf coll* take to the bottle, take
to drink ‖ *imperf* запива́ть 2а

| *pt.* | за́пил, запила́, за́пило |

no *p.pt.p.*
other forms as запи́ть[1]

запиха́ть 2 *perf* что *coll* push in, cram in,
force in ‖ *imperf* запи́хивать 1а

запи́хивать[1] *imperf of* запиха́ть

запи́хивать[2] *imperf of* запихну́ть

запихну́ть 7 *perf* что *coll* push in, cram in,
force in ‖ *imperf* запи́хивать 1а

запища́ть *perf* begin to squeak

ft.	запищу́, -щи́шь, -ща́т
imp.	запищи́, ~те
pt.	запища́л
g.pt.a.	запища́в
p.pt.a.	запища́вший

запла́кать *perf* begin to cry

ft.	запла́чу, -чешь, -чут
imp.	запла́чь, ~те
pt.	запла́кал
g.pt.a.	запла́кав
p.pt.a.	запла́кавший

заплани́ровать 4 *perf* что plan

заплата́ть 2 *perf* что *sub* patch

заплати́ть *perf* 1. что *or* за что pay (for)
2. чем за что repay (with)

ft.	заплачу́, -а́тишь, -а́тят
imp.	заплати́, ~те
pt.	заплати́л
g.pt.a.	заплати́в
p.pt.a.	заплати́вший
p.pt.p.	запла́ченный

заплева́ть *perf* кого́-что spit on *smth*,
smb ‖ *imperf* заплёвывать 1а

ft.	заплюю́, -юёшь, -юю́т
imp.	заплю́й, ~те
pt.	заплева́л
g.pt.a.	заплева́в
p.pt.a.	заплева́вший
p.pt.p.	заплёванный

заплёвывать *imperf of* заплева́ть

заплеска́ть 2 *perf* кого́-что splash, be-
sprinkle ‖ *imperf* заплёскивать 1а

ft. also	заплещу́, -е́щешь, -е́щут
imp. also	заплещи́, ~те
p.pt.p.	заплёсканный

заплёскивать[1] *imperf of* заплеска́ть

заплёскивать[2] *imperf of* заплесну́ть

заплесневеть 3, *stress as infinitive, perf*
turn mouldy

заплесну́ть 7 *perf* что splash, sprinkle;
submerge ‖ *imperf* заплёскивать 1а

| *p.pt.p.* | заплёснутый |

заплести́[1] *perf* что braid, plait ‖ *imperf*
заплета́ть 2а

ft.	заплету́, -тёшь, -ту́т
imp.	заплети́, ~те
pt.	заплёл, -ела́
g.pt.a.	заплетя́ *and* заплётши
p.pt.a.	заплётший
p.pt.p.	заплетённый; заплетён, -ена́

заплести́[2] *perf* begin to braid

no *p.pt.p.*
other forms as заплести́[1]

заплести́сь *perf of* заплета́ться

заплета́ть *imperf of* заплести́[1]

заплета́ться 2а, *1st and 2nd pers not used*, *imperf* stagger, stumble ‖ *perf* заплести́сь, forms follow заплести́[1]

запломбирова́ть 5 *perf* что **1.** stop, fill *tooth* **2.** seal, put under a seal ‖ *imperf* запломбиро́вывать 1а

запломбиро́вывать *imperf of* запломбирова́ть

заплута́ться 2 *perf sub* lose *one's* way

заплыва́ть[1,2] *imperf of* заплы́ть[1,2]

заплы́ть[1] *perf* swim *a long distance*, swim *out to sea* ‖ *imperf* заплыва́ть 2а
ft.   заплыву́, -вёшь, -ву́т
imp.   заплыви́, ~те
pt.   заплы́л, -ыла́, -ы́ло
g.pt.a.   заплы́в
p.pt.a.   заплы́вший

заплы́ть[2], *1st and 2nd pers not used*, *perf* чем swell (with), bloat (with) ‖ *imperf* заплыва́ть 2а
forms as заплы́ть[1]

запляса́ть *perf* begin to dance
ft.   запляшу́, -я́шешь, -я́шут
imp.   запляши́, ~те
pt.   запляса́л
g.pt.a.   запляса́в
p.pt.a.   запляса́вший

запну́ться 7 *perf* falter ‖ *imperf* запина́ться 2а

запове́дать 1 *perf* что *obs* command, ordain ‖ *imperf* запове́довать 4а

запове́довать *imperf of* запове́дать

заподазривать *imperf of* заподо́зрить

заподо́зрить *perf* кого́-что в чём suspect ‖ *imperf* заподазривать 1а
ft.   заподо́зрю, -ришь, -рят
imp.   заподо́зри, ~те
pt.   заподо́зрил
g.pt.a.   заподо́зрив
p.pt.a.   заподо́зривший
p.pt.p.   заподо́зренный

запозда́ть 2 *perf* **1.** be late **2.** с чем *or with infinitive* be late *with smth* ‖ *imperf* запа́здывать 1а

запо́лзать 1 *perf* begin to crawl

заполза́ть *imperf of* заползти́

заползти́ *perf* crawl, creep ‖ *imperf* заполза́ть 2а
ft.   заползу́, -зёшь, -зу́т
imp.   заползи́, ~те
pt.   запо́лз, -олзла́
g.pt.a.   запо́лзши
p.pt.a.   запо́лзший

запо́лнить *perf* что fill (out, up) ‖ заполня́ть 2а
ft.   запо́лню, -нишь, -нят
imp.   запо́лни, ~те
pt.   запо́лнил
g.pt.a.   запо́лнив
p.pt.a.   запо́лнивший
p.pt.p.   запо́лненный

запо́лниться, *1st and 2nd pers not used*, *perf* fill up ‖ *imperf* заполня́ться

заполня́ть(ся) *imperf of* запо́лнить(ся)

заполони́ть, *1st and 2nd pers not used*, *perf* что **1.** fill, congest **2.** *fig* что captivate ‖ *imperf* заполоня́ть 2а
ft.   заполони́т, -ня́т
pt.   заполони́л
g.pt.a.   заполони́в
p.pt.a.   заполони́вший
p.pt.p.   заполонённый; заполо-
           нён, -ена́

заполоня́ть *imperf of* заполони́ть

заполуча́ть *imperf of* заполучи́ть

заполучи́ть *perf* кого́-что *sub* get *one's* hands on *smth*, collar, nab ‖ *imperf* заполуча́ть 2а
ft.   заполучу́, -у́чишь, -у́чат
imp.   заполучи́, ~те
pt.   заполучи́л
g.pt.a.   заполучи́в
p.pt.a.   заполучи́вший
p.pt.p.   заполу́ченный

запомина́ть *imperf of* запо́мнить[1]

запомина́ться *imperf of* запо́мниться

запо́мнить[1] *perf* кого́-что remember, keep in mind ‖ *imperf* запомина́ть 2а
ft.   запо́мню, -нишь, -нят
imp.   запо́мни, ~те
pt.   запо́мнил
g.pt.a.   запо́мнив
p.pt.a.   запо́мнивший

запо́мнить[2] *imperf coll only negated:* не запо́мн ить be unable to remember
pr.   запо́мню, -нишь, -нят
pt.   запо́мнил

запо́мниться *perf* remain in *smb's* memory ‖ *imperf* запомина́ться 2а
forms follow запо́мнить[1]

запора́шивать *imperf of* запороши́ть

запоро́ть[1] *perf* кого́-что *coll* flog to death ‖ *imperf* запа́рывать 1а
ft.   запорю́, -о́решь, -о́рют
imp.   запори́, ~те
pt.   запоро́л

g.pt.a.	запоро́в
p.pt.a.	запоро́вший
p.pt.p.	запо́ротый

запоро́ть[2] *perf* что *sub* spoil *a piece of work by sloppy workmanship* ‖ *imperf* запа́рывать 1a forms as запоро́ть[1]

запороши́ть, *1st and 2nd pers not used, perf* что чем powder (with), dust (with) ‖ *imperf* запора́шивать 1a

ft.	запороши́т, -ша́т
pt.	запороши́л
g.pt.a.	запороши́в
p.pt.a.	запороши́вший
p.pt.p.	запорошённый; запоро-шён, -ена́

запотева́ть *imperf of* запоте́ть

запоте́ть 3 *perf* **1.** be covered with condensation *etc.* **2.** *sub* sweat, come out in a sweat ‖ *imperf* запотева́ть 2a

започива́ть 2 *perf obs* go to bed; fall asleep

запра́вить *perf* что **1.** tuck *smth* in **2.** чем season (with), dress (with) **3.** refuel *a car*; fill up *the tank* ‖ *imperf* заправля́ть 2a

ft.	запра́влю, -вишь, -вят
imp.	запра́вь, ~те
pt.	запра́вил
g.pt.a.	запра́вив
p.pt.a.	запра́вивший
p.pt.p.	запра́вленный

запра́виться *perf* **1.** *coll* refuel **2.** *sub* refresh oneself ‖ *imperf* заправля́ться

заправля́ть *imperf* **1.** *imperf of* запра́вить **2.** чем *sub* boss

заправля́ться *imperf of* запра́виться

запра́шивать *imperf of* запроси́ть

запрева́ть *imperf of* запре́ть

запрети́ть *perf* кому́-чему́ что *or with infinitive* forbid, interdict ‖ *imperf* запреща́ть 2a

ft.	запрещу́, -ети́шь, -етя́т
imp.	запрети́, ~те
pt.	запрети́л
g.pt.a.	запрети́в
p.pt.a.	запрети́вший
p.pt.p.	запрещённый; запрещён, -ена́

запре́ть 3, *1st and 2nd pers not used, perf coll* **1.** rot; moulder **2.** begin to rot ‖ *imperf* запрева́ть 2a

запреща́ть *imperf of* запрети́ть

запримéтить *perf* кого́-что *sub* notice, spot

ft.	запримéчу, -éтишь, -éтят
imp.	запримéть, ~те
pt.	запримéтил
g.pt.a.	запримéтив
p.pt.a.	запримéтивший
p.pt.p.	запримéченный

заприхо́довать 4 *perf* что credit

запродава́ть *imperf of* запрода́ть

pr.	запродаю́, -аёшь, -аю́т
imp.	запродава́й, ~те
pt.	запродава́л
g.pr.a.	запродава́я
p.pr.a.	запродаю́щий
p.pt.a.	запродава́вший
p.pr.p.	запродава́емый

запрода́ть *perf* кого́-что conclude a preliminary bargain ‖ *imperf* запродава́ть, forms ib.

ft.	запрода́м, -а́шь, -а́ст, -ади́м, -ади́те, -аду́т
imp.	запрода́й, ~те
pt.	запро́дал, -одала́, -о́дало
g.pt.a.	запрода́в
p.pt.a.	запрода́вший
p.pt.p.	запро́данный

запроекти́ровать 4 *perf* что plan

запроки́дывать(ся) *imperf of* запроки́нуть(ся)

запроки́нуть 6 *perf* что throw back *one's head* ‖ *imperf* запроки́дывать 1a

imp.	запроки́нь, ~те
p.pt.p.	запроки́нутый

запроки́нуться *perf* fall back ‖ *imperf* запроки́дываться

запропасти́ться *perf sub* get lost

ft.	запропащу́сь, -асти́шься, -астя́тся
imp.	запропасти́сь, -и́тесь
pt.	запропасти́лся, -лась
g.pt.a.	запропасти́вшись
p.pt.a.	запропасти́вшийся

запроси́ть *perf* **1.** кого́-что о чём ask (for), inquire (about) **2.** что ask an exorbitant price ‖ *imperf* запра́шивать 1a

ft.	запрошу́, -о́сишь, -о́сят
imp.	запроси́, ~те
pt.	запроси́л
g.pt.a.	запроси́в
p.pt.a.	запроси́вший
p.pt.p.	запро́шенный

запротестова́ть 5 *perf* protest

запротоколи́ровать 4 *perf* что take down in the minutes

запруди́ть *perf* что **1.** dam (up) **2.** *fig coll*

throng ‖ *imperf* запру́живать 1a *and coll*
запружа́ть 2a
ft.	запружу́, -у́дишь, -у́дят
imp.	запруди́, ~те
pt.	запруди́л
g.pt.a.	запруди́в
p.pt.a.	запруди́вший
p.pt.p.	запру́женный *and* запружён- ный; запружён, -ена́

запружа́ть *imperf of* запруди́ть

запру́живать *imperf of* запруди́ть

запры́гать 1 *perf* begin to jump

запряга́ть(ся) *imperf of* запря́чь(ся)

запря́тать *perf* кого́-что 1. *coll* hide 2. *sub*
incarcerate ‖ *imperf* запря́тывать 1a
ft.	запря́чу, -чешь, -чут
imp.	запря́чь, ~те
pt.	запря́тал
g.pt.a.	запря́тав
p.pt.a.	запря́тавший
p.pt.p.	запря́танный

запря́таться *perf coll* hide oneself ‖ *imperf*
запря́тываться

запря́тывать(ся) *imperf of* запря́тать(ся)

запря́чь *perf* кого́-что 1. harness; во что
put *the horses* to; yoke *oxen* 2. *fig coll*
rope in ‖ *imperf* запряга́ть 2a
ft.	запрягу́, -яжёшь, -ягу́т
imp.	запряги́, ~те
pt.	запря́г, -ягла́
g.pt.a.	запря́гши
p.pt.a.	запря́гший
p.pt.p.	запряжённый; запряжён, -ена́

запря́чься *perf fig coll*: запря́чься в ра-
бо́ту get down to work ‖ *imperf* запря-
га́ться

запуга́ть 2 *perf* кого́-что intimidate,
cow ‖ *imperf* запу́гивать 1a

запу́гивать *imperf of* запуга́ть

запу́дривать *imperf of* запу́дрить

запу́дрить *perf* что powder ‖ *imperf* за-
пу́дривать 1a
ft.	запу́дрю, -ришь, -рят
imp.	запу́дри, ~те
pt.	запу́дрил
g.pt.a.	запу́дрив
p.pt.a.	запу́дривший
p.pt.p.	запу́дренный

запуска́ть[1,2] *imperf of* запусти́ть[1,2]

запусте́ть 3, *1st and 2nd pers not used*,
perf become desolate

запусти́ть[1] *perf* что 1. *а.* чем в кого́-что
fling (at) 2. fly *a kite* 3. *coll* start *an engine*,

a car 4. *coll* что sink the claws in, claw ‖
imperf запуска́ть 2a
ft.	запущу́, -у́стишь, -у́стят
imp.	запусти́, ~те
pt.	запусти́л
g.pt.a.	запусти́в
p.pt.a.	запусти́вший
p.pt.p.	запу́щенный

запусти́ть[2] *perf* что neglect ‖ *imperf*
запуска́ть 2a
forms as запусти́ть[1]

запу́тать 1 *perf* кого́-что 1. tangle 2. *fig*
complicate 3. *fig coll* muddle, confuse
4. во что *coll* involve in, implicate in,
entangle in, enmesh in ‖ *imperf* запу́ты-
вать 1a

запу́таться *perf* 1. get tangled up 2. *fig*
become complicated 3. в чём *fig coll* get
caught up (in) 4. *fig coll* get mixed up ‖
imperf запу́тываться

запу́тывать(ся) *imperf of* запу́тать(ся)

запуха́ть *imperf of* запу́хнуть

запу́хнуть *perf coll* swell ‖ *imperf* запу-
ха́ть 2a
ft.	запу́хну, -нешь, -нут
imp.	запу́хни, ~те
pt.	запу́х, ~ла
g.pt.a.	запу́хнув *and* запу́хши
p.pt.a.	запу́хший *and* запу́хнувший

запуши́ть, *1st and 2nd pers not used*, *perf*
ice up, ice over
ft.	запуши́т, -ша́т
pt.	запуши́л
g.pt.a.	запуши́в
p.pt.a.	запуши́вший
p.pt.p.	запушённый; запушён, -ена́

запыла́ть 2 *perf* blaze up

запыли́ть[1] *perf* что make dusty
ft.	запылю́, -ли́шь, -ля́т
imp.	запыли́, ~те
pt.	запыли́л
g.pt.a.	запыли́в
p.pt.a.	запыли́вший
p.pt.p.	запылённый; запылён, -ена́

запыли́ть[2] *perf* begin to whirl up
no *p.pt.p.*
other forms as запыли́ть[1]

запыли́ться *perf* become dusty

запыха́ться 2a *imperf coll* be out of
breath; pant

запыхте́ть *perf coll* begin to pant
ft.	запыхчу́, -хти́шь, -хтя́т
imp.	запыхти́, ~те
pt.	запыхте́л

g.pt.a.   запыхте́в
p.pt.a.   запыхте́вший

запьяне́ть 3 *perf sub* get drunk [pissed]
запятна́ть 2 *perf* кого́-что spot, mark; *fig* sully

зараба́тывать *imperf of* зарабо́тать[1]

зараба́тываться *imperf of* зарабо́таться

зарабо́тать[1] 1 *perf* что earn ‖ *imperf* зараба́тывать 1a

зарабо́тать[2] 1 *perf* begin to work

зарабо́таться *perf coll* overwork oneself ‖ *imperf* зараба́тываться 1a

зара́внивать *imperf of* заровня́ть

заража́ть(ся) *imperf of* зарази́ть(ся)

зарази́ть *perf* кого́-что чем 1. infect *a. fig* 2. pollute ‖ *imperf* заража́ть 2a
ft.   заражу́, -ази́шь, -азя́т
imp.   зарази́, ~те
pt.   зарази́л
g.pt.a.   зарази́в
p.pt.a.   зарази́вший
p.pt.p.   заражённый; заражён, -ена́

зарази́ться *perf* чем become infected (with), catch *a. fig* ‖ *imperf* заража́ться

зарапортова́ться 5 *perf coll* let one's tongue run away with one

зараста́ть *imperf of* зарасти́

зарасти́ *perf* 1. be overgrown *with moss etc.* 2. *coll* heal, heal over ‖ *imperf* зараста́ть 2a
ft.   зарасту́, -тёшь, -ту́т
imp.   зарасти́, ~те
pt.   заро́с, -осла́
g.pt.a.   заро́сши
p.pt.a.   заро́сший

зарва́ться *perf* go too far, carry things too far, overstep the mark ‖ *imperf* зарыва́ться 2a
ft.   зарву́сь, -вёшься, -ву́тся
imp.   зарви́сь, -и́тесь
pt.   зарва́лся, -ала́сь, -а́ло́сь
g.pt.a.   зарва́вшись
p.pt.a.   зарва́вшийся

зарде́ться 3 *perf* 1. redden, grow red 2. flush

ѕареве́ть *perf* 1. begin to roar 2. burst out crying
ft.   зареву́, -вёшь, -ву́т
imp.   зареви́, ~те
pt.   зареве́л
g.pt.a.   зареве́в
p.pt.a.   зареве́вший

зарегистри́ровать 4 *perf* кого́-что register

зарегистри́роваться *perf* 1. register, put one's name down 2. *coll* marry *in a registry office*

заре́зать *perf* кого́-что 1. kill 2. slaughter *animals for food* 3. *fig* plunge into ruin [destruction]
ft.   заре́жу, -е́жешь, -е́жут
imp.   заре́жь, ~те
pt.   заре́зал
g.pt.a.   заре́зав
p.pt.a.   заре́завший
p.pt.p.   заре́занный

заре́зать 2a *imperf coll* make a deep incision

заре́заться *perf coll* cut one's throat forms follow заре́зать

зарезерви́ровать 4 *perf* что reserve

зарека́ться *imperf of* заре́чься

зарекомендова́ть 5 *perf*: зарекомендова́ть себя́ give a good account of oneself ‖ *imperf* зарекомендо́вывать 1a

зарекомендо́вывать *imperf of* зарекомендова́ть

заре́чься *perf with infinitive coll* forswear, abjure ‖ *imperf* зарека́ться 2a
ft.   зареку́сь, -ечёшься, -еку́тся
imp.   зареки́сь, -и́тесь
pt.   зарёкся, -екла́сь
g.pt.a.   зарёкшись
p.pt.a.   зарёкшийся

заржа́веть 3, *stress as infinitive, 1st and 2nd pers not used, perf* rust, get rusty

заржа́ть *perf* begin to neigh
ft.   заржу́, -жёшь, -жу́т
imp.   заржи́, ~те
pt.   заржа́л
g.pt.a.   заржа́в
p.pt.a.   заржа́вший

зарисова́ть 5 *perf* кого́-что sketch ‖ *imperf* зарисо́вывать 1a

зарисова́ться *perf* sketch the time away ‖ *imperf* зарисо́вываться

зарисо́вывать(ся) *imperf of* зарисова́ть(ся)

за́риться *imperf* на кого́-что *sub* be set on smth
pr.   за́рюсь, за́ришься, за́рятся
imp.   за́рься, за́рьтесь
pt.   за́рился, -лась
g.pr.a.   за́рясь
p.pr.a.   за́рящийся
p.pt.a.   за́рившийся

заровня́ть 2 *perf* что level ‖ *imperf* зара́внивать 1а
p.pt.p.   заро́вненный

зароди́ть *perf* что engender, arouse, call up ‖ *imperf* зарожда́ть 2а
ft.   зарожу́, -оди́шь, -одя́т
imp.   зароди́, ~те
pt.   зароди́л
g.pt.a.   зароди́в
p.pt.a.   зароди́вший
p.pt.p.   зарождённый; зарождён, -ена́

зароди́ться, *1st and 2nd pers not used, perf* arise, originate ‖ *imperf* зарожда́ться

зарожда́ть(ся) *imperf of* зароди́ть(ся)

зарони́ть *perf* что **1.** *coll* drop, let fall [go] **2.** *fig* rouse, excite
ft.   зароню́, -о́нишь, -о́нят
imp.   зарони́, ~те
pt.   зарони́л
g.pt.a.   зарони́в
p.pt.a.   зарони́вший
p.pt.p.   заро́ненный

зароня́ть 2 *perf* что *coll* begin to lose [shed]

заруба́ть *imperf of* заруби́ть

заруби́ть *perf* кого́-что **1.** cut down, lay low **2.** notch ‖ *imperf* заруба́ть 2а
ft.   зарублю́, -у́бишь, -у́бят
imp.   заруби́, ~те
pt.   заруби́л
g.pt.a.   заруби́в
p.pt.a.   заруби́вший
p.pt.p.   зару́бленный

зарубцева́ться, *1st and 2nd pers not used, perf* heal over ‖ *imperf* зарубцо́вываться 1а
ft.   зарубцу́ется, -у́ются
pt.   зарубцева́лся, -лась
g.pt.a.   зарубцева́вшись
p.pt.a.   зарубцева́вшийся

зарубцо́вываться *imperf of* зарубцева́ться

заруга́ть[1] 2 *perf* кого́-что *sub* shout at, swear at

заруга́ть[2] 2 *perf* begin to swear

зарумя́нивать(ся) *imperf of* зарумя́нить(ся)

зарумя́нить *perf* кого́-что redden ‖ *imperf* зарумя́нивать 1а
ft.   зарумя́ню, -нишь, -нят
imp.   зарумя́нь, ~те
pt.   зарумя́нил
g.pt.a.   зарумя́нив

p.pt.a.   зарумя́нивший
p.pt.p.   зарумя́ненный

зарумя́ниться *perf* **1.** flush **2.** get brown ‖ *imperf* зарумя́ниваться

заруча́ться *imperf of* заручи́ться

заручи́ться *perf* чем secure ‖ *imperf* заруча́ться 2а
ft.   заручу́сь, -чи́шься, -ча́тся
imp.   заручи́сь, -и́тесь
pt.   заручи́лся, -лась
g.pt.a.   заручи́вшись
p.pt.a.   заручи́вшийся

зарыва́ть *imperf of* зары́ть[1]

зарыва́ться[1] *imperf of* зары́ться

зарыва́ться[2] *imperf of* зарва́ться

зарыда́ть 2 *perf* begin to sob

зары́ть[1] *perf* кого́-что bury ‖ *imperf* зарыва́ть 2а
ft.   заро́ю, -о́ешь, -о́ют
imp.   заро́й, ~те
pt.   зары́л
g.pt.a   зары́в
p.pt.a.   зары́вший
p.pt.p.   зары́тый

зары́ть[2] *perf* begin to dig
forms as зары́ть[1]

зары́ться *perf* bury oneself ‖ *imperf* зарыва́ться 2а

заряби́ть *impers perf* **1.** begin to ruffle **2.** begin to swim (before *one's* eyes)
ft.   заряби́т
pt.   заряби́ло

заряди́ть[1] *perf* что **1.** load *firearms* **2.** charge *battery* ‖ *imperf* заряжа́ть 2а
ft.   заряжу́, -я́ди́шь, -я́дя́т
imp.   заряди́, ~те
pt.   заряди́л
g.pt.a.   заряди́в
p.pt.a.   заряди́вший
p.pt.p.   заря́женный *and* заряжённый; заряжён, -ена́

заряди́ть[2] *perf* что *or with infinitive coll* kepp on *doing smth*
no *p.pt.p.*
other forms as заряди́ть[1]

заряди́ться *perf* **1.** *of firearms* be loaded; *of battery* be charged **2.** *coll* gather strength ‖ *imperf* заряжа́ться 2а

заряжа́ть *imperf of* заряди́ть[1]

заряжа́ться *imperf of* заряди́ться

засади́ть *perf* кого́-что **1.** чем plant *smth* with **2.** shut up **3.** за что *or with*

infinitive coll compel *to do smth* ‖ *imperf*
засаживать 1 a
ft.   засажу́, -а́дишь, -а́дят
imp.   засади́, ~те
pt.   засади́л
g.pt.a. засади́в
p.pt.a. засади́вший
p.pt.p. заса́женный

заса́живать *imperf of* засади́ть

заса́живаться 1 a *imperf sub* sit down

заса́ливать(ся)[1] *imperf of* заса́лить(ся)

заса́ливать(ся)[2] *imperf of* засоли́ть(ся)

заса́лить *perf* кого́-что smear, grease ‖ *imperf* заса́ливать 1 a
ft.   заса́лю, -лишь, -лят
imp.   заса́ль, ~те
pt.   заса́лил
g.pt.a. заса́лив
p.pt.a. заса́ливший
p.pt.p. заса́ленный

заса́литься *perf* become greasy ‖ *imperf*
заса́ливаться

заса́ривать(ся) *imperf of* засори́ть(ся)

заса́сывать *imperf of* засоса́ть[1]

заса́харивать(ся) *imperf of* заса́харить(ся)

заса́харить *perf* что candy ‖ *imperf* заса́харивать 1 a
ft.   заса́харю, -ришь, -рят
imp.   заса́харь, ~те
pt.   заса́харил
g.pt.a. заса́харив
p.pt.a. заса́харивший
p.pt.p. заса́харенный

заса́хариться, *1st and 2nd pers not used,
perf* become candied ‖ *imperf* заса́хариваться

засверка́ть 2 *perf* flash

засвети́ть[1] *perf* что 1. light, kindle 2.
a. without object coarse sub hit, blitz,
leather
ft.   засвечу́, -е́тишь, -е́тят
imp.   засвети́, ~те
pt.   засвети́л
g.pt.a. засвети́в
p.pt.a. засвети́вший
p.pt.p. засве́ченный

засвети́ть[2] *perf:* засвети́ть плёнку fog
a film ‖ *imperf* засве́чивать 1 a
forms as засвети́ть[1]

засвети́ть[3], *1st and 2nd pers not used,
perf coll* begin to shine
no *p.pt.p.*
other forms as засвети́ть[1]

засвети́ться[1], *1st and 2nd pers not used,
perf phot* be fogged ‖ *imperf* засве́чиваться 1 a

засвети́ться[2], *1st and 2nd pers not used,
perf* flash

засве́чивать *imperf of* засвети́ть[2]

засве́чиваться *imperf of* засвети́ться[1]

засвиде́тельствовать 4 *perf* что 1. *a.* о
чём testify to 2. witness

засвиста́ть *perf sub* begin to whistle
ft.   засвищу́, -и́щешь, -и́щут
imp.   засвищи́, ~те
pt.   засвиста́л
g.pt.a. засвиста́в
p.pt.a. засвиста́вший

засвисте́ть *perf* begin to whistle
ft.   засвищу́, -исти́шь, -истя́т
imp.   засвисти́, ~те
pt.   засвисте́л
g.pt.a. засвисте́в
p.pt.a. засвисте́вший

засева́ть *imperf of* засе́ять

заседа́ть[1] 2 a *imperf* 1. sit; meet 2. take
part in a meeting

заседа́ть[2] *imperf of* засе́сть

засе́ивать *imperf of* засе́ять

засека́ть[1,2] *imperf of* засе́чь[1,2]

засека́ться *imperf of* засе́чься

засекре́тить *perf* кого́-что 1. classify,
restrict *document, information etc.* 2. *coll*
give access to classified documents ‖ *imperf*
засекре́чивать 1 a
ft.   засекре́чу, -е́тишь, -е́тят
imp.   засекре́ть, ~те
pt.   засекре́тил
g.pt.a. засекре́тив
p.pt.a. засекре́тивший
p.pt.p. засекре́ченный

засекре́чивать *imperf of* засекре́тить

засели́ть *perf* что populate, people ‖ *imperf* заселя́ть 2 a
ft.   заселю́, -ли́шь, -ля́т
imp.   засели́, ~те
pt.   засели́л
g.pt.a. засели́в
p.pt.a. засели́вший
p.pt.p. заселённый; заселён, -ена́

заселя́ть *imperf of* засели́ть

засемени́ть *perf coll* trip along
ft.   засеменю́, -ни́шь, -ня́т
imp.   засемени́, ~те
pt.   засемени́л

g.pt.a. засемени́в
p.pt.a. засемени́вший

засеребри́ться *perf* begin to look silvery
ft. засеребрю́сь, -ри́шься, -ря́тся
imp. засеребри́сь, -и́тесь
pt. засеребри́лся, -лась
g.pt.a. засеребри́вшись
p.pt.a. засеребри́вшийся

засе́сть *perf coll* **1.** за что *or with infinitive* sit down **2.** settle down **3.** во что hide, lie in ambush **4.** в чём lodge (in) ‖ *imperf* заседа́ть 2a *with 4*
ft. зася́ду, -дешь, -дут
imp. зася́дь, ~те
pt. засе́л
g.pt.a. засе́в
p.pt.a. засе́вший

засе́чь[1] *perf* что notch, nick ‖ *imperf* засека́ть 2a
ft. засеку́, -ечёшь, -еку́т
imp. засеки́, ~те
pt. засе́к, -екла́
g.pt.a. засе́кши
p.pt.a. засе́кший
p.pt.p. засечённый; засечён, -ена́

засе́чь[2] *perf* кого́-что flog to death ‖ *imperf* засека́ть 2a
pt. засе́к, ~ла
p.pt.p. засе́ченный
other forms as засе́чь[1]

засе́чься, *1st and 2nd pers not used, perf of a horse* overreach ‖ *imperf* засека́ться
pt. засе́кся, -екла́сь

засе́ять *perf* что sow with seed ‖ *imperf* засева́ть 2a *and* засе́ивать 1a
ft. засе́ю, -е́ешь, -е́ют
imp. засе́й, ~те
pt. засе́ял
g.pt.a. засе́яв
p.pt.a. засе́явший
p.pt.p. засе́янный

засиде́ть, *1st and 2nd pers not used, perf coll* flyblow, spot *with bird droppings etc.* ‖ *imperf* заси́живать 1a
ft. засиди́т, -дя́т
pt. засиде́л
g.pt.a. засиде́в
p.pt.a. засиде́вший
p.pt.p. заси́женный

засиде́ться *perf coll* sit [stay] too long ‖ *imperf* заси́живаться

заси́живать(ся) *imperf of* засиде́ть(ся)

засине́ть 3, *1st and 2nd pers not used, perf* show blue

засине́ться, *1st and 2nd pers not used, perf* show blue

заси́нивать *imperf of* засини́ть

засини́ть *perf* что overblue, make excessively blue ‖ *imperf* заси́нивать 1a
ft. засиню́, -ни́шь, -ня́т
imp. засини́, ~те
pt. засини́л
g.pt.a. засини́в
p.pt.a. засини́вший
p.pt.p. засинённый; засинён, -ена́

засия́ть 2 *perf* shine

заскака́ть *perf coll* begin to jump
ft. заскачу́, -а́чешь, -а́чут
imp. заскачи́, ~те
pt. заскака́л
g.pt.a. заскака́в
p.pt.a. заскака́вший

заска́кивать *imperf of* заскочи́ть

заскирдова́ть 5 *perf* что rick, stack ‖ *imperf* заскирдо́вывать 1a

заскору́знуть *perf* **1.** callous, become calloused **2.** *fig* become rigid [set] *in one's ways*; become confirmed *in a habit*
ft. заскору́зну, -нешь, -нут
pt. заскору́з, ~ла
g.pt.a. заскору́зши
p.pt.a. заскору́зший *and* заскору́знувший

заскочи́ть *perf* **1.** *coll* jump **2.** *sub* drop in ‖ *imperf* заска́кивать 1a
ft. заскочу́, -о́чишь, -о́чат
imp. заскочи́, ~те
pt. заскочи́л
g.pt.a. заскочи́в
p.pt.a. заскочи́вший

заскрежета́ть *perf* begin to gnash the teeth
ft. заскрежещу́, -е́шешь, -е́щут
imp. заскрежещи́, ~те
pt. заскрежета́л
g.pt.a. заскрежета́в
p.pt.a. заскрежета́вший

заскрести́ *perf* begin to scratch [scrape]
ft. заскребу́, -бёшь, -бу́т
imp. заскреби́, ~те
pt. заскрёб, -скребла́
g.pt.a. заскрёбши
p.pt.a. заскрёбший

заскрести́сь *perf* begin to scratch [scrape]

заскрипе́ть *perf* begin to creak
ft. заскриплю́, -пи́шь, -пя́т

imp.	заскрипи́, ~те
pt.	заскрипе́л
g.pt.a.	заскрипе́в
p.pt.a.	заскрипе́вший

заскули́ть *perf, of dog* begin to whine

ft.	заскулю́, -ли́шь, -ля́т
imp.	заскули́, ~те
pt.	заскули́л
g.pt.a.	заскули́в
p.pt.a.	заскули́вший

заскуча́ть 2 *perf*: она́ заскуча́ла she began to feel bored

засла́ть *perf* кого́-что **1.** send *to the wrong address* **2.** send *a scout* ‖ *imperf* засыла́ть 2a

ft.	зашлю́, -лёшь, -лю́т
imp.	зашли́, ~те
pt.	засла́л
g.pt.a.	засла́в
p.pt.a.	засла́вший
p.pt.p.	за́сланный

заследи́ть *perf* что leave footprints ‖ *imperf* заслё́живать 1a

ft.	заслежу́, -еди́шь, -едя́т
imp.	заследи́, ~те
pt.	заследи́л
g.pt.a.	заследи́в
p.pt.p.	заслё́женный

заслё́живать *imperf of* заследи́ть

заслези́ться, *1st and 2nd pers not used, perf of eyes* begin to water

ft.	заслези́тся, -зя́тся
pt.	заслези́лся, -лась
g.pt.a.	заслези́вшись
p.pt.a.	заслези́вшийся

заслони́ть *perf* кого́-что **1.** cover, hide **2.** *fig* overshadow ‖ *imperf* заслоня́ть 2a

ft.	заслоню́, -ни́шь, -ня́т
imp.	заслони́, ~те
pt.	заслони́л
g.pt.a.	заслони́в
p.pt.a.	заслони́вший
p.pt.p.	заслонённый; заслонён, -ена́

заслони́ться *perf* shield [protect] oneself ‖ *imperf* заслоня́ться

заслоня́ть(ся) *imperf of* заслони́ть(ся)

заслу́живать *imperf of* заслужи́ть

заслужи́ть *perf* что earn *respect etc.* ‖ *imperf* заслу́живать 1a

ft.	заслужу́, -у́жишь, -у́жат
imp.	заслужи́, ~те
pt.	заслужи́л
g.pt.a.	заслужи́в

p.pt.a.	заслужи́вший
p.pt.p.	заслу́женный *and obs* заслужённый; заслужён, -ена́

заслу́шать 1 *perf* кого́-что hear ‖ *imperf* заслу́шивать 1a

заслу́шаться *perf* чем *or* чего́ listen to *smth* with delight ‖ *imperf* заслу́шиваться

заслу́шивать(ся) *imperf of* заслу́шать(ся)

заслы́шать *perf* что hear

ft.	заслы́шу, -шишь, -шат
imp.	заслы́шь, ~те*
pt.	заслы́шал
g.pt.a.	заслы́шав
p.pt.p.	заслы́шавший

заслю́нивать *imperf of* заслюни́ть

заслюни́ть *perf* что *coll* slobber over ‖ *imperf* заслю́нивать 1a

ft.	заслюню́, -ни́шь, -ня́т
imp.	заслюни́, ~те
pt.	заслюни́л
g.pt.a.	заслюни́в
p.pt.a.	заслюни́вший
p.pt.p.	заслюнённый; заслюнён, -ена́

заслюня́вить *perf* что *sub* slobber over

ft.	заслюня́влю, -вишь, -вят
imp.	заслюня́вь, ~те
pt.	заслюня́вил
g.pt.a.	заслюня́вив
p.pt.a.	заслюня́вивший
p.pt.p.	заслюня́вленный

засма́ливать *imperf of* засмоли́ть

засма́ркивать *imperf of* засморка́ть

засма́тривать 1a *imperf* во что look (into)

засма́триваться *imperf* **1.** *imperf of* засмотре́ться **2.** на кого́-что be lost in contemplation [admiration] (of); covet, gaze covetously at

засме́ивать *imperf of* засмея́ть

засмея́ть *perf* кого́-что *coll* ridicule, make fun of ‖ *imperf* засме́ивать 1a

ft.	засмею́, -еёшь, -ею́т
imp.	засме́й, ~те
pt.	засмея́л
g.pt.a.	засмея́в
p.pt.a.	засмея́вший
p.pt.p.	засме́янный

засмея́ться *perf* begin laughing; burst out laughing

засмоли́ть *perf* что pitch, tar ‖ *imperf* засма́ливать 1a

ft.	засмолю́, -ли́шь, -ля́т
imp.	засмоли́, ~те
pt.	засмоли́л

g.pt.a.	засмоли́в
p.pt.a.	засмоли́вший
p.pt.p.	засмолённый; засмолён, -ена́

засморка́ть 2 *perf* что *sub* dirty with snot ‖ *imperf* засма́ркивать 1а

засморка́ться *perf sub* begin to blow one's nose

засмотре́ться *perf* на кого́-что feast one's eyes (on), be lost in contemplation (of) ‖ *imperf* засма́триваться 1а

ft.	засмотрю́сь, -о́тришься, -о́трятся
imp.	засмотри́сь, -и́тесь
pt.	засмотре́лся, -лась
g.pt.a.	засмотре́вшись
p.pt.a.	засмотре́вшийся

заснима́ть *imperf of* засня́ть

засну́ть 7 *perf* fall asleep ‖ *imperf* засыпа́ть 2а
no *p.pt.p.*

засня́ть *perf* кого́-что *sub* take *a photograph* ‖ *imperf* заснима́ть 2а

ft.	засниму́, -и́мешь, -и́мут
imp.	засними́, ~те
pt.	засня́л
g.pt.a.	засня́в
p.pt.a.	засня́вший
p.pt.p.	засня́тый; засня́т, -ята́, -я́то

засо́веститься *perf sub* feel remorse, feel one's conscience

ft.	засо́вещусь, -естишься, -естятся
imp.	засо́вестись, -итесь
pt.	засо́вестился, -лась
g.pt.a.	засо́вестившись
p.pt.a.	засо́вестившийся

засо́вывать *imperf of* засу́нуть

засоли́ть *perf* что salt, pickle ‖ *imperf* заса́ливать 1а *and* засоля́ть 2а

ft.	засолю́, -о́ли́шь, -о́ли́т
imp.	засоли́, ~те
pt.	засоли́л
g.pt.a.	засоли́в
p.pt.a.	засоли́вший
p.pt.p.	засо́ленный

засоли́ться, *1st and 2nd pers not used, perf* be salted, be pickled ‖ *imperf* заса́ливаться *and* засоля́ться

засоля́ть(ся) *imperf of* засоли́ть(ся)

засопе́ть *perf sub* begin to snuffle

ft.	засоплю́, -пи́шь, -пя́т
imp.	засопи́, ~те
pt.	засопе́л

g.pt.a.	засопе́в
p.pt.a.	засопе́вший

засори́ть *perf* что 1. soil, dirty 2. *fig* damage ‖ *imperf* засоря́ть 2а *and* заса́ривать 1а

ft.	засорю́, -ри́шь, -ря́т
imp.	засори́, ~те
pt.	засори́л
g.pt.a.	засори́в
p.pt.a.	засори́вший
p.pt.p.	засорённый; засорён, -ена́

засори́ться, *1st and 2nd pers not used, perf* be soiled ‖ *imperf* засоря́ться *and* заса́риваться

засоря́ть(ся) *imperf of* засори́ть(ся)

засоса́ть[1] *perf* кого́-что 1. suck in 2. *fig* swallow up ‖ *imperf* заса́сывать 1а

ft.	засосу́, -осёшь, -осу́т
imp.	засоси́, ~те
pt.	засоса́л
g.pt.a.	засоса́в
p.pt.a.	засоса́вший
p.pt.p.	засо́санный

засоса́ть[2] *perf coll* begin to suck
no *p.pt.p.*
other forms as засоса́ть[1]

засо́хнуть *perf* get dry, wither; dry up *a. fig* ‖ *imperf* засыха́ть 2а

ft.	засо́хну, -нешь, -нут
imp.	засо́хни, ~те
pt.	засо́х, ~ла
g.pt.a.	засо́хнув *and* засо́хши
p.pt.a.	засо́хший

заспа́ть *perf* кого́-что 1. *sub* sleep away 2. *reg* smother ‖ *imperf* засыпа́ть 2а

ft.	засплю́, -пи́шь, -пя́т
imp.	заспи́, ~те
pt.	заспа́л, -ала́, -а́ло
g.pt.a.	заспа́в
p.pt.a.	заспа́вший
p.pt.p.	за́спанный

заспа́ться *perf coll* oversleep oneself ‖ *imperf* засыпа́ться

заспеши́ть *perf coll* begin to hurry

ft.	заспешу́, -ши́шь, -ша́т
imp.	заспеши́, ~те
pt.	заспеши́л
g.pt.a.	заспеши́в
p.pt.a.	заспеши́вший

заспиртова́ть 5 *perf* что preserve in alcohol ‖ *imperf* заспирто́вывать 1а

заспирто́вывать *imperf of* заспиртова́ть

заспо́рить *perf* begin to argue

ft.	заспо́рю, -ришь, -рят

imp.	заспо́рь, ~те
pt.	заспо́рил
g.pt.a.	заспо́рив
p.pt.a.	заспо́ривший

засрами́ть *perf* кого́-что *sub* put *smb* to shame

ft.	засрамлю́, -ми́шь, -мя́т
imp.	засрами́, ~те
pt.	засрами́л
g.pt.a.	засрами́в
p.pt.a.	засрами́вший
p.pt.p.	засрамлённый; засрамлён, -ена́

застава́ть *imperf of* заста́ть

pr.	застаю́, -аёшь, -аю́т
imp.	застава́й, ~те
pt.	застава́л
g.pr.a.	застава́я
p.pr.a.	застаю́щий
p.pt.a.	застава́вший

заста́вить[1] *perf* что **1.** fill *the* way **2.** block (up) ‖ *imperf* заставля́ть 2а

ft.	заста́влю, -вишь, -вят
imp.	заста́вь, ~те
pt.	заста́вил
g.pt.a.	заста́вив
p.pt.a.	заста́вивший
p.pt.p.	заста́вленный

заста́вить[2] *perf* кого́-что *with infinitive* compel, force ‖ *imperf* заставля́ть 2а
no *p.pt.p.*
other forms as заста́вить[1]

заставля́ть[1,2] *imperf of* заста́вить[1,2]

заста́иваться *imperf of* застоя́ться

заста́ть *perf* кого́-что **1.** find, meet **2.** catch, surprise, discover ‖ *imperf* застава́ть, forms ib.

ft.	заста́ну, -нешь, -нут
imp.	заста́нь, ~те
pt.	заста́л
g.pt.a.	заста́в
p.pt.a.	заста́вший

застёгивать(ся) *imperf of* застегну́ть(ся)

застегну́ть 7 *perf* что fasten; button; buckle, clasp; hook ‖ *imperf* застёгивать 1а

p.pt.p.	застёгнутый

застегну́ться *perf* button oneself up ‖ *imperf* застёгиваться

застекли́ть *perf* что glaze ‖ *imperf* застекля́ть 2а

ft.	застеклю́, -ли́шь, -ля́т
imp.	застекли́, ~те
pt.	застекли́л

g.pt.a.	застекли́в
p.pt.a.	застекли́вший
p.pt.p.	застеклённый; застеклён, -ена́

застекля́ть *imperf of* застекли́ть

застели́ть *perf* что *sub* **1.** cover **2.** cloud, screen

ft.	застелю́, -е́лешь, -е́лют
imp.	застели́, ~те
pt.	застла́л *and* застели́л
g.pt.a.	застла́в
p.pt.a.	застла́вший
p.pt.p.	за́стланный *and* засте́ленный

застенографи́ровать 4 *perf* take down in shorthand

застесня́ться 2 *perf coll* get embarrassed

застига́ть *imperf of* засти́чь *and* засти́гнуть

засти́гнуть *s.* засти́чь

застила́ть(ся) *imperf of* застла́ть(ся)

застира́ть 2 *perf* что **1.** wash out **2.** spoil in the wash ‖ *imperf* засти́рывать 1а

засти́рывать *imperf of* застира́ть

за́стить *imperf* что *sub:* за́стить кому́-н. свет stand in *smb's* light

ft.	за́щу, за́стишь, за́стят
imp.	за́сти, ~те *and* засть, ~те
pt.	за́стил
g.pt.a.	за́стив
p.pt.a.	за́стивший

засти́чь *and* засти́гнуть *perf* кого́-что surprise, catch

ft.	засти́гну, -нешь, -нут
imp.	засти́гни, ~те
pt.	засти́г *and obs* засти́гнул, засти́гла
g.pt.a.	засти́гнув *and* засти́гши
p.pt.a.	засти́гший *and obs* засти́гнувший
p.pt.p.	засти́гнутый

застла́ть *perf* что **1.** cover; spread *tablecloth* **2.** cloud, screen ‖ *imperf* застила́ть 2а

ft.	застелю́, -е́лешь, -е́лют
imp.	застели́, ~те
pt.	застла́л
g.pt.a.	застла́в
p.pt.a.	застла́вший
p.pt.p.	за́стланный

застла́ться, *1st and 2nd pers not used, perf* cloud over; be veiled ‖ *imperf* застила́ться

застона́ть *perf* begin to moan

ft.	застону́ *and* застона́ю, -о́нешь, -о́нут

imp.	застони́, ~те
pt.	застона́л
g.pt.a.	застона́в
p.pt.a.	застона́вший

засто́поривать(ся) *imperf of* засто́порить(ся)

засто́порить *perf* что **1.** stop **2.** *fig coll* check, hold back ‖ *imperf* засто́поривать 1 a

ft.	засто́порю, -ришь, -рят
imp.	засто́пори, ~те
pt.	засто́порил
g.pt.a.	засто́порив
p.pt.a.	засто́поривший
p.pt.p.	засто́поренный

засто́пориться, *1st and 2nd pers not used*, *perf* **1.** stop **2.** *fig coll* come to a standstill ‖ *imperf* засто́пориваться

застоя́ться *perf* **1.** stand too long **2.** become stale ‖ *imperf* заста́иваться 1 a

ft.	застою́сь, -ои́шься, -оя́тся
imp.	застойся, -о́йтесь
pt.	застоя́лся, -ла́сь
g.pt.a.	застоя́вшись
p.pt.a.	застоя́вшийся

застра́гивать *imperf of* застрога́ть

застра́ивать(ся) *imperf of* застро́ить(ся)

застрахова́ть 5 *perf* кого́-что от чего́ **1.** insure (against) **2.** *fig* ensure (against, from) ‖ *imperf* застрахо́вывать 1 a

застрахова́ться *perf* от чего́ **1.** insure one's life **2.** *fig* ensure oneself (against, from) ‖ *imperf* застрахо́вываться

застрахо́вывать(ся) *imperf of* застрахова́ть(ся)

застра́чивать *imperf of* застрочи́ть[1]

застраща́ть 2 *perf* кого́-что *sub* intimidate ‖ *imperf* застра́щивать 1 a

застра́щивать *imperf of* застраща́ть

застрева́ть *imperf of* застря́ть

застре́ливать(ся) *imperf of* застрели́ть(ся)

застрели́ть *perf* кого́-что shoot ‖ *imperf* застре́ливать 1 a

ft.	застрелю́, -е́лишь, -е́лят
imp.	застрели́, ~те
pt.	застрели́л
g.pt.a.	застрели́в
p.pt.a.	застрели́вший
p.pt.p.	застре́ленный

застрели́ться *perf* shoot oneself ‖ *imperf* застре́ливаться

застрига́ть *imperf of* застри́чь

застри́чь *perf* что cut *hair*; cut, pare *nails* ‖ *imperf* застрига́ть 2 a

ft.	застригу́, -ижёшь, -игу́т
imp.	застриги́, ~те
pt.	застри́г, ~ла
g.pt.a.	застри́гши
p.pt.a.	застри́гший
p.pt.p.	застри́женный

застрога́ть 2 *perf* что plane; point ‖ *imperf* застра́гивать 1 a

застро́ить *perf* что build (on), put up buildings (on) ‖ *imperf* застра́ивать 1 a

ft.	застро́ю, -о́ишь, -о́ят
imp.	застро́й, ~те
pt.	застро́ил
g.pt.a.	застро́ив
p.pt.a.	застро́ивший
p.pt.p.	застро́енный

застро́иться, *1st and 2nd pers not used*, *perf* be built (on) ‖ *imperf* застра́иваться

застрочи́ть[1] *perf* что seam, stitch ‖ *imperf* застра́чивать 1 a

ft.	застрочу́, -о́чишь, -о́чат
imp.	застрочи́, ~те
pt.	застрочи́л
g.pt.a.	застрочи́в
p.pt.a.	застрочи́вший
p.pt.p.	застро́ченный *and* застрочённый; застрочён, -ена́

застрочи́ть[2] *perf coll* **1.** begin to scribble **2.** begin to blaze away

no *p.pt.p.*

other forms as застрочи́ть[1]

заструга́ть 2 *perf* что *coll* plain; point

застря́ть *perf* stick, be stuck ‖ *imperf* застрева́ть 2 a

ft.	застря́ну, -нешь, -нут
imp.	застря́нь, ~те
pt.	застря́л
g.pt.a.	застря́в
p.pt.a.	застря́вший

застуденѐть 3, *1st and 2nd pers not used*, *perf* freeze, jell, gel

застуди́ть *perf* что *coll* **1.** chill, make cold **2.** get a cold in *chest etc.* ‖ *imperf* засту́живать 1 a

ft.	застужу́, -у́дишь, -у́дят
imp.	застуди́, ~те
pt.	застуди́л
g.pt.a.	застуди́в
p.pt.a.	застуди́вший
p.pt.p.	засту́женный

засту́живать *imperf of* застуди́ть

заступа́ть(ся) *imperf of* заступи́ть(ся)

заступи́ть *perf* **1.** кого́-что *sub* take smb's place **2.** на что start *work* ‖ *imperf* заступа́ть 2a
ft.	заступлю́, -у́пишь, -у́пят
imp.	заступи́, ∼те
pt.	заступи́л
g.pt.a.	заступи́в
p.pt.a.	заступи́вший
p.pt.p.	засту́пленный *obs*

заступи́ться *perf* за кого́-что intercede (for) ‖ *imperf* заступа́ться

застуча́ть *perf* begin to knock
ft.	застучу́, -чи́шь, -ча́т
imp.	застучи́, ∼те
pt.	застуча́л
g.pt.a.	застуча́в
p.pt.a.	застуча́вший

застыва́ть *imperf of* засты́ть

застыди́ть *perf* кого́-что shame
ft.	застыжу́, -ыди́шь, -ыдя́т
imp.	застыди́, ∼те
pt.	застыди́л
g.pt.a.	застыди́в
p.pt.a.	застыди́вший
p.pt.p.	застыжённый; застыжён, -ена́

застыди́ться *perf* be ashamed; blush with shame

засты́ть *perf* **1.** congeal, coagulate **2.** *coll* be frozen **3.** *fig* freeze *into immobility* ‖ *imperf* застыва́ть 2a
ft.	засты́ну, -нешь, -нут
imp.	засты́нь, ∼те
pt.	засты́л
g.pt.a.	засты́в
p.pt.a.	засты́вший

засуди́ть *perf* кого́-что *sub* condemn ‖ *imperf* засу́живать 1a
ft.	засужу́, -у́дишь, -у́дят
imp.	засуди́, ∼те
pt.	засуди́л
g.pt.a.	засуди́в
p.pt.a.	засуди́вший
p.pt.p.	засу́женный

засуети́ться[1] *perf coll* take trouble, bustle about
ft.	засуечу́сь, -ети́шься, -етя́тся
imp.	засуети́сь, -йтесь
pt.	засуети́лся, -лась
g.pt.a.	засуети́вшись
p.pt.a.	засуети́вшийся

засуети́ться[2] *perf* begin to bustle, start fussing
forms as засуети́ться[1]

засу́живать *imperf of* засуди́ть

засу́нуть 6 *perf* что **1.** thrust in **2.** *coll* put away; mislay ‖ *imperf* засо́вывать 1a
imp.	засу́нь, ∼те
p.pt.p.	засу́нутый

засупо́нивать *imperf of* засупо́нить

засупо́нить *perf* что fasten [tighten] the thongs *of a horsecollar* ‖ *imperf* засупо́нивать 1a
ft.	засупо́ню, -нишь, -нят
imp.	засупо́нь, ∼те
pt.	засупо́нил
g.pt.a.	засупо́нив
p.pt.a.	засупо́нивший
p.pt.p.	засупо́ненный

засу́сливать *imperf of* засу́слить

засу́слить *perf* что *sub* soil, dirty ‖ *imperf* засу́сливать 1a
ft.	засу́слю, -лишь, -лят
imp.	засу́сли, ∼те
pt.	засу́слил
g.pt.a.	засу́слив
p.pt.a.	засу́сливший
p.pt.p.	засу́сленный

засусо́ливать *imperf of* засусо́лить

засусо́лить *perf* что *sub* soil, dirty ‖ *imperf* засусо́ливать 1a
ft.	засусо́лю, -лишь, -лят
imp.	засусо́ль, ∼те
pt.	засусо́лил
g.pt.a.	засусо́лив
p.pt.a.	засусо́ливший
p.pt.p.	засусо́ленный

засу́чивать *imperf of* засучи́ть

засучи́ть *perf* что tuck up *skirts*; turn up, roll up *sleeves etc.* ‖ *imperf* засу́чивать 1a
ft.	засучу́, -у́чишь, -у́чат
imp.	засучи́, ∼те
pt.	засучи́л
g.pt.a.	засучи́в
p.pt.a.	засучи́вший
p.pt.p.	засу́ченный

засу́шивать *imperf of* засуши́ть

засуши́ть *perf* кого́-что dry *smth* up ‖ *imperf* засу́шивать 1a
ft.	засушу́, -у́шишь, -у́шат
imp.	засуши́, ∼те
pt.	засуши́л
g.pt.a.	засуши́в
p.pt.a.	засуши́вший
p.pt.p.	засу́шенный

засчита́ть 2 *perf* что reckon; include ‖ *imperf* засчи́тывать 1a

засчи́тывать *imperf of* засчита́ть

засыла́ть *imperf of* засла́ть

засы́пать *perf* **1.** что fill up **2.** что cover **3.** *fig* кого́-что strew, pour ‖ *imperf* засыпа́ть 2a
ft.	засы́плю, -лешь, -лют *and coll* -пешь, -пют
imp.	засы́пь, ∼те
pt.	засы́пал
g.pt.a.	засы́пав
p.pt.a.	засы́павший
p.pt.p.	засы́панный

засыпа́ть[1] *imperf of* засну́ть

засыпа́ть[2] *imperf of* заспа́ть

засыпа́ть[3] *imperf of* засы́пать

засы́паться[1] *perf* **1.** get in **2.** с чем be covered (with) ‖ *imperf* засыпа́ться 2a
ft.	засы́плюсь, -лешься, -лются
imp.	засы́пься, -пьтесь
pt.	засы́пался, -лась
g.pt.a.	засы́павшись
p.pt.a.	засы́павшийся

засыпа́ться[2] *perf sub* **1.** be caught, be had **2.** fail ‖ *imperf* засыпа́ться 2a forms as засыпа́ться[1]

засыпа́ться[1,2] *imperf of* засы́паться[1,2]

засыпа́ться[3] *imperf of* заспа́ться

засыха́ть *imperf of* засо́хнуть

затаври́ть *perf* кого́-что brand *cattle*
ft.	затаврю́, -ри́шь, -ря́т
imp.	затаври́, ∼те
pt.	затаври́л
g.pt.a.	затаври́в
p.pt.a.	затаври́вший
p.pt.p.	затаврённый; затаврён, -ена́

зата́ивать *imperf of* затаи́ть

затаи́ть *perf* что **1.** conceal, hide **2.** cherish *a thought* ‖ *imperf* зата́ивать 1a
ft.	затаю́, -аи́шь, -ая́т
imp.	затаи́, ∼те
pt.	затаи́л
g.pt.a.	затаи́в
p.pt.a.	затаи́вший
p.pt.p.	затаённый; затаён, -ена́

зата́лкивать[1] *imperf of* затолка́ть

зата́лкивать[2] *imperf of* затолкну́ть

зата́пливать(ся)[1,2] *imperf of* затопи́ть(ся)[1,2]

зата́птывать *imperf of* затопта́ть

затарато́рить *perf sub* begin to chatter
ft.	затарато́рю, -ришь, -рят
imp.	затарато́рь, ∼те
pt.	затарато́рил

11*

g.pt.a.	затарато́рив
p.pt.a.	затарато́ривший

затаска́ть 2 *perf* кого́-что **1.** wear out, dirty by wearing *clothes* **2.** drag, take ‖ *imperf* зата́скивать 1a

затаска́ться *perf coll* **1.** *1st and 2nd pers not used* be worn out **2.** loaf about, stroll about ‖ *imperf* зата́скиваться

зата́скивать[1] *imperf of* затаска́ть

зата́скивать[2] *imperf of* затащи́ть

зата́скиваться *imperf of* затаска́ться

зата́чивать *imperf of* заточи́ть[2]

затащи́ть *perf* кого́-что **1.** bring in **2.** take away ‖ *imperf* зата́скивать 1a
ft.	затащу́, -а́щишь, -а́щат
imp.	затащи́, ∼те
pt.	затащи́л
g.pt.a.	затащи́в
p.pt.a.	затащи́вший
p.pt.p.	зата́щенный

затвердева́ть *imperf of* затверде́ть

затверде́ть 3, *1st and 2nd pers not used, perf* harden ‖ *imperf* затвердева́ть 2a

затверди́ть[1] *perf* что learn by heart ‖ *imperf* затве́рживать 1a
ft.	затвержу́, -рди́шь, -рдя́т
imp.	затверди́, ∼те
pt.	затверди́л
g.pt.a.	затверди́в
p.pt.a.	затверди́вший
p.pt.p.	затвержённый; затвержён, -ена́ *and* затве́рженный

затверди́ть[2] *perf coll*: затверди́ть одно́ и то же keep on repeating the same thing no *p.pt.p.* other forms as затверди́ть[1]

затве́рживать *imperf of* затверди́ть[1]

затвори́ть[1] *perf* **1.** что shut, close **2.** кого́-что *coll* shut in, lock up ‖ *imperf* затворя́ть 2a
ft.	затворю́, -о́ришь, -о́рят
imp.	затвори́, ∼те
pt.	затвори́л
g.pt.a.	затвори́в
p.pt.a.	затвори́вший
p.pt.p.	затво́ренный *and obs* затворённый; затворён, -ена́

затвори́ть[2] *perf* что mix
ft.	затворю́, -ри́шь, -ря́т
p.pt.p.	затворённый; затворён, -ена́
other forms as затвори́ть[1]

затвори́ться *perf* **1.** shut **2.** shut oneself up

3. *fig* seclude oneself ‖ *imperf* затворя́ться
forms follow затвори́ть¹

затворя́ть *imperf of* затвори́ть¹

затворя́ться *imperf of* затвори́ться

затева́ть(ся) *imperf of* затея́ть(ся)

затека́ть *imperf of* зате́чь

затемни́ть *perf* что **1.** darken **2.** black out *windows* **3.** *fig* obscure ‖ *imperf* затемня́ть 2a

ft.	затемню́, -ни́шь, -ня́т
imp.	затемни́, ~те
pt.	затемни́л
g.pt.a.	затемни́в
p.pt.a.	затемни́вший
p.pt.p.	затемнённый; затемнён, -ена́

затемня́ть *imperf of* затемни́ть

затени́ть *perf* что put in the shade, shade ‖ *imperf* затеня́ть 2a

ft.	затеню́, -ни́шь, -ня́т
imp.	затени́, ~те
pt.	затени́л
g.pt.a.	затени́в
p.pt.a.	затени́вший
p.pt.p.	затенённый; затенён, -ена́

затеня́ть *imperf of* затени́ть

зате́пливать(ся) *imperf of* зате́плить(ся)

зате́плить *perf* что *obs and reg* light ‖ *imperf* зате́пливать 1a *and* затепля́ть 2a

ft.	зате́плю, -лишь, -лят
imp.	зате́пли, ~те
pt.	зате́плил
g.pt.a.	зате́плив
p.pt.a.	зате́пливший
p.pt.p.	зате́пленный

зате́плиться, *1st and 2nd pers not used*, *perf* begin to gleam ‖ *imperf* зате́пливаться

затепля́ть *imperf of* зате́плить

затере́ть *perf* кого́-что **1.** wipe out, efface **2.** jam (in), force (in) **3.** prevent (from) ‖ *imperf* затира́ть 2a

ft.	затру́, -рёшь, -ру́т
imp.	затри́, ~те
pt.	затёр, ~ла
g.pt.a.	затере́в *and* затёрши
p.pt.a.	затёрший
p.pt.p.	затёртый

затере́ться *perf sub* press (in), be forced in ‖ *imperf* затира́ться

зате́ривать(ся) *imperf of* затеря́ть(ся)

затёрпнуть, *1st and 2nd pers not used*, *perf coll* go numb

ft.	затёрпнет, -нут
pt.	затёрп *and* затёрпнул, затёрпла
g.pt.a.	затёрпши
p.pt.a.	затёрпши *and* затёрпнувший

затеря́ть 2 *perf* что *coll* lose ‖ *imperf* зате́ривать 1a

затеря́ться *perf coll* **1.** be lost, be mislaid **2.** vanish, disappear ‖ *imperf* зате́риваться

затеса́ть *perf* что hew ‖ *imperf* затёсывать 1a

ft.	затешу́, -е́шешь, -е́шут
imp.	затеши́, ~те
pt.	затеса́л
g.pt.a.	затеса́в
p.pt.a.	затеса́вший
p.pt.p.	затёсанный

затеса́ться *perf sub* intrude on, turn up *somewhere* ‖ *imperf* затёсываться

затёсывать(ся) *imperf of* затеса́ть(ся)

зате́чь *perf* **1.** flow in **2.** swell **3.** go numb ‖ *imperf* затека́ть 2a

ft.	затечёт, -еку́т
pt.	затёк, -екла́
g.pt.a.	затёкши
p.pt.a.	затёкший

зате́ять *perf* что *or with infinitive coll* **1.** undertake, start **2.** hatch *a plot*, be up to *a scheme* ‖ *imperf* затева́ть 2a

ft.	зате́ю, -е́ешь, -е́ют
imp.	зате́й, ~те
pt.	зате́ял
g.pt.a.	зате́яв
p.pt.a.	зате́явший
p.pt.p.	зате́янный

зате́яться, *1st and 2nd pers not used*, *perf coll*, *of a conversation* begin, be started ‖ *imperf* затева́ться

затира́ть(ся) *imperf of* затере́ть(ся)

зати́скать 1 *perf* кого́-что *coll* **1.** squeeze in **2.** crowd in

зати́скивать *imperf of* зати́снуть

зати́снуть 6 *perf* что *coll* cram in ‖ *imperf* зати́скивать 1a

p.pt.p.	зати́снутый

затиха́ть *imperf of* зати́хнуть

зати́хнуть *perf* **1.** become silent; die away **2.** *fig* calm down, abate ‖ *imperf* затиха́ть 2a

ft.	зати́хну, -нешь, -нут
imp.	зати́хни, ~те
pt.	зати́х *and obs* зати́хнул, зати́хла

g.pt.a.	зати́хнув *and* зати́хши
p.pt.a.	зати́хший *and* зати́хнувший

заткáть *perf* что чем weave (into)

fi.	затку́, -кёшь, -ку́т
imp.	затки́, ~те
pt.	заткáл, -алá, -áло
pt.a.	заткáв
pt.a.	заткáвший
pt.p.	зáтканный

заткну́ть 7 *perf* что 1. чем stop (up), cork (up) 2. за что push in, put in ‖ *imperf* затыкáть 2a

затмевáть *imperf of* затми́ть

затми́ть, *1st pers not used, perf* когó-что 1. darken, cover 2. *fig* eclipse, put in the shade ‖ *imperf* затмевáть 2a

ft.	затми́шь, -мя́т
imp.	затми́, ~те
pt.	затми́л
g.pt.a.	затми́в
p.pt.a.	затми́вший

затовáривать(ся) *imperf of* затовáрить(ся)

затовáрить *perf* что 1. hoard 2. stockpile ‖ *imperf* затовáривать 1a

ft.	затовáрю, -ришь, -рят
imp.	затовáрь, ~те
pt.	затовáрил
g.pt.a.	затовáрив
p.pt.a.	затовáривший
p.pt.p.	затовáренный

затовáриться *perf* 1. get overstocked 2. not find a ready market, not sell ‖ *imperf* затовáриваться

затолкáть 2 *perf* когó-что 1. jostle 2. push about 3. *sub* jam in ‖ *imperf* затáлкивать 1a

затолкну́ть 7 *perf* когó-что push, shove ‖ *imperf* затáлкивать 1a

затону́ть 7 *perf* sink
ft.   затону́, -óнешь, -óнут
no *p.pt.p.*

затóпать 1 *perf* begin to stamp

затопи́ть[1] *perf* что heat *a stove* ‖ *imperf* затáпливать 1a *and sub* затопля́ть 2a

ft.	затоплю́, -óпишь, -óпят
imp.	затопи́, ~те
pt.	затопи́л
g.pt.a.	затопи́в
p.pt.a.	затопи́вший
p.pt.p.	затóпленный

затопи́ть[2] *perf* что 1. submerge, flood

2. sink ‖ *imperf* затопля́ть 2a *and sub* затáпливать 1a
forms as затопи́ть[1]

затопи́ться[1], *1st and 2nd pers not used, perf, of stove* warm up ‖ *imperf* затáпливаться *and* затопля́ться

затопи́ться[2], *1st and 2nd pers not used, perf* be sunk, be submerged ‖ *imperf* затáпливаться *and* затопля́ться

затопля́ть(ся)[1,2] *imperf of* затопи́ть(ся)[1,2]

затоптáть *perf* когó-что 1. trample 2. tread out *fire* ‖ *imperf* затáптывать 1a

ft.	затопчу́, -óпчешь, -óпчут
imp.	затопчи́, ~те
pt.	затоптáл
g.pt.a.	затоптáв
p.pt.a.	затоптáвший
p.pt.p.	затóптанный

затоптáться *perf coll* be trampled; затоптáться на мéсте run on the spot

затормáживать *imperf of* затормози́ть[1]

затормáживаться *imperf of* затормози́ться

затормози́ть[1] *perf* что 1. brake 2. *fig coll* slow down ‖ *imperf* затормáживать 1a

ft.	заторможу́, -óзи́шь, -óзя́т
imp.	затормози́, ~те
pt.	затормози́л
g.pt.a.	затормози́в
p.pt.a.	затормози́вший
p.pt.p.	заторможённый; заторможён, -енá

затормози́ть[2] *perf coll* begin to brake
no *p.pt.p.*
other forms as затормози́ть[1]

затормози́ть, *1st and 2nd pers not used, perf* 1. be inhibited 2. *coll* be held up ‖ *imperf* затормáживаться 1a

затормоши́ть *perf* когó-что bother, tease

ft.	затормошу́, -ши́шь, -шáт
imp.	затормоши́, ~те
pt.	затормоши́л
g.pt.a.	затормоши́в
p.pt.a.	затормоши́вший
p.pt.p.	затормошённый; затормошён, -енá

заторопи́ть *perf* когó-что *coll* begin to hurry *smb* up

ft.	затороплю́, -óпишь, -óпят
imp.	заторопи́, ~те
pt.	заторопи́л
g.pt.a.	заторопи́в
p.pt.a.	заторопи́вший

заторопи́ться *perf* begin to bustle

затоскова́ть 5 *perf* по кому́-чему́ *coll* begin to pine (for)

заточа́ть *imperf of* заточи́ть[1]

заточи́ть[1] *perf* кого́-что *obs* imprison, incarcerate ‖ *imperf* заточа́ть 2а
ft.   заточу́, -чи́шь, -ча́т
imp.   заточи́, ~те
pt.   заточи́л
g.pt.a.   заточи́в
p.pt.a.   заточи́вший
p.pt.p.   заточённый; заточён, -ена́

заточи́ть[2] *perf* что *coll* sharpen ‖ *imperf* зата́чивать 1а
ft.   заточу́, -о́чишь, -о́чат
p.pt.p.   зато́ченный
other forms as заточи́ть[1]

затошни́ть *impers perf* кого́-что: его́ затошни́ло he began to feel sick
ft.   затошни́т
pt.   затошни́ло

затрави́ть *perf* кого́-что 1. hunt 2. *fig coll* hound, persecute ‖ *imperf* затра́вливать 1а
ft.   затравлю́, -а́вишь, -а́вят
imp.   затрави́, ~те
pt.   затрави́л
g.pt.a.   затрави́в
p.pt.a.   затрави́вший
p.pt.p.   затра́вленный

затра́вливать *imperf of* затрави́ть

затра́гивать *imperf of* затро́нуть

затра́тить *perf* что на что expend (on), spend (on) ‖ *imperf* затра́чивать 1а
ft.   затра́чу, -а́тишь, -а́тят
imp.   затра́ть, ~те
pt.   затра́тил
g.pt.a.   затра́тив
p.pt.a.   затра́тивший
p.pt.p.   затра́ченный

затра́чивать *imperf of* затра́тить

затре́бовать 4 *perf* кого́-что demand; require

затрепа́ть *perf* кого́-что 1. wear out 2. exhaust ‖ *imperf* затрёпывать 1а
ft.   затреплю́, -е́плешь, -е́плют
imp.   затрепли́, ~те *and* затрепи́, ~те
pt.   затрепа́л
g.pt.a.   затрепа́в
p.pt.a.   затрепа́вший
p.pt.p.   затрёпанный

затрепета́ть *perf* begin to palpitate
ft.   затрепещу́, -е́щешь, -е́щут
imp.   затрепещи́, ~те

pt.   затрепета́л
g.pt.a.   затрепета́в
p.pt.a.   затрепета́вший

затрёпывать *imperf of* затрепа́ть

затреща́ть *perf* begin to crackle
ft.   затрещу́, -щи́шь, -щáт
imp.   затрещи́, ~те
pt.   затреща́л
g.pt.a.   затреща́в
p.pt.a.   затреща́вший

затро́нуть 6 *perf* кого́-что touch *a. fig* ‖ *imperf* затра́гивать 1а
imp.   затро́нь, ~те
p.pt.p.   затро́нутый

затруби́ть *perf* begin to play *a trumpet*
ft.   затрублю́, -би́шь, -бя́т
imp.   затруби́, ~те
pt.   затруби́л
g.pt.a.   затруби́в
p.pt.a.   затруби́вший

затрудни́ть *perf* кого́-что 1. embarrass 2. make difficult ‖ *imperf* затрудня́ть 2а
ft.   затрудню́, -ни́шь, -ня́т
imp.   затрудни́, ~те
pt.   затрудни́л
g.pt.a.   затрудни́в
p.pt.a.   затрудни́вший
p.pt.p.   затруднённый; затруднён, -ена́

затрудни́ться *perf* чем *or with infinitive* be at a loss (for) ‖ *imperf* затрудня́ться

затрудня́ть(ся) *imperf of* затрудни́ть(ся)

затрясти́ *perf* кого́-что begin to shake
ft.   затрясу́, -сёшь, -су́т
imp.   затряси́, ~те
pt.   затря́с, -ясла́
g.pt.a.   затря́сши
p.pt.a.   затря́сший

затрясти́сь *perf* begin to shake

затума́нивать(ся) *imperf of* затума́нить(ся)

затума́нить *perf* что 1. fog; cloud 2. *fig* obscure ‖ *imperf* затума́нивать 1а
ft.   затума́ню, -нишь, -нят
pt.   затума́нил
g.pt.a.   затума́нив
p.pt.a.   затума́нивший
p.pt.p.   затума́ненный

затума́ниться *perf* 1. fog over 2. *fig* grow dim ‖ *imperf* затума́ниваться

затупи́ть *perf* что *coll* blunt ‖ *imperf* затупля́ть 2а
ft.   затуплю́, -у́пишь, -у́пят
imp.   затупи́, ~те

pt.	затупи́л
g.pt.a.	затупи́в
p.pt.a.	затупи́вший
p.pt.p.	зату́пленный

затупи́ться, *1st and 2nd pers not used, perf coll* get blunt ‖ *imperf* затупля́ться

затупля́ть(ся) *imperf of* затупи́ть(ся)

затуха́ть *imperf of* зату́хнуть

зату́хнуть, *1st and 2nd pers not used, perf* **1.** *coll* go out **2.** *fig* fade ‖ *imperf* затуха́ть 2 a

ft.	зату́хнет, -нут
pt.	зату́х, ~ла
g.pt.a.	зату́хнув *and* зату́хши
p.pt.a.	зату́хший

затушева́ть *perf* что **1.** retouche; shade **2.** *fig* cover up, hide, conceal ‖ *imperf* затушёвывать 1 a

ft.	затушу́ю, -у́ешь, -у́ют
imp.	затушу́й, ~те
pt.	затушева́л
g.pt.a.	затушева́в
p.pt.a.	затушева́вший
p.pt.p.	затушёванный

затушёвывать *imperf of* затушева́ть

затуши́ть *perf* что *coll* **1.** put out, extinguish **2.** *fig* subdue, suppress

ft.	затушу́, -у́шишь, -у́шат
imp.	затуши́, ~те
pt.	затуши́л
g.pt.a.	затуши́в
p.pt.a.	затуши́вший
p.pt.p.	зату́шенный

заты́кать[1] *perf coll* begin to prick

ft.	заты́чу, -чешь, -чут
imp.	заты́чь, ~те
pt.	заты́кал
g.pt.a.	заты́кав
p.pt.a.	заты́кавший

заты́кать[2] 1 *perf sub* begin to address a person as "ты"

затыка́ть *imperf of* заткну́ть

затя́гивать(ся) *imperf of* затяну́ть(ся)

затяну́ть 7 *perf* **1.** что to tie up, lace up **2.** *impers* кого́-что draw in, imbibe **3.** *fig* кого́-что во что involve (in) **4.** *impers* что cause to heal over ‖ *imperf* затя́гивать 1 a

ft.	затяну́, -я́нешь, -я́нут
p.pt.p.	затя́нутый

затяну́ться *perf* **1.** be tightened **2.**: затяну́ться в корсе́т lace oneself up in a bodice **3.** drag on **4.** чем be covered (with) ‖ *imperf* затя́гиваться

заупря́миться *perf* be obstinate

ft.	заупря́млюсь, -мишься, -мятся
imp.	заупря́мься, -мьтесь
pt.	заупря́мился, -лась
g.pt.a.	заупря́мившись
p.pt.a.	заупря́мившийся

заутю́живать *imperf of* заутю́жить

заутю́жить *perf* что iron, press ‖ *imperf* заутю́живать 1 a

ft.	заутю́жу, -жишь, -жат
imp.	заутю́жь, ~те
pt.	заутю́жил
g.pt.a.	заутю́жив
p.pt.a.	заутю́живший
p.pt.p.	заутю́женный

зау́чивать(ся) *imperf of* заучи́ть(ся)

заучи́ть *perf* что learn by heart, memorize ‖ *imperf* зау́чивать 1 a

ft.	заучу́, зау́чишь, зау́чат
imp.	заучи́, ~те
pt.	заучи́л
g.pt.a.	заучи́в
p.pt.a.	заучи́вший
p.pt.p.	зау́ченный

заучи́ться *perf coll* learn too hard ‖ *imperf* зау́чиваться

зауша́ть *imperf of* зауши́ть

зауши́ть *perf* кого́-что *obs* box smb's ears ‖ *imperf* зауша́ть 2 a

ft.	заушу́, -ши́шь, -ша́т
imp.	зауши́, ~те
pt.	зауши́л
g.pt.a.	зауши́в
p.pt.a.	зауши́вший
p.pt.p.	заушённый

зафарширова́ть 5 *perf* кого́-что stuff

зафикси́ровать 4 *perf* что capture, record

зафрахтова́ть 5 *perf* что *naut* charter ‖ *imperf* зафрахто́вывать 1 a

зафрахто́вывать *imperf of* зафрахтова́ть

заха́живать *imperf freq of* заходи́ть[2]

заха́ивать *imperf of* заха́ять

захандри́ть *perf coll* be down in the dumps

ft.	захандрю́, -ри́шь, -ря́т
imp.	захандри́, ~те
pt.	захандри́л
g.pt.a.	захандри́в
p.pt.a.	захандри́вший

заха́ркать[1] 1 *perf* что *sub* spit (on) ‖ *imperf* заха́ркивать 1 a

заха́ркать[2] 1 *perf* чем *sub* begin to spit

заха́ркивать *imperf of* заха́ркать[1]

захая́ть *perf* кого́-что *sub and reg* blow up, haul over the wals ‖ *imperf* захаи-вать 1a

ft.	заха́ю, -а́ешь, -а́ют
imp.	заха́й, ~те
pt.	заха́ял
g.pt.a.	заха́яв
p.pt.a.	заха́явший
p.pt.p.	заха́янный

захва́ливать *imperf of* захвали́ть

захвали́ть *perf* кого́-что *coll* overpraise ‖ *imperf* захва́ливать 1a

ft.	захвалю́, -а́лишь, -а́лят
imp.	захвали́, ~те
pt.	захвали́л
g.pt.a.	захвали́в
p.pt.a.	захвали́вший
p.pt.p.	захва́ленный

захва́рывать *imperf of* захворáть

захвата́ть 2 *perf* что *coll* thumb ‖ *imperf* захва́тывать 1a

захвати́ть *perf* кого́-что 1. catch, take; have on one 2. seize *power* 3. seize, take up, lay hold of 4. *fig* captivate, fascinate; engross 5. *coll* surprise, catch *smb* una-wares 6. detect ‖ *imperf* захва́тывать 1a

ft.	захвачу́, -а́тишь, -а́тят
imp.	захвати́, ~те
pt.	захвати́л
g.pt.a.	захвати́в
p.pt.a.	захвати́вший
p.pt.p.	захва́ченный

захва́тывать[1] *imperf of* захвати́ть

захва́тывать[2] *imperf of* захвата́ть

захворáть 2 *perf coll* fall ill ‖ *imperf* захва́рывать* 1a

захиле́ть 3 *perf sub and reg* grow weak [feeble]

захире́ть 3 *perf coll* grow sickly

захихи́кать 1 *perf coll* begin to giggle

захлами́ть *perf* что *coll* block up, choke up ‖ *imperf* захла́мливать 1a *and* за-хламля́ть 2a

ft.	захламлю́, -ми́шь, -мя́т
imp.	захлами́, ~те
pt.	захлами́л
g.pt.a.	захлами́в
p.pt.a.	захлами́вший
p.pt.p.	захламлённый; захламлён, -ена́

захла́мливать *imperf of* захлами́ть

захламля́ть *imperf of* захлами́ть

захлебну́ть 7 *perf* чегó gulp down ‖ *imperf* захлёбывать 1a

p.pt.p.	*not used*

захлебну́ться *perf* 1. (чем) choke *on a drink* 2. splutter *with excitement* 3. *of attack* flag ‖ *imperf* захлёбываться

захлёбывать(ся) *imperf of* захлебну́ть(ся)

захлеста́ть[1] *perf* кого́-что *coll* whip, lash ‖ *imperf* захлёстывать 1a

ft.	захлещу́, -е́щешь, -е́щут
imp.	захлещи́, ~те
pt.	захлеста́л
g.pt.a.	захлеста́в
p.pt.a.	захлеста́вший
p.pt.p.	захлёстанный

захлеста́ть[2] *perf* кого́-что *coll* begin to whip

no *p.pt.p.*

other forms as захлеста́ть[1]

захлестну́ть 7 *perf* что 1. whip, lash 2. knot 3. flow over, fill with water ‖ *imperf* захлёстывать 1a

p.pt.p.	захлёстнутый

захлёстывать[1] *imperf of* захлеста́ть[1]

захлёстывать[2] *imperf of* захлестну́ть

захло́пать 1 *perf* begin to clap

захло́пнуть 6 *perf* что slam, bang ‖ *imperf* захло́пывать 1a

p.pt.p.	захло́пнутый

захло́пнуться, *1st and 2nd pers not used*, *perf* slam, bang ‖ *imperf* захло́пываться

захлопота́ться *perf coll* be run off *one's* feet

ft.	захлопочу́сь, -о́чешься, -о́чутся
imp.	захлопочи́сь, -и́тесь
pt.	захлопота́лся, -лась
g.pt.a.	захлопота́вшись
p.pt.a.	захлопота́вшийся

захло́пывать(ся) *imperf of* захло́пнуть(ся)

захлороформи́ровать 4 *perf* кого́-что chloroform

захмеле́ть 3 *perf sub* be drunk

заходи́ть[1] *perf* begin to walk

ft.	захожу́, -о́дишь, -о́дят
imp.	заходи́, ~те
pt.	заходи́л
g.pt.a.	заходи́в
p.pt.a.	заходи́вший

заходи́ть[2] *imperf of* зайти́

pr.	захожу́, -о́дишь, -о́дят
imp.	заходи́, ~те
pt.	заходи́л
g.pr.a.	заходя́

p.pr.a.	заходя́щий
p.pt.a.	заходи́вший

заходи́ться *imperf of* зайти́сь
forms follow заходи́ть²

захора́нивать *imperf of* захорони́ть

захорони́ть *perf* кого́-что bury ‖ *imperf*
захора́нивать 1 a

ft.	захороню́, -о́нишь, -о́нят
imp.	захорони́, ~те
pt.	захорони́л
g.pt.a.	захорони́в
p.pt.a.	захорони́вший
p.pt.p.	захоронённый; захоронён, -ена́

захоте́ть *perf* чего́ *or with infinitive* want,
like

ft.	захочу́, -о́чешь, -о́чет, -оти́м, -оти́те, -отя́т
imp.	захоти́, ~те
pt.	захоте́л
g.pt.a.	захоте́в
p.pt.a.	захоте́вший

захоте́ться *perf impers* want, like

захохота́ть *perf* burst out laughing

ft.	захохочу́, -о́чешь, -о́чут
imp.	захохочи́, ~те
pt.	захохота́л
g.pt.a.	захохота́в
p.pt.a.	захохота́вший

захрапе́ть *perf coll* begin to snore

ft.	захраплю́, -пи́шь, -пя́т
imp.	захрапи́, ~те
pt.	захрапе́л
g.pt.a.	захрапе́в
p.pt.a.	захрапе́вший

захрипе́ть *perf coll* begin to wheeze; begin
to speak hoarsely

ft.	захриплю́, -пи́шь, -пя́т
imp.	захрипи́, ~те
pt.	захрипе́л
g.pt.a.	захрипе́в
p.pt.a.	захрипе́вший

захрома́ть 2 *perf coll* begin to limp

захуда́ть 2 *perf obs sub* get thin

зацвести́ *perf* begin to flower [to blossom]
‖ *imperf* зацвета́ть 2 a

ft.	зацвету́, -тёшь, -ту́т
imp.	зацвети́, ~те
pt.	зацвёл, -ела́
g.pt.a.	зацве́тши
p.pt.a.	зацве́тший

зацвета́ть *imperf of* зацвести́

зацелова́ть 5 *perf* кого́-что *coll* smother
with kisses

зацепи́ть *perf* кого́-что 1. catch, hook
2. *fig coll* provoke, irritate ‖ *imperf*
зацепля́ть 2 a

ft.	зацеплю́, -е́пишь, -е́пят
imp.	зацепи́, ~те
pt.	зацепи́л
g.pt.a.	зацепи́в
p.pt.a.	зацепи́вший
p.pt.p.	заце́пленный

зацепи́ться *perf* чем *or without object*
catch (on) ‖ *imperf* зацепля́ться

зацепля́ть(ся) *imperf of* зацепи́ть(ся)

зачарова́ть 5 *perf* кого́-что bewitch *a. fig* ‖
imperf зачаро́вывать 1 a

зачаро́вывать *imperf of* зачарова́ть

зачасти́ть *perf coll* 1. become more
frequent 2. become a frequent visitor

ft.	зачащу́, -асти́шь, -астя́т
imp.	зачасти́, ~те
pt.	зачасти́л
g.pt.a.	зачасти́в
p.pt.a.	зачасти́вший

зача́ть¹ *perf obs* conceive *a child* (*usu
p.pt.p.*; *other forms obs*)

ft.	зачну́, -нёшь, -ну́т
imp.	зачни́, ~те
pt.	зача́л, зачала́, зача́ло
g.pt.a.	зача́в
p.pt.a.	зача́вший
p.pt.p.	зача́тый; зача́т, -ата́, -а́то

зача́ть² *perf* что *or with infinitive*, *sub*
begin ‖ *imperf* зачина́ть 2 a

pt.	за́чал, зачала́, за́чало

no *p.pt.p.*
other forms as зача́ть¹

зача́ться¹, *1st and 2nd pers not used, perf*
germinate, be conceived

pt.	зача́лся, -ала́сь, -ало́сь

other forms follow зача́ть¹

зача́ться² *perf sub* begin ‖ *imperf* зачи-
на́ться 2 a

pt.	зачался́, -ла́сь, -ло́сь

other forms follow зача́ть¹

зача́хнуть *perf* 1. wither, droop 2. pine
(away)

ft.	зача́хну, -нешь, -нут
imp.	зача́хни, ~те
pt.	зача́х *and obs* зача́хнул, зача́хла
g.pt.a.	зача́хнув *and* зача́хши
p.pt.a.	зача́хший

зачерви́веть 3, *stress as infinitive, 1st and
2nd pers not used, perf coll* become worm-
eaten

зачёркивать *imperf of* зачеркнуть

зачеркну́ть 7 *perf* кого́-что cross out, strike out ‖ *imperf* зачёркивать 1а
p.pt.p.   зачёркнутый

зачерне́ть 3, *1st and 2nd pers not used, perf* loom black

зачерне́ться, *1st and 2nd pers not used, perf* loom black

зачерни́ть *perf* кого́-что blacken ‖ *imperf* зачерня́ть 2а
ft.   зачерню́, -ни́шь, -ня́т
imp.   зачерни́, ∼те
pt.   зачерни́л
g.pt.a.   зачерни́в
p.pt.a.   зачерни́вший
p.pt.p.   зачернённый; зачернён, -ена́

зачерня́ть *imperf of* зачерни́ть

зачерпну́ть 7 *perf* что *or* чего́ scoop ‖ *imperf* зачёрпывать 1а
p.pt.p.   зачёрпнутый

зачёрпывать *imperf of* зачерпну́ть

зачерстве́ть 3 *perf* 1. get stale 2. become hard-hearted

зачерти́ть *perf* что doodle on [all over] smth ‖ *imperf* зачёрчивать 1а
ft.   зачерчу́, -е́ртишь, -е́ртят
imp.   зачерти́, ∼те
pt.   зачерти́л
g.pt.a.   зачерти́в
p.pt.a.   зачерти́вший
p.pt.p.   зачёрченный

зачёрчивать *imperf of* зачерти́ть

зачеса́ть[1] *perf* что comb ‖ *imperf* зачёсывать 1а
ft.   зачешу́, -е́шешь, -е́шут
imp.   зачеши́, ∼те
pt.   зачеса́л
g.pt.a.   зачеса́в
p.pt.a.   зачеса́вший
p.pt.p.   зачёсанный

зачеса́ть[2] *perf* что *coll* begin to scratch
no *p.pt.p.*
other forms as зачеса́ть[1]

зачеса́ться[1] *perf coll* comb one's hair ‖ *imperf* зачёсываться 1а

зачеса́ться[2] *perf coll* begin to itch

зачесть *perf* что 1. put on account, reckon 2. accept, pass ‖ *imperf* зачи́тывать 1а
ft.   зачту́, -тёшь, -ту́т
imp.   зачти́, ∼те
pt.   зачёл, -чла́

g.pt.a.   зачтя́
p.pt.p.   зачтённый; зачтён, -ена́

зачесться, *1st and 2nd pers not used, perf* be credited ‖ *imperf* зачи́тываться

зачёсывать(ся) *imperf of* зачеса́ть(ся)[1]

зачехли́ть *perf* что cover up
ft.   зачехлю́, -ли́шь, -ля́т
imp.   зачехли́, ∼те
pt.   зачехли́л
g.pt.a.   зачехли́в
p.pt.a.   зачехли́вший
p.pt.p.   зачехлённый; зачехлён, -ена́

зачина́ть(ся) *imperf of* зача́ть(ся)[2]

зачи́нивать *imperf of* зачини́ть

зачини́ть *perf* что *coll* 1. mend 2. sharpen ‖ *imperf* зачи́нивать* 1а
ft.   зачиню́, -и́нишь, -и́нят
imp.   зачини́, ∼те
pt.   зачини́л
g.pt.a.   зачини́в
p.pt.a.   зачини́вший
p.pt.p.   зачи́ненный *and* зачинённый; зачинён, -ена́

зачи́слить *perf* 1. кого́-что put on the list, enter; *mil* enlist 2. что на что *econ* include ‖ *imperf* зачисля́ть 2а
ft.   зачи́слю, -лишь, -лят
imp.   зачи́сли, ∼те
pt.   зачи́слил
g.pt.a.   зачи́слив
p.pt.a.   зачи́сливший
p.pt.p.   зачи́сленный

зачи́слиться *perf* join, be enrolled ‖ *imperf* зачисля́ться

зачисля́ть(ся) *imperf of* зачи́слить(ся)

зачи́стить *perf* что clean ‖ *imperf* зачища́ть 2а
ft.   зачи́щу, -и́стишь, -и́стят
imp.   зачи́сти *and* зачи́сть, зачи́стите
pt.   зачи́стил
g.pt.a.   зачи́стив
p.pt.a.   зачи́стивший
p.pt.p.   зачи́щенный

зачита́ть 2 *perf* что 1. read out 2. *coll* thumb *a* book 3. *coll* not return, "forget" to return ‖ *imperf* зачи́тывать 1а

зачита́ться *perf* чем *coll* be absorbed in one's reading ‖ *imperf* зачи́тываться

зачи́тывать(ся)[1] *imperf of* зачесть(ся)

зачи́тывать(ся)[2] *imperf of* зачита́ть(ся)

зачища́ть *imperf of* зачи́стить

зашага́ть 2 *perf* step out

заша́ркать 1 *perf* что *coll* scrape the feet on *the floor etc.* ‖ *imperf* заша́ркивать 1 а

заша́ркивать *imperf of* заша́ркать

зашата́ться 2 *perf* (begin to) falter

зашвы́ривать[1] *imperf of* зашвырну́ть

зашвы́ривать[2] *imperf of* зашвыря́ть

зашвырну́ть 7 *perf* что throw away ‖ *imperf* зашвы́ривать 1 а

зашвыря́ть 2 *perf* кого́-что throw missiles at ‖ *imperf* зашвы́ривать 1 а

зашевели́ть *perf* чем begin to stir, start to move

ft.	зашевелю́, -éли́шь, -éля́т
imp.	зашевели́, ~те
pt.	зашевели́л
g.pt.a.	зашевели́в
p.pt.a.	зашевели́вший

зашевели́ться *perf* begin to stir, start to move

зашелесте́ть, *1st pers not used, perf* begin to rustle

ft.	зашелести́шь, -стя́т
imp.	зашелести́, ~те
pt.	зашелести́л
g.pt.a.	зашелести́в
p.pt.a.	зашелести́вший

зашелуди́веть 3 *perf sub* grow scabby [mangy]

зашепта́ть *perf* begin to whisper

ft.	зашепчу́, -éпчешь, -éпчут
imp.	зашепчи́, ~те
pt.	зашепта́л
g.pt.a.	зашепта́в
p.pt.a.	зашепта́вший

зашепта́ться *perf* begin to converse in a whisper

зашерша́веть 3, *stress as infinitive, 1st and 2nd pers not used, perf* become rough

зашиба́ть 2а *imperf sub* **1.** *imperf of* зашиби́ть **2.** чем *or without object* drink

зашиба́ться *imperf of* зашиби́ться

зашиби́ть *perf* кого́-что *sub* **1.** bruise, hurt, wound **2.** gain, acquire ‖ *imperf* зашиба́ть 2а

ft.	зашибу́, -бёшь, -бу́т
imp.	зашиби́, ~те
pt.	заши́б, ~ла
g.pt.a.	зашиби́в* *and* зашибя́*
p.pt.a.	зашиби́вший
p.pt.p.	заши́бленный*

зашиби́ться *perf sub* hurt [bump] oneself ‖ *imperf* зашиба́ться

зашива́ть *imperf of* заши́ть

зашипе́ть *perf* begin to hiss

ft.	зашиплю́, -пи́шь, -пя́т
imp.	зашипи́, ~те
pt.	зашипе́л
g.pt.a.	зашипе́в
p.pt.a.	зашипе́вший

заши́ть *perf* что **1.** sew up **2.** sew up ‖ *imperf* зашива́ть 2а

ft.	зашью́, зашьёшь, зашью́т
imp.	заше́й, ~те
pt.	заши́л
g.pt.a.	заши́в
p.pt.a.	заши́вший
p.pt.p.	заши́тый

зашифрова́ть 5 *perf* что encode ‖ *imperf* зашифро́вывать 1 а

зашифро́вывать *imperf of* зашифрова́ть

зашнурова́ть 5 *perf* что lace ‖ *imperf* зашнуро́вывать 1 а

зашнурова́ться *perf* lace oneself up ‖ *imperf* зашнуро́вываться

зашнуро́вывать(ся) *imperf of* зашнурова́ть(ся)

зашпаклева́ть *perf* что putty ‖ *imperf* зашпаклёвывать 1 а

ft.	зашпаклю́ю, -лю́ешь, -лю́ют
imp.	зашпаклю́й, ~те
pt.	зашпаклева́л
g.pt.a.	зашпаклева́в
p.pt.a.	зашпаклева́ший
p.pt.p.	зашпаклёванный

зашпаклёвывать *imperf of* зашпаклева́ть

зашпи́ливать(ся) *imperf of* зашпи́лить(ся)

зашпи́лить *perf* что *coll* fasten with a pin, pin up ‖ *imperf* зашпи́ливать 1 а

ft.	зашпи́лю, -лишь, -лят
imp.	зашпи́ль, ~те
pt.	зашпи́лил
g.pt.a.	зашпи́лив
p.pt.a.	зашпи́ливший
p.pt.p.	зашпи́ленный

зашпи́литься *perf coll* put up *one's hair* ‖ *imperf* зашпи́ливаться

заштемпелева́ть *perf* что stamp *with a rubber stamp* ‖ *imperf* заштемпелёвывать 1 а

ft.	заштемпелю́ю, -юешь, -юют
imp.	заштемпелю́й, ~те
pt.	заштемпелева́л
g.pt.a.	заштемпелева́в
p.pt.a.	заштемпелева́вший
p.pt.p.	заштемпелёванный

заштемпелёвывать *imperf of* заштемпелева́ть

заштопа́ть 1 *perf* что darn ‖ *imperf* заштопывать 1 a

заштопывать *imperf of* заштопа́ть

заштори́вать *imperf of* заштори́ть

заштори́ть *perf* что hang, cover *with a curtain* ‖ *imperf* заштори́вать 1 a

ft.	заштор́ю, -ришь, -рят
imp.	заштор́ь, ~те
pt.	заштор́ил
g.pt.a.	заштор́ив
p.pt.a.	заштор́ивший
p.pt.p.	заштор́енный

заштрихова́ть 5 *perf* что shade, hatch ‖ *imperf* заштрихо́вывать 1 a

заштрихо́вывать *imperf of* заштрихова́ть

заштукату́ривать *imperf of* заштукату́рить

заштукату́рить *perf* что plaster ‖ *imperf* заштукату́ривать 1 a

ft.	заштукату́рю, -ришь, -рят
imp.	заштукату́рь, ~те
pt.	заштукату́рил
g.pt.a.	заштукату́рив
p.pt.a.	заштукату́ривший
p.pt.p.	заштукату́ренный

заштукова́ть 5 *perf* что mend invisibly ‖ *imperf* заштуко́вывать 1 a

заштуко́вывать *imperf of* заштукова́ть

зашуме́ть *perf* begin to be noisy

ft.	зашумлю́, -ми́шь, -мя́т
imp.	зашуми́, ~те
pt.	зашуме́л
g.pt.a.	зашуме́в
p.pt.a.	зашуме́вший

защушу́каться 1 *perf coll* begin to whisper

защебета́ть *perf* begin to twitter

ft.	защебечу́, -е́чешь, -е́чут
imp.	защебечи́, ~те
pt.	защебета́л
g.pt.a.	защебета́в
p.pt.a.	защебета́вший

защекота́ть *perf* кого-что torment by tickling

ft.	защекочу́, -о́чешь, -о́чут
imp.	защекочи́, ~те
pt.	защекота́л
g.pt.a.	защекота́в
p.pt.a.	защекота́вший
p.pt.p.	защеко́ченный

защёлкать 1 *perf* 1. begin to snap *the fingers*; dick *with the tongue* 2. begin to warble

защёлкивать *imperf of* защёлкнуть

защёлкнуть 6 *perf* что snap to ‖ *imperf* защёлкивать 1 a

p.pt.p.	защёлкнутый

защеми́ть *perf* что pinch ‖ *imperf* защемля́ть 2 a

ft.	защемлю́, -ми́шь, -мя́т
imp.	защеми́, ~те
pt.	защеми́л
g.pt.a.	защеми́в
p.pt.a.	защеми́вший
p.pt.p.	защемлённый; защемлён, -ена́

защемля́ть *imperf of* защеми́ть

защипа́ть[1] *perf* кого-что *coll* pinch, nip ‖ *imperf* защи́пывать 1 a

ft.	защиплю́, -и́плешь, -и́плют *and coll* -и́пешь, -и́пют *and coll* защипа́ю, -а́ешь, -а́ют
imp.	защипли́, ~те *and coll* защипи́, ~те *and coll* защипа́й, ~те
pt.	защипа́л
g.pt.a.	защипа́в
p.pt.a.	защипа́вший
p.pt.p.	защи́панный

защипа́ть[2] *perf* кого-что *coll* begin to pinch

no *p.pt.p.*

other forms as защипа́ть[1]

защипну́ть 7 *perf* что take hold of with pincers ‖ *imperf* защи́пывать 1 a

защи́пывать[1] *imperf of* защипа́ть[1]

защи́пывать[2] *imperf of* защипну́ть

защити́ть *perf* кого-что 1. defend; uphold; protect 2. *fig* plead for ‖ *imperf* защища́ть 2 a

ft.	защищу́, -ити́шь, -итя́т
imp.	защити́, ~те
pt.	защити́л
g.pt.a.	защити́в
p.pt.a.	защити́вший
p.pt.p.	защищённый; защишён, -ена́

защити́ться *perf* defend oneself ‖ *imperf* защища́ться

защища́ть(ся) *imperf of* защити́ть(ся)

заяви́ть *perf* что, о чём *or with conjunction* что declare, announce ‖ *imperf* заявля́ть 2 a

ft.	заявлю́, -я́вишь, -я́вят
imp.	заяви́, ~те
pt.	заяви́л
g.pt.a.	заяви́в

p.pt.a.	заяви́вший
p.pt.p.	зая́вленный

заяви́ться *perf* appear, show oneself; make an appearance ‖ *imperf* заявля́ться

заявля́ть(ся) *imperf of* заяви́ть(ся)

звать *imperf* кого́-что 1. call 2. кем-чем *coll:* его́ зову́т Петро́м his name is Peter

pr.	зову́, зовёшь, зову́т
imp.	зови́, ∼те
pt.	звал, звала́, зва́ло
g.pr.a.	зовя́
p.pr.a.	зову́щий
p.pt.a.	зва́вший
p.pt.p.	зва́нный; зван, звана́, зва́но

зва́ться *imperf* be called

pt.	зва́лся, звала́сь, зва́ло́сь

звене́ть *imperf* 1. ring 2. чем clink, jingle

pr.	звеню́, -ни́шь, -ня́т
imp.	звени́, ∼те
pt.	звене́л
g.pr.a.	звеня́
p.pr.a.	звеня́щий
p.pt.a.	звене́вший

звере́ть 3 a *imperf* brutalize

зве́рствовать 4a *imperf* behave with brutality

звони́ть *imperf* 1. ring 2. кому́ ring up, telephone ‖ *perf* позвони́ть, forms ib.

pr.	звоню́, -ни́шь, -ня́т
imp.	звони́, ∼те
pt.	звони́л
g.pr.a.	звоня́
p.pr.a.	звоня́щий
p.pt.a.	звони́вший

звони́ться *imperf sub* ring ‖ *imperf* позвони́ться

звуча́ть *imperf* 1. sound 2. чем resound (with) 3. *fig* be heard 4. чем clang

pr.	звучу́, -чи́шь, -ча́т
imp.	звучи́, ∼те
pt.	звуча́л
g.pr.a.	звуча́
p.pr.a.	звуча́щий
p.pt.a.	звуча́вший

звя́кать *imperf of* звя́кнуть

звя́кнуть 6 *perf semelf* clink ‖ *imperf* звя́кать 1 a

здоро́ваться 1 a *imperf* с кем greet one another ‖ *perf* поздоро́ваться 1

здорове́ть 3 a *imperf coll* recover *one's* health

здра́вствовать 4 a *imperf* be in good health

зева́ть 2 a *imperf* 1. yawn 2. на кого́ *coll* gape (at) 3. *coll* miss *one's* chance ‖ *perf semelf* зевну́ть 7, no *p.pt.p.*

зевну́ть *perf semelf of* зева́ть

зелене́ть 3 a *imperf* 1. become green 2. show green

зелене́ться, *1st and 2nd pers not used,* *imperf* show green

зелени́ть *imperf* что make [turn] green; paint green; dye green

pr.	зеленю́, -ни́шь, -ня́т
imp.	зелени́, ∼те
pt.	зелени́л
g.pr.a.	зеленя́
p.pr.a.	зеленя́щий
p.pt.a.	зелени́вший

зи́ждиться, *1st and 2nd pers not used,* *imperf* на чём *bookish* be based (on), be founded (on)

pr.	зи́ждется, -дутся
imp.	зи́ждись, -итесь*
pt.	зи́ждился, -лась
g.pr.a.	зи́ждясь
p.pr.a.	зи́ждущийся
p.pt.a.	зи́ждившийся

зимова́ть 5 a *imperf* winter; hibernate

зия́ть 2 a, *1st and 2nd pers not used,* *imperf* gape, yawn *of chasm*

злеть 3 a *imperf coll* get angry

злить *imperf* кого́-что vex, anger

pr.	злю, злишь, злят
imp.	зли, ∼те
pt.	злил
g.pr.a.	зля
p.pr.a.	зля́щий
p.pt.a.	зли́вший

зли́ться *imperf* на кого́-что be annoyed (with, about)

зло́биться *imperf obs and coll* на кого́ be angry (at, with)

pr.	зло́блюсь, -бишься, -бятся
imp.	зло́бься, -бьтесь
pt.	зло́бился, -лась
g.pr.a.	зло́бясь
p.pt.a.	зло́бившийся

зло́бствовать 4a *imperf* be enraged

злоде́йствовать 4a *imperf* be a scoundrel; commit crimes

злопыха́тельствовать 4a *imperf* rage; spit fire

злопыха́ть 2 a *imperf* rail at, vituperate

злора́дствовать 4а *imperf* gloat over *smb's misfortunes*

злосло́вить *imperf* talk scandal, slander

pr.	злосло́влю, -вишь, -вят
imp.	злосло́вь, ~те
pt.	злосло́вил
g.pr.a.	злосло́вя
p.pr.a.	злосло́вящий
p.pt.a.	злосло́вивший

злоумышля́ть 2а *imperf* что *or without object obs* think evil, machinate, plot

злоупотреби́ть *perf* чем abuse *authority, confidence etc.* ‖ *imperf* злоупотребля́ть 2а

ft.	злоупотреблю́, -би́шь, -бя́т
imp.	злоупотреби́, ~те
pt.	злоупотреби́л
g.pt.a	злоупотреби́в
p.pt.a.	злоупотреби́вший

злоупотребля́ть *imperf of* злоупотреби́ть

змеи́ться, *1st and 2nd pers not used, imperf* **1.** wind, meander **2.** pass [glance, skim] over

pr.	змеи́тся, -ея́тся
pt.	змеи́лся, -лась
g.pr.a.	змея́сь
p.pr.a.	змея́щийся
p.pt.a.	змеи́вшийся

знава́ть *imperf freq of* знать

знако́мить *imperf* кого́-что с кем-чем **1.** introduce **2.** make acquainted (with) ‖ *perf* познако́мить, forms ib.

pr.	знако́млю, -мишь, -мят
imp.	знако́мь, ~те
pt.	знако́мил
g.pr.a.	знако́мя
p.pr.a.	знако́мящий
p.pt.a.	знако́мивший

знако́миться *imperf* с кем-чем **1.** meet, make the acquaintance (of) **2.** become acquainted (with) ‖ *perf* познако́миться

знаменова́ть 5а *imperf* что *bookish* mark, signify

знать 1а *imperf* кого́-что, о ком-чём know ‖ *imperf freq coll* знава́ть 2а, *pr. not used*

зна́ться *imperf* с кем-чем *coll* associate (with)

зна́харить *imperf reg* practice quackery, be a quack

pr.	зна́харю, -ришь, -рят
imp.	зна́харь, -рьте
pt.	зна́харил
g.pr.a.	зна́харя

зна́харящий

зна́харивший

зна́чить *imperf* что mean, signify

pr.	зна́чу, -чишь, -чат
pt.	зна́чил
g.pr.a.	зна́ча
p.pr.a.	зна́чащий
p.pt.a.	зна́чивший

зна́читься *imperf* be mentioned

зноби́ть *impers imperf* кого́-что: его́ зноби́т he feels chilly, he feels shivery

pr.	зноби́т
pt.	зноби́ло

золи́ть *imperf* что lime *skins*

pr.	золю́, -ли́шь, -ля́т
imp.	золи́, ~те
pt.	золи́л
g.pr.a.	золя́
p.pr.a.	золя́щий
p.pt.a.	золи́вший
p.pr.p.	золи́мый

золоти́ть *imperf* что gild

pr.	золочу́, -оти́шь, -отя́т
imp.	золоти́, ~те
pt.	золоти́л
g.pr.a.	золотя́
p.pr.a.	золотя́щий
p.pt.a.	золоти́вший
p.pr.p.	золоти́мый
p.pt.p.	золочённый; золочён, -ена́

золоти́ться, *1st and 2nd pers not used, imperf* look golden

зонди́ровать 4а *imperf* кого́-что **1.** *med* probe, sound **2.** *fig* sound ‖ *perf* позонди́ровать 4

зреть[1] 3а *imperf* ripen

зреть[2] *imperf* кого́-что *or* на кого́-что *obs* look

pr.	зрю, зришь, зрят
imp.	зри, ~те
pt.	зрел
g.pr.a.	зря
p.pr.a.	зря́щий
p.pr.p.	зри́мый

зубоска́лить *imperf sub* scoff, banter

pr.	зубоска́лю, -лишь, -лят
imp.	зубоска́ль, ~те
pt.	зубоска́лил
g.pr.a.	зубоска́ля
p.pr.a.	зубоска́лящий
p.pt.a.	зубоска́ливший

зубри́ть[1] *and* **зу́брить** *imperf* что notch

pr.	зубрю́, зу́бри́шь, зу́брят
imp.	зубри́, ~те

pt.	зу́брил
g.pr.a.	зубря́
p.pr.a.	зу́бря́щий
p.pt.a.	зубри́вший

зубри́ть[2] *imperf* что *coll* swot up

pr.	зубрю́, зубри́шь, зубря́т
imp.	зубри́, ~те
pt.	зубри́л
g.pr.a.	зубря́
p.pr.a.	зубря́щий
p.pt.a.	зубри́вший

зубри́ться *and* **зубри́ться**, *1st and 2nd pers not used, imperf* become jagged forms follow зубри́ть[1]

зуде́ть, *1st and 2nd pers not used, imperf coll* itch

pr.	зуди́т, -дя́т
pt.	зуде́ло
g.pr.a.	зудя́

p.pr.a.	зудя́щий
p.pt.a.	зуде́вший

зы́биться, *1st and 2nd pers not used, imperf* surge, swell

pr.	зы́блется, -блются
pt.	зы́бился, -лась
g.pr.a.	зы́бясь
p.pr.a.	зы́бящийся
p.pt.a.	зы́бившийся

зы́кать *imperf of* зы́кнуть

зы́кнуть 6 *perf sub* **1.** на кого́-что call **2.** *of bullets* whistle, whiz ‖ *imperf* зы́кать 1 a

зя́бнуть *imperf* freeze; feel cold

pr.	зя́бну, -нешь, -нут
imp.	зя́бни, ~те
pt.	зяб *and* зя́бнул, зя́бла
g.pt.a.	зя́бнув
p.pr.a.	зя́бнущий
p.pt.a.	зя́бнувший *and* зя́бший

И

игнори́ровать 4 *and* 4а *perf, imperf* кого́-что ignore; disregard

игра́ть 2а *imperf* **1.** *no perf, of children* play **2.** во что, на чём *or without object* play cards, chess *etc.*; gamble **3.** кого́-что, на чём *or without object* play *a musical instrument*; *fig* play (on); *theat* act, play, perform **4.** (c) кем-чем play (with), toy (with) **5.** *of wine* sparkle **6.** *1st and 2nd pers not used* на чём, в чём *of colours* sparkle; glitter, scintillate ‖ *imperf freq* и́грывать 1 a, *no pr. and ft. coll* with 2, 3. — (сыгра́ть *with* 2, 3)

и́грывать *imperf freq of* игра́ть

идеализи́ровать 4 *and* 4а *perf, imperf* кого́-что idealize

идентифици́ровать [дэ] 4 *and* 4а *perf, imperf* кого́-что identify

идти́ *imperf* **1.** *def* go *move, pass on foot*; come *on foot towards the speaker etc.*; walk, move *along* **2.** *def, of a bus etc.* go, run; drive, sail, fly *etc.* **3.** *def of a train etc.* start, leave *etc.* **4.** *def* во что, на что *or with infinitive* go (to); set out *or* off (for) **5.** на кого́-что march (on), advance (on) **6.** во что, на что enter *school etc.*; join *the army*; become **7.** progress, head; march, go **8.** от кого́-чего́, из чего́ come (from), come out (of); be on, flow; из трубы́ идёт дым there is smoke coming from the chimney; ток идёт the current is on **9.** *of a rumour* go (a)round, spread **10.** *of time* pass, elapse **11.** *of precipitations* fall **12.** *of a road etc.* lie, go, run **13.** *of a watch etc.* go, work **14.** be in progress, proceed, take place; *of a play, negotiations etc.* be on **15.** come, be received **16.** come, approach **17.** *coll* sell; э́тот това́р хорошо́ идёт these goods sell like hot cakes **18.** во что, на что, подо что be spent (on), go (on), be required (for), be used (in) **19.** кому́-чему́, к кому́-чему́ *of a dress, coat etc.* suit, become **20.** *coll* go right **21.** чем *or* с чего́ *def* play; lead card; move *chess* ‖ *perf* пойти́ *with* 1, 6, 17, 18—21, forms ib. ‖ *indef* ходи́ть *with* 1, 2, 3, 4, 5, 13, 21

pr.	иду́, идёшь, иду́т
imp.	иди́, ~те
pt.	шёл, шла
g.pr.a.	идя́ *and coll* и́дучи
p.pr.a.	иду́щий
p.pt.a.	ше́дший

изба́вить *perf* кого́-что от кого́-чего́

deliver (from), save (from), free (from); relieve (from); rid (of) ‖ *imperf* избавля́ть 2а

ft.	изба́влю, -вишь, -вят
imp.	изба́вь, ~те
pt.	изба́вил
g.pt.a.	изба́вив
p.pt.a.	изба́вивший
p.pt.p.	изба́вленный

изба́виться *perf* от кого́-чего́ get rid (of), escape (from); rid oneself (of) ‖ *imperf* избавля́ться

избавля́ть(ся) *imperf of* изба́вить(ся)

избалова́ть 5 *perf* кого́-что (чем) spoil (by, with), coddle, pet, pamper ‖ *imperf* избало́вывать 1а

избалова́ться *perf* 1. be spoiled, be badly brought up 2. *coll of children* be naughty, be bad 3. *sub* be sophisticated, acquire bad habits ‖ *imperf* избало́вываться

избало́вывать(ся) *imperf of* избалова́ть(ся)

избе́гать 1 *perf* что *coll* make a quick round of the entire place, take in a number of places *on errands, while trying to find smb, smth*

избега́ть 2а *imperf* кого́-чего́ *or with infinitive* 1. avoid, shun 2. escape, evade ‖ *perf* избежа́ть *and* избе́гнуть, forms ib.

избе́гаться 1 *perf coll* exhaust [tire] oneself with running (about)

избе́гнуть *perf of* избега́ть

ft.	избе́гну, -нешь, -нут
imp.	избе́гни, ~те
pt.	избе́г *and* избе́гнул, избе́гла
g.pt.a.	избе́гнув *and* избе́гши
p.pt.a.	избе́гнувший *and* избе́гший
p.pt.p.	избе́гнутый

избежа́ть *perf of* избега́ть

ft.	избегу́, -ежи́шь, -егу́т
imp.	избеги́, ~те
pt.	избежа́л
g.pt.a.	избежа́в
p.pt.a.	избежа́вший

избива́ть *imperf of* изби́ть

избира́ть *imperf of* избра́ть

изби́ть *perf* кого́-что 1. beat, thrash 2. *bookish obs* slaughter, extirpate 3. (*usu p.pt.p.*) *coll* damage; destroy; wear out ‖ *imperf* избива́ть 2а

ft.	изобью́, -бьёшь, -бью́т
imp.	избе́й, ~те
pt.	изби́л

g.pt.a.	изби́в
p.pt.a.	изби́вший
p.pt.p.	изби́тый

изболе́ться *perf sub* be tortured by grief [remorse, pain, suffering]

ft.	изболе́юсь, -е́ешься, -е́ются *and* -ли́шься, -ля́тся
imp.	изболе́йся, -е́йтесь
pt.	изболе́лся, -лась
g.pt.a.	изболе́вшись
p.pt.a.	изболе́вшийся

изборожда́ть *imperf of* изборозди́ть

избороздить *perf* что 1. furrow, make furrows 2. travel all over [through] ‖ *imperf* изборожда́ть 2а

ft.	изборозжу́, -зди́шь, -здя́т
imp.	изборозди́, ~те
pt.	изборозди́л
g.pt.a.	изборозди́в
p.pt.a.	изборозди́вший
p.pt.p.	изборождённый; изборождён, -ена́

избоче́ниваться *imperf of* избоче́ниться

избоче́ниться *perf coll* stand with one arm akimbo and the side upon which it rests thrust forward in a strained, threatening posture ‖ *imperf* избоче́ниваться

ft.	избоче́нюсь, -нишься, -нятся
imp.	избоче́нься, -ньтесь
pt.	избоче́нился, -лась
g.pt.a.	избоче́нившись
p.pt.a.	избоче́нившийся

избра́ть *perf* кого́-что (во что *or* чем) 1. choose (as, for), select, pick out 2. elect *on a vote* ‖ *imperf* избира́ть 2а

ft.	изберу́, -рёшь, -ру́т
imp.	избери́, ~те
pt.	избра́л, -ала́, -а́ло
g.pt.a.	избра́в
p.pt.a.	избра́вший
p.pt.p.	и́збранный

избыва́ть *imperf of* избы́ть

избы́ть *perf* что *obs and poet* rid oneself of *smth* ‖ *imperf* избыва́ть 2а

ft.	избу́ду, -дешь, -дут
imp.	избу́дь, ~те
pt.	избы́л, избыла́, избы́ло
g.pt.a.	избы́в
p.pt.a.	избы́вший
p.pt.p.	избы́тый

изваля́ть 2 *perf* кого́-что *sub* roll [drag] about in the dirt

изва́ять 2 *perf* что sculpture; carve, cut, chisel; form

изве́дать 1 *perf* что *bookish* learn, come to know, see; experience ‖ *imperf* изве́дывать 1а

изве́дывать *imperf of* изве́дать

изверга́ть(ся) *imperf of* изве́ргнуть(ся)

изве́ргнуть *perf* кого́-что **1.** throw out, cast out **2.** *fig* expel ‖ *imperf* изверга́ть 2а

ft.	изве́ргну, -нешь, -нут
imp.	изве́ргни, ～те
pt.	изве́рг *and obs* изве́ргнул, изве́ргла
g.pt.a.	изве́ргнув
p.pt.a.	изве́ргший *and obs* изве́ргнувший
p.pt.p.	изве́ргнутый *and* изве́рженный

изве́ргнуться, *1st and 2nd pers not used*, *perf* erupt, be in eruption ‖ *imperf* изверга́ться

изве́риваться *imperf of* изве́риться

изве́риться *perf* в ком-чём *or* в кого́-что lose faith (in) ‖ *imperf* изве́риваться 1а

ft.	изве́рюсь, -ришься, -рятся
imp.	изве́рься, -рьтесь
pt.	изве́рился, -лась
g.pt.a.	изве́рившись
g.pt.a.	изве́рившийся

изверну́ться 7 *perf* dodge; shift; (try to) wriggle out; get oneself out of a scrape ‖ *imperf* изверты́ваться 1а *and coll* извора́чиваться 1а

изверты́ваться *imperf of* изверну́ться

извести́ *perf* кого́-что **1.** *coll* use up; spend **2.** *sub* exterminate, destroy, ruin **3.** *coll* torment, worry to death ‖ *imperf* изводи́ть, formes ib.

ft.	изведу́, -дёшь, -ду́т
imp.	изведи́, ～те
pt.	извёл, -ела́
g.pt.a.	изведя́ *and obs* изве́дши
p.pt.a.	изве́дший
p.pt.p.	изведённый; изведён, -ена́

извести́сь *perf coll* tire oneself out, exhaust oneself ‖ *imperf* изводи́ться

извести́ть *perf* кого́-что о чём *or with conjunction* что inform, notify (of, about) ‖ *imperf* извеща́ть 2а

ft.	извещу́, -ести́шь, -естя́т
imp.	извести́, ～те
pt.	извести́л
g.pt.a.	извести́в

p.pt.a.	извести́вший
p.pt.p.	извещённый; извещён, -ена́

известкова́ть 5 *and* 5а *perf, imperf* что treat *the soil* with lime

изветша́ть 2, *1st and 2nd pers not used*, *perf obs* become dilapidated

извеща́ть *imperf of* извести́ть

извива́ть(ся) *imperf of* изви́ть(ся)

извини́ть *perf* кого́-что за что *or* что excuse, pardon; кому́ что forgive; извини́(те)! sorry!, excuse me!, I beg your pardon! ‖ *imperf* извиня́ть 2а

ft.	извиню́, -ни́шь, -ня́т
imp.	извини́, ～те
pt.	извини́л
g.pt.a.	извини́в
p.pt.a.	извини́вший
p.pt.p.	извинённый; извинён, -ена́

извини́ться *perf* пе́ред кем-чем apologize (to) ‖ *imperf* извиня́ться

извиня́ть(ся) *imperf of* извини́ть(ся)

изви́ть *perf* что twist, twine splice, wind, coil ‖ *imperf* извива́ть 2а

ft.	изовью́, -вьёшь, -вью́т
imp.	изве́й, ～те
pt.	изви́л, -ила́, -и́ло
g.pt.a.	изви́в
p.pt.a.	изви́вший
p.pt.p.	изви́тый; изви́т, -ита́, -и́то

изви́ться *perf* **1.** *of a road etc.* wind, twist, meander **2.** *of snakes etc.* wriggle, coil ‖ *imperf* извива́ться

pt.	изви́лся, -ила́сь, -ило́сь

извлека́ть *imperf of* извле́чь

извле́чь *perf* кого́-что из кого́-чего́ **1.** extract. take out, draw out **2.** *fig* derive, extract; извле́чь уро́к learn a lesson‖ *imperf* извлека́ть 2а

ft.	извлеку́, -ечёшь, -еку́т
imp.	извлеки́, ～те
pt.	извлёк, -екла́
g.pt.a.	извлёкши
p.pt.a.	извлёкший
p.pt.p.	извлечённый; извлечён, -ена́

изводи́ть *imperf of* извести́

pr.	извожу́, -о́дишь, -о́дят
imp.	изводи́, ～те
pt.	изводи́л
g.pr.a.	изводя́
p.pr.a.	изводя́щий
p.pt.a.	изводи́вший
p.pr.p.	изводи́мый

изводи́ться *imperf of* извести́сь

извози́ть *perf* кого́-что *sub* make mucky
ft.	извожу́, -о́зишь, -о́зят
imp.	извози́, ~те
pt.	извози́л
g.pt.a.	извози́в
p.pt.a.	извози́вший
p.pt.p.	изво́женный

извози́ться *perf sub* muck oneself up, get *one's* clothes dirty

изво́зничать 1a *imperf obs* ply the trade of carrier, run a carrier's business

изво́лить *imperf* **1.** чего́ *or with infinitive obs* wish, like, want **2.** *imp.* изво́ль(те) *coll* as you will
pr.	изво́лю, -лишь, -лят
imp.	изво́ль, ~те
pt.	изво́лил
g.pt.a.	изво́лив
p.pr.a.	изво́лящий
p.pt.a.	изво́ливший

извора́чиваться 1a *imperf* **1.** *imperf of* изверну́ться **2.** *coll* twist and turn; (try to) wriggle out; dodge, get oneself out of a scrape ‖ *perf obs and reg* извороти́ться, forms ib.

извороти́ться *perf of* извора́чиваться
ft.	изворочу́сь, -о́тишься, -о́тятся
imp.	извороти́сь, -и́тесь
pt.	извороти́лся, -лась
g.pt.a.	извороти́вшись
p.pt.a.	извороти́вшийся

изврати́ть *perf* кого́-что distort, pervert, twist *meaning, words etc.*; misinterpret‖ *imperf* извраща́ть 2a
ft.	извращу́, -ати́шь, -атя́т
imp.	изврати́, ~те
pt.	изврати́л
g.pt.a.	изврати́в
p.pt.a.	изврати́вший
p.pt.p.	извращённый; извращён, -ена́

изврати́ться *perf* **1.** deteriorate, change for the worse **2.** become morally corrupted **3.** *of thoughts, ideas, statements etc.* be misconstrued, be misinterpreted ‖ *imperf* извраща́ться

извраща́ть(ся) *imperf of* изврати́ть(ся)

изга́дить *perf* кого́-что *sub* **1.** muck up, mess up **2.** *fig* make a mess of, muck up, land *a job* in the shit ‖ *imperf* изга́живать 1a
ft.	изга́жу, -а́дишь, -а́дят
imp.	изга́дь, ~те
pt.	изга́дил
g.pt.a.	изга́див

p.pt.a.	изга́дивший
p.pt.p.	изга́женный

изга́живать *imperf of* изга́дить

изгиба́ть 2a *imperf* кого́-что bend, curve, crook ‖ *perf* изогну́ть 7

изгиба́ться *imperf* bend, curve, crook ‖ *perf* изогну́ться

изгла́дить *perf* что efface, erase, blot out ‖ *imperf* изгла́живать 1a
ft.	изгла́жу, -а́дишь, -а́дят
imp.	изгла́дь, ~те
pt.	изгла́дил
g.pt.a.	изгла́див
p.pt.a.	изгла́дивший
p.pt.p.	изгла́женный

изгла́диться, *1st and 2nd pers not used*, *perf* become effaced [erased], disappear, be blotted out ‖ *imperf* изгла́живаться

изгла́живать(ся) *imperf of* изгла́дить(ся)

изглода́ть *perf* что *coll* gnaw at, gnaw all over
ft.	изгложу́, изгло́жешь, изгло́жут *and* изглода́ю, -а́ешь, -а́ют
imp.	изгложи́, ~те *and* изглода́й, ~те
pt.	изглода́л
g.pt.a.	изглода́в
p.pt.a.	изглода́вший
p.pt.p.	изгло́данный

изгна́ть *perf* кого́-что drive out; expel; exile, banish ‖ *imperf* изгоня́ть 2a
ft.	изгоню́, -о́нишь, -о́нят
imp.	изгони́, ~те
pt.	изгна́л, -ала́, -а́ло
g.pt.a.	изгна́в
p.pt.a.	изгна́вший
p.pt.p.	и́згнанный

изголода́ться 2 *perf* **1.** be famished, be starving **2.** *fig* по кому́-чему́ be hungry [longing] (for), yearn (for)

изгоня́ть *imperf of* изгна́ть

изготавливать(ся) *imperf of* изгото́вить(ся)

изгото́вить *perf* что **1.** make, manufacture, produce **2.** *coll* prepare *food* ‖ *imperf* изгота́вливать 1a *and* изготовля́ть 2a
ft.	изгото́влю, -вишь, -вят
imp.	изгото́вь, ~те
pt.	изгото́вил
g.pt.a.	изгото́вив
p.pt.a.	изгото́вивший
p.pt.p.	изгото́вленный

изгото́виться *perf* **1.** get ready **2.** *mil*

level *rifle*; aim at ‖ *imperf* изготáвли-
ваться *and* изготовля́ться

g.pt.a.　　изгото́вившись *and* изгото́вясь

изготовля́ть(ся) *imperf of* изгото́вить(ся)

изгрыза́ть *imperf of* изгры́зть

изгры́зть *perf* что gnaw up ‖ *imperf*
изгрыза́ть 2 a

ft.	изгрызу́, -зёшь, -зу́т
imp.	изгрызи́, ~те
pt.	изгры́з, ~ла
g.pt.a.	изгры́зши
p.pt.a.	изгры́зший
p.pt.p.	изгры́зенный

издавáть[1,2] *imperf of* издáть[1,2]

pr.	издаю́, -аёшь, -аю́т
imp.	издавáй, ~те
pt.	издавáл
g.pr.a.	издавáя
p.pr.a.	издаю́щий
p.pt.a.	издавáвший
p.pr.p.	издавáемый

издáть[1] *perf* что **1.** publish; edit **2.** issue
order; promulgate *law* ‖ *imperf* издавáть,
forms ib.

ft.	издáм, -áшь, -áст, -ади́м, -ади́те, -аду́т
imp.	издáй, ~те
pt.	издáл, издалá, издáло
g.pt.a.	издáв
p.pt.a.	издáвший
p.pt.p.	и́зданный; и́здан, изданá, и́здано

издáть[2] *perf* что utter, emit *sound*; give
out *or* off, exhale *smell* ‖ *imperf* издавáть, forms ib.
forms as издáть[1]

издевáться 2 a *imperf* над кем-чем jeer
(at), mock (at), scoff (at); bully

издёргать 1 *perf* кого́-что *coll* pull to
pieces; *fig* harass, overstrain, worry ‖ *im-perf* издёргивать 1 a

издёргаться *perf* **1.** *1st and 2nd pers not
used* get worn out, get tattered *with
constant jerking, pulling* **2.** coll fray *one's*
nerves, wear oneself out *with constant
anxieties, worries, concerns* ‖ *imperf* из-дёргиваться

издёргивать(ся) *imperf of* издёргать(ся)

издержáть *perf* что spend, expend; use
up ‖ *imperf* издéрживать 1 a

ft.	издержу́, -éржишь, -éржат
imp.	издержи́, ~те
pt.	издержáл
g.pt.a.	издержáв

12*

p.pt.a.	издержáвший
p.pt.p.	издéржанный

издержáться *perf coll* run short of money,
spend all *one's* money ‖ *imperf* издéржи-ваться

издéрживать(ся) *imperf of* издержáть(ся)

издирáть(ся) *imperf of* изодрáть(ся)

издо́хнуть *perf* **1.** *of animals* die **2.** *coarse
coll* croak, kick the bucket ‖ *imperf* издыхáть 2 a

ft.	издо́хну, -нешь, -нут
imp.	издо́хни, ~те
pt.	издо́х, ~ла
g.pt.a.	издо́хнув *and* издо́хши
p.pt.a.	издо́хший

издыря́вить *perf* что *coll* drill, shoot or
otherwise make full of holes ‖ *imperf*
издыря́вливать 1 a

ft.	издыря́влю, -вишь, -вят
imp.	издыря́вь, ~те
pt.	издыря́вил
g.pt.a.	издыря́вив
p.pt.a.	издыря́вивший
p.pt.p.	издыря́вленный

издыря́вливать *imperf of* издыря́вить

издыхáть *imperf of* издо́хнуть

изжáрить *perf* кого́-что fry; roast

ft.	изжáрю, -ришь, -рят
imp.	изжáрь, ~те
pt.	изжáрил
g.pt.a.	изжáрив
p.pt.a.	изжáривший
p.pt.p.	изжáренный

изжáриться, *1st and 2nd pers not used, perf*
be fried, be well done

изжéчь *perf* что *coll* **1.** burn through in
many places or otherwise spoil by contact
with fire *or* acid **2.** singe (all over) **3.** use
up as fuel, burn all the fuel up ‖ *imperf*
изжигáть 2 a

ft.	изожгу́, изожжёшь, изожгу́т
imp.	изожги́, ~те
pt.	изжёг, изожглá
g.pt.a.	изжёгши
p.pt.a.	изжёгший
p.pt.p.	изожжённый; изожжён, -енá

изживáть *imperf of* изжи́ть

изжигáть *imperf of* изжéчь

изжи́ть *perf* что get rid of, eliminate,
extirpate ‖ *imperf* изживáть 2 a

ft.	изживу́, -вёшь, -ву́т
imp.	изживи́, ~те
pt.	изжи́л, -илá, -и́ло

g.pt.a.	изжи́в
p.pt.a.	изжи́вший
p.pt.p.	изжи́тый; изжи́т, -ита́, -и́то *and*
	coll изжито́й; изжи́т, -ита́, -ито́

иззелени́ть *perf* что *coll* soil [smear] with green paint or other green colouring matter

ft.	иззеленю́, -ни́шь, -ня́т
imp.	иззелени́, ~те
pt.	иззелени́л
g.pt.a.	иззелени́в
p.pt.a.	иззелени́вший
p.pt.p.	иззеленённый; иззеленён, -ена́

иззя́бнуть *perf coll* be frozen stiff, be chilled to the bones

ft.	иззя́бну, -нешь, -нут
imp.	иззя́бни, ~те
pt.	иззя́б, ~ла
g.pt.a.	иззя́бнув *and* иззя́бши
p.pt.a.	иззя́бший

изла́вливать *imperf of* излови́ть

излага́ть *imperf of* изложи́ть

изла́зить *perf* что get into all the nooks and crannies, crawl into all the sheltered and inaccessible places *of a house, locality*

ft.	изла́жу, -а́зишь, -а́зят
imp.	изла́зь, ~те
pt.	изла́зил
g.pt.a.	изла́зив
p.pt.a.	изла́зивший

изла́мывать(ся) *imperf of* изломА́ть(ся)

излежа́ться, *1st and 2nd pers not used, perf coll* spoil *through storage*; become shop-soiled ‖ *imperf* излёживаться 1 а

ft.	излежи́тся, -жа́тся
pt.	излежа́лся, -лась
g.pt.a.	излежа́вшись
p.pt.a.	излежа́вшийся

излёживаться *imperf of* излежа́ться

излéниваться *imperf of* излени́ться

излени́ться *perf coll* get [grow] lazy ‖ *imperf* излéниваться 1 а

ft.	изленю́сь, -éнишься, -éнятся
imp.	излени́сь, -и́тесь
pt.	излени́лся, -лась
g.pt.a.	излени́вшись
p.pt.a.	излени́вшийся

излéчивать(ся) *imperf of* излечи́ть(ся)

излечи́ть *perf* кого́-что *bookish* cure ‖ *imperf* излéчивать 1 а

ft.	излечу́, -éчишь, -éчат
imp.	излечи́, ~те
pt.	излечи́л

g.pt.a.	излечи́в
p.pt.a.	излечи́вший
p.pt.p.	излéченный *and* излечённый; излечён, -ена́

излечи́ться *perf* от кого́-чего́ *bookish* be cured (of), recover (from) ‖ *imperf* излéчиваться

излива́ть 2 а *imperf* что **1.** *imperf of* изли́ть **2.** *bookish* emit, give off

излива́ться *imperf* **1.** *imperf of* изли́ться **2.** *fig bookish* be emitted

изли́ть *perf* что **1.** *bookish obs* let flow **2.** *fig bookish* give free rein to; ~ *scorn*; pour out *one's heart* ‖ *imperf* излива́ть 2 а

ft.	изолью́, -льёшь, -лью́т
imp.	изле́й, ~те
pt.	изли́л, -ила́, -и́ло
g.pt.a.	изли́в
p.pt.a.	изли́вший
p.pt.p.	изли́тый; изли́т, -ита́, -и́то

изли́ться *perf* **1.** flow, pour, gush forth **2.** *fig* в чём *bookish* unburden *one's heart* ‖ *imperf* излива́ться

pt.	изли́лся, -ила́сь, -и́ло́сь

излИ́шествовать 4 а *imperf bookish* be intemperate

излови́ть *perf* кого́-что *coll* **1.** catch, seize, get **2.** *fig* на чём catch (at), catch out (at); catch out *in a lie* ‖ *imperf* изла́вливать 1 а

ft.	изловлю́, -о́вишь, -о́вят
imp.	излови́, ~те
pt.	излови́л
g.pt.a.	излови́в
p.pt.a.	излови́вший
p.pt.p.	изло́вленный

изловча́ться *imperf of* изловчи́ться

изловчи́ться *perf with infinitive or without object, coll* contrive, manage ‖ *imperf* изловча́ться 2 а

ft.	изловчу́сь, -чи́шься, -ча́тся
imp.	изловчи́сь, -и́тесь
pt.	изловчи́лся, -лась
g.pt.a.	изловчи́вшись
p.pt.a.	изловчи́вшийся

изложи́ть *perf* что state, expound *a request, one's point of view etc.*; dwell on *a subject* ‖ *imperf* излага́ть 2 а

ft.	изложу́, -о́жишь, -о́жат
imp.	изложи́, ~те
pt.	изложи́л
g.pt.a.	изложи́в

p.pt.a.	изложи́вший
p.pt.p.	изло́женный

изломá́ть 2 *perf* кого́-что **1.** break, break up, smash to pieces **2.** *sub* deform **3.** *fig coll* ruin **4.** *coll* exhaust, wear out ‖ *imperf* излáмывать 1 a

изломáться *perf* **1.** break, be smashed **2.** *fig coll* be mincing in *one's* behaviour ‖ *imperf* излáмываться

излучáть 2 a *imperf* что radiate *a. fig* ‖ *perf* излучи́ть, forms ib.

излучáться, *1st and 2nd pers not used, imperf* radiate, emanate ‖ *perf* излучи́ться

излучи́ть *perf of* излучáть

ft.	излучу́, -чи́шь, -чáт
imp.	излучи́, ～те
pt.	излучи́л
g.pt.a.	излучи́в
p.pt.a.	излучи́вший
p.pt.p.	излучённый; излучён, -енá

излучи́ться *perf of* излучáться

измáзать *perf* кого́-что *coll* **1.** smear, dirty, soil **2.** use up *ointment, dye etc.* ‖ *imperf* измáзывать 1 a

ft.	измáжу, -жешь, -жут
imp.	измáжь, ～те
pt.	измáзал
g.pt.a.	измáзав
p.pt.a.	измáзавший
p.pt.p.	измáзанный

измáзаться *perf coll* **1.** make [get] oneself dirty; измáзаться крáсками get oneself all smeared with paint **2.** *of polish etc.* get used up ‖ *imperf* измáзываться

измáзывать(ся) *imperf of* измáзать(ся)

измáлывать *imperf of* измоло́ть

измарáть 2 *perf* кого́-что *sub* soil, dirty

измарáться *perf sub* get dirty [soiled]

измáтывать(ся) *imperf of* измотáть(ся)

измельчáть[1] 2 *perf* **1.** diminish, become smaller **2.** become shallow *a. fig*

измельчáть[2] *imperf of* измельчи́ть

измельчáться *imperf of* измельчи́ться

измельчи́ть *perf* что reduce to fragments; cut up, cut very small, cut into pieces; chop fine; pound; crumble; reduce to powder; pulverize ‖ *imperf* измельчáть 2 a

ft.	измельчу́, -чи́шь, -чáт
imp.	измельчи́, ～те
pt.	измельчи́л
g.pt.a.	измельчи́в

p.pt.a.	измельчи́вший
p.pt.p.	измельчённый; измельчён, -енá

измельчи́ться, *1st and 2nd pers not used, perf* be [get] reduced to small fragments, be chopped [pounded, ground, crushed] into small particles *or* pieces, be pulverized ‖ *imperf* измельчáться

измени́ть[1] *perf* кого́-что change, alter; modify; vary ‖ *imperf* изменя́ть 2 a

ft.	изменю́, -éнишь, -éнят
imp.	измени́, ～те
pt.	измени́л
g.pt.a.	измени́в
p.pt.a.	измени́вший
p.pt.p.	изменённый; изменён, -енá

измени́ть[2] *perf* кому́-чему́ **1.** betray; be false (to); be unfaithful (to); break oath etc. **2.** *1st and 2nd pers not used fig* fail *of one's memory, strength etc.* ‖ *imperf* изменя́ть 2 a

no *p.pt.p.*

other forms as измени́ть[1]

измени́ться *perf* change; vary ‖ *imperf* изменя́ться

изменя́ть[1,2] *imperf of* измени́ть[1,2]

изменя́ться *imperf of* измени́ться

изме́рить *perf* кого́-что **1.** measure; survey *land*; sound, fathom *depth*; take *temperature* **2.** *fig coll* travel (all) over, go [walk] all over ‖ *imperf* измеря́ть 2 a

ft.	изме́рю, -ришь, -рят *and coll* изме́ряю, -яешь, -яют
imp.	изме́рь, ～те *and coll* изме́ряй, ～те
pt.	изме́рил
g.pt.a.	изме́рив
p.pt.a.	изме́ривший
p.pt.p.	изме́ренный

измеря́ть *imperf of* изме́рить

измеря́ться 2 a, *1st and 2nd pers not used, imperf* be measured

измокáть *imperf of* измо́кнуть

измо́кнуть *perf coll* be wet through, be sodden, get wet [drenched] ‖ *imperf* измокáть* 2 a

ft.	измо́кну, -нешь, -нут
imp.	измо́кни, ～те
pt.	измо́к, ～ла
g.pt.a.	измо́кнув *and* измо́кши
p.pt.a.	измо́кший

измоло́ть *perf* что grind everything there is to grind ‖ *imperf* измáлывать 1 a

ft.	измелю́, -éлешь, -éлют

imp.	измели́, ~те
pt.	измоло́л
g.pt.a.	измоло́в
p.pt.a.	измоло́вший
p.pt.p.	измо́лотый

измори́ть *perf* кого́-что *sub* cause to be exhausted [worn out]; victimize by a deliberate exposure to hunger [privation]

ft.	изморю́, -ри́шь, -ря́т
imp.	измори́, ~те
pt.	измори́л
g.pt.a.	измори́в
p.pt.a.	измори́вший
p.pt.p.	изморённый; изморён, -ена́

измори́ться *perf sub* become quite exhausted and worn out *with work etc.*

измота́ть 2 *perf* кого́-что *coll* exhaust, wear out ‖ *imperf* изма́тывать 1 а

измота́ться *perf coll* be exhausted, be done, be worn out ‖ *imperf* изма́тываться

измоча́ливать(ся) *imperf of* измоча́лить(ся)

измоча́лить *perf* 1. что *coll* shred 2. *fig* кого́-что worry to death ‖ *imperf* измоча́ливать 1 а

ft.	измоча́лю, -лишь, -лят
imp.	измоча́ль, ~те
pt.	измоча́лил
g.pt.a.	измоча́лив
p.pt.a.	измоча́ливший
p.pt.p.	измоча́ленный

измоча́литься, *1st and 2nd pers not used*, *perf coll* 1. be shredded, be all in shreds 2. be all in, be played out ‖ *imperf* измоча́ливаться

изму́чивать(ся) *imperf of* изму́чить(ся)

изму́чить *perf* кого́-что fatigue, exhaust, tire out, wear out ‖ *imperf* изму́чивать 1 а

ft.	изму́чу, -чишь, -чат *and coll* изму́чаю, -аешь, -ают
imp.	изму́чь, ~те *and coll* изму́чай, ~те
pt.	изму́чил
g.pt.a.	изму́чив
p.pt.a.	изму́чивший
p.pt.p.	изму́ченный

изму́читься *perf* be fatigued, be exhausted, be tired out, be worn out ‖ *imperf* изму́чиваться

измыва́ться 2 а *imperf* над кем-чем *coll* jeer (at), mock (at), poke fun (at), scoff (at)

измы́ливать(ся) *imperf of* измы́лить(ся)

измы́лить *perf* что *coll* use up all the soap ‖ *imperf* измы́ливать 1 а

ft.	измы́лю, -лишь, -лят
imp.	измы́ль, ~те
pt.	измы́лил
g.pt.a.	измы́лив
p.pt.a.	измы́ливший
p.pt.p.	измы́ленный

измы́литься, *1st and 2nd pers not used*, *perf coll*, *of a cake of soap* be completely used up in washing *smth* ‖ *imperf* измы́ливаться

измы́слить *perf* что invent; contrive, devise; think up ‖ *imperf* измышля́ть 2 а

ft.	измы́слю, -лишь, -лят
imp.	измы́сли, ~те
pt.	измы́слил
g.pt.a.	измы́слив
p.pt.a.	измы́сливший
p.pt.p.	измы́шленный

измыта́рить *perf* кого́-что *sub* fatigue, exhaust, tire out

ft.	измыта́рю, -ришь, -рят
imp.	измыта́рь, ~те
pt.	измыта́рил
g.pt.a.	измыта́рив
p.pt.a.	измыта́ривший
p.pt.p.	измыта́ренный

измыта́риться *perf sub* be fatigued, be exhausted, be tired out

измышля́ть *imperf of* измы́слить

измя́ть *perf* что 1. rumple; crumple 2. crush 3. *fig* crush, make a moral wreck of

ft.	изомну́, -нёшь, -нут
imp.	изомни́, ~те
pt.	измя́л
g.pt.a.	измя́в
p.pt.a.	измя́вший
p.pt.p.	измя́тый

измя́ться, *1st and 2nd pers not used*, *perf* become [get] rumpled, become [get] crumpled

изнаси́ловать 4 *perf* кого́-что 1. ravish, violate, rape 2. do violence to

изна́шивать(ся) *imperf of* износи́ть(ся)

изнёживать(ся) *imperf of* изнёжить(ся)

изнёжить *perf* кого́-что render delicate; make soft; coddle, spoil ‖ *imperf* изнёживать 1 а

ft.	изнёжу, -жишь, -жат
imp.	изнёжь, ~те
pt.	изнёжил
g.pt.a.	изнёжив

p.pt.a.	изне́живший
p.pt.p.	изне́женный

изне́житься *perf* become delicate, grow soft ‖ *imperf* изне́живаться

изнемога́ть *imperf of* изнемо́чь

изнемо́чь *perf* (от чего́) be exhausted, be enervated (with); collapse, break down ‖ *imperf* изнемога́ть 2a

ft.	изнемогу́, -о́жешь, -о́гут
imp.	изнемоги́, ~те
pt.	изнемо́г, -огла́
g.pt.a.	изнемо́гши
p.pt.a.	изнемо́гший

изне́рвничаться 1 *perf* be overstrung, wreck *one's* nerves; он совсе́м изне́рвничался his nerves are all to pieces

изничтожа́ть *imperf of* изничто́жить

изничто́жить *perf* кого́-что *sub* destroy, annihilate; exterminate ‖ *imperf* изничтожа́ть 2a

ft.	изничто́жу, -жишь, -жат
imp.	изничто́жь, ~те
pt.	изничто́жил
g.pt.a.	изничто́жив
p.pt.a.	изничто́живший
p.pt.p.	изничто́женный

изнища́ть 2 *perf* become destitute, be pauperized

износи́ть *perf* что wear out ‖ *imperf* изна́шивать 1a

ft.	изношу́, -о́сишь, -о́сят
imp.	износи́, ~те
pt.	износи́л
g.pt.a.	износи́в
p.pt.a.	износи́вший
p.pt.p.	изно́шенный

износи́ться *perf* **1.** *1st and 2nd pers not used* wear out, be worn out **2.** *coll* be used up; be played out ‖ *imperf* изна́шиваться

изнури́ть *perf* кого́-что fatigue, exhaust, waste ‖ *imperf* изнуря́ть 2a

ft.	изнурю́, -ри́шь, -ря́т
imp.	изнури́, ~те
pt.	изнури́л
g.pt.a.	изнури́в
p.pt.a.	изнури́вший
p.pt.p.	изнурённый; изнурён, -ена́

изнури́ться *perf* become fatigued [exhausted, wasted] ‖ *imperf* изнуря́ться

изнуря́ть(ся) *imperf of* изнури́ть(ся)

изныва́ть 2a *imperf* **1.** *imperf of* изны́ть **2.**: изныва́ть от жары́ be languishing in the heat; be dying of heat

изны́ть *perf* languish, pine (away) ‖ *imperf* изныва́ть 2a

ft.	изно́ю, -о́ешь, -о́ют
imp.	изно́й, ~те
pt.	изны́л
g.pt.a.	изны́в
p.pt.a.	изны́вший

изобиде́ть *perf* кого́-что *sub and reg* hurt [wound] *smb's* feelings very badly

ft.	изоби́жу, -и́дишь, -и́дят
imp.	изоби́дь, ~те
pt.	изоби́дел
g.pt.a.	изоби́дев
p.pt.a.	изоби́девший
p.pt.p.	изоби́женный

изоби́ловать 4a, *1st and 2nd pers not used,* *imperf* кем-чем abound (in, with)

изоблича́ть *imperf of* изобличи́ть

изобличи́ть *perf* кого́-что в чём expose, unmask; convict (of), prove *smb* guilty (of); *imperf only* show, reveal ‖ *imperf* изоблича́ть 2a

ft.	изобличу́, -чи́шь, -ча́т
imp.	изобличи́, ~те
pt.	изобличи́л
g.pt.a.	изобличи́в
p.pt.a.	изобличи́вший
p.pt.p.	изобличённый; изобличён, -ена́

изобража́ть 2a *imperf* кого́-что **1.** *imperf of* изобрази́ть **2.** depict, portray, describe **3.** *usu with* собо́й represent **4.**: изобража́ть из себя́ *coll* make [give] oneself out to be, set up for

изобража́ться *imperf of* изобрази́ться

изобрази́ть *perf* кого́-что **1.** depict, delineate, picture; describe; represent, portray **2.** *theat* act [play] the part of **3.** *obs* express, show ‖ *imperf* изобража́ть 2a

ft.	изображу́, -ази́шь, -азя́т
imp.	изобрази́, ~те
pt.	изобрази́л
g.pt.a.	изобрази́в
p.pt.a.	изобрази́вший
p.pt.p.	изображённый; изображён, -ена́

изобрази́ться *1st and 2nd pers not used,* *perf* show, appear; на его́ лице́ изобрази́лось кра́йнее изумле́ние his face expressed extreme astonishment ‖ *imperf* изобража́ться

изобрести́ *perf* что invent; *coll* devise, contrive ‖ *imperf* изобрета́ть 2a

ft.	изобрету́, -тёшь, -ту́т

imp.	изобрети́, ~те
pt.	изобрёл, -ела́
g.pt.a.	изобретя́ *and coll* изобрёвши *and obs* изобре́тши
p.pt.a.	изобре́тший *and coll* изобрёвший
p.pt.p.	изобретённый; изобретён, -ена́

изобрета́ть *imperf of* изобрести́

изовра́ться *perf sub* get into the habit of lying, turn into an arrant [incorrigible] liar

ft.	изовру́сь, -рёшься, -ру́тся
imp.	изоври́сь, -йтесь
pt.	изовра́лся, -ала́сь, -а́лось
g.pt.a.	изовра́вшись
p.pt.a.	изовра́вшийся

изогну́ть(ся) *imperf of* изгиба́ть(ся)

изодра́ть *perf* что *coll* rend, tear *in several places, to pieces* ‖ *imperf* издира́ть 2а

ft.	издеру́, -рёшь, -ру́т
imp.	издери́, ~те
pt.	изодра́л, -ала́, -а́ло
g.pt.a.	изодра́в
p.pt.a.	изодра́вший
p.pt.p.	изо́дранный

изодра́ться *perf coll* be all torn, be in shreds; scratch oneself, get scratched all over ‖ *imperf* издира́ться

pt.	изодра́лся, -ала́сь, -а́лось

изойти́ *perf* чем *coll*: изойти́ кро́вью bleed to death; изойти́ слеза́ми melt into tears, sob [cry] *one's* heart out ‖ *imperf* исходи́ть[3], forms ib.

ft.	изойду́, -дёшь, -ду́т
imp.	изойди́, ~те
pt.	изошёл, -шла́
g.pt.a.	изойдя́ *and obs* изоше́дши
p.pt.a.	изоше́дший

изолга́ться *perf* get used to lying, be an incorrigible liar

ft.	изолгу́сь, -лжёшься, -лгу́тся
imp.	изолги́сь, -йтесь
pt.	изолга́лся, -ала́сь, -а́лось
g.pt.a.	изолга́вшись
p.pt.a.	изолга́вшийся

изоли́ровать 4 *and* 4а *perf, imperf* кого́-что 1. isolate 2. *tech* insulate

изоли́роваться *perf, imperf* isolate oneself

изорва́ть *perf* что tear up, tear to pieces ‖ *imperf* изрыва́ть* 2а

ft.	изорву́, -вёшь, -ву́т
imp.	изорви́, ~те
pt.	изорва́л, -ала́, -а́ло
g.pt.a.	изорва́в

p.pt.a.	изорва́вший
p.pt.p.	изо́рванный

изорва́ться, *1st and 2nd pers not used, perf* get torn, come to pieces, be torn to tatters ‖ *imperf* изрыва́ться

pt.	изорва́лся, -ала́сь, -а́лось

изощри́ть *perf bookish* что cultivate, refine, sharpen ‖ *imperf* изощря́ть 2а

ft.	изощрю́, -ри́шь, -ря́т
imp.	изощри́, ~те
pt.	изощри́л
g.pt.a.	изощри́в
p.pt.a.	изощри́вший
p.pt.p.	изощрённый; изощрён, -ена́

изощри́ться *perf* 1. become refined [sharpened, more perceptive] 2. в чём become agile in the management *of one's wits*; outdo oneself, exert oneself, excel (in) ‖ *imperf* изощря́ться; изощря́ться в остроу́мии exercise *one's* wits, strain *one's* ingenuity

изощря́ть(ся) *imperf of* изощри́ть(ся)

изра́нить *perf* кого́-что cover with wounds

ft.	изра́ню, -нишь, -нят
imp.	изра́нь, ~те
pt.	изра́нил
g.pt.a.	изра́нив
p.pt.a.	изра́нивший
p.pt.p.	изра́ненный

израсхо́довать 4 *perf* что use up, expend, exhaust, spend *money*

израсхо́доваться *perf* 1. be used up, be spent 2. *coll* spend all *one's* money

изре́зать *perf* 1. что cut up 2. кого́-что gash, slash 3. (*usu p.pt.p.*) что cut across, incise ‖ *imperf* изре́зывать 1а *and sub* изреза́ть 2а

ft.	изре́жу, -жешь, -жут
imp.	изре́жь, ~те
pt.	изре́зал
g.pt.a.	изре́зав
p.pt.a.	изре́завший
p.pt.p.	изре́занный

изреза́ть *imperf of* изре́зать

изре́зывать *imperf of* изре́зать

изрека́ть *imperf of* изре́чь

изре́чь *perf* что *or without object obs poet* pronounce, utter ‖ *imperf* изрека́ть 2а

ft.	изреку́, -ечёшь, -еку́т
imp.	изреки́, ~те
pt.	изрёк *and obs* изрек, изрекла́
g.pt.a.	изрёкши
p.pt.a.	изрёкший
p.pt.p.	изречённый; изречён, -ена́

изрешети́ть *perf* кого́-что pierce *with holes*; riddle *with bullets* ‖ *imperf* изре-ше́чивать 1а

ft.	изрешечу́, -ети́шь, -етя́т
imp.	изрешети́, ~те
pt.	изрешети́л
g.pt.a.	изрешети́в
p.pt.a.	изрешети́вший
p.pt.p.	изрешечённый; изрешечён, -ена́

изреше́чивать *imperf of* изрешети́ть

изрисова́ть 5 *perf* что cover with drawings ‖ *imperf* изрисо́вывать 1а

изрисо́вывать *imperf of* изрисова́ть

изруба́ть *imperf of* изруби́ть

изруби́ть *perf* кого́-что 1. chop, mince 2. cut (down, up); slaughter ‖ *imperf* из-руба́ть 2а

ft.	изрублю́, -у́бишь, -у́бят
imp.	изруби́, ~те
pt.	изруби́л
g.pt.a.	изруби́в
p.pt.a.	изруби́вший
p.pt.p.	изру́бленный

изруга́ть 2 *perf* кого́-что *coll* revile

изрыва́ть[1] *imperf of* изорва́ть

изрыва́ть[2] *imperf of* изры́ть

изрыва́ться *imperf of* изорва́ться

изрыга́ть 2а *imperf* что *bookish* 1. vomit, spew; belch out 2. mouth ‖ *perf semelf* изрыгну́ть 7

изрыгну́ть *perf semelf of* изрыга́ть

изры́ть *perf* что dig up; churn up, tear up ‖ *imperf* изрыва́ть 2а

ft.	изро́ю, -о́ешь, -о́ют
imp.	изро́й, ~те
pt.	изры́л
g.pt.a.	изры́в
p.pt.a.	изры́вший
p.pt.p.	изры́тый

изуве́рствовать 4а *imperf* commit acts of fanatic cruelty, treat *smb or smth* with ruthless barbaric cruelty

изуве́чивать(ся) *imperf of* изуве́чить(ся)

изуве́чить *perf* кого́-что mutilate, maim ‖ *imperf* изуве́чивать 1а

ft.	изуве́чу, -чишь, -чат
imp.	изуве́чь, ~те
pt.	изуве́чил
g.pt.a.	изуве́чив
p.pt.a.	изуве́чивший
p.pt.p.	изуве́ченный

изуве́читься *perf* get oneself mutilated [maimed] ‖ *imperf* изуве́чиваться

изукра́сить *perf* кого́-что 1. *obs and coll* adorn (lavishly) 2. *coll iron* soil, dirty; deform, deface ‖ *imperf* изукра́шивать 1а

ft.	изукра́шу, -а́сишь, -а́сят
imp.	изукра́сь, ~те
pt.	изукра́сил
g.pt.a.	изукра́сив
p.pt.a.	изукра́сивший
p.pt.p.	изукра́шенный

изукра́шивать *imperf of* изукра́сить

изуми́ть *perf* кого́-что amaze, astonish, surprise ‖ *imperf* изумля́ть 2а

ft.	изумлю́, -ми́шь, -мя́т
imp.	изуми́, ~те
pt.	изуми́л
g.pt.a.	изуми́в
p.pt.a.	изуми́вший
p.pt.p.	изумлённый; изумлён, -ена́

изуми́ться *perf* (кому́-чему́) be amazed, be astonished, be surprised ‖ *imperf* изумля́ться

изумля́ть(ся) *imperf of* изуми́ть(ся)

изуро́довать 4 *perf* кого́-что 1. make *smb or smth* look ugly [deformed, disfigured] 2. mutilate, cripple, maim 3. *fig* distort *smth* beyond recognition 4. demoralize, corrupt

изуро́доваться *perf* get oneself maimed [crippled, mutulated]

изуча́ть *imperf of* изучи́ть

изучи́ть *perf* кого́-что 1. study, learn; master 2. investigate; scrutinize ‖ *imperf* изуча́ть 2а

ft.	изучу́, изу́чишь, изу́чат
imp.	изучи́, ~те
pt.	изучи́л
g.pt.a.	изучи́в
p.pt.a.	изучи́вший
p.pt.p.	изу́ченный

изъеда́ть *imperf of* изъе́сть

изъе́здить *perf* что *coll* 1. travel the length and breadth *of a certain area* 2. wear out *a road, vehicle* ‖ *imperf* изъе́зживать* 1а

ft.	изъе́зжу, -здишь, -здят
imp.	изъе́зди, ~те
pt.	изъе́здил
g.pt.a.	изъе́здив
p.pt.a.	изъе́здивший
p.pt.p.	изъе́зженный

изъе́зживать *imperf of* изъе́здить

изъе́сть, *1st and 2nd pers not used, perf* что **1.** gnaw *smth* away **2.** *of acids etc.* eat *smth* away, corrode ‖ *imperf* изъеда́ть 2а
ft.	изъе́ст, -еди́т
pt.	изъе́л
g.pt.a.	изъе́в
p.pt.a.	изъе́вший
p.pt.p.	изъе́денный

изъяви́ть *perf bookish* что express, show; изъяви́ть согла́сие give *one's* consent ‖ *imperf* изъявля́ть 2а
ft.	изъявлю́, -я́вишь, -я́вят
imp.	изъяви́, ~те
pt.	изъяви́л
g.pt.a.	изъяви́в
p.pt.a.	изъяви́вший
p.pt.p.	изъя́вленный

изъявля́ть *imperf of* изъяви́ть

изъязви́ть *perf* кого́-что ulcerate ‖ *imperf* изъязвля́ть 2а
ft.	изъязвлю́, -ви́шь, -вя́т
imp.	изъязви́, ~те
pt.	изъязви́л
g.pt.a.	изъязви́в
p.pt.a.	изъязви́вший
p.pt.p.	изъязвлённый; изъязвлён, -ена́

изъязвля́ть *imperf of* изъязви́ть

изъясни́ть *perf* что *bookish obs* explain; expound; express ‖ *imperf* изъясня́ть 2а
ft.	изъясню́, -ни́шь, -ня́т
imp.	изъясни́, ~те
pt.	изъясни́л
g.pt.a.	изъясни́в
p.pt.a.	изъясни́вший
p.pt.p.	изъяснённый; изъяснён, -ена́

изъясни́ться *perf bookish obs* make oneself understood, express oneself ‖ *imperf* изъясня́ться

изъясня́ть(ся) *imperf of* изъясни́ть(ся)

изъя́ть *perf* кого́-что **1.** withdraw; remove; изъя́ть из обраще́ния withdraw from circulation **2.** confiscate, seize ‖ *imperf* изыма́ть 2а
ft.	изыму́, -ы́мешь, -ы́мут
imp.	изыми́, ~те
pt.	изъя́л
g.pt.a.	изъя́в
p.pt.a.	изъя́вший
p.pt.p.	изъя́тый

изыма́ть *imperf of* изъя́ть

изыска́ть *perf* что *bookish* find, discover; obtain ‖ *imperf* изы́скивать 1а
ft.	изыщу́, -ы́щешь, -ы́щут
imp.	изыщи́, ~те
pt.	изыска́л
g.pt.a.	изыска́в
p.pt.a.	изыска́вший
p.pt.p.	изы́сканный

изы́скивать *bookish* **1.** *imperf of* изыска́ть **2.** investigate; seek, look for, try to find

ика́ть 2а *imperf* hiccup | *perf* semelf икну́ть 7, no *p.pt.p.*

и́кать 1а *imperf ling* pronounce unstressed e and я as и

ика́ться 2а *impers imperf* кому́ *coll* have the hiccups | *perf semelf* икну́ться 7

икну́ть(ся) *perf semelf of* ика́ть(ся)

иллюмини́ровать 4 *and* 4а *perf, imperf* что illuminate

иллюминова́ть 5 *and* 5а *perf, imperf* что illuminate

иллюстри́ровать 4 *and* 4а *perf, imperf* что illustrate

именова́ть 5а *imperf* кого́-что name, call. — (на-)
p.pt.p.	имено́ванный

именова́ться *imperf* кем-чем be called, bear the name (of)

име́ть 3а *imperf* **1.** кого́-что have, possess **2.** что *with nouns:* име́ть успе́х succeed, be a success; име́ть значе́ние be of importance; име́ть ме́сто take place

име́ться, *1st and 2nd pers not used, imperf* be at *or* in *or* on hand; у кого́-чего́ have; there is [are *etc.*]; у меня́ име́ется I have; име́ться налицо́ be available, be on hand; в библиоте́ке име́ется не́сколько книг по э́тому вопро́су there are several books on the subject at the library

имити́ровать 4а *imperf* кого́-что imitate

иммигри́ровать 4 *and* 4а *perf, imperf* immigrate

иммобилизова́ть 5 *perf* что *med* immobilize

иммунизи́ровать 4 *and* 4а *perf, imperf* кого́-что *med* immunize

импони́ровать 4а *imperf* кому́-чему́ *or without object* impress

импорти́ровать 4 *and* 4а *perf, imperf* кого́-что import

импровизи́ровать 4 *and* 4а *perf, imperf* что *or without object* improvise

инвентаризи́ровать 4 *and* 4а *perf, imperf* что draw up an inventory, (of); take stock (of)

инвентаризова́ть 5 *and* 5а *perf, imperf* что draw up an inventory (of); take stock (of)

инвести́ровать 4 *and* 4а *perf, imperf* что invest

и́ндеветь 3а, *1st and 2nd pers not used, imperf* become covered with hoar-frost. — (за-)

индивидуализи́ровать 4 *and* 4а *perf, imperf* кого-что individualize

индустриализи́ровать 4 *and* 4а *perf, imperf* что industrialize

индустриализова́ть 5 *and* 5а *perf, imperf* что industrialize

инкасси́ровать 4 *and* 4а *perf, imperf fin* collect

инкорпори́ровать 4 *and* 4а, *perf, imperf* что *bookish* incorporate

инкримини́ровать 4 *and* 4а *perf, imperf* что кому́-чему́ accuse (of), charge (with)

инкрусти́ровать 4 *and* 4а *perf, imperf* что inlay

инсину́ировать 4 *and* 4а *perf, imperf bookish* insinuate

инспекти́ровать 4а *imperf* кого-что inspect

инспири́ровать 4 *and* 4а *perf, imperf* кого́-что *bookish* inspire

инструкти́ровать 4 *and* 4а *perf, imperf* кого-что instruct, give instructions

инструментова́ть 5 *and* 5а *perf, imperf* что *mus* orchestrate, arrange for orchestra

инсцени́ровать 4 *and* 4а *perf, imperf* что 1. dramatize, produce for the stage, stage 2. feign

интегри́ровать 4 *and* 4а *perf, imperf* что integrate

интенсифици́ровать [тэ] 4 *and* 4а *perf, imperf* что *bookish* intensify

интервью́и́ровать [тэ] 4 *and* 4а *perf, imperf* кого-что interview

интересова́ть 5а *imperf* кого́-что interest

интересова́ться *imperf* кем-чем be interested (in), take an interest (in)

интернационализи́ровать 4 *and* 4а *perf, imperf* что internationalize

интерни́ровать 4 *and* 4а *perf, imperf* кого́-что intern

интерпелли́ровать [тэ] 4 *and* 4а *perf, imperf pol* interpellate

интерполи́ровать 4 *and* 4а *perf, imperf* что *bookish math* interpolate

интерпрети́ровать [тэ] 4 *and* 4а *perf, imperf* что *bookish* interpret

инти́мничать 1а *imperf coll* be on intimate terms *with smb*

интони́ровать 4а *imperf, of singer, violinist etc.* have a pure, wrong etc. intonation *p.pt.p.* интони́рованный

интригова́ть 5а *imperf* 1. про́тив кого́-чего́ plot (against), intrigue (against), scheme (against) 2. кого́-что rouse the curiosity [interest] (of). — (за- *with* 2)

информи́ровать 4 *and* 4а *perf, imperf* кого́-что inform

информи́роваться *perf, imperf* receive information, be informed

ионизи́ровать 4 *and* 4а *perf, imperf* что *phys* ionize

ионизова́ть 5 *and* 5а *perf, imperf* что *phys* ionize

иронизи́ровать 4а *imperf* над кем-чем speak ironically (of), be sarcastic (about)

искажа́ть(ся) *imperf of* исказить(ся)

искази́ть *perf* что 1. distort, garble, misrepresent 2. distort *appearance, facial expression* ‖ *imperf* искажа́ть 2а
ft. искажу́, -ази́шь, -азя́т
imp. искази́, ~те
pt. искази́л
g.pt.a. искази́в
p.pt.a. искази́вший
p.pt.p. искажённый; искажён, -ена́

искази́ться, *1st and 2nd pers not used, perf* 1. become distorted 2. *of appearance, facial expression* become distorted ‖ *imperf* искажа́ться

искале́чивать(ся) *imperf of* искале́чить-(ся)

искале́чить *perf* кого-что 1. cripple, maim, mutilate 2. *fig* ruin ‖ *imperf* искале́чивать 1а
ft. искале́чу, -чишь, -чат
imp. искале́чь, ~те
pt. искале́чил
g.pt.a. искале́чив
p.pt.a. искале́чивший
p.pt.p. искале́ченный

искале́читься *perf coll* cripple [maim, mutilate] oneself; become a cripple ‖ *imperf* искале́чиваться

иска́лывать(ся) *imperf of* исколо́ть(ся)

иска́пывать *imperf of* ископа́ть

иска́ть *imperf* **1.** кого́-что look for, search after *or* for **2.** кого́-что *or* чего́ look (for), seek *employment etc.* **3.** что с кого́-чего́ *or* на ком-чём *leg* claim *smth* from; sue *smb* for

pr.	ищу́, и́щешь, и́щут
imp.	ищи́, ~те
pt.	иска́л
g.pr.a.	ища́
p.pr.a.	и́щущий
p.pt.a.	иска́вший
p.pr.p.	иско́мый
p.pt.p.	и́сканный

исклева́ть *perf* кого́-что **1.** tear, injure, maul *smth with strokes and pulls of a beak* **2.** peck up everything there is to peck ‖ *imperf* исклёвывать 1a

ft.	исклюю́, -юёшь, -юю́т
imp.	исклю́й, ~те
pt.	исклева́л
g.pt.a.	исклева́в
p.pt.a.	исклева́вший
p.pt.p.	исклёванный

исклёвывать *imperf of* исклева́ть

исключа́ть *imperf of* исключи́ть

исключи́ть *perf* **1.** кого́-что из чего́ exclude (from); except (from); expel (from); strike off **2.** что (*usu short forms of the p.pt.p.*) eliminate; rule out; исключи́ть возмо́жность чего́-н. rule out the possibility of *smth* ‖ *imperf* исключа́ть 2a

ft.	исключу́, -чи́шь, -ча́т
imp.	исключи́, ~те
pt.	исключи́л
g.pt.a.	исключи́в
p.pt.a.	исключи́вший
p.pt.p.	исключённый; исключён, -ена́

исковéркать 1 *perf* кого́-что **1.** distort, deform; mutilate; *fig* spoil, ruin **2.** murder, mangle *a language*

исколá чивать *imperf of* исколоти́ть

исколеси́ть *perf* что *coll* travel all over

ft.	исколешу́, -еси́шь, -еся́т
imp.	исколеси́, ~те
pt.	исколеси́л
g.pt.a.	исколеси́в
p.pt.a.	исколеси́вший
p.pt.p.	исколешённый; исколешён, -ена́

исколоти́ть *perf coll* **1.** кого́-что beat up, give *smb* a going over **2.** что chip and dent all over ‖ *imperf* исколá чивать 1a

ft.	исколочу́, -о́тишь, -о́тят
imp.	исколоти́, ~те
pt.	исколоти́л
g.pt.a.	исколоти́в
p.pt.a.	исколоти́вший
p.pt.p.	исколо́ченный

исколо́ть *perf* кого́-что **1.** prick and scratch all over **2.** sow *with pins etc.* ‖ *imperf* иска́лывать 1a

ft.	исколю́, -о́лешь, -о́лют
imp.	исколи́, ~те
pt.	исколо́л
g.pt.a.	исколо́в
p.pt.a.	исколо́вший
p.pt.p.	иско́лотый

исколо́ться *perf* stab [prick] oneself all over ‖ *imperf* иска́лываться

иско́мкать 1 *perf* что *coll* crumple

исконопа́тить *perf* что *coll* caulk ‖ *imperf* исконопа́чивать 1a

ft.	исконопа́чу, -а́тишь, -а́тят
imp.	исконопа́ть, ~те
pt.	исконопа́тил
g.pt.a.	исконопа́тив
p.pt.a.	исконопа́тивший
p.pt.p.	исконопа́ченный

исконопа́чивать *imperf of* исконопа́тить

ископа́ть 2 *perf* что dig up ‖ *imperf* иска́пывать 1a

искорёживать(ся) *imperf of* искорёжить(ся)

искорёжить *perf* кого́-что *sub* bend, warp ‖ *imperf* искорёживать 1a

ft.	искорёжу, -жишь, -жат
imp.	искорёжь, ~те
pt.	искорёжил
g.pt.a.	искорёжив
p.pt.a.	искорёживший
p.pt.p.	искорёженный

искорёжиться, *1st and 2nd pers not used*, *perf sub* warp ‖ *imperf* искорёживаться

искорени́ть *perf* что eradicate, extirpate, root out ‖ *imperf* искореня́ть 2a

ft.	искореню́, -ни́шь, -ня́т
imp.	искорени́, ~те
pt.	искорени́л
g.pt.a.	искорени́в
p.pt.a.	искорени́вший
p.pt.p.	искоренённый; искоренён, -ена́

искорени́ться *perf* be eradicated [extirpated] ‖ *imperf* искореня́ться

искореня́ть(ся) *imperf of* искорени́ть(ся)

искриви́ть *perf* что **1.** bend, crook, twist **2.** distort, disfigure ‖ *imperf* искривля́ть 2a

ft.	искривлю́, -ви́шь, -вя́т
imp.	искриви́, ~те
pt.	искриви́л
g.pt.a.	искриви́в
p.pt.a.	искриви́вший
p.pt.p.	искривлённый; искривлён, -ена́

искриви́ться *perf* **1.** become bent [crooked, twisted] **2.** become distorted [disfigured] ‖ *imperf* искривля́ться

искривля́ть(ся) *imperf of* искриви́ть(ся)

и́скриться *and* искри́ться, *1st and 2nd pers not used, imperf* sparkle

pr.	и́скри́тся, и́скря́тся
imp.	и́скри́сь, и́скри́тесь
pt.	и́скри́лся, -лась
g.pr.a.	и́скря́сь
g.pt.a.	и́скри́вшись
p.pr.a.	и́скря́щийся
p.pt.a.	и́скри́вшийся

искровени́ть *perf* кого́-что *coll* wound; smear *smth* with blood

ft.	искровеню́, -ни́шь, -ня́т
imp.	искровени́, ~те
pt.	искровени́л
g.pt.a.	искровени́в
p.pt.a.	искровени́вший
p.pt.p.	искровенённый; искровенён, -ена́

искромса́ть 2 *perf* что *coll* hack, cut, spoil

искроши́ть *perf* кого́-что **1.** crumble **2.** *coll* cut down, cut to pieces, mow down

ft.	искрошу́, -о́шишь, -о́шат
imp.	искроши́, ~те
pt.	искроши́л
g.pt.a.	искроши́в
p.pt.a.	искроши́вший
p.pt.p.	искро́шенный

искроши́ться, *1st and 2nd pers not used, perf* crumble, fall to pieces

искупа́ть[1] 2 *perf* кого́-что *coll* give *smb*, *smth* a bath

искупа́ть[2] *imperf of* искупи́ть

искупа́ться 2 *perf coll* take [have] a bath

искупи́ть *perf* что **1.** expiate, atone for **2.** make up (for), compensate (for) ‖ *imperf* искупа́ть 2a

ft.	искуплю́, -у́пишь, -у́пят
imp.	искупи́, ~те
pt.	искупи́л
g.pt.a.	искупи́в

p.pt.a.	искупи́вший
p.pt.p.	иску́пленный *and* искуплённый; искуплён, -ена́

искуса́ть 2 *perf* кого́-что bite *badly or all over* ‖ *imperf* иску́сывать 1a

искуси́ть *perf of* искуша́ть

ft.	искушу́, -уси́шь, -уся́т
imp.	искуси́, ~те
pt.	искуси́л
g.pt.a.	искуси́в
p.pt.a.	искуси́вший
p.pt.p.	искушённый; искушён, -ена́

искуси́ться *perf* в чём *obs* acquire skill in

иску́сывать *imperf of* искуса́ть

искуша́ть 2a *imperf* кого́-что tempt; seduce ‖ *perf obs* искуси́ть, forms ib.

испа́костить *perf* что *sub* **1.** soil, dirty **2.** spoil

ft.	испа́кощу, -остишь, -остят
imp.	испа́кости, ~те
pt.	испа́костил
g.pt.a.	испа́костив
p.pt.a.	испа́костивший
p.pt.p.	испа́кощенный

испари́ть *perf* что evaporate ‖ *imperf* испаря́ть 2a

ft.	испарю́, -ри́шь, -ря́т
imp.	испари́, ~те
pt.	испари́л
g.pt.a.	испари́в
p.pt.a.	испари́вший
p.pt.p.	испарённый; испарён, -ена́

испари́ться, *1st and 2nd pers not used, perf* **1.** evaporate **2.** *fig joc* disappear, vanish, evaporate ‖ *imperf* испаря́ться

испаря́ть(ся) *imperf of* испари́ть(ся)

испаха́ть *perf* что plough ‖ *imperf* испа́хивать 1a

ft.	испашу́, -а́шешь, -а́шут
imp.	испаши́, ~те
pt.	испаха́л
g.pt.a.	испаха́в
p.pt.a.	испаха́вший
p.pt.p.	испа́ханный

испа́хивать *imperf of* испаха́ть

испа́чкать 1 *perf* кого́-что dirty, soil

испа́чкаться *perf* make oneself dirty

испепели́ть *perf* кого́-что reduce [burn] to ashes, incinerate ‖ *imperf* испепеля́ть 2a

ft.	испепелю́, -ли́шь, -ля́т
imp.	испепели́, ~те
pt.	испепели́л
g.pt.a.	испепели́в

p.pt.a.	испепели́вший
p.pt.p.	испепелённый; испепелён, -ена́

испепели́ться, *1st and 2nd pers not used,* *perf* burn up, burn to ashes ‖ *imperf* испепеля́ться

испепеля́ть(ся) *imperf of* испепели́ть(ся)

испестри́ть *perf* что mottle, speckle, spot ‖ *imperf* испестря́ть 2a

ft.	испестрю́, -ри́шь, -ря́т
imp.	испестри́, ∼те
pt.	испестри́л
g.pt.a.	испестри́в
p.pt.a.	испестри́вший
p.pt.p.	испестрённый; испестрён, -ена́

испестря́ть *imperf of* испестри́ть

испе́чь *perf* кого-что bake *in an oven*

ft.	испеку́, -ечёшь, -еку́т
imp.	испеки́, ∼те
pt.	испёк, -екла́
g.pt.a.	испёкши
p.pt.a.	испёкший
p.pt.p.	испечённый; испечён, -ена́

испе́чься *perf* 1. bake, be baked 2. *coll* broil *in the sun*

испещри́ть *perf* что чем spot (with), dot (with), cover (with) ‖ *imperf* испещря́ть 2a

ft.	испещрю́, -ри́шь, -ря́т
imp.	испещри́, ∼те
pt.	испещри́л
g.pt.a.	испещри́в
p.pt.a.	испещри́вший
p.pt.p.	испещрённый; испещрён, -ена́

испещря́ть *imperf of* испещри́ть

испива́ть *imperf of* испи́ть

испи́ливать *imperf of* испили́ть

испили́ть *perf* что saw to pieces *or* through ‖ *imperf* испи́ливать 1a

ft.	испилю́, -и́лишь, -и́лят
imp.	испили́, ∼те
pt.	испили́л
g.pt.a.	испили́в
p.pt.a.	испили́вший
p.pt.p.	испи́ленный

исписа́ть *perf* что 1. write upon *on both sides etc.,* fill up *book,* cover with writing 2. *coll* use up *by writing* ‖ *imperf* испи́сывать 1a

ft.	испишу́, -и́шешь, -и́шут
imp.	испиши́, ∼те
pt.	исписа́л
g.pt.a.	исписа́в
p.pt.a.	исписа́вший
p.pt.p.	испи́санный

исписа́ться *perf coll* 1. be used up *by writing* 2. exhaust *one's* powers [inspiration], write oneself to a standstill ‖ *imperf* испи́сываться

испи́сывать(ся) *imperf of* исписа́ть(ся)

испи́ть *perf* 1. чего *or without object, reg and sub* take several sips *of water etc.* 2. что *obs* drink up completely, drain *a cup etc.* to the dregs ‖ *imperf* испива́ть 2a

ft.	изопью́, -пьёшь, -пью́т
imp.	испе́й, ∼те
pt.	испи́л, -ила́, -и́ло
g.pt.a.	испи́в
p.pt.a.	испи́вший
p.pt.p.	испи́тый; испи́т, -ита́, -и́то

испове́дать 1 *and* 1a *perf, imperf obs* for meanings, s. испове́довать

испове́даться 1 *perf obs* for meanings, s. испове́доваться

испове́довать 4 *and* 4a *perf, imperf* 1. кого-что *rel* confess, hear *smb's* confession 2. *fig* кого-что *coll joc* question closely, draw out, interrogate 3. что кому-чему *fig* confess, avow 4. *only imperf* что *bookish* profess *beliefs etc.,* confess to

испове́доваться *perf, imperf* 1. кому-чему *or* у кого-чего *rel* confess (*one's* sins), go to confession 2. кому-чему *or* пе́ред кем-чем в чём confess to

испове́дывать(ся) 1a *imperf obs* for meanings, s. испове́довать(ся)

испо́лзать 1 *perf* что *coll* crawl all over *a place*

исполни́ть[1] *perf* что 1. carry out, execute, fulfil; perform; do *duty;* keep *promise* 2. *theat, mus* perform ‖ *imperf* исполня́ть 2a

ft.	испо́лню, -нишь, -нят
imp.	испо́лни, ∼те
pt.	испо́лнил
g.pt.a.	испо́лнив
p.pt.a.	испо́лнивший
p.pt.p.	испо́лненный

исполни́ть[2] *perf* кого-что чем *or* чего *bookish* inspire, infuse (with) *feelings, sentiments, emotions* ‖ *imperf* исполня́ть 2a

forms as исполни́ть[1]

исполни́ться[1], *1st and 2nd pers not used,* *perf* 1. be fulfilled; *of dreams etc.* come true 2. *impers* кому-чему be so and so many years old; pass *period* (since [с тех пор] как); за́втра мне испо́лнится двя́дцать лет I will be twenty tomorrow ‖ *imperf* исполня́ться

испо́лниться[2] *perf* чего́ *or* чем *bookish obs* fill (with), become filled (with) ‖ *imperf* исполня́ться

исполня́ть(ся)[1,2] *imperf of* испо́лнить(ся)[1,2]

исполосова́ть 5 *perf coll* **1.** что cut into strips **2.** кого́-что beat up

испо́льзовать 4 *and* 4a *perf, imperf* кого́-что use, utilize, make use of; make the most of; exploit; turn to account

испо́льзоваться *imperf* be used

испо́ртить *perf* кого́-что **1.** spoil, ruin **2.** deteriorate, make worse **3.** corrupt *a person etc.*

ft.	испо́рчу, -ртишь, -ртят
imp.	испо́рти, ~те *and coll* испо́рть, ~те
pt.	испо́ртил
g.pt.a.	испо́ртив
p.pt.a.	испо́ртивший
p.pt.p.	испо́рченный

испо́ртиться *perf* **1.** spoil, get spoilt, be ruined; *of foodstuffs* go bad **2.** *of relations* get worse, deteriorate **3.** become corrupt [demoralized]

испоха́бить *perf* кого́-что *coarse sub* bungle, make a mess of

ft.	испоха́блю, -бишь, -бят
imp.	испоха́бь, ~те
pt.	испоха́бил
g.pt.a.	испоха́бив
p.pt.a.	испоха́бивший
p.pt.p.	испоха́бленный

испо́шлить *perf* кого́-что *coll* make banal

ft.	испо́шлю, -лишь, -лят
imp.	испо́шли, ~те
pt.	испо́шлил
g.pt.a.	испо́шлив
p.pt.a.	испо́шливший
p.pt.p.	испо́шленный

испра́вить *perf* кого́-что **1.** repair, mend **2.** correct *a mistake etc.*, put right; improve **3.** reform, correct ‖ *imperf* исправля́ть 2a

ft.	испра́влю, -вишь, -вят
imp.	испра́вь, ~те
pt.	испра́вил
g.pt.a.	испра́вив
p.pt.a.	испра́вивший
p.pt.p.	испра́вленный

испра́виться *perf* improve, reform, change for the better, mend *one's* ways ‖ *imperf* исправля́ться

исправля́ть(ся) *imperf of* испра́вить(ся)

испражни́ться *perf* evacuate *the bowels*, defecate ‖ *imperf* испражня́ться 2a

ft.	испражню́сь, -ни́шься, -ня́тся
imp.	испражни́сь, -и́тесь
pt.	испражни́лся, -лась
g.pt.a.	испражни́вшись
p.pt.a.	испражни́вшийся

испражня́ться *imperf of* испражни́ться

испра́шивать *imperf* **1.** *imperf of* испроси́ть **2.** что *or* чего́ *obs* solicit (for), beg (for); испра́шивать что́-н. у кого́-н. solicit *smb* for *smth*

испро́бовать 4 *perf* что **1.** test, put to the test **2.** *coll obs* taste *wine etc.* **3.** experience

испроси́ть *perf* что *obs* solicit, obtain *by soliciting* ‖ *imperf* испра́шивать 1a

ft.	испрошу́, -о́сишь, -о́сят
imp.	испроси́, ~те
pt.	испроси́л
g.pt.a.	испроси́в
p.pt.a.	испроси́вший
p.pt.p.	испро́шенный

испуга́ть 2 *perf* кого́-что frighten, scare

испуга́ться *perf* be frightened, be afraid

испуска́ть 2a *imperf* что **1.** *imperf of* испусти́ть **2.** emit, radiate

испусти́ть *perf* что utter *sound*; exhale, give off *odour* ‖ *imperf* испуска́ть 2a

ft.	испущу́, -у́стишь, -у́стят
imp.	испусти́, ~те
pt.	испусти́л
g.pt.a.	испусти́в
p.pt.a.	испусти́вший
p.pt.p.	испу́щенный

испыта́ть 2 *perf* кого́-что **1.** try, test **2.** experience, undergo, feel ‖ *imperf* испы́тывать 1a

испы́тывать *imperf of* испыта́ть

испятна́ть 2 *perf* что *coll* spatter

иссека́ть[1,2] *imperf of* иссе́чь[1,2]

иссе́чь[1] *perf* **1.** *obs* cut, carve *smth in stone*; hew *from stone etc.* **2.** *med* excise ‖ *imperf* иссека́ть 2a

ft.	иссеку́, -ечёшь, -еку́т
imp.	иссеки́, ~те
pt.	иссе́к, -екла́
g.pt.a.	иссе́кши
p.pt.a.	иссе́кший
p.pt.p.	иссечённый; иссечён, -ена́

иссе́чь[2] *perf* **1.** make cuts [incisions] *with a sharp instrument* **2.** *obs* flog *in mass* ‖ *imperf* иссека́ть 2a

pt. иссе́к, ~ла
p.pt.p. иссе́ченный
other forms as иссе́чь[1]

исследи́ть *perf* что *coll* leave dirty footmarks *usually on a clean floor* ‖ *imperf* иссле́живать 1a
ft. исслежу́, -еди́шь, -едя́т
imp. исследи́, ~те
pt. исследи́л
g.pt.a. исследи́в
p.pt.a. исследи́вший
p.pt.p. иссле́женный

иссле́довать 4 *and* 4a *perf, imperf* кого́-что 1. investigate, study, make a thorough study of 2. explore; *med* examine; analyse blood *etc.*

иссле́живать *imperf of* исследи́ть

иссо́хнуть *perf coll* 1. dry up *intr*; wither *intr* 2. shrivel (up) *intr*, be exhausted, become emaciated [thin] ‖ *imperf* иссыха́ть 2a
ft. иссо́хну, -нешь, -нут
imp. иссо́хни, ~те
pt. иссо́х, ~ла
g.pt.a. иссо́хнув *and* иссо́хши
p.pt.a. иссо́хший

исстега́ть 2 *perf* кого́-что *coll* whip, flog ‖ *imperf* исстёгивать 1a

исстёгивать *imperf of* исстега́ть

исстрада́ться 2 *perf* suffer bitterly, be worn out with suffering, pine (away)

исстре́ливать *imperf of* исстреля́ть

исстреля́ть 2 *perf* что 1. use up cartridges while shooting 2. *coll* be marked with shots, be bullet-riddled ‖ *imperf* исстре́ливать 1a

иссуша́ть *imperf of* иссуши́ть

иссу́шивать *imperf of* иссуши́ть

иссуши́ть *perf* кого́-что 1. dry up; wither 2. *fig* consume; waste, exhaust, wear out ‖ *imperf* иссуша́ть 2a *and* иссу́шивать 1a
ft. иссушу́, -у́шишь, -у́шат
imp. иссуши́, ~те
pt. иссуши́л
g.pt.a. иссуши́в
p.pt.a. иссуши́вший
p.pt.p. иссу́шенный *and* иссушённый; иссушён, -ена́

иссыха́ть *imperf of* иссо́хнуть

иссяка́ть *imperf of* иссякнуть

иссякнуть, *1st and 2nd pers not used, perf* 1. dry up, run dry 2. run out, run low

[short]; be exhausted ‖ *imperf* иссяка́ть 2a
ft. иссякнет, -нут
pt. исся́к, ~ла
g.pt.a. исся́кнув *and* исся́кши
p.pt.a. исся́кший *and* исся́кнувший

иста́ивать *imperf of* иста́ять

иста́пливать(ся)[1,2] *imperf of* истопи́ть(ся)[1,2]

иста́птывать *imperf of* истопта́ть

истаска́ть 2 *perf* что *coll* wear out ‖ *imperf* иста́скивать 1a

истаска́ться *perf* 1. *1st and 2nd pers not used* be worn out 2. be used up, be played out ‖ *imperf* иста́скиваться

иста́скивать(ся) *imperf of* истаска́ть(ся)

иста́чивать *imperf of* источи́ть[1]

иста́ять *perf* 1. *1st and 2nd pers not used* melt away, thaw 2. pine [waste] away, be eaten up ‖ *imperf* иста́ивать 1a
ft. иста́ю, -а́ешь, -а́ют
imp. иста́й, ~те
pt. иста́ял
g.pt.a. иста́яв
p.pt.a. иста́явший

истека́ть *imperf of* исте́чь

истере́ть *perf* что *coll* 1. grate; pulverize 2. use up (by rubbing) 3. chafe, gall, rub ‖ *imperf* истира́ть 2a
ft. изотру́, -рёшь, -ру́т
imp. изотри́, ~те
pt. истёр, ~ла
g.pt.a. истере́в *and* истёрши
p.pt.a. истёрший
p.pt.p. истёртый

истере́ться, *1st and 2nd pers not used, perf coll* 1. wear out 2. *obs* become obliterated [effaced, erased] ‖ *imperf* истира́ться

истерза́ть 2 *perf* кого́-что 1. tear to pieces, lacerate; cover with wounds 2. *fig* wear out, torment, torture, worry to death

истерза́ться *perf* be worn out, be worried to death, be eaten up

исте́чь *perf* 1. *bookish obs* flow out; rise; spring 2. *of time* elapse; *of a date* expire, become due; вре́мя истекло́ time is up 3. чем dissolve *in tears*; исте́чь кро́вью bleed to death, bleed profusely ‖ *imperf* истека́ть 2a
ft. истеку́, -ечёшь, -еку́т
imp. истеки́, ~те
pt. истёк, -екла́

g.pt.a.	истёкши
p.pt.a.	истёкший *and obs* исте́кший

истира́ть(ся) *imperf of* истере́ть(ся)

истлева́ть *imperf of* истле́ть

истле́ть 3 *perf* **1.** rot, moulder, decay **2.** be reduced to ashes ‖ *imperf* истлева́ть 2a

истолкова́ть 5 *perf* что interpret, expound, construe, explain ‖ *imperf* истолко́вывать 1a

истолко́вывать *imperf of* истолкова́ть

истоло́чь *perf* кого́-что pound, grind, crush

ft.	истолку́, -лчёшь, -лку́т
imp.	истолки́, ∼те
pt.	истоло́к, -лкла́
g.pt.a.	истоло́кши
p.pt.a.	истоло́кший
p.pt.p.	истолчённый; истолчён, -ена́

истоми́ть *perf* кого́-что tire (out), fatigue, weary, wear out ‖ *imperf* истомля́ть 2a

ft.	истомлю́, -ми́шь, -мя́т
imp.	истоми́, ∼те
pt.	истоми́л
g.pt.a.	истоми́в
p.pt.a.	истоми́вший
p.pt.p.	истомлённый; истомлён, -ена́

истоми́ться *perf* be tired, be fatigued, be wearied, be worn out ‖ *imperf* истомля́ться

истомля́ть(ся) *imperf of* истоми́ть(ся)

истопи́ть[1] *perf* что heat ‖ *imperf* иста́пливать 1a

ft.	истоплю́, -о́пишь, -о́пят
imp.	истопи́, ∼те
pt.	истопи́л
g.pt.a.	истопи́в
p.pt.a.	истопи́вший
p.pt.p.	исто́пленный

истопи́ть[2] *perf* что *coll* melt, render (down) ‖ *imperf* иста́пливать 1a
forms as истопи́ть[1]

истопи́ться[1], *1st and 2nd pers not used, perf* warm (up), become [get] warm *by heating* ‖ *imperf* иста́пливаться

истопи́ться[2], *1st and 2nd pers not used, perf coll* melt, dissolve ‖ *imperf* иста́пливаться

истопта́ть *perf* что **1.** trample (down) **2.**: истопта́ть пол *coll* leave footprints on the floor **3.** *sub* wear out *shoes* **4.** go [walk] all over ‖ *imperf* иста́птывать 1a

ft.	истопчу́, -о́пчешь, -о́пчут
imp.	истопчи́, ∼те

pt.	истопта́л
g.pt.a.	истопта́в
p.pt.a.	истопта́вший
p.pt.p.	исто́птанный

исторга́ть *imperf of* исто́ргнуть

исто́ргнуть *perf* кого́-что *bookish obs* **1.** erupt, break out, burst forth **2.** expel *smb from somewhere* **3.** из кого́-чего́, у кого́-чего́ move *smb* to; evoke, bring out, produce *feelings in smb* ‖ *imperf* исторга́ть 2a

ft.	исто́ргну, -нешь, -нут
imp.	исто́ргни, ∼те
pt.	исто́рг *and* исто́ргнул, исто́ргла
g.pt.a.	исто́ргнув *and* исто́ргши
p.pt.a.	исто́ргший *and* исто́ргнувший
p.pt.p.	исто́ргнутый

истоскова́ться 5 *perf* по кому́-чему́ *or without object* miss (badly); be sick (for), grow sick with longing

источа́ть 2a *imperf* что **1.** *bookish obs*: источа́ть слёзы shed tears **2.** emit, give [send] out, gush forth ‖ *perf* источи́ть[2], forms ib.

источи́ть[1] *perf* кого́-что **1.** grind up, reduce by grinding **2.** perforate, pierce, cover with holes ‖ *imperf* иста́чивать 1a

ft.	источу́, -о́чишь, -о́чат
imp.	источи́, ∼те
pt.	источи́л
g.pt.a.	источи́в
p.pt.a.	источи́вший
p.pt.p.	исто́ченный

источи́ть[2] *perf of* источа́ть

ft.	источу́, -чи́шь, -ча́т
p.pt.p.	источённый; источён, -ена́
other forms as источи́ть[1]

истоща́ть(ся) *imperf of* истощи́ть(ся)

истощи́ть *perf* кого́-что **1.** exhaust, tire out, wear out; impoverish *the soil* **2.** *fig* exhaust, use up ‖ *imperf* истоща́ть 2a

ft.	истощу́, -щи́шь, -ща́т
imp.	истощи́, ∼те
pt.	истощи́л
g.pt.a.	истощи́в
p.pt.a.	истощи́вший
p.pt.p.	истощённый; истощён, -ена́

истощи́ться *perf* **1.** weaken, dwindle, grow [become] weak; *of the soil* be impoverished **2.** be exhausted, be used up, run out; моё терпе́ние истощи́лось my patience is exhausted, my patience is at an end ‖ *imperf* истоща́ться

истра́тить *perf* что spend, expend; waste time etc. ‖ *imperf* истра́чивать 1 a
ft.	истра́чу, -а́тишь, -а́тят
imp.	истра́ть, ～те
pt.	истра́тил
g.pt.a.	истра́тив
p.pt.a.	истра́тивший
p.pt.p.	истра́ченный

истра́титься *perf* на что **1.** spend money (on) **2.** *coll* be spent (on), be used (on) ‖ *imperf* истра́чиваться

истра́чивать(ся) *imperf of* истра́тить(ся)

истреби́ть *perf* кого́-что destroy, annihilate; exterminate ‖ *imperf* истребля́ть 2 a
ft.	истреблю́, -би́шь, -бя́т
imp.	истреби́, ～те
pt.	истреби́л
g.pt.a.	истреби́в
p.pt.a.	истреби́вший
p.pt.p.	истреблённый; истреблён, -ена́

истребля́ть *imperf of* истреби́ть

истре́бовать 4 *perf* кого́-что *bookish* demand, claim, require, exact

истрепа́ть *perf* что *coll* **1.** wear to rags; spoil, wear out, fray **2.** fatigue, tire out, exhaust; истрепа́ть не́рвы fray nerves ‖ *imperf* истрёпывать 1 a
ft.	истреплю́, -е́плешь, -е́плют
imp.	истрепли́, ～те *and* истрепи́, ～те
pt.	истрепа́л
g.pt.a.	истрепа́в
p.pt.a.	истрепа́вший
p.pt.p.	истрёпанный

истрепа́ться *perf* **1.** *coll, of things in general* be rendered, become tattered with prolonged use **2.** *of clothes* get worn out **3.** *coll of health* be ruined, become poor, be broken *because of excessive work or loose, fast living* ‖ *imperf* истрёпываться

истрёпывать(ся) *imperf of* истрепа́ть(ся)

истре́скаться 1, *1st and 2nd pers not used, perf coll* crack, become cracked, craze

иступи́ть *perf* что make blunt, blunt ‖ *imperf* иступля́ть* 2 a
ft.	иступлю́, -у́пишь, -у́пят
imp.	иступи́, ～те
pt.	иступи́л
g.pt.a.	иступи́в
p.pt.a.	иступи́вший
p.pt.p.	исту́пленный

иступи́ться, *1st and 2nd pers not used, perf* get blunt ‖ *imperf* иступля́ться*

иступля́ть(ся) *imperf of* иступи́ть(ся)

исты́кать 1 *perf* кого́-что *coll* stud; pierce all over ‖ *imperf* исты́кивать 1 a

исты́кивать *imperf of* исты́кать

истяза́ть 2 a *imperf* кого́-что torture, torment

исха́живать *imperf freq of* исходи́ть[1]

исхлеста́ть *perf* кого́-что *coll* flog severely ‖ *imperf* исхлёстывать 1 a
ft.	исхлещу́, -е́шешь, -е́щут
imp.	исхлещи́, ～те
pt.	исхлеста́л
g.pt.a.	исхлеста́в
p.pt.a.	исхлеста́вший
p.pt.p.	исхлёстанный

исхлёстывать *imperf of* исхлеста́ть

исхлопа́тывать *imperf of* исхлопота́ть

исхлопота́ть *perf* что *coll* manage to get ‖ *imperf* исхлопа́тывать 1 a
ft.	исхлопочу́, -о́чешь, -о́чут
imp.	исхлопочи́, ～те
pt.	исхлопота́л
g.pt.a.	исхлопота́в
p.pt.a.	исхлопота́вший
p.pt.p.	исхлопо́танный

исхода́тайствовать 4 *perf* что *bookish* obtain by petition [by soliciting], apply for and obtain

исходи́ть[1] *perf* что *coll* go [walk, stroll] all over, wander [rove] through | *imperf freq coll* исха́живать 1 a
ft.	исхожу́, -о́дишь, -о́дят
imp.	исходи́, ～те
pt.	исходи́л
g.pt.a.	исходи́в
p.pt.a.	исходи́вший
p.pt.p.	исхо́женный

исходи́ть[2] *imperf* **1.** *1st and 2nd pers not used* от кого́-чего́ *or* из чего́ issue (from), come (from); originate (in, from) **2.** из чего́ proceed (from), start (from)
pr.	исхожу́, -о́дишь, -о́дят
imp.	исходи́, ～те
pt.	исходи́л
g.pr.a.	исходя́
p.pr.a.	исходя́щий
p.pt.a.	исходи́вший

исходи́ть[3] *imperf of* изойти́
forms as исходи́ть[2]

исхуда́ть 2 *perf* become emaciated [thin]

исцара́пать 1 *perf* кого́-что scratch ‖ *imperf* исцара́пывать 1 a

исцара́паться *perf coll* scratch oneself all over, get full of scratches ‖ *imperf* исцара́пываться

исцара́пывать(ся) *imperf of* исцара́пать-(ся)

исцели́ть *perf* кого́-что *bookish* cure, heal ‖ *imperf* исцеля́ть 2 a

ft.	исцелю́, -ли́шь, -ля́т
imp.	исцели́, ～те
pt.	исцели́л
g.pt.a.	исцели́в
p.pt.a.	исцели́вший
p.pt.p.	исцелённый; исцелён, -ена́

исцели́ться *perf bookish* (от чего́) be cured (of), be healed (of), recover (from) ‖ *imperf* исцеля́ться

исцелова́ть 5 *perf* кого́-что *coll* smother with kisses

исцеля́ть(ся) *imperf of* исцели́ть(ся)

исча́хнуть *perf* waste away

ft.	исча́хну, -нешь, -нут
imp.	исча́хни, ～те
pt.	исча́х *and obs* исча́хнул, исча́хла
g.pt.a.	исча́хнув *and* исча́хши
p.pt.a.	исча́хший

исчеза́ть *imperf of* исче́знуть

исче́знуть *perf* disappear, vanish ‖ *imperf* исчеза́ть 2 a

ft.	исче́зну, -нешь, -нут
imp.	исче́зни, ～те
pt.	исче́з, ～ла
g.pt.a.	исче́знув
p.pt.a.	исче́знувший

исчерка́ть 2 *and* **исчёркать** 1 *perf coll* scribble all over *smth* ‖ *imperf* исчёрки-вать 1 a

p.pt.p.	исчёрканный

исчёркивать *imperf of* исчерка́ть *and* исчёркать

исчерпа́ть 1 *perf* что **1.** exhaust, use up **2.** settle *dispute etc.* ‖ *imperf* исче́рпывать 1 a

исче́рпаться, *1st and 2nd pers not used, perf bookish* be exhausted, be used up, come to an end ‖ *imperf* исче́рпы-ваться

исче́рпывать *imperf of* исчерпа́ть

исче́рпываться 1 a, *1st and 2nd pers not used, imperf* **1.** *imperf of* исче́рпаться

2. кем-чем exhaust, cover *a subject etc.*; э́тим де́ло не исче́рпывается the matter will not rest here

исчерти́ть *perf* что **1.** cover with lines, doodle on *smth* **2.** *coll* use up *by drawing* ‖ *imperf* исче́рчивать 1 a

ft.	исчерчу́, -е́ртишь, -е́ртят
imp.	исчерти́, ～те
pt.	исчерти́л
g.pt.a.	исчерти́в
p.pt.a.	исчерти́вший
p.pt.p.	исче́рченный

исче́рчивать *imperf of* исчерти́ть

исчи́ркать 1 *perf* что *coll* use up *matches while trying to strike a light*

исчи́слить *perf* что calculate, estimate; compute ‖ *imperf* исчисля́ть 2 a

ft.	исчи́слю, -лишь, -лят
imp.	исчи́сли, ～те
pt.	исчи́слил
g.pt.a.	исчи́слив
p.pt.a.	исчи́сливший
p.pt.p.	исчи́сленный

исчисля́ть *imperf of* исчи́слить

исчисля́ться 2 a, *1st and 2nd pers not used, imperf* (в чём) come (to), amount (to)

исша́ркать 1 *perf* что *coll* wear out by extensive tramping upon *or* shuffling of feet ‖ *imperf* исша́ркивать 1 a

исша́ркивать *imperf of* исша́ркать

исщипа́ть *perf* кого́-что *coll* pinch *smb* all over ‖ *imperf* исщи́пывать 1 a

ft.	исщиплю́, -и́плешь, -и́плют *and coll* -и́пешь, -и́пют *and coll* исщипа́ю, -а́ешь, -а́ют
imp.	исщипли́, ～те *and coll* исщипи́, ～те *and coll* исщипа́й, ～те
pt.	исщипа́л
g.pt.a.	исщипа́в
p.pt.a.	исщипа́вший
p.pt.p.	исщи́панный

исщи́пывать *imperf of* исщипа́ть

итожить *imperf* что **1.** strike a balance **2.** *coll* sum *smth* up, summarize, give a concluding summary

pr.	ито́жу, -жишь, -жат
imp.	ито́жь, ～те
pt.	ито́жил
g.pt.a.	ито́жив
p.pt.a.	ито́живший
p.pt.p.	ито́женный

К

ка́верзить *imperf coll* intrigue, hatch plots. — (на-)
pr. ка́вержу, -рзишь, -рзят
imp. ка́верзи, ~те
pt. ка́верзил
g.pr.a. ка́верзя
p.pr.a. ка́верзящий
p.pt.a. ка́верзивший

ка́верзничать 1а *imperf coll* intrigue, hatch plots

кади́ть *imperf* **1.** burn incense **2.** кому́-чему́ flatter
pr. кажу́, кади́шь, кадя́т
imp. кади́, ~те
pt. кади́л
g.pr.a. кадя́
p.pr.a. кадя́щий
p.pt.a. кади́вший

каза́ть *imperf* кого́-что *sub* show; не каза́ть глаз [но́су] never show one's face, never visit
pr. кажу́, ка́жешь, ка́жут
imp. кажи́, ~те
pt. каза́л
p.pr.a. ка́жущий
p.pt.a. каза́вший

каза́ться *imperf* **1.** кем-чем seem, appear, look **2.** *impers* кому́: ему́ ка́жется, что ... it seems to him that ... **3.** *sub* seem; всё каза́лось шло хорошо́ all seemed to be going well ‖ *perf* показа́ться *with* 1, 2, forms ib.
g.pt.a. каза́вшись

казни́ть *imperf* кого́-что **1.** *a. perf* execute, put to death **2.** *fig bookish* scourge; torture
*pr.and ft.*казню́, -ни́шь, -ня́т
imp. казни́, ~те
pt. казни́л
g.pr.a. казня́
g.pt.a. казни́в
p.pr.a. казня́щий
p.pt.a. казни́вший
p.pr.p. казни́мый
p.pt.p. казнённый; казнён, -ена́

казни́ться *imperf coll* blame oneself

каламбу́рить *imperf coll* pun. — (с-)
pr. каламбу́рю, -ришь, -рят
imp. каламбу́рь, ~те
pt. каламбу́рил
g.pr.a. каламбу́ря
p.pr.a. каламбу́рящий
p.pt.a. каламбу́ривший

кале́чить *imperf* кого́-что **1.** cripple, maim **2.** *fig* ruin. — (ис-)
pr. кале́чу, -чишь, -чат
imp. кале́чь, ~те
pt. кале́чил
g.pr.a. кале́ча
p.pr.a. кале́чащий
p.pt.a. кале́чивший
p.pr.p. кале́чимый

кале́читься *imperf* be crippled, be maimed, become a cripple. — (ис-)

калиброва́ть 5а *imperf* что *tech* calibrate

кали́ть *imperf* что **1.** heat, incandesce **2.** roast *nuts*
pr. калю́, кали́шь, каля́т
imp. кали́, ~те
pt. кали́л
g.pr.a. каля́
p.pr.a. каля́щий
p.pt.a. кали́вший

кальки́ровать 4 *and* 4а *perf, imperf* что **1.** trace, make a tracing (of) **2.** *ling* make a calque, make a loan translation. — (с-)

калькули́ровать 4а *imperf* что calculate ‖ *perf* скалькули́ровать 4

каля́кать 1а *imperf sub* chat. — (по-)

камене́ть 3а *imperf* **1.** be fossilized, petrify **2.** turn to stone, stiffen. — (о-)

камуфли́ровать 4 *and* 4а *perf, imperf* что *mil* camouflage

каните́лить *imperf* кого́-что *coll derog* draw out, take one's time with *smth*
pr. каните́лю, -лишь, -лят
imp. каните́ль, ~те
pt. каните́лил
g.pr.a. каните́ля
p.pr.a. каните́лящий
p.pt.a. каните́ливший

каните́литься *imperf coll* waste time, take one's time

канифо́лить *imperf* что rosin. — (на-)

pr.	канифо́лю, -лишь, -лят
imp.	канифо́ль, ~те
pt.	канифо́лил
g.pr.a.	канифо́ля
p.pr.a.	канифо́лящий
p.pt.a.	канифо́ливший

канонизи́ровать 4 *and* 4a *perf, imperf* кого́-что canonize

канонизова́ть 5 *and* 5a *perf, imperf* кого́-что canonize

кантова́ть 5a *imperf* что 1. edge, mount 2. turn on end, turn on edge. — (о- *with* 1)

ка́нуть 6 *perf* 1. *obs* sink, fall; drop 2. *fig*: как в во́ду ка́нуть disappear without leaving a trace, vanish into thin air; ка́нуть в ве́чность pass into oblivion

каню́чить *imperf sub* importune, pester (*smb* for *smth*); whimper, wail

pr.	каню́чу, -чишь, -чат
imp.	каню́чь, ~те
pt.	каню́чил
g.pr.a.	каню́ча
p.pr.a.	каню́чащий
p.pt.a.	каню́чивший

ка́пать *imperf* 1. *1st and 2nd pers not used* drip; fall (in drops) 2. что pour out drop by drop, infuse in drops 3. чем spill (in drops), drip | *perf semelf* ка́пнуть 6. — (на- *with* 2, 3)

pr.	ка́паю, -аешь, -ают *and obs* ка́плю, -лешь, -лют
imp.	ка́пай, ~те
pt.	ка́пал
g.pr.a.	ка́пая
p.pr.a.	ка́пающий
p.pt.a.	ка́павший

капитализи́ровать 4 *and* 4a *perf, imperf* что capitalize

капитализи́роваться, *1st and 2nd pers not used, perf, imperf* be converted into capital for the sake of gaining profit

капитули́ровать 4 *and* 4a *perf, imperf* capitulate, surrender

ка́пнуть *perf semelf of* ка́пать

капоти́ровать 4 *and* 4a *perf, imperf* 1. *of a car, aircraft* overturn, nose-over 2. *tech* face, clad

капри́зничать 1a *imperf* be capricious, be wayward

кара́бкаться 1a *imperf* (на что) climb. — (вс-)

кара́ть 2a *imperf* кого́-что punish, chastise ‖ *perf* покара́ть 2

кара́ться, *1st and 2nd pers not used, imperf* be punishable *by law etc.*

карау́лить *imperf* кого́-что 1. guard, keep, watch over 2. *coll* watch for, lie in wait for

pr.	карау́лю, -лишь, -лят
imp.	карау́ль, ~те
pt.	карау́лил
g.pr.a.	карау́ля
p.pr.a.	карау́лящий
p.pt.a.	карау́ливший

карбонизи́ровать 4 *and* 4a *perf, imperf* что carbonize

карбюри́ровать 4 *and* 4a *perf, imperf* что carburet

ка́ркать 1a *imperf* 1. croak, caw 2. *fig sub* croak, expect the worst, take and express a dismal view of things | *perf semelf* ка́ркнуть 6 *with* 1

ка́ркнуть *perf semelf of* ка́ркать

карта́вить *imperf* burr the r *i.e. use a uvular r*; slur [blur] the l *i.e. pronounce u or w for l*

pr.	карта́влю, -вишь, -вят
imp.	карта́вь, ~те
pt.	карта́вил
g.pr.a.	карта́вя
p.pr.a.	карта́вящий
p.pt.a.	карта́вивший

картографи́ровать 4a *imperf* что 1. draw a map 2. draw in *a feature* on a map

каса́ться 2a *imperf* кого́-чего́ 1. touch 2. *fig* touch (upon) 3. *fig* concern, apply (to); что каса́ется меня́ as to me, as far as I am concerned, for my part ‖ *perf* косну́ться 7

касси́ровать 4 *and* 4a *perf, imperf* что *leg* annul, quash

кастри́ровать 4 *and* 4a *perf, imperf* кого́-что castrate

каталогизи́ровать 4 *and* 4a *perf, imperf* что catalogue

ката́ть 2a *imperf* 1. *indef of* кати́ть 1 2. кого́-что (take for a) drive, ride, row *etc.* 3. что roll *dough* 4. что *tech* roll (out); ката́ть бельё mangle linen. — (вы- *with* 4)

p.pt.p.	ка́танный

ката́ться *imperf* 1. *indef of* кати́ться 1 2. на чём (go for a) drive, ride, row *etc.*; ката́ться верхо́м ride (on horseback);

ката́ться на ло́дке go boating; ката́ться на маши́не go for a car ride; ката́ться на конька́х go skating 3. toss from side to side

кати́ть imperf 1. def кого́-что roll smth along; wheel a barrow etc. 2. without object sub drive; bowl along; come in haste | imperf indef ката́ть 2a with 1

pr.	качу́, ка́тишь, ка́тят
imp.	кати́, ~те
pt.	кати́л
g.pr.a.	катя́
p.pr.a.	катя́щий
p.pt.a.	кати́вший

кати́ться imperf 1. def 1st and 2nd pers not used roll of a ball etc.; slide; move 2. 1st and 2nd pers not used flow, run, roll; пот кати́лся у него́ со лба́ the sweat was rolling down his forehead 3. sub go fast, run; sweep, pass swiftly | indef ката́ться with 1

кача́ть 2a imperf 1. кого́-что rock; swing; sway 2. кого́-что cheer and toss in the air the winner etc. 3. чем shake, toss 4. impers: ло́дку кача́ет the boat is rolling (and pitching); его́ кача́ло из стороны́ в сто́рону he was reeling (from side to side) 5. что pump water etc. | perf semelf качну́ть 7 with 1, 3, p.pt.p. качну́тый

кача́ться imperf 1. rock, swing 2. naut lurch, roll 3. stagger, reel, sway | perf semelf качну́ться

качну́ть(ся) perf semelf of кача́ть(ся)

ка́шлянуть perf semelf of ка́шлять

ка́шлять 1a imperf cough; have a cough | perf semelf ка́шлянуть 6

ка́яться imperf 1. в чём repent (of) 2. кому́ or пе́ред кем confess ‖ perf пока́яться, forms ib.

pr.	ка́юсь, ка́ешься, ка́ются
imp.	ка́йся, ка́йтесь
pt.	ка́ялся, -лась
g.pr.a.	ка́ясь
p.pr.a.	ка́ющийся
p.pt.a.	ка́явшийся

ква́кать 1a imperf croak | perf semelf ква́кнуть 6

ква́кнуть perf semelf of ква́кать

квалифици́ровать 4 and 4a perf, imperf кого́-что 1. bookish qualify 2. test [determine] smb's qualifications

квалифици́роваться perf, imperf be qualified; qualify oneself for filling a post

квартирова́ть 5a imperf у кого́, в чём 1. coll lodge (with, in) 2. mil be billeted (on, at)

ква́сить imperf что sour; ferment; pickle cabbage. — (за-)

pr.	ква́шу, ква́сишь, ква́сят
imp.	квась, ~те
pt.	ква́сил
g.pr.a.	ква́ся
p.pr.a.	ква́сящий
p.pt.a.	ква́сивший
p.pr.p.	ква́симый
p.pt.p.	ква́шенный

ква́ситься, 1st and 2nd pers not used, imperf go through a fermenting process, turn sour, be pickling, be leavening

квасцева́ть imperf что of leather treat with alum, tan with alum

pr.	квасцу́ю, -у́ешь, -у́ют
imp.	квасцу́й, ~те
pt.	квасцева́л
g.pr.a.	квасцу́я
p.pr.a.	квасцу́ющий
p.pt.a.	квасцева́вший
p.pt.p.	квасцо́ванный

квохта́ть, 1st and 2nd pers not used, imperf cluck, cackle

pr.	кво́хчет, -чут
pt.	квохта́л
g.pr.a.	кво́хча
p.pr.a.	кво́хчущий
p.pt.a.	квохта́вший

кейфова́ть 5a imperf bookish take one's ease, relax

кива́ть 2a imperf 1. чем nod in agreement; кива́ть кому́-н. nod [beckon] to someone 2. на кого́-что nod in the direction (of), motion (to), point (to); fig coll put the blame (on) | perf semelf кивну́ть 7, no p.pt.p.

кивну́ть perf semelf of кива́ть

кида́ть 2a imperf что 1. a. чем throw, cast, fling; fig hurl, cast 2. usu impers throw; naut toss 3. throw about; leave lying about ‖ perf ки́нуть 6, imp. кинь, ~те

кида́ться imperf 1. на кого́-что rush (at), dash (at); fall on 2. (к) кому́-чему́ throw [fling] oneself at smb, on smb's neck etc.; кида́ться из стороны́ в сто́рону rush from side to side 3. чем throw, fling, shy stones etc.; throw at one another ‖ perf ки́нуться with 2

кинофици́ровать 4 and 4a perf, imperf что 1. bring the cinema to a village etc.

2. provide with equipment for showing films

ки́нуть 6 *perf* **1.** *perf of* кида́ть **2.** *coll* leave, abandon, desert; give up, leave off
imp.	кинь, ~те

ки́нуться *perf of* кида́ться

кипе́ть *imperf* **1.** *1st and 2nd pers not used* boil, seethe *also fig*; кипе́ть зло́бой boil with hatred **2.** *1st and 2nd pers not used* surge (up), rage, bluster **3.** *of work* be in full swing. — (вс- *with* 1, 3)
pr.	киплю́, -пи́шь, -пя́т
imp.	кипи́, ~те
pt.	кипе́л
g.pr.a.	кипя́
p.pr.a.	кипя́щий
p.pt.a.	кипе́вший

кипяти́ть *imperf* что boil *water etc.*; bring to the boil. — (вс-)
pr.	кипячу́, -яти́шь, -ятя́т
imp.	кипяти́, ~те
pt.	кипяти́л
g.pr.a.	кипятя́
p.pr.a.	кипятя́щий
p.pt.a.	кипяти́вший
p.pr.p.	кипяти́мый
p.pt.p.	кипячённый; кипячён*, -ена́*

кипяти́ться *imperf* **1.** *1st and 2nd pers not used, of water etc.* boil, be boiling **2.** *coll* get [be] excited, get [be] worked up

кисли́ть, *1st and 2nd pers not used, imperf coll* make sour, taste sour
pr.	кисли́т, кисля́т
pt.	кисли́л
g.pr.a.	кисля́
p.pr.a.	кисля́щий
p.pt.a.	кисли́вший

ки́снуть *imperf* **1.** *1st and 2nd pers not used* turn sour **2.** *fig coll* мо́ре. — (про- *with* 1)
pr.	ки́сну, -нешь, -нут
imp.	ки́сни, ~те
pt.	кис *and* ки́снул, ки́сла
g.pt.a.	ки́снув *and* ки́сши
p.pr.a.	ки́снущий
p.pt.a.	ки́снувший *and* ки́сший

кичи́ться *imperf* кем-чем put on airs; boast (of), pride oneself (on)
pr.	кичу́сь, кичи́шься, кича́тся
imp.	кичи́сь, -и́тесь
pt.	кичи́лся, -лась
g.pr.a.	кича́сь
p.pr.a.	кича́щийся
p.pt.a.	кичи́вшийся

кише́ть, *1st and 2nd pers not used, imperf* **1.** swarm, teem **2.** кем-чем be infested (with); swarm (with), teem (with)
pr.	киши́т, киша́т
pt.	кише́л
g.pr.a.	киша́*
p.pr.a.	киша́щий
p.pt.a.	кише́вший

кла́няться 1а *imperf* **1.** кому́-чему́ bow (to) *in respect*; greet **2.** кому́-чему́ send greetings (to), give *smb* regards **3.** *fig* кому́-чему́ *or* пе́ред кем-чем beg (of), cringe (to) ‖ *perf* поклони́ться, forms ib.

классифици́ровать 4 *and* 4а *perf, imperf* кого́-что classify

класть *imperf* **1.** кого́-что put, lay, place (down, on *etc.*); deposit; класть нача́ло чему́-н. start *smth*, begin *smth* **2.** что build, erect, make; lay *bricks, the foundation etc.* **3.** что leave *mark* **4.** что на что *fig* apply (to), spend (on); *coll* fix; .rate ‖ *perf* положи́ть *with* 1, 3, 4, forms ib. — (с- *with* 2)
pr.	кладу́, -дёшь, -ду́т
imp.	клади́, ~те
pt.	клал
g.pr.a.	кладя́
p.pr.a.	кладу́щий
p.pt.a.	кла́вший

клева́ть *imperf* **1.** кого́-что peck, pick **2.** *of fish* bite **3.**: клева́ть но́сом nod, be drowsy ‖ *perf semelf* клю́нуть 6, *imp.* клюнь, ~те
pr.	клюю́, клюёшь, клюю́т
imp.	клюй, ~те
pt.	клева́л
g.pr.a.	клюя́
p.pr.a.	клюю́щий
p.pt.a.	клева́вший

клева́ться, *1st and 2nd pers not used, imperf, of birds* peck *each other* with beaks

клевета́ть *imperf* на кого́-что slander, calumniate. — (на-)
pr.	клевещу́, -е́шешь, -е́щут
imp.	клевещи́, ~те
pt.	клевета́л
g.pr.a.	клевеща́
p.pr.a.	клеве́щущий
p.pt.a.	клевета́вший

кле́ить *imperf* что stick; glue; paste. — (с-)
pr.	кле́ю, кле́ишь, кле́ят
imp.	клей, ~те
pt.	кле́ил
g.pr.a.	кле́я
p.pr.a.	кле́ящий

клеиться

p.pt.a.	кле́ивший
p.pr.p.	кле́имый
p.pt.p.	кле́енный

кле́иться, *1st and 2nd pers not used, imperf coll* **1.** work, get on *or* along **2.** stick, be sticky

клейми́ть *imperf* кого́-что **1.** brand, stamp, mark **2.** *fig* brand, stigmatize. — (за-)

pr.	клеймлю́, -ми́шь, -мя́т
imp.	клейми́, ~те
pt.	клейми́л
g.pr.a.	клеймя́
p.pr.a.	клеймя́щий
p.pt.a.	клейми́вший
p.pr.p.	клейми́мый
p.pt.p.	клеймённый

клекота́ть, *1st and 2nd pers not used, imperf* scream

pr.	клеко́чет, -чут
pt.	клекота́л
g.pr.a.	клекоча́
p.pr.a.	клеко́чущий
p.pt.a.	клекота́вший

клепа́ть[1] *imperf* что rivet

pr.	клепа́ю, -а́ешь, -а́ют *and* клеплю́, кле́плешь, кле́плют
imp.	клепа́й, ~те *and* клепли́, ~те *and* клепи́, ~те
pt.	клепа́л
g.pr.a.	клепа́я *and* клепля́
p.pr.a.	клепа́ющий *and* кле́плющий
p.pt.a.	клепа́вший
p.pt.p.	клёпанный

клепа́ть[2] *imperf* на кого́-что *sub* slander, malign, calumniate. — (на-)

pr.	клеплю́, кле́плешь, кле́плют
imp.	клепли́, ~те
pt.	клепа́л
g.pr.a.	клепля́
g.pt.a.	клепа́в
p.pr.a.	кле́плющий
p.pt.a.	клепа́вший

кли́кать *imperf* **1.** кого́-что *sub* call, call for *or* to **2.** кого́-что кем-чем *reg* call (by name) **3.** *1st and 2nd pers not used, without object* shriek, squawk | *perf semelf* кли́кнуть 6 *with* 1, 3

pr.	кли́чу, кли́чешь, кли́чут
imp.	кличь, ~те
pt.	кли́кал
g.pr.a.	кли́ча
p.pr.a.	кли́чущий
p.pt.a.	кли́кавший

кли́кнуть *perf semelf of* кли́кать

клокота́ть, *1st and 2nd pers not used, imperf* **1.** bubble, splutter **2.** *fig* boil, seethe; bubble

pr.	клоко́чет, -чут
pt.	клокота́л
g.pr.a.	клокоча́
p.pr.a.	клоко́чущий
p.pt.a.	клокота́вший

клони́ть *imperf* кого́-что **1.** bend, bow **2.** *fig* к чему́ incline (to) **3.** *fig* к чему́ *or without object* drive (at), aim (at)

pr.	клоню́, кло́нишь, кло́нят
imp.	клони́, ~те
pt.	клони́л
g.pr.a.	клоня́
p.pr.a.	клоня́щий
p.pt.a.	клони́вший

клони́ться *imperf* **1.** bend, incline **2.** к чему́ decline; near, approach **3.** к чему́ lead up (to); tend (to), be aimed (at)

клохта́ть, *1st and 2nd pers not used, imperf* cluck

pr.	кло́хчет, -чут
pt.	клохта́л
g.pr.a.	клохча́
p.pr.a.	кло́хчущий
p.pt.a.	клохта́вший

клуби́ть, *1st and 2nd pers not used, imperf* что whirl up; *of dust* raise

pr.	клуби́т, -бя́т
pt.	клуби́л
g.pr.a.	клубя́
p.pr.a.	клубя́щий
p.pt.a.	клуби́вший

клуби́ться, *1st and 2nd pers not used, imperf* curl, wreathe; swirl, eddy; puff (up)

клю́кнуть 6 *perf sub* take a drop

клю́нуть *perf semelf of* клева́ть

кля́нчить *imperf* что *or without object sub* beg (for). — (вы-)

pr.	кля́нчу, -чишь, -чат
imp.	кля́нчи, ~те
pt.	кля́нчил
g.pr.a.	кля́нча
p.pr.a.	кля́нчащий
p.pt.a.	кля́нчивший

клясть *imperf* кого́-что curse

pr.	кляну́, -нёшь, -ну́т
imp.	кляни́, ~те
pt.	клял, кляла́, кля́ло
g.pr.a.	кляня́
p.pr.a.	кляну́щий
p.pt.a.	кля́вший
p.pt.p.	кля́тый*

кля́сться *imperf* в чём *or with conjunction* что *or with infinitive* swear, vow ‖ *perf* покля́сться, forms ib.
pt.   кля́лся, кляла́сь, кляло́сь

кля́узничать 1a *imperf coll* speak evil, intrigue. — (на-)

кня́жить *imperf* reign, rule as a prince
pr.   кня́жу, кня́жишь, кня́жат
imp. кня́жь, ~те
pt.   кня́жил
g.pr.a. кня́жа
g.pt.a. кня́жив
p.pr.a. кня́жащий
p.pt.a. кня́живший

кобе́ниться *imperf sub* jib, stand on ceremony
pr.   кобе́нюсь, -нишься, -нятся
imp. кобе́нься, -ньтесь
pt.   кобе́нился, -лась
g.pr.a. кобе́нясь
p.pr.a. кобе́нящийся
p.pt.a. кобе́нившийся

кова́ть *imperf* кого́-что 1. forge *a. fig* 2. shoe *horse*. — (под- *with* 2)
pr.   кую́, куёшь, кую́т
imp. куй, ~те
pt.   кова́л
g.pr.a. куя́
p.pr.a. кую́щий
p.pt.a. кова́вший
p.pt.p. ко́ванный

кове́ркать 1a *imperf* что 1. distort, deform; mutilate; *fig* spoil 2. mispronounce; murder, mangle *a language*. — (ис-)

ковыля́ть 2a *imperf coll* hobble; toddle; stump, limp

ковырну́ть *perf semelf of* ковыря́ть

ковыря́ть 2a *imperf* 1. что *or* в чём pick (at); чем toy (with) 2. *sub* tinker at, toy with, play with *a job of work* ‖ *perf semelf* ковырну́ть 7, по *p.pt.p.*

ковыря́ться *imperf* 1. в чём *coll* rummage (in), delve (into) 2. *sub* dawdle, play about

когти́ть, *1st and 2nd pers not used, imperf* кого́-что tear to pieces, maul, claw. — (за-)
pr.   когти́т, -тя́т
pt.   когти́л
g.pr.a. когтя́
p.pr.a. когтя́щий
p.pt.a. когти́вший

коди́ровать 4 *and* 4a *perf, imperf* что encode

кодифици́ровать 4 *and* 4a *perf, imperf* что leg codify

козырну́ть[1,2] *perf semelf of* козыря́ть[1,2]

козыря́ть[1] 2a *imperf coll* 1. trump 2. чем boast, show off ‖ *perf semelf* козырну́ть 7

козыря́ть[2] 2a *imperf coll mil* salute ‖ *perf semelf* козырну́ть 7

ко́кать *imperf of* ко́кнуть

коке́тничать 1a *imperf* 1. с кем flirt (with), coquet (with) 2. *fig* чем pose, parade, show off

ко́кнуть 6 *perf* что *sub* 1. hit, beat 2. break *glass*; break, crack *an egg* ‖ *imperf* ко́кать 1a

коксова́ть 5a *imperf* что *tech* coke

колдова́ть 5a *imperf* conjure, practise witchcraft; *fig* над кем-чем *or without object* be brewing *smth* up

колеба́ть *imperf* кого́-что 1. shake, rock, sway 2. *fig* shake ‖ *perf semelf* колебну́ть 7 *with* 1. — (по-)
pr.   коле́блю, -лешь, -лют
imp. коле́бли, ~те
pt.   колеба́л
g.pr.a. коле́бля
p.pr.a. коле́блющий
p.pt.a. колеба́вший
p.pr.p. коле́блемый

колеба́ться *imperf* 1. oscillate, vibrate, vacillate; sway; swing 2. *of temperature, prices etc.* fluctuate 3. hesitate, waver ‖ *perf semelf* колебну́ться *with* 1. — (по- *with* 1, 2)

колебну́ть(ся) *perf semelf of* колеба́ть(ся)

колеси́ть *imperf coll* travel (about), rove about
pr.   колешу́*, -еси́шь, -еся́т
imp. колеси́, ~те
pt.   колеси́л
g.pr.a. колеся́
p.pr.a. колеся́щий
p.pt.a. колеси́вший

колесова́ть 5 *and* 5a *perf, imperf* кого́-что *hist* break on the wheel

коллективизи́ровать 4 *and* 4a *perf, imperf* кого́-что collectivize

коллекциони́ровать 4a *imperf* что collect

колобро́дить *imperf sub* 1. ramble, stroll 2. romp, frolic
pr.   колобро́жу, -о́дишь, -о́дят
imp. колобро́дь, ~те
pt.   колобро́дил

g.pr.a.   колобродя
p.pr.a.   колобродящий
p.pt.a.   колобродивший

колонизи́ровать 4 and 4a perf, imperf что colonize, settle

колонизова́ть 5 and 5a perf, imperf что colonize, settle

колоси́ться, 1st and 2nd pers not used, imperf, of grain ear, head. — (вы-)
pr.   колоси́тся, -ся́тся
pt.   колоси́лся, -лась
g.pr.a.   колося́сь
p.pr.a.   колося́щийся
p.pt.a.   колоси́вшийся

колоти́ть imperf 1. во что, чем по чему́ knock (at, on), strike; beat (at), thump (at), bang (at, on) 2. кого́-что coll beat, thrash, give a drubbing [hiding] 3. что coll break, smash 4. 1st and 2nd pers not used кого́-что coll shake; его́ колоти́ла лихора́дка he is shaking with fever. — (по- with 2, 3)
pr.   колочу́, -о́тишь, -о́тят
imp.   колоти́, ~те
pt.   колоти́л
g.pr.a.   колотя́
p.pr.a.   колотя́щий
p.pt.a.   колоти́вший
p.pt.p.   коло́ченный

колоти́ться imperf 1. beat, pound; се́рдце коло́тится sub the heart pounds [thumps] 2. sub tremble, shake 3. 1st and 2nd pers not used sub be smashed 4. sub toil and moil; pinch and scrape. — (по- with 3)

коло́ть[1] imperf кого́-что 1. prick, sting; stab; impers a. в чём have a stitch 2. kill, slaughter animals 3. fig get at, niggle, needle | perf semelf кольну́ть 7 with 1, 3. — (за- with 2)
pr.   колю́, ко́лешь, ко́лют
imp.   коли́, ~те
pt.   коло́л
g.pr.a.   ко́ля
p.pr.a.   ко́лющий
p.pt.a.   коло́вший
p.pt.p.   ко́лотый

коло́ть[2] imperf что split, cleave; break sugar; chop wood; crack nuts. — (рас-) forms as коло́ть[1]

коло́ться[1] imperf prick; be prickly

коло́ться[2], 1st and 2nd pers not used, imperf split, be fissile

колошма́тить imperf кого́-что sub lick, thrash. — (от-)

pr.   колошма́чу, -а́тишь, -а́тят
imp.   колошма́ть, ~те
pt.   колошма́тил
g.pr.a.   колошма́тя
p.pr.a.   колошма́тящий
p.pt.a.   колошма́тивший

колупа́ть 2a imperf что sub pick out of smth, hollow out smth | perf semelf колупну́ть 7

колупну́ть perf semelf of колупа́ть

колыха́ть imperf что sway, swing; rock | perf semelf колыхну́ть 7
pr.   колы́шу, -ы́шешь, -ы́шут and rarely колыха́ю, -а́ешь, -а́ют
imp.   колыха́й, ~те and колы́шь, ~те and rarely колыши́, ~те
pt.   колыха́л
g.pr.a.   колы́ша and rarely колыха́я
p.pr.a.   колы́шущий and rarely колыха́ющий
p.pt.a.   колыха́вший

колыха́ться, 1st and 2nd pers not used, imperf sway; rock; stir; heave | perf semelf колыхну́ться

колыхну́ть(ся) perf semelf of колыха́ть(ся)

кольну́ть perf semelf of коло́ть[1]

кольцева́ть imperf кого́-что 1. greaseband tree 2. ring bird. — (за- with 2, о- with 2)
pr.   кольцу́ю, -у́ешь, -у́ют
imp.   кольцу́й, ~те
pt.   кольцева́л
g.pr.a.   кольцу́я
p.pr.a.   кольцу́ющий
p.pt.a.   кольцева́вший

колядова́ть 5a imperf go from house to house singing carols, make a round of a village etc. singing carols

командирова́ть 5 and 5a perf, imperf кого́-что send on a mission or on business; detach

кома́ндовать 4a imperf 1. give orders, order; mil command 2. кем-чем command, be in command (of) 3. fig кем-чем or над кем-чем coll order about, domineer. — (с- with 1)

комбини́ровать 4a imperf 1. что combine 2. coll manipulate, scheme ‖ perf скомбини́ровать 4

ко́мкать 1a imperf что 1. crumple 2. fig coll hurry [rush] through (with), cut short. — (ис- with 1, с-)

комменти́ровать 4 and 4a perf, imperf

что *bookish* **1.** comment (on) **2.** annotate *text, book.* — (*a.* про-)

компенси́ровать 4 *and* 4а *perf, imperf* кого́-что compensate, make up (for); indemnify

компили́ровать 4а *imperf* кого́-что compile. — (с-)

комплектова́ть 5а *imperf* что **1.** make up into sets; collect **2.** make up, complete; bring up to strength, staff ‖ *perf* скомплектова́ть 5

компонова́ть 5а *imperf* что make up; arrange the parts (of), put together ‖ *perf* скомпонова́ть 5

компости́ровать 4а *imperf* что punch; date. — (про-)

компромети́ровать 4а *imperf* кого́-что compromise *a person.* — (с-)

конверти́ровать 4 *and* 4а *perf, imperf* что convert

конвои́ровать 4а *imperf* кого́-что escort; convoy

конденси́ровать [дэ] 4 *aud* 4а *perf, imperf* что condense; evaporate *milk*

конкретизи́ровать 4 *and* 4а *perf, imperf* что concretize

конкретизова́ть 5 *and* 5а *perf, imperf* что concretize

конкури́ровать 4а *imperf* с кем-чем в чём compete (with *smb* in); vie (with *smb* in)

коновóдить[1] *imperf mil* act as a horseholder *look after the horses after the rest of the troop have dismounted for action*

pr.	коновóжу, -óдишь, -óдят
imp.	коновóдь, ~те
pt.	коновóдил
g.pr.a.	коновóдя
p.pr.a.	коновóдящий
p.pt.a.	коновóдивший

коновóдить[2] *imperf sub* act as an instigator [aring-leader] forms as коновóдить[1]

конопáтить *imperf* что caulk. — (за-)

pr.	конопáчу, -áтишь, -áтят
imp.	конопáть, ~те
pt.	конопáтил
g.pr.a.	конопáтя
p.pr.a.	конопáтящий
p.pt.a.	конопáтивший
p.pt.p.	конопáченный

консерви́ровать 4 *and* 4а *perf, imperf* что

1. preserve; tin, can **2.** temporarily close **3.** conserve. — (за-)

консолиди́ровать 4 *and* 4а *perf, imperf* что consolidate

конспекти́ровать 4а *imperf* что summarize, make a summary [an abstract] (of); outline; epitomize. — (за-, про-)

конспири́ровать 4а *imperf* conspire. — (за-)

констати́ровать 4 *and* 4а *perf, imperf* что *bookish* ascertain; find; take note (of)

конструи́ровать 4а *imperf* что design, develop ‖ *perf* сконструи́ровать 4

консульти́ровать 4а *imperf* **1.** с кем-чем *obs* consult **2.** кого́-что *or without object* advise, give advice. — (про- *with* 2)

консульти́роваться *imperf* с кем-чем consult (with); consult together; ask advice. — (про-)

контрактова́ть 5а *imperf* кого́-что contract (for). — (за-)

контрасти́ровать 4а *imperf* с чем *bookish* contrast (with *smth*), set off *smth*

контратакова́ть 5 *and* 5а *perf, imperf* кого́-что counter-attack

контроли́ровать 4а *imperf* кого́-что control, check. — (про-)

конту́зить *perf usu impers* кого́-что во что *or* кому́ что contuse, bruise; shell-shock

ft.	конту́жу, -у́зишь, -у́зят
imp.	конту́зь, ~те
pt.	конту́зил
g.pt.a.	конту́зив
p.pt.a.	конту́зивший
p.pt.p.	конту́женный

конфискова́ть 5 *and* 5а *perf, imperf* что confiscate, seize

конфликтова́ть 5а *imperf* с кем-чем *coll* be drawn into [engaged in] conflict (with), run into conflict (with *smth*)

конфу́зить *imperf* кого́-что embarass, confuse ‖ *perf* сконфу́зить, forms ib.

pr.	конфу́жу, -у́зишь, -у́зят
imp.	конфу́зь, ~те
pt.	конфу́зил
g.pr.a.	конфу́зя
p.pr.a.	конфу́зящий
p.pt.a.	конфу́зивший

конфу́зиться *imperf* **1.** be embarassed, be confused **2.** кого́-чего́ be shy (of), be ashamed (of) ‖ *perf* сконфу́зиться

концентри́ровать 4а *imperf* кого́-что con-

centrate; *mil a.* mass ‖ *perf* сконцентри́-
ровать 4

концентри́роваться, *1st and 2nd pers sg not
used, imperf* be concentrated, be brought
together into one place; be fixed on one
object, give all *one's* attention to *smth*;
of a liquid become more concentrated ‖
perf сконцентри́роваться

концерти́ровать 4а *imperf* give concerts

конча́ть(ся) *imperf of* ко́нчить(ся)

ко́нчить *perf* **1.** что, *a.* с чем *or with
infinitive* finish; что, чем *or* на чём end
(with), conclude (with) **2.** что graduate;
finish, complete *school* **3.** что, *a.* с чем
stop, finish ‖ *imperf* конча́ть 2а

ft.	ко́нчу, -чишь, -чат
imp.	ко́нчи, ~те
pt.	ко́нчил
g.pt.a.	ко́нчив
p.pt.a.	ко́нчивший
p.pt.p.	ко́нченный

ко́нчиться, *1st and 2nd pers not used, perf*
1. end, finish, come to an end; terminate;
imperf a. be drawing to a close **2.** чем
or without object end (in), result (in) **3.** *sub*
die, expire ‖ *imperf* конча́ться

коопери́ровать 4 *and* 4а *perf, imperf*
кого́-что draw into co-operative organization

коопти́ровать 4 *and* 4а *perf, imperf* кого́-
что co-opt

координи́ровать 4 *and* 4а *perf, imperf*
что *or* что с чем coordinate (with)

копа́ть 2а *imperf* что **1.** dig *a hole etc.*
2. dig up *or* out *potatoes etc.* | *perf
semelf* копну́ть 7 *with* 1, *p.pt.p.* коп-
ну́тый. — (вы- *with* 2)

копа́ться *imperf* **1.** в чём dig; rummage
(in); *fig* probe (into), delve (into) **2.** *coll*
с чем dawdle

копи́ровать 4а *imperf* **1.** что copy **2.** кого́-
что imitate, copy ‖ *perf* скопи́ровать 4

копи́ть *imperf* что accumulate; lay up,
store up; save up; amass; *fig* build up. —
(на-)

pr.	коплю́, ко́пишь, ко́пят
imp.	копи́, ~те
pt.	копи́л
g.pr.a.	копя́
p.pr.a.	копя́щий
p.pt.a.	копи́вший
p.pr.p.	копи́мый
p.pt.p.	ко́пленный

копи́ться, *1st and 2nd pers not used, imperf*
accumulate; gather. — (на-)

копни́ть *imperf* что shock *corn.* — (с-)

pr.	копню́, -ни́шь, -ня́т
imp.	копни́, ~те
pt.	копни́л
g.pr.a.	копня́
p.pr.a.	копня́щий
p.pt.a.	копни́вший

копну́ть *perf semelf of* копа́ть

копоши́ться *imperf* **1.** dart about; swarm;
crawl about **2.** *coll* potter about

pr.	копошу́сь, -ши́шься, -ша́тся
imp.	копоши́сь, -и́тесь
pt.	копоши́лся, -лась
g.pr.a.	копоша́сь
p.pr.a.	копоша́щийся
p.pt.a.	копоши́вшийся

копте́ть[1], *1st and 2nd pers not used, imperf*
1. smoke, emit smoke **2.** get black with
smoke **3.** smoke, cure *food.* — (за-)

pr.	копти́т, -тя́т *with* 1, 3 *and* коп-
тёет, -éют *with* 2
pt.	копте́л
g.pr.a.	копте́я
p.pr.a.	копте́ющий
p.pt.a.	копте́вший

копте́ть[2] *imperf* над чем *or without object
coll obs* put *one's* mind to *a matter*, give
all *one's* attention to *smth*; копте́ть над
рабо́той sit over a job, be taken up with
a job

pr.	копчу́, копти́шь, коптя́т
imp.	копти́, ~те

other forms as копте́ть[1]

копти́ть *imperf* **1.** кого́-что smoke, cure
2. *1st and 2nd pers not used* smoke *of an
oil lamp etc.* **3.** что make black [smoky],
soot. — (за- *with* 1, 3, на- *with* 2)

pr.	копчу́, копти́шь, коптя́т
imp.	копти́, ~те
pt.	копти́л
g.pr.a.	коптя́
p.pr.a.	коптя́щий
p.pt.a.	копти́вший
p.pt.p.	копчённый; копчён, -ена́

копули́ровать 4 *and* 4а *perf, imperf* что
bot graft by branching, whipgraft

корёжить *imperf* кого́-что *sub* **1.** *usu
impers* bend, warp **2.** от чего́ writhe
(with) **3.** *1st and 2nd pers not used* enrage ‖
perf скорёжить, forms ib.

pr.	корёжу, -жишь, -жат
imp.	корёжь, ~те
pt.	корёжил

g.pr.a.	корёжа
p.pr.a.	корёжащий
p.pt.a.	корёживший

корёжиться *imperf sub* **1.** warp **2.** double up, writhe ‖ *perf* скорёжиться. — (ис-, по-)

корени́ться, *1st and 2nd pers not used,* *imperf* в чём root (in), be rooted (in)

pr.	корени́тся, -ня́тся
pt.	корени́лся, -лась
g.pr.a.	короня́сь
p.pr.a.	короня́щийся
p.pt.a.	корени́вшийся

кори́ть *imperf* кого́-что *coll* **1.** за что reproach (with), upbraid (for) **2.** чем throw in *smb's* teeth, take *smb* to task for *smth*

pr.	корю́, кори́шь, коря́т
imp.	кори́, ~те
pt.	кори́л
g.pr.a.	коря́
p.pr.a.	коря́щий
p.pt.a.	кори́вший

корми́ть *imperf* кого́-что **1.** feed; здесь хорошо́ ко́рмят the fare [food] is good here **2.** suckle, nurse **3.** (*no perf*) *fig* keep, support, provide for ‖ *perf* накорми́ть *with* 1, 2, forms ib.

pr.	кормлю́, ко́рмишь, ко́рмят
imp.	корми́, ~те
pt.	корми́л
g.pr.a.	кормя́
p.pr.a.	кормя́щий
p.pt.a.	корми́вший
p.pt.p.	ко́рмленный

корми́ться *imperf* **1.** feed, eat; graze **2.** чем live (on). — (по- *with* 1, про- *with* 2)

корна́ть 2а *imperf* кого́-что *sub* cut *hair* raggedly. — (о-, об-)

коро́бить *imperf* кого́-что **1.** *usu impers* warp **2.** *fig coll* put out, offend, disturb ‖ *perf* скоро́бить *with* 1, forms ib.

pr.	коро́блю, -бишь, -бят
imp.	коро́бь, ~те
pt.	коро́бил
g.pr.a.	коро́бя
p.pr.a.	коро́бящий
p.pt.a.	коро́бивший

коро́биться, *1st and 2nd pers not used,* *imperf* **1.** warp **2.** curl ‖ *perf* скоро́биться

коронова́ть 5 *and* 5а *perf, imperf* кого́-что crown

коронова́ться *perf, imperf* be crowned

корота́ть 2а *imperf* что *coll* while away,

beguile (away); корота́ть вре́мя while away the time ‖ *perf* скорота́ть 2

корпе́ть *imperf* над чем *or without object* *sub* drudge (at), plod away (at), sweat (over); корпе́ть над кни́гами pore over books

pr.	корплю́, -пи́шь, -пя́т
imp.	корпи́, ~те
pt.	корпе́л
g.pr.a.	корпя́
p.pr.a.	корпя́щий
p.pt.a.	корпе́вший

корректи́ровать 4а *imperf* что **1.** correct **2.** *print* read proofs, proofread ‖ *perf* скорректи́ровать 4

корреспонди́ровать 4а *imperf* **1.** с кем *obs* keep up correspondence (with) **2.** чему́ *or* с чем *bookish* correspond *to smth*

корчева́ть *imperf* что root (out), stub (up). — (рас-)

pr.	корчу́ю, -у́ешь, -у́ют
imp.	корчу́й, ~те
pt.	корчева́л
g.pr.a.	корчу́я
p.pr.a.	корчу́ющий
p.pt.a.	корчева́вший

ко́рчить *imperf* кого́-что **1.** *usu impers* convulse; его́ ко́рчит от бо́ли he is writhing with pain **2.** *sub* pose (as); make faces ‖ *perf* скорчить *with* 1, forms ib.

pr.	ко́рчу, -чишь, -чат
imp.	ко́рчи, ~те
pt.	ко́рчил
g.pr.a.	ко́рча
p.pr.a.	ко́рчащий
p.pt.a.	ко́рчивший
p.pr.p.	ко́рчимый

ко́рчиться *imperf* writhe *in pain* ‖ *per* скорчиться

коси́ть[1] *imperf* кого́-что **1.** mow, cut **2.** *fig* mow down. — (с-)

pr.	кошу́, ко́сишь, ко́сят
imp.	коси́, ~те
pt.	коси́л
g.pr.a.	кося́
p.pr.a.	кося́щий
p.pt.a.	коси́вший

коси́ть[2] *imperf* **1.** что twist *mouth*; коси́ть рот make a wry face **2.** что *or* чем (на кого́-что) look sideways (at) **3.** squint, be cross-eyed. — (по- *with* 1, 2, с- *with* 1, 2)

pr.	кошу́, коси́шь, кося́т

other forms as коси́ть[1]

коси́ться *imperf* **1.** *1st and 2nd pers not used* become twisted [crooked] **2.** на кого́-что *coll* squint (at), look sideways, cast a sidelong glance (at) **3.** на кого́-что *coll* look with an unfavourable eye (at); look askance (at). — (по- *with* 1, 2) forms follow коси́ть²

косне́ть 3a *imperf* **1.** stiffen **2.** в чём *or without object* stagnate (in), sink (in), fossilize. — (за- *with* 2)

косну́ться *perf of* каса́ться

костене́ть 3a *imperf* **1.** ossify, stiffen **2.** от чего́ stiffen, grow numb (with); *fig* be petrified (with). — (за-, о-)

кости́ть *imperf sub* кого́-что call *smb* names

pr.	кощу́, кости́шь, костя́т
imp.	кости́, ~те
pt.	кости́л
g.pr.a.	костя́
p.pr.a.	костя́щий
p.pt.a.	кости́вший

костюмирова́ть 5 *and* 5a *perf, imperf* кого́-что dress up, rig out

костюмирова́ться *perf, imperf* dress up, put on fancy dress

коти́ровать 4 *and* 4a *perf, imperf* что *fin* quote

коти́роваться 4a, *1st and 2nd pers not used, imperf* **1.** *fin* be quoted **2.** *fig* be regarded

коти́ться, *1st and 2nd pers not used, imperf* give birth; have kittens. — (о-)

pr.	коти́тся, котя́тся
pt.	коти́лась, -лись
g.pr.a.	котя́сь
p.pr.a.	котя́щаяся
p.pt.a.	коти́вшаяся

кочева́ть *imperf* **1.** roam, wander; lead a nomad's life; migrate **2.** *coll* be always on the road [move]

pr.	кочу́ю, -у́ешь, -у́ют
imp.	кочу́й, ~те
pt.	кочева́л
g.pr.a.	кочу́я
p.pr.a.	кочу́ющий
p.pt.a.	кочева́вший

кочевря́житься *imperf sub* **1.** stand on ceremony **2.** be affected, be mincing

pr.	кочевря́жусь, -жишься, -жатся
imp.	кочевря́жься, -жьтесь
pt.	кочевря́жился, -лась
g.pr.a.	кочевря́жась

p.pr.a.	кочевря́жащийся
p.pt.a.	кочевря́жившийся

кочене́ть 3a *imperf* **1.** get stiff, grow numb (with cold) **2.** *of corpse* stiffen. — (за-, о-)

кощу́нствовать 4a *imperf* над чем blaspheme, commit an act of sacrilege

крамо́льничать 1a *imperf obs* be seditious, be rebellious

кра́пать *imperf* **1.** *1st and 2nd pers not used, of rain* spit **2.** что dot, spot

pr.	кра́паю, -аешь, -ают *and* кра́плю, -лешь, -лют
imp.	кра́пай, ~те *and* крапь, ~те
pt.	кра́пал
g.pr.a.	кра́пая *and* кра́пля
p.pt.a.	кра́павший
p.pt.p.	кра́пленный *with* 2

кра́сить *imperf* **1.** что paint, colour, dye; make up **2.** *1st and 2nd pers not used* кого́-что adorn, make beautiful, improve. — (вы́-, о-, по- *with* 1)

pr.	кра́шу, кра́сишь, кра́сят
imp.	крась, ~те
pt.	кра́сил
g.pr.a.	кра́ся
p.pr.a.	кра́сящий
p.pt.a.	кра́сивший
p.pt.p.	кра́шенный

кра́ситься *imperf* **1.** make oneself up, use cosmetics [make up]; dye *one's* hair **2.** *coll* run, stain **3.**: мате́рия хорошо́ кра́сится the material takes the dye well. — (на- *with* 1, о- *with* 3)

красне́ть 3a *imperf* **1.** *1st and 2nd pers not used* redden, grow [turn] red **2.** *of skin* redden; flush; blush **3.** за кого́-что blush (for), be ashamed (for) **4.** *1st and 2nd pers not used* show red. — (по- *with* 1, 2)

красне́ться, *1st and 2nd pers not used, imperf* show red

красова́ться 5a *imperf* **1.** stand out beautifully, stand out in all its beauty **2.** чем show off

красть *imperf* кого́-что steal; be a thief ‖ *perf* укра́сть, forms ib.

pr.	краду́, -дёшь, -ду́т
imp.	кради́, ~те
pt.	крал
g.pr.a.	крадя́
p.pr.a.	краду́щий
p.pt.a.	кра́вший
p.pt.p.	кра́денный

кра́сться *imperf* steal, prowl, slink, sneak

p.pr.a.	кра́дущийся

крахма́лить *imperf* что starch. — (на-)
pr.	крахма́лю, -лишь, -лят
imp.	крахма́ль, ~те
pt.	крахма́лил
g.pr.a.	крахма́ля
p.pr.a.	крахма́лящий
p.pt.a.	крахма́ливший
p.pt.p.	крахма́ленный

кредитова́ть 5 *and* 5a *perf, imperf* кого́-что credit, give credit

кредитова́ться *perf, imperf* obtain credit *at a bank etc.*

крейси́ровать 4a *imperf* cruise; ply

крени́ть *imperf* что give a list to *ship*; cause to heel over. — (на-)
pr.	креню́, -ни́шь, -ня́т
imp.	крени́, ~те
pt.	крени́л
g.pr.a.	креня́
p.pr.a.	креня́щий
p.pt.a.	крени́вший

крени́ться, *1st and 2nd pers not used, imperf naut* list, heel over, careen. — (на-)

крепи́ть *imperf* что 1. fix, secure, fasten 2. *naut* belay, lash down, hitch, make fast; furl 3. *min* prop, fix the props (in) 4. *fig* strengthen 5. *1st and 2nd pers not used med* constipate
pr.	креплю́, -пи́шь, -пя́т
imp.	крепи́, ~те
pt.	крепи́л
g.pr.a.	крепя́
p.pr.a.	крепя́щий
p.pt.a.	крепи́вший
p.pt.p.	креплённый; креплён, -ена́

крепи́ться *imperf* restrain oneself, hold out

кре́пнуть *imperf* grow strong, get stronger, grow [increase] in strength. — (о-)
pr.	кре́пну, -нешь, -нут
imp.	кре́пни, ~те
pt.	креп *and* кре́пнул, кре́пла
g.pt.a.	кре́пнув
p.pr.a.	кре́пнущий
p.pt.a.	кре́пнувший

крепча́ть 2a, *1st and 2nd pers not used, imperf* grow stronger, increase in severity; blow harder

крести́ть *imperf* кого́-что 1. *a. perf* baptize, christen 2. (*no g.pt.a. and p.pt.p.*) cross, make the sign of the cross over. — (о- *with* 1, пере- *with* 2)
pr.and ft.	крещу́, кре́стишь, кре́стят
imp.	крести́, ~те
pt.	крести́л

g.pr.a.	крестя́
g.pt.a.	крести́в
p.pr.a.	крестя́щий
p.pt.a.	крести́вший
p.pt.p.	крещённый; крещён, -ена́

крести́ться *imperf* 1. *a.* *perf* be baptized [christened] 2. cross oneself. — (о- *with* 1, пере- *with* 2)

крестья́нствовать 4a *imperf* make a living by farming, be a peasant

криве́ть 3a *imperf sub* go blind in one eye. — (о-)

криви́ть *imperf* что bend, crook; twist, distort *the face* ‖ *perf* скриви́ть, forms ib.
pr.	кривлю́, -ви́шь, -вя́т
imp.	криви́, ~те
pt.	криви́л
g.pr.a.	кривя́
p.pr.a.	кривя́щий
p.pt.a.	криви́вший

криви́ться *imperf* 1. become bent, go out of shape 2. twist, become twisted, make a wry face ‖ *perf* скриви́ться

кривля́ться 2a *imperf* 1. grimace, make faces 2. give oneself airs, be affected

кри́кнуть *perf semelf of* крича́ть

кристаллизи́ровать 4 *and* 4a *perf, imperf* что crystallize

кристаллизи́роваться, *1st and 2nd pers not used, perf, imperf* crystallize

кристаллизова́ть 5 *and* 5a *perf, imperf* что crystallize

кристаллизова́ться, *1st and 2nd pers not used, perf, imperf* crystallize

критика́нствовать 4a *imperf* indulge in carping

критикова́ть 5a *imperf* кого́-что criticize

крича́ть *imperf* 1. cry, shout; cry out, scream, shriek, yell 2. на кого́-что shout (at) 3. кого́-что call ‖ *perf semelf* кри́кнуть 6
pr.	кричу́, -чи́шь, -ча́т
imp.	кричи́, ~те
pt.	крича́л
g.pr.a.	крича́
p.pr.a.	крича́щий
p.pt.a.	крича́вший

кровоточи́ть, *1st and 2nd pers not used, imperf* bleed
pr.	кровоточи́т, -оча́т
pt.	кровоточи́л
g.pr.a.	кровоточа́

p.pr.a. кровоточа́щий
p.pt.a. кровоточи́вший

кровоха́ркать 1 a *imperf* spit blood

кро́ить *imperf* что cut (out) ‖ *perf* скро́ить, forms ib. — (вы-)
pr. крою́, кро́ишь, кроя́т
imp. крой, ~те
pt. крои́л
g.pr.a. кроя́
p.pr.a. крои́щий
p.pt.a. крои́вший
p.pr.p. крои́мый
p.pt.p. кро́енный

кроки́ровать 4 a *imperf* что draw a sketch-map of
p.pt.p. кроки́рованный

крокирова́ть 5 *and* 5 a *perf, imperf* кого́-что croquet

кромса́ть 2 a *imperf* что *coll* hack, cut jaggedly, shred, mangle. — (ис-)

кропа́ть 2 a *imperf* что *coll iron* botch, bungle; кропа́ть стихи́ write doggerel ‖ *perf* скропа́ть 2

кропи́ть *imperf* **1.** кого́-что чем sprinkle (with), splash (with) **2.** *1st and 2nd pers not used, of rain* spit. — (о- *with* 1)
pr. кроплю́, -пи́шь, -пя́т
imp. кропи́, ~те
pt. кропи́л
g.pr.a. кропя́
p.pr.a. кропя́щий
p.pt.a. кропи́вший
p.pr.p. кропи́мый

крохобо́рничать 1 a *imperf obs* pinch and scrape; split hairs

крохобо́рствовать 4 a *imperf* pinch and scrape; split hairs

кроши́ть *imperf* **1.** что crumble, chop up; crush **2.** чем make a lot of crumbs of **3.** кого́-что smash up; *fig* cut to pieces. — (ис- *with* 1, рас- *with* 1, на- *with* 1, 2)
pr. крошу́, кро́шишь, кро́шат
imp. кроши́, ~те
pt. кроши́л
g.pr.a. кроша́
p.pr.a. кроша́щий
p.pt.a. кроши́вший
p.pr.p. кроши́мый
p.pt.p. кро́шенный

кроши́ться, *1st and 2nd pers not used,* *imperf* crumble, fall in small pieces. — (ис-, рас-)

кругле́ть 3 a *imperf coll* become round. — (о-, по-)

кругли́ть *imperf coll* что round off, make round
pr. круглю́, -ли́шь, -ля́т
imp. кругли́, ~те
pt. кругли́л
g.pr.a. кругля́
p.pr.a. кругля́щий
p.pt.a. кругли́вший

кружи́ть *imperf* **1.** кого́-что whirl, turn, spin; rotate **2.** *of birds, airplanes etc.* circle **3.** wander; stroll about; stray about
pr. кружу́, кру́жишь, кру́жат
imp. кружи́, ~те
pt. кружи́л
g.pr.a. кружа́
p.pr.a. кружа́щий
p.pt.a. кружи́вший
p.pr.p. кружи́мый

кружи́ться *imperf* **1.** whirl, spin, go round **2.** *of birds, airplanes etc.* circle **3.**: у него́ голова́ кру́жится he is giddy; *fig* he is dizzy

крупне́ть 3 a *imperf* grow become larger. — (по-)

крути́ть *imperf* кого́-что **1.** whirl, twirl; turn *a handle, wheel etc.* **2.** roll up; twist *silk, ropes* **3.**: крути́ть ру́ки кому́-н. tie *smb's* hands behind *his* back **4.** *1st and 2nd pers not used* whip up, swirl, whirl **5.** кем *coll* have on leading-strings, order about, have *one's* way (with) ‖ *perf semelf sub* крутну́ть 7 *with* 1. — (за-, с- *with* 2, 3)
pr. кручу́, кру́тишь, кру́тят
imp. крути́, ~те
pt. крути́л
g.pr.a. крутя́
p.pr.a. крутя́щий
p.pt.a. крути́вший
p.pr.p. крути́мый
p.pt.p. кру́ченный

крути́ться *imperf* **1.** turn, spin, twirl round, gyrate **2.** whirl, swirl **3.** *coll* wriggle about ‖ *perf semelf sub* крутну́ться *with* 1

крутну́ть(ся) *perf semelf of* крути́ть(ся)

кручи́ниться *imperf poet* grieve, sorrow, be afflicted
pr. кручи́нюсь, -нишься, -нятся
imp. кручи́нься, -ньтесь
pt. кручи́нился, -лась
g.pr.a. кручи́нясь
p.pr.a. кручи́нящийся
p.pt.a. кручи́нившийся

круши́ть *imperf* кого́-что destroy, shatter *a. fig*
pr. крушу́, -ши́шь, -ша́т

imp.	круши́, ~те
pt.	круши́л
g.pr.a.	круша́
p.pr.a.	круша́щий
p.pt.a.	круши́вший

круши́ться *imperf obs and poet* grieve (for, over), be distressed (about), sorrow (for)

крыть *imperf* что **1.** cover; roof, tile *house*; coat *in colours* **2.** cover; trump *in game of cards* **3.** кого́-что *sub* shout at, call names. — (по-)

pr.	кро́ю, кро́ешь, кро́ют
imp.	крой, ~те
pt.	крыл
g.pr.a.	кро́я
p.pr.a.	кро́ющий
p.pt.a.	кры́вший
p.pt.p.	кры́тый

кры́ться *imperf* в чём lie [consist] in; be concealed

крю́чить, *1st and 2nd pers not used, usu impers imperf* кого́-что *sub*: его́ крю́чит от бо́ли he is writhing with pain. — (с-)

pr.	крю́чит, -чат
pt.	крю́чил
g.pr.a.	крю́ча
p.pr.a.	крю́чащий
p.pt.a.	крю́чивший

крю́читься *imperf sub* be doubled up; он весь скрю́чился he is all doubled up (with pain). — (с-)

кря́кать 1 a *imperf* **1.** *of ducks* quack **2.** *coll* grunt | *perf semelf* кря́кнуть 6

кря́кнуть *perf semelf of* кря́кать

кряхте́ть *imperf coll* groan

pr.	кряхчу́, -хти́шь, -хтя́т
imp.	кряхти́, ~те
pt.	кряхте́л
g.pr.a.	кряхтя́
p.pr.a.	кряхтя́щий
p.pt.a.	кряхте́вший

кувырка́ть 2 a *imperf coll* кого́-что turn over, upset, throw down *or* over, turn upside down | *perf semelf* кувыркну́ть 7

кувырка́ться *imperf coll* somersault | *perf semelf* кувыркну́ться

кувыркну́ть(ся) *perf and semelf of* кувырка́ть(ся)

куда́хтать *imperf* cackle

pr.	куда́хчу, -хчешь, -хчут *and sub* куда́хтаю, -аешь, -ают
imp.	куда́хчи, ~те *and sub* куда́хтай, ~те
pt.	куда́хтал

g.pr.a.	куда́хча *and sub* куда́хтая
p.pr.a.	куда́хчущий *and sub* куда́хтающий
p.pt.a.	куда́хтавший

кудря́виться, *1st and 2nd pers not used, imperf* curl

pr.	кудря́вится, -вятся
pt.	кудря́вился, -лась
g.pr.a.	кудря́вясь
p.pr.a.	кудря́вящийся
p.pt.a.	кудря́вившийся

кукаре́кать 1 a, *1st and 2nd pers not used, imperf coll* crow | *perf semelf* кукаре́кнуть 6

кукаре́кнуть *perf semelf of* кукаре́кать

кукова́ть 5 a, *1st and 2nd pers not used, imperf* cuckoo

ку́кситься *imperf coll* sulk; be in a (bad) temper, be put out, be in a bad mood

pr.	ку́кшусь, ку́ксишься, ку́ксятся
imp.	ку́ксись, -итесь
pt.	ку́ксился, -лась
g.pr.a.	ку́ксясь
p.pr.a.	ку́ксящийся
p.pt.a.	ку́ксившийся

культиви́ровать 4 a *imperf* что **1.** cultivate; grow **2.** cultivate, encourage, foster

куми́ться *imperf sub* become a god-father *or* a god-mother of *smb's* child; *fig* become friends with *smb* || *perf* покуми́ться, forms ib.

pr.	кумлю́сь, куми́шься, кумя́тся
imp.	куми́сь, -и́тесь
pt.	куми́лся, -лась
g.pr.a.	кумя́сь
p.pr.a.	кумя́щийся
p.pt.a.	куми́вшийся

купа́ть 2 a *imperf* кого́-что bath, give *smb* a bath. — (вы́-, ис-)

купа́ться *imperf* bathe, have a swim, go bathing; take [have] a bath. — (вы́-, ис-)

купи́ть *perf* кого́-что **1.** у кого́ buy (of, from), purchase (from) **2.** bribe. — (покупа́ть)

ft.	куплю́, ку́пишь, ку́пят
imp.	купи́, ~те
pt.	купи́л
g.pt.a.	купи́в
p.pt.a.	купи́вший
p.pt.p.	ку́пленный

кура́житься *imperf sub* swagger; над кем-чем bully

pr.	кура́жусь, -жишься, -жатся
imp.	кура́жься, -жьтесь

pt.	кура́жился, -лась
g.pr.a.	кура́жась
p.pr.a.	кура́жащийся
p.pt.a.	кура́жившийся

ку́ривать *imperf freq of* кури́ть

кури́ть *imperf* 1. что *a. without object* smoke 2. что *or* чем burn, fumigate; кури́ть ла́даном (burn) incense; fumigate with incense 3. что distil | *imperf coll freq* ку́ривать 1а. — (по-)

pr.	курю́, ку́ришь, ку́рят
imp.	кури́, ～те
pt.	кури́л
g.pr.a.	куря́
p.pr.a.	куря́щий
p.pt.a.	кури́вший

кури́ться, *1st and 2nd pers not used, imperf* 1. smoke 2. burn, light 3. чем give off *fumes etc.* 4. *of smoke, fog etc.* appear, rise; swirl

куроле́сить *imperf sub* play pranks, play wanton tricks. — (на-)

pr.	куроле́шу, -е́сишь, -е́сят
imp.	куроле́сь, ～те
pt.	куроле́сил
g.pr.a.	куроле́ся
p.pr.a.	куроле́сящий
p.pt.a.	куроле́сивший

курси́ровать 4а *imperf* ply, run

курча́виться, *1st and 2nd pers not used, imperf* curl, be curly, become curly

pr.	курча́вится, -вятся
pt.	курча́вился, -лась
g.pr.a.	курча́вясь
p.pr.a.	курча́вящийся
p.pt.a.	курча́вившийся

куса́ть 2а *imperf* кого-что 1. *of a dog, flea etc.* bite; *of insects etc.* sting; *of birds* peck 2. *coll of seasoning* be hot; *of nettle* sting; *of frost* nip 3. bite off; nibble | *perf semelf* кусну́ть 7 *with* 1

куса́ться *imperf* 1. bite; be snappish 2. bite each other 3. *coll* be too dear 4. *coll of wool* scratch

кусну́ть *perf semelf of* куса́ть

куста́рничать 1а *imperf* 1. be a handicraftsman; carry on a handicraft at home 2. *fig* use primitive methods; tinker

кусти́ться, *1st and 2nd pers not used, imperf* cluster; grow in bushes

pr.	кусти́тся, кустя́тся
pt.	кусти́лся, -лась
g.pr.a.	кустя́сь
p.pr.a.	кустя́щийся
p.pt.a.	кусти́вшийся

ку́тать 1а *imperf* кого-что 1. чем *or* во что muffle up (with *or* in), wrap up (in) 2. muffle up. — (за-)

ку́таться *imperf* 1. во что muffle [wrap] oneself up (in) 2. dress too warmly. — (за-)

кути́ть *imperf* carouse; be on the spree | *perf semelf* кутну́ть 7

pr.	кучу́, ку́тишь, ку́тят
imp.	кути́, ～те
pt.	кути́л
g.pr.a.	кутя́
p.pr.a.	кутя́щий
p.pt.a.	кути́вший

кутну́ть *perf semelf of* кути́ть
ку́шать 1а *imperf* что eat; have, take *food.* — (вы-, по-, с-)

Л

лабиализова́ть 5 *and* 5а *perf, imperf* что labialize

лави́ровать 4а *imperf* 1. *naut* put about, tack 2. *fig* shift *one's* course, adopt a new line

ла́дить *imperf* 1. с кем-чем get on (with), get on well (with) 2. что *sub mus* tune 3. что *sub* put right, tidy, arrange 4. *with infinitive sub* have *something* on, intend to *with infinitive* 5.: ла́дить одно́ и то́ же *coll* harp on *a thing*

pr.	ла́жу, ла́дишь, ла́дят
imp.	ладь, ～те
pt.	ла́дил
g.pr.a.	ла́дя
p.pr.a.	ла́дящий
p.pt.a.	ла́дивший
p.pt.p.	ла́женный *with* 2

ла́диться, *1st and 2nd pers not used, imperf* go off well, come off, succeed

ла́зать *imperf indef of* лезть
ла́зить *imperf indef of* лезть
pr.	ла́жу, ла́зишь, ла́зят
imp.	лазь, ~те
pt.	ла́зил
g.pr.a.	ла́зя
p.pr.a.	ла́зящий
p.pt.a.	ла́зивший

лака́ть 2а *imperf* что **1.** lap, lap up **2.** *sub coarse* swill, booze | *perf semelf* лакну́ть 7

лаке́йствовать 4а *imperf* пе́ред кем-чем fawn (upon), toady (to), bow and scrape (to)

лакирова́ть 5а *imperf* что **1.** varnish **2.** *fig* paint a rosy picture (of). — (от-)
p.pt.p.	лакиро́ванный

лакну́ть *perf semelf of* лака́ть

ла́комить *imperf* кого-что *obs* give someone a tasty dish, give *someone* a (special) treat. — (по-)
pr.	ла́комлю, -мишь, -мят
imp.	ла́комь, ~те *and* ла́коми, ~те
pt.	ла́комил
g.pr.a.	ла́комя
p.pr.a.	ла́комящий
p.pt.a.	ла́комивший

ла́комиться *imperf* чем feast on, make a beano (of). — (по-)

ласка́ть 2а *imperf* кого-что **1.** fondle, caress **2.** *of music etc.* caress, soothe

ласка́ться *imperf* к кому-чему **1.** pet, fondle **2.** *obs* make up (to), fawn upon

ла́ститься *imperf* к кому-чему *or* о́коло кого-чего *coll* make up (to); *of animal* fawn round
pr.	ла́щусь, ла́стишься, ла́стятся
imp.	ла́стись, -итесь
pt.	ла́стился, -лась
g.pr.a.	ла́стясь
p.pr.a.	ла́стящийся
p.pt.a.	ла́стившийся

лата́ть 2а *imperf* что *sub* patch, mend. — (за-)
p.pt.p.	ла́танный

латинизи́ровать 4 *and* 4а *perf, imperf* кого-что **1.** latinize, romanize, assimilate *a people* to ancient Rome in ideas and way of life **2.** romanize, write by means of roman alphabet

ла́ять *imperf* **1.** bark, bay **2.** на кого-что bark at, bay at **3.** *obs and sub* на кого-что snap at, snap *someone's* head off, bite *someone's* head off
pr.	ла́ю, ла́ешь, ла́ют
imp.	лай, ~те
pt.	ла́ял
g.pr.a.	ла́я
p.pr.a.	ла́ющий
p.pt.a.	ла́явший

ла́яться *imperf sub* swear, cuss

лгать *imperf* **1.** lie **2.** на кого-что *obs* tell lies (about), spread tales (about) || *perf* солга́ть *with* 1, forms ib.
pr.	лгу, лжёшь, лгут
imp.	лги, ~те
pt.	лгал, лгала́, лга́ло
p.pr.a.	лгу́щий
p.pt.a.	лга́вший

лебези́ть *imperf* пе́ред кем-чем *coll* bow and scrape (to), dance attendance (on)
pr.	лебежу́, -ези́шь, -езя́т
imp.	лебези́, ~те
pt.	лебези́л
g.pr.a.	лебезя́
p.pr.a.	лебезя́щий
p.pt.a.	лебези́вший

леве́ть 3а *imperf pol* go left, be left. — (по-)

легализи́ровать 4 *and* 4а *perf, imperf* кого-что legalize

легализова́ть 5 *and* 5а *perf, imperf* кого-что legalize

легализова́ться *perf, imperf* become legal

легитимизова́ть 5 *and* 5а *perf, imperf* кого-что legitimate

легитими́ровать 4 *and* 4а *perf, imperf* кого-что legitimate

легча́ть [хч] 2а, *1st and 2nd pers not used, imperf sub* **1.** abate, settle **2.** *impers* кому́ *of health, mood* improve. — (по- *with* 2)

леденеть 3а *imperf* **1.** *1st and 2nd pers not used* turn to ice; ice up **2.** go stiff (with cold); numb, go numb. — (за-, о-)

ледени́ть, *1st and 2nd pers not used, imperf* что **1.** freeze, turn to ice **2.** make rigid with cold; *fig* send rigid with fear. — (о-)
pr.	ледени́т, -ня́т
pt.	ледени́л
g.pr.a.	леденя́
p.pr.a.	леденя́щий
p.pt.a.	ледени́вший

лежа́ть *imperf* **1.** lie **2.** *1st and 2nd pers not used* lie, be somewhere, be situated **3.** *1st and 2nd pers not used* lead to *of a*

path, a route **4.** *1st and 2nd pers not used*
на ком-чём weigh *upon one's conscience*
5. *1st and 2nd pers not used* на ком rest
with, be incumbent on, be the duty of

pr.	лежу́, лежи́шь, лежа́т
imp.	лежи́, ∾те
pt.	лежа́л
g.pr.a.	лёжа
p.pr.a.	лежа́щий
p.pt.a.	лежа́вший

лежа́ться *impers imperf* (кому́) *coll, usu
negated, i.e.* just not want to lie down
[still], be simply unable to lie down [still]

pr.	(не) лежи́тся
pt.	(не) лежа́лось

лезть *imperf* **1.** *def* на что *and* во что
climb **2.** *def* под что creep (under); из-под
чего́ creep (from under) **3.** *def* во что
seize **4.** *def* во что get in(to), "enter"
5. во что *coll contp* meddle (in), interfere (in) **6.** к кому́ с чем *or with infinitive
coll* trouble *someone* (with), bother
someone (with) **7.** *1st and 2nd pers not
used* во что penetrate (into) **8.** *1st and 2nd
pers not used* на что slip (over) **9.** на кого́-
что *of clothes* fit **10.** *of hair* fall out **11.**
coll rip, go to shreds | *indef* ла́зить, forms
ib. *and* ла́зать 1a *with* 1—4

pr.	ле́зу, ле́зешь, ле́зут
imp.	лезь, ∾те
pt.	лез, ∾ла
p.pr.a.	ле́зущий
p.pt.a.	ле́зший

леле́ять *imperf* кого́-что **1.** spoil, coddle
2. delight, give pleasure **3.** *fig* cherish,
foster, tend with loving care

pr.	леле́ю, -е́ешь, -е́ют
imp.	леле́й, ∾те
pt.	леле́ял
g.pr.a.	леле́я
p.pr.a.	леле́ющий
p.pt.a.	леле́явший
p.pr.p.	леле́емый
p.pt.p.	леле́янный

лени́ться *imperf* laze; *with infinitive* be too
lazy *to do a thing*

pr.	леню́сь, ле́нишься, ле́нятся
imp.	лени́сь, -и́тесь
pt.	лени́лся, -лась
g.pr.a.	леня́сь
p.pr.a.	леня́щийся
p.pt.a.	лени́вшийся

ленти́йничать 1а *imperf coll* laze

лепета́ть *imperf* что babble, prattle

pr.	лепечу́, -е́чешь, -е́чут
imp.	лепечи́, ∾те
pt.	лепета́л
g.pr.a.	лепеча́
p.pr.a.	лепе́чущий
p.pt.a.	лепета́вший

лепи́ть *imperf* **1.** кого́-что model; лепи́ть
сне́жную ба́бу make a snowman **2.** что
coll stick *a thing* on. — (вы́-, с- *with* 1,
на- *with* 2)

pr.	леплю́, ле́пишь, ле́пят
imp.	лепи́, ∾те
pt.	лепи́л
g.pr.a.	лепя́
p.pr.a.	лепя́щий
p.pt.a.	лепи́вший
p.pt.p.	ле́пленный*

лепи́ться, *1st and 2nd pers not used, imperf*
1. hold on (to), hold fast (to) **2.** к чему́
adhere (to), stick (to), cling (to) **3.** *sub*
crawl, creep, move at a snail's pace

лета́ть *imperf indef of* лете́ть

лете́ть *imperf* **1.** *def* fly **2.** *def* fly, get a
move on; *of time* fly **3.** *def coll* go flying,
come down, fall **4.** *1st and 2nd pers not
used* shoot up *or* down; а́кции летя́т
вверх the shares are shooting up | *indef*
лета́ть 2а *with* 1—3

pr.	лечу́, лети́шь, летя́т
imp.	лети́, ∾те
pt.	лете́л
g.pr.a.	летя́
p.pr.a.	летя́щий
p.pt.a.	лете́вший

лечи́ть *imperf med* **1.** кого́-что treat
2. что have treatment, be under doctor's
orders, be under the doctor

pr.	лечу́, ле́чишь, ле́чат
imp.	лечи́, ∾те
pt.	лечи́л
g.pr.a.	леча́
p.pr.a.	ле́чащий
p.pt.a.	лечи́вший
p.pr.p.	лечи́мый
p.pt.p.	ле́ченный

лечи́ться *imperf* (у кого́) *med* have treatment (from), be under (Dr. N.)

лечь *perf* **1.** lie down, go to bed **2.** *1st and
2nd pers not used* spread, cover **3.** *1st and
2nd pers not used* чем *of hair, clothing*
fall into position; пла́тье легло́ ро́вными
скла́дками the dress took up even pleats
4.: лечь на но́вый курс *av, naut* change
course, adjust course **5.** на кого́-что rest
heavily upon ‖ *imperf* ложи́ться, forms ib.

ft.	ля́гу, ля́жешь, ля́гут

imp.	ляг, ~те
pt.	лёг, легла́
g.pt.a.	лёгши
p.pt.a.	лёгший

лжесвиде́тельствовать 4a *imperf* make an untrue statement, bear false witness, perjure oneself

либера́льничать 1a *imperf coll* be too indulgent; be over-tolerant

лиди́ровать 4a *imperf sports* lead, be in front, head the field

лиза́ть *imperf* кого́-что lick | *perf semelf* лизну́ть 7, *p.pt.p.* лизну́тый

pr.	лижу́, ли́жешь, ли́жут
imp.	лижи́, ~те
pt.	лиза́л
p.pr.a.	ли́жущий
p.pt.a.	лиза́вший
p.pt.p.	ли́занный

лиза́ться *imperf* 1. lick oneself 2. lick each other 3. *sub contp* kiss one another, slop over each other

лизну́ть *perf semelf of* лиза́ть

лизоблю́дничать 1a *imperf sub* creep, crawl, be an arse-climber, be a lickspittle

ликвиди́ровать 4 *and* 4a *perf, imperf* что 1. *econ* dissolve, wind up 2. get rid of, eliminate, overcome

ликвиди́роваться, *1st and 2nd pers not used, perf, imperf* go out of business, close down, be wound up

ликова́ть 5a *imperf bookish* exult, rejoice

лилове́ть 3a *imperf* 1. turn mauve 2. show up mauve. — (по- *with* 1)

лимити́ровать 4 *and* 4a *perf, imperf* limit, restrict

линова́ть 5a *imperf* что rule, line *paper*. — (на-)

| *p.pt.p.* | лино́ванный |

линчева́ть *perf, imperf* кого́-что lynch

pr. and ft.	линчу́ю, -у́ешь, -у́ют
imp.	линчу́й, ~те
pt.	линчева́л
g.pr.a.	линчу́я
g.pt.a.	линчева́в
p.pr.a.	линчу́ющий
p.pt.a.	линчева́вший
p.pr.p.	линчу́емый
p.pt.p.	линчёванный

линя́ть 2a, *1st and 2nd pers not used, imperf* 1. lose colour, fade 2. run 3. *zool* moult. — (вы- *with* 3, по- *with* 1)

ли́пнуть *imperf* к кому́-чему́ 1. stick, stick fast 2. *without object coll* be sticky 3. к кому́-чему́ *coll* stick (close) to, stick on the heals (of) 4. *coll* stick together

pr.	ли́пну, -нешь, -нут
imp.	ли́пни, ~те
pt.	лип *and* ли́пнул, ли́пла
g.pt.a.	ли́пнув
p.pr.a.	ли́пнущий
p.pt.a.	ли́пнувший

лиси́ть, *1st pers sg not used, imperf sub* butter up, soft-soap, flatter with great cunning

pr.	лиси́шь, лися́т
imp.	лиси́, ~те
pt.	лиси́л
g.pr.a.	лися́
p.pr.a.	лися́щий
p.pt.a.	лиси́вший

листа́ть 2a *imperf* что *coll* turn the pages *of a book*, leaf through

литографи́ровать 4 *and* 4a *perf, imperf* что lithograph

лить *imperf* что 1. pour 2. *tech* cast, mould 3. *of light etc.* flood, pour, stream 4. *without object coll* stream, flood, course, gush, rush, pour, teem

pr.	лью, льёшь, льют
imp.	лей, ~те
pt.	лил, лила́, ли́ло
g.pr.a.	лия́ *obs*
g.pt.a.	лив
p.pr.a.	лью́щий
p.pt.a.	ли́вший
p.pt.p.	ли́тый; лит, лита́, ли́то

ли́ться, *1st and 2nd pers not used, imperf* stream, pour, course

| *pt.* | ли́лся, лила́сь, ли́ло́сь |

лихора́дить *imperf* 1. have a temperature 2. *impers* кого́ have a temperature; меня́ лихора́дит I have a temperature

pr.	лихора́жу, -а́дишь, -а́дят
imp.	лихора́дь, ~те
pt.	лихора́дил
g.pr.a.	лихора́дя
p.pr.a.	лихора́дящий
p.pt.a.	лихора́дивший

лицева́ть *imperf* что turn *clothing*; have *clothing* turned. — (пере-)

pr.	лицу́ю, -у́ешь, -у́ют
imp.	лицу́й, ~те
pt.	лицева́л
g.pr.a.	лицу́я
p.pr.a.	лицу́ющий
p.pt.a.	лицева́вший

p.pr.p.	лицу́емый
p.pt.p.	лицо́ванный

лицеде́йствовать 4а *imperf obs* **1.** be on the stage, be an actor **2.** *fig* act, feign, sham, put on an act, put it on

лицезре́ть *imperf* кого́-что *bookish obs, now iron* behold ‖ *perf* улицезре́ть, forms ib.

pr.	лицезрю́, -ри́шь, -ря́т
imp.	лицезри́, ~те
pt.	лицезре́л
g.pt.a.	лицезре́в
p.pt.a.	лицезре́вший

лицеме́рить *imperf* dissemble, feign, sham, pretend; be a hypocrite

pr.	лицеме́рю, -ришь, -рят
imp.	лицеме́рь, ~те
pt.	лицеме́рил
g.pr.a.	лицеме́ря
p.pr.a.	лицеме́рящий
p.pt.a.	лицеме́ривший

лиша́ть(ся) *imperf of* лиши́ть(ся)

лиши́ть *perf* кого́-что чего́ take away, withdraw, deprive *smb* of, deny *smb* ‖ *imperf* лиша́ть 2а

ft.	лишу́, лиши́шь, лиша́т
imp.	лиши́, ~те
pt.	лиши́л
g.pt.a.	лиши́в
p.pt.a.	лиши́вший
p.pt.p.	лишённый; лишён, -ена́

лиши́ться *perf* кого́-чего́ forfeit, be stripped of ‖ *imperf* лиша́ться

лобза́ть 2а *imperf* кого́-что *obs, poet* buss, kiss

лоботря́сничать 1а *imperf sub* laze

лобыза́ть 2а *imperf* кого́-что *obs, now joc, iron* kiss, slop over

лови́ть *imperf* кого́-что **1.** catch **2.** exploit, make use of; лови́ть слу́чай seize the occasion (to), use the occasion (to) **3.** на чём receive, pick up *signals* ‖ *perf* пойма́ть 2

pr.	ловлю́, ло́вишь, ло́вят
imp.	лови́, ~те
pt.	лови́л
g.pr.a.	ловя́
p.pr.a.	ловя́щий
p.pt.a.	лови́вший
p.pr.p.	лови́мый
p.pt.p.	ло́вленный

логарифми́ровать 4 *and* 4а *perf, imperf* put into logs, log

ло́дырничать 1а *imperf coll* laze, lounge about

ложи́ть *imperf* кого́-что *sub* lay

pr.	ложу́, ло́жишь, ло́жат
imp.	ложи́, ~те
pt.	ложи́л
g.pr.a.	ложа́
p.pr.a.	ложа́щий
p.pt.a.	ложи́вший

ложи́ться *imperf of* лечь

pr.	ложу́сь, ложи́шься, ложа́тся

локализи́ровать 4 *and* 4а *perf, imperf* что localize

локализи́роваться, *1st and 2nd pers not used, perf, imperf* become localized

локализова́ть 5 *and* 5а *perf, imperf* что localize

локализова́ться, *1st and 2nd pers not used, perf, imperf* become localized

локаути́ровать 4 *and* 4а *perf, imperf* кого́-что lock out

лома́ть 2а *imperf* кого́-что **1.** break, smash **2.** pull down, demolish **3.** *fig* overcome, wreck, destroy **4.** transform; лома́ть свой хара́ктер change *one's* nature basically [completely] **5.** *fig* ruin **6.** speak broken *Russian, English etc.* **7.** *1st and 2nd pers not used coll* smart, hurt; меня́ лома́ет I have rheumatics, I have twinges **8.** на кого́ *sub* toil and moil (for) **9.** quarry ‖ *perf* слома́ть 2 *with* 1—5

p.pt.p.	ло́манный

лома́ться *imperf* **1.** get broken **2.** be fragile **3.** *fig* collapse, fail, miscarry **4.** undergo a complete change **5.** be affected, behave affectedly **6.** *of voice* break **7.** withhold concurrence, assent from sheer obduracy [self-will], disagree out of sheer contrariness ‖ *perf* слома́ться *with* 1

ломи́ть *imperf* что **1.** *coll* break, snap, smash **2.** *coll* force *one's* way, push (*one's* way) through, forward, to the front **3.** *impers*: у меня́ ло́мит го́лову I have a headache, my head is splitting **4.** *sub*: ломи́ть це́ну push up the price, force up the price

pr.	ломлю́, ло́мишь, ло́мят
imp.	ломи́, ~те
pt.	ломи́л
g.pr.a.	ломя́
p.pr.a.	ломя́щий
p.pt.a.	ломи́вший

ломи́ться *imperf* **1.** be jam-packed **2.** *coll* try to force *one's* entry

ло́пать 1а *imperf* что *sub* lay into, shovel in, put back, shift *food*

ло́паться *imperf* split, crack; break, burst; *of patience* be at an end

ло́пнуть 6 *perf* **1.** burst, crack, split; tear **2.** *fig coll* go bust, go bankrupt

лопота́ть *imperf coll* gabble, jabber

pr.	лопочу́, -о́чешь, -о́чут
imp.	лопочи́, ~те
pt.	лопота́л
g.pr.a.	лопоча́
p.pr.a.	лопо́чущий
p.pt.a.	лопота́вший

лорни́ровать 4 *and* 4а *perf, imperf* кого́-что *obs* observe through a lorgnette

лосни́ться *imperf* be glossy, be shiny

pr.	лосню́сь, -ни́шься, -ня́тся
imp.	лосни́сь, -и́тесь
pt.	лосни́лся, -лась
g.pr.a.	лосня́сь
p.pr.a.	лосня́щийся
p.pt.a.	лосни́вшийся

лохма́тить *imperf* кого́-что *coll* muss (up), dishevel, tousle. — (вз-)

pr.	лохма́чу, -а́тишь, -а́тят
imp.	лохма́ть, ~те
pt.	лохма́тил
g.pr.a.	лохма́тя
p.pr.a.	лохма́тящий
p.pt.a.	лохма́тивший

лохма́титься *imperf coll* become tousled, become matted. — (вз-)

лощи́ть *imperf* что **1.** *obs* polish (up) **2.** glaze, gloss, finish. — (на-)

pr.	лощу́, лощи́шь, лоща́т
imp.	лощи́, ~те
pt.	лощи́л
g.pr.a.	лоща́
p.pr.a.	лоща́щий
p.pt.a.	лощи́вший
p.pr.p.	лощи́мый
p.pt.p.	лощённый; лощён, -ена́

луди́ть *imperf* что stin. — (вы́-, по-)

pr.	лужу́, луди́шь, лу́дя́т
imp.	луди́, ~те
pt.	луди́л
g.pr.a.	лудя́
p.pr.a.	лудя́щий
p.pt.a.	луди́вший
p.pt.p.	лужённый; лужён, -ена́

лу́згать 1а *imperf* что *sub* shuck, shell, husk

лука́вить *imperf* feign, sham, practise deceit. — (с-)

pr.	лука́влю, -вишь, -вят
imp.	лука́вь, ~те
pt.	лука́вил
g.pr.a.	лука́вя
p.pr.a.	лука́вящий
p.pt.a.	лука́вивший

лупи́ть *imperf sub* **1.** что peel **2.** что с кого́ fleece, defraud, take advantage of *smb* **3.** кого́-что thrash **4.** *without object* speed. — (об-, с- *with 1*, от- *with 3*)

pr.	луплю́, лу́пишь, лу́пят
imp.	лупи́, ~те
pt.	лупи́л
g.pr.a.	лупя́
p.pr.a.	лупя́щий
p.pt.a.	лупи́вший
p.pr.p.	лупи́мый
p.pt.p.	лу́пленный

лупи́ться, *1st and 2nd pers not used, imperf coll* **1.** *of parts of body* pell; *of skin* peel, come off **2.** flake off, scale off, break away. — (об-)

лупцева́ть *imperf* кого́-что *sub* whip, lick, drub. — (от-)

pr.	лупцу́ю, -у́ешь, -у́ют
imp.	лупцу́й, ~те
pt.	лупцева́л
g.pr.a.	лупцу́я
p.pr.a.	лупцу́ющий
p.pt.a.	лупцева́вший
p.pt.p.	лупцо́ванный

лучи́ть *imperf* кого́-что fish at night by torchlight

pr.	лучу́, лучи́шь, луча́т
imp.	лучи́, ~те
pt.	лучи́л
g.pr.a.	луча́
p.pr.a.	луча́щий
p.pt.a.	лучи́вший

лучи́ться, *1st and 2nd pers not used, imperf* shine, beam

лущи́ть *imperf* что **1.** shell, crack **2.** *agr* peel off, take off *turf, stubble*. — (об- *with 1*, вз- *with 2*)

pr.	лущу́, лущи́шь, луща́т
imp.	лущи́, ~те
pt.	лущи́л
g.pr.a.	луща́
p.pr.a.	луща́щий
p.pt.a.	лущи́вший
p.pr.p.	лущи́мый
p.pt.p.	лущённый; лущён, -ена́

лущи́ться, *1st and 2nd pers not used, imperf* peel off, come away

лысе́ть 3a *imperf* go bald. — (об-, по-)

льнуть *imperf* к кому́-чему́ 1. cuddle up (to), cling (to) 2. be attracted (to) 3. make up (to)

pr.	льну, льнёшь, льнут
imp.	льни, ~те
pt.	льнул
g.pt.a.	льнув
p.pr.a.	льну́щий
p.pt.a.	льну́вший

льстить *imperf* кому́-чему́ flatter, butter up ‖ *perf* польсти́ть, forms ib.

pr.	льщу, льстишь, льстят
imp.	льсти, ~те
pt.	льстил
g.pr.a.	льстя
p.pr.a.	льстя́щий
p.pt.a.	льсти́вший

льсти́ться *imperf* на что *obs* make a set (for, on), desire; be tempted (by) ‖ *perf* польсти́ться

любе́зничать 1a *imperf* с кем-чем *coll* pay complements (to), be considerate (to); court

люби́ть *imperf* кого́-что 1. love 2. like; люби́ть чита́ть love reading 3. require, call for, demand; цветы́ лю́бят во́ду flowers need water

pr.	люблю́, лю́бишь, лю́бят
imp.	люби, ~те
pt.	люби́л
g.pr.a.	любя
p.pr.a.	лю́бящий
p.pt.a.	люби́вший
p.pr.p.	люби́мый

любова́ться 5a *imperf* кем-чем *or* на кого́-что feast *one's* eyes (on), enjoy the sight (of)

любопы́тничать 1a *imperf coll* be inquisitive

любопы́тствовать 4a *imperf* be inquisitive

лютова́ть 5a *imperf sub* be violent, be cruel

ляга́ть 2a *imperf* кого́-что 1. kick out, kick up, kick 2. *fig coll* spurn, trample on, injure, wound, hurt ‖ *perf semelf* лягну́ть 7, *p.pt.p.* ля́гнутый

ляга́ться *imperf* kick out, kick up, kick

лягну́ть *perf semelf of* ляга́ть

ля́згать *imperf of* ля́згнуть

ля́згнуть 6 *perf* чем rattle, jingle, chink a thing ‖ *imperf* ля́згать 1a

ля́мзить *imperf* что *sub, coarse* whip, knock off, swipe, pinch, nick, snaffle

pr.	ля́мзю, -зишь, -зят
imp.	ля́мзи, ~те
pt.	ля́мзил
g.pr.a.	ля́мзя
p.pr.a.	ля́мзящий
p.pt.a.	ля́мзивший

ля́пать 1a *imperf sub* 1. *imperf of* ля́пнуть 2. что botch, bungle, deliver an unworkmanlike job

ля́паться *imperf of* ля́пнуться

ля́пнуть 6 *perf* что о чём *or without object sub* burst out *with ill-considered remark* ‖ *imperf* ля́пать 1a

p.pt.p.	ля́пнутый

ля́пнуться *perf sub* plop down, fall ‖ *imperf* ля́паться

ля́сничать 1a *imperf reg* tell jokes, joke; gossip

М

магнетизи́ровать 4a *imperf* кого́-что *obs* magnetize

магни́тить *imperf* что magnetize

pr.	магни́чу, -и́тишь, -и́тят
imp.	магни́ть, ~те
pt.	магни́тил
g.pr.a.	магни́тя
p.pr.a.	магни́тящий
p.pt.a.	магни́тивший
p.pt.p.	магни́ченный

ма́зать *imperf* 1. кого́-что oil, grease; butter 2. кого́-что smear, soil 3. что *or without object* daub 4. *sub* miss the mark ‖ *perf semelf* мазну́ть 7, *p.pt.p.* мазну́тый *with* 1, 2, 4. — (вы- *with* 1, 2, за- *with* 2, из- *with* 2, на- *with* 1, 3, по- *with* 1)

pr.	ма́жу, ма́жешь, ма́жут
imp.	мажь, ~те
pt.	ма́зал
g.pt.a.	ма́зав

p.pr.a. ма́жущий
p.pt.a. ма́завший
p.pt.p. ма́занный

ма́заться *imperf* **1.** rub in *lotion, cold cream etc.* **2.** *coll* put on make up **3.** *coll* get dirty **4.** *1st and 2nd pers not used* give off colour *when touched.* — (вы- *with* 3, за- *with* 3, из- *with* 3, на- *with* 1, 2, по- *with* 1, 2)

мазну́ть *perf semelf of* ма́зать

мака́ть 2а *imperf* что dip | *perf semelf* макну́ть 7, *p.pt.p.* макну́тый

макла́чить *imperf sub obs* job
pr.   макла́чу, -чишь, -чат
imp.   макла́чь, ~те
pt.   макла́чил
g.pr.a. макла́ча
p.pr.a. макла́чащий
p.pt.a. макла́чивший

ма́клерствовать 4а *imperf coll* be a broker

макну́ть *perf semelf of* мака́ть

малева́ть *imperf* кого́-что *or without object* **1.** paint **2.** *coll* daub
pr.   малю́ю, -ю́ешь, -ю́ют
imp.   малю́й, ~те
pt.   малева́л
g.pr.a. малю́я
p.pr.a. малю́ющий
p.pt.a. малева́вший
p.pr.p. малю́емый
p.pt.p. малёванный

малева́ться *imperf sub* paint oneself

малоду́шествовать 4а *imperf* be pusillanimous, be faint-hearted | *perf* смалоду́шествовать 4

малоду́шничать 1а *imperf coll* be pusillanimous, be faint-hearted | *perf* смалоду́шничать 1

маля́рничать 1а *imperf coll* be a housepainter

маневри́ровать 4а *imperf* **1.** *mil* manoeuvre *a. fig* **2.** shunt | *perf* сманеври́ровать 4

мане́жить *imperf* кого́-что **1.** train *a horse* **2.** *sub* tire *smb* out
pr.   мане́жу, -жишь, -жат
imp.   мане́жь, ~те
pt.   мане́жил
g.pr.a. мане́жа
p.pr.a. мане́жащий
p.pt.a. мане́живший

мане́рничать 1а *imperf coll* be affected, be mincing

манипули́ровать 4а *imperf* чем manipulate

мани́ть *imperf* кого́-что **1.** beckon; wave (to) **2.** *fig* attract; lure, entice | *perf* помани́ть, forms ib.
pr.   маню́, ма́нишь, ма́нят
imp.   мани́, ~те
pt.   мани́л
g.pr.a. маня́
p.pr.a. маня́щий
p.pt.a. мани́вший

манифести́ровать 4а *imperf* demonstrate

манки́ровать 4 *and* 4а *perf, imperf* **1.** bookish neglect **2.** *obs* be absent

маракова́ть 5а *imperf sub* что *or without object* understand a little (of)

мара́ть 2а *imperf* кого́-что *coll* **1.** dirty **2.** scribble **3.** strike out
p.pt.p. ма́ранный

мара́ться, *1st and 2nd pers not used, imperf* **1.** *coll* get dirty **2.** lose colour

маринова́ть 5а *imperf* что **1.** marinate, pickle **2.** *fig coll* put off, hold up
p.pt.p. марино́ванный

маркирова́ть 5 *and* 5а *perf, imperf* что mark

мармори́ровать 4 *and* 4а *perf, imperf* что marble

мародёрствовать 4а *imperf* maraud, pillage

маршрирова́ть 5а *imperf* march

маскирова́ть 5а *imperf* кого́-что **1.** mask *a. fig,* disguise *a. fig* **2.** *mil* camouflage. — (за-)
p.pt.p. маскиро́ванный

маскирова́ться *imperf* **1.** put on a mask **2.** *mil* be camouflaged

ма́слить *imperf* что *coll* butter; oil
pr.   ма́слю, -лишь, -лят
imp.   ма́сли, ~те
pt.   ма́слил
g.pr.a. ма́сля
p.pr.a. ма́слящий
p.pt.a. ма́сливший
p.pt.p. ма́сленный

ма́слиться, *1st and 2nd pers not used, imperf* **1.** make spots of grease **2.** gleam, shine

масси́ровать[1] 4а *imperf* (*pt.a. perf*) кого́-что massage, rub

масси́ровать[2] 4 *and* 4а *perf, imperf* кого́-что *mil* concentrate, mass

мастери́ть *imperf* что *coll* make, rig up, fix up | *perf* смастери́ть, forms ib.
pr.   мастерю́, -ри́шь, -ря́т
imp.   мастери́, ~те

pt.	мастери́л
g.pr.a.	мастеря́
p.pr.a.	мастеря́щий
p.pt.a.	мастери́вший

материализова́ть 5 *and* 5a *perf, imperf* materialize

матрици́ровать 4 *and* 4a *perf, imperf* что *print* make a matrix of

маха́ть *imperf* чем wave; flap *wings*; wag tail | *perf semelf* махну́ть 7

pr.	машу́, ма́шешь, ма́шут *and coll* маха́ю, -а́ешь, -а́ют
imp.	маши́, ~те *and coll* маха́й, ~те
pt.	маха́л
g.pr.a.	маша́ *and coll* маха́я
p.pr.a.	ма́шущий *and coll* маха́ющий
p.pt.a.	маха́вший

махну́ть 7 *perf* 1. *semelf of* маха́ть 2. *coll* push off

машинизи́ровать 4 *and* 4a *perf, imperf* что equip with machinery, mechanize

ма́яться *imperf sub* suffer; drudge

pr.	ма́юсь, ма́ешься, ма́ются
imp.	ма́йся, ма́йтесь
pt.	ма́ялся, -лась
g.pr.a.	ма́ясь
p.pr.a.	ма́ющийся
p.pt.a.	ма́явшийся

мая́чить *imperf* 1. *1st and 2nd pers not used* shine, shimmer 2. *sub* eke out an existence

pr.	мая́чу, -чишь, -чат
pt.	мая́чил
g.pr.a.	мая́ча
p.pr.a.	мая́чащий
p.pt.a.	мая́чивший

меблирова́ть 5 *and* 5a *perf, imperf* что furnish

ме́длить *imperf* hang back, hesitate

pr.	ме́длю, -лишь, -лят
imp.	ме́дли, ~те
pt.	ме́длил
g.pr.a.	ме́для
p.pr.a.	ме́длящий
p.pt.a.	ме́дливший

межева́ть *imperf* что survey; set fix boundaries

pr.	межу́ю, -у́ешь, -у́ют
imp.	межу́й, ~те
pt.	межева́л
g.pr.a.	межу́я
p.pr.a.	межу́ющий
p.pt.a.	межева́вший
p.pr.p.	межу́емый
p.pt.p.	межёванный

меле́ть 3a, *1st and 2nd pers not used, imperf* get shallow. — (об-)

мели́ть[1] *imperf* что chalk. — (на-)

pr.	мелю́, мели́шь, меля́т
imp.	мели́, ~те
pt.	мели́л
g.pr.a.	меля́
p.pr.a.	меля́щий
p.pt.a.	мели́вший
p.pr.p.	мели́мый*
p.pt.p.	мелённый; мелён, -ена́

мели́ть[2] *imperf* что *sub* cut into pieces forms as мели́ть[1]

мелодеклами́ровать 4a *imperf* recite poetry with musical accompaniment

мелька́ть 2a *imperf* 1. flash, gleam; flit 2. shine, shimmer; turn up | *perf semelf* мелькну́ть 7

мелькну́ть *perf semelf of* мелька́ть

мельтеши́ть *imperf sub* flicker; glimmer

pr.	мельтешу́, -ши́шь, -ши́т
imp.	мельтеши́, ~те
pt.	мельтеши́л
g.pr.a.	мельтеша́
p.pr.a.	мельтеша́щий
p.pt.a.	мельтеши́вший

мельча́ть 2a *imperf* 1. become smaller 2. *fig* become trite. — (из-)

мельчи́ть *imperf* что make smaller, crumble. — (из-, раз-)

pr.	мельчу́, -чи́шь, -ча́т
imp.	мельчи́, ~те
pt.	мельчи́л
g.pr.a.	мельча́
p.pr.a.	мельча́щий
p.pt.a.	мельчи́вший
p.pr.p.	мельчи́мый*
p.pt.p.	мельчённый; мельчён, -ена́

менструи́ровать 4a *imperf med* menstruate

меня́ть 2a *imperf* кого́-что 1. exchange smth for smth 2. change *money*. — (об- *with* 1, по- *with* 1)

p.pt.p.	ме́нянный

меня́ться *imperf* 1. exchange (with *smb*) 2. change, alter. — (об- *with* 1, по- *with* 1)

мере́ть, *1st and 2nd pers not used, imperf coll* die

pr.	мрёт, мрут
ft.	*not used*
pt.	мёр, ~ла
g.pr.a.	*not used*
p.pr.a.	мру́щий

мере́щиться *imperf* кому́-чему́ *coll* seem,
appear ‖ *perf* помере́щиться, forms ib.

pr.	мере́щусь, -щишься, -щатся
imp.	мере́щись, -итесь
pt.	мере́щился, -лась
g.pr.a.	мере́щась
p.pr.a.	мере́щащийся
p.pt.a.	мере́щившийся

мёрзнуть *imperf* freeze; feel cold. — (за-)

pr.	мёрзну, -нешь, -нут
imp.	мёрзни, ~те
pt.	мёрз *and* мёрзнул, мёрзла
g.pt.a.	мёрзнув
p.pr.a.	мёрзнущий
p.pt.a.	мёрзнувший *and* мёрзший

ме́рить *imperf* кого́-что 1. measure 2. try
on. — (по- *with* 2)

pr.	ме́рю, ме́ришь, ме́рят *and coll*
	ме́ряю, -яешь, -яют
imp.	мерь, ~те *and coll* ме́ряй, ~те
pt.	ме́рил
g.pr.a.	ме́ря
p.pr.a.	ме́рящий *and coll* ме́ряющий
p.pt.a.	ме́ривший
p.pr.p.	ме́римый *and coll* ме́ряемый
p.pt.p.	ме́ренный

ме́риться *imperf* чем с кем-чем measure
(with) ‖ *perf* поме́риться, forms follow
поме́рить

ме́ркнуть, *1st and 2nd pers not used, imperf*
fade, grow dim. — (по-)

pr.	ме́ркнет, -нут
pt.	мерк *and* ме́ркнул, ме́ркла
g.pt.a.	ме́ркнув*
p.pr.a.	ме́ркнущий
p.pt.a.	ме́ркнувший

мертве́ть 3а *imperf* 1. grow numb 2. be
chilled *with terror* ‖ *perf* помертве́ть 3

мертви́ть *imperf* кого́-что kill, ruin,
destroy

pr.	мертвлю́, -ви́шь, -вя́т
imp.	мертви́, ~те
pt.	мертви́л
g.pr.a.	мертвя́
p.pr.a.	мертвя́щий
p.pt.a.	мертви́вший

мерца́ть 2а, *1st and 2nd pers not used,
imperf* twinkle

меси́ть *imperf* что knead

pr.	мешу́, ме́сишь, ме́сят
imp.	меси́, ~те
pt.	меси́л
g.pr.a.	меся́
p.pr.a.	ме́сящий
p.pt.a.	меси́вший

p.pr.p.	меси́мый
p.pt.p.	ме́шенный

мести́ *imperf* что 1. sweep *the floor etc.*
2. *1st and 2nd pers not used*: метёт there
is a snowstorm

pr.	мету́, метёшь, мету́т
imp.	мети́, ~те
pt.	мёл, мела́
g.pr.a.	метя́
p.pr.a.	мету́щий
p.pt.a.	мётший
p.pt.p.	метённый; метён, -ена́

металлизи́ровать 4 *and* 4а *perf, imperf*
что metallize

мета́ть[1] *imperf* кого́-что 1. hurl, sling
2. *1st and 2nd pers not used* bring forth
young ‖ *perf semelf* метну́ть 7, *p.pt.p.*
метну́тый

pr.	мечу́, ме́чешь, ме́чут
imp.	мечи́, ~те
pt.	мета́л
g.pr.a.	меча́
p.pr.a.	ме́чущий
p.pt.a.	мета́вший

мета́ть[2] 2а *imperf* что *dressm* baste. —
(на-, про-, с-)

мета́ться *imperf* 1. toss and turn 2. rush
about ‖ *perf semelf* метну́ться
forms follow мета́ть[1]

ме́тить[1] *imperf* что mark. — (на-, по-)

pr.	ме́чу, ме́тишь, ме́тят
imp.	меть, ~те
pt.	ме́тил
g.pr.a.	ме́тя
p.pr.a.	ме́тящий
p.pt.a.	ме́тивший
p.pt.p.	ме́ченный

ме́тить[2] *imperf* в кого́-что 1. aim (at) 2.
coll aspire *to a position* 3. *coll* hint (at). —
(на- *with* 1)
no *p.pt.p.*
other forms as ме́тить[1]

ме́титься *imperf* в кого́-что aim, take
aim. — (на-)

метну́ть *perf semelf of* мета́ть[1]

метну́ться *perf semelf of* мета́ться

механизи́ровать 4 *and* 4а *perf, imperf* что
mechanize

мечта́ть 2а *imperf* о ком-чём *or with
infinitive* dream (of)

меша́ть[1] 2а *imperf* кому́-чему́ prevent;
hinder, impede ‖ *perf* помеша́ть 2

меша́ть[2] 2а *imperf* кого́-что 1. stir 2. mix,

mingle **3.** confound, confuse. — (по-
with 1, c- *with* 2, 3)
p.pt.p. ме́шанный

меша́ться¹ *imperf* **1.** be in the way **2.** во
что interfere (with), meddle (in)

меша́ться², *1st and 2nd pers not used, imperf* **1.** с чем mingle (with) **2.** become
confused

ме́шкать 1а *imperf coll* hesitate, neglect to
do *smth*

мига́ть 2а *imperf* **1.** blink, wink **2.** wink
(at *smb*) **3.** *1st and 2nd pers not used*
flicker | *perf semelf* мигну́ть 7

мигну́ть *perf semelf of* мига́ть

мигри́ровать 4а *imperf* migrate

милитаризи́ровать 4 *and* 4а *perf, imperf*
что militarize

милитаризова́ть 5 *and* 5а *perf, imperf*
что militarize

ми́ловать 4а *imperf* кого́-что *obs* pardon.
— (по-)

милова́ть 5а *imperf* кого́-что *sub reg*
caress, fondle

милова́ться *imperf sub reg* caress each
other

минда́льничать 1а *imperf* с кем-чем senti-
mentalize

мини́ровать 4 *and* 4а *perf, imperf* что mine,
sow with mines

минова́ть 5 *perf* **1.** *a. imperf* 5а кого́-что
pass **2.** чего́ *or with infinitive* avoid; escape
3. *1st and 2nd pers not used* be over ‖ *perf*
мину́ть *with* 1, forms ib.

мину́ть, *1st pers not used, perf* **1.** *perf of*
минова́ть 1 **2.** (*pt.* ми́нул) *of time* pass
3. (*pt.* ми́нул): ей ми́нуло два́дцать лет
she has just turned twenty
ft.   ми́нешь, -нут
imp.   мини́, ~те
pt.   мину́л *and* ми́нул
g.pt.a. мину́в
p.pt.a. мину́вший

мири́ть *imperf* кого́-что reconcile. — (по-,
при-)
pr.   мирю́, мири́шь, миря́т
imp.   мири́, ~те
pt.   мири́л
g.pr.a. миря́
p.pr.a. миря́щий
p.pt.a. мири́вший
p.pr.p. мири́мый

мири́ться *imperf* **1.** с кем-чем *or without
object* be reconciled (with) **2.** *1st and 2nd*

pers *not used* с чем resign oneself (to).
reconcile oneself (to). — (по- *with* 1, при-
with 2)

мистифици́ровать 4 *and* 4а *perf, imperf*
кого́-что mystify, puzzle

митингова́ть 5а *imperf coll* hold meetings;
fig hold endless discussions

млеть 3а *imperf* **1.** melt *with love* **2.** go
numb

мнить *imperf obs* think *smth* to be, imagine
pr.   мню, мнишь, мнят
pt.   мнил
g.pr.a. мня
p.pr.a. мня́щий
p.pt.a. мни́вший

мни́ться *impers imperf obs*: мне мни́тся
me thinks
pr.   мни́тся
pt.   мни́лось

мно́жить *imperf* **1.** что на что *math*
multiply **2.** кого́-что increase. — (по-
with 1, у- *with* 1, 2)
pr.   мно́жу, -жишь, -жат
imp.   множь, ~те
pt.   мно́жил
g.pr.a. мно́жа
p.pr.a. мно́жащий
p.pt.a. мно́живший
p.pr.p. мно́жимый
p.pt.p. мно́женный

мно́житься, *1st and 2nd pers not used,
imperf* increase, multiply. — (у-)

мобилизова́ть 5 *and* 5а *perf, imperf* кого́-
что mobilize

модели́ровать 4 *and* 4а *perf, imperf* что
model

модернизи́ровать 4 *and* 4а *perf, imperf* что
modernize

модернизова́ть 5 *and* 5а *perf, imperf* что
modernize

модифици́ровать 4 *and* 4а *perf, imperf* что
modify

мо́дничать 1а *imperf coll* follow the
fashion

модули́ровать 4а, *1st and 2nd pers not
used, imperf* modulate

мозжи́ть, *1st and 2nd pers not used, imperf
coll* ache
pr.   мозжи́т, -жа́т
pt.   мозжи́л
g.pr.a. мозжа́
p.pr.a. мозжа́щий
p.pt.a. мозжи́вший

мозо́лить *imperf* что: мозо́лить глаза́
кому́-н. *sub* be an eyesore to *smb.* — (на-)
pr. мозо́лю, -лишь, -лят
imp. мозо́ль, ~те
pt. мозо́лил
g.pr.a. мозо́ля
p.pr.a. мозо́лящий
p.pt.a. мозо́ливший

мо́кнуть *imperf* **1.** become wet **2.** *1st and
2nd pers not used* soak. — (вы- *with* 1)
pr. мо́кну, -нешь, -нут
pt. мок, ~ла
g.pt.a. мо́кнув
p.pr.a. мо́кнущий
p.pt.a. мо́кнувший *and* мо́кший

мо́лвить *perf, imperf* что *or without object*
obs say, utter
pr.and ft. мо́лвлю, -вишь, -вят
imp. мо́лви, ~те
pt. мо́лвил
g.pr.a. мо́лвя
g.pt.a. мо́лвив
p.pr.a. мо́лвящий
p.pt.a. мо́лвивший
p.pr.p. мо́лвимый
p.pt.p. мо́лвленный

моли́ть *imperf* кого́-что о чём implore
(for), entreat (for)
pr. молю́, мо́лишь, мо́лят
imp. моли́, ~те
pt. моли́л
g.pr.a. моля́
p.pr.a. моля́щий
p.pt.a. моли́вший

моли́ться *imperf* **1.** (кому́-чему́) pray **2.** на
кого́-что adore, idolize ‖ *perf* помо-
ли́ться *with* 1, forms ib.

мо́лкнуть *imperf* calm down, lull
pr. мо́лкну, -нешь, -нут
imp. мо́лкни, ~те
pt. молк *and* мо́лкнул, мо́лкла
g.pt.a. мо́лкнув
p.pr.a. мо́лкнущий
p.pt.a. мо́лкнувший

молни́ровать 4 *and* 4а *perf, imperf* что *or*
о чём *coll* wire, send a priority telegram

молоде́ть 3а *imperf* look younger; grow
young. — (по-)

молоди́ть *imperf* кого́-что make look
younger
pr. моложу́, -оди́шь, -одя́т
imp. молоди́, ~те
pt. молоди́л
g.pr.a. молодя́
p.pr.a. молодя́щий

p.pt.a. молоди́вший
p.pr.p. молоди́мый*

молоди́ться *imperf* make oneself look
young again

молоти́ть *imperf* что thresh
pr. молочу́, -оти́шь, -о́тят
imp. молоти́, ~те
pt. молоти́л
g.pr.a. молотя́
p.pr.a. молотя́щий
p.pt.a. молоти́вший
p.pr.p. молоти́мый
p.pt.p. моло́ченный

моло́ть *imperf* что **1.** grind, mill **2.** *a.
without object*: моло́ть вздор *sub* talk
nonsense
pr. мелю́, ме́лешь, ме́лют
imp. мели́, ~те
pt. моло́л
g.pr.a. меля́
p.pr.a. ме́лющий
p.pt.a. моло́вший
p.pt.p. мо́лотый

молча́ть *imperf* keep silent
pr. молчу́, -чи́шь, -ча́т
imp. молчи́, ~те
pt. молча́л
g.pr.a. молча́
p.pr.a. молча́щий
p.pt.a. молча́вший

мона́шествовать 4а *imperf* lead a monastic
life

монополизи́ровать 4 *and* 4а *perf, imperf*
что monopolize

монти́ровать 4а *imperf* что assemble ‖ *perf*
смонти́ровать 4

морализи́ровать 4а *imperf* moralize

морализова́ть 5а *imperf* moralize

морга́ть 2а *imperf* **1.** blink, twinkle
2. wink ‖ *perf semelf* моргну́ть 7

моргну́ть *perf semelf of* морга́ть

мори́ть[1] *imperf* кого́-что **1.** exterminate
2. *coll* exhaust. — (вы- *with* 1, по- *with* 1,
за- *with* 2, у- *with* 2)
pr. морю́, мори́шь, моря́т
imp. мори́, ~те
pt. мори́л
g.pr.a. моря́
p.pr.a. моря́щий
p.pt.a. мори́вший
p.pt.p. морённый; морён, -ена́

мори́ть[2] *imperf* что stain *wood etc.* — (за-)
forms as мори́ть[1]

моро́зить *imperf* **1.** кого́-что freeze **2.** *impers*: моро́зит it is freezing. — (по- *with* 1)

pr.	моро́жу, -о́зишь, -о́зят
imp.	моро́зь, ~те
pt.	моро́зил
g.pr.a.	моро́зя
p.pr.a.	моро́зящий
p.pt.a.	моро́зивший
p.pt.p.	моро́женный

мороси́ть, *1st and 2nd pers not used, imperf* drizzle

pr.	мороси́т
pt.	мороси́л
g.pr.a.	морося́
p.pr.a.	морося́щий
p.pt.a.	мороси́вший

моро́чить *imperf* кого́-что *coll* dupe, hoax. — (об-)

pr.	моро́чу, -чишь, -чат
imp.	моро́чь, ~те
pt.	моро́чил
g.pr.a.	моро́ча
p.pr.a.	моро́чащий
p.pt.a.	моро́чивший

морщи́нить *imperf* что *coll* wrinkle *brow*

pr.	морщи́ню, -нишь, -нят
imp.	морщи́нь, ~те
pt.	морщи́нил
g.pr.a.	морщи́ня
p.pr.a.	морщи́нящий
p.pt.a.	морщи́нивший

мо́рщить *imperf* что wrinkle, frown. — (на-, с-)

pr.	мо́рщу, -щишь, -щат
imp.	мо́рщи, ~те
pt.	мо́рщил
g.pr.a.	мо́рща
p.pr.a.	мо́рщащий
p.pt.a.	мо́рщивший
p.pr.p.	мо́рщимый

морщи́ть, *1st and 2nd pers not used, imperf coll, of clothes etc.* be a bad fit, fit badly

pr.	морщи́т, -ща́т
pt.	морщи́л
g.pr.a.	морща́
p.pr.a.	морща́щий
p.pt.a.	морщи́вший

мо́рщиться *imperf* **1.** wrinkle the brow **2.** pull a face **3.** *1st and 2nd pers not used of clothes etc.* be a bad fit, fit badly. — (на- *with* 1, по- *with* 2, с- *with* 2, 3)
forms follow мо́рщить

морщи́ться, *1st and 2nd pers not used,* *imperf coll* be a bad fit, hang in folds
forms follow морщи́ть

мости́ть *imperf* что pave, floor. — (вы́- *with* 1, за- *with* 1, на- *with* 2)

pr.	мощу́, мости́шь, мостя́т
imp.	мости́, ~те
pt.	мости́л
g.pr.a.	мостя́
p.pr.a.	мостя́щий
p.pt.a.	мости́вший
p.pr.p.	мости́мый
p.pt.p.	мощённый; мощён, -ена́

мота́ть[1] 2a *imperf* **1.** что wind **2.** чем: мота́ть голово́й *coll* shake *one's* head | *perf semelf* мотну́ть 7 *with* 2. — (за- *with* 1, на- *with* 1)

p.pt.p.	мо́танный

мота́ть[2] 2a *imperf* что *or without object coll* squander, waste. — (про-)

мота́ться[1] *imperf coll* loiter

мота́ться[2], *1st and 2nd pers not used, imperf* dangle, swing | *perf semelf* мотну́ться 7

мотиви́ровать 4 *and* 4a *perf, imperf* что motivate

мотну́ть *perf semelf of* мота́ть[1]

мотну́ться *perf semelf of* мота́ться[2]

моторизова́ть 5 *and* 5a *perf, imperf* что motorize

моты́жить *imperf* что hoe

pr.	моты́жу, -жишь, -жат
imp.	моты́жь, ~те
pt.	моты́жил
g.pr.a.	моты́жа
p.pr.a.	моты́жащий
p.pt.a.	моты́живший

мохна́тить *imperf* что *coll* make shaggy

pr.	мохна́чу, -а́тишь, -а́тят
imp.	мохна́ть, ~те
pt.	мохна́тил
g.pr.a.	мохна́тя
p.pr.a.	мохна́тящий
p.pt.a.	мохна́тивший

моча́лить *imperf* что separate into fibres

pr.	моча́лю, -лишь, -лят
imp.	моча́ль, ~те
pt.	моча́лил
g.pr.a.	моча́ля
p.pr.a.	моча́лящий
p.pt.a.	моча́ливший
p.pr.p.	моча́лимый
p.pt.p.	моча́ленный

мочи́ть *imperf* что **1.** wet; soak **2.** preserve

fruit. — (за-, на-)
pr.	мочу́, мо́чишь, мо́чат
imp.	мочи́, ~те
pt.	мочи́л
g.pr.a.	моча́
p.pr.a.	моча́щий
p.pt.a.	мочи́вший
p.pr.p.	мочи́мый
p.pt.p.	мо́ченный

мочи́ться *imperf* urinate ‖ *perf* помочи́ться, forms follow помочи́ть

мочь *imperf with infinitive* be able. — (с-)
pr.	могу́, мо́жешь, мо́гут
imp.	*only negated*: не моги́, ~те *sub, joc*
pt.	мог, ~ла́
p.pr.a.	могу́щий
p.pt.a.	мо́гший

моше́нничать 1 a *imperf* swindle, diddle. — (с-)

мрамори́ровать 4 *and* 4a *perf, imperf* что marble

мрачне́ть 3 a *imperf* darken. — (по-)

мстить *imperf* кому́ за что revenge oneself; take revenge (on *or* upon *smb* for *smth*). — (ото-)
pr.	мщу, мстишь, мстят
imp.	мсти, ~те
pt.	мстил
g.pr.a.	мстя
p.pr.a.	мстя́щий
p.pt.a.	мсти́вший

мудри́ть *imperf coll* **1.** be over-subtle, split hairs **2.** над кем make a fool of. — (на-, с-)
pr.	мудрю́, -ри́шь, -ря́т
imp.	мудри́, ~те
pt.	мудри́л
g.pr.a.	мудря́
p.pr.a.	мудря́щий
p.pt.a.	мудри́вший

му́дрствовать 4a *imperf coll* philosophize

мужа́ть 2a *imperf* grow to maturity

мужа́ться *imperf, usu imp* take heart, take courage

мумифици́ровать 4 *and* 4a *perf, imperf* кого́-что mummify

муниципализи́ровать 4 *and* 4a *perf, imperf* что municipalize

мура́вить *imperf* что glaze
pr.	мура́влю, -вишь, -вят
imp.	мура́вь, ~те
pt.	мура́вил

g.pr.a.	мура́вя
p.pr.a.	мура́вящий
p.pt.a.	мура́вивший
p.pr.p.	мура́вимый
p.pt.p.	мура́вленный

мурлы́кать, *1st and 2nd pers not used*, *imperf* purr
pr.	мурлы́чет, -чут *and coll* мурлы́кает, -ают
pt.	мурлы́кал
g.pr.a.	мурлы́ча *and* мурлы́кая
p.pr.a.	мурлы́чущий *and* мурлы́кающий
p.pt.a.	мурлы́кавший

мурова́ть 5a *imperf* что build in stone; make a wall. — (об-)
p.pt.p.	муро́ванный

му́слить *imperf* кого́-что *coll* slaver on, slobber on. — (за-, на-)
pr.	му́слю, -лишь, -лят
imp.	му́сли, ~те
pt.	му́слил
g.pr.a.	му́сля
p.pr.a.	му́слящий
p.pt.a.	му́сливший

му́слиться *imperf sub* slaver on oneself. — (за-, на-)

мусо́лить *imperf* кого́-что *sub* slaver on, slobber on. — (за-, на-)
pr.	мусо́лю, -лишь, -лят
imp.	мусо́ль, ~те
pt.	мусо́лил
g.pr.a.	мусо́ля
p.pr.a.	мусо́лящий
p.pt.a.	мусо́ливший
p.pt.p.	мусо́ленный

мусо́литься *imperf sub* slaver on oneself. — (за-, -на)

му́сорить *imperf* make *the floor etc.* dirty. — (на-)
pr.	му́сорю, -ришь, -рят
imp.	му́сори, ~те
pt.	му́сорил
g.pr.a.	му́соря
p.pr.a.	му́сорящий
p.pt.a.	му́соривший

мусси́ровать 4a *imperf* **1.** *1st and 2nd pers not used* effervesce, sparkle **2.** что *bookish* speak with great volubility

мути́ть *imperf* кого́-что **1.** trouble **2.** stir up. — (вз- *with* 1, за- *with* 1, по- *with* 2)
pr.	мучу́, му́тишь, му́тят
imp.	мути́, ~те
pt.	мути́л

g.pr.a.	мутя́
p.pr.a.	мутя́щий
p.pt.a.	мути́вший

мути́ться, *1st and 2nd pers not used, imperf* **1.** become turbid **2.** *fig* become dim, be clouded. — (за- *with* 1, по- *with* 2)

мутне́ть 3 а, *1st and 2nd pers not used, imperf* become turbid; *fig* become dim, be clouded. — (по-)

му́чить *imperf* кого́-что torment, torture. — (за-, из-)

pr.	му́чу, му́чишь, му́чат *and coll* му́чаю, -аешь, -ают
imp.	мучь, ~те *and* му́чай, ~те
pt.	му́чил
g.pr.a.	му́ча *and* му́чая
p.pr.a.	му́чащий *and* му́чающий

му́читься *imperf* **1.** suffer torments **2.** worry; toil. — (за-, из-)

муштрова́ть 5 а *imperf* кого́-что drill; discipline, train. — (вы-)

p.pt.p.	муштро́ванный

мчать *imperf* кого́-что rush, speed

pr.	мчу, мчишь, мчат
imp.	мчи, ~те
pt.	мчал
g.pr.a.	мча
p.pr.a.	мча́щий
p.pt.a.	мча́вший

мча́ться *imperf* rush, speed

мы́кать 1 а *imperf sub*: го́ре мы́кать lead a wretched life

мы́каться *imperf coll* scrape through, get by

мы́кнуть *perf semelf of* мыча́ть

мы́лить *imperf* кого́-что soap, lather. — (на-)

pr.	мы́лю, мы́лишь, мы́лят
imp.	мыль, ~те
pt.	мы́лил
g.pr.a.	мы́ля
p.pr.a.	мы́лящий
p.pt.a.	мы́ливший
p.pr.p.	мы́лимый
p.pt.p.	мы́ленный

мы́литься *imperf* **1.** soap oneself **2.** *1st and 2nd pers not used* lather. — (на-)

мы́слить *imperf* **1.** о ком-чём *or without object* think (about) **2.** что, *with or without* себе́ imagine

pr.	мы́слю, мы́слишь, мы́слят
imp.	мы́сли, ~те
pt.	мы́слил
g.pr.a.	мы́сля

p.pr.a.	мы́слящий
p.pt.a.	мы́сливший
p.pr.p.	мы́слимый

мыта́рить *imperf* кого́-что sub torment. — (за-)

pr.	мыта́рю, -ришь, -рят
imp.	мыта́рь, ~те
pt.	мыта́рил
g.pr.a.	мыта́ря
p.pr.a.	мыта́рящий
p.pt.a.	мыта́ривший

мыта́риться *imperf sub* toil; drudge. — (за-)

мыть *imperf* кого́-что wash. — (вы-, по-)

pr.	мо́ю, мо́ешь, мо́ют
imp.	мой, ~те
pt.	мыл
g.pr.a.	мо́я
p.pr.a.	мо́ющий
p.pt.a.	мы́вший
p.pt.p.	мы́тый

мы́ться *imperf* wash, get washed. — (вы-, по-)

мыча́ть *imperf* **1.** low, moo **2.** *fig coll* mumble | *perf semelf* мы́кнуть 6

pr.	мычу́, мычи́шь, мыча́т
imp.	мычи́, ~те
pt.	мыча́л
g.pr.a.	мыча́
p.pr.a.	мыча́щий
p.pt.a.	мыча́вший

мягчи́ть [хч], *1st and 2nd pers not used, imperf* что soften

pr.	мягчи́т, -ча́т
pt.	мягчи́л
g.pr.a.	мягча́
p.pr.a.	мягча́щий
p.pt.a.	мягчи́вший

мя́кнуть *imperf coll* **1.** *1st and 2nd pers not used* become soft **2.** *fig* grow limp. — (на-, раз-)

pr.	мя́кну, -нешь, -нут
imp.	мя́кни, ~те
pt.	мяк *and* мя́кнул, мя́кла
g.pt.a.	мя́кнув
p.pr.a.	мя́кнущий
p.pt.a.	мя́кнувший

мя́млить *imperf sub* mumble

pr.	мя́млю, -лишь, -лят
imp.	мя́мли, ~те
pt.	мя́млил
g.pr.a.	мя́мля
p.pr.a.	мя́млящий
p.pt.a.	мя́мливший

мясти́сь *imperf obs* be amazed, be confused
pr.	мяту́сь, -тёшься, -ту́тся
imp.	мяти́сь, -йтесь
g.pr.a.	мятя́сь
p.pr.a.	мяту́щийся

мять *imperf* что 1. knead 2. crumple. — (из- *with* 2, раз- *with* 1, с- *with* 2)
pr.	мну, мнёшь, мнут
imp.	мни, ~те
pt.	мял

g.pt.a.	мя́вши
p.pr.a.	мну́щий
p.pt.a.	мя́вший
p.pt.p.	мя́тый

мя́ться[1], *1st and 2nd pers not used, imperf* get crumpled. — (из-, по-, с-)

мя́ться[2] *imperf* waver

мяу́кать 1a *imperf* mew | *perf semelf* мяу́кнуть 6

мяу́кнуть *perf semelf of* мяу́кать

Н

наба́вить *perf* что raise (the price of *smth*), add (to the price of) ‖ *imperf* набавля́ть 2a
ft.	наба́влю, -вишь, -вят
imp.	наба́вь, ~те
pt.	наба́вил
g.pt.a.	наба́вив
p.pt.a.	наба́вивший
p.pt.p.	наба́вленный

набавля́ть *imperf of* наба́вить

набаламу́тить *perf sub* кого-что *or without object* stir up trouble by scandal-mongering
ft.	набаламу́чу, -у́тишь, -у́тят
imp.	набаламу́ть, ~те
pt.	набаламу́тил
g.pt.a.	набаламу́тив
p.pt.a.	набаламу́тивший

набалова́ть 5 *perf coll* 1. кого-что spoil *a child* 2. be up to great mischief, play pranks

набалова́ться *perf coll* romp

наба́лтывать *imperf of* наболта́ть[1]

набальзами́ровать 4 *perf* кого-что enbalm

набе́гать 1 *perf* что *sub* get *an illness* by running

набега́ть 2a *imperf* 1. *imperf of* набежа́ть 2. на кого-что attack, assail 3. *impers coll of clothes* wrinkle up

набе́гаться 1 *perf coll* be tired with running about, run till one is tired

набедоку́рить *perf coll* cause trouble [mischief]
ft.	набедоку́рю, -ришь, -рят
imp.	набедоку́рь, ~те
pt.	набедоку́рил

g.pt.a.	набедоку́рив
p.pt.a.	набедоку́ривший

набежа́ть *perf* 1. на кого-что run (against), come up (against) 2. *1st and 2nd pers sg not used, coll* flock (together), come (running) together, crowd (together); *of liquids* flow together 3. *1st and 2nd pers not used, of money* accumulate ‖ *imperf* набега́ть 2a
ft.	набегу́, -ежи́шь, -егу́т
imp.	набеги́, ~те
pt.	набежа́л
g.pt.a.	набежа́в
p.pt.a.	набежа́вший

набезобра́зничать 1 *perf coll* misconduct oneself

набели́ть *perf* что 1. make up white 2. что *or* чего́ bleach *a quantity of linen*
ft.	набелю́, -е́лишь, -е́лят
imp.	набели́, ~те
pt.	набели́л
g.pt.a.	набели́в
p.pt.a.	набели́вший
p.pt.p.	набелённый; набелён, -ена́

набели́ться *perf* use white paint

набива́ть(ся) *imperf of* наби́ть(ся)

набира́ть(ся) *imperf of* набра́ть(ся)

наби́ть *perf* 1. что чем stuff (with); fill (with) 2. что на что bind *a cask with hoops*, truss up *staves* 3. что *or* чего́ drive in *a quantity of nails* 4. что fix, fasten *with nails* 5. что *text* print 6. что *or* кого-чего́ shoot, kill *game* 7. что *coll* raise *bumps* 8. что *or* чего́ smash *everything* up ‖ *imperf* набива́ть 2a
ft.	набью́, набьёшь, набью́т

imp.	набе́й, ~те
pt.	наби́л
p.pt.a.	наби́вший
p.pt.p.	наби́тый

наби́ться *perf* **1.** *1st and 2nd pers not used* crowd into *a place* **2.** *coll* obtrude oneself ‖ *imperf* набива́ться

наблюда́ть 2a *imperf* **1.** кого́-что *or* за кем-чем observe, watch **2.** за кем-чем keep an eye (on); supervise; superintend **3.** кого́-что observe; study **4.** что *obs* observe, comply with

наблюда́ться, *1st and 2nd pers not used*, *imperf* (it) is to be observed

наблюсти́ *perf* что *obs and bookish* mark, remark, discern, observe

ft.	наблюду́, -дёшь, -ду́т
imp.	наблюди́, ~те
pt.	наблю́л, -юла́
g.pt.a.	наблю́дши*
p.pt.a.	наблю́дший
p.pt.p.	наблюдённый; наблюдён, -ена́

наболе́ть 3, *1st and 2nd pers not used*, *perf* be stricken with grief

наболта́ть[1] 2 *perf* что *or* чего́ во что *coll* mix (into), stir in ‖ *imperf* наба́лтывать 1a

наболта́ть[2] 2 *perf* что *or* чего́ *coll* chat incessantly, chatter

наболта́ться *perf coll* have a long chat

набракова́ть 5 *perf* что *or* кого́-чего́ *coll* sort out *a quantity of* ‖ *imperf* набрако́вывать 1a

набрако́вывать *imperf of* набракова́ть

набра́сывать[1] *imperf of* наброса́ть

набра́сывать[2] *imperf of* набро́сить

набра́сываться *imperf of* набро́ситься

набра́ть *perf* **1.** что *or* чего́ gather; hold, contain **2.** кого́-что take (on) *workers*; *mil* recruit, enlist **3.** что *print* compose **4.** что make up (to a whole) **5.** что dial *a telephone number* **6.** что gain *height*, *speed* ‖ *imperf* набира́ть 2a

ft.	наберу́, -рёшь, -ру́т
imp.	набери́, ~те
pt.	набра́л, -ала́, -а́ло
g.pt.a.	набра́в
p.pt.a.	набра́вший
p.pt.p.	на́бранный; на́бран, набрана́, на́брано

набра́ться *perf* **1.** *1st and 2nd pers not used* accumulate; gather, assemble; на-

бра́лось челове́к де́сять there was about ten persons **2.** чего́ gather *one's strength*; pluck up, screw up *courage* **3.** кого́-чего́ *coll* acquire **4.** *sub* get drunk ‖ *imperf* набира́ться

pt.	набра́лся, -ала́сь, -а́ло́сь

набреда́ть *imperf of* набрести́

набрести́ *perf coll* **1.** на кого́-что come across; happen on **2.** *usu impers* кого́-чего́ gather, assemble ‖ *imperf* набреда́ть 2a

ft.	набреду́, -дёшь, -ду́т ·
imp.	набреди́, ~те
pt.	набрёл, -ела́
g.pt.a.	набредя́ *and obs* набре́дши
p.pt.a.	набре́дший

набронзирова́ть 5 *perf* что *or* чего́ bronze ‖ *imperf* набронзиро́вывать 1a

набронзиро́вывать *imperf of* набронзирова́ть

наброса́ть 2 *perf* **1.** что *or* чего́ fill by throwing; fling *a quantity of* **2.** что sketch, outline; *fig* sketch (out) ‖ *imperf* набра́сывать 1a

набро́сить *perf* что на кого́-что throw over *coat, shawl etc.* ‖ *imperf* набра́сывать 1a

ft.	набро́шу, -о́сишь, -о́сят
imp.	набро́сь, ~те
pt.	набро́сил
g.pt.a.	набро́сив
p.pt.a.	набро́сивший
p.pt.p.	набро́шенный

набро́ситься *perf* на кого́-что fall upon; attack; *fig* pounce on ‖ *imperf* набра́сываться

набры́згать 1 *perf* что *or* чего́ *or* чем на что splash (on) ‖ *imperf* набры́згивать 1a

набры́згивать *imperf of* набры́згать

набуха́ть *imperf of* набу́хнуть

набу́хнуть, *1st and 2nd pers not used*, *perf* swell ‖ *imperf* набуха́ть 2a

ft.	набу́хнет, -нут
pt.	набу́х, ~ла
g.pt.a.	набу́хнув *and* набу́хши
p.pt.a.	набу́хший

набуя́нить *perf coll* kick up a row

ft.	набуя́ню, -нишь, -нят
imp.	набуя́нь, ~те
pt.	набуя́нил
g.pt.a.	набуя́нив
p.pt.a.	набуя́нивший

нава́ксить *perf of* ва́ксить

ft.	нава́кшу, -ксишь, -ксят

imp.	нава́кси, ~те
pt.	нава́ксил
g.pt.a.	нава́ксив
p.pt.a.	нава́ксивший
p.pt.p.	нава́кшенный

нава́ливать[1] *imperf of* навали́ть

нава́ливать[2] *imperf of* наваля́ть

нава́ливаться *imperf of* навали́ться

навали́ть *perf* **1.** кого́-что на что *coll* load (on) **2.** кого́-чего́ *or* что *coll* pile up, heap up **3.**: навали́ть что́-н. на кого́-н. *coll* impose *smth* on *smb*, burden *smb* with *smth* **4.** *usu impers* чего́ *sub* flock (together), come together **5.** *usu impers* что *or* чего́ *coll*: навали́ло мно́го сне́гу there has been a heavy fall of snow ‖ *imperf* нава́ливать 1 a

ft.	навалю́, -а́лишь, -а́лят
imp.	навали́, ~те
pt.	навали́л
g.pt.a.	навали́в
p.pt.a.	навали́вший
p.pt.p.	нава́ленный

навали́ться *perf* **1.** на кого́-что lean (all) one's weight (upon) **2.** на кого́-что *sub* attack, fall upon **3.** *1st and 2nd pers not used, coll, of leaves* fall *in large quantities* ‖ *imperf* нава́ливаться

наваля́ть 2 *perf* **1.** что *or* чего́ mill, full *a quantity of* **2.** что *or* чего́ fell *a quantity of wood* **3.** что *sub* bungle ‖ *imperf* нава́ливать 1 a

наваля́ться *perf* lie in bed too long

нава́ривать *imperf of* навари́ть

навари́ть *perf* **1.** что на что weld on (to) **2.** что *or* чего́ boil *a quantity of* ‖ *imperf* нава́ривать 1 a

ft.	наварю́, -а́ришь, -а́рят
imp.	навари́, ~те
pt.	навари́л
g.pt.a.	навари́в
p.pt.a.	навари́вший
p.pt.p.	нава́ренный

нава́стривать(ся) *imperf of* навостри́ть-(ся)

нава́щивать *imperf of* навощи́ть

навева́ть *imperf of* наве́ять

наве́даться 1 *perf* к кому́ *coll* call (on), pay *smb* a call ‖ *imperf* наве́дываться 1 a

наве́дываться *imperf of* наве́даться

навезти́ *perf* **1.** кого́-чего́ *or* что carry up **2.** кого́-что на что *coll* drive (against), run (against) ‖ *imperf* навози́ть[1], forms ib.

15*

ft.	навезу́, -зёшь, -зу́т
imp.	навези́, ~те
pt.	навёз, -езла́
g.pt.a.	навезя́ *and obs* навёзши
p.pt.a.	навёзший
p.pt.p.	навезённый; навезён, -ена́

наве́ивать *imperf of* наве́ять

навербова́ть 5 *perf* **1.** что *or* кого́-чего́ enrol, enlist **2.** что form *an organization of volunteers* ‖ *imperf* навербо́вывать 1 a

навербо́вывать *imperf of* навербова́ть

наверну́ть 7 *perf* что на что **1.** screw (on) **2.** wind (on), wind up(on) ‖ *imperf* навёртывать 1 a

p.pt.p.	навёрнутый

наверну́ться, *1st and 2nd pers not used, perf* **1.** wind round **2.** *of tears* well up **3.** *sub* turn up (unexpectedly), drop in ‖ *imperf* навёртываться

наверста́ть 2 *perf* что make up (for) *lost ground* ‖ *imperf* навёрстывать 1 a

навёрстывать *imperf of* наверста́ть

наверте́ть *perf* **1.** что wind up, reel up **2.** что *or* чего́ drill *a quantity of holes*; turn, twist; prepare by turning ‖ *imperf* навёртывать 1 a *with* 1 *and* наве́рчивать 1 a *with* 2

ft.	наверчу́, -е́ртишь, -е́ртят
imp.	наверти́, ~те
pt.	наверте́л
g.pt.a.	наверте́в
p.pt.a.	наверте́вший
p.pt.p.	наве́рченный

навёртывать[1] *imperf of* наверну́ть

навёртывать[2] *imperf of* наверте́ть

навёртываться *imperf of* наверну́ться

наве́рчивать *imperf of* наверте́ть

наве́сить *perf* **1.** что hang up, suspend; hang *a door* on its hinges **2.** что *or* чего́ hang up, suspend *a quantity of* ‖ *imperf* наве́шивать 1 a

ft.	наве́шу, -е́сишь, -е́сят
imp.	наве́сь, ~те
pt.	наве́сил
g.pt.a.	наве́сив
p.pt.a.	наве́сивший
p.pt.p.	наве́шенный

навести́ *perf* кого́-что **1.** на что guide (to), direct (to) **2.** *fig* на что suggest *an idea* to **3.** *fig* evoke; навести́ страх на кого́-н. put fear into *smb*, frighten *smb* **4.** aim, point *a gun* **5.** bring on; bring about;

навести́ поря́док put in order; throw *a bridge* **6.** что на что *or* что чем lay (on), coat (with), apply (to) *colours, lacquer* ‖ *imperf* наводи́ть, forms ib.

ft.	наведу́, -дёшь, -ду́т
imp.	наведи́, ~те
pt.	навёл, -ела́
g.pt.a.	наведя́ *and obs* наве́дши
p.pt.a.	наве́дший
p.pt.p.	наведённый; наведён, -ена́

навести́ть *perf* кого́-что call on, go to see ‖ *imperf* навеща́ть 2 a

ft.	навещу́, -ести́шь, -естя́т
imp.	навести́, ~те
pt.	навести́л
g.pt.a.	навести́в
p.pt.a.	навести́вший
p.pt.p.	навещённый; навещён, -ена́

наве́шать[1] **1** *perf* что *or* чего́ hang up, suspend *a quantity of* ‖ *imperf* наве́шивать 1 a

наве́шать[2] **1** *perf* что *or* чего́ weigh out *a quantity of* ‖ *imperf* наве́шивать 1 a

наве́шивать[1] *imperf of* наве́сить

наве́шивать[2,3] *imperf of* наве́шать[1,2]

навеща́ть *imperf of* навести́ть

наве́ять *perf* что *or* чего́ **1.** waft; bring **2.** evoke, call up **3.** winnow *a quantity of* ‖ *imperf* навева́ть 2 a *with* 1, 2 *and* наве́ивать 1 a *with* 3

ft.	наве́ю, -е́ешь, -е́ют
imp.	наве́й, ~те
pt.	наве́ял
g.pt.a.	наве́яв
p.pt.a.	наве́явший
p.pt.p.	наве́янный

навива́ть(ся) *imperf of* нави́ть(ся)

навида́ться **2** *perf* чего́ *coll* see much, get around

навинти́ть *perf* что screw on ‖ *imperf* нави́нчивать 1 a

ft.	навинчу́, -нти́шь, -нтя́т
imp.	навинти́, ~те
pt.	навинти́л
g.pt.a.	навинти́в
p.pt.a.	навинти́вший
p.pt.p.	нави́нченный

навинти́ться, *1st and 2nd pers not used, perf* screw on, be screwed on ‖ *imperf* нави́нчиваться

нави́нчивать(ся) *imperf of* навинти́ть(ся)

навира́ть *imperf and freq of* навра́ть

нависа́ть *imperf of* нави́снуть

нави́снуть, *1st and 2nd pers not used, perf* **1.** hang over; beetle **2.** *fig* над кем-чем *of a disaster* threaten; impend, hang over ‖ *imperf* нависа́ть 2 a

ft.	нави́снет, -нут
pt.	нави́с *and obs* нави́снул, нави́сла
g.pt.a.	нави́снув *and* нави́сши
p.pt.a.	нави́сший *and obs* нави́снувший

нави́ть *perf* что *or* чего́ **1.** wind up, wind on, reel up **2.** twist; plait; weave **3.** *sub* waft *e.g. snow* **4.** *reg* load with a pitchfork ‖ *imperf* навива́ть 2 a

ft.	навью́, навьёшь, навью́т
imp.	наве́й, ~те
pt.	нави́л, -ила́, -и́ло
g.pt.a.	нави́в
p.pt.a.	нави́вший
p.pt.p.	нави́тый; нави́т, -ита́, -и́то

нави́ться, *1st and 2nd pers not used, perf* be taken up on a spool ‖ *imperf* навива́ться

pt.	нави́лся, -ила́сь, -ило́сь

навлека́ть *imperf of* навле́чь

навле́чь *perf fig* что на кого́-что bring (upon); навле́чь на себя́ incur ‖ *imperf* навлека́ть 2 a

ft.	навлеку́, -ечёшь, -еку́т
imp.	навлеки́, ~те
pt.	навлёк, -екла́
g.pt.a.	навлёкши
p.pt.a.	навлёкший
p.pt.p.	навлечённый; навлечён, -ена́

наводи́ть *imperf of* навести́

pr.	навожу́, -о́дишь, -о́дят
imp.	наводи́, ~те
pt.	наводи́л
g.pr.a.	наводя́
p.pr.a.	наводя́щий
p.pt.a.	наводи́вший
p.pr.p.	наводи́мый

наводни́ть *perf* что чем flood, inundate ‖ *imperf* наводня́ть 2 a

ft.	наводню́, -ни́шь, -ня́т
imp.	наводни́, ~те
pt.	наводни́л
g.pt.a.	наводни́в
p.pt.a.	наводни́вший
p.pt.p.	наводнённый; наводнён, -ена́

наводни́ться, *1st and 2nd pers not used, perf fig* кем-чем be flooded (with) ‖ *imperf* наводня́ться

наводня́ть(ся) *imperf of* наводни́ть(ся)

наво́зить *imperf* что manure, dung. — (у-)

pr.	наво́жу, -о́зишь, -о́зят

imp.	наво́зь, ~те
pt.	наво́зил
g.pr.a.	наво́зя
p.pr.a.	наво́зящий
p.pt.a.	наво́зивший
p.pt.p.	наво́женный

навози́ть[1] *imperf of* навезти́

pr.	навожу́, -о́зишь, -о́зят
imp.	навози́, ~те
pt.	навози́л
g.pr.a.	навозя́
p.pr.a.	навозя́щий
p.pt.a.	навози́вший
p.pr.p.	навози́мый

навози́ть[2] *perf* что *or* кого́-чего́ cart in'
bring in several loads of

ft.	навожу́, -о́зишь, -о́зят
imp.	навози́, ~те
pt.	навози́л
g.pt.a.	навози́в
p.pt.a.	навози́вший
p.pt.p.	наво́женный

навола́кивать *imperf of* наволо́чь

наволо́чь *perf sub* **1.** что *or* чего́ bring
together *a quantity of* **2.** *impers* чего́ *or
without object* cover *with clouds* ‖ *imperf*
навола́кивать 1 a

ft.	наволоку́, -о́чёшь, -оку́т
imp.	наволоки́, ~те
pt.	наволо́к, -окла́
g.pt.a.	наволо́кши
p.pt.a.	наволо́кший
p.pt.p.	наволочённый; наволочён, -ена́

навора́живать *imperf of* наворожи́ть

навора́чивать 1 a *imperf* что *or* чего́
1. *imperf of* навороти́ть **2.** *sub* help oneself to a good portion, load *one's* plate

наворова́ть 5 *perf* что *or* чего́ steal *a
quantity of* ‖ *imperf* наворо́вывать 1 a

наворо́вывать *imperf of* наворова́ть

наворожи́ть *perf* кого́-что *or* чего́ *sub*
foretell, predict ‖ *imperf* навора́жи-
вать 1 a

ft.	наворожу́, -жи́шь, -жа́т
imp.	наворожи́, ~те
pt.	наворожи́л
g.pt.a.	наворожи́в
p.pt.a.	наворожи́вший
p.pt.p.	наворожённый; наворожён, -ена́

навороти́ть *perf* что *or* чего́ pile up, heap
up ‖ *imperf* навора́чивать 1 a

ft.	наворочу́, -о́тишь, -о́тят
imp.	навороти́, ~те
pt.	навороти́л
g.pt.a.	навороти́в
p.pt.a.	навороти́вший
p.pt.p.	наворо́ченный

наворси́ть *perf of* ворси́ть

ft.	наворшу́, -рси́шь, -рся́т
imp.	наворси́, ~те
pt.	наворси́л
g.pt.a.	наворси́в
p.pt.a.	наворси́вший
p.pt.p.	наворшённый; наворшён, -ена́

наворсова́ть *imperf of* ворсова́ть

наворча́ть *perf* на кого́-что *coll* growl (at)

ft.	наворчу́, -чи́шь, -ча́т
imp.	наворчи́, ~те
pt.	наворча́л
g.pt.a.	наворча́в
p.pt.a.	наворча́вший

навостри́ть *perf* что *sub* sharpen; prick up
one's ears ‖ *imperf* нава́стривать 1 a

ft.	навострю́, -ри́шь, -ря́т
imp.	навостри́, ~те
pt.	навостри́л
g.pt.a.	навостри́в
p.pt.a.	навостри́вший
p.pt.p.	навострённый; навострён, -ена́

навостри́ться *perf* (*a. with infinitive*) *sub*
become skilled (at); become a good hand
(at) ‖ *imperf* нава́стриваться

навощи́ть *perf* что wax, polish ‖ *imperf*
нава́щивать 1 a

ft.	навощу́, -щи́шь, -ща́т
imp.	навощи́, ~те
pt.	навощи́л
g.pt.a.	навощи́в
p.pt.a.	навощи́вший
p.pt.p.	навощённый; навощён, -ена́

навра́ть *perf coll* **1.** что *or* чего́ tell lies,
lie **2.** *usu with* на кого́ slander **3.** *usu with*
в чём make mistakes (in) ‖ *imperf and
freq* навира́ть 2

ft.	навру́, -рёшь, -ру́т
imp.	наври́, ~те
pt.	навра́л, -ала́, -а́ло
g.pt.a.	навра́в
p.pt.a.	навра́вший
p.pt.p.	на́вранный; на́вран, навра́на́, на́врано

навреди́ть *perf* кому́-чему́ *coll* do smb a
lot of harm

ft.	наврежу́, -еди́шь, -едя́т
imp.	навреди́, ~те
pt.	навреди́л

g.pt.a.	навреди́в
p.pt.a.	навреди́вший

навыка́ть *imperf of* навы́кнуть

навы́кнуть *perf* к чему́ *or with infinitive obs and sub* become skilled (at); get accustomed (to) ‖ *imperf* навыка́ть 2а

ft.	навы́кну, -нешь, -нут
imp.	навы́кни, ~те
pt.	навы́к, ~ла
g.pt.a.	навы́кши
p.pt.a.	навы́кший

навью́чивать(ся) *imperf of* навью́чить(ся)

навью́чить *perf* кого́-что load, pack *beasts of burden* ‖ *imperf* навью́чивать 1а

ft.	навью́чу, -чишь, -чат
imp.	навью́чь, ~те
pt.	навью́чил
g.pt.a.	навью́чив
p.pt.a.	навью́чивший
p.pt.p.	навью́ченный

навью́читься *perf sub* load oneself ‖ *imperf* навью́чиваться

навяза́ть[1] *perf* 1. что (на что) tie (on), fasten (to) 2. кого́-что кому́ impose (on), force (on, upon), obtrude (on, upon) 3. что *or* чего́ knit a lot of; crochet ‖ *imperf* навя́зывать 1а

ft.	навяжу́, -я́жешь, -я́жут
imp.	навяжи́, ~те
pt.	навяза́л
g.pt.a.	навяза́в
p.pt.a.	навяза́вший
p.pt.p.	навя́занный

навяза́ть[2] *imperf of* навя́знуть

навяза́ться *perf* кому́-чему́ *coll* obtrude (on, upon) ‖ *imperf* навя́зываться 1а forms follow навяза́ть[1]

навя́знуть, *1st and 2nd pers not used, perf* stick (fast) ‖ *imperf* навяза́ть 2а

ft.	навя́знет, -нут
pt.	навя́з, ~ла
g.pt.a.	навя́знув *and* навя́зши
p.pt.a.	навя́зший *and* навя́знувший

навя́зывать *imperf of* навяза́ть[1]

навя́зываться *imperf of* навяза́ться

нагада́ть 2 *perf* что *or* чего́ *coll* prophesy, foretell ‖ *imperf* нага́дывать 1а

нага́дить *perf of* га́дить

ft.	нага́жу, -а́дишь, -а́дят
imp.	нага́дь, ~те
pt.	нага́дил
g.pt.a.	нага́див

p.pt.a.	нага́дивший
p.pt.p.	нага́женный

нага́дывать *imperf of* нагада́ть

нага́нивать *imperf of* нагоня́ть[2]

нагиба́ть(ся) *imperf of* нагну́ть(ся)

нагла́дить *perf* что *or* чего́ iron *a quantity of* ‖ *imperf* нагла́живать 1а

ft.	нагла́жу, -а́дишь, -а́дят
imp.	нагла́дь, ~те
pt.	нагла́дил
g.pt.a.	нагла́див
p.pt.a.	нагла́дивший
p.pt.p.	нагла́женный

нагла́живать *imperf of* нагла́дить

нагле́ть 3а *imperf* become (more and more) impudent [insolent]. — (об-)

наглота́ться 2 *perf* чего́ swallow *a large quantity of*; have *one's* mouth full of

наглуши́ть *perf* кого́-чего́ stun *fishes*

ft.	наглушу́, -у́шишь, -у́шат
imp.	наглуши́, ~те
pt.	наглуши́л
g.pt.a.	наглуши́в
p.pt.a.	наглуши́вший
p.pt.p.	наглушённый; наглушён, -ена́

нагляде́ться *perf* на кого́-что *usu negated* feast *one's* eyes (on)

ft.	нагляжу́сь, -яди́шься, -ядя́тся
imp.	нагляди́сь, -и́тесь
pt.	нагляде́лся, -лась
g.pt.a.	нагляде́вшись
p.pt.a.	нагляде́вшийся

наглянцева́ть *perf* что *or* чего́ polish; glaze *paper*

ft.	наглянцу́ю, -у́ешь, -у́ют
imp.	наглянцу́й, ~те
pt.	наглянцева́л
g.pt.a.	наглянцева́в
p.pt.a.	наглянцева́вший
p.pt.p.	наглянцо́ванный

нагна́ивать(ся) *imperf of* нагнои́ть(ся)

нагна́ть *perf* 1. кого́-что overtake; catch up *a.fig* 2. что make up (for) *lost ground* 3. что *or* чего́ на кого́-что *coll* instil (into *smb's* mind); put *fear* (into); strike *terror* (into) 4. что *or* кого́-чего́ *coll* drive together 5. что *or* чего́ distil ‖ *imperf* нагоня́ть 2а

ft.	нагоню́, -о́нишь, -о́нят
imp.	нагони́, ~те
pt.	нагна́л, -ала́, -а́ло
g.pt.a.	нагна́в
p.pt.a.	нагна́вший
p.pt.p.	на́гнанный

нагнести́ *perf* что compress ‖ *imperf* нагнета́ть 2a
ft.	нагнету́, -тёшь, -ту́т
imp.	нагнети́, ~те
g.pt.a.	нагнетя́
p.pt.a.	нагнётший
p.pt.p.	нагнетённый; нагнетён, ена́

нагнета́ть *imperf of* нагнести́

нагнои́ть *perf* **1.** что *or* чего́ rot **2.** что
fester ‖ *imperf* нагна́ивать 1a
ft.	нагною́, -ои́шь, -оя́т
imp.	нагно́й, ~те
pt.	нагнои́л
g.pt.a.	нагнои́в
p.pt.a.	нагнои́вший
p.pt.p.	нагноённый; нагноён, -ена́

нагнои́ться, *1st and 2nd pers not used, perf*
fester, suppurate ‖ *imperf* нагна́иваться

нагну́ть 7 *perf* **1.** кого́-что bend, bow
2. что *or* чего́ bend *a quantity of*, prepare
by bending ‖ *imperf* нагиба́ть 2a
p.pt.p.	нагну́тый

нагну́ться *perf* stoop, bend ‖ *imperf* нагиба́ться

нагова́ривать(ся) *imperf of* наговори́ть(ся)

наговори́ть *perf* **1.** что *or* чего́ talk, say
a lot of **2.** на кого́-что *coll* slander; tell
tales (about) **3.** что make a disk, tape
recording ‖ *imperf* нагова́ривать 1a
ft.	наговорю́, -ри́шь, -ря́т
imp.	наговори́, ~те
pt.	наговори́л
g.pt.a.	наговори́в
p.pt.a.	наговори́вший
p.pt.p.	наговорённый; наговорён, -ена́

наговори́ться *perf coll* have a good [long]
talk, talk *one's* fill ‖ *imperf* нагова́риваться

нагоня́ть[1] *imperf of* нагна́ть

нагоня́ть[2] 2 *perf* кого́-что **1.** *coll* urge on,
drive on; drive together **2.** train a dog ‖ *imperf* нага́нивать 1a *with* 2

нагора́живать *imperf of* нагороди́ть

нагора́ть *imperf of* нагоре́ть

нагоре́ть *perf* **1.** *1st and 2nd pers not used*
of a wick form soot **2.** *impers* чего́ *coll*
of fuel or current be consumed **3.** *impers*
кому́-чему́ *sub*: мне нагоре́ло I got a
good ticking off ‖ *imperf* нагора́ть 2a
ft.	нагори́т, ~ря́т
pt.	нагоре́л

g.pt.a.	нагоре́в
p.pt.a.	нагоре́вший

нагороди́ть *perf* что *or* чего́ **1.** erect, put up
a quantity of **2.** *sub* pile up, heap up a
quantity of **3.** talk, write a lot (of nonsense) ‖ *imperf* нагора́живать 1a
ft.	нагорожу́, -о́дишь, -о́дят
imp.	нагороди́, ~те
pt.	нагороди́л
g.pt.a.	нагороди́в
p.pt.a.	нагороди́вший
p.pt.p.	нагоро́женный

наготовля́ивать *imperf of* наготовить

наготовить *perf* что *or* чего́ **1.** cook,
prepare a quantity of **2.** lay in a supply
[a stock] of ‖ *imperf* наготовля́ивать 1a
ft.	наготовлю, -вишь, -вят
imp.	наготовь, ~те
pt.	наготовил
g.pt.a.	наготовив
p.pt.a.	наготовивший
p.pt.p.	наготовленный

наготовиться *perf* чего́ *usu negated sub*
get enough of
g.pt.a.	наготовившись *and* наготовясь

награ́бить *perf* что *or* чего́ amass by
robbery; steal a lot of
ft.	награ́блю, -бишь, -бят
imp.	награ́бь, ~те
pt.	награ́бил
g.pt.a.	награ́бив
p.pt.a.	награ́бивший
p.pt.p.	награ́бленный

награвирова́ть 5 *perf* что engrave

награди́ть *perf* кого́-что чем **1.** reward;
decorate, confer a decoration upon **2.** *1st
and 2nd pers not used fig* endow (with) ‖
imperf награжда́ть 2a
ft.	награжу́, -ади́шь, -адя́т
imp.	награди́, ~те
pt.	награди́л
g.pt.a.	награди́в
p.pt.a.	награди́вший
p.pt.p.	награждённый; награждён, -ена́

награжда́ть *imperf of* награди́ть

награфи́ть *perf* что *or* чего́ rule a quantity
of paper
ft.	награфлю́, -фи́шь, -фя́т
imp.	награфи́, ~те
pt.	награфи́л
g.pt.a.	награфи́в
p.pt.a.	награфи́вший
p.pt.p.	награфлённый; награфлён, -ена́

нагребать

232

нагреба́ть *imperf of* нагрести́

нагрева́ть(ся) *imperf of* нагре́ть(ся)

нагреме́ть *perf coll* make *a lot of* noise
ft. нагремлю́, -ми́шь, -мя́т
imp. нагреми́, ~те
pt. нагреме́л
g.pt.a. нагреме́в
p.pt.a. нагреме́вший

нагрести́ *perf* что *or* чего́ rake together *or* up *a quantity of* ‖ *imperf* нагреба́ть 2a
ft. нагребу́, -бёшь, -бу́т
imp. нагреби́, ~те
pt. нагрёб, -гребла́
g.pt.a. нагребя́ *and* нагрёбши
p.pt.a. нагрёбший
p.pt.p. нагребённый; нагребён, -ена́

нагре́ть 3 *perf* кого́-что 1. warm; heat 2. *sub* swindle ‖ *imperf* нагрева́ть 2a
p.pt.p. нагре́тый

нагре́ться *perf* warm up; get warm [hot] ‖ *imperf* нагрева́ться

нагреши́ть *perf coll* commit *many* sins
ft. нагрешу́, -ши́шь, -ша́т
imp. нагреши́, ~те
pt. нагреши́л
g.pt.a. нагреши́в
p.pt.a. нагреши́вший

нагримирова́ть 5 *perf* кого́-что paint *smb's* face

нагроможда́ть *imperf of* нагромозди́ть

нагромозди́ть *perf* что *or* чего́ pile up, heap up ‖ *imperf* нагроможда́ть 2a
ft. нагромозжу́, -зди́шь, -здя́т
imp. нагромозди́, ~те
pt. нагромозди́л
g.pt.a. нагромозди́в
p.pt.a. нагромозди́вший
p.pt.p. нагромождённый; нагромождён, -ена́

нагруби́ть *perf* кому́ be rude (to)
ft. нагрублю́, -би́шь, -бя́т
imp. нагруби́, ~те
pt. нагруби́л
g.pt.a. нагруби́в
p.pt.a. нагруби́вший

нагрубия́нить *perf* кому́ *coll* be rude (to)
ft. нагрубия́ню, -нишь, -нят
imp. нагрубия́нь, ~те
pt. нагрубия́нил
g.pt.a. нагрубия́нив
p.pt.a. нагрубия́нивший

нагружа́ть(ся) *imperf of* нагрузи́ть(ся)

нагрузи́ть *perf* 1. что кем-чем load (with); freight 2. *fig* кого́-что чем burden ‖ *imperf* нагружа́ть 2a
ft. нагружу́, -у́зишь, -у́зят
imp. нагрузи́, ~те
pt. нагрузи́л
g.pt.a. нагрузи́в
p.pt.a. нагрузи́вший
p.pt.p. нагру́женный *and* нагружённый; нагружён, -ена́

нагрузи́ться *perf* 1. чем be laden (with); take in (a) cargo 2. *sub* get drunk ‖ *imperf* нагружа́ться

нагрыза́ть *imperf of* нагрызть

нагры́зть *perf* что *or* чего́ gnaw away *a quantity of*; crack *many nuts* ‖ *imperf* нагрыза́ть 2a
ft. нагрызу́, -зёшь, -зу́т
imp. нагрызи́, ~те
pt. нагры́з, ~ла
g.pt.a. нагры́зши
p.pt.a. нагры́зший
p.pt.p. нагры́зенный

нагрязни́ть *perf* кого́-что soil, dirty
ft. нагрязню́, -ни́шь, -ня́т
imp. нагрязни́, ~те
pt. награзни́л
g.pt.a. нагрязни́в
p.pt.a. нагрязни́вший
p.pt.p. нагрязнённый; нагрязнён, -ена́

нагря́нуть 6 *perf* come unexpectedly, come suddenly
imp. нагря́нь, ~те

нагу́ливать(ся) *imperf of* нагуля́ть(ся)

нагуля́ть 2 *perf* 1. что *or* чего́ fatten *cattle* 2. что *coll* work up *an appetite* by walking ‖ *imperf* нагу́ливать 1a

нагуля́ться *perf coll* take a long walk ‖ *imperf* нагу́ливаться

надава́ть *perf* что *or* чего́ кому́-чему́ *coll* give *smb* plenty of
ft. надаю́, -аёшь, -аю́т
imp. надава́й, ~те
pt. надава́л
g.pt.a. надава́в
p.pt.a. надава́вший

надави́ть *perf* 1. что *or* на что press (upon) 2. что *or* чего́ press out, squeeze (out) *a quantity of* 3. кого́-что *coll* crush, squash ‖ *imperf* нада́вливать 1a *with* 1, 2
ft. надавлю́, -а́вишь, -а́вят
imp. надави́, ~те
pt. надави́л
g.pt.a. надави́в

p.pt.a.	надави́вший
p.pt.p.	нада́вленный

нада́вливать *imperf of* надави́ть
нада́ивать *imperf of* надои́ть
нада́лбливать *imperf of* надолби́ть
нада́ривать *imperf of* надари́ть
надари́ть *perf* что *or* чего́ кому́ give *smb plenty of*, present *smb* with *plenty of* ‖ *imperf* нада́ривать 1 a

ft.	надарю́, -а́ришь, -а́рят
imp.	надари́, ~те
pt.	надари́л
g.pt.a.	надари́в
p.pt.a.	надари́вший
p.pt.p.	нада́ренный

надба́вить *perf* что *or* чего́ *coll* raise *price*; add ‖ *imperf* надбавля́ть 2 a

ft.	надба́влю, -вишь, -вят
imp.	надба́вь, ~те
pt.	надба́вил
g.pt.a.	надба́вив
p.pt.a.	надба́вивший
p.pt.p.	надба́вленный

надбавля́ть *imperf of* надба́вить
надбива́ть *imperf of* надби́ть
надби́ть *perf* что *coll* strike slightly against ‖ *imperf* надбива́ть 2 a

ft.	надобью́, -бьёшь, -бью́т
imp.	надбе́й, ~те
pt.	надби́л
g.pt.a.	надби́в
p.pt.a.	надби́вший
p.pt.p.	надби́тый

надвива́ть *imperf of* надви́ть
надвига́ть(ся) *imperf of* надви́нуть(ся)
надви́нуть 6 *perf* что на кого́-что push, pull *one's hat* (over) ‖ *imperf* надвига́ть 2 a

imp.	надви́нь, ~те
p.pt.p.	надви́нутый

надви́нуться *perf* approach; draw near; be impending ‖ *imperf* надвига́ться
надви́ть *perf* что extend *by plaiting on* ‖ *imperf* надвива́ть 2 a

ft.	надовью́, -вьёшь, -вью́т
imp.	надве́й, ~те
pt.	надви́л, -ила́, -и́ло
g.pt.a.	надви́в
p.pt.a.	надви́вший
p.pt.p.	надви́тый; надви́т, -ита́, -и́то

надвяза́ть *perf* что 1. foot *stockings* 2. lengthen *a piece of string* ‖ *imperf* надвя́зывать 1 a

ft.	надвяжу́, -я́жешь, -я́жут
imp.	надвяжи́, ~те
pt.	надвяза́л
g.pt.a.	надвяза́в
p.pt.a.	надвяза́вший
p.pt.p.	надвя́занный

надвя́зывать *imperf of* надвяза́ть
надгрыза́ть *imperf of* надгры́зть
надгры́зть *perf* что nibble at ‖ *imperf* надгрыза́ть 2 a

ft.	надгрызу́, -зёшь, -зу́т
imp.	надгрызи́, ~те
pt.	надгры́з, ~ла
g.pt.a.	надгры́зши
p.pt.a.	надгры́зший
p.pt.p.	надгры́зенный

наддава́ть *imperf of* надда́ть

pr.	наддаю́, -аёшь, -аю́т
imp.	наддава́й, ~те
pt.	наддава́л
g.pr.a.	наддава́я
p.pr.a.	наддаю́щий
p.pt.a.	наддава́вший
p.pr.p.	наддава́емый

надда́ть *perf sub* 1. что *or* чего́ add 2. gain *speed* ‖ *imperf* наддава́ть, forms ib.

ft.	надда́м, -а́шь, -а́ст, -ади́м, -ади́те, -аду́т
imp.	надда́й, ~те
pt.	надда́л, -ала́, -а́ло
g.pt.a.	надда́в
p.pt.a.	надда́вший
p.pt.p.	на́дданный; на́ддан, наддана́, на́ддано

надебоши́рить *perf coll* kick up a row

ft.	надебоши́рю, -ришь, -рят
imp.	надебоши́рь, ~те
pt.	надебоши́рил
g.pt.a.	надебоши́рив
p.pt.a.	надебоши́ривший

надева́ть(ся) *imperf of* наде́ть(ся)
наде́лать 1 *perf* что *or* чего́ 1. make *a quantity of* 2. cause *a lot of trouble*; make *mistakes*
надели́ть *perf* кого́-что чем allot (*smth to smb*); give (*smth to smb, smb smth*); provide (with); endow (with) *gifts* ‖ *imperf* наделя́ть 2 a

ft.	наделю́, -ли́шь, -ля́т
imp.	надели́, ~те
pt.	надели́л
g.pt.a.	надели́в
p.pt.a.	надели́вший
p.pt.p.	наделённый; наделён, -ена́

наделя́ть *imperf of* надели́ть

надёргать 1 *perf* что *or* чего **1.** pluck out, pull *a quantity of* **2.** *fig coll* pick at random, select arbitrarily ‖ *imperf* надёргивать 1 a

надёргивать[1] *imperf of* надёргать

надёргивать[2] *imperf of* надёрнуть

надерзи́ть, *1st pers not used, perf coll* be impudent, be insolent
ft. надерзи́шь, -зя́т
imp. надерзи́, ~те
pt. надерзи́л
g.pt.a. надерзи́в
p.pt.a. надерзи́вший

надёрнуть 6 *perf* что *coll* throw round *one's* shoulders, put on quickly ‖ *imperf* надёргивать 1 a
p.pt.p. надёрнутый

наде́ть *perf* что (на кого́-что) put on *clothes, spectacles, a ring* ‖ *imperf* надева́ть 2 a
ft. наде́ну, -нешь, -нут
imp. наде́нь, ~те
pt. наде́л
g.pt.a. наде́в
p.pt.a. наде́вший
p.pt.p. наде́тый

наде́ться, *1st and 2nd pers not used, perf coll*: у него́ сапоги́ не надева́ются his boots will not go on ‖ *imperf* надева́ться

наде́яться *imperf* **1.** на что *or with infinitive or with conjunction* что hope (for; to *with infinitive*) **2.** на кого́-что rely (on); trust (in). — (по-)
pr. наде́юсь, -ешься, -ются
imp. наде́йся, -е́йтесь
pt. наде́ялся, -лась
g.pr.a. наде́ясь
p.pr.a. наде́ющийся
p.pt.a. наде́явшийся

надзира́ть 2 a *imperf* за кем-чем supervise, oversee, inspect

надиви́ться *perf* кому́-чему́ *or* на кого́-что admire greatly; я не могу́ надиви́ться I am lost in admiration
ft. надивлю́сь, -ви́шься, -вя́тся
imp. надиви́сь, -и́тесь
pt. надиви́лся, -лась
g.pt.a. надиви́вшись
p.pt.a. надиви́вшийся

надира́ть *imperf of* надра́ть

надка́лывать *imperf of* надколо́ть

надкле́ивать(ся) *imperf of* надкле́ить(ся)

надкле́ить *perf* что stick on, paste on ‖ *imperf* надкле́ивать 1 a
ft. надкле́ю, -е́ишь, -е́ят
imp. надкле́й, ~те
pt. надкле́ил
g.pt.a. надкле́ив
p.pt.a. надкле́ивший
p.pt.p. надкле́енный

надкле́иться, *1st and 2nd pers not used, perf* be pasted on ‖ *imperf* надкле́иваться

надколо́ть *perf* что **1.** split slightly **2.** prick [pierce] slightly ‖ *imperf* надка́лывать 1 a
ft. надколю́, -о́лешь, -о́лют
imp. надколи́, ~те
pt. надколо́л
g.pt.a. надколо́в
p.pt.a. надколо́вший
p.pt.p. надко́лотый

надкуса́ть 2 *perf* что bite all over ‖ *imperf* надку́сывать 1 a

надкуси́ть *perf* что bite a piece out of; nibble (at) ‖ *imperf* надку́сывать 1 a
ft. надкушу́, -у́сишь, -у́сят
imp. надкуси́, ~те
pt. надкуси́л
g.pt.a. надкуси́в
p.pt.a. надкуси́вший
p.pt.p. надку́шенный

надку́сывать[1] *imperf of* надкуса́ть

надку́сывать[2] *imperf of* надкуси́ть

надла́мывать(ся) *imperf of* надломи́ть(ся)

надлежа́ть (*infinitive not used*) *impers* кому́-чему́ *with infinitive bookish*: ему́ надлежи́т ... he has to ..., it is necessary for him to ...; мне надлежа́ло бы ... I ought to ...
ft. надлежи́т
pt. надлежа́ло

надлома́ть 2 *perf coll* for meanings, s. надломи́ть

надломи́ть *perf* **1.** что crack **2.** *fig* кого́-что shatter; ruin ‖ *imperf* надла́мывать 1 a
ft. надломлю́, -о́мишь, -о́мят
imp. надломи́, ~те
pt. надломи́л
g.pt.a. надломи́в
p.pt.a. надломи́вший
p.pt.p. надло́мленный

надломи́ться *perf* **1.** *1st and 2nd pers not used* crack; be cracked **2.** *fig* break down; *of health* suffer permanent injury ‖ *imperf* надла́мываться

надоеда́ть *imperf of* надое́сть

надое́сть *perf* кому́-чему́ tire; bother, bore; мне э́то надое́ло I am tired [sick] of it ‖ *imperf* надоеда́ть 2a
ft.	надое́м, -е́шь, -е́ст, -еди́м, -еди́те, -едя́т
imp.	надое́шь, ~те
pt.	надое́л
g.pt.a.	надое́в
p.pt.a.	надое́вший

надои́ть *perf* что *or* чего́ milk *goats, cows etc.* ‖ *imperf* нада́ивать 1a
ft.	надою́, -о́йшь, -о́ят
imp.	надои́, ~те *and sub* надо́й, ~те
pt.	надои́л
g.pt.a.	надои́в
p.pt.a.	надои́вший
p.pt.p.	надо́енный

надолби́ть *perf* что *or* чего́ hollow (out) ‖ *imperf* нада́лбливать 1a
ft.	надолблю́, -би́шь, -бя́т
imp.	надолби́, ~те
pt.	надолби́л
g.pt.a.	надолби́в
p.pt.a.	надолби́вший
p.pt.p.	надолблённый; надолблён, -ена́

надорва́ть *perf* что 1. tear slightly 2. *fig* overstrain *one's voice;* strain *one's eyes* ‖ *imperf* надрыва́ть 2a; надры́вать гло́тку [го́рло] *sub* cry [speak, sing] in a loud voice
ft.	надорву́, -вёшь, -ву́т
imp.	надорви́, ~те
pt.	надорва́л, -ала́, -а́ло
g.pt.a.	надорва́в
p.pt.a.	надорва́вший
p.pt.p.	надо́рванный

надорва́ться *perf* 1. be (slightly) torn 2. *coll* overstrain oneself; strain oneself by lifting 3.: она́ вну́тренне надорвала́сь she is emotionally shattered [crushed] ‖ *imperf* надрыва́ться
pt.	надорва́лся, -ала́сь, -а́ло́сь

надоу́мить *perf* кого́-что *coll* suggest (an idea) to; advise ‖ *imperf* надоу́мливать 1a
ft.	надоу́млю, -мишь, -мят
imp.	надоу́мь, ~те
pt.	надоу́мил
g.pt.a.	надоу́мив
p.pt.a.	надоу́мивший
p.pt.p.	надоу́мленный

надоу́мливать *imperf of* надоу́мить

надпа́рывать *imperf of* надпоро́ть

надпи́ливать *imperf of* надпили́ть

надпили́ть *perf* что nick, make a saw-cut in; touch with the file ‖ *imperf* надпи́ливать 1a
ft.	надпилю́, -и́лишь, -и́лят
imp.	надпили́, ~те
pt.	надпили́л
g.pt.a.	надпили́в
p.pt.a.	надпили́вший
p.pt.p.	надпи́ленный

надписа́ть *perf* что 1. address *a letter;* superscribe 2. write over ‖ *imperf* надпи́сывать 1a
ft.	надпишу́, -и́шешь, -и́шут
imp.	надпиши́, ~те
pt.	надписа́л
g.pt.a.	надписа́в
p.pt.a.	надписа́вший
p.pt.p.	надпи́санный

надпи́сывать *imperf of* надписа́ть

надпоро́ть *perf* что unstitch slightly; rip partly open ‖ *imperf* надпа́рывать 1a
ft.	надпорю́, -о́решь, -о́рют
imp.	надпори́, ~те
pt.	надпоро́л
g.pt.a.	надпоро́в
p.pt.a.	надпоро́вший
p.pt.p.	надпо́ротый

надра́ивать *imperf of* надра́ить

надра́ить *perf* что *naut* swab down ‖ *imperf* надра́ивать 1a
ft.	надра́ю, -а́ишь, -а́ят
imp.	надра́й, ~те
pt.	надра́ил
g.pt.a.	надра́ив
p.pt.a.	надра́ивший
p.pt.p.	надра́енный

надра́ть *perf* что *or* чего́ tear off, strip *a quantity of* ‖ *imperf* надира́ть 2a
ft.	надеру́, -рёшь, -ру́т
imp.	надери́, ~те
pt.	надра́л, -ала́, -а́ло
g.pt.a.	надра́в
p.pt.a.	надра́вший
p.pt.p.	на́дранный

надре́зать *perf* что make an incision in, nick, notch ‖ *imperf* надреза́ть 2a *and* надре́зывать 1a
ft.	надре́жу, -е́жешь, -е́жут
imp.	надре́жь, ~те
pt.	надре́зал
g.pt.a.	надре́зав

p.pt.a.	надре́завший
p.pt.p.	надре́занный

надреза́ть *imperf of* надре́зать

надре́зывать *imperf of* надре́зать

надруба́ть *imperf of* надруби́ть

надруби́ть *perf* что start cutting, notch, make notches in ‖ *imperf* надруба́ть 2a

ft.	надрублю́, -у́бишь, -у́бят
imp.	надруби́, ~те
pt.	надруби́л
g.pt.a.	надруби́в
p.pt.a.	надруби́вший
p.pt.p.	надру́бленный

надруга́ться 2 *perf* над кем-чем insult, attack

надрыва́ть *imperf of* надорва́ть

надрыва́ться 2a *imperf* 1. *imperf of* надорва́ться 2. exert oneself (to the utmost), do *one's* utmost

надры́згать 1 *perf* чем *sub* splash, spatter (with)

надсади́ть *perf* что *sub* overstrain, strain, overtax ‖ *imperf* надса́живать 1a

ft.	надсажу́, -а́дишь, -а́дят
imp.	надсади́, ~те
pt.	надсади́л
g.pt.a.	надсади́в
p.pt.a.	надсади́вший
p.pt.p.	надса́женный

надсади́ться *perf sub* overtax oneself; strain [hurt] oneself by lifting

надса́живать *imperf of* надсади́ть

надса́живаться 1a *imperf sub* overtax oneself; strain [hurt] oneself by lifting

надсма́тривать 1a *imperf* над кем-чем *or* за кем-чем inspect, supervise

надста́вить *perf* что lengthen; piece on ‖ *imperf* надставля́ть 2a

ft.	надста́влю, -вишь, -вят
imp.	надста́вь, ~те
pt.	надста́вил
g.pt.a.	надста́вив
p.pt.a.	надста́вивший
p.pt.p.	надста́вленный

надставля́ть *imperf of* надста́вить

надстра́ивать *imperf of* надстро́ить

надстро́ить *perf* что *arch* 1. build on top of 2. add a storey to *a building* ‖ *imperf* надстра́ивать 2a

ft.	надстро́ю, -о́ишь, -о́ят
imp.	надстро́й, ~те
pt.	надстро́ил

g.pt.a.	надстро́ив
p.pt.a.	надстро́ивший
p.pt.p.	надстро́енный

надтре́снуть 6, *1st and 2nd pers not used, perf* crack, burst

надтре́снуться, *1st and 2nd pers not used, perf coll* crack, burst

надува́ть(ся) *imperf of* наду́ть(ся)

наду́мать 1 *perf* что *or with infinitive coll* decide, make up *one's* mind; devise ‖ *imperf* наду́мывать 1a

наду́маться *perf coll* reflect [think] for a long while ‖ *imperf* наду́мываться

наду́мывать(ся) *imperf of* наду́мать(ся)

наду́ть *perf* 1. что inflate, puff up, blow up; swell, fill *the sails* 2. *1st and 2nd pers not used* что *or* чего́ waft; bring *a quantity of* 3. *impers* во что *coll*: наду́ло в ко́мнату there was a (cold) draught in the room 4. кого́-что *sub* swindle; dupe ‖ *imperf* надува́ть 2a

ft.	наду́ю, -у́ешь, -у́ют
imp.	наду́й, ~те
pt.	наду́л
g.pt.a.	наду́в
p.pt.a.	наду́вший
p.pt.p.	наду́тый

наду́ться *perf* 1. be inflated; distend; *of sails* fill, swell 2. *coll* be puffed up; give oneself airs 3. *coll* sulk, pout 4. чего́ *sub* drink too much ‖ *imperf* надува́ться *with* 1, 4

надуши́ть *perf* кого́-что scent, perfume

ft.	надушу́, -у́шишь, -у́шат
imp.	надуши́, ~те
pt.	надуши́л
g.pt.a.	надуши́в
p.pt.a.	надуши́вший
p.pt.p.	наду́шенный *and* надушённый; надушён, -ена́

надуши́ться *perf* scent oneself, perfume oneself

надыми́ть *perf* что *or* чем fill with smoke (of)

ft.	надымлю́, -ми́шь, -мя́т
imp.	надыми́, ~те
pt.	надыми́л
g.pt.a.	надыми́в
p.pt.a.	надыми́вший

надыша́ть *perf* 1. make the air *in a room* warm with breathing [stuffy] 2. на что *coll* breathe on

ft.	надышу́, -ы́шишь, -ы́шат
imp.	надыши́ ,~те

pt.	надыша́л
g.pt.a.	надыша́в
p.pt.a.	надыша́вший

надыша́ться *perf* чем inhale [breathe in] *one's* fill of

наеда́ть(ся) *imperf of* нае́сть(ся)

нае́здить *perf* что **1.** *a. without object* spend *some time* travelling; *coll* cover *a certain distance* **2.** *sub* gain [acquire] by driving [riding] **3.** drive *a way* smooth **4.** кого́-что break *a horse* in ‖ *imperf* наезжа́ть 2a *with* 1, 3, 4 *and* нае́зживать 1a *with* 2, 3, 4

ft.	нае́зжу, -здишь, -здят
imp.	нае́зди, ~те
pt.	нае́здил
g.pt.a.	нае́здив
p.pt.a.	нае́здивший
p.pt.p.	нае́зженный

нае́здиться *perf coll* tire of travelling ‖ *imperf* наезжа́ться

нае́здничать 1a *imperf obs* raid

наезжа́ть¹ *imperf of* нае́здить

наезжа́ть² 2a *imperf* **1.** *imperf of* нае́хать **2.** *coll* come, arrive

наезжа́ться *imperf of* нае́здиться

нае́зживать *imperf of* нае́здить

нае́сть *perf* что *or* чего́ *sub* eat up *a quantity of* ‖ *imperf* наеда́ть 2a

ft.	нае́м, нае́шь, нае́ст, наеди́м, наеди́те, наедя́т
imp.	нае́шь, ~те
pt.	нае́л
g.pt.a.	нае́в
p.pt.a.	нае́вший

нае́сться *perf* **1.** чем eat *one's* fill (of) **2.** чего́ be full (of) ‖ *imperf* наеда́ться

нае́хать *perf* **1.** на кого́-что run (into, against); collide (with) **2.** *coll* come, arrive ‖ *imperf* наезжа́ть 2a

ft.	нае́ду, -дешь, -дут
pt.	нае́хал
g.pt.a.	нае́хав
p.pt.a.	нае́хавший

нажа́ловаться 4 *perf* на кого́-что *coll* complain greatly (of, about)

нажа́ривать(ся) *imperf of* нажа́рить(ся)

нажа́рить *perf* **1.** что *or* чего́ fry, roast *a quantity of* **2.** что *sub* heat *a room* to excess ‖ *imperf* нажа́ривать 1a

ft.	нажа́рю, -ришь, -рят
imp.	нажа́рь, ~те
pt.	нажа́рил

g.pt.a.	нажа́рив
p.pt.a.	нажа́ривший
p.pt.p.	нажа́ренный

нажа́риться *perf sub* expose oneself to the heat ‖ *imperf* нажа́риваться

нажа́ть¹ *perf* **1.** что *or* на что press *a button* **2.** *fig* на кого́-что *sub* put pressure (on) **3.** *fig* на что *sub* exert oneself (over) **4.** что *or* чего́ squeeze (out) ‖ *imperf* нажима́ть 2a

ft.	нажму́, -мёшь, -му́т
imp.	нажми́, ~те
pt.	нажа́л
g.pt.a.	нажа́в
p.pt.a.	нажа́вший
p.pt.p.	нажа́тый

нажа́ть² *perf* что *or* чего́ reap *a quantity of* ‖ *imperf* нажина́ть 2a

ft.	нажну́, -нёшь, -ну́т
imp.	нажни́, ~те
pt.	нажа́л
g.pt.a.	нажа́в
p.pt.a.	нажа́вший
p.pt.p.	нажа́тый

нажéчь *perf* **1.** что *or* чегó *coll* burn *a quantity of*; prepare by burning **2.** что *coll* heat *a stove* well; scorch, mark by burning **3.** *fig* кого́-что *sub* cheat (out of) ‖ *imperf* нажига́ть 2a

ft.	нажгу́, -жжёшь, -жгу́т
imp.	нажги́, ~те
pt.	нажёг, нажгла́
g.pt.a.	нажёгши
p.pt.a.	нажёгший
p.pt.p.	нажжённый; нажжён, -ена́

нажива́ть(ся) *imperf of* нажи́ть(ся)

наживи́ть *perf* что bait *fish-hook* ‖ *imperf* наживля́ть 2a

ft.	наживлю́, -ви́шь, -вя́т
imp.	наживи́, ~те
pt.	наживи́л
g.pt.a.	наживи́в
p.pt.a.	наживи́вший
p.pt.p.	наживлённый; наживлён, -ена́

наживля́ть *imperf of* наживи́ть

нажига́ть *imperf of* нажéчь

нажима́ть *imperf of* нажа́ть¹

нажина́ть *imperf of* нажа́ть²

нажи́ть *perf* что **1.** acquire, gain; make, amass *a fortune* **2.** *fig* contract, catch *a disease*; make *enemies* ‖ *imperf* нажива́ть 2a

ft.	наживу́, -вёшь, -ву́т
imp.	наживи́, ~те

pt.   на́жил *and coll* нажи́л, нажила́, на́жило *and coll* нажи́ло

g.pt.a.   нажи́в

p.pt.a.   нажи́вший

p.pt.p.   на́жи́тый; на́жи́т, нажита́, на́жи́то

нажи́ться *perf* **1.** на чём become rich (by), make a profit (out of) **2.** *coll* live *somewhere* for a long time ‖ *imperf* нажива́ться *with 1*

pt.   нажи́лся, -ила́сь, -ило́сь

назва́нивать 1a *imperf coll* ring loudly *for a while*; ring up *continuously*

назва́ть[1] *perf* кого́-что **1.** кем-чем name; call **2.** give the name of; name ‖ *imperf* называ́ть 2a

ft.   назову́, -вёшь, -ву́т

imp.   назови́, ~те

pt.   назва́л, -ала́, -а́ло

g.pt.a.   назва́в

p.pt.a.   назва́вший

p.pt.p.   на́званный

назва́ть[2] *perf* кого́-что invite *a quantity of* ‖ *imperf* называ́ть 2a forms as назва́ть[1]

назва́ться[1] *perf* кем-чем call oneself; pass oneself off for; assume the name of

pt.   назва́лся, -ала́сь, -а́ло́сь

назва́ться[2] *perf coll* volunteer [offer] *one's* services; invite oneself ‖ *imperf* называ́ться 2a

pt.   назва́лся, -ала́сь, -а́ло́сь

наздра́вствоваться [аст] 4 *perf* (*usu negated*) *sub* greet [hail] one another several times

назнача́ть *imperf of* назна́чить

назна́чить *perf* **1.** что fix, arrange *date etc.* **2.** кого́-что (кем) appoint *smb e.g.* president, one's successor; nominate **3.** что кому́ *coll med* prescribe ‖ *imperf* назнача́ть 2a

ft.   назна́чу, -чишь, -чат

imp.   назна́чь, ~те

pt.   назна́чил

g.pt.a.   назна́чив

p.pt.a.   назна́чивший

p.pt.p.   назна́ченный

назрева́ть *imperf of* назре́ть

назре́ть 3, *1st and 2nd pers not used*, *perf* **1.** ripen, become ripe **2.** *fig of a question* be ripe; *of a crisis* be imminent ‖ *imperf* назрева́ть 2a

называ́ть[1,2] *imperf of* назва́ть[1,2]

называ́ться[1] 2a *imperf* кем-чем be called

называ́ться[2] *imperf of* назва́ться[2]

наи́вничать 1a *imperf coll* affect naïvety [naiveté]

наигра́ть 2 *perf* **1.** что *or* чего́ *coll mus* play **2.** что *or* чего́ *coll* win *at play* **3.** что *coll mus* play quietly (to oneself) **4.** что make a *disk, tape* recording, record on *disk, tape* ‖ *imperf* наи́грывать 1a

наигра́ться *perf* have enough of playing

наи́грывать *imperf of* наигра́ть

наименова́ть 5 *perf* кого́-что *bookish* name

найти́[1] *perf* кого́-что **1.** find; discover **2.** *with conjunction* что find, think **3.** чем consider *smb* a clever man, one's friend etc. **4.** в ком-чём take *pleasure, comfort* (in) ‖ *imperf* находи́ть[1], forms ib.

ft.   найду́, -дёшь, -ду́т

imp.   найди́, ~те

pt.   нашёл, -шла́

g.pt.a.   найдя́ *and obs* нашёдши

p.pt.a.   наше́дший

p.pt.p.   на́йденный

найти́[2] *perf* **1.** на кого́-что stumble (on), strike (against), come up (against) **2.** *1st and 2nd pers not used* на что *of clouds* cover **3.** *1st and 2nd pers not used* на кого́-что *coll of feelings* come (over), seize **4.** *1st and 2nd pers not used* что *or* чего́ flock together, crowd together *in large quantities*; *of cold air, gas etc.* penetrate *in large quantities* ‖ *imperf* находи́ть[2], forms ib.

по *p.pt.p.*

other forms as найти́[1]

найти́сь *perf* **1.** be found **2.** know what to do, not to be at a loss ‖ *imperf* находи́ться *with 1*

g.pt.a.   найдя́сь

найто́вить *imperf* что *naut* lash

ft.   найто́влю, -вишь, -вят

imp.   найто́вь, ~те

pt.   найто́вил

g.pr.a.   найто́вя

p.pr.a.   найто́вящий

p.pt.a.   найто́вивший

нака́верзить *perf sub* intrigue, plot; play nasty tricks

ft.   нака́вержу, -рзишь, -рзят

imp.   нака́верзи, ~те

pt.   нака́верзил

g.pt.a.   нака́верзив

p.pt.a.   нака́верзивший

нака́верзничать 1 *perf coll derog* intrigue, plot; play nasty tricks

наказа́ть[1] *perf* кого́-что punish ‖ *imperf* наказывать 1a

ft.	накажу́; -а́жешь, -а́жут
imp.	накажи́, ~те
pt.	наказа́л
g.pt.a.	наказа́в
p.pt.a.	наказа́вший
p.pt.p.	наказанный

наказа́ть[2] *perf* кому́-чему́ *obs and sub* order, give an order ‖ *imperf* наказывать 1a

no *p.pt.p.*

other forms as наказа́ть[1]

наказывать[1,2] *imperf of* наказа́ть[1,2]

нака́ливать(ся) *imperf of* накали́ть(ся)

накали́ть *perf* что incandesce ‖ *imperf* нака́ливать 1a *and* накаля́ть 2a

ft.	накалю́, -ли́шь, -ля́т
imp.	накали́, ~те
pt.	накали́л
g.pt.a.	накали́в
p.pt.a.	накали́вший
p.pt.p.	накалённый; накалён, -ена́

накали́ться *perf* 1. *of material* get very hot 2.: междунаро́дная обстано́вка накали́лась the international situation was highly charged ‖ *imperf* нака́ливаться *and* накаля́ться

нака́лывать[1,2] *imperf of* наколо́ть[1,2]

нака́лываться *imperf of* наколо́ться

накали́каться 1 *perf sub* talk one's fill

накаля́ть(ся) *imperf of* накали́ть(ся)

наканифо́лить *perf* что rosin

ft.	наканифо́лю, -лишь, -лят
imp.	наканифо́ль, ~те
pt.	наканифо́лил
g.pt.a.	наканифо́лив
p.pt.a.	наканифо́ливший
p.pt.p.	наканифо́ленный

нака́пать *perf* 1. что *or* чего́ drop (in), pour drops of 2. что *or* чем spill drops of ‖ *imperf* нака́пывать 1a

ft.	нака́паю, -аешь, -ают *and obs* нака́плю, -лешь, -лют
imp.	нака́пай, ~те
pt.	нака́пал
g.pt.a.	нака́пав
p.pt.a.	нака́павший
p.pt.p.	нака́панный

нака́пливать(ся) *imperf of* накопи́ть(ся)

нака́нчивать *imperf of* накопти́ть

нака́пывать[1] *imperf of* нака́пать

нака́пывать[2] *imperf of* накопа́ть

нака́ркать 1 *perf* что *or without object coll* 1. *of crows* croak, caw 2. croak *a warning*, prophesy *doom etc.* ‖ *imperf* нака́ркивать 1a

нака́ркивать *imperf of* нака́ркать

наката́ть 2 *perf* 1. что *or* чего́ roll up (to) *or* near 2. что *or* чего́ mangle *linen*; make snowballs etc. 3. что drive [make] *a road* smooth 4. что apply, lay on *colour* 5. что *or* чего́ *sub* scribble ‖ *imperf* нака́тывать 1a *with* 1—4

наката́ться *perf coll* go for a sufficiently long drive ‖ *imperf* нака́тываться

накати́ть *perf* 1. что *or* чего́ roll *a quantity of* 2. что на что roll (on) ‖ *imperf* нака́тывать 1a

ft.	накачу́, -а́тишь, -а́тят
imp.	накати́, ~те
pt.	накати́л
g.pt.a.	накати́в
p.pt.a.	накати́вший
p.pt.p.	нака́ченный

накати́ться *perf* на кого́-что 1. roll up (against), roll (against) 2. *sub of waves* roll (on) ‖ *imperf* нака́тываться

нака́тывать(ся)[1] *imperf of* наката́ть(ся)

нака́тывать(ся)[2] *imperf of* накати́ть(ся)

накача́ть 2 *perf* 1. что *or* чего́ pump full, fill by pumping 2. что inflate, pump up *a tyre* ‖ *imperf* нака́чивать 1a

нака́чивать *imperf of* накача́ть

нака́шивать *imperf of* накоси́ть

накваси́ть *perf* что *or* чего́ sour *a quantity of* ‖ *imperf* накваши́вать 1a

ft.	наква́шу, -а́сишь, -а́сят
imp.	наква́сь, ~те
pt.	наква́сил
g.pt.a.	наква́сив
p.pt.a.	наква́сивший
p.pt.p.	наква́шенный

накваши́вать *imperf of* накваси́ть

накида́ть 2 *perf* 1. что fill throwing 2. что *or* чего́ fling *a quantity of* ‖ *imperf* наки́дывать 1a

наки́дывать[1] *imperf of* накида́ть

наки́дывать[2] *imperf of* наки́нуть

наки́дываться *imperf of* наки́нуться

наки́нуть 6 *perf* что 1. на что slip on *clothes*; throw over *or* round one's

shoulders **2.** *coll* raise the price of ‖ *imperf*
наки́дывать 1 a
imp.   наки́нь, ~те
p.pt.p.   наки́нутый

наки́нуться *perf* на кого́-что fall upon,
pounce upon ‖ *imperf* наки́дываться

накипа́ть *imperf of* накипе́ть

накипе́ть, *1st and 2nd pers not used, perf*
1. form a scum *while boiling*; form a
scale *on the side of the pot* **2.** *fig impers
of anger* brew up ‖ *imperf* накипа́ть 2 a
ft.   накипи́т, -пя́т
pt.   накипе́л
g.pt.a.   накипе́в
p.pt.a.   накипе́вший

накипяти́ть *perf* что *or* чего́ boil down;
scald *a quantity of milk*
ft.   накипячу́, -яти́шь, -ятя́т
imp.   накипяти́, ~те
pt.   накипяти́л
g.pt.a.   накипяти́в
p.pt.a.   накипяти́вший
p.pt.p.   накипячённый; накипячён, -ена́

накла́дывать[1] *imperf of* наложи́ть

накла́дывать[2] *imperf of* накла́сть

накла́сть *perf* что *or* чего́ *or* кому́-чему́ *sub*
lay on; put on ‖ *imperf* накла́дывать 1 a
ft.   накладу́, -дёшь, -ду́т
imp.   наклади́, ~те
pt.   накла́л
g.pt.a.   накла́в
p.pt.a.   накла́вший

наклевета́ть *perf* на кого́-что slander,
calumniate
ft.   наклевещу́, -е́щешь, -е́щут
imp.   наклевещи́, ~те
pt.   наклевета́л
g.pt.a.   наклевета́в
p.pt.a.   наклевета́вший

накле́ивать *imperf of* накле́ить

накле́ить *perf* что stick *smth*; paste on
‖ *imperf* накле́ивать 1 a
ft.   накле́ю, -е́ишь, -е́ят
imp.   накле́й, ~те
pt.   накле́ил
g.pt.a.   накле́ив
p.pt.a.   накле́ивший
p.pt.p.   накле́енный

наклепа́ть[1] *perf* что rivet ‖ *imperf* накле́-
пывать 1 a
ft.   наклепа́ю, -а́ешь, -а́ют *and* на-
клеплю́, -е́плешь, -е́плют
imp.   наклепа́й, ~те *and* наклепли́,
~те *and* наклепи́, ~те

pt.   наклепа́л
g.pt.a.   наклепа́в
p.pt.a.   наклепа́вший
p.pt.p.   наклёпанный

наклепа́ть[2] *perf* на кого́-что *sub* slander,
calumniate
ft.   наклеплю́, -е́плешь, -е́плют
imp.   наклепли́, ~те *and* наклепи́, ~те
pt.   наклепа́л
g.pt.a.   наклепа́в
p.pt.a.   наклепа́вший

наклёпывать *imperf of* наклепа́ть[1]

наклика́ть *perf* что court *disaster* ‖ *imperf*
наклика́ть 2 a *and* накли́кивать 1 a
ft.   накли́чу, -чешь, -чат
imp.   накли́чь, ~те
pt.   накли́кал
g.pt.a.   накли́кав
p.pt.a.   накли́кавший
p.pt.p.   накли́канный

наклика́ть *imperf of* накли́кать

накли́кивать *imperf of* накли́кать

наклони́ть *perf* что bend, tilt, bow,
incline ‖ *imperf* наклоня́ть 2 a
ft.   наклоню́, -о́нишь, -о́нят
imp.   наклони́, ~те
pt.   наклони́л
g.pt.a.   наклони́в
p.pt.a.   наклони́вший
p.pt.p.   наклонённый; наклонён, -ена́

наклони́ться *perf* к кому́-чему́ *or* над
кем-чем bend (over), bow; stoop ‖ *imperf*
наклоня́ться

наклоня́ть(ся) *imperf of* наклони́ть(ся)

накля́узничать 1 *perf sub* slander, calumniate

накова́ть 5 *perf* **1.** что *or* что на что forge
(on) **2.** что *or* чего́ forge *a quantity
of* ‖ *imperf* нако́вывать 1 a
ft.   накую́, -уёшь, -ую́т

нако́вывать *imperf of* накова́ть

накоксова́ть 5 *perf* что *or* чего́ coke, carbonize *a quantity of*

накола́чивать *imperf of* наколоти́ть

наколдова́ть 5 *perf* что *or* чего́ obtain by
witchcraft [sorcery]; conjure, bewitch ‖ *imperf* наколдо́вывать 1 a

наколдо́вывать *imperf of* наколдова́ть

наколоти́ть *perf* **1.** что на что truss up
staves **2.** чего́ *coll* drive in *nails* **3.** что
or чего́ *coll* dash to pieces *a quantity of*
4. кого́-что *sub* beat, thrash ‖ *imperf*
накола́чивать 1 a

ft.	наколочу́, -о́тишь, -о́тят
imp.	наколоти́, ~те
pt.	наколоти́л
g.pt.a.	наколоти́в
p.pt.a.	наколоти́вший
p.pt.p.	наколо́ченный

наколо́ть[1] *perf* **1.** кого́-что на что spear;
stick (on) **2.** что на что pin; fasten *with
pins etc.* **3.** что *or* чего́ prick *a pattern*;
pierce holes through, make holes in
4. кого́-что *or* кого́-чего́ stick *pigs* **5.** что
prick *one's finger* ‖ *imperf* нака́лывать 1 a

ft.	наколю́, -о́лешь, -о́лют
imp.	наколи́, ~те
pt.	наколо́л
g.pt.a.	наколо́в
p.pt.a.	наколо́вший
p.pt.p.	нако́лотый

наколо́ть[2] *perf* что *or* чего́ chop
a quantity of wood ‖ *imperf* нака́лы-
вать 1 a
forms as наколо́ть[1]

наколо́ться *perf* на что prick oneself;
hurt oneself ‖ *imperf* нака́лываться

накопа́ть 2 *perf* что *or* чего́ dig (up, out)
a quantity of ‖ *imperf* нака́пывать 1 a

накопи́ть *perf* что *or* чего́ accumulate;
save up; amass, collect ‖ *imperf* нака́пли-
вать 1 a *and* накопля́ть 2 a

ft.	накоплю́, -о́пишь, -о́пят
imp.	накопи́, ~те
pt.	накопи́л
g.pt.a.	накопи́в
p.pt.a.	накопи́вший
p.pt.p.	нако́пленный

накопи́ться, *1st and 2nd pers not used*,
perf accumulate ‖ *imperf* нака́пливаться
and накопля́ться

накопля́ть(ся) *imperf of* накопи́ть(ся)

накопти́ть *perf* **1.** что *or* чего́ blacken
[cover] with soot **2.** что *or* чего́ smoke
a quantity of food **3.** *1st and 2nd pers not
used* give off soot ‖ *imperf* нака́пчи-
вать 1 a *with* 2

ft.	накопчу́, -пти́шь, -птя́т
imp.	накопти́, ~те
pt.	накопти́л
g.pt.a.	накопти́в
p.pt.a.	накопти́вший
p.pt.p.	накопчённый; накопчён, -ена́

накорми́ть *perf of* корми́ть

ft.	накормлю́, -о́рмишь, -о́рмят
imp.	накорми́, ~те
pt.	накорми́л

g.pt.a.	накорми́в
p.pt.a.	накорми́вший
p.pt.p.	нако́рмленный

накоси́ть *perf* что *or* чего́ mow *a quantity
of* ‖ *imperf* нака́шивать 1 a

ft.	накошу́, -о́сишь, -о́сят
imp.	накоси́, ~те
pt.	накоси́л
g.pt.a.	накоси́в
p.pt.a.	накоси́вший
p.pt.p.	нако́шенный

накостыля́ть 2 *perf* кому́-чему́ что *or
without object sub* thrash
no *p.pt.p.*

накра́дывать *imperf of* накра́сть

накра́ивать *imperf of* накрои́ть

накра́пывать 1 a, *1st and 2nd pers not
used, imperf*: на́чал накра́пывать дождь
it was beginning to rain

накра́сить *perf* **1.** что make up, paint
2. что *or* чего́ colour, tinge *a quantity
of* ‖ *imperf* накра́шивать 1 a

ft.	накра́шу, -а́сишь, -а́сят
imp.	накра́сь, ~те
pt.	накра́сил
g.pt.a.	накра́сив
p.pt.a.	накра́сивший
p.pt.p.	накра́шенный

накра́ситься *perf coll* make up, paint ‖ *imperf* накра́шиваться

накра́сть *perf* что *or* чего́ amass by theft
‖ *imperf* накра́дывать 1 a

ft.	накраду́, -дёшь, -ду́т
imp.	накради́, ~те
pt.	накра́л
g.pt.a.	накрадя́ *and* накра́в
p.pt.a.	накра́вший
p.pt.p.	накра́денный

накрахма́ливать *imperf of* накрахма́лить

накрахма́лить *perf* что starch ‖ *imperf*
накрахма́ливать 1 a

ft.	накрахма́лю, -лишь, -лят
imp.	накрахма́ль, ~те
pt.	накрахма́лил
g.pt.a.	накрахма́лив
p.pt.a.	накрахма́ливший
p.pt.p.	накрахма́ленный

накра́шивать(ся) *imperf of* на́красить(ся)

накрени́ть *perf* что *naut* make *ship* heel
over ‖ *imperf* накреня́ть 2 a

ft.	накреню́, -ни́шь, -ня́т
imp.	накрени́, ~те
pt.	накрени́л
g.pt.a.	накрени́в

p.pt.a.	накрени́вший
p.pt.p.	накренённый; накренён, -ена́

накрени́ться, *1st and 2nd pers not used,* *perf naut* (take a) list; heel over ‖ *imperf* накреня́ться

накреня́ть(ся) *imperf of* накрени́ть(ся)

накрича́ть *perf* на кого́-что shout (at); rate, scold

ft.	накричу́, -чи́шь, -ча́т
imp.	накричи́, ~те
pt.	накрича́л
g.pt.a.	накрича́в
p.pt.a.	накрича́вший

накрича́ться *perf coll* shout [cry] enough

накрои́ть *perf* что *or* чего́ cut out *a quantity of* ‖ *imperf* накра́ивать 1 a

ft.	накрою́, -ои́шь, -ои́т
imp.	накрои́, ~те
pt.	накрои́л
g.pt.a.	накрои́в
p.pt.a.	накрои́вший
p.pt.p.	накро́енный

накромса́ть 2 *perf* что *or* чего́ cut into shreds

накропа́ть 2 *perf* что *or* чего́ *coll iron* botch, patch (up); накропа́ть стихи́ dabble in verses

накроши́ть *perf* **1.** что *or* чего́ crumble **2.** чем spread crumbs (of)

ft.	накрошу́, -о́шишь, -о́шат
imp.	накроши́, ~те
pt.	накроши́л
g.pt.a.	накроши́в
p.pt.a.	накроши́вший
p.pt.p.	накро́шенный

накрути́ть *perf* **1.** что на что wind up (on), reel up; twist **2.** что *or* чего́ *sub* pull *smth* off, wrap *smth* up ‖ *imperf* накру́чивать 1 a

ft.	накручу́, -у́тишь, -у́тят
imp.	накрути́, ~те
pt.	накрути́л
g.pt.a.	накрути́в
p.pt.a.	накрути́вший
p.pt.p.	накру́ченный

накрути́ться, *1st and 2nd pers not used,* *perf* на что be taken up (on *a spool*) ‖ *imperf* накру́чиваться

накру́чивать(ся) *imperf of* накрути́ть(ся)

накрыва́ть(ся) *imperf of* накры́ть(ся)

накры́ть *perf* кого́-что **1.** cover **2.** *coll* catch in the act, surprise ‖ *imperf* накрыва́ть 2 a

ft.	накро́ю, -о́ешь, -о́ют
imp.	накро́й, ~те
pt.	накры́л
g.pt.a.	накры́в
p.pt.a.	накры́вший
p.pt.p.	накры́тый

накры́ться *perf* cover oneself completely ‖ *imperf* накрыва́ться

накупа́ть *imperf of* накупи́ть

накупи́ть *perf* что *or* чего́ buy (up) *a quantity of* ‖ *imperf* накупа́ть 2 a

ft.	накуплю́, -у́пишь, -у́пят
imp.	накупи́, ~те
pt.	накупи́л
g.pt.a.	накупи́в
p.pt.a.	накупи́вший
p.pt.p.	наку́пленный

наку́ривать(ся) *imperf of* накури́ть(ся)

накури́ть *perf* **1.** чем *or without object* make *a room* smoky, fill with smoke (of) **2.** что *or* чего́ distil *a quantity of* ‖ *imperf* наку́ривать 1 a

ft.	накурю́, -у́ришь, -у́рят
imp.	накури́, ~те
pt.	накури́л
g.pt.a.	накури́в
p.pt.a.	накури́вший
p.pt.p.	наку́ренный

накури́ться *perf* smoke to *one's* heart's content ‖ *imperf* наку́риваться 1 a

накуроле́сить *perf sub* play pranks

ft.	накуроле́шу, -е́сишь, -е́сят
imp.	накуроле́сь, ~те
pt.	накуроле́сил
g.pt.a.	накуроле́сив
p.pt.a.	накуроле́сивший

накуса́ть 2 *perf* что *coll, of insects* bite all over ‖ *imperf* наку́сывать 1 a

наку́сывать *imperf of* накуса́ть

наку́тать 1 *perf* что *or* чего́ на кого́-что wrap up *in warm clothes* ‖ *imperf* наку́тывать 1 a

наку́тывать *imperf of* наку́тать

нала́вливать *imperf of* налови́ть

налага́ть *imperf of* наложи́ть

нала́дить *perf* что **1.** put in order, put right; mend, repair; set going **2.** organize ‖ *imperf* нала́живать 1 a

ft.	нала́жу, -а́дишь, -а́дят
imp.	нала́дь, ~те
pt.	нала́дил
g.pt.a.	нала́див

p.pt.a.   нала́дивший
p.pt.p.   нала́женный

нала́диться *perf* **1.** *1st and 2nd pers not used* turn out all right; *of work* get going **2.** *with infinitive sub* accustom oneself (to doing) ‖ *imperf* нала́живаться *with 1*

нала́живать(ся) *imperf of* нала́дить(ся)

нала́зиться *perf coll* climb all over, clamber around
ft.   нала́жусь, -а́зишься, -а́зятся
imp.   нала́зься, -зьтесь
pt.   нала́зился, -лась
g.pt.a. нала́зившись
p.pt.a. нала́зившийся

налака́ться 2 *perf* **1.** *of animal* drink its fill **2.** *coarse sub* get pissed

нала́мывать *imperf of* наломáть

налга́ть *perf* **1.** что *or* чегó tell lies, lie **2.** на когó-что defame
ft.   налгу́, налжёшь, налгу́т
imp.   налги́, ~те
pt.   налга́л, -ала́, -а́ло
g.pt.a. налга́в
p.pt.a. налга́вший
p.pt.p. на́лганный

налега́ть *imperf of* налéчь

належа́ть *perf* что *coll* get *bedsores* by long lying ‖ *imperf* належ́ивать 1 а
ft.   належу́, -жи́шь, -жáт
imp.   належи́, ~те
pt.   належа́л
g.pt.a. належа́в
p.pt.a. належа́вший
p.pt.p. належа́нный

налёживать *imperf of* належа́ть

налеза́ть *imperf of* налéзть

налéзть, *1st and 2nd pers not used, perf coll* **1.** creep together, huddle together **2.** на когó-что *of shoes* go (on *one's feet*); *of clothes* fit ‖ *imperf* налеза́ть 2 а
ft.   налéзет, -зут
imp.   налéзьте
pt.   налéз, ~ла
g.pt.a. налéзши
p.pt.a. налéзший

налепи́ть *perf* **1.** что *coll* stick *smth* on *smth*, paste (on, up) **2.** что *or* чегó model *a quantity of* ‖ *imperf* налепля́ть 2 а
ft.   налеплю́, -éпишь, -éпят
imp.   налепи́, ~те
pt.   налепи́л
g.pt.a. налепи́в

16*

p.pt.a.   налепи́вший
p.pt.p.   налéпленный

налепля́ть *imperf of* налепи́ть

налета́ть[1] *imperf of* налетéть

налета́ть[2] 2 *perf* что fly *a certain time*; cover *a certain flying distance* ‖ *imperf* налётывать 1 а
p.pt.p.   налётанный

налетéть *perf* **1.** на когó-что attack by air **2.** на когó-что fly (upon, against, at) **3.** на когó-что swoop (on, upon), rush (upon), fall (on, upon) **4.** на когó-что *coll* fall (upon), attack *with threats, invective* **5.** *1st and 2nd pers not used*: в кóмнату налетéло мнóго пы́ли the room is filled with dust **6.** *1st and 2nd pers not used, of storm* blow up suddenly **7.** *1st and 2nd pers not used* come flying *in large quantities; of birds* light *on a branch etc.* ‖ *i mperf* налетáть 2 а
ft.   налечу́, -ети́шь, -етя́т
imp.   налети́, ~те
pt.   налетéл
g.pt.a. налетéв
p.pt.a. налетéвший

налётывать *imperf of* налетáть[2]

налéчь *perf* на когó-что **1.** lean heavily (on, against) **2.** *fig coll* apply oneself energetically (to); go in for **3.** *sub* pressure, bring pressure to bear on ‖ *imperf* налегáть 2 а
ft.   наля́гу, -я́жешь, -я́гут
imp.   наля́г, ~те
pt.   налёг, -егла́
g.pt.a. налёгши
p.pt.a. налёгший

налива́ть(ся) *imperf of* нали́ть(ся)

нализа́ться *perf* **1.** чегó *coll* lick *one's* fill (of) **2.** *coarse sub* have a jar, get pissed ‖ *imperf* нали́зываться 1 а
ft.   нализу́сь, -и́жешься, -и́жутся
imp.   нализжи́сь, -и́тесь
pt.   нализа́лся, -лась
g.pt.a. нализа́вшись
p.pt.a. нализа́вшийся

нали́зываться *imperf of* нализа́ться

налинова́ть 5 *perf* что *or* чегó rule *paper* ‖ *imperf* налинóвывать 1 а

налинóвывать *imperf of* налинова́ть

налипáть *imperf of* нали́пнуть

нали́пнуть, *1st and 2nd pers not used, perf* на что stick (to) ‖ *imperf* налипáть 2 а

ft.   нали́пнет, -нут
pt.   нали́п *and obs* нали́пнул, нали́пла
g.pt.a.   нали́пнув *and* нали́пши
p.pt.a.   нали́пший

нали́ть *perf* **1.** что *or* чего́ pour (out) **2.** что fill (up) **3.** что *or* чего́ на что spill (over) ‖ *imperf* налива́ть 2а
ft.   налью́, нальёшь, налью́т
imp.   нале́й, ~те
pt.   на́лил, налила́, на́лило
g.pt.a.   нали́в
p.pt.a.   нали́вший
p.pt.p.   на́литый; на́лит, налита́, на́лито

нали́ться, *1st and 2nd pers not used, perf* **1.** во что flow (into) **2.** ripen; become juicy **3.** *of veins or muscles* swell ‖ *imperf* налива́ться
pt.   нали́лся, -ила́сь, -ило́сь

нали́чествовать 4а *imperf bookish* be present

налови́ть *perf* что *or* кого́-чего́ catch *a quantity of* ‖ *imperf* нала́вливать 1а
ft.   наловлю́, -о́вишь, -о́вят
imp.   налови́, ~те
pt.   налови́л
g.pt.a.   налови́в
p.pt.a.   налови́вший
p.pt.p.   нало́вленный

наловчи́ться *perf with infinitive coll* become skilled (at), become a good hand (at)
ft.   наловчу́сь, -чи́шься, -ча́тся
imp.   наловчи́сь, -и́тесь
pt.   наловчи́лся, -лась
g.pt.a.   наловчи́вшись
p.pt.a.   наловчи́вшийся

наложи́ть *perf* **1.** что на что put (on, over); lay on, apply *colours* **2.** что *med*: наложи́ть повя́зку на ра́ну bandage a wound; наложи́ть ши́ну put in splints **3.** что на что apply *a seal* (to), put *a seal* on **4.** что fill; load **5.** что *or* чего́ на *or* во что put, lay *a quantity of* (on, into) **6.** что на кого́-что impose (on); inflict *a punishment*; наложи́ть ве́то на что-н. veto *smth*; наложи́ть ви́зу grant *a* visa ‖ *imperf* накла́дывать 1а *wtih* 1—5 *and* налага́ть 2а *with* 6
ft.   наложу́, -о́жишь, -о́жат
imp.   наложи́, ~те
pt.   наложи́л
g.pt.a.   наложи́в
p.pt.a.   наложи́вший
p.pt.p.   нало́женный

наломá́ть 2 *perf* что *or* чего́ break (off) *a quantity of* ‖ *imperf* нала́мывать 1а

налощи́ть *perf* что gloss, glaze; polish
ft.   налощу́, -щи́шь, -ща́т
imp.   налощи́, ~те
pt.   налощи́л
g.pt.a.   налощи́в
p.pt.a.   налощи́вший
p.pt.p.   налощённый; налощён, -ена́

налу́щивать *imperf of* налущи́ть

налущи́ть *perf* что *or* чего́ shell, husk *a quantity of* ‖ *imperf* налу́щивать 1а
ft.   налущу́, -щи́шь, -ща́т
imp.   налущи́, ~те
pt.   налущи́л
g.pt.a.   налущи́в
p.pt.a.   налущи́вший
p.pt.p.   налущённый; налущён, -ена́

налюбова́ться 5 *perf* кем-чем *or* на кого́-что, *a.* negated admire greatly, admire to *one's* heart's content; я не мог налюбова́ться на э́то I cannot take my eyes off it

налапа́ть 1 *perf sub* **1.** что blot; daub **2.** что *or* чего́ *or without object* botch, bungle; scrawl

намагни́тить *perf* что magnetize ‖ *imperf* намагни́чивать 1а
ft.   намагни́чу, -и́тишь, -и́тят
imp.   намагни́ть, ~те
pt.   намагни́тил
g.pt.a.   намагни́тив
p.pt.a.   намагни́тивший
p.pt.p.   намагни́ченный

намагни́чивать *imperf of* намагни́тить

нама́зать *perf* кого́-что **1.** (чем *or* на что) spread (with); smear (with); rub in **2.** *coll* make up, paint **3.** *a.* чего́ *or without object coll* daub **4.** *without object coll* make a mess; blot; besmear ‖ *imperf* нама́зывать 1а *with* 1, 2
ft.   нама́жу, -жешь, -жут
imp.   нама́жь, ~те
pt.   нама́зал
g.pt.a.   нама́зав
p.pt.a.   нама́завший
p.pt.p.   нама́занный

нама́заться *perf* **1.** rub in cream **2.** *coll* make up ‖ *imperf* нама́зываться

нама́зывать(ся) *imperf of* нама́зать(ся)

намалева́ть *perf* кого́-что **1.** *coll* daub **2.** *sub* daub *with make-up* ‖ *imperf* намалёвывать 1а
ft.   намалю́ю, -ю́ешь, -ю́ют

imp.	намалю́й, ~те
pt.	намалева́л
g.pt.a.	намалева́в
p.pt.a.	намалева́вший
p.pt.p.	намалёванный

намалёвывать *imperf of* намалева́ть

нама́лывать *imperf of* намоло́ть

намаринова́ть 5 *perf* что *or* чего́ pickle *a quantity of* ‖ *imperf* намарино́вывать 1 а

намарино́вывать *imperf of* намаринова́ть

нама́сливать *imperf of* нама́слить

нама́слить *perf* что *coll* oil; butter ‖ *imperf* нама́сливать 1 а

ft.	нама́слю, -лишь, -лят
imp.	нама́сли, ~те
pt.	нама́слил
g.pt.a.	нама́слив
p.pt.a.	нама́сливший
p.pt.p.	нама́сленный

нама́тывать(ся) *imperf of* намота́ть(ся)

нама́чивать *imperf of* намочи́ть

нама́щивать *imperf of* намости́ть

нама́яться *perf sub* be tired out

ft.	нама́юсь, -а́ешься, -а́ются
imp.	нама́йся, -а́йтесь
pt.	нама́ялся, -лась
g.pt.a.	нама́явшись
p.pt.a.	нама́явшийся

намежева́ть *perf* что *or* чего́ delimit *landed properties* ‖ *imperf* намежёвывать 1 а

ft.	намежу́ю, -у́ешь, -у́ют
imp.	намежу́й, ~те
pt.	намежева́л
g.pt.a.	намежева́в
p.pt.a.	намежева́вший
p.pt.p.	намежёванный

намежёвывать *imperf of* намежева́ть

намека́ть 2 а *imperf* 1. hint (at) 2. на кого́-что allude (to) | *perf semelf* намекну́ть 7

намекну́ть *perf semelf of* намека́ть

наме́ливать(ся) *imperf of* намели́ть(ся)

намели́ть *perf* что chalk *billiard cue*; whiten *window pane* ‖ *imperf* наме́ливать 1 а

ft.	намелю́, -ли́шь, -ля́т
imp.	намели́, ~те
pt.	намели́л
g.pt.a.	намели́в
p.pt.a.	намели́вший
p.pt.p.	намелённый; намелён, -ена́

намели́ться *perf coll* get chalk all over oneself ‖ *imperf* наме́ливаться

наме́нивать *imperf of* наменя́ть

наменя́ть 2 *perf* что *or* чего́ exchange *money* ‖ *imperf* наме́нивать 1 а

намерева́ться 2 а *imperf with infinitive* intend

намерза́ть *imperf of* намёрзнуть

намёрзнуть *perf* 1. *1st and 2nd pers not used*: лёд намёрз на стекла́х the panes are covered with ice 2. *coll* be very cold, get stiff with cold ‖ *imperf* намерза́ть 2 а *with* 1

ft.	намёрзну, -нешь, -нут
imp.	намёрзни, ~те
pt.	намёрз, ~ла
g.pt.a.	намёрзнув *and* намёрзши
p.pt.a.	намёрзший

намёрзнуться *perf coll* be very cold, get stiff with cold

наме́ривать *imperf of* наме́рить

наме́рить *perf* что *or* чего́ measure (off, out) *a quantity of* ‖ *imperf* наме́ривать 1 а

ft.	наме́рю, -ришь, -рят *and coll* наме́ряю, -яешь, -яют
imp.	наме́рь, ~те *and coll* наме́ряй, ~те
pt.	наме́рил
g.pt.a.	наме́рив
p.pt.a.	наме́ривший
p.pt.p.	наме́ренный

намеси́ть *perf* что *or* чего́ knead *a quantity of* ‖ *imperf* наме́шивать 1 а

ft.	намешу́, -е́сишь, -е́сят
imp.	намеси́, ~те
pt.	намеси́л
g.pt.a.	намеси́в
p.pt.a.	намеси́вший
p.pt.p.	наме́шенный

намести́ *perf* что *or* чего́ 1. sweep together 2. *of wind* drift ‖ *imperf* намета́ть 2 а

ft.	намету́, -тёшь, -ту́т
imp.	намети́, ~те
pt.	намёл, -ела́
g.pt.a.	наметя́
p.pt.a.	намётший
p.pt.p.	наметённый; наметён, -ена́

намета́ть[1] *imperf of* намести́

намета́ть[2] *perf* 1. что *or* чего́ throw up 2. что *or* кого́-чего́ *of animals* bring forth, litter; намета́ть икры́ spawn 3. что acquire skill in, become skilful in, acquire *an eye* for ‖ *imperf* намётывать 1 а

ft.	намечу́, -е́чешь, -е́чут

imp.	намечи́, ~те
pt.	намета́л
g.pt.a.	намета́в
p.pt.a.	намета́вший
p.pt.p.	намётанный

намета́ть[3] **2** *perf* что baste, tack, sew *with large stitches* ‖ *imperf* намётывать 1 a

p.pt.p.	намётанный

наме́тить[1] *perf* что **1.** distinguish, make a mark on **2.** mark **3.** outline; design, plan ‖ *imperf* намеча́ть 2 a

ft.	наме́чу, -етишь, -е́тят
imp.	наме́ть, ~те
pt.	наме́тил
g.pt.a.	наме́тив
p.pt.a.	наме́тивший
p.pt.p.	наме́ченный

наме́тить[2] *perf* **1.** что fix, name *a day* **2.** что plan **3.** кого-что nominate **4.** что в кого-что *coll* aim (at) ‖ *imperf* намеча́ть 2 a
forms as наме́тить[1]

наме́титься[1], *1st and 2nd pers not used*, *perf* show; *fig* be outlined ‖ *imperf* намеча́ться

наме́титься[2], *1st and 2nd pers not used*, *perf coll* take aim, aim

намётывать[1,2] *imperf of* намета́ть[2,3]

намеча́ть[1,2] *imperf of* наме́тить[1,2]

намеча́ться *imperf of* наме́титься[1]

намеша́ть 2 *perf* что *or* чего во что *coll* add (to), stir *smth* in ‖ *imperf* наме́шивать 1 a

наме́шивать[1] *imperf of* намеси́ть

наме́шивать[2] *imperf of* намеша́ть

намина́ть *imperf of* намя́ть

намозо́лить *perf* что *or* чего *coll* make *smth* callous; produce corns

ft.	намозо́лю, -лишь, -лят
imp.	намозо́ль, ~те
pt.	намозо́лил
g.pt.a.	намозо́лив
p.pt.a.	намозо́ливший
p.pt.p.	намозо́ленный

намока́ть *imperf of* намо́кнуть

намо́кнуть *perf* get wet ‖ *imperf* намока́ть 2 a

ft.	намо́кну, -нешь, -нут
imp.	намо́кни, ~те
pt.	намо́к, ~ла
g.pt.a.	намо́кнув *and* намо́кши
p.pt.a.	намо́кший

намола́чивать *imperf of* намолоти́ть

намолоти́ть *perf* кого *or* чего thresh *a quantity of* ‖ *imperf* намола́чивать 1 a

ft.	намолочу́, -о́тишь, -о́тят
imp.	намолоти́, ~те
pt.	намолоти́л
g.pt.a.	намолоти́в
p.pt.a.	намолоти́вший
p.pt.p.	намоло́ченный

намоло́ть *perf* **1.** что *or* чего grind *a quantity of* **2.** *sub* talk nonsense ‖ *imperf* нама́лывать 1 a *with* 1

ft.	намелю́, -е́лешь, -е́лют
imp.	намели́, ~те
pt.	намоло́л
g.pt.a.	намоло́в
p.pt.a.	намоло́вший
p.pt.p.	намо́лотый

намори́ть *perf* что *or* кого-чего exterminate *rodents*

ft.	наморю́, -ри́шь, -ря́т
imp.	намори́, ~те
pt.	намори́л
g.pt.a.	намори́в
p.pt.a.	намори́вший
p.pt.p.	наморённый; наморён, -ена́

намо́рщивать(ся) *imperf of* намо́рщить-(ся)

намо́рщить *perf* что wrinkle *one's forehead* ‖ *imperf* намо́рщивать 1 a

ft.	намо́рщу, -щишь, -щат
imp.	намо́рщи, ~те
pt.	намо́рщил
g.pt.a.	намо́рщив
p.pt.a.	намо́рщивший
p.pt.p.	намо́рщенный

намо́рщиться *perf* **1.** wrinkle **2.** make a wry face, pull a face ‖ *imperf* намо́рщиваться

намости́ть *perf* что **1.** pave *road* **2.** *reg* board; plank *floor* ‖ *imperf* нама́щивать 1 a

ft.	намощу́, -ости́шь, -остя́т
imp.	намости́, ~те
pt.	намости́л
g.pt.a.	намости́в
p.pt.a.	намости́вший
p.pt.p.	намощённый; намощён, -ена́

намота́ть 2 *perf* что *or* чего wind (up), reel, spool *a quantity of* ‖ *imperf* нама́тывать 1 a

намота́ться, *1st and 2nd pers not used*, *perf* на что be taken up *on a spool* ‖ *imperf* нама́тываться

намочи́ть *perf* **1.** кого́-что wet, moisten; soak **2.** что *or* чего́ preserve *a quantity of fruit* ‖ *imperf* нама́чивать 1a *with* 2

ft.	намочу́, -о́чишь, -о́чат
imp.	намочи́, ~те
pt.	намочи́л
g.pt.a.	намочи́в
p.pt.a.	намочи́вший
p.pt.p.	намо́ченный

намудри́ть *perf coll* split hairs, be oversensitive

ft.	намудрю́, -ри́шь, -ря́т
imp.	намудри́, ~те
pt.	намудри́л
g.pt.a.	намудри́в
p.pt.a.	намудри́вший

наму́дрствовать 4 *perf coll* split hairs, be oversensitive

наму́сливать(ся) *imperf of* наму́слить(ся)

наму́слить *perf* что *sub* slaver on, slobber on ‖ *imperf* наму́сливать 1a

ft.	наму́слю, -лишь, -лят
imp.	наму́сли, ~те
pt.	наму́слил
g.pt.a.	наму́слив
p.pt.a.	наму́сливший
p.pt.p.	наму́сленный

наму́слиться *perf sub* slobber, dribble (over oneself) ‖ *imperf* наму́сливаться

намусо́ливать(ся) *imperf of* намусо́лить(ся)

намусо́лить *perf* что *sub* slaver on, slobber on; mess up with *one's* sticky hands ‖ *imperf* намусо́ливать 1a

ft.	намусо́лю, -лишь, -лят
imp.	намусо́ль, ~те
pt.	намусо́лил
g.pt.a.	намусо́лив
p.pt.a.	намусо́ливший
p.pt.p.	намусо́ленный

намусо́литься *perf sub* slobber, dribble (over oneself) ‖ *imperf* намусо́ливаться

наму́сорить *perf coll* cause dirt, make dirt

ft.	наму́сорю, -ришь, -рят
imp.	наму́сори, ~те *and* наму́сорь, ~те
pt.	наму́сорил
g.pt.a.	наму́сорив
p.pt.a.	наму́соривший

намути́ть *perf* **1.** trouble *water* **2.** *fig coll* disturb, trouble, agitate

ft.	намучу́, -у́тишь, -у́тят
imp.	намути́, ~те
pt.	намути́л
g.pt.a.	намути́в
p.pt.a.	намути́вший

наму́чить *perf* кого́-что *coll* torment

ft.	наму́чу, -чишь, -чат *and rarely* наму́чаю, -аешь, -ают
imp.	наму́чь, ~те *and rarely* наму́чай, ~те
pt.	наму́чил
g.pt.a.	наму́чив
p.pt.a.	наму́чивший
p.pt.p.	наму́ченный

наму́читься *perf* с кем-чем *or* над чем *coll* toil (at); have *one's* work cut out (with *smth*)

намыва́ть *imperf of* намы́ть

намы́каться 1 *perf sub* know the world; have had *one's* share of hardships

намы́ливать(ся) *imperf of* намы́лить(ся)

намы́лить *perf* кого́-что soap, lather ‖ *imperf* намы́ливать 1a

ft.	намы́лю, -лишь, -лят
imp.	намы́ль, ~те
pt.	намы́лил
g.pt.a.	намы́лив
p.pt.a.	намы́ливший
p.pt.p.	намы́ленный

намы́литься *perf* soap oneself ‖ *imperf* намы́ливаться

намы́ть *perf* **1.** что *or* чего́ *coll* wash **2.** что *or* чего́ pan out *gold-bearing gravel* **3.** *1st and 2nd pers not used* wash ashore ‖ *imperf* намыва́ть 2a

ft.	намо́ю, -о́ешь, -о́ют
imp.	намо́й, ~те
pt.	намы́л
g.pt.a.	намы́в
p.pt.a.	намы́вший
p.pt.p.	намы́тый

намяка́ть *imperf of* намя́кнуть

намя́кнуть, *1st and 2nd pers not used, perf* become soft ‖ *imperf* намяка́ть 2a

ft.	намя́кнет, -нут
imp.	намя́кни, ~те
pt.	намя́к, ~ла
g.pt.a.	намя́кнув *and* намя́кши
p.pt.a.	намя́кший

намя́ть *perf* **1.** что *or* чего́ knead *a quantity of* **2.** что *or* чего́ tread down, trample down **3.** gall, chafe ‖ *imperf* намина́ть 2a

ft.	намну́, -нёшь, -нут
imp.	намни́, ~те
pt.	намя́л
g.pt.a.	намя́в

| p.pt.a. | намя́вший |
| p.pt.p. | намя́тый |

нана́шивать *imperf of* наноси́ть[1]

нанести́ *perf* **1.** что *or* чего́ pile up *a quantity of*; bring together *a quantity of* **2.** что на что apply *colours* (to) **3.** что на что plot (on *a map*); mark (on) **4.** *1st and 2nd pers not used coll* что *or* чего́ wash ashore; deposit; кого́-что на кого́-что dash (against) **5.** что *or* чего́ waft, pile up **6.** что inflict *wounds, a defeat*; cause *damage*; deal *a blow*, strike *a blow* **7.** *1st and 2nd pers not used* что *or* чего́ lay *a quantity of eggs* ‖ *imperf* наноси́ть with 1—6, forms ib.

ft.	нанесу́, -сёшь, -су́т
imp.	нанеси́, ~те
pt.	нанёс, -есла́
g.pt.a.	нанеся́ *and obs* нанёсши
p.pt.a.	нанёсший
p.pt.p.	нанесённый; нанесён, -ена́

наниза́ть *perf* что string, thread *beads* ‖ *imperf* нани́зывать 1a

ft.	нанижу́, -и́жешь, -и́жут
imp.	нанижи́, ~те
pt.	наниза́л
g.pt.a.	наниза́в
p.pt.a.	наниза́вший
p.pt.p.	нани́занный

нани́зывать *imperf of* наниза́ть

нанима́ть(ся) *imperf of* наня́ть(ся)

наноси́ть[1] *perf* что *or* чего́ bring up, gather *a quantity of* ‖ *imperf* нана́шивать 1a

ft.	наношу́, -о́сишь, -о́сят
imp.	наноси́, ~те
pt.	наноси́л
g.pt.a.	наноси́в
p.pt.a.	наноси́вший
p.pt.p.	нано́шенный

наноси́ть[2] *imperf of* нанести́

pr.	наношу́, -о́сишь, -о́сят
imp.	наноси́, ~те
pt.	наноси́л
g.pr.a.	нанося́
p.pr.a.	нанося́щий
p.pr.a.	наноси́вший
p.pr.p.	наноси́мый

нанюха́ться 1 *perf* чего́ *coll* smell at *smth* to *one's* heart's content ‖ *imperf* нанюхи-ваться 1a

нанюхиваться *imperf of* нанюха́ться

наня́ть *perf* **1.** что rent *a house* **2.** кого́-что engage, hire ‖ *imperf* нанима́ть 1a

ft.	найму́, -мёшь, -му́т
imp.	найми́, ~те
pt.	на́нял, наняла́, на́няло
g.pt.a.	наня́в
p.pt.a.	наня́вший
p.pt.p.	на́нятый; на́нят, нанята́, на́нято

наня́ться *perf* hire oneself out ‖ *imperf* нанима́ться

| pt. | наня́лся, -ла́сь, -ло́сь |

наобеща́ть 2 *perf* что *or* чего́ *coll* make *a lot of* promises

наора́ть *perf sub* **1.** на кого́-что shout (at); rate, scold **2.** что *or* чего́ shout a lot

ft.	наору́, -рёшь, -ру́т
imp.	наори́, ~те
pt.	наора́л
g.pt.a.	наора́в
p.pt.a.	наора́вший

наора́ться *perf sub* bawl all the time, keep on shouting

напа́дать 1, *1st and 2nd pers not used, perf, of snow or fruit* fall in large quanti-ties

напада́ть[1,2] *imperf of* напа́сть[1,2]

напа́ивать[1] *imperf of* напои́ть

напа́ивать[2] *imperf of* напая́ть

напа́костить *perf sub* **1.** dirty **2.** кому́-чему́ play a dirty trick on

ft.	напа́кошу, -остишь, -остят
imp.	напа́кости, ~те
pt.	напа́костил
g.pt.a.	напа́костив
p.pt.a.	напа́костивший

напа́костничать 1 *perf* кому́-чему́ *sub* play a dirty trick on

напа́ривать(ся) *imperf of* напа́рить(ся)

напа́рить *perf* что *or* чего́ steam; stew ‖ *imperf* напа́ривать 1a

ft.	напа́рю, -ришь, -рят
imp.	напа́рь, ~те
pt.	напа́рил
g.pt.a.	напа́рив
p.pt.a.	напа́ривший
p.pt.p.	напа́ренный

напа́риться *perf coll* sweat a long time in Russian baths ‖ *imperf* напа́риваться

напа́рывать[1,2] *imperf of* напоро́ть[1,2]

напа́рываться *imperf of* напоро́ться

напаса́ть(ся) *imperf of* напасти́(сь)

напасти́ *perf* чего́ *coll* lay in a stock of,

stock, store ‖ *imperf* напаса́ть 2a
ft.	напасу́, -сёшь, -су́т
imp.	напаси́, ~те
pt.	напа́с, -асла́
g.pt.a.	напа́сши
p.pt.a.	напа́сший
p.pt.p.	напасённый; напасён, -ена́

напасти́сь *perf* чего́ (*usu negated*) *coll* lay in a store of ‖ *imperf* напаса́ться

напа́сть[1] *perf* на кого́-что **1.** attack, assault; swoop (on) **2.** *coll* fall (upon) with charges, reproaches **3.** come (across, upon); hit (on, upon) an idea **4.** *1st and 2nd pers not used, of feelings* come (over *smb*); на меня́ напа́л страх I was seized with fear ‖ *imperf* напада́ть 2a
ft.	нападу́, -дёшь, -ду́т
imp.	напади́, ~те
pt.	напа́л
g.pt.a.	напа́в
g.pt.a.	напа́вший

напа́сть[2], *1st and 2nd pers not used, perf* of snow or fruit fall *in large quantities* ‖ *imperf* напада́ть 2a
forms as напа́сть[1]

напаха́ть *perf* что *or* чего́ plough up a quantity of ‖ *imperf* напа́хивать 1a
ft.	напашу́, -а́шешь, -а́шут
imp.	напаши́, ~те
pt.	напаха́л
g.pt.a.	напаха́в
p.pt.a.	напаха́вший
p.pt.p.	напа́ханный

напа́хивать *imperf of* напаха́ть

напа́чкать 1 *perf* что dirty

напа́чкаться *perf* get dirty

напая́ть 2 *perf* **1.** что solder (on) **2.** что *or* чего́ solder a quantity of ‖ *imperf* напа́ивать 1a

напева́ть 2a *imperf* **1.** *imperf of* напе́ть **2.** hum, croon, sing in a low voice

напека́ть *imperf of* напе́чь

наперёть *perf* на кого́-что *sub* press (upon, against) ‖ *imperf* напира́ть 2a
ft.	напру́, -рёшь, -ру́т
imp.	напри́, ~те
pt.	напёр, ~ла
g.pt.a.	наперёв *and* наперши
p.pt.a.	наперший
p.pt.p.	напёртый

напе́рчивать *imperf of* напе́рчить

напе́рчить *perf* что pepper ‖ *imperf* напе́рчивать 1a
ft.	напе́рчу, -чишь, -чат
imp.	напе́рчи, ~те
pt.	напе́рчил
g.pt.a.	напе́рчив
p.pt.a.	напе́чивший
p.pt.p.	наперченный

напе́ть *perf* **1.** что *or* чего́ sing tunes, airs etc. **2.** что record one's singing, have one's singing recorded **3.** что *coll* start singing smth ‖ *imperf* напева́ть 2 a with 2, 3
ft.	напою́, -оёшь, -ою́т
imp.	напо́й, ~те
pt.	напе́л
g.pt.a.	напе́в
p.pt.a.	напе́вший
p.pt.p.	напе́тый

напеча́тать *perf of* печа́тать

напеча́таться 1, *1st and 2nd pers not used, perf coll* be printed

напе́чь *perf* **1.** что *or* чего́ bake a quantity of **2.** что *coll* bake in the sun ‖ *imperf* напека́ть 2a
ft.	напеку́, -ечёшь, -еку́т
imp.	напеки́, ~те
pt.	напёк, -екла́
g.pt.a.	напёкши
p.pt.a.	напёкший
p.pt.p.	напечённый; напечён, -ена́

напива́ться *imperf of* напи́ться

напи́ливать *imperf of* напили́ть

напили́ть *perf* что *or* чего́ saw a quantity of ‖ *imperf* напи́ливать 1a
ft.	напилю́, -и́лишь, -и́лят
imp.	напили́, ~те
pt.	напили́л
g.pt.a.	напили́в
p.pt.a.	напили́вший
p.pt.p.	напи́ленный

напира́ть 2a *imperf* **1.** *imperf of* наперёть **2.** на кого́-что *coll* press hard **3.** на что *coll* lay stress (on)

написа́ть *perf of* писа́ть
ft.	напишу́, -и́шешь, -и́шут
imp.	напиши́, ~те
pt.	написа́л
g.pt.a.	написа́в
p.pt.a.	написа́вший
p.pt.p.	напи́санный

напита́ть 2 *perf* **1.** кого́-что *coll* feed; **2.** что чем soak, impregnate cloth ‖ *imperf* напи́тывать 1a with 2

напита́ться *perf* **1.** *coll joc* eat one's fill **2.** *1st and 2nd pers not used* be soaked [impregnated] ‖ *imperf* напи́тываться *with* 2

напи́тывать(ся) *imperf of* напита́ть(ся)

напи́ться *perf* 1. чего́ quench [slake] *one's* thirst (with); drink *one's* fill (of) 2. get drunk ‖ *imperf* напива́ться 2 a

ft.	напью́сь, напьёшься, напью́тся
imp.	напе́йся, -е́йтесь
pt.	напи́лся, -ила́сь, -ило́сь
g.pt.a.	напи́вшись
p.pt.a.	напи́вшийся

напиха́ть 2 *perf* что *or* чего́ во что *coll* cram (into); что чем stuff (with) ‖ *imperf* напи́хивать 1 a

напи́хивать *imperf of* напиха́ть

напи́чкать 1 *perf* кого́-что *coll* 1. stuff *one's* guts 2. *fig* drum *smth* into *smb's* head

напла́вить *perf* 1. что weld on 2. что *or* чего́ smelt *a quantity of* ‖ *imperf* наплавля́ть 2 a

ft.	напла́влю, -вишь, -вят
imp.	напла́вь, ~те
pt.	напла́вил
g.pt.a.	напла́вив
p.pt.a.	напла́вивший
p.pt.p.	напла́вленный

наплавля́ть *imperf of* напла́вить

напла́кать *perf* что *coll* make *one's eyes* red with weeping

ft.	напла́чу, -чешь, -чут
imp.	напла́чь, ~те
pt.	напла́кал
g.pt.a.	напла́кав
p.pt.a.	напла́кавший
p.pt.p.	напла́канный

напла́каться *perf* 1. have a good cry 2. *coll* have a lot to contend with

напласта́ть 2 *perf* что *or* чего́ *sub* slice

напластова́ть 5 *perf* что *or* чего́ arrange in layers ‖ *imperf* напласто́вывать 1 a

напластова́ться, *1st and 2nd pers not used*, *perf* form layers ‖ *imperf* напласто́вываться

напласто́вывать(ся) *imperf of* напластова́ть(ся)

наплева́ть *perf* на кого́-что 1. spit (on) 2. *fig sub* spit (on) 3.: мне наплева́ть на э́то *sub* I do not give a tinker's dam for it

ft.	наплюю́, -люёшь, -люю́т
imp.	наплю́й, ~те
pt.	наплева́л
g.pt.a.	наплева́в

p.pt.a.	наплева́вший
p.pt.p.	наплёванный

наплеска́ть *perf* что *or* чего́ *or without object* splash *floor, wall etc.;* spill *water* ‖ *imperf* наплёскивать 1 a

ft.	наплещу́, -е́шешь, -е́щут *and coll* наплеска́ю, -а́ешь, -а́ют
imp.	наплещи́, ~те *and coll* наплеска́й, ~те
pt.	наплеска́л
g.pt.a.	наплеска́в
p.pt.a.	наплеска́вший
p.pt.p.	наплёсканный

наплёскивать *imperf of* наплеска́ть

наплести́ *perf* 1. что *or* чего́ weave *a quantity of*; plait, tress 2. чего́, *a. without object sub* talk nonsense ‖ *imperf* наплета́ть 2 a *with* 1

ft.	наплету́, -тёшь, -ту́т
imp.	наплети́, ~те
pt.	наплёл, -ела́
g.pt.a.	наплетя́ *and* наплётши
p.pt.a.	наплётший
p.pt.p.	наплетённый; наплетён, -ена́

наплета́ть *imperf of* наплести́

наплоди́ть *perf* кого́-чего́ *coll* bring forth, give birth to

ft.	напложу́, -оди́шь, -одя́т
imp.	наплоди́, ~те
pt.	наплоди́л
g.pt.a.	наплоди́в
p.pt.a.	наплоди́вший

наплоди́ться, *1st and 2nd pers not used*, *perf coll* multiply

наплыва́ть *imperf of* наплы́ть

наплы́ть *perf* 1. на кого́-что swim against, run swimming on 2. *1st and 2nd pers not used* be floated up, float up *in large numbers* ‖ *imperf* наплыва́ть 2 a

ft.	наплыву́, -вёшь, -ву́т
imp.	наплыви́, ~те
pt.	наплы́л, -ыла́, -ы́ло
g.pt.a.	наплы́в
p.pt.a.	наплы́вший

напо́дличать 1 *perf coll* play nasty tricks, get up to dirty deeds

напои́ть *perf* 1. кого́-что give to drink; water *cattle;* make drunk 2. *fig* что impregnate *with fragrance;* saturate ‖ *imperf* напа́ивать 1 a

ft.	напою́, -о́йшь, -о́ят
imp.	напо́й, ~те
pt.	напои́л

g.pt.a.	напойв
p.pt.a.	напойвший
p.pt.p.	напо́енный *with* 1 *and* напоён-ный; напоён, -ена́ *with* 2

наполза́ть *imperf of* наползти́

наползти́ *perf coll* **1.** на кого́-что crawl against, come crawling across **2.** *1st and 2nd pers not used, of cockroaches* crawl together, crawl in *in large numbers* ‖ *imperf* наполза́ть 2 а

ft.	наползу́, -зёшь, -зу́т
imp.	наползи́, ~те
pt.	напо́лз, -олзла́
g.pt.a.	напо́лзши
p.pt.a.	напо́лзший

наполирова́ть 5 *perf* что polish ‖ *imperf* наполиро́вывать 1 а

наполиро́вывать *imperf of* наполирова́ть

напо́лнить *perf* что **1.** fill; cram **2.** fill *e.g. with joy*, imbue ‖ *imperf* наполня́ть 2 а

ft.	напо́лню, -нишь, -нят
imp.	напо́лни, ~те
pt.	напо́лнил
g.pt.a.	напо́лнив
p.pt.a.	напо́лнивший
p.pt.p.	напо́лненный

напо́лниться, *1st and 2nd pers not used, perf* fill, become full ‖ *imperf* наполня́ться

наполня́ть(ся) *imperf of* напо́лнить(ся)

напома́дить *perf* что *coll* pomade

ft.	напома́жу, -а́дишь, -а́дят
imp.	напома́дь, ~те
pt.	напома́дил
g.pt.a.	напома́див
p.pt.a.	напома́дивший
p.pt.p.	напома́женный

напома́диться *perf coll* pomade *one's* hair

напомина́ть *imperf of* напо́мнить

напо́мнить *perf* **1.** кому́ о ком-чём *or* что remind (*smb* of) **2.** кого́-что remind of, make *smb* think of; resemble ‖ *imperf* напомина́ть 2 а

ft.	напо́мню, -нишь, -нят
imp.	напо́мни, ~те
pt.	напо́мнил
g.pt.a.	напо́мнив
p.pt.a.	напо́мнивший

напоро́ть[1] *perf* что *coll* cut, scratch, injure *on a sharp object* ‖ *imperf* напа́рывать 1 а

ft.	напорю́, -о́решь, -о́рют
imp.	напори́, ~те
pt.	напоро́л
g.pt.a.	напоро́в

p.pt.a.	напоро́вший
p.pt.p.	напо́ротый

напоро́ть[2] *perf* что *or* чего́ unrip, rip up *or* open *a quantity of* (*e.g. seams*) ‖ *imperf* напа́рывать 1 а
forms as напоро́ть[1]

напоро́ться *perf* **1.** на что *coll* injure one-self (on) **2.** на кого́-что *sub* run up against, come unexpectedly across ‖ *imperf* напа́рываться

напороши́ть, *1st and 2nd pers not used, perf usu impers* чего́: напороши́ло сне́гу there was a light fall of snow

ft.	напороши́т, -ша́т
pt.	напороши́л
g.pt.a.	напороши́в
p.pt.a.	напороши́вший
p.pt.p.	напорошённый; напорошён, -ена́

напо́ртить *perf coll* **1.** что *or* чего́ spoil *a quantity of*; damage **2.** кому́-чему́ do *smb* great damage, do *smb* a lot of harm, damage

ft.	напо́рчу, -ртишь, -ртят
imp.	напо́рти, ~те *and sub* напо́рть, ~те
pt.	напо́ртил
g.pt.a.	напо́ртив
p.pt.a.	напо́ртивший
p.pt.p.	напо́рченный

напра́вить *perf* кого́-что **1.** на кого́-что direct (at); turn (to) **2.** send; refer **3.** or-ganize; arrange **4.** *coll* set *a razor-blade* ‖ *imperf* направля́ть 2 а

ft.	напра́влю, -вишь, -вят
imp.	напра́вь, ~те
pt.	напра́вил
g.pt.a.	напра́вив
p.pt.a.	напра́вивший
p.pt.p.	напра́вленный

напра́виться *perf* **1.** к чему́ *or* во что make *one's* way (to, towards), direct *one's* steps (to, towards); set out (for); head (for) **2.** *coll of work* get going ‖ *imperf* направля́ться

направля́ть(ся) *imperf of* напра́вить(ся)

напрактикова́ться 5 *perf coll* в чём prac-tise; acquire skill (in, at)

напра́шиваться 1 а *imperf* **1.** *imperf of* напроси́ться **2.** *of an idea* suggest itself

напрока́зить *perf sub* play pranks, be up to mischief

ft.	напрока́жу, -а́зишь, -а́зят
imp.	напрока́зь, ~те

pt.	напрока́зил
g.pt.a.	напрока́зив
p.pt.a.	напрока́зивший

напрока́зничать 1a *perf coll* play pranks, be up to mischief

напроро́чить *perf* что *coll* prophesy

ft.	напроро́чу, -чишь, -чат
imp.	напроро́чь, ~те
pt.	напроро́чил
g.pt.a.	напроро́чив
p.pt.a.	напроро́чивший
p.pt.p.	напроро́ченный

напроси́ться *perf coll* **1.** intrude oneself on, force oneself on **2.** wish for, hanker for ‖ *imperf* напра́шиваться 1a

ft.	напрошу́сь, -о́сишься, -о́сятся
imp.	напроси́сь, -и́тесь
pt.	напроси́лся, -лась
g.pt.a.	напроси́вшись
p.pt.a.	напроси́вшийся

напру́живать(ся) *imperf of* напру́жить(ся)

напружи́ниваться *imperf of* напружи́ниться

напружи́ниться *perf coll* tauten; put one's back in it ‖ *imperf* напружи́ниваться 1a

ft.	напружи́нюсь, -нишься, -нятся
imp.	напружи́нься, -ньтесь
pt.	напружи́нился, -лась
g.pt.a.	напружи́нившись
p.pt.a.	напружи́нившийся

напру́жить *perf* что *coll* strain, exert one's powers ‖ *imperf* напру́живать 1a

ft.	напру́жу, -жишь, -жат
imp.	напру́жь, ~те
pt.	напру́жил
g.pt.a.	напру́жив
p.pt.a.	напру́живший
p.pt.p.	напру́женный

напру́житься *perf coll* put one's back into it; *of muscles* tauten ‖ *imperf* напру́живаться

напры́скать 1 *perf coll* **1.** (что) чем spray, sprinkle **2.** что *or* чего́ splash ‖ *imperf* напры́скивать 1a

напры́скивать *imperf of* напры́скать

напряга́ть(ся) *imperf of* напря́чь(ся)

напряда́ть *imperf of* напря́сть

напря́сть *perf* что *or* чего́ spin *a quantity of* ‖ *imperf* напряда́ть 2a

ft.	напряду́, -дёшь, -ду́т
imp.	напряди́, ~те
pt.	напря́л, напряла́, напря́ло

g.pt.a.	напря́в *and* напря́дши
p.pt.a.	напря́дший
p.pt.p.	напрядённый; напрядён, -ена́

напря́чь *perf* что exert *a.* *fig* ‖ *imperf* напряга́ть 2a

ft.	напрягу́, -яжёшь, -ягу́т
imp.	напряги́, ~те
pt.	напря́г, -ягла́
g.pt.a.	напря́гши
p.pt.a.	напря́гший
p.pt.p.	напряжённый; напряжён, -ена́

напря́чься *perf* **1.** tauten, become taut **2.** strain oneself, exert oneself, brace oneself ‖ *imperf* напряга́ться

напуга́ть 2 *perf* кого́-что frighten, scare

напуга́ться *perf* be frightened, be scared

напу́дривать(ся) *imperf of* напу́дрить(ся)

напу́дрить *perf* кого́-что powder ‖ *imperf* напу́дривать 1a

ft.	напу́дрю, -ришь, -рят
imp.	напу́дри, ~те
pt.	напу́дрил
g.pt.a.	напу́дрив
p.pt.a.	напу́дривший
p.pt.p.	напу́дренный

напу́дриться *perf* powder (one's face) ‖ *imperf* напу́дриваться

напуска́ть(ся) *imperf of* напусти́ть(ся)

напусти́ть *perf* **1.** кого́-что *or* кого́-чего́ let in, fill with **2.** кого́-что на кого́-что *coll* set dogs on **3.** что на себя́ *coll* affect, put on; напусти́ть на себя́ стро́гость [учёный вид] affect severety [learning] ‖ *imperf* напуска́ть 2a

ft.	напущу́, -у́стишь, -у́стят
imp.	напусти́, ~те
pt.	напусти́л
g.pt.a.	напусти́в
p.pt.a.	напусти́вший
p.pt.p.	напу́щенный

напусти́ться *perf* на кого́-что *coll* pour out abuse (on) ‖ *imperf* напуска́ться

напу́тать 1 *perf coll* **1.** что *or* чего́ muddle; entangle **2.** cause [create] confusion **3.** be wrong, make mistakes ‖ *imperf* напу́тывать 1a

напу́тствовать 4 *and* 4a *perf, imperf* кого́-что чем speak parting words to, say *smth* to *smb* at parting

напу́тывать *imperf of* напу́тать

напуха́ть *imperf of* напу́хнуть

напу́хнуть, *1st and 2nd pers not used, perf coll* swell ‖ *imperf* напуха́ть 2a

ft.	напу́хнет, -нут
pt.	напу́х, ~ла
g.pt.a.	напу́хнув and напу́хши
p.pt.a.	напу́хший and напу́хнувший

напы́живаться *imperf of* напы́житься

напы́житься *perf coll* **1.** make great efforts **2.** *fig* be puffed up, give oneself airs ‖ *imperf* напы́живаться 1 a

ft.	напы́жусь, -жишься, -жатся
imp.	напы́жься, -жьтесь
pt.	напы́жился, -лась
g.pt.a.	напы́жившись
p.pt.a.	напы́жившийся

напыли́ть *perf coll* raise dust

ft.	напылю́, -ли́шь, -ля́т
imp.	напыли́, ~те
pt.	напыли́л
g.pt.a.	напыли́в
p.pt.a.	напыли́вший

напя́ливать *imperf of* напя́лить

напя́лить *perf* что на кого́-что **1.** stretch, spread (on *an embroidery frame*) **2.** *sub* put on *article of clothing* ‖ *imperf* напя́ливать 1 a

ft.	напя́лю, -лишь, -лят
imp.	напя́ль, ~те
pt.	напя́лил
g.pt.a.	напя́лив
p.pt.a.	напя́ливший
p.pt.p.	напя́ленный

нараба́тывать(ся) *imperf of* нарабо́тать-(ся)

нарабо́тать 1 *perf* что *or* чего́ *coll* **1.** make, turn out *a quantity of* **2.** earn ‖ *imperf* нараба́тывать 1 a

нарабо́таться *perf coll* tire oneself out with work; drudge ‖ *imperf* нараба́тываться

нара́доваться 4 *perf* на кого́-что *or* кому́-чему́, *usu negated* take much delight (in), find much pleasure (in); не нара́доваться на кого́-н. [на что́-н.] not know how [be at a loss] to express *one's* pleasure at *smb* [at *smth*]

нараста́ть *imperf of* нарасти́

нарасти́, *1st and 2nd pers not used, perf* **1.** на чём grow (on) **2.** grow *in large quantities* **3.** increase; swell ‖ *imperf* нараста́ть 2 a

ft.	нарастёт, -ту́т
pt.	наро́с, -осла́
g.pt.a.	наро́сши
p.pt.a.	наро́сший

нарасти́ть *perf* **1.** что grow, cultivate **2.**

что piece (out) **3.** что *or* чего́ *coll* grow, raise, cultivate *a quantity of* **4.** что *coll* augment ‖ *imperf* нара́щивать 1 a *and* нараща́ть 2 a

ft.	наращу́, -асти́шь, -астя́т
imp.	нарасти́, ~те
pt.	нарасти́л
g.pt.a.	нарасти́в
p.pt.a.	нарасти́вший
p.pt.p.	наращённый; наращён, -ена́

нараща́ть *imperf of* нарасти́ть

нара́щивать *imperf of* нарасти́ть

нарва́ть[1] *perf* что *or* чего́ **1.** pick, pluck *a quantity of* **2.** tear *a quantity of* ‖ *imperf* нарыва́ть 2 a

ft.	нарву́, -вёшь, -ву́т
imp.	нарви́, ~те
pt.	нарва́л, -ала́, -а́ло
g.pt.a.	нарва́в
p.pt.a.	нарва́вший
p.pt.p.	на́рванный

нарва́ть[2], *1st and 2nd pers not used, perf, usu impers* fester, gather; нарва́ло па́лец *or* па́лец нарва́л my finger is swollen ‖ *imperf* нарыва́ть 2 a

no *p.pt.p.*

other forms as нарва́ть[1]

нарва́ться *perf* на кого́-что *coll* run into *smb, smth* ‖ *imperf* нарыва́ться

pt.	нарва́лся, -ала́сь, -а́лось

наре́зать *perf* **1.** что *or* чего́ cut (off); cut *into pieces* **2.** что notch; thread **3.** что *or* чего́ кому́-чему́ allot *ground* ‖ *imperf* нареза́ть 2 a *and* наре́зывать 1 a

ft.	наре́жу, -е́жешь, -е́жут
imp.	наре́жь, ~те
pt.	наре́зал
g.pt.a.	наре́зав
p.pt.a.	наре́завший
p.pt.p.	наре́занный

нареза́ть *imperf of* наре́зать

наре́зывать *imperf of* наре́зать

нарека́ть(ся) *imperf of* наре́чь(ся)

наре́чь *perf* **1.** кого́-что кем-чем *or* кому́-чему́ что *obs* name **2.** кого́-что кем-чем *obs and bookish* appoint *smb* e.g. *smb's* successor ‖ *imperf* нарека́ть 2 a

ft.	нареку́, -ечёшь, -еку́т
imp.	нареки́, ~те
pt.	нарёк, -екла́
g.pt.a.	нарёкши
p.pt.a.	нарёкший

p.pt.p. наречённый; наречён, -ена́ *and* наречённый; наречён, -ена́

наре́чься *perf obs* call oneself ‖ *imperf* нарека́ться

нарисова́ть 5 *perf* кого-что 1. draw 2. *fig* describe, depict

наркотизи́ровать 4 *and* 4a *perf, imperf* кого-что *med* anesthetize

народи́ть *perf* что *or* кого-чего́ give birth to, bring forth *many children*

ft.	нарожу́, -оди́шь, -одя́т
imp.	народи́, ~те
pt.	народи́л
g.pt.a.	народи́в
p.pt.a.	народи́вший
p.pt.p.	нарождённый; нарождён, -ена́

народи́ться, *1st and 2nd pers not used, perf* 1. grow up; *of a generation* rise 2. *sub* be born 3. *fig* come into being, arise ‖ *imperf* нарожда́ться 2a

нарожда́ться *imperf of* народи́ться

наруба́ть[1] *imperf of* наруби́ть

наруба́ть[2] 2 *perf* что *or* чего́ *mining* get coal, mine

наруби́ть *perf* что *or* чего́ 1. chop *wood* 2. fell *trees* 3. cut, chop *cabbage* ‖ *imperf* наруба́ть 2a

ft.	нарублю́, -у́бишь, -у́бят
imp.	наруби́, ~те
pt.	наруби́л
g.pt.a.	наруби́в
p.pt.a.	наруби́вший
p.pt.p.	нару́бленный

нарумя́нивать(ся) *imperf of* нарумя́нить(ся)

нарумя́нить *perf* кого-что rouge ‖ *imperf* нарумя́нивать 1a

ft.	нарумя́ню, -нишь, -нят
imp.	нарумя́нь, ~те
pt.	нарумя́нил
g.pt.a.	нарумя́нив
p.pt.a.	нарумя́нивший
p.pt.p.	нарумя́ненный

нарумя́ниться *perf* put on rouge ‖ *imperf* нарумя́ниваться

наруша́ть(ся) *imperf of* нару́шить(ся)

нару́шить *perf* что 1. violate, infringe, transgress; break *one's word* 2. disturb, break ‖ *imperf* наруша́ть 2a

ft.	нару́шу, -шишь, -шат
imp.	нару́шь, ~те
pt.	нару́шил
g.pt.a.	нару́шив

p.pt.a. нару́шивший

p.pt.p. нару́шенный

нару́шиться, *1st and 2nd pers not used, perf* be broken, be disturbed ‖ *imperf* наруша́ться

нарыва́ть[1,2] *imperf of* нарва́ть[1,2]

нарыва́ть[3] *imperf of* нары́ть

нарыва́ться *imperf of* нарва́ться

нары́ть *perf* что *or* чего́ dig (up) ‖ *imperf* нарыва́ть 2a

ft.	наро́ю, -о́ешь, -о́ют
imp.	наро́й, ~те
pt.	нары́л
g.pt.a.	нары́в
p.pt.a.	нары́вший
p.pt.p.	нары́тый

наряди́ть[1] *perf* кого-что (во что) 1. dress up, smarten up 2. *usu with* кем disguise (as) ‖ *imperf* наряжа́ть 2a

ft.	наряжу́, -яди́шь, -ядя́т
imp.	наряди́, ~те
pt.	наряди́л
g.pt.a.	наряди́в
p.pt.a.	наряди́вший
p.pt.p.	наря́женный

наряди́ть[2] *perf* кого-что 1. give an order, order; send 2. *mil* detail, detach ‖ *imperf* наряжа́ть 2a

ft.	наряжу́, -яди́шь, -ядя́т
p.pt.p.	наряжённый; наряжён, -ена́

other forms as наряди́ть[1]

наряди́ться *perf* 1. dress up, smarten up 2. dress up, put on fancy dress ‖ *imperf* наряжа́ться

ft.	наряжу́сь, -яди́шься, -ядя́тся

наряжа́ть[1,2] *imperf of* наряди́ть[1,2]

наряжа́ться *imperf of* наряди́ться

насади́ть[1] *perf* 1. что *or* чего́ plant 2. кого-что на что fix; pin up; spit 3. кого-что *sub* stow, plant *down, on the floor etc.* ‖ *imperf* наса́живать 1a

ft.	насажу́, -а́дишь, -а́дят
imp.	насади́, ~те
pt.	насади́л
g.pt.a.	насади́в
p.pt.a.	насади́вший
p.pt.p.	наса́женный

насади́ть[2] *perf of* насажда́ть

ft.	насажу́, -ади́шь, -адя́т
p.pt.p.	насаждённый; насаждён, -ена́

other forms as насади́ть[1]

насажа́ть 2 *perf* 1. что *or* чего́ plant

2. кого-что stow (away) ‖ *imperf* наса́живать 1 a

насажда́ть 2 a *imperf* что *bookish* propagate, spread ‖ *perf* насади́ть², forms ib.

наса́живать¹ *imperf of* насади́ть¹

наса́живать² *imperf of* насажа́ть

наса́живаться *imperf of* насе́сть

наса́ливать *imperf of* насоли́ть

насанда́ливать *imperf of* насанда́лить

насанда́лить *perf* что dye with santalin ‖ *imperf* насанда́ливать 1 a
ft.	насанда́лю, -лишь, -лят
imp.	насанда́ль, ～те
pt.	насанда́лил
g.pt.a.	насанда́лив
p.pt.a.	насанда́ливший
p.pt.p.	насанда́ленный

наса́сывать(ся) *imperf of* насоса́ть(ся)

наса́харивать *imperf of* наса́харить

наса́харить *perf* что *co l* sprinkle with sugar ‖ *imperf* наса́харивать 1 a
ft.	наса́харю, -ришь, -рят
imp.	наса́хари, ～те *and* наса́харь, ～те
pt.	наса́харил
g.pt.a.	наса́харив
p.pt.a.	наса́харивший
p.pt.p.	наса́харенный

насбира́ть 2 *perf* что *or* чего́ *sub* scrape together, gather up

насвиста́ть *perf* что *coll* whistle *a tune* ‖ *imperf* насви́стывать 1 a
ft.	насвищу́, -и́щешь, -и́щут
imp.	насвищи́, ～те
pt.	насвиста́л
g.pt.a.	насвиста́в
p.pt.a.	насвиста́вший
p.pt.p.	насви́станный

насвиста́ться *perf coll* have been whistling

насвисте́ть *perf* что *coll* whistle *a tune* ‖ *imperf* насви́стывать 1 a
ft.	насвищу́, -исти́шь, -истя́т
imp.	насвисти́, ～те
pt.	насвисте́л
g.pt.a.	насвисте́в
p.pt.a.	насвисте́вший
p.pt.p.	насви́станный

насвисте́ться *perf coll* have been whistling

насви́стывать 1 a *imperf* что **1.** *imperf of* насвиста́ть *and* насвисте́ть **2.** *a. without object* whistle away softly to oneself

насева́ть *imperf of* насе́ять

наседа́ть 2 a *imperf* **1.** *imperf of* насе́сть **2.** *coll mil* press (hard)

насе́ивать *imperf of* насе́ять

насека́ть *imperf of* насе́чь

насели́ть *perf* что **1.** populate, people **2.** occupy *a house* ‖ *imperf* населя́ть 2 a
ft.	населю́, -ли́шь, -ля́т
imp.	насели́, ～те
pt.	насели́л
g.pt.a.	насели́в
p.pt.a.	насели́вший
p.pt.p.	населённый; населён, -ена́

населя́ть *imperf of* насели́ть

насе́сть *perf* **1.** *1st and 2nd pers not used* sit down, get in *in vast numbers* **2.** *1st and 2nd pers not used* на кого́-что *of dust* settle (on), cover **3.** на кого́ *coll* fall (on); press (hard) ‖ *imperf* наса́живаться 1 a *coll with* 1 *and* наседа́ть 2 a
ft.	нася́ду, -дешь, -дут
imp.	нася́дь, ～те
pt.	насе́л
g.pt.a.	насе́в
p.pt.a.	насе́вший

насе́чь *perf* **1.** что notch **2.** чего́ *coll* chop, mince *a quantity of* ‖ *imperf* насека́ть 2 a
ft.	насеку́, -ечёшь, -еку́т
imp.	насеки́, ～те
pt.	насе́к, -екла́
g.pt.a.	насе́кши
p.pt.a.	насе́кший
p.pt.p.	насечённый; насечён, -ена́

насе́ять *perf* что *or* чего́ **1.** sow *a quantity of* **2.** sift, sieve *a quantity of*; bolt *a quantity of flour* ‖ *imperf* насева́ть 2 a *and* насе́ивать 1 a
ft.	насе́ю, -е́ешь, -е́ют
imp.	насе́й, ～те
pt.	насе́ял
g.pt.a.	насе́яв
p.pt.a.	насе́явший
p.pt.p.	насе́янный

насиде́ть, *1st and 2nd pers not used, perf* что hatch *eggs* ‖ *imperf* наси́живать 1 a
ft.	насиди́т, -дя́т
pt.	насиде́л
g.pt.a.	насиде́в
p.pt.a.	насиде́вший
p.pt.p.	наси́женный

насиде́ться *perf coll* sit for a long while

наси́живать *imperf of* насиде́ть

наси́ловать 4 a *imperf* кого́-что **1.** ravish, violate, rape **2.** do violence to. — (из- *with* 1)

наси́льничать 1a *imperf sub* constrain, force

наска́бливать *imperf of* наскобли́ть

насказа́ть *perf* что *or* чего́ *coll* prattle ‖ *imperf* наска́зывать 1a
ft.   наскажу́, -а́жешь, -а́жут
imp.   наскажи́, ~те
pt.   насказа́л
g.pt.a. насказа́в
p.pt.a. насказа́вший
p.pt.p. наска́занный

наска́зывать *imperf of* насказа́ть

наскака́ть *perf* 1. на кого́-что run (against), run galloping (against) 2. come galloping *in large quantities* ‖ *imperf* наска́кивать 1a *with* 1
ft.   наскачу́, -а́чешь, -а́чут
imp.   наскачи́, ~те
pt.   наскака́л
g.pt.a. наскака́в
p.pt.a. наскака́вший

наска́кивать[1] *imperf of* наскака́ть

наска́кивать[2] *imperf of* наскочи́ть

насканда́лить *perf coll* kick up a row
ft.   насканда́лю, -лишь, -лят
imp.   насканда́ль, ~те
pt.   насканда́лил
g.pt.a. насканда́лив
p.pt.a. насканда́ливший

наскобли́ть *perf* что *or* чего́ scrape *a quantity of* ‖ *imperf* наска́бливать 1a
ft.   наскоблю́, -о́бли́шь, -о́бля́т
imp.   наскобли́, ~те
pt.   наскобли́л
g.pt.a. наскобли́в
p.pt.a. наскобли́вший
p.pt.p. наско́бленный

наскочи́ть *perf* на кого́-что 1. fall (on, upon), fly (at) 2. run (against, into); hit *a mine* 3. *coll* come (across) 4. *coll fig* fly at ‖ *imperf* наска́кивать 1a
ft.   наскочу́, -о́чишь, -о́чат
imp.   наскочи́, ~те
pt.   наскочи́л
g.pt.a. наскочи́в
p.pt.a. наскочи́вший

наскреба́ть *imperf of* наскрести́.

наскрести́ *perf* что *or* чего́ scrape [scratch] up *or* together ‖ *imperf* наскреба́ть 2a
ft.   наскребу́, -бёшь, -бу́т
imp.   наскреби́, ~те
pt.   наскрёб, -скребла́
g.pt.a. наскрёбши

наскрёбший
наскребённый; наскребён, -ена́

наску́чить *perf* кому́ чем *or without object* tire, bore, weary
ft.   наску́чу, -чишь, -чат
imp.   наску́чь, ~те
pt.   наску́чил
g.pt.a. наску́чив
p.pt.a. наску́чивший

наслади́ть *perf* что delight ‖ *imperf* наслажда́ть 2a
ft.   наслажу́, -ади́шь, -адя́т
imp.   наслади́, ~те
pt.   наслади́л
g.pt.a. наслади́в
p.pt.a. наслади́вший

наслади́ться *perf* кем-чем take delight (in), revel (in), enjoy ‖ *imperf* наслажда́ться

наслажда́ть(ся) *imperf of* наслади́ть(ся)

насла́ивать(ся) *imperf of* наслои́ть(ся)

насласти́ть *perf* что *coll* sweeten ‖ *imperf* насла́щивать 1a
ft.   наслащу́, -асти́шь, -астя́т
imp.   насласти́, ~те
pt.   насласти́л
g.pt.a. насласти́в
p.pt.a. насласти́вший
p.pt.p. наслащённый; наслащён, -ена́

насла́ть *perf* 1. кого́-что *or* кого́-чего́ send *a quantity of* 2. что на кого́ *obs* inflict (on); *rel* send *troubles, misfortune* ‖ *imperf* насыла́ть 2a
ft.   нашлю́, -шлёшь, -шлю́т
imp.   нашли́, ~те
pt.   насла́л
g.pt.a. насла́в
p.pt.a. насла́вший
p.pt.p. на́сланный

насла́щивать *imperf of* насласти́ть

наследи́ть *perf* чем *or without object coll* leave dirty traces [footprints]
ft.   наслежу́, -еди́шь, -едя́т
imp.   наследи́, ~те
pt.   наследи́л
g.pt.a. наследи́в
p.pt.a. наследи́вший
p.pt.p. наслеженный

насле́довать 4 *and* 4a *perf, imperf* 1. что inherit 2. кому́-чему́ be heir to, be *smb's* heir, succeed to. — (y- *with* 1)

наслои́ть *perf* что *or* чего́ arrange in layers ‖ *imperf* насла́ивать 1a
ft.   наслою́, -ои́шь, -оя́т

imp.	наслой, ~те
pt.	наслоил
g.pt.a.	наслоив
p.pt.a.	наслоивший
p.pt.p.	наслоённый; наслоён, -ена

наслоиться, *1st and 2nd pers not used,* *perf* на что be deposited (on); form layers ‖ *imperf* наслаиваться

наслужиться *perf coll* give perfect service, give no cause for complaint

ft.	наслужусь, -ужишься, -ужатся
imp.	наслужись, -итесь
pt.	наслужился, -лась
g.pt.a.	наслужившись
p.pt.a.	наслужившийся

наслушаться 1 *perf* кого-чего 1. hear a lot of 2. hear enough of

наслышаться *perf* о ком-чём *coll* hear enough, learn a lot of ... by hearing

ft.	наслышусь, -шишься, -шатся
imp.	наслышься, -шьтесь
pt.	наслышался, -лась
g.pt.a.	наслышавшись
p.pt.a.	наслышавшийся

наслюнивать *imperf of* наслюнить

наслюнить *perf* что *coll* moisten with saliva ‖ *imperf* наслюнивать 1 a

ft.	наслюню, -нишь, -нят
imp.	наслюни, ~те
pt.	наслюнил
g.pt.a.	наслюнив
p.pt.a.	наслюнивший
p.pt.p.	наслюнённый; наслюнён, -ена

насматривать *imperf of* насмотреть

насмеиваться *imperf of* насмелиться

насмелиться *perf sub* have the nerve *to do smth* ‖ *imperf* насмеиваться 1 a

ft.	насмелюсь, -лишься, -лятся
imp.	насмелься, -льтесь
pt.	насмелился, -лась
g.pt.a.	насмелившись
p.pt.a.	насмелившийся

насмехаться 2 a *imperf* над кем-чем mock (at), deride, laugh (at)

насмешить *perf* кого-что make *smb* laugh

ft.	насмешу, -шишь, -шат
imp.	насмеши, ~те
pt.	насмешил
g.pt.a.	насмешив
p.pt.a.	насмешивший

насмеяться *perf* 1. *coll* split *one's* sides with laughing [laughter], die with laugh-

ing 2. над кем-чем make fun (of), mock (at), deride

ft.	насмеюсь, -еёшься, -еются
imp.	насмейся, -ейтесь
pt.	насмеялся, -лась
g.pt.a.	насмеявшись
p.pt.a.	насмеявшийся

насмотреть *perf* что *sub* unearth, dig up, get hold of ‖ *imperf* насматривать 1 a

ft.	насмотрю, -отришь, -отрят
imp.	насмотри, ~те
pt.	насмотрел
g.pt.a.	насмотрев
p.pt.a.	насмотревший

насмотреться *perf* 1. *usu negated* на кого-что gaze *one's* fill (at); я на тебя насмотреться не мог I never tired of looking at you 2. кого-чего see *a quantity of*

насовать 5 *perf* кого-что *or with infinitiv coll* put (in), stick (in); shove (in) ‖ *imperf* насовывать 1 a

ft.	насую, -уёшь, -уют

насоветовать 4 *perf* что *or* чего *coll* counsel, advise

насовывать *imperf of* насовать

насолить *perf* 1. что *or* чего salt, pickle *a quantity of* 2. что *coll* put a lot of salt in 3. кому-чему *coll* settle *smb's* hash ‖ *imperf* насаливать *with* 1, 2

ft.	насолю, -олишь, -олят
imp.	насоли, ~те
pt.	насолил
g.pt.a.	насолив
p.pt.a.	насоливший
p.pt.p.	насоленный

насорить *perf* чем dirty

ft.	насорю, -ришь, -рят
imp.	насори, ~те
pt.	насорил
g.pt.a.	насорив
p.pt.a.	насоривший
p.pt.p.	насоренный

насосать *perf* что *or* чего fill by suction ‖ *imperf* насасывать 1 a

ft.	насосу, -сёшь, -сут
imp.	насоси, ~те
pt.	насосал
g.pt.a.	насосав
p.pt.a.	насосавший
p.pt.p.	насосанный

насосаться *perf* кого-чего suck *one's* fill ‖ *imperf* насасываться

насочинить *perf* что *or* чего *coll* 1. write,

compose *a lot of* 2. invent, fabricate, put together *a lot of* (*nonsense*)

ft.	насочиню́, -ни́шь, -ня́т
imp.	насочини́, ~те
pt.	насочини́л
g.pt.a.	насочини́в
p.pt.a.	насочини́вший
p.pt.p.	насочинённый; насочинён, -ена́

насочиня́ть 2 *perf* что *or* чего́ *coll* 1. write, compose *a lot of* 2. invent, fabricate, put together *a lot of* (*nonsense*)

p.pt.p.	насочинённый; насочинён, -ена́

насочи́ться, *1st and 2nd pers not used, perf coll* ooze (through), percolate, trickle through

ft.	насочи́тся, -ча́тся
pt.	насочи́лся, -ла́сь
g.pt.a.	насочи́вшись
p.pt.a.	насочи́вшийся

наспле́тничать 1 *perf* gossip, tell tales

настава́ть *imperf of* наста́ть

pr.	настаёт, -аю́т
pt.	настава́л
g.pt.a.	настава́в
p.pt.a.	настава́вший

наста́вить[1] *perf* 1. что *or* кого́-чего́ put (down), place (down), set (up) *a quantity of* 2. что lengthen; piece on 3. что на кого́-что aim (at), level (at) ‖ *imperf* наставля́ть 2a

ft.	наста́влю, -вишь, -вят
imp.	наста́вь, ~те
pt.	наста́вил
g.pt.a.	наста́вив
p.pt.a.	наста́вивший
p.pt.p.	наста́вленный

наста́вить[2] *perf* кого́-что чему́ *or* на что *obs* teach, instruct; admonish ‖ *imperf* наставля́ть 2a
forms as наста́вить[1]

наставля́ть[1,2] *imperf of* наста́вить[1,2]

наста́ивать[1,2] *imperf of* настоя́ть[1,2]

наста́иваться *imperf of* настоя́ться[1]

наста́ть, *1st and 2nd pers not used, perf of time* come; *of night* fall; begin ‖ *imperf* настава́ть, forms ib.

ft.	наста́нет, -нут
pt.	наста́л
g.pt.a.	наста́в
p.pt.a.	наста́вший

настега́ть 2 *perf* что *or* чего́ stitch, quilt *a quantity of* ‖ *imperf* настёгивать 1a

настёгивать *imperf of* настега́ть

настели́ть *perf* что *or* чего́ *sub* lay *on the floor*; spread

ft.	настелю́, -е́лешь, -е́лют
imp.	настели́, ~те
pt.	настели́л
g.pt.a.	настели́в
p.pt.a.	настели́вший
p.pt.p.	насте́ленный

настига́ть *imperf of* насти́чь *and* насти́гнуть

насти́гнуть *s.* насти́чь

настила́ть *imperf of* настла́ть

настира́ть 2 *perf* что *or* чего́ wash ‖ *imperf* насти́рывать 1a

насти́рывать *imperf of* настира́ть

насти́чь *and* **насти́гнуть** *perf* кого́-что overtake ‖ *imperf* настига́ть 2a

ft.	насти́гну, -нешь, -нут
imp.	насти́гни, ~те
pt.	насти́г *and obs* насти́гнул, насти́гла
g.pt.a.	насти́гнув *and* насти́гши
p.pt.a.	насти́гший *and obs* насти́гнувший
p.pt.p.	насти́гнутый

настла́ть [сл] *perf* что *or* чего́ lay; spread; настла́ть пол lay a floor; настла́ть мостову́ю pave the road ‖ *imperf* настила́ть 2a

ft.	настелю́, -е́лешь, -е́лют
imp.	настели́, ~те
pt.	настла́л
g.pt.a.	настла́в
p.pt.a.	настла́вший
p.pt.p.	на́стланный

настора́живать(ся) *imperf of* насторожи́ть(ся)

насторожи́ть *perf*: насторожи́ть у́ши [слух] prick up *one's* ears ‖ *imperf* настора́живать 2a

ft.	насторожу́, -жи́шь, -жа́т
imp.	насторожи́, ~те
pt.	насторожи́л
g.pt.a.	насторожи́в
p.pt.a.	насторожи́вший
p.pt.p.	насторожённый; насторожён, -ена́

насторожи́ться *perf* prick up *one's* ears; be alert ‖ *imperf* настора́живаться

настоя́ть[1] *perf* на чём press (for) ‖ *imperf* наста́ивать 1a insist (on), persist (in); наста́ивать на своём persist in [stick to] *one's* opinion; наста́ивать на чём-н. stand to *smth*, stand by *smth*

ft.　　настою́, -ои́шь, -оя́т
imp.　　настои́, ~те
pt.　　настоя́л
g.pt.a.　　настоя́в
p.pt.a.　　настоя́вший

настоя́ть[2] *perf* что на чём infuse; make an infusion (with) ‖ *imperf* наста́ивать 1 a
p.pt.p.　　настоя́нный
other forms as настоя́ть[1]

настоя́ться[1], *1st and 2nd pers not used, perf,* of tea draw ‖ *imperf* наста́иваться

настоя́ться[2] *perf coll* stand for a long while

настра́гивать *imperf of* настрога́ть

настрада́ться 2 *perf* suffer much

настра́ивать[1,2] *imperf of* настро́ить[1,2]

настра́иваться *imperf of* настро́иться

настра́чивать *imperf of* настрочи́ть

настре́ливать *imperf of* настреля́ть

настреля́ть 2 *perf* что *or* кого́-чего́ shoot, kill ‖ *imperf* настре́ливать 1 a

настрига́ть *imperf of* настри́чь

настри́чь *perf* что *or* чего́ shear *a quantity of* ‖ *imperf* настрига́ть 2 a
ft.　　настригу́, -ижёшь, -игу́т
imp.　　настриги́, ~те
pt.　　настри́г, ~ла
g.pt.a.　　настри́гши
p.pt.a.　　настри́гший
p.pt.p.　　настри́женный

настрога́ть 2 *perf* что *or* чего́ plane *a quantity of* ‖ *imperf* настра́гивать 1 a

настро́ить[1] *perf* что *or* чего́ build *a quantity of* ‖ *imperf* настра́ивать 1 a
ft.　　настро́ю, -о́ишь, -о́ят
imp.　　настро́й, ~те
pt.　　настро́ил
g.pt.a.　　настро́ив
p.pt.a.　　настро́ивший
p.pt.p.　　настро́енный

настро́ить[2] *perf* что 1. *mus* tune (up) 2. кого́-что make; incite, incline 3. *wrl* tune ‖ *imperf* настра́ивать 1 a
forms as настро́ить[1]

настро́иться *perf* be incited; be tuned ‖ *imperf* настра́иваться

настропали́ть *perf* кого́-что put in a *particular* mood, produce a *particular* mood in *smb*, make *smb* feel *sad, gay etc.*
ft.　　настропалю́, -ли́шь, -ля́т
imp.　　настропали́, ~те
pt.　　настропали́л
g.pt.a.　　настропали́в
p.pt.a.　　настропали́вший

p.pt.p.　　настропалённый; настропалён, -ена́

настрочи́ть *perf* 1. что *or* чего́ backstich 2. что *coll* write hastily ‖ *imperf* настра́чивать 1 a *with* 1
ft.　　настрочу́, -о́чишь, -о́чат
imp.　　настрочи́, ~те
pt.　　настрочи́л
g.pt.a.　　настрочи́в
p.pt.a.　　настрочи́вший
p.pt.p.　　настро́ченный

наструга́ть 2 *perf* что *or* чего́ plane *a lot of* ‖ *imperf* настру́гивать 1 a

настру́гивать *imperf of* наструга́ть

настря́пать 1 *perf* что *or* чего́ cook *a quantity of*

настуди́ть *perf* что *sub* chill ‖ *imperf* насту́живать 1 a *and sub* настужа́ть 2 a
ft.　　настужу́, -у́дишь, -у́дят
imp.　　настуди́, ~те
pt.　　настуди́л
g.pt.a.　　настуди́в
p.pt.a.　　настуди́вший
p.pt.p.　　насту́женный

настужа́ть *imperf of* настуди́ть

насту́живать *imperf of* настуди́ть

насту́кать 1 *perf* что tap *surface* to locate *damage,* locate *damage* by tapping ‖ *imperf* насту́кивать 1 a

насту́кивать *imperf of* насту́кать

наступа́ть[1] 2 a *imperf* на кого́-что 1. *imperf of* наступи́ть[1] 2. *mil* attack

наступа́ть[2] *imperf of* наступи́ть[2]

наступи́ть[1] *perf* на кого́-что step (on) ‖ *imperf* наступа́ть 2 a
ft.　　наступлю́, -у́пишь, -у́пят
imp.　　наступи́, ~те
pt.　　наступи́л
g.pt.a.　　наступи́в
p.pt.a.　　наступи́вший

наступи́ть[2], *1st and 2nd pers not used, perf* come ‖ *imperf* наступа́ть 2 a
forms as наступи́ть[1]

настыва́ть *imperf of* насты́ть *and* насты́нуть

насты́нуть *s.* насты́ть

насты́ть *and* **насты́нуть** *perf* 1. *1st and 2nd pers not used* freeze to *smth* 2. *1st and 2nd pers not used* chill 3. get cold, cool ‖ *imperf* настыва́ть 2 a
ft.　　насты́ну, -нешь, -нут
imp.　　насты́нь, ~те
pt.　　насты́л

g.pt.a.   насты́в
p.pt.a.   насты́вший

насули́ть *perf* что *or* чего́ promise too much
ft.   насулю́, -ли́шь, -ля́т
imp.   насули́, ~те
pt.   насули́л
g.pt.a.   насули́в
p.pt.a.   насули́вший
p.pt.p.   насулённый; насулён, -ена́

насу́пить *perf* что: насу́пить бро́ви frown ‖ *imperf* насу́пливать 1a
ft.   насу́плю, -пишь, -пят
imp.   насу́пь, ~те
pt.   насу́пил
g.pt.a.   насу́пив
p.pt.a.   насу́пивший
p.pt.p.   насу́пленный

насу́питься *perf* frown ‖ *imperf* насу́пливаться

насу́пливать(ся) *imperf of* насу́пить(ся)

насурьми́ть *perf* что dye black *hair;* apply mascara *to the eyelashes*
ft.   насурьмлю́, -ми́шь, -мя́т
imp.   насурьми́, ~те
pt.   насурьми́л
g.pt.a.   насурьми́в
p.pt.a.   насурьми́вший
p.pt.p.   насурьмлённый; насурьмлён, -ена́

насурьми́ться *perf* dye one's eyebrows *etc.* black, apply mascara to the eyebrows *etc.*

насу́чивать *imperf of* насучи́ть

насучи́ть *perf* что *or* чего́ twist *a quantity of* ‖ *imperf* насу́чивать 1a
ft.   насучу́, -учи́шь, -уча́т
imp.   насучи́, ~те
pt.   насучи́л
g.pt.a.   насучи́в
p.pt.a.   насучи́вший
p.pt.p.   насу́ченный

насу́шивать *imperf of* насуши́ть

насуши́ть *perf* что *or* чего́ dry *a lot of* ‖ *imperf* насу́шивать 1a
ft.   насушу́, -у́шишь, -у́шат
imp.   насуши́, ~те
pt.   насуши́л
g.pt.a.   насуши́в
p.pt.a.   насуши́вший
p.pt.p.   насу́шенный

насчита́ть 2 *perf* что count ‖ *imperf* насчи́тывать 1a

насчи́тывать 1a *imperf* 1. *imperf of* насчита́ть 2. *1st and 2nd pers not used* number

насчи́тываться, *1st and 2nd pers not used,* *imperf* number

насыла́ть *imperf of* насла́ть

насыпа́ть *perf* 1. что *or* чего́ pour 2. что *or* чего́ во что fill 3. что pile up ‖ *imperf* насыпа́ть 2a
ft.   насы́плю, -плешь, -плют *and coll* -пешь, -пют
imp.   насы́пь, ~те
pt.   насы́пал
g.pt.a.   насы́пав
p.pt.a.   насы́павший
p.pt.p.   насы́панный

насыпа́ть *imperf of* насы́пать

насыпа́ться, *1st and 2nd pers not used,* *perf* fall ‖ *imperf* насыпа́ться 2a forms follow насы́пать

насыпа́ться *imperf of* насы́паться

насы́тить *perf* кого́-что 1. satiate, fill to satiety; *chem* saturate 2. satiate, glut ‖ *imperf* насыща́ть 2a
ft.   насы́щу, -ы́тишь, -ы́тят
imp.   насы́ть, ~те
pt.   насы́тил
g.pt.a.   насы́тив
p.pt.a.   насы́тивший
p.pt.p.   насы́щенный

насы́титься *perf* 1. be satiated 2. *1st and 2nd pers not used* чем be saturated ‖ *imperf* насыща́ться
g.pt.a.   насы́тившись *and* насы́тясь

насыща́ть(ся) *imperf of* насы́тить(ся)

ната́ивать *imperf of* натая́ть

ната́лкивать(ся) *imperf of* натолкну́ть(ся)

натанцева́ться *perf coll* dance until one has had enough
ft.   натанцу́юсь, -у́ешься, -у́ются
imp.   натанцу́йся, -у́йтесь
pt.   натанцева́лся, -лась
g.pt.a.   натанцева́вшись
p.pt.a.   натанцева́вшийся

ната́пливать[1,2] *imperf of* натопи́ть[1,2]

ната́птывать *imperf of* натопта́ть

натаска́ть[1] 2 *perf* 1. что *or* чего́ bring *a quantity of*; lug up *an amount* 2. что *or* чего́ *coll* give, furnish *examples* 3. *coll* tweak *smb's* ears ‖ *imperf* ната́скивать 1a

натаска́ть[2] 2 *perf* кого́-что 1. train *a dog* 2. *coll* coach ‖ *imperf* ната́скивать 1a

ната́скивать[1,2] *imperf of* натаска́ть[1,2]

ната́скивать[3] *imperf of* натащи́ть

ната́чивать *imperf of* наточи́ть

261 натоло́чь

ватащи́ть *perf* что *or* чего drag; bring ‖ *imperf* ната́скивать 1а
ft.	натащу́, -а́щишь, -а́щат
imp.	натащи́, ~те
pt.	натащи́л
g.pt.a.	натащи́в
p.pt.a.	натащи́вший
p.pt.p.	ната́щенный

ната́ять *perf* **1.** *1st and 2nd pers not used* thaw **2.** что *or* чего melt *a lot of* ‖ *imperf* ната́ивать 1а
ft.	ната́ю, -а́ешь, -а́ют
imp.	ната́й, ~те
pt.	ната́ял
g.pt.a.	ната́яв
p.pt.a.	ната́явший
p.pt.p.	ната́янный

натвори́ть[1] *perf* что *or* чего *coll* do, cause
ft.	натворю́, -ри́шь, -ря́т
imp.	натвори́, ~те
pt.	натвори́л
g.pt.a.	натвори́в
p.pt.a.	натвори́вший

натвори́ть[2] *perf* что *or* чего mix *dough;* slake *lime*
| *p.pt.p.* | натворённый; натворён, -ена́ |

other forms as натвори́ть[1]

натека́ть *imperf of* нате́чь

натереби́ть *perf* что *or* чего pull out, pluck *a lot of*
ft.	натереблю́, -би́шь, -бя́т
imp.	натереби́, ~те
pt.	натереби́л
g.pt.a.	натереби́в
p.pt.a.	натереби́вший
p.pt.p.	натереблённый; натереблён, -ена́

натере́ть *perf* **1.** кого́-что чем rub (with) **2.** что polish, wax **3.** что *or* чего grate *a quantity of* **4.** что rub sore ‖ *imperf* натира́ть 2а
ft.	натру́, -рёшь, -ру́т
imp.	натри́, ~те
pt.	натёр, ~ла
g.pt.a.	натере́в *and* натёрши
p.pt.a.	натёрший
p.pt.p.	натёртый

натере́ться *perf* чем *coll* rub oneself (with) ‖ *imperf* натира́ться

натерпе́ться *perf* чего *coll* have suffered much
ft.	натерплю́сь, -е́рпишься, -е́рпятся
imp.	натерпи́сь, -и́тесь
pt.	натерпе́лся, -лась

| *g.pt.a.* | натерпе́вшись |
| *p.pt.a.* | натерпе́вшийся |

натеса́ть *perf* что *or* чего hew, cut *a quantity of* ‖ *imperf* натёсывать 1а
ft.	натешу́, -е́шешь, -е́шут
imp.	натеши́, ~те
pt.	натеса́л
g.pt.a.	натеса́в
p.pt.a.	натеса́вший
p.pt.p.	натёсанный

натёсывать *imperf of* натеса́ть

нате́чь, *1st and 2nd pers not used*, *perf* flow in; accumulate ‖ *imperf* натека́ть 2а
ft.	натечёт, -еку́т
pt.	натёк, -екла́
g.pt.a.	натёкши
p.pt.a.	натёкший

нате́шиться *perf* чем *coll* enjoy oneself
ft.	нате́шусь, -шишься, -шатся
imp.	нате́шься, -шьтесь
pt.	нате́шился, -лась
g.pt.a.	нате́шившись
p.pt.a.	нате́шившийся

натира́ть(ся) *imperf of* натере́ть(ся)

нати́скать 1 *perf* кого́-что *or* чего во что press, squeeze (into) ‖ *imperf* нати́скивать 1а

нати́скивать *imperf of* нати́скать

натка́ть *perf* что *or* чего weave *a quantity of*
ft.	натку́, -кёшь, -ку́т
imp.	натки́, ~те
pt.	натка́л, -а́ла́, -а́ло
g.pt.a.	натка́в
p.pt.a.	натка́вший
p.pt.p.	на́тканный

наткну́ть 7 *perf* кого́-что stick, spike ‖ *imperf* натыка́ть 2 а

наткну́ться *perf* **1.** на что run (into) **2.** на кого́-что bump (against), run (against) ‖ *imperf* натыка́ться

натолкну́ть 7 *perf* кого́-что на что **1.** *coll* push (against) **2.** *fig* suggest ‖ *imperf* ната́лкивать 1а

натолкну́ться *perf* на кого́-что **1.** knock (against), strike (against) **2.** come (across) ‖ *imperf* ната́лкиваться

натоло́чь *perf* что *or* чего pound, crush up *a quantity of*
ft.	натолку́, -лчёшь, -лку́т
imp.	натолки́, ~те
pt.	натоло́к, -лкла́
g.pt.a.	натоло́кши

p.pt.a.	натоло́кший
p.pt.p.	натолчённый; натолчён, -ена́

натопи́ть[1] *perf* что overheat ‖ *imperf* ната́пливать 1 a

ft.	натоплю́, -о́пишь, -о́пят
imp.	натопи́, ~те
pt.	натопи́л
g.pt.a.	натопи́в
p.pt.a.	натопи́вший
p.pt.p.	нато́пленный

натопи́ть[2] *perf* что *or* чего́ melt *a quantity of* ‖ *imperf* ната́пливать 1 a
forms as натопи́ть[1]

натопта́ть *perf coll* leave dirty footmarks ‖ *imperf* ната́птывать 1 a

ft.	натопчу́, -о́пчешь, -о́пчут
imp.	натопчи́, ~те
pt.	натопта́л
g.pt.a.	натопта́в
p.pt.a.	натопта́вший
p.pt.p.	нато́птанный

наторгова́ть 5 *perf coll* **1.** что *or* чего́ gain by trade **2.** на что sell ‖ *imperf* наторго́вывать 1 a

наторго́вывать *imperf of* наторгова́ть

наторе́ть 3 *perf* в чём become accustomed (to)

наточи́ть *perf* что sharpen, set ‖ *imperf* ната́чивать 1 a

ft.	наточу́, -о́чишь, -о́чат
imp.	наточи́, ~те
pt.	наточи́л
g.pt.a.	наточи́в
p.pt.a.	наточи́вший
p.pt.p.	нато́ченный

натрави́ть *perf* **1.** кого́-что на кого́-что set (on) **2.** *fig* кого́-что на кого́-что *coll* incite, stir up (against) **3.** что *or* кого́-чего́ exterminate *a number of* **4.** что *or* чего́ etch ‖ *imperf* натра́вливать 1 a *and* натравля́ть 2 a

ft.	натравлю́, -а́вишь, -а́вят
imp.	натрави́, ~те
pt.	натрави́л
g.pt.a.	натрави́в
p.pt.a.	натрави́вший
p.pt.p.	натра́вленный

натра́вливать *imperf of* натрави́ть

натравля́ть *imperf of* натрави́ть

натренирова́ть 5 *perf* кого́-что train, give training

натренирова́ться *perf* train, take exercise

натруди́ть *perf* что *coll* strain, tire out ‖ *imperf* натру́живать 1 a

ft.	натружу́, -у́ди́шь, -у́дя́т
imp.	натруди́, ~те
pt.	натруди́л
g.pt.a.	натруди́в
p.pt.a.	натруди́вший
p.pt.p.	натру́женный *and* натружённый; натружён, -ена́

натруди́ться *perf* **1.** *coll* tire oneself, wear oneself out **2.** *only perf sub* put *one's* back into *one's* work ‖ *imperf* натру́живаться

ft.	натружу́сь, -у́ди́шься, -у́дя́тся *and in the 2nd sense* -у́дишься, -у́дятся

натру́живать(ся) *imperf of* натруди́ть(ся)

натруси́ть *perf* что *sub* tip out

ft.	натрушу́, -уси́шь, -уся́т
imp.	натруси́, ~те
pt.	натруси́л
g.pt.a.	натруси́в
p.pt.a.	натруси́вший
p.pt.p.	натру́шенный

натруси́ться, *1st and 2nd pers not used*, *perf sub* spill, scatter, be scattered

натряса́ть *imperf of* натрясти́

натрясти́ *perf* что *or* чего́ shake *a lot of* ‖ *imperf* натряса́ть 2 a

ft.	натрясу́, -сёшь, -су́т
imp.	натряси́, ~те
pt.	натря́с, -ясла́
g.pt.a.	натря́сши
p.pt.a.	натря́сший
p.pt.p.	натрясённый; натрясён, -ена́

натрясти́сь *perf coll* **1.** shake **2.** tremble, shudder

нату́живать(ся) *imperf of* нату́жить(ся)

нату́жить *perf* что *coll* strech ‖ *imperf* нату́живать 1 a

ft.	нату́жу, -жишь, -жат
imp.	нату́жь, ~те
pt.	нату́жил
g.pt.a.	нату́жив
p.pt.a.	нату́живший
p.pt.p.	нату́женный

нату́житься *perf coll* make an effort, strain oneself *to do smth* ‖ *imperf* нату́живаться

натурализова́ть 5 *and* 5 a *perf, imperf* кого́-что naturalize

натурализова́ться *perf, imperf* be naturalized

наты́кать 1 *perf* что *or* чего́ *coll* stick *pins in smth* ‖ *imperf* натыка́ть 2 a

натыка́ть[1] *imperf of* наты́кать

натыка́ть[2] *imperf of* наткну́ть

натыка́ться *imperf of* наткну́ться

натя́гивать(ся) *imperf of* натяну́ть(ся)

натяну́ть 7 *perf* что **1.** stretch **2.** tighten **3.** pull on, put on *clothes etc.* ‖ *imperf* натя́гивать 1 a
ft.	натяну́, -я́нешь, -я́нут
p.pt.p.	натя́нутый

натяну́ться, *1st and 2nd pers not used,* *perf* be stretched, get tight ‖ *imperf* натя́гиваться

науди́ть *perf* кого́-что *or* чего́ fish ‖ *imperf* нау́живать 1 a
ft.	научжу́, -у́дишь, -у́дят
imp.	науди́, ~те
pt.	науди́л
g.pt.a.	науди́в
p.pt.a.	науди́вший
p.pt.p.	нау́женный

нау́живать *imperf of* науди́ть

наусти́ть *perf* кого́-что induce; incite, instigate ‖ *imperf* науща́ть 2 a
ft.	наущу́, -усти́шь, -устя́т
imp.	наусти́, ~те
pt.	наусти́л
g.pt.a.	наусти́в
p.pt.a.	наусти́вший
p.pt.p.	наущённый; наущён, -ена́

нау́ськать 1 *perf* кого́-что на кого́-что **1.** set *smb, smth* on *smb* **2.** set (against), incite ‖ *imperf* нау́ськивать 1 a

нау́ськивать *imperf of* нау́ськать

науча́ть(ся) *imperf of* научи́ть(ся)

научи́ть *perf* **1.** кого́-что чему́ *or with infinitive* teach, train **2.** кого́-что *coll* instruct, train, teach **3.** teach, show, demonstrate, prove ‖ *imperf obs and sub* науча́ть 2 a
ft.	научу́, нау́чишь, нау́чат
imp.	научи́, ~те
pt.	научи́л
g.pt.a.	научи́в
p.pt.a.	научи́вший
p.pt.p.	нау́ченный

научи́ться *perf* чему́ *or with infinitive* learn ‖ *imperf obs and sub* науча́ться

нау́шничать 1 a *imperf* кому́ на кого́-что *coll* defame, run *smb* down

науща́ть *imperf of* наусти́ть

нафа́бривать(ся) *imperf of* нафа́брить(ся)

нафабрикова́ть 5 *perf* что *or* чего́ produce *a quantity of*

нафа́брить *perf* что dye *hair* black ‖ *imperf* нафа́бривать 1 a
ft.	нафа́брю, -ришь, -рят
imp.	нафа́бри, ~те
pt.	нафа́брил
g.pt.a.	нафа́брив
p.pt.a.	нафа́бривший
p.pt.p.	нафа́бренный

нафа́бриться *perf* dye ‖ *imperf* нафа́бриваться

наха́живать *imperf of* находи́ть[3]

наха́льничать 1 a *imperf coll* be cheeky

нахами́ть *perf* кому́ *or without object sub* get nasty (with *smb*)
ft.	нахамлю́, -ми́шь, -мя́т
imp.	нахами́, ~те
pt.	нахами́л
g.pt.a.	нахами́в
p.pt.a.	нахами́вший

наха́ркать 1 *perf sub* spit

нахва́ливать *imperf of* нахвали́ть

нахвали́ть *perf* кого́-что *coll* sing *smb's* praises ‖ *imperf* нахва́ливать 1 a
ft.	нахвалю́, -а́лишь, -а́лят
imp.	нахвали́, ~те
pt.	нахвали́л
g.pt.a.	нахвали́в
p.pt.a.	нахвали́вший
p.pt.p.	нахва́ленный

нахвали́ться *perf coll* **1.** blow one's own trumpet **2.** кем-чем *usu negated* praise enough

нахва́статься 1 *perf coll* be full of praise

нахвата́ть 2 *perf* что *or* чего́ *coll* pick up ‖ *imperf* нахва́тывать 1 a

нахвата́ться *perf* чего́ pick up *a smattering of smth* ‖ *imperf* нахва́тываться

нахва́тывать(ся) *imperf of* нахвата́ть(ся)

нахлеста́ть *perf* кого́-что *coll* whip, lash ‖ *imperf* нахлёстывать 1 a
ft.	нахлещу́, -е́шешь, -е́шут
imp.	нахлещи́, ~те
pt.	нахлеста́л
g.pt.a.	нахлеста́в
p.pt.a.	нахлеста́вший
p.pt.p.	нахлёстанный

нахлеста́ться *perf sub* switch oneself *in sauna bath* ‖ *imperf* нахлёстываться

нахлёстывать(ся) *imperf of* нахлеста́ть(ся)

нахлобу́чивать(ся) *imperf of* нахлобу́-
чить(ся)

нахлобу́чить *perf* что pull over *one's* eyes
hat etc. ‖ *imperf* нахлобу́чивать 1 а
ft.	нахлобу́чу, -чишь, -чат
imp.	нахлобу́чь, ~те
pt.	нахлобу́чил
g.pt.a.	нахлобу́чив
p.pt.a.	нахлобу́чивший
p.pt.p.	нахлобу́ченный

нахлобу́читься, *1st and 2nd pers not used,*
perf coll, of hat slip down over the eyes ‖
imperf нахлобу́чиваться

нахлы́нуть 6, *1st and 2nd pers not used,*
perf rush into, pour into
imp.	нахлы́нь, ~те

нахму́ривать(ся) *imperf of* нахму́рить(ся)

нахму́рить *perf* knit *brows*; frown ‖ *im-*
perf нахму́ривать 1 а
ft.	нахму́рю, -ришь, -рят
imp.	нахму́рь, ~те
pt.	нахму́рил
g.pt.a.	нахму́рив
p.pt.a.	нахму́ривший
p.pt.p.	нахму́ренный

нахму́риться *perf* 1. frown, scowl 2. be
overcast ‖ *imperf* нахму́риваться
g.pt.a.	нахму́рясь *and* нахму́рившись

находи́ть[1,2] *imperf of* найти́[1,2]
pr.	нахожу́, -о́дишь, -о́дят
imp.	находи́, ~те
pt.	находи́л
g.pr.a.	находя́
p.pr.a.	находя́щий
p.pt.a.	находи́вший

находи́ть[3] *perf* что *sub* 1. cover *a stretch*
on foot; hoof it, foot it 2. get *a complaint*
from walking (too much) ‖ *imperf* нахажи-
вать 1 а
ft.	нахожу́, -о́дишь, -о́дят
imp.	находи́, ~те
pt.	находи́л
g.pt.a.	находи́в
p.pt.a.	находи́вший
p.pt.p.	нахо́женный

находи́ться[1] *imperf* 1. *imperf of* найти́сь
2. be (situated) *somewhere*; be *among*
its *fellows etc.*
forms follow находи́ть[1,2]

находи́ться[2] *perf coll* tire by walking
forms follow находи́ть[3]

нахола́живать *imperf of* нахолоди́ть

нахолоди́ть *perf* что *coll* make cold,
cool ‖ *imperf* нахола́живать 1 а

ft.	нахоложу́, -оди́шь, -одя́т
imp.	нахолоди́, ~те
pt.	нахолоди́л
g.pt.a.	нахолоди́в
p.pt.a.	нахолоди́вший

нахо́хливать(ся) *imperf of* нахо́хлить(ся)

нахо́хлить *perf* что ruffle, bristle ‖ *imperf*
нахо́хливать 1 а
ft.	нахо́хлю, -лишь, -лят
imp.	нахо́хли, ~те
pt.	нахо́хлил
g.pt.a.	нахо́хлив
p.pt.a.	нахо́хливший
p.pt.p.	нахо́хленный

нахо́хлиться *perf* 1. bristle up, ruffle up
2. *fig coll* frown, scowl ‖ *imperf* нахо́хли-
ваться

нахохота́ться *perf coll* have had a good
laugh
ft.	нахохочу́сь, -хохо́чешься, -хохо́чутся
imp.	нахохочи́сь, -и́тесь
pt.	нахохота́лся, -лась
g.pt.a.	нахохота́вшись
p.pt.a.	нахохота́вшийся

нацара́пать 1 *perf* что 1. *coll* scrawl,
scribble 2. scratch, claw ‖ *imperf* наца-
ра́пывать 1 а

нацара́пывать *imperf of* нацара́пать

нацеди́ть *perf* что *or* чего́ decant *a quantity*
of ‖ *imperf* наце́живать 1 а
ft.	нацежу́, -е́дишь, -е́дят
imp.	нацеди́, ~те
pt.	нацеди́л
g.pt.a.	нацеди́в
p.pt.a.	нацеди́вший
p.pt.p.	наце́женный

нацеди́ться, *1st and 2nd pers not used,*
perf ooze (away) ‖ *imperf* наце́живаться

наце́живать(ся) *imperf of* нацеди́ть(ся)

наце́ливать(ся) *imperf of* наце́лить(ся)

наце́лить *perf* что 1. aim 2. *fig* give
direction to ‖ *imperf* наце́ливать 1 а *with* 2
ft.	наце́лю, -лишь, -лят
imp.	наце́ль, ~те
pt.	наце́лил
g.pt.a.	наце́лив
p.pt.a.	наце́ливший
p.pt.p.	наце́ленный

наце́литься *perf coll* 1. в кого́-что *or*
without object take aim (at), level (at)
2. *fig* на что, *with infinitive or without*
object intend ‖ *imperf* наце́ливаться

наце́нивать *imperf of* нацени́ть

наце́ни́ть *perf* что advance, price, raise price ‖ *imperf* наце́нивать 1 а
ft. наценю́, -е́нишь, -е́нят
imp. нацени́, ~те
pt. наце́ни́л
g.pt.a. наце́ни́в
p.pt.a. наце́ни́вший
p.pt.p. наценённый; наценён, -ена́

нацепи́ть *perf* что fasten; hook ‖ *imperf* нацепля́ть 2а
ft. нацеплю́, -е́пишь, -е́пят
imp. нацепи́, ~те
pt. нацепи́л
g.pt.a. нацепи́в
p.pt.a. нацепи́вший
p.pt.p. наце́пленный

нацепля́ть *imperf of* нацепи́ть

национализи́ровать 4 *and* 4а *perf, imperf* что nationalize

национализова́ть 5 *and* 5а *perf, imperf* что nationalize

начади́ть *perf* smoke
ft. начажу́, -ади́шь, -адя́т
imp. начади́, ~те
pt. начади́л
g.pt.a. начади́в
p.pt.a. начади́вший

нача́льствовать 4а *imperf* над кем-чем *or* кем-чем command

нача́ть *perf* 1. что *or with infinitive* begin, start 2. что кем-чем *or* с кого́-чего́ open [commence] *speech* with *smth* ‖ *imperf* начина́ть 2а
ft. начну́, -нёшь, -ну́т
imp. начни́, ~те
pt. на́чал, начала́, на́чало
g.pt.a. нача́в
p.pt.a. нача́вший
p.pt.p. на́чатый; на́чат, начата́, на́чато

нача́ться, *1st and 2nd pers not used, perf* begin, start ‖ *imperf* начина́ться
pt. начался́, -ала́сь, -ало́сь

начека́нивать *imperf of* начека́нить

начека́нить *perf* что *or* чего́ coin ‖ *imperf* начека́нивать 1а
ft. начека́ню, -нишь, -нят
imp. начека́нь, ~те
pt. начека́нил
g.pt.a. начека́нив
p.pt.a. начека́нивший
p.pt.p. начека́ненный

начерка́ть 2 *perf* что *or* чего́ *coll* scribble ‖ *imperf* начёркивать 1а
p.pt.p. начёрканный

начёркать 1 *perf* что *or* чего́ *coll* scribble ‖ *imperf* начёркивать 1а

начёркивать *imperf of* начерка́ть *and* начёркать

начерни́ть *perf* кого́-что blacken ‖ *imperf* начерня́ть 2а
ft. начерню́, -ни́шь, -ня́т
imp. начерни́, ~те
pt. начерни́л
g.pt.a. начерни́в
p.pt.a. начерни́вший
p.pt.p. начернённый; начернён, -ена́

начерня́ть *imperf of* начерни́ть

начерпа́ть 1 *perf* что *or* чего́ scoop, fill ‖ *imperf* наче́рпывать 1а

наче́рпывать *imperf of* начерпа́ть

начерта́ть 2 *perf* что *bookish obs* 1. trace, design 2. *fig* outline
p.pt.p. начёртанный

начерти́ть *perf* 1. что draw 2. что *or* чего́ draw *a lot of* ‖ *imperf* наче́рчивать 1а *with* 2
ft. начерчу́, -е́ртишь, -е́ртят
imp. начерти́, ~те
pt. начерти́л
g.pt.a. начерти́в
p.pt.a. начерти́вший
p.pt.p. наче́рченный

наче́рчивать *imperf of* начерти́ть

начеса́ть *perf* 1. что *or* чего́ hackle *a lot of* 2. что *coll* scratch ‖ *imperf* начёсывать 1а
ft. начешу́, -е́шешь, -е́шут
imp. начеши́, ~те
pt. начеса́л
g.pt.a. начеса́в
p.pt.a. начеса́вший
p.pt.p. начёсанный

наче́сть *perf* что *fin* charge ‖ *imperf* начи́тывать 1а
ft. начту́, начтёшь, начту́т
imp. начти́, ~те
pt. начёл, начла́
g.pt.a. начётши
p.pt.a. начётший
p.pt.p. начтённый; начтён, -ена́

начёсывать *imperf of* начеса́ть

начина́ть(ся) *imperf of* нача́ть(ся)

начи́нивать *imperf of* начини́ть[2]

начини́ть[1] *perf* что чем fill; stuff ‖ *imperf* начиня́ть 2а
ft. начиню́, -ни́шь, -ня́т

imp.	начини́, ~те
pt.	начини́л
g.pt.a.	начини́в
p.pt.a.	начини́вший
p.pt.p.	начинённый; начинён, -ена́

начини́ть[2] *perf* что *or* чего́ *coll* 1. mend *a quantity of* 2. point, sharpen *a quantity of* ‖ *imperf* начи́нивать 1a *with* 2

ft.	начиню́, -и́нишь, -и́нят
p.pt.p.	начи́ненный

other forms as начини́ть[1]

начиня́ть *imperf of* начини́ть[1]

начи́ркать 1 *perf* что *or* чего́ *coll* strike *matches*

начи́слить *perf* что на что *fin* add ‖ *imperf* начисля́ть 2a

ft.	начи́слю, -лишь, -лят
imp.	начи́сли, ~те
pt.	начи́слил
g.pt.a.	начи́слив
p.pt.a.	начи́сливший
p.pt.p.	начи́сленный

начисля́ть *imperf of* начи́слить

начи́стить *perf* 1. что *or* чего́ clean *a quantity of* 2. что *coll* polish ‖ *imperf* начища́ть 2a

ft.	начи́щу, -и́стишь, -и́стят
imp.	начи́сть *and* начи́сти, начи́стите
pt.	начи́стил
g.pt.a.	начи́стив
p.pt.a.	начи́стивший
p.pt.p.	начи́щенный

начита́ть 2 *perf* что *or* чего́ *coll* read *a lot of* ‖ *imperf* начи́тывать 1a

начита́ться *perf* 1. чего́ read *a lot of* 2. *usu negated* read enough

начи́тывать[1] *imperf of* наче́сть

начи́тывать[2] *imperf of* начита́ть

начища́ть *imperf of* начи́стить

начуди́ть, *1st pers sg not used*, *perf coll* do strange things, act peculiarly

ft.	начуди́шь, -удя́т
imp.	начуди́, ~те
pt.	начуди́л
g.pt.a.	начуди́в
p.pt.a.	начуди́вший

нашали́ть *perf* cause, do; де́ти нашали́ли the children have been up to *smth*

ft.	нашалю́, -ли́шь, -ля́т
imp.	нашали́, ~те
pt.	нашали́л

g.pt.a.	нашали́в
p.pt.a.	нашали́вший

наша́ривать *imperf of* наша́рить

наша́рить *perf* кого́-что *coll* find by feeling ‖ *imperf* наша́ривать 1a

ft.	наша́рю, -ришь, -рят
imp.	наша́рь, ~те
pt.	наша́рил
g.pt.a.	наша́рив
p.pt.a.	наша́ривший
p.pt.p.	наша́ренный

наша́ркать 1 *perf sub* scratch

нашвы́ривать *imperf of* нашвыря́ть

нашвыря́ть 2 *perf* что *or* чего́ *coll* fling *a lot of* ‖ *imperf* нашвы́ривать 1a

нашелуши́ть *perf* что *or* чего́ *coll* shell *a lot of*

ft.	нашелушу́, -ши́шь, -ша́т
imp.	нашелуши́, ~те
pt.	нашелуши́л
g.pt.a.	нашелуши́в
p.pt.a.	нашелуши́вший
p.pt.p.	нашелушённый; нашелушён, -ена́

нашепта́ть *perf* 1. что *or* чего́ whisper; кому́ что persuade of 2. на что bewitch, enchant ‖ *imperf* нашёптывать 1a

ft.	нашепчу́, -е́пчешь, -е́пчут
imp.	нашепчи́, ~те
pt.	нашепта́л
g.pt.a.	нашепта́в
p.pt.a.	нашепта́вший
p.pt.p.	нашёптанный

нашёптывать *imperf of* нашепта́ть

нашива́ть *imperf of* наши́ть

нашинкова́ть 5 *perf* что *or* чего́ chop, shred ‖ *imperf* нашинко́вывать 1a

нашинко́вывать *imperf of* нашинкова́ть

наши́ть *perf* 1. что sew on 2. что *or* чего́ sew *a quantity of* ‖ *imperf* нашива́ть 2a

ft.	нашью́, нашьёшь, нашью́т
imp.	наше́й, ~те
pt.	наши́л
g.pt.a.	наши́в
p.pt.a.	наши́вший
p.pt.p.	наши́тый

нашлёпать 1 *perf* кого́-что *coll* spank, slap

нашпа́ривать *imperf of* нашпа́рить

нашпа́рить *perf* кого́-чего́ *or* что *coll* scald *a quantity of* ‖ *imperf* нашпа́ривать 1a

ft.	нашпа́рю, -ришь, -рят
imp.	нашпа́рь, ~те
pt.	нашпа́рил
g.pt.a.	нашпа́рив
p.pt.a.	нашпа́ривший
p.pt.p.	нашпа́ренный

нашпигова́ть 5 *perf* что *or* чего́ lard *a quantity of* ‖ *imperf* нашпиго́вывать 1 a

нашпиго́вывать *imperf of* нашпигова́ть

нашпи́ливать *imperf of* нашпи́лить

нашпи́лить *perf* кого́-что pin (on) ‖ *imperf* нашпи́ливать 1 a

ft.	нашпи́лю, -лишь, -лят
imp.	нашпи́ль, ~те
pt.	нашпи́лил
g.pt.a.	нашпи́лив
p.pt.a.	нашпи́ливший
p.pt.p.	нашпи́ленный

нашуме́ть *perf* 1. make a noise 2. cause a sensation

ft.	нашумлю́, -ми́шь, -мя́т
imp.	нашуми́, ~те
pt.	нашуми́л
g.pt.a.	нашуми́в
p.pt.a.	нашуми́вший

нащёлкать 1 *perf* что *or* чего́ *coll* crack ‖ *imperf* нащёлкивать 1 a

нащёлкивать *imperf of* нащёлкать

нащепа́ть *perf* что *or* чего́ split *a quantity of*

ft.	нащеплю́, -е́плешь, -е́плют *and coll* нащепа́ю, -а́ешь, -а́ют
imp.	нащепли́, ~те *and* нащепи́, ~те *and coll* нащепа́й, ~те
pt.	нащепа́л
g.pt.a.	нащепа́в
p.pt.a.	нащепа́вший
p.pt.p.	наще́панный

нащипа́ть *perf* 1. что *or* чего́ pluck, pick *a quantity of* 2. что *coll* pinch ‖ *imperf* нащи́пывать 1 a

ft.	нащиплю́, -и́плешь, -и́плют *and coll* -и́пешь, -и́пют *and coll* нащипа́ю, -а́ешь, -а́ют
imp.	нащипли́, ~те *and coll* нащипи́, ~те *and coll* нащипа́й, ~те
pt.	нащипа́л
g.pt.a.	нащипа́в
p.pt.a.	нащипа́вший
p.pt.p.	нащи́панный

нащи́пывать *imperf of* нащипа́ть

нащу́пать 1 *perf* что 1. grope 2. find, come upon ‖ *imperf* нащу́пывать 1 a

нащу́пывать *imperf of* нащу́пать

наэконо́мить *perf* что *or* чего́ economize

ft.	наэконо́млю, -мишь, -мят
imp.	наэконо́мь, ~те
pt.	наэконо́мил
g.pt.a.	наэконо́мив
p.pt.a.	наэконо́мивший
p.pt.p.	наэконо́мленный

наэлектризова́ть 5 *perf* кого́-что electrify, charge with electricity ‖ *imperf* наэлектризо́вывать 1 a

наэлектризова́ться *perf* get an electric shock ‖ *imperf* наэлектризо́вываться

наэлектризо́вывать(ся) *imperf of* наэлектризова́ть(ся)

наи́бедничать 1 *perf* на кого́-что *coll* tell on, inform on

небре́жничать 1 a *imperf coll* scamp one's work

небре́чь *imperf obs* slight

pr.	небрегу́, -ежёшь, -егу́т
imp.	небреги́, ~те
pt.	небрёг, -егла́
g.pr.a.	небрежа́
p.pr.a.	небрежа́щий
p.pt.a.	небрёгший

невзлюби́ть *perf*: невзлюби́ть кого́-н. take a dislike to *smb.*

ft.	невзлюблю́, -ю́бишь, -ю́бят
imp.	невзлюби́, ~те
pt.	невзлюби́л
g.pt.a.	невзлюби́в
p.pt.a.	невзлюби́вший

нево́лить *imperf* кого́-что *coll* compel, force. — (при-)

pr.	нево́лю, -лишь, -лят
imp.	нево́ль, ~те
pt.	нево́лил
g.pr.a.	нево́ля
p.pr.a.	нево́лящий
p.pt.a.	нево́ливший

неглижи́ровать 4a *imperf obs* кого́-что *and rarely* чем neglect, be neglectful of

негодова́ть 5a *imperf* на кого́-что *or* про́тив кого́-чего́ be indignant (with)

недове́сить *perf* что *or* чего́ give short weight ‖ *imperf* недове́шивать 1 a

ft.	недове́шу, -е́сишь, -е́сят
imp.	недове́сь, ~те
pt.	недове́сил
g.pt.a.	недове́сив
p.pt.a.	недове́сивший
p.pt.p.	недове́шенный

недове́шивать *imperf of* недове́сить

недогляде́ть *perf coll* **1.** что *or* чего́ overlook **2.** за кем-чем not take sufficient care (of)

ft.	недогляжу́, -яди́шь, -яди́т
imp.	недогляди́, ~те
pt.	недогляде́л
g.pt.a.	недогляде́в
p.pt.a.	недогляде́вший

недогова́ривать *imperf of* недоговори́ть

недоговори́ть *perf* hold back, leave unsaid ‖ *imperf* недогова́ривать 1a

ft.	недоговорю́, -ри́шь, -ря́т
imp.	недоговори́, ~те
pt.	недоговори́л
g.pt.a.	недоговори́в
p.pt.a.	недоговори́вший
p.pt.p.	недоговорённый; недоговорён, -ена́

недодава́ть *imperf of* недода́ть

pr.	недодаю́, -аёшь, -аю́т
imp.	недодава́й, ~те
pt.	недодава́л
g.pr.a.	недодава́я
p.pr.a.	недодаю́щий
p.pt.a.	недодава́вший
p.pr.p.	недодава́емый

недода́ть *perf* что *or* чего́ give too little ‖ *imperf* недодава́ть, forms ib.

ft.	недода́м, -а́шь, -а́ст, -ади́м, -ади́те, -аду́т
imp.	надода́й, ~те
pt.	недо́дал, недодала́, недо́дало
g.pt.a.	недода́в
p.pt.a.	недода́вший
p.pt.p.	недо́данный; недо́дан, недодана́, недо́дано

недодержа́ть *perf* что **1.** not keep long enough **2.** underexpose; underdevelop ‖ *imperf* недоде́рживать 1a

ft.	недодержу́, -е́ржишь, -е́ржат
imp.	недодержи́, ~те
pt.	недодержа́л
g.pt.a.	недодержа́в
p.pt.a.	недодержа́вший
p.pt.p.	недоде́ржанный

недоде́рживать *imperf of* недодержа́ть

недоеда́ть 2a *imperf* **1.** *imperf of* недое́сть **2.** not get enough to eat, be undernourished

недое́сть *perf* not eat enough ‖ *imperf* недоеда́ть 2a

ft.	недое́м, -е́шь, -е́ст, -еди́м, -еди́те, -едя́т
imp.	недое́шь, ~те
pt.	недое́л

g.pt.a.	недое́в
p.pt.a.	недое́вший

недолю́бливать 1a *imperf* кого́-что *coll* hate

недоме́ривать *imperf of* недоме́рить

недоме́рить *perf* что *or* чего́ give short measure ‖ *imperf* недоме́ривать 1a

ft.	недоме́рю, -ришь, -рят
imp.	недоме́рь, ~те
pt.	недоме́рил
g.pt.a.	недоме́рив
p.pt.a.	недоме́ривший
p.pt.p.	недоме́ренный

недомога́ть 2a *imperf coll* be unwell

недооце́нивать *imperf of* недооцени́ть

недооцени́ть *perf* что *or* чего́ underestimate ‖ *imperf* недооце́нивать 1a

ft.	недооценю́, -е́нишь, -е́нят
imp.	недооцени́, ~те
pt.	недооцени́л
g.pt.a.	недооцени́в
p.pt.a.	недооцени́вший
p.pt.p.	недооценённый; недооценён, -ена́

недоплати́ть *perf* что *or* чего́ underpay, pay less than required ‖ *imperf* недопла́чивать 1a

ft.	недоплачу́, -а́тишь, -а́тят
imp.	недоплати́, ~те
pt.	недоплати́л
g.pt.a.	недоплати́в
p.pt.a.	недоплати́вший
p.pt.p.	недопла́ченный

недопла́чивать *imperf of* недоплати́ть

недополуча́ть *imperf of* недополучи́ть

недополучи́ть *perf* что *or* чего́ not receive all ‖ *imperf* недополуча́ть 2a

ft.	недополучу́, -у́чишь, -у́чат
imp.	недополучи́, ~те
pt.	недополучи́л
g.pt.a.	недополучи́в
p.pt.a.	недополучи́вший
p.pt.p.	недополу́ченный

недослы́шать *perf* что *or* чего́ fail to catch; be hard of hearing

ft.	недослы́шу, -шишь, -шат
imp.	недослы́шь, ~те
pt.	недослы́шал
g.pt.a.	недослы́шав
p.pt.a.	недослы́шавший
p.pt.p.	недослы́шанный

недосма́тривать *imperf of* недосмотре́ть

недосмотре́ть *perf* что *or* чего́ *or without*

object overlook ‖ *imperf* недосма́тривать 1 a

ft.	недосмотрю́, -о́тришь, -о́трят
imp.	недосмотри́, ~те
pt.	недосмотре́л
g.pt.a.	недосмотре́в
p.pt.a.	недосмотре́вший
p.pt.p.	недосмо́тренный

недоспа́ть *perf* not get enough sleep ‖ *imperf* недосыпа́ть 2 a

ft.	недосплю́, -пи́шь, -пя́т
imp.	недоспи́, ~те
pt.	недоспа́л, недоспала́, недоспа́ло
g.pt.a.	недоспа́в
p.pt.a.	недоспа́вший

недостава́ть *impers imperf* чего́ lack, be wanting in

pr.	недостаёт
pt.	недостава́ло
p.pt.a.	недостава́вший

недоста́ть *impers perf* чего́ ack, be wanting in

ft.	недоста́нет
pt.	недоста́ло
p.pt.a.	недоста́вший

недосчита́ться 2 *perf* кого́-чего́ miss; find a deficit in the account ‖ *imperf* недосчи́тываться 1 a

недосчи́тываться *imperf of* недосчита́ться

недосы́пать *perf* что not fill up ‖ *imperf* недосыпа́ть 2 a

ft.	недосы́плю, -лешь, -лют
imp.	недосы́пь, ~те
pt.	недосы́пал
g.pt.a.	недосы́пав
p.pt.a.	недосы́павший

недосыпа́ть[1] *imperf of* недоспа́ть

недосыпа́ть[2] *imperf of* недосы́пать

недотя́гивать *imperf of* недотяну́ть

недотяну́ть 7 *perf* что not pull tight enough, leave too slack ‖ *imperf* недотя́гивать 1 a

ft.	недотяну́, -я́нешь, -я́нут
p.pt.p.	недотя́нутый

недоумева́ть 2 a *imperf* be puzzled, be perplexed

неду́житься *impers imperf* кому́ *sub* feel ill, feel indisposed

pr.	неду́жится
pt.	неду́жилось

не́жить *imperf* кого́-что pamper, coddle

pr.	не́жу, не́жишь, не́жат

imp.	нежь, ~те
pt.	не́жил
g.pr.a.	не́жа
p.pr.a.	не́жащий
p.pt.a.	не́живший
p.pr.p.	не́жимый

не́житься *imperf* take *one's* ease

не́жничать 1 a *imperf coll* 1. show affectionateness 2. *fig* с кем be too soft with

нездоро́виться *impers imperf* кому́ feel ill

pr.	нездоро́вится
pt.	нездоро́вилось

неи́стовствовать 4 a *imperf* rage

неймётся *3rd person singular present only,* *impers imperf* кому́-чему́ *sub*: ему́ неймётся nothing can restrain [stop] him

нейтрализова́ть 5 *and* 5 a *perf, imperf* neutralize

неме́ть 3 a *imperf* 1. become dumb, lose the power of speech 2. *fig* fall silent, lapse into silence 3. *of limps etc.* go dead, lose feeling. — (за- *with* 2, о-)

немо́жется *impers imperf* кому́-чему́ *sub*: ему́ немо́жется he does not feel well

ненави́деть *imperf* кого́-что hate, loathe

pr.	ненави́жу, -йдишь, -йдят
imp.	ненави́дь, ~те
pt.	ненави́дел
g.pr.a.	ненави́дя
p.pr.a.	ненави́дящий
p.pt.a.	ненави́девший
p.pr.p.	ненави́димый

нерви́ровать 4 a *imperf* кого́-что make nervous

не́рвничать 1 a *imperf* be nervous

нести́ *imperf* 1. *def* кого́-что carry 2. *1st and 2nd pers not used* что bear 3. *def 1st and 2nd pers not used* что sweep, drive, drift 4. что cause, bring 5. что suffer, bear loss 6. *fig* что perform *duty* 7. *impers coll*: от окна́ несёт there is a draught from the window 8. *impers* кого́ *sub*: его́ несёт he has diarrhoea 9. *def 1st and 2nd pers not used* что lay eggs ‖ *perf* снести́ 9, forms ib. | *indef* носи́ть *with* 1, 3, 9, *with* forms ib.

pr.	несу́, несёшь, несу́т
imp.	неси́, ~те
pt.	нёс, несла́
g.pr.a.	неся́
p.pr.a.	несу́щий
p.pt.a.	нёсший
p.pr.p.	несо́мый

нести́сь *imperf* **1.** *def* move at a great speed **2.** *def* sound; ring out; roll out **3.** *of time* fly **4.** lay eggs ‖ *perf* снести́сь *with* 4 | *indef* носи́ться *with* 1, 2

нивели́ровать 4 *and* 4a *perf, imperf* что level

нивели́роваться, *1st and 2nd pers not used, perf, imperf* be levelled

низа́ть *imperf* что string, thread. — (на-)
pr.	нижу́, ни́жешь, ни́жут
imp.	нижи́, ~те
pt.	низа́л
p.pr.a.	ни́жущий
p.pt.a.	низа́вший

низверга́ть(ся) *imperf of* низве́ргнуть(ся)

низве́ргнуть *perf* кого́-что *bookish fig* overthrow ‖ *imperf* низверга́ть 2a
ft.	низве́ргну, -нешь, -нут
imp.	низве́ргни, ~те
pt.	низве́рг *and obs* низве́ргнул, низве́ргла
g.pt.a.	низве́ргнув
p.pt.a.	низве́ргший *and obs* низве́ргнувший
p.pt.p.	низве́ргнутый *and* низве́рженный

низве́ргнуться *perf bookish* rush down ‖ *imperf* низверга́ться

низвести́ *perf* кого́-что *obs, now joc, iron* reduce, degrade ‖ *imperf* низводи́ть, forms ib.
ft.	низведу́, -дёшь, -ду́т
imp.	низведи́, ~те
pt.	низвёл, -ела́
g.pt.a.	низведя́ *and obs* низве́дши
p.pt.a.	низве́дший
p.pt.p.	низведённый; низведён, -ена́

низводи́ть *imperf of* низвести́
pr.	низвожу́, -о́дишь, -о́дят
imp.	низводи́, ~те
pt.	низводи́л
g.pr.a.	низводя́
p.pr.a.	низводя́щий
p.pt.a.	низводи́вший
p.pr.p.	низводи́мый

низкопокло́нничать 1a *imperf* grovel, fawn

низлага́ть *imperf of* низложи́ть

низложи́ть *perf* кого́-что *bookish* dethrone ‖ *imperf* низлага́ть 2a
ft.	низложу́, -о́жишь, -о́жат
imp.	низложи́, ~те
pt.	низложи́л
g.pt.a.	низложи́в
p.pt.a.	низложи́вший
p.pt.p.	низло́женный

низойти́ *perf bookish, obs* descend ‖ *imperf* нисходи́ть, forms ib.
ft.	низойду́, -дёшь, -ду́т
imp.	низойди́, ~те
pt.	нисшёл, низошла́
g.pt.a.	низойдя́ *and* нисше́дши
p.pt.a.	нисше́дший

низри́нуть 6 *perf* кого́-что *bookish* throw down, precipitate
imp.	низри́нь, ~те
p.pt.p.	низри́нутый

низри́нуться *perf bookish* rush down

никелирова́ть 5 *and* 5a *perf, imperf* что nickel. — (от-)

ни́кнуть *imperf* droop, bend *a. fig* — (по-, с-)
pr.	ни́кну, -нешь, -нут
imp.	ни́кни, ~те
pt.	ник *and* ни́кнул, ни́кла
g.pt.a.	ни́кнув
p.pr.a.	ни́кнущий
p.pt.a.	ни́кнувший

ниспада́ть 2a *imperf bookish* **1.** *imperf of* ниспа́сть **2.** fall down

ниспа́сть *perf bookish* fall ‖ *imperf* ниспада́ть 2a
ft.	ниспаду́, -дёшь, -ду́т
imp.	ниспади́, ~те
pt.	ниспа́л
g.pt.a.	ниспа́в
p.pt.a.	ниспа́вший

ниспосла́ть *perf* кого́-что *bookish, obs, rel* send down *from heaven* ‖ *imperf* ниспосыла́ть 2a
ft.	ниспошлю́, -лёшь, -лю́т
imp.	ниспошли́, ~те
pt.	ниспосла́л
g.pt.a.	ниспосла́в
p.pt.a.	ниспосла́вший
p.pt.p.	ниспо́сланный

ниспосыла́ть *imperf of* ниспосла́ть

ниспроверга́ть *imperf of* ниспрове́ргнуть

ниспрове́ргнуть *perf* кого́-что *bookish* overthrow ‖ *imperf* ниспроверга́ть 2a
ft.	ниспрове́ргну, -нешь, -нут
imp.	ниспрове́ргни, ~те
pt.	ниспрове́рг *and* ниспрове́ргнул, ниспрове́ргла
g.pt.a.	ниспрове́ргнув
p.pt.a.	ниспрове́ргший *and* ниспрове́ргнувший
p.pt.p.	ниспрове́ргнутый *and* ниспрове́рженный

нисходи́ть *imperf of* низойти́

pr.	нисхожу́, -о́дишь, -о́дят
imp.	нисходи́, ~те
pt.	нисходи́л
g.pr.a.	нисходя́
p.pr.a.	нисходя́щий
p.pt.a.	нисходи́вший

нища́ть 2a *imperf* become poor. — (об-)

ни́щенствовать 4a *imperf* **1.** beg **2.** lead a beggarly life

нокаути́ровать 4 *and* 4a *perf, imperf* кого́-что knock out

нормализова́ть 5 *and* 5a *perf, imperf* что normalize

нормализова́ться, *1st and 2nd pers not used, perf, imperf* return to normal

нормирова́ть 5 *and* 5a *perf, imperf* что standardize

норови́ть *imperf* **1.** *with infinitive coll* aim (at) **2.** в кого́-что strive (for)

pr.	норовлю́, -ви́шь, -вя́т
imp.	норови́, ~те
pt.	норови́л
g.pr.a.	норовя́
p.pr.a.	норовя́щий
p.pt.a.	норови́вший

носи́ть *imperf* кого́-что **1.** *indef of* нести́ carry, bear **2.** *indef of* нести́ drive **3.** *indef of* нести́ lay *eggs* **4.** wear *clothing, mourning, ring, beard etc.*; bear *name* **.5** (*usu with* под се́рдцем) *coll* be pregnant, carry *a child* under *one's* heart

pr.	ношу́, но́сишь, но́сят
imp.	носи́, ~те
pt.	носи́л
g.pr.a.	нося́*
g.pt.a.	носи́в
p.pr.a.	нося́щий
p.pt.a.	носи́вший
p.pr.p.	носи́мый
p.pt.p.	но́шенный

носи́ться *imperf* **1.** *indef of* нести́сь rush **2.** *indef of* нести́сь sound; ring out; roll out **3.** с кем-чем *coll* be occupied (with *an idea*) **4.** wear

нотифици́ровать 4 *and* 4a *perf, imperf* кого́-что notify

ночева́ть *perf, imperf* pass [spend] the night. — (пере-)

ft. and pr.	ночу́ю, -у́ешь, -у́ют
imp.	ночу́й, ~те
pt.	ночева́л
g.pr.a.	ночу́я

g.pt.a.	ночева́в
p.pr.a.	ночу́ющий
p.pt.a.	ночева́вший

нра́виться *imperf* кому́-чему́ please ‖ *perf* понра́виться, forms ib.

pr.	нра́влюсь, -вишься, -вятся
imp.	нра́вься, -вьтесь
pt.	нра́вился, -лась
g.pr.a.	нра́вясь
p.pr.a.	нра́вящийся
p.pt.a.	нра́вившийся

ну́дить *imperf* кого́-что *obs and reg* **1.** force, constrain, compel **2.** exhaust

pr.	ну́жу, ну́дишь, ну́дят
imp.	нудь, ~те
pt.	ну́дил
g.pr.a.	ну́дя
p.pr.a.	ну́дящий
p.pt.a.	ну́дивший

нужда́ться 2a *imperf* **1.** be hard up **2.** в ком-чём need, require

ну́кать 1a *imperf sub* urge on

нумерова́ть 5a *imperf* кого́-что number. — (за-)

p.pt.p.	нумеро́ванный

нырну́ть *perf semelf of* ныря́ть

ныря́ть 2a *imperf* dive ‖ *perf semelf* нырну́ть7

ныть *imperf* **1.** *1st and 2nd pers not used* ache **2.** be melancholy **3.** *coll* whine, whimper

pr.	но́ю, но́ешь, но́ют
pt.	ныл
g.pr.a.	но́я
p.pr.a.	но́ющий
p.pt.a.	ны́вший

ню́хать 1a *imperf* что smell; inhale; ню́хать таба́к take snuff ‖ *perf* поню́хать 1 ‖ *perf semelf sub* нюхну́ть 7, *p.pt.p.* нюхну́тый

нюхну́ть *perf semelf of* ню́хать

ня́нчить *imperf* кого́-что nurse

pr.	ня́нчу, -чишь, -чат
imp.	ня́нчи, ~те
pt.	ня́нчил
g.pr.a.	ня́нча
p.pr.a.	ня́нчащий
p.pt.a.	ня́нчивший
p.pr.p.	ня́нчимый

ня́нчиться *imperf* с кем-чем **1.** nurse; look (after) **2.** *coll* busy oneself (with), fuss (over)

O

обáбиться *perf coll contp, of man* become effeminate, go soft; *of woman* neglect oneself

ft.	обáблюсь, -бишься, -бятся
imp.	обáбься, -бьтесь
pt.	обáбился, -лась
g.pt.a.	обáбившись
p.pt.a.	обáбившийся

обагрúть *perf* когó-что *bookish* redden, make red ‖ *imperf* обагрять 2a

ft.	обагрю, -рúшь, -ря́т
imp.	обагрú, ~те
pt.	обагрúл
g.pt.a.	обагрúв
p.pt.a.	обагрúвший
p.pt.p.	обагрённый; обагрён, -енá

обагрúться *perf bookish* redden, go red ‖ *imperf* обагря́ться

обагря́ть(ся) *imperf of* обагрúть(ся)

обалдевáть *imperf of* обалдéть

обалдéть 3 *perf sub* become confused ‖ *imperf* обалдевáть 2a

обанкрóтиться *perf* go bankrupt

ft.	обанкрóчусь, -óтишься, -óтятся
imp.	обанкрóться, -тьтесь
pt.	обанкрóтился, -лась
g.pt.a.	обанкрóтившись
p.pt.a.	обанкрóтившийся

оббéгать 1 *perf* когó-что *coll* pay a flying visit all round ‖ *imperf* оббегáть 2a

оббегáть[1] *imperf of* оббéгать

оббегáть[2] *imperf of* оббежáть

оббежáть* *perf* когó-что 1. run round 2. give a wide berth to, make a detour round 3. *coll* overtake *running* 4. chase round *shops etc. for a thing* ‖ *imperf* оббегáть 2a

ft.	оббегу, -ежúшь, -егу́т
imp.	оббегú, ~те
pt.	оббежáл
g.pt.a.	оббежáв
p.pt.a.	оббежáвший

обвáливать[1] *imperf of* обвалúть

обвáливать[2] *imperf of* обваля́ть

обвáливаться *imperf of* обвалúться

обвалúть *perf* что 1. upset, knock over 2. *reg* throw *a dike, an embankment* round ‖ *imperf* обвáливать 1a

ft.	обвалю́, -áлишь, -áлят
imp.	обвалú, ~те
pt.	обвалúл
g.pt.a.	обвалúв
p.pt.a.	обвалúвший
p.pt.p.	обвáленный

обвалúться, *1st and 2nd pers not used, perf* 1. collapse, cave in 2. flake off, crumble away ‖ *imperf* обвáливаться

обваля́ть 2 *perf* что в чём roll in breadcrumbs, cover with breadcrumbs ‖ *imperf* обвáливать 1a

обвáривать(ся) *imperf of* обварúть(ся)

обварúть *perf* когó-что scald ‖ *imperf* обвáривать 1a

ft.	обварю́, -áришь, -áрят
imp.	обварú, ~те
pt.	обварúл
g.pt.a.	обварúв
p.pt.a.	обварúвший
p.pt.p.	обвáренный

обварúться *perf* scald oneself ‖ *imperf* обвáриваться

обвевáть *imperf of* обвéять

обвестú *perf* когó-что 1. drive round *a thing* 2. *coll* drive round *delivering* ‖ *imperf* обвозúть, forms ib.

ft.	обвезу́, -зёшь, -зу́т
imp.	обвезú, ~те
pt.	обвёз, -везлá
g.pt.a.	обвезя́ *and obs* обвёзши
p.pt.a.	обвёзший
p.pt.p.	обвезённый; обвезён, -енá *and coll* обвéзенный

обвéивать *imperf of* обвéять

обвенчáть 2 *perf* когó-что marry *a couple* in church

обвенчáться *perf* marry in church, get married in church

обвернýть 7 *perf* когó-что *coll* wrap up, wrap ‖ *imperf* обвёртывать 1a

p.pt.p.	обвёрнутый

обвертéть *perf* когó-что *sub* wrap, wrap up

ft.	обверчу́, -éртишь, -éртят
imp.	обвертú, ~те
pt.	обвертéл
g.pt.a.	обвертéв
p.pt.a.	обвертéвший
p.pt.p.	обвéрченный

обвёртывать *imperf of* обверну́ть

обве́сить[1] *perf* кого́-что *coll* give short weight ‖ *imperf* обве́шивать 1 a
ft.	обве́шу, -е́сишь, -е́сят
imp.	обве́сь, ~те
pt.	обве́сил
g.pt.a.	обве́сив
p.pt.a.	обве́сивший
p.pt.p.	обве́шенный

обве́сить[2] *perf* кого́-что чем *coll* festoon, drape, hang (with) ‖ *imperf* обве́шивать 1 a
forms as обве́сить[1]

обвести́ *perf* кого́-что 1. вокру́г чего́ lead round *about smth* 2. чем surround, encircle 3. border 4. round, outplay *football, hockey* 5. *sub* diddle, take in ‖ *imperf* обводи́ть, forms ib.
ft.	обведу́, -дёшь, -ду́т
imp.	обведи́, ~те
pt.	обвёл, -ела́
g.pt.a.	обведя́ *and* обве́дши
p.pt.a.	обве́дший
p.pt.p.	обведённый; обведён, -ена́

обве́треть 3, *stress as infinitive, 1st and 2nd pers not used, perf* become chapped [rough] from the wind

обве́тривать(ся) *imperf of* обве́трить(ся)

обве́трить, *1st and 2nd pers not used, perf* что expose to the effect of the wind, weather ‖ *imperf* обве́тривать 1 a
ft.	обве́трит, -рят
pt.	обве́трил
g.pt.a.	обве́трив
p.pt.a.	обве́тривший
p.pt.p.	обве́тренный

обве́триться, *1st and 2nd pers not used, perf* 1. weather, become weathered [weather-beaten] 2. become chapped [rough] from the wind ‖ *imperf* обве́триваться

обветша́ть 2 *perf* become dilapidated, go to ruin

обве́шать 1 *perf* кого́-что festoon, deck out ‖ *imperf* обве́шивать 1 a

обве́шаться *perf* festoon [drape] oneself ‖ *imperf* обве́шиваться

обве́шивать[1,2] *imperf of* обве́сить[1,2]

обве́шивать[3] *imperf of* обве́шать

обве́шиваться *imperf of* обве́шаться

обве́ять *perf* 1. кого́-что чем fan, waft; *fig* fill, envelop 2. что winnow, fan ‖ *imperf* обвева́ть 2 a *with* 1 *and* обвеи-

вать 1 a *with* 2
ft.	обве́ю, -е́ешь, -е́ют
imp.	обве́й, ~те
pt.	обве́ял
g.pt.a.	обве́яв
p.pt.a.	обве́явший
p.pt.p.	обве́янный

обвива́ть(ся) *imperf of* обви́ть(ся)

обвини́ть *perf* кого́-что 1. *perf of* обвиня́ть 2. find guilty, convict
ft.	обвиню́, -ни́шь, -ня́т
imp.	обвини́, ~те
pt.	обвини́л
g.pt.a.	обвини́в
p.pt.a.	обвини́вший
p.pt.p.	обвинённый; обвинён, -ена́

обвиня́ть 2a *imperf* кого́-что в чём 1. accuse (of), charge (with) 2. *jur* prosecute ‖ *perf* обвини́ть *with* 1, forms ib.

обвиса́ть *imperf of* обви́снуть

обви́снуть, *1st and 2nd pers not used, perf* droop, dangle ‖ *imperf* обвиса́ть 1 a
ft.	обви́снет, -нут
pt.	обви́с *and obs* обви́снул, обви́сла
g.pt.a.	обви́снув *and* обви́сши
p.pt.a.	обви́сший *and obs* обви́снувший

обви́ть *perf* 1. кого́-что чем twine (with); wreathe (with) 2. что вокру́г кого́-чего́ coil (round), wind (round) 3. кого́-что embrace ‖ *imperf* обвива́ть 2 a
ft.	обовью́, -вьёшь, -вью́т
imp.	обве́й, ~те
pt.	обви́л, -ила́, -и́ло
g.pt.a.	обви́в
p.pt.a.	обви́вший
p.pt.p.	обви́тый; обви́т, -ита́, -и́то

обви́ться *perf* coil, wind ‖ *imperf* обвива́ться

обводи́ть *imperf of* обвести́
pr.	обвожу́, -о́дишь, -о́дят
imp.	обводи́, ~те
pt.	обводи́л
g.pr.a.	обводя́
p.pr.a.	обводя́щий
p.pt.a.	обводи́вший

обводни́ть *perf* что 1. irrigate 2. supply with water, fill with water ‖ *imperf* обводня́ть 2a
ft.	обводню́, -ни́шь, -ня́т
imp.	обводни́, ~те
pt.	обводни́л
g.pt.a.	обводни́в

p.pt.a.	обводни́вший
p.pt.p.	обводнённый; обводнён, -ена́

обводня́ть *imperf of* обводни́ть

обвози́ть *imperf of* обвезти́

pr.	обвожу́, -о́зишь, -о́зят
imp.	обвози́, ~те
pt.	обвози́л
g.pr.a.	обвозя́
p.pr.a.	обвозя́щий
p.pt.a.	обвози́вший
p.pr.p.	обвози́мый

обвола́кивать(ся) *imperf of* обволо́чь(ся)

обволо́чь, *1st and 2nd pers not used, perf* кого́-что cover; cloud over ‖ *imperf* обвола́кивать 1 a

ft.	обволочёт, -оку́т
pt.	обволо́к, -окла́
g.pt.a.	обволо́кши
p.pt.a.	обволо́кший

обволо́чься, *1st and 2nd pers not used, perf* чем become covered ‖ *imperf* обвола́киваться

обвора́живать *imperf of* обворожи́ть

обворова́ть 5 *perf* кого́-что *coll* rob, relieve *smb* of *a thing* ‖ *imperf* обворо́вывать 1 a

обворо́вывать *imperf of* обворова́ть

обворожи́ть *perf* кого́-что enchant, charm, captivate; delight, enrapture ‖ *imperf* обвора́живать 1 a

ft.	обворожу́, -жи́шь, -жа́т
imp.	обворожи́, ~те
pt.	обворожи́л
g.pt.a.	обворожи́в
p.pt.a.	обворожи́вший
p.pt.p.	обворожённый; обворожён, -ена́

обвыка́ть(ся) *imperf of* обвы́кнуть(ся)

обвы́кнуть *perf sub* get into the way of, get used to ‖ *imperf* обвыка́ть 2 a

ft.	обвы́кну, -нешь, -нут
imp.	обвы́кни, ~те
pt.	обвы́к, ~ла
g.pt.a.	обвы́кнув *and* обвы́кши
p.pt.a.	обвы́кший

обвы́кнуться *perf sub* get into the way of, get used to ‖ *imperf* обвыка́ться

обвяза́ть *perf* 1. что чем coil up, coil round 2. что вокру́г чего́ bind about, tie up (with) 3. что чем edge with crochet work, crochet a border round 4. кого́-что *sub* do the knitting [crocheting] for *smb* ‖ *imperf* обвя́зывать 1 a

ft.	обвяжу́, -я́жешь, -я́жут
imp.	обвяжи́, ~те
pt.	обвяза́л
g.pt.a.	обвяза́в
p.pt.a.	обвяза́вший
p.pt.p.	обвя́занный

обвяза́ться *perf* чем tie about oneself, bind round oneself ‖ *imperf* обвя́зываться

обвя́зывать(ся) *imperf of* обвяза́ть(ся)

обгла́дить *perf* 1. что smoothe 2. кого́-что *sub* do the ironing for *smb* ‖ *imperf* обгла́живать 1 a

ft.	обгла́жу, -а́дишь, -а́дят
imp.	обгла́дь, ~те
pt.	обгла́дил
g.pt.a.	обгла́див
p.pt.a.	обгла́дивший
p.pt.p.	обгла́женный

обгла́дывать *imperf of* обглода́ть

обгла́живать *imperf of* обгла́дить

обглода́ть *perf* кого́-что gnaw round ‖ *imperf* обгла́дывать 1 a

ft.	обгложу́, -о́жешь, -о́жут *and* обглода́ю, -а́ешь, -а́ют
imp.	обглода́й, ~те
pt.	обглода́л
g.pt.a.	обглода́в
p.pt.a.	обглода́вший
p.pt.p.	обгло́данный

обгоня́ть *imperf of* обогна́ть

обгора́ть *imperf of* обгоре́ть

обгоре́ть *perf* 1. be charred 2. *coll* get a sunburn ‖ *imperf* обгора́ть 2 a

ft.	обгорю́, -ри́шь, -ря́т
imp.	обгори́, ~те
pt.	обгоре́л
g.pt.a.	обгоре́в
p.pt.a.	обгоре́вший

обгрыза́ть *imperf of* обгры́зть

обгры́зть *perf* что gnaw (at); bite *one's* nails ‖ *imperf* обгрыза́ть 2 a

ft.	обгрызу́, -зёшь, -зу́т
imp.	обгрызи́, ~те
pt.	обгры́з, ~ла
g.pt.a.	обгры́зши
p.pt.a.	обгры́зший
p.pt.p.	обгры́зенный

обдава́ть *imperf of* обда́ть

pr.	обдаю́, -аёшь, -аю́т
imp.	обдава́й, ~те
pt.	обдава́л
g.pr.a.	обдава́я
p.pr.a.	обдаю́щий

p.pt.a.	обдава́вший
p.pr.p.	обдава́емый

обдава́ться *imperf of* обда́ться

обда́ривать *imperf of* обдари́ть

обдари́ть *perf* кого́-что *coll* give *a present* to, make *smb* a present ‖ *imperf* обда́ривать 1 a

ft.	обдарю́, -ари́шь, -аря́т
imp.	обдари́, ~те
pt.	обдари́л
g.pt.a.	обдари́в
p.pt.a.	обдари́вший
p.pt.p.	обдарённый; обдарён, -ена́

обда́ть *perf* кого́-что чем **1.** pour over, water **2.** envelop *with a perfume etc.* **3.** *impers, of emotions* engulf ‖ *imperf* обдава́ть, forms ib.

ft.	обда́м, -а́шь, -а́ст, -ади́м, -ади́те, -аду́т
imp.	обда́й, ~те
pt.	о́бдал *and coll* обда́л, обдала́, о́бдало *and coll* обда́ло
g.pt.a.	обда́в
p.pt.a.	обда́вший
p.pt.p.	о́бданный; о́бдан, обдана́ *and coll* о́бдана, о́бдано

обда́ться *perf* чем *coll* pour *smth* over oneself ‖ *imperf* обдава́ться

pt.	обда́лся, -ала́сь, -ало́сь *and coll* -а́лось

обде́лать 1 *perf* что **1.** fabricate, make **2.** *obs and sub* set **3.**: обде́лать де́ло [де́льце] *sub* wangle a thing **4.** кого́-что *sub* put a fast one over on *smb*, put *smth* across *smb* **5.** *sub* mess up ‖ *imperf* обде́лывать 1 a

обдели́ть *perf* кого́-что чем **1.** cheat *smb* of his fair share **2.** *sub* bestow *a thing* on ‖ *imperf* обделя́ть 2 a

ft.	обделю́, -е́лишь, -е́лят
imp.	обдели́, ~те
pt.	обдели́л
g.pt.a.	обдели́в
p.pt.a.	обдели́вший
p.pt.p.	обделённый; обделён, -ена́

обде́лывать *imperf of* обде́лать

обделя́ть *imperf of* обдели́ть

обдёргать 1 *perf* что *sub* **1.** tear off **2.** pluck into shape ‖ *imperf* обдёргивать 1 a

обдёргивать[1] *imperf of* обдёргать

обдёргивать[2] *imperf of* обдёрнуть

обдёргиваться *imperf of* обдёрнуться

18*

обдёрнуть 6 *perf* что *coll* adjust *clothing*, put *one's clothing* straight ‖ *imperf* обдёргивать 1 a

p.pt.p.	обдёрнутый

обдёрнуться *perf cards* play the wrong card ‖ *imperf* обдёргиваться

обдира́ть(ся) *imperf of* ободра́ть(ся)

обдува́ть *imperf of* обду́ть

обду́мать 1 *perf* что think over, think out, consider, deliberate ‖ *imperf* обду́мывать 1 a

обду́маться *perf sub* **1.** think the better of a thing, reconsider **2.** collect *one's thoughts* ‖ *imperf* обду́мываться

обду́мывать(ся) *imperf of* обду́мать(ся)

обдури́ть *perf* кого́-что *sub* diddle, cheat ‖ *imperf* обдуря́ть 2 a

ft.	обдурю́, -ри́шь, -ря́т
imp.	обдури́, ~те
pt.	обдури́л
g.pt.a.	обдури́в
p.pt.a.	обдури́вший
p.pt.p.	обдурённый; обдурён, -ена́

обдуря́ть *imperf of* обдури́ть

обду́ть *perf* кого́-что **1.** blow clean **2.** blow away **3.** *impers* blow down, blow over **4.** *sub* get the better of, diddle ‖ *imperf* обдува́ть 2 a

ft.	обду́ю, -у́ешь, -у́ют
imp.	обду́й, ~те
pt.	обду́л
g.pt.a.	обду́в
p.pt.a.	обду́вший
p.pt.p.	обду́тый

обе́гать 1 *perf* кого́-что make a quick round of, make a flying round off ‖ *imperf* обега́ть 2 a

обега́ть[1] *imperf of* обе́гать

обега́ть[2] *imperf of* обежа́ть

обе́дать 1 a *imperf* have *one's* dinner | *imperf coll freq* обе́дывать 1 a, *pr. not used.* — (по-)

обедне́ть 3 *perf* grow poor, sink into squalor

обедни́ть *perf* кого́-что make poor, impoverish; water down *style etc.* ‖ *imperf* обедня́ть 2 a

ft.	обедню́, -ни́шь, -ня́т
imp.	обедни́, ~те
pt.	обедни́л
g.pt.a.	обедни́в
p.pt.a.	обедни́вший
p.pt.p.	обеднённый; обеднён, -ена́

обедня́ть *imperf of* обедни́ть

обе́дывать *imperf freq of* обе́дать

обежа́ть *perf* кого́-что **1.** run round *a thing*, run past **2.** give a wide berth to, make a detour round **3.** *coll* overtake running **4.** trapse ‖ *imperf* обега́ть 2a

ft.	обегу́, обежи́шь, обегу́т
imp.	обеги́, ~те
pt.	обежа́л
g.pt.a.	обежа́в
p.pt.a.	обежа́вший

обезбо́ливать *imperf of* обезбо́лить

обезбо́лить *perf* что anesthetize ‖ *imperf* обезбо́ливать 1a

ft.	обезбо́лю, -лишь, -лят
imp.	обезбо́ль, ~те
pt.	обезбо́лил
g.pt.a.	обезбо́лив
p.pt.a.	обезбо́ливший
p.pt.p.	обезбо́ленный

обезво́деть 3, *stress as infinitive, 1st and 2nd pers not used, perf* become waterless, dry up, run out of water

обезво́дить *perf* что rid of water, drain *e.g. to reclaim land* ‖ *imperf* обезво́живать 1a

ft.	обезво́жу, -о́дишь, -о́дят
imp.	обезво́дь, ~те
pt.	обезво́дил
g.pt.a.	обезво́див
p.pt.a.	обезво́дивший
p.pt.p.	обезво́женный

обезво́живать *imperf of* обезво́дить

обезвре́дить *perf* кого́-что render harmless; defuse *bomb* ‖ *imperf* обезвре́живать 1a

ft.	обезвре́жу, -е́дишь, -е́дят
imp.	обезвре́дь, ~те
pt.	обезвре́дил
g.pt.a.	обезвре́див
p.pt.a.	обезвре́дивший
p.pt.p.	обезвре́женный

обезвре́живать *imperf of* обезвре́дить

обезгла́вить *perf* кого́-что **1.** behead **2.** deprive of leadership ‖ *imperf* обезгла́вливать 1a

ft.	обезгла́влю, -вишь, -вят
imp.	обезгла́вь, ~те
pt.	обезгла́вил
g.pt.a.	обезгла́вив
p.pt.a.	обезгла́вивший
p.pt.p.	обезгла́вленный

обезгла́вливать *imperf of* обезгла́вить

обезде́нежеть 3, *stress as infinitive, perf coll* run out of money, find oneself without money

обезде́нежить *perf* кого́-что *coll* cut off *smb's* money, deprive of money

ft.	обезде́нежу, -жишь, -жат
imp.	обезде́нежь, ~те
pt.	обезде́нежил
g.pt.a.	обезде́нежив
p.pt.a.	обезде́неживший
p.pt.p.	обезде́неженный

обездо́ливать *imperf of* обездо́лить

обездо́лить *perf* кого́-что make destitute; deprive of rights ‖ *imperf* обездо́ливать 1a

ft.	обездо́лю, -лишь, -лят
imp.	обездо́ль, ~те
pt.	обездо́лил
g.pt.a.	обездо́лив
p.pt.a.	обездо́ливший
p.pt.p.	обездо́ленный

обездуши́ть *perf* что destroy the soul of

ft.	обезду́шу, -шишь, -шат
imp.	обезду́шь, ~те
pt.	обезду́шил
g.pt.a.	обезду́шив
p.pt.a.	обезду́шивший
p.pt.p.	обезду́шенный

обезжи́ривать *imperf of* обезжи́рить

обезжи́рить *perf* что skim; remove fat from *hides etc.* ‖ *imperf* обезжи́ривать 1a

ft.	обезжи́рю, -ришь, -рят
imp.	обезжи́рь, ~те
pt.	обезжи́рил
g.pt.a.	обезжи́рив
p.pt.a.	обезжи́ривший
p.pt.p.	обезжи́ренный

обеззара́живать *imperf of* обеззара́зить

обеззара́зить *perf* что disinfect, sterilize, render germfree ‖ *imperf* обеззара́живать 1a

ft.	обеззара́жу, -а́зишь, -а́зят
imp.	обеззара́зь, ~те
pt.	обеззара́зил
g.pt.a.	обеззара́зив
p.pt.a.	обеззара́зивший
p.pt.p.	обеззара́женный

обезземе́леть 3, *stress as infinitive, perf* be deprived of land, forfeit land

обезземе́ливать *imperf of* обезземе́лить

обезземе́лить *perf* кого́-что deprive *farmers* of their land ‖ *imperf* обезземе́ливать 1a

ft.	обезземе́лю, -лишь, -лят
imp.	обезземе́ль, ~те

pt.	обеззземе́лил
g.pt.a.	обеззземе́лив
p.pt.a.	обеззземе́ливший
p.pt.p.	обеззземе́ленный

обезле́сивать *imperf of* обезле́сить

обезле́сить, *1st pers not used* deforest ‖
imperf обезле́сивать 1 a

ft.	обезле́сишь, -е́сят
imp.	обесле́сь, ～те
pt.	обезле́сил
g.pt.a.	обезле́сив
p.pt.a.	обезле́сивший
p.pt.p.	обезле́сенный

обезли́чивать(ся) *imperf of* обезли́чить-
(ся)

обезли́чить *perf* кого́-что **1.** depersonalize
2. deprive of personal responsibility,
take away *smb's* personal responsibility ‖
imperf обезли́чивать 1 a

ft.	обезли́чу, -чишь, -чат
imp.	обезли́чь, ～те
pt.	обезли́чил
g.pt.a.	обезли́чив
p.pt.a.	обезли́чивший
p.pt.p.	обезли́ченный

обезли́читься *perf* lose *one's* individuality,
be depersonalized ‖ *imperf* обезли́чи-
ваться

обезлю́деть 3, *stress as infinitive, 1st and
2nd pers not used, perf* empty of people,
become deserted, become depopulated

обезлю́дить *perf* что empty *a place* of
people; depopulate ‖ *imperf* обезлю́жи-
вать 1 a

ft.	обезлю́жу*, -дишь*, -дят
imp.	обезлю́дь*, ～те
pt.	обезлю́дил
g.pt.a.	обезлю́див
p.pt.a.	обезлю́дивший
p.pt.p.	обезлю́женный

обезлю́живать *imperf of* обезлю́дить

обезобра́живать(ся) *imperf of* обезобра́-
зить(ся)

обезобра́зить *perf* кого́-что disfigure,
maim ‖ *imperf* обезобра́живать 1 a

ft.	обезобра́жу, -азишь, -азят
imp.	обезобра́зь, ～те
pt.	обезобра́зил
g.pt.a.	обезобра́зив
p.pt.a.	обезобра́зивший
p.pt.p.	обезобра́женный

обезобра́зиться *perf* become disfigured,
grow ugly ‖ *imperf* обезобра́живаться

обезопа́сить *perf* кого́-что secure *against
danger*, make safe *from danger*

ft.	обезопа́шу, -а́сишь, -а́сят
imp.	обезопа́сь, ～те
pt.	обезопа́сил
g.pt.a.	обезопа́сив
p.pt.a.	обезопа́сивший
p.pt.p.	обезопа́шенный *and obs* обезо-
па́сенный

обезопа́ситься *perf* protect oneself, secure
oneself *against danger*

обезору́живать *imperf of* обезору́жить

обезору́жить *perf* кого́-что disarm *a.fig*
imperf обезору́живать 1 a

ft.	обезору́жу, -жишь, -жат
imp.	обезору́жь, ～те
pt.	обезору́жил
g.pt.a.	обезору́жив
p.pt.a.	обезору́живший
p.pt.p.	обезору́женный

обезу́меть 3, *stress as infinitive, perf* go
out of *one's* mind

обезья́нничать 1 a *imperf coll* ape, copy ‖
perf собезья́нничать 1

обели́ть *perf* кого́-что **1.** *coll* rehabilitate,
clear *smb's* name **2.** *hist* exempt from
taxation *land, farm* ‖ *imperf* обеля́ть 1 a

ft.	обелю́, -ели́шь, -еля́т
imp.	обели́, ～те
pt.	обели́л
g.pt.a.	обели́в
p.pt.a.	обели́вший
p.pt.p.	обелённый; обелён, -ена́

обеля́ть *imperf of* обели́ть

оберега́ть 2a *imperf* кого́-что protect,
guard, defend ‖ *perf* обере́чь, forms ib.

оберега́ться *imperf* be cautious, look out
for oneself ‖ *perf* обере́чься

обере́чь *perf of* оберега́ть

ft.	оберегу́, -ежёшь, -егу́т
imp.	обереги́, ～те
pt.	обере́г, -егла́
g.pt.a.	оберёгши
p.pt.a.	оберёгший
p.pt.p.	обережённый; обережён, -ена́

обере́чься *perf of* оберега́ться

оберну́ть 7 *perf* кого́-что **1.** wind, coil
2. wrap up **3.** turn **4.** steer in a particular
direction **5.** кого́-что кем-чем *or* в кого́-
что enchant, transform by magic ‖ *imperf* обёртывать 1 a *with* 1—4 *and* обо-
ра́чивать 1 a *with* 3—5

p.pt.p.	обёрнутый

оберну́ться *perf* **1.** turn *one's* head **2.** *fig* take a particular course **3.** *coll* turn back, turn round **4.** *coll* worm oneself out of **5.** кем-чем *or* в кого-что turn oneself (into *smth*) by magic **6.** *sub* wrap oneself up ‖ *imperf* обёртываться *with* 1—2 *and* обора́чиваться

обёртывать(ся) *imperf of* оберну́ть(ся)

обескро́вить *perf* кого-что **1.** drain of blood, bleed (white), slaughter **2.** *fig* cause severe losses (to) ‖ *imperf* обескро́вливать 1 a

ft.	обескро́влю, -вишь, -вят
imp.	обескро́вь, ~те
pt.	обескро́вил
g.pt.a.	обескро́вив
p.pt.a.	обескро́вивший
p.pt.p.	обескро́вленный

обескро́вливать *imperf of* обескро́вить

обескура́живать *imperf of* обескура́жить

обескура́жить *perf* кого-что dishearten, discourage, deprive of confidence ‖ *imperf* обескура́живать 1 a

ft.	обескура́жу, -жишь, -жат
imp.	обескура́жь, ~те
pt.	обезкура́жил
g.pt.a.	обескура́жив
p.pt.a.	обескура́живший
p.pt.p.	обескура́женный

обеспа́мятеть 3, *stress as infinitive*, *perf coll* **1.** lose *one's* powers of memory **2.** become unconscious, lose consciousness

обеспе́чивать(ся) *imperf of* обеспе́чить(ся)

обеспе́чить *perf* **1.** кого-что provide for, make provision for *a dependent* **2.** кого-что чем supply (with) **3.** что guarantee, ensure ‖ *imperf* обеспе́чивать 1 a

ft.	обеспе́чу, -чишь, -чат
imp.	обеспе́чь, ~те
pt.	обеспе́чил
g.pt.a.	обеспе́чив
p.pt.a.	обеспе́чивший
p.pt.p.	обеспе́ченный

обеспе́читься *perf* чем provide oneself (with), stock (oneself) up (with) ‖ *imperf* обеспе́чиваться

обеспло́дить *perf* кого-что render infertile, make unfruitful; *med* sterilize ‖ *imperf* обеспло́живать 1 a

ft.	обеспло́жу, -о́дишь, -о́дят
imp.	обеспло́дь, ~те
pt.	обеспло́дил
g.pt.a.	обеспло́див

p.pt.a.	обеспло́дивший
p.pt.p.	обеспло́женный

обеспло́живать *imperf of* обеспло́дить

обеспоко́ивать(ся) *imperf of* обеспоко́ить(ся)

обеспоко́ить *perf* кого-что **1.** disturb, trouble, put *smb* out, put *smb* to inconvenience **2.** disturb, perturb, make uneasy ‖ *imperf* обеспоко́ивать 1 a

ft.	обеспоко́ю, -о́ишь, -о́ят
imp.	обеспоко́й, ~те
pt.	обеспоко́ил
g.pt.a.	обеспоко́ив
p.pt.a.	обеспоко́ивший
p.pt.p.	обеспоко́енный

обеспоко́иться *perf* кем-чем be anxious (about), be concerned (at), be troubled (about) ‖ *imperf* обеспоко́иваться

обесси́леть 3, *stress as infinitive*, *perf* grow weak, lose strength, weaken

обесси́ливать *imperf of* обесси́лить

обесси́лить *perf* кого-что weaken, enervate ‖ *imperf* обесси́ливать 1 a

ft.	обесси́лю, -лишь, -лят
imp.	обесси́ль, ~те
pt.	обесси́лил
g.pt.a.	обесси́лив
p.pt.a.	обесси́ливший
p.pt.p.	обесси́ленный

обессла́вить *perf* кого-что bring into ill repute, dishonour, cover with shame ‖ *imperf* обессла́вливать 1 a

ft.	обессла́влю, -вишь, -вят
imp.	обессла́вь, ~те
pt.	обессла́вил
g.pt.a.	обессла́вив
p.pt.a.	обессла́вивший
p.pt.p.	обессла́вленный

обессла́вливать *imperf of* обессла́вить

обессме́ртить *perf* кого-что make immortal, immortalize

ft.	обессме́рчу, -ртишь, -ртят
imp.	обессме́рти, -ртьте
pt.	обессме́ртил
g.pt.a.	обессме́ртив
p.pt.a.	обессме́ртивший
p.pt.p.	обессме́рченный

обесцве́тить *perf* кого-что **1.** bleach **2.** *fig* render pale [colourless] ‖ *imperf* обесцве́чивать 1 a

ft.	обесцве́чу, -е́тишь, -е́тят
imp.	обесцве́ть, ~те
pt.	обесцве́тил
g.pt.a.	обесцве́тив

p.pt.a.	обесцве́тивший
p.pt.p.	обесцве́ченный

обесцве́титься, *1st and 2nd pers not used,* *perf* **1.** become pale, become colourless **2.** *fig* pale, lose charm, lose individual quality ‖ *imperf* обесцве́чиваться

обесцве́чивать(ся) *imperf of* обесцве́тить-(ся)

обесце́нивать(ся) *imperf of* обесце́нить(ся)

обесце́нить *perf* кого́-что depreciate ‖ *imperf* обесце́нивать 1а

ft.	обесце́ню, -е́нишь, -е́нят
imp.	обесце́нь, ~те
pt.	обесце́нил
g.pt.a.	обесце́нив
p.pt.a.	обесце́нивший
p.pt.p.	обесце́ненный

обесце́ниться, *1st and 2nd pers not used,* *perf* depreciate ‖ *imperf* обесце́ниваться

обесче́стить *perf* кого́-что dishonour, bring disgrace upon

ft.	обесче́щу, -е́стишь, -е́стят
imp.	обесче́сти, -стьте
pt.	обесче́стил
g.pt.a.	обесче́стив
p.pt.a.	обесче́стивший
p.pt.p.	обесче́щенный

обеща́ть 2 *and* 2а **1.** *perf, imperf with infinitive or with conjunction* что, кому́-чему́ promise, assure (of) **2.** *only imperf fig* что *or without object or with infinitive* promise, show promise (of). — (по-*with* 1)

обеща́ться *perf, imperf* **1.** *coll* promise, give *one's* word **2.** *sub obs* mutually plight *one's* troth

обжа́ловать 4 *perf* что appeal (against), register a complaint, lodge a protest (against)

обжа́ривать(ся) *imperf of* обжа́рить(ся)

обжа́рить *perf* что roast slightly all round, fry both sides ‖ *imperf* обжа́ривать 1а

ft.	обжа́рю, -ришь, -рят
imp.	обжа́рь, ~те
pt.	обжа́рил
g.pt.a.	обжа́рив
p.pt.a.	обжа́ривший
p.pt.p.	обжа́ренный

обжа́риться, *1st and 2nd pers not used,* *perf* get slightly roasted all round, get fried both sides ‖ *imperf* обжа́риваться

обжа́ть[1] *perf* что *coll* wring ‖ *imperf* обжима́ть 2а

ft.	обожму́, -мёшь, -му́т
imp.	обожми́, ~те
pt.	обжа́л
g.pt.a.	обжа́в
p.pt.a.	обжа́вший
p.pt.p.	обжа́тый

обжа́ть[2] *perf* что **1.** *coll* mow round **2.** *reg* mow, reap ‖ *imperf* обжина́ть 2а

ft.	обожну́, -нёшь, -ну́т
imp.	обожни́, ~те
pt.	обжа́л
g.pt.a.	обжа́в
p.pt.a.	обжа́вший
p.pt.p.	обжа́тый

обже́чь *perf* **1.** кого́-что burn **2.** что scorch **3.** что *tech* burn, bake, fire ‖ *imperf* обжига́ть 2а

ft.	обожгу́, -жжёшь, -жгу́т
imp.	обожги́, ~те
pt.	обжёг, обожгла́
g.pt.a.	обжёгши
p.pt.a.	обжёгший
p.pt.p.	обожжённый; обожжён, -ена́

обже́чься *perf* **1.** чем *or* обо что burn oneself, get burned **2.** *fig* на чём *or without object coll* burn *one's* fingers, fail at *a thing* ‖ *imperf* обжига́ться

обжива́ть(ся) *imperf of* обжи́ть(ся)

обжига́ть(ся) *imperf of* обже́чь(ся)

обжима́ть *imperf of* обжа́ть[1]

обжина́ть *imperf of* обжа́ть[2]

обжира́ться *imperf of* обожра́ться

обжи́ть *perf* что *coll* make habitable, make comfortable to live in ‖ *imperf* обжива́ть 2а

ft.	обживу́, -вёшь, -ву́т
imp.	обживи́, ~те
pt.	о́бжил *and coll* обжи́л, обжила́, о́бжило *and coll* обжи́ло
g.pt.a.	обжи́в
p.pt.a.	обжи́вший
p.pt.p.	о́бжи́тый; обжи́т, обжита́, о́б-жи́то

обжи́ться *perf coll* make oneself feel at home, settle down ‖ *imperf* обжива́ться

pt.	обжи́лся, -ила́сь, -и́ло́сь

обжу́ливать *imperf of* обжу́лить

обжу́лить *perf* кого́-что *sub* pull the wool over *smb's* eyes, diddle ‖ *imperf* обжу́ливать 1а

ft.	обжу́лю, -лишь, -лят
imp.	обжу́ль, ~те
pt.	обжу́лил

g.pt.a.	обжу́лив
p.pt.a.	обжу́ливший
p.pt.p.	обжу́ленный

обзавести́сь *perf* чем *coll* get, lay on, provide oneself (with) ‖ *imperf* обзаводи́ться, forms ib.

ft.	обзаведу́сь, -дёшься, -ду́тся
imp.	обзаведи́сь, -и́тесь
pt.	обзавёлся, -ела́сь
g.pt.a.	обзаведя́сь *and obs* обзавёд-шись
p.pt.a.	обзаве́дшийся

обзаводи́ться *imperf of* обзавести́сь

pr.	обзавожу́сь, -о́дишься, -о́дятся
imp.	обзаводи́сь, -и́тесь
pt.	обзаводи́лся, -лась
g.pr.a.	обзаво́дясь
p.pr.a.	обзаво́дящийся
p.pt.a.	обзаводи́вшийся

обзва́нивать *imperf of* обзвони́ть

обзвони́ть *perf* кого́-что *coll* ring everybody up, ring up all round ‖ *imperf* обзва́нивать 1 a

ft.	обзвоню́, -ни́шь, -ня́т
imp.	обзвони́, ~те
pt.	обзвони́л
g.pt.a.	обзвони́в
p.pt.a.	обзвони́вший

обзыва́ть *imperf of* обозва́ть

обива́ть(ся) *imperf of* оби́ть(ся)

оби́деть *perf* кого́-что **1.** hurt, offend **2.** *coll* cheat, give short measure ‖ *imperf* обижа́ть 2 a

ft.	оби́жу, оби́дишь, оби́дят
imp.	оби́дь, ~те
pt.	оби́дел
g.pt.a.	оби́дев
p.pt.a.	оби́девший
p.pt.p.	оби́женный

оби́деться *perf* на кого́-что be offended (by), be hurt (at, by), take offence ‖ *imperf* обижа́ться

g.pt.a.	оби́дясь *and* оби́девшись

обижа́ть(ся) *imperf of* оби́деть(ся)

оби́ловать 4 a *imperf* чем *obs* have an abundance (of)

обира́ть *imperf of* обобра́ть

обита́ть 2 a *imperf bookish* occupy, inhabit

оби́ть *perf* что **1.** shake down, bring down **2.** *coll* fray [wear] *a thing* out; оби́ть края брюк fray pants cuffs, fray trouser turn-ups **3.** чем cover, upholster; paper; provide with fittings ‖ *imperf* обива́ть 2 a

ft.	обобью́, -бьёшь, -бью́т
imp.	обе́й, ~те
pt.	оби́л
g.pt.a.	оби́в
p.pt.a.	оби́вший
p.pt.p.	оби́тый

оби́ться, *1st and 2nd pers not used, perf* **1.** wear out, fray **2.** come off ‖ *imperf* обива́ться

обка́лывать *imperf of* обколо́ть

обка́пать 1 *perf* кого́-что *coll* bespatter, splash all over ‖ *imperf* обка́пывать 1 a

обка́пывать[1] *imperf of* обка́пать

обка́пывать[2] *imperf of* обкопа́ть

обка́рмливать *imperf of* обкорми́ть

обката́ть 2 *perf* что **1.** *coll* bulldoze, level **2.** roll, roll flat; *of water* wear down, wear smooth **3.** run in *a vehicle* ‖ *imperf* обка́тывать 1 a

обка́тывать *imperf of* обката́ть

обка́шивать *imperf of* обкоси́ть

обкида́ть 2 *perf* кого́-что чем **1.** *coll* pelt **2.** *impers coll* cover in a rash ‖ *imperf* обки́дывать 1 a

обки́дывать *imperf of* обкида́ть

обкла́дывать(ся) *imperf of* обложи́ть(ся)

обкла́сть *perf* кого́-что *obs and sub* **1.** cover about **2.** clad, clad out, line **3.** lay siege to **4.** impose *a tax* on

ft.	обкладу́, -дёшь, -ду́т
imp.	обклади́, ~те
pt.	об(о)кла́л
g.pt.a.	обкла́в
p.pt.a.	обкла́вший
p.pt.p.	обкла́денный

обкла́сться *perf obs and sub* **1.** чем surround oneself (with) **2.** чем cover oneself (with) **3.** put in the wrong place

обкле́ивать *imperf of* обкле́ить

обкле́ить *perf* что paste, paper, cover ‖ *imperf* обкле́ивать 1 a

ft.	обкле́ю, -е́ишь, -е́ят
imp.	обкле́й, ~те
pt.	обкле́ил
g.pt.a.	обкле́ив
p.pt.a.	обкле́ивший
p.pt.p.	обкле́енный

обколо́ть *perf* что **1.** trim **2.** *coll* prick oneself ‖ *imperf* обка́лывать 1 a

ft.	обколю́, -о́лешь, -о́лют
imp.	обколи́, ~те
pt.	обколо́л

g.pt.a.	обколо́в
p.pt.a.	обколо́вший
p.pt.p.	обко́лотый

обкопа́ть 2 *perf* что *coll* dig round *a thing* ‖ *imperf* обка́пывать 1 a

обкорми́ть *perf* кого́-что overfeed ‖ *imperf* обка́рмливать 1 a

ft.	обкормлю́, -о́рмишь, -о́рмят
imp.	обкорми́, ~те
pt.	обкорми́л
g.pt.a.	обкорми́в
p.pt.a.	обкорми́вший
p.pt.p.	обко́рмленный

обкорна́ть 2 *perf* кого́-что *sub* **1.** trim unevenly, crop, dock **2.** *fig* prune out the essentials (of), garble

обкоси́ть *perf* что **1.** mow all about; обкоси́ть куст mow round a bush **2.** *reg* mow **3.** кого́-что *coll* overtake in mowing ‖ *imperf* обка́шивать 1 a

ft.	обкошу́, -о́сишь, -о́сят
imp.	обкоси́, ~те
pt.	обкоси́л
g.pt.a.	обкоси́в
p.pt.a.	обкоси́вший
p.pt.p.	обко́шенный

обкра́дывать *imperf of* обокра́сть

обку́ривать *imperf of* обкури́ть

обкури́ть *perf* кого́-что *coll* **1.** discolour by smoke; stain *the fingers* from smoking **2.** break *a pipe* in **3.** fumigate; smoke out ‖ *imperf* обку́ривать 1 a

ft.	обкурю́, -у́ришь, -у́рят
imp.	обкури́, ~те
pt.	обкури́л
g.pt.a.	обкури́в
p.pt.a.	обкури́вший
p.pt.p.	обку́ренный

обкуса́ть 2 *perf* что gnaw round, gnaw off ‖ *imperf* обку́сывать 1 a

обку́сывать *imperf of* обкуса́ть

облага́ть *imperf of* обложи́ть

облагоде́тельствовать 4 *perf* кого́-что *obs and iron* do *smb* a kindness, confer benefits (on)

облагора́живать *imperf of* облагоро́дить

облагоро́дить *perf* кого́-что **1.** improve, ennoble **2.** *agr* improve, enrich, cultivate, graft **3.** *tech* purify, finish ‖ *imperf* облагора́живать 1 a

ft.	облагоро́жу, -о́дишь, -о́дят
imp.	облагоро́дь, ~те
pt.	облагоро́дил

g.pt.a.	облагоро́див
p.pt.a.	облагоро́дивший
p.pt.p.	облагоро́женный

облада́ть 2a *imperf* чем have, have at one's disposal

обла́зить *perf* что *coll* creep around (in)

ft.	обла́жу, -а́зишь, -а́зят
imp.	обла́зь, ~те
pt.	обла́зил
g.pt.a.	обла́зив
p.pt.a.	обла́зивший

обла́ивать *imperf of* обла́ять

обла́мывать(ся)[1] *imperf of* обломА́ть(ся)

обла́мывать(ся)[2] *imperf of* обломи́ть(ся)

обла́пить *perf* кого́-что **1.** *coll* seize in the paws **2.** *sub* go into a clinch (with), embrace ‖ *imperf* обла́пливать 1 a

ft.	обла́плю, -пишь, -пят
imp.	обла́пь, ~те
pt.	обла́пил
g.pt.a.	обла́пив
p.pt.a.	обла́пивший
p.pt.p.	обла́пленный

обла́пливать *imperf of* обла́пить

облапо́шивать *imperf of* облапо́шить

облапо́шить *perf* кого́-что *sub* diddle, pull the wool over *smb's* eyes ‖ *imperf* облапо́шивать 1 a

ft.	облапо́шу, -шишь, -шат
imp.	облапо́шь, ~те
pt.	облапо́шил
g.pt.a.	оплапо́шив
p.pt.a.	облапо́шивший
p.pt.p.	облапо́шенный

обласка́ть 2 *perf* кого́-что treat kindly, be kind (to)

облача́ть(ся) *imperf of* облачи́ть(ся)

облачи́ть *perf* кого́-что во что *bookish, obs and joc* clothe (in), attire (in), invest (with) ‖ *imperf* облача́ть 2a

ft.	облачу́, -чи́шь, -ча́т
imp.	облачи́, ~те
pt.	облачи́л
g.pt.a.	облачи́в
p.pt.a.	облачи́вший
p.pt.p.	облачённый; облачён, -ена́

облачи́ться *perf* во что *bookish, obs and joc* clothe oneself (in), attire oneself (in), invest oneself (with) ‖ *imperf* облача́ться

обла́ять *perf* кого́-что **1.** bark at **2.** *sub* bite *smb's* head off, shout at, bawl *smb* out ‖ *imperf* обла́ивать 1 a

ft.	обла́ю, -а́ешь, -а́ют
imp.	обла́й, ~те
pt.	обла́ял
g.pt.a.	обла́яв
p.pt.a.	обла́явший
p.pt.p.	обла́янный

облега́ть 2a *imperf* **1.** *imperf of* облѐчь[2] **2.** что *of clothes* fit to the figure

облегча́ть(ся) *imperf of* облегчи́ть(ся)

облегчи́ть [хч] *perf* **1.** кого́-что reduce the weight (of) **2.** что simplify **3.** что ease **4.** что ease, relieve, alleviate, improve || *imperf* облегча́ть 1a

ft.	облегчу́, -чи́шь, -ча́т
imp.	облегчи́, ~те
pt.	облегчи́л
g.pt.a.	облегчи́в
p.pt.a.	облегчи́вший
p.pt.p.	облегчённый; облегчён, -ена́

облегчи́ться [хч] *perf* **1.** get lighter **2.** become more settled, feel eased **3.** *sub* make oneself easier *by bringing up the contents of the stomach* || *imperf* облегча́ться

обледенева́ть *imperf of* обледене́ть

обледене́ть 3 *perf* ice up, become covered with ice || *imperf* обледенева́ть 2a

облеза́ть *imperf of* облѐзть

облѐзть *perf* **1.** *coll* shed its coat, moult **2.** *coll, of paint etc.* flake off, come off **3.** что creep round *a thing* || *imperf* облеза́ть 2a

ft.	облѐзу, -зешь, -зут
imp.	облѐзь, ~те
pt.	облѐз, ~ла
g.pt.a.	облѐзши
p.pt.a.	облѐзший

облека́ть *imperf of* облѐчь[1]

облека́ться *imperf of* облѐчься

облѐниваться *imperf of* облени́ться

облени́ться *perf* become lazy, become sluggish || *imperf* облѐниваться 1a

ft.	обленю́сь, -е́нишься, -е́нятся
imp.	облени́сь, -и́тесь
pt.	облени́лся, -лась
g.pt.a.	облени́вшись
p.pt.a.	облени́вшийся

облепи́ть *perf* кого́-что **1.** *1st and 2nd pers not used* stick all over *a thing*, adhere (to) **2.** *1st and 2nd pers not used, of clothing* fit to the figure **3.** paste all round **4.** *fig coll* crowd round, flock round,

mill round || *imperf* облѐпливать 1a *and* облепля́ть 2a

ft.	облеплю́, -е́пишь, -е́пят
imp.	облепи́, ~те
pt.	облепи́л
g.pt.a.	облепи́в
p.pt.a.	облепи́вший
p.pt.p.	облѐпленный

облѐпливать *imperf of* облепи́ть

облепля́ть *imperf of* облепи́ть

облеси́ть, *1st pers not used, perf* что afforest, plant with trees

ft.	облеси́шь, -ся́т
imp.	облеси́, ~те
pt.	облеси́л
g.pt.a.	облеси́в
p.pt.a.	облеси́вший
p.pt.p.	облесённый; облесён, -ена́

облета́ть[1] *imperf of* облете́ть

облета́ть[2] 2 *perf* **1.** что fly over **2.** кого́-что *sub* run round **3.** что *av* test-fly, put through *airborne* trials || *imperf* облётывать 1a *with* 3

p.pt.p.	облётанный

облете́ть *perf* **1.** кого́-что *and* вокру́г кого́-чего́ fly round **2.** что make a round flight (over) **3.** кого́-что fly past **4.** кого́-что *coll* overtake flying **5.** что spread rapidly **6.** *of leaves* fall **7.** lose its leaves || *imperf* облета́ть 2a

ft.	облечу́, -ети́шь, -етя́т
imp.	облети́, ~те
pt.	облете́л
g.pt.a.	облете́в
p.pt.a.	облете́вший

облётывать *imperf of* облета́ть[2]

облѐчь[1] *perf* кого́-что **1.** во что *bookish obs, now joc* clothe (in), attire (in), invest (with) **2.** *bookish obs* cover (with) **3.** *fig* envelop **4.** *fig* чем fix up (with), fit out (with) || *imperf* облека́ть 2a

ft.	облеку́, -ечёшь, -еку́т
imp.	облеки́, ~те
pt.	облёк, -екла́
g.pt.a.	облёкши
p.pt.a.	облёкший
p.pt.p.	облечённый; облечён, -ена́

облѐчь[2], *1st and 2nd pers not used, perf* что cover || *imperf* облега́ть 2a

ft.	обля́жет, -я́гут
pt.	облёг, -егла́
g.pt.a.	облёгши
p.pt.a.	облёгший

облéчься *perf* во что **1.** *bookish obs, now joc* clothe oneself (in), attire oneself (in) **2.**: облéчься в óбраз *of thoughts* take shape, assume form ‖ *imperf* облекáться 2а
forms follow облéчь[1]

обливáть(ся) *imperf of* облúть(ся)

облизáть *perf* когó-что lick, lick over, lick all over ‖ *imperf* облúзывать 1а ‖ *perf semelf* облизнýть 7
ft.	обли́жу́, -и́жешь, -и́жут
imp.	оближи́, ~те
pt.	облиза́л
g.pt.a.	облиза́в
p.pt.a.	облиза́вший
p.pt.p.	обли́занный

облиза́ться, *1st and 2nd pers not used, perf, of animal* lick itself, lick itself down ‖ *imperf* облúзываться

облизнýть(ся) *perf semelf of* облúзывать(ся)

облúзывать *imperf of* облизáть

облúзываться *imperf* **1.** lick one's lips [mouth] **2.** *fig* на что lick one's lips (at) **3.** *imperf of* облизáться ⎮ *perf semelf* облизнýться 7 *with* 1, 2

облинять 2 *perf coll* **1.** lose colour, fade **2.** *fig* pale **3.** *zool* moult

облипáть *imperf of* облúпнуть

облúпнуть *perf coll* **1.** чем become covered in *snow, something sticky etc.* **2.** adhere ‖ *imperf* облипáть 2а
ft.	облúпну, -нешь, -нут
imp.	облúпни, ~те
pt.	облúп *and obs* облúпнул, облúпла
g.pt.a.	облúпнув *and* облúпши
p.pt.a.	облúпший

облиствéть 3, *1st and 2nd pers not used, perf* come into leaf, put out leaves

облúть *perf* когó-что **1.** pour *water etc.* over **2.** splash, drench **3.** *tech*: облúть глазýрью glaze **4.** (*usu p.pt.p.*) *of clothes* cling to the figure ‖ *imperf* обливáть 2а
ft.	оболью́, -льёшь, -лью́т
imp.	обле́й, ~те
pt.	óбил, облила́, óбило
g.pt.a.	облúв
p.pt.a.	облúвший
p.pt.p.	óблúтый; óблúт, облитá, óблúто

облúться *perf* чем pour *smth* over oneself ‖ *imperf* обливáться
pt.	облúлся, -илáсь, -илóсь

облицевáть *perf* что plaster, case, face, revet ‖ *imperf* облицóвывать 1а
ft.	облицу́ю, -у́ешь, -у́ют
imp.	облицу́й, ~те
pt.	облицева́л
g.pt.a.	облицева́в
p.pt.a.	облицева́вший
p.pt.p.	облицо́ванный

облицóвывать *imperf of* облицевáть

обличáть 2а *imperf* **1.** *imperf of* обличúть **2.** *1st and 2nd pers not used* что *fig* betray, reveal

обличúть *perf* когó-что *obs* expose, catch out *at a lie, a crime etc.*; convict ‖ *imperf* обличáть 2а
ft.	обличу́, -чи́шь, -ча́т
imp.	обличи́, ~те
pt.	обличи́л
g.pt.a.	обличи́в
p.pt.a.	обличи́вший
p.pt.p.	обличённый; обличён, -ена́

облобызáть 2 *perf* когó-что *bookish obs, now joc* buss
no *p.pt.p.*

облобызáться *perf bookish obs, now joc* kiss (each other)

обложúть *perf* когó-что **1.** surround, put round **2.** cover, clad, case, face **3.** besiege, beleaguer **4.** assess, impose *tax, fine etc.* on; обложúть налóгом tax **5.** *coarse sub*: обложúть отбóрной брáнью chew *smb's* ballocks, bawl out, tear a strip off ‖ *imperf* обклáдывать 1а *with* 1—3, 5 *and* облагáть 2а *with* 4
ft.	обложу́, -óжишь, -óжат
imp.	обложи́, ~те
pt.	обложи́л
g.pt.a.	обложи́в
p.pt.a.	обложи́вший
p.pt.p.	обло́женный

обложúться *perf* **1.** чем surround oneself (with) **2.** чем cover oneself (with) **3.** *sub* put in the wrong place ‖ *imperf* обклáдываться *with* 1

облокáчивать(ся) *imperf of* облокотúть(ся)

облокотúть *perf* что prop up on the elbows ‖ *imperf* облокáчивать 1а
ft.	облокочу́, -óтишь, -óтят
imp.	облокоти́, ~те
pt.	облокоти́л
g.pt.a.	облокоти́в
p.pt.a.	облокоти́вший
p.pt.p.	облокóченный

облокоти́ться *perf* lean on *one's* elbows ‖ *imperf* облока́чиваться

облома́ть 2 *perf* **1.** что break off all round **2.** *fig* кого́-что *sub* break will, spirit; bring to *one's* senses ‖ *imperf* обла́мывать 1 a

облома́ться, *1st and 2nd pers not used, perf* break off, crumble, snap ‖ *imperf* обла́мываться

обломи́ть *perf* что break off ‖ *imperf* обла́мывать 1 a

ft.	обломлю́, -о́мишь, -о́мят
imp.	обломи́, ~те
pt.	обломи́л
g.pt.a.	обломи́в
p.pt.a.	обломи́вший
p.pt.p.	обло́мленный

обломи́ться, *1st and 2nd pers not used, perf* break off, crumble, snap ‖ *imperf* обла́мываться

облупи́ть *perf* кого́-что *sub* **1.** peel, shell; thresh **2.** *fig* fleece ‖ *imperf* облу́пливать 1 a

ft.	облуплю́, -у́пишь, -у́пят
imp.	облупи́, ~те
pt.	облупи́л
g.pt.a.	облупи́в
p.pt.a.	облупи́вший
p.pt.p.	облу́пленный

облупи́ться, *1st and 2nd pers not used, perf sub* **1.** *of shell* come off, come away **2.** crumble, come off ‖ *imperf* облу́пливаться

облу́пливать(ся) *imperf of* облупи́ть(ся)

облуча́ть *imperf of* облучи́ть

облучи́ть *perf* кого́-что *med* irradiate, give ray treatment (to); *tech* irradiate ‖ *imperf* облуча́ть 2 a

ft.	облучу́, -чи́шь, -ча́т
imp.	облучи́, ~те
pt.	облучи́л
g.pt.a.	облучи́в
p.pt.a.	облучи́вший
p.pt.p.	облучённый; облучён, -ена́

облу́щивать *imperf of* облущи́ть

облущи́ть *perf* что shell, hull, husk, shuck ‖ *imperf* облу́щивать 1 a

ft.	облущу́, -щи́шь, -ща́т
imp.	облущи́, ~те
pt.	облущи́л
g.pt.a.	облущи́в
p.pt.a.	облущи́вший
p.pt.p.	облущённый; облущён, -ена́

облысе́ть 3 *perf* go bald

облюбова́ть 5 *perf* кого́-что pick, find to *one's* taste ‖ *imperf* облюбо́вывать 1 a

облюбо́вывать *imperf of* облюбова́ть

обма́зать *perf* кого́-что **1.** spread *e.g.* butter on bread; bedaub; whitewash, colour wash, distemper **2.** *coll* mess up ‖ *imperf* обма́зывать 1 a

ft.	обма́жу, -жешь, -жут
imp.	обма́жь, ~те
pt.	обма́зал
g.pt.a.	обма́зав
p.pt.a.	обма́завший
p.pt.p.	обма́занный

обма́заться *perf coll* mess oneself, mess oneself up ‖ *imperf* обма́зываться

обма́зывать(ся) *imperf of* обма́зать(ся)

обма́кивать *imperf of* обмакну́ть

обмакну́ть 7 *perf* что dip, dunk ‖ *imperf* обма́кивать 1 a

p.pt.p.	обмакну́тый

обма́лывать *imperf of* обмоло́ть

обману́ть 7 *perf* кого́-что **1.** deceive, swindle, trick **2.** fail to keep a promise, break *one's* word **3.** dissapoint, fail to live up to **4.** seduce, lead astray *a girl* *imperf* обма́нывать 1 a

ft.	обману́, -а́нешь, -а́нут
p.pt.p.	обма́нутый

обману́ться *perf* **1.** be mistaken **2.** be let down, be disappointed (in *smth*, by *smb*) ‖ *imperf* обма́нываться

обма́нывать(ся) *imperf of* обману́ть(ся)

обмара́ть 2 *perf* кого́-что *coll* bedaub; soil ‖ *imperf* обма́рывать 1 a

обмара́ться *perf coll* **1.** mess oneself up **2.** *of children* do it in *one's* trousers ‖ *imperf* обма́рываться

обма́рывать(ся) *imperf of* обмара́ть(ся)

обма́сливать *imperf of* обма́слить

обма́слить *perf* кого́-что **1.** *coll* spread butter [oil] on, spread with butter [oil] **2.** *sub* make grease spots on, spot with grease ‖ *imperf* обма́сливать 1 a

ft.	обма́слю, -лишь, -лят
imp.	обма́сли, ~те
pt.	обма́слил
g.pt.a.	обма́слив
p.pt.a.	обма́сливший
p.pt.p.	обма́сленный

обма́тывать(ся) *imperf of* обмота́ть(ся)

обма́хивать 1 a *imperf* **1.** *imperf of* обмахну́ть **2.** что fan обма́хиваться *imperf* fan oneself | *perf semelf* обмахну́ться

обмахну́ть 7 *perf* кого́-что **1.** *semelf of* обма́хивать **2.** dust **3.** brush away, sweep away, fan away ‖ *imperf* обма́хивать 1а
p.pt.p.   обмахну́тый

обмахну́ться *perf semelf of* обма́хиваться

обма́чивать(ся) *imperf of* обмочи́ть(ся)

обмелева́ть *imperf of* обмеле́ть

обмеле́ть 3, *1st and 2nd pers not used, perf* **1.** sand up, silt up, become shallow **2.** *naut* run aground on a sandbank ‖ *imperf* обмелева́ть 2а

обме́нивать(ся)[1] *imperf of* обменя́ть(ся)

обме́нивать(ся)[2] *imperf of* обмени́ть(ся)

обмени́ть *perf* **1.** что на что exchange (for) **2.** кого́-что mistake ‖ *imperf* обме́нивать 1а
ft.   обменю́, -е́нишь, -е́нят
imp.   обмени́, ～те
pt.   обмени́л
g.pt.a.   обмени́в
p.pt.a.   обмени́вший
p.pt.p.   обменённый; обменён, -ена́

обмени́ться *perf* чем с кем-чем *sub* **1.** swap, exchange **2.** *inadvertently* take *the wrong thing*, swap *by accident* ‖ *imperf* обме́ниваться

обменя́ть 2 *perf* **1.** что на что exchange (for), barter (against) **2.** кого́-что mistake ‖ *imperf* обме́нивать 1а

обменя́ться *perf* чем **1.** exchange **2.** mistake **3.** exchange *opinions, greetings* ‖ *imperf* обме́ниваться

обмере́ть *perf coll* freeze, go rigid, be paralyzed *with fear etc.* ‖ *imperf* обмира́ть 2а
ft.   обомру́, -рёшь, -ру́т
imp.   обмри́, ～те
pt.   о́бмер, обмерла́, о́бмерло
g.pt.a.   обмере́в
p.pt.a.   обме́рший

обмерза́ть *imperf of* обмёрзнуть

обмёрзнуть *perf* **1.** *1st and 2nd pers not used coll* congeal, freeze, solidify **2.** *sub* go rigid with cold ‖ *imperf* обмерза́ть 2а
ft.   обмёрзну, -нешь, -нут
pt.   обмёрз, ～ла
g.pt.a.   обмёрзнув *and* обмёрзши
p.pt.a.   обмёрзший

обме́ривать(ся) *imperf of* обме́рить(ся)

обме́рить *perf* **1.** что measure **2.** кого́-что *coll* give short measure, cheat ‖ *imperf* обме́ривать 1а *and* обмеря́ть 2а
ft.   обме́рю, -ришь, -рят *and coll* обме́ряю, -яешь, -яют
imp.   обме́рь, ～те *and coll* обме́ряй, ～те
pt.   обме́рил
g.pt.a.   обме́рив
p.pt.a.   обме́ривший
p.pt.p.   обме́ренный

обме́риться *perf coll* mismeasure, make a mistake in measuring ‖ *imperf* обме́риваться *and* обмеря́ться

обмеря́ть(ся) *imperf of* обме́рить(ся)

обмести́ *perf* что sweep away ‖ *imperf* обмета́ть 2а
ft.   обмету́, -тёшь, -ту́т
imp.   обмети́, ～те
pt.   обмёл, -ела́
g.pt.a.   обметя́
p.pt.a.   обмётший
p.pt.p.   обметённый; обметён, -ена́

обмета́ть[1] *perf* что **1.** *dressm* hem; overcast **2.** *impers coll* cover in a rash ‖ *imperf* обмётывать 1а
ft.   обмечу́, -е́чешь, -е́чут *and* обмета́ю, -а́ешь, -а́ют
imp.   обмечи́, ～те
pt.   обмета́л
g.pt.a.   обмета́в
p.pt.a.   обмета́вший
p.pt.p.   обмётанный

обмета́ть[2] *imperf of* обмести́

обмётывать *imperf of* обмета́ть[1]

обмина́ть(ся) *imperf of* обмя́ть(ся)

обмира́ть *imperf of* обмере́ть

обмозгова́ть 5 *perf* что *sub* weigh the ins and outs of ‖ *imperf* обмозго́вывать 1а

обмозго́вывать *imperf of* обмозгова́ть

обмока́ть *imperf of* обмо́кнуть

обмо́кнуть *perf coll* get wet ‖ *imperf* обмока́ть 2а
ft.   обмо́кну, -нешь, -нут
imp.   обмо́кни, ～те
pt.   обмо́к, ～ла
g.pt.a.   обмо́кнув *and* обмо́кши
p.pt.a.   обмо́кший

обмола́чивать *imperf of* обмолоти́ть

обмо́лвиться *perf* **1.** make a slip of the tongue **2.** *coll* blab **3.** чем let slip, casually mention ‖ *imperf* обмо́лвливаться 1а

ft.	обмо́лвлюсь, -вишься, -вятся
imp.	обмо́лвись, -итесь
pt.	обмо́лвился, -лась
g.pt.a.	обмо́лвясь
p.pt.a.	обмо́лвившийся

обмо́лвливаться *imperf of* обмо́лвиться

обмолоти́ть *perf* что *agr* thresh ‖ *imperf* обмола́чивать 1 a

ft.	обмолочу́, -о́тишь, -о́тят
imp.	обмолоти́, ~те
pt.	обмолоти́л
g.pt.a.	обмолоти́в
p.pt.a.	обмолоти́вший
p.pt.p.	обмоло́ченный

обмоло́ть *perf* что grind, grind to dust ‖ *imperf* обма́лывать 1 a

ft.	обмелю́, -е́лешь, -е́лют
imp.	обмели́, ~те
pt.	обмоло́л
g.pt.a.	обмоло́в
p.pt.a.	обмоло́вший
p.pt.p.	обмо́лотый

обмора́живать(ся) *imperf of* обморо́зить(ся)

обмора́чивать *imperf of* обморо́чить

обморо́зить *perf* что get frostbite in ‖ *imperf* обмора́живать 1 a

ft.	обморо́жу, -о́зишь, -о́зят
imp.	обморо́зь, ~те
pt.	обморо́зил
g.pt.a.	обморо́зив
p.pt.a.	обморо́зивший
p.pt.p.	обморо́женный

обморо́зиться *perf* get frostbite, get frostbitten ‖ *imperf* обмора́живаться

обморо́чить *perf* кого́-что *sub* make a fool of, take in, lead up the garden path ‖ *imperf* обмора́чивать 1 a

ft.	обморо́чу, -чишь, -чат
imp.	обморо́чь, ~те
pt.	обморо́чил
g.pt.a.	обморо́чив
p.pt.a.	обморо́чивший
p.pt.p.	обморо́ченный

обмота́ть 2 *perf* 1. кого́-что чем wind round, wind up, wrap round 2. что вокру́г чего́ wind *smth* (round *a thing*) ‖ *imperf* обма́тывать 1 a

обмота́ться *perf coll* 1. чем wind oneself round (with), entwine oneself (in) 2. вокру́г чего́ twine, coil, curl, turn ‖ *imperf* обма́тываться

обмочи́ть *perf* кого́-что dip, wet ‖ *imperf* обма́чивать 1 a

ft.	обмочу́, -о́чишь, -о́чат
imp.	обмочи́, ~те
pt.	обмочи́л
g.pt.a.	обмочи́в
p.pt.a.	обмочи́вший
p.pt.p.	обмо́ченный

обмочи́ться *perf sub* 1. get drenched 2. wet oneself ‖ *imperf* обма́чиваться

обмундирова́ть 5 *perf* кого́-что *mil* fit out *with uniform* ‖ *imperf* обмундиро́вывать 1 a

обмундирова́ться *perf* get fitted out *with uniform* ‖ *imperf* обмундиро́вываться

обмундиро́вывать(ся) *imperf of* обмундирова́ть(ся)

обмурова́ть 5 *perf* что line with masonry ‖ *imperf* обмуро́вывать 1 a

обмуро́вывать *imperf of* обмурова́ть

обмыва́ть(ся) *imperf of* обмы́ть(ся)

обмы́ть *perf* кого́-что 1. wash down, clean 2. *sub* celebrate *an event* with a drink ‖ *imperf* обмыва́ть 2 a

ft.	обмо́ю, -о́ешь, -о́ют
imp.	обмо́й, ~те
pt.	обмы́л
g.pt.a.	обмы́в
p.pt.a.	обмы́вший
p.pt.p.	обмы́тый

обмы́ться *perf* 1. wash oneself, have a wash 2. be washed by the rain ‖ *imperf* обмыва́ться

обмяка́ть *imperf of* обмя́кнуть

обмя́кнуть *perf coll* 1. become soft, get soggy 2. go slack, flag 3. *fig* become easy to get on with, become sociable ‖ *imperf* обмяка́ть 2 a

ft.	обмя́кну, -нешь, -нут
imp.	обмя́кни, ~те
pt.	обмя́к, ~ла
g.pt.a.	обмя́кнув *and* обмя́кши
p.pt.a.	обмя́кший

обмя́ть *perf* что tamp (down), tread down, tread firm ‖ *imperf* обмина́ть 2 a

ft.	обомну́, -нёшь, -ну́т
imp.	обомни́, ~те
pt.	обмя́л
g.pt.a.	обмя́в
p.pt.a.	обмя́вший
p.pt.p.	обмя́тый

обмя́ться, *1st and 2nd pers not used, perf* be pressed firm, be tamped (down), be trodden firm ‖ *imperf* обмина́ться

обнагле́ть 3 *perf* become brazen, turn insolent

обнадёживать *imperf of* обнадёжить

обнадёжить *perf* кого-что raise *smb's* hopes, cheer up, reassure ‖ *imperf* обнадёживать 1 а

ft.	обнадёжу, -жишь, -жат
imp.	обнадёжь, ~те
pt.	обнадёжил
g.pt.a.	обнадёжив
p.pt.a.	обнадёживший
p.pt.p.	обнадёженный

обнажа́ть(ся) *imperf of* обнажи́ть(ся)

обнажи́ть *perf* кого-что 1. bare, strip 2. defoliate, strip of leaves [petals] 3. uncover, disclose, lay bare 4. *fig* uncover, disclose, lay bare, reveal 5. unsheathe, draw from the scabbard [sheath] 6. *mil* expose *one's* flank ‖ *imperf* обнажа́ть 2 а

ft.	обнажу́, -жи́шь, -жа́т
imp.	обнажи́, ~те
pt.	обнажи́л
g.pt.a.	обнажи́в
p.pt.a.	обнажи́вший
p.pt.p.	обнажённый; обнажён, -ена́

обнажи́ться *perf* 1. take off *one's* clothes, undress, strip 2. lose its leaves 3. be revealed 4. *mil* be exposed ‖ *imperf* обнажа́ться

обнаро́довать 4 *perf* что announce, make known, promulgate, make public, publicize

обнару́живать(ся) *imperf of* обнару́жить(ся)

обнару́жить *perf* что 1. show, display, reveal 2. bring to light 3. discover, find out 4. disclose, uncover, reveal ‖ *imperf* обнару́живать 1 а

ft.	обнару́жу, -жишь, -жат
imp.	обнару́жь, ~те
pt.	обнару́жил
g.pt.a.	обнару́жив
p.pt.a.	обнару́живший
p.pt.p.	обнару́женный

обнару́житься, *1st and 2nd pers not used*, *perf* 1. come to light 2. be found, be, occur ‖ *imperf* обнару́живаться

обна́шивать *imperf of* обноси́ть²

обна́шиваться *imperf of* обноси́ться

обнести́ *perf* 1. что вокру́г чего́ carry *a thing* (round *smth*) 2. что чем surround (with); fence in (with) 3. кого-что чем treat all round (to) 4. кого-что pass over *when distributing*, leave out ‖ *imperf*

обноси́ть¹, forms ib.

ft.	обнесу́, -сёшь, -су́т
imp.	обнеси́, ~те
pt.	обнёс, -есла́
g.pt.a.	обнеся́ *and obs* обнёсши
p.pt.a.	обнёсший
p.pt.p.	обнесённый; обнесён, -ена́

обниза́ть *perf* что *coll* encircle with strung beads ‖ *imperf* обни́зывать 1 а

ft.	обнижу́, -и́жешь, -и́жут
imp.	обнижи́, ~те
pt.	обниза́л
g.pt.a.	обниза́в
p.pt.a.	обниза́вший
p.pt.p.	обни́занный

обни́зывать *imperf of* обниза́ть

обнима́ть(ся) *imperf of* обня́ть(ся)

обнища́ть 2 *perf* sink in squalor, sink into poverty

обнови́ть *perf* что 1. renew, renovate 2. *coll* wear [use] for the first time, commit to its [their] appointed use ‖ *imperf* обновля́ть 2 а

ft.	обновлю́, -ви́шь, -вя́т
imp.	обнови́, ~те
pt.	обнови́л
g.pt.a.	обнови́в
p.pt.a.	обнови́вший
p.pt.p.	обновлённый; обновлён, -ена́

обнови́ться *perf* 1. become as new, be renewed 2. be complemented, have something new added ‖ *imperf* обновля́ться

обновля́ть(ся) *imperf of* обнови́ть(ся)

обноси́ть¹ *imperf of* обнести́

pr.	обношу́, -о́сишь, -о́сят
imp.	обноси́, ~те
pt.	обноси́л
g.pr.a.	обнося́
p.pr.a.	обнося́щий
p.pt.a.	обноси́вший
p.pr.p.	обноси́мый

обноси́ть² *perf* что *sub* 1. wear in *clothing, footwear* 2. wear out *clothing, footwear* ‖ *imperf* обна́шивать 1 а

ft.	обношу́, -о́сишь, -о́сят
imp.	обноси́, ~те
pt.	обноси́л
g.pt.a.	обноси́в
p.pt.a.	обноси́вший
p.pt.p.	обно́шенный

обноси́ться *perf coll* 1. wear *one's* clothes to rags, go shabby 2. *1st and 2nd pers not used*, *of clothing* become shabby, become

worn **3.** *1st and 2nd pers not used o clothing* wear in, become comfortable ‖ *imperf* обна́шиваться
forms follow обноси́ть²

обню́хать 1 *perf* кого́-что sniff (at), snuffle at ‖ *imperf* обню́хивать 1а

обню́хивать *imperf of* обню́хать

обня́ть *perf* кого́-что **1.** embrace **2.** *fig* seize; attack **3.** *fig bookish* embrace, comprise, cover **4.** *fig* comprehend, grasp ‖ *imperf* обнима́ть 2а

ft.	обниму́, -и́мешь, -и́мут *and sub* обойму́, -мёшь, -му́т
imp.	обними́, ~те *and sub* обойми́, ~те
pt.	о́бнял *and sub* обня́л, обняла́, о́бняло *and sub* обня́ло
g.pt.a.	обня́в
p.pt.a.	обня́вший
p.pt.p.	о́бнятый; о́бнят, обнята́, о́бнято

обня́ться *perf* embrace *each other* ‖ *imperf* обнима́ться

pt.	обня́лся, обняла́сь, обняло́сь

обобра́ть *perf* кого́-что **1.** *sub* pluck bare, strip **2.** *coll* rifle, desolate, strip, despoil ‖ *imperf* обира́ть 2а

ft.	оберу́, -рёшь, -ру́т
imp.	обери́, ~те
pt.	обобра́л, -ала́, -а́ло
g.pt.a.	обобра́в
p.pt.a.	обобра́вший
p.pt.p.	обо́бранный

обобра́ться *perf* кого́-чего́ *coll, always negated*: не обобра́ться not be able to shake off, not be able to get rid of

pt.	обобра́лся, -ала́сь, -а́ло́сь

обобща́ть *imperf of* обобщи́ть

обобществи́ть *perf* что socialize ‖ *imperf* обобществля́ть 2а

ft.	обобществлю́, -ви́шь, -вя́т
imp.	обобществи́, ~те
pt.	обобществи́л
g.pt.a.	обобществи́в
p.pt.a.	обобществи́вший
p.pt.p.	обобществлённый; обобществлён, -ена́

обобществля́ть *imperf of* обобществи́ть

обобщи́ть *perf* что generalize; summarize ‖ *imperf* обобща́ть 2а

ft.	обобщу́, -щи́шь, -ща́т
imp.	обобщи́, ~те
pt.	обобщи́л
g.pt.a.	обобщи́в

p.pt.a.	обобщи́вший
p.pt.p.	обобщённый; обобщён, -ена́

обовши́веть 3, *stress as infinitive, perf* become lousy, get lice

обогати́ть *perf* кого́-что **1.** make rich(er) **2.** *fig* enrich **3.** *min* dress **4.** *tech* concentrate ‖ *imperf* обогаща́ть 2а

ft.	обогащу́, -ати́шь, -атя́т
imp.	обогати́, ~те
pt.	обогати́л
g.pt.a.	обогати́в
p.pt.a.	обогати́вший
p.pt.p.	обогащённый; обогащён, -ена́

обогати́ться *perf* **1.** enrich oneself, acquire riches **2.** *fig* чем become richer (in) ‖ *imperf* обогаща́ться

обогаща́ть(ся) *imperf of* обогати́ть(ся)

обогна́ть *perf* кого́-что **1.** pass; outrun, outdistance **2.** *fig coll* surpass, outstrip ‖ *imperf* обгоня́ть 2а

ft.	обгоню́, -о́нишь, -о́нят
imp.	обгони́, ~те
pt.	обогна́л, -ала́, -а́ло
g.pt.a.	обогна́в
p.pt.a.	обогна́вший
p.pt.p.	обо́гнанный

обогну́ть 7 *perf* что **1.** вокру́г чего́ *of flexible material* wrap round, hang round **2.** ply round, skirt ‖ *imperf* огиба́ть 2а

обоготвори́ть *perf* кого́-что deify; revere ‖ *imperf* обоготворя́ть 2а

ft.	обоготворю́, -ри́шь, -ря́т
imp.	обоготвори́, ~те
pt.	обоготвори́л
g.pt.a.	обоготвори́в
p.pt.a.	обоготвори́вший
p.pt.p.	обоготворённый; обоготворён, -ена́

обоготворя́ть *imperf of* обоготвори́ть

обогрева́ть(ся) *imperf of* обогре́ть(ся)

обогре́ть 3 *perf* кого́-что *coll* warm ‖ *imperf* обогрева́ть 2а

p.pt.p.	обогре́тый

обогре́ться *perf coll* warm up, get warm ‖ *imperf* обогрева́ться

ободра́ть *perf* кого́-что **1.** skin, shell **2.** scratch **3.** *coll* wear out, wear to ribbons **4.** *fig sub* rifle, desolate, strip, despoil ‖ *imperf* обдира́ть 2а *with* 1, 2, 4

ft.	обдеру́, -рёшь, -ру́т
imp.	обдери́, ~те
pt.	ободра́л, -ала́, -а́ло
g.pt.a.	ободра́в

p.pt.a.	ободра́вший
p.pt.p.	обо́дранный

ободра́ться *perf* **1.** *1st and 2nd pers not used* become detached, crumble **2.** *1st and 2nd pers not used coll* tear, go to rags **3.** *sub* wear *one's* clothes to rags, go shabby ‖ *imperf* обдира́ться *with* 1

pt.	ободра́лся, -ала́сь, -ало́сь

ободри́ть *and* **обо́дрить** *perf* кого́-что encourage, reassure ‖ *imperf* ободря́ть 2a

ft.	обо́дрю, обо́дришь, обо́дрят
imp.	обо́дри, ~те
pt.	обо́дрил
g.pt.a.	обо́дрив
p.pt.a.	обо́дривший
p.pt.p.	обо́дрённый; ободрён, -ена́ *and* обо́дренный

ободри́ться *and* **обо́дриться** *perf* take courage, pluck up *one's* courage, take heart ‖ *imperf* ободря́ться

ободря́ть(ся) *imperf of* обо́дри́ть(ся)

обожа́ть 2a *imperf* кого́-что *fig* adore, worship, go for

обожда́ть *perf* кого́-что *coll* wait a bit, not be in too much of a hurry (about)

ft.	обожду́, -дёшь, -ду́т
imp.	обожди́, ~те
pt.	обожда́л, -ала́, -а́ло
g.pt.a.	обожда́в
p.pt.a.	обожда́вший

обожестви́ть *perf* кого́-что deify ‖ *imperf* обожествля́ть 2a

ft.	обожествлю́, -ви́шь, -вя́т
imp.	обожестви́, ~те
pt.	обожестви́л
g.pt.a.	обожестви́в
p.pt.a.	обожестви́вший
p.pt.p.	обожествлённый; обожествлён, -ена́

обожествля́ть *imperf of* обожестви́ть

обожра́ться *perf sub coarse* stuff *one's* guts, overeat ‖ *imperf* обжира́ться 2a

ft.	обожру́сь, -рёшься, -ру́тся
imp.	обожри́сь, -и́тесь
pt.	обожра́лся, -ала́сь, -а́ло́сь
g.pt.a.	обожра́вшись
p.pt.a.	обожра́вшийся

обозва́ть *perf* кого́-что кем-чем **1.** *obs* call, describe **2.** call names ‖ *imperf* обзыва́ть 2a

ft.	обзову́, -вёшь, -ву́т
imp.	обзови́, ~те
pt.	обозва́л, -ала́, -а́ло
g.pt.a.	обозва́в

p.pt.a.	обозва́вший
p.pt.p.	обо́званный

обозли́ть *perf* кого́-что anger, irritate, embitter

ft.	обозлю́, -ли́шь, -ля́т
imp.	обозли́, ~те
pt.	обозли́л
g.pt.a.	обозли́в
p.pt.a.	обозли́вший
p.pt.p.	обозлённый; обозлён, -ена́

обозли́ться *perf* на кого́-что become enraged, get angry (with)

обознава́ться *imperf of* обозна́ться

pr.	обознаю́сь, -аёшься, -аю́тся
imp.	обознава́йся, -а́йтесь
pt.	обознава́лся, -лась
g.pr.a.	обознава́ясь
p.pr.a.	обознаю́щийся
p.pt.a.	обознава́вшийся

обозна́ться 2 *perf coll* mistake a person for somebody else ‖ *imperf* обознава́ться, forms ib.

обознача́ть 2a *imperf* что **1.** *imperf of* обозна́чить **2.** be of significance **3.** mean, designate, stand for

обознача́ться *imperf of* обозна́читься

обозна́чить *perf* что **1.** indicate, signify **2.** mark; characterize ‖ *imperf* обознача́ть 2a

ft.	обозна́чу, -чишь, -чат
imp.	обозна́чь, ~те
pt.	обозна́чил
g.pt.a.	обозна́чив
p.pt.a.	обозна́чивший
p.pt.p.	обозна́ченный

обозна́читься, *1st and 2nd pers not used,* *perf* show up (against), become visible, appear ‖ *imperf* обознача́ться

обозрева́ть *imperf of* обозре́ть

обозре́ть *perf* что *bookish* **1.** survey **2.** *fig* give a survey (of) ‖ *imperf* обозрева́ть 2a

ft.	обозрю́, -ри́шь, -ря́т
imp.	обозри́, ~те
pt.	обозре́л
g.pt.a.	обозре́в
p.pt.a.	обозре́вший

обойти́ *perf* кого́-что **1.** вокру́г кого́-чего́ go round (about *smth*), pass round *smth* **2.** circle, go round, give a wide berth (to) **3.** pass over, spare, leave out, avoid, skirt round, omit (to mention), give a wide berth (to) **4.** range, go *one's* rounds **5.** approach everyone in turn, go round everybody; go round *spreading news,* *gossip etc.* **6.** *coll* outspeed **7.** *coll* deceive, go behind *smb's* back **8.** *mil* turn a flank ‖ *imperf* обходи́ть[1], forms ib. | *imperf freq* обха́живать 1 a *with* 1, 2

ft.	обойду́, -дёшь, -ду́т
imp.	обойди́, ∼те
pt.	обошёл, -шла́
g.pt.a.	обойдя́ *and obs* обоше́дши
p.pt.a.	обоше́дший
p.pt.p.	обойдённый; обойдён, -ена́

обойти́сь *perf* **1.** с кем-чем treat, deal (with *smb*) *shabbily etc.* **2.** *coll* come to, amount to, cost **3.** кем-чем *coll* get on (with), manage (with), get by (with) **4.** без кого́-чего́ manage [do] without **5.** *usu impers* без чего́ pass off without **6.** *coll* go smoothly, pass off smoothly ‖ *imperf* обходи́ться

обокра́сть *perf* кого́-что rob, steal from ‖ *imperf* обкра́дывать 1 a

ft.	обкраду́, -дёшь, -ду́т
imp.	обкради́, ∼те
pt.	обокра́л
g.pt.a.	обокра́в
p.pt.a.	обокра́вший
p.pt.p.	обкра́денный *and coll* обокра́денный

оболва́нивать(ся) *imperf of* оболва́нить(ся)

оболва́нить *perf* кого́-что *sub* **1.** cut *hair* too short, shear, crop **2.** hebetate ‖ *imperf* оболва́нивать 1 a

ft.	оболва́ню, -нишь, -нят
imp.	оболва́нь, ∼те
pt.	оболва́нил
g.pt.a.	оболва́нив
p.pt.a.	оболва́нивший
p.pt.p.	оболва́ненный

оболва́ниться *perf sub* have *one's* hair cut too short, get sheared, get short ‖ *imperf* оболва́ниваться

оболга́ть *perf* кого́-что defame

ft.	оболгу́, -лжёшь, -лгу́т
imp.	оболги́, ∼те
pt.	оболга́л, -ала́, -а́ло
g.pt.a.	оболга́в
p.pt.a.	оболга́вший
p.pt.p.	обо́лганный

обольсти́ть *perf* кого́-что seduce, lead astray; tempt ‖ *imperf* обольща́ть 2 a

ft.	обольщу́, -льсти́шь, -льстя́т
imp.	обольсти́, ∼те
pt.	обольсти́л
g.pt.a.	обольсти́в

p.pt.a.	обольсти́вший
p.pt.p.	обольщённый; обольщён, -ена́

обольсти́ться *perf* be led astray ‖ *imperf* обольща́ться

обольща́ть(ся) *imperf of* обольсти́ть(ся)

обомлева́ть *imperf of* обомле́ть

обомле́ть 3 *perf* **1.** *coll* be faint, be weak **2.** *sub, of the extremities* go to sleep ‖ *imperf* обомлева́ть 2 a

обомше́ть 3, *1st and 2nd pers not used*, *perf* be grown with moss

обоня́ть 2 a *imperf* что notice a smell of

обора́чивать(ся)[1] *imperf of* оберну́ть(ся)

обора́чивать(ся)[2] *imperf of* обороти́ть(ся)

оборва́ть *perf* что **1.** pluck off, tear off **2.** tear off **3.** *fig* break off **4.** *fig coll* кого́-что interrupt *smb speaking*, cut short ‖ *imperf* обрыва́ть 2 a

ft.	оборву́, -вёшь, -ву́т
imp.	оборви́, ∼те
pt.	оборва́л, -ала́, -а́ло
g.pt.a.	оборва́в
p.pt.a.	оборва́вший
p.pt.p.	обо́рванный

оборва́ться *perf* **1.** tear off, break off, come off **2.** fall **3.** *fig* stop, break off **4.** *coll* let *one's* clothes get shabby ‖ *imperf* обрыва́ться

pt.	оборва́лся, -ала́сь, -а́лось,

оборони́ть *perf of* обороня́ть

ft.	обороню́, -ни́шь, -ня́т
imp.	борони́, ∼те
pt.	борони́л
g.pt.a.	борони́в
p.pt.a.	борони́вший
p.pt.p.	боронённый; боронён, -ена́

оборони́ться *perf of* обороня́ться

обороня́ть 2 a *imperf* кого́-что defend, protect ‖ *perf* оборони́ть, forms ib.

обороня́ться *imperf* defend oneself ‖ *perf* оборони́ться

обороти́ть *perf* **1.** *obs and sub* turn **2.** что *sub fig* give a (certain) turn [twist] to **3.** кого́-что в кого́-что *or* кем-чем transform (into) *by magic* ‖ *imperf* обора́чивать 1 a

ft.	оборочу́, -о́тишь, -о́тят
imp.	обороти́, ∼те
pt.	обороти́л
g.pt.a.	обороти́в
p.pt.a.	обороти́вший
p.pt.p.	оборо́ченный

оборо́титься *perf* **1.** *obs and sub* turn round **2.** в кого́-что *or* кем-чем turn oneself (into) *by magic* **3.** *of capital* turn over ‖ *imperf* обора́чиваться

обору́довать 4 *and* 4а *perf, imperf* что fit up with equipment, equip

обоса́бливать(ся) *imperf of* обосо́бить(ся)

обоснова́ть 5 *perf* что confirm, substantiate ‖ *imperf* обосно́вывать 1 а
ft.   обосную́, -уёшь, -у́ют

обоснова́ться *perf coll* settle down, establish oneself, settle in ‖ *imperf* обосно́вываться

обосно́вывать(ся) *imperf of* обоснова́ть(ся)

обосо́бить *perf* кого́-что **1.** separate; isolate **2.** *gram* put into apposition ‖ *imperf* обособля́ть 2а *and* обоса́бливать 1 а
ft.   обосо́блю, -бишь, -бят
imp.   обосо́бь, ~те
pt.   обосо́бил
g.pt.a.   обосо́бив
p.pt.a.   обосо́бивший
p.pt.p.   обосо́бленный

обосо́биться *perf* **1.** withdraw, retire **2.** *gram* be used appositionally ‖ *imperf* обособля́ться *and* обоса́бливаться

обособля́ть(ся) *imperf of* обосо́бить(ся)

обостри́ть *perf* что **1.** sharpen, increase, heigthen *powers of perception etc.* **2.** *fig* sharpen, intensify ‖ *imperf* обостря́ть 2а
ft.   обострю́, -ри́шь, -ря́т
imp.   обостри́, ~те
pt.   обостри́л
g.pt.a.   обостри́в
p.pt.a.   обостри́вший
p.pt.p.   обострённый; обострён, -ена́

обостри́ться, *1st and 2nd pers not used,* *perf* **1.** *of a person's features* become more salient **2.** *of powers of perception etc.* intensify, become more sensitive **3.** intensify, become sharper, become acute, become strained ‖ *imperf* обостря́ться

обостря́ть(ся) *imperf of* обостри́ть(ся)

обраба́тывать *imperf of* обрабо́тать

обрабо́тать 1 *perf* что **1.** process, treat **2.** work, machine, polish **3.** perfect **4.** кого́-что *fig sub* work on, persuade **5.** *sub* polish off *a job*, fix **6.** кого́-что *sub* belabour, get to work on **7.** till, cultivate ‖ *imperf* обраба́тывать 1 а

обра́довать 4 *perf* кого́-что please, give pleasure to

обра́доваться *perf* кому́-чему́ be pleased (about)

образова́ть[1] 5 *and* 5а *perf, imperf* (*pt. only perf*) что **1.** create, produce **2.** form, found, establish, organize ‖ *imperf a.* образо́вывать 1 а

образова́ть[2] 5 *and* 5а *perf, imperf* (*pt. only perf*) кого́-что *obs* **1.** educate, provide an education (for) **2.** perfect, improve, develop ‖ *imperf a.* образо́вывать 1 а

образова́ться[1], *1st and 2nd pers not used,* *perf, imperf* (*pt. only perf*) **1.** come into being; form, appear **2.** *coll* come out all right, turn out all right ‖ *imperf a.* образо́вываться

образова́ться[2] *perf, imperf* (*pt. only perf*) *obs* acquire an education, educate oneself ‖ *imperf a.* образо́вываться

образо́вывать(ся)[1,2] *imperf of* образова́ть(ся)[1,2]

образу́мить *perf* кого́-что *coll* bring to one's senses ‖ *imperf* образу́мливать 1 а
ft.   образу́млю, -мишь, -мят
imp.   образу́мь, ~те
pt.   образу́мил
g.pt.a.   образу́мив
p.pt.a.   образу́мивший
p.pt.p.   образу́мленный

образу́миться *perf coll* come to one's senses, see reason ‖ *imperf* образу́мливаться

образу́мливать(ся) *imperf of* образу́мить(ся)

обра́мить *perf* что *coll* set, mount, frame ‖ *imperf* обрамля́ть 2а
ft.   обра́млю, -мишь, -мят
imp.   обра́мь, ~те
pt.   обра́мил
g.pt.a.   обра́мив
p.pt.a.   обра́мивший
p.pt.p.   обра́мленный

обрами́ть *perf* что form a frame (round) ‖ *imperf* обрамля́ть 2а
ft.   обрамлю́, -ми́шь, -мя́т
imp.   обрами́, ~те
pt.   обрами́л
g.pt.a.   обрами́в
p.pt.a.   обрами́вший
p.pt.p.   обрамлённый; обрамлён, -ена́

обрамля́ть[1] *imperf of* обра́мить

обрамля́ть[2] *imperf of* обрами́ть

обраста́ть *imperf of* обрасти́

обрасти́ *perf* чем **1.** become grown (with), grow over (with) **2.** *coll* put on, accumulate; обрасти́ жи́ром put on fat **3.** *coll* surround oneself (with), provide oneself (with) ‖ *imperf* обраста́ть 2a

ft.	обрасту́, -тёшь, -ту́т
imp.	обрасти́, ∾те
pt.	обро́с, -осла́
g.pt.a.	обро́сши
p.pt.a.	обро́сший

обрати́ть *perf* кого́-что **1.** turn (towards) **2.** *fig* steer, direct; convert *to another faith etc.* **3.** в кого́-что transform (into), convert (into) ‖ *imperf* обраща́ть 2 a

ft.	обращу́, -ати́шь, -атя́т
imp.	обрати́, ∾те
pt.	обрати́л
g.pt.a.	обрати́в
p.pt.a.	обрати́вший
p.pt.p.	обращённый; обращён, -ена́

обрати́ться *perf* **1.** turn (towards) **2.** к чему́ apply oneself to *one's* interests **3.** к кому́ *or* во что turn (to), apply (to), adress oneself (to) **4.** в кого́-что turn (into), change (into) ‖ *imperf* обраща́ться

обраща́ть *imperf of* обрати́ть

обраща́ться 2a *imperf* **1.** *imperf of* обрати́ться **2.** *bookish* gyrate **3.** *of money, commodities* circulate, be in circulation **4.** с кем-чем have intercourse (with), associate (with); treat **5.** с чем handle, operate, use

обревизова́ть 5 *perf* кого́-что check

обре́зать *perf* что **1.** cut, clip, trim **2.** cut; она́ обре́зала себе́ па́лец she has cut her finger **3.** *fig* кого́-что *coll* cut *smb* short, break in *when smb is speaking* **4.** кого́-что *rel* circumcise ‖ *imperf* обреза́ть 2а *and* обре́зывать 1 a

ft.	обре́жу, -жешь, -жут
imp.	обре́жь, ∾те
pt.	обре́зал
g.pt.a.	обре́зав
p.pt.a.	обре́завший
p.pt.p.	обре́занный

обреза́ть *imperf of* обре́зать

обре́заться *perf coll* cut oneself ‖ *imperf* обреза́ться 2а *and* обре́зываться 1а forms follow обре́зать

обреза́ться *imperf of* обре́заться

обре́зывать(ся) *imperf of* обре́зать(ся)

обрека́ть *imperf of* обре́чь

обремени́ть *perf* кого́-что чем **1.** (*usu p.pt.p.*) *bookish* encumber, weigh down, weight, make heavy **2.** *fig* encumber, burden, inconvenience; load ‖ *imperf* обременя́ть 2а

ft.	обременю́, -ни́шь, -ня́т
imp.	обремени́, ∾те
pt.	обремени́л
g.pt.a.	обремени́в
p.pt.a.	обремени́вший
p.pt.p.	обременённый; обременён, -ена́

обремени́ться *perf of* обременя́ться

обременя́ть *imperf of* обремени́ть

обременя́ться* 2а *imperf* чем burden oneself (with) ‖ *perf* обремени́ться, forms follow обремени́ть

обреми́зить *perf* кого́-что force a draw, force a drawn game *at cards*

ft.	обреми́жу, -и́зишь, -и́зят
imp.	обреми́зь, ∾те
pt.	обреми́зил
g.pt.a.	обреми́зив
p.pt.a.	обреми́зивший
p.pt.p.	обреми́зенный

обреми́зиться *perf* lose the game *at cards*

обрести́ *perf* кого́-что *bookish* find, acquire, come to ‖ *imperf* обрета́ть 2а

ft.	обрету́, -тёшь, -ту́т
imp.	обрети́, ∾те
pt.	обрёл, -ела́
g.pt.a.	обретя́ *and coll* обрёвши *and obs* обре́тши
p.pt.a.	обре́тший *and coll* обрёвший
p.pt.p.	обретённый; обретён, -ена́

обрета́ть *imperf of* обрести́

обрета́ться 2а *imperf bookish obs and coll* be (*i.e.* be in a place, be in a condition or situation); feel *well, unwell etc.*

обре́чь *perf* кого́-что на что *bookish fig* condemn (to), consign (to), doom (to), destine (to) ‖ *imperf* обрека́ть 2а

ft.	обреку́, -ечёшь, -еку́т
imp.	обреки́, ∾те
pt.	обрёк, -екла́
g.pt.a.	обрёкши
p.pt.a.	обрёкший
p.pt.p.	обречённый; обречён, -ена́

обрешети́ть *perf* что set with a grille ‖ *imperf* обреше́чивать 1а

ft.	обрешечу́, -е́тишь, -е́тят
imp.	обреше́ть, ∾те
pt.	обрешети́л

g.pt.a.	обрешéтив
p.pt.a.	обрешéтивший
p.pt.p.	обрешéченный

обрешéчивать *imperf of* обрешéтить

обривáть(ся) *imperf of* обрúть(ся)

обрисовáть 5 *perf* когó-что **1.** outline **2.** *of clothing* stress the figure, show off the figure **3.** *fig* outline, sketch ‖ *imperf* обрисóвывать 1a

обрисовáться, *1st and 2nd pers not used,* *perf* **1.** show up clearly (against) **2.** *fig* become clear, become evident ‖ *imperf* обрисóвываться

обрисóвывать(ся) *imperf of* обрисовáть(ся)

обрúть *perf* что shave off ‖ *imperf* обри-вáть 2a

ft.	обрéю, -éешь, -éют
imp.	обрéй, ~те
pt.	обрúл
g.pt.a.	обрúв
p.pt.a.	обрúвший
p.pt.p.	обрúтый

обрúться *perf* shave one's head; shave off one's beard [moustache] ‖ *imperf* обри-вáться

оброни́ть *perf* что **1.** *coll* lose, drop **2.** lose *leaves* **3.** casually remark, drop a remark, let drop [fall] a remark

ft.	оброню́, -óнишь, -óнят
imp.	оброни́, ~те
pt.	оброни́л
g.pt.a.	оброни́в
p.pt.a.	оброни́вший
p.pt.p.	обрóненный *and* обронённый; обронён, -енá

обрубáть *imperf of* обруби́ть

обруби́ть *perf* что **1.** dock, trim **2.** *dressm* hem, turn up and hem ‖ *imperf* обру-бáть 2a

ft.	обрублю́, -ýбишь, -ýбят
imp.	обруби́, ~те
pt.	обруби́л
g.pt.a.	обруби́в
p.pt.a.	обруби́вший
p.pt.p.	обрýбленный

обругáть 2 *perf* когó-что **1.** berate, bawl out, swear at **2.** *coll* run down, pull to pieces | *imperf freq of* обру́гивать 1a *with* 1

обру́гивать *imperf freq of* обругáть

обрусéть 3 *perf* become russified, adopt [affect] Russian manners and language

обручáть(ся) *imperf of* обручи́ть(ся)

обручи́ть *perf* когó-что betroth, promise in marriage ‖ *imperf* обручáть 2a

ft.	обручý, -чи́шь, -чáт
imp.	обручи́, ~те
pt.	обручи́л
g.pt.a.	обручи́в
p.pt.a.	обручи́вший
p.pt.p.	обручённый; обручён, -енá

обручи́ться *perf* с кем get engaged (to) ‖ *imperf* обручáться

обрушáть(ся) *imperf of* обру́шить(ся)

обру́шивать(ся) *imperf of* обру́шить(ся)

обру́шить *perf* что **1.** tear down, demolish **2.** на когó-что shower with **3.** на когó-что hurl *accusation etc.* (at) ‖ *im-perf* обру́шивать 1a *and obs* обрушáть 2a

ft.	обру́шу, -шишь, -шат
imp.	обру́шь, ~те
pt.	обру́шил
g.pt.a.	обру́шив
p.pt.a.	обру́шивший
p.pt.p.	обру́шенный

обру́шиться *perf* **1.** collapse, fall down, cave in **2.** fall heavily **3.** *fig* на когó-что pitch into, fall upon, set upon; *of mis-fortunes* befall ‖ *imperf* обру́шиваться *and obs* обрушáться

обрывáть[1] *imperf of* оборвáть

обрывáть[2] *imperf of* обры́ть

обрывáться *imperf of* оборвáться

обры́згать 1 *perf* когó-что sprinkle, splash, bespatter ‖ *imperf* обры́згивать 1a | *perf semelf coll* обры́згнуть 6, *p.pt.p.* обры́зну-тый

обры́згаться *perf* spray [splash] oneself ‖ *imperf* обры́згиваться

обры́згивать(ся) *imperf of* обры́згать(ся)

обры́згнуть *perf semelf of* обры́згивать

обры́скать 1 *perf* что *coll* go [travel] through

обры́ть *perf* что **1.** dig up **2.** loosen the soil *round a tree etc.* ‖ *imperf* обры-вáть 2a

ft.	обрóю, -óешь, -óют
imp.	обрóй, ~те
pt.	обры́л
g.pt.a.	обры́в
p.pt.a.	обры́вший
p.pt.p.	обры́тый

обрю́згнуть *perf* become obese

ft.	обрю́згну, -нешь, -нут

imp.	обрю́згни, ~те
pt.	обрю́зг, ~ла
g.pt.a.	обрю́згнув *and* обрю́згши
p.pt.a.	обрю́згший

обряди́ть *perf* кого́-что *reg, a. joc* dress up, tog up ‖ *imperf* обряжа́ть 2а

ft.	обряжу́, -я́дишь, -я́дят
imp.	обряди́, ~те
pt.	обряди́л
g.pt.a.	обряди́в
p.pt.a.	обряди́вший
p.pt.p.	обря́женный

обряжа́ть *imperf of* обряди́ть

обсади́ть *perf* что чем plant round (with) ‖ *imperf* обса́живать 1а

ft.	обсажу́, -а́дишь, -а́дят
imp.	обсади́, ~те
pt.	обсади́л
g.pt.a.	обсади́в
p.pt.a.	обсади́вший
p.pt.p.	обса́женный

обса́живать *imperf of* обсади́ть

обса́ливать *imperf of* обса́лить

обса́лить *perf* что *sub* smear with fat ‖ *imperf* обса́ливать 1а

ft.	обса́лю, -лишь, -лят
imp.	обса́ль, ~те
pt.	обса́лил
g.pt.a.	обса́лив
p.pt.a.	обса́ливший
p.pt.p.	обса́ленный

обса́сывать *imperf of* обсоса́ть

обса́харивать *imperf of* обса́харить

обса́харить *perf* что oversweeten ‖ *imperf* обса́харивать 1 а

ft.	обса́харю, -ришь, -рят
imp.	обса́хари, ~те *and* обса́харь, ~те
pt.	обса́харил
g.pt.a.	обса́харив
p.pt.a.	обса́харивший
p.pt.p.	обса́харенный

обсева́ть *imperf of* обсе́ятъ

обсека́ть *imperf of* обсе́чь

обсемени́ть *perf* что *agr* sow; inseminate ‖ *imperf* обсеменя́ть 2 а

ft.	обсеменю́, -ни́шь, -ня́т
imp.	обсемени́, ~те
pt.	обсемени́л
g.pt.a.	обсемени́в
p.pt.a.	обсемени́вший
p.pt.p.	обсеменённый; обсеменён, -ена́

обсеменя́ть *imperf of* обсемени́ть

обсе́чь *perf* что 1. clear 2. trim ‖ *imperf* обсека́ть 2а

ft.	обсеку́, -ечёшь, -еку́т
imp.	обсеки́, ~те
pt.	обсе́к, -екла́
g.pt.a.	обсе́кши
p.pt.a.	обсе́кший
p.pt.p.	обсечённый; обсечён, -ена́

обсе́ять *perf* 1. что *agr* sow 2. что чем *fig* strew, stud, dot (with) ‖ *imperf* обсева́ть 2 а

ft.	обсе́ю, -е́ешь, -е́ют
imp.	обсе́й, ~те
pt.	обсе́ял
g.pt.a.	обсе́яв
p.pt.a.	обсе́явший
p.pt.p.	обсе́янный

обскака́ть *perf* кого́-что 1. ride round *on horseback* 2. *sub* range (through) *on horseback* 3. pass *on horseback* ‖ *imperf* обска́кивать 1а

ft.	обскачу́, -а́чешь, -а́чут
imp.	обскачи́, ~те
pt.	обскака́л
g.pt.a.	обскака́в
p.pt.a.	обскака́вший
p.pt.p.	обска́канный

обска́кивать *imperf of* обскака́ть

обсле́довать 4 *and* 4а *perf, imperf* что examine, check, go into, inspect

обслу́живать 1а *imperf* кого́-что 1. look after, see to *smb*; see to, look after, attend to, serve *a customer* 2. operate, mind *machinery* ‖ *perf* обслужи́ть *with* 1, forms ib.

обслужи́ть *perf of* обслу́живать

ft.	обслужу́, -у́жишь, -у́жат
imp.	обслужи́, ~те
pt.	обслужи́л
g.pt.a.	обслужи́в
p.pt.a.	обслужи́вший
p.pt.p.	обслу́женный

обслю́нивать *imperf of* обслюни́ть

обслюни́ть *perf* что *coll* slobber on, dribble on ‖ *imperf* обслю́нивать 1а

ft.	обслюню́, -ни́шь, -ня́т
imp.	обслюни́, ~те
pt.	обслюни́л
g.pt.a.	обслюни́в
p.pt.a.	обслюни́вший
p.pt.p.	обслюнённый; обслюнён, -ена́

обсоса́ть *perf* что 1. suck, lick 2. *fig sub* chew *one's* way through, chew over ‖

imperf обса́сывать 1а
ft.   обсосу́, -сёшь, -су́т
imp.   обсоси́, ⁓те
pt.   обсоса́л
g.pt.a.   обсоса́в
p.pt.a.   обсоса́вший
p.pt.p.   обсо́санный

обсо́хнуть *perf* dry out, dry off, become dry ‖ *imperf* обсыха́ть 2а
ft.   обсо́хну, -нешь, -нут
imp.   обсо́хни, ⁓те
pt.   обсо́х, ⁓ла
g.pt.a.   обсо́хнув *and* обсо́хши
p.pt.a.   обсо́хший

обста́вить *perf* **1.** что чем surround (with), encircle (with) **2.** что furnish, equip **3.** *fig* что frame, surround **4.** *fig* что organize, arrange **5.** кого-что *sub* do down, go one better than **6.** кого-что *sub* lick, beat *at a game* **7.** кого-что *sub* diddle, do in the eye ‖ *imperf* обставля́ть 2а
ft.   обста́влю, -вишь, -вят
imp.   обста́вь, ⁓те
pt.   обста́вил
g.pt.a.   обста́вив
p.pt.a.   обста́вивший
p.pt.p.   обста́вленный

обста́виться *perf coll* **1.** чем surround oneself (with), be surrounded (by) **2.** furnish *one's* home ‖ *imperf* обставля́ться

обставля́ть(ся) *imperf of* обста́вить(ся)

обстира́ть 2 *perf* кого-что *coll* take in *smb's* washing, do the washing for *smb* ‖ *imperf* обсти́рывать 1а

обсти́рывать *imperf of* обстира́ть

обстоя́ть, *1st and 2nd pers not used, imperf, of a situation, an affair* be, stand, look; де́ло обстои́т пло́хо the matter looks bad, things are in a bad way
pr.   обстои́т, -оя́т
pt.   обстоя́л
g.pt.a.   обстоя́в
p.pt.a.   обстоя́вший

обстра́гивать *imperf of* обстрога́ть

обстра́ивать(ся) *imperf of* обстро́ить(ся)

обстре́ливать(ся) *imperf of* обстреля́ть(ся)

обстреля́ть 2 *perf* кого-что **1.** shoot on, fire at, shell, machine-gun **2.** break in *new weapons* **3.** *sub* be a better shot than, outshoot ‖ *imperf* обстре́ливать 1а

обстреля́ться *perf coll* go through the baptism of fire, smell powder ‖ *imperf* обстре́ливаться

обстрига́ть(ся) *imperf of* обстри́чь(ся)

обстри́чь *perf* кого-что *coll* cut, shear ‖ *imperf* обстрига́ть 2а
ft.   обстригу́, -и́жёшь, -игу́т
imp.   обстриги́, ⁓те
pt.   обстри́г, ⁓ла
g.pt.a.   обстри́гши
p.pt.a.   обстри́гший
p.pt.p.   обстри́женный

обстри́чься *perf coll* have a haircut ‖ *imperf* обстрига́ться

обстрога́ть 2 *perf* что plane, whittle, shave, pare down ‖ *imperf* обстра́гивать 1а

обстро́ить *perf* что **1.** build over **2.** build on ‖ *imperf* обстра́ивать 1а
ft.   обстро́ю, -о́ишь, -о́ят
imp.   обстро́й, ⁓те
pt.   обстро́ил
g.pt.a.   обстро́ив
p.pt.a.   обстро́ивший
p.pt.p.   обстро́енный

обстро́иться *perf coll* **1.** build oneself a house **2.** become built over ‖ *imperf* обстра́иваться

обструга́ть 2 *perf* что *coll* plane smooth, plane down, shave ‖ *imperf* обстру́гивать 1а

обстру́гивать *imperf of* обструга́ть

обстря́пать 1 *perf* что *sub* fix, "manage" ‖ *imperf* обстря́пывать 1а

обстря́пывать *imperf of* обстря́пать

обступа́ть *imperf of* обступи́ть

обступи́ть, *1st and 2nd pers not used, perf* кого-что **1.** stand round, mass round, press round **2.** *fig* assail, beset ‖ *imperf* обступа́ть 2а
ft.   обсту́пит, -у́пят
pt.   обступи́л
g.pt.a.   обступи́в
p.pt.a.   обступи́вший
p.pt.p.   обсту́пленный

обсуди́ть *perf* что discuss, consider, debate ‖ *imperf* обсужда́ть 2а
ft.   обсужу́, -у́дишь, -у́дят
imp.   обсуди́, ⁓те
pt.   обсуди́л
g.pt.a.   обсуди́в
p.pt.a.   обсуди́вший
p.pt.p.   обсуждённый; обсужде́н, -ена́

обсужда́ть *imperf of* обсуди́ть

обсу́шивать(ся) *imperf of* обсуши́ть(ся)

обсуши́ть *perf* что dry ‖ *imperf* обсу́шивать 1а
ft.   обсушу́, -у́шишь, -у́шат
imp.   обсуши́, ~те
pt.   обсуши́л
g.pt.a.   обсуши́в
p.pt.a.   обсуши́вший
p.pt.p.   обсу́шенный

обсуши́ться *perf* dry *one's* clothes ‖ *imperf* обсу́шиваться

обсчита́ть 2 *perf* кого́-что overcharge ‖ *imperf* обсчи́тывать 1а

обсчита́ться *perf* miscalculate ‖ *imperf* обсчи́тываться

обсчи́тывать(ся) *imperf of* обсчита́ть(ся)

обсы́пать *perf* кого́-что чем strew (with) *a. fig* ‖ *imperf* обсыпа́ть 2а
ft.   обсы́плю, -лешь, -лют *and coll* -пешь, -пют
imp.   обсы́пь, ~те
pt.   обсы́пал
g.pt.a.   обсы́пав
p.pt.a.   обсы́павший
p.pt.p.   обсы́панный

обсыпа́ть *imperf of* обсы́пать

обсыха́ть *imperf of* обсо́хнуть

обта́ивать *imperf of* обта́ять

обтача́ть 2 *perf* что quilt ‖ *imperf* обта́чивать 1а

обта́чивать[1] *imperf of* обтача́ть

обта́чивать[2] *imperf of* обточи́ть

обта́ять, *1st and 2nd pers not used*, *perf* thaw ‖ *imperf* обта́ивать 1а
ft.   обта́ет, -а́ют
pt.   обта́ял
g.pt.a.   обта́яв
p.pt.a.   обта́явший

обтека́ть *imperf of* обте́чь

обтере́ть *perf* кого́-что 1. wipe dry, rub down; wipe 2. dry 3. чем rub in 4. wear out *clothes* 5. *of water* wear smooth ‖ *imperf* обтира́ть 2а
ft.   оботру́, -рёшь, -ру́т
imp.   оботри́, ~те
pt.   обтёр, ~ла
g.pt.a.   обтере́в *and* обтёрши
p.pt.a.   обтёрший
p.pt.p.   обтёртый

обтере́ться *perf* 1. rub oneself down 2. rub *oil etc.* into *one's* skin 3. *coll* wear out 4. *fig* в чём *sub* get used (to), adapt oneself (to) ‖ *imperf* обтира́ться
g.pt.a.   обтёршись

обтерпе́ться *perf coll* learn to put up with a thing
ft.   обтерплю́сь, -е́рпишься, -е́рпятся
imp.   обтерпи́сь, -и́тесь
pt.   обтерпе́лся, -лась
g.pt.a.   обтерпе́вшись
p.pt.a.   обтерпе́вшийся

обтеса́ть *perf* 1. что trim, square, dress 2. *fig* кого́-что *sub* knock the rough edges off *smb*, knock the corners off *smb* ‖ *imperf* обтёсывать 1а
ft.   обтешу́, -е́шешь, -е́шут
imp.   обтеши́, ~те
pt.   обтеса́л
g.pt.a.   обтеса́в
p.pt.a.   обтеса́вший
p.pt.p.   обтёсанный

обтеса́ться *perf sub* have *one's* rough edges knocked off, get licked into shape ‖ *imperf* обтёсываться

обтёсывать(ся) *imperf of* обтеса́ть(ся)

обте́чь *perf* что *and* вокру́г чего́ 1. *1st and 2nd pers not used* flow all round 2. *fig* go round, bypass ‖ *imperf* обтека́ть 2а
ft.   обтеку́, -ечёшь, -еку́т
imp.   обтеки́, ~те
pt.   обтёк, -екла́
g.pt.a.   обтёкши
p.pt.a.   обтёкший

обтира́ть(ся) *imperf of* обтере́ть(ся)

обточи́ть *perf* что 1. turn *on lathe etc.* 2. smoothe, polish, finish ‖ *imperf* обта́чивать 1а
ft.   обточу́, -о́чишь, -о́чат
imp.   обточи́, ~те
pt.   обточи́л
g.pt.a.   обточи́в
p.pt.a.   обточи́вший
p.pt.p.   обто́ченный

обтрепа́ть *perf* что fray smth (at the edges), wear, wear out ‖ *imperf* обтрёпывать 1а
ft.   обтреплю́, -е́плешь, -е́плют *and sub* -е́пешь, -е́пют
imp.   обтрепли́, ~те *and* обтрепи́, ~те
pt.   обтрепа́л
g.pt.a.   обтрепа́в
p.pt.a.   обтрепа́вший
p.pt.p.   обтрёпанный

обтрепа́ться, *1st and 2nd pers not used*, *perf* fray (at the edges), get frayed (at the edges) ‖ *imperf* обтрёпываться

обтрёпывать(ся) *imperf of* обтрепáть(ся)

обтя́гивать(ся) *imperf of* обтяну́ть(ся)

обтяну́ть 7 *perf* что **1.** cover, upholster; provide with metal fittings **2.** stretch tight over ‖ *imperf* обтя́гивать 1 a
ft.	обтяну́, -я́нешь, -я́нут
p.pt.p.	обтя́нутый

обтяну́ться *perf* **1.** become covered [coated, sheathed] **2.** *of face* become drawn ‖ *imperf* обтя́гиваться

обува́ть(ся) *imperf of* обу́ть(ся)

обу́гливать(ся) *imperf of* обу́глить(ся)

обу́глить *perf* что char, scorch *the surface of* ‖ *imperf* обу́гливать 1 a
ft.	обу́глю, -лишь, -лят
imp.	обу́гли, ~те
pt.	обу́глил
g.pt.a.	обу́глив
p.pt.a.	обу́гливший
p.pt.p.	обу́гленный

обу́глиться, *1st and 2nd pers not used, perf* get charred, get scorched, scorch *on the surface* ‖ *imperf* обу́гливаться

обу́живать *imperf of* обу́зить

обузда́ть 2 *perf* кого́-что **1.** bridle **2.** *fig* bridle, curb, check, restrain ‖ *imperf* обу́здывать 1 a

обу́здывать *imperf of* обузда́ть

обу́зить *perf* что make too tight *clothing* ‖ *imperf* обу́живать 1 a
ft.	обу́жу, обу́зишь, обу́зят
imp.	обу́зи, ~те
pt.	обу́зил
g.pt.a.	обу́зив
p.pt.a.	обу́зивший
p.pt.p.	обу́женный

обурева́ть 2 a, *1st and 2nd pers not used, imperf* кого́-что *bookish fig* seize

обусло́вить *perf* что **1.** чем stipulate, make a reservation (for) **2.** cause; condition, determine; make for ‖ *imperf* обусло́вливать 1 a
ft.	обусло́влю, -вишь, -вят
imp.	обусло́вь, ~те
pt.	обусло́вил
g.pt.a.	обусло́вив
p.pt.a.	обусло́вивший
p.pt.p.	обусло́вленный

обусло́виться *perf* чем depend (on) ‖ *imperf* обусло́вливаться

обусло́вливать(ся) *imperf of* обусло́вить(ся)

обу́ть *perf* кого́-что **1.** put *smb's* shoes on **2.** provide with shoes ‖ *imperf* обува́ть 2 a
ft.	обу́ю, обу́ешь, обу́ют
imp.	обу́й, ~те
pt.	обу́л
g.pt.a.	обу́в
p.pt.a.	обу́вший
p.pt.p.	обу́тый

обу́ться *perf* put *one's* shoes on ‖ *imperf* обува́ться

обуча́ть *imperf of* обучи́ть

обуча́ться 2 a *imperf* **1.** *imperf of* обучи́ться **2.** go through a course of study; study

обучи́ть *perf* кого́-что чему́ *or with infinitive* train, teach, instruct ‖ *imperf* обуча́ть 2 a
ft.	обучу́, обу́чишь, обу́чат
imp.	обучи́, ~те
pt.	обучи́л
g.pt.a.	обучи́в
p.pt.a.	обучи́вший
p.pt.p.	обу́ченный

обучи́ться *perf* чему́ *or with infinitive* learn ‖ *imperf* обуча́ться

обуя́ть 2, *1st and 2nd pers not used, perf* кого́-что *of emotions* seize, overpower, overcome

обха́живать 1 a *imperf* кого́-что **1.** *freq of* обходи́ть[1] **2.** *coll* ingratiate oneself (with), worm *one's* way into *smb's* good books; cultivate; coax

обхвата́ть 2 *perf* что *coll* make grubby; wear out from constant handling

обхвати́ть *perf* кого́-что seize, take hold (of) ‖ *imperf* обхва́тывать 1 a
ft.	обхвачу́, -а́тишь, -а́тят
imp.	обхвати́, ~те
pt.	обхвати́л
g.pt.a.	обхвати́в
p.pt.a.	обхвати́вший
p.pt.p.	обхва́ченный

обхва́тывать *imperf of* обхвати́ть

[1]обходи́ть *imperf of* обойти́
pr.	обхожу́, -о́дишь, -о́дят
imp.	обходи́, ~те
pt.	обходи́л
g.pr.a.	обходя́
p.pr.a.	обходя́щий
p.pt.a.	обходи́вший
p.pr.p.	обходи́мый*

[2]обходи́ть *perf* что *coll* range (through); go off
ft.	обхожу́, -о́дишь, -о́дят

imp.	обходи́, ~те
pt.	обходи́л
g.pt.a.	обходи́в
p.pt.a.	обходи́вший
p.pt.p.	обхо́женный

обходи́ться *imperf of* обойти́сь

обхоха́тываться *imperf of* обхохота́ться

обхохота́ться *perf sub* split *one's* sides with laughing, die of laughing, die laughing ‖ *imperf* обхоха́тываться 1 а

ft.	обхохочу́сь, -о́чешься, -о́чутся
imp.	обхохочи́сь, -и́тесь
pt.	обхохота́лся, -лась
g.pt.a.	обхохота́вшись
p.pt.a.	обхохота́вшийся

обче́сть *perf* кого́-что *sub* cheat *smb, when calculating*

ft.	обочту́, -тёшь, -ту́т
imp.	обочти́, ~те
pt.	обчёл, обочла́
g.pt.a.	обочтя́
p.pt.p.	обочтённый; обочтён, -ена́

обче́сться *perf sub* miscalculate

обчи́стить *perf* кого́-что **1.** *coll* clean, tidy **2.** *coll* peel **3.** *fig sub* fleece, clean out *at a game of chance* ‖ *imperf* обчища́ть 2 а

ft.	обчи́щу, -и́стишь, -и́стят
imp.	обчи́сти *and* обчи́сть, обчи́стите
pt.	обчи́стил
g.pt.a.	обчи́стив
p.pt.a.	обчи́стивший
p.pt.p.	обчи́щенный

обчи́ститься *perf coll* have a brush up, brush oneself down ‖ *imperf* обчища́ться

обчища́ть(ся) *imperf of* обчи́стить(ся)

обша́ривать *imperf of* обша́рить

обша́рить *perf* кого́-что *coll* rummage through ‖ *imperf* обша́ривать 1 а

ft.	обша́рю, -ришь, -рят
imp.	обша́рь, ~те
pt.	обша́рил
g.pt.a.	обша́рив
p.pt.a.	обша́ривший
p.pt.p.	обша́ренный

обша́ркать 1 *perf* что *sub* wear out *a thing* ‖ *imperf* обша́ркивать 1 а

обша́ркивать *imperf of* обша́ркать

обшива́ть(ся) *imperf of* обши́ть(ся)

обши́ть *perf* **1.** что чем *dressm* whip round; trim **2.** что чем face, case, box **3.** кого́-что *coll* make clothes (for),

provide home-made clothes (for) ‖ *imperf* обшива́ть 2 а

ft.	обошью́, -шьёшь, -шью́т
imp.	обше́й, ~те
pt.	обши́л
g.pt.a.	обши́в
p.pt.a.	обши́вший
p.pt.p.	обши́тый

обши́ться *perf sub* make *one's* own clothes, fit oneself out with home-made clothes ‖ *imperf* обшива́ться

обща́ться 2 а *imperf* с кем-чем have intercourse (with), associate (with)

общипа́ть *perf* кого́-что **1.** pluck off, pluck out *hair, eyelash etc.* **2.** pluck *feathers etc.* ‖ *imperf* общи́пывать 1 а

ft.	общиплю́, -и́плешь, -и́плют *and coll* -и́пешь, -и́пют *and coll* общипа́ю, -а́ешь, -а́ют
imp.	общипли́, ~те *and coll* общипи́, ~те *and coll* общипа́й, ~те
pt.	общипа́л
g.pt.a.	общипа́в
p.pt.a.	общипа́вший
p.pt.p.	общи́панный

общи́пывать *imperf of* общипа́ть

объего́ривать *imperf of* объего́рить

объего́рить *perf* кого́-что *sub* outsmart, get the better of ‖ *imperf* объего́ривать 1 а

ft.	объего́рю, -ришь, -рят
imp.	объего́рь, ~те
pt.	объего́рил
g.pt.a.	объего́рив
p.pt.a.	объего́ривший
p.pt.p.	объего́ренный

объеда́ть(ся) *imperf of* объе́сть(ся)

объедини́ть *perf* кого́-что **1.** unite, pool, put together **2.** join together ‖ *imperf* объединя́ть 2 а

ft.	объединю́, -ни́шь, -ня́т
imp.	объедини́, ~те
pt.	объедини́л
g.pt.a.	объедини́в
p.pt.a.	объедини́вший
p.pt.p.	объединённый; объединён, -ена́

объедини́ться *perf* unite, join together ‖ *imperf* объединя́ться

объединя́ть(ся) *imperf of* объедини́ть(ся)

объе́здить *perf* кого́-что **1.** travel round, go all over; go everywhere in turn **2.** break *a horse* in *to riding or drawing a vehicle* **3.** make a detour round ‖ *imperf* объезжа́ть 2 а

ft.   объе́зжу, -здишь, -здят
imp.   объе́зди, ~те
pt.   объе́здил
g.pt.a.   объе́здив
p.pt.a.   объе́здивший
p.pt.p.   объе́зженный

объезжа́ть[1] *imperf of* объе́здить

объезжа́ть[2] *imperf of* объе́хать

объекти́вировать 4 *and* 4a *perf, imperf*
что *bookish* objectivize, lend substance
(to)

объе́сть *perf* кого́-что 1. gnaw round
2. *sub* eat *smb* out of house and home
3. *coll, usu impers, of acids etc.* erode,
corrode ‖ *imperf* объеда́ть 2a

ft.   объе́м, -е́шь, -е́ст, -еди́м,
        -еди́те, -едя́т
imp.   объе́шь, ~те
pt.   объе́л
g.pt.a.   объе́в
p.pt.a.   объе́вший
p.pt.p.   объе́денный

объе́сться *perf* чем overeat oneself; eat a
surfeit (of); eat oneself sick (of) ‖ *imperf*
объеда́ться

объе́хать *perf* кого́-что 1. *a. without object*
ride (round) 2. ride past 3. ride all over;
range 4. *coll* overtake *on horseback or in
a vehicle* 5. *sub* diddle ‖ *imperf* объез-
жа́ть 2a

ft.   объе́ду, -дешь, -дут
pt.   объе́хал
g.pt.a.   объе́хав
p.pt.a.   объе́хавший

объяви́ть *perf* 1. что *or* о чём make known,
announce, declare 2. что promulgate
3. что make an official announcement (of);
объяви́ть войну́ declare war 4. кого́-что
кем-чем *or* каки́м proclaim; объяви́ть
собра́ние откры́тым proclaim a meeting
open, declare a meeting open ‖ *imperf*
объявля́ть 2a

ft.   объявлю́, -я́вишь, -я́вят
imp.   объяви́, ~те
pt.   объяви́л
g.pt.a.   объяви́в
p.pt.a.   объяви́вший
p.pt.p.   объя́вленный

объяви́ться *perf sub* show up, turn up,
arrive, assemble; come to light ‖ *imperf*
объявля́ться

объявля́ть(ся) *imperf of* объяви́ть(ся)

объясни́ть *perf* что explain, elucidate,
account for ‖ *imperf* объясня́ть 2a

ft.   объясню́, -ни́шь, -ня́т
imp.   объясни́, ~те
pt.   объясни́л
g.pt.a.   объясни́в
p.pt.a.   объясни́вший
p.pt.p.   объяснённый; объяснён, -ена́

объясни́ться *perf* 1. talk *a matter* over
with each other 2. make oneself understood, be able to communicate *in Russian,
English etc.* 3. чем be cleared up (by), be
explained (by) ‖ *imperf* объясня́ться

объясня́ть *imperf of* объясни́ть

объясня́ться *imperf* 1. *imperf of* объяс-
ни́ться 2. чем have a talk (with), converse (with)

объя́ть *perf* кого́-что 1. embrace 2. *fig*
seize 3. *fig* embrace, cover, include 4. *fig*
grasp, follow, understand ‖ *imperf obs
and sub* обыма́ть 2a

ft.   обойму́, -мёшь, -му́т *sub and*
        обыму́, обы́мешь, обы́мут *obs*
imp.   обойми́, ~те *sub and* обыми́,
        ~те *obs*
pt.   объя́л *bookish*
g.pt.a.   объя́в *bookish*
p.pt.a.   объя́вший *bookish*
p.pt.p.   объя́тый *bookish*

обыгра́ть 2 *perf* кого́-что 1. beat *at a
game*, outplay 2. *theat* get the most out
of, play up 3. *coll mus* get a new instrument into good working order by playing
on it 4. *coll* exploit, play out ‖ *imperf*
обы́грывать 1a

обы́грывать *imperf of* обыгра́ть

обыма́ть *imperf of* объя́ть

обыска́ть *perf* кого́-что 1. search *a house
or a person* 2. go through, search through
‖ *imperf* обы́скивать 1a

ft.   обыщу́, обы́щешь, обы́щут
imp.   обыщи́, ~те
pt.   обыска́л
g.pt.a.   обыска́в
p.pt.a.   обыска́вший
p.pt.p.   обы́сканный

обыска́ться *perf sub* hunt through *all one's
pockets etc.* ‖ *imperf* обы́скиваться

обы́скивать(ся) *imperf of* обыска́ть(ся)

обюрокра́тить *perf* кого́-что make bureaucratic ‖ *imperf* обюрокра́чивать 1a

ft.   обюрокра́чу, -а́тишь, -а́тят
imp.   обюрокра́ть, ~те
pt.   обюрокра́тил
g.pt.a.   обюрокра́тив

p.pt.a.	обюрокра́тивший
p.pt.p.	обюрокра́ченный

обюрокра́титься *perf* become bureaucratic ‖ *imperf* обюрокра́чиваться

обюрокра́чивать(ся) *imperf of* обюрокра́тить(ся)

обяза́ть *perf* кого́-что **1.** bind **2.** lay under an obligation **3.** be obliging, be accommodating ‖ *imperf* обя́зывать, forms ib.

ft.	обяжу́, обя́жешь, обя́жут
imp.	обяжи́, ~те
pt.	обяза́л
g.pt.a.	обяза́в
p.pt.a.	обяза́вший
p.pt.p.	обя́занный

обяза́ться *perf* **1.** engage *to do a thing*, take upon oneself *to do a thing* **2.** be under an obligation ‖ *imperf* обя́зываться

обя́зывать *imperf of* обяза́ть

pr.	обя́зываю, -аешь, -ают *and* обязу́ю, -у́ешь, -у́ют
imp.	обя́зывай, ~те *and* обязу́й, ~те
pt.	обя́зывал
g.pr.a.	обя́зывая *and* обязу́я
p.pr.a.	обя́зывающий *and* обязу́ющий
p.pt.a.	обя́зывавший

обя́зываться *imperf of* обяза́ться

овдове́ть 3 *perf* become a widow *or* a widower

овева́ть *imperf of* ове́ять

ове́ивать *imperf of* ове́ять

овеществи́ть *perf* что *bookish* objectivize, lend substance (to) ‖ *imperf* овеществля́ть 2a

ft.	овеществлю́, -ви́шь, -вя́т
imp.	овеществи́, ~те
pt.	овеществи́л
g.pt.a.	овеществи́в
p.pt.a.	овеществи́вший
p.pt.p.	овеществлённый; овеществлён, -ена́

овеществи́ться, *1st and 2nd pers not used*, *perf* become objectivized, take on substance ‖ *imperf* овеществля́ться

овеществля́ть(ся) *imperf of* овеществи́ть(ся)

ове́ять *perf* кого́-что **1.** fan **2.**: ове́ять сла́вой *fig* surround with an aura of glory, envelop in glory ‖ *imperf* овева́ть 2a *with* 2 *and* ове́ивать 1a *with* 1

ft.	ове́ю, ове́ешь, ове́ют
imp.	ове́й, ~те
pt.	ове́ял

g.pt.a.	ове́яв
p.pt.a.	ове́явший
p.pt.p.	ове́янный

овладева́ть *imperf of* овладе́ть

овладе́ть 3 *perf* **1.** кем-чем take possession *of a thing* **2.** *fig* кем-чем take under one's power **3.** *fig* кем *of emotions*, *thoughts* seize, take hold of **4.** *fig* чем master, acquire proficiency in ‖ *imperf* овладева́ть 2a

огиба́ть *imperf of* обогну́ть

огла́дить *perf* кого́-что **1.** calm *a horse, a dog* by stroking it **2.** smoothe, stroke smooth ‖ *imperf* огла́живать 1a

ft.	огла́жу, -а́дишь, -а́дят
imp.	огла́дь, ~те
pt.	огла́дил
g.pt.a.	огла́див
p.pt.a.	огла́дивший
p.pt.p.	огла́женный

огла́живать *imperf of* огла́дить

огласи́ть *perf* что **1.** announce, proclaim, read out **2.** *obs* spread *gossip* **3.** *of sounds* fill ‖ *imperf* оглаша́ть 2a

ft.	оглашу́, -аси́шь, -ася́т
imp.	огласи́, ~те
pt.	огласи́л
g.pt.a.	огласи́в
p.pt.a.	огласи́вший
p.pt.p.	оглашённый; оглашён, -ена́

огласи́ться, *1st and 2nd pers not used*, *perf* resound, reverberate ‖ *imperf* оглаша́ться

оглаша́ть(ся) *imperf of* огласи́ть(ся)

оглóхнуть *perf* go deaf

ft.	оглóхну, -нешь, -нут
imp.	оглóхни, ~те
pt.	оглóх, ~ла
g.pt.a.	оглóхнув *and* оглóхши
p.pt.a.	оглóхший

оглупи́ть *perf* кого́-что stupefy ‖ *imperf* оглупля́ть 2a

ft.	оглуплю́, -пи́шь, -пя́т
imp.	оглупи́, ~те
pt.	оглупи́л
g.pt.a.	оглупи́в
p.pt.a.	оглупи́вший
p.pt.p.	оглуплённый; оглуплён, -ена́

оглупля́ть *imperf of* оглупи́ть

оглуша́ть *imperf of* оглуши́ть

оглуши́ть *perf* кого́-что **1.** deafen **2.** stun **3.** *coll* bewilder, confuse, disconcert ‖ *imperf* оглуша́ть 2a

ft.	оглушу́, -ши́шь, -ша́т
imp.	оглуши́, ~те
pt.	оглуши́л
g.pt.a.	оглуши́в
p.pt.a.	оглуши́вший
p.pt.p.	оглушённый; оглушён, -ена́

огляде́ть *perf* кого́-что scan, survey ‖ *imperf* огля́дывать 1 a | *perf semelf* огляну́ть, forms ib.

ft.	огляжу́, -яди́шь, -адя́т
imp.	огляди́, ~те
pt.	огляде́л
g.pt.a.	огляде́в
p.pt.a.	огляде́вший

огляде́ться *perf* **1.** look round about oneself, turn to look **2.**: огляде́ться в зе́ркало look at oneself from every angle in the mirror **3.** *coll* accustom *one's* eyes to the dark **4.** *fig* become familiar with a place ‖ *imperf* огля́дываться

огля́дывать *imperf of* огляде́ть

огля́дываться[1] *imperf of* огляде́ться

огля́дываться[2] *imperf of* огляну́ться

огляну́ть 7 *perf semelf of* огля́дывать

ft.	огляну́, -я́нешь, -я́нут
no *p.pt.p.*	

огляну́ться *perf* **1.** look back **2.** *coll* look about one ‖ *imperf* огля́дываться 1 a

огова́ривать(ся) *imperf of* оговори́ть(ся)

оговори́ть *perf* кого́-что **1.** *coll* accuse wrongly, charge unjustly; defame **2.** stipulate **3.** add a rider, make a remark in reservation [elucidation] **4.** *sub* tear *smb* off a strip ‖ *imperf* огова́ривать 1 a

ft.	оговорю́, -ри́шь, -ря́т
imp.	оговори́, ~те
pt.	оговори́л
g.pt.a.	оговори́в
p.pt.a.	оговори́вший
p.pt.p.	оговорённый; оговорён, -ена́

оговори́ться *perf* **1.** make reservations **2.** make a slip of the tongue ‖ *imperf* огова́риваться

оголи́ть *perf* кого́-что **1.** strip **2.** strip of leaves **3.** expose, remove protective covering **4.** unsheathe, draw from the scabbard [sheath] **5.** *fig* withdraw troops, leave unprotected, leave exposed ‖ *imperf* оголя́ть 2 a

ft.	оголю́, -ли́шь, -ля́т
imp.	оголи́, ~те
pt.	оголи́л
g.pt.a.	оголи́в

p.pt.a.	оголи́вший
p.pt.p.	оголённый; оголён, -ена́

оголи́ться *perf* **1.** strip **2.** lose its leaves, shed its leaves **3.** be exposed *by removal of covering* **4.** *fig of troops* be left without cover ‖ *imperf* оголя́ться

оголя́ть(ся) *imperf of* оголи́ть(ся)

огора́живать(ся) *imperf of* огороди́ть(ся)

огора́шивать *imperf of* огоро́шить

огороди́ть *perf* кого́-что fence, surround with a fence, fence in ‖ *imperf* огора́живать 1 a

ft.	огорожу́, -ро́ди́шь, -ро́дя́т
imp.	огороди́, ~те
pt.	огороди́л
g.pt.a.	огороди́в
p.pt.a.	огороди́вший
p.pt.p.	огоро́женный

огороди́ться *perf* put a fence round *one's* property, fence oneself in ‖ *imperf* огора́живаться

огоро́дничать 1 a *imperf coll* work in the kitchen garden

огоро́шивать *imperf of* огоро́шить

огоро́шить *perf* кого́-что *coll* surprise, astonish ‖ *imperf* огора́шивать 1 a *and* огоро́шивать 1 a

ft.	огоро́шу, -шишь, -шат
imp.	огоро́шь, ~те
pt.	огоро́шил
g.pt.a.	огоро́шив
p.pt.a.	огоро́шивший
p.pt.p.	огоро́шенный

огорча́ть(ся) *imperf of* огорчи́ть(ся)

огорчи́ть *perf* кого́-что cause sorrow (to), afflict, grieve, cast down, cast a shadow over, vex ‖ *imperf* огорча́ть 2 a

ft.	огорчу́, -чи́шь, -ча́т
imp.	огорчи́, ~те
pt.	огорчи́л
g.pt.a.	огорчи́в
p.pt.a.	огорчи́вший
p.pt.p.	огорчённый; огорчён, -ена́

огорчи́ться *perf* be grieved [vexed], be cast down ‖ *imperf* огорча́ться

огра́бить *perf* кого́-что despoil, strip, rob, plunder ‖ *imperf* ограбля́ть 2 a

ft.	огра́блю, -бишь, -бят
imp.	огра́бь, ~те
pt.	огра́бил
g.pt.a.	огра́бив
p.pt.a.	огра́бивший
p.pt.p.	огра́бленный

ограбля́ть *imperf of* огра́бить

огради́ть *perf* кого́-что **1.** *obs* fence, fence in **2.** delimit **3.** от кого́-чего́ protect (from) ‖ *imperf* огражда́ть 2a

ft.	ограж́у, -ади́шь, -адя́т
imp.	огради́, ~те
pt.	огради́л
g.pt.a.	огради́в
p.pt.a.	огради́вший
p.pt.p.	ограждённый; ограждён, -ена́

огради́ться *perf* от кого́-чего́ *obs* seclude oneself (from) ‖ *imperf* огражда́ться

огражда́ть(ся) *imperf of* огради́ть(ся)

ограни́чивать(ся) *imperf of* ограни́чить(ся)

ограни́чить *perf* кого́-что limit, restrict ‖ *imperf* ограни́чивать 1a

ft.	ограни́чу, -чишь, -чат
imp.	ограни́чь, ~те
pt.	ограни́чил
g.pt.a.	ограни́чив
p.pt.a.	ограни́чивший
p.pt.p.	ограни́ченный

ограни́читься *perf* чем restrict oneself (to), content oneself (with); come (to), amount (to), boil down (to) ‖ *imperf* ограни́чиваться

огреба́ть *imperf of* огрести́

огрева́ть *imperf of* огре́ть

огрести́ *perf* что rake up, scrape together; hoard ‖ *imperf* огреба́ть 2a

ft.	огребу́, -бёшь, -бу́т
imp.	огреби́, ~те
pt.	огрёб, огребла́
g.pt.a.	огребя́ *and* огрёбши
p.pt.a.	огрёбший
p.pt.p.	огребённый; огребён, -ена́

огре́ть 3 *perf* кого́-что **1.** *sub* clout **2.** heat, warm, warm up ‖ *imperf* огрева́ть 2a

p.pt.p.	огре́тый

огрубева́ть *imperf of* огрубе́ть

огрубе́ть 3 *perf* **1.** become uncouth **2.** become brutal, become callous ‖ *imperf* огрубева́ть 2a

огрузне́ть 3 *perf coll* become sluggish, get fat

огру́знуть *perf sub* become sluggish, get fat

ft.	огру́зну, -нешь, -нут
imp.	огру́зни, ~те
pt.	огру́з, ~ла
g.pt.a.	огру́знув *and* огру́зши
p.pt.a.	огру́зший

огрыза́ться *imperf of* огрызну́ться

огрызну́ться 7 *perf* **1.** *of a dog* growl, snarl **2.** *fig coll* snarl, give a cutting answer, give a coarse answer ‖ *imperf* огрыза́ться 2a

ода́лживать *imperf of* одолжи́ть

ода́ривать *imperf of* одари́ть

одари́ть *perf* кого́-что чем **1.** present (with), confer (upon) **2.** *fig* endow (with), bestow (on) ‖ *imperf* ода́ривать 1a *and* одаря́ть 2a

ft.	одарю́, -ри́шь, -ря́т
imp.	одари́, ~те
pt.	одари́л
g.pt.a.	одари́в
p.pt.a.	одари́вший
p.pt.p.	одарённый; одарён, -ена́

одаря́ть *imperf of* одари́ть

одева́ть(ся) *imperf of* оде́ть(ся)

одели́ть *perf* кого́-что чем present (with), confer (on) ‖ *imperf* оделя́ть 2a

ft.	оделю́, -ли́шь, -ля́т
imp.	одели́, ~те
pt.	одели́л
g.pt.a.	одели́в
p.pt.a.	одели́вший
p.pt.p.	оделённый; оделён, -ена́

оделя́ть *imperf of* одели́ть

одёргивать(ся) *imperf of* одёрнуть(ся)

одеревене́ть 3 *perf* **1.** become woody, become stringy **2.** go hard, stiffen **3.** *fig* become wooden; grow indifferent

одержа́ть *perf:* одержа́ть побе́ду carry the day; одержа́ть верх get the upper hand ‖ *imperf* оде́рживать 1a

ft.	одержу́, оде́ржишь, оде́ржат
imp.	одержи́, ~те
pt.	одержа́л
g.pt.a.	одержа́в
p.pt.a.	одержа́вший
p.pt.p.	оде́ржанный

оде́рживать *imperf of* одержа́ть

одёрнуть 6 *perf* кого́-что **1.** straighten **2.** *fig coll* call to order, rebuke ‖ *imperf* одёргивать 1a

p.pt.p.	одёрнутый

одёрнуться *perf coll* straighten one's clothes ‖ *imperf* одёргиваться

оде́ть *perf* кого́-что **1.** во что *or* чем dress, clothe **2.** кем-чем dress (as), dress up (as) **3.** *fig* cover, cloak, bedeck; зима́ оде́ла поля́ сне́гом winter covered the fields with snow, winter cloaked the

fields in snow **4.** *coll* чем cover up (with) ‖
imperf одева́ть 2а

ft.	оде́ну, -нешь, -нут
imp.	оде́нь, ~те
pt.	оде́л
g.pt.a.	оде́в
p.pt.a.	оде́вший
p.pt.p.	оде́тый

оде́ться *perf* **1.** во что put on *clothes* **2.** кем-чем dress up (as) **3.** *fig* чем cover over with *vegetable growth*, grow over **4.** чем *coll* cover oneself up (with) ‖ *imperf* одева́ться

одича́ть 2 *perf* **1.** get neglected **2.** become unsociable

одо́брить *perf* что approve of, agree with, support, be in favour of; approve, agree, endorse ‖ *imperf* одобря́ть 2а

ft.	одо́брю, -ришь, -рят
imp.	одо́бри, ~те
pt.	одо́брил
g.pt.a.	одо́брив
p.pt.a.	одо́бривший
p.pt.p.	одо́бренный

одобря́ть *imperf of* одо́брить

одолева́ть *imperf of* одоле́ть

одоле́ть 3 *perf* кого́-что **1.** overcome, conquer **2.** *fig coll* overcome, conquer, cope with, manage **3.** *fig* overcome, overpower; сон одоле́л его́ sleep overcame him **4.** *fig coll* torment, worry to death ‖ *imperf* одолева́ть 2а

одолжа́ть *imperf of* одолжи́ть

одолжа́ться 2а *imperf* кому́-чему́ *or* у кого́-чего́ *obs* be in *smb's* debt, be under an obligation

одолжи́ть *perf* **1.** что кому́-чему́ lend **2.** кого́-что (чем) *obs* lay under an obligation ‖ *imperf* одолжа́ть 2а *and* ода́лживать 1а

ft.	одолжу́, -жи́шь, -жа́т
imp.	одолжи́, ~те
pt.	одолжи́л
g.pt.a.	одолжи́в
p.pt.a.	одолжи́вший
p.pt.p.	одо́лженный

одома́шнивать *imperf of* одома́шнить

одома́шнить *perf* кого́-что tame, domesticate ‖ *imperf* одома́шнивать 1а

ft.	одома́шню, -нишь, -нят
imp.	одома́шни, ~те
pt.	одома́шнил
g.pt.a.	одома́шнив

p.pt.a.	одома́шнивший
p.pt.p.	одома́шненный

одряхле́ть 3 *perf* be on *one's* last legs, be on its last legs

оду́маться 1 *perf* **1.** think the better of, have second thoughts about **2.** *coll* come to *one's* senses ‖ *imperf* оду́мываться 1а

оду́мываться *imperf of* оду́маться

одура́чивать *imperf of* одура́чить

одура́чить *perf* кого́-что *coll* outsmart, outwit ‖ *imperf* одура́чивать 1а

ft.	одура́чу, -чишь, -чат
imp.	одура́чь, ~те
pt.	одура́чил
g.pt.a.	одура́чив
p.pt.a.	одура́ченный

одурева́ть *imperf of* одуре́ть

одуре́ть 3 *perf coll* grow stupid ‖ *imperf* одурева́ть 2а

одурма́нивать(ся) *imperf of* одурма́нить-(ся)

одурма́нить *perf* кого́-что intoxicate, put in a stupor, numb the senses ‖ *imperf* одурма́нивать 1а

ft.	одурма́ню, -нишь, -нят
imp.	одурма́нь, ~те
pt.	одурма́нил
g.pt.a.	одурма́нив
p.pt.a.	одурма́нивший
p.pt.p.	одурма́ненный

одурма́ниться *perf coll* drug oneself, dope oneself, drown *one's* sorrows, grief etc. ‖ *imperf* одурма́ниваться

одуря́ть 2а *imperf* кого́-что *coll* blunt, dull *the senses*

одухотвори́ть *perf* кого́-что **1.** ascribe intellectual powers *to animals*, in *animate objects etc.* **2.** animate; inspire **3.** intellectualize ‖ *imperf* одухотворя́ть 2а

ft.	одухотворю́, -ри́шь, -ря́т
imp.	одухотвори́, ~те
pt.	одухотвори́л
g.pt.a.	одухотвори́в
p.pt.a.	одухотвори́вший
p.pt.p.	одухотворённый; одухотворён, -ена́

одухотворя́ть *imperf of* одухотвори́ть

одушеви́ть *perf* кого́-что **1.** animate **2.** чем *obs* enthuse, inspire ‖ *imperf* одушевля́ть 2а

ft.	одушевлю́, -ви́шь, -вя́т
imp.	одушеви́, ~те
pt.	одушеви́л

g.pt.a.	одушеви́в
p.pt.a.	одушеви́вший
p.pt.p.	одушевлённый; одушевлён, -ена́

одушеви́ться *perf* чем *obs* enthuse (about, over), become enthusiastic (about) ‖ *imperf* одушевля́ться

одушевля́ть(ся) *imperf of* одушеви́ть(ся)

ожени́ть *perf* кого́-что *sub* get hitched to, go into double harness with, marry

ft.	оженю́, оже́нишь, оже́нят
imp.	ожени́, ~те
pt.	ожени́л
g.pt.a.	ожени́в
p.pt.a.	ожени́вший
p.pt.p.	оже́ненный

ожереби́ться, *1st and 2nd pers not used*, *perf* foal

ft.	ожереби́тся, -бя́тся
pt.	ожереби́лась, -лись
g.pt.a.	ожереби́вшись
p.pt.a.	ожерби́вшаяся

ожесточа́ть(ся) *imperf of* ожесточи́ть(ся)

ожесточи́ть *perf* кого́-что harden, make cruel ‖ *imperf* ожесточа́ть 2a

ft.	ожесточу́, -чи́шь, -ча́т
imp.	ожесточи́, ~те
pt.	ожесточи́л
g.pt.a.	ожесточи́в
p.pt.a.	ожесточи́вший
p.pt.p.	ожесточённый; ожесточён, -ена́

ожесточи́ться *perf* become cruel, be hardened ‖ *imperf* ожесточа́ться

оже́чь *perf* кого́-что **1.** burn **2.** bake *tiles etc.* **3.** *sub* beat ‖ *imperf* ожига́ть 2a

ft.	ожгу́, ожжёшь, ожгу́т
imp.	ожги́, ~те
pt.	ожёг, ожгла́
g.pt.a.	ожёгши
p.pt.a.	ожёгший
p.pt.p.	ожжённый; ожжён, -ена́

оже́чься *perf* **1.** обо что burn oneself (with, on, at) **2.** *fig coll* на чём burn *one's* fingers, fail (at) ‖ *imperf* ожига́ться

ожива́ть *imperf of* ожи́ть

оживи́ть *perf* кого́-что **1.** revive, resuscitate, bring back to life **2.** enliven, refresh **3.** *fig* revive, brush up **4.** activate; animate ‖ *imperf* оживля́ть 2a

ft.	оживлю́, -ви́шь, -вя́т
imp.	оживи́, ~те
pt.	оживи́л
g.pt.a.	оживи́в

p.pt.a.	оживи́вший
p.pt.p.	оживлённый; оживлён, -ена́

оживи́ться *perf* **1.** become animated **2.** become animated, become imbued with life ‖ *imperf* оживля́ться

оживля́ть(ся) *imperf of* оживи́ть(ся)

ожига́ть(ся) *imperf of* оже́чь(ся)

ожида́ть 2a *imperf* **1.** кого́-чего́ *or* кого́-что **1.** await, wait for **2.** чего́ *or with infinitive or with conjunction* что expect, anticipate

ожида́ться, *1st and 2nd pers not used*, *imperf*, *of an event* face, be facing, be awaited

ожире́ть 3 *perf* get fat, put on fat

ожи́ть *perf* **1.** revive, come back to life **2.** breathe again, sigh with relief, breathe freely, breathe easier, regain *one's* buoyancy, regain *one's* resilience **3.** revive, become animated **4.** *of emotions etc.* rise again, revive, return to life **5.** become animated, become imbued with life ‖ *imperf* ожива́ть 2a

ft.	оживу́, -вёшь, -ву́т
imp.	оживи́, ~те
pt.	о́жил *and coll* ожи́л, ожила́, о́жило *and coll* ожи́ло
g.pt.a.	ожи́в
p.pt.a.	ожи́вший

озабо́тить *perf* кого́-что unsettle, disturb, cause anxiety (in, to), disquiet ‖ *imperf* озабо́чивать 1a

ft.	озабо́чу, -о́тишь, -о́тят
imp.	озабо́ть, ~те
pt.	озабо́тил
g.pt.a.	озабо́тив
p.pt.a.	озабо́тивший
p.pt.p.	озабо́ченный

озабо́титься *perf* о ком-чём *or* чем be troubled, trouble [concern] oneself, take trouble (about) ‖ *imperf* озабо́чиваться

озабо́чивать(ся) *imperf of* озабо́тить(ся)

озагла́вить *perf* что title, give a heading to ‖ *imperf* озагла́вливать 1a

ft.	озагла́влю, -вишь, -вят
imp.	озагла́вь, ~те
pt.	озагла́вил
g.pt.a.	озагла́вив
p.pt.a.	озагла́вивший
p.pt.p.	озагла́вленный

озагла́вливать *imperf of* озагла́вить

озада́чивать(ся) *imperf of* озада́чить(ся)

озада́чить *perf* кого́-что confuse, puzzle, perplex ‖ *imperf* озада́чивать 1а
ft.	озада́чу, -чишь, -чат
imp.	озада́чь, ~те
pt.	озада́чил
g.pt.a.	озада́чив
p.pt.a.	озада́чивший
p.pt.p.	озада́ченный

озада́читься *perf coll* be overcome by confusion, not know where to put *one's* face ‖ *imperf* озада́чиваться

озари́ть *perf* кого́-что **1.** illuminate, light up *a*. *fig*; улы́бка озари́ла её лицо́ a smile lit up her face **2.** *of thoughts* flash upon ‖ *imperf* озаря́ть 2а
ft.	озарю́, -ри́шь, -ря́т
imp.	озари́, ~те
pt.	озари́л
g.pt.a.	озари́в
p.pt.a.	озари́вший
p.pt.p.	озарённый; озарён, -ена́

озари́ться *perf* чем **1.** be illuminated (by), be lit up (by) **2.** *fig* be lit up (by, with), be illuminated (with) ‖ *imperf* озаря́ться

озаря́ть(ся) *imperf of* озари́ть(ся)

озвере́ть 3 *perf* sink into a brute state; rage

озву́чивать *imperf of* озву́чить

озву́чить *perf* что provide *a film* with a soundtrack ‖ *imperf* озву́чивать 1а
ft.	озву́чу, -чишь, -чат
imp.	озву́чь, ~те
pt.	озву́чил
g.pt.a.	озву́чив
p.pt.a.	озву́чивший
p.pt.p.	озву́ченный

оздорови́ть *perf* что **1.** restore to health; provide with salubrious conditions **2.** *fig* put on a sound basis, restore, reorganize ‖ *imperf* оздоровля́ть 2а
ft.	оздоровлю́, -ви́шь, -вя́т
imp.	оздорови́, ~те
pt.	оздорови́л
g.pt.a.	оздорови́в
p.pt.a.	оздорови́вший
p.pt.p.	оздоровлённый; оздоровлён, -ена́

оздоровля́ть *imperf of* оздорови́ть

озелени́ть *perf* что plant with trees [shrubs] ‖ *imperf* озеленя́ть 2а
ft.	озеленю́, -ни́шь, -ня́т
imp.	озелени́, ~те
pt.	озелени́л
g.pt.a.	озелени́в

p.pt.a.	озелени́вший
p.pt.p.	озеленённый; озеленён, -ена́

озеленя́ть *imperf of* озелени́ть

озира́ть 2а *imperf* кого́-что *bookish* scan, view

озира́ться *imperf* **1.** look round **2.** *obs* look back, look behind oneself

озли́ть *perf* кого́-что vex, annoy
ft.	озлю́, озли́шь, озля́т
imp.	озли́, ~те
pt.	озли́л
g.pt.a.	озли́в
p.pt.a.	озли́вший
p.pt.p.	озлённый; озлён, -ена́

озли́ться *perf sub* go into a rage, go into a paddy

озло́бить *perf* кого́-что vex, annoy, rouse resentment in ‖ *imperf* озлобля́ть 2а
ft.	озло́блю, -бишь, -бят
imp.	озло́бь, ~те
pt.	озло́бил
g.pt.a.	озло́бив
p.pt.a.	озло́бивший
p.pt.p.	озло́бленный

озло́биться *perf* become resentful, become angry ‖ *imperf* озлобля́ться

озлобля́ть(ся) *imperf of* озло́бить(ся)

ознако́мить *perf* кого́-что с кем-чем familiarize (with), initiate (in), introduce (to), acquaint (with) ‖ *imperf* ознакомля́ть 2а
ft.	ознако́млю, -мишь, -мят
imp.	ознако́мь, ~те
pt.	ознако́мил
g.pt.a.	ознако́мив
p.pt.a.	ознако́мивший
p.pt.p.	ознако́мленный

ознако́миться *perf* с кем-чем familiarize oneself (with), acquaint oneself (with) ‖ *imperf* ознакомля́ться

ознакомля́ть(ся) *imperf of* ознако́мить(ся)

ознаменова́ть 5 *perf* что **1.** чем celebrate *a day, an occasion* (with), mark (with, by) **2.** characterize, signify, stand for, represent ‖ *imperf* ознамено́вывать 1а

ознаменова́ться *1st and 2nd pers not used*, *perf* чем be characterized (by), be marked (by) ‖ *imperf* ознамено́вываться

ознамено́вывать(ся) *imperf of* ознаменова́ть(ся)

означа́ть 2а *imperf* **1.** *imperf of* озна́чить **2.** что signify, mean, stand for, denote

озна́чить *perf* что *obs* **1.** indicate, register, record, enter **2.** lay down, stipulate **3.** *fig* mean, spell, be synonymous with ‖ *imperf* означа́ть 2 a

ft.	озна́чу, -а́чишь, -а́чат
imp.	озна́чь, ~те
pt.	озна́чил
g.pt.a.	озна́чив
p.pt.a.	озна́чивший
p.pt.p.	озна́ченный

озноби́ть *perf* что *sub, of extremities* become cold, freeze ‖ *imperf* ознобля́ть 2 a

ft.	озноблю́, -би́шь, -бя́т
imp.	озноби́, ~те
pt.	озноби́л
g.pt.a.	озноби́в
p.pt.a.	озноби́вший
p.pt.p.	озноблённый; ознобле́н, -ена́

озноби́ться, *1st and 2nd pers not used, perf sub* go stiff with cold ‖ *imperf* ознобля́ться

ознобля́ть(ся) *imperf of* озноби́ть(ся)

озолоти́ть *perf* кого́-что **1.** gild **2.** *coll* shower with money, give oodles of dough (to)

ft.	озолочу́, -оти́шь, -отя́т
imp.	озолоти́, ~те
pt.	озолоти́л
g.pt.a.	озолоти́в
p.pt.a.	озолоти́вший
p.pt.p.	озолочённый; озолочён, -ена́

озолоти́ться, *1st and 2nd pers not used, perf* shine gold

озони́ровать 4 *and* 4a *perf, imperf* что ozonize

озорнича́ть 2a *imperf* **1.** *coll* be wild, be misbehaved **2.** *sub* brawl

озя́бнуть *perf coll* freeze, freeze to the marrow

ft.	озя́бну, -нешь, -нут
imp.	озя́бни, ~те
pt.	озя́б, ~ла
g.pt.a.	озя́бнув *and* озя́бши
p.pt.a.	озя́бший

оказа́ть *perf* что manifest, show; оказа́ть соде́йствие lend support; оказа́ть по́мощь render aid; оказа́ть сопротивле́ние offer resistance, put up resistance; оказа́ть влия́ние exert influence ‖ *imperf* ока́зывать 1 a

ft.	окажу́, ока́жешь, ока́жут
imp.	окажи́, ~те
pt.	оказа́л
g.pt.a.	оказа́в

p.pt.a.	оказа́вший
p.pt.p.	ока́занный

оказа́ться *perf* **1.** *obs* come to light, reveal itself **2.** be *available, present, there* **3.** find oneself (among, in) **4.** кем-чем be, prove, prove to be, turn out (to be) ‖ *imperf* ока́зываться

ока́зывать(ся) *imperf of* оказа́ть(ся)

окайми́ть *perf* что **1.** border with, edge with **2.** *fig* surround, frame ‖ *imperf* окаймля́ть 2 a

ft.	окаймлю́, -ми́шь, -мя́т
imp.	окайми́, ~те
pt.	окайми́л
g.pt.a.	окайми́в
p.pt.a.	окайми́вший
p.pt.p.	окаймлённый; окаймлён, -ена́

окаймля́ть *imperf of* окайми́ть

окаменева́ть *imperf of* окамене́ть

окамене́ть 3 *perf* **1.** become petrified *a. fig* **2.** *fig* turn to stone, become as hard as stone ‖ *imperf* окаменева́ть 2a *with* 1

окантова́ть 5 *perf* что border, edge, mount ‖ *imperf* оканто́вывать 1 a

оканто́вывать *imperf of* окантова́ть

ока́нчивать(ся) *imperf of* око́нчить(ся)

ока́пывать(ся) *imperf of* окопа́ть(ся)

окарикату́ривать *imperf of* окарикату́рить

окарикату́рить *perf* кого́-что caricature; make a cartoon of ‖ *imperf* окарикату́ривать 1 a

ft.	окарикату́рю, -ришь, -рят
imp.	окарикату́рь, ~те
pt.	окарикату́рил
g.pt.a.	окарикату́рив
p.pt.a.	окарикату́ривший
p.pt.p.	окарикату́ренный

ока́рмливать *imperf of* окорми́ть

окати́ть *perf* кого́-что чем pour (over), drench, shower (with) ‖ *imperf* ока́чивать 1 a *and coll* ока́тывать 1 a

ft.	окачу́, ока́тишь, ока́тят
imp.	окати́, ~те
pt.	окати́л
g.pt.a.	окати́в
p.pt.a.	окати́вший
p.pt.p.	ока́ченный

окати́ться *perf* чем shower oneself (with) ‖ *imperf* ока́чиваться *and coll* ока́тываться

ока́тывать(ся) *imperf of* окати́ть(ся)

о́кать 1 a *imperf ling* pronounce the full quality of "o" in unstressed positions

ока́чивать(ся) *imperf of* окати́ть(ся)

ока́шивать *imperf of* окоси́ть

оки́дывать *imperf of* оки́нуть

оки́нуть 6 *perf* кого́-что: оки́нуть взгля́дом [взо́ром] observe, stare at ‖ *imperf* оки́дывать 1 a
imp.	оки́нь, ~те
p.pt.p.	оки́нутый

окисли́ть *perf* что oxidize ‖ *imperf* окисля́ть 2 a
ft.	окислю́, -ли́шь, -ля́т
imp.	окисли́, ~те
pt.	окисли́л
g.pt.a.	окисли́в
p.pt.a.	окисли́вший
p.pt.p.	окислённый; окислён, -ена́

окисли́ться *perf* oxidize ‖ *imperf* окисля́ться

окисля́ть(ся) *imperf of* окисли́ть(ся)

оккупи́ровать 4 *and* 4 a *perf*, *imperf* occupy *a country etc.*

оклевета́ть *perf* кого́-что defame, traduce, vilify
ft.	оклевещу́, -е́щешь, -е́щут
imp.	оклевещи́, ~те
pt.	оклевета́л
g.pt.a.	оклевета́в
p.pt.a.	оклевета́вший
p.pt.p.	оклеве́танный

окле́ивать *imperf of* окле́ить

окле́ить *perf* что чем paper, paste over (with) ‖ *imperf* окле́ивать 1 a
ft.	окле́ю, -е́ишь, -е́ят
imp.	окле́й, ~те
pt.	окле́ил
g.pt.a.	окле́ив
p.pt.a.	окле́ивший
p.pt.p.	окле́енный

оклика́ть *imperf of* окли́кнуть

окли́кнуть 6 *perf* кого́-что call by name, hail ‖ *imperf* оклика́ть 2 a
p.pt.p.	окли́кнутый

окова́ть 5 *perf* что чем 1. provide with metal fittings 2.: окова́ть льдом coat with ice, cover with ice ‖ *imperf* око́вывать 1 a
ft.	окую́, окуёшь, окую́т

око́вывать *imperf of* окова́ть

окола́чиваться 1 a *imperf sub* knock about *somewhere*

околдова́ть 5 *perf* кого́-что 1. enchant, put a spell on, put under a spell 2. *fig*

charm, captivate, transport, enchant, cast a spell on ‖ *imperf* околдо́вывать 1 a

околдо́вывать *imperf of* околдова́ть

околева́ть *imperf of* околе́ть

околе́ть 3, *1st and 2nd pers not used, perf, of animals* die ‖ *imperf* околева́ть 2 a

околпа́чивать *imperf of* околпа́чить

околпа́чить *perf* кого́-что *sub* pull the wool over *smb's* eyes, fleece ‖ *imperf* околпа́чивать 1 a
ft.	околпа́чу, -чишь, -чат
imp.	околпа́чь, ~те
pt.	околпа́чил
g.pt.a.	околпа́чив
p.pt.a.	околпа́чивший
p.pt.p.	околпа́ченный

окольцева́ть *perf* кого́-что ring *birds* ‖ *imperf* окольцо́вывать 1 a
ft.	окольцу́ю, -у́ешь, -у́ют
imp.	окольцу́й, ~те
pt.	окольцева́л
g.pt.a.	окольцева́в
p.pt.a.	окольцева́вший
p.pt.p.	окольцо́ванный

окольцо́вывать *imperf of* окольцева́ть

оконфу́зить *perf* кого́-что *sub* put in a tizzy; make a monkey of
ft.	оконфу́жу, -у́зишь, -у́зят
imp.	оконфу́зь, ~те
pt.	оконфу́зил
g.pt.a.	оконфу́зив
p.pt.a.	оконфу́зивший
p.pt.p.	оконфу́женный

оконфу́зиться *perf sub* boob, make a bloomer, put *one's* foot in it

око́нчить *perf* что 1. finish, complete 2. graduate *from school, university etc.* ‖ *imperf* ока́нчивать 1 a
ft.	око́нчу, -чишь, -чат
imp.	око́нчи, ~те
pt.	око́нчил
g.pt.a.	око́нчив
p.pt.a.	око́нчивший
p.pt.p.	око́нченный

око́нчиться, *1st and 2nd pers not used, perf* end, finish, be over ‖ *imperf* ока́нчиваться

окопа́ть 2 *perf* что 1. dig round about *a thing* 2. чем surround with a ditch [dike], put earthworks round ‖ *imperf* ока́пывать 1 a

окопа́ться *perf* 1. *mil* dig in, dig oneself in 2. *fig coll* find oneself a billet, find oneself

a better 'ole; settle in; settle down ‖ *imperf*
окапываться

окора́чивать *imperf of* окороти́ть

окорми́ть *perf* кого́-что **1.** *sub* overfeed
2. cause sickness *in an animal* by feeding
wrong o rbad fodder **3.** poison ‖ *imperf*
окармливать 1 a

ft.	окормлю́, -о́рмишь, -о́рмят
imp.	окорми́, ~те
pt.	окорми́л
g.pt.a.	окорми́в
p.pt.a.	окорми́вший
p.pt.p.	око́рмленный

окорна́ть 2 *perf* кого́-что *sub* dock; maim
by docking

окороти́ть *perf* что *coll* overshorten, take
too much off ‖ *imperf* окора́чивать
1 a

ft.	окорочу́, -оти́шь, -отя́т
imp.	окороти́, ~те
pt.	окороти́л
g.pt.a.	окороти́в
p.pt.a.	окороти́вший
p.pt.p.	окоро́ченный

окоси́ть *perf* что mow all round; окоси́ть
куст mow all round a bush ‖ *imperf*
ока́шивать 1 a

ft.	окошу́, око́сишь, око́сят
imp.	окоси́, ~те
pt.	окоси́л
g.pt.a.	окоси́в
p.pt.a.	окоси́вший
p.pt.p.	око́шенный

окостенева́ть *imperf of* окостене́ть

окостене́ть 3 *perf* **1.** ossify **2.** become stiff
[rigid, numb] with cold, freeze **3.** *fig*
freeze, become motionless, be transfixed
4. *fig* become fossilized ‖ *imperf* окостене-
ва́ть 2 a

окоти́ться, *1st and 2nd pers not used, perf,*
of animals give birth to young

ft.	окоти́тся, -тя́тся
pt.	окоти́лась, -лись
g.pt.a.	окоти́вшись
p.pt.a.	окоти́вшаяся

окоченева́ть *imperf of* окочене́ть

окочене́ть 3 *perf* **1.** go rigid *with cold* **2.** *fig*
freeze, become motionless ‖ *imperf* око-
ченева́ть 2 a

окочу́риться *perf sub* join the stiff 'uns,
kick the bucket, drop off the hook

ft.	окочу́рюсь, -ришься, -рятся
imp.	окочу́рься, -рьтесь
pt.	окочу́рился, -лась
g.pt.a.	окочу́рившись
p.pt.a.	окочу́рившийся

окра́сить *perf* что **1.** dye, paint **2.** make
ruddy **3.** *fig* (*usu p.pt.p.*) colour, mark ‖
imperf окра́шивать 1 a

ft.	окра́шу, -а́сишь, -а́сят
imp.	окра́сь, ~те
pt.	окра́сил
g.pt.a.	окра́сив
p.pt.a.	окра́сивший
p.pt.p.	окра́шенный

окра́ситься, *1st and 2nd pers not used, perf*
take on a particular colour ‖ *imperf*
окра́шиваться

окра́шивать(ся) *imperf of* окра́сить(ся)

окре́пнуть *perf* **1.** become strong, become
firmer **2.** regain strength *after illness*,
become stronger **3.** become more violent;
increase

ft.	окре́пну, -нешь, -нут
imp.	окре́пни, ~те
pt.	окре́п, ~ла
g.pt.a.	окре́пнув *and* окре́пши
p.pt.a.	окре́пший

окрести́ть *perf* кого́-что **1.** *rel* baptize
2. кем-чем *coll* nickname

ft.	окрещу́, -е́стишь, -е́стят
imp.	окрести́, ~те
pt.	окрести́л
g.pt.a.	окрести́в
p.pt.a.	окрести́вший
p.pt.p.	окрещённый; окрещён, -ена́

окрести́ться *perf rel* get baptized

окриве́ть 3 *perf sub* go blind of one eye

окри́кивать *imperf of* окри́кнуть

окри́кнуть 6 *perf* кого́-что call by name,
hail ‖ *imperf* окри́кивать 1 a

p.pt.p.	окри́кнутый

окрова́вить *perf* кого́-что spatter with
blood ‖ *imperf* окрова́вливать 1 a

ft.	окрова́влю, -вишь, -вят
imp.	окрова́вь, ~те
pt.	окрова́вил
g.pt.a.	окрова́вив
p.pt.a.	окрова́вивший
p.pt.p.	окрова́вленный

окрова́виться *perf* spatter oneself with
blood, become spattered with blood ‖
imperf окрова́вливаться

окрова́вливать(ся) *imperf of* окрова́вить-
(ся)

окровене́ть 3, *1st and 2nd pers not used,*

perf sub become bloodied, become blood-stained

окровени́ть *perf* что *sub* stain with blood
ft.	окровеню́, -ни́шь, -ня́т
imp.	окровени́, ~те
pt.	окровени́л
g.pt.a.	окровени́в
p.pt.a.	окровени́вший
p.pt.p.	окровенённый; окровенён, -ена́

окропи́ть *perf* кого́-что чем sprinkle (with) ‖ *imperf* окропля́ть 2 a
ft.	окроплю́, -пи́шь, -пя́т
imp.	окропи́, ~те
pt.	окропи́л
g.pt.a.	окропи́в
p.pt.a.	окропи́вший
p.pt.p.	окроплённый; окроплён, -ена́

окропля́ть *imperf of* окропи́ть

округле́ть 3 *perf sub* 1. grow round, become round 2. get fatter

округли́ть *perf* что 1. make round 2. *fig coll* round off, finalize 3. *math* round off *upwards or downwards* to the nearest *integer, ten, hundred etc.* 4. *fig coll, of capital, estate etc.* extend, increase ‖ *imperf* округля́ть 2 a
ft.	округлю́, -ли́шь, -ля́т
imp.	округли́, ~те
pt.	округли́л
g.pt.a.	округли́в
p.pt.a.	округли́вший
p.pt.p.	округлённый; округлён, -ена́

округли́ться *perf* 1. become round(er) 2. *fig coll* take on final form 3. *coll* wax large, grow, increase ‖ *imperf* округля́ться

округля́ть(ся) *imperf of* округли́ть(ся)

окружа́ть *imperf of* окружи́ть

окружи́ть *perf* кого́-что 1. чем surround (with); hedge in 2. encircle 3. кем-чем surround with certain people 4. чем surround (with); окружи́ть ро́скошью surround with luxury ‖ *imperf* окружа́ть 2 a
ft.	окружу́, -жи́шь, -жа́т
imp.	окружи́, ~те
pt.	окружи́л
g.pt.a.	окружи́в
p.pt.a.	окружи́вший
p.pt.p.	окружённый; окружён, -ена́

округти́ть *perf* кого́-что 1. чем wind round, twine 2. *sub* marry *a couple* in church; marry, tie ‖ *imperf* окру́чивать 1 a
ft.	окручу́, -у́тишь, -у́тят
imp.	окрути́, ~те

pt.	окрути́л
g.pt.a.	окрути́в
p.pt.a.	окрути́вший
p.pt.p.	окру́ченный

окру́чивать *imperf of* окрути́ть

окрыли́ть *perf* кого́-что elate, lend wings to ‖ *imperf* окрыля́ть 2 a
ft.	окрылю́, -ли́шь, -ля́т
imp.	окрыли́, ~те
pt.	окрыли́л
g.pt.a.	окрыли́в
p.pt.a.	окрыли́вший
p.pt.p.	окрылённый; окрылён, -ена́

окрыли́ться *perf* 1. *zool* grow wings 2. *fig* чем be in an elated mood, be in a state of elation ‖ *imperf* окрыля́ться

окрыля́ть(ся) *imperf of* окрыли́ть(ся)

окры́ситься, *1st pers not used, perf* на кого́-что *sub* 1. show its teeth, show one's teeth 2. bare its teeth (at), bare one's teeth (to), snarl (at)
ft.	окры́сишься, -сятся
imp.	окры́сься, -сьтесь
pt.	окры́сился, -лась
g.pt.a.	окры́сившись
p.pt.a.	окры́сившийся

оксиди́ровать 4 *and* 4а *perf, imperf* что oxidize

оку́кливаться *imperf of* оку́клиться

оку́клиться, *1st and 2nd pers not used, perf zool* pupate, enter the pupal stage ‖ *imperf* оку́кливаться 1 a
ft.	оку́клится, -лятся
pt.	оку́клился, -лась
g.pt.a.	оку́клившись
p.pt.a.	оку́клившийся

окули́ровать 4 *and* 4а *perf, imperf* что bud, graft, oculate

окуна́ть(ся) *imperf of* окуну́ть(ся)

окуну́ть 7 *perf* кого́-что dip, plunge ‖ *imperf* окуна́ть 2 a

окуну́ться *perf* 1. dive in, dive under 2. *fig* devote oneself wholly *to a thing*, plunge into *a thing* ‖ *imperf* окуна́ться

окупа́ть(ся) *imperf of* окупи́ть(ся)

окупи́ть *perf* что cover *expenditure*; pay *expenses* ‖ *imperf* окупа́ть 2 a
ft.	окуплю́, -у́пишь, -у́пят
imp.	окупи́, ~те
pt.	окупи́л
g.pt.a.	окупи́в

p.pt.a.	окупи́вший
p.pt.p.	оку́пленный

окупи́ться, *1st and 2nd pers not used, perf* pay off, be worthwhile, prove worthwhile; be recouped ‖ *imperf* окупа́ться

округу́зить *perf* что *sub* dock, make too short

ft.	округу́жу, -у́зишь, -у́зят
imp.	округу́зь, ~те
pt.	округу́зил
g.pt.a.	округу́зив
p.pt.a.	округу́зивший
p.pt.p.	округу́женный

оку́ривать *imperf of* окури́ть

окури́ть *perf* кого́-что smoke out, fumigate ‖ *imperf* оку́ривать 1 a

ft.	окурю́, -у́ришь, -у́рят
imp.	окури́, ~те
pt.	окури́л
g.pt.a.	окури́в
p.pt.a.	окури́вший
p.pt.p.	оку́ренный

оку́тать 1 *perf* кого́-что 1. чем envelop (with) 2. *fig* envelop, cloak, blanket, shroud, conceal ‖ *imperf* оку́тывать 1 a

оку́таться *perf* чем 1. wrap oneself (in) 2. *fig* be enveloped in; оку́таться тума́ном be blanketed in fog ‖ *imperf* оку́тываться

оку́тывать(ся) *imperf of* оку́тать(ся)

оку́чивать *imperf of* окучить

окучить *perf* что *agr* earth up, ridge, hill ‖ *imperf* оку́чивать 1 a

ft.	окучу, -чишь, -чат
imp.	окучь, ~те
pt.	окучил
g.pt.a.	окучив
p.pt.a.	окучивший
p.pt.p.	окученный

оледенева́ть *imperf of* оледене́ть

оледене́ть 3 *perf* 1. ice over, coat up with ice 2. become as cold as ice, freeze ‖ *imperf* оледенева́ть 2 a

оледени́ть *perf* что 1. (cause to) freeze, cover *a thing* with ice 2. (cause to) solidify, congeal

ft.	оледеню́, -ни́шь, -ня́т
imp.	оледени́, ~те
pt.	оледени́л
g.pt.a.	оледени́в
p.pt.a.	оледени́вший
p.pt.p.	оледенённый; оледенён, -ена́

олицетвори́ть *perf* что 1. personalize 2. embody ‖ *imperf* олицетворя́ть 2 a

ft.	олицетворю́, -ри́шь, -ря́т
imp.	олицетвори́, ~те
pt.	олицетвори́л
g.pt.a.	олицетвори́в
p.pt.a.	олицетвори́вший
p.pt.p.	олицетворённый; олицетво-рён, -ена́

олицетворя́ть *imperf of* олицетвори́ть

ома́чивать(ся) *imperf of* омочи́ть(ся)

омеблирова́ть 5 *perf* что furnish ‖ *imperf* омеблиро́вывать 1 a

омеблирова́ться *perf* furnish house, furnish *one's* home ‖ *imperf* омеблиро́вываться

омеблиро́вывать(ся) *imperf of* омеблирова́ть(ся)

омерзе́ть 3 *perf* кому́-чему́ *coll* become distasteful, become abhorrent

омертвева́ть *imperf of* омертве́ть

омертве́ть 3 *perf* 1. wither, decay, mortify 2. *fig* become immobile, freeze ‖ *imperf* омертвева́ть 2 a

омертви́ть *perf* что 1. (cause to) wither 2. *econ* immobilize *capital*, take out of circulation ‖ *imperf* омертвля́ть 2 a

ft.	омертвлю́, -ви́шь, -вя́т
imp.	омертви́, ~те
pt.	омертви́л
g.pt.a.	омертви́в
p.pt.a.	омертви́вший
p.pt.p.	омертвлённый; омертвлён, -ена́

омертвля́ть *imperf of* омертви́ть

омеща́ниваться *imperf of* омеща́ниться

омеща́ниться *perf coll* turn philistine ‖ *imperf* омеща́ниваться 1 a

ft.	омеща́нюсь, -нишься, -нятся
imp.	омеща́нься, -ньтесь
pt.	омеща́нился, -лась
g.pt.a.	омеща́нившись
p.pt.a.	омеща́нившийся

омола́живать(ся) *imperf of* омолоди́ть(ся)

омолоди́ть *perf* кого́-что 1. rejuvenate, make younger 2. *coll* reduce the average age (of), rejuvenate *a committee, society etc.* ‖ *imperf* омола́живать 1 a

ft.	омоложу́, -оди́шь, -одя́т
imp.	омолоди́, ~те
pt.	омолоди́л
g.pt.a.	омолоди́в

p.pt.a. омолоди́вший
p.pt.p. омоложённый; омоложён,
-ена́

омолоди́ться *perf* **1.** *coll* get younger **2.** *coll* accept more young members, be rejuvenated **3.** *biol* be rejuvenated, be regenerated ‖ *imperf* омола́живаться

омочи́ть *perf* что *bookish* humidify, moisten, wet ‖ *imperf* ома́чивать 1а
ft. омочу́, омо́чишь, омо́чат
imp. омочи́, ~те
pt. омочи́л
g.pt.a. омочи́в
p.pt.a. омочи́вший
p.pt.p. омо́ченный

омочи́ться, *1st and 2nd pers not used, perf bookish* become humid [saturated] ‖ *imperf* ома́чиваться

омрача́ть(ся) *imperf of* омрачи́ть(ся)

омрачи́ть *perf* кого́-что **1.** *obs* darken, make dark **2.** *fig* obscure **3.** cast a shadow over, cloud ‖ *imperf* омрача́ть 2а
ft. омрачу́, -чи́шь, -ча́т
imp. омрачи́, ~те
pt. омрачи́л
g.pt.a. омрачи́в
p.pt.a. омрачи́вший
p.pt.p. омрачённый; омрачён, -ена́

омрачи́ться, *1st and 2nd pers not used, perf* **1.** *obs* turn dark, darken **2.** *fig of judgment* grow dim **3.** blacken ‖ *imperf* омрача́ться

омыва́ть 2а *imperf* **1.** *imperf of* омы́ть **2.** что *of waters* lap round, wash round, lave

омыва́ться *imperf of* омы́ться

омы́ть *perf* кого́-что *bookish* **1.** wash, rinse **2.** *fig obs* clear, vindicate *good name, honour* ‖ *imperf* омыва́ть 2а
ft. омо́ю, омо́ешь, омо́ют
imp. омо́й, ~те
pt. омы́л
g.pt.a. омы́в
p.pt.a. омы́вший
p.pt.p. омы́тый

омы́ться *perf bookish* make *one's* ablutions ‖ *imperf* омыва́ться

онемева́ть *imperf of* онеме́ть

онеме́ть 3 *perf* **1.** go dumb **2.** be silenced, be reduced to silence, be speechless, be surprised into speechlessness, be struck dumb **3.** *of the extremities* go to sleep, go numb ‖ *imperf* онемева́ть 2а

онеме́чивать(ся) *imperf of* онеме́чить(ся)

онеме́чить *perf* кого́-что germanify ‖ *imperf* онеме́чивать 1а
ft. онеме́чу, -чишь, -чат
imp. онеме́чь, ~те
pt. онеме́чил
g.pt.a. онеме́чив
p.pt.a. онеме́чивший
p.pt.p. онеме́ченный

онеме́читься *perf* adopt German ways, become germanified ‖ *imperf* онеме́чиваться

опада́ть *imperf of* опа́сть

опа́здывать *imperf of* опозда́ть

опа́ивать *imperf of* опои́ть

опа́ливать(ся) *imperf of* опали́ть(ся)

опали́ть *perf* кого́-что **1.** singe, singe all round **2.** singe off *hair, feathers* ‖ *imperf* опа́ливать 1а *with* 2 *and* опаля́ть 2а *with* 1
ft. опалю́, -ли́шь, -ля́т
imp. опали́, ~те
pt. опали́л
g.pt.a. опали́в
p.pt.a. опали́вший
p.pt.p. опалённый; опалён, -ена́

опали́ться *perf* **1.** *coll* get burned, burn oneself **2.** на кого́ *obs* be fuming (at) ‖ *imperf* опа́ливаться *and* опаля́ться *with* 1

опаля́ть(ся) *imperf of* опали́ть(ся)

опа́мятоваться 4 *perf* **1.** *obs* come round, come to *one's* senses *after swooning* **2.** *fig, sub* collect *one's* wits, pull oneself together, come to *one's* senses

опарши́веть 3, *stress as infinitive, perf coll* get the mange

опарши́вить *perf* кого́-что *sub* give the mange to, infect with the mange
ft. опарши́влю, -вишь, -вят
imp. опарши́вь, ~те
pt. опарши́вил
g.pt.a. опарши́вив
p.pt.a. опарши́вивший
p.pt.p. опарши́вленный

опаса́ться 2а *imperf* **1.** fear, be apprehensive of **2.** чего́ beware of

опа́сть *perf* **1.** *1st and 2nd pers not used, of leaves* fall **2.** *1st and 2nd pers not used, of tumor* go down **3.** *coll* become gaunt [haggard, shrunken, sunken] ‖ *imperf* опада́ть 2а
ft. опаду́, -дёшь, -ду́т
imp. опади́, ~те

pt.	опа́л
g.pt.a.	опа́в
p.pt.a.	опа́вший

опаха́ть *perf* что plough up round *a thing* ‖ *imperf* опа́хивать 1а

ft.	опашу́, опа́шешь, опа́шут
imp.	опаши́, ~те
pt.	опаха́л
g.pt.a.	опаха́в
p.pt.a.	опаха́вший
p.pt.p.	опа́ханный

опа́хивать[1] *imperf of* опаха́ть

опа́хивать[2] *imperf of* опахну́ть

опахну́ть 7 *perf* кого́-что **1.** fan, blow round **2.** *sub* fan, waft ‖ *imperf* опа́хивать 1а

опека́ть 2а *imperf* кого́-что **1.** be smb's guardian; act as trustee **2.** *fig* look after, take care (of); hold in tutelage, be patronizing (to)

опереди́ть *perf* кого́-что **1.** get ahead (of); forestall, anticipate **2.** *fig* surpass, cap ‖ *imperf* опережа́ть 2а

ft.	опережу́, -еди́шь, -едя́т
imp.	опереди́, ~те
pt.	опереди́л
g.pt.a.	опереди́в
p.pt.a.	опереди́вший
p.pt.p.	опережённый; опережён, -ена́

опережа́ть *imperf of* опереди́ть

опере́ть *perf* что prop up; lean *a thing* (on, against) ‖ *imperf* опира́ть 2а

ft.	обопру́, -рёшь, -ру́т
imp.	обопри́, ~те
pt.	опёр, оперла́ *and* опёрла, оперло́ *and* опёрло
g.pt.a.	оперёв *and* опёрши
p.pt.a.	опёрший
p.pt.p.	опёртый; опёрт, оперта́ *and* опёрта, опёрто

опере́ться *perf* на кого́-что **1.** rest (on), lean (on), be founded (on) **2.** *fig* rely (on), lean (on), base oneself (on) ‖ *imperf* опира́ться

pt.	опёрся *and* оперся́, оперла́сь *and* опёрлась, оперло́сь *and* опёрлось
g.pt.a.	оперши́сь *and* опёршись

опери́ровать 4а *imperf* **1.** *mil* manoeuvre, operate **2.** чем operate (with) **3.** *a. perf* кого́-что *med* operate (on *smb*)

опери́ть *perf* кого́-что (*usu p.pt.p.*) feather, deck with feather ‖ *imperf* оперя́ть 2а

ft.	оперю́, -ри́шь, -ря́т
imp.	опери́, ~те

pt.	опери́л
g.pt.a.	опери́в
p.pt.a.	опери́вший
p.pt.p.	оперённый; оперён, -ена́

опери́ться *perf* **1.** grow feathers, fledge **2.** *fig* become fledged ‖ *imperf* оперя́ться

оперя́ть(ся) *imperf of* опери́ть(ся)

опеча́ливать(ся) *imperf of* опеча́лить(ся)

опеча́лить *perf* кого́-что sadden ‖ *imperf* опеча́ливать 1а

ft.	опеча́лю, -лишь, -лят
imp.	опеча́ль, ~те
pt.	опеча́лил
g.pt.a.	опеча́лив
p.pt.a.	опеча́ливший
p.pt.p.	опеча́ленный

опеча́литься *perf* be saddened ‖ *imperf* опеча́ливаться

опеча́тать 1 *perf* что seal ‖ *imperf* опеча́тывать 1а

опеча́тывать *imperf of* опеча́тать

опе́шить *perf coll* be demoralized, be surprised

ft.	опе́шу, -шишь, -шат
imp.	опе́шь, ~те
pt.	опе́шил
g.pt.a.	опе́шив
p.pt.a.	опе́шивший

опива́ть(ся) *imperf of* опи́ть(ся)

опи́ливать *imperf of* опили́ть

опили́ть *perf* что **1.** gaw off (the edges) **2.** file down ‖ *imperf* опи́ливать 1а

ft.	опилю́, опи́лишь, опи́лят
imp.	опили́, ~те
pt.	опили́л
g.pt.a.	опили́в
p.pt.a.	опили́вший
p.pt.p.	опи́ленный

опира́ть *imperf of* опере́ть

опира́ться 2а *imperf* **1.** *imperf of* опере́ться **2.** на что rest (on)

описа́ть *perf* кого́-что **1.** describe, depict **2.** give a scientific description (of) **3.** take stock (of), make an inventory (of) **4.** *leg* distrain **5.** *math* circumscribe **6.** describe *a curve* ‖ *imperf* опи́сывать 1а

ft.	опишу́, опи́шешь, опи́шут
imp.	опиши́, ~те
pt.	описа́л
g.pt.a.	описа́в
p.pt.a.	описа́вший
p.pt.p.	опи́санный

описа́ться *perf* make a slip of the pen, write wrongly, miswrite ‖ *imperf* опи́сываться

опи́сывать(ся) *imperf of* описа́ть(ся)

опи́ть *perf* кого́-что *sub* drink *smb* into the poorhouse ‖ *imperf* опива́ть 2 a

ft.	обопью́, -пьёшь, -пью́т
imp.	опе́й, ～те
pt.	опи́л, опила́, опи́ло
g.pt.a.	опи́в
p.pt.a.	опи́вший

опи́ться *perf coll* drink more than is good for one, take a drop too much, gaze too long on the grape ‖ *imperf* опива́ться

pt.	опи́лся, опила́сь, опи́ло́сь

опла́кать *perf* кого́-что mourn over, lament over, cry over, bewail, mourn, lament ‖ *imperf* опла́кивать 1 a

ft.	опла́чу, -чешь, -чут
imp.	опла́чь, ～те
pt.	опла́кал
g.pt.a.	опла́кав
p.pt.a.	опла́кавший
p.pt.p.	опла́канный

опла́кивать *imperf of* опла́кать

оплати́ть *perf* кого́-что refund, repay, recompense, pay, pay back ‖ *imperf* опла́чивать 1 a

ft.	оплачу́, -а́тишь, -а́тят
imp.	оплати́, ～те
pt.	оплати́л
g.pt.a.	оплати́в
p.pt.a.	оплати́вший
p.pt.p.	опла́ченный

опла́чивать *imperf of* оплати́ть

оплева́ть *perf* кого́-что *coll* 1. spit on 2. *fig* abuse ‖ *imperf* оплёвывать 1 a

ft.	оплюю́, -юёшь, -юю́т
imp.	оплю́й, ～те
pt.	оплева́л
g.pt.a.	оплева́в
p.pt.a.	оплева́вший
p.pt.p.	оплёванный

оплёвывать *imperf of* оплева́ть

оплести́ *perf* что 1. weave a mesh round, cover with wickerwork 2. *fig sub* ensnare, enmesh, spin *smb* a yarn ‖ *imperf* оплета́ть 2 a

ft.	оплету́, -тёшь, -ту́т
imp.	оплети́, ～те
pt.	оплёл, -ела́
g.pt.a.	оплетя́ *and* оплётши
p.pt.a.	оплётший
p.pt.p.	оплетённый; оплетён, -ена́

оплета́ть *imperf of* оплести́

оплеши́веть 3, *stress as infinitive, perf coll* go bald

оплодотвори́ть *perf* кого́-что 1. *biol* fertilize, inseminate 2. *fig bookish* inseminate, fertilize ‖ *imperf* оплодотворя́ть 2 a

ft.	оплодотворю́, -ри́шь, -ря́т
imp.	оплодотвори́, ～те
pt.	оплодотвори́л
g.pt.a.	оплодотвори́в
p.pt.a.	оплодотвори́вший
p.pt.p.	оплодотворённый; оплодотворён, -ена́

оплодотвори́ться *perf* be fertilized ‖ *imperf* оплодотворя́ться

оплодотворя́ть(ся) *imperf of* оплодотвори́ть(ся)

опломбирова́ть 5 *perf* что seal with a lead *to prevent unauthorized interference, entry*

оплоша́ть 2 *perf coll* make a bloomer, put *one's* foot in it, boob

оплыва́ть[1,2] *imperf of* оплы́ть[1,2]

оплы́ть[1] *perf* что boat round, ship round ‖ *imperf* оплыва́ть 2 a

ft.	оплыву́, -вёшь, -ву́т
imp.	оплыви́, ～те
pt.	оплы́л, оплыла́, оплы́ло
g.pt.a.	оплы́в
p.pt.a.	оплы́вший
p.pt.p.	оплы́тый

оплы́ть[2] *perf* 1. swell up, become bloated 2. *1st and 2nd pers not used, of candle* gutter 3. *1st and 2nd pers not used* collapse, slip *due to foundations being washed away* ‖ *imperf* оплыва́ть 2 a

no *p.pt.p.*

other forms as оплы́ть[1]

оповести́ть *perf* кого́-что inform, notify ‖ *imperf* оповеща́ть 2 a

ft.	оповещу́, -ести́шь, -естя́т
imp.	оповести́, ～те
pt.	оповести́л
g.pt.a.	оповести́в
p.pt.a.	оповести́вший
p.pt.p.	оповещённый; оповещён, -ена́

оповеща́ть *imperf of* оповести́ть

опога́нивать *imperf of* опога́нить

опога́нить *perf* кого́-что *coll* soil, mess up ‖ *imperf* опога́нивать 1 a

ft.	опога́ню, -нишь, -нят
imp.	опога́нь, ～те
pt.	опога́нил

g.pt.a.	опога́нив
p.pt.a.	опога́нивший
p.pt.p.	опога́ненный

оподле́ть 3 *perf coll* get mean, be despicable

опо́длить *perf* кого́-что *coll* turn *smb* mean, make *smb* despicable ‖ *imperf* оподля́ть 2 a

ft.	опо́длю, -лишь, -лят
imp.	опо́дли, ∼те
pt.	опо́длил
g.pt.a.	опо́длив
p.pt.a.	опо́дливший
p.pt.p.	опо́дленный

опо́длиться *perf coll* get mean, be despicable ‖ *imperf* оподля́ться

оподля́ть(ся) *imperf of* опо́длить(ся)

опозда́ть 2 *perf* 1. be overdue, be delayed 2. с чем be late (with), be overdue (with) ‖ *imperf* опа́здывать 1 a

опознава́ть *imperf of* опозна́ть

pr.	опознаю́, -аёшь, -аю́т
imp.	опознава́й, ∼те
pt.	опознава́л
g.pr.a.	опознава́я
p.pr.a.	опознаю́щий
p.pt.a.	опознава́вший
p.pr.p.	опознава́емый

опознава́ться *imperf of* опозна́ться

опозна́ть 2 *perf* кого́-что recognize; identify ‖ *imperf* опознава́ть, forms ib.

опозна́ться *perf* 1. *obs* get *one's* bearings, orientate oneself 2. *sub* mistake *smb* for somebody else ‖ *imperf* опознава́ться

опозо́рить *perf* кого́-что dishonour

ft.	опозо́рю, -ришь, -рят
imp.	опозо́рь, ∼те
pt.	опозо́рил
g.pt.a.	опозо́рив
p.pt.a.	опозо́ривший
p.pt.p.	опозо́ренный

опозо́риться *perf* make a fool of oneself; disgrace oneself

опои́ть *perf* кого́-что 1. give too much to drink 2. make drunk ‖ *imperf* опа́ивать 1 a

ft.	опою́, опо́ишь, опо́ят
imp.	опо́й, ∼те
pt.	опои́л
g.pt.a.	опои́в
p.pt.a.	опои́вший
p.pt.p.	опо́енный *and* опоённый; опоён, -ена́

опола́скивать[1] *imperf of* ополосну́ть

опола́скивать[2] *imperf of* ополоска́ть

ополза́ть[1,2] *imperf of* оползти́[1,2]

оползти́[1] *perf* кого́-что creep round *a thing* ‖ *imperf* ополза́ть 2a

ft.	оползу́, -зёшь, -зу́т
imp.	оползи́, ∼те
pt.	опо́лз, оползла́
g.pt.a.	опо́лзши
p.pt.a.	опо́лзший

оползти́[2], *1st and 2nd pers not used, perf* slip; collapse, cave in, fall in ‖ *imperf* ополза́ть 2a
forms as оползти́[1]

ополоска́ть *perf* что *sub* rinse out, wash out, swill out ‖ *imperf* опола́скивать 1 a

ft.	ополощу́, -о́щешь, -о́щут *and sub* ополоска́ю, -а́ешь, -а́ют
imp.	ополощи́, ∼те *and sub* ополоска́й, ∼те
pt.	ополоска́л
g.pt.a.	ополоска́в
p.pt.a.	ополоска́вший
p.pt.p.	ополо́сканный

ополосну́ть 7 *perf* что rinse out, wash out, swill out ‖ *imperf* опола́скивать 1 a

ополоуме́ть 3, *stress as infinitive, perf sub* go off *one's* rocker

ополча́ть(ся) *imperf of* ополчи́ть(ся)

ополчи́ть *perf* кого́-что на кого́-что *or* про́тив кого́-чего́ 1. *obs* equip for war, gird for war 2. *sub* rouse *smb* (against), work *smb* up (against) ‖ *imperf* ополча́ть 2a

ft.	ополчу́, -чи́шь, -ча́т
imp.	ополчи́, ∼те
pt.	ополчи́л
g.pt.a.	ополчи́в
p.pt.a.	ополчи́вший
p.pt.p.	ополчённый; ополчён, -ена́

ополчи́ться *perf* на кого́-что *or* про́тив кого́-чего́ 1. *without object obs* equip oneself, fit oneself out, gird oneself 2. go to war 3. *fig* campaign against, attack, criticize ‖ *imperf* ополча́ться

опомина́ться *imperf of* опо́мниться

опо́мниться *perf* 1. come round, recover from a fainting attack, come to *one's* senses 2. pull oneself together, gain control of oneself 3. think better of *a thing*, come round to a more sensible attitude, see reason ‖ *imperf obs* опомина́ться* 2a

ft.	опо́мнюсь, -нишься, -нятся
imp.	опо́мнись, -итесь

pt.	опо́мнился, -лась
g.pt.a.	опо́мнившись
p.pt.a.	опо́мнившийся

опора́жнивать(ся) *imperf of* опоро́жнить-(ся)

опорожни́ть *and* **опоро́жнить** *perf* что empty, pour out, drain ‖ *imperf* опора́жнивать 1а *and* опорожня́ть 2а

ft.	опоро́жню, -о́жнишь, -о́жнят
imp.	опоро́жни, ~те
pt.	опоро́жнил
g.pt.a.	опоро́жнив
p.pt.a.	опоро́жнивший
p.pt.p.	опорожнённый; опорожнён, -ена́ *and* опоро́жненный

опорожни́ться *and* **опоро́жниться**, *1st and 2nd pers not used, perf* become empty ‖ *imperf* опора́жниваться *and* опорожня́ться

опорожня́ть(ся) *imperf of* опоро́жнить(ся)

опороси́ться, *1st and 2nd pers not used, perf* farrow, have a litter of pigs

ft.	опоро́сится, -ся́тся
pt.	опороси́лась, -лись
g.pt.a.	опороси́вшись
p.pt.a.	опороси́вшаяся

опоро́чивать *imperf of* опоро́чить

опоро́чить *perf* кого́-что **1.** bring into disrepute **2.** disgrace, dishonour ‖ *imperf* опоро́чивать 1а

ft.	опоро́чу, -чишь, -чат
imp.	опоро́чь, ~те
pt.	опоро́чил
g.pt.a.	опоро́чив
p.pt.a.	опоро́чивший
p.pt.p.	опоро́ченный

опосре́довать 4 *and* 4а *perf, imperf* что *philos* clothe in words, communicate by means of words

опосре́дствовать 4 *and* 4а *perf, imperf* что *philos* clothe in words, communicate by means of words

опосты́леть 3, *stress as infinitive, perf* кому́-чему́ *coll* become tired (of), be sick (of)

опохмели́ться *perf coll* take a hair of the dog that bit you ‖ *imperf* опохмеля́ть-ся 2а

ft.	опохмелю́сь, -ли́шься, -ля́тся
imp.	опохмели́сь, -и́тесь
pt.	опохмели́лся, -лась
g.pt.a.	опохмели́вшись
p.pt.a.	опохмели́вшийся

опохмеля́ться *imperf of* опохмели́ться

опошле́ть 3 *perf coll* become superficiall become shallow

опо́шлить *perf* что **1.** treat superficially; regard as of no import **2.** use to death, work *an expression* to death ‖ *imperf* опошля́ть 2а

ft.	опо́шлю, -лишь, -лят
imp.	опо́шли, ~те
pt.	опо́шлил
g.pt.a.	опо́шлив
p.pt.a.	опо́шливший
p.pt.p.	опо́шленный

опо́шлиться *perf* **1.** become superficial, appear trivial **2.** *of expressions* become hackneyed, become trite, be worked to death ‖ *imperf* опошля́ться

опошля́ть(ся) *imperf of* опо́шлить(ся)

опоя́сать *perf* кого́-что **1.** gird **2.** *obs* buckle a weapon on *smb* **3.** *fig* engirdle ‖ *imperf* опоя́сывать 1а

ft.	опоя́шу, -шешь, -шут
imp.	опоя́шь, ~те
pt.	опоя́сал
g.pt.a.	опоя́сав
p.pt.a.	опоя́савший
p.pt.p.	опоя́санный

опоя́саться *perf* чем **1.** gird oneself (with) **2.** *obs* put on a weapon **3.** *fig* surround oneself (with) ‖ *imperf* опоя́сываться

опоя́сывать(ся) *imperf of* опоя́сать(ся)

оппони́ровать 4а *imperf* кому́-чему́ oppose, object, resist

оправда́ть 2 *perf* кого́-что **1.** absolve **2.** чем justify, excuse **3.** live up to *expectations etc.* **4.** justify *expenditure*, warrant **5.** чем *bookkeeping* support *with vouchers* **6.** *leg* acquit ‖ *imperf* опра́вдывать 1а

оправда́ться *perf* **1.** justify oneself, demonstrate *one's* innocence **2.** be confirmed, turn out to be true, come true **3.** *of expenditure* be justified, pay off ‖ *imperf* опра́вдываться

опра́вдывать(ся) *imperf of* оправда́ть(ся)

опра́вить[1] *perf* что set right, put right, put in order, set in order ‖ *imperf* оправля́ть 2а

ft.	опра́влю, -вишь, -вят
imp.	опра́вь, ~те
pt.	опра́вил
g.pt.a.	опра́вив
p.pt.a.	опра́вивший
p.pt.p.	опра́вленный

опра́вить[2] *perf* что set, mount ‖ *imperf* оправля́ть 2a
forms as опра́вить[1]

опра́виться *perf* 1. straighten *one's* clothes [hair] 2. establish oneself firmly on *one's* feet, plant *one's* feet firmly on the ground 3. от чего́ recover (from), recuperate 4. *fig* recover oneself, recover *one's* wits, take hold of oneself 5. *coll* leave the room; *of woman* visit the powder room ‖ *imperf* оправля́ться

оправля́ть[1,2] *imperf of* опра́вить[1,2]

оправля́ться *imperf of* опра́виться

опра́стывать(ся) *imperf of* опроста́ть(ся)

опра́шивать *imperf of* опроси́ть

определи́ть *perf* что 1. determine, discover 2. characterize, define 3. characterize, mark 4. determine, lay down, stipulate 5. кого́-что (во что) *obs and sub* find a niche for *smb in a profession*, appoint 6. be a *or* the condition for ‖ *imperf* определя́ть 2 a

ft.	определю́, -ли́шь, -ля́т
imp.	определи́, ~те
pt.	определи́л
g.pt.a.	определи́в
p.pt.a.	определи́вший
p.pt.p.	определённый; определён, -ена́

определи́ться *perf* 1. assume unambiguous form, be clearly defined 2. take final form 3. *obs and sub* discover *one's professional* niche, find a billet for oneself, get an appointment 4. *mil, naut* determine *one's* position, work out *one's* position, take *one's* bearings ‖ *imperf* определя́ться

определя́ть(ся) *imperf of* определи́ть(ся)

опресни́ть *perf* что desalinate *water* ‖ *imperf* опресня́ть 2a

ft.	опресню́, -ни́шь, -ня́т
imp.	опресни́, ~те
pt.	опресни́л
g.pt.a.	опресни́в
p.pt.a.	опресни́вший
p.pt.p.	опреснённый; опреснён, -ена́

опресни́ться, *1st and 2nd pers not used*, *perf of water* be desalinated ‖ *imperf* опресня́ться

опресня́ть(ся) *imperf of* опресни́ть(ся)

опро́бовать 4 *perf* что 1. *a. imperf* try out, test 2. *reg* take a sample of, take a specimen of

опроверга́ть *imperf of* опрове́ргнуть

опрове́ргнуть *perf* кого́-что deny, refute *a statement*, disprove ‖ *imperf* опроверга́ть 2a

ft.	опрове́ргну, -нешь, -нут
imp.	опрове́ргни, ~те
pt.	опрове́рг *and obs* опрове́ргнул, опрове́ргла
g.pt.a.	опрове́ргнув
p.pt.a.	опрове́ргший *and obs* опрове́ргнувший
p.pt.p.	опрове́ргнутый

опроки́дывать(ся) *imperf of* опроки́нуть(ся)

опроки́нуть 6 *perf* кого́-что 1. upset, overturn 2. *coll* empty 3. beat off, chase off, put to flight 4. *fig* bring to nought, invalidate, upset ‖ *imperf* опроки́дывать 1a

imp.	опроки́нь, ~те
p.pt.p.	опроки́нутый

опроки́нуться *perf* 1. collapse, fall down; capsize 2. fall on *one's* back; *of an automobile* overturn, turn over 3. на кого́-что fall upon, attack ‖ *imperf* опроки́дываться

опроси́ть *perf* кого́-что 1. take a census of opinions 2. test *by asking questions about homework*, test *in a child a school subject*, hear *a child* repeat its lessons 3. *obs* interrogate, question ‖ *imperf* опра́шивать 1a

ft.	опрошу́, -о́сишь, -о́сят
imp.	опроси́, ~те
pt.	опроси́л
g.pt.a.	опроси́в
p.pt.a.	опроси́вший
p.pt.p.	опро́шенный

опроста́ть 2 *perf* что *sub* empty ‖ *imperf* опра́стывать 1 a

опроста́ться, *1st and 2nd pers not used*, *perf sub* become empty, be emptied ‖ *imperf* опра́стываться

опрости́ть *perf* simplify ‖ *imperf* опроща́ть 2a

ft.	опрощу́, -ости́шь, -остя́т
imp.	опрости́, ~те
pt.	опрости́л
g.pt.a.	опрости́в
p.pt.a.	опрости́вший
p.pt.p.	опрощённый; опрощён, -ена́

опрости́ться *perf* adopt a simpler way of life ‖ *imperf* опроща́ться

опростоволо́ситься *perf coll* do something silly, reveal a weak spot

ft.	опростоволо́шусь, -о́сишься, -о́сятся
imp.	опростоволо́сься, -сьтесь
pt.	опростоволо́сился, -лась
g.pt.a.	опростоволо́сившись
p.pt.a.	опростоволо́сившийся

опротестова́ть 5 *perf* что **1.** *leg* appeal (against) **2.** *econ*: опротестова́ть ве́ксель dispute a bill of exchange ‖ *imperf* опротесто́вывать 1 a

опротесто́вывать *imperf of* опротестова́ть

опроти́веть 3, *stress as infinitive, perf* кому́ become distasteful

опроща́ть(ся) *imperf of* опрости́ть(ся)

опры́скать 1 *perf* кого́-что spatter, splash, sprinkle, spray ‖ *imperf* опры́скивать 1 a ‖ *perf semelf* опры́снуть 6, *p.pt.p.* опры́снутый

опры́скаться *perf* spray [sprinkle] oneself ‖ *imperf* опры́скиваться

опры́скивать(ся) *imperf of* опры́скать(ся)

опры́снуть *perf semelf of* опры́скивать

опрыща́веть 3, *stress as infinitive, perf coll* come out all over in pimples, come out in spots

опти́ровать 4 *and* 4 a *perf, imperf* opt for, decide in favour of, choose

опти́роваться *perf, imperf leg* take the legal choice of adopting a particular nationality

опубликова́ть 5 *perf* что publicize, publish ‖ *imperf* опублико́вывать 1 a

опублико́вывать *imperf of* опубликова́ть

опуска́ть(ся) *imperf of* опусти́ть(ся)

опусте́ть 3, *1st and 2nd pers not used, perf* **1.** become empty **2.** become depopulated [deserted]

опусти́ть *perf* кого́-что **1.** lower **2.** decline, sink, lower *eyes* **3.** set down, put on the floor **4.** что во что insert, drop *a coin in a slot*, post *a letter in a letter box* **5.** omit, leave out ‖ *imperf* опуска́ть 2 a

ft.	опущу́, опу́стишь, опу́стят
imp.	опусти́, ∼те
pt.	опусти́л
g.pt.a.	опусти́в
p.pt.a.	опусти́вший
p.pt.p.	опу́щенный

опусти́ться *perf* **1.** sink; hang down **2.** settle; lie down **3.** climb down **4.** *fig* sink, go down; тума́н опусти́лся на го́род a fog settled over the town **5.** *fig* become

shabby, become careless of *one's* appearance ‖ *imperf* опуска́ться

опустоша́ть *imperf of* опустоши́ть

опустоши́ть *perf* кого́-что **1.** devastate **2.** *coll* empty, upset, turn upside down **3.** demoralize, *psychologically* ruin, destroy ‖ *imperf* опустоша́ть 2 a

ft.	опустошу́, -ши́шь, -ша́т
imp.	опустоши́, ∼те
pt.	опустоши́л
g.pt.a.	опустоши́в
p.pt.a.	опустоши́вший
p.pt.p.	опустошённый; опустошён, -ена́

опу́тать 1 *perf* кого́-что **1.** wind round, wind up, entangle **2.** *fig* ensnare, enmesh, trap **3.** *fig coll* deceive, mislead, lead up the garden ‖ *imperf* опу́тывать 1 a

опу́тывать *imperf of* опу́тать

опуха́ть *imperf of* опу́хнуть

опу́хнуть *perf* swell up ‖ *imperf* опуха́ть 2 a

ft.	опу́хну, -нешь, -нут
imp.	опу́хни, ∼те
pt.	опу́х, ∼ла
g.pt.a.	опу́хнув *and* опу́хши
p.pt.a.	опу́хший *and* опу́хнувший

опуша́ть *imperf of* опуши́ть

опуши́ть *perf* что **1.** *1st and 2nd pers not used* cover *with snow, frost etc.* **2.** trim with fur ‖ *imperf* опуша́ть 2 a

ft.	опушу́, -ши́шь, -ша́т
i mp.	опуши́, ∼те
pt.	опуши́л
g.pt.a.	опуши́в
p.pt.a.	опуши́вший
p.pt.p.	опушённый; опушён, -ена́

опы́ливать *imperf of* опыли́ть

опыли́ть *perf* что **1.** *bot* pollinate **2.** *agr* spray, dust ‖ *imperf* опыли́ть 2 a *with* 1 *and* опы́ливать 1 a *with* 2

ft.	опылю́, -ли́шь, -ля́т
imp.	опыли́, ∼те
pt.	опыли́л
g.pt.a.	опыли́в
p.pt.a.	опыли́вший
p.pt.p.	опылённый; опылён, -ена́

опыли́ться, *1st and 2nd pers not used, perf* **1.** *bot* be pollinated, be fertilized **2.** *agr* be sprayed, be dusted ‖ *imperf* опыля́ться

опыля́ть(ся) *imperf of* опыли́ть(ся)

опьяне́ть 3 *perf* от чего́ **1.** become drunk (on) **2.** become intoxicated (by), be inebriated (by), become transported (with) опьяни́ть *perf* кого́-что **1.** inebriate, intoxicate, get *smb* drunk **2.** *fig* transport, carry away, intoxicate ‖ *imperf* опьяня́ть 2 a

ft.	опьяню́, -ни́шь, -ня́т
imp.	опьяни́, ~те
pt.	опьяни́л
g.pt.a.	опьяни́в
p.pt.a.	опьяни́вший
p.pt.p.	опьянённый; опьянён, -ена́

опьяня́ть *imperf of* опьяни́ть

ора́торствовать 4 a *imperf coll iron* speechify

ора́ть *imperf coll* **1.** roar, shout **2.** на кого́-что shout at

pr.	ору́, орёшь, ору́т
imp.	ори́, ~те
pt.	ора́л
p.pr.a.	ору́щий
p.pt.a.	ора́вший

организова́ть 5 *and* 5 a *perf, imperf* (*pt. only perf*) **1.** что organize, found, establish **2.** что prepare, arrange, organize **3.** кого́-что organize, unite **4.** что organize, plan

организова́ться *perf, imperf* (*pt. only perf*) **1.** arise, come into being; start up **2.** get organized, unite

организо́вывать 1 a *imperf* **1.** что organize, found, establish **2.** что prepare, arrange, organize **3.** кого́-что organize, unite **4.** что organize, plan

организо́вываться *imperf* **1.** arise, come into being; start up **2.** get organized, unite

оригина́льничать 1 a *imperf coll* play the eccentric. — (с-)

ориенти́ровать 4 *and* 4 a *perf, imperf* кого́-что **1.** give *smb* bearings **2.** *fig* в чём help *smb* to see his way **3.** на что guide towards

ориенти́роваться *perf, imperf* **1.** take *one's* bearings; find *one's* way **2.** *fig* get on (all right), manage, cope **3.** на кого́-что take *smth* into account, reckon with

оркестрова́ть 5 *and* 5 a *perf, imperf* что **1.** orchestrate **2.** score, arrange for orchestra

орнаменти́ровать 4 *and* 4 a *perf, imperf* что ornament

орнаментова́ть 5 *and* 5 a *perf, imperf* что ornament

оробе́ть 3 *perf* grow timid; be frightened

ороговева́ть *imperf of* орогове́ть

орогове́ть 3, *1st and 2nd pers not used, perf, of the skin* become corneous, become hard, become horny ‖ *imperf* ороговева́ть 2 a

ороси́ть *perf* что **1.** wet, moisten **2.** water, irrigate, sprinkle ‖ *imperf* ороша́ть 2 a

ft.	орошу́, ороси́шь, оt оси́т
imp.	ороси́, ~те
pt.	ороси́л
g.pt.a.	ороси́в
p.pt.a.	ороси́вший
p.pt.p.	орошённый; орошён, -ена́

ороси́ться, *1st and 2nd pers not used, perf* become moist, be moistened ‖ *imperf* ороша́ться

ороша́ть(ся) *imperf of* ороси́ть(ся)

ору́довать 4 a *imperf coll* **1.** чем work (with), handle *a tool etc.* **2.** чем run, manage *a business etc.* **3.** *usu derog* run the whole show, be a busy little bee

осади́ть[1] *perf* кого́-что **1.** lay siege to, besiege **2.** чем *coll* overwhelm (with), snow under (with), beset (with) ‖ *imperf* осажда́ть 2 a

ft.	осажу́, оса́дишь, оса́дят
imp.	осади́, ~те
pt.	осади́л
g.pt.a.	осади́в
p.pt.a.	осади́вший
p.pt.p.	осаждённый; осаждён, -ена́

осади́ть[2] *perf* кого́-что **1.** pull *a horse* up short, stop *a horse* short **2.** *without object, of animal* stop short and shy back **3.** force back **4.** *fig* bridle, curb, pull *smb* up, show *smb* what's what, damp down *smb's* ardour ‖ *imperf* оса́живать 1 a

p.pt.p. оса́женный
other forms as осади́ть[1]

осажда́ть *imperf of* осади́ть[1]

осажда́ться 2 a, *1st and 2nd pers not used, imperf* **1.** form a sediment, form a deposit **2.** *of precipitation, snow, rain, hail, sleet* fall

оса́живать *imperf of* осади́ть[2]

осатане́ть 3 *perf* **1.** *coll* get hopping mad **2.** *sub* get fed up with, be made fed up by

осва́ивать(ся) *imperf of* осво́ить(ся)

осве́домить *perf* кого́-что о чём inform (of), apprise (of), notify (of) ‖ *imperf* осведомля́ть 2 a

ft.	осве́домлю, -мишь, -мят
imp.	осве́доми, ~те
pt.	осве́домил
g.pt.a.	осве́домив

p.pt.a.   осве́домивший
p.pt.p.   осведомлённый;
      осведомлён, -ена́

осве́домиться *perf* о ком-чём inquire (about), make inquiries (about), ask (about) ‖ *imperf* осведомля́ться

осведомля́ть(ся) *imperf of* осве́домить(ся)

освежа́ть(ся) *imperf of* освежи́ть(ся)

освежева́ть *perf* кого́-что skin, flay; gut
ft.   освежу́ю, -у́ешь, -у́ют
imp.   освежу́й, ∼те
pt.   освежева́л
g.pt.a.   освежева́в
p.pt.a.   освежева́вший
p.pt.p.   освежёванный

освежи́ть *perf* **1.** что refresh, cool **2.** кого́-что relieve **3.** что revive, brush up *memories* ‖ *imperf* освежа́ть 2 a
ft.   освежу́, -жи́шь, -жа́т
imp.   освежи́, ∼те
pt.   освежи́л
g.pt.a.   освежи́в
p.pt.a.   освежи́вший
p.pt.p.   освежённый; освежён, -ена́

освежи́ться *perf* **1.** freshen **2.** refresh oneself **3.** recover, rest, relax, unwind **4.** become fresh *in the memory* ‖ *imperf* освежа́ться

освети́ть *perf* кого́-что **1.** illuminate, light *smth* up **2.** *fig* light up **3.** *fig* throw light on; elucidate ‖ *imperf* освеща́ть 2 a
ft.   освещу́, -ети́шь, -етя́т
imp.   освети́, ∼те
pt.   освети́л
g.pt.a.   освети́в
p.pt.a.   освети́вший
p.pt.p.   освещённый; освещён, -ена́

освети́ться, *1st and 2nd pers not used, perf* **1.** become bright **2.** *fig* light up, beam; её лицо́ освети́лось улы́бкой her face lit up (in a smile) ‖ *imperf* освеща́ться

освеща́ть(ся) *imperf of* освети́ть(ся)

освиде́тельствовать 4 *perf* кого́-что **1.** *med* examine; *mil* inspect **2.** examine, test, prove, appraise, evaluate, inspect

освирепе́ть 3 *perf coll* fly into a rage, go into a paddy

освиста́ть *perf* кого́-что boo (at), hiss (at) ‖ *imperf* освисты́вать 1 a
ft.   освищу́, -и́щешь, -и́щут
imp.   освищи́, ∼те
pt.   освиста́л
g.pt.a.   освиста́в

p.pt.a.   освиста́вший
p.pt.p.   освистанный

освисты́вать *imperf of* освиста́ть

освободи́ть *perf* **1.** кого́-что liberate, emancipate **2.** кого́-что от чего́ release (from); exempt (from), excuse (from) **3.** кого́-что от чего́ dismiss (from *office, a post etc.*), release (from *duties*); освободи́ть от до́лжности дире́ктора dismiss from office of director, release from his duties as director **4.** что empty, clear, clear out ‖ *imperf* освобожда́ть 2a
ft.   освобожу́, -оди́шь, -одя́т
imp.   освободи́, ∼те
pt.   освободи́л
g.pt.a.   освободи́в
p.pt.a.   освободи́вший
p.pt.p.   освобождённый; освобождён, -ена́

освободи́ться *perf* **1.** become free, free oneself **2.** *fig* от кого́-чего́ free oneself, renounce *smb or smth* **3.** empty, become vacant **3.** make oneself free ‖ *imperf* освобожда́ться

освобожда́ть(ся) *imperf of* освободи́ть(ся)

осво́ить *perf* что **1.** acquire *knowlegde, a skill etc.* **2.** take up *production* **3.** clear, till, make arable **4.** open up *territory etc.* ‖ *imperf* осва́ивать 1 a
ft.   осво́ю, -о́ишь, -о́ят
imp.   осво́й, ∼те
pt.   осво́ил
g.pt.a.   осво́ив
p.pt.a.   осво́ивший
p.pt.p.   осво́енный

осво́иться *perf* с чем become acclimatized, (to), get used to, accustom oneself to, become familiar (with); feel at ease (with) ‖ *imperf* осва́иваться

освяти́ть *perf* **1.** что *rel* consecrate **2.** (*usu p.pt.p.*) *fig bookish* чем hallow ‖ *imperf* освяща́ть 2a
ft.   освящу́, -яти́шь, -ятя́т
imp.   освяти́, ∼те
pt.   освяти́л
g.pt.a.   освяти́в
p.pt.a.   освяти́вший
p.pt.p.   освящённый; освящён, -ена́

освяща́ть *imperf of* освяти́ть

оседа́ть *imperf of* осе́сть

оседла́ть 2 *perf* **1.** кого́-что saddle **2.** что *coll* straddle, get astride **3.** кого́-что *coll* patronize, keep in leading strings **4.** что *mil* occupy *a country etc.* ‖ *imperf* осёдлывать 1 a

p.pt.p.   осёдланный

осёдлывать *imperf of* оседла́ть

осека́ться *imperf of* осе́чься

осемени́ть *perf* кого́-что artificially inseminate ‖ *imperf* осеменя́ть 2 a

ft.	осеменю́, -ни́шь, -ня́т
imp.	осемени́, ~те
pt.	осемени́л
g.pt.a.	осемени́в
p.pt.a.	осемени́вший
p.pt.p.	осеменённый; осеменён, -ена́

осеменя́ть *imperf of* осемени́ть

осени́ть *perf* кого́-что **1.** cover in shadow **2.** *fig bookish obs* attack, encompass **3.** *of a thought* occur **4.** *rel:* осени́ть кресто́м crucify ‖ *imperf* осеня́ть 2 a

ft.	осеню́, -ни́шь, -ня́т
imp.	осени́, ~те
pt.	осени́л
g.pt.a.	осени́в
p.pt.a.	осени́вший
p.pt.p.	осенённый; осенён, -ена́

осеня́ть *imperf of* осени́ть

осерди́ть *perf* кого́-что *obs and sub* anger, displease

ft.	осержу́, осе́рдишь, осе́рдят
imp.	осерди́, ~те
pt.	осерди́л
g.pt.a.	осерди́в
p.pt.a.	осерди́вший
p.pt.p.	осе́рженный

осерди́ться *perf* на кого́-что *obs and sub* be angered (at)

осеребри́ть *perf* кого́-что **1.** bathe *smth* in silver light **2.** *coll obs* give money to ‖ *imperf* осеребря́ть 2 a

ft.	осеребрю́, -ри́шь, -ря́т
imp.	осеребри́, ~те
pt.	осеребри́л
g.pt.a.	осеребри́в
p.pt.a.	осеребри́вший
p.pt.p.	осеребрённый; осеребрён, -ена́

осеребря́ть *imperf of* осеребри́ть

осерча́ть 2 *perf sub* get annoyed, lose *one's* temper

осе́сть *perf* **1.** sink **2.** во что sink (in), **3.** на что sink down (to) **4.** be deposited; *of precipitation, snow, rain, hail, sleet* fall **5.** settle in a place ‖ *imperf* оседа́ть 2 a

ft.	ося́ду, -дешь, -дут

imp.	ося́дь, ~те
pt.	осёл
g.pt.a.	осе́в(ши)
p.pt.a.	осе́вший

осе́чься *perf* **1.** *obs* miss fire **2.** *fig sub* have *one's* plans misfire, suffer a defeat **3.** *fig coll* falter, hesitate, break down in *one's* speech **4.** *fig coll, of voice, speech* fail one, falter, fail ‖ *imperf* осека́ться 2 a

ft.	осеку́сь, осечёшься, осеку́тся
imp.	осеки́сь, -и́тесь
pt.	осёкся, осе́клась
g.pt.a.	осе́кшись
p.pt.a.	осе́кшийся

оси́ливать *imperf of* оси́лить

оси́лить *perf* кого́-что *coll* **1.** overpower, overcome **2.** *fig* overcome *emotion, excitement* **3.** accomplish ‖ *imperf* оси́ливать 1 a

ft.	оси́лю, -лишь, -лят
imp.	оси́ль, ~те
pt.	оси́лил
g.pt.a.	оси́лив
p.pt.a.	оси́ливший
p.pt.p.	оси́ленный

оси́пнуть *perf* go hoarse

ft.	оси́пну, -нешь, -нут
imp.	оси́пни, ~те
pt.	оси́п, ~ла
g.pt.a.	оси́пнув *and* оси́пши
p.pt.a.	оси́пший

осироте́ть 3 *perf* become an orphan, lose *one's* parents, be left an orphan

осироти́ть *perf* кого́-что orphan

ft.	осирочу́, -оти́шь, -отя́т
imp.	осироти́, ~те
pt.	осироти́л
g.pt.a.	осироти́в
p.pt.a.	осироти́вший

оска́ливать(ся) *imperf of* оска́лить(ся)

оска́лить *perf:* оска́лить зу́бы а) show its teeth, bare its fangs; show *one's* teeth b) *sub* grin evilly, smirk ‖ *imperf* оска́ливать 1 a

ft.	оска́лю, -лишь, -лят
imp.	оска́ль, ~те
pt.	оска́лил
g.pt.a.	оска́лив
p.pt.a.	оска́ливший
p.pt.p.	оска́ленный

оска́литься *perf* **1.** show its teeth, bare its fangs; show *one's* teeth **2.** *sub* grin evilly, smirk ‖ *imperf* оска́ливаться

оскальпи́ровать 4 *perf* кого́-что scalp

осканда́лить *perf* кого́-что *coll* show *smb* up, compromise *smb*

ft.	осканда́лю, -лишь, -лят
imp.	осканда́ль, ~те
pt.	осканда́лил
g.pt.a.	осканда́лив
p.pt.a.	осканда́ливший
p.pt.p.	осканда́ленный

осканда́литься *perf coll* show oneself up, disgrace oneself

оскверни́ть *perf* кого́-что **1.** *rel* desecrate **2.** soil, dishonour, profane ‖ *imperf* оскверня́ть 2a

ft.	оскверню́, -ни́шь, -ня́т
imp.	оскверни́, ~те
pt.	оскверни́л
g.pt.a.	оскверни́в
p.pt.a.	оскверни́вший
p.pt.p.	осквернённый; осквернён, -ена́

оскверни́ться *perf fig* dishonour oneself ‖ *imperf* оскверня́ться

оскверня́ть(ся) *imperf of* оскверни́ть(ся)

оскла́бить *perf* что *coll:* оскла́бить лицо́ grin ‖ *imperf* осклабля́ть 2a

ft.	оскла́блю, -бишь, -бят
imp.	оскла́бь, ~те
pt.	оскла́бил
g.pt.a.	оскла́бив
p.pt.a.	оскла́бивший
p.pt.p.	оскла́бленный

оскла́биться *perf coll* grin ‖ *imperf* осклабля́ться

осклабля́ть(ся) *imperf of* оскла́бить(ся)

оскопи́ть *perf* кого́-что castrate ‖ *imperf* оскопля́ть 2a

ft.	оскоплю́, -пи́шь, -пя́т
imp.	оскопи́, ~те
pt.	оскопи́л
g.pt.a.	оскопи́в
p.pt.a.	оскопи́вший
p.pt.p.	оскоплённый; оскоплён, -ена́

оскопля́ть *imperf of* оскопи́ть

оскорби́ть *perf* кого́-что **1.** insult, hurt, offend **2.** desecrate, profane, defile, dishonour ‖ *imperf* оскорбля́ть 2a

ft.	оскорблю́, -би́шь, -бя́т
imp.	оскорби́, ~те
pt.	оскорби́л
g.pt.a.	оскорби́в
p.pt.a.	оскорби́вший
p.pt.p.	оскорблённый; оскорблён, -ена́

оскорби́ться *perf* be hurt, feel insulted, take offence ‖ *imperf* оскорбля́ться

оскорбля́ть(ся) *imperf of* оскорби́ть(ся)

оскороми́ться *perf rel* enjoy forbidden meats during Lent

ft.	оскоромлю́сь, -ми́шься, -мя́тся
imp.	оскоро́мься, -мьтесь
pt.	оскороми́лся, -лась
g.pt.a.	оскоро́мившись
p.pt.a.	оскоро́мившийся

оскудева́ть *imperf of* оскуде́ть

оскуде́ть 3 *perf* languish, become stunted; decay, deteriorate ‖ *imperf* оскудева́ть 2a

ослабева́ть *imperf of* ослабе́ть

ослабе́ть 3 *perf* **1.** grow weak **2.** weaken **3.** abate **4.** *of strain etc.* slacken, relax **5.** slacken ‖ *imperf* ослабева́ть 2a

осла́бить *perf* кого́-что **1.** weaken **2.** reduce; neglect **3.** relax *attention etc.* ‖ *imperf* ослабля́ть 2a

ft.	осла́блю, -бишь, -бят
imp.	осла́бь, ~те
pt.	осла́бил
g.pt.a.	осла́бив
p.pt.a.	осла́бивший
p.pt.p.	осла́бленный

ослабля́ть *imperf of* осла́бить

осла́бнуть *perf coll* **1.** grow weak, be fagged **2.** *of attention, powers* slip

ft.	осла́бну, -нешь, -нут
imp.	осла́бни, ~те
pt.	осла́б, ~ла
g.pt.a.	осла́бнув *and* осла́бши
p.pt.a.	осла́бший *and* осла́бнувший

осла́вить *perf* кого́-что *coll* **1.** get [give] *smb* a bad name **2.** кого́ кем make *smb* out to be; осла́вить сумасше́дшим make *smb* out to be mad

ft.	осла́влю, -вишь, -вят
imp.	осла́вь, ~те
pt.	осла́вил
g.pt.a.	осла́вив
p.pt.a.	осла́вивший
p.pt.p.	осла́вленный

осла́виться *perf coll* get a bad reputation, get a bad name

ослепи́ть *perf* кого́-что **1.** blind; dazzle **2.** *fig* impress, dazzle **3.** *fig* dazzle, delude ‖ *imperf* ослепля́ть 2a

ft.	ослеплю́, -пи́шь, -пя́т
imp.	ослепи́, ~те
pt.	ослепи́л
g.pt.a.	ослепи́в
p.pt.a.	ослепи́вший
p.pt.p.	ослеплённый; ослеплён, -ена́

ослепля́ть *imperf of* ослепи́ть

ослепну́ть *perf* **1.** go blind **2.** *fig* be dazzled, be blinded
ft.	осле́пну, -нешь, -нут
imp.	осле́пни, ~те
pt.	осле́п, ~ла
g.pt.a.	осле́пнув *and* осле́пши
p.pt.a.	осле́пший

ослизну́ть, *1st and 2nd pers not used, perf* become slimy
ft.	ослизне́т, -нут
pt.	осли́з, ~ла
g.pt.a.	осли́знув *and* осли́зши
p.pt.a.	осли́зший

осложни́ть *perf* что complicate, make difficult ‖ *imperf* осложня́ть 2а
ft.	осложню́, -ни́шь, -ня́т
imp.	осложни́, ~те
pt.	осложни́л
g.pt.a.	осложни́в
p.pt.a.	осложни́вший
p.pt.p.	осложнённый; осложнён, -ена́

осложни́ться, *1st and 2nd pers not used, perf* become complicated ‖ *imperf* осложня́ться

осложня́ть(ся) *imperf of* осложни́ть(ся)

ослу́шаться 1 *perf* кого́-чего́ *coll* not take any notice of, not obey ‖ *imperf* ослу́шиваться 1а

ослу́шиваться *imperf of* ослу́шаться

ослы́шаться *perf* mishear
ft.	ослы́шусь, -шишься, -шатся
imp.	ослы́шься, -шьтесь
pt.	ослы́шался, -лась
g.pt.a.	ослы́шавшись
p.pt.a.	ослы́щавшийся

осма́ливать *imperf of* осмоли́ть

осма́тривать(ся) *imperf of* осмотре́ть(ся)

осме́ивать *imperf of* осмея́ть

осмеле́ть 3 *perf* take courage, get bolder

осме́ливаться *imperf of* осме́литься

осме́литься *perf* dare, be so bold, take the liberty, venture; presume ‖ *imperf* осме́ливаться 1а
ft.	осме́люсь, -лишься, -лятся
imp.	осме́лься, -льтесь
pt.	осме́лился, -лась
g.pt.a.	осме́лившись
p.pt.a.	осме́лившийся

осмея́ть *perf* кого́-что laugh at, mock, make fun of ‖ *imperf* осме́ивать 1а
ft.	осмею́, -еёшь, -ею́т
imp.	осме́й, ~те
pt.	осмея́л

g.pt.a.	осмея́в
p.pt.a.	осмея́вший
p.pt.p.	осме́янный

осмоли́ть *perf* что tar ‖ *imperf* осма́ливать 1а
ft.	осмолю́, -ли́шь, -ля́т
imp.	осмоли́, ~те
pt.	осмоли́л
g.pt.a.	осмоли́в
p.pt.a.	осмоли́вший
p.pt.p.	осмолённый; осмолён, -ена́

осмотре́ть *perf* кого́-что **1.** inspect, observe, visit *place of interest, museum, city etc.* **2.** *med* examine ‖ *imperf* осма́тривать 1а
ft.	осмотрю́, -о́тришь, -о́трят
imp.	осмотри́, ~те
pt.	осмотре́л
g.pt.a.	осмотре́в
p.pt.a.	осмотре́вший
p.pt.p.	осмо́тренный

осмотре́ться *perf* **1.** look round **2.** *fig* look around, look round for *smth*, keep an eye open for *smth* ‖ *imperf* осма́триваться

осмы́сливать *imperf of* осмы́слить

осмы́слить *perf* что comprehend ‖ *imperf* осмы́сливать 1а *and* осмысля́ть 2а
ft.	осмы́слю, -лишь, -лят
imp.	осмы́сли, ~те
pt.	осмы́слил
g.pt.a.	осмы́слив
p.pt.a.	осмы́сливший
p.pt.p.	осмы́сленный

осмысля́ть *imperf of* осмы́слить

оснасти́ть *perf* что **1.** *naut* rig; fit out **2.** *tech* equip ‖ *imperf* оснаща́ть 2а *and* осна́щивать 1а
ft.	оснащу́, -асти́шь, -астя́т
imp.	оснасти́, ~те
pt.	оснасти́л
g.pt.a.	оснасти́в
p.pt.a.	оснасти́вший
p.pt.p.	оснащённый; оснащён, -ена́

оснаща́ть *imperf of* оснасти́ть

осна́щивать *imperf of* оснасти́ть

основа́ть 5 *perf* **1.** что found **2.** на чём base (on) ‖ *imperf* осно́вывать 1а
ft.	осную́, -уёшь, -ую́т

основа́ться *perf* на чём settle down; be based on; arise from ‖ *imperf* осно́вываться

осно́вывать(ся) *imperf of* основа́ть(ся)

осове́ть 3 *perf coll* **1.** grow sleepy, doze off, nod, nod off **2.** *of eyes* grow dull

осовреме́нивать *imperf of* осовреме́нить

осовреме́нить *perf* что *coll* modernize ‖ *imperf* осовреме́нивать 1 a

ft.	осовреме́ню, -нишь, -нят
imp.	осовреме́нь, ~те
pt.	осовреме́нил
g.pt.a.	осовреме́нив
p.pt.a.	осовреме́нивший
p.pt.p.	осовреме́ненный

осознава́ть *imperf of* осозна́ть

pr.	осознаю́, -аёшь, -аю́т
imp.	осознава́й, ~те
pt.	осознава́л
g.pr.a.	осознава́я
p.pr.a.	осознаю́щий
p.pt.a.	осознава́вший

осозна́ть 2 *perf* что comprehend, see ‖ *imperf* осознава́ть, forms ib.

осолове́ть 3 *perf coll* **1.** grow sleepy, doze off, nod, nod off **2.** *of eyes* become expressionless, become glassy

оспа́ривать *imperf of* оспо́рить

оспо́рить *perf* что dispute, deny ‖ *imperf* оспа́ривать 1 a

ft.	оспо́рю, -ришь, -рят
imp.	оспо́рь, ~те
pt.	оспо́рил
g.pt.a.	оспо́рив
p.pt.a.	оспо́ривший
p.pt.p.	оспо́ренный

осрами́ть *perf* кого-что show *smb* up, compromise *smb*

ft.	осрамлю́, -ми́шь, -мя́т
imp.	осрами́, ~те
pt.	осрами́л
g.pt.a.	осрами́в
p.pt.a.	осрами́вший
p.pt.p.	осрамлённый; осрамлён, -ена́

осрами́ться *perf* show oneself up, disgrace [compromise] oneself

остава́ться *imperf of* оста́ться

pr.	остаю́сь, -аёшься, -аю́тся
imp.	остава́йся, -а́йтесь
pt.	остава́лся, -лась
g.pr.a.	остава́ясь
p.pr.a.	остаю́щийся
p.pt.a.	остава́вшийся

оста́вить *perf* кого-что **1.** leave behind; forget **2.** leave over, save, keep **3.** leave in the lurch **4.** retain **5.** без чего́ not grant, leave without **6.** let be, leave alone; give up ‖ *imperf* оставля́ть 2 a

ft.	оста́влю, -вишь, -вят
imp.	оста́вь, ~те
pt.	оста́вил
g.pt.a.	оста́вив
p.pt.a.	оста́вивший
p.pt.p.	оста́вленный

оставля́ть *imperf of* оста́вить

остана́вливать(ся) *imperf of* останови́ть(ся)

останови́ть *perf* кого-что **1.** halt, stop **2.** hold back, restrain **3.** на ком-чём *of glance, attention* rest (on), concentrate (on) ‖ *imperf* остана́вливать 1 a

ft.	остановлю́, -о́вишь, -о́вят
imp.	останови́, ~те
pt.	останови́л
g.pt.a.	останови́в
p.pt.a.	останови́вший
p.pt.p.	остано́вленный

останови́ться *perf* **1.** stop **2.** stop *what one is doing*, pause **3.** на чём *stop to* consider **4.** на ком-чём *stick to*, abide by *decision, choice*; arrive at *decision, choice*; он останови́лся на том, что … he came to the decision (to, that) **5.** stop *at hotel etc.*, put up at ‖ *imperf* остана́вливаться

оста́ться *perf* **1.** stop, remain, stay **2.** endure, remain **3.** be, be left with (without), have only; оста́ться без де́нег find oneself without money, find *one's* pockets empty, be left with empty pockets **4.** *coll*: оста́ться на второ́й год not be promoted in school, take *the same year* again **5.** за кем-чем have as *one's* entitlement, have at *one's* disposal ‖ *imperf* остава́ться, forms ib.

ft.	оста́нусь, -нешься, -нутся
imp.	оста́нься, -ньтесь
pt.	оста́лся, -лась
g.pt.a.	оста́вшись
p.pt.a.	оста́вшийся

остеклене́ть 3, *1st and 2nd pers not used, perf, of eyes* become glassy

остекли́ть *perf* что glaze ‖ *imperf* остекля́ть 2 a

ft.	остеклю́, -ли́шь, -ля́т
imp.	остекли́, ~те
pt.	остекли́л
g.pt.a.	остекли́в
p.pt.a.	остекли́вший
p.pt.p.	остеклённый; остеклён, -ена́

остекля́ть *imperf of* остекли́ть

остепени́ть *perf* кого-что bring to reason, steady down ‖ *imperf* остепеня́ть 2 a

ft.	остепеню́, -ни́шь, -ня́т
imp.	остепени́, ~те
pt.	остепени́л
g.pt.a.	остепени́в
p.pt.a.	остепени́вший
p.pt.p.	остепенённый; остепенён, -ена́

остепени́ться *perf* settle down, steady down ‖ *imperf* остепеня́ться

остепеня́ть(ся) *imperf of* остепени́ть(ся)

остервене́ть 3 *perf* fly into a rage

остервени́ться *perf coll* fly into a temper

ft.	остервеню́сь, -ни́шься, -ня́тся
imp.	остервени́сь, -и́тесь
pt.	остервени́лся, -лась
g.pt.a.	остервени́вшись
p.pt.a.	остервени́вшийся

остерега́ть(ся) *imperf of* остере́чь(ся)

остере́чь *perf* кого́-что warn ‖ *imperf* остерега́ть 2а

ft.	остерегу́, -ежёшь, -егу́т
imp.	остереги́, ~те
pt.	остерёг, -егла́
g.pt.a.	остерёгши
p.pt.a.	остерёгший
p.pt.p.	остережённый; остережён, -ена́

остере́чься *perf* кого́-чего́ beware (of), be careful (of), take care not to *do a thing*, let *smth happen etc.*, avoid, abstain (from) ‖ *imperf* остерега́ться

остолбене́ть 3 *perf coll* freeze, be petrified *from fright, astonishment*

осторо́жничать 1а *imperf coll* be over-cautious

осточерте́ть 3 *perf coll* кому́-чему́ get fed up with, be made fed up by

острига́ть(ся) *imperf of* остри́чь(ся)

остри́ть[1] *imperf* что sharpen, whet

pr.	острю́, -ри́шь, -ря́т
imp.	остри́, ~те
pt.	остри́л
p.pr.a.	остря́щий
p.pt.a.	остри́вший

остри́ть[2] *imperf* make jokes, joke. — (с-) forms as остри́ть[1]

остри́чь *perf* кого́-что cut, shear ‖ *imperf* острига́ть 2а

ft.	остригу́, -ижёшь, -игу́т
imp.	остриги́, ~те
pt.	остри́г, ~ла
g.pt.a.	остри́гши
p.pt.a.	остри́гший
p.pt.p.	остри́женный

остри́чься *perf* get a haircut ‖ *imperf* острига́ться

остросло́вить *imperf* make jokes, joke

pr.	остросло́влю, -вишь, -вят
imp.	остросло́вь, ~те
pt.	остросло́вил
g.pr.a.	остросло́вя
p.pr.a.	остросло́вящий
p.pt.a.	остросло́вивший

остуди́ть *perf* что cool, let *a thing* cool down ‖ *imperf* остужа́ть 2а

ft.	остужу́, -у́дишь, -у́дят
imp.	остуди́, ~те
pt.	остуди́л
g.pt.a.	остуди́в
p.pt.a.	остуди́вший
p.pt.p.	осту́женный

остужа́ть *imperf of* остуди́ть

оступа́ться *imperf of* оступи́ться

оступи́ться *perf* stumble, put a foot wrong, miss *one's* step ‖ *imperf* оступа́ться 2а

ft.	оступлю́сь, -у́пишься, -у́пятся
imp.	оступи́сь, -и́тесь
pt.	оступи́лся, -лась
g.pt.a.	оступи́вшись
p.pt.a.	оступи́вшийся .

остыва́ть[1] *imperf of* осты́ть

остыва́ть[2] *imperf of* осты́нуть

осты́нуть *s.* осты́ть

осты́ть *and* **осты́нуть** *perf* 1. cool down, get cool [cold] 2. lose *one's* verve; lose its swing, cool down; become indifferent, lose interest; calm down, cool off ‖ *imperf* остыва́ть 2а

ft.	осты́ну, -нешь, -нут
imp.	осты́нь, ~те
pt.	осты́л
g.pt.a.	осты́в
p.pt.a.	осты́вший

осуди́ть *perf* кого́-что 1. *leg* sentence 2. condemn, disapprove (of), express disapproval (of) 3. на что *or with infinitive bookish* consign (to), condemn (to) ‖ *imperf* осужда́ть 2а

ft.	осужу́, осу́дишь, осу́дят
imp.	осуди́, ~те
pt.	осуди́л
g.pt.a.	осуди́в
p.pt.a.	осуди́вший
p.pt.p.	осуждённый; осуждён, -ена́

осужда́ть *imperf of* осуди́ть

осу́нуться 6 *perf coll* become hollow-cheeked

imp.	осу́нься, -ньтесь

осуша́ть *imperf of* осуши́ть

осуши́ть *perf* что **1.** dry; drain **2.** empty, drain *a drinking vessel* ‖ *imperf* осуша́ть 2a

ft.	осушу́, осу́шишь, осу́шат
imp.	осуши́, ~те
pt.	осуши́л
g.pt.a.	осуши́в
p.pt.a.	осуши́вший
p.pt.p.	осу́шенный

осуществи́ть *perf* что carry out, put into execution, implement ‖ *imperf* осуществля́ть 2a

ft.	осуществлю́, -ви́шь, -вя́т
imp.	осуществи́, ~те
pt.	осуществи́л
g.pt.a.	осуществи́в
p.pt.a.	осуществи́вший
p.pt.p.	осуществлённый; осуществлён, -ена́

осуществи́ться, *1st and 2nd pers not used, perf* be implemented, be realized, be put into effect, materialize ‖ *imperf* осуществля́ться

осуществля́ть(ся) *imperf of* осуществи́ть(ся)

осчастли́вить *perf* кого́-что make *smb* feel happy ‖ *imperf* осчастли́вливать 1a

ft.	осчастли́влю, -вишь, -вят
imp.	осчастли́вь, ~те
pt.	осчастли́вил
g.pt.a.	осчастли́вив
p.pt.a.	осчастли́вивший
p.pt.p.	осчастли́вленный

осчастли́вливать *imperf of* осчастли́вить

осы́пать *perf* кого́-что **1.** strew, scatter **2.** *usu p.pt.p.* sow over **3.** *fig* чем cover (with), snow under (with), shower (with) **4.** upset, knock down *smth heaped up* **5.** shed *leaves* ‖ *imperf* осыпа́ть 2a

ft.	осы́плю, -лешь, -лют *and coll* -пешь, -пют
imp.	осы́пь, ~те
pt.	осы́пал
g.pt.a.	осы́пав
p.pt.a.	осы́павший
p.pt.p.	осы́панный

осыпа́ть *imperf of* осы́пать

осы́паться, *1st and 2nd pers not used, perf* **1.** crumble, scale off, flake off **2.** *of leaves* fall **3.** lose leaves ‖ *imperf* осыпа́ться 2a forms follow осы́пать

осыпа́ться *imperf of* осы́паться

осяза́ть 2a *imperf* кого́-что **1.** feel *by*

touch **2.** *fig* feel, sense, be aware (of)

ота́пливать *imperf of* отопи́ть

отба́вить *perf* что *or* чего́ take away, pour off ‖ *imperf* отбавля́ть 2a

ft.	отба́влю, -вишь, -вят
imp.	отба́вь, ~те
pt.	отба́вил
g.pt.a.	отба́вив
p.pt.a.	отба́вивший
p.pt.p.	отба́вленный

отбавля́ть *imperf of* отба́вить

отбараба́нить *perf* **1.** stop drumming **2.** что *or without object coll* reel off, rattle off *a piece of music* **3.** *sub* do a spell of work, work *for a time*

ft.	отбараба́ню, -нишь, -нят
imp.	отбараба́нь, ~те
pt.	отбараба́нил
g.pt.a.	отбараба́нив
p.pt.a.	отбараба́нивший
p.pt.p.	отбараба́ненный

отбе́гать 1 *perf coll* **1.** stop running **2.** be incapable of running any more, have run oneself to a standstill

отбега́ть *imperf of* отбежа́ть

отбежа́ть *perf* run away ‖ *imperf* отбега́ть 2a

ft.	отбегу́, -ежи́шь, -егу́т
imp.	отбеги́, ~те
pt.	отбежа́л
g.pt.a.	отбежа́в
p.pt.a.	отбежа́вший

отбе́ливать(ся) *imperf of* отбели́ть(ся)

отбели́ть *perf* что bleach, blanch, whiten ‖ *imperf* отбе́ливать 1a

ft.	отбелю́, -е́ли́шь, -е́ля́т
imp.	отбели́, ~те
pt.	отбели́л
g.pt.a.	отбели́в
p.pt.a.	отбели́вший
p.pt.p.	отбелённый; отбелён, -ена́

отбели́ться, *1st and 2nd pers not used, perf* be bleached ‖ *imperf* отбе́ливаться

отбива́ть(ся) *imperf of* отби́ть(ся)

отбира́ть *imperf of* отобра́ть

отби́ть *perf* кого́-что **1.** break off, strike off **2.** fend off, beat off, drive off **3.** reconquer, retake **4.** *coll* lure away **5.** *coll* remove; отби́ть за́пах dispel a smell **6.:** отби́ть такт beat time **7.** strike, bruise, beat black and blue; go for **8.:** отби́ть косу́ hammer a scythe sharp **9.:** *of clock* finish striking ‖ *imperf* отбива́ть 2a

ft.	отобью́, -бьёшь, -бью́т
imp.	отбе́й, ∼те
pt.	отби́л
g.pt.a.	отби́в
p.pt.a.	отби́вший
p.pt.p.	отби́тый

отби́ться *perf* **1.** *1st and 2nd pers not used* come off, break off **2.** от кого́-чего́ ward smth off **3.** от кого́-чего́ *sub* dodge, burke, get shut of **4.** от кого́-чего́ lose contact (with), get separated (from); cut oneself off (from) **5.** от чего́ *coll* give up, desert, abandon ‖ *imperf* отбива́ться

отблагодари́ть *perf* кого́-что **1.** *bookish* express gratitude, thank **2.** show *one's* gratitude *practically*, repay *smb's* kindness

ft.	отблагодарю́, -ри́шь, -ря́т
imp.	отблагодари́, ∼те
pt.	отблагодари́л
g.pt.a.	отблагодари́в
p.pt.a.	отблагодари́вший
p.pt.p.	отблагодарённый; отблагодарён, -ена́

отблёскивать 1a *imperf* **1.** be reflected; give off reflected light **2.** чем gleam (like)

отбомби́ться *perf coll* finish "dropping eggs", finish dropping bombs

ft.	отбомблю́сь, -би́шься, -бя́тся
imp.	отбомби́сь, -йтесь
pt.	отбомби́лся, -лась
g.pt.a.	отбомби́вшись
p.pt.a.	отбомби́вшийся

отбоя́риваться *imperf of* отбоя́риться

отбоя́риться *perf* от кого́-чего́ *coll* get shut of, fob off; burke, dodge, shirk ‖ *imperf* отбоя́риваться 1a

ft.	отбоя́рюсь, -ришься, -рятся
imp.	отбоя́рься, -рьтесь
pt.	отбоя́рился, -лась
g.pt.a.	отбоя́рившись
p.pt.a.	отбоя́рившийся

отбра́сывать[1] *imperf of* отбро́сить

отбра́сывать[2] *imperf of* отброса́ть

отбрива́ть *imperf of* отбри́ть

отбри́ть *perf* кого́-что **1.** finish shaving **2.** *fig* fob off, put *smb* off ‖ *imperf* отбрива́ть 2 a *with* 2

ft.	отбре́ю, -е́ешь, -е́ют
imp.	отбре́й, ∼те
pt.	отбри́л
g.pt.a.	отбри́в
p.pt.a.	отбри́вший
p.pt.p.	отбри́тый

отброса́ть 2 *perf* что *coll* cast aside (each in its turn) ‖ *imperf* отбра́сывать 1 a

отбро́сить *perf* кого́-что **1.** cast aside, throw away, hurl out, fling out **2.** let go, abandon, reject **3.** *mil* throw back, repel **4.** *fig* cast *a shadow*; throw *a ray* ‖ *imperf* отбра́сывать 1 a

ft.	отбро́шу, -о́сишь, -о́сят
imp.	отбро́сь, ∼те
pt.	отбро́сил
g.pt.a.	отбро́сив
p.pt.a.	отбро́сивший
p.pt.p.	отбро́шенный

отбукси́ровать 4 *perf* что tow away, tow off ‖ *imperf* отбукси́ровывать 1 a

отбукси́ровывать *imperf of* отбукси́ровать

отбыва́ть *imperf of* отбы́ть

отбы́ть *perf* **1.** depart **2.** что serve *one's* time; fulfil *commitment*; do time *in prison*, serve *a sentence* ‖ *imperf* отбыва́ть 2 a

ft.	отбу́ду, -дешь, -дут
imp.	отбу́дь, ∼те
pt.	о́тбыл *and coll* отбы́л, отбыла́, о́тбыло *and coll* отбы́ло
g.pt.a.	отбы́в
p.pt.a.	отбы́вший
p.pt.p.	о́тбытый *with* 2

отва́дить *perf* кого́-что *coll* **1.** от чего́ wean (from) **2.** caution, restrain ‖ *imperf* отва́живать 1 a

ft.	отва́жу, -а́дишь, -а́дят
imp.	отва́дь, ∼те
pt.	отва́дил
g.pt.a.	отва́див
p.pt.a.	отва́дивший
p.pt.p.	отва́женный

отва́живать *imperf of* отва́дить

отва́живаться *imperf of* отва́житься

отва́житься *perf with infinitive or* на что be so bold as to, take courage ‖ *imperf* отва́живаться 1 a

ft.	отва́жусь, -жишься, -жатся
imp.	отва́жься, -жьтесь
pt.	отва́жился, -лась
g.pt.a.	отва́жившись
p.pt.a.	отва́жившийся

отва́ливать(ся) *imperf of* отвали́ть(ся)

отвали́ть *perf* что **1.** roll aside **2.** *sub* pile *on a plate*, dollop, ladle out **3.** кому́ что *sub* dole out *liberally*, ladle out **4.** *without object, naut* cast off ‖ *imperf* отва́ливать 1 a

ft.	отвалю́, -а́лишь, -а́лят
imp.	отвали́, ∼те

pt.	отвали́л
g.pt.a.	отвали́в
p.pt.a.	отвали́вший
p.pt.p.	отва́ленный

отвали́ться *perf* **1.** crumble away, flake off **2.** *sub* tootle off, beetle off **3.** *coll* lean back ‖ *imperf* отва́ливаться

отва́ривать(ся) *imperf of* отвари́ть(ся)

отвари́ть *perf* что **1.** boil **2.** reopen *weld* ‖ *imperf* отва́ривать 1а

ft.	отварю́, -а́ришь, -а́рят
imp.	отвари́, ∼те
pt.	отвари́л
g.pt.a.	отвари́в
p.pt.a.	отвари́вший
p.pt.p.	отва́ренный

отвари́ться, *1st and 2nd pers not used, perf* **1.** be done, be cooked **2.** open *during welding* ‖ *imperf* отва́риваться

отве́дать 1 *perf* что *or* чего́ *coll* **1.** taste, try **2.** *fig* suffer, experience, go through, taste ‖ *imperf* отве́дывать 1а

отве́дывать *imperf of* отве́дать

отвезти́ *perf* кого́-что cart off, carry away ‖ *imperf* отвози́ть, forms ib.

ft.	отвезу́, -зёшь, -зу́т
imp.	отвези́, ∼те
pt.	отвёз, -езла́
g.pt.a.	отвезя́ *and obs* отвёзши
p.pt.a.	отвёзший
p.pt.p.	отвезённый; отвезён, -ена́

отверга́ть *imperf of* отве́ргнуть

отве́ргнуть *perf* кого́-что **1.** reject, decline; reject, disdain; repudiate **2.** cast out, banish ‖ *imperf* отверга́ть 2а

ft.	отве́ргну, -нешь, -нут
imp.	отве́ргни, ∼те
pt.	отве́рг *and obs* отве́ргнул, отве́ргла
g.pt.a.	отве́ргнув
p.pt.a.	отве́ргший *and obs* отве́ргнувший
p.pt.p.	отве́ргнутый *and obs* отве́рженный

отвердева́ть *imperf of* отверде́ть

отверде́ть 3, *1st and 2nd pers not used, perf* **1.** harden, solidify, become hard, become firm **2.** *fig* harden *one's* heart, be firm, be determined, take a firm line ‖ *imperf* отвердева́ть 2а

товерну́ть 7 *perf* что **1.** unscrew, screw loose; turn on **2.** turn down, turn back *collar etc.* **3.** turn aside, deflect **4.** *without*

object coll turn off, branch off; bend ‖ *imperf* отвёртывать 1а

p.pt.p.	отвёрнутый

отверну́ться *perf* **1.** get loose, work loose, come unscrewed, unscrew, screw loose **2.** *of collar* turn down **3.** *fig* от кого́-чего́ turn from, turn away from, look away from; *fig* turn from, turn away from, break with, part company with ‖ *imperf* отвёртываться

отверте́ть *perf* что *sub* **1.** unscrew **2.** twist off, tear off

ft.	отверчу́, -е́ртишь, -е́ртят
imp.	отверти́, ∼те
pt.	отверте́л
g.pt.a.	отверте́в
p.pt.a.	отверте́вший
p.pt.p.	отве́рченный

отверте́ться *perf sub* **1.** *1st and 2nd pers not used, of screw tops* work loose, come loose **2.** от чего́ evade, shirk, burke, dodge

отвёртывать(ся) *imperf of* отверну́ть(ся)

отве́сить *perf* что **1.** weigh up, weigh, weigh out **2.** *sub* mete out *blows*, hand out, deal out *punishment*, slog away at *smb* ‖ *imperf* отве́шивать 1а

ft.	отве́шу, -е́сишь, -е́сят
imp.	отве́сь, ∼те
pt.	отве́сил
g.pt.a.	отве́сив
p.pt.a.	отве́сивший
p.pt.p.	отве́шенный

отвести́ *perf* кого́-что **1.** take away **2.** lead off **3.** *fig* distract, deflect, parry **4.** push aside, remove; parry *a blow*, counter *a blow* **5.** *fig* reject, decline; *leg* challenge **6.** allot, assign, put at *smb's* disposal; отвести́ кварти́ру под де́тский сад convert a house into a kindergarten ‖ *imperf* отводи́ть, forms ib.

ft.	отведу́, -дёшь, -ду́т
imp.	отведи́, ∼те
pt.	отвёл, -ела́
g.pt.a.	отведя́ *and obs* отве́дши
p.pt.a.	отве́дший
p.pt.p.	отведённый; отведён, -ена́

ответви́ть *perf* что branch, branch off ‖ *imperf* ответвля́ть 2а

ft.	ответвлю́, -ви́шь, -вя́т
imp.	ответви́, ∼те
pt.	ответви́л
g.pt.a.	ответви́в
p.pt.a.	ответви́вший
p.pt.p.	ответвлённый; ответвлён, -ена́

ответви́ться, *1st and 2nd pers not used, perf* branch off, fork ‖ *imperf* ответвля́ться

ответвля́ть(ся) *imperf of* ответви́ть(ся)

отве́тить *perf* **1.** на что *or* чем answer, reply (to); отве́тить на вопро́с answer a question; отве́тить уро́к repeat *one's* lessons, say *one's* lessons **2.** чем на что respond (to) **3.** за что repay, pay (for), at one (for) ‖ *imperf* отвеча́ть 2a

ft.	отве́чу, -е́тишь, -е́тят
imp.	отве́ть, ~те
pt.	отве́тил
g.pt.a.	отве́тив
p.pt.a.	отве́тивший
p.pt.p.	отве́ченный

отвеча́ть 2a *imperf* **1.** *imperf of* отве́тить **2.** за что assume responsibility (for), take on responsibility (for), shoulder responsibility (for) **3.** чему́ be suitable (for)

отве́шивать *imperf of* отве́сить

отвива́ть *imperf of* отви́ть

отви́ливать *imperf of* отвильну́ть

отвильну́ть 7 *perf* от чего́ *coll* burke, shirk, dodge; seek an excuse, try to get out of ‖ *imperf* отви́ливать 1a

отвинти́ть *perf* что unscrew ‖ *imperf* отви́нчивать 1a

ft.	отвинчу́, -нти́шь, -нтя́т
imp.	отвинти́, ~те
pt.	отвинти́л
g.pt.a.	отвинти́в
p.pt.a.	отвинти́вший
p.pt.p.	отви́нченный

отвинти́ться, *1st and 2nd pers not used, perf* come unscrewed ‖ *imperf* отви́нчиваться

отви́нчивать(ся) *imperf of* отвинти́ть(ся)

отвиса́ть *imperf of* отви́снуть

отви́снуть, *1st and 2nd pers not used, perf* hang down, dangle; sag ‖ *imperf* отвиса́ть 2a

ft.	отви́снет, -нут
pt.	отви́с *and obs* отви́снул, отви́сла
g.pt.a.	отви́снув *and* отви́сши
p.pt.a.	отви́сший *and obs* отви́снувший

отви́ть *perf* **1.** что *or* чего́ unwind **2.** что *or without object* finish winding ‖ *imperf* отвива́ть 2a *with* 1

ft.	отовью́, -вьёшь, -вью́т
imp.	отве́й, ~те

pt.	отви́л, -ила́, -и́ло
g.pt.a.	отви́в
p.pt.a.	отви́вший
p.pt.p.	отви́тый

отвлека́ть(ся) *imperf of* отвле́чь(ся)

отвле́чь *perf* кого́-что **1.** draw off, divert **2.** *fig* distract **3.** abstract ‖ *imperf* отвлека́ть 2a

ft.	отвлеку́, -ечёшь, -еку́т
imp.	отвлеки́, ~те
pt.	отвлёк, -екла́
g.pt.a.	отвлёкши
p.pt.a.	отвлёкший
p.pt.p.	отвлечённый; отвлечён, -ена́

отвле́чься *perf* **1.** digress, be diverted, be distracted *from a thing* **2.** *bookish* be abstracted ‖ *imperf* отвлека́ться

отводи́ть *imperf of* отвести́

pr.	отвожу́, -о́дишь, -о́дят
imp.	отводи́, ~те
pt.	отводи́л
g.pr.a.	отводя́
p.pr.a.	отводя́щий
p.pt.a.	отводи́вший
p.pr.p.	отводи́мый

отвоева́ть *perf* **1.** что reconquer **2.** что *fig* wrest (away from); отвоева́ть у тайги́ кусо́к земли́ reclaim a tract of forest land **3.** *coll* cease fighting, end hostilities **4.** что *coll* fight, experience hostilities ‖ *imperf* отвоёвывать 1a *with* 1, 2

ft.	отвою́ю, -ю́ешь, -ю́ют
imp.	отвою́й, ~те
pt.	отвоева́л
g.pt.a.	отвоева́в
p.pt.a.	отвоева́вший
p.pt.p.	отвоёванный

отвоева́ться *perf coll* finish *one's* front-line service, come marching home ‖ *imperf* отвоёвываться

отвоёвывать(ся) *imperf of* отвоева́ть(ся)

отвози́ть *imperf of* отвезти́

pr.	отвожу́, -о́зишь, -о́зят
imp.	отвози́, ~те
pt.	отвози́л
g.pr.a.	отвозя́
p.pr.a.	отвозя́щий
p.pt.a.	отвози́вший
p.pr.p.	отвози́мый

отвола́кивать *imperf of* отволо́чь

отволо́чь *perf* кого́-что *sub* carry off ‖ *imperf* отвола́кивать 1a

ft.	отволоку́, -очёшь, -оку́т
imp.	отволоки́,~ те

pt.	отволо́к, -окла́
g.pt.a.	отволо́кши
p.pt.a.	отволо́кший
p.pt.p.	отволочённый; отволочён, -ена́ *and* отволо́ченный

отвора́чивать(ся) *imperf of* отвороти́ть-(ся)

отвори́ть *perf* что open *door, window etc.* ‖ *imperf* отворя́ть 2a

ft.	отворю́, -о́ришь, -о́рят
imp.	отвори́, ~те
pt.	отвори́л
g.pt.a.	отвори́в
p.pt.a.	отвори́вший
p.pt.p.	отво́ренный

отвори́ться, *1st and 2nd pers not used, perf, of door, window etc.* open ‖ *imperf* отворя́ться

отвороти́ть *perf* что **1.** *coll* clear aside, clear out of the way **2.** *sub* turn back, roll up ‖ *imperf* отвора́чивать 1a

ft.	отворочу́, -о́тишь, -о́тят
imp.	отвороти́, ~те
pt.	отвороти́л
g.pt.a.	отвороти́в
p.pt.a.	отвороти́вший
p.pt.p.	отворо́ченный

отвороти́ться *perf* **1.** *obs and sub* turn away from **2.** *sub* roll up *one's sleeves* ‖ *imperf* отвора́чиваться

отворя́ть(ся) *imperf of* отвори́ть(ся)

отврати́ть *perf* **1.** что *bookish* ward off, prevent, avert **2.** *obs* кого́-что от чего́ restrain (from), hold back (from) ‖ *imperf* отвраща́ть 2a

ft.	отвращу́, -ати́шь, -атя́т
imp.	отврати́, ~те
pt.	отврати́л
g.pt.a.	отврати́в
p.pt.a.	отврати́вший
p.pt.p.	отвращённый; отвращён, -ена́

отвраща́ть *imperf of* отврати́ть

отвыка́ть *imperf of* отвы́кнуть

отвы́кнуть *perf* от чего́ *or with infinitive* **1.** break oneself of a habit **2.** lose a habit, get out of the habit of, grow unused to; forget ‖ *imperf* отвыка́ть 2a

ft.	отвы́кну, -нешь, -нут
imp.	отвы́кни, ~те
pt.	отвы́к *and obs* отвы́кнул, отвы́кла
g.pt.a.	отвы́кнув *and* отвы́кши
p.pt.a.	отвы́кший

отвяза́ть *perf* кого́-что untie, unloose,

loose ‖ *imperf* отвя́зывать 1a

ft.	отвяжу́, -я́жешь, -я́жут
imp.	отвяжи́, ~те
pt.	отвяза́л
g.pt.a.	отвяза́в
p.pt.a.	отвяза́вший
p.pt.p.	отвя́занный

отвяза́ться *perf* **1.** *1st and 2nd pers not used* come loose **2.** release [free] oneself **3.** *fig coll* tear oneself free **4.** *coll* leave alone, let be ‖ *imperf* отвя́зываться

отвя́зывать(ся) *imperf of* отвяза́ть(ся)

отгада́ть 2 *perf* что guess *smth*; solve *a riddle* ‖ *imperf* отга́дывать 1a

отга́дывать *imperf of* отгада́ть

отгиба́ть(ся) *imperf of* отогну́ть(ся)

отгла́дить *perf* **1.** что iron **2.** finish ironing ‖ *imperf* отгла́живать 1a *with* 1

ft.	отгла́жу, -а́дишь, -а́дят
imp.	отгла́дь, ~те
pt.	отгла́дил
g.pt.a.	отгла́див
p.pt.a.	отгла́дивший
p.pt.p.	отгла́женный

отгла́диться *perf* **1.** *1st and 2nd pers not used* be ironed **2.** finish ironing ‖ *imperf* отгла́живаться *with* 1

отгла́живать(ся) *imperf of* отгла́дить(ся)

отгла́тывать *imperf of* отглотну́ть

отглотну́ть 7 *perf* что *or* чего́ *coll* sip off the top (of) ‖ *imperf* отгла́тывать 1a no *p.pt.p.*

отгнива́ть *imperf of* отгни́ть

отгни́ть, *1st and 2nd pers not used, perf* rot away, rot off ‖ *imperf* отгнива́ть 2a

ft.	отгниёт, -ию́т
pt.	отгни́л, -ила́, -и́ло
g.pt.a.	отгни́в
p.pt.a.	отгни́вший

отгова́ривать(ся) *imperf of* отговори́ть-(ся)

отговори́ть *perf* **1.** кого́-что от чего́ talk *smb* out of, dissuade *smb* from **2.** finish speaking ‖ *imperf* отгова́ривать 1a

ft.	отговорю́, -ри́шь, -ря́т
imp.	отговори́, ~те
pt.	отговори́л
g.pt.a.	отговори́в
p.pt.a.	отговори́вший
p.pt.p.	отговорённый; отговорён, -ена́

отговори́ться *perf* чем make the excuse of,

offer as an excuse, plead *ignorance, bad health etc.* ‖ *imperf* отгова́риваться

отгоня́ть *imperf of* отогна́ть

отгора́живать(ся) *imperf of* отгороди́ть(ся)

отгора́ть *imperf of* отгоре́ть

отгоре́ть, *1st and 2nd pers not used, perf* **1.** burn out **2.** burn off ‖ *imperf* отгора́ть 2a

ft.	отгори́т, -ря́т
pt.	отгоре́л
g.pt.a.	отгоре́в
p.pt.a.	отгоре́вший

отгороди́ть *perf* **1.** что чем fence in, mark off **2.** кого-что от чего *fig* isolate (from) ‖ *imperf* отгора́живать 1a

ft.	отгорожу́, -о́дишь, -о́дят
imp.	отгороди́, ∼те
pt.	отгороди́л
g.pt.a.	отгороди́в
p.pt.a.	отгороди́вший
p.pt.p.	отгоро́женный

отгороди́ться *perf* **1.** be cut off (from), be delimited **2.** *fig* cut oneself off ‖ *imperf* отгора́живаться

отгости́ть *perf coll* **1.** у кого be on a visit (to), be visiting (with) **2.** end *one's* visit

ft.	отгощу́, -ости́шь, -остя́т
imp.	отгости́, ∼те
pt.	отгости́л
g.pt.a.	отгости́в
p.pt.a.	отгости́вший

отгра́нивать *imperf of* отграни́ть

отграни́ть *perf* что **1.** polish, cut *gems etc.* **2.** *a. without object* finish polishing ‖ *imperf* отгра́нивать* 1a *with* 1

ft.	отграню́, -ни́шь, -ня́т
imp.	отграни́, ∼те
pt.	отграни́л
g.pt.a.	отграни́в
p.pt.a.	отграни́вший
p.pt.p.	отгранённый; отгранён, -ена́

отграни́чивать *imperf of* отграни́чить

отграни́чить *perf* что mark off ‖ *imperf* отграни́чивать 1a

ft.	отграни́чу, -чишь, -чат
imp.	отграни́чь, ∼те
pt.	отграни́чил
g.pt.a.	отграни́чив
p.pt.a.	отграни́чивший
p.pt.p.	отграни́ченный

отгреба́ть *imperf of* отгрести́

отгреме́ть *1st and 2nd pers not used, perf, of thunder* die away

ft.	отгреми́т, -мя́т
pt.	отгреме́л
g.pt.a.	отгреме́в
p.pt.a.	отгреме́вший

отгрести́ *perf* **1.** что clear away with a rake; clear away with a shovel **2.** от чего row off (from), row away (from) ‖ *imperf* отгреба́ть 2a

ft.	отгребу́, -бёшь, -бу́т
imp.	отгреби́, ∼те
pt.	отгрёб, отгребла́
g.pt.a.	отгребя́ *and* отгрёбши
p.pt.a.	отгрёбший

отгружа́ть *imperf of* отгрузи́ть

отгрузи́ть *perf* кого-что **1.** unload, transfer part of load **2.** load, dispatch ‖ *imperf* отгружа́ть 2a

ft.	отгружу́, -у́зишь, -у́зят
imp.	отгрузи́, ∼те
pt.	отгрузи́л
g.pt.a.	отгрузи́в
p.pt.a.	отгрузи́вший
p.pt.p.	отгру́женный *and* отгружённый; отгружён, -ена́

отгрыза́ть *imperf of* отгры́зть

отгры́зть *perf* что gnaw off ‖ *imperf* отгрыза́ть 2a

ft.	отгрызу́, -зёшь, -зу́т
imp.	отгрызи́, ∼те
pt.	отгры́з, ∼ла
g.pt.a.	отгры́зши
p.pt.a.	отгры́зший
p.pt.p.	отгры́зенный

отгу́ливать *imperf of* отгуля́ть

отгуля́ть 2 *perf* что **1.** have time off, be free **2.** take time off to make up for overtime worked **3.** celebrate, mark **4.** *without object* finish *one's* walk ‖ *imperf* отгу́ливать 1a *with* 1, 2

отдава́ть *imperf* **1.** *imperf of* отда́ть **2.** *1st and 2nd pers not used* чем taste (of); smell (of)

pr.	отдаю́, -аёшь, -аю́т
imp.	отдава́й, ∼те
pt.	отдава́л
g.pr.a.	отдава́я
p.pr.a.	отдаю́щий
p.pt.a.	отдава́вший
p.pr.p.	отдава́емый

отдава́ться *imperf of* отда́ться

отдави́ть *perf* что squeeze, crush ‖ *imperf* отда́вливать 1a

ft.	отдавлю́, -а́вишь, -а́вят
imp.	отдави́, ∼те

pt,	отдави́л
g.pt.a.	отдави́в
p.pt.a.	отдави́вший
p.pt.p.	отда́вленный

отда́вливать *imperf of* отдави́ть

отда́ивать *imperf of* отдои́ть

отдали́ть *perf* кого́-что **1.** take away **2.** put off **3.** *fig* take away, remove ‖ *imperf* отдаля́ть 2a

ft.	отдалю́, -ли́шь, -ля́т
imp.	отдали́, ~те
pt.	отдали́л
g.pt.a.	отдали́в
p.pt.a.	отдали́вший
p.pt.p.	отдалённый; отдалён, -ена́

отдали́ться *perf* **1.** go away, move off **2.** keep away (from), avoid ‖ *imperf* отдаля́ться

отдаля́ть(ся) *imperf of* отдали́ть(ся)

отда́ривать(ся) *imperf of* отдари́ть(ся)

отдари́ть *perf* кого́-что *coll* give a present in return ‖ *imperf* отда́ривать 1a

ft.	отдарю́, -ри́шь, -ря́т
imp.	отдари́, ~те
pt.	отдари́л
g.pt.a.	отдари́в
p.pt.a.	отдари́вший
p.pt.p.	отдарённый; отдарён, -ена́ *and* отда́ренный

отдари́ться *perf coll* give a present in return ‖ *imperf* отда́риваться

отда́ть *perf* **1.** что give back, return, give up, yield **2.** кого́-что кому́-чему́ give into *smb's* keeping; issue an order **3.** кого́-что sacrifice, yield, give up, relinquish, devote (to) **4.** кого́-что deliver up, deliver into *smb's* hands; отда́ть го́род deliver a city up to the enemy, relinquish a city to the enemy **5.** кого́-что во что send; отда́ть кни́гу в переплёт send a book for binding, send a book to the binders'; отда́ть ребёнка в де́тский сад send a child to the kindergarten, put a child in kindergarten **6.** кого́ за кого́ give in marriage **7.** что *coll* sell, dispose of, let *smb* have **8.** *without object sub* make room, make way, give way **9.** *without object, of firearms* kick, recoil ‖ *imperf* отдава́ть, forms ib.

ft.	отда́м, -а́шь, -а́ст, -ади́м, -ади́те, -аду́т
imp.	отда́й, ~те
pt.	о́тдал *and coll* отда́л, отдала́, о́тдало *and coll* отда́ло
g.pt.a.	отда́в

p.pt.a.	отда́вший
p.pt.p.	о́тданный; о́тдан, отдана́ *and coll* о́тдана, о́тдано

отда́ться *perf* **1.** кому́-чему́ *or* на что deliver oneself up (to), entrust oneself (to) **2.** чему́ devote oneself (to) **3.** кому́ yield (to), surrender (to), surrender oneself (to) *a man* **4.** *1st and 2nd pers not used* в ком-чём meet with favorable response ‖ *imperf* отдава́ться

pt.	отда́лся, -дала́сь, -дало́сь *and coll* -да́лось

отдежу́рить *perf* **1.** что be on duty, have a spell [a turn] of duty **2.** end *one's* duty, come off duty

ft.	отдежу́рю, -ришь, -рят
imp.	отдежу́рь, ~те
pt.	отдежу́рил
g.pt.a.	отдежу́рив
p.pt.a.	отдежу́ривший
p.pt.p.	отдежу́ренный

отде́лать 1 *perf* **1.** что put the finishing touches to, complete **2.** что под что give *smth* the external appearance of; отде́лать сте́ны под дуб simulate oak wall panelling **3.** что prepare; redo, redecorate **4.** что чем deck, decorate, ornament; отде́лать пла́тье кружева́ми trim a dress with lace **5.** кого́-что *sub* bring down *value, condition etc.* by mismanagement, play ducks and drakes with *estate, business etc.* **6.** кого́-что *sub* give a dressing down, tick off, tell off; give a drubbing [a hiding] ‖ *imperf* отде́лывать 1a

отде́латься *perf coll* **1.** от кого́-чего́ get rid of **2.** get *one's* work out of the way, be through with *one's* work, polish off *one's* work **3.** чем get away with *little damage*, get away without *any damage*; отде́латься цара́пиной get off with a scratch ‖ *imperf* отде́лываться

отдели́ть *perf* что от чего **1.** separate, detach; sever **2.** distinguish, differentiate **3.** cede, surrender, yield, make over **4.** кого́-что *obs* settle a separate portion on ‖ *imperf* отделя́ть 2a

ft.	отделю́, -е́лишь, -е́лят
imp.	отдели́, ~те
pt.	отдели́л
g.pt.a.	отдели́в
p.pt.a.	отдели́вший
p.pt.p.	отделённый; отделён, -ена́

отдели́ться *perf* **1.** become detached **2.** от кого́-чего́ go away (from), abandon ‖ *imperf* отделя́ться

отде́лывать(ся) *imperf of* отде́лать(ся)

отделя́ть(ся) *imperf of* отдели́ть(ся)

отдёргивать *imperf of* отдёрнуть

отдёрнуть 6 *perf* что pluck aside, drag back ‖ *imperf* отдёргивать 1 a
p.pt.p. отдёрнутый

отдира́ть(ся) *imperf of* отодра́ть(ся)

отдои́ть *perf* 1. что draw off a little milk 2. finish milking, be finished milking ‖ *imperf* отда́ивать 1 a *with* 1
ft. отдою́, -о́йшь, -о́ят
imp. отдо́й, ~те *and sub* отдо́й, ~те
pt. отдои́л
g.pt.a. отдои́в
p.pt.a. отдои́вший
p.pt.p. отдо́енный

отдои́ться *perf coll* 1. *1st and 2nd pers not used, of cow* be dry 2. finish milking, stop milking

отдохну́ть 7 *perf* 1. relax, take a rest 2. *coll* have a lie down ‖ *imperf* отдыха́ть 2 a
no *p.pt.p.*

отдуба́сить *perf* кого́-что *sub* thrash, lick, hide
ft. отдуба́шу, -а́сишь, -а́сят
imp. отдуба́сь, ~те
pt. отдуба́сил
g.pt.a. отдуба́сив
p.pt.a. отдуба́сивший

отдува́ть *imperf of* отду́ть

отдува́ться 2a *imperf* 1. wheeze, pant, blow; blow *one's* nose 2. *sub* be the fall guy, carry the can 3. *imperf of* отду́ться

отду́мать 1 *perf with infinitive coll* change *one's* mind ‖ *imperf* отду́мывать 1 a

отду́мывать *imperf of* отду́мать

отду́ть *perf* 1. что blow away 2. кого́-что *sub* thrash, lick, give a hiding to 3. что *sub* cover *a distance* quickly, sprint over, spurt over ‖ *imperf* отдува́ть 2a *with* 1
ft. отду́ю, -у́ешь, -у́ют
imp. отду́й, ~те
pt. отду́л
g.pt.a. отду́в
p.pt.a. отду́вший
p.pt.p. отду́тый

отду́ться, *1st and 2nd pers not used, perf* swell up ‖ *imperf* отдува́ться

отдыха́ть *imperf of* отдохну́ть

отдыша́ться *perf* 1. get *one's* breath back, recover breath, get *one's* second wind, take a breath, take a breather 2. *fig sub*

recover, get back on *one's* feet, get *one's* second wind
ft. отдышу́сь, -ы́шишься, -ы́шатся
imp. отдыши́сь, -и́тесь
pt. отдыша́лся, -лась
g.pt.a. отдыша́вшись
p.pt.a. отдыша́вшийся

отека́ть *imperf of* оте́чь

отели́ться, *1st and 2nd pers not used, perf* calve
ft. оте́лится, -лятся
pt. отели́лась
g.pt.a. отели́вшись
p.pt.a. отели́вшаяся

отени́ть *perf* кого́-что give shade (to), spend shade ‖ *imperf* отеня́ть 2a
ft. отеню́, -ни́шь, -ня́т
imp. отени́, ~те
pt. отени́л
g.pt.a. отени́в
p.pt.a. отени́вший
p.pt.p. отенённый; отенён, -ена́

отеня́ть *imperf of* отени́ть

отепли́ть *perf* что insulate against the cold, lag *pipes*; prepare *a house* for the winter ‖ *imperf* отепля́ть 2a
ft. отеплю́, -ли́шь, -ля́т
imp. отепли́, ~те
pt. отепли́л
g.pt.a. отепли́в
p.pt.a отепли́вший
p.pt.p. отеплённый; отеплён, -ена́

отепля́ть *imperf of* отепли́ть

отере́ть *perf* что wipe down, rub dry ‖ *imperf* отира́ть 2 a
ft. отру́, отрёшь, отру́т
imp. отри́, ~те
pt. отёр, ~ла
g.pt.a. отере́в *and* отёрши
p.pt.a. отёрший
p.pt.p. отёртый

отеса́ть *perf* 1. что hew, dress, trim, square 2. *fig* кого́-что *sub* knock the corners off *smb*, knock the rough edges off *smb* ‖ *imperf* отёсывать 1 a
ft. отешу́, оте́шешь, оте́шут
imp. отеши́, ~те
pt. отеса́л
g.pt.a. отеса́в
p.pt.a. отеса́вший
p.pt.p. отёсанный

отёсывать *imperf of* отеса́ть

оте́чь *perf* 1. swell up, become bloated, become puffy; become numb 2. *1st and*

2nd pers not used, of candle gutter ‖ *imperf*
отека́ть 2a

ft.	отеку́, отечёшь, отеку́т
imp.	отеки́, ~те
pt.	отёк, отекла́
g.pt.a.	отёкши
p.pt.a.	отёкший

отжа́ть[1] *perf* что **1.** press out, squeeze out, expel **2.** wring out **3.** кого́-что *coll* press back, force to retreat ‖ *imperf* отжима́ть 2a

ft.	отожму́, -мёшь, -му́т
imp.	отожми́, ~те
pt.	отжа́л
g.pt.a.	отжа́в
p.pt.a.	отжа́вший
p.pt.p.	отжа́тый

отжа́ть[2] *perf* что finish harvesting *grain crops* ‖ *imperf* отжина́ть 2a

ft.	отожну́, -нёшь, -ну́т
imp.	отожни́, ~те
pt.	отжа́л
g.pt.a.	отжа́в
p.pt.a.	отжа́вший
p.pt.p.	отжа́тый

отже́чь *perf* что *tech* anneal; reheat ‖ *imperf* отжига́ть 2a

ft.	отожгу́, отожжёшь, отожгу́т
imp.	отожги́, ~те
pt.	отжёг, отожгла́
g.pt.a.	отжёгши
p.pt.a.	отжёгший
p.pt.p.	отожжённый; отожжён, -ена́

отжива́ть *imperf of* отжи́ть

отжига́ть *imperf of* отже́чь

отжима́ть *imperf of* отжа́ть[1]

отжина́ть *imperf of* отжа́ть[2]

отжи́ть *perf* **1.** что be at the close of *one's* life, be at the end of *one's* days **2.** *fig, of emotions etc.* die **3.** become obsolete, go out of fashion **4.** что *coll* pass, spend *time* ‖ *imperf* отжива́ть 2a

ft.	отживу́, -вёшь, -ву́т
imp.	отживи́, ~те
pt.	о́тжил *and coll* отжи́л, отжила́, о́тжило *and coll* отжи́ло
g.pt.a.	отжи́в
p.pt.a.	отжи́вший
p.pt.p.	о́тжи́тый; о́тжи́т, отжита́, о́тжи́то

отзва́нивать *imperf of* отзвони́ть

отзвони́ть *perf* **1.** что *of clock* strike **2.** finish ringing **3.** *fig coll* reel off, drone out ‖ *imperf* отзва́нивать 1a *with 1*

ft.	отзвоню́, -ни́шь, -ня́т
imp.	отзвони́, ~те
pt.	отзвони́л
g.pt.a.	отзвони́в
p.pt.a.	отзвони́вший

отзвуча́ть, *1st and 2nd pers not used, perf* die away, fade away, stop reverberating

ft.	отзвучи́т, -ча́т
pt.	отзвуча́л
g.pt.a.	отзвуча́в
p.pt.a.	отзвуча́вший

отзоли́ть *perf* что soak *hides* in lime-water, unhair

ft.	отзолю́, -ли́шь, -ля́т
imp.	отзоли́, ~те
pt.	отзоли́л
g.pt.a.	отзоли́в
p.pt.a.	отзоли́вший
p.pt.p.	отзолённый; отзолён, -ена́

отзыва́ть[1] *imperf of* отозва́ть

отзыва́ть[2] 2a, *1st and 2nd pers not used, imperf* чем *coll* taste (of); have the taste (of); smell (of), have the smell (of)

отзыва́ться *imperf of* отозва́ться

отира́ть *imperf of* отере́ть

отказа́ть *perf* **1.** кому́-чему́ в чём decline, reject; fail to grant; отказа́ть в дру́жбе withdraw *one's* friendship (from) **2.** кому́-чему́ в чём deny, gainsay; ему́ нельзя́ отказа́ть в тала́нте there is no denying his talent, his talent is undeniable, you cannot get round his talent **3.** кому́ от чего́ *obs* dismiss, give notice to **4.** *1st and 2nd pers not used, coll* break down, conk out, pack up ‖ *imperf* отка́зывать 1a

ft.	откажу́, -а́жешь, -а́жут
imp.	откажи́, ~те
pt.	отказа́л
g.pt.a.	отказа́в
p.pt.a.	отказа́вший
p.pt.p.	отка́занный

отказа́ться *perf* **1.** *with infinitive or* от чего́ refuse to, decline to **2.** от чего́ reject, decline **3.** от чего́ deny, decline to recognize, repudiate **4.** *with* служи́ть, повинова́ться, рабо́тать break down, fail; го́лос отказа́лся служи́ть мне my voice failed me ‖ *imperf* отка́зываться

отка́зывать(ся) *imperf of* отказа́ть(ся)

отка́лывать(ся)[1,2] *imperf of* отколо́ть(ся)

отка́пывать *imperf of* откопа́ть

отка́рмливать(ся) *imperf of* откорми́ть(ся)

отката́ть 2 *perf* **1.** что finish mangling *washing* **2.** *sub* cover quickly *a distance*, spurt over *a distance* **3.** кого́-что *sub* lick, wipe the floor with

откат́аться *perf coll* finish *one's* drive; finish sledging; finish skiing; finish skating

откати́ть *perf* **1.** что roll *smth* aside **2.** *coll* cart off, whip away ‖ *imperf* отка́тывать 1 a *with* 1

ft.	откачу́, -а́тишь, -а́тят
imp.	откати́, ~те
pt.	откати́л
g.pt.a.	откати́в
p.pt.a.	откати́вший
p.pt.p.	отка́ченный

откати́ться *perf* **1.** roll aside **2.** flood back; *fig* come flooding back, well up again **3.** *mil* withdraw ‖ *imperf* отка́тываться

отка́тывать(ся) *imperf of* откати́ть(ся)

откача́ть 2 *perf* **1.** что pump out, pump dry **2.** кого́-что try to revive *smb*, try to resuscitate *smb*, give artificial respiration to ‖ *imperf* отка́чивать 1 a

отка́чивать *imperf of* откача́ть

откачну́ть 7 *perf* **1.** что deflect *pendulum* **2.** *impers fig* turn away from; его́ откачну́ло от пре́жних друзе́й he has withdrawn himself from his former friends

откачну́ться *perf* **1.** *1st and 2nd pers not used, of pointer* swing in a different direction; be deflected another way **2.** turn away **3.** *fig sub* turn away from *smb*, withdraw, retire

отка́шливать(ся)[1] *imperf of* отка́шлянуть(ся)

отка́шливать(ся)[2] *imperf of* отка́шлять(ся)

отка́шлянуть 6 *perf* что clear *one's* throat ‖ *imperf* отка́шливать 1 a

отка́шлянуться *perf* clear *one's* throat ‖ *imperf* отка́шливаться

отка́шлять 1 *perf* **1.** что clear *one's* throat; cough *smth* up **2.** *coll* finish coughing, stop coughing ‖ *imperf* отка́шливать 1 a *with* 1

отка́шляться *perf* **1.** expectorate, cough up phlegm **2.** clear *one's* throat ‖ *imperf* отка́шливаться

отквита́ть 2 *perf* что *coll* be quits with, pay out, pay back, give tit for tat ‖ *imperf* отквит́ывать 1 a

отквит́ывать *imperf of* отквит́ать

откида́ть 2 *perf* что throw aside *one thing after another* ‖ *imperf* откид́ывать 1 a

откид́ывать[1] *imperf of* откину́ть

откид́ывать[2] *imperf of* откида́ть

откид́ываться *imperf of* откину́ться

откину́ть 6 *perf* кого́-что **1.** cast to one side, hurl back **2.** *fig* cast aside; overcome; откину́ть сомне́ния dispel doubt **3.** *coll* leave out of account, ignore *insignificant amounts in calculations* **4.** *coll* throw back, compel to retreat **5.** raise [lower] flap, open by *raising or lowering flap* **6.** jerk, throw back *the head, the hand etc. e.g. in greeting* ‖ *imperf* откид́ывать 1 a

imp.	отки́нь, ~те
p.pt.p.	отки́нутый

отки́нуться *perf* **1.** lean back **2.** spring open, snap open ‖ *imperf* откид́ываться

откла́дывать(ся) *imperf of* отложи́ть(ся)

откла́ниваться 1 a *imperf* **1.** *imperf of* откла́няться **2.** greet back, return a greeting

откла́няться 1 *perf obs* take *one's* leave ‖ *imperf* откла́ниваться 1 a

отклева́ть *perf* **1.** что peck, peck up **2.** *coll of fish* stop biting ‖ *imperf* отклёвывать 1 a *with* 1

ft.	отклюю́, -юёшь, -юю́т
imp.	отклю́й, ~те
pt.	отклева́л
g.pt.a.	отклева́в
p.pt.a.	отклева́вший
p.pt.p.	отклёванный

отклёвывать *imperf of* отклева́ть

отклеивать(ся) *imperf of* откле́ить(ся)

откле́ить *perf* что unstick, peel *smth* off *that is stuck to smth else* ‖ *imperf* откле́ивать 1 a

ft.	откле́ю, -е́ишь, -е́ят
imp.	откле́й, ~те
pt.	откле́ил
g.pt.a.	откле́ив
p.pt.a.	откле́ивший
p.pt.p.	откле́енный

откле́иться, *1st and 2nd pers not used, perf* come unstuck, peel away *from what it is stuck to* ‖ *imperf* откле́иваться

отклепа́ть 2 *perf* что unrivet ‖ *imperf* отклёпывать 1 a

p.pt.p.	отклёпанный

отклёпывать *imperf of* отклепа́ть

откликаться *imperf of* откликнуться

откликнуться 6 *perf* **1.** respond *to a call*; react **2.** show a sign of life **3.** на что react (to), respond (to), express an opinion (on) ‖ *imperf* откликаться 2a

отклонить *perf* **1.** что deflect, divert **2.** *fig* кого-что divert **3.** что reject, decline ‖ *imperf* отклонять 2a
ft. отклоню, -онишь, -онят
imp. отклони, ~те
pt. отклонил
g.pt.a. отклонив
p.pt.a. отклонивший
p.pt.p. отклонённый; отклонён, -ена

отклониться *perf* **1.** *1st and 2nd pers not used* be deflected, swing out, swing over **2.** dodge **3.** *fig* diverge, digress, deviate ‖ *imperf* отклоняться

отклонять(ся) *imperf of* отклонить(ся)

отключать *imperf of* отключить

отключить *perf* что switch *smth* off, break *circuit* ‖ *imperf* отключать 2a
ft. отключу, -чишь, -чат
imp. отключи, ~те
pt. отключил
g.pt.a. отключив
p.pt.a. отключивший
p.pt.p. отключённый; отключён, -ена

отковать 5 *perf* что **1.** forge, work **2.** strike off *forgings, irons, fetters etc.* **3.** *without object* stop forging ‖ *imperf* отковывать 1a *with* 1, 2
ft. откую, -уёшь, -уют

отковывать *imperf of* отковать

отковыривать *imperf of* отковырять

отковырнуть *perf semelf of* отковыривать

отковырять 2 *perf* что scrape [scratch] off ‖ *imperf* отковыривать 1a ‖ *perf semelf* отковырнуть 7

отказыря́ть[1] 2 *perf* кому *mil coll* salute
отказыря́ть[2] 2 *perf coll* play a trump card; lead trumps

откола́чивать *imperf of* отколотить

отколотить *perf coll* **1.** что knock down, knock off **2.** кого-что give a good hiding, thrash ‖ *imperf* откола́чивать 1a
ft. отколочу, -отишь, -отят
imp. отколоти, ~те
pt. отколотил
g.pt.a. отколотив
p.pt.a. отколотивший
p.pt.p. отколоченный

отколо́ть[1] *perf* что **1.** chop off, break off **2.** *fig* split off, separate **3.** *sub* come out with *smth unexpected, an unsuitable remark*; say *smth inappropriate* ‖ *imperf* откалывать 1a
ft. отколю, -олешь, -олют
imp. отколи, ~те
pt. отколол
g.pt.a. отколов
p.pt.a. отколовший
p.pt.p. отколотый

отколо́ть[2] *perf* что unpin ‖ *imperf* откалывать 1a
forms as отколоть[1]

отколо́ться[1] *perf* **1.** split off **2.** *fig* от кого-чего break with, separate (from) ‖ *imperf* откалываться

отколо́ться[2], *1st and 2nd pers not used, perf* come unpinned [unfastened] ‖ *imperf* откалываться

отколошма́тить *perf* кого-что *sub* beat up, thrash, give a licking, give a good hiding
ft. отколошмачу, -атишь, -атят
imp. отколошмать, ~те
pt. отколошматил
p.pt.a. отколошма́ченный

отколупа́ть 2 *perf* что *sub* scrape up, scrape together, pick off ‖ *imperf* отколупывать 1a ‖ *perf semelf* отколупнуть 7

отколупну́ть *perf semelf of* отколупывать

отколу́пывать *imperf of* отколупать

откомандирова́ть 5 *perf* кого-что countermand *an order*; second, detail ‖ *imperf* откомандировывать 1a

откомандиро́вывать *imperf of* откомандировать

откопа́ть 2 *perf* кого-что **1.** dig up, dig out **2.** *fig coll* dig out, dig up, disinter ‖ *imperf* откапывать 1a

откорми́ть *perf* кого-что fatten ‖ *imperf* откармливать 1a
ft. откормлю, -ормишь, -ормят
imp. откорми, ~те
pt. откормил
g.pt.a. откормив
p.pt.a. откормивший
p.pt.p. откормленный

откорми́ться *perf coll* stuff oneself, stuff *one's guts* ‖ *imperf* откармливаться

откра́ивать *imperf of* открыть

открепи́ть *perf* **1.** что loose, unfasten **2.** кого-что remove *a name from a list*; cancel ‖ *imperf* откреплять 2a
ft. откреплю, -пишь, -пят

imp.	открепи́, ~те
pt.	открепи́л
g.pt.a.	открепи́в
p.pt.a.	открепи́вший
p.pt.p.	откреплённый; откреплён, -ена́

открепи́ться *perf* **1.** *coll* get loose **2.** withdraw *one's* name, have *one's* name cancelled *on a list* ‖ *imperf* открепля́ться

открепля́ть(ся) *imperf of* открепи́ть(ся)

открести́ться *perf* (от чего́) **1.** *coll* stop crossing oneself **2.** *obs* cross oneself *against evil influence* ‖ *imperf* откре́щиваться 1a *with* 2

ft.	открещу́сь, -е́стишься, -е́стятся
imp.	открести́сь, -и́тесь
pt.	открести́лся, -лась
g.pt.a.	открести́вшись
p.pt.a.	открести́вшийся

откре́щиваться 1a *imperf* **1.** от чего́ *coll* rebel (at), resist *smth that goes against the grain* **2.** *imperf of* открести́ться

откровéнничать 1a *imperf* с кем-чем *coll* be (very) open with *smb*, bare *one's* soul to

откро́йть *perf* что *dressm* cut *material* off when cutting out ‖ *imperf* откра́ивать 1a

ft.	откро́ю, -о́ишь, -оя́т
imp.	откро́й, ~те
pt.	откро́йл
g.pt.a.	откро́йв
p.pt.a.	откро́йвший
p.pt.p.	откро́енный

откромса́ть 2 *perf* что *coll* make a clumsy job of cutting off

открути́ть *perf* что *coll* **1.** unwind **2.** unscrew **3.** twist off ‖ *imperf* откру́чивать 1a

ft.	откручу́, -у́тишь, -у́тят
imp.	открути́, ~те
pt.	открути́л
g.pt.a.	открути́в
p.pt.a.	открути́вший
p.pt.p.	откру́ченный

открути́ться *perf* **1.** *1st and 2nd pers not used*, *coll* unwind, come unwound **2.** *1st and 2nd pers not used*, *coll* unscrew, come unscrewed **3.** *fig sub* worm *one's* way out of, be backward in coming forward ‖ *imperf* откру́чиваться

откру́чивать(ся) *imperf of* открути́ть(ся)

открыва́ть(ся) *imperf of* откры́ть(ся)

откры́ть *perf* что **1.** open **2.** reveal, show **3.** *coll* put on, turn on, switch on **4.** open, inaugurate **5.** discover; disclose, uncover;

reveal, betray **6.** find out ‖ *imperf* открыва́ть 2 a

ft.	откро́ю, -о́ешь, -о́ют
imp.	откро́й, ~те
pt.	откры́л
g.pt.a.	откры́в
p.pt.a.	откры́вший
p.pt.p.	откры́тый

откры́ться *perf* **1.** open **2.** reveal itself, be revealed **3.** come to light **4.** open, begin, commence, throw the doors open **5.** кому́-чему́ confide, confess **6.** *of a wound* open ‖ *imperf* открыва́ться

откупа́ть(ся) *imperf of* откупи́ть(ся)

откупи́ть *perf* кого́-что *obs* **1.** buy up **2.** take a lease on **3.** ransom, buy out ‖ *imperf* откупа́ть 2a

ft.	откуплю́, -у́пишь, -у́пят
imp.	откупи́, ~те
pt.	откупи́л
g.pt.a.	откупи́в
p.pt.a.	откупи́вший
p.pt.p.	отку́пленный

откупи́ться *perf* от кого́-чего́ **1.** *obs of bondman* buy *one's* freedom **2.** *fig* buy oneself out ‖ *imperf* откупа́ться

отку́поривать *imperf of* отку́порить

отку́порить *perf* что **1.** uncork **2.** open *an airtight container* ‖ *imperf* отку́поривать 1a

ft.	отку́порю, -ришь, -рят
imp.	отку́порь, ~те *and* отку́пори, ~те
pt.	отку́порил
g.pt.a.	отку́порив
p.pt.a.	отку́поривший
p.pt.p.	отку́поренный

отку́пориться, *1st and 2nd pers not used*, *perf, of bottle* open, come uncorked

откуси́ть *perf* что *or* чего́ **1.** bite off **2.** nip off *with pincers* ‖ *imperf* отку́сывать 1a

ft.	откушу́, -у́сишь, -у́сят
imp.	откуси́, ~те
pt.	откуси́л
g.pt.a.	откуси́в
p.pt.a.	откуси́вший
p.pt.p.	отку́шенный

отку́сывать *imperf of* откуси́ть

отку́шать 1 *perf obs* **1.** be finished eating **2.** что *or* чего́ taste, try **3.** *without object* с кем eat at *smb's*, dine out at *smb's*, dine with *smb*

отла́вливать *imperf of* отлови́ть

отлага́ть(ся) *imperf of* отложи́ть(ся)

отлакирова́ть 5 perf что 1. varnish, lacquer 2. fig paint in rosy colours, idealize

отла́мывать(ся)[1] imperf of отломáть(ся)

отла́мывать(ся)[2] imperf of отломи́ть(ся)

отлегáть imperf of отлéчь

отлежáть perf что 1. get pins and needles in leg etc. 2. coll keep to one's bed during an illness, be bedbound, stay in bed when sick ‖ imperf отлёживать 1а

ft.	отлежу́, -жи́шь, -жа́т
imp.	отлежи́, ∼те
pt.	отлежа́л
g.pt.a.	отлежа́в
p.pt.a.	отлежа́вший
p.pt.p.	отлёжанный

отлежáться perf coll 1. treat oneself to a stay in bed 2. store, mellow, season, mature ‖ imperf отлёживаться

отлёживать(ся) imperf of отлежáть(ся)

отлепи́ть perf что coll peel off, detach, unstick ‖ imperf отлепля́ть 2а

ft.	отлеплю́, -éпишь, -éпят
imp.	отлепи́, ∼те
pt.	отлепи́л
g.pt.a.	отлепи́в
p.pt.a.	отлепи́вший
p.pt.p.	отлéпленный

отлепи́ться, 1st and 2nd pers not used, perf coll come unstuck, peel off ‖ imperf отлепля́ться

отлепля́ть(ся) imperf of отлепи́ть(ся)

отлетáть[1] imperf of отлетéть

отлетáть[2] 2 perf 1. end a flight 2. что have a spell as an aviator

отлетéть perf 1. fly off, fly away 2. fig, of time fly 3. coll come off; пу́говица отлетéла a button has come off ‖ imperf отлетáть 2а

ft.	отлечу́, -ети́шь, -етя́т
imp.	отлети́, ∼те
pt.	отлетéл
g.pt.a.	отлетéв
p.pt.a.	отлетéвший

отлéчь perf 1. allay one's fears; become easier; abate 2. impers: у меня́ отлеглó от сéрдца that takes a load off my mind ‖ imperf отлегáть 2а

ft.	отля́гу, -я́жешь, -я́гут
imp.	отля́г, ∼те
pt.	отлёг, -еглá
g.pt.a.	отлёгши
p.pt.a.	отлёгший

отливáть 2а imperf 1. imperf of отли́ть 2. чем be shot (with), be iridescent (with)

отливáться imperf 1. imperf of отли́ться 2. чем be shot (with)

отлипáть imperf of отли́пнуть

отли́пнуть perf 1. 1st and 2nd pers not used, coll come unstuck 2. sub leave smb be, let smb alone, give smb peace ‖ imperf отлипáть 2а

ft.	отли́пну, -нешь, -нут
imp.	отли́пни, ∼те
pt.	отли́п and obs отли́пнул, отли́пла
g.pt.a.	отли́пнув and отли́пши
p.pt.a.	отли́пший

отли́ть perf 1. что and чегó pour off, pour out a little bit 2. flow back, flood back 3. что tech cast ‖ imperf отливáть 2а

ft.	отолью́, -льёшь, -льют
imp.	отлéй, ∼те
pt.	óтлил, отлилá, óтлило
g.pt.a.	отли́вши
p.pt.a.	отли́вший
p.pt.p.	óтли́тый; óтли́т, отлитá óтли́то

отли́ться perf be cast ‖ imperf отливáться

pt.	отли́лся, -илáсь, -и́лóсь

отличáть 2а imperf когó-что 1. imperf of отличи́ть 2. distinguish 3. make a favorable distinction, give smb preferential treatment

отличáться imperf 1. imperf of отличи́ться 2. от когó-чегó be different (from) 3. чем be distinguished (by)

отличи́ть perf когó-что 1. distinguish between, differentiate (between) 2. decorate ‖ imperf отличáть 2а

ft.	отличу́, -чи́шь, -чáт
imp.	отличи́, ∼те
pt.	отличи́л
g.pt.a.	отличи́в
p.pt.a.	отличи́вший
p.pt.p.	отличённый; отличён, -енá

отличи́ться perf чем distinguish oneself by one's bravery ‖ imperf отличáться

отлови́ть perf 1. когó-что capture animals, trap 2. когó-что or without object coll stop trapping ‖ imperf отлáвливать 1а with 1

ft.	отловлю́, -óвишь, -óвят
imp.	отлови́, ∼те
pt.	отлови́л
g.pt.a.	отлови́в

p.pt.a.	отлови́вший
p.pt.p.	отло́вленный

отложи́ть *perf* что **1.** lay [put] aside, reserve **2.** put off, postpone **3.** *obs* turn down *collar etc.* **4.** кого́-что unharness, unyoke **5.** *biol* lay *eggs*; deposit *roes* ‖ *imperf* откла́дывать 1а *and* отлага́ть 2а *with* 2

ft.	отложу́, -о́жишь, -о́жат
imp.	отложи́, ~те
pt.	отложи́л
g.pt.a.	отложи́в
p.pt.a.	отложи́вший
p.pt.p.	отло́женный

отложи́ться *perf* **1.** form a deposit, be deposited, be precipitated **2.** *fig* stick *in the memory, mind* ‖ *imperf* откла́дываться *and* отлага́ться

отлома́ть 2 *perf* что **1.** break *smth* off **2.** *sub* cover *so and so many miles* ‖ *imperf* отла́мывать 1а

отлома́ться, *1st and 2nd pers not used, perf* break off, get broken off ‖ *imperf* отла́мываться

отломи́ть *perf* что break *smth* off, detach ‖ *imperf* отла́мывать 1а

ft.	отломлю́, -о́мишь, -о́мят
imp.	отломи́, ~те
pt.	отломи́л
g.pt.a.	отломи́в
p.pt.a.	отломи́вший
p.pt.p.	отло́мленный

отломи́ться, *1st and 2nd pers not used, perf* break off, get broken off ‖ *imperf* отла́мываться

отлупи́ть *perf sub* **1.** что peel off, pull off *skin, rind* **2.** кого́-что flay, beat up ‖ *imperf* отлупля́ть 2а

ft.	отлуплю́, -у́пишь, -у́пят
imp.	отлупи́, ~те
pt.	отлупи́л
g.pt.a.	отлупи́в
p.pt.a.	отлупи́вший
p.pt.p.	отлу́пленный

отлупи́ться, *1st and 2nd pers not used, perf sub* come off, crumble away, flake off ‖ *imperf* отлупля́ться

отлупля́ть(ся) *imperf of* отлупи́ть(ся)

отлущева́ть *perf* кого́-что *sub* flay, give a good hiding

ft.	отлущу́ю, -у́ешь, -у́ют
imp.	отлущу́й, ~те
pt.	отлущева́л
g.pt.a.	отлущева́в

p.pt.a.	отлупцева́вший
p.pt.p.	отлупцо́ванный

отлуча́ть(ся) *imperf of* отлучи́ть(ся)

отлучи́ть *perf* кого́-что *obs* exclude, expel; отлучи́ть от це́ркви excommunicate ‖ *imperf* отлуча́ть 2а

ft.	отлучу́, -чи́шь, -ча́т
imp.	отлучи́, ~те
pt.	отлучи́л
g.pt.a.	отлучи́в
p.pt.a.	отлучи́вший
p.pt.p.	отлучённый; отлучён, -ена́

отлучи́ться *perf* absent oneself ‖ *imperf* отлуча́ться

отлы́нивать 1а *imperf* от чего́ *sub* get out of, keep out of, be backward in coming forward

отма́лчиваться *imperf of* отмолча́ться

отма́лывать *imperf of* отмоло́ть

отма́тывать(ся) *imperf of* отмота́ть(ся)

отмаха́ть[1] *perf* что **1.** *sub* swing *one's arms tired* **2.** *a. without object naut* hand-signal, hand-flag ‖ *imperf* отма́хивать 1а

ft.	отмашу́, -а́шешь, -а́шут *and* отмаха́ю, -а́ешь, -а́ют
imp.	отмаши́, ~те *and* отмаха́й, ~те
pt.	отмаха́л
g.pt.a.	отмаха́в
p.pt.a.	отмаха́вший
p.pt.p.	отма́ханный

отмаха́ть[2] 2 *perf* что *sub* **1.** fly through, speed through **2.** deal with *quickly*, polish off ‖ *imperf* отма́хивать 1а
по *p.pt.p.*

отма́хивать[1,2] *imperf of* отмаха́ть[1,2]

отма́хивать[3] 1а *imperf* кого́-что flap *smth* away, shoo off *by flapping*; ward off ┃*perf* semelf отмахну́ть 7

отма́хиваться *imperf* **1.** от кого́-чего́ offer resistance (to) **2.** wave off, wave aside, decline *services offered* by a gesture **3.** *fig* от чего́ *sub* keep *smth* at arm's length, keep *one's* distance from ┃*perf* semelf отмахну́ться 7

отмахну́ть *perf semelf of* отма́хивать[3]

отмахну́ться *perf semelf of* отма́хиваться

отма́чивать *imperf of* отмочи́ть

отмежева́ть *perf* что **1.** delimit **2.** *fig* delimit, separate, keep apart ‖ *imperf* отмежёвывать 1а

ft.	отмежу́ю, -у́ешь, -у́ют
imp.	отмежу́й, ~те

pt.   отмежева́л
g.pt.a.   отмежева́в
p.pt.a.   отмежева́вший
p.pt.p.   отмежёванный

отмежева́ться *perf* от кого́-чего́ be delimited (from); distance oneself (from) ‖ *imperf* отмежёвываться

отмежёвывать(ся) *imperf of* отмежева́ть(ся)

отмени́ть *perf* что **1.** cancel, end; declare invalid **2.** remove from the agenda, cancel ‖ *imperf* отменя́ть 2а
ft.   отменю́, -е́нишь, -е́нят
imp.   отмени́, ∼те
pt.   отмени́л
g.pt.a.   отмени́в
p.pt.a.   отмени́вший
p.pt.p.   отменённый; отменён, -ена́

отменя́ть *imperf of* отмени́ть

отмере́ть, *1st and 2nd pers not used, perf* **1.** die off, atrophy **2.** *fig* die out ‖ *imperf* отмира́ть 2а
ft.   отомрёт, -ру́т
pt.   о́тмер, отмерла́, о́тмерло
g.pt.a.   отмере́в *and* отмёрши
p.pt.a.   отме́рший

отмерза́ть *imperf of* отмёрзнуть

отмёрзнуть, *1st and 2nd pers not used, perf* **1.** *of plants* freeze **2.** *coll, of parts of the body* freeze ‖ *imperf* отмерза́ть 2а
ft.   отмёрзнет, -нут
pt.   отмёрз, ∼ла
g.pt.a.   отмёрзнув *and* отмёрзши
p.pt.a.   отмёрзший

отме́ривать *imperf of* отме́рить

отме́рить *perf* что **1.** measure, measure off **2.** *coll* cover *such and such a distance* ‖ *imperf* отме́ривать 1а *and* отмеря́ть 2а
ft.   отме́рю, -ришь, -рят *and coll* отме́ряю, -яешь, -яют
imp.   отме́рь, ∼те *and coll* отме́ряй, ∼те
pt.   отме́рил
g.pt.a.   отме́рив
p.pt.a.   отме́ривший
p.pt.p.   отме́ренный

отмеря́ть *imperf of* отме́рить

отмести́ *perf* кого́-что **1.** brush aside, sweep aside **2.** *fig* brush aside, sweep aside, reject, discount ‖ *imperf* отмета́ть 2а
ft.   отмету́, -тёшь, -ту́т
imp.   отмети́, ∼те
pt.   отмёл, -ела́
g.pt.a.   отметя́

p.pt.a.   отмётший
p.pt.p.   отметённый; отметён, -ена́

отмета́ть *imperf of* отмести́

отме́тить *perf* кого́-что **1.** mark, distinguish *by marking* **2.** enter, register, note, record **3.** note, find out **4.** stress, emphasize **5.** celebrate, mark *a festive occasion* **6.** *coll* sign *smb* out ‖ *imperf* отмеча́ть 2а
ft.   отме́чу, -е́тишь, -е́тят
imp.   отме́ть, ∼те
pt.   отме́тил
g.pt.a.   отме́тив
p.pt.a.   отме́тивший
p.pt.p.   отме́ченный

отме́титься *perf* **1.** be registered, be entered, register **2.** *coll* sign out ‖ *imperf* отмеча́ться

отмеча́ть(ся) *imperf of* отме́тить(ся)

отмира́ть *imperf of* отмере́ть

отмобилизова́ть 5 *perf* кого́-что *mil* mobilize

отмока́ть *imperf of* отмо́кнуть

отмо́кнуть, *1st and 2nd pers not used, perf* **1.** become damp **2.** come off *by getting soggy*, soak off ‖ *imperf* отмока́ть 2а
ft.   отмо́кнет, -нут
pt.   отмо́к, ∼ла
g.pt.a.   отмо́кнув *and* отмо́кши
p.pt.a.   отмо́кший

отмола́чивать(ся) *imperf of* отмолоти́ть(ся)

отмолоти́ть *perf* **1.** take a spell at threshing **2.** что *or without object* stop threshing ‖ *imperf* отмола́чивать 1а *with* 1
ft.   отмолочу́, -о́тишь, -о́тят
imp.   отмолоти́, ∼те
pt.   отмолоти́л
g.pt.a.   отмолоти́в
p.pt.a.   отмолоти́вший
p.pt.p.   отмоло́ченный

отмолоти́ться *perf sub* finish threshing ‖ *imperf* отмола́чиваться

отмоло́ть *perf* **1.** take a spell at grinding **2.** что *or without object* finish grinding ‖ *imperf* отма́лывать 1а *with* 1
ft.   отмелю́, -е́лешь, -е́лют
imp.   отмели́, ∼те
pt.   отмоло́л
g.pt.a.   отмоло́в
p.pt.a.   отмоло́вший
p.pt.p.   отмо́лотый

отмолча́ться *perf coll* remain silent, refuse to speak, be conspicuous by *one's* silence,

keep *one's* own counsel ‖ *imperf* отма́л-
чиваться 1 a
ft.	отмолчу́сь, -чи́шься, -ча́тся
imp.	отмолчи́сь, -и́тесь
pt.	отмолча́лся, -лась
g.pt.a.	отмолча́вшись
p.pt.a.	отмолча́вшийся

отмора́живать *imperf of* отморо́зить

отморо́зить *perf* что freeze, get frostbite
in *parts of the body* ‖ *imperf* отмора́жи-
вать 1 a
ft.	отморо́жу, -о́зишь, -о́зят
imp.	отморо́зь, ~те
pt.	отморо́зил
g.pt.a.	отморо́зив
p.pt.a.	отморо́зивший
p.pt.p.	отморо́женный

отмота́ть 2 *perf* что 1. *or* чего́ unwind,
reel off, unreel, unspool 2. *coll* tire *one's*
hands out ‖ *imperf* отма́тывать 1 a

отмота́ться *perf* unwind, come unspooled
‖ *imperf* отма́тываться

отмочи́ть *perf* что 1. soak off 2. wash,
treat with water 3. *fig sub*: отмочи́ть
глу́пость hatch out a prank ‖ *imperf* от-
ма́чивать 1 a
ft.	отмочу́, -о́чишь, -о́чат
imp.	отмочи́, ~те
pt.	отмочи́л
g.pt.a.	отмочи́в
p.pt.a.	отмочи́вший
p.pt.p.	отмо́ченный

отмсти́ть *perf* кому́-чему́ за что *obs*
wreak vengeance (upon) ‖ *imperf* от-
мща́ть 2 a
ft.	отмщу́, отмсти́шь, отмстя́т
imp.	отмсти́, ~те
pt.	отмсти́л
g.pt.a.	отмсти́в
p.pt.a.	отмсти́вший
p.pt.p.	отмщённый; отмщён, -ена́

отму́читься *perf coll* stop tormenting oneself
ft.	отму́чусь, -чишься, -чатся *and*
	отму́чаюсь, -аешься, -аются
imp.	отму́чься, -чьтесь
pt.	отму́чился, -лась
g.pt.a.	отму́чившись
p.pt.a.	отму́чившийся

отмща́ть *imperf of* отмсти́ть

отмыва́ть(ся) *imperf of* отмы́ть(ся)

отмыка́ть(ся) *imperf of* отомкну́ть(ся)

отмы́ть *perf* что 1. wash down, wash out
2. *geol* wash out ‖ *imperf* отмыва́ть 2 a

ft.	отмо́ю, -о́ешь, -о́ют
imp.	отмо́й, ~те
pt.	отмы́л
g.pt.a.	отмы́в
p.pt.a.	отмы́вший
p.pt.p.	отмы́тый

отмы́ться *perf* 1. *1st and 2nd pers not used*
come out, wash out 2. *1st and 2nd pers
not used* come clean 3. *coll* be through
washing ‖ *imperf* отмыва́ться *with* 1, 2

отмяка́ть *imperf of* отмя́кнуть

отмя́кнуть *perf coll* 1. *1st and 2nd pers
not used* be softened *by damp*, become
soggy 2. *fig* soften, become more obliging, become friendlier, be nicer ‖ *imperf*
отмяка́ть 2 a
ft.	отмя́кну, -нешь, -нут
imp.	отмя́кни, ~те
pt.	отмя́к, ~ла
g.pt.a.	отмя́кнув *and* отмя́кши
p.pt.a.	отмя́кший

отне́киваться 1 a *imperf coll* turn *smb*
down, give no for an answer

отнести́ *perf* кого́-что 1. take *somewhere*
2. take away 3. к кому́-чему́ assign to;
order; отнести́ ру́копись к XV ве́ку
assign a MS to the fifteenth century,
date a MS as fifteenth century 4. put off,
postpone 5. *sub* chop off ‖ *imperf* отно-
си́ть, forms ib.
ft.	отнесу́, -сёшь, -су́т
imp.	отнеси́, ~те
pt.	отнёс, -есла́
g.pt.a.	отнеся́ *and* отнёсши
p.pt.a.	отнёсший
p.pt.p.	отнесённый; отнесён, -ена́

отнести́сь *perf* 1. к кому́-чему́ behave
(towards), act (towards) 2. к кому́ *obs*
turn to, address oneself to 3. *obs* bring
appreciation, blame to expression (*i.e. laud
or contemn*) ‖ *imperf* относи́ться

отникелирова́ть 5 *perf* что nickel plate,
nickel

отнима́ть(ся) *imperf of* отня́ть(ся)

относи́ть *imperf of* отнести́
pr.	отношу́, -о́сишь, -о́сят
imp.	относи́, ~те
pt.	относи́л
g.pr.a.	относя́
p.pr.a.	относя́щий
p.pt.a.	относи́вший
p.pr.p.	относи́мый

относи́ться *imperf* 1. *imperf of* отнести́сь

2. к кому́-чему́ be *one* of, belong (to), count among **3.** к кому́-чему́ refer (to)

отня́ть *perf* кого́-что **1.** take away; appropriate **2.** *fig* take away, bereave (of); отня́ть наде́жду take away all hope **3.** *coll* remove, take off, amputate *a limb* **4.** take, call for, cast *time, effort etc.* **5.** *coll* take away, subtract ‖ *imperf* отнима́ть 2a *and obs* отыма́ть, forms ib.

ft.	отниму́, -и́мешь, -и́мут *and sub* отыму́, оты́мешь, оты́мут
imp.	отними́, ~те *and sub* отыми́, ~те
pt.	о́тнял *and coll* отня́л, отняла́, о́тняло *and coll* отня́ло
g.pt.a.	отня́в
p.pt.a.	отня́вший
p.pt.p.	о́тнятый; о́тнят, отнята́, о́тнято

отня́ться, *1st and 2nd pers not used, perf* **1.** *of parts of the body* be paralyzed; go numb **2.** *coll* be (as if) paralyzed, fail ‖ *imperf* отнима́ться

pt.	отня́лся, -яла́сь, -яло́сь

отобе́дать 1 *perf* end one's midday meal

отобража́ть(ся) *imperf of* отобрази́ть(ся)

отобрази́ть *perf* кого́-что depict, represent, reflect ‖ *imperf* отобража́ть 2a

ft.	отображу́, -ази́шь, -азя́т
imp.	отобрази́, ~те
pt.	отобрази́л
g.pt.a.	отобрази́в
p.pt.a.	отобрази́вший
p.pt.p.	отображённый; отображён, -ена́

отобрази́ться, *1st and 2nd pers not used, perf* be reflected ‖ *imperf* отобража́ться

отобра́ть *perf* кого́-что **1.** take away; appropriate **2.** choose, select, pick out **3.** *obs* gather *information;* collect *statements* ‖ *imperf* отбира́ть 2a

ft.	отберу́, -рёшь, -ру́т
imp.	отбери́, ~те
pt.	отобра́л, -ала́, -а́ло
g.pt.a.	отобра́в
p.pt.a.	отобра́вший
p.pt.p.	ото́бранный

отова́ривать *imperf of* отова́рить

отова́рить *perf* что supply goods to, supply with goods ‖ *imperf* отова́ривать 1a

ft.	отова́рю, -ришь, -рят
imp.	отова́рь, ~те
pt.	отова́рил
g.pt.a.	отова́рив
p.pt.a.	отова́ривший
p.pt.p.	отова́ренный

отогна́ть *perf* **1.** кого́-что drive off **2.** что distil ‖ *imperf* отгоня́ть 2a

ft.	отгоню́, -о́нишь, -о́нят
imp.	отгони́, ~те
pt.	отогна́л, -ала́, -а́ло
g.pt.a.	отогна́в
p.pt.a.	отогна́вший
p.pt.p.	ото́гнанный

отогну́ть 7 *perf* что **1.** bend straight, straighten out **2.** bend back, turn back ‖ *imperf* отгиба́ть 2a

отогну́ться, *1st and 2nd pers not used, perf* **1.** be bent straight, straighten **2.** bend to one side ‖ *imperf* отгиба́ться

отогрева́ть(ся) *imperf of* отогре́ть(ся)

отогре́ть 3 *perf* кого́-что warm, heat; warm up, rewarm ‖ *imperf* отогрева́ть 2a

отогре́ться *perf* get warm, warm oneself ‖ *imperf* отогрева́ться

отодвига́ть(ся) *imperf of* отодви́нуть(ся)

отодви́нуть 6 *perf* **1.** кого́-что shove aside, move to one side **2.** *fig* что *coll* put off, postpone ‖ *imperf* отодвига́ть 2a

imp.	отодви́нь, ~те
p.pt.p.	отодви́нутый

отодви́нуться *perf* **1.** move to one side **2.** *1st and 2nd pers not used, fig coll, of deadline* be extended, be put off ‖ *imperf* отодвига́ться

отодра́ть *perf* **1.** что tear down, tear off **2.** кого́-что *coll* give a good hiding to ‖ *imperf* отдира́ть 2a

ft.	отдеру́, -рёшь, -ру́т
imp.	отдери́, ~те
pt.	отодра́л, -ала́, -а́ло
g.pt.a.	отодра́в
p.pt.a.	отодра́вший
p.pt.p.	ото́дранный

отодра́ться, *1st and 2nd pers not used, perf* come loose, come off ‖ *imperf* отдира́ться

pt.	отодра́лся, -ала́сь, -а́ло́сь

отождестви́ть *perf* кого́-что identify ‖ *imperf* отождествля́ть 2a

ft.	отождествлю́, -ви́шь, -вя́т
imp.	отождестви́, ~те
pt.	отождестви́л
g.pt.a.	отождестви́в
p.pt.a.	отождестви́вший
p.pt.p.	отождествлённый; отождествлён, -ена́

отождествля́ть *imperf of* отождестви́ть

отожестви́ть _perf_ кого́-что identify ‖ _imperf_ отожествля́ть 2a
_ft._   отожествлю́, -ви́шь, -вя́т
imp.   отожестви́, ~те
_pt._   отожестви́л
_g.pt.a._ отожестви́в
_p.pt.a._ отожестви́вший
_p.pt.p._ отожествлённый; отожествлён, -ена́

отожествля́ть _imperf of_ отожестви́ть

отозва́ть _perf_ кого́-что **1.** call aside, call off **2.** recall _smb from a post_ ‖ _imperf_ отзыва́ть 2a
_ft._   отзову́, -вёшь, -ву́т
imp.   отзови́, ~те
_pt._   отозва́л, -ала́, -а́ло
_g.pt.a._ отозва́в
_p.pt.a._ отозва́вший
_p.pt.p._ ото́званный

отозва́ться _perf_ **1.** respond _to a call_, react; show a sign of life **2.** на что _of a sensation_ make itself felt, be noticeable **3.** на ком-чём have an effect (on), affect, influence, tell (on) **4.** о ком-чём express _one's_ opinion (of) ‖ _imperf_ отзыва́ться
_pt._   отозва́лся, -ала́сь, -а́ло́сь

отойти́ _perf_ **1.** move away (from); cover _such and such a distance_ **2.** depart _according to timetable_ **3.** _mil_ withdraw **4.** от кого́-чего́ part company, become estranged; abandon **5.** _1st and 2nd pers not used_ come off **6.** _1st and 2nd pers not used, of a stain_ disappear, come out **7.** become reanimated; come back to _one's_ senses, return to _one's_ senses **8.** _1st and 2nd pers not used, of property_ fall to, go to **9.** _obs_ end, finish, come to an end; pass away **10.** _obs_ leave, give up _one's_ place of work etc. ‖ _imperf_ отходи́ть[1], forms ib.
_ft._   отойду́, -дёшь, -ду́т
imp.   отойди́, ~те
_pt._   отошёл, -шла́
_g.pt.a._ отойдя́ _and obs_ отоше́дши
_p.pt.a._ отоше́дший

отомкну́ть 7 _perf_ что **1.** _sub obs_ open, unlock **2.**: отомкну́ть штык unfix bayonet ‖ _imperf_ отмыка́ть 2a

отомкну́ться _perf_ open, come open ‖ _imperf_ отмыка́ться

отомсти́ть _perf_ **1.** кому́-чему́ avenge oneself (on) **2.** что _obs_ avenge ‖ _imperf_ отомща́ть 2a
_ft._   отомщу́, -мсти́шь, -мстя́т
imp.   отомсти́, ~те
_pt._   отомсти́л
_g.pt.a._ отомсти́в
_p.pt.a._ отомсти́вший
_p.pt.p._ отомщённый; отомщён, -ена́

отомща́ть _imperf of_ отомсти́ть

отопи́ть _perf_ что heat _a room etc._ ‖ _imperf_ ота́пливать 1a
_ft._   отоплю́, -о́пишь, -о́пят
imp.   отопи́, ~те
_pt._   отопи́л
_g.pt.a._ отопи́в
_p.pt.a._ отопи́вший
_p.pt.p._ ото́пленный

отора́чивать _imperf of_ оторочи́ть

оторва́ть _perf_ кого́-что **1.** tear off **2.** _fig_ tear away, tear loose **3.** separate; оторва́ть дете́й от ма́тери separate children from their mother ‖ _imperf_ отрыва́ть 2a
_ft._   оторву́, -вёшь, -ву́т
imp.   оторви́, ~те
_pt._   оторва́л, -ала́, -а́ло
_g.pt.a._ оторва́в
_p.pt.a._ оторва́вший
_p.pt.p._ ото́рванный

оторва́ться _perf_ от кого́-чего́ **1.** tear loose, give way **2.** go away, separate; оторва́ться от проти́вника disengage from the enemy **3.** _fig_ lose contact **4.** _av_ take off **5.** tear oneself away from; оторва́ться от кни́ги tear oneself away from a book ‖ _imperf_ отрыва́ться; не отрыва́ясь without stopping
_pt._   оторва́лся, -ала́сь, -а́ло́сь

оторопе́ть 3 _perf coll_ be put out of _one's_ stride, be disconcerted, be nonplussed, be baffled

оторочи́ть _perf_ что edge, trim ‖ _imperf_ отора́чивать 1a
_ft._   оторочу́, -чи́шь, -ча́т
imp.   оторочи́, ~те
_pt._   оторочи́л
_g.pt.a._ оторочи́в
_p.pt.a._ оторочи́вший
_p.pt.p._ оторо́ченный

отосла́ть _perf_ кого́-что **1.** send, dispatch **2.** send away, tell to go **3.** к чему́ refer _smb_ to ‖ _imperf_ отсыла́ть 2a
_ft._   отошлю́, -лёшь, -лю́т
imp.   отошли́, ~те
_pt._   отосла́л
_g.pt.a._ отосла́в
_p.pt.a._ отосла́вший
_p.pt.p._ ото́сланный

отоспа́ться _perf coll_ sleep _one's_ fill, have

a lie in, catch up on *one's* sleep ‖ *imperf* отсыпа́ться 2a

ft.	отосплю́сь, -пи́шься, -пя́тся
imp.	отоспи́сь, -йтесь
pt.	отоспа́лся, -ала́сь, -ало́сь
g.pt.a.	отоспа́вшись
p.pt.a.	отоспа́вшийся

отоща́ть 2 *perf coll* take off fat, lose fat, lose weight

отпада́ть *imperf of* отпа́сть

отпа́ивать[1] *imperf of* отпая́ть

отпа́ивать[2] *imperf of* отпои́ть

отпа́иваться *imperf of* отпая́ться

отпа́ривать *imperf of* отпа́рить

отпари́ровать 4 *perf* что parry, fend off, ward off, counter

отпа́рить *perf* что *coll* **1.** steam-iron, iron with a damp cloth **2.** steam off, steam apart ‖ *imperf* отпа́ривать 1a

ft.	отпа́рю, -ришь, -рят
imp.	отпа́рь, ~те
pt.	отпа́рил
g.pt.a.	отпа́рив
p.pt.a.	отпа́ривший
p.pt.p.	отпа́ренный

отпа́рывать(ся) *imperf of* отпоро́ть(ся)

отпа́сть, *1st and 2nd pers not used, perf* **1.** come off, fall away **2.** cease to apply, be no longer applicable, not apply, become invalid, become unnecessary **3.** fall out, vanish, depart, pass, ebb ‖ *imperf* отпада́ть 2a

ft.	отпадёт, -дут
pt.	отпа́л
g.pt.a.	отпа́в
p.pt.a.	отпа́вший *and obs* отпа́дший

отпаха́ть *perf* **1.** take a spell at ploughing **2.** что *or without object* stop ploughing

ft.	отпашу́, -а́шешь, -а́шут
imp.	отпаши́, ~те
pt.	отпаха́л
g.pt.a.	отпаха́в
p.pt.a.	отпаха́вший
p.pt.p.	отпа́ханный

отпая́ть 2 *perf* что unsolder ‖ *imperf* отпа́ивать 1a

отпая́ться, *1st and 2nd pers not used, perf* come unsoldered ‖ *imperf* отпа́иваться

отпева́ть *imperf of* отпе́ть

отпере́ть *perf* **1.** что unbolt **2.** кого́-что *coll* release, let out ‖ *imperf* отпира́ть 2a

ft.	отопру́, -рёшь, -ру́т
imp.	отопри́, ~те

pt.	о́тпер, отперла́, о́тперло
g.pt.a.	отпере́в *and* отпёрши *and* о́тперши
p.pt.a.	отпёрший *and* о́тперший
p.pt.p.	о́тпертый; о́тперт, отперта́, о́тперто

отпере́ться *perf* **1.** open, come open **2.** *coll* throw open the gates *to admit smb* **3.** *coll* deny ‖ *imperf* отпира́ться

pt.	отпёрся, отперла́сь, отперло́сь

отпе́ть *perf* **1.** stop singing **2.** что *mus* sight read, sing from sheet **3.** кого́-что read the burial service (over) ‖ *imperf* отпева́ть 2a *with* 3

ft.	отпою́, -оёшь, -ою́т
imp.	отпо́й, ~те
pt.	отпе́л
g.pt.a.	отпе́в
p.pt.a.	отпе́вший
p.pt.p.	отпе́тый

отпеча́тать 1 *perf* что **1.** print **2.** type out, type **3.** print, make a positive print *from a photographic negative* **4.** print off *printing* **5.** unseal **6.** leave an impression, leave an imprint **7.** *fig sub* stress *every word when speaking* ‖ *imperf* отпеча́тывать 1a

отпеча́таться, *1st and 2nd pers not used, perf* **1.** leave an impression, leave an imprint **2.** *fig* impress on *one's* mind, imprint in *one's* memory ‖ *imperf* отпеча́тываться

отпечатлева́ться *imperf of* отпечатле́ться

отпечатле́ться 3, *1st and 2nd pers not used, perf obs* **1.** leave an impression, leave an imprint **2.** set its imprint on, set its stamp on, make its mark on **3.** impress on *one's* mind, imprint in *one's* memory ‖ *imperf* отпечатлева́ться 2a

отпеча́тывать(ся) *imperf of* отпеча́тать(ся)

отпива́ть *imperf of* отпи́ть

отпи́ливать *imperf of* отпили́ть

отпили́ть *perf* что saw off ‖ *imperf* отпи́ливать 1a

ft.	отпилю́, -и́лишь, -и́лят
imp.	отпили́, ~те
pt.	отпили́л
g.pt.a.	отпили́в
p.pt.a.	отпили́вший
p.pt.p.	отпи́ленный

отпира́ть(ся) *imperf of* отпере́ть(ся)

отпирова́ть 5 *perf coll* **1.** что mark *with a banquet*, celebrate **2.** finish celebrating no *p.pt.p.*

отписа́ть *perf* кого́-что **1.** *obs* confiscate **2.** *obs and sub* bequeath, make over, hand down **3.** *obs* cross from the list **4.** *a. without object obs and sub* give a written answer, answer in writing **5.** *a. without object, coll* finish writing, stop writing ‖ *imperf* отпи́сывать 1 a *with* 1—4

ft.	отпишу́, -и́шешь, -и́шут
imp.	отпиши́, ~те
pt.	отписа́л
g.pt.a.	отписа́в
p.pt.a.	отписа́вший
p.pt.p.	отпи́санный

отписа́ться *perf coll* write a noncomittal answer, send a noncomittal reply ‖ *imperf* отпи́сываться

отпи́сывать(ся) *imperf of* отписа́ть(ся)

отпи́ть *perf* **1.** что *or* чего́ take a sip, partake of a drink **2.** *coll* stop drinking ‖ *imperf* отпива́ть 2 a *with* 1

ft.	отопью́, -пьёшь, -пью́т
imp.	отпе́й, ~те
pt.	о́тпи́л, отпила́, о́тпи́ло
g.pt.a.	отпи́в
p.pt.a.	отпи́вший
p.pt.p.	о́тпи́тый; о́тпи́т отпи́та́, о́тпи́то

отпи́хивать(ся) *imperf of* отпихну́ть(ся)

отпихну́ть 7 *perf* кого́-что *coll* dismiss; push aside; push off ‖ *imperf* отпи́хивать 1 a

отпихну́ться *perf coll* push off *from the shore* ‖ *imperf* отпи́хиваться

отплати́ть *perf* кому́-чему́ за что **1.** repay, return *a kindness*, thank (for) **2.** repay, take vengeance (for), be revenged (for) ‖ *imperf* отпла́чивать 1 a

ft.	отплачу́, -а́тишь, -а́тят
imp.	отплати́, ~те
pt.	отплати́л
g.pt.a.	отплати́в
p.pt.a.	отплати́вший
p.pt.p.	отпла́ченный

отпла́чивать *imperf of* отплати́ть

отплёвывать(ся) *imperf of* отплю́нуть(ся)

отплёскивать *imperf of* отплесну́ть

отплесну́ть 7 *perf* **1.** *of waves* foam back, surge back **2.** что *or* чего́ *coll* pour away, pour off ‖ *imperf* отплёскивать 1 a

p.pt.p.	отплёснутый *with* 2

отплести́ *perf* **1.** что unbraid, unweave **2.** что *or without object, coll* stop weaving ‖ *imperf* отплета́ть 2 a *with* 1

ft.	отплету́, -тёшь, -ту́т

imp.	отплети́, ~те
pt.	отплёл, -ела́
g.pt.a.	отплетя́ *and* отплётши
p.pt.a.	отплётший
p.pt.p.	отплетённый; отплетён, -ена́

отплета́ть *imperf of* отплести́

отплыва́ть *imperf of* отплы́ть

отплы́ть *perf* **1.** swim off, float out **2.** put to sea ‖ *imperf* отплыва́ть 2 a

ft.	отплыву́, -вёшь, -ву́т
imp.	отплыви́, ~те
pt.	отплы́л, -ыла́, -ы́ло
g.pt.a.	отплыв́ *and* отплы́в(ши)
p.pt.a.	отплы́вший

отплю́нуть 6 *perf* что *or without object, coll* spit out, puke ‖ *imperf* отплёвывать 1 a

imp.	отплю́нь, ~те

отплю́нуться *perf coll* spew, spit out ‖ *imperf* отплёвываться

отпляса́ть *perf coll* **1.** что do a folk dance **2.** что dance *one's legs* off **3.** *without object* stop dancing ‖ *imperf* отпля́сывать 1 a *with* 1, 2

ft.	отпляшу́, -я́шешь, -я́шут
imp.	отпляши́, ~те
pt.	отпляса́л
g.pt.a.	отпляса́в
p.pt a.	отпляса́вший
p.pt.p.	отпля́санный

отпля́сывать 1 a *imperf* **1.** *imperf of* отпляса́ть **2.** *coll* dance with all *one's* might, dance with might and main

отпои́ть *perf* кого́-что **1.** raise *an animal* on liquid nourishment, rear *an animal* on the bottle **2.** *coll* build up *on milk*, feed up *on milk* **3.** *coll* put back on *his* feet *with a potion, physic* ‖ *imperf* отпа́ивать 1 a

ft.	отпою́, -ои́шь, -оя́т *and coll* -о́ишь, -о́ят
imp.	отпо́й, ~те *and sub* отпо́й, ~те
pt.	отпои́л
g.pt a.	отпои́в
p.pt a.	отпои́вший
p.pt p.	отпо́енный

отполза́ть *imperf of* отползти́

отползти́ *perf* crawl to one side ‖ *imperf* отполза́ть 2 a

ft.	отползу́, -зёшь, -зу́т
imp.	отползи́, ~те
pt.	отпо́лз, -олзла́
g.pt.a.	отпо́лзши
p.pt.a.	отпо́лзший

отполирова́ть 5 *perf* что rub up, polish ‖
imperf отполиро́вывать 1 a

отполиро́вывать *imperf of* отполирова́ть

отпоро́ть *perf* что rip off; unpick ‖ *imperf*
отпа́рывать 1 a
ft.   отпорю́, -о́решь, -о́рют
imp.   отпори́, ~те
pt.   отпоро́л
g.pt.a.   отпоро́в
p.pt.a.   отпоро́вший
p.pt.p.   отпо́ротый

отпоро́ться, *1st and 2nd pers not used, perf*
come unstitched, come apart ‖ *imperf*
отпа́рываться

отпотева́ть *imperf of* отпоте́ть

отпоте́ть 3, *1st and 2nd pers not used, perf*
coll, of smooth surface, glass etc. mist
over, steam up; *of wall* become damp
[mildewed] ‖ *imperf* отпотева́ть 2 a

отпочкова́ться 5 *perf* 1. *bot* gemmate
2. *biol* reproduce itself by means of
mitosis *etc.* 3. *fig* split off, branch off,
become an independent entity ‖ *imperf*
отпочко́вываться 1 a

отпочко́вываться *imperf of* отпочкова́ться

отпра́вить[1] *perf* кого́-что 1. dispatch, send
2. dispatch, give the signal to depart ‖
imperf отправля́ть 2 a
ft.   отпра́влю, -вишь, -вят
imp.   отпра́вь, ~те
pt.   отпра́вил
g.pt.a.   отпра́вив
p.pt.a.   отпра́вивший
p.pt.p.   отпра́вленный

отпра́вить[2] *perf* что *obs* accomplish ‖ *im-perf* отправля́ть 2 a
forms as отпра́вить[1]

отпра́виться *perf* 1. depart, set out 2. depart,
set off, move off, pull out *of the station* ‖
imperf отправля́ться

отправля́ть[1,2] *imperf of* отпра́вить[1,2]

отправля́ться 2 a *imperf* 1. *imperf of* от-
пра́виться 2. от чего́ start (from),
proceed (from)

отпра́здновать [зн] 4 *perf* 1. что celebrate,
mark ceremonially, mark with a ceremony
2. *coll* finish celebrating

отпра́шивать(ся) *imperf of* отпроси́ть(ся)

отпрессова́ть 5 *perf* что *tech* press out

отпроси́ть *perf* кого́-что *sub* ask that *smb*
may have leave ‖ *imperf* отпра́шивать 1 a
ft.   отпрошу́, -о́сишь, -о́сят
imp.   отпроси́, ~те

pt.   отпроси́л
g.pt.a.   отпроси́в
p.pt.a.   отпроси́вший

отпроси́ться *perf* put in for leave; ask permission to depart [to absent] oneself ‖ *imperf* отпра́шиваться

отпры́гивать *imperf of* отпры́гнуть

отпры́гнуть 6 *perf* 1. spring back, jump
aside 2. *coll* bounce, rebound ‖ *imperf*
отпры́гивать 1 a

отпряга́ть *imperf of* отпря́чь

отпря́дывать *imperf of* отпря́нуть

отпря́нуть 6 *perf* start back ‖ *imperf obs*
отпря́дывать 1 a
imp.   отпря́нь, ~те

отпря́чь [ре́] *perf* кого́-что unharness ‖ *imperf* отпряга́ть 2 a
ft.   отпрягу́, -яжёшь, -ягу́т
imp.   отпряги́, ~те
pt.   отпря́г, -ягла́
g.pt.a.   отпря́гши
p.pt.a.   отпря́гший
p.pt.p.   отпряжённый; отпряжён, -ена́

отпуга́ть 2 *perf* кого́-что *coll* drive off ‖
imperf отпу́гивать 1 a

отпу́гивать[1] *imperf of* отпугну́ть

отпу́гивать[2] *imperf of* отпуга́ть

отпугну́ть 7 *perf* кого́-что 1. dispel; drive
off 2. scare off ‖ *imperf* отпу́гивать 1 a

отпуска́ть *imperf of* отпусти́ть

отпусти́ть *perf* кого́-что 1. release, discharge, dismiss 2. release, discharge, set
free 3. relax, slacken, loosen 4. grow *hair,
nails etc.* 5. serve, issue, sell 6. allocate,
grant, endorse *funds* 7. *coll* come out
with *unfortunate, unsuitable, inappropriate
remark* 8. sharpen, whet, grind 9. *tech*
anneal, temper ‖ *imperf* отпуска́ть 2 a
ft.   отпущу́, -у́стишь, -у́стят
imp.   отпусти́, ~те
pt.   отпусти́л
g.pt.a.   отпусти́в
p.pt.a.   отпусти́вший
p.pt.p.   отпу́щенный

отпу́тать 1 *perf* что *coll* unravel, solve ‖
imperf отпу́тывать 1 a

отпу́тывать *imperf of* отпу́тать

отраба́тывать *imperf of* отрабо́тать

отрабо́тать 1 *perf* что 1. work off; отра-
бо́тать ава́нс work off an advance 2. do
a spell of work 3. *without object, coll* stop
working 4. *coll* work up, polish, file

sentences, an article etc. **5.** train to the point of perfection, practise until perfect ‖ *imperf* отраба́тывать 1a *with* 1, 4

отрави́ть *perf* кого́-что **1.** poison **2.** *fig* embitter, spoil *life*; poison, ruin, kill *morale* **3.** render poisonous, make venomous ‖ *imperf* отравля́ть 2a

ft.	отравлю́, -а́вишь, -а́вят
imp.	отрави́й, ~те
pt.	отрави́л
g.pt.a.	отрави́в
p.pt.a.	отрави́вший
p.pt.p.	отра́вленный

отрави́ться *perf* **1.** poison oneself, take poison **2.** be poisoned, suffer poisoning ‖ *imperf* отравля́ться

отравля́ть(ся) *imperf of* отрави́ть(ся)

отража́ть(ся) *imperf of* отрази́ть(ся)

отрази́ть *perf* кого́-что **1.** ward off, parry, repel **2.** throw back, reflect *heat, light, sound*; reflect *an image* **3.** *fig* mirror, reflect, represent, depict ‖ *imperf* отража́ть 2a

ft.	отражу́, -ази́шь, -азя́т
imp.	отрази́, ~те
pt.	отрази́л
g.pt.a.	отрази́в
p.pt.a.	отрази́вший
p.pt.p.	отражённый; отражён, -ена́

отрази́ться *perf* **1.** be reflected **2.** в чём leave its mark (on), mark, stamp, be reflected (in) **3.** на ком-чём have an effect (on), affect ‖ *imperf* отража́ться

отрапортова́ть 5 *perf* **1.** кому́-чему́ о чём report **2.** *coll* gabble *one's* answer, gabble *smth* off ‖ *imperf* отрапорто́вывать 1a

отрапорто́вывать *imperf of* отрапорто́вать

отраста́ть *imperf of* отрасти́

отрасти́, *1st and 2nd pers not used, perf* grow ‖ *imperf* отраста́ть 2a

ft.	отрастёт, -ту́т
pt.	отро́с, -осла́
g.pt.a.	отро́сши
p.pt.a.	отро́сший

отрасти́ть *perf* что grow *hair etc.* ‖ *imperf* отра́щивать 1a

ft.	отращу́, -асти́шь, -астя́т
imp.	отрасти́, ~те
pt.	отрасти́л
g.pt.a.	отрасти́в
p.pt.a.	отрасти́вший
p.pt.p.	отращённый; отращён, -ена́

отра́щивать *imperf of* отрасти́ть

отрегули́ровать 4 *perf* что regulate, adjust

отредакти́ровать 4 *perf* что edit, check

отре́зать *perf* **1.** что cut off **2.** что *or* чего́ cut off, separate, take away *a tract of land as a result of a survey* **3.** *fig* кого́-что cut off, intercept **4.** что *or without object* cut short; give a curt answer ‖ *imperf* отреза́ть 2a *and* отре́зывать 1a

ft.	отре́жу, -жешь, -жут
imp.	отре́жь, ~те
pt.	отре́зал
g.pt.a.	отре́зав
p.pt.a.	отре́завший
p.pt.p.	отре́занный

отреза́ть *imperf of* отре́зать

отрезве́ть 3 *perf* **1.** sober up, become sober **2.** *fig* be sobered

отрезви́ть *perf* кого́-что **1.** sober up, sober **2.** *fig* sober, disillusion, disenchant ‖ *imperf* отрезвля́ть 2a

ft.	отрезвлю́, -ви́шь, -вя́т
imp.	отрезви́, ~те
pt.	отрезви́л
g.pt.a.	отрезви́в
p.pt.a.	отрезви́вший
p.pt.p.	отрезвлённый; отрезвлён, -ена́

отрезви́ться *perf* **1.** become sober **2.** *fig* be sobered ‖ *imperf* отрезвля́ться

отрезвля́ть(ся) *imperf of* отрезви́ть(ся)

отре́зывать *imperf of* отре́зать

отрека́ться *imperf of* отре́чься

отрекомендова́ть 5 *perf* **1.** кого́ *obs* introduce, present **2.** кого́ recommend, give a reference **3.** кому́ что recommend, advise ‖ *imperf* отрекомендо́вывать 1a

отрекомендова́ться *perf* introduce oneself ‖ *imperf* отрекомендо́вываться

отрекомендо́вывать(ся) *imperf of* отрекомендова́ть(ся)

отремонти́ровать 4 *perf* что repair; refit

отретуши́ровать 4 *perf* что retouch, touch up

отре́чься *perf* от кого́-чего́ **1.** deny; disown, repudiate **2.** renounce ‖ *imperf* отрека́ться 2a

ft.	отреку́сь, -ечёшься, -еку́тся
imp.	отреки́сь, -и́тесь
pt.	отрёкся, -екла́сь
g.pt.a.	отрёкшись
p.pt.a.	отрёкшийся

отреша́ть(ся) *imperf of* отреши́ть(ся)

отреши́ть *perf* кого́-что от чего́ *obs* **1.** dis-

347

отсвечивать

miss (from), release (from), suspend (from) **2.** separate ‖ *imperf* отрешáть 2a

ft.	отрешý, -шúшь, -шáт
imp.	отреши, ∼те
pt.	отрешúл
g.pt.a.	отрешúв
p.pt.a.	отрешúвший
p.pt.p.	отрешённый; отрешён, -енá

отрешúться *perf* от чегó *bookish* dissociate oneself (from), renounce, abandon ‖ *imperf* отрешáться

отрúнуть 6 *perf* когó-что *obs* let *smb*, *smth* go, let *smb* go his own sweet way

imp.	отрúнь, ∼те
p.pt.p.	отрúнутый

отрицáть 2a *imperf* что **1.** deny, disclaim **2.** reject, negate

отроúть *perf* когó-что divide a swarm of bees to start a new swarm

ft.	отрою, -роúшь, -роя́т
imp.	отрой, ∼те
pt.	отроúл
g.pt.a.	отроúв
p.pt.a.	отроúвший
p.pt.p.	отроённый; отроён, -енá

отроúться, *1st and 2nd pers not used, perf, of bees* form a new swarm

отрубáть *imperf of* отрубúть

отрубúть *perf* что **1.** strike off, chop off **2.** *a. without object coll* give a short, blunt answer, give a piece of *one's* mind ‖ *imperf* отрубáть 2a *with* 1

ft.	отрублю́, -ýбишь, -ýбят
imp.	отрубú, ∼те
pt.	отрубúл
g.pt.a.	отрубúв
p.pt.a.	отрубúвший
p.pt.p.	отрýбленный

отругáть 2 *perf* когó-что *coll* attack, scold, abuse

отрýгиваться 1a *imperf coll* call each other names

отрывáть[1] *imperf of* оторвáть

отрывáть[2] *imperf of* отрыть

отрывáться *imperf of* оторвáться

отрыгáть(ся) *imperf of* отрыгнýть(ся)

отрыгивать(ся) *imperf of* отрыгнýть(ся)

отрыгнýть 7 *perf* что *or* (*perf only*) чегó spew out while belching ‖ *imperf* отрыгáть 2a *and* отрыгивать 1a

отрыгнýться, *1st and 2nd pers not used, perf* **1.** be brought up with a belch **2.** *fig*

sub have unpleasant consequences for ‖ *imperf* отрыгáться *and* отрыгиваться

отрыть *perf* когó-что **1.** dig up, dig out **2.** *fig coll* dig up, dig out, unearth, turn up ‖ *imperf* отрывáть 2a

ft.	отрою, -óешь, -óют
imp.	отрóй, ∼те
pt.	отрыл
g.pt.a.	отрыв
p.pt.a.	отрывший
p.pt.p.	отрытый

отрядúть *perf* когó-что detail, tell off, detach, dispatch, deploy ‖ *imperf* отряжáть 2a

ft.	отряжý, -ядúшь, -ядя́т
imp.	отрядú, ∼те
pt.	отрядúл
g.pt.a.	отрядúв
p.pt.a.	отрядúвший
p.pt.p.	отряжённый; отряжён, -енá

отряжáть *imperf of* отрядúть

отрясáть *imperf of* отрястú

отрястú *perf* что **1.** shake off **2.** shake out, beat *rug etc.* ‖ *imperf* отрясáть 2a

ft.	отрясý, -сёшь, -сýт
imp.	отрясú, ∼те
pt.	отря́с, -яслá
g.pt.a.	отрясши
p.pt.a.	отря́сший

отряхáть(ся) *imperf of* отряхнýть(ся)

отряхивать(ся) *imperf of* отряхнýть(ся)

отряхнýть 7 *perf* что **1.** shake off **2.** shake out, beat *rug etc.* ‖ *imperf* отряхивать 1a *and obs and sub* отряхáть 2a

отряхнýться *perf* shake oneself; shake itself ‖ *imperf* отряхиваться *and obs and sub* отряхáться

отсадúть *perf* когó-что **1.** seat somewhere else **2.** transplant, plant somewhere else **3.** *sub* chop off ‖ *imperf* отсáживать 1a

ft.	отсажý, -áдишь, -áдят
imp.	отсадú, ∼те
pt.	отсадúл
g.pt.a.	отсадúв
p.pt.a.	отсадúвший
p.pt.p.	отсáженный

отсáживать *imperf of* отсадúть

отсáживаться *imperf of* отсéсть

отсалютовáть 5 *perf* комý-чемý honour with a salute

отсáсывать *imperf of* отсосáть

отсвéчивать 1a *imperf* **1.** reflect, gleam

2. be reflected **3.** *sub* stand in *smb's* light, block the light

отсева́ть(ся) *imperf of* отсе́ять(ся)

отсе́ивать(ся) *imperf of* отсе́ять(ся)

отсека́ть *imperf of* отсе́чь

отсели́ть *perf* кого́-что settle *smb* somewhere else, resettle ‖ *imperf* отселя́ть 2a

ft.	отселю́, -ли́шь, -ля́т
imp.	отсели́, ~те
pt.	отсели́л
g.pt.a.	отсели́в
p.pt.a.	отсели́вший
p.pt.p.	отселённый; отселён, -ена́

отсели́ться *perf* settle somewhere else ‖ *imperf* отселя́ться 1a

отселя́ть(ся) *imperf of* отсели́ть(ся)

отсе́сть *perf* move *one's* chair away from ‖ *imperf* отса́живаться 1a

ft.	отся́ду, -дешь, -дут
imp.	отся́дь, ~те
pt.	отсе́л
g.pt.a.	отсе́в
p.pt.a.	отсе́вший

отсе́чь *perf* **1.** что chop off, cut off **2.** кого́-что *fig* cut off, isolate, block ‖ *imperf* отсека́ть 2a

ft.	отсеку́, -ечёшь, -еку́т
imp.	отсеки́, ~те
pt.	отсе́к, -екла́ *and obs* -е́кла
g.pt.a.	отсе́кши
p.pt.a.	отсе́кший
p.pt.p.	отсечённый; отсечён, -ена́ *and obs* отсе́ченный

отсе́ять *perf* **1.** что sift **2.** *fig* кого́-что screen, sift out **3.** что *or without object* stop sowing ‖ *imperf* отсе́ивать 1a *and* отсева́ть 2a *with* 1

ft.	отсе́ю, -е́ешь, -е́ют
imp.	отсе́й, ~те
pt.	отсе́ял
g.pt.a.	отсе́яв
p.pt.a.	отсе́явший
p.pt.p.	отсе́янный

отсе́яться *perf* **1.** *1st and 2nd pers not used* be riddled, be sieved, be sifted **2.** *fig* part company with, resign (from), leave **3.** *coll* finish the sowing ‖ *imperf* отсе́иваться *with* 1, 2 *and* отсева́ться *with* 1

отсиде́ть *perf* что **1.**: отсиде́ть себе́ но́гу get pins and needles in *one's* leg, get cramp in *one's* leg *from sitting in one position too long* **2.** *coll* be sitting, be parked **3.** do time ‖ *imperf* отси́живать 1a

ft.	отсижу́, -иди́шь, -идя́т
imp.	отсиди́, ~те
pt.	отсиде́л
g.pt.a.	отсиде́в
p.pt.a.	отсиде́вший
p.pt.p.	отси́женный

отсиде́ться *perf* **1.** от чего́ *coll* lie low **2.** *sub* get stiff *from sitting down* ‖ *imperf* отси́живаться

отси́живать(ся) *imperf of* отсиде́ть(ся)

отска́бливать(ся) *imperf of* отскобли́ть(ся)

отскака́ть *perf* **1.** gallop off, gallop away **2.** stop galloping ‖ *imperf* отска́кивать 1a *with* 1

ft.	отскачу́, -а́чешь, -а́чут
imp.	отскачи́, ~те
pt.	отскака́л
g.pt.a.	отскака́в
p.pt.a.	отскака́вший

отска́кивать[1] *imperf of* отскака́ть

отска́кивать[2] *imperf of* отскочи́ть

отскобли́ть *perf* что scrape off, scratch away ‖ *imperf* отска́бливать 1a

ft.	отскоблю́, -о́бли́шь, -о́бля́т
imp.	отскобли́, ~те
pt.	отскобли́л
g.pt.a.	отскобли́в
p.pt.a.	отскобли́вший
p.pt.p.	отско́бленный

отскобли́ться *perf coll* be scraped off, get scratched away ‖ *imperf* отска́бливаться

отскочи́ть *perf* **1.** start back, jump aside **2.** bounce, rebound **3.** come off ‖ *imperf* отска́кивать 1a

ft.	отскочу́, -о́чишь, -о́чат
imp.	отскочи́, ~те
pt.	отскочи́л
g.pt.a.	отскочи́в
p.pt.a.	отскочи́вший

отскреба́ть *imperf of* отскрести́

отскрести́ *perf* что *coll* scrape [scratch] away ‖ *imperf* отскреба́ть 2a

ft.	отскребу́, -бёшь, -бу́т
imp.	отскреби́, ~те
pt.	отскрёб, отскребла́
g.pt.a.	отскрёбши
p.pt.a.	отскрёбший
p.pt.p.	отскребённый; отскребён, -ена́

отсла́ивать(ся) *imperf of* отслои́ть(ся)

отслои́ть *perf* что *coll* **1.** peel away, remove layer by layer **2.** deposit, cause a deposit ‖ *imperf* отсла́ивать 1a

ft.	отслою́, -ои́шь, -оя́т

imp.	отслой, ~те
pt.	отслойл
g.pt.a.	отслойв
p.pt.a.	отслойвший
p.pt.p.	отслоённый; отслоён, -ена́

отслойться, *1st and 2nd pers not used*, *perf*
1. stratify, form layers **2.** peel off, come
off layer by layer, exfoliate ‖ *imperf*
отсла́иваться

отслу́живать *imperf of* отслужи́ть

отслужи́ть *perf* **1.** serve *one's* time *in army,
civil service* **2.** *without object* become unserviceable, get worn out **3.** что *or
without object, coll* square *an account*
by performing a service **4.** что hold a
church service ‖ *imperf* отслу́живать 1 a
with 3, 4

ft.	отслужу́, -у́жишь, -у́жат
imp.	отслужи́, ~те
pt.	отслужи́л
g.pt.a.	отслужи́в
p.pt.a.	отслужи́вший
p.pt.p.	отслу́женный

отсмея́ться *perf coll* stop laughing

ft.	отсмею́сь, -еёшься, -ею́тся
imp.	отсме́йся, -е́йтесь
pt.	отсмея́лся, -лась
g.pt.a.	отсмея́вшись
p.pt.a.	отсмея́вшийся

отсове́товать 4 *perf* кому́ *with infinitive*
dissuade (from)

отсортирова́ть 5 *perf* кого́-что sort ‖ *imperf* отсортиро́вывать 1 a

отсортиро́вывать *imperf of* отсортиро-
ва́ть

отсоса́ть *perf* **1.** что *or* (*perf only*) чего́
draw by suction, extract, exhaust **2.** *coll*
stop extracting ‖ *imperf* отса́сывать 1 a

ft.	отсосу́, -сёшь, -су́т
imp.	отсоси́, ~те
pt.	отсоса́л
g.pt.a.	отсоса́в
p.pt.a.	отсоса́вший
p.pt.p.	отсо́санный

отсо́хнуть, *1st and 2nd pers not used*, *perf*
1. wither, become desiccated **2.** *fig coll,
of parts of the body* atrophy ‖ *imperf*
отсыха́ть 2 a

ft.	отсо́хнет, -нут
pt.	отсо́х, ~ла
g.pt.a.	отсо́хнув *and* отсо́хши
p.pt.a.	отсо́хший

отсро́чивать *imperf of* отсро́чить

отсро́чить *perf* что **1.** postpone, adjourn

2. *coll* extend *validity of a ticket etc.* ‖
imperf отсро́чивать 1 a

ft.	отсро́чу, -чишь, -чат
imp.	отсро́чь, ~те
pt.	отсро́чил
g.pt.a.	отсро́чив
p.pt.a.	отсро́чивший
p.pt.p.	отсро́ченный

отстава́ть *imperf of* отста́ть

pr.	отстаю́, -аёшь, -аю́т
imp.	отстава́й, ~те
pt.	остава́л
g.pr.a.	отстава́я
p.pr.a.	отстаю́щий
p.pt.a.	отстава́вший

отста́вить *perf* кого́-что **1.** put out of the
way, put aside, put on one side **2.** *obs*
dismiss, discharge **3.**: отста́вить! *mil* as
you were! ‖ *imperf* отставля́ть 2 a *with*
1, 2

ft.	отста́влю, -вишь, -вят
imp.	отста́вь, ~те
pt.	отста́вил
g.pt.a.	отста́вив
p.pt.a.	отста́вивший
p.pt.p.	отста́вленный

отставля́ть *imperf of* отста́вить

отста́ивать[1,2] *imperf of* отстоя́ть[1,2]

отста́иваться *imperf of* отстоя́ться

отста́ть *perf* **1.** от кого́-чего́ remain
behind, not catch up (with), fall back
(from) **2.** *fig* от кого́-чего́ в чём remain
behind (with), be in arrears (with) **3.** *1st
and 2nd pers not used, of clock* lose **4.** *1st
and 2nd pers not used* peel off, come off
5. от кого́-чего́ *coll* break off contact
(with), part company (with) **6.** от кого́-
чего́ abate, leave in peace ‖ *imperf* от-
става́ть, forms ib.

ft.	отста́ну, -нешь, -нут
imp.	отста́нь, ~те
pt.	отста́л
g.pt.a.	отста́в
p.pt.a.	отста́вший

отстега́ть 2 *perf* кого́-что flog, beat

p.pt.p.	отстёганный

отстёгивать(ся) *imperf of* отстегну́ть(ся)

отстегну́ть 7 *perf* что unbutton, unhook ‖
imperf отстёгивать 1 a

p.pt.p.	отстёгнутый

отстегну́ться, *1st and 2nd pers not used,
perf* come unbuttoned [unhooked, unbuckled, unfastened] ‖ *imperf* отстёги-
ваться

отстира́ть 2 *perf* что **1.** wash out, wash off **2.** wash, wash out **3.** *a. without object, coll* stop washing ‖ *imperf* отсти́рывать 1а *with* 1, 2

отстира́ться, *1st and 2nd pers not used, perf* **1.** wash out, come out **2.** come clean, wash clean **3.** *sub* stop washing ‖ *imperf* отсти́рываться *with* 1, 2

отсти́рывать(ся) *imperf of* отстира́ть(ся)

отстоя́ть[1] *perf* кого́-что **1.** defend, retain possession of **2.** protect, champion ‖ *imperf* отста́ивать 1а

ft.	отстою́, -ои́шь, -оя́т
imp.	отстои́й, ~те
pt.	отстоя́л
g.pt.a.	отстоя́в
p.pt.a.	отстоя́вший
p.pt.p.	отстоя́нный*

отстоя́ть[2] *perf* что **1.** stand *throughout, through smth;* отстоя́ть весь конце́рт stand through the concert **2.** *coll* stand until *one's* legs are tired ‖ *imperf* отста́ивать 1а *with* 1
no *p.pt.p.*
other forms as отстоя́ть[1]

отстоя́ть[3] *imperf* от кого́-чего́ be at *such and such* a distance (from), be *so and so many miles* away (from)

pr.	отстою́, -ои́шь, -оя́т
pt.	отстоя́л
g.pr.a.	отстоя́
p.pr.a.	отстоя́щий
p.pt.a.	отстоя́вший

отстоя́ться, *1st and 2nd pers not used, perf* **1.** form a deposit, be deposited **2.** *fig* be settled, clear itself up ‖ *imperf* отста́иваться
forms follow отстоя́ть[1]

отстра́гивать *imperf of* отстрога́ть

отстрада́ть 2 *perf* reach the end of *one's* sufferings

отстра́ивать(ся) *imperf of* отстро́ить(ся)

отстрани́ть *perf* кого́-что **1.** remove, put to one side, put out of the way **2.** remove from office, suspend ‖ *imperf* отстраня́ть 2а

ft.	отстраню́, -ни́шь, -ни́т
imp.	отстрани́, ~те
pt.	отстрани́л
g.pt.a.	отстрани́в
p.pt.a.	отстрани́вший
p.pt.p.	отстранённый; отстранён, -ена́

отстрани́ться *perf* от кого́-чего́ **1.** go to one

side **2.** retire (from), resign (from), withdraw (from) ‖ *imperf* отстраня́ться

отстраня́ть(ся) *imperf of* отстрани́ть(ся)

отстра́чивать *imperf of* отстрочи́ть

отстре́ливать[1] *imperf of* отстрели́ть

отстре́ливать[2] *imperf of* отстреля́ть

отстре́ливаться *imperf of* отстреля́ться

отстрели́ть *perf* что *coll* shoot away, shoot off *part of the body* ‖ *imperf* отстре́ливать 1а

ft.	отстрелю́, -е́лишь, -е́лят
imp.	отстрели́, ~те
pt.	отстрели́л
g.pt.a.	отстрели́в
p.pt.a.	отстрели́вший
p.pt.p.	отстре́ленный

отстреля́ть 2 *perf* **1.** кого́-что shoot, bring down **2.** что *coll* expend, use up, fire off *ammunition* **3.** finish firing ‖ *imperf* отстре́ливать 1а *with* 1

отстреля́ться *perf* **1.** от кого́-чего́ return *smb's* fire, exchange shots (with) **2.** *coll* stop firing, stop shooting ‖ *imperf* отстре́ливаться

отстрига́ть *imperf of* отстри́чь

отстри́чь *perf* что cut off, shear, trim, clip ‖ *imperf* отстрига́ть 2а

ft.	отстригу́, -ижёшь, -игу́т
imp.	отстриги́, ~те
pt.	отстри́г, ~ла
g.pt.a.	отстри́гши
p.pt.a.	отстри́гший
p.pt.p.	отстри́женный

отстрога́ть 2 *perf* **1.** что plane *smth* down **2.** *without object* stop planing ‖ *imperf* отстра́гивать 1а *with* 1

отстро́ить *perf* что **1.** complete *building* **2.** rebuild, reconstruct **3.** *coll* stop building ‖ *imperf* отстра́ивать 1а *with* 1, 2

ft.	отстро́ю, -о́ишь, -о́ят
imp.	отстро́й, ~те
pt.	отстро́ил
g.pt.a.	отстро́ив
p.pt.a.	отстро́ивший
p.pt.p.	отстро́енный

отстро́иться *perf* **1.** finish building *one's* own home **2.** rebuild *one's* house ‖ *imperf* отстра́иваться

отстрочи́ть *perf* что quilt ‖ *imperf* отстра́чивать 1а

ft.	отстрочу́, -о́чишь, -о́чат
imp.	отстрочи́, ~те
pt.	отстрочи́л

g.pt.a.	отстрочи́в
p.pt.a.	отстрочи́вший
p.pt.p.	отстро́ченный

отсту́кать 1 *perf* что **1.** beat *time*; beat out *a signal* **2.** *sub* type; tap out *morse signals* **3.** *sub*: отсту́кать пя́тки run *one's* legs off, wear oneself out traipsing round ‖ *imperf* отсту́кивать 1a

отсту́кивать *imperf of* отсту́кать

отступа́ть(ся) *imperf of* отступи́ть(ся)

отступи́ть *perf* **1.** step aside, go to one side **2.** *mil* retreat, fall back **3.** *fig* retire, withdraw, retreat; abate **4.** withdraw, retire **5.** от чего́ relinquish, abandon, betray, deny, deviate (from), depart (from) **6.** от чего́ deviate, digress **7.**: отступи́ть от кра́я листа́ leave a margin ‖ *imperf* отступа́ть 2a

ft.	отступлю́, -у́пишь, -у́пят
imp.	отступи́, ~те
pt.	отступи́л
g.pt.a.	отступи́в
p.pt.a.	отступи́вший

отступи́ться *perf* **1.** от чего́ relinquish, distance oneself (from) **2.** от чего́ retract *one's* word, take back *one's* word; break *one's* word; отступи́ться от обеща́ния fail to keep *one's* promise **3.** от кого́ break *a habit*; renounce *smth* ‖ *imperf* отступа́ться

отсу́тствовать 4a *imperf* **1.** be missing, be absent **2.** be missing, be lacking, be wanting

отсу́чивать *imperf of* отсучи́ть

отсучи́ть *perf* что *coll* turn down, roll down *sleeves etc.* ‖ *imperf* отсу́чивать 1a

ft.	отсучу́, -у́чишь, -у́чат
imp.	отсучи́, ~те
pt.	отсучи́л
g.pt.a.	отсучи́в
p.pt.a.	отсучи́вший
p.pt.p.	отсу́ченный

отсчита́ть [щи] 2 *perf* что pace out, measure, count *one's steps* ‖ *imperf* отсчи́тывать 1a

отсчи́тывать *imperf of* отсчита́ть

отсыла́ть *imperf of* отосла́ть

отсы́пать *perf* **1.** что *or* чего́ pour off, pour out, measure out **2.** что *sub* dole out, dollop out, deal out ‖ *imperf* отсыпа́ть 2a

ft.	отсы́плю, -лешь, -лют *and coll* -пешь, -пют
imp.	отсы́пь, ~те
pt.	отсы́пал

g.pt.a.	отсы́пав
p.pt.a.	отсы́павший
p.pt.p.	отсы́панный

отсыпа́ть *imperf of* отсы́пать

отсыпа́ться *imperf of* отоспа́ться

отсырева́ть *imperf of* отсыре́ть

отсыре́ть 3, *1st and 2nd pers not used, perf* become damp, become moist ‖ *imperf* отсырева́ть 2a

отсыха́ть *imperf of* отсо́хнуть

отта́ивать *imperf of* отта́ять

отта́лкивать(ся) *imperf of* оттолкну́ть(ся)

отта́птывать *imperf of* оттопта́ть

оттаска́ть 2 *perf* кого́-что **1.** *sub* lug away **2.** *without object, coll* stop lugging **3.** за что *coll* pull, tug at, tug *hair, ca·s* ‖ *imperf* отта́скивать 1a *with* 1

отта́скивать[1] *imperf of* оттащи́ть

отта́скивать[2] *imperf of* оттаска́ть

отта́чивать *imperf of* отточи́ть

оттащи́ть *perf* кого́-что **1.** drag aside **2.** кого́ *coll* drag *smb* away, tear *smb* away ‖ *imperf* отта́скивать 1a

ft.	оттащу́, -а́щишь, -а́щат
imp.	оттащи́, ~те
pt.	оттащи́л
g.pt.a.	оттащи́в
p.pt.a.	оттащи́вший
p.pt.p.	отта́щенный

отта́ять *perf* **1.** thaw, melt **2.** *fig* thaw, melt, become more sociable **3.** что thaw *smth*, thaw *smth* out **4.** *fig* кого́-что put in a milder mood, make gentler ‖ *imperf* отта́ивать 1a

ft.	отта́ю, -а́ешь, -а́ют
imp.	отта́й, ~те
pt.	отта́ял
g.pt.a.	отта́яв
p.pt.a.	отта́явший

оттека́ть *imperf of* оттечь

оттени́ть *perf* что **1.** shade, bring out **2.** *fig* bring out, stress, emphasize ‖ *imperf* оттеня́ть 2a

ft.	оттеню́, -ни́шь, -ня́т
imp.	оттени́, ~те
pt.	оттени́л
g.pt.a.	оттени́в
p.pt.a.	оттени́вший
p.pt.p.	оттенённый; оттенён, -ена́

оттени́ться *1st and 2nd pers not used, perf* be stressed, be brought out ‖ *imperf* оттеня́ться

оттеня́ть(ся) *imperf of* оттени́ть(ся)

оттере́ть *perf* 1. что wipe off, rub out 2. кого́-что chafe, rub warm 3. *coll* кого́-что displace, force out, oust ‖ *imperf* оттира́ть 2a
ft.	оттру́, -рёшь, -ру́т
imp.	отот́ри, ~те
pt.	оттёр, ~ла
g.pt.a.	оттере́в *and* оттёрши
p.pt.a.	оттёрший
p.pt.p.	оттёртый

оттере́ться *perf* get rubbed out ‖ *imperf* оттира́ться
g.pt.a.	оттёршись

оттесни́ть *perf* кого́-что force back, force out ‖ *imperf* оттесня́ть 2a
ft.	оттесню́, -ни́шь, -ня́т
imp.	оттесни́, ~те
pt.	оттесни́л
g.pt.a.	оттесни́в
p.pt.a.	оттесни́вший
p.pt.p.	оттеснённый; оттеснён, -ена́

оттесня́ть *imperf of* оттесни́ть

отте́чь, *1st and 2nd pers not used, perf* flow off, flow back ‖ *imperf* оттека́ть 2a
ft.	оттечёт, -еку́т
pt.	оттёк, -екла́
g.pt.a.	оттёкши
p.pt.a.	оттёкший

оттира́ть(ся) *imperf of* оттере́ть(ся)

отти́скать 1 *perf* кого́-что *sub* crush, squash, squeeze, contuse ‖ *imperf* отти́скивать 1a

отти́скивать[1] *imperf of* отти́скать
отти́скивать[2] *imperf of* отти́снуть

отти́снуть 6 *perf* кого́-что 1. *coll* force back, force out 2. squash 3. pinch, jam, nip, catch 4. *print* pull a proof ‖ *imperf* отти́скивать 1a
p.pt.p.	отти́снутый

оттолкну́ть 7 *perf* кого́-что 1. push away 2. *fig* reject, rebuff 3. be repulsive, be repellent ‖ *imperf* отта́лкивать 1a

оттолкну́ться *perf* от чего́ 1. push off 2. *fig* proceed from, start from *fact, supposition etc.* ‖ *imperf* отта́лкиваться

оттопта́ть *perf* что 1. *coll* tread on, trample 2. *sub*: оттопта́ть но́ги wear *one's* feet out with walking ‖ *imperf* отта́птывать 1a
ft.	оттопчу́, -о́пчешь, -о́пчут
imp.	оттопчи́, ~те
pt.	оттопта́л
g.pt.a.	оттопта́в
p.pt.a.	оттопта́вший
p.pt.p.	отто́птанный

оттопы́ривать(ся) *imperf of* оттопы́рить(ся)

оттопы́рить *perf* что *coll* spread apart, open; brace, strut; pucker, purse *lips* ‖ *imperf* оттопы́ривать 1a
ft.	оттопы́рю, -ришь, -рят
imp.	оттопы́рь, ~те
pt.	оттопы́рил
g.pt.a.	оттопы́рив
p.pt.a.	оттопы́ривший
p.pt.p.	оттопы́ренный

оттопы́риться, *1st and 2nd pers not used, perf coll* spread apart; stand out, stand off; *of lips* pucker, purse ‖ *imperf* оттопы́риваться

отторга́ть *imperf of* отто́ргнуть

отто́ргнуть *perf* кого́-что *bookish* wrest off, wrest away, separate by force ‖ *imperf* отторга́ть 2a
ft.	отто́ргну, -нешь, -нут
imp.	отто́ргни, ~те
pt.	отто́рг *and* отто́ргнул, отто́ргла
g.pt.a.	отто́ргнув *and* отто́ргши
p.pt.a.	отто́ргший *and* отто́ргнувший
p.pt.p.	отто́ргнутый *and obs* отто́рженный

отточи́ть *perf* что 1. grind, whet, sharpen, point 2. *fig* polish *style, expression* 3. *a. without object* stop grinding ‖ *imperf* отта́чивать 1a *with* 1, 2
ft.	отточу́, -о́чишь, -о́чат
imp.	отточи́, ~те
pt.	отточи́л
g.pt.a.	отточи́в
p.pt.a.	отточи́вший
p.pt.p.	отто́ченный

оттрепа́ть *perf* 1. что break *flax, hemp* 2. кого́-что *coll* tweak *smb's* ear 3. stop breaking *flax, hemp* ‖ *imperf* оттрёпывать 1a *with* 1
ft.	оттрепа́ю, -е́плешь, -е́плют
imp.	оттрепли́, ~те *and* оттрепи́, ~те
pt.	оттрепа́л
g.pt.a.	оттрепа́в
p.pt.a.	оттрепа́вший
p.pt.p.	оттрёпанный

оттрёпывать *imperf of* оттрепа́ть

оттузи́ть *perf* кого́-что *coll* give *smb* a hiding, thrash, beat
ft.	оттужу́, -узи́шь, -узя́т

imp.	оттузи́, ~те
pt.	оттузи́л
g.pt.a.	оттузи́в
p.pt.a.	оттузи́вший

оттушева́ть *perf* что shade with ink wash ‖ *imperf* оттушёвывать 1 a

ft.	оттушу́ю, -у́ешь, -у́ют
imp.	оттушу́й, ~те
pt.	оттушева́л
g.pt.a.	оттушева́в
p.pt.a.	оттушева́вший
p.pt.p.	оттушёванный

оттушёвывать *imperf of* оттушева́ть

оттяга́ть 2 *perf* что *sub* take by court proceedings

оття́гивать *imperf of* оттяну́ть

оттяну́ть 7 *perf* что **1.** draw *smth* back, pull to one side **2.** *coll* pull away **3.** postpone, delay, put *smth* off ‖ *imperf* оття́гивать 1 a

ft.	оттяну́, -я́нешь, -я́нут
p.pt.p.	оття́нутый

оття́пать 1 *perf* что *sub* knock off, cut off ‖ *imperf* оття́пывать 1 a | *perf semel* оття́пнуть 6, *p.pt.p.* оття́пнутый

оття́пнуть *perf semelf of* оття́пывать

оття́пывать *imperf of* оття́пать

оту́жинать 1 *perf* **1.** finish supper **2.** *obs* have supper

отума́нивать(ся) *imperf of* отума́нить(ся)

отума́нить *perf* кого́-что **1.** shroud in mist **2.** *coll* blunt *the mind,* fog *with alcohol* ‖ *imperf* отума́нивать 1 a

ft.	отума́ню, -нишь, -нят
imp.	отума́нь, ~те
pt.	отума́нил
g.pt.a.	отума́нив
p.pt.a.	отума́нивший
p.pt.p.	отума́ненный

отума́ниться *perf* **1.** become shrouded in fog, become enveloped in smoke **2.** *of eyes* glaze over, dim **3.** *fig* become benighted, lose *one's* faculties of judgment **4.** *fig* darken, cloud over, become clouded ‖ *imperf* отума́ниваться

отупе́ть 3 *perf* become dull-witted, become apathetic

отутю́живать *imperf of* отутю́жить

отутю́жить *perf* что iron ‖ *imperf* отутю́живать 1 a

ft.	отутю́жу, -жишь, -жат
imp.	отутю́жь, ~те
pt.	отутю́жил

g.pt.a.	отутю́жив
p.pt.a.	отутю́живший
p.pt.p.	отутю́женный

отуча́ть(ся) *imperf of* отучи́ть(ся)

оту́чивать(ся) *imperf of* отучи́ть(ся)

отучи́ть *perf* кого́-что от чего́ *or with infinitive* wean (from), rid *smb* of the habit (of) ‖ *imperf* отуча́ть 2a *and coll* оту́чивать 1 a

ft.	отучу́, оту́чишь, оту́чат
imp.	отучи́, ~те
pt.	отучи́л
g.pt.a.	отучи́в
p.pt.a.	отучи́вший
p.pt.p.	оту́ченный

отучи́ться *perf* **1.** от чего́ *or with infinitive* break oneself of the habit (of) **2.** *coll* stop learning, lay aside *one's* books ‖ *imperf* отуча́ться *with* 1 *and coll* оту́чиваться *with* 1

отформова́ть 5 *perf* что *tech* mould ‖ *imperf* отформо́вывать 1 a

отформо́вывать *imperf of* отформова́ть

отфрезерова́ть 5 *perf* что *tech* mill ‖ *imperf* отфрезеро́вывать 1 a

отфрезеро́вывать *imperf of* отфрезерова́ть

отха́живать[1,2] *imperf of* отходи́ть[2,3]

отха́ркать 1 *perf* что cough *smth* up ‖ *imperf* отха́ркивать 1 a

отха́ркаться *perf* clear *one's* throat ‖ *imperf* отха́ркиваться

отха́ркивать(ся)[1] *imperf of* отха́ркать(ся)

отха́ркивать(ся)[2] *imperf of* отха́ркнуть(ся)

отха́ркнуть 6 *perf* что cough *smth* up ‖ *imperf* отха́ркивать 1 a

p.pt.p.	отха́ркнутый

отха́ркнуться *perf* clear *one's* throat ‖ *imperf* отха́ркиваться

отхвата́ть 2 *perf* что *sub* do *smth* smartly, be nippy *about doing a thing* ‖ *imperf* отхва́тывать 1 a

отхвати́ть *perf* что **1.** *coll* cut off, snip off, saw off, chop off **2.** *sub* get hold of, get *one's* hands on **3.** *sub* be nippy *about doing a thing* ‖ *imperf* отхва́тывать 1 a

ft.	отхвачу́, -а́тишь, -а́тят
imp.	отхвати́, ~те
pt.	отхвати́л
g.pt.a.	отхвати́в
p.pt.a.	отхвати́вший
p.pt.p.	отхва́ченный

отхва́тывать[1] *imperf of* отхвати́ть

отхва́тывать[2] *imperf of* отхвата́ть

отхлебну́ть 7 *perf* что *or* чего́ *or without object coll* sup, sip noisily ‖ *imperf* от-хлёбывать 1a

p.pt.p.	отхлёбнутый

отхлёбывать *imperf of* отхлебну́ть

отхлеста́ть *perf* кого́-что *coll* **1.** flog, whip **2.** *fig* scourge, attack, criticize ‖ *imperf* отхлёстывать 1a

ft.	отхлещу́, -е́щешь, -е́щут
imp.	отхлещи́, ~те
pt.	отхлеста́л
g.pt.a.	отхлеста́в
p.pt.a.	отхлеста́вший
p.pt.p.	отхлёстанный

отхлёстывать *imperf of* отхлеста́ть

отхло́пать 1 *perf* что *coll* **1.**: отхло́пать себе́ ру́ки [ладо́ши] clap *one's* hands sore, applaud until *one's* hands ache **2.** кого́-что slap, pat ‖ *imperf* отхло́пывать 1a

отхло́пывать *imperf of* отхло́пать

отхлы́нуть 6 *perf* come flooding back, well up *a.fig*

imp.	отхлы́нь, ~те

отходи́ть[1] *imperf of* отойти́

pr.	отхожу́, -о́дишь, -о́дят
imp.	отходи́, ~те
pt.	отходи́л
g.pr.a.	отходя́
p.pr.a.	отходя́щий
p.pt.a.	отходи́вший

отходи́ть[2] *perf* кого́-что nurse back to health ‖ *imperf* отха́живать 1a

ft.	отхожу́, -о́дишь, -о́дят
imp.	отходи́, ~те
pt.	отходи́л
g.pt.a.	отходи́в
p.pt.a.	отходи́вший
p.pt.p.	отхо́женный

отходи́ть[3] *perf* **1.** *coll* stop pacing up and down **2.** *coll*: отходи́ть себе́ но́ги walk *one's* legs off **3.** кого́-что *sub* give *smb* a good hiding, thrash ‖ *imperf* отха́живать 1a *with* 2, 3 forms as отходи́ть[2]

отцвести́ *perf* **1.** fade, wilt **2.** *coll obs* wilt, lose colour **3.** *of beauty* fade, wilt ‖ *imperf* отцвета́ть 2 a

ft.	отцвету́, -тёшь, -ту́т
imp.	отцвети́, ~те
pt.	отцвёл, -ела́
g.pt.a.	отцветя́ *and* отцве́тши
p.pt.a.	отцве́тший

отцвета́ть *imperf of* отцвести́

отцеди́ть *perf* что tap, draw off, strain, filter ‖ *imperf* отце́живать 1a

ft.	отцежу́, -е́дишь, -е́дят
imp.	отцеди́, ~те
pt.	отцеди́л
g.pt.a.	отцеди́в
p.pt.a.	отцеди́вший
p.pt.p.	отце́женный

отце́живать *imperf of* отцеди́ть

отцепи́ть *perf* что **1.** unhook, unchain, uncouple **2.** *coll* take down *smth fixed by hooks* ‖ *imperf* отцепля́ть 2a

ft.	отцеплю́, -е́пишь, -е́пят
imp.	отцепи́, ~те
pt.	отцепи́л
g.pt.a.	отцепи́в
p.pt.a.	отцепи́вший
p.pt.p.	отце́пленный

отцепи́ться *perf* **1.** от чего́ come un-hooked (from) **2.** *fig sub* leave alone, leave be ‖ *imperf* отцепля́ться

отцепля́ть(ся) *imperf of* отцепи́ть(ся)

отча́иваться *imperf of* отча́яться

отча́ливать *imperf of* отча́лить

отча́лить *perf* что **1.** *naut* unmoor **2.** cast off ‖ *imperf* отча́ливать 1a

ft.	отча́лю, -лишь, -лят
imp.	отча́ль, ~те
pt.	отча́лил
g.pt.a.	отча́лив
p.pt.a.	отча́ливший
p.pt.p.	отча́ленный

отча́яться *perf* **1.** *with infinitive or* в чём give up hope (of), despair (of) **2.** на что *coll* be bold enough (for) ‖ *imperf* от-ча́иваться 1a

ft.	отча́юсь, -а́ешься, -а́ются
imp.	отча́йся, -а́йтесь
pt.	отча́ялся, -лась
g.pt.a.	отча́явшись
p.pt.a.	отча́явшийся

отчека́нивать *imperf of* отчека́нить

отчека́нить *perf* что **1.** coin, strike *coins*, medallions etc. **2.** *fig* mouth every syllable clearly ‖ *imperf* отчека́нивать 1a

ft.	отчека́ню, -нишь, -нят
imp.	отчека́нь, ~те
pt.	отчека́нил
g.pt.a.	отчека́нив
p.pt.a.	отчека́нивший
p.pt.p.	отчека́ненный

отчеренкова́ть 5 *perf* что graft, bud, oculate

отчёркивать *imperf of* отчеркну́ть

отчеркну́ть 7 *perf* что underscore, underline ‖ *imperf* отчёркивать 1a
p.pt.p.　отчёркнутый

отчёрпать 1 *perf* что scoop off, skim ‖ *imperf* отчёрпывать 1a

отчерпну́ть 7 *perf* что *or* (*perf only*) чего́ *coll* scoop off, skim ‖ *imperf* отчёрпывать 1a
p.pt.p.　отчёрпнутый

отчёрпывать[1] *imperf of* отчёрпать

отчёрпывать[2] *imperf of* отчерпну́ть

отчи́слить *perf* кого́-что **1.** deduct, make deductions *for taxes etc.* **2.** dismiss ‖ *imperf* отчисля́ть 2a
ft.　отчи́слю, -лишь, -лят
imp.　отчи́сли, ~те
pt.　отчи́слил
g.pt.a.　отчи́слив
p.pt.a.　отчи́сливший
p.pt.p.　отчи́сленный

отчи́слиться *perf* retire, resign, withdraw *one's* name *from a list* ‖ *imperf* отчисля́ться

отчисля́ть(ся) *imperf of* отчи́слить(ся)

отчи́стить *perf* что **1.** remove *stain* **2.** clean, brush up, brush down ‖ *imperf* отчища́ть 2a
ft.　отчи́щу, -и́стишь, -и́стят
imp.　отчи́сти *and* отчи́сть, отчи́стите
pt.　отчи́стил
g.pt.a.　отчи́стив
p.pt.a.　отчи́стивший
p.pt.p.　отчи́щенный

отчи́ститься *perf coll* **1.** come out, be removed **2.** come clean ‖ *imperf* отчища́ться

отчита́ть 2 *perf* **1.** кого́-что *coll* read the riot acts to **2.** что read through ‖ *imperf* отчи́тывать 1a *with* 1

отчита́ться *perf* give account of ‖ *imperf* отчи́тываться

отчи́тывать(ся) *imperf of* отчита́ть(ся)

отчиха́ться 2 *perf coll* finish sneezing

отчища́ть(ся) *imperf of* отчи́стить(ся)

отчлени́ть *perf* что dismember, separate, sever ‖ *imperf* отчленя́ть 2a
ft.　отчленю́, -ни́шь, -ня́т
imp.　отчлени́, ~те
pt.　отчлени́л
g.pt.a.　отчлени́в

p.pt.a.　отчлени́вший
p.pt.p.　отчленённый; отчленён, -ена́

отчленя́ть *imperf of* отчлени́ть

отчуди́ть (*infinitive, ft. and pt. obs*) *perf of* отчужда́ть
ft.　отчужу́, -уди́шь, -удя́т
imp.　отчуди́, ~те
pt.　отчуди́л
g.pt.a.　отчуди́в
p.pt.a.　отчуди́вший
p.pt.p.　отчуждённый; отчуждён, -ена́

отчужда́ть 2a *imperf* что **1.** кого́-что estrange, alienate, loosen contact to **2.** *leg* expropriate, confiscate ‖ *perf* отчуди́ть*, forms ib.

отшага́ть 2 *perf* что *coll* stride along *smth*, stride through *smth* ‖ *imperf* отша́гивать 1a
no *p.pt.a.*

отша́гивать *imperf of* отшага́ть

отшагну́ть 7 *perf coll* step aside, step back
no *p.pt.p.*

отшатну́ть 7 *perf* кого́-что *coll* **1.** push away, shove aside **2.** *fig* disrupt relations *between two parties*, force *smb* to break off relations *with a third party*
p.pt.p.　not used

отшатну́ться *perf* от кого́-чего́ **1.** start back (from), stagger back (from) **2.** *fig coll* dissociate (from), break off connections (with)

отшвы́ривать *imperf of* отшвырну́ть

отшвырну́ть 7 *perf* кого́-что *coll* hurl [fling] away ‖ *imperf* отшвы́ривать 1a

отшиба́ть *imperf of* отшиби́ть

отшиби́ть *perf* **1.** *sub* strike down, strike off **2.** *coll* smash, smash up **3.** *usu impers coll* dispel *inclination etc.;* у меня́ отши́бло аппети́т it took away my appetite ‖ *imperf* отшиба́ть 2a
ft.　отшибу́, -бёшь, -бу́т
imp.　отшиби́, ~те
pt.　отши́б, ~ла
g.pt.a.　отшиби́в* *and* отшибя́*
p.pt.a.　отши́бший*
p.pt.p.　отши́бленный

отшлёпать 1 *perf* **1.** кого́-что *coll* slap, smack **2.** что *sub* wade [push, squelch] through *muck, slush etc.* ‖ *imperf* отшлёпывать 1a

отшлёпывать *imperf of* отшлёпать

отшлифова́ть 5 *perf* что wear down, smooth off, polish; *fig* polish, knock off

the rough edges ‖ *imperf* отшлифо́вы-
вать 1 a

отшлифо́вывать *imperf of* отшлифова́ть

отшпи́ливать(ся) *imperf of* отшпи́лить(ся)

отшпи́лить *perf* что *coll* unpin ‖ *imperf* отшпи́ливать 1 a

ft.	отшпи́лю, -лишь, -лят
imp.	отшпи́ль, ~те
pt.	отшпи́лил
g.pt.a.	отшпи́лив
p.pt.a.	отшпи́ливший
p.pt.p.	отшпи́ленный

отшпи́литься, *1st and 2nd pers not used*, *perf coll* come off, come unpinned ‖ *imperf* отшпи́ливаться

отштампова́ть 5 *perf* что punch (out), stamp (out) ‖ *imperf* отштампо́вывать 1 a

отштампо́вывать *imperf of* отштампова́ть

отштукату́ривать *imperf of* отштукату́рить

отштукату́рить *perf* что **1.** *coll* arch plaster, rough-cast **2.** *a. without object* finish plastering, stop plastering ‖ *imperf* отштукату́ривать 1 a

ft.	отштукату́рю, -ришь, -рят
imp.	отштукату́рь, ~те
pt.	отштукату́рил
g.pt.a.	отштукату́рив
p.pt.a.	отштукату́ривший
p.pt.p.	отштукату́ренный

отшуме́ть *perf* **1.** stop making a noise, fall silent **2.** *fig* die down, die away, peter out

ft.	отшумлю́, -ми́шь, -мя́т
imp.	отшуми́, ~те
pt.	отшуме́л
g.pt.a.	отшуме́в
p.pt.a.	отшуме́вший

отшути́ться *perf coll* laugh it off ‖ *imperf* отшу́чиваться 1 a

ft.	отшучу́сь, -у́тишься, -у́тятся
imp.	отшути́сь, -и́тесь
pt.	отшути́лся, -лась
g.pt.a.	отшути́вшись
p.pt.p.	отшути́вшийся

отшу́чиваться *imperf of* отшути́ться

отщёлкать 1 *perf* кого́-что **1.** *sub* slap, smack **2.** *fig* take *smb* to pieces, bawl out **3.** *a. without object, coll, of bird* stop singing

отщёлка́ть 2 *perf* кого́-что *sub* **1.** slap, smack **2.** *fig* take *smb* to pieces, bawl out

p.pt.p.	отщёлканный

отщёлкивать *imperf of* отщелкну́ть *and* отщёлкнуть

отщелкну́ть 7 *and* **отщёлкнуть** 6 *perf* что *coll* release *catch;* push back *bolt* ‖ *imperf* отщёлкивать 1 a

p.pt.p.	отщёлкнутый

отщепи́ть *perf* что chip off, pare off ‖ *imperf* отщепля́ть 2 a

ft.	отщеплю́, -пи́шь, -пя́т
imp.	отщепи́, ~те
pt.	отщепи́л
g.pt.a.	отщепи́в
p.pt.a.	отщепи́вший
p.pt.p.	отщеплённый; отщеплён, -ена́

отщепля́ть *imperf of* отщепи́ть

отщипа́ть *perf* что *coll* tear [pinch, nip] off ‖ *imperf* отщи́пывать 1 a

ft.	отщиплю́, -и́плешь, -и́плют *and coll* -и́пешь, -и́пют *and coll* отщипа́ю, -а́ешь, -а́ют
imp.	отщипли́, ~те *and coll* отщипи́, ~те *and coll* отщипа́й, ~те
pt.	отщипа́л
g.pt.a.	отщипа́в
p.pt.a.	отщипа́вший
p.pt.p.	отщи́панный

отщипну́ть 7 *perf* что tear [pinch, nip] off ‖ *imperf* отщи́пывать 1 a

отщи́пывать[1] *imperf of* отщипа́ть

отщи́пывать[2] *imperf of* отщипну́ть

отъеда́ть(ся) *imperf of* отъе́сть(ся)

отъе́здить *perf coll* **1.** travel *for certain lenght of time* **2.** no longer go *to a place*, no longer make a journey

ft.	отъе́зжу, -здишь, -здят
imp.	отъе́зди, ~те
pt.	отъе́здил
g.pt.a.	отъе́здив
p.pt.a.	отъе́здивший

отъезжа́ть *imperf of* отъе́хать

отъе́сть *perf* **1.** что nibble off, eat off **2.** что *coll* erode, corrode, eat away **3.** *coll* stop eating ‖ *imperf* отъеда́ть 2 a *with 1, 2*

ft.	отъе́м, -е́шь, -е́ст, -еди́м, -еди́те, -едя́т
imp.	отъе́шь, ~те
pt.	отъе́л
g.pt.a.	отъе́в
p.pt.a.	отъе́вший
p.pt.p.	отъе́денный

отъе́сться *perf* build [feed] oneself up ‖ *imperf* отъеда́ться

отъе́хать *perf* **1.** drive off, drive away **2.** что cover ground **3.** *sub* leave it at that, let the matter drop **4.** *sub* come off, come unfixed ‖ *imperf* отъезжа́ть 2а

ft.	отъе́ду, -е́дешь, -е́дут
pt.	отъе́хал
g.pt.a.	отъе́хав
p.pt.a.	отъе́хавший

отъя́ть *perf* что **1.** take, misappropriate **2.** take away, extract, withdraw **3.** *fig* rob, take from **4.** *coll* take off, amputate *a limb* **5.** take, cost, call for *time, effort* **6.** *coll* take away, subtract ‖ *imperf obs* отыма́ть, forms ib.

ft.	отыму́, отымешь, оты́мут
imp.	отыми́, ~те
pt.	отъя́л
g.pt.a.	отъя́в
p.pt.a.	отъя́вший
p.pt.p.	отъя́тый

отыгра́ть 2 *perf* что **1.** win back, recover *gambling losses* **2.** у кого́ *games* recover the ball **3.** *a.* without object stop playing ‖ *imperf* оты́грывать 1а *with* 1, 2

отыгра́ться *perf* **1.** win back, recover *gambling losses* **2.** *fig coll* get out of a thing, worm *one's* way out of a thing ‖ *imperf* оты́грываться

оты́грывать(ся) *imperf of* отыгра́ть(ся)

отыма́ть *imperf of* отъя́ть *and* отня́ть

pr.	отыма́ю, -а́ешь, -а́ют *and obs* отъе́млю, -е́млешь, -е́млют
imp.	отыма́й, ~те *and obs* отъе́мли, ~те
pt.	отыма́л
g.pr.a.	отыма́я *and obs* отъе́мля
p.pr.a.	отыма́ющий *and obs* отъе́млющий
p.pr.p.	отыма́вший
p.pr.p.	отыма́емый *and obs* отъе́млемый

отыска́ть *perf* кого́-что trace, find, find out, ferret out, nose out ‖ *imperf* оты́скивать 1а

ft.	отыщу́, оты́щешь, оты́щут
imp.	отыщи́, ~те
pt.	отыска́л
g.pt.a.	отыска́в
p.pt.a.	отыска́вший
p.pt.p.	оты́сканный

отыска́ться *perf* be found, appear ‖ *imperf* оты́скиваться

оты́скивать(ся) *imperf of* отыска́ть(ся)

отэкзаменова́ть 5 *perf* кого́-что *or without object coll* finish examining

отэкзаменова́ться *perf coll* be through with *one's* exam

отяготи́ть *perf, usu p.pt.p.* кого́-что чем *bookish* **1.** weight, weigh down **2.** *fig* burden, weigh down on *smb* ‖ *imperf* отягоща́ть 2а

ft.	отягощу́, -оти́шь, -отя́т
imp.	отяготи́, ~те
pt.	отяготи́л
g.pt.a.	отяготи́в
p.pt.a.	отяготи́вший
p.pt.p.	отягощённый; отягощён, -ена́

отягоща́ть *imperf of* отяготи́ть

отягча́ть *imperf of* отягчи́ть

отягчи́ть *perf, usu p.pt.p.* кого́-что *bookish* **1.** weight, weigh down **2.** *fig* burden **3.** *fig* aggravate *guilt etc.* ‖ *imperf* отягча́ть 2а

ft.	отягчу́, -чи́шь, -ча́т
imp.	отягчи́, ~те
pt.	отягчи́л
g.pt.a.	отягчи́в
p.pt.a.	отягчи́вший
p.pt.p.	отягчённый; отягчён, -ена́

отяжеле́ть 3 *perf* **1.** become heavy, get heavier **2.** grow clumsy

отяжели́ть *perf* кого́-что **1.** make heavy, weight **2.** make clumsy, make awkward **3.** *fig* make *style etc.* ponderous [top-heavy] ‖ *imperf* отяжеля́ть 2а

ft.	отяжелю́, -ли́шь, -ля́т
imp.	отяжели́, ~те
pt.	отяжели́л
g.pt.a.	отяжели́в
p.pt.a.	отяжели́вший
p.pt.p.	отяжелённый; отяжелён, -ена́

отяжеля́ть *imperf of* отяжели́ть

офо́рмить *perf* **1.** что equip, shape **2.** что file out, form, formalize **3.** кого́-что go through the (official) formalities of engaging ‖ *imperf* оформля́ть 2а

ft.	офо́рмлю, -мишь, -мят
imp.	офо́рми, ~те
pt.	офо́рмил
g.pt.a.	офо́рмив
p.pt.a.	офо́рмивший
p.pt.p.	офо́рмленный

офо́рмиться *perf* **1.** *1st and 2nd pers not used* take final form **2.** go through the formalities required to take up employment, enter employment ‖ *imperf* оформля́ться

оформля́ть(ся) *imperf of* офо́рмить(ся)

оха́живать 1a *imperf* кого́-что **1.** *reg* go round *smth* **2.** *sub* get round *smb*, get oneself into *smb's* good books **3.** *sub* clout with *smth*, give *smb* a clout with *smth*

оха́ивать *imperf of* оха́ять

оха́льничать 1a *imperf sub* be cheeky, be impudent, be fresh, be saucy

охарактеризова́ть 5 *perf* кого́-что characterize, mark

о́хать *imperf of* о́хнуть

оха́ять *perf* кого́-что *sub* pull of pieces, run down, tear to shreds ‖ *imperf* оха́ивать 1a
ft.	оха́ю, -а́ешь, -а́ют
imp.	оха́й, ~те
pt.	оха́ял
g.pt.a.	оха́яв
p.pt.a.	оха́явший
p.pt.p.	оха́янный

охвати́ть *perf* кого́-что **1.** embrace **2.** surround, enclose **3.** *of emotions* attack, seize, grip, take; take in *with a glance*; grasp, comprehend **4.** *mil* outflank ‖ *imperf* охва́тывать 1a
ft.	охвачу́, -а́тишь, -а́тят
imp.	охвати́, ~те
pt.	охвати́л
g.pt.a.	охвати́в
p.pt.a.	охвати́вший
p.pt.p.	охва́ченный

охва́тывать *imperf of* охвати́ть

охладева́ть *imperf of* охладе́ть

охладе́ть 3 *perf* к кому́-чему́ cool (towards), become indifferent (to, about), lose interest (in) ‖ *imperf* охладева́ть 2a

охлади́ть *perf* что **1.** cool *smth*, let cool **2.** *fig* cool, damp *ardour*; охлади́ть восто́рг damp down *smb's* enthusiasm ‖ *imperf* охлажда́ть 2a
ft.	охлажу́, -ади́шь, -адя́т
imp.	охлади́, ~те
pt.	охлади́л
g.pt.a.	охлади́в
p.pt.a.	охлади́вший
p.pt.p.	охлаждённый; охлаждён, -ена́

охлади́ться, *1st and 2nd pers not used, perf* get cold, cool down ‖ *imperf* охлажда́ться

охлажда́ть(ся) *imperf of* охлади́ть(ся)

охмеле́ть 3 *perf coll* **1.** get drunk **2.** *fig* become fired, be intoxicated *with an idea*

о́хнуть 6 *perf and semelf coll* groan, sigh ‖ *imperf* о́хать 1a

охолости́ть *perf* кого́-что castrate
ft.	охолощу́, -ости́шь, -остя́т
imp.	охолости́, ~те
pt.	охолости́л
g.pt.a.	охолости́в
p.pt.a.	охолости́вший
p.pt.p.	охолощённый; охолощён, -ена́

охора́шиваться 1a *imperf coll* doll oneself up, make oneself look nice

охо́титься[1] *imperf* **1.** (на кого́-что) go hunting **2.** за кем-чем *fig* go after, be after
pr.	охо́чусь, охо́тишься, охо́тятся
imp.	охо́ться, -тьтесь
pt.	охо́тился, -лась
g.pr.a.	охо́тясь
p.pr.a.	охо́тящийся
p.pt.a.	охо́тившийся

охо́титься[2] *imperf, usu with infinitive, sub* have in mind to do *smth*
forms as охо́титься[1]

охрани́ть *perf of* охраня́ть
ft.	охраню́, -ни́шь, -ня́т
imp.	охрани́, ~те
pt.	охрани́л
g.pt.a.	охрани́в
p.pt.a.	охрани́вший
p.pt.p.	охранённый; охранён, -ена́

охраня́ть 2a *imperf* кого́-что protect, safeguard, guard, defend ‖ *perf* охрани́ть, forms ib.

охри́пнуть *perf* get hoarse
ft.	охри́пну, -нешь, -нут
imp.	охри́пни, ~те
pt.	охри́п, ~ла
g.pt.a.	охри́пнув *and* охри́пши
p.pt.a.	охри́пший

о́хрить *imperf* что colour with ochre
pr.	о́хрю, о́хришь, о́хрят
imp.	о́хри, ~те
pt.	о́хрил
g.pr.a.	о́хря
p.pr.a.	о́хрящий
p.pr.a.	о́хривший

охроме́ть 3 *perf coll* turn lame, begin to get lame [to walk lame, to hobble]

оцара́пать 1 *perf* кого́-что scratch, graze ‖ *imperf* оцара́пывать 1a | *perf semelf* оцара́пнуть 6

оцара́паться *perf* get scratched, scratch oneself ‖ *imperf* оцара́пываться | *perf semelf* оцара́пнуться

оцара́пнуть(ся) *perf semelf of* оцара́пывать(ся)

оцара́пывать(ся) *imperf of* оцара́пать(ся)

оце́нивать *imperf of* оцени́ть

оцени́ть *perf* кого-что **1.** во что *or* на что estimate at, judge to be (worth) **2.** judge, weigh up **3.** esteem ‖ *imperf* оце́нивать 1 a

ft.	оценю́, оце́нишь, оце́нят
imp.	оцени́, ~те
pt.	оцени́л
g.pt.a.	оцени́в
p.pt.a.	оцени́вший
p.pt.p.	оценённый; оценён, -ена́

оцепене́ть 3 *perf* freeze *with excitement*

оцепени́ть *perf* кого-что freeze, let freeze, cause to freeze ‖ *imperf* оцепеня́ть 2 a

ft.	оцепеню́, -ни́шь, -ня́т
imp.	оцепени́, ~те
pt.	оцепени́л
g.pt.a.	оцепени́в
p.pt.a.	оцепени́вший
p.pt.p.	оцепенённый; оцепенён, -ена́

оцепеня́ть *imperf of* оцепени́ть

оцепи́ть *perf* кого-что surround, encircle ‖ *imperf* оцепля́ть 2 a

ft.	оцеплю́, оце́пишь, оце́пят
imp.	оцепи́, ~те
pt.	оцепи́л
g.pt.a.	оцепи́в
p.pt.a.	оцепи́вший
p.pt.p.	оце́пленный

оцепля́ть *imperf of* оцепи́ть

оцинкова́ть 5 *perf* что zinc, galvanize ‖ *imperf* оцинко́вывать 1 a

оцинко́вывать *imperf of* оцинкова́ть

очарова́ть 5 *perf* кого-что **1.** *obs* charm, enchant, put a spell on **2.** *fig* captivate, fascinate, charm, delight, cast a spell on, hold under its [*one's*] spell ‖ *imperf* очаро́вывать 1 a

очарова́ться *perf coll* be enchanted by, be under the spell of ‖ *imperf* очаро́вываться

очаро́вывать(ся) *imperf of* очарова́ть(ся)

очелове́чивать(ся) *imperf of* очелове́чить(ся)

очелове́чить *perf* кого-что *bookish* **1.** humanize **2.** make (more) human ‖ *imperf* очелове́чивать 1 a

ft.	очелове́чу, -чишь, -чат
imp.	очелове́чь, ~те
pt.	очелове́чил
g.pt.a.	очелове́чив
p.pt.a.	очелове́чивший
p.pt.p.	очелове́ченный

очелове́читься, *1st and 2nd pers not used*, *perf* **1.** become a human **2.** become human ‖ *imperf* очелове́чиваться

очерви́веть 3, *stress as infinitive*, *1st and 2nd pers not used*, *perf* become wormeaten

очёркивать *imperf of* очеркну́ть

очеркну́ть 7 *perf* что draw a line round smth ‖ *imperf* очёркивать 1 a

p.pt.p.	очёркнутый

очерни́ть *perf* кого-что blacken *character*, defame ‖ *imperf* очерня́ть 2 a

ft.	очерню́, -ни́шь, -ня́т
imp.	очерни́, ~те
pt.	очерни́л
g.pt.a.	очерни́в
p.pt.a.	очерни́вший
p.pt.p.	очернённый; очернён, -ена́

очерня́ть *imperf of* очерни́ть

очерстве́ть 3 *perf* become insensitive [hardened], harden *one's* heart

очерстви́ть *perf* кого-что harden, make hard, make insensitive ‖ *imperf* очерствля́ть 2 a

ft.	очерствлю́, -ви́шь, -вя́т
imp.	очерстви́, ~те
pt.	очерстви́л
g.pt.a.	очерстви́в
p.pt.a.	очерстви́вший
p.pt.p.	очерствлённый; очерствлён, -ена́

очерствля́ть *imperf of* очерстви́ть

очерти́ть *perf* что **1.** draw a line round smth **2.** *fig* describe, outline ‖ *imperf* очёрчивать 1 a

ft.	очерчу́, оче́ртишь, оче́ртят
imp.	очерти́, ~те
pt.	очерти́л
g.pt.a.	очерти́в
p.pt.a.	очерти́вший
p.pt.p.	оче́рченный

оче́рчивать *imperf of* очерти́ть

очини́ть *perf* что point, sharpen ‖ *imperf* очиня́ть 2 a

ft.	очиню́, очи́нишь, очи́нят
imp.	очини́, ~те
pt.	очини́л
g.pt.a.	очини́в
p.pt.a.	очини́вший
p.pt.p.	очи́ненный

очиня́ть *imperf of* очини́ть

очи́стить *perf* кого-что **1.** clean **2.** purify, remove impurities, clean, wash **3.** husk, shell; remove the scales *of fish* **4.** vacate,

clear out of; clear up **5.** *sub* clean out, strip, plunder ‖ *imperf* очища́ть 2a
ft. очи́щу, очи́стишь, очи́стят
imp. очи́сти *and* очи́сть, очи́стите
pt. очи́стил
g.pt.a. очи́стив
p.pt.a. очи́стивший
p.pt.p. очи́щенный

очи́ститься *perf* **1.** become free of impurities, be freed of impurities **2.** become free of *smth*; река́ очи́стилась ото льда́ the river has become clear of ice ‖ *imperf* очища́ться

очища́ть(ся) *imperf of* очи́стить(ся)

очну́ться 7 *perf* **1.** awake **2.** come to oneself, recover consciousness

очу́вствоваться 4 *perf obs and sub* come round, recover consciousness

очуме́ть 3 *perf sub* go out of *one's* senses, go off *one's* rocker

очути́ться, *1st pers not used, perf* come to be *at a place*, find oneself *at a place, without warning*
ft. очу́тишься, -тятся
imp. очути́сь, -и́тесь
pt. очути́лся, -лась
g.pt.a. очути́вшись
p.pt.a. очути́вшийся

очу́хаться 1 *perf sub* come round, recover consciousness

ошалева́ть *imperf of* ошале́ть

ошале́ть 3 *perf sub* go off *one's* rocker ‖ *imperf* ошалева́ть 2a

ошара́шивать *imperf of* ошара́шить

ошара́шить *perf* кого́-что *sub* **1.** fetch *smb* a clout **2.** shake, stagger, put (completely) out, disconcert, put in a tizzy ‖ *imperf* ошара́шивать 1a
ft. ошара́шу, -шишь, -шат
imp. ошара́шь, ~те
pt. ошара́шил
g.pt.a. ошара́шив
p.pt.a. ошара́шивший
p.pt.p. ошара́шенный

ошвартова́ть 5 *perf* что moor *boat*

ошеломи́ть *perf* кого́-что shake, stun, stagger ‖ *imperf* ошеломля́ть 2a
ft. ошеломлю́, -ми́шь, -мя́т
imp. ошеломи́, ~те
pt. ошеломи́л
g.pt.a. ошеломи́в
p.pt.a. ошеломи́вший

p.pt.p. ошеломлённый; ошеломлён, -ена́

ошеломля́ть *imperf of* ошеломи́ть

ошелуди́веть 3, *stress as infinitive, perf sub* go mangy, get the mange

ошельмова́ть 5 *perf* кого́-что *coll* show *smb* up, compromise *smb*

ошиба́ться *imperf of* ошиби́ться

ошиби́ться *perf* be mistaken ‖ *imperf* ошиба́ться 2a
ft. ошибу́сь, -бёшься, -бу́тся
imp. ошиби́сь, -и́тесь
pt. оши́бся, -блась
g.pt.a. ошиби́сь

оши́кать 1 *perf* кого́-что *coll* hiss at, boo at, give *an actor* the bird, blow a raspberry, give *an actor* the raspberry, give a Bronx cheer

ошпа́ривать(ся) *imperf of* ошпа́рить(ся)

ошпа́рить *perf* кого́-что *coll* scald; pour boiling water over *smth*; scald, burn *i.e. injure by scalding* ‖ *imperf* ошпа́ривать 1a
ft. ошпа́рю, -ришь, -рят
imp. ошпа́рь, ~те
pt. ошпа́рил
g.pt.a. ошпа́рив
p.pt.a. ошпа́ривший
p.pt.p. ошпа́ренный

ошпа́риться *perf coll* get scalded, scald oneself ‖ *imperf* ошпа́риваться

оштрафова́ть 5 *perf* кого́-что fine

оштукату́ривать *imperf of* оштукату́рить

оштукату́рить *perf* что *arch* plaster, rough-cast ‖ *imperf* оштукату́ривать 1a
ft. оштукату́рю, -ришь, -рят
imp. оштукату́рь, ~те
pt. оштукату́рил
g.pt.a. оштукату́рив
p.pt.a. оштукату́ривший
p.pt.p. оштукату́ренный

ощени́ться, *1st and 2nd pers not used, perf* whelp, give birth to young
ft. ощени́тся, -ня́тся
pt. ощени́лась
g.pt.a. ощени́вшись
p.pt.a. ощени́вшаяся

ощё́ривать(ся) *imperf of* ощё́рить(ся)

ощё́рить *perf* что *coll*: ощё́рить зу́бы bare its fangs; show *one's* teeth; ощё́рить пасть open its jaws ‖ *imperf* ощё́ривать 1a
ft. ощё́рю, -ришь, -рят

imp.	ощéрь, ~те
pt.	ощéрил
g.pt.a.	ощéрив
p.pt.a.	ощéривший
p.pt.p.	ощéренный

ощéриться *perf coll* bare its fangs; show one's teeth ‖ *imperf* ощéриваться

ощетúнивать(ся) *imperf of* ощетúнить(ся)

ощетúнить, *1st and 2nd pers not used, perf* что ruffle *hair, coat* ‖ *imperf* ощетúнивать 1 а

ft.	ощетúнит, -нят
pt.	ощетúнил
g.pt.a.	ощетúнив
p.pt.a.	ощетúнивший
p.pt.p.	ощетúненный

ощетúниться *perf* **1.** *of fur, hair* stand on end, bristle **2.** *fig* resist *because smth goes against the grain* **3.** на когó *sub* be mad at *smb*, be riled by *smb*, be ruffled by *smb* ‖ *imperf* ощетúниваться

ощипáть *perf* когó-что **1.** pluck out *a hair, eyelash etc.* **2.** pluck *a bird* ‖ *imperf* ощúпывать 1 а

ft.	ощиплю́, -úплешь, -úплют *and coll* -úпешь, -úпют *and coll* ощипáю, -áешь, -áют
imp.	ощиплú, ~те *and coll* ощипú, ~те *and coll* ощипáй, ~те
pt.	ощипáл
g.pt.a.	ощипáв
p.pt.a.	ощипáвший
p.pt.p.	ощúпанный

ощúпывать *imperf of* ощипáть

ощу́пать 1 *perf* когó-что feel, touch, run the fingers over ‖ *imperf* ощу́пывать 1 а

ощу́пывать *imperf of* ощу́пать

ощутúть *perf* что feel, receive a sensation, perceive, sense ‖ *imperf* ощущáть 2 а

ft.	ощущу́, ощутúшь, ощутя́т
imp.	ощутú, ~те
pt.	ощутúл
g.pt.a.	ощутúв
p.pt.a.	ощутúвший
p.pt.p.	ощущённый; ощущён, -енá

ощущáть *imperf of* ощутúть

ощущáться 2 а, *1st and 2nd pers not used, imperf* be noticeable, be felt

П

пáдать 1 а *imperf* **1.** fall; drop **2.** fall, sink **3.** на что fall (on) **4.** degenerate **5.** perish, die (off) **6.** *coll of hair, teeth* fall out, come out ‖ *perf* пасть *with* 1, 2, 4, 5, forms ib. *and* упáсть *with* 1, 3, 4, forms ib.

паковáть 5 а *imperf* что pack. — (за-, у-)

пáкостить *imperf sub* **1.** что soil, dirty **2.** что spoil **3.** комý-чемý play dirty [mean] tricks on. — (за- *with* 1, ис- *with* 2, на- *with* 1, 3)

pr.	пáкощу, -остишь, -остят
imp.	пáкости, ~те
pt.	пáкостил
g.pr.a.	пáкостя
p.pr.a.	пáкостящий
p.pt.a.	пáкостивший

палúть[1] *imperf* когó-что burn, scorch. — (о-)

pr.	палю́, палúшь, паля́т
imp.	палú, ~те
pt.	палúл
g.pr.a.	паля́

p.pr.a.	пал я́щий
p.pt.a.	палúвший
p.pt.p.	палённый; палён, -енá

палúть[2] *imperf coll* fire | *perf semelf* пальну́ть 7. — (вы́-)
по *p.pt.p.*
other forms as палúть[1]

паломничать 1 а *imperf* go on a pilgrimage

пальну́ть *perf semelf of* палúть[2]

пáмятовать 4 а *imperf* когó-что *or* о ком-чём remember, recall

паникёрствовать 4 а *imperf coll* become panic-stricken

паниковáть 5 а *imperf sub* become panic-stricken

паразитúровать 4 а *imperf bookish* live the life of a parasite

парализовáть 5 *and* 5 а *perf, imperf* когó-что paralyse,

парафúровать 4 *and* 4 а *perf, imperf* что initial

парафрази́ровать 4 *and* 4a *perf, imperf* что paraphrase

парашюти́ровать 4 *and* 4a *perf, imperf* make a flattened-out, abrupt landing. — (с-)

пари́ровать 4 *and* 4a *perf, imperf* что parry, counter. — (от-)

па́рить *imperf* 1. что steam; stew 2. *impers:* па́рит it is sultry

pr.	па́рю, па́ришь, па́рят
imp.	парь, ∼те
pt.	па́рил
g.pr.a.	па́ря
p.pr.a.	па́рящий
p.pt.a.	па́ривший
p.pr.p.	па́римый
p.pt.p.	па́ренный

пари́ть *imperf* float

pr.	парю́, пари́шь, паря́т
imp.	пари́, ∼те
pt.	пари́л
g.pr.a.	паря́
p.pr.a.	паря́щий
p.pt.a.	пари́вший

па́риться *imperf* 1. steam, take a steam bath 2. *sub* sweat, perspire 3. над чем *sub* toil at smth. — (по- *with* 1)

пароди́ровать 4 *and* 4a *perf, imperf* кого-что parody

партиза́нить *imperf coll* fight as a partisan [guerilla]

pr.	партиза́ню, -нишь, -нят
imp.	партиза́нь, ∼те
pt.	партиза́нил
g.pr.a.	партиза́ня
p.pr.a.	партиза́нящий
p.pt.a.	партиза́нивший

парцелли́ровать 4 *and* 4a *perf, imperf* что parcel, make up into parcels

парши́веть 3a *imperf coll* become mangy. — (за-, о-)

парши́вить *imperf* кого-что make mangy. — (о-)

pr.	парши́влю, -вишь, -вят
imp.	парши́вь, ∼те
pt.	парши́вил
g.pr.a.	парши́вя
p.pr.a.	парши́вящий
p.pt.a.	парши́вивший

пасну́ть *perf semelf of* пасова́ть[2]

пасова́ть[1] 5a *imperf* 1. *cards* pass 2. пе́ред чем *or without object* shirk smth ‖ *perf* спасова́ть 5 *with* 1

пасова́ть[2] 5a *imperf* pass *ball* | *perf semelf* пасну́ть 7

пастеризова́ть 5 *and* 5a *perf, imperf* что pasteurize

пасти́ *imperf* graze, pasture, tend *cattle*

pr.	пасу́, пасёшь, пасу́т
imp.	паси́, ∼те
pt.	пас, пасла́
g.pr.a.	пася́
p.pr.a.	пасу́щий
p.pt.a.	па́сший
p.pr.p.	пасо́мый*
p.pt.p.	пасённый; пасён, -ена́

пасти́сь, *1st and 2nd pers not used, imperf* graze, pasture, browse

пасть *perf* 1. *perf of* па́дать 2. *bookish* fall *a. fig*

ft.	паду́, падёшь, паду́т
imp.	пади́, ∼те
pt.	пал
g.pt.a.	пав *and obs* па́дши
p.pt.a.	па́вший *and obs* па́дший

патентова́ть 5 *and* 5a *perf, imperf* что patent, take out a patent. — (за-)

патова́ть 5a *imperf* кого-что stalemate. — (за-)

патрули́ровать 4a *imperf* кого-что patrol

паха́ть *imperf* что plough, till. — (вс-)

pr.	пашу́, па́шешь, па́шут
imp.	паши́, ∼те
pt.	паха́л
g.pr.a.	паха́я*
p.pr.a.	па́шущий
p.pt.a.	паха́вший
p.pt.p.	па́ханный

па́хнуть *imperf* чем 1. smell of 2. *fig coll* smack of

pr.	па́хну, -нешь, -нут
pt.	па́хнул *and* пах, ∼ла
g.pt.a.	па́хнув
p.pr.a.	па́хнущий
p.pt.a.	па́хнувший *and* па́хший

пахну́ть 7, *1st and 2nd pers not used, perf* чем: пахну́ло хо́лодом there was a cool breeze

па́хтать 1a *imperf* что churn

p.pt.p.	па́хтанный

па́чкать 1a *imperf* кого-что 1. smear 2. *coll* dirty. — (вы-, за-, ис- *with* 1, на- *with* 2)

па́чкаться *imperf* get dirty, make oneself dirty. — (вы-, за-, ис-, на-)

пая́сничать 1а *imperf coll* play the buffoon, clown, clown around

пая́ть 2а *imperf* что solder
p.pt.p.   пая́нный

пева́ть *imperf freq of* петь

пеклева́ть *imperf* что grind fine
pr.   пеклю́ю, -ю́ешь, -ю́ют
imp.   пеклю́й, ~те
pt.   пеклева́л
g.pr.a.   пеклю́я
p.pr.a.   пеклю́ющий
p.pt.a.   пеклева́вший
p.pr.p.   пеклю́емый
p.pt.p.   пеклёванный

пелена́ть 2а *imperf* кого́-что swaddle. — (за-, с-)
p.pt.p.   пелёнатый

пеленгова́ть 5 *and* 5а *perf, imperf* что take the bearings of, fix *one's* course. — (за-)

пе́нить *imperf* что beat, cause to froth. — (вс-)
pr.   пе́ню, пе́нишь, пе́нят
imp.   пень, ~те
pt.   пе́нил
g.pr.a.   пе́ня
p.pr.a.   пе́нящий
p.pt.a.   пе́нивший

пе́ниться, *1st and 2nd pers not used, imperf of beer etc.* foam, froth. — (вс-)

пеня́ть 2а *imperf* кому́-чему́ *or* на кого́-что reproach, blame *smb* ‖ *perf* попеня́ть 2

пе́рвенствовать 4а *and* первенствова́ть 5а *imperf* над кем-чем have priority, take precedence
p.pr.a.   первенству́ющий

переадресова́ть 5 *perf* что readdress ‖ *imperf* переадресо́вывать 1а

переадресо́вывать *imperf of* переадресова́ть

переаттестова́ть 5 *perf* кого́-что award a new certificate to ‖ *imperf* переаттесто́вывать 1а

переаттесто́вывать *imperf of* переаттестова́ть

перебази́ровать 4 *perf* кого́-что relocate

перебази́роваться *perf* shift *one's* base of operations

перебáрщивать *imperf of* переборщи́ть

перебáрывать *imperf of* переборо́ть

перебега́ть *imperf of* перебежа́ть

перебежа́ть *perf* 1. что *or* че́рез что run across 2. desert, defect ‖ *imperf* перебега́ть 2а
ft.   перебегу́, -ежи́шь, -егу́т
imp.   перебеги́, ~те
pt.   перебежа́л
g.pt.a.   перебежа́в
p.pt.a.   перебежа́вший

перебéливать *imperf of* перебели́ть

перебели́ть *perf* что 1. whitewash 2. copy out ‖ *imperf* перебéливать 1а *with* 1 *and* перебеля́ть 2а
ft.   перебелю́, -éлишь, -éлят
imp.   перебели́, ~те
pt.   перебели́л
g.pt.a.   перебели́в
p.pt.a.   перебели́вший
p.pt.p.   перебелённый; перебелён, -ена́

перебеля́ть *imperf of* перебели́ть

перебеси́ться *perf* 1. go mad, get hydrophobia 2. *coll* kick up *one's* heels
ft.   перебешу́сь, -éсишься, -éсятся
imp.   перебеси́сь, -йтесь
pt.   перебеси́лся, -йлась
g.pt.a.   перебеси́вшись
p.pt.a.   перебеси́вшийся

перебива́ть(ся) *imperf of* переби́ть(ся)

перебинтова́ть 5 *perf* что change a bandage [dressing], put a new bandage [dressing] ‖ *imperf* перебинто́вывать 1а

перебинто́вывать *imperf of* перебинтова́ть

перебира́ть(ся) *imperf of* перебра́ть(ся)

переби́ть *perf* кого́-что 1. interrupt 2. kill, slaughter, slay 3. break 4. break *limb* 5. re-cover 6. у кого́-чего́ beat *smb* to *smth*, get *smth* before others can reach it ‖ *imperf* перебива́ть 2а
ft.   перебью́, -бьёшь, -бью́т
imp.   перебе́й, ~те
pt.   переби́л
g.pt.a.   переби́в
p.pt.a.   переби́вший
p.pt.p.   переби́тый

переби́ться *perf* 1. *coll* get by with difficulty 2. *1st and 2nd pers not used* be broken ‖ *imperf* перебива́ться

переболева́ть[1,2] *imperf of* переболе́ть[1,2]

переболе́ть[1] 3 *perf* чем *or without object* get through an illness ‖ *imperf* переболева́ть* 2а

переболе́ть[2], *1st and 2nd pers not used, perf* suffer ‖ *imperf* переболева́ть* 2а
ft.   переболи́т, ~ля́т

pt.	переболе́л
g.pt.a.	переболе́в
p.pt.a.	переболе́вший

переборо́ть *perf* кого́-что **1.** *coll* overcome, subdue **2.** *fig* overcome, suppress *feeling etc.* ‖ *imperf* переба́рывать 1а

ft.	переборю́, -о́решь, -о́рют
imp.	перебори́, ~те
pt.	переборо́л
g.pt.a.	переборо́в
p.pt.a.	переборо́вший

переборщи́ть *perf coll* go too far, carry *a joke etc.* too far ‖ *imperf* перебарщивать 1а

ft.	переборщу́, -щи́шь, -ща́т
imp.	переборщи́, ~те
pt.	переборщи́л
g.pt.a.	переборщи́в
p.pt.a.	переборщи́вший

перебра́ниваться 1а *imperf coll* have words

перебрани́ться *perf coll* quarrel, fall out (with)

ft.	перебраню́сь, -ни́шься, -ня́тся
imp.	перебрани́сь, -и́тесь
pt.	перебрани́лся, -и́лась
g.pt.a.	перебрани́вшись
p.pt.a.	перебрани́вшийся

перебра́сывать[1] *imperf of* переброса́ть

перебра́сывать[2] *imperf of* перебро́сить

перебра́сываться *imperf of* перебро́ситься

перебра́ть *perf* **1.** кого́-что sort out **2.** что *print* reset **3.** что чем finger, touch, strike *one after the other* **4.** что *or* чего́ take bit by bit ‖ *imperf* перебира́ть 2а

ft.	переберу́, -рёшь, -ру́т
imp.	перебери́, ~те
pt.	перебра́л, -ала́, -а́ло
g.pt.a.	перебра́в
p.pt.a.	перебра́вший
p.pt.p.	перебра́нный; пере́бран, перебрана́

перебра́ться *perf coll* **1.** че́рез что get over **2.** move to a new place, change *one's* lodgings ‖ *imperf* перебира́ться

pt.	перебра́лся, -ала́сь, -а́лось

переброди́ть[1] *perf* have fermented [risen]

ft.	переброжу́, -о́дишь, -о́дят
imp.	переброди́, ~те
pt.	переброди́л
g.pt.a.	переброди́в
p.pt.a.	переброди́вший

переброди́ть[2] *perf* что ford forms as переброди́ть[1]

переброса́ть 2 *perf* что throw one after another ‖ *imperf* перебра́сывать 1а

перебро́сить *perf* кого́-что **1.** throw one after another **2.** transfer *troops* **3.** throw *brigde* ‖ *imperf* перебра́сывать 1а

ft.	переброшу, -о́сишь, -о́сят
imp.	перебро́сь, ~те
pt.	перебро́сил
g.pt.a.	перебро́сив
p.pt.a.	перебро́сивший
p.pt.p.	перебро́шенный

перебро́ситься *perf* **1.** get over, jump over **2.** *fig* cross, spread **3.** чем bandy ‖ *imperf* перебра́сываться

перебуди́ть *perf* кого́-что rouse *everybody* ‖ *imperf* перебу́живать* 1а

ft.	перебужу́, -у́дишь, -у́дят
imp.	перебуди́, ~те
pt.	перебуди́л
g.pt.a.	перебуди́в
p.pt.a.	перебуди́вший
p.pt.p.	перебу́женный

перебу́живать *imperf of* перебуди́ть

перебыва́ть 2 *perf* у кого́ have called at, have visited *many places*

перева́ливать[1] *imperf of* перевали́ть

перева́ливать[2] *imperf of* переваля́ть

перева́ливаться *imperf* **1.** *imperf of* перевали́ться **2.** fall [roll, tumble] over

перевали́ть *perf* **1.** что roll over **2.** что *or* че́рез что cross **3.** за что *coll* be past *such and such an age* ‖ *imperf* перева́ливать 1а

ft.	перевалю́, -а́лишь, -а́лят
imp.	перевали́, ~те
pt.	перевали́л
g.pt.a.	перевали́в
p.pt.a.	перевали́вший
p.pt.p.	перева́ленный

перевали́ться *perf* **1.** roll over **2.** *coll* waddle **3.** *sub* cross ‖ *imperf* перева́ливаться

переваля́ть 2 *perf* кого́-что **1.** *sub* bring down, throw down *one after another* ‖ *imperf* перева́ливать 1а

перева́ривать(ся) *imperf of* перевари́ть(ся)

перевари́ть *perf* что **1.** digest **2.** cook [boil] again **3.** *fig* кого́-что *coll* stand, bear ‖ *imperf* перева́ривать 1а

ft.	переварю́, -а́ришь, -а́рят
imp.	перевари́, ~те
pt.	перевари́л
g.pt.a.	перевари́в

p.pt.a.	перевари́вший
p.pt.p.	перева́ренный

перевари́ться, *1st and 2nd pers not used*, *perf* digest ‖ *imperf* перева́риваться

переве́даться 1 *perf* с кем-чем *coll obs* settle a score (with), square accounts (with) ‖ *imperf* переве́дываться 1 a

переве́дываться *imperf of* переве́даться

перевезти́ *perf* кого́-что **1.** transport **2.** put across, ferry ‖ *imperf* перевози́ть, forms ib.

ft.	перевезу́, -зёшь, -зу́т
imp.	перевези́, ~те
pt.	перевёз, -езла́
g.pt.a.	перевезя́ *and obs* перевёзши
p.pt.a.	перевёзший
p.pt.p.	перевезённый; перевезён, -ена́

переверну́ть 7 *perf* кого́-что **1.** turn over **2.** *fig* transform, completely change ‖ *imperf* перевёртывать 1 a

p.pt.p.	перевёрнутый

переверну́ться *perf* turn over, capsize ‖ *imperf* перевёртываться

переверста́ть 2 *perf* что *print* make up pages again ‖ *imperf* перевёрстывать 1 a

p.pt.p.	перевёрстанный

перевёрстывать *imperf of* переверста́ть

переверте́ть *perf* что *sub* **1.** turn too far **2.** screw in again ‖ *imperf* переве́рчивать 1 a

ft.	переверчу́, -е́ртишь, -е́ртят
imp.	переверти́, ~те
pt.	переверте́л
g.pt.a.	переверте́в
p.pt.a.	переверте́вший
p.pt.p.	переве́рченный

перевёртывать(ся) *imperf of* перевер-ну́ть(ся)

переве́рчивать *imperf of* переверте́ть

переве́сить *perf* кого́-что **1.** hang somewhere else **2.** weigh again **3.** *coll* weigh more than, be heavier than ‖ *imperf* переве́шивать 1 a

ft.	переве́шу, -е́сишь, -е́сят
imp.	переве́сь, ~те
pt.	переве́сил
g.pt.a.	переве́сив
p.pt.a.	переве́сивший
p.pt.p.	переве́шенный

переве́ситься *perf* lean down ‖ *imperf* переве́шиваться

перевести́ *perf* кого́-что **1.** take across **2.** move, transfer **3.** shunt into a siding

4. translate *into another language* **5.** promote, transfer to a higher class **6.** remit *money* **7.** во что, на что convert *into a different unit* **8.** *coll* destroy, extirpate ‖ *imperf* переводи́ть, forms ib.

ft.	переведу́, -дёшь, -ду́т
imp.	переведи́, ~те
pt.	перевёл, -ела́
g.pt.a.	переведя́ *and obs* переве́дши
p.pt.a.	переве́дший
p.pt.p.	переведённый; переведён, -ена́

перевести́сь *perf* **1.** be transferred **2.** *1st and 2nd pers not used, coll* become extinct ‖ *imperf* переводи́ться

переве́шать 1 *perf* кого́-что **1.** *coll* hang up one after another **2.** weigh up one after the other **3.** *coll* weigh again, reweigh ‖ *imperf* переве́шивать 1 a

переве́шивать[1] *imperf of* переве́шать

переве́шивать[2] *imperf of* переве́сить

переве́шиваться *imperf of* переве́ситься

перевива́ть(ся) *imperf of* переви́ть(ся)

перевида́ть 2 *perf* кого́-что *coll* have seen [experienced] much

перевинти́ть *perf* что **1.** rescrew **2.** screw too far ‖ *imperf* переви́нчивать 1 a

ft.	перевинчу́, -нти́шь, -нтя́т
imp.	перевинти́, ~те
pt.	перевинти́л
g.pt.a.	перевинти́в
p.pt.a.	перевинти́вший
p.pt.p.	переви́нченный

переви́нчивать *imperf of* перевинти́ть

перевира́ть *imperf of* перевра́ть

переви́ть *perf* что **1.** interweave, intertwine **2.** retwine ‖ *imperf* перевива́ть 2 a

ft.	перевью́, -вьёшь, -вью́т
imp.	переве́й, ~те
pt.	переви́л, -ила́, -и́ло
g.pt.a.	переви́в
p.pt.a.	переви́вший
p.pt.p.	переви́тый; переви́т, -ита́ *and coll* -и́та, -и́то

переви́ться, *1st and 2nd pers not used, perf* с чем interweave (with), intertwine (with) ‖ *imperf* перевива́ться

переводи́ть *imperf of* перевести́

pr.	перевожу́, -о́дишь, -о́дят
imp.	переводи́, ~те
pt.	переводи́л
g.pr.a.	переводя́
p.pr.a.	переводя́щий

p.pt.a.	переводи́вший
p.pr.p.	переводи́мый

переводи́ться *imperf of* перевести́сь

перевози́ть *imperf of* перевезти́

pr.	перевожу́, -о́зишь, -о́зят
imp.	перевози́, ~те
pt.	перевози́л
g.pr.a.	перевозя́
p.pr.a.	перевозя́щий
p.pt.a.	перевози́вший
p.pr.p.	перевози́мый

переволнова́ть 5 *perf* кого́-что *coll* excite, alarm

переволнова́ться *perf coll* be too much excited, be anxious

перевооружа́ть(ся) *imperf of* перевооружи́ть(ся)

перевооружи́ть *perf* что 1. re-equip 2. *mil* rearm ‖ *imperf* перевооружа́ть 2 a

ft.	перевооружу́, -жи́шь, -жа́т
imp.	перевооружи́, ~те
pt.	перевооружи́л
g.pt.a.	перевооружи́в
p.pt.a.	перевооружи́вший
p.pt.p.	перевооружённый; перевооружён, -ена́

перевооружи́ться *perf* 1. *tech* be re-equipped 2. *mil* be rearmed ‖ *imperf* перевооружа́ться

перевоплоти́ть *perf* что *of artist, actor etc.* re-form, recreate ‖ *imperf* перевоплоща́ть 2 a

ft.	перевоплощу́, -оти́шь, -отя́т
imp.	перевоплоти́, ~те
pt.	перевоплоти́л
g.pt.a.	перевоплоти́в
p.pt.a.	перевоплоти́вший
p.pt.p.	перевоплощённый; перевоплощён, -ена́

перевоплоти́ться *perf* be transformed ‖ *imperf* перевоплоща́ться

перевоплоща́ть(ся) *imperf of* перевоплоти́ть(ся)

перевора́чивать(ся) *imperf of* перевороти́ть(ся)

перевора́шивать *imperf of* перевороши́ть

перевороти́ть *perf* кого́-что *sub* turn over, turn upside-down ‖ *imperf* перевора́чивать 1 a

ft.	переворочу́, -о́тишь, -о́тят
imp.	перевороти́, ~те
pt.	перевороти́л
g.pt.a.	перевороти́в

p.pt.a.	перевороти́вший
p.pt.p.	переворо́ченный

перевороти́ться *perf sub* turn from side to side ‖ *imperf* перевора́чиваться

перевороши́ть *perf* что *coll* turn upside-down ‖ *imperf* перевора́шивать* 1 a

ft.	переворошу́, -ши́шь, -ша́т
imp.	перевороши́, ~те
pt.	перевороши́л
g.pt.a.	перевороши́в
p.pt.a.	перевороши́вший
p.pt.p.	переворошённый; переворошён, -ена́

перевоспита́ть 2 *perf* кого́-что reeducate ‖ *imperf* перевоспи́тывать 1 a

перевоспита́ться *perf* be reeducated ‖ *imperf* перевоспи́тываться

перевоспи́тывать(ся) *imperf of* перевоспита́ть(ся)

переврать *perf* что 1. *coll* falsify, distort *facts*, muddle 2. *sub* surpass *smb* in lying ‖ *imperf* перевира́ть 2 a

ft.	перевру́, -рёшь, -ру́т
imp.	переври́, ~те
pt.	перевра́л
g.pt.a.	перевра́в
p.pt.a.	перевра́вший
p.pt.p.	пере́вранный

перевыбира́ть *imperf of* перевы́брать

перевы́брать *perf* кого́-что *coll* re-elect *committee, board etc.* ‖ *imperf* перевыбира́ть 2a

ft.	перевы́беру, -решь, -рут
imp.	перевы́бери, ~те
pt.	перевы́брал
g.pt.a.	перевы́брав
p.pt.a.	перевы́бравший
p.pt.p.	перевы́бранный

перевы́полнить *perf* что surpass, exceed ‖ *imperf* перевыполня́ть 2 a

ft.	перевы́полню, -нишь, -нят
imp.	перевы́полни, ~те
pt.	перевы́полнил
g.pt.a.	перевы́полнив
p.pt.a.	перевы́полнивший
p.pt.p.	перевы́полненный

перевыполня́ть *imperf of* перевы́полнить

перевяза́ть *perf* кого́-что 1. *med* dress *a wound* 2. tie up 3. reknit ‖ *imperf* перевя́зывать 1 a

ft.	перевяжу́, -я́жешь, -я́жут
imp.	перевяжи́, ~те
pt.	перевяза́л
g.pt.a.	перевяза́в

p.pt.a.	перевяза́вший
p.pt.p.	перевя́занный

перевяза́ться *perf* tie something round oneself ‖ *imperf* перевя́зываться

перевя́зывать(ся) *imperf of* перевяза́ть(ся)

перегиба́ть(ся) *imperf of* перегну́ть(ся)

перегла́дить *perf* что 1. iron again 2. iron up *everything* ‖ *imperf* перегла́живать 1 a

ft.	перегла́жу, -а́дишь, -а́дят
imp.	перегла́дь, ~те
pt.	перегла́дил
g.pt.a.	перегла́див
p.pt.a.	перегла́дивший
p.pt.p.	перегла́женный

перегла́живать *imperf of* перегла́дить

перегля́дываться *imperf of* перегляну́ться

перегляну́ться 7 *perf* с кем-чем exchange glances (with) ‖ *imperf* перегля́дываться 1 a

ft.	прегляну́сь, -я́нешься, -я́нутся

перегна́ивать *imperf of* перегнои́ть

перегна́ть *perf* кого́-что 1. surpass 2. drive somewhere else 3. *chem* distil, sublimate ‖ *imperf* перегоня́ть 2 a

ft.	перегоню́, -о́нишь, -о́нят
imp.	перегони́, ~те
pt.	перегна́л, -ала́, -а́ло
g.pt.a.	перегна́в
p.pt.a.	перегна́вший
p.pt.p.	перегна́нный

перегнива́ть *imperf of* перегни́ть

перегни́ть, *1st and 2nd pers not used*, *perf* rot through ‖ *imperf* перегнива́ть 2 a

ft.	перегниёт, -ию́т
pt.	перегни́л, -ила́, -и́ло
g.pt.a.	перегни́в
p.pt.a.	перегни́вший

перегнои́ть *perf* что make completely rotten ‖ *imperf* перегна́ивать 1 a

ft.	перегною́, -ои́шь, -оя́т
pt.	перегнои́л
g.pt.a.	перегнои́в
p.pt.a.	перегнои́вший
p.pt.p.	перегноённый; перегноён, -ена́

перегну́ть 7 *perf* что 1. bend, fold 2. *fig coll* overdo it, go too far ‖ *imperf* перегиба́ть 2 a

p.pt.p.	пере́гнутый

перегну́ться *perf* lean (over) ‖ *imperf* перегиба́ться

перегова́ривать *imperf of* переговори́ть

перегова́риваться 1 a *imperf* 1. have a talk 2. *coll* negotiate

переговори́ть *perf* 1. с кем-чем have a talk (with) 2. кого́-что *coll* talk *smb* down ‖ *imperf* перегова́ривать 1 a

ft.	переговорю́, -ри́шь, -ря́т
imp.	переговори́, ~те
pt.	переговори́л
g.pt.a.	переговори́в
p.pt.a.	переговори́вший

перегоня́ть *imperf of* перегна́ть

перегора́живать *imperf of* перегороди́ть

перегора́ть *imperf of* перегоре́ть

перегоре́ть, *1st and 2nd pers not used*, *perf* 1. burn through 2. burn out, fuse 3. *of manure* rot through ‖ *imperf* перегора́ть 2 a

ft.	перегори́т, -ря́т
pt.	перегоре́л
g.pt.a.	перегоре́в
p.pt.a.	перегоре́вший

перегороди́ть *perf* что 1. separate, partition off 2. *coll* bar, obstruct ‖ *imperf* перегора́живать 1 a

ft.	перегорожу́, -ро́ди́шь, -ро́дя́т
imp.	перегороди́, ~те
pt.	перегороди́л
g.pt.a.	перегороди́в
p.pt.a.	перегороди́вший
p.pt.p.	перегоро́женный

перегрева́ть(ся) *imperf of* перегре́ть(ся)

перегре́ть 3 *perf* что overheat ‖ *imperf* перегрева́ть 2 a

p.pt.p.	перегре́тый

перегре́ться *perf* overheat ‖ *imperf* перегрева́ться

перегружа́ть(ся) *imperf of* перегрузи́ть(ся)

перегрузи́ть *perf* кого́-что 1. reload, shift *load* 2. overload, overburden ‖ *imperf* перегружа́ть 2 a

ft.	перегружу́, -у́зи́шь, -у́зя́т
imp.	перегрузи́, ~те
pt.	перегрузи́л
g.pt.a.	перегрузи́в
p.pt.a.	перегрузи́вший
p.pt.p.	перегру́женный *and* перегружённый; перегружён, -ена́

перегрузи́ться *perf* be transshipped ‖ *imperf* перегружа́ться

перегруппирова́ть 5 *perf* кого́-что regroup ‖ *imperf* перегруппиро́вывать 1 a

перегруппиро́вывать *imperf of* перегруппирова́ть

перегрыза́ть(ся) *imperf of* перегры́зть(ся)

перегры́зть *perf* кого́-что **1.** gnaw through **2.** bite to death *a number of* ‖ *imperf* перегрыза́ть 2 a
ft.	перегрызу́, -зёшь, -зу́т
imp.	перегрызи́, ~те
pt.	перегры́з, ~ла
g.pt.a.	перегры́зши
p.pt.a.	перегры́зший
p.pt.p.	перегры́зенный

перегры́зться *perf* **1.** из-за чего́ fight **2.** *sub* quarrel, squabble, bicker ‖ *imperf* перегрыза́ться

перегрязни́ть *perf* что *coll* spoil
ft.	перегрязню́, -ни́шь, -ня́т
imp.	перегрязни́, ~те
pt.	перегрязни́л
g.pt.a.	перегрязни́в
p.pt.a.	перегрязни́вший
p.pt.p.	перегрязнённый; перегрязнён, -ена́

передава́ть *imperf of* переда́ть
pr.	передаю́, -аёшь, -аю́т
imp.	передава́й, ~те
pt.	передава́л
g.pr.a.	передава́я
p.pr.a.	передаю́щий
p.pr.a.	передава́вший
p.pr.p.	передава́емый

передава́ться *imperf of* переда́ться

передави́ть *perf* кого́-что crush ‖ *imperf* переда́вливать 1 a
ft.	передавлю́, -а́вишь, -а́вят
imp.	передави́, ~те
pt.	передави́л
g.pt.a.	передави́в
p.pt.a.	передави́вший
p.pt.p.	переда́вленный

переда́вливать *imperf of* передави́ть

переда́ривать *imperf of* передари́ть

передари́ть *perf* что *or* чего́ spend everything on presents ‖ *imperf* переда́ривать 1 a
ft.	передарю́, -а́ришь, -а́рят
imp.	передари́, ~те
pt.	передари́л
g.pt.a.	передари́в
p.pt.a.	передари́вший
p.pt.p.	переда́ренный

переда́ть *perf* кого́-что **1.** give **2.** communicate **3.** describe **4.** *wrl* broadcast **5.** *sports* pass *ball* **6.** transmit, pass on *hereditary defect etc.* ‖ *imperf* передава́ть, forms ib.

ft.	переда́м, -а́шь, -а́ст, -ади́м, -ади́те, -аду́т
imp.	переда́й, ~те
pt.	пе́редал *and coll* переда́л, передала́, пе́редало *and coll* переда́ло
g.pt.a.	переда́в
p.pt.a.	переда́вший
p.pt.p.	пе́реданный; пе́редан, передана́, пе́редано

переда́ться, *1st and 2nd pers not used, perf* кому́-чему́ **1.** be inherited **2.** *coll obs* surrender; go over to *the opposing side* ‖ *imperf* передава́ться
pt.	переда́лся, -ала́сь, -ало́сь *and coll* -а́лось

передвига́ть(ся) *imperf of* передви́нуть(ся)

передви́нуть 6 *perf* кого́-что **1.** shift, move **2.** *coll* put off, postpone ‖ *imperf* передвига́ть 2 a
imp.	передви́нь,·~те
p.pt.p.	передви́нутый

передви́нуться *perf* move, shift ‖ *imperf* передвига́ться

переде́лать 1 *perf* кого́-что **1.** alter, change **2.** *coll* manage ‖ *imperf* переде́лывать 1 a

переделить *perf* что **1.** divide again, redivide **2.** *coll* divide into two parts ‖ *imperf* переделя́ть 2 a
ft.	переделю́, -е́лишь, -е́лят
imp.	перелели́, ~те
pt.	перелели́л
g.pt.a.	перелели́в
p.pt.a.	перелели́вший
p.pt.p.	переделённый; переделён, -ена́

переде́лывать *imperf of* переде́лать

переделя́ть *imperf of* переделить

передёргивать(ся) *imperf of* передёрнуть(ся)

передержа́ть *perf* что **1.** overdo, overcook, overboil *food* **2.** *phot* overexpose ‖ *imperf* передержывать 1 a
ft.	передержу́, -е́ржишь, -е́ржат
imp.	передержи́, ~те
pt.	передержа́л
g.pt.a.	передержа́в
p.pt.a.	передержа́вший
p.pt.p.	переде́ржанный

передёрживать *imperf of* передержа́ть

передёрнуть 6 *perf* **1.** что straighten *dress* **2.** чем *coll* shrug the shoulders; *of animal* flick *ears* **3.** *impers* кого́-что be convulsed *with pain* **4.** что *coll* distort, juggle

misrepresent *facts* ‖ *imperf* передёргивать
1а
p.pt.p.   передёрнутый

передёрнуться *perf* flinch, wince ‖ *imperf*
передёргиваться

передира́ть *imperf of* передра́ть

передове́рить *perf* что кому́ transfer the
trust (of *smth* to *smb*); subcontract;
transfer the power of attorney to *smb* ‖
imperf передоверя́ть 2а
ft.   передове́рю, -ришь, -рят
imp.   передове́рь, ~те
pt.   передове́рил
g.pt.a.   передове́рив
p.pt.a.   передове́ривший
p.pt.p.   передове́ренный

передоверя́ть *imperf of* передове́рить

передо́хнуть, *1st and 2nd pers not used,*
perf coll, of cattle die one after another ‖
imperf передыха́ть* 2а
ft.   передо́хнет, -нут
pt.   передо́х, ~ла
g.pt.a.   передо́хши
p.pt.a.   передо́хший

передохну́ть 7 *perf* **1.** take a breath **2.** *coll*
take a breather ‖ *imperf* передыха́ть 2а

передра́знивать *imperf of* передразни́ть

передразни́ть *perf* кого́-что *or without*
object mimic *smb* ‖ *imperf* передра́зни-
вать 1а
ft.   передразню́, -а́знишь, -а́знят
imp.   передразни́, ~те
pt.   передразни́л
g.pt.a.   передразни́в
p.pt.a.   передразни́вший
p.pt.p.   передразнённый; передразнён,
             -ена́

передра́ть *perf* что *coll* tear up *everything* ‖
imperf передира́ть 2а
ft.   передеру́, -рёшь, -ру́т
imp.   передери́, ~те
pt.   передра́л, -ала́, -а́ло
g.pt.a.   передра́в
p.pt.a.   передра́вший
p.pt.p.   переˊдранный

передра́ться *perf coll, of boys etc.* fight
pt.   передра́лся, -ала́сь, -а́ло́сь

передро́гнуть *perf coll* be chilled
ft.   передро́гну, -нешь, -нут
imp.   передро́гни, ~те
pt.   передро́г, ~ла
g.pt.a.   передро́гши
p.pt.a.   передро́гший

передружи́ться *perf coll* make friends *with*
many people
ft.   передружу́сь, -у́жи́шься,
             -у́жа́тся
imp.   передружи́сь, -йтесь
pt.   передружи́лся, -йлась
g.pt.a.   передружи́вшись
p.pt.a.   передружи́вшийся

переду́мать 1 *perf* **1.** change *one's* mind,
think better of *smth* **2.** что *or* о чём
coll do a great deal of thinking ‖ *imperf*
переду́мывать 1а

переду́мывать *imperf of* переду́мать

передуши́ть *perf* кого́-что strangle
ft.   передушу́, -у́шишь, -у́шат
imp.   передуши́, ~те
pt.   передуши́л
g.pt.a.   передуши́в
p.pt.a.   передуши́вший
p.pt.p.   переду́шенный

передыха́ть[1] *imperf of* передо́хнуть

передыха́ть[2] *imperf of* передохну́ть

перееда́ть *imperf of* перее́сть

переезжа́ть *imperf of* перее́хать

перее́сть *perf* **1.** чего́ *or without object* eat
too much, overeat **2.** что eat away,
corrode **3.** что *coll* eat up *everything* ‖ *im-*
perf перееда́ть 2а
ft.   перее́м, -е́шь, -е́ст, -еди́м,
             -еди́те, -едя́т
imp.   перее́шь, ~те
pt.   перее́л
g.pt.a.   перее́в
p.pt.a. ' перее́вший

перее́хать *perf* **1.** что *or* че́рез что cross
2. move to a new place *of residence*
3. кого́-что run over, knock down
‖ *imperf* переезжа́ть 2а
ft.   перее́ду, -е́дешь, -е́дут
pt.   перее́хал
g.pt.a.   перее́хав
p.pt.a.   перее́хавший

пережа́ривать(ся) *imperf of* пережа́рить-
(ся)

пережа́рить *perf* что **1.** roast [fry] too
much, overdo **2.** *coll* roast, fry *every-*
thing ‖ *imperf* пережа́ривать 1а
ft.   пережа́рю, -ришь, -рят
imp.   пережа́рь, ~те
pt.   пережа́рил
g.pt.a.   пережа́рив
p.pt.a.   пережа́ривший
p.pt.p.   пережа́ренный

пережа́риться, *1st and 2nd pers not used,* *perf* be overdone ‖ *imperf* пережа́риваться

переждáть *perf* что wait till *smth* is over ‖ *imperf* пережида́ть 2a
ft. пережду́, -дёшь, -ду́т
imp. пережди́, ~те
pt. пережда́л, -алá, -áло
g.pt.a. пережда́в
p.pt.a. пережда́вший

пережевáть *perf* что chew, masticate ‖ *imperf* пережёвывать 1a
ft. пережую́, -уёшь, -ую́т
imp. пережу́й, ~те
pt. пережевáл
g.pt.a. пережевáв
p.pt.a. пережевáвший
p.pt.p. пережёванный

пережёвывать 1a *imperf* 1. *imperf of* пережевáть 2. что chew, remasticate 3. что repeat *smth* over and over again

переженúть *perf* кого́-что *coll* marry off *children,* marry up *everybody*
ft. переженю́, -éнишь, -éнят
imp. пережени́, ~те
pt. пережени́л
g.pt.a. пережени́в
p.pt.a. пережени́вший
p.pt.p. переже́ненный

переженúться, *1st and 2nd pers singular not used, perf, of children* have married

пережéчь *perf* что 1. burn excessively 2. burn through 3. burn up *everything* 4. burn more than *one's* quota ‖ *imperf* пережигáть 2a
ft. пережгу́, -жжёшь, -жгу́т
imp. пережги́, ~те
pt. пережёг, -жглá
g.pt.a. пережёгши
p.pt.a. пережёгший
p.pt.p. пережжённый; пережжён, -енá

переживáть *imperf of* пережи́ть
пережигáть *imperf of* пережéчь
пережидáть *imperf of* переждáть

пережúть *perf* что 1. experience, go through *smth* 2. кого́-что outlive, outlast, survive 3. endure, suffer ‖ *imperf* переживáть 2a
ft. переживу́, -вёшь, -ву́т
imp. переживи́, ~те
pt. пе́режи́л, пережилá, пе́режи́ло
g.pt.a. пережи́в
p.pt.a. пережи́вший

p.pt.p. пе́режи́тый; пе́режи́т, пережитá, пе́режи́то
перезабывáть *imperf of* перезабы́ть
перезабы́ть *perf* кого́-что *coll* forget everything ‖ *imperf* перезабывáть 2a
ft. перезабу́ду, -дешь, -дут
imp. перезабу́дь, ~те
pt. перезабы́л
g.pt.a. перезабы́в
p.pt.a. перезабы́вший
p.pt.p. перезабы́тый
перезаклáдывать *imperf of* перезаложи́ть
перезаключáть *imperf of* перезаключи́ть
перезаключи́ть *perf* что renew *an agreement, a contract* ‖ *imperf* перезаключáть 2a
ft. перезаключу́, -чи́шь, -чáт
imp. перезаключи́, ~те
pt. перезаключи́л
g.pt.a. перезаключи́в
p.pt.a. перезаключи́вший
p.pt.p. перезаключённый; перезаключён, -енá
перезаложи́ть *perf* что pawn anew, repawn, mortgage again ‖ *imperf* перезаклáдывать 1a
ft. перезаложу́, -о́жишь, -о́жат
imp. перезаложи́, ~те
pt. перезаложи́л
g.pt.a. перезаложи́в
p.pt.a. перезаложи́вший
p.pt.p. перезало́женный
перезаряди́ть *perf* что reload *rifle* ‖ *imperf* перезаряжáть 2a
ft. перезаряжу́, -я́ди́шь, -я́дя́т
imp. перезаряди́, ~те
pt. перезаряди́л
g.pt.a. перезаряди́в
p.pt.a. перезаряди́вший
p.pt.p. перезаря́женный *and* перезаряжённый; перезаряжён, -енá
перезаряжáть *imperf of* перезаряди́ть
перезвáнивать 1a *imperf* 1. *imperf of* перезвони́ть 2. ring all the bells
перезвони́ть *perf* ring *smb* up again ‖ *imperf* перезвáнивать 1a
ft. перезвоню́, -ни́шь, -ня́т
imp. перезвони́, ~те
pt. перезвони́л
g.pt.a. перезвони́в
p.pt.a. перезвони́вший
перезимовáть 5 *perf* winter ‖ *imperf* перезимо́вывать 1a
перезимо́вывать *imperf of* перезимовáть

перезнако́мить *perf* кого́-что acquaint
many people with each other
ft.   перезнако́млю, -мишь, -мят
imp.   перезнако́мь, ~те
pt.   перезнако́мил
g.pt.a.   перезнако́мив
p.pt.a.   перезнако́мивший
p.pt.p.   перезнако́мленный

перезнако́миться *perf coll* get acquainted
with a lot of people

перезрева́ть *imperf of* перезре́ть

перезре́ть 3 *perf* **1.** *1st and 2nd pers not
used* grow overripe **2.** *coll iron* get too
old to marry ‖ *imperf* перезрева́ть 2a

переигра́ть 2 *perf* **1.** что play again **2.** что
play, perform *a lot* **3.** *coll* overdo it
4. кого́-что surpass *smb* in a game, win
a game **5.** *theat* ham, lay it on ‖ *imperf*
переи́грывать 1a

переи́грывать *imperf of* переигра́ть

переизбира́ть *imperf of* переизбра́ть

переизбра́ть *perf* что re-elect ‖ *imperf*
переизбира́ть 2a
ft.   переизберу́, -рёшь, -ру́т
imp.   переизбери́, ~те
pt.   переизбра́л, -ала́, -а́ло
g.pt.a.   переизбра́в
p.pt.a.   переизбра́вший
p.pt.p.   переи́збранный

переиздава́ть *imperf of* переизда́ть
pr.   переиздаю́, -аёшь, -аю́т
imp.   переиздава́й, ~те
pt.   переиздава́л
g.pr.a.   переиздава́я
p.pr.a.   переиздаю́щий
p.pt.a.   переиздава́вший
p.pr.p.   переиздава́емый

переизда́ть *perf* что republish ‖ *imperf*
переиздава́ть, forms ib.
ft.   переизда́м, -а́шь, -а́ст, -ади́м
             -ади́те, -аду́т
imp.   переизда́й, ~те
pt.   переизда́л, -ала́, -а́ло
g.pt.a.   переизда́в
p.pt.a.   переизда́вший
p.pt.p.   переи́зданный; переи́здан,
             -издана́, -и́здано

переименова́ть 5 *perf* что rename, give a
new name to ‖ *imperf* переимено́вы-
вать 1a

переимено́вывать *imperf of* переимено-
ва́ть

переина́чивать *imperf of* переина́чить

переина́чить *perf* что *coll* modify, alter,
change ‖ *imperf* переина́чивать 1a
ft.   переина́чу, -чишь, -чат
imp.   переина́чь, ~те
pt.   переина́чил
g.pt.a.   переина́чив
p.pt.a.   переина́чивший
p.pt.p.   переина́ченный

переиска́ть *perf* что *coll* look for, seek
everywhere ‖ *imperf* переи́скивать 1a
ft.   переищу́, -и́щешь, -и́щут
imp.   переищи́, ~те
pt.   переиска́л
g.pt.a.   переиска́в
p.pt.a.   переиска́вший
p.pt.p.   переи́сканный

переи́скивать *imperf of* переиска́ть

перейти́ *perf* **1.** что *or* че́рез что cross
2. get over, get across **3.** во что, на
что, к чему́ pass over to **4.** во что, на
что move (to) **5.** что *coll* overstep the
mark ‖ *imperf* переходи́ть[1], forms ib.
ft.   перейду́, -дёшь, -ду́т
imp.   перейди́, ~те
pt.   перешёл, -шла́
g.pt.a.   перейдя́ *and obs* переше́дши
p.pt.a.   переше́дший
p.pt.p.   перейдённый; перейдён, -ена́

перекале́чивать *imperf of* перекале́чить

перекале́чить *perf* кого́-что cripple, maim,
mutilate *many people* ‖ *imperf* перека-
ле́чивать 1a
ft.   перекале́чу, -чишь, -чат
imp.   перекале́чь, ~те
pt.   перекале́чил
g.pt.a.   перекале́чив
p.pt.a.   перекале́чивший
p.pt.p.   перекале́ченный

перека́ливать *imperf of* перекали́ть

перекали́ть *perf* что **1.** overtemper *metal*
2. *coll* overheat ‖ *imperf* перека́ливать 1a
and перекаля́ть 2a
ft.   перекалю́, -ли́шь, -ля́т
imp.   перекали́, ~те
pt.   перекали́л
g.pt.a.   перекали́в
p.pt.a.   перекали́вший
p.pt.p.   перекалённый; перекалён, -ена́

перека́лывать *imperf of* переколо́ть[1]

перекаля́ть *imperf of* перекали́ть

перека́пывать *imperf of* перекопа́ть

перека́рмливать *imperf of* перекорми́ть

перекати́ть *perf* что roll [move] from one
place to another ‖ *imperf* перека́ты-
вать 1a

ft.	перекачу́, -а́тишь, -а́тят
imp.	перекати́, ~те
pt.	перекати́л
g.pt.a.	перекати́в
p.pt.a.	перекати́вший
p.pt.p.	перека́ченный

перекати́ться *perf* roll (over) ‖ *imperf* перека́тываться

перека́тывать(ся) *imperf of* перекати́ть(ся)

перекача́ть 2 *perf* что pump across ‖ *imperf* перека́чивать 1 a

перека́чивать *imperf of* перекача́ть

перека́шивать[1,2] *imperf of* перекоси́ть[1,2]

перека́шиваться *imperf of* перекоси́ться

переквалифици́ровать 4 *and* 4 a *perf, imperf* кого́-что train for a new profession

переквалифици́роваться *perf, imperf* train for a new profession

перекида́ть 2 *perf* кого́-что throw *every-thing, a lot* ‖ *imperf* переки́дывать 1 a

переки́дывать[1] *imperf of* перекида́ть

переки́дывать[2] *imperf of* переки́нуть

переки́дываться *imperf of* переки́нуться

переки́нуть 6 *perf* кого́-что 1. throw 2. build, throw *bridge* 3. *coll* carry, transport ‖ *imperf* переки́дывать 1 a
imp.	переки́нь, ~те
p.pt.p.	переки́нутый

переки́нуться *perf* 1. get over, jump over *fence etc.* 2. *of fire* spread 3. exchange *a few words* ‖ *imperf* переки́дываться

перекипяти́ть *perf* что boil again
ft.	перекипячу́, -яти́шь, -ятя́т
imp.	перекипяти́, ~те
pt.	перекипяти́л
g.pt.a.	перекипяти́в
p.pt.a.	перекипяти́вший
p.pt.p.	перекипячённый; перекипячён, -ена́

перекиса́ть *imperf of* переки́снуть

перекисли́ть *perf* что sour excessively ‖ *imperf* перекисля́ть 2 a
ft.	перекислю́, -ли́шь, -ля́т
imp.	перекисли́, ~те
pt.	перекисли́л
g.pt.a.	перекисли́в
p.pt.a.	перекисли́вший
p.pt.p.	перекислённый; перекислён, -ена́

перекисля́ть *imperf of* перекисли́ть

переки́снуть, *1st and 2nd pers not used, perf* become too sour ‖ *imperf* переки-са́ть 2 a
ft.	переки́снет, -нут
pt.	переки́с, ~ла
g.pt.a.	переки́сши
p.pt.a.	переки́сший *and* переки́снувший

перекла́дывать *imperf of* переложи́ть

перекле́ивать *imperf of* перекле́ить

перекле́ить *perf* что 1. stick somewhere else 2. stick again ‖ *imperf* перекле́ивать 1 a
ft.	перекле́ю, -е́ишь, -е́ят
imp.	переклей, ~те
pt.	перекле́ил
g.pt.a.	перекле́ив
p.pt.a.	перекле́ивший
p.pt.p.	перекле́енный

переклика́ться 2 a *imperf* с кем-чем 1. call [shout] to one another 2. *1st and 2nd pers not used, fig* have smth in common with smth ‖ *perf semelf* перекли́кнуться 6 with 1

перекли́кнуться *perf semelf of* переклика́ться

переключа́ть(ся) *imperf of* переключи́ть(ся)

переключи́ть *perf* 1. что switch 2. кого́-что *fig* change over ‖ *imperf* переключа́ть 2 a
ft.	переключу́, -чи́шь, -ча́т
imp.	переключи́, ~те
pt.	переключи́л
g.pt.a.	переключи́в
p.pt.a.	переключи́вший
p.pt.p.	переключённый; переключён, -ена́

переключи́ться *perf* 1. switch, switch over 2. *1st and 2nd pers not used* be switched over ‖ *imperf* переключа́ться

перекова́ть 5 *perf* кого́-что 1. reshoe *horse* 2. reforge ‖ *imperf* переко́вывать 1 a
ft.	перекую́, -уёшь, -ую́т

переко́вывать *imperf of* перекова́ть

перекола́чивать *imperf of* переколоти́ть

переколоти́ть *perf* что *coll* 1. smash, break *everything* 2. nail somewhere else ‖ *imperf* перекола́чивать 1 a
ft.	переколочу́, -ло́тишь, -ло́тят
imp.	переколоти́, ~те
pt.	переколоти́л
g.pt.a.	переколоти́в
p.pt.a.	переколоти́вший
p.pt.p.	переколо́ченный

переколо́ть[1] *perf* **1.** что pin somewhere else **2.** что prick *one's fingers* **3.** кого-что slaughter ‖ *imperf* перека́лывать 1 a
ft.	переколю́, -о́лешь, -о́лют
imp.	переколи́, ~те
pt.	переколо́л
g.pt.a.	переколо́в
p.pt.a.	переколо́вший
p.pt.p.	переко́лотый

переколо́ть[2] *perf* что split, cleave; crack *nuts*
forms as переколо́ть[1]

перекопа́ть 2 *perf* что **1.** dig over again **2.** excavate, dig out ‖ *imperf* перека́пывать 1 a

перекорми́ть *perf* кого-что overfeed, surfeit ‖ *imperf* перека́рмливать 1 a
ft.	перекормлю́, -о́рмишь, -о́рмят
imp.	перекорми́, ~те
pt.	перекорми́л
g.pt.a.	перекорми́в
p.pt.a.	перекорми́вший
p.pt.p.	переко́рмленный

перекоря́ться 2a *imperf coll* hurl reproaches at one another

перекоси́ть[1] *perf* что mow down ‖ *imperf* перека́шивать 1 a
ft.	перекошу́, -о́сишь, -о́сят
imp.	перекоси́, ~те
pt.	перекоси́л
g.pt.a.	перекоси́в
p.pt.a.	перекоси́вший
p.pt.p.	переко́шенный

перекоси́ть[2] *perf* что distort ‖ *imperf* перека́шивать 1 a
ft.	перекошу́, -оси́шь, -ося́т
other forms as перекоси́ть[1]

перекоси́ться *perf* **1.** warp, be wrenched out of shape **2.** *of a face* become distorted ‖ *imperf* перека́шиваться
forms follow перекоси́ть[2]

перекочева́ть *perf* **1.** *of nomads* roam, wander, migrate **2.** *fig coll* roam from place to place, wander ‖ *imperf* перекочёвывать 1 a
ft.	перекочу́ю, -у́ешь, -у́ют
imp.	перекочу́й, ~те
pt.	перекочева́л
g.pt.a.	перекочева́в
p.pt.a.	перекочева́вший

перекочёвывать *imperf of* перекочева́ть

перекра́ивать *imperf of* перекро́йть

перекра́сить *perf* что recolour, repaint, redye ‖ *imperf* перекра́шивать 1 a
ft.	перекра́шу, -а́сишь, -а́сят
imp.	перекра́сь, ~те
pt.	перекра́сил
g.pt.a.	перекра́сив
p.pt.a.	перекра́сивший
p.pt.p.	перекра́шенный

перекра́ситься *perf* **1.** *1st and 2nd pers not used* be recoloured, be repainted **2.** *fig coll* become a turncoat ‖ *imperf* перекра́шиваться

перекра́шивать(ся) *imperf of* перекра́сить(ся)

перекрести́ть *perf* кого-что **1.** cross **2.** *coll* rebaptize **3.** *coll* put crosswise **4.** *coll* cross out ‖ *imperf* перекре́щивать 1 a
ft.	перекрещу́, -е́стишь, -е́стят
imp.	перекрести́, ~те
pt.	перекрести́л
g.pt.a.	перекрести́в
p.pt.a.	перекрести́вший
p.pt.p.	перекрещённый; перекрешён, -ена́

перекрести́ться *perf* **1.** cross oneself **2.** *coll* cross ‖ *imperf* перекре́щиваться

перекре́щивать(ся) *imperf of* перекрести́ть(ся)

перекри́кивать *imperf of* перекрича́ть

перекрича́ть *perf* кого-что outvoice, shout one another down ‖ *imperf* перекри́кивать 1 a
ft.	перекричу́, -чи́шь, -ча́т
imp.	перекричи́, ~те
pt.	перекрича́л
g.pt.a.	перекрича́в
p.pt.a.	перекрича́вший

перекро́йть *perf* что **1.** recut, cut again **2.** *coll* cut *everything* ‖ *imperf* перекра́ивать 1 a
ft.	перекрою́, -о́йшь, -о́ят
imp.	перекрой, ~те
pt.	перекро́йл
g.pt.a.	перекро́йв
p.pt.a.	перекро́йвший
p.pt.p.	перекро́енный

перекрути́ть *perf* что **1.** *coll* overwind **2.** *sub* twirl, twist, wind round **3.** *sub* turn *a key* ‖ *imperf* перекру́чивать 1 a
ft.	перекручу́, -у́тишь, -у́тят
imp.	перекрути́, ~те
pt.	перекрути́л
g.pt.a.	перекрути́в
p.pt.a.	перекрути́вший
p.pt.p.	перекру́ченный

перекру́чивать *imperf of* перекрути́ть

перекрыва́ть *imperf of* перекры́ть

перекры́ть *perf* кого́-что **1.** reroof *a roof*, re-cover **2.** *coll* trump, overtrump *cards* **3.** *coll* exceed *a plan etc.* **4.** *coll* make up for, refund, reimburse ‖ *imperf* перекрыва́ть 2a

ft.	перекро́ю, -о́ешь, -о́ют
imp.	перекро́й, ~те
pt.	перекры́л
g.pt.a.	перекры́в
p.pt.a.	перекры́вший
p.pt.p.	перекры́тый

перекувы́ркивать(ся) *imperf of* перекуву́рнуть(ся)

перекувырну́ть 7 *perf* кого́-что *coll* upset, tip over ‖ *imperf* перекувы́ркивать 1a

перекувырну́ться *perf coll* topple over ‖ *imperf* перекувы́ркиваться

перекупа́ть[1] *imperf of* перекупи́ть

перекупа́ть[2] 2 *perf* кого́-что bathe too long ‖ *imperf* переку́пывать 1a

перекупи́ть *perf* что *coll* **1.** у кого́ buy *smth* before *smb's* very nose **2.** buy *smth* in order to resell ‖ *imperf* перекупа́ть 2a

ft.	перекуплю́, -у́пишь, -у́пят
imp.	перекупи́, ~те
pt.	перекупи́л
g.pt.a.	перекупи́в
p.pt.a.	перекупи́вший
p.pt.p.	переку́пленный

переку́пывать *imperf of* перекупа́ть[2]

переку́ривать *imperf of* перекури́ть

перекури́ть *perf* **1.** smoke excessively **2.** что *coll* smoke *everything* **3.** *coll* have a break for a smoke ‖ *imperf* переку́ривать 1a

ft.	перекурю́, -у́ришь, -у́рят
imp.	перекури́, ~те
pt.	перекури́л
g.pt.a.	перекури́в
p.pt.a.	перекури́вший
p.pt.p.	переку́ренный

перекуса́ть 2 *perf* кого́-что bite *everybody, many* ‖ *imperf* переку́сывать* 1a

перекуси́ть *perf* **1.** что cut [bite] through **2.** *coll* have a bite to eat ‖ *imperf* переку́сывать 1a

ft.	перекушу́, -у́сишь, -у́сят
imp.	перекуси́, ~те
pt.	перекуси́л
g.pt.a.	перекуси́в
p.pt.a.	перекуси́вший
p.pt.p.	переку́шенный

переку́сывать[1] *imperf of* перекуса́ть

переку́сывать[2] *imperf of* перекуси́ть

перела́вливать *imperf of* переловить

перелага́ть *imperf of* переложи́ть

перела́мывать(ся)[1] *imperf of* переломать(ся)

перела́мывать(ся)[2] *imperf of* переломи́ть(ся)

пережа́ть *perf coll* **1.** remain too long in one place **2.** *1st and 2nd pers not used* deteriorate *because of prolonged lying about* ‖ *imperf* перелёживать 1a

ft.	перележу́, -жи́шь, -жа́т
imp.	перележи́, ~те
pt.	перележа́л
g.pt.a.	перележа́в
p.pt.a.	перележа́вший

перелёживать *imperf of* перележа́ть

перелеза́ть *imperf of* переле́зть

переле́зть *perf* что *or* че́рез что climb over ‖ *imperf* перелеза́ть 2a

ft.	переле́зу, -е́зешь, -е́зут
imp.	переле́зь, ~те
pt.	переле́з, ~ла
g.pt.a.	переле́зши
p.pt.a.	переле́зший

перелета́ть *imperf of* перелете́ть

перелете́ть *perf* **1.** что *or* че́рез что fly over **2.** shoot over a target ‖ *imperf* перелета́ть 2a

ft.	перелечу́, -ети́шь, -етя́т
imp.	перелети́, ~те
pt.	перелете́л
g.pt.a.	перелете́в
p.pt.a.	перелете́вший

переле́чь *perf* lie down somewhere else

ft.	переля́гу, -я́жешь, -я́гут
imp.	переля́г, ~те
pt.	перелёг, -легла́
g.pt.a.	перелёгши
p.pt.a.	перелёгший

перелива́ть 2a *imperf* **1.** *imperf of* перели́ть **2.** *1st and 2nd pers not used* чем be iridescent

перелива́ться, *1st and 2nd pers not used, imperf* **1.** *imperf of* перели́ться **2.** (чем) be iridescent

перелиста́ть 2 *perf* что **1.** turn over the pages *of a book* **2.** glance through ‖ *imperf* перели́стывать 1a

перели́стывать *imperf of* перелиста́ть

перели́ть *perf* что **1.** overflow **2.** transfuse *blood* **3.** let overflow **4.** recast **5.** *coll, of*

rivers flow together, interflow ‖ *imperf*
переливать 2a

ft.	перелью, -льёшь, -льют
imp.	перелей, ~те
pt.	перелил, -ила, -йло
g.pt.a.	перелив
p.pt.a.	переливший
p.pt.p.	перелитый; перелит, -ита, -йто

перелиться, *1st and 2nd pers not used*,
perf **1.** *of water* overflow, run over **2.** flow
over ‖ *imperf* переливаться

pt.	перелился, -илась, -йлось

перелицевать *perf* что turn *clothes* ‖ *imperf*
перелицовывать 1a

ft.	перелицую, -уешь, -уют
imp.	перелицуй, ~те
pt.	перелицевал
g.pt.a.	перелицевав
p.pt.a.	перелицевавший
p.pt.p.	перелицованный

перелицовывать *imperf of* перелицевать

переловить *perf* кого-что catch one after
another ‖ *imperf* перелавливать 1a

ft.	переловлю, -овишь, -овят
imp.	перелови, ~те
pt.	переловил
g.pt.a.	переловив
p.pt.a.	переловивший
p.pt.p.	перелов́ленный

переложить *perf* что **1.** put somewhere
else **2.** на кого-что put the blame on
smb **3.** чем pack *smth* in *smth* **4.** replace
5. rebuild *a stove* **6.** turn *poetry to prose*
7. *a.* чего *coll* put too much in ‖ *imperf*
перекладывать 1a *and* перелагать 2a

ft.	переложу, -ожишь, -ожат
imp.	переложи, ~те
pt.	переложил
g.pt.a.	переложив
p.pt.a.	переложивший
p.pt.p.	перелож́енный

переломать 2 *perf* что break *everything* ‖
imperf переламывать 1a

переломаться, *1st and 2nd pers not used*,
perf coll break, be fractured ‖ *imperf*
переламываться

переломить *perf* кого-что **1.** break in two
2. : переломить себя master oneself, restrain *one's* feelings ‖ *imperf* перела́мы-
вать 1a

ft.	переломлю, -омишь, -омят
imp.	переломи, ~те
pt.	переломил
g.pt.a.	переломив
p.pt.a.	переломивший
p.pt.p.	перел́омленный

переломиться, *1st and 2nd pers not used*,
perf break in two ‖ *imperf* перела́мы-
ваться

перемазать *perf* кого-что **1.** smear [soil]
again **2.** smear *everything* **3.** *coll* smear,
soil ‖ *imperf* перемазывать 1a

ft.	перемажу, -жешь, -жут
imp.	перемажь, ~те
pt.	перемазал
g.pt.a.	перемазав
p.pt.a.	перемазавший
p.pt.p.	перемазанный

перемазаться *perf coll* besmear oneself ‖
imperf перемазываться

перемазывать(ся) *imperf of* перемазать-
(ся)

перемалывать(ся) *imperf of* перемолоть-
(ся)

переманивать *imperf of* переманить

переманить *perf* кого-что entice, win *smb*
over ‖ *imperf* переманивать 1a

ft.	переманю, -анишь, -анят
imp.	перемани, ~те
pt.	переманил
g.pt.a.	переманив
p.pt.a.	переманивший
p.pt.p.	переманенный *and* переман́ён-
ный; переманён, -ена

перематывать *imperf of* перемотать

перемахивать *imperf of* перемахнуть

перемахнуть 7 *perf sub* что *or* через что
jump over ‖ *imperf* перемахивать 1a
no *p.pt.p.*

перемежать 2a *imperf* что чем *or* с чем
alternate (*smth* with) ‖ *perf* перемежить, forms ib.

перемежаться, *1st and 2nd pers not used*,
imperf чем *or* с чем alternate (with) ‖ *perf*
перемежиться

перемежевать *perf* survey again, resurvey ‖
imperf перемежёвывать 1a

ft.	перемежую, -уешь, -уют
imp.	перемежуй, ~те
pt.	перемежевал
g.pt.a.	перемежевав
p.pt.a.	перемежевавший
p.pt.p.	перемежёванный

перемежёвывать *imperf of* перемежевать

перемежить *perf of* перемежать

ft.	перемежу, -жишь, -жат
imp.	перемежи, ~те
pt.	перемежил
g.pt.a.	перемежив

p.pt.a. перемежи́вший
p.pt.p. перемежённый; перемежён, -ена́

перемежи́ться *perf of* перемежа́ться

перемени́ть *perf* что change ‖ *imperf coll* переменя́ть 2a
ft. переменю́, -е́нишь, -е́нят
imp. перемени́, ~те
pt. перемени́л
g.pt.a. перемени́в
p.pt.a. перемени́вший
p.pt.p. переменённый; переменён, -ена́

перемени́ться *perf* 1. change 2. чем *coll* exchange, swap ‖ *imperf* переменя́ться

переменя́ть(ся) *imperf of* перемени́ть(ся)

перемере́ть, *1st and 2nd pers sg not used, perf sub* die out ‖ *imperf* перемира́ть 2a
ft. перемрёт, -ру́т
pt. пе́ремер *and coll* перемёр, пере-мерла́ *and coll* перемёрла, пе́ре-мерло *and coll* перемёрло
g.pt.a. перемере́в *and* перемёрши
p.pt.a. перемёрший *and* перемёрший

перемерза́ть *imperf of* перемёрзнуть

перемёрзнуть *perf* 1. *1st and 2nd pers not used, of plants* be nipped by the frost 2. *coll* freeze to the marrow ‖ *imperf* перемерза́ть 2a
ft. перемёрзну, -нешь, -нут
imp. перемёрзни, ~те
pt. перемёрз, ~ла
g.pt.a. перемёрзши
p.pt.a. перемёрзший

переме́ривать *imperf of* перемерить

перемерить *perf* что 1. remeasure 2. *dressm* try on 3. try on once again ‖ *imperf* перемеривать 1a *and* перемеря́ть 2a
ft. переме́рю, -ришь, -рят *and coll* переме́ряю, -яешь, -яют
imp. переме́рь, ~те *and coll* переме́ряй, ~те
pt. переме́рил
g.pt.a. переме́рив
p.pt.a. переме́ривший
p.pt.p. переме́ренный

перемеря́ть *imperf of* перемерить

перемеси́ть *perf* что mix, mingle ‖ *imperf* переме́шивать 1a
ft. перемешу́, -е́сишь, -е́сят
imp. перемеси́, ~те
pt. перемеси́л
g.pt.a. перемеси́в

p.pt.a. перемеси́вший
p.pt.p. переме́шенный

перемести́ *perf* что sweep again ‖ *imperf* перемета́ть 2a
ft. перемету́, -етёшь, -ету́т
imp. перемети́, ~те
pt. перемёл, -мела́
g.pt.a. переметя́
p.pt.a. перемётший
p.pt.p. переметённый; переметён, -ена́

перемести́ть *perf* 1. что put [move] somewhere else 2. кого́-что transfer, move 3. что shift *smth* somewhere else ‖ *imperf* перемеща́ть 2a
ft. перемещу́, -ести́шь, -естя́т
imp. перемести́, ~те
pt. перемести́л
g.pt.a. перемести́в
p.pt.a. перемести́вший
p.pt.p. перемещённый; перемещён, -ена́

перемести́ться *perf* move, shift ‖ *imperf* перемеща́ться

перемета́ть[1] *imperf of* перемести́

перемета́ть[2] *perf* что throw over ‖ *imperf* перемётывать 1a
ft. перемечу́, -е́чешь, -е́чут
imp. перемечи́, ~те
pt. перемета́л
g.pt.a. перемета́в
p.pt.a. перемета́вший
p.pt.p. перемётанный

перемета́ть[3] 2 *perf* что *dressm* 1. baste again 2. baste *everything* ‖ *imperf* перемё-тывать 1a
p.pt.p. перемётанный

переме́тить *perf* кого́-что 1. remark 2. mark *everything* ‖ *imperf* переме́чивать 1a *and* перемеча́ть 2a
ft. переме́чу, -е́тишь, -е́тят
imp. переме́ть, ~те
pt. переме́тил
g.pt.a. переме́тив
p.pt.a. переме́тивший
p.pt.p. переме́ченный

переметну́ть 7 *perf* что *sub* throw across ‖ *imperf* перемётывать 1a
по *p.pt.p.*

переметну́ться *perf coll* 1. jump over 2. desert *to the enemy*, defect ‖ *imperf* перемётываться

перемётывать[1] *imperf of* перемета́ть[2,3]

перемётывать[2] *imperf of* переметну́ть

перемётываться *imperf of* переметну́ться

перемеча́ть *imperf of* переме́тить

переме́чивать *imperf of* переме́тить

перемеша́ть 2 *perf* кого́-что 1. mix, mingle 2. intermingle 3. confuse 4. *coll* mix up, entangle, confuse ‖ *imperf* переме́шивать 1 a

перемеша́ться, *1st and 2nd pers not used*, *perf* 1. mix 2. be confused ‖ *imperf* переме́шиваться

переме́шивать[1] *imperf of* перемеси́ть

переме́шивать[2] *imperf of* перемеша́ть

переме́шиваться *imperf of* перемеша́ться

перемеща́ть(ся) *imperf of* перемести́ть(ся)

переми́гиваться *imperf of* перемигну́ться

перемигну́ться 7 *perf* с кем wink at each other ‖ *imperf* переми́гиваться 1 a

перемина́ться *imperf of* перемя́ться

перемира́ть *imperf of* перемере́ть

перемножа́ть *imperf of* перемно́жить

перемно́жить *perf* что multiply ‖ *imperf* перемножа́ть 2 a

ft.	перемно́жу, -жишь, -жат
imp.	перемно́жь, ~те
pt.	перемно́жил
g.pt.a.	перемно́жив
p.pt.a.	перемно́живший
p.pt.p.	перемно́женный

перемога́ть 2 a *imperf* что *coll* overcome, suppress ‖ *perf sub* перемо́чь, forms ib.

перемога́ться *imperf coll* try to overcome an illness ‖ *perf* перемо́чься

перемока́ть *imperf of* перемо́кнуть

перемо́кнуть *perf coll* get drenched ‖ *imperf* перемока́ть 2 a

ft.	перемо́кну, -нешь, -нут
imp.	перемо́кни, ~те
pt.	перемо́к, ~ла
g.pt.a.	перемо́кши
p.pt.a.	перемо́кший

перемола́чивать *imperf of* перемолоти́ть

перемо́лвить *perf*: перемо́лвить сло́во с кем-н. *sub* exchange a word with *smb*

ft.	перемо́лвлю, -вишь, -вят
imp.	перемо́лви, ~те
pt.	перемо́лвил
g.pt.a.	перемо́лвив
p.pt.a.	перемо́лвивший
p.pt.p.	перемо́лвленный

перемо́лвиться *perf* (чем) с кем-чем *coll*: перемо́лвиться сло́вом с кем-н. have a word with *smb*

перемолоти́ть *perf* что 1. thresh *everything*

2. thresh again ‖ *imperf* перемола́чивать 1 a

ft.	перемолочу́, -о́тишь, -о́тят
imp.	перемолоти́, ~те
pt.	перемолоти́л
g.pt.a.	перемолоти́в
p.pt.a.	перемолоти́вший
p.pt.p.	перемоло́ченный

перемоло́ть *perf* что grind *everything* ‖ *imperf* перема́лывать 1 a

ft.	перемелю́, -е́лешь, -е́лют
imp.	перемели́, ~те
pt.	перемоло́л
g.pt.a.	перемоло́в
p.pt.a.	перемоло́вший
p.pt.p.	перемо́лотый

перемоло́ться, *1st and 2nd pers not used*, *perf* be ground ‖ *imperf* перема́лываться

перемота́ть 2 *perf* что rewind, reel up ‖ *imperf* перема́тывать 1 a

перемо́чь *perf of* перемога́ть

ft.	перемогу́, -о́жешь, -о́гут
imp.	перемоги́, ~те
pt.	перемо́г, -огла́
g.pt.a.	перемо́гши
p.pt.a.	перемо́гший

перемо́чься *perf of* перемога́ться

перемудри́ть *perf coll* 1. complicate unduly 2. кого́-что be too clever than *smb*, be one too much for *smb*

ft.	перемудрю́, -ри́шь, -ря́т
imp.	перемудри́, ~те
pt.	перемудри́л
g.pt.a.	перемудри́в
p.pt.a.	перемудри́вший
p.pt.p.	перемудрённый; перемудрён, -ена́

перемыва́ть *imperf of* перемы́ть

перемы́ть *perf* кого́-что 1. wash again 2. wash up *everything* ‖ *imperf* перемыва́ть 2 a

ft.	перемо́ю, -о́ешь, -о́ют
imp.	перемо́й, ~те
pt.	перемы́л
g.pt.a.	перемы́в
p.pt.a.	перемы́вший
p.pt.p.	перемы́тый

перемя́ться, *1st and 2nd pers not used*, *perf* be crumpled, be rumpled ‖ *imperf* перемина́ться 2 a

ft.	перемнётся, -ну́тся
pt.	перемя́лся, -лась
g.pt.a.	перемя́вшись
p.pt.a.	перемя́вшийся

перенапряга́ть(ся) *imperf of* перенапря́чь(ся)

перенапря́чь *perf* что overstrain ‖ *imperf*
перенапряга́ть 2a

ft.	перенапрягу́, -я́жёшь, -ягу́т
imp.	перенапряги́, ∼те
pt.	перенапря́г, -ягла́
g.pt.a.	перенапря́гши
p.pt.a.	перенапря́гший
p.pt.p.	перенапряжённый;
	перенапряжён, -ена́

перенапря́чься *perf* overstrain oneself ‖ *imperf* перенапряга́ться

перенасы́тить *perf* кого́-что oversaturate ‖ *imperf* перенасыща́ть 2a

ft.	перенасы́щу, -ы́тишь, -ы́тят
imp.	перенасы́ть, ∼те
pt.	перенасы́тил
g.pt.a.	перенасы́тив
p.pt.a.	перенасы́тивший
p.pt.p.	перенасы́щенный

перенасыща́ть *imperf of* перенасы́тить

перена́шивать *imperf of* переноси́ть²

перенести́ *perf* кого́-что **1.** carry smb over **2.** transmit **3.** divide *into syllables* **4.** adjourn, postpone **5.** endure, bear, stand **6.**: перенести́ столи́цу move the capital ‖ *imperf* переноси́ть¹, forms ib.

ft.	перенесу́, -сёшь, -су́т
imp.	перенеси́, ∼те
pt.	перенёс, -есла́
g.pt.a.	перенеся́ *and obs* перенёсши
p.pt.a.	перенёсший
p.pt.p.	перенесённый; перенесён, -ена́

перенести́сь *perf coll* be carried away ‖ *imperf* переноси́ться

перенима́ть *imperf of* переня́ть

переноси́ть¹ *imperf of* перенести́

pr.	переношу́, -о́сишь, -о́сят
imp.	переноси́, ∼те
pt.	переноси́л
g.pr.a.	перенося́
g.pt.a.	перенося́в
p.pr.a.	перенося́щий
p.pt.a.	переноси́вший
p.pr.p.	переноси́мый

переноси́ть² *perf* **1.** кого́-что carry everybody over **2.** что *coll* use up *all the clothes* ‖ *imperf* перена́шивать 1a

ft.	переношу́, -о́сишь, -о́сят
imp.	переноси́, ∼те
pt.	переноси́л
g.pt.a.	переноси́в
p.pt.a.	переноси́вший
p.pt.p.	перено́шенный

переноси́ться *imperf of* перенести́сь

переночева́ть *perf* spend the night ‖ *imperf* переночёвывать 1a

ft.	переночу́ю, -у́ешь, -у́ют
imp.	переночу́й, ∼те
pt.	переночева́л
g.pt.a.	переночева́в
p.pt.a.	переночева́вший

переночёвывать *imperf of* переночева́ть

перенумерова́ть 5 *perf* что **1.** renumber **2.** number ‖ *imperf* перенумеро́вывать 1a

перенумеро́вывать *imperf of* перенумерова́ть

переня́ть *perf* кого́-что **1.** *coll* adopt **2.** *sub* take away **3.** *sub* intercept ‖ *imperf* перенима́ть 2a

ft.	перейму́, -мёшь, -му́т
imp.	перейми́, ∼те
pt.	пе́ренял *and coll* переня́л, переня́ла́, пе́реняло *and coll* переня́ло
g.pt.a.	переня́в
p.pt.a.	переня́вший
p.pt.p.	пе́ренятый; пе́ренят, перенята́, пе́ренято

переобору́довать 4 *and* 4a *perf, imperf* что re-equip

переобремени́ть *perf* кого́-что чем overburden (with) ‖ *imperf* переобременя́ть 2a

ft.	переобременю́, -ни́шь, -ня́т
imp.	переобремени́, ∼те
pt.	переобремени́л
g.pt.a.	переобремени́в
p.pt.a.	переобремени́вший
p.pt.p.	переобременённый; переобременён, -ена́

переобременя́ть *imperf of* переобремени́ть

переобува́ть(ся) *imperf of* переобу́ть(ся)

переобу́ть *perf* кого́-что change smb's shoes ‖ *imperf* переобува́ть 2a

ft.	переобу́ю, -у́ешь, -у́ют
imp.	переобу́й, ∼те
pt.	переобу́л
g.pt.a.	переобу́в
p.pt.a.	переобу́вший
p.pt.p.	переобу́тый

переобу́ться *perf* change one's shoes ‖ *imperf* переобува́ться

переодева́ть(ся) *imperf of* переоде́ть(ся)

переоде́ть *perf* кого́-что **1.** change smb's clothes **2.** *coll* change one's clothes **3.** чем *or* на кого́-что disguise (smb as) ‖ *imperf* переодева́ть 2a

ft.	переодéну, -нешь, -нут
imp.	переодéнь, ~те
pt.	переодéл
g.pt.a.	переодéв
p.pt.a.	переодéвший
p.pt.p.	переодéтый

переодéться *perf* 1. change *one's* clothes 2. чем *or* на когó-что disguise oneself (as) ‖ *imperf* переодевáться

переосвидéтельствовать 4 *and* 4а *perf,* *imperf* когó-что *med* re-examine

переосмы́сливать *imperf of* переосмы́слить

переосмы́слить *perf* что give a new meaning to *smth,* interpret *smth* differently ‖ *imperf* переосмы́сливать 1а

ft.	переосмы́слю, -лишь, -лят
imp.	переосмы́сли, ~те
pt.	переосмы́слил
g.pt.a.	переосмы́слив
p.pt.a.	переосмы́сливший
p.pt.p.	переосмы́сленный

переоцéнивать *imperf of* переоцени́ть

переоцени́ть *perf* когó-что 1. revalue, reappraise 2. overestimate, overrate ‖ *imperf* переоцéнивать 1а

ft.	переоценю́, -éнишь, -éнят
imp.	переоцени́, ~те
pt.	переоцени́л
g.pt.a.	переоцени́в
p.pt.a.	переоцени́вший
p.pt.p.	переоценённый; переоценён, -енá

перепáдать 1, *1st and 2nd pers sg not used,* *perf coll* follow one after another

перепадáть *imperf of* перепáсть

перепáивать *imperf of* перепои́ть

перепáлывать *imperf of* переполóть

перепáрхивать *imperf of* перепорхну́ть

перепáрывать[1,2] *imperf of* перепорóть[1,2]

перепáсть, *1st and 2nd pers not used, perf* 1. rain now and then 2. *coll* come *one's* way 3. *reg* grow thin ‖ *imperf* перепадáть 2а

ft.	перепадёт, -ду́т
pt.	перепáл
g.pt.a.	перепáв
p.pt.a.	перепáвший

перепахáть *perf* что 1. plough over 2. plough *everything* 3. plough caross ‖ *imperf* перепáхивать 1а

ft.	перепашу́, -áшешь, -áшут
imp.	перепаши́, ~те

pt.	перепахáл
g.pt.a.	перепахáв
p.pt.a.	перепахáвший
p.pt.p.	перепáханный

перепáхивать *imperf of* перепахáть

перепáчкать 1 *perf* когó-что spoil in different places ‖ *imperf* перепáчкивать 1а

перепáчкаться *perf* get dirty ‖ *imperf* перепáчкиваться

перепáчкивать(ся) *imperf of* перепáчкать(ся)

перепекáть(ся) *imperf of* перепéчь(ся)

перепеленáть 2 *perf* когó-что change *baby* ‖ *imperf* перепелёнывать 1а

p.pt.p.	перепелёнатый

перепелёнывать *imperf of* перепеленáть

перепéрчивать *imperf of* перепéрчить

перепéрчить *perf* что put too much pepper (on) ‖ *imperf* перепéрчивать 1а

ft.	перепéрчу, -чишь, -чат
imp.	перепéрчи, ~те
pt.	перепéрчил
g.pt.a.	перепéрчив
p.pt.a.	перепéрчивший
p.pt.p.	перепéрченный

перепечáтать 1 *perf* что 1. reprint 2. type ‖ *imperf* перепечáтывать 1а

перепечáтывать *imperf of* перепечáтать

перепéчь *perf* что 1. overbake 2. bake up *everything* ‖ *imperf* перепекáть 2а

ft.	перепеку́, -ечёшь, -еку́т
imp.	перепеки́, ~те
pt.	перепёк, -еклá
g.pt.a.	перепёкши
p.pt.a.	перепёкший
p.pt.p.	перепечённый; перепечён, -енá

перепéчься, *1st and 2nd pers not used, perf* be overbaked ‖ *imperf* перепекáться

перепивáть(ся) *imperf of* перепи́ть(ся)

перепи́ливать *imperf of* перепили́ть

перепили́ть *perf* что 1. saw in two 2. saw up *everything* ‖ *imperf* перепи́ливать 1а

ft.	перепилю́, -и́лишь, -и́лят
imp.	перепили́, ~те
pt.	перепили́л
g.pt.a.	перепили́в
p.pt.a.	перепили́вший
p.pt.p.	перепи́ленный

переписáть *perf* 1. что reprint, type 2. когó-что take down, register *everybody's names* ‖ *imperf* перепи́сывать 1а

ft.	перепишу́, -и́шешь, -и́шут
imp.	перепиши́, ~те
pt.	переписа́л
g.pt.a.	переписа́в
p.pt.a.	переписа́вший
p.pt.p.	перепи́санный

переписа́ться *perf coll* have *one's* name registered [taken down] ‖ *imperf* перепи́сываться

перепи́сывать *imperf of* переписа́ть

перепи́сываться 1a *imperf* 1. *imperf of* переписа́ться 2. с кем correspond (with)

перепи́ть *perf coll* 1. чего́ *or without object* get drunk 2. кого́-что drink *smb* down ‖ *imperf* перепива́ть 2a

ft.	перепью́, -пьёшь, -пью́т
imp.	перепе́й, ~те
pt.	перепи́л, -ила́
g.pt.a.	перепи́в
p.pt.a.	перепи́вший

перепи́ться *perf coll* get drunk ‖ *imperf* перепива́ться

pt.	перепи́лся, -ила́сь, -и́ло́сь

перепла́вить[1] *perf* что remelt ‖ *imperf* переплавля́ть 2a

ft.	перепла́влю, -вишь, -вят
imp.	перепла́вь, ~те
pt.	перепла́вил
g.pt.a.	перепла́вив
p.pt.a.	перепла́вивший
p.pt.p.	перепла́вленный

перепла́вить[2] *perf* что float ‖ *imperf* переплавля́ть 2a
forms as перепла́вить[1]

переплавля́ть[1,2] *imperf of* перепла́вить[1,2]

переплани́ровать 4 *and* перепланирова́ть 5 *perf* что replan ‖ *imperf* перепланиро́вывать 1a

перепланиро́вывать *imperf of* переплани́ровать

переплати́ть *perf* что overpay ‖ *imperf* перепла́чивать 1a

ft.	переплачу́, -а́тишь, -а́тят
imp.	переплати́, ~те
pt.	переплати́л
g.pt.a.	переплати́в
p.pt.a.	переплати́вший
p.pt.p.	перепла́ченный

перепла́чивать *imperf of* переплати́ть

переплести́ *perf* что 1. bind *a book* 2. interknit, interlace 3. braid ‖ *imperf* переплета́ть 2a

ft.	переплету́, -тёшь, -ту́т
imp.	переплети́, ~те
pt.	переплёл, -ела́
g.pt.a.	переплетя́ *and* переплётши
p.pt.a.	переплётший
p.pt.p.	переплетённый; переплетён, -ена́

переплести́сь, *1st and 2nd pers not used*, *perf* become closely interwoven, get entangled ‖ *imperf* переплета́ться

переплета́ть(ся) *imperf of* переплести́(сь)

переплыва́ть *imperf of* переплы́ть

переплы́ть *perf* что *or* че́рез что swim over, swim across; row [ferry] across ‖ *imperf* переплыва́ть 2a

ft.	переплыву́, -вёшь, -ву́т
imp.	переплыви́, ~те
pt.	переплы́л, -ыла́, -ы́ло
g.pt.a.	переплы́в
p.pt.a.	переплы́вший

переподгота́вливать *imperf of* переподгото́вить

переподгото́вить *perf* кого́-что train, continue *smb's* training ‖ *imperf* переподгота́вливать 1a *and* переподготовля́ть 2a

ft.	переподгото́влю, -вишь, -вят
imp.	переподгото́вь, ~те
pt.	переподгото́вил
g.pt.a.	переподгото́вив
p.pt.a.	переподгото́вивший
p.pt.p.	переподгото́вленный

переподготовля́ть *imperf of* переподгото́вить

перепои́ть *perf* кого́-что give too much to drink ‖ *imperf* перепа́ивать 1a

ft.	перепою́, -о́йшь, -о́ят
imp.	перепо́й, ~те *and sub* перепо́й, ~те
pt.	перепои́л
g.pt.a.	перепои́в
p.pt.a.	перепои́вший
p.pt.p.	перепо́енный

переполза́ть *imperf of* переползти́

переползти́ *perf* что *or* че́рез что crawl over, creep over ‖ *imperf* переползать 2a

ft.	переползу́, -зёшь, -зу́т
imp.	переползи́, ~те
pt.	перепо́лз, -олзла́
g.pt.a.	перепо́лзши
p.pt.a.	перепо́лзший

перепо́лнить *perf* что overfill *with water etc.*; overcrowd *with people* ‖ *imperf* переполня́ть 2a

ft.	перепо́лню, -нишь, -нят

381 перепрячь

imp.	перепо́лни, ~те
pt.	перепо́лнил
g.pt.a.	перепо́лнив
p.pt.a.	перепо́лнивший
p.pt.p.	перепо́лненный

перепо́лниться, *1st and 2nd pers not used*, *perf* overflow ‖ *imperf* переполня́ться

переполня́ть(ся) *imperf of* перепо́лнить-(ся)

переполо́ть *perf* что weed again ‖ *imperf* перепа́лывать 1 a

ft.	переполю́, -о́лешь, -о́лют
imp.	переполи́, ~те
pt.	переполо́л
g.pt.a.	переполо́в
p.pt.a.	переполо́вший
p.pt.p.	переполо́тый

переполоши́ть *perf* кого́-что *coll* alarm, excite, flurry

ft.	переполошу́, -ши́шь, -ша́т
imp.	переполоши́, ~те
pt.	переполоши́л
g.pt.a.	переполоши́в
p.pt.a.	переполоши́вший
p.pt.p.	переполошённый; переполо-шён, -ена́

переполоши́ться *perf coll* get alarmed, get excited, get nervous

перепоро́ть¹ *perf* что undo, rip, unstitch, un-pick *everything* ‖ *imperf* перепа́рывать 1 a

ft.	перепорю́, -о́решь, -о́рют
imp.	перепори́, ~те
pt.	перепоро́л
g.pt.a.	перепоро́в
p.pt.a.	перепоро́вший
p.pt.p.	перепо́ротый

перепоро́ть² *perf* кого́-что flog, lash, thrash, birch *one after another* ‖ *imperf* перепа́рывать 1 a
forms as перепоро́ть¹

перепо́ртить *perf* кого́-что spoil, ruin *everything*

ft.	перепо́рчу, -ртишь, -ртят
imp.	перепо́рти, ~те *and* перепо́рть, ~те
pt.	перепо́ртил
g.pt.a.	перепо́ртив
p.pt.a.	перепо́ртивший
p.pt.p.	перепо́рченный

перепоруча́ть *imperf of* перепоручи́ть

перепоручи́ть *perf* что кому́-чему́ turn *smth* over to *smb else*, entrust *smth* to *smb else* ‖ *imperf* перепоруча́ть 2 a

ft.	перепоручу́, -у́чишь, -у́чат

imp.	перепоручи́, ~те
pt.	перепоручи́л
g.pt.a.	перепоручи́в
p.pt.a.	перепоручи́вший
p.pt.p.	перепору́ченный

перепорхну́ть 7 *perf* flit, flutter, fly over ‖ *imperf* перепа́рхивать 1 a

перепра́вить *perf* кого́-что 1. take across, ferry across 2. *coll* correct again ‖ *imperf* переправля́ть 2 a

ft.	перепра́влю, -вишь, -вят
imp.	перепра́вь, ~те
pt.	перепра́вил
g.pt.a.	перепра́вив
p.pt.a.	перепра́вивший
p.pt.p.	перепра́вленный

перепра́виться *perf* get across ‖ *imperf* переправля́ться

переправля́ть(ся) *imperf of* перепра́вить-(ся)

перепрева́ть *imperf of* перепре́ть

перепре́ть 3, *1st and 2nd pers not used*, *perf* 1. rot 2. be overdone ‖ *imperf* перепрева́ть 2 a

перепро́бовать 4 *perf* что try; taste

перепродава́ть *imperf of* перепрода́ть

pr.	перепродаю́, -аёшь, -аю́т
imp.	перепродава́й, ~те
pt.	перепродава́л
g.pr.a.	перепродава́я
p.pr.a.	перепродаю́щий
p.pt.a.	перепродава́вший
p.pr.p.	перепродава́емый

перепрода́ть *perf* что resell ‖ *imperf* перепродава́ть, forms ib.

ft.	перепрода́м, -а́шь, -а́ст, -ади́м, -ади́те, -аду́т
imp.	перепрода́й, ~те
pt.	перепро́дал *and coll* -ода́л, -одала́, -о́дало *and coll* -ода́ло
g.pt.a.	перепрода́в
p.pt.a.	перепрода́вший
p.pt.p.	перепро́данный

перепры́гивать *imperf of* перепры́гнуть

перепры́гнуть 6 *perf* что *or* че́рез что jump over ‖ *imperf* перепры́гивать 1 a

перепряга́ть *imperf of* перепря́чь

перепря́чь [ре́] *perf* кого́-что reharness ‖ *imperf* перепряга́ть 2 a

ft.	перепрягу́, -яжёшь, -ягу́т
imp.	перепряги́, ~те
pt.	перепря́г, -ягла́
g.pt.a.	перепря́гши

p.pt.a.	перепря́гший
p.pt.p.	перепряжённый; перепряжён, -ена́

перепуга́ть 2 *perf* кого́-что frighten, give a fright, scare ‖ *imperf* перепу́гивать 1а

перепуга́ться *perf* get a fright, be scared ‖ *imperf* перепу́гиваться

перепу́гивать(ся) *imperf of* перепуга́ть(ся)

перепу́тать 1 *perf* кого́-что **1.** confuse **2.** mix up ‖ *imperf* перепу́тывать 1а

перепу́таться, *1st and 2nd pers not used*, *perf* be confused ‖ *imperf* перепу́тываться

перепу́тывать(ся) *imperf of* перепу́тать(ся)

перераба́тывать(ся) *imperf of* перерабо́тать(ся)

перерабо́тать 1 *perf* что **1.** treat, process; digest **2.** remake **3.** work over ‖ *imperf* перераба́тывать 1а

перерабо́таться *perf* **1.** *1st and 2nd pers not used* be treated, be processed; be digested **2.** *coll* overstrain oneself ‖ *imperf* перераба́тываться

перераспредели́ть *perf* кого́-что redistribute ‖ *imperf* перераспределя́ть 2а

ft.	перераспределю́, -ли́шь, -ля́т
imp.	перераспредели́, ~те
pt.	перераспредели́л
g.pt.a.	перераспредели́в
p.pt.a.	перераспредели́вший
p.pt.p.	перераспределённый; перераспределён, -ена́

перераспределя́ть *imperf of* перераспредели́ть

перераста́ть *imperf of* перерасти́

перерасти́ *perf* **1.** кого́-что grow bigger than, outgrow **2.** кого́-что *fig* outgrow **3.** *1st and 2nd pers not used* во что grow (into) ‖ *imperf* перераста́ть 2а

ft.	перерасту́, -тёшь, -ту́т
imp.	перерасти́, ~те
pt.	перерос, -осла́
g.pt.a.	переро́сши
p.pt.a.	переро́сший

перерасхо́довать 4 *and* 4а *perf, imperf* что spend too much; overdraw

перерва́ть *perf* что tear apart ‖ *imperf* перерыва́ть 2а

ft.	перерву́, -вёшь, -ву́т
imp.	перерви́, ~те
pt.	перерва́л, -ала́, -а́ло
g.pt.a.	перерва́в

p.pt.a.	перерва́вший
p.pt.p.	пере́рванный

перерва́ться, *1st and 2nd pers not used, perf* break, tear off ‖ *imperf* перерыва́ться

перерегистри́ровать 4 *and* 4а *perf, imperf* кого́-что **1.** reregister **2.** register *everybody*

перерегистри́роваться *perf, imperf* reregister

перере́зать *perf* кого́-что **1.** tear up **2.** cut smb off **3.** *coll* slaughter *everybody* ‖ *imperf* перереза́ть 2а *with* 1, 2 *and* перере́зывать 1а *with* 1, 2

ft.	перере́жу, -жешь, -жут
imp.	перере́жь, ~те
pt.	перере́зал
g.pt.a.	перере́зав
p.pt.a.	перере́завший
p.pt.p.	перере́занный

перереза́ть *imperf of* перере́зать

перере́зывать *imperf of* перере́зать

перереша́ть *imperf of* перереши́ть

перереши́ть *perf coll* **1.** *with infinitive or* с чем change *one's* mind **2.** что find another solution to ‖ *imperf* перереша́ть 2а

ft.	перерешу́, -ши́шь, -ша́т
imp.	перереши́, ~те
pt.	перереши́л
g.pt.a.	перереши́в
p.pt.a.	перереши́вший
p.pt.p.	перерешённый; перерешён, -ена́

перержа́веть 3, *stress as infinitive, 1st and 2nd pers not used, perf* rust, be covered with rust

перерисова́ть 5 *perf* кого́-что **1.** draw again **2.** copy ‖ *imperf* перерисо́вывать 1а

перерисо́вывать *imperf of* перерисова́ть

перероди́ть *perf* кого́-что **1.** regenerate **2.** make a new man (of) ‖ *imperf* перерожда́ть 2а

ft.	перерожу́, -оди́шь, -одя́т
imp.	перероди́, ~те
pt.	перероди́л
g.pt.a.	перероди́в
p.pt.a.	перероди́вший
p.pt.p.	перерождённый; перерождён, -ена́

перероди́ться *perf* **1.** regenerate **2.** degenerate ‖ *imperf* перерожда́ться

перерожда́ть(ся) *imperf of* перероди́ть(ся)

переруба́ть *imperf of* переруби́ть

переруби́ть *perf* кого́-что 1. cut through 2. *coll* cut *one after another* ‖ *imperf* переруба́ть 2a
ft. перерублю́, -у́бишь, -у́бят
imp. переруби́, ~те
pt. переруби́л
p.pt.a. переруби́в
p.pt.a. переруби́вший
p.pt.p. переру́бленный

переруга́ть 2 *perf* кого́-что *coll* quarrel *with many* ‖ *imperf* переру́гивать 1a

переруга́ться *perf coll* quarrel, squabble

переру́гивать *imperf of* переруга́ть

переру́гиваться 1a *imperf coll* squabble with one another

перерыва́ть[1] *imperf of* перерва́ть

перерыва́ть[2] *imperf of* переры́ть

перерыва́ться *imperf of* перерва́ться

переры́ть *perf* что 1. dig up *everything* 2. dig across 3. *coll* rummage *in papers, belongings* ‖ *imperf* перерыва́ть 2a
ft. переро́ю, -о́ешь, -о́ют
imp. переро́й, ~те
pt. переры́л
g.pt.a. переры́в
p.pt.a. переры́вший
p.pt.p. переры́тый

переряди́ть *perf* кого́-что *coll* disguise ‖ *imperf* переряжа́ть 2a
ft. переряжу́, -я́дишь, -я́дят
imp. переряди́, ~те
pt. переряди́л
g.pt.a. переряди́в
p.pt.a. переряди́вший
p.pt.p. переря́женный

переряди́ться *perf coll* disguise oneself ‖ *imperf* переряжа́ться

переряжа́ть(ся) *imperf of* переряди́ть(ся)

пересади́ть *perf* 1. кого́-что make *smb* change his seat 2. что transplant 3. что *med* transplant, graft 4. что sew *a button* somewhere else ‖ *imperf* переса́живать 1a
ft. пересажу́, -а́дишь, -а́дят
imp. пересади́, ~те
pt. пересади́л
g.pt.a. пересади́в
p.pt.a. пересади́вший
p.pt.p. переса́женный

пересажа́ть 2 *perf* что *coll* plant *everything* no *p.pt.p.*

переса́живать *imperf of* пересади́ть

переса́живаться *imperf of* пересе́сть

переса́ливать *imperf of* пересоли́ть

переса́харивать *imperf of* переса́харить

переса́харить *perf* что sugar too much, oversweeten ‖ *imperf* переса́харивать 1a
ft. переса́харю, -ришь, -рят
imp. переса́харь, ~те
pt. переса́харил
g.pt.a. переса́харив
p.pt.a. переса́харивший
p.pt.p. переса́харенный

пересдава́ть *imperf of* пересда́ть
pr. пересдаю́, -аёшь, -аю́т
imp. пересдава́й, ~те
pt. пересдава́л
g.pr.a. пересдава́я
p.pr.a. пересдаю́щий
p.pt.a. пересдава́вший
p.pr.p. пересдава́емый

пересда́ть *perf* что 1. sublet *flat* 2. deal again *cards* 3. *coll* пересда́ть экза́мен sit for an examination again ‖ *imperf* пересдава́ть, forms ib.
ft. пересда́м, -а́шь, -а́ст, -ади́м, -ади́те, -аду́т
imp. пересда́й, ~те
pt. пересда́л, -ала́, -а́ло
g.pt.a. пересда́в
p.pt.a. пересда́вший
p.pt.p. пересда́нный; пересда́н, -ана́

переседла́ть 2 *perf* кого́-что resaddle ‖ *imperf* пересёдлывать 1a
p.pt.p. пересёдланный

пересёдлывать *imperf of* переседла́ть

пересека́ть *imperf of* пересе́чь[1]

пересека́ться *imperf of* пересе́чься

пересели́ть *perf* кого́-что move *smb* to a new flat ‖ *imperf* переселя́ть 2a
ft. пересслю́, -ли́шь, -ля́т
imp. пересели́, ~те
pt. пересели́л
g.pt.a. пересели́в
p.pt.a. пересели́вший
p.pt.p пересёленный; переселён, -ена́

пересели́ться *perf* move to a new flat ‖ *imperf* переселя́ться

пересели́ть(ся) *imperf of* пересели́ть(ся)

пересе́сть *perf* 1. change *trains* 2. change *one's* seat ‖ *imperf* переса́живаться 1a
ft. переся́ду, -дешь, -дут
imp. переся́дь, ~те
pt. пересе́л
g.pt.a. пересе́в
p.pt.a. пересе́вший

пересе́чь[1] *perf* что **1.** *coll* cut across **2.** cross street ‖ *imperf* пересека́ть 2а
ft. пересеку́, -ечёшь, -еку́т
imp. пересеки́, ~те
pt. пересе́к, -екла́
g.pt.a. пересе́кши
p.pt.a. пересе́кший
p.pt.p. пересечённый; пересечён, -ена́

пересе́чь[2] *perf* кого́-что lash, flog, whip *many*
pt. пересе́к, ~ла
p.pt.p. пересе́ченный
other forms as пересе́чь[1]

пересе́чься *perf* cross, intersect ‖ *imperf* пересека́ться 2а
forms follow пересе́чь[1]

пересиде́ть *perf coll* **1.** sit [stay] too long **2.** кого́-что stay longer than *smb* else ‖ *imperf* переси́живать 1а
ft. пересижу́, -иди́шь, -идя́т
imp. пересиди́, ~те
pt. пересиде́л
g.pt.a. пересиде́в
p.pt.a. пересиде́вший
p.pt.p. переси́женный

переси́живать *imperf of* пересиде́ть

переси́ливать *imperf of* переси́лить

переси́лить *perf* **1.** кого́-что overpower **2.** *fig* что overcome ‖ *imperf* переси́ливать 1а
ft. переси́лю, -лишь, -лят
imp. переси́ль, ~те
pt. переси́лил
g.pt.a. переси́лив
p.pt.a. переси́ливший
p.pt.p. переси́ленный

переси́нивать *imperf of* пересини́ть

пересини́ть *perf* что make too blue ‖ *imperf* переси́нивать 1а
ft. пересиню́, -ни́шь, -ня́т
imp. пересини́, ~те
pt. пересини́л
g.pt.a. пересини́в
p.pt.a. пересини́вший
p.pt.p. пересинённый; пересинён, -ена́

пересказа́ть *perf* что **1.** retell **2.** tell *a lot* ‖ *imperf* переска́зывать 1а
ft. перескажу́, -а́жешь, -а́жут
imp. перескажи́, ~те
pt. пересказа́л
g.pt.a. пересказа́в
p.pt.a. пересказа́вший
p.pt.p. переска́занный

переска́зывать *imperf of* пересказа́ть

переска́кивать *imperf of* перескочи́ть

перескочи́ть *perf* **1.** что or че́рез что jump over **2.** *fig* что skip *pages* **3.** *fig coll* pass over (to) ‖ *imperf* переска́кивать 1а
ft. перескочу́, -о́чишь, -о́чат
imp. перескочи́, ~те
pt. перескочи́л
g.pt.a. перескочи́в
p.pt.a. перескочи́вший

пересласти́ть *perf* что *coll* make oversweet ‖ *imperf* пересла́щивать 1а
ft. переслащу́, -асти́шь, -астя́т
imp. пересласти́, ~те
pt. пересласти́л
g.pt.a. пересласти́в
p.pt.a. пересласти́вший
p.pt.p. переслащённый; переслащён, -ена́

пересла́ть *perf* что send, remit *money* ‖ *imperf* пересыла́ть 2а

пересла́щивать *imperf of* пересласти́ть

пересма́тривать *imperf of* пересмотре́ть

пересме́иваться 1а *imperf coll* exchange smiles ‖ *perf* пересмея́ться, forms ib.

пересмея́ться *perf of* пересме́иваться
ft. пересмею́сь, -еёшься, -ею́тся
imp. пересме́йся, -е́йтесь
pt. пересмея́лся, -ла́сь
g.pt.a. пересмея́вшись
p.pt.a. пересмея́вшийся

пересмотре́ть *perf* что **1.** look through, look over, revise **2.** have seen *everything* ‖ *imperf* пересма́тривать 1а
ft. пересмотрю́, -о́тришь, -о́трят
imp. пересмотри́, ~те
pt. пересмотре́л
g.pt.a. пересмотре́в
p.pt.a. пересмотре́вший
p.pt.p. пересмо́тренный

пересснима́ть(ся) *imperf of* пересня́ть(ся)

пересня́ть *perf* кого́-что **1.** photograph again **2.** make a copy ‖ *imperf* пересснима́ть 2а
ft. пересниму́, -и́мешь, -и́мут
imp. пересними́, ~те
pt. пересня́л, -яла́, -я́ло
g.pt.a. пересня́в
p.pt.a. пересня́вший
p.pt.p. пересня́тый

пересня́ться *perf coll* have another photo taken ‖ *imperf* пересснима́ться

пересоздава́ть *imperf of* пересозда́ть
pr. пересоздаю́, -аёшь, -аю́т

imp.	пересоздавай, ~те
pt.	пересоздавал
g.pr.a.	пересоздавая
p.pr.a.	пересоздаю́щий
p.pr.a.	пересоздава́вший
p.pr.p.	пересоздава́емый

пересозда́ть *perf* кого́-что recreate ‖ *imperf* пересоздава́ть, forms ib.

ft.	пересозда́м, -а́шь, -а́ст, -ади́м, -ади́те, -аду́т
imp.	пересозда́й, ~те
pt.	пересозда́л, -ала́, -а́ло
g.pt.a.	пересозда́в
p.pt.a.	пересозда́вший
p.pt.p.	пересо́зданный; пересо́здан, - одана́, -о́здано

пересоли́ть *perf* что **1.** oversalt **2.** *fig coll* overdo it **3.** salt ‖ *imperf* переса́ливать 1 a

ft.	пересолю́, -о́лишь, -о́лят
imp.	пересоли́, ~те
pt.	пересоли́л
g.pt.a.	пересоли́в
p.pt.a.	пересоли́вший
p.pt.p.	пересо́ленный

пересортирова́ть 5 *perf* что resort ‖ *imperf* пересортиро́вывать 1 a

пересортиро́вывать *imperf of* пересортирова́ть

пересо́хнуть, *1st and 2nd pers not used*, *perf* dry up, get dry ‖ *imperf* пересыха́ть 2 a

ft.	пересо́хнет, -нут
pt.	пересо́х, ~ла
g.pt.a.	пересо́хнув *and* пересо́хши
p.pt.a.	пересо́хший

переспа́ть *perf coll* **1.** sleep too much **2.** что oversleep oneself ‖ *imperf* пересыпа́ть 2 a

ft.	пересплю́, -пи́шь, -пя́т
imp.	переспи́, ~те
pt.	переспа́л, -ала́
g.pt.a.	переспа́в
p.pt.a.	переспа́вший

переспева́ть *imperf of* переспе́ть

переспе́ть, *1st and 2nd pers not used*, *perf* overripen ‖ *imperf* переспева́ть 2 a

ft.	переспе́ет, -пе́ют
pt.	переспе́л
g.pt.a.	переспе́в
p.pt.a.	переспе́вший

переспо́ривать *imperf of* переспо́рить

переспо́рить *perf* кого́-что outargue ‖ *imperf* переспо́ривать 1 a

ft.	переспо́рю, -ришь, -рят

imp.	переспо́рь, ~те
pt.	переспо́рил
g.pt.a.	переспо́рив
p.pt.a.	переспо́ривший
p.pt.p.	переспо́ренный

переспра́шивать *imperf of* переспроси́ть

переспроси́ть *perf* кого́-что ask again ‖ *imperf* переспра́шивать 1 a

ft.	переспрошу́, -о́сишь, -о́сят
imp.	переспроси́, ~те
pt.	переспроси́л
g.pt.a.	переспроси́в
p.pt.a.	переспроси́вший
p.pt.p.	переспро́шенный

перессо́ривать(ся) *imperf of* перессо́рить-(ся)

перессо́рить *perf* кого́-что *coll* cause bad blood between ‖ *imperf* перессо́ривать 1 a

ft.	перессо́рю, -ришь, -рят
imp.	перессо́ри, ~те
pt.	перессо́рил
g.pt.a.	перессо́рив
p.pt.a.	перессо́ривший
p.pt.p.	перессо́ренный

перессо́риться *perf* quarrel, break with *smb* ‖ *imperf* перессо́риваться

перестава́ть *imperf of* переста́ть

pr.	перестаю́, -аёшь, -аю́т
imp.	перестава́й, ~те
pt.	перестава́л
g.pr.a.	перестава́я
p.pr.a.	перестаю́щий
p.pt.a.	перестава́вший

переста́вить *perf* кого́-что move, shift, transpose ‖ *imperf* переставля́ть 2 a

ft.	переста́влю, -вишь, -вят
imp.	переста́вь, ~те
pt.	переста́вил
g.pt.a.	переста́вив
p.pt.a.	переста́вивший
p.pt.p.	переста́вленный

переставля́ть *imperf of* переста́вить

переста́ивать *imperf of* перестоя́ть

перестара́ться 2 *perf coll* overdo it, be overzealous

переста́ть *perf with or without infinitive* cease, stop ‖ *imperf* перестава́ть, forms ib.

ft.	переста́ну, -нешь, -нут
imp.	переста́нь, ~те
pt.	переста́л
g.pt.a.	переста́в
p.pt.a.	переста́вший

перестели́ть *perf* что *sub* **1.** remake *bed* **2.** refloor *a room* ‖ *imperf* перестила́ть 2 a

ft.   перестелю́, -е́лешь, -е́лют
imp.   перестели́, ~те
pt.   перестели́л
g.pt.a.   перестели́в
p.pt.a.   перестели́вший
p.pt.p.   пересте́ленный

¹**перестила́ть** *imperf of* перестели́ть

²**перестила́ть** *imperf of* перестла́ть

перестира́ть 2 *perf* что **1.** wash again **2.** wash up *everything* ‖ *imperf* перести́-рывать 1 a

перести́рывать *imperf of* перестира́ть

перестла́ть *perf* что **1.** remake *bed* **2.** board, refloor *a room* ‖ *imperf* пере-стила́ть 2 a
ft.   перестелю́, -е́лешь, -е́лют
imp.   перестели́, ~те
pt.   перестла́л
g.pt.a.   перестла́в
p.pt.a.   перестла́вший
p.pt.p.   пере́стланный

перестоя́ть *perf* **1.** что *coll* wait until *smth* passes **2.** be spoiled by standing too long ‖ *imperf* переста́ивать 1 a
ft.   перестою́, -ои́шь, -оя́т
imp.   перестой, ~те
pt.   перестоя́л
g.pt.a.   перестоя́в
p.pt.a.   перестоя́вший

перестрада́ть 2 *perf* что *or without object* suffer a great deal

перестра́ивать(ся) *imperf of* перестро́ить-(ся)

перестрахова́ть 5 *perf* что **1.** reinsure **2.** insure *everything* ‖ *imperf* перестрахо́-вывать 1 a

перестрахова́ться *perf* **1.** get reinsured **2.** *coll* play safe ‖ *imperf* перестрахо́вы-ваться

перестрахо́вывать(ся) *imperf of* перестра-хова́ть(ся)

перестре́ливать *imperf of* перестреля́ть

перестре́ливаться 1 a *imperf* exchange fire

перестреля́ть 2 *perf* кого-что **1.** shoot down *many* **2.** *coll* use up *all the car-tridges etc.* ‖ *imperf* перестре́ливать 1 a

перестро́ить *perf* что **1.** rebuild **2.** reorgan-ize **3.** *mus* tune to another pitch **4.** *wrl* switch over to a different wavelength **5.** *mil* re-form ‖ *imperf* перестра́ивать 1 a
ft.   перестро́ю, -о́ишь, -о́ят
imp.   перестро́й, ~те
pt.   перестро́ил

g.pt.a.   перестро́ив
p.pt.a.   перестро́ивший
p.pt.p.   перестро́енный

перестро́иться *perf* **1.** *mil* regroup **2.** *fig* change *one's* methods of work ‖ *imperf* перестра́иваться

пересту́киваться 1 a *imperf* communicate by rapping [tapping] *in a prison*

переступа́ть 2 a *imperf* **1.** *imperf of* пере-ступи́ть **2.** step, go

переступи́ть *perf* **1.** что *or* че́рез что step over **2.** *fig* что transgress, commit an of-fence ‖ *imperf* переступа́ть 2 a
ft.   переступлю́, -у́пишь, -у́пят
imp.   переступи́, ~те
pt.   переступи́л
g.pt.a.   переступи́в
p.pt.a.   переступи́вший
p.pt.p.   пересту́пленный

пересу́шивать *imperf of* пересуши́ть

пересуши́ть *perf* что **1.** overdry **2.** dry up *everything* ‖ *imperf* пересу́шивать 1 a
ft.   пересушу́, -у́шишь, -у́шат
imp.   пересуши́, ~те
pt.   пересуши́л
g.pt.a.   пересуши́в
p.pt.a.   пересуши́вший
p.pt.p.   пересу́шенный

пересчита́ть [щ] 2 *perf* кого-что **1.** re-count, count again **2.** evaluate ‖ *imperf* пересчи́-тывать 1 a

пересчи́тывать *imperf of* пересчита́ть

пересыла́ть *imperf of* пересла́ть

пересы́пать *perf* что **1.** pour into another container **2.** что *or* чего *coll* pour too much **3.** sprinkle (with) ‖ *imperf* пере-сыпа́ть 2 a
ft.   пересы́плю, -лешь, -лют
     and coll -пешь, -пют
imp.   пересы́пь, ~те
pt.   пересы́пал
g.pt.a.   пересы́пав
p.pt.a.   пересы́павший
p.pt.p.   пересы́панный

пересыпа́ть[1] *imperf of* пересы́пать

пересыпа́ть[2] *imperf of* переспа́ть

пересыха́ть *imperf of* пересо́хнуть

перета́пливать[1,2] *imperf of* перетопи́ть[1,2]

перетаска́ть 2 *perf* что **1.** *coll* carry over to another place **2.** *sub* steal (one thing after another) ‖ *imperf* перета́скивать 1 a

перета́скивать[1] *imperf of* перетаска́ть

перета́скивать[2] *imperf of* перетащи́ть

перетасова́ть 5 *perf* **1.** что shuffle *cards* **2.** *fig* кого́-что *coll* mix up ‖ *imperf* перетасо́вывать 1 a

перетасо́вывать *imperf of* перетасова́ть

перетащи́ть *perf* кого́-что drag across, carry over ‖ *imperf* перета́скивать 1 a

ft.	перетащу́, -а́щишь, -а́щат
imp.	перетащи́, ~те
pt.	перетащи́л
g.pt.a.	перетащи́в
p.pt.a.	перетащи́вший
p.pt.p.	перета́щенный

перетере́ть *perf* что **1.** grind **2.** wear out *a rope* **3.** wipe *all the dishes* ‖ *imperf* перетира́ть 2 a

ft.	перетру́, -рёшь, -ру́т
imp.	перетри́, ~те
pt.	перетёр, ~ла
g.pt.a.	перетере́в *and* перетёрши
p.pt.a.	перетёрший
p.pt.p.	перетёртый

перетере́ться, *1st and 2nd pers not used*, *perf* be ground ‖ *imperf* перетира́ться

g.pt.a.	перетёршись

перетерпе́ть *perf* что *coll* suffer, go through

ft.	перетерплю́, -е́рпишь, -е́рпят
imp.	перетерпи́, ~те
pt.	перетерпе́л
g.pt.a.	перетерпе́в
p.pt.a.	перетерпе́вший

перетира́ть(ся) *imperf of* перетере́ть(ся)

перетолкова́ть 5 *perf* **1.** что misinterpret **2.** о ком-чём *coll or* с кем talk (with *smb* about, over) ‖ *imperf* перетолко́вывать 1 a

перетолко́вывать *imperf of* перетолкова́ть

перетопи́ть[1] *perf* что **1.** heat *many stoves* **2.** *sub* use up *fuel* ‖ *imperf* перета́пливать 1 a

ft.	перетоплю́, -о́пишь, -о́пят
imp.	перетопи́, ~те
pt.	перетопи́л
g.pt.a.	перетопи́в
p.pt.a.	перетопи́вший
p.pt.p.	перето́пленный

перетопи́ть[2] *perf* что melt; melt again ‖ *imperf* перета́пливать 1 a forms as перетопи́ть[1]

перетрево́жить *perf* кого́-что *coll* disturb *many*, work up

ft.	перетрево́жу, -жишь, -жат
imp.	перетрево́жь, ~те

pt.	перетрево́жил
g.pt.a.	перетрево́жив
p.pt.a.	перетрево́живший
p.pt.p.	перетрево́женный

перетрево́житься *perf coll* be alarmed, be disturbed, get worked up

перетренирова́ть 5 *perf* кого́-что overtrain

перетро́гать 1 *perf* кого́-что *coll* touch one after another

перетру́сить *perf coll* be afraid (of)

ft.	перетру́шу, -у́сишь, -у́сят
imp.	перетру́сь, ~те
pt.	перетру́сил
g.pt.a.	перетру́сив
p.pt.a.	перетру́сивший

перетряса́ть *imperf of* перетрясти́

перетрясти́ *perf* что shake up *everything* ‖ *imperf* перетряса́ть 2 a

ft.	перетрясу́, -сёшь, -су́т
imp.	перетряси́, ~те
pt.	перетря́с, -ясла́
g.pt.a.	перетря́сши
p.pt.a.	перетря́сший
p.pt.p.	перетрясённый; перетрясён, -ена́

перетря́хивать *imperf of* перетряхну́ть

перетряхну́ть 7 *perf* что shake up *everything* ‖ *imperf* перетря́хивать 1 a

пере́ть *imperf sub* **1.** trudge **2.** press, push **3.** drag **4.** что *or without object* steal, rob

pr.	пру, прёшь, прут
imp.	при, ~те
pt.	пёр, ~ла
g.pt.a.	пёрши*
p.pr.a.	пру́щий
p.pt.a.	пёрший*
p.pt.p.	пёртый*

перетя́гивать(ся) *imperf of* перетяну́ть(ся)

перетяну́ть 7 *perf* кого́-что **1.** pull [drag] somewhere else **2.** *fig coll* win *smb* over **3.** *coll* drag oneself over with a great difficulty **4.** чем lace oneself too tight **5.** re-strain ‖ *imperf* перетя́гивать 1 a

ft.	перетяну́, -я́нешь, -я́нут
p.pt.p.	перетя́нутый

перетяну́ться *perf* lace oneself too tight ‖ *imperf* перетя́гиваться

переубеди́ть, *1st pers sg not used*, *perf* кого́-что make *smb* change his mind ‖ *imperf* переубежда́ть 2 a

ft.	переубеди́шь, -дя́т
imp.	переубеди́, ~те

pt.	переубеди́л
g.pt.a.	переубеди́в
p.pt.a.	переубеди́вший
p.pt.p.	переубеждённый; переубеждён, -ена́

переубеди́ться, *1st pers sg not used, perf* change *one's* mind ‖ *imperf* переубежда́ться

переубежда́ть(ся) *imperf of* переубеди́ть(ся)

переупря́мить *perf* кого́-что *coll* surpass *smb* in stubbornness; prove to be more obstinate [stubborn] than *smb* else

ft.	переупря́млю, -мишь, -мят
imp.	переупря́мь, ~те
pt.	переупря́мил
g.pt.a.	переупря́мив
p.pt.a.	переупря́мивший
p.pt.p.	переупря́мленный

переусе́рдствовать 4 *perf coll* be over-zealous, overdo it

переустра́ивать *imperf of* переустро́ить

переустро́ить *perf* что reorganize ‖ *imperf* переустра́ивать 1 a

ft.	переустро́ю, -о́ишь, -о́ят
imp.	переустро́й, ~те
pt.	переустро́ил
g.pt.a.	переустро́ив
p.pt.a.	переустро́ивший
p.pt.p.	переустро́енный

переуступа́ть *imperf of* переуступи́ть

переуступи́ть *perf* что give up, cede ‖ *imperf* переуступа́ть 2 a

ft.	переуступлю́, -у́пишь, -у́пят
imp.	переуступи́, ~те
pt.	переуступи́л
g.pt.a.	переуступи́в
p.pt.a.	переуступи́вший
p.pt.p.	переусту́пленный

переутоми́ть *perf* кого́-что overstrain, overtire ‖ *imperf* переутомля́ть 2 a

ft.	переутомлю́, -ми́шь, -мя́т
imp.	переутоми́, ~те
pt.	переутоми́л
g.pt.a.	переутоми́в
p.pt.a.	переутоми́вший
p.pt.p.	переутомлённый; переутомлён, -ена

переутоми́ться *perf* overstrain [overwork] oneself, get tired ‖ *imperf* переутомля́ться

переутомля́ть(ся) *imperf of* переутоми́ть(ся)

переуче́сть *perf* что make an inventory of *one's stock* ‖ *imperf* переучи́тывать 1 a

ft.	переучту́, -тёшь, -ту́т
imp.	переучти́, ~те
pt.	переучёл, -чла́
g.pt.a.	переучтя́
p.pt.p.	переучтённый; переучтён, -ена́

переу́чивать(ся) *imperf of* переучи́ть(ся)

переучи́тывать *imperf of* переуче́сть

переучи́ть *perf* 1. кого́-что retrain 2. что learn again ‖ *imperf* переу́чивать 1 a

ft.	переучу́, -у́чишь, -у́чат
imp.	переучи́, ~те
pt.	переучи́л
g.pt.a.	переучи́в
p.pt.a.	переучи́вший
p.pt.p.	переу́ченный

переучи́ться *perf* 1. study *smth* new 2. *coll* overstrain oneself by too much study ‖ *imperf* переу́чиваться

переформирова́ть 5 *perf* что re-form ‖ *imperf* переформиро́вывать 1 a

переформиро́вывать *imperf of* переформирова́ть

перефрази́ровать 4 *and* 4a *perf, imperf* что paraphrase

переха́живать *imperf of* переходи́ть[2]

перехва́ливать *imperf of* перехвали́ть

перехвали́ть *perf* кого́-что overpraise ‖ *imperf* перехва́ливать 1 a

ft.	перехвалю́, -а́лишь, -а́лят
imp.	перехвали́, ~те
pt.	перехвали́л
g.pt.a.	перехвали́в
p.pt.a.	перехвали́вший
p.pt.p.	перехва́ленный

перехва́рывать *imperf of* перехвора́ть

перехвати́ть *perf* 1. кого́-что intercept 2. что take hold of *smth* in another place 3. что girdle 4. что, *a.* чего́ *or without object, coll* snatch *smth* to eat 5. что *coll* borrow for a short time ‖ *imperf* перехва́тывать 1 a

ft.	перехвачу́, -а́тишь, -а́тят
imp.	перехвати́, ~те
pt.	перехвати́л
g.pt.a.	перехвати́в
p.pt.a.	перехвати́вший
p.pt.p.	перехва́ченный

перехва́тывать *imperf of* перехвати́ть

перехвора́ть 2 *perf* чем *or without object, coll* go through sickness ‖ *imperf* перехва́рывать 1 a

перехитри́ть *perf* кого́-что outwit

ft.	перехитрю́, -ри́шь, -ря́т
imp.	перехитри́, ~те
pt.	перехитри́л
g.pt.a.	перехитри́в
p.pt.a.	перехитри́вший
p.pt.p.	перехитрённый; перехитрён, -ена́

переходи́ть[1] *imperf of* перейти́

pr.	перехожу́, -о́дишь, -о́дят
imp.	переходи́, ~те
pt.	переходи́л
g.pr.a.	переходя́
p.pr.a.	переходя́щий
p.pt.a.	переходи́вший
p.pr.p.	переходи́мый

переходи́ть[2] *perf coll* make a new move *chess* ‖ *imperf* переха́живать 1a

ft.	перехожу́, -о́дишь, -о́дят
imp.	переходи́, ~те
pt.	переходи́л
g.pt.a.	переходи́в
p.pt.a.	переходи́вший
p.pt.p.	перехо́женный

перечека́нивать *imperf of* перечека́нить

перечека́нить *perf* что recoin ‖ *imperf* перечека́нивать 1a

ft.	перечека́ню, -нишь, -нят
imp.	перечека́нь, ~те
pt.	перечека́нил
g.pt.a.	перечека́нив
p.pt.a.	перечека́нивший
p.pt.p.	перечека́ненный

перечерка́ть 2 *and* **перечёркать** 1 *perf* cross out, cancel ‖ *imperf* перечёркивать 1a

p.pt.p.	перечёрканный

перечёркать *s.* перечерка́ть

перечёркивать[1] *imperf of* перечеркну́ть

перечёркивать[2] *imperf of* перечерка́ть

перечеркну́ть 7 *perf* что cross out ‖ *imperf* перечёркивать 1a

p.pt.p.	перечёркнутый

перечерти́ть *perf* что 1. draw again, copy 2. trace *a drawing* ‖ *imperf* перечёрчивать 1a

ft.	перечерчу́, -е́ртишь, -е́ртят
imp.	перечерти́, ~те
pt.	перечерти́л
g.pt.a.	перечерти́в
p.pt.a.	перечерти́вший
p.pt.p.	перече́рченный

перече́рчивать *imperf of* перечерти́ть

перечеса́ть *perf* что comb again ‖ *imperf* перечёсывать 1a

ft.	перечешу́, -е́шешь, -е́шут

imp.	перечеши́, ~те
pt.	перечеса́л
g.pt.a.	перечеса́в
p.pt.a.	перечеса́вший
p.pt.p.	перечёсанный

перечеса́ться *perf coll* do *one's* hair over again ‖ *imperf* перечёсываться

перече́сть[1] *perf* кого́-что count again, re-count

ft.	перечту́, -тёшь, -ту́т
imp.	перечти́, ~те
pt.	перечёл, -чла́
g.pt.a.	перечтя́
p.pt.a.	перечётший*
p.pt.p.	перечтённый; перечтён, -ена́

перече́сть[2] *perf* что read again, re-read ‖ *imperf* перечи́тывать 1a

forms as перече́сть[1]

перечёсывать(ся) *imperf of* перечеса́ть(ся)

перечи́слить *perf* кого́-что 1. enumerate 2. transfer, move *smb* to another job 3. transfer *money* ‖ *imperf* перечисля́ть 2a

ft.	перечи́слю, -лишь, -лят
imp.	перечи́сли, ~те
pt.	перечи́слил
g.pt.a.	перечи́слив
p.pt.a.	перечи́сливший
p.pt.p.	перечи́сленный

перечисля́ть *imperf of* перечи́слить

перечита́ть 2 *perf* что 1. read again 2. read a lot ‖ *imperf* перечи́тывать 1a

перечи́тывать[1] *imperf of* перече́сть[2]

перечи́тывать[2] *imperf of* перечита́ть

пере́чить *imperf coll* кому́-чему́ contradict

pr.	пере́чу, -чишь, -чат
imp.	пере́чь, ~те
pt.	пере́чил
g.pr.a.	пере́ча
p.pr.a.	пере́чащий
p.pt.a.	пере́чивший

перечу́вствовать 4 *perf* что feel, experience, go through

переша́гивать *imperf of* перешагну́ть

перешагну́ть 7 *perf* что *or* че́рез что step over, cross ‖ *imperf* переша́гивать 1a

перешёптываться 1a *imperf* whisper to one another

перешиба́ть *imperf of* перешиби́ть

перешиби́ть *perf* 1. что *coll* break, fracture 2. кого́-что *sub* outdo ‖ *imperf* перешиба́ть 2a

ft.	перешибу́, -бёшь, -бу́т

imp.	перешиби́, ~те
pt.	переши́б, -ла
g.pt.a.	перешиби́в* *and* перешибя́*
p.pt.a.	переши́бший*
p.pt.p.	переши́бленный

перешива́ть *imperf of* переши́ть

переши́ть *perf* что alter *clothes* ‖ *imperf* перешива́ть 2a

ft.	перешью́, -шьёшь, -шью́т
imp.	переше́й, ~те
pt.	переши́л
g.pt.a.	переши́в
p.pt.a.	переши́вший
p.pt.p.	переши́тый

перешнурова́ть 5 *perf* что lace up again ‖ *imperf* перешнуро́вывать 1a

перешнуро́вывать *imperf of* перешнурова́ть

перещеголя́ть 2 *perf* кого́-что в чём *coll* outdo, beat, go one better than no *p.pt.p.*

переэкзаменова́ть 5 *perf* кого́-что *coll* re-examine ‖ *imperf* переэкзамено́вывать 1a

переэкзамено́вывать *imperf of* переэкзаменова́ть

перифрази́ровать 4 *and* 4a *perf, imperf* что paraphrase

перкути́ровать 4 *and* 4a *perf, imperf* кого́-что *med* percuss

перлюстри́ровать 4 *and* 4a *perf, imperf* что perlustrate

персонифици́ровать 4 *and* 4a *perf, imperf* что *bookish* personify, embody

перфори́ровать 4 *and* 4a *perf, imperf* что perforate

перха́ть 2a *imperf sub* clear one's throat ‖ *perf semelf* перхну́ть 7

перхну́ть *perf semelf of* перха́ть

пе́рчить *imperf* что pepper. — (на-, по-)

pr.	пе́рчу, -чишь, -чат
imp.	пе́рчи, ~те
pt.	пе́рчил
g.pr.a.	пе́рча
p.pr.a.	пе́рчащий
p.pt.a.	пе́рчивший
p.pr.p.	пе́рчимый
p.pt.p.	пе́рченный

перши́ть *impers imperf coll* have a tickling in one's throat

ft.	перши́т
pt.	перши́ло

пе́стовать 4a *imperf* кого́-что 1. *obs and reg* foster, cherish 2. *bookish* bring up. — (вы́-)

пестре́ть[1] 3a, *1st and 2nd pers not used, imperf* 1. чем become brightly coloured 2. show manycoloured

пестре́ть[2], *1st and 2nd pers not used, imperf* be starlingly bright

pr.	пестри́т, -ря́т
pt.	пестре́л
g.pr.a.	пестря́
p.pr.a.	пестря́щий
p.pt.a.	пестре́вший

пестри́ть *imperf* что 1. colour, make coloured 2. repeat oneself; intersperse one's speech with 3. *impers*: у меня́ пестри́т в глаза́х it dazzles my eyes

pr.	пестрю́, -ри́шь, -ря́т
imp.	пестри́, ~те
pt.	пестри́л
g.pr.a.	пестря́
p.pr.a.	пестря́щий
p.pt.a.	пестри́вший
p.pr.p.	пестри́мый

петля́ть 2a *imperf coll* 1. *of a route* wind, meander 2. meander *in one's speech*

петуши́ться *imperf coll* flare up, fly off the handle

pr.	петушу́сь, -ши́шься, -ша́тся
imp.	петуши́сь, -и́тесь
pt.	петуши́лся, -лась
g.pr.a.	петуша́сь
p.pr.a.	петуша́щийся
p.pt.a.	петуши́вшийся

петь *imperf* что sing; crow ‖ *perf* спеть[1], forms ib. | *imperf freq of* пева́ть 2a, *pr. not used.* — (про-)

pr.	пою́, поёшь, пою́т
imp.	пой, ~те
pt.	пел
g.pt.a.	пе́вши
p.pr.a.	пою́щий
p.pt.a.	пе́вший
p.pt.p.	пе́тый

печа́лить *imperf* кого́-что sadden, grieve. — (о-)

pr.	печа́лю, -лишь, -лят
imp.	печа́ль, ~те
pt.	печа́лил
g.pr.a.	печа́ля
p.pr.a.	печа́лящий
p.pt.a.	печа́ливший

печа́литься *imperf* be sad. — (о-)

печа́ловаться 4a *imperf* о ком-чём *obs and reg* take care (of), look after

печа́тать 1a *imperf* что print ‖ *perf* напеча́тать 1

печа́таться *imperf* 1. be printed 2. publish one's works. — (на-)

печь *imperf* что 1. bake *in an oven* 2. *of the sun* bake. — (ис- *with* 1)

pr.	пеку́, печёшь, пеку́т
imp.	пеки́, ~те
pt.	пёк, пекла́
g.pt.a.	пёкши
p.pr.a.	пеку́щий
p.pt.a.	пёкший
p.pt.p.	печённый; печён, -ена́

пе́чься[1] *imperf* 1. be baked 2. *coll* broil *in the sun.* — (ис-)

пе́чься[2] *imperf* о ком-чём take care of *smb*

пи́кать 1a *imperf sub* squeak | *perf semelf* пи́кнуть 6

пикети́ровать 4a *imperf* что picket

пики́ровать 4 *and* 4a *perf, imperf av* dive, go into a dive. — (с-)

пикирова́ть 5 *and* 5a *perf, imperf* что thin out

пики́роваться 4a *imperf* exchange caustic remarks, altercate

пи́кнуть *perf semelf of* пи́кать

пили́кать 1a *imperf coll* scrape *on a violin* | *perf semelf* пили́кнуть 6

пили́кнуть *perf semelf of* пили́кать

пили́ть *imperf* кого́-что 1. *coll* saw 2. *coll* pester 3. *coll* scrape, play badly *on the fiddle*

pr.	пилю́, пи́лишь, пи́лят
imp.	пили́, ~те
pt.	пили́л
g.pr.a.	пиля́
p.pr.a.	пи́лящий
p.pt.a.	пили́вший
p.pt.p.	пи́ленный

пилоти́ровать 4a *imperf* что *av* pilot, fly

пина́ть 2a *imperf* кого́-что *sub* kick | *perf semelf* пнуть, forms ib.

пирова́ть 5a *imperf obs, iron* feast, revel, carouse

пи́ршествовать 4a *imperf* feast

писа́ть *imperf* что *or without object* 1. write 2. paint ‖ *perf* написа́ть, forms ib.| *imperf freq* пи́сывать 1a

pr.	пишу́, пи́шешь, пи́шут
imp.	пиши́, ~те
pt.	писа́л
g.pt.a.	писа́в
p.pr.a.	пи́шущий
p.pt.a.	писа́вший
p.pt.p.	пи́санный

писа́ться *imperf* 1. be written 2. *impers* кому́-чему́ be in a mood for writing

пи́скнуть *perf semelf of* пища́ть

пи́сывать *imperf freq of* писа́ть

пита́ть 2a *imperf* 1. кого́-что feed 2. *fig* что cherish *idea, wish etc.* 3. что *tech* feed. — (на- *with* 1)

пита́ться *imperf* 1. чем feed (on) 2. eat *regularly* 3. *tech* be fed

пить *imperf* что drink. — (вы-)

pr.	пью, пьёшь, пьют
imp.	пей, ~те
pt.	пил, пила́, пи́ло (*negated*: не́ пил, не пила́, не́ пило)
g.pr.a.	пия́ *obs*
g.pt.a.	пи́вши
p.pr.a.	пью́щий
p.pt.a.	пи́вший
p.pt.p.	пи́тый; пит, пита́, пи́то

пи́ться *impers imperf coll* be in a mood for drinking

pt.	пи́лся, пила́сь, пило́сь *and coll* пи́лось

пиха́ть 2a *imperf* кого́-что *coll* 1. push, elbow 2. bung in *drawer, bag etc.* | *perf semelf* пихну́ть 7

пиха́ться *imperf sub* push, elbow, shove

пихну́ть *perf semelf of* пиха́ть

пи́чкать 1a *imperf* кого́-что чем *coll* stuff (with). — (на-)

пища́ть *imperf* squeak | *perf semelf* пи́скнуть 6

pr.	пищу́, пищи́шь, пища́т
imp.	пищи́, ~те
pt.	пища́л
g.pr.a.	пища́
p.pr.a.	пища́щий
p.pt.a.	пища́вший

пла́вать 1a *imperf* 1. *indef of* плыть 2. be able to swim, know how to swim 3. *fig* float, drift 4. *coll* sail 5. *fig coll* have insufficient knowledge, flounder

пла́вить[1] *imperf* что melt, fuse. — (рас-)

pr.	пла́влю, -вишь, -вят
imp.	пла́вь, ~те
pt.	пла́вил
g.pr.a.	пла́вя

p.pr.a.   пла́вящий
p.pt.a.   пла́вивший
p.pt.p.   пла́вленный
пла́вить² *imperf* что float *logs*
forms as пла́вить¹
пла́виться, *1st and 2nd pers not used,*
imperf melt, fuse
пла́кать *imperf* cry
pr.   пла́чу, -чешь, -чут
imp.   плачь, ~те
pt.   пла́кал
g.pr.a. пла́ча
p.pr.a. пла́чущий
p.pt.a. пла́кавший
пла́каться *imperf* на кого́-что *coll* complain (of), lament (for, over)
пламене́ть 3а *imperf* **1.** *1st and 2nd pers not used* flame, blaze **2.** *fig* чем *obs* burn (with)
плани́ровать¹ 4а *imperf av* glide
плани́ровать² 4а *imperf* что **1.** plan **2.** design ‖ *perf* сплани́ровать 4
p.pt.p. плани́рованный
планирова́ть 5а *imperf* что *arch* lay out. — (рас-)
p.pt.p. планиро́ванный
пласта́ть 2а *imperf* что cut in slices
p.pt.p. пла́станный
пластова́ть 5а *imperf* что cut in slices
плата́ть 2а *imperf* что *sub* darn. — (за-)
p.pt.p. пла́танный
платини́ровать 4 and 4а *perf, imperf* что mount in platinum
плати́ть *imperf* **1.** что *or* за что pay **2.** чем за что repay. — (за-, у-)
pr.   плачу́, пла́тишь, пла́тят
imp.   плати́, ~те
pt.   плати́л
g.pr.a. платя́
p.pr.a. платя́щий
p.pt.a. плати́вший
p.pr.p. плати́мый
p.pt.p. пла́ченный
плати́ться *imperf* чем (за что) *or without object* pay for *carelessness etc.* with *one's* health. — (по-)
плева́ть *imperf* **1.** spit **2.** *fig* на кого́-что *sub* not give a damn (for) ‖ *perf semelf* плю́нуть 6, *imp.* плюнь, ~те. — (на-)
pr.   плюю́, плюёшь, плюю́т
imp.   плюй, ~те
gt.   плева́л
g.pr.a. плюя́

p.pr.a.   плюю́щий
p.pt.a.   плева́вший
плева́ться *imperf coll* spit; have the habit of spitting
плени́ть *perf* кого́-что **1.** *fig* charm, fascinate, captivate **2.** *obs bookish* take *smb* prisoner ‖ *imperf* пленя́ть 2а
ft.   пленю́, -ни́шь, -ня́т
imp.   плени́, ~те
pt.   плени́л
g.pt.a. плени́в
p.pt.a. плени́вший
p.pt.p. пленённый; пленён, -ена́
плени́ться *perf* кем-чем be charmed, be carried away by ‖ *imperf* пленя́ться
пленя́ть(ся) *imperf of* плени́ть(ся)
плеска́ть *imperf* **1.** splash, lap **2.** на кого́-что чем splash *smb* with ‖ *perf semelf* плесну́ть 7, *p.pt.p.* плёснутый
pr.   плещу́, пле́щешь, пле́щут *and coll* плеска́ю, -áешь, -áют
imp.   плещи́, ~те *and* плеска́й, ~те
pt.   плеска́л
g.pr.a. плеща́ *and* плеска́я
g.pt.a. плеска́в
p.pr.a. пле́щущий *and* плеска́ющий
p.pt.a. плеска́вший
p.pr.p. плеска́емый
плеска́ться *imperf* **1.** lap, swash **2.** splash
пле́сневеть 3а, *stress as infinitive, 1st and 2nd pers not used, imperf* grow mouldy, grow musty. — (за-)
плесну́ть *perf semelf of* плеска́ть
плести́ *imperf* что **1.** braid, plait, weave **2.** *coll contp* talk nonsense, talk through *one's* hat. — (с- *with* 1)
pr.   плету́, -тёшь, -ту́т
imp.   плети́, ~те
pt.   плёл, плела́
g.pr.a. плетя́
p.pr.a. плету́щий
p.pt.a. плётший
p.pt.p. плетённый
плести́сь *imperf coll* drag oneself along, trudge, plod along
плеши́веть 3а *imperf* grow bald. — (о-)
плиссирова́ть 5а *imperf* что pleat, make accordion pleats
p.pt.p. плиссиро́ванный
плоди́ть *imperf* кого́-что **1.** procreate, produce, engender **2.** *coll* bear *children* **3.** *fig* produce. — (рас- *with* 1, 3)
pr.   пложу́, плоди́шь, плодя́т

imp.	плоди́, ~те
pt.	плоди́л
g.pr.a.	плодя́
p.pr.a.	плодя́щий
p.pt.a.	плоди́вший

плоди́ться, *1st and 2nd pers not used, imperf coll* multiply, spread. — (рас-)

плодоноси́ть, *1st and 2nd pers not used, imperf* bear fruits

pr.	плодоно́сит, -сят
pt.	плодоноси́л
g.pr.a.	плодонося́
p.pr.a.	плодонося́щий
p.pt.a.	плодоноси́вший

плои́ть *imperf* что fold, pleat

pr.	плою́, плои́шь, плоя́т
imp.	плои́, ~те
pt.	плои́л
g.pr.a.	плоя́
p.pr.a.	плоя́щий
p.pt.a.	плои́вший
p.pt.p.	плоённый; плоён, -ена́

пломбирова́ть 5a *imperf* что stop, fill *a tooth*; seal *a door*. — (за-, о-)

p.pt.p.	пломбиро́ванный

плотне́ть 3a *imperf* 1. become thicker 2. fatten, get fatter. — (по-)

пло́тничать 1a *imperf* carpenter

плута́ть 2a *imperf coll* stray, err

плутова́ть 5a *imperf coll* cheat, swindle. — (на-, с-)

плыть *imperf* 1. *def* swim 2. *def* sail 3. float across the sky 4. *coll of dough* fill the basin and run over the side | *indef* пла́вать 1a *with* 1, 2

pr.	плыву́, -вёшь, -ву́т
imp.	плыви́, ~те
pt.	плыл, плыла́, плы́ло
g.pr.a.	плывя́
p.pr.a.	плыву́щий
p.pt.a.	плы́вший

плю́нуть *perf semelf of* плева́ть

плю́хать(ся) *imperf of* плю́хнуть(ся)

плю́хнуть 6 *perf sub* 1. flop down 2. что plump down | *imperf* плю́хать 1a

плю́хнуться *perf coll* flop down, plump | *imperf* плю́хаться

плю́щить *imperf* что *tech* flatten, laminate. — (с-)

pr.	плю́щу, -щишь, -щат
imp.	плю́щи, ~те
pt.	плю́щил
g.pr.a.	плю́ща

p.pr.a.	плю́щащий
p.pt.a.	плю́щивший
p.pr.p.	плю́щимый
p.pt.p.	плю́щенный

пляса́ть *imperf* что *or without object coll* dance | *perf* спляса́ть, forms ib.

pr.	пляшу́, пля́шешь, пля́шут
imp.	пляши́, ~те
pt.	пляса́л
g.pr.a.	пляса́в
p.pr.a.	пля́шущий
p.pt.a.	пляса́вший

пнуть *perf semelf of* пина́ть

ft.	пну, пнёшь, пнут
imp.	пни, ~те
pt.	пнул
g.pt.a.	пнув
p.pt.a.	пну́вший
p.pt.p.	пну́тый*

поале́ть 3 *perf coll* redden; *of the face* flush

побагрове́ть 3 *perf* grow red, crimson, turn purple

поба́иваться 1a *imperf* кого́-чего́ *or with infinitive* be rather afraid of

поба́ливать 1a, *1st and 2nd pers not used, imperf coll* ache a little occasionally

побе́гать 1 *perf* do some running

победи́ть (*1st pers singular perf not used*) *perf* 1. кого́-что win a victory (over), defeat, vanquish 2. *fig* что overcome | *imperf* побежда́ть 2a

ft.	победи́шь, -дя́т
imp.	победи́, ~те
pt.	победи́л
g.pt.a.	победи́в
p.pt.a.	победи́вший
p.pt.p.	побеждённый; побеждён, -ена́

побежа́ть *perf* 1. break into a run 2. take flight

ft.	побегу́, -ежи́шь, -егу́т
imp.	побеги́, ~те
pt.	побежа́л
g.pt.a.	побежа́в
p.pt.a.	побежа́вший

побежда́ть *imperf of* победи́ть

побеле́ть 3 *perf* become white, whiten

побели́ть *perf* что whiten

ft.	побелю́, -е́ли́шь, -е́ля́т
imp.	побели́, ~те
pt.	побели́л
g.pt.a.	побели́в
p.pt.a.	побели́вший
p.pt.p.	побелённый; побелён, -ена́

поберечь *perf* кого-что **1.** take care of smth **2.** treat with care
ft.	поберегу́, -ежёшь, -егу́т
imp.	побереги́, ~те
pt.	поберёг, -егла́
g.pt.a.	поберёгши
p.pt.a.	поберёгший
p.pt.p.	побережённый; побережён, -ена́

поберечься *perf* take care of oneself, spare oneself

побесе́довать 4 *perf* с кем have a chat [talk] (with)

побеспоко́ить *perf* кого-что trouble
ft.	побеспоко́ю, -о́ишь, -о́ят
imp.	побеспоко́й, ~те
pt.	побеспоко́ил
g.pt.a.	побеспоко́ив
p.pt.a.	побеспоко́ивший
p.pt.p.	побеспоко́енный

побеспоко́иться *perf* **1.** о чём worry (about), be troubled (about) **2.** be excited, be disturbed, be worried *for a while*

побива́ть *imperf of* поби́ть

побира́ться 2a *imperf coll* beg, live by begging

поби́ть *perf* кого-что **1.** beat **2.** win over smb **3.** kill **4.** *coll* break up *everything* ‖ *imperf* побива́ть 2a *with* 2, 3
ft.	побью́, побьёшь, побью́т
imp.	побе́й, ~те
pt.	поби́л
g.pt.a.	поби́в
p.pt.a.	поби́вший
p.pt.p.	поби́тый

поблагодари́ть *perf* кого-что thank
ft.	поблагодарю́, -ри́шь, -ря́т
imp.	поблагодари́, ~те
pt.	поблагодари́л
g.pt.a.	поблагодари́в
p.pt.a.	поблагодари́вший

побледне́ть 3 *perf* grow pale

поблёкнуть *perf* **1.** fade **2.** grow dim
ft.	поблёкну, -нешь, -нут
imp.	поблёкни, ~те
pt.	поблёк, ~ла
g.pt.a.	поблёкши *and* поблёкнув
p.pt.a.	поблёкший

побожи́ться *perf of* божи́ться
ft.	побожу́сь, -ожи́шься, -ожа́тся
imp.	побожи́сь, -йтесь
pt.	побожи́лся, -лась
g.pt.a.	побожи́вшись
p.pt.a.	г.обожи́вшийся

поболе́ть[1] 3 *perf coll* be ill *for a while*

поболе́ть[2], *1st and 2nd pers not used, perf* ache, hurt *for a while*
ft.	поболи́т, -ля́т
pt.	поболе́л
g.pt.a.	поболе́в
p.pt.a.	поболе́вший

поболта́ть[1] 2 *perf* **1.** что stir **2.** чем dangle *one's legs*

поболта́ть[2] 2 *perf* с кем have a chat (with)

поборо́ть *perf* **1.** кого-что beat **2.** *fig* что overcome
ft.	поборю́, -о́решь, -о́рют
imp.	побори́, ~те
pt.	поборо́л
g.pt.a.	поборо́в
p.pt.a.	поборо́вший

поборо́ться *perf* fight *for a while*

побоя́ться *perf* кого-чего *or with infinitive* be afraid (of), be frightened (of)
ft.	побою́сь, -ои́шься, -оя́тся
imp.	побо́йся, -о́йтесь
pt.	побоя́лся, -лась
g.pt.a.	побоя́вшись
p.pt.a.	побоя́вшийся

побрани́ть *perf* кого-что give smb a scolding, scold *a little*
ft.	побраню́, -ни́шь, -ня́т
imp.	побрани́, ~те
pt.	побрани́л
g.pt.a.	побрани́в
p.pt.a.	побрани́вший

побрани́ться *perf* с кем *or without object* have a quarrel (with), have words (with)

побрата́ться *perf of* брата́ться

побра́ть *perf* кого-что *sub* take *everything*
ft.	поберу́, -рёшь, -ру́т
imp.	побери́, ~те
pt.	побра́л, -ала́, -а́ло
g.pt.a.	побра́в
p.pt.a.	побра́вший
p.pt.p.	по́бранный; по́бран, побрана́, по́брано

побре́згать *perf of* бре́згать

побрести́ *perf* plod on *one's way*
ft.	побреду́, -дёшь, -ду́т
imp.	побреди́, ~те
pt.	побрёл, -ела́
g.pt.a.	побредя́ *and* побре́дши
p.pt.a.	побре́дший

побри́ть *perf* кого-что shave
ft.	побре́ю, -е́ешь, -е́ют
imp.	побре́й, ~те
pt.	побри́л

g.pt.a.	побри́в
p.pt.a.	побри́вший
p.pt.p.	побри́тый

побри́ться *perf* shave oneself

побро́ди́ть *perf coll* stroll about *for some time*, have a *little* walk

ft.	поброжу́, -о́дишь, -о́дят
imp.	поброди́, ~те
pt.	поброди́л
g.pt.a.	поброди́в
p.pt.a.	поброди́вший

поброса́ть 2 *perf* **1.** что throw about **2.** кого́-что forsake, desert

побрюзжа́ть *perf coll* grumble *a little*

ft.	побрюзжу́, -жи́шь, -жа́т
imp.	побрюзжи́, ~те
pt.	побрюзжа́л
g.pt.a.	побрюзжа́в
p.pt.a.	побрюзжа́вший

побря́кивать 1 a *imperf coll* bang *slightly and occasionally*

побуди́ть[1] *perf* кого́-что **1.** try to wake *smb* **2.** *coll* wake

ft.	побужу́, -у́дишь, -у́дят
imp.	побуди́, ~те
pt.	побуди́л
g.pt.a.	побуди́в
p.pt.a.	побуди́вший
p.pt.p.	побу́женный

побуди́ть[2] *perf* кого́-что impel, induce, prompt ‖ *imperf* побужда́ть 2 a

ft.	побужу́, -уди́шь, -удя́т
p.pt.p.	побуждённый; побуждён, -ена́

other forms as побуди́ть[1]

побужда́ть *imperf of* побуди́ть[2]

побуре́ть 3, *1st and 2nd pers not used, perf* grow brown

побыва́ть 2 a *imperf* **1.** have been *in many places* **2.** stay, sojourn *for some time* **3.** participate **4.** *coll* go *somewhere*

побы́ть *perf* stay *for some time*

ft.	побу́ду, -дешь, -дут
imp.	побу́дь, ~те
pt.	по́был, побыла́, по́было
g.pt.a.	побы́в
p.pt.a.	побы́вший

пова́диться *perf coll* **1.** with *infinitive* acquire a bad habit **2.** come often

ft.	пова́жусь, -а́дишься, -а́дятся
imp.	пова́дься, -дьтесь
pt.	пова́дился, -лась
g.pt.a.	пова́дившись
p.pt.a.	пова́дившийся

повали́ть[1] *perf* кого́-что throw down, overthrow, bring down

ft.	повалю́, -а́лишь, -а́лят
imp.	повали́, ~те
pt.	повали́л
g.pt.a.	повали́в
p.pt.a.	повали́вший
p.pt.p.	пова́ленный

повали́ть[2], *1st and 2nd pers not used, perf coll* roll up, turn up, flock in forms as повали́ть[1]

повали́ться *perf* fall down

повева́ть 2 a, *1st and 2nd pers not used, imperf, of the wind* breathe, blow gently

пове́дать 1 *perf* что *or* о чём кому́ *bookish* impart (to), tell (to) ‖ *imperf* пове́дывать 1 a

пове́дывать *imperf of* пове́дать

повезти́ *perf* **1.** кого́-что carry, transport *somewhere* **2.** *perf of* везти́: мне повезло́ *coll* I was in luck

ft.	повезу́, -зёшь, -зу́т
imp.	повези́, ~те
pt.	повёз, -езла́
g.pt.a.	повезя́ *and obs* повёзши
p.pt.a.	повёзший
p.pt.p.	повезённый; повезён, -ена́

повелева́ть 2 a *imperf* **1.** кем-чем *bookish* rule over, command **2.** *imperf of* повеле́ть

повеле́ть *perf with infinitive or* кому́-чему́ *bookish and elev* command *smb* to do *smth* ‖ *imperf* повелева́ть 2 a

ft.	повелю́, -ли́шь, -ля́т
imp.	повели́, ~те
pt.	повеле́л
g.pt.a.	повеле́в
p.pt.a.	повеле́вший
p.pt.p.	*obs* повеле́нный; повеле́н, -ена́

повенча́ть 2 *perf* кого́-что marry *a couple* in church

повенча́ться *perf* be married in church

поверга́ть(ся) *imperf of* пове́ргнуть(ся)

пове́ргнуть *perf* кого́-что **1.** *obs* throw down **2.** *fig obs* conquer, vanquish, destroy **3.** во что plunge *smb into a state of despair etc.* ‖ *imperf* поверга́ть 2 a

ft.	пове́ргну, -нешь, -нут
imp.	пове́ргни, ~те
pt.	пове́рг *and obs* пове́ргнул, пове́ргла
g.pt.a.	пове́ргнув
p.pt.a.	пове́ргший *and obs* пове́ргнувший
p.pt.p.	пове́ргнутый *and* пове́рженный

повергнуться *perf obs* **1.** fall down **2.** be plunged *into a state of despair etc.* ‖ *imperf* поверга́ться

пове́рить *perf* **1.** *perf of* ве́рить **2.** кого́-что *obs* verify **3.** кому́-чему́ trust ‖ *imperf* поверя́ть 2a *with* 2, 3

ft.	пове́рю, -ришь, -рят
imp.	пове́рь, ~те
pt.	пове́рил
g.pt.a.	пове́рив
p.pt.a.	пове́ривший
p.pt.p.	пове́ренный

поверну́ть 7 *perf* **1.** кого́-что turn **2.** turn, swing ‖ *imperf* повёртывать 1a *and* повора́чивать 1a

p.pt.p.	повёрнутый

поверну́ться *perf* **1.** turn, swing **2.** *fig 1st and 2nd pers not used* be reversed ‖ *imperf* повёртываться *and* повора́чиваться

поверста́ть *perf of* верста́ть²

поверте́ть *perf* что turn round and round

ft.	поверчу́, -е́ртишь, -е́ртят
imp.	поверти́, ~те
pt.	поверте́л
g.pt.a.	поверте́в
p.pt.a.	поверте́вший
p.pt.p.	пове́рченный

повёртывать(ся) *imperf of* поверну́ть(ся)

поверя́ть *imperf of* пове́рить

повеселе́ть 3 *perf* become cheerful

повесели́ть *perf* кого́-что cheer (up), amuse *for a time*

ft.	повеселю́, -ли́шь, -ля́т
imp.	повесели́, ~те
pt.	повесели́л
g.pt.a.	повесели́в
p.pt.a.	повесели́вший

повесели́ться *perf* enjoy oneself *a little*

пове́сить *perf* **1.** что hang up **2.** кого́-что hang *smb*

ft.	пове́шу, -е́сишь, -е́сят
imp.	пове́сь, ~те
pt.	пове́сил
g.pt.a.	пове́сив
p.pt.a.	пове́сивший
p.pt.p.	пове́шенный

пове́ситься *perf* hang oneself

пове́сничать 1a *imperf obs* lead a rakish life

повествова́ть 5a *imperf* о чём *bookish* narrate (of), tell (of)

повести́ *perf* **1.** кого́-что lead **2.** по чему́ stroke (with the hand) **3.** чем twitch **4.** *perf of* вести́ ‖ *imperf* поводи́ть² *with* 3, forms ib.

ft.	поведу́, -дёшь, -ду́т
imp.	поведи́, ~те
pt.	повёл, -ела́
g.pt.a.	поведя́ *and obs* пове́дши
p.pt.a.	пове́дший
p.pt.p.	поведённый; поведён, -ена́

повести́сь *perf* **1.** *perf of* вести́сь **2.** с кем *coll* make friends (with)

повести́ть *perf* кого́-что *obs* inform ‖ *imperf* повеща́ть 2a

ft.	повещу́, -ести́шь, -естя́т
imp.	повести́, ~те
pt.	повести́л
g.pt.a.	повести́в
p.pt.a.	повести́вший
p.pt.p.	повещённый; повещён, -ена́

повечере́ть *perf of* вечере́ть

повеща́ть *imperf of* повести́ть

пове́ять *1st and 2nd pers not used, perf* begin to blow

ft.	пове́ет, -е́ют
pt.	пове́ял
g.pt.a.	пове́яв
p.pt.a.	пове́явший

повздо́рить *perf of* вздо́рить

ft.	повздо́рю, -ришь, -рят
imp.	повздо́рь, ~те
pt.	повздо́рил
g.pt.a.	повздо́рив
p.pt.a.	повздо́ривший

повзросле́ть 3 *perf* reach manhood

повида́ть 2 *perf* **1.** see **2.** visit

повида́ться *perf coll* see each other again

пови́ливать 1a *imperf* чем nod, wag *some time*

повиля́ть 2 *perf* чем nod, wag *for a while*

повини́ться *perf of* вини́ться

ft.	повиню́сь, -ни́шься, -ня́тся
imp.	повини́сь, -и́тесь
pt.	повини́лся, -лась
g.pt.a.	повини́вшись
p.pt.a.	повини́вшийся

повинова́ться 5a *imperf* (*pt. also perf*) кому́-чему́ obey

повинти́ть¹ *perf* что *coll* tighten *screw* slightly

ft.	повинчу́, -нти́шь, -нтя́т
imp.	повинти́, ~те
pt.	повинти́л

g.pt.a.	повинти́в
p.pt.a.	повинти́вший
p.pt.p.	пови́нченный

повинти́ть[2] *perf coll* play vint *card game* forms as повинти́ть[1]

повиса́ть *imperf of* повиснуть

повисе́ть *perf* hang *for some time*

ft.	повишу́, -иси́шь, -ися́т
imp.	повиси́, ~те
pt.	повисе́л
g.pt.a.	повисе́в
p.pt.a.	повисе́вший

пови́снуть *perf* **1.** на чём hang suspended **2.** hang down ‖ *imperf* повиса́ть 2 a

ft.	пови́сну, -нешь, -нут
imp.	пови́сни, ~те
pt.	пови́с *and obs* пови́снул, пови́сла
g.pt.a.	пови́снув *and* пови́сши
p.pt.a.	пови́сший *and obs* пови́снувший

повлажне́ть 3, *1st and 2nd pers not used*, *perf* become humid

повле́чь *perf* что result in

ft.	повлеку́, -ечёшь, -еку́т
imp.	повлеки́, ~те
pt.	повлёк, -екла́
g.pt.a.	повлёкши
p.pt.a.	повлёкший

повлия́ть *perf of* влия́ть

поводи́ть[1] *perf* **1.** кого́-что walk *smb for some time* **2.** чем по чему́ stroke (with the hand)

ft.	повожу́, -о́дишь, -о́дят
imp.	поводи́, ~те
pt.	поводи́л
g.pt.a.	поводи́в
p.pt.a.	поводи́вший

поводи́ть[2] *imperf of* повести́

pr.	повожу́, -о́дишь, -о́дят
imp.	поводи́, ~те
pt.	поводи́л
g.pr.a.	поводя́
p.pr.a.	поводя́щий
p.pt.a.	поводи́вший

повоева́ть *perf* wage war *for some time*

ft.	повою́ю, -ю́ешь, -ю́ют
imp.	повою́й, ~те
pt.	повоева́л
g.pt.a.	повоева́в
p.pt.a.	повоева́вший

повози́ть *perf* кого́-что drive *smb for some time*

ft.	повожу́, -о́зишь, -о́зят
imp.	повози́, ~те

pt.	повози́л
g.pt.a.	повози́в
p.pt.a.	повози́вший

поволо́чь *perf* кого́-что *coll* drag *somewhere*

ft.	поволоку́, -о́чёшь, -оку́т
imp.	поволоки́, ~те
pt.	поволо́к, -окла́
g.pt.a.	поволоча́ *and* поволо́кши
p.pt.a.	поволо́кший
p.pt.p.	поволочённый; поволочён, -ена́

повора́чивать(ся)[1] *imperf of* поверну́ть(ся)

повора́чивать(ся)[2] *imperf of* повороти́ть(ся)

повороти́ть *perf* кого́-что *or without object obs, sub* turn ‖ *imperf* повора́чивать 1 a

ft.	поворочу́, -о́тишь, -о́тят
imp.	вороти́, ~те
pt.	повороти́л
g.pt.a.	повороти́в
p.pt.a.	повороти́вший
p.pt.p.	поворо́ченный

повороти́ться *perf obs, sub* turn round ‖ *imperf* повора́чиваться

поворча́ть *perf* grumble *a little*

ft.	поворчу́, -чи́шь, -ча́т
imp.	поворчи́, ~те
pt.	поворча́л
g.pt.a.	поворча́в
p.pt.a.	поворча́вший

повреди́ть *perf* **1.** что damage, injure, hurt **2.** кому́-чему́ do *smb* harm ‖ *imperf* поврежда́ть 2 a

ft.	поврежу́, -еди́шь, -едя́т
imp.	повреди́, ~те
pt.	повреди́л
g.pt.a.	повреди́в
p.pt.a.	повреди́вший
p.pt.p.	поврежде́нный; поврежде́н, -ена́

повреди́ться *perf* be hurt, be injured ‖ *imperf* поврежда́ться

поврежда́ть(ся) *imperf of* повреди́ть(ся)

повремени́ть *perf coll* wait *a little*

ft.	повременю́, -ни́шь, -ня́т
imp.	повремени́, ~те
pt.	повремени́л
g.pt.a.	повремени́в
p.pt.a.	повремени́вший

повскака́ть, *1st and 2nd pers singular not used*, *perf coll* jump up, leap up

ft.	*not used*

pt.	повскака́л
g.pt.a.	повскака́в
p.pt.a.	повскака́вший

повстреча́ть 1 *perf* кого́-что *coll* meet, run into

повстреча́ться *perf coll* meet each other

повтори́ть *perf* что repeat ‖ *imperf* повторя́ть 2a

ft.	повторю́, -ри́шь, -ря́т
imp.	повтори́, ~те
pt.	повтори́л
g.pt.a.	повтори́в
p.pt.a.	повтори́вший
p.pt.p.	повторённый; повторён, -ена́ *and* повто́ренный

повтори́ться, *1st and 2nd pers not used*, *perf* repeat itself ‖ *imperf* повторя́ться

повтори́ть(ся) *imperf of* повтори́ть(ся)

повы́сить *perf* кого́-что 1. raise, heighten 2. improve, perfect 3. enhance *smb's* prestige ‖ *imperf* повыша́ть 2a

ft.	повы́шу, -ы́сишь, -ы́сят
imp.	повы́сь, ~те
pt.	повы́сил
g.pt.a.	повы́сив
p.pt.a.	повы́сивший
p.pt.p.	повы́шенный

повы́ситься *perf* 1. *1st and 2nd pers not used* rise 2. в чём rise in *smb's* opinion ‖ *imperf* повыша́ться

повыша́ть(ся) *imperf of* повы́сить(ся)

повяза́ть *perf* что 1. чем tie *smth* round *smb's* head 2. *sub* tie together ‖ *imperf* повя́зывать 1a

ft.	повяжу́, -я́жешь, -я́жут
imp.	повяжи́, ~те
pt.	повяза́л
g.pt.a.	повяза́в
p.pt.a.	повяза́вший
p.pt.p.	повя́занный

повяза́ться *perf* чем tie a headsquare round *one's* head ‖ *imperf* повя́зываться

повя́зывать(ся) *imperf of* повяза́ть(ся)

повя́нуть, *1st and 2nd pers not used*, *perf of flowers* wither, fade

ft.	повя́нет, -нут
pt.	повя́л
g.pt.a.	повя́нув
p.pt.a.	повя́нувший *and* повя́дший

погада́ть *perf of* гада́ть

пога́нить *imperf* кого́-что *sub* spoil, pollute, defile *a. fig.* — (о-)

pr.	пога́ню, -нишь, -нят

imp.	пога́нь, ~те
pt.	пога́нил
g.pr.a.	пога́ня
p.pr.a.	пога́нящий
p.pr.a.	пога́нивший

погаса́ть *imperf of* пога́снуть

погаси́ть *perf* 1. *perf of* гаси́ть 2. что liquidate, pay off *a debt* ‖ *imperf* погаша́ть 2a

ft.	погашу́, -а́сишь, -а́сят
imp.	погаси́, ~те
pt.	погаси́л
g.pt.a.	погаси́в
p.pt.a.	погаси́вший
p.pt.p.	пога́шенный

пога́снуть *perf* 1. *of a light* go out 2. die away, fail ‖ *imperf* погаса́ть 2a

ft.	пога́сну, -нешь, -нут
imp.	пога́сни, ~те
pt.	пога́с *and obs* пога́снул, пога́сла
g.pt.a.	пога́снув *and* пога́сши
p.pt.a.	пога́сший *and* пога́снувший

погаша́ть *imperf of* погаси́ть

погиба́ть *imperf of* поги́бнуть

поги́бнуть *perf* perish, be killed ‖ *imperf* погиба́ть 2a

ft.	поги́бну, -нешь, -нут
imp.	поги́бни, ~те
pt.	поги́б *and obs* поги́бнул, поги́бла
g.pt.a.	поги́бнув *and* поги́бши
p.pt.a.	поги́бший *and obs* поги́бнувший

погла́дить *perf* 1. что iron 2. кого́-что stroke

ft.	погла́жу, -а́дишь, -а́дят
imp.	погла́дь, ~те
pt.	погла́дил
g.pt.a.	погла́див
p.pt.a.	погла́дивший
p.pt.p.	погла́женный

погла́живать 1a *imperf* stroke with the hand *from time to time*

поглазе́ть 3 *perf* кого́-что *sub* stare (at)

поглоти́ть *perf* 1. что absorb 2. кого́-что devour 3. кого́-что take *time, money, efforts etc.* ‖ *imperf* поглоща́ть 2a

ft.	поглощу́, -о́тишь, -о́тят
imp.	поглоти́, ~те
pt.	поглоти́л
g.pt.a.	поглоти́в
p.pt.a.	поглоти́вший
p.pt.p.	поглощённый; поглощён, -ена́

поглоща́ть *imperf of* поглоти́ть

поглуми́ться *perf* над кем-чем mock (at), jeer (at), scoff (at), gibe (at) *for a while*
ft. поглумлю́сь, -ми́шься, -мя́тся
imp. поглуми́сь, -и́тесь
pt. поглуми́лся, -лась
g.pt.a. поглуми́вшись
p.pt.a. поглуми́вшийся

поглупе́ть 3 *perf* become dense, become slow on the uptake

погляде́ть *perf* на кого-что see, look (at)
ft. погляжу́, -яди́шь, -ядя́т
imp. погляди́, ~те
pt. погляде́л
g.pt.a. погляде́в
p.pt.a. погляде́вший

погляде́ться *perf* look at oneself

погля́дывать 1 a *imperf* 1. на кого-что look (at) *from time to time* 2. за кем-чем *coll* look after, keep an eye (on)

погна́ть *perf* кого-что drive, urge
ft. погоню́, -о́нишь, -о́нят
imp. погони́, ~те
pt. погна́л, -ала́, -а́ло
g.pt.a. погна́в
p.pt.a. погна́вший
p.pt.p. по́гнанный

погна́ться *perf* за кем-чем pursue, strive for

погни́ть, *1st and 2nd pers not used, perf coll* rot, putrify, decay
ft. погниёт, -ию́т
pt. погни́л, -ила́, -и́ло
g.pt.a. погни́в
p.pt.a. погни́вший

погну́ть 7 *perf* что bend

погну́ться, *1st and 2nd pers not used, perf* bend

погнуша́ться *perf of* гнуша́ться

погова́ривать 1 a *imperf* о ком-чём *or with conjunction* что talk (of *smb*) continuously

поговори́ть *perf* talk *for a while*
ft. поговорю́, -ри́шь, -ря́т
imp. поговори́, ~те
pt. поговори́л
g.pt.a. поговори́в
p.pt.a. поговори́вший

погоди́ть *perf coll* wait
ft. погожу́, -оди́шь, -одя́т
imp. погоди́, ~те
pt. погоди́л
g.pt.a погодя́

поголода́ть 2 *perf* go without food *for a while*

поголубе́ть 3, *1st and 2nd pers not used, perf* become blue

погоня́ть 2a *imperf* кого-что urge, hurry *smb* on

погоня́ться 2 *perf* за кем-чем *coll* pursue *for a while*; run after

погора́ть *imperf of* погоре́ть

погорева́ть *perf* grieve, mourn *for a while*
ft. погорю́ю, -ю́ешь, -ю́ют
imp. погорю́й, ~те
pt. погорева́л
g.pt.a. погорева́в
p.pt.a. погорева́вший

погоре́ть *perf* 1. *1st and 2nd pers not used* burn down; burn *for some time* 2. lose all *one's* possessions in a fire 3. *of grass, of crops etc.* burn out ‖ *imperf* погора́ть 2a *with* 2, 3
ft. погорю́, -ри́шь, -ря́т
imp. погори́, ~те
pt. погоре́л
g.pt.a. погоре́в
p.pt.a погоре́вший

погорячи́ться *perf* get excited, get worked up
ft. погорячу́сь, -чи́шься, -ча́тся
imp. погорячи́сь, -и́тесь
pt. погорячи́лся, -лась
g.pt.a. погорячи́вшись
p.pt.a. погорячи́вшийся

погости́ть *perf* visit with, be *smb's* guest
ft. погощу́, -ости́шь, -остя́т
imp. погости́, ~те
pt. погости́л
g.pt.a. погости́в
p.pt.a. погости́вший

погреба́ть *imperf of* погрести́[1]

погрести́[1] *perf* 1. кого-что bury 2. что heap over, bury ‖ *imperf* погреба́ть 2a
ft. погребу́, -бёшь, -бу́т
imp. погреби́, ~те
pt. погрёб, -гребла́
g.pt.a. погрёбя *and* погрёбши
p.pt.a. погрёбший
p.pt.p. погребённый; погребён, -ена́

погрести́[2] *perf* 1. чем row a boat *a little* 2. что *or* чего rake
no *p.pt.p.*
other forms as погрести́[1]

погре́ть 3 *perf* кого-что warm *a little*
p.pt.p. погре́тый

погре́ться *perf* warm oneself *for a while*

погреша́ть *imperf of* погреши́ть

погреши́ть *perf* про́тив чего́ *or* чем offend against, sin against ‖ *imperf* погреша́ть 2a
ft. погрешу́, -ши́шь, -ша́т
imp. погреши́, ~те
pt. погреши́л
g.pt.a. погреши́в
p.pt.a. погреши́вший

погрози́ть *perf* threaten, menace
ft. погрожу́, -ози́шь, -озя́т
imp. погрози́, ~те
pt. погрози́л
g.pt.a. погрози́в
p.pt.a. погрози́вший

погрози́ться *perf coll* threaten

погромыха́ть 2 *perf coll* rumble, thunder *a little*

погромы́хивать 1a *imperf coll* rumble, thunder *intermittently*

погружа́ть(ся) *imperf of* погрузи́ть(ся)

погрузи́ть *perf* 1. что load 2. кого́-что dip, duck 3. *fig (only p.pt.p.)* immersed in, sunk in ‖ *imperf* погружа́ть 2a
ft. погружу́, -у́зи́шь, -у́зя́т *and with* 2 -узи́шь, -узя́т
imp. погрузи́, ~те
pt. погрузи́л
g.pt.a. погрузи́в
p.pt.a. погрузи́вший
p.pt.p. погру́женный *with* 1 *and* погружённый; погружён, -ена́ *with* 1, 2

погрузи́ться *perf* 1. sink 2. be loaded 3. чем load, take a shipment 4. *fig* во что be absorbed (in), be sunk in ‖ *imperf* погружа́ться
ft. погружу́сь, -у́зи́шься, -у́зя́тся *and with* 1, 4 -узи́шься, -узя́тся

погрузне́ть 3 *perf* 1. get heavy 2. get tubby, get stoutish

погряза́ть *imperf of* погря́знуть

погря́знуть *perf* в чём 1. subside (into), sink, submerge 2. *fig* wallow (in) ‖ *imperf* погряза́ть 2a
ft. погря́зну, -нешь, -нут
imp. погря́зни, ~те
pt. погря́з *and obs* погря́знул, погря́зла
g.pt.a. погря́знув *and* погря́зши
p.pt.a. погря́зший

погуби́ть *perf of* губи́ть
ft. погублю́, -у́бишь, -у́бят
imp. погуби́, ~те
pt. погуби́л
g.pt.a. погуби́в
p.pt.a. погуби́вший
p.pt.p. погу́бленный

погу́ливать 1a *imperf coll* 1. take a walk 2. have a good time

погуля́ть 2 *perf* take a walk, have a walk

погусте́ть 3, *1st and 2nd pers not used*, *perf* become thicker, become more dense

подава́ть *imperf* 1. *imperf of* пода́ть 2. что *theat* prompt
pr. подаю́, -аёшь, -аю́т
imp. подава́й, ~те
pt. подава́л
g.pr.a. подава́я
p.pr.a. подаю́щий
p.pt.a. подава́вший
p.pr.p. подава́емый

подава́ться *imperf of* пода́ться

подави́ть *perf* кого́-что 1. crush 2. suppress, repress 3. *fig* repress, stifle ‖ *imperf* подавля́ть 2a
ft. подавлю́, -а́вишь, -а́вят
imp. подави́, ~те
pt. подави́л
g.pt.a. подави́в
p.pt.a. подави́вший
p.pt.p. пода́вленный

подави́ться *perf* чем choke on *bone, word etc.*, choke with *laughter, emotion etc.*

пода́вливать 1a *imperf* что press *from time to time*

подавля́ть *imperf of* подави́ть

подари́ть *perf of* дари́ть
ft. подарю́, -а́ришь, -а́рят *and obs* -ари́шь, -аря́т
imp. подари́, ~те
pt. подари́л
g.pt.a. подари́в
p.pt.a. подари́вший
p.pt.p. пода́ренный *and obs* подарённый; подарён, -ена́

пода́ть *perf* что 1. give, pass 2. serve 3. bring 4. hand in *an application* 5. drive up 6. push 7. *sports* serve ‖ *imperf* подава́ть, forms ib.
ft. пода́м, -а́шь, -а́ст, -ади́м, -ади́те, -аду́т
imp. пода́й, ~те
pt. по́дал *and coll* пода́л, подала́, по́дало *and coll* пода́ло
g.pt.a. пода́в
p.pt.a. пода́вший
p.pt.p. по́данный; по́дан, подана́, по́дано

пода́ться *perf* 1. move, give way 2. *1st and 2nd pers not used* give way, yield 3. *fig coll* yield, give way, give in 4. *sub* make for *somewhere* ‖ *imperf* подава́ться
pt. пода́лся, -ала́сь, -ало́сь

подба́вить *perf* что *or* чего́ add *a little* ‖ *imperf* подбавля́ть 2a
ft. подба́влю, -вишь, -вят
imp. подба́вь, ~те
pt. подба́вил
g.pt.a. подба́вив
p.pt.a. подба́вивший
p.pt.p. подба́вленный

подба́виться *perf* increase in number ‖ *imperf* подбавля́ться

подбавля́ть(ся) *imperf of* подба́вить(ся)

подба́дривать(ся) *imperf of* подбодри́ть(ся)

подба́лтывать *imperf of* подболта́ть

подбега́ть *imperf of* подбежа́ть

подбежа́ть *perf* run up to, come running up to ‖ *imperf* подбега́ть 2a
ft. подбегу́, -ежи́шь, -егу́т
imp. подбеги́, ~те
pt. подбежа́л
g.pt.a. подбежа́в
p.pt.a. подбежа́вший

подбива́ть *imperf of* подби́ть

подбира́ть(ся) *imperf of* подобра́ть(ся)

подби́ть *perf* кого́-что 1. nail 2. чем *coll* line (with) 3. на что *coll* instigate, incite 4. *coll* shoot down *a plane etc.* 5. *coll* rub sore ‖ *imperf* подбива́ть 2a
ft. подобью́, -бьёшь, -бью́т
imp. подбе́й, ~те
pt. подби́л
g.pt.a. подби́в
p.pt.a. подби́вший
p.pt.p. подби́тый

подбодри́ть *perf* кого́-что *coll* encourage, cheer up ‖ *imperf* подбодря́ть 2a *and* подба́дривать 1a
ft. подбодрю́, -ри́шь, -ря́т
imp. подбодри́, ~те
pt. подбодри́л
g.pt.a. подбодри́в
p.pt.a. подбодри́вший
p.pt.p. подбодрённый; подбодрён, -ена́

подбодри́ться *perf coll* cheer up ‖ *imperf* подбодря́ться *and* подба́дриваться

подбодря́ть(ся) *imperf of* подбодри́ть(ся)

подболта́ть 2 *perf* что *or* чего́ mix in, add ‖ *imperf* подба́лтывать 1a

подбоче́ниваться *imperf of* подбоче́ниться

подбоче́ниться *perf coll* put one's arms akimbo ‖ *imperf* подбоче́ниваться 1a
ft. подбоче́нюсь, -нишься, -нятся
imp. подбоче́нься, -ньтесь
pt. подбоче́нился, -лась
g.pt.a. подбоче́нясь *and* подбоче́нив-
шись
p.pt.a. подбоче́нившийся

подбра́сывать *imperf of* подбро́сить

подбрива́ть *imperf of* подбри́ть

подбри́ть *perf* что trim *smb's* hair at the temples ‖ *imperf* подбрива́ть 2a
ft. подбре́ю, -е́ешь, -е́ют
imp. подбре́й, ~те
pt. подбри́л
g.pt.a. подбри́в
p.pt.a. подбри́вший
p.pt.p. подбри́тый

подбро́сить *perf* кого́-что 1. toss up, throw up 2. что *or* чего́ put on *firewood* 3. plant on *smb* 4. *coll* give, send ‖ *imperf* подбра́сывать 1a
ft. подбро́шу, -о́сишь, -о́сят
imp. подбро́сь, ~те
pt. подбро́сил
g.pt.a. подбро́сив
p.pt.a. подбро́сивший
p.pt.p. подбро́шенный

подва́ливать[1,2] *imperf of* подвали́ть[1,2]

подвали́ть[1] *perf* 1. что *or* чего́ heap up 2. что *or* чего́ подо что roll *smth* under 3. что *or* чего́ put on *firewood etc.* ‖ *imperf* подва́ливать 1a
ft. подвалю́, -а́лишь, -а́лят
imp. подвали́, ~те
pt. подвали́л
g.pt.a. подвали́в
p.pt.a. подвали́вший
p.pt.p. подва́ленный

подвали́ть[2] *perf* 1. pull in *to the shore* 2. *impers sub* come in numbers ‖ *imperf* подва́ливать 1a
no *p.pt.p.*
other forms as подвали́ть[1]

подва́ривать *imperf of* подвари́ть

подвари́ть *perf coll* 1. чего́ *or* что boil [cook] extra 2. что cook again ‖ *imperf* подва́ривать 1a
ft. подварю́, -а́ришь, -а́рят
imp. подвари́, ~те
pt. подвари́л

g.pt.a.	подвари́в
p.pt.a.	подвари́вший
p.pt.p.	подва́ренный

подвезти́ *perf* **1.** кого́-что take *smb*; give *smb* a lift **2.** что *or* чего́ bring, deliver **3.** *impers* кому́-чему́ *sub*: ему́ подвезло́ he was in luck ‖ *imperf* подвози́ть *with* 1, 2, forms ib.

ft.	подвезу́, -зёшь, -зу́т
imp.	подвези́, ~те
pt.	подвёз, -езла́
g.pt.a.	подвезя́ *and obs* подвёзши
p.pt.a.	подвёзший
p.pt.p.	подвезённый; подвезён, -ена́

подверга́ть(ся) *imperf of* подве́ргнуть(ся)

подве́ргнуть *perf* кого́-что чему́ submit *smb* to *smth* ‖ *imperf* подверга́ть 2a

ft.	подве́ргну, -нешь, -нут
imp.	подве́ргни, ~те
pt.	подве́рг *and obs* подве́ргнул, подве́ргла
g.pt.a.	подве́ргнув
p.pt.a.	подве́ргший *and obs* подве́ргнувший
p.pt.p.	подве́ргнутый *and obs* подве́рженный

подве́ргнуться *perf* be subjected to, go through ‖ *imperf* подверга́ться

подверну́ть 7 *perf* что **1.** tuck up, roll up *sleeves etc.* **2.** tighten *screw* ‖ *imperf* подвёртывать 1a

p.pt.p.	подве́рнутый

подверну́ться *perf* **1.** *1st and 2nd pers not used* slip up **2.** *1st and 2nd pers not used* sprain, wrench *one's leg* **3.** *coll* turn up ‖ *imperf* подвёртываться

подвёртывать(ся) *imperf of* подверну́ть(ся)

подве́сить *perf* кого́-что hang on, hang up ‖ *imperf* подве́шивать 1a

ft.	подве́шу, -е́сишь, -е́сят
imp.	подве́сь, ~те
pt.	подве́сил
g.pt.a.	подве́сив
p.pt.a.	подве́сивший
p.pt.p.	подве́шенный

подве́ситься *perf* на чём *coll* hang by the hands (from) ‖ *imperf* подве́шиваться

подвести́ *perf* кого́-что **1.** deliver **2.** place under **3.** *coll* take in, fool ‖ *imperf* подводи́ть, forms ib.

ft.	подведу́, -дёшь, -ду́т
imp.	подведи́, ~те
pt.	подвёл, -ела́
g.pt.a.	подведя́ *and obs* подве́дши
p.pt.a.	подве́дший
p.pt.p.	подведённый; подведён, -ена́

подве́шивать(ся) *imperf of* подве́сить(ся)

подвива́ть(ся) *imperf of* подви́ть(ся)

подви́гать 1 *perf* что move *for a while*

подвига́ть *imperf of* подви́нуть

подви́гаться *perf* move *a little*

подвига́ться *imperf of* подви́нуться

подви́гнуть 6 *perf* кого́-что на что *obs* incite (to), instigate (to)

p.pt.p.	подви́гнутый

подвиза́ться 1a *imperf bookish* act as, pursue the occupation of

подвинти́ть *perf* **1.** что tighten *screw* **2.** что screw behind **3.** *fig* кого́-что *coll* give it hot to *smb* ‖ *imperf* подви́нчивать 1a

ft.	подвинчу́, -нти́шь, -нтя́т
imp.	подвинти́, ~те
pt.	подвинти́л
g.pt.a.	подвинти́в
p.pt.a.	подвинти́вший
p.pt.p.	подви́нченный

подви́нуть 6 *perf* кого́-что **1.** push **2.** *fig coll* advance ‖ *imperf* подвига́ть 2a

imp.	подви́нь, ~те
p.pt.p.	подви́нутый

подви́нуться *perf* **1.** move *a little* **2.** *fig* advance, progress **3.** advance in *one's* career, be promoted ‖ *imperf* подвига́ться

подви́нчивать *imperf of* подвинти́ть

подвира́ть 1a *imperf coll* fib, embroider the truth ‖ *perf* подовра́ть, forms ib.

подви́ть *perf* что curl, frizzle *a little* ‖ *imperf* подвива́ть 2a

ft.	подовью́, -вьёшь, -вью́т
imp.	подве́й, ~те
pt.	подви́л, -ила́, -и́ло
g.pt.a.	подви́в
p.pt.a.	подви́вший
p.pt.p.	подви́тый; подви́т, -ита́ *and coll* -и́та, -и́то

подви́ться *perf* curl *one's* hair ‖ *imperf* подвива́ться

pt.	подви́лся, -ила́сь, -ило́сь

подводи́ть *imperf of* подвести́

pr.	подвожу́, -о́дишь, -о́дят
imp.	подводи́, ~те
pt.	подводи́л
g.pr.a.	подводя́
p.pr.a.	подводя́щий

p.pt.a.	подводи́вший
p.pr.p.	подводи́мый

подвози́ть *imperf of* подвезти́

pr.	подвожу́, -о́зишь, -о́зят
imp.	подвози́, ~те
pt.	подвози́л
g.pr.a.	подвозя́
p.pr.a.	подвозя́щий
p.pt.a.	подвози́вший
p.pr.p.	подвози́мый

подвы́пить *perf coll* have had a drop, be a bit tight, be merry, be in *one's* cups

ft.	подвы́пью, -пьешь, -пьют
imp.	подвы́пей, ~те
pt.	подвы́пил
g.pt.a.	подвы́пив
p.pt.a.	подвы́пивший

подвяза́ть *perf что* 1. tie up 2. tie *a shawl* 3. lengthen *knitted sleeve etc.* ‖ *imperf* подвя́зывать 1a

ft.	подвяжу́, -я́жешь, -я́жут
imp.	подвяжи́, ~те
pt.	подвяза́л
g.pt.a.	подвяза́в
p.pt.a.	подвяза́вший
p.pt.p.	подвя́занный

подвяза́ться *perf чем* tie round *one's* waist, *one's* head etc. ‖ *imperf* подвя́зываться

подвя́зывать(ся) *imperf of* подвяза́ть(ся)

подга́дить *perf sub* play a dirty trick on *smb* ‖ *imperf* подга́живать 1a

ft.	подга́жу, -а́дишь, -а́дят
imp.	подга́дь, ~те
pt.	подга́дил
g.pt.a.	подга́див
p.pt.a.	подга́дивший

подга́живать *imperf of* подга́дить

подгиба́ть(ся) *imperf of* подогну́ть(ся)

подгляде́ть *perf что* peep at, watch furtively, spy on ‖ *imperf* подгля́дывать 1a

ft.	подгляжу́, -яди́шь, -яди́т
imp.	подгляди́, ~те
pt.	подгляде́л
g.pt.a.	подгляде́в
p.pt.a.	подгляде́вший

подгля́дывать *imperf of* подгляде́ть

подгнива́ть *imperf of* подгни́ть

подгни́ть, *1st and 2nd pers not used, perf* go slightly rotten ‖ *imperf* подгнива́ть 2a

ft.	подгниёт, -ию́т
pt.	подгни́л, -ила́, -и́ло

26*

g.pt.a.	подгни́в
p.pt.a.	подгни́вший

подгова́ривать *imperf of* подговори́ть

подговори́ть *perf кого́-что* incite, instigate ‖ *imperf* подгова́ривать 1a

ft.	подговорю́, -ри́шь, -ря́т
imp.	подговори́, ~те
pt.	подговори́л
g.pt.a.	подговори́в
p.pt.a.	подговори́вший
p.pt.p.	подговорённый; подговорён, -ена́

подгоня́ть *imperf of* подогна́ть

подгора́ть *imperf of* подгоре́ть

подгоре́ть, *1st and 2nd pers not used, perf of food* be burnt, get burnt ‖ *imperf* подгора́ть 2a

ft.	подгори́т, -ря́т
pt.	подгоре́л
g.pt.a.	подгоре́в
p.pt.a.	подгоре́вший

подгота́вливать(ся) *imperf of* подгото́вить(ся)

подгото́вить *perf* 1. что к чему́ prepare (for) 2. кого́-что к чему́ train (for) ‖ *imperf* подготовля́ть 2a *and* подгота́вливать 1a

ft.	подгото́влю, -вишь, -вят
imp.	подгото́вь, ~те
pt.	подгото́вил
g.pt.a.	подгото́вив
p.pt.a.	подгото́вивший
p.pt.p.	подгото́вленный

подгото́виться *perf к чему́* get ready for, prepare (for) ‖ *imperf* подготовля́ться *and* подгота́вливаться

g.pt.a.	подгото́вившись *and* подгото́вясь

подготовля́ть(ся) *imperf of* подгото́вить(ся)

подгреба́ть *imperf of* подгрести́

подгрести́ *perf* 1. что rake up, rake together 2. row up ‖ *imperf* подгреба́ть 2a

ft.	подгребу́, -бёшь, -бу́т
imp.	подгреби́, ~те
pt.	подгрёб, -гребла́
g.pt.a.	подгребя́ *and* подгрёбши
p.pt.a.	подгрёбший
p.pt.p.	подгребённый; подгребён, -ена́ *with* 1

подгу́ливать *imperf of* подгуля́ть

подгуля́ть 2 *perf* 1. *coll* be a bit tight, be merry, have a drop too much 2. *sub* be

a failure, not turn out right ‖ *imperf* под-
гу́ливать 1а

поддава́ть *imperf of* подда́ть
pr.	поддаю́, -аёшь, -аю́т
imp.	поддава́й, ~те
pt.	поддава́л
g.pr.a.	поддава́я
p.pr.a.	поддаю́щий
p.pt.a.	поддава́вший
p.pr.p.	поддава́емый

поддава́ться *imperf of* подда́ться

подда́кивать 1а *imperf* say yes | *perf
semelf* подда́кнуть 6

подда́кнуть *perf semelf of* подда́кивать

подда́ть *perf* 1. что throw up, toss up
2. чего́ *coll* add, add fuel to 3. кому́ *sub*
kick [hit] from below ‖ *imperf* подда-
ва́ть, forms ib.
ft.	подда́м, -а́шь, -а́ст, -ади́м, -ади́те, -аду́т
imp.	подда́й, ~те
pt.	по́ддал, поддала́, по́ддало
g.pt.a.	подда́в
p.pt.a.	подда́вший
p.pt.p.	по́дданный; по́ддан, поддана́, по́ддано

подда́ться *perf* 1. yield, give way 2. surrender ‖ *imperf* поддава́ться, forms follow
поддава́ть
pt.	подда́лся, -ала́сь, -ало́сь

поддева́ть *imperf of* подде́ть

подде́лать 1 *perf* что counterfeit, falsify,
forge ‖ *imperf* подде́лывать 1а

подде́латься *perf* 1. под кого́-что imitate
2. к кому́-чему́ ingratiate oneself (with) ‖
imperf подде́лываться

подде́лывать(ся) *imperf of* подде́лать(ся)

поддёргивать *imperf of* поддёрнуть

поддержа́ть *perf* кого́-что 1. support 2. *fig*
support, back, second 3. bolster up, keep
up ‖ *imperf* подде́рживать 1а
ft.	поддержу́, -е́ржишь, -е́ржат
imp.	поддержи́, ~те
pt.	поддержа́л
g.pt.a.	поддержа́в
p.pt.a.	поддержа́вший
p.pt.p.	подде́ржанный

подде́рживать *imperf of* поддержа́ть

поддёрнуть 6 *perf* что pull up ‖ *imperf*
поддёргивать 1а
p.pt.p.	поддёрнутый

подде́ть *perf* кого́-что 1. *coll* put *clothes* on
underneath 2. hook 3. *coll* kid, tease 4.

coll chisel, cheat 5. *fig sub* pick up ‖ *imperf*
поддева́ть 2а
ft.	подде́ну, -нешь, -нут
imp.	подде́нь, ~те
pt.	подде́л
g.pt.a.	подде́в
p.pt.a.	подде́вший
p.pt.p.	подде́тый

поддра́знивать 1а *imperf* кого́-что tease
smb a little, take a rise out of *smb* ‖ *perf*
поддразни́ть, forms ib.

поддразни́ть *perf of* поддра́знивать
ft.	поддразню́, -а́знишь, -а́знят
imp.	поддразни́, ~те
pt.	поддразни́л
g.pt.a.	поддразни́в
p.pt.a.	поддразни́вший

поддува́ть *imperf of* подду́ть

подду́ть *perf coll* blow *fire* from beneath ‖
imperf поддува́ть 2а
ft.	подду́ю, -у́ешь, -у́ют
imp.	подду́й, ~те
pt.	подду́л
g.pt.a.	подду́в
p.pt.a.	подду́вший

подействовать *perf of* де́йствовать

подели́ть *perf* кого́-что divide
ft.	поделю́, -е́лишь, -е́лят
imp.	подели́, ~те
pt.	подели́л
g.pt.a.	подели́в
p.pt.a.	подели́вший
p.pt.p.	поделённый; поделён, -ена́

подели́ться *perf* чем с кем 1. share (with)
2. tell (to), communicate (to), impart (to)

подéлывать 1а *imperf coll* do, make
mostly in questions

подёргать 1 *perf* кого́-что pull (at), tug (at)
now and then

подёргаться *perf* be pulled (at), be tugged
(at) *repeatedly*

подёргивать[1] 1а *imperf* чем tug (at), pull
(at) *from time to time*

подёргивать[2] *imperf of* подёрнуть

подёргиваться *imperf of* подёрнуться

подержа́ть *perf* кого́-что hold *for a while*
ft.	подержу́, -е́ржишь, -е́ржат
imp.	подержи́, ~те
pt.	подержа́л
g.pt.a.	подержа́в
p.pt.a.	подержа́вший
p.pt.p.	поде́ржанный

подержа́ться *perf* hold *for some time*

подёрну́ть 6 *perf* что 1. pull up 2. *1st and 2nd pers not used* чем cover with a thin crust ‖ *imperf* подёргивать 1а
p.pt.p. подёрнутый

подёрну́ться, *1st and 2nd pers not used, perf* be covered with a crust *of thin ice etc.* ‖ *imperf* подёргиваться

подешеве́ть 3, *1st and 2nd pers not used, perf* become cheaper

поде́яться, *1st and 2nd pers not used, perf sub and reg* happen, occur
ft. поде́ется, поде́ются
pt. поде́ялся, -лась
g.pt.a. поде́явшись
p.pt.a. поде́явшийся

поджа́ривать(ся) *imperf of* поджа́рить(ся)

поджа́рить *perf* кого́-что roast, fry, grill ‖ *imperf* поджа́ривать 1а
ft. поджа́рю, -ришь, -рят
imp. поджа́рь, ~те
pt. поджа́рил
g.pt.a. поджа́рив
p.pt.a. поджа́ривший
p.pt.p. поджа́ренный

поджа́риться, *1st and 2nd pers not used, perf* fry, roast, broil ‖ *imperf* поджа́риваться

поджа́ть *perf* что: поджа́ть хвост put the tail between the legs; поджа́ть но́ги sit cross-legged ‖ *imperf* поджима́ть 2а
ft. подожму́, -мёшь, -му́т
imp. подожми́, ~те
pt. поджа́л
g.pt.a. поджа́в
p.pt.a. поджа́вший
p.pt.p. поджа́тый

подже́чь *perf* что 1. set fire to, set on fire 2. *coll* burn *food* ‖ *imperf* поджига́ть 2а
ft. подожгу́, -жжёшь, -жгу́т
imp. подожги́, ~те
pt. поджёг, подожгла́
g.pt.a. поджёгши
p.pt.a. поджёгший
p.pt.p. подожжённый; подожжён, -ена́

поджива́ть *imperf of* поджи́ть

поджига́ть *imperf of* подже́чь

поджида́ть 2а *imperf* что *or* кого́-чего́ *coll* wait for

поджима́ть *imperf of* поджа́ть

поджи́ть, *1st and 2nd pers not used, perf coll* heal ‖ *imperf* поджива́ть 2а
ft. поджнвёт, -ву́т
pt. по́джил, поджила́, по́джило

поджи́в
p.pt.a. поджи́вший

подзабыва́ть *imperf of* подзабы́ть

подзабы́ть *perf* кого́-что *sub* forget partially ‖ *imperf* подзабыва́ть 2а
ft. подзабу́ду, -дешь, -дут
imp. подзабу́дь*, ~те*
pt. подзабы́л
g.pt.a. подзабы́в
p.pt.a. подзабы́вший
p.pt.p. подзабы́тый*

подзадо́ривать *imperf of* подзадо́рить

подзадо́рить *perf* кого́-что excite, encourage ‖ *imperf* подзадо́ривать 1а
ft. подзадо́рю, -ришь, -рят
imp. подзадо́рь, ~те
pt. подзадо́рил
g.pt.a. подзадо́рив
p.pt.a. подзадо́ривший
p.pt.p. подзадо́ренный

подзакуси́ть *perf sub* snatch a hasty meal, have a snack
ft. подзакушу́, -ку́сишь, -ку́сят
imp. подзакуси́, ~те
pt. подзакуси́л
g.pt.a. подзакуси́в
p.pt.a. подзакуси́вший

подзуди́ть *perf* кого́-что *sub* set on, egg on ‖ *imperf* подзу́живать 1а
ft. подзужу́, -зу́дишь, -зудя́т
imp. подзуди́, ~те
pt. подзуди́л
g.pt.a. подзуди́в
p.pt.a подзуди́вший
p.pt.p. подзу́женный

подзу́живать *imperf of* подзуди́ть

подзыва́ть *imperf of* подозва́ть

подиви́ть *perf* кого́-что *coll* surprise, astonish, amaze
ft. подивлю́, -ви́шь, -вя́т
imp. подиви́, ~те
pt. подиви́л
g.pt.a. подиви́в
p.pt.a. подиви́вший

подиви́ться *perf* кому́-чему́ *coll* wonder, be astonished, be amazed
g.pt.a. подиви́вшись *and* подивя́сь

подира́ть 2а, *1st and 2nd pers not used, imperf*: у меня́ моро́з по ко́же подира́ет it makes my flesh creep, it gives me the shivers ‖ *perf* подра́ть, forms ib.

подичи́ться *perf* кого́-чего́ *coll* be shy of *for some time*
ft. подичу́сь, -чи́шься, -ча́тся

imp.	подичи́сь, -и́тесь
pt.	подичи́лся, -лась
g.pt.a.	подичи́вшись
p.pt.a.	подичи́вшийся

подка́лывать *imperf of* подколо́ть

подка́пывать(ся) *imperf of* подкопа́ть(ся)

подкарау́ливать *imperf of* подкарау́лить

подкарау́лить *perf* кого́-что *coll* be on the watch for, be in wait for ‖ *imperf* подкарау́ливать 1 a

ft.	подкарау́лю, -лишь, -лят
imp.	подкарау́ль, ~те
pt.	подкарау́лил
g.pt.a.	подкарау́лив
p.pt.a.	подкарау́ливший
p.pt.p.	подкарау́ленный

подка́рмливать(ся) *imperf of* подкорми́ть-(ся)

подкати́ть *perf* 1. что roll up 2. *coll* drive up swiftly 3. *coll, of a feeling* rise ‖ *imperf* подка́тывать 1 a

ft.	подкачу́, -а́тишь, -а́тят
imp.	подкати́, ~те
pt.	подкати́л
g.pt.a.	подкати́в
p.pt.a.	подкати́вший
p.pt.p.	подка́ченный

подкати́ться *perf* 1. roll up 2. *sub* come running up 3. *coll, of a feeling* rise ‖ *imperf* подка́тываться

подка́тывать(ся) *imperf of* подкати́ть-(ся)

подкача́ть 1 *perf* 1. что *or* чего́ pump additionally 2. (с чем) *sub* fall down on one's job, let *smb* down ‖ *imperf* подка́чивать 1 a *with* 1

подка́чивать *imperf of* подкача́ть

подка́шивать(ся) *imperf of* подкоси́ть(ся)

подка́шливать 1 a *imperf coll* give a cough in order to attract *smb's* attention | *perf semelf* подка́шлянуть 6

подка́шлянуть *perf semelf of* подка́шливать

подки́дывать *imperf of* подки́нуть

подки́нуть 6 *perf* 1. кого́-что throw up 2. что *or* чего́ add 3. кого́-что plant on *smb* ‖ *imperf* подки́дывать 1 a

imp.	подки́нь, ~те
p.pt.p.	подки́нутый

подкла́дывать *imperf of* подложи́ть

подкле́ивать *imperf of* подкле́ить

подкле́ить *perf* что 1. stick underneath 2.

stick onto each other 3. *a.* чего́ stick together ‖ *imperf* подкле́ивать 1 a

ft.	подкле́ю, -е́ишь, -е́ят
imp.	подкле́й, ~те
pt.	подкле́ил
g.pt.a.	подкле́ив
p.pt.a.	подкле́ивший
p.pt.p.	подкле́енный

подключа́ть *imperf of* подключи́ть

подключи́ть *perf* что *tech* connect, instal ‖ *imperf* подключа́ть 2 a

ft.	подключу́, -чи́шь, -ча́т
imp.	подключи́, ~те
pt.	подключи́л
g.pt.a.	подключи́в
p.pt.a.	подключи́вший
p.pt.p.	подключённый; подключён, -ена́

подкова́ть 5 *perf* кого́-что 1. shoe *a horse* 2. *coll* ground (in), instruct (in); быть подко́ванным в чём-н. be well up in smth ‖ *imperf* подко́вывать 1 a

ft.	подкую́, -уёшь, -у́ют

подкова́ться *perf* в чём *coll* be well grounded (in) ‖ *imperf* подко́вываться

подко́вывать(ся) *imperf of* подкова́ть(ся)

подко́выривать *imperf of* подковырну́ть

подковырну́ть 7 *perf* что *coll* pick from underneath ‖ *imperf* подко́выривать 1 a

подколо́ть *perf* что pin up, pin no, fasten on ‖ *imperf* подка́лывать 1 a

ft.	подколю́, -о́лешь, -о́лют
imp.	подколи́, ~те
pt.	подколо́л
g.pt.a.	подколо́в
p.pt.a.	подколо́вший
p.pt.p.	подко́лотый

подкопа́ть 2 *perf* что undermine, sap ‖ *imperf* подка́пывать 1 a

подкопа́ться *perf* под кого́-что 1. sap, undermine 2. *fig coll* undermine *smb's* prestige ‖ *imperf* подка́пываться

подкорми́ть *perf* кого́-что 1. feed *smb* better 2. fertilize, manure, dung ‖ *imperf* подка́рмливать 1 a

ft.	подкормлю́, -о́рмишь, -о́рмят
imp.	подкорми́, ~те
pt.	подкорми́л
g.pt.a.	подкорми́в
p.pt.a.	подкорми́вший
p.pt.p.	подко́рмленный

подкорми́ться *perf* feed oneself up ‖ *imperf* подка́рмливаться

подкоси́ть *perf* **1.** что mow, cut *the grass* **2.** кого́-что cause *smb* to fall, bring down *a. fig* ‖ *imperf* подка́шивать 1 a

ft.	подкошу́, -о́сишь, -о́сят
imp.	подкоси́, ~те
pt.	подкоси́л
g.pt.a.	подкоси́в
p.pt.a.	подкоси́вший
p.pt.p.	подко́шенный

подкоси́ться, *1st and 2nd pers not used*, *perf* sink, fall flat through *fatigue* ‖ *imperf* подка́шиваться

подкра́дываться *imperf of* подкра́сться

подкра́сить *perf* что **1.** tint, tincture, colour **2.** repaint, renew the colour (of) ‖ *imperf* подкра́шивать 1 a

ft.	подкра́шу, -а́сишь, -а́сят
imp.	подкра́сь, ~те
pt.	подкра́сил
g.pt.a.	подкра́сив
p.pt.a.	подкра́сивший
p.pt.p.	подкра́шенный

подкра́ситься *perf* make up ‖ *imperf* подкра́шиваться

подкра́сться *perf* к чему́ steal up (to), sneak up (to) *a. fig* ‖ *imperf* подкра́дываться 1 a

ft.	подкраду́сь, -дёшься, -ду́тся
imp.	подкради́сь, -и́тесь
pt.	подкра́лся, -лась
g.pt.a.	подкра́вшись
p.pt.a.	подкра́вшийся

подкра́шивать(ся) *imperf of* подкра́сить(ся)

подкрепи́ть *perf* кого́-что **1.** fortify, reinforce **2.** confirm **3.** refresh ‖ *imperf* подкрепля́ть 2 a

ft.	подкреплю́, -пи́шь, -пя́т
imp.	подкрепи́, ~те
pt.	подкрепи́л
g.pt.a.	подкрепи́в
p.pt.a.	подкрепи́вший
p.pt.p.	подкреплённый; под- креплён, -ена́

подкрепи́ться *perf* fortify oneself, refresh oneself *with food or drink* ‖ *imperf* подкрепля́ться

подкрепля́ть(ся) *imperf of* подкрепи́ть(ся)

подкрути́ть *perf* что screw *smth* tight; twist, turn *a little* ‖ *imperf* подкру́чивать 1 a

ft.	подкручу́, -ру́тишь, -ру́тят
imp.	подкрути́, ~те
pt.	подкрути́л
g.pt.a.	подкрути́в

p.pt.a.	подкрути́вший
p.pt.p.	подкру́ченный

подкру́чивать *imperf of* подкрути́ть

подкузьми́ть *perf* кого́-что *sub* play a trick on *smb*

ft.	подкузьмлю́, -ми́шь, -мя́т
imp.	подкузьми́, ~те
pt.	подкузьми́л
g.pt.a.	подкузьми́в
p.pt.a.	подкузьми́вший

подкупа́ть *imperf of* подкупи́ть

подкупи́ть *perf* кого́-что **1.** bribe, suborn **2.** charm, win **3.** *coll* buy additionally ‖ *imperf* подкупа́ть 2 a

ft.	подкуплю́, -у́пишь, -у́пят
imp.	подкупи́, ~те
pt.	подкупи́л
g.pt.a.	подкупи́в
p.pt.a.	подкупи́вший
p.pt.p.	подку́пленный

подла́диться *perf* к кому́-чему́ *coll* **1.** adapt oneself (to) **2.** make up (to) ‖ *imperf* подла́живаться 1 a

ft.	подла́жусь, -а́дишься, -а́дятся
imp.	подла́дься, -дьтесь
pt.	подла́дился, -лась
g.pt.a.	подла́дившись
p.pt.a.	подла́дившийся

подла́живаться *imperf of* подла́диться

подла́мывать(ся) *imperf of* подломи́ть-(ся)

подлежа́ть *imperf* чему́ be subject to, be liable to

pr.	подлежу́, -жи́шь, -жа́т
imp.	подлежи́, ~те
pt.	подлежа́л
g.pr.a.	подлежа́
p.pr.a.	подлежа́щий
p.pt.p.	подлежа́вший

подлеза́ть *imperf of* подле́зть

подле́зть *perf* подо что creep under ‖ *imperf* подлеза́ть 2 a

ft.	подле́зу, -зешь, -зут
imp.	подле́зь, ~те
pt.	подле́з, ~ла
g.pt.a.	подле́зши
p.pt.a.	подле́зший

подлепи́ть *perf* что *coll* paste underneath ‖ *imperf* подлепля́ть 2 a

ft.	подлеплю́, -е́пишь, -е́пят
imp.	подлепи́, ~те
pt.	подлепи́л
g.pt.a.	подлепи́в
p.pt.a.	подлепи́вший
p.pt.p.	подле́пленный

подлепля́ть *imperf of* подлепи́ть

подлета́ть *imperf of* подлете́ть

подлете́ть *perf* **1.** fly up **2.** к кому́-чему́ *coll* come running up (to) ‖ *imperf* подлета́ть 2a

ft.	подлечу́, -ети́шь, -етя́т
imp.	подлети́, ~те
pt.	подлете́л
g.pt.a.	подлете́в
p.pt.a.	подлете́вший

подле́ть 3a *imperf sub* become mean, become base. — (о-)

подле́чивать(ся) *imperf of* подлечи́ть(ся)

подлечи́ть *perf* кого́-что *coll* give *smb* a cure ‖ *imperf* подле́чивать 1a

ft.	подлечу́, -е́чишь, -е́чат
imp.	подлечи́, ~те
pt.	подлечи́л
g.pt.a.	подлечи́в
p.pt.a.	подлечи́вший
p.pt.p.	подле́ченный

подлечи́ться *perf coll* undergo medical treatment ‖ *imperf* подле́чиваться

подлива́ть *imperf of* подли́ть

подлиза́ть *perf* что lick up ‖ *imperf* подли́зывать 1a

ft.	подлижу́, -и́жешь, -и́жут
imp.	подлижи́, ~те
pt.	подлиза́л
g.pt.a.	подлиза́в
p.pt.a.	подлиза́вший
p.pt.p.	подли́занный

подлиза́ться *perf* к кому́-чему́ *coll* ingratiate oneself (with) ‖ *imperf* подли́зываться

подли́зывать(ся) *imperf of* подлиза́ть(ся)

подли́ть *perf* что *or* чего́ pour additionally ‖ *imperf* подлива́ть 2a

ft.	подолью́, -льёшь, -лью́т
imp.	подле́й, ~те
pt.	подли́л, -ила́, -и́ло
g.pt.a.	подли́в
p.pt.a.	подли́вший
p.pt.p.	подли́тый; подли́т, -ита́, -и́то

по́дличать 1a *imperf* act meanly, act basely. — (с-)

подложи́ть *perf* что **1.** add to *smth* **2.** *coll* line *clothing* with *smth* **3.** add **4.** plant ‖ *imperf* подкла́дывать 1a

ft.	подложу́, -о́жишь, -о́жат
imp.	подложи́, ~те
pt.	подложи́л
g.pt.a.	подложи́в

p.pt.a.	подложи́вший
p.pt.p.	подло́женный

подломи́ть *perf* что break from under ‖ *imperf* подла́мывать 1a

ft.	подломлю́, -о́мишь, -о́мят
imp.	подломи́, ~те
pt.	подломи́л
g.pt.a.	подломи́в
p.pt.a.	подломи́вший
p.pt.p.	подло́мленный

подломи́ться, *1st and 2nd pers not used*, *perf* break under *a weight* ‖ *imperf* подла́мываться

подма́зать *perf* **1.** что grease, oil *a little*; *coll* make up *a little* **2.** кого́-что *sub* grease *smb's* palm, bribe ‖ *imperf* подма́зывать 1a

ft.	подма́жу, -жешь, -жут
imp.	подма́жь, ~те
pt.	подма́зал
g.pt.a.	подма́зав
p.pt.a.	подма́завший
p.pt.p.	подма́занный

подма́заться *perf coll* **1.** make up *a little* **2.** *fig* к кому́-чему́ ingratiate oneself (with) ‖ *imperf* подма́зываться

подма́зывать(ся) *imperf of* подма́зать(ся)

подмалева́ть *perf* что paint, daub, colour *a little* ‖ *imperf* подмалёвывать 1a

ft.	подмалю́ю, -ю́ешь, -ю́ют
imp.	подмалю́й, ~те
pt.	подмалева́л
g.pt.a.	подмалева́в
p.pt.a.	подмалева́вший
p.pt.p.	подмалёванный

подмалёвывать *imperf of* подмалева́ть

подма́нивать *imperf of* подмани́ть

подмани́ть *perf* кого́-что call, entice, lure, attract, decoy ‖ *imperf* подма́нивать 1a

ft.	подманю́, -а́нишь, -а́нят
imp.	подмани́, ~те
pt.	подмани́л
g.pt.a.	подмани́в
p.pt.a.	подмани́вший
p.pt.p.	подма́ненный *and* подманённый; подманён, -ена́

подма́сливать *imperf of* подма́слить

подма́слить *perf* **1.** что grease slightly, oil slightly **2.** *fig* кого́-что *coll* make up to *smb*, curry favour with *smb* ‖ *imperf* подма́сливать 1a

ft.	подма́слю, -лишь, -лят
imp.	подма́сли, ~те

pt.	подма́слил
g.pt.a.	подма́слив
p.pt.a.	подма́сливший
p.pt.p.	подма́сленный

подма́тывать *imperf of* подмота́ть

подма́хивать *imperf of* подмахну́ть

подмахну́ть 7 *perf* что sign hurriedly without reading ‖ *imperf* подма́хивать 1 а

подма́чивать *imperf of* подмочи́ть

подме́нивать *imperf of* подмени́ть

подмени́ть *perf* кого́-что **1.** чем substitute furtively (for) **2.** exchange, replace *smb for a short while* **3.** *coll* assume *powers* without authorization ‖ *imperf* подме́нивать 1 а *and* подменя́ть 2 а

ft.	подменю́, -е́нишь, -е́нят
imp.	подмени́, ~те
pt.	подмени́л
g.pt.a.	подмени́в
p.pt.a.	подмени́вший
p.pt.p.	подменённый; подменён, -ена́

подменя́ть *imperf of* подмени́ть

подмерза́ть *imperf of* подмёрзнуть

подмёрзнуть, *1st and 2nd pers not used, perf* freeze slightly ‖ *imperf* подмерза́ть 2 а

ft.	подмёрзнет, -нут
pt.	подмёрз, ~ла
g.pt.a.	подмёрзнув *and* подмёрзши
p.pt.a.	подмёрзший

подмеси́ть *perf* что *or* чего́ во что mix (into, with) ‖ *imperf* подме́шивать 1 а

ft.	подмешу́, -е́сишь, -е́сят
imp.	подмеси́, ~те
pt.	подмеси́л
g.pt.a.	подмеси́в
p.pt.a.	подмеси́вший
p.pt.p.	подме́шенный

подмести́ *perf* что sweep ‖ *imperf* подмета́ть 2 а

ft.	подмету́, -тёшь, -ту́т
imp.	подмети́, ~те
pt.	подмёл, -ела́
g.pt.a.	подметя́
p.pt.a.	подмётший
p.pt.p.	подметённый; подметён, -ена́

подмета́ть[1] 2 *perf* что overstitch, whip-stitch, overcast ‖ *imperf* подмётывать 1 а

p.pt.p.	подмётанный

подмета́ть[2] *imperf of* подмести́

подме́тить *perf* кого́-что notice, note ‖ *imperf* подмеча́ть 2 а

ft.	подме́чу, -е́тишь, -е́тят

imp.	подме́ть, ~те
pt.	подме́тил
g.pt.a.	подме́тив
p.pt.a.	подме́тивший
p.pt.p.	подме́ченный

подмётывать *imperf of* подмета́ть[1]

подмеча́ть *imperf of* подме́тить

подмеша́ть 2 *perf* что *or* чего́ mix into ‖ *imperf* подме́шивать 1 а

подме́шивать[1] *imperf of* подмеси́ть

подме́шивать[2] *imperf of* подмеша́ть

подми́гивать *imperf of* подмигну́ть

подмигну́ть 7 *perf semelf* кому́ wink at *smb* ‖ *imperf* подми́гивать 1 а

подмина́ть *imperf of* подмя́ть

подмока́ть *imperf of* подмо́кнуть

подмо́кнуть, *1st and 2nd pers not used, perf* get slightly wet ‖ *imperf* подмока́ть 2 а

ft.	подмо́кнет, -нут
pt.	подмо́к, ~ла
g.pt.a.	подмо́кнув *and* подмо́кши
p.pt.a.	подмо́кший

подмора́живать *imperf of* подморо́зить

подморо́зить *perf* **1.** что freeze slightly **2.** *impers* freeze ‖ *imperf* подмора́живать 1 а

ft.	подморо́жу, -о́зишь, -о́зят
imp.	подморо́зь, ~те
pt.	подморо́зил
g.pt.a.	подморо́зив
p.pt.a.	подморо́зивший
p.pt.p.	подморо́женный

подмота́ть 2 *perf* что *or* чего́ wind up ‖ *imperf* подма́тывать 1 а

подмочи́ть *perf* что moisten, wet, soak ‖ *imperf* подма́чивать 1 а

ft.	подмочу́, -о́чишь, -о́чат
imp.	подмочи́, ~те
pt.	подмочи́л
g.pt.a.	подмочи́в
p.pt.a.	подмочи́вший
p.pt.p.	подмо́ченный

подмыва́ть(ся) *imperf of* подмы́ть(ся)

подмы́ть *perf* кого́-что **1.** wash (some parts of the body) **2.** *coll* rinse out **3.** wash away ‖ *imperf* подмыва́ть 2 а

ft.	подмо́й, -оешь, -о́ют
imp.	подмо́й, ~те
pt.	подмы́л
g.pt.a.	подмы́в
p.pt.a.	подмы́вший
p.pt.p.	подмы́тый

подмы́ться *perf* wash (some parts of one's body) ‖ *imperf* подмыва́ться

подмя́ть *perf* кого́-что crush down, press down ‖ *imperf* подмина́ть 2a
ft.	подомну́, -нёшь, -ну́т
imp.	подомни́, ~те
pt.	подмя́л
g.pt.a.	подмя́в
p.pt.a.	подмя́вший
p.pt.p.	подмя́тый

поднажа́ть *perf coll* **1.** что *or* на кого́-что *or without object* press harder (on) **2.** *fig* на кого́-что *or without object* put pressure on ‖ *imperf* поднажима́ть 2a
ft.	поднажму́, -мёшь, -му́т
imp.	поднажми́, ~те
pt.	поднажа́л
g.pt.a.	поднажа́в
p.pt.a.	поднажа́вший

поднажима́ть *imperf of* поднажа́ть

поднести́ *perf* **1.** кого́-что bring along **2.** что *or* чего́ serve, present ‖ *imperf* подноси́ть, forms ib.
ft.	поднесу́, -сёшь, -су́т
imp.	поднеси́, ~те
pt.	поднёс, -есла́
g.pt.a.	поднеся́ *and obs* поднёсши
p.pt.a.	поднёсший
p.pt.p.	поднесённый; поднесён, -ена́

поднести́сь *perf coll* come running up ‖ *imperf* подноси́ться

поднима́ть *imperf of* подня́ть

поднима́ться 2a *imperf* **1.** *imperf of* подня́ться **2.** advance **3.** rise, tower

поднови́ть *perf* что renew, renovate ‖ *imperf* подновля́ть 2a
ft.	подновлю́, -ви́шь, -вя́т
imp.	поднови́, ~те
pt.	поднови́л
g.pt.a.	поднови́в
p.pt.a.	поднови́вший
p.pt.p.	подновлённый; подновлён, -ена́

подновля́ть *imperf of* поднови́ть

подноси́ть *imperf of* поднести́
pr.	подношу́, -о́сишь, -о́сят
imp.	подноси́, ~те
pt.	подноси́л
g.pr.a.	поднося́
p.pr.a.	подноси́щий
p.pt.a.	подноси́вший
p.pr.p.	подноси́мый

подноси́ться *imperf of* поднести́сь

подны́ривать *imperf of* поднырну́ть

поднырну́ть 7 *perf* подо что dive under ‖ *imperf* подны́ривать 1a

подня́ть *perf* **1.** кого́-что lift, raise **2.** кого́-что rouse; *fig* incite, stir up **3.** кого́-что wake; *fig* awake **4.** что enhance **5.** что plough *new land* ‖ *imperf* поднима́ть 2a
ft.	подниму́, -и́мешь, -и́мут *and sub* подыму́, -ы́мешь, -ы́мут
imp.	подними́, ~те *and sub* подыми́, ~те
pt.	по́днял *and coll* подня́л, подняла́, по́дняло *and coll* подня́ло
g.pt.a.	подня́в
p.pt.a.	подня́вший
p.pt.p.	по́днятый; по́днят, поднята́, по́днято

подня́ться *perf* **1.** get up, rise **2.** на кого́ come up **3.** на что climb, ascend *a mountain* **4.** *1st and 2nd pers not used, of storm etc.* arise **5.** про́тив кого́-чего́ *or* на кого́-что rise *against the enemy* **6.**: подня́лся шум there was a lot of noise ‖ *imperf* поднима́ться
ft.	подня́лся́, -яла́сь, -яло́сь

подоба́ть 2a *usu impers imperf* кому́-чему́ become, befit

подобра́ть *perf* кого́-что **1.** pick up **2.** hide **3.** tuck up **4.** select, sort out ‖ *imperf* подбира́ть 2a
ft.	подберу́, -рёшь, -ру́т
imp.	подбери́, ~те
pt.	подобра́л, -ала́, -а́ло
g.pt.a.	подобра́в
p.pt.a.	подобра́вший
p.pt.p.	подо́бранный; подо́бран, -о́брана *and obs* -обрана́, -о́брано

подобра́ться *perf* **1.** *1st and 2nd pers not used* come together, gather together **2.** *coll* steal up, approach stealthily **3.** *coll* put *one's* dress in order ‖ *imperf* подбира́ться
pt.	подобра́лся, -ала́сь, -ало́сь

подобре́ть 3 *perf* become kinder

подовра́ть *perf of* подвира́ть
ft.	подовру́, -рёшь, -ру́т
imp.	подоври́, ~те
pt.	подовра́л, -ала́, -а́ло
g.pt.a.	подовра́в
p.pt.a.	подовра́вший
p.pt.p.	подо́вранный; подо́вран, подоврана́, подо́врано

подогна́ть *perf* кого́-что **1.** drive up **2.** incite, stir up **3.** adjust, fit ‖ *imperf* подгоня́ть 2a

ft.	подгоню́, -о́нишь, -о́нят
imp.	подгони́, ~те
pt.	подгна́л, -ала́, -а́ло
g.pt.a.	подогна́в
p.pt.a.	подогна́вший
p.pt.p.	подо́гнанный

подогну́ть 7 *perf* что tuck in, bend under ‖ *imperf* подгиба́ть 2a

подогну́ться, *1st and 2nd pers not used, perf* bend ‖ *imperf* подгиба́ться

подогрева́ть *imperf of* подогре́ть

подогре́ть 3 *perf* кого́-что **1.** warm up **2.** *fig coll* encourage ‖ *imperf* подогрева́ть 2a

p.pt.p.	подогре́тый

пододвига́ть(ся) *imperf of* пододви́нуть(ся)

пододви́нуть 6 *perf* кого́-что move, shift, push ‖ *imperf* пододвига́ть 2a

imp.	пододви́нь, ~те
p.pt.p.	пододви́нутый

пододви́нуться *perf* move up ‖ *imperf* пододвига́ться

подожда́ть *perf* **1.** кого́-что, чего́ *or without object* wait (for) **2.** *with infinitive,* с чем *or without object, coll* await

ft.	подожду́, -дёшь, -ду́т
imp.	подожди́, ~те
pt.	подожда́л, -ала́, -а́ло
g.pt.a.	подожда́в
p.pt.a.	подожда́вший

подозва́ть *perf* кого́-что call ‖ *imperf* подзыва́ть 2a

ft.	подзову́, -вёшь, -ву́т
imp.	подзови́, ~те
pt.	подозва́л, -ала́, -а́ло
g.pt.a.	подозва́в
p.pt.a.	подозва́вший
p.pt.p.	подо́званный; подо́зван, -о́звана *and obs* -озвана́, -о́звано

подозрева́ть 2a *imperf* **1.** кого́-что в чём suspect *smb* of *smth* **2.** guess, assume

подозрева́ться *imperf* в чём be under suspicion

подои́ть *perf* кого́-что milk

ft.	подою́, -о́ишь, -о́ят
imp.	подои́, ~те *and sub* подо́й, ~те
pt.	подои́л
g.pt.a.	подои́в
p.pt.a.	подои́вший
p.pt.p.	подо́енный

подойти́ *perf* **1.** к кому́-чему́ come up (to), approach **2.** к кому́-чему́ draw near **3.** к кому́-чему́ proceed (to), approach **4.** кому́ fit; suit ‖ *imperf* подходи́ть, forms ib.

ft.	подойду́, -дёшь, -ду́т
imp.	подойди́, ~те
pt.	подошёл, -шла́
g.pt.a.	подойдя́ *and obs* подоше́дши
p.pt.a.	подоше́дший

подольсти́ться *perf* к кому́-чему́ *coll* ingratiate oneself (with), worm oneself into *smb's* favour [into *smb's* good graces] ‖ *imperf* подольща́ться 2a

ft.	подольщу́сь, -льсти́шься, -льстя́тся
imp.	подольсти́сь, -и́тесь
pt.	подольсти́лся, -лась
g.pt.a.	подольсти́вшись
p.pt.a.	подольсти́вшийся

подольща́ться *imperf of* подольсти́ться

подопрева́ть *imperf of* подопре́ть

подопре́ть 3, *1st and 2nd pers not used, perf* rot slightly from beneath ‖ *imperf* подопрева́ть 2a *and* подпрева́ть 2a

подорва́ть *perf* что **1.** blow up, blast **2.** *fig* undermine, sap ‖ *imperf* подрыва́ть 2a

ft.	подорву́, -вёшь, -ву́т
imp.	подорви́, ~те
pt.	подорва́л, -ала́, -а́ло
g.pt.a.	подорва́в
p.pt.a.	подорва́вший
p.pt.p.	подо́рванный

подорва́ться *perf* be blown up ‖ *imperf* подрыва́ться

pt.	подорва́лся, -ала́сь, -а́лось

подорожа́ть 2, *1st and 2nd pers not used, perf* become dearer

подосла́ть *perf* кого́-что send stealthily, send secretly ‖ *imperf* подсыла́ть 2a

ft.	подошлю́, -лёшь, -лю́т
imp.	подошли́, ~те
pt.	подосла́л
g.pt.a.	подосла́в
p.pt.a.	подосла́вший
p.pt.p.	подо́сланный

подоспева́ть *imperf of* подоспе́ть

подоспе́ть 3 *perf coll* **1.** come up **2.** arrive in time ‖ *imperf* подоспева́ть 2a

подостла́ть *perf* что scatter under, spread under ‖ *imperf* подстила́ть 2a

ft.	подстелю́, -е́лешь, -е́лют
imp.	подстели́, ~те

pt.	подостла́л
g.pt.a.	подостла́в
p.pt.a.	подостла́вший
p.pt.p.	подо́стланный

подоткну́ть 7 *perf* что tuck underneath ‖ *imperf* подтыка́ть 2а

подо́хнуть *perf* die ‖ *imperf* подыха́ть 2а

ft.	подо́хну, -нешь, -нут
imp.	подо́хни, ~те
pt.	подо́х, ~ла
g.pt.a.	подо́хнув *and* подо́хши
p.pt.a.	подо́хший

подпада́ть *imperf of* подпа́сть

подпа́ивать[1] *imperf of* подпои́ть

подпа́ивать[2] *imperf of* подпая́ть

подпа́ливать *imperf of* подпали́ть

подпали́ть *perf* что *coll* **1.** set fire to, set on fire **2.** singe, scorch ‖ *imperf* подпа́ливать 1а

ft.	подпалю́, -ли́шь, -ля́т
imp.	подпали́, ~те
pt.	подпали́л
g.pt.a.	подпали́в
p.pt.a.	подпали́вший
p.pt.p.	подпалённый; подпалён, -ена́

подпа́рывать *imperf of* подпоро́ть

подпа́сть *perf* подо что fall under ‖ *imperf* подпада́ть 2а

ft.	подпаду́, -дёшь, -ду́т
imp.	подпади́, ~те
pt.	подпа́л
g.pt.a.	подпа́в
p.pt.a.	подпа́вший

подпаха́ть *perf* что *or* чего́ plough *some more* ‖ *imperf* подпа́хивать 1а

ft.	подпашу́, -а́шешь, -а́шут
imp.	подпаши́, ~те
pt.	подпаха́л
g.pt.a.	подпаха́в
p.pt.a.	подпаха́вший
p.pt.p.	подпа́ханный

подпа́хивать[1] *imperf of* подпаха́ть

подпа́хивать[2] 1а, *1st and 2nd pers not used, imperf sub* be smelly

подпая́ть 2 *perf* что solder, resolder ‖ *imperf* подпа́ивать 1а

подпева́ть 2а *imperf* **1.** кому́-чему́ join in singing **2.** *fig coll* echo ‖ *perf* подпе́ть *with* 1, forms ib.

подпере́ть *perf* что bolster up, back up, prop up ‖ *imperf* подпира́ть 2а

ft.	подопру́, -рёшь, -ру́т
imp.	подопри́, ~те

pt.	подпёр, ~ла
g.pt.a.	подпере́в *and* подпёрши
p.pt.a.	подпёрший
p.pt.p.	подпёртый

подпере́ться *perf* lean on ‖ *imperf* подпира́ться

g.pt.a.	подперши́сь *and* подпёршись

подпе́ть *perf of* подпева́ть

ft.	подпою́, -оёшь, -ою́т
imp.	подпо́й, ~те
pt.	подпе́л
g.pt.a.	подпе́в
p.pt.a.	подпе́вший

подпи́ливать *imperf of* подпили́ть

подпили́ть *perf* что **1.** notch, saw [file] a notch in **2.** saw off ‖ *imperf* подпи́ливать 1а

ft.	подпилю́, -и́лишь, -и́лят
imp.	подпили́, ~те
pt.	подпили́л
g.pt.a.	подпили́в
p.pt.a.	подпили́вший
p.pt.p.	подпи́ленный

подпира́ть(ся) *imperf of* подпере́ть(ся)

подписа́ть *perf* что **1.** sign **2.** add by writing *smth* ‖ *imperf* подпи́сывать 1а

ft.	подпишу́, -и́шешь, -и́шут
imp.	подпиши́, ~те
pt.	подписа́л
g.pt.a.	подписа́в
p.pt.a.	подписа́вший
p.pt.p.	подпи́санный

подписа́ться *perf* **1.** undersign **2.** на что take on order ‖ *imperf* подпи́сываться

подпи́сывать(ся) *imperf of* подписа́ть(ся)

подпи́ть *perf coll* get drunk

ft.	подопью́, -пьёшь, -пью́т
imp.	подпе́й, ~те
pt.	подпи́л, -ила́, -и́ло
g.pt.a.	подпи́в
p.pt.a.	подпи́вший

подпиха́ть 1 *perf* кого́-что *sub* push under, shove under ‖ *imperf* подпи́хивать 1а

подпи́хивать[1] *imperf of* подпиха́ть

подпи́хивать[2] *imperf of* подпихну́ть

подпихну́ть 7 *perf* кого́-что push under, shove under ‖ *imperf* подпи́хивать 1а

подплыва́ть *imperf of* подплы́ть

подплы́ть *perf* к кому́-чему́ **1.** swim up (to); sail up (to) **2.** row up ‖ *imperf* подплыва́ть 2а

ft.	подплыву́, -вёшь, -ву́т
imp.	подплыви́, ~те

pt.	подплы́л, -ыла́, -ы́ло
g.pt.a.	подплы́в
p.pt.a.	подплы́вший

подпои́ть *perf* кого́-что *coll* make *smb* drunk ‖ *imperf* подпа́ивать 1 a

ft.	подпою́, -о́йшь, -о́ят
imp.	подпо́й, ~те
pt.	подпо́йл
g.pt.a.	подпо́йв
p.pt.a.	подпо́йвший
p.pt.p.	подпо́енный

подполза́ть *imperf of* подползти́

подползти́ *perf* 1. creep up 2. подо что creep under ‖ *imperf* подполза́ть 2a

ft.	подползу́, -зёшь, -зу́т
imp.	подползи́, ~те
pt.	подпо́лз, -олзла́
g.pt.a.	подпо́лзши
p.pt.a.	подпо́лзший

подпоро́ть *perf* что unpick, unstitch ‖ *imperf* подпа́рывать 1 a

ft.	подпорю́, -о́решь, -о́рют
imp.	подпори́, ~те
pt.	подпоро́л
g.pt.a.	подпоро́в
p.pt.a.	подпоро́вший
p.pt.p.	подпо́ротый

подпоя́сать *perf* кого́-что put a belt on *smb* ‖ *imperf* подпоя́сывать 1 a

ft.	подпоя́шу, -шешь, -шут
imp.	подпоя́шь, ~те
pt.	подпоя́сал
g.pt.a.	подпоя́сав
p.pt.a.	подпоя́савший
p.pt.p.	подпоя́санный

подпоя́саться *perf* put on a belt ‖ *imperf* подпоя́сываться

подпоя́сывать(ся) *imperf of* подпоя́сать(ся)

подпра́вить *perf* 1. что touch up, retouch, restore to order 2. кого́-что *coll* cure *smb* a little ‖ *imperf* подправля́ть 2a

ft.	подпра́влю, -вишь, -вят
imp.	подпра́вь, ~те
pt.	подпра́вил
g.pt.a.	подпра́вив
p.pt.a.	подпра́вивший
p.pt.p.	подпра́вленный

подправля́ть *imperf of* подпра́вить

подпрева́ть *imperf of* подопре́ть

подпры́гивать *imperf of* подпры́гнуть

подпры́гнуть 6 *perf* jump; jump up; jump up and down ‖ *imperf* подпры́гивать 1a

подпуска́ть *imperf of* подпусти́ть

подпусти́ть *perf* 1. кого́-что allow to approach [come nearer] 2. что *or* чего́ *coll* add 3. что *coll* weave *a well-timed remark* into *one's conversation, talk etc.* ‖ *imperf* подпуска́ть 2a

ft.	подпущу́, -у́стишь, -у́стят
imp.	подпусти́, ~те
pt.	подпусти́л
g.pt.a.	подпусти́в
p.pt.a.	подпусти́вший
p.pt.p.	подпу́щенный

подраба́тывать *imperf of* подрабо́тать

подрабо́тать 1 *perf* 1. что *coll* work out, work prepare 2. что *or* чего́ *sub* moonlight, have a second income ‖ *imperf* подраба́тывать 1 a

подра́внивать *imperf of* подровня́ть

подра́гивать 1 a *imperf coll* shiver, tremble, quiver *occasionally*

подража́ть 2a *imperf* кому́-чему́ в чём imitate *smb*

подраздели́ть *perf* кого́-что на что divide (into), subdivide (into) ‖ *imperf* подразделя́ть 2a

ft.	подразделю́, -ли́шь, -ля́т
imp.	подраздели́, ~те
pt.	подраздели́л
g.pt.a.	подраздели́в
p.pt.a.	подраздели́вший
p.pt.p.	подразделённый; подразделён, -ена́

подраздели́ться *perf of* подразделя́ться

подразделя́ть *imperf of* подраздели́ть

подразделя́ться 2a, *1st and 2nd pers not used, imperf* на что subdivide (into) ‖ *perf* подраздели́ться, forms follow подраздели́ть

подразни́ть *perf* кого́-что take a rise out of

ft.	подразню́, -а́знишь, -а́знят
imp.	подразни́, ~те
pt.	подразни́л
g.pt.a.	подразни́в
p.pt.a.	подразни́вший
p.pt.p.	подразнённый; подразнён, -ена́

подразумева́ть 2a *imperf* кого́-что imply

подразумева́ться, *1st and 2nd pers not used, imperf* be implied, be understood

подраста́ть *imperf of* подрасти́

подрасти́ *perf* grow up ‖ *imperf* подраста́ть 2a

ft.	подрасту́, -тёшь, -ту́т
imp.	подрасти́, ~те
pt.	подро́с, -осла́
g.pt.a.	подро́сши
p.pt.a.	подро́сший

подрасти́ть *perf* кого́-что bring up ‖ *imperf* подра́щивать 1 a

ft.	подращу́, -асти́шь, -астя́т
imp.	подрасти́, ~те
pt.	подрасти́л
g.pt.a.	подрасти́в
p.pt.a.	подрасти́вший
p.pt.p.	подращённый; подращён, -ена́

подра́ть *perf of* подира́ть

ft.	подеру́, -рёшь, -ру́т
imp.	подери́, ~те
pt.	подра́л, -ала́, -а́ло
g.pt.a.	подра́в
p.pt.a.	подра́вший
p.pt.p.	по́дранный

подра́ться *perf* be involved in a fight [scuffle]

pt.	подра́лся, -ала́сь, -а́лось

подра́щивать *imperf of* подрасти́ть

подреза́ть *imperf of* подре́зать

подре́зать *perf* **1.** кого́-что cut, clip, trim (from under) **2.** что cut off, cut away **3.** кого́-что weaken, exhaust ‖ *imperf* подреза́ть 2 a *and* подре́зывать 1 a

ft.	подре́жу, -е́жешь, -е́жут
imp.	подре́жь, ~те
pt.	подре́зал
g.pt.a.	подре́зав
p.pt.a.	подре́завший
p.pt.p.	подре́занный

подре́зывать *imperf of* подре́зать

подрема́ть *perf* have a nap, doze

ft.	подремлю́, -е́млешь, -е́млют
imp.	подремли́, ~те
pt.	подрема́л
g.pt.a.	подрема́в
p.pt.a.	подрема́вший

подрисова́ть 5 *perf* что **1.** improve *one's* drawing, touch up *one's* drawing **2.** *coll* make up *eyes, etc.* ‖ *imperf* подрисо́вывать 1 a

подрисо́вывать *imperf of* подрисова́ть

подровня́ть 2 *perf* что straighten out ‖ *imperf* подра́внивать 1 a

подруба́ть *imperf of* подруби́ть

подруби́ть *perf* что **1.** cut from under **2.** *min* hew ‖ *imperf* подруба́ть 2 a

ft.	подрублю́, -у́бишь, -у́бят

imp.	подруби́, ~те
pt.	подруби́л
g.pt.a.	подруби́в
p.pt.a.	подруби́вший
p.pt.p.	подру́бленный

подружи́ться *perf* make friends

ft.	подружу́сь, -жи́шься, -жа́тся
imp.	подружи́сь, -и́тесь
pt.	подружи́лся, -лась
g.pt.a.	подружи́вшись
p.pt.a.	подружи́вшийся

подру́ливать *imperf of* подрули́ть

подрули́ть *perf* roll up ‖ *imperf* подру́ливать 1 a

ft.	подрулю́, -ли́шь, -ля́т
imp.	подрули́, ~те
pt.	подрули́л
g.pt.a.	подрули́в
p.pt.a.	подрули́вший

подрумя́нивать(ся) *imperf of* подрумя́нить(ся)

подрумя́нить *perf* что **1.** paint red *a little* **2.** rouge, touch up with rouge **3.** *cooking* brown ‖ *imperf* подрумя́нивать 1 a

ft.	подрумя́ню, -нишь, -нят
imp.	подрумя́нь, ~те
pt.	подрумя́нил
g.pt.a.	подрумя́нив
p.pt.a.	подрумя́нивший
p.pt.p.	подрумя́ненный

подрумя́ниться *perf* **1.** *1st and 2nd pers not used* become slightly red, get slightly red **2.** put on rouge **3.** *cooking* brown ‖ *imperf* подрумя́ниваться

подрыва́ть[1] *imperf of* подорва́ть

подрыва́ть[2] *imperf of* подры́ть

подрыва́ться *imperf of* подорва́ться

подры́ть *perf* что dig, dig wider [deeper] ‖ *imperf* подрыва́ть 2 a

ft.	подро́ю, -о́ешь, -о́ют
imp.	подро́й, ~те
pt.	подры́л
g.pt.a.	подры́в
p.pt.a.	подры́вший
p.pt.p.	подры́тый

подряди́ть *perf* кого́-что *obs* hire ‖ *imperf* подряжа́ть 2 a

ft.	подряжу́, -яди́шь, -ядя́т
imp.	подряди́, ~те
pt.	подряди́л
g.pt.a.	подряди́в
p.pt.a.	подряди́вший
p.pt.p.	подряжённый; подряжён, -ена́

подряди́ться *perf with infinitive coll* sign articles, take up a job ‖ *imperf* подряжа́ться

подряжа́ть(ся) *imperf of* подряди́ть(ся)

подсади́ть *perf* 1. кого́-что help, help up, help in 2. кого́-что к кому́-чему́ seat *smb* by *smb* 3. что *or* чего́ plant some more *flowers* ‖ *imperf* подса́живать 1 a

ft.	подсажу́, -а́дишь, -а́дят
imp.	подсади́, ~те
pt.	подсади́л
g.pt.a.	подсади́в
p.pt.a.	подсади́вший
p.pt.p.	подса́женный

подса́живать *imperf of* подсади́ть

подса́живаться *imperf of* подсе́сть

подса́ливать *imperf of* подсоли́ть

подса́харивать *imperf of* подса́харить

подса́харить *perf* что *coll* put sugar on, sweeten ‖ *imperf* подса́харивать 1 a

ft.	подса́харю, -ришь, -рят
imp.	подса́харь, ~те
pt.	подса́харил
g.pt.a.	подса́харив
p.pt.a.	подса́харивший
p.pt.p.	подса́харенный

подсвисте́ть *perf of* подсви́стывать

ft.	подсвищу́, -и́щешь, -и́щут
imp.	подсвищи́, ~те
pt.	подсвисте́л
g.pt.a.	подсвисте́в
p.pt.a.	подсвисте́вший

подсви́стнуть *perf semelf of* подсви́стывать

подсви́стывать 1 a *imperf* join in whistling a song ‖ *perf* подсвисте́ть, forms ib. | *perf semelf* подсви́стнуть 6

подсева́ть *imperf of* подсе́ять

подсе́ивать *imperf of* подсе́ять

подсека́ть *imperf of* подсе́чь

подсеребри́ть *perf* что *coll* silver *slightly*

ft.	подсеребрю́, -ри́шь, -ря́т
imp.	подсеребри́, ~те
pt.	подсеребри́л
g.pt.a.	подсеребри́в
p.pt.a.	подсеребри́вший
p.pt.p.	подсеребрённый; подсеребрён, -ена́

подсе́сть *perf* к кому́ take a seat by *smb* ‖ *imperf* подса́живаться 1 a

ft.	подся́ду, -дешь, -дут
imp.	подся́дь, ~те
pt.	подсе́л

g.pt.a.	подсе́в
p.pt.a.	подсе́вший

подсе́чь *perf* 1. что hew [hack] from underneath 2. что root out, stub out 3. кого́-что hook, strike *fish* ‖ *imperf* подсека́ть 2 a

ft.	подсеку́, -ечёшь, -еку́т
imp.	подсеки́, ~те
pt.	подсе́к, -екла́
g.pt.a.	подсе́кши
p.pt.a.	подсе́кший
p.pt.p.	подсечённый; подсечён, -ена́ *and obs* подсе́ченный

подсе́ять *perf* что *or* чего́ sow in addition to ‖ *imperf* подсева́ть 2 a *and* подсе́ивать 1 a

ft.	подсе́ю, -е́ешь, -е́ют
imp.	подсе́й, ~те
pt.	подсе́ял
g.pt.a.	подсе́яв
p.pt.a.	подсе́явший
p.pt.p.	подсе́янный

подсиде́ть *perf* кого́-что 1. lie in wait for 2. *sub* scheme, intrigue against ‖ *imperf* подси́живать 1 a

ft.	подсижу́, -иди́шь, -идя́т
imp.	подсиди́, ~те
pt.	подсиде́л
g.pt.a.	подсиде́в
p.pt.a.	подсиде́вший
p.pt.p.	подси́женный

подси́живать *imperf of* подсиде́ть

подси́нивать *imperf of* подсини́ть

подсини́ть *perf* что 1. blue 2. treat with blue ‖ *imperf* подси́нивать 1 a

ft.	подсиню́, -ни́шь, -ня́т
imp.	подсини́, ~те
pt.	подсини́л
g.pt.a.	подсини́в
p.pt.a.	подсини́вший
p.pt.p.	подсинённый; подсинён, -ена́

подска́бливать *imperf of* подскобли́ть

подсказа́ть *perf* что кому́-чему́ 1. *theat* prompt 2. *fig* give *smb* a hint ‖ *imperf* подска́зывать 1 a

ft.	подскажу́, -а́жешь, -а́жут
imp.	подскажи́, ~те
pt.	подсказа́л
g.pt.a.	подсказа́в
p.pt.a.	подсказа́вший
p.pt.p.	подска́занный

подска́зывать *imperf of* подсказа́ть

подскака́ть *perf* come jumping [leaping] up ‖ *imperf* подска́кивать 1 a

ft.	подскачу́, -а́чешь, -а́чут

imp.	подскачи́, ~те
pt.	подскака́л
g.pt.a.	подскака́в
p.pt.a.	подскака́вший

подска́кивать[1] *imperf of* подскака́ть

подска́кивать[2] *imperf of* подскочи́ть

подскобли́ть *perf* что scrape off a bit ‖ *imperf* подска́бливать 1a

ft.	подскоблю́, -о́бли́шь, -о́бля́т
imp.	подскобли́, ~те
pt.	подскобли́л
g.pt.a.	подскобли́в
p.pt.a.	подскобли́вший
p.pt.p.	подско́бленный

подскочи́ть *perf* **1.** jump up, leap up; *fig of temperature, prices* jump, shoot up **2.** run up, come running ‖ *imperf* подска́кивать 1a

ft.	подскочу́, -о́чишь, -о́чат
imp.	подскочи́, ~те
pt.	подскочи́л
g.pt.a.	подскочи́в
p.pt.a.	подскочи́вший

подскреба́ть *imperf of* подскрести́

подскрести́ *perf* что *coll* scrape together ‖ *imperf* подскреба́ть 2a

ft.	подскребу́, -бёшь, -бу́т
imp.	подскреби́, ~те
pt.	подскрёб, -ребла́
g.pt.a.	подскрёбши
p.pt.a.	подскрёбший
p.pt.p.	подскребённый; подскребён, -ена́

подсласти́ть *perf* что put some more sugar on *or* in ‖ *imperf* подсла́щивать 1a

ft.	подслащу́, -асти́шь, -астя́т
imp.	подсласти́, ~те
pt.	подсласти́л
g.pt.a.	подсласти́в
p.pt.a.	подсласти́вший
p.pt.p.	подслащённый; подслащён, -ена́

подсла́щивать *imperf of* подсласти́ть

подслу́живаться *imperf of* подслужи́ться

подслужи́ться *perf* к кому́-чему́ *coll* fawn (on), cringe (to), worm oneself into the favour (of) ‖ *imperf* подслу́живаться 1a

ft.	подслужу́сь, -у́жишься, -у́жатся
imp.	подслужи́сь, -и́тесь
pt.	подслужи́лся, -лась
g.pt.a.	подслужи́вшись
p.pt.a.	подслужи́вшийся

подслу́шать 1 *perf* кого́-что overhear, eavesdrop ‖ *imperf* подслу́шивать 1a

подслу́шивать *imperf of* подслу́шать

подсма́тривать 1a *imperf* кого́-что spy on, peep at ‖ *perf* подсмотре́ть, forms ib.

подсме́иваться 1a *imperf* над кем-чем make fun (of), laugh (at) ‖ *perf* подсмея́ться, forms ib.

подсмея́ться *perf of* подсме́иваться

ft.	подсмею́сь, -еёшься, -ею́тся
imp.	подсме́йся, -е́йтесь
pt.	подсмея́лся, -лась
g.pt.a.	подсмея́вшись
p.pt.a.	подсмея́вшийся

подсмотре́ть *perf of* подсма́тривать

ft.	подсмотрю́, -о́тришь, -о́трят
imp.	подсмотри́, ~те
pt.	подсмотре́л
g.pt.a.	подсмотре́в
p.pt.a.	подсмотре́вший
p.pt.p.	подсмо́тренный

подсоби́ть *perf* кому́ *coll* help, give a hand to ‖ *imperf* подсобля́ть 2a

ft.	подсоблю́, -би́шь, -бя́т
imp.	подсоби́, ~те
pt.	подсоби́л
g.pt.a.	подсоби́в
p.pt.a.	подсоби́вший

подсобля́ть *imperf of* подсоби́ть

подсо́вывать *imperf of* подсу́нуть

подсоли́ть *perf* что add some salt, put some more salt on *or* in ‖ *imperf* подса́ливать 1a

ft.	подсолю́, -о́ли́шь, -о́ля́т
imp.	подсоли́, ~те
pt.	подсоли́л
g.pt.a.	подсоли́в
p.pt.a.	подсоли́вший
p.pt.p.	подсо́ленный

подсо́хнуть *perf* get dry ‖ *imperf* подсыха́ть 2a

ft.	подсо́хну, -нешь, -нут
imp.	подсо́хни, ~те
pt.	подсо́х, ~ла
g.pt.a.	подсо́хнув *and* подсо́хши
p.pt.a.	подсо́хший

подста́вить *perf* кого́-что **1.** подо что put under **2.** expose *to attack, danger* ‖ *imperf* подставля́ть 2a

ft.	подста́влю, -вишь, -вят
imp.	подста́вь, ~те
pt.	подста́вил
g.pt.a.	подста́вив

p.pt.a.	подста́вивший
p.pt.p.	подста́вленный

подставля́ть *imperf of* подста́вить

подстёгивать *imperf of* подстегну́ть

подстегну́ть 7 *perf* кого́-что 1. whip up 2. *fig coll* urge on ‖ *imperf* подстёгивать 1a

p.pt.p.	подстёгнутый

подстели́ть *perf* что *sub* scatter under, spread under ‖ *imperf* подстила́ть 2a

ft.	подстелю́, -е́лешь, -е́лют
imp.	подстели́, ~те
pt.	подстели́л
g.pt.a.	подстели́в
p.pt.a.	подстели́вший
p.pt.p.	подсте́ленный

подстерега́ть *imperf of* подстере́чь

подстере́чь *perf* кого́-что be on the watch for, lie in wait for ‖ *imperf* подстерега́ть 2a

ft.	подстерегу́, -ежёшь, -егу́т
imp.	подстереги́, ~те
pt.	подстерёг, -егла́
g.pt.a.	подстерёгши
p.pt.a.	подстерёгший
p.pt.p.	подстережённый; подстережён, -ена́

подстила́ть[1] *imperf of* подостла́ть

подстила́ть[2] *imperf of* подстели́ть

подстора́живать *imperf of* подсторожи́ть

подсторожи́ть *perf* кого́-что *sub* lie in wait for ‖ *imperf* подстора́живать 1a

ft.	подсторожу́, -жи́шь, -жа́т
imp.	подсторожи́, ~те
pt.	подсторожи́л
g.pt.a.	подсторожи́в
p.pt.a.	подсторожи́вший
p.pt.p.	подсторожённый; подсторожён, -ена́

подстра́ивать *imperf of* подстро́ить

подстрека́ть *imperf of* подстрекну́ть

подстрекну́ть 7 *perf* кого́-что 1. incite, instigate 2. excite, stir up ‖ *imperf* подстрека́ть 2a

p.pt.p.	подстрекну́тый

подстре́ливать *imperf of* подстрели́ть

подстрели́ть *perf* кого́-что shoot, wound with a shot ‖ *imperf* подстре́ливать 1a

ft.	подстрелю́, -е́лишь, -е́лят
imp.	подстрели́, ~те
pt.	подстрели́л
g.pt.a.	подстрели́в

p.pt.a.	подстрели́вший
p.pt.p.	подстре́ленный

подстрига́ть(ся) *imperf of* подстри́чь(ся)

подстри́чь *perf* кого́-что cut, trim, clip the hair etc. ‖ *imperf* подстрига́ть 2a

ft.	подстригу́, -ижёшь, -игу́т
imp.	подстриги́, ~те
pt.	подстри́г, ~ла
g.pt.a.	подстри́гши
p.pt.a.	подстри́гший
p.pt.p.	подстри́женный

подстри́чься *perf* have a haircut ‖ *imperf* подстрига́ться

подстро́ить *perf* что 1. build up 2. подо что *mus* tune (to) 3. *fig* concoct, plot ‖ *imperf* подстра́ивать 1a

ft.	подстро́ю, -о́ишь, -о́ят
imp.	подстро́й, ~те
pt.	подстро́ил
g.pt.a.	подстро́ив
p.pt.a.	подстро́ивший
p.pt.p.	подстро́енный

подступа́ть(ся) *imperf of* подступи́ть(ся)

подступи́ть *perf* 1. к кому́-чему́ come up (to) 2. к чему́ reach (to) 3. *1st and 2nd pers not used* к чему́ *or* подо что come to *tears, pain etc.* ‖ *imperf* подступа́ть 2a

ft.	подступлю́, -у́пишь, -у́пят
imp.	подступи́, ~те
pt.	подступи́л
g.pt.a.	подступи́в
p.pt.a.	подступи́вший

подступи́ться *perf* к кому́-чему́ approach, come up (to) ‖ *imperf* подступа́ться

подсу́нуть 6 *perf* что 1. shove [push] up 2. *coll* push up *smth* stealthily ‖ *imperf* подсо́вывать 1a

imp.	подсу́нь, ~те
p.pt.p.	подсу́нутый

подсу́чивать *imperf of* подсучи́ть

подсучи́ть *perf* что *coll* pull up ‖ *imperf* подсу́чивать 1a

ft.	подсучу́, -у́чишь, -у́чат
imp.	подсучи́, ~те
pt.	подсучи́л
g.pt.a.	подсучи́в
p.pt.a.	подсучи́вший
p.pt.p.	подсу́ченный

подсу́шивать(ся) *imperf of* подсуши́ть(ся)

подсуши́ть *perf* что dry *a little* ‖ *imperf* подсу́шивать 1a

ft.	подсушу́, -у́шишь, -у́шат
imp.	подсуши́, ~те

pt.	подсуши́л
g.pt.a.	подсуши́в
p.pt.a.	подсуши́вший
p.pt.p.	подсу́шенный

подсуши́ться, *1st and 2nd pers not used,* *perf coll* get *a little* drier ‖ *imperf* под-су́шиваться

подсчита́ть 2 *perf* что add up, calculate ‖ *imperf* подсчи́тывать 1 a

подсчи́тывать *imperf of* подсчита́ть

подсыла́ть *imperf of* подосла́ть

подсы́пать *perf* что *or* чего́ 1. add, pour in in addition 2. heap up ‖ *imperf* подсы-па́ть 2 a

ft.	подсы́плю, -лешь, -лют *and coll* -пешь, -пют
imp.	подсы́пь, ∼те
pt.	подсы́пал
g.pt.a.	подсы́пав
p.pt.a.	подсы́павший
p.pt.p.	подсы́панный

подсыпа́ть *imperf of* подсы́пать

подсыха́ть *imperf of* подсо́хнуть

подта́ивать *imperf of* подта́ять

подта́лкивать *imperf of* подтолкну́ть

подта́пливать *imperf of* подтопи́ть[1]

подта́скивать *imperf of* подтащи́ть

подтасова́ть 5 *perf* что 1. shuffle crookedly, pack, stack *cards* 2. *fig* juggle, distort *facts* ‖ *imperf* подтасо́вывать 1 a

подтасо́вывать *imperf of* подтасова́ть

подта́чивать *imperf of* подточи́ть

подтащи́ть *perf* кого́-что drag up ‖ *imperf* подта́скивать 1 a

ft.	подтащу́, -а́щишь, -а́щат
imp.	подтащи́, ∼те
pt.	подтащи́л
g.pt.a.	подтащи́в
p.pt.a.	подтащи́вший
p.pt.p.	подта́щенный

подта́ять, *1st and 2nd pers not used,* *perf* thaw, melt *a little* ‖ *imperf* подта́ивать 1 a

ft.	подта́ет, -а́ют
pt.	подта́ял
g.pt.a.	подта́яв
p.pt.a.	подта́явший

подтверди́ть *perf* что confirm, reaffirm ‖ *imperf* подтвержда́ть 2 a

ft.	подтвержу́, -рди́шь, -рдя́т
imp.	подтверди́, ∼те
pt.	подтверди́л
g.pt.a.	подтверди́в

p.pt.a.	подтверди́вший
p.pt.p.	подтверждённый; подтверждён, -ена́

подтверди́ться, *1st and 2nd pers not used,* *perf* be confirmed, be borne out, be corroborated ‖ *imperf* подтвержда́ться

подтвержда́ть(ся) *imperf of* подтверди́ть(ся)

подтека́ть *imperf of* подте́чь

подтере́ть *perf* что wipe up ‖ *imperf* подтира́ть 2 a

ft.	подотру́, -рёшь, -ру́т
imp.	подотри́, ∼те
pt.	подтёр, ∼ла
g.pt.a.	подтере́в *and* подтёрши
p.pt.a.	подтёрший
p.pt.p.	подтёртый

подтеса́ть *perf* что cut, hew *a little* ‖ *imperf* подтёсывать 1 a

ft.	подтешу́, -е́шешь, -е́шут
imp.	подтеши́, ∼те
pt.	подтеса́л
g.pt.a.	подтеса́в
p.pt.a.	подтеса́вший
p.pt.p.	подтёсанный

подтёсывать *imperf of* подтеса́ть

подте́чь, *1st and 2nd pers not used,* *perf* 1. flow under, run under 2. *coll* swell 3. *sub* leak, let water ‖ *imperf* подтека́ть 2 a *with* 1, 3

ft.	подтечёт, -еку́т
pt.	подтёк, -екла́
g.pt.a.	подтёкши
p.pt.a.	подтёкший

подтира́ть *imperf of* подтере́ть

подтолкну́ть 7 *perf* кого́-что 1. push slightly 2. *fig coll* urge on, instigate ‖ *imperf* подта́лкивать 1 a

подтопи́ть[1] *perf* что heat *a little* ‖ *imperf* подта́пливать 1 a

ft.	подтоплю́, -о́пишь, -о́пят
imp.	подтопи́, ∼те
pt.	подтопи́л
g.pt.a.	подтопи́в
p.pt.a.	подтопи́вший
p.pt.p.	подто́пленный

подтопи́ть[2] *perf* что overflow partially ‖ *imperf* подтопля́ть 2 a forms as подтопи́ть[1]

подтопля́ть *imperf of* подтопи́ть[2]

подточи́ть *perf* что 1. sharpen, give an edge to 2. eat, gnaw 3. *fig* undermine ‖ *imperf* подта́чивать 1 a

ft.	подточу́, -о́чишь, -о́чат
imp.	подточи́, ~те
pt.	подточи́л
g.pt.a.	подточи́в
p.pt.a.	подточи́вший
p.pt.p.	подто́ченный

подтру́нивать *imperf of* подтруни́ть

подтруни́ть *perf* над кем-чем make fun (of), chaff, banter, kid ‖ *imperf* подтру́нивать 1a

ft.	подтруню́, -ни́шь, -ня́т
imp.	подтруни́, ~те
pt.	подтруни́л
g.pt.a.	подтруни́в
p.pt.a.	подтруни́вший

подтушева́ть *perf* что retouche ‖ *imperf* подтушёвывать 1a

ft.	подтушу́ю, -у́ешь, -у́ют
imp.	подтушу́й, ~те
pt.	подтушева́л
g.pt.a.	подтушева́в
p.pt.a.	подтушева́вший
p.pt.p.	подтушёванный

подтушёвывать *imperf of* подтушева́ть

подтыка́ть *imperf of* подоткну́ть

потя́гивать(ся) *imperf of* подтяну́ть(ся)

подтяну́ть 7 *perf* **1.** что pull up **2.** кого-что draw up **3.** что pull **4.** кого-что *mil* bring up *troops* **5.** *fig* кого-что *coll* tighten up *discipline* **6.** *without object* sing up, sing out **7.** *impers coll* grow thinner, lose weight ‖ *imperf* подтя́гивать 1a

ft.	подтяну́, -я́нешь, -я́нут
p.pt.p.	подтя́нутый

подтяну́ться *perf* **1.** tighten *one's* belt **2.** *sports* pull oneself up **3.** *mil, of troops* come up, bring up **4.** *fig coll* pull *one's* socks up ‖ *imperf* подтя́гиваться

подума́ть 1 *perf* **1.** *perf of* ду́мать **2.** muse *for some time* **3.** *imp.* поду́май(те) *or infinitive* поду́мать *usu with* то́лько: поду́мать то́лько! just think!

поду́маться *perf impers* кому́ *coll* occur

поду́мывать 1a *imperf coll* **1.** keep thinking **2.** *with infinitive* intend to do *smth*

подура́чить *perf* кого-что *coll* chaff, banter, kid *a little*

ft.	подура́чу, -чишь, -чат
imp.	подура́чь, ~те
pt.	подура́чил
g.pt.a.	подура́чив
p.pt.a.	подура́чивший

подура́читься *perf coll* fool about *a little*

подури́ть *perf coll* fool about

ft.	подурю́, -ри́шь, -ря́т
imp.	подури́, ~те
pt.	подури́л
g.pt.a.	подури́в
p.pt.a.	подури́вший

подурне́ть 3 *perf* loose *one's* good looks

поду́ть *perf* **1.** begin to blow **2.** blow *for a while*

ft.	поду́ю, -у́ешь, -у́ют
imp.	поду́й, ~те
pt.	поду́л
g.pt.a.	поду́в
p.pt.a.	поду́вший

поду́чивать(ся) *imperf of* подучи́ть(ся)

подучи́ть *perf* кого-что *coll* **1.** teach *a little* **2.** learn better ‖ *imperf* поду́чивать 1a

ft.	подучу́, -у́чишь, -у́чат
imp.	подучи́, ~те
pt.	подучи́л
g.pt.a.	подучи́в
p.pt.a.	подучи́вший
p.pt.p.	поду́ченный

подучи́ться *perf coll* learn *a little* more ‖ *imperf* поду́чиваться

подуши́ть[1] *perf* кого-что *coll* strangle *many*

ft.	подушу́, -у́шишь, -у́шат
imp.	подуши́, ~те
pt.	подуши́л
g.pt.a.	подуши́в
p.pt.a.	подуши́вший
p.pt.p.	поду́шенный

подуши́ть[2] *perf* кого-что spray perfume on *smb*
forms as подуши́ть[1]

подуши́ться *perf* put a touch of perfume on *one's face etc.*

подхали́мничать 1a *imperf coll* toady (to), fawn (upon)

подхвати́ть *perf* **1.** кого-что catch *smb* from underneath **2.** кого-что catch *in mid-air, in flight* **3.** кого-что take along *smb* **4.** *fig* что *coll* catch *an illness* **5.** что pick up, hit on, come across **6.** *of horses* run away, bolt **7.** что *sub* take up *smth* **8.** что join in singing, sing up ‖ *imperf* подхва́тывать 1a

ft.	подхвачу́, -а́тишь, -а́тят
imp.	подхвати́, ~те
pt.	подхвати́л
g.pt.a.	подхвати́в

p.pt.a. подхвати́вший
p.pt.p. подхва́ченный

подхва́тывать *imperf of* подхвати́ть

подхлестну́ть 7 *perf* кого́-что **1.** whip up **2.** *fig coll* incite, encourage ‖ *imperf* подхлёстывать 1 a
p.pt.p. подхлёстнутый

подхлёстывать *imperf of* подхлестну́ть

подходи́ть *imperf of* подойти́
pr. подхожу́, -о́дишь, -о́дят
imp. подходи́, ~те
pt. подходи́л
g.pr.a. подходя́
p.pr.a. подходя́щий
p.pt.a. подходи́вший

подцепи́ть *perf* что **1.** *coll* hook **2.** pick up from under **3.** *fig coll* pick up **4.** *sub* pinch ‖ *imperf* подцепля́ть 2 a
ft. подцеплю́, -е́пишь, -е́пят
imp. подцепи́, ~те
pt. подцепи́л
g.pt.a. подцепи́в
p.pt.a. подцепи́вший
p.pt.p. подце́пленный

подцепля́ть *imperf of* подцепи́ть

подча́ливать *imperf of* подча́лить

подча́лить *perf* **1.** put in [pull in] to the shore **2.** что moor ‖ *imperf* подча́ливать 1 a
ft. подча́лю, -лишь, -лят
imp. подча́ль, ~те
pt. подча́лил
g.pt.a. подча́лив
p.pt.a. подча́ливший
p.pt.p. подча́ленный

подчёркивать *imperf of* подчеркну́ть

подчеркну́ть 7 *perf* что **1.** underscore, underline **2.** *fig* stress, emphasize ‖ *imperf* подчёркивать 1 a
p.pt.p. подчёркнутый

подчини́ть *perf* кого́-что **1.** subject **2.** кому́-чему make dependent **3.** кому́-чему subordinate, subdue **4.** чему *gram* subordinate ‖ *imperf* подчиня́ть 2 a
ft. подчиню́, -ни́шь, -ня́т
imp. подчини́, ~те
pt. подчини́л
g.pt.a. подчини́в
p.pt.a. подчини́вший
p.pt.p. подчинённый; подчинён, -ена́

подчини́ться *perf* submit, obey ‖ *imperf* подчиня́ться

подчиня́ть(ся) *imperf of* подчини́ть(ся)

подчи́стить *perf* что **1.** clean [scour, brush] extra **2.** rub out, erase **3.** *coll* eat up, polish off **4.** prune *trees* ‖ *imperf* подчища́ть 2 a
ft. подчи́щу, -и́стишь, -и́стят
imp. подчи́сти *and* подчи́сть, подчи́стите
pt. подчи́стил
g.pt.a. подчи́стив
p.pt.a. подчи́стивший
p.pt.p. подчи́щенный

подчита́ть 2 *perf* что *coll* read through ‖ *imperf* подчи́тывать 1 a

подчи́тывать *imperf of* подчита́ть

подчища́ть *imperf of* подчи́стить

подшепну́ть 7 *perf* что *coll* whisper ‖ *imperf* подшёптывать 1 a

подшёптывать *imperf of* подшепну́ть

подшиба́ть *imperf of* подшиби́ть

подшиби́ть *perf* кого́-что *sub* **1.** hurt with a blow **2.** knock over ‖ *imperf* подшиба́ть 2 a
ft. подшибу́, -бёшь, -бу́т
imp. подшиби́, ~те
pt. подши́б, ~ла
g.pt.a. подшиби́в* *and* подшибя́*
p.pt.p. подши́бленный

подшива́ть *imperf of* подши́ть

подши́ть *perf* что **1.** sew underneath **2.** sole **3.** hem **4.** file **5.** nail *a board etc.* ‖ *imperf* подшива́ть 2 a
ft. подошью́, -шьёшь, -шью́т
imp. подше́й, ~те
pt. подши́л
g.pt.a. подши́в
p.pt.a. подши́вший
p.pt.p. подши́тый

подшпи́ливать *imperf of* подшпи́лить

подшпи́лить *perf* что pin ‖ *imperf* подшпи́ливать 1 a
ft. подшпи́лю, -лишь, -лят
imp. подшпи́ль, ~те
pt. подшпи́лил
g.pt.a. подшпи́лив
p.pt.a. подшпи́ливший
p.pt.p. подшпи́ленный

подшто́пать 1 *perf* darn *linen* ‖ *imperf* подшто́пывать 1 a

подшто́пывать *imperf of* подшто́пать

подштукату́ривать *imperf of* подштукату́рить

подштукату́рить *perf* что stucco [plaster] partially ‖ *imperf* подштукату́ривать 1 a

ft. подштукату́рю, -ришь, -рят
imp. подштукату́рь, ~те
pt. подштукату́рил
g.pt.a. подштукату́рив
p.pt.a. подштукату́ривший
p.pt.p. подштукату́ренный

подшути́ть *perf* над кем-чем make fun (of), play *smb* a trick ‖ *imperf* подшу́чивать 1 a
ft. подшучу́, -у́тишь, -у́тят
imp. подшути́, ~те
pt. подшути́л
g.pt.a. подшути́в
p.pt.a. подшути́вший

подшу́чивать *imperf of* подшути́ть

подъеда́ть *imperf of* подъе́сть

подъезжа́ть *imperf of* подъе́хать

подъе́сть *perf* что 1. *coll* eat at, eat into 2. *sub* eat up, finish off, polish off 3. *sub* eat extra ‖ *imperf* подъеда́ть 2 a
ft. подъе́м, -е́шь, -е́ст, -еди́м, -еди́те, -едя́т
imp. подъе́шь, ~те
pt. подъе́л
g.pt.a. подъе́в
p.pt.a. подъе́вший
p.pt.p. подъе́денный

подъе́хать *perf* к кому-чему 1. drive up (to); ride up (to) 2. *sub* call on *smb* 3. *sub* get round *smb* ‖ *imperf* подъезжа́ть 2 a
ft. подъе́ду, -е́дешь, -е́дут
imp. подъезжа́й, ~те
pt. подъе́хал
g.pt.a. подъе́хав
p.pt.a. подъе́хавший

подъя́ть *perf* кого-что *obs* lift, heave ‖ *imperf sub* подыма́ть, forms ib.
ft. поды́му, -ы́мешь, -ы́мут *sub*
imp. подыми́, ~те *sub*
pt. подъя́л *obs*
g.pt.a. подъя́в *obs*
p.pt.a. подъя́вший *obs*
p.pt.p. подъя́тый *obs*

подыгра́ть 2 *perf* кому-чему *coll mus* accompany, vamp; *theat* act as foil to ‖ *imperf* поды́грывать 1 a

подыгра́ться *perf of* поды́грываться

поды́грывать *imperf of* подыгра́ть

поды́грываться 1 a *imperf* к кому-чему *and* под кого-что *coll* ingratiate oneself (with) ‖ *perf* подыгра́ться 2

подыма́ть *imperf of* подъя́ть
pr. подыма́ю, -а́ешь, -а́ют *sub and* подъе́млю, -лешь, -лют *obs*

imp. подыма́й, ~те *sub and* подъе́мли, ~те *obs*
pt. подыма́л
g.pr.a. подыма́я *obs and* подъе́мля *obs*
p.pr.a. подыма́ющий *sub and* подъе́млющий *obs*
p.pt.a. подыма́вший
p.pr.p. подыма́емый *sub and* подъе́млемый *obs*

подыска́ть *perf* кого-что find, try to find, seek out ‖ *imperf* поды́скивать 1 a
ft. подыщу́, -ы́щешь, -ы́щут
imp. подыщи́, ~те
pt. подыска́л
g.pt.a. подыска́в
p.pt.a. подыска́вший
p.pt.p. поды́сканный

поды́скивать *imperf of* подыска́ть

подыто́живать *imperf of* подыто́жить

подыто́жить *perf* что 1. add up 2. draw a balance; draw a conclusion ‖ *imperf* подыто́живать 1 a
ft. подыто́жу, -жишь, -жат
imp. подыто́жь, ~те
pt. подыто́жил
g.pt.a. подыто́жив
p.pt.a. подыто́живший
p.pt.p. подыто́женный

подыха́ть *imperf of* подо́хнуть

подыша́ть *perf* 1. *usu with* чем catch a breath of fresh air 2. на кого-что breathe (on)
ft. подышу́, -ы́шишь, -ы́шат
imp. подыши́, ~те
pt. подыша́л
g.pt.a. подыша́в
p.pt.a. подыша́вший

поеда́ть 2 a *imperf* 1. *imperf of* пое́сть 2. что eat up

пое́здить *perf coll* travel about *a lot*
ft. пое́зжу, -здишь, -здят
imp. пое́зди, ~те
pt. пое́здил
g.pt.a. пое́здив
p.pt.a. пое́здивший

пое́сть *perf* 1. что *or* чего́ eat *a little*, have a meal, bite 2. что *sub* eat up ‖ *imperf* поеда́ть 2 a *with* 2
ft. пое́м, -е́шь, -е́ст, -еди́м, -еди́те, -едя́т
imp. пое́шь, ~те
pt. пое́л
g.pt.a. пое́в

p.pt.a.	поéвший
p.pt.p.	поéденный *with* 2

поéхать *perf* **1.** set off, depart **2.** *coll* slide down, glide down **3.** *fig sub* fly into a temper, lose *one's* self-control, let oneself go **4.**: поéхали! *coll as imp.* come along!, let's start!, here we go!

ft.	поéду, -дешь, -дут
imp.	(поезжáй, ~те)
pt.	поéхал
g.pt.a.	поéхав
p.pt.a.	поéхавший

поехи́дничать 1 *perf coll* speak maliciously [spitefully], make venomous remarks *for a while*

пожáдничать 1 *perf* be greedy

пожалéть *perf of* жалéть

пожáловать 4 *perf* **1.** *perf of* жáловать **2.** *obs imp. only* пожáлуй(те)! please, give **3.** к комý-чемý *obs, iron* visit *smb* **4.** *imp.* пожáлуйте! *obs* please, come in

пожáловатьс я *perf of* жáловаться

пожáрить *perf* когó-что roast, fry *for a while*

ft.	пожáрю, -ришь, -рят
imp.	пожáрь, ~те
pt.	пожáрил
g.pt.a.	пожáрив
p.pt.a.	пожáривший
p.pt.p.	пожáренный

пожáть[1] *perf* когó-что **1.** press; пожáть рýку комý-н. shake hands with *smb*, press *smb's* hand **2.** press *for a while* **3.**: пожáть плечáми shrug *one's* shoulders ‖ *imperf* пожимáть 2a

ft.	пожмý, -мёшь, -мýт
imp.	пожми́, ~те
pt.	пожáл
g.pt.a.	пожáв
p.pt.a.	пожáвший
p.pt.p.	пожáтый

пожáть[2] *perf* что **1.** *obs* reap, harvest **2.** *fig* reap *the fruits of one's labour*, earn, win ‖ *imperf* пожинáть 2a *with* 2

ft.	пожнý, -нёшь, -нýт
imp.	пожни́, ~те
pt.	пожáл
g.pt.a.	пожáв
p.pt.a.	пожáвший
p.pt.p.	пожáтый

пожáться *perf* huddle up ‖ *imperf* пожимáться 2a
forms follow пожáть[1]

пождáть *perf* когó-что *or without object coll* wait for somebody *for some time*

ft.	пождý, -дёшь, -дýт
imp.	пожди́, ~те
pt.	пождáл, -алá, -áло
g.pt.a.	пождáв
p.pt.a.	пождáвший

пожевáть *perf* **1.** что chew, masticate *for a while* **2.** что *or* чегó *or without object sub* have a snack [a bite]

ft.	пожую́, -уёшь, -ую́т
imp.	пожуй́, ~те
pt.	пожевáл
g.pt.a.	пожевáв
p.pt.a.	пожевáвший
p.pt.p.	пожёванный

пожёвывать 1a *imperf* что *or without object coll* chew *from time to time*

пожелáть *perf of* желáть

пожелтéть 3 *perf* turn yellow

поженúть *perf* **1.** когó-что на ком *coll* marry *smb* (to *smb*) **2.** когó-что marry *a couple*

ft.	поженю́, -éнишь, -éнят
imp.	пожени́, ~те
pt.	поженúл
g.pt.a.	поженúв
p.pt.a.	поженúвший
p.pt.p.	поженéнный

поженúться *perf coll* **1.** get married **2.** *singular not used, of a couple* marry

пожéртвовать *perf of* жéртвовать

пожéчь *perf* что **1.** burn *smth* down **2.** *coll* use too much, waste *firewood, coal* etc. **3.** burn *for some time* ‖ *imperf* пожигáть 2a

ft.	пожгý, пожжёшь, пожгýт
imp.	пожги́, ~те
pt.	пожёг, пожглá
g.pt.a.	пожёгши
p.pt.a.	пожёгший
p.pt.p.	пожжённый; пожжён, -енá

поживáть 2a *imperf* live; как поживáешь? how are you?

поживúться *perf* чем *or* на чём enrich oneself at the expense of *smb*

ft.	поживлю́сь, -вúшься, -вя́тся
imp.	поживи́сь, -и́тесь
pt.	поживúлся, -лась
g.pt.a.	поживúвшись
p.pt.a.	пошивúвшийся

пожигáть *imperf of* пожéчь

пожимáть *imperf of* пожáть[1]

пожима́ться *imperf of* пожа́ться

пожина́ть *imperf of* пожа́ть[2]

пожира́ть 2a *imperf* кого́-что **1.** devour **2.** *fig* destroy, consume *by fire, etc.*; *of feelings* gnaw, consume ‖ *perf* пожра́ть, forms ib.

пожи́ть *perf* **1.** live, spend *some time* **2.** *coll* enjoy life
ft.	поживу́, -вёшь, -ву́т
imp.	поживи́, ~те
pt.	по́жил, пожила́, по́жило *and coll* пожи́л, пожи́ло
g.pt.a.	пожи́в
p.pt.a.	пожи́вший
p.pt.p.	по́житый; по́жит, пожита́, по́жито

пожра́ть *perf* **1.** *perf of* пожира́ть **2.** кого́ *or* чего́ *or without object coarse sub* eat
ft.	пожру́, -рёшь, -ру́т
imp.	пожри́, ~те
pt.	пожра́л, -ала́, -а́ло
g.pt.a.	пожра́в
p.pt.a.	пожра́вший
p.pt.p.	по́жранный

пожури́ть *perf* кого́-что *coll* reprove, rebuke, scold
ft.	пожурю́, -ри́шь, -ря́т
imp.	пожури́, ~те
pt.	пожури́л
g.pt.a.	пожури́в
p.pt.a.	пожури́вший
p.pt.p.	пожурённый; пожурён, -ена́

позаба́вить *perf* кого́-что amuse
ft.	позаба́влю, -а́вишь, -а́вят
imp.	позаба́вь, ~те
pt.	позаба́вил
g.pt.a.	позаба́вив
p.pt.a.	позаба́вивший
p.pt.p.	позаба́вленный

позабо́титься *perf of* забо́титься
ft.	позабо́чусь, -о́тишься, -о́тятся
imp.	позабо́ться, -тьтесь
pt.	позабо́тился, -лась
g.pt.a.	позабо́тившись
p.pt.a.	позабо́тившийся

позабыва́ть *imperf of* позабы́ть

позабы́ть *perf* кого́-что *or* о ком-чём *or with infinitive* forget *smth*, forget about *smth*, forget to do *smth* ‖ *imperf* позабыва́ть 2a
ft.	позабу́ду, -дешь, -дут
imp.	позабу́дь, ~те
pt.	позабы́л

g.pt.a.	позабы́в
p.pt.a.	позабы́вший
p.pt.p.	позабы́тый

позави́довать 4 *perf* кому́-чему́ envy *smb*, be envious of *smb*

поза́втракать 1 *perf* (have) breakfast

позаи́мствовать 4 *perf* что (у кого́) **1.** adopt, borrow (from) **2.** *coll* borrow *money*

поза́риться *perf* на кого́-что *sub* have *one's* eye (on), hanker (after)
ft.	поза́рюсь, -ришься, -рятся
imp.	поза́рься, -рьтесь
pt.	поза́рился, -лась
g.pt.a.	поза́рившись
p.pt.a.	поза́рившийся

позва́ть *perf* кого́-что call, invite
ft.	позову́, -вёшь, -ву́т
imp.	позови́, ~те
pt.	позва́л, -ала́, -а́ло
g.pt.a.	позва́в
p.pt.a.	позва́вший
p.pt.p.	по́званный; по́зван, позвана́, по́звано

позво́лить *perf* кому́-чему́ **1.** что *or with infinitive* allow, permit **2.** *1st and 2nd pers not used, with infinitive* allow to do *smth*, enable *smth*, permit *smth* **3.** *imp.* позво́ль-(те) *is used as an objection to smth, e.g.* pardon me, but ..., I regret to say that ... ‖ *imperf* позволя́ть 2a
ft.	позво́лю, -лишь, -лят
imp.	позво́ль, ~те
pt.	позво́лил
g.pt.a.	позво́лив
p.pt.a.	позво́ливший
p.pt.p.	позво́ленный

позволя́ть *imperf of* позво́лить

позвони́ть *perf of* звони́ть
ft.	позвоню́, -ни́шь, -ня́т
imp.	позвони́, ~те
pt.	позвони́л
g.pt.a.	позвони́в
p.pt.a.	позвони́вший

позвони́ться *perf of* звони́ться

поздоро́ваться *perf of* здоро́ваться

поздорове́ть 3 *perf* recover, get better

поздра́вить *perf* кого́-что с чем congratulate (on, about) ‖ *imperf* поздравля́ть 2a
ft.	поздра́влю, -вишь, -вят
imp.	поздра́вь, ~те
pt.	поздра́вил
g.pt.a.	поздра́вив

p.pt.a.   поздра́вивший
p.pt.p.   поздра́вленный

поздравля́ть *imperf of* поздра́вить

позева́ть 2 *perf* **1.** yawn *several times* **2.** на кого́-что *coll* cast glances (at)

позёвывать 1а *imperf coll* yawn *from time to time*

позелене́ть 3 *perf* **1.** *of nature* become green **2.** become green; *fig* turn green with rage [envy] **3.** be covered with patina

позелени́ть *perf* что paint green, green
ft.   позеленю́, -ни́шь, -ня́т
imp.   позелени́, ~те
pt.   позелени́л
g.pt.a.   позелени́в
p.pt.a.   позелени́вший
p.pt.p.   позеленённый; позеленён, -ена́

пози́ровать 4а *imperf* **1.** кому́ sit, pose **2.** pose, be a poseur

позлати́ть *perf* что *bookish* gild ‖ *imperf* позлаща́ть 2а
ft.   позлащу́, -ати́шь, -атя́т
imp.   позлати́, ~те
pt.   позлати́л
g.pt.a.   позлати́в
p.pt.a.   позлати́вший
p.pt.p.   позлащённый; озлащён, -ена́

позлаща́ть *imperf of* позлати́ть

позли́ть *perf* кого́-что *coll* take a rise out of
ft.   позлю́, -ли́шь, -ля́т
imp.   позли́, ~те
pt.   позли́л
g.pt.a.   позли́в
p.pt.a.   позли́вший
p.pt.p.   позлённый; позлён, -ена́

познаба́ливать 1а *impers imperf* кого́-что *coll* feel feverish, shiver *from time to time*

познава́ть *imperf of* позна́ть
pr.   познаю́, -аёшь, -аю́т
imp.   познава́й, ~те
pt.   познава́л
g.pr.a.   познава́я
p.pr.a.   познаю́щий
p.pt.a.   познава́вший
p.pr.p.   познава́емый

познава́ться, *1st and 2nd pers not used, imperf* find out *who is one's friend*

познако́мить *perf of* знако́мить
ft.   познако́млю, -мишь, -мят
imp.   познако́мь, ~те
pt.   познако́мил
g.pt.a.   познако́мив

p.pt.a.   познако́мивший
p.pt.p.   познако́мленный

познако́миться *perf of* знако́миться

позна́ть 2 *perf* **1.** что recognize, know **2.** кого́-что become well acquainted (with) **3.** что experience, go through ‖ *imperf* познава́ть, forms ib.

позолоти́ть *perf* что gild
ft.   позолочу́, -оти́шь, -отя́т
imp.   позолоти́, ~те
pt.   позолоти́л
g.pt.a.   позолоти́в
p.pt.a.   позолоти́вший
p.pt.p.   позоло́ченный

позонди́ровать *perf of* зонди́ровать

позо́рить *imperf* кого́-что disgrace, defame. — (о-)
pr.   позо́рю, -ришь, -рят
imp.   позо́рь, ~те
pt.   позо́рил
g.pr.a.   позо́ря
p.pr.a.   позо́рящий
p.pt.a.   позо́ривший

позо́риться *imperf* disgrace oneself. — (о-)

позыва́ть *impers imperf* кого́-что (на что) *or without object coll med* feel an inclination (to)
pr.   позыва́ет
pt.   позыва́ло

поигра́ть 2 *perf* play *a little*

поигрывать 1а *imperf coll* play *from time to time*

поиздева́ться 2 *perf* над кем-чем take a rise out of

поиздержа́ть *perf* что *coll* spend *money*
ft.   поиздержу́, -е́ржишь, -е́ржат
imp.   поиздержи́, ~те
pt.   поиздержа́л
g.pt.a.   поиздержа́в
p.pt.a.   поиздержа́вший
p.pt.p.   поизде́ржанный

поиздержа́ться *perf coll* spend a certain sum of money, spend *one's* money

поизмыва́ться 2 *perf* над кем-чем *coll* jeer (at), scoff (at), mock (at) *for a time*

поизноси́ться, *1st and 2nd pers not used, perf coll* wear out *one's clothes*
ft.   поизно́сится, -сятся
pt.   поизноси́лся, -лась
g.pt.a.   поизноси́вшись
p.pt.a.   поизноси́вшийся

поименова́ть 5 *perf* кого́-что call, name

оинтересова́ться 5 *perf* чем show *one's* interest (in), inquire (about), be *a little* пcurious

поиска́ть *perf* кого́-что look for, try to find
ft.	поищу́, -и́щешь, -и́щут
imp.	поищи́, ~те
pt.	поиска́л
g.pt.a.	поиска́в
p.pt.a.	поиска́вший
p.pt.p.	по́исканный*

поиспо́ртить *perf* что *coll* damage, cause damage to
ft.	поиспо́рчу, -ртишь, -ртят
imp.	поиспо́рти, ~те *and coll* поиспо́рть, ~те
pt.	поиспо́ртил
g.pt.a.	поиспо́ртив
p.pt.a.	поиспо́ртивший
p.pt.p.	поиспо́рченный

поиспо́ртиться, *1st and 2nd pers not used, perf coll, of food* deteriorate, go bad, spoil; go to the bad

поистра́тить *perf* что *coll* spend a part of
ft.	поистра́чу, -а́тишь, -а́тят
imp.	поистра́ть, ~те
pt.	поистра́тил
g.pt.a.	поистра́тив
p.pt.a.	поистра́тивший
p.pt.p.	поистра́ченный

пои́ть *imperf* кого́-что give to drink; *coll* offer *smb* alcoholic beverages; water cattle. — (на-)
pr.	пою́, по́ишь, по́ят
imp.	пои́, ~те
pt.	пои́л
g.pr.a.	поя́
p.pr.a.	поя́щий
p.pt.a.	пои́вший
p.pt.p.	по́енный *and* поённый

пойма́ть *perf of* лови́ть

пойти́ *perf* **1.** *perf of* идти́ **2.** set off; send, dispatch *letter* **3.** begin to spread **4.** *singular preterite only* пошёл!, пошла́! *as command coll* go away!, *with* вон off with you! **5.** : пошли́! *coll as imperative* let us go! **6.** *with infinitive of imperf verb coll* begin to rain etc., start
ft.	пойду́, пойдёшь, пойду́т
imp.	пойди́, ~те *and coll* поди́, ~те
pt.	пошёл, пошла́
g.pt.a.	пойдя́ *and sub* поше́дши
p.pt.a.	поше́дший

показа́ть *perf* **1.** кого́-что кому́-чему́ show, let see **2.** кому́-чему́ на кого́-что point (to) **3.** кого́-что prove *smth* **4.** *1st and 2nd pers not used* что *of instrument* indicate *level* **5.** *with conjunction* что testify *in court*; показа́ть на кого́-н. make an incriminatory statement against *smb* **6.** кому́-чему́ *coll* show *smb*, learn *smb* ‖ *imperf* пока́зывать 1a
ft.	покажу́, -а́жешь, -а́жут
imp.	покажи́, ~те
pt.	показа́л
g.pt.a.	показа́в
p.pt.a.	показа́вший
p.pt.p.	пока́занный

показа́ться *perf* **1.** *perf of* каза́ться **2.** show oneself [itself] **3.** куда́-н. к кому́-н. appear before, show up **4.** see (a doctor) **5.** *coll* please *smb* **6.**: мне показа́лось it seemed to me ‖ *imperf* пока́зываться

пока́зывать(ся) *imperf of* показа́ть(ся)

покале́чить *perf* кого́-что *coll* mutilate, cripple, lame, maim
ft.	покале́чу, -чишь, -чат
imp.	покале́чь, ~те
pt.	покале́чил
g.pt.a.	покале́чив
p.pt.a.	покале́чивший
p.pt.p.	покале́ченный

покале́читься *perf coll* become a cripple, be crippled, be maimed, be multilated

пока́лывать 1a *imperf* кого́-что sting *occasionally; impers, a.* в чём have a stitch *from time to time,* feel *an occasional* pain

покаля́кать 1 *perf sub* have a chat

пока́пывать 1a *imperf coll* drip, trickle *from time to time*

покара́ть *perf of* кара́ть

покарау́лить *perf* кого́-что *coll* keep watch on [over] *for a short time*
ft.	покарау́лю, -лишь, -лят
imp.	покарау́ль, ~те
pt.	покарау́лил
g.pt.a.	покарау́лив
p.pt.a.	покарау́ливший

поката́ть 2 *perf* кого́-что **1.** take for a drive **2.** roll about

поката́ться *perf* go for a ride *for a while*

покати́ть *perf* **1.** что roll, start rolling **2.** *coll* roll off swiftly; bowl along
ft.	покачу́, -а́тишь, -а́тят
imp.	покати́, ~те
pt.	покати́л
g.pt.a.	покати́в
p.pt.a.	покати́вший
p.pt.p.	пока́ченный *with* 1

покати́ться *perf* **1.** start rolling; slide downhill **2.** *of tears, sweat etc.* run

покача́ть 2 *perf* **1.** кого-что rock, swing *for a while* **2.** что pump *a little* **3.** чем shake *one's* head

покача́ться *perf* swing *for a while*

пока́чивать 1а *imperf* **1.** кого-что *or* чем rock, swing *a little* **2.** *impers* rock, roll, lurch

пока́чиваться *imperf* rock, swing; walk with unsteady steps, stagger, totter

покачну́ть 7 *perf* что rock

покачну́ться *perf* **1.** start rocking **2.** *fig coll of health* deteriorate

пока́шливать 1а *imperf* cough *occasionally*

пока́шлять 1 *perf* cough *several times*

пока́яться *perf of* ка́яться
ft.	пока́юсь, -а́ешься, -а́ются
imp.	пока́йся, -а́йтесь
pt.	пока́ялся, -лась
g.pt.a.	пока́явшись
p.pt.a.	пока́явшийся

поквита́ться 2 *perf* с кем-чем *coll* settle up with; *fig* be quits (with)

покива́ть 2 *perf* чем nod *several times*

покида́ть¹ 2 *perf* что *or* чем *coll* throw away; throw *smth* at *sometimes or a little*

покида́ть² *imperf of* поки́нуть

поки́нуть 6 *perf* кого-что **1.** leave, abandon **2.** leave *a place* **3.** disappear ‖ *imperf* покида́ть 2а
imp.	поки́нь, ~те
p.pt.p.	поки́нутый

поклева́ть *perf* **1.** что peck up *everything* **2.** что *or* чего́ peck *a little* **3.** что, *a. without object* peck *for a while*
ft.	поклюю́, -юёшь, -юю́т
imp.	поклю́й, ~те
pt.	поклева́л
g.pt.a.	поклева́в
p.pt.a.	поклева́вший
p.pt.p.	поклёванный

поклепа́ть *perf* кого-что *or* на кого-что *sub obs* defame, cast aspersions on, denigrate
ft.	поклеплю́, -е́плешь, -е́плют
imp.	поклепли́, ~те *and* поклепи́, ~те
pt.	поклепа́л
g.pt.a.	поклепа́в
p.pt.a.	поклепа́вший
p.pt.p.	покле́пленный

покли́кать *perf* кого-что *or without object sub* call
ft.	покли́чу, -и́чешь, -и́чут
imp.	покли́чь, ~те
pt.	покли́кал
g.pt.a.	покли́кав
p.pt.a.	покли́кавший

поклони́ться *perf of* кла́няться
ft.	поклоню́сь, -о́нишься, -о́нятся
imp.	поклони́сь, -и́тесь
pt.	поклони́лся, -лась
g.pt.a.	поклони́вшись
p.pt.a.	поклони́вшийся

поклоня́ться 2а *imperf* кому-чему **1.** *rel* worship **2.** admire *smb*

покля́сться *perf of* кля́сться
ft.	покляну́сь, -нёшься, -ну́тся
imp.	покляни́сь, -и́тесь
pt.	покля́лся, -яла́сь, -яло́сь *and coll* -я́лось
g.pt.a.	покля́вшись
p.pt.a.	покля́вшийся

покове́ркать 1 *perf* кого-что *coll* distort

поковыля́ть 2 *perf coll* hobble off; *of child* toddle

поковыря́ть 2 *perf* что *or* в чём *coll* pick at

поко́ить *imperf* кого-что *obs* leave alone, leave in peace
pr.	поко́ю, -о́ишь, -о́ят
imp.	поко́й, ~те
pt.	поко́ил
g.pr.a.	поко́я
p.pr.a.	поко́ящий
p.pt.a.	поко́ивший
p.pt.p.	поко́енный

поко́иться *imperf* **1.** *obs* rest, be buried, lie **2.** на чём rest (on), repose (on); *fig* be based (on)

поколеба́ть *perf* **1.** кого-что shake **2.** *fig* cause *smb* to hesitate [to doubt]
ft.	поколе́блю, -лешь, -лют
imp.	поколе́бли, ~те
pt.	поколеба́л
g.pt.a.	поколеба́в
p.pt.a.	поколеба́вший
p.pt.p.	поколе́бленный

поколеба́ться *perf* **1.** shake **2.** *fig* become hesitant **3.** *fig* doubt, hesitate, vacillate

поколоти́ть *perf* **1.** что, *a.* по чему *or* во что *or without object coll* hit *for a while* **2.** кого-что *coll* beat, thrash **3.** кого-что *sub* kill **4.** что *sub* break, smash *everything*

ft.	поколочу́, -о́тишь, -о́тят
imp.	поколоти́, ~те
pt.	поколоти́л
g.pt.a.	поколоти́в
p.pt.a.	поколоти́вший
p.pt.p.	поколо́ченный

поколоти́ться *perf sub* **1.** beat, bang **2.** lead a miserable life **3.** smash *everything*

поко́мкать 1 *perf* что *coll* **1.** crumple *for a while* **2.** crumple, bunch up *everything*

поко́нчить *perf* **1.** что (*obs and sub*) or с чем finish **2.** с чем put an end to, do away with **3.** кого-что (*sub*) or с кем kill *smb*; поко́нчить с собо́й commit suicide

ft.	поко́нчу, -чишь, -чат
imp.	поко́нчи, ~те
pt.	поко́нчил
g.pt.a.	поко́нчив
p.pt.a.	поко́нчивший
p.pt.p.	поко́нченный

покорёжить *perf* кого-что *sub* bend

ft.	покорёжу, -жишь, -жат
imp.	покорёжь, ~те
pt.	покорёжил
g.pt.a.	покорёжив
p.pt.a.	покорёживший
p.pt.p.	покорёженный

покорёжиться, *1st and 2nd pers not used, perf sub* warp

покори́ть *perf* кого-что **1.** subdue, subjugate, conquer **2.** *fig* win *smb's* heart, fascinate, charm ‖ *imperf* покоря́ть 2a

ft.	покорю́, -ри́шь, -ря́т
imp.	покори́, ~те
pt.	покори́л
g.pt.a.	покори́в
p.pt.a.	покори́вший
p.pt.p.	покорённый; покорён, -ена́

покори́ться *perf* кому-чему **1.** submit (to) **2.** resign oneself *to one's fate* ‖ *imperf* покоря́ться

покорми́ть *perf* кого-что feed; feed *cattle*

ft.	покормлю́, -о́рмишь, -о́рмят
imp.	покорми́, ~те
pt.	покорми́л
g.pt.a.	покорми́в ·
p.pt.a.	покорми́вший
p.pt.p.	поко́рмленный

покорми́ться *perf*, *of cattle* feed

покоро́бить *perf* кого-что **1.** (*usu impers or only p.pt.p.*) bend, warp **2.** *fig coll* jar upon *smb*

ft.	покоро́блю, -бишь, -бят
imp.	покоро́бь, ~те
pt.	покоро́бил
g.pt.a.	покоро́бив
p.pt.a.	покоро́бивший
p.pt.p.	покоро́бленный

покоро́биться, *1st and 2nd pers not used, perf, of board etc.* bend, warp

поко́рствовать 4a *imperf* кому-чему́ *bookish obs* be submissive (to), be obedient (to), submit (to)

покоря́ть(ся) *imperf of* покори́ть(ся)

покоси́ть[1] *perf* кого-что **1.** *coll* mow away *or* down **2.** *a. without object* mow *for a while*

ft.	покошу́, -о́сишь, -о́сят
imp.	покоси́, ~те
pt.	покоси́л
g.pt.a.	покоси́в
p.pt.a.	покоси́вший
p.pt.p.	поко́шенный

покоси́ть[2] *perf* **1.** что *coll* slant, make oblique **2.** *impers* be aslant, be oblique, hang askew **3.** что *or* чем squint
| *ft.* | покошу́, -оси́шь, -ося́т |
other forms as покоси́ть[1]

покоси́ться *perf* **1.** slant **2.** на кого-что look askance (at)
forms follow покоси́ть[2]

покра́пать *perf* **1.** *1st and 2nd pers not used, of rain* spit, drizzle **2.** что spot, dot

ft.	покра́паю, -аешь, -ают *and* покра́плю, -лешь, -лют
imp.	покра́пай, ~те
pt.	покра́пал
g.pt.a.	покра́пав
p.pt.a.	покра́павший

покра́пывать 1a, *1st and 2nd pers not used, imperf* drizzle intermittently

покра́сить *perf* что **1.** colour, paint **2.** *a. without object* paint *for a while*

ft.	покра́шу, -а́сишь, -а́сят
imp.	покра́сь, ~те
pt.	покра́сил
g.pt.a.	покра́сив
p.pt.a.	покра́сивший
p.pt.p.	покра́шенный

покрасне́ть 3 *perf* **1.** grow red **2.** *of the face* redden

покра́сть *perf* кого-что *coll* steal *a lot*

ft.	покраду́, -дёшь, -ду́т
imp.	покради́, ~те
pt.	покра́л
g.pt.a.	покра́в

покрести́ть *perf* кого́-что **1.** make the sign of the cross over *smb several times*, bless, give a blessing **2.** *coll* baptize, christen
ft. покрещу́, -éстишь, -éстят
imp. покрести́, ~те
pt. покрести́л
g.pt.a. покрести́в
p.pt.a. покрести́вший
p.pt.p. покрещённый; покрещён, -ена́

покрести́ться *perf* **1.** cross oneself *several times* **2.** *coll* be baptized, be christened

покриви́ть *perf* **1.** что make crooked **2.** что twist *one's mouth* **3.:** покриви́ть душо́й *obs* dissemble, play the hypocrite
ft. покривлю́, -ви́шь, -вя́т
imp. покриви́, ~те
pt. покриви́л
g.pt.a. покриви́в
p.pt.a. покриви́вший
p.pt.p. покривлённый; покривлён, -ена́

покриви́ться *perf* **1.** become crooked **2.** twist *one's* face, grimace, make a wry face

покри́кивать 1a *imperf coll* **1.** cry, shout **2.** на кого́-что rate (at), shout (at)

покритикова́ть 5 *perf* кого́-что *coll* **1.** criticize, find fault (with) **2.** *a. without object* criticize *for a while*

покрича́ть *perf* **1.** shout *for a while* **2.** кого́-что *or without object* call *smb* with a shout
ft. покричу́, -чи́шь, -ча́т
imp. покричи́, ~те
pt. покрича́л
g.pt.a. покрича́в
p.pt.a. покрича́вший

покрови́тельствовать 4a *imperf* кому́-чему́ patronize; protect

покроши́ть *perf* что *or* чего́ crumble
ft. покрошу́, -óшишь, -óшат
imp. покроши́, ~те
pt. покроши́л
g.pt.a. покроши́в
p.pt.a. покроши́вший
p.pt.p. покро́шенный

покругле́ть 3 *perf* become round

покрушне́ть 3 *perf coll* become bigger

покрути́ть *perf* что *or* чем roll *for a while*
ft. покручу́, -у́тишь, -у́тят
imp. покрути́, ~те
pt. покрути́л

g.pt.a. покрути́в
p.pt.a. покрути́вший
p.pt.p. покру́ченный

покрыва́ть *imperf of* покры́ть

покрыва́ться 2a *imperf* **1.** *imperf of* покры́ться **2.** correspond, agree, tally

покры́ть *perf* кого́-что **1.** cover **2.** colour, paint **3.** чем cover the surface of *smth* (with), coat (with) **4.** drown *voice* **5.** defray *costs*; repay *debts* **6.** conceal **7.** cover *a certain distance* **8.** cover *cards* **9.** *coll* jeer at **10.** *fig* чем have *smth* in profusion **11.** *fig* чем cover (with) **12.** cover *cattle* ‖ *imperf* покрыва́ть 2a
ft. покро́ю, -óешь, -óют
imp. покро́й, ~те
pt. покры́л
g.pt.a. покры́в
p.pt.a. покры́вший
p.pt.p. покры́тый

покры́ться *perf* чем **1.** cover oneself **2.** be covered **3.** *of sound* be drowned ‖ *imperf* покрыва́ться

покряхте́ть *perf coll* groan *for a while*
ft. покряхчу́, -хти́шь, -хтя́т
imp. покряхти́, ~те
pt. покряхте́л
g.pt.a. покряхте́в
p.pt.a. покряхте́вший

покря́хтывать 1a *imperf coll* groan *from time to time*

покуми́ться *perf of* куми́ться
ft. покумлю́сь, -ми́шься, -мя́тся
imp. покуми́сь, -и́тесь
pt. покуми́лся, -лась
g.pt.a. покуми́вшись
p.pt.a. покуми́вшийся

покупа́ть[1] 2a *imperf* кого́-что **1.** buy **2.** bribe

покупа́ть[2] 2 *perf* кого́-что **1.** *coll* bath *smb* **2.** *coll* bath *smb for a time*

покупа́ться *perf* **1.** swim *for a while* **2.** *coll* take a bath, bathe

поку́ривать 1a *imperf coll* smoke intermittently

покури́ть *perf* **1.** что *or without object* have a smoke **2.** чем *or without object* smoke *for a while*
ft. покурю́, -у́ришь, -у́рят
imp. покури́, ~те
pt. покури́л
g.pt.a. покури́в
p.pt.a. покури́вший
p.pt.p. поку́ренный

покуса́ть 2 *perf* кого́-что **1.** bite *in many places*; его́ покуса́ли пчёлы he got stung by bees **2.** bite *one's* lips

покуси́ться *perf* **1.** на кого́-что *or with infinitive* attempt **2.** на что encroach (on) **3.** на кого́-что make an attempt on *smb's* life ‖ *imperf* покуша́ться 2a

ft.	покушу́сь, -уси́шься, -уся́тся
imp.	покуси́сь, -и́тесь
pt.	покуси́лся, -лась
g.pt.a.	покуси́вшись
p.pt.a.	покуси́вшийся

поку́сывать 1a *imperf* bite *from time to time*

поку́шать 1 *perf* что *or* чего́ *or without object, 1st pers not used in literary language, polite invitation* have a meal; он лю́бит поку́шать he is a big eater, he enjoys a good meal

покуша́ться *imperf of* покуси́ться

полага́ть 2a *imperf* **1.** *with conjunction* что. *a. with adjective (instrumental) or with infinitive* believe, think, assume, suppose **2.** кого́-что consider *smb* to be

полага́ться[1], *1st and 2nd pers not used, imperf* **1.** befit, become **2.** be due

полага́ться[2] *imperf of* положи́ться

пола́дить *perf* с кем-чем *coll* come to an understanding (with)

ft.	пола́жу, -а́дишь, -а́дят
imp.	пола́дь, ~те
pt.	пола́дил
g.pt.a.	пола́див
p.pt.a.	пола́дивший

пола́ивать 1a *imperf coll* bark *from time to time*

полака́ть 2 *perf* что *or* чего́ *of a dog* lap

пола́комить *perf* кого́-что offer *smb* dainties

ft.	пола́комлю, -мишь, -мят
imp.	пола́комь, ~те *and* пола́коми, ~те
pt.	пола́комил
g.pt.a.	пола́комив
p.pt.a.	пола́комивший
p.pt.p.	пола́комленный

пола́комиться *perf* чем regale (on, with) *for a while*

поласка́ть 2 *perf* кого́-что caress, fondle, pet

полеве́ть 3 *perf pol* shift to the left

полега́ть *imperf of* полѐчь

полегча́ть 2 *impers perf* кому́ *or without object, sub, of health* get better, improve

полежа́ть *perf* have a rest, lie down *for a while*

ft.	полежу́, -жи́шь, -жа́т
imp.	полежи́, ~те
pt.	полежа́л
g.pt.a.	полежа́в
p.pt.a.	полежа́вший

полёживать 1a *imperf coll* lie *a little, occasionally*

поле́зть *perf* **1.** во что, на что begin climbing **2.** во что (за чем): поле́зть в карма́н put *one's* hand into *one's* pocket

ft.	поле́зу, -зешь, -зут
imp.	поле́зь, ~те *and* полеза́й, ~те
pt.	поле́з, ~ла
g.pt.a.	поле́зши
p.pt.a.	поле́зший

полемизи́ровать 4a *imperf* с кем-чем enter into polemics (with), argue (with)

поле́ниваться 1a *imperf coll* be lazy, be idle

полени́ться *perf* **1.** be lazy *for a while* **2.** *with infinitive* be too lazy to do *smth*

ft.	поленю́сь, -е́нишься, -е́нятся
imp.	полени́сь, -и́тесь
pt.	полени́лся, -лась
g.pt.a.	полени́вшись
p.pt.a.	полени́вшийся

полета́ть 2 *perf* fly *a little*

полете́ть *perf* **1.** fly off **2.** *coll* be fired, get the sack **3.** *fig* dart off **4.** *fig* spread fast; come without delay **5.** pass rapidly

ft.	полечу́, -ети́шь, -етя́т
imp.	полети́, ~те
pt.	полете́л
g.pt.a.	полете́в
p.pt.a.	полете́вший

полечи́ть *perf* кого́-что cure *smb for a while*

ft.	полечу́, -е́чишь, -е́чат
imp.	полечи́, ~те
pt.	полечи́л
g.pt.a.	полечи́в
p.pt.a.	полечи́вший
p.pt.p.	поле́ченный

полечи́ться *perf* undergo a medical treatment *for a while*

полѐчь, *1st and 2nd pers sg not used, perf* **1.** *coll* lie down **2.** fall *in battle* **3.** *of crops* lie flat, be beaten down ‖ *imperf* полега́ть 2a *with* 3

ft.	поля́жет, -я́жем, -я́жете, -я́гут

pt.	полёг, -егла́
g.pt.a.	полёгши
p.pt.a.	полёгший

по́лзать 1a *imperf* **1.** *indef of* ползти́ **2.** *coll* humiliate [abase] oneself

ползти́ *imperf* **1.** *def, of beasts, insects* creep, crawl **2.** *fig coll* crawl [creep] along; *of rumours* spread, circulate **3.** glide, slide **4.** *of plants* climb **5.** *of path* meander **6.** *of time* drag on **7.** *of skin* peel [come] off **8.** glide [slip] down **9.** *of tissues* ravel out, fray **10.** *sub, of dough* have risen [fermented] | *indef* по́лзать 1a *with* 1

pr.	ползу́, -зёшь, -зу́т
imp.	ползи́, ~те
pt.	полз, ~ла́
g.pr.a.	ползя́
p.pr.a.	ползу́щий
p.pt.a.	по́лзший

полива́ть(ся) *imperf of* поли́ть(ся)

полиза́ть *perf* кого́-что lick *for a short while*

ft.	полижу́, -и́жешь, -и́жут
imp.	полижи́, ~те
pt.	полиза́л
g.pt.a.	полиза́в
p.pt.a.	полиза́вший
p.pt.p.	поли́занный

полилове́ть 3 *perf* become purple

полиня́ть 2, *1st and 2nd pers not used, perf* fade, lose colour

полирова́ть 5a *imperf* что polish. — (на-, от-)

политика́нствовать 4a *imperf contp* **1.** politicize **2.** intrigue

поли́ть *perf* **1.** кого́-что pour on, water **2.** begin pouring on **3.** pour *for a while* | *imperf* полива́ть 2a *with* 1

ft.	полью́, польёшь, польёт
imp.	поле́й, ~те
pt.	по́ли́л, полила́, по́ли́ло
g.pt.a.	поли́в
p.pt.a.	поли́вший
p.pt.p.	по́ли́тый; по́ли́т, полита́, по́ли́то

поли́ться *perf* **1.** pour on oneself **2.** *1st and 2nd pers not used* (*only* поли́лся) begin to pour | *imperf* полива́ться

pt.	поли́лся, -ила́сь, -и́ло́сь

полне́ть 3 *imperf* grow stout, put on weight. — (по-)

полни́ть, *1st and 2nd pers not used, imperf* кого́-что *coll* make *smb* look stout

pr.	плони́т, -ня́т

pt.	полни́л
g.pt.a.	полня́
p.pr.a.	полня́щий
p.pt.a.	полни́вший

по́лниться, *1st and 2nd pers not used, imperf* чем *bookish obs* fill (with)

pr.	по́лнится, -нятся
pt.	по́лнился, -лась
g.pr.a.	по́лнясь
p.pr.a.	по́лнящийся
g.pt.a.	по́лнившись
p.pt.a.	по́лнившийся

положи́ть *perf* **1.** *perf of* класть **2.** *with infinitive obs* decide **3.** *short form neuter* *p.pt.p.* положе́но *impers, with infinitive sub* one must, one should; так положе́но such is the custom **4.** *modal word* поло́жим (что) suppose, let us assume (that) **5.** *modal word* поло́жим, *used followed by* но *in contrasts* supposing

ft.	положу́, -о́жишь, -о́жат
imp.	положи́, ~те
pt.	положи́л
g.pt.a.	положи́в
p.pt.a.	положи́вший
p.pt.p.	поло́женный

положи́ться *perf* на кого́-что rely (upon) | *imperf* полага́ться 2a

полома́ть 2 *perf* **1.** кого́-что break up *everything* **2.** break *for a while*

полома́ться *perf* **1.** *1st and 2nd pers not used* break **2.** *coll* make difficulties

полони́ть *perf* кого́-что *obs* take prisoner, capture

ft.	полоню́, -ни́шь, -ня́т
imp.	полони́, ~те
pt.	полони́л
g.pt.a.	полони́в
p.pt.a.	полони́вший
p.pt.p.	полонённый; полонён, -ена́

полопать 1 *perf* что *or* чего́ *or without object sub* eat up, gobble up

поло́паться, *1st and 2nd pers not used, perf coll* break, burst, split

полоска́ть *imperf* что **1.** rinse, swill **2.** gargle **3.** *1st and 2nd pers not used, a.* чем cause *a flag* to flutter. — (вы- *with* 1, про-)

pr.	полощу́, -о́щешь, -о́щут *and coll* полоска́ю, -а́ешь, -а́ют
imp.	полощи́, ~те *and* полоска́й, ~те
pt.	полоска́л
g.pr.a.	полоща́ *and* полоска́я
p.pr.a.	поло́щущий *and* полоска́ющий

p.pt.a.   полоска́вший
p.pt.p.   поло́сканный

полоска́ться *imperf* **1.** paddle, dabble **2.** *1st and 2nd pers not used, fig* flap, flop

полосну́ть *perf semelf of* полосова́ть
imp.   пома́жь, ~те
pt.   пома́зал
g.pt.a.   пома́зав
p.pt.a.   пома́завший
p.pt.p.   пома́занный

полосова́ть 5a *imperf* **1.** что *tech* cut into strips **2.** кого-что *coll* flay | *perf semelf sub* полосну́ть 7 *with* 2. — (ис-*with* 2, рас- *with* 1)

поло́ть *imperf* что weed, hoe. — (вы́-)
pr.   полю́, по́лешь, по́лют
imp.   поли́, ~те
pt.   поло́л
g.pt.a.   поло́в
p.pr.a.   по́лющий
p.pt.a.   поло́вший
p.pt.p.   по́лотый

полоши́ть *imperf* кого-что *sub* alarm, frighten. — (вс-)
pr.   полошу́, -ши́шь, -ша́т
imp.   полоши́, ~те
pt.   полоши́л
g.pr.a.   полоша́
p.pr.a.   полоша́щий
p.pt.a.   полоши́вший

полоши́ться *imperf sub* get excited, be frightened. — (вс-)

полуди́ть *perf* что tin
ft.   полужу́ , -у́ди́шь, -у́дя́т
imp.   полуди́, ~те
pt.   полуди́л
g.pt.a.   полуди́в
p.pt.a.   полуди́вший
p.pt.p.   полу́женный *and* полужённый; полужён, -ена́

полулежа́ть *imperf* recline
pr.   полулежу́, -жи́шь, -жа́т
imp.   полулежи́, ~те
pt.   полулежа́л
g.pr.a.   полулёжа
p.pr.a.   полулежа́щий
p.pt.a.   полулежа́вший

полуно́чничать [шн] 1a *imperf coll* burn the midnight oil

получа́ть(ся) *imperf of* получи́ть(ся)

получи́ть *perf* что **1.** get, receive; take *a newspaper etc.*; be awarded *a title* **2.** obtain; acquire *a skill* **3.** *coll* catch *illness*

4. find, receive ‖ *imperf* получа́ть 2 a
ft.   получу́, -у́чишь, -у́чат
imp.   получи́, ~те
pt.   получи́л
g.pt.a.   получи́в
p.pt.a.   получи́вший
p.pt.p.   полу́ченный

получи́ться, *1st and 2nd pers not used, perf* **1.** result from **2.** occur, happen **3.** *obs* arrive, come ‖ *imperf* получа́ться

полысе́ть 3 *perf* grow bald

полыха́ть 2a, *1st and 2nd pers not used, imperf coll* blaze | *perf semelf* полыхну́ть 7

полыхну́ть *perf semelf of* полыха́ть

по́льзоваться 4a *imperf* чем **1.** make use (of) **2.** profit (by); take advantage (of), avail oneself (of); take *opportunity* **3.** enjoy *rights, smb's confidence etc.*; have, possess. — (вос- *with* 2)

польсти́ть *perf of* льстить
ft.   польщу́, польсти́шь, польстя́т
imp.   польсти́, ~те
pt.   польсти́л
g.pt.a.   польсти́в
p.pt.a.   польсти́вший

польсти́ться *perf of* льсти́ться

полюби́ть *perf* кого-что come to love, grow fond (of); fall in love (with)
ft.   полюблю́, -ю́бишь, -ю́бят
imp.   полюби́, ~те
pt.   полюби́л
g.pt.a.   полюби́в
p.pt.a.   полюби́вший

полюби́ться *perf* кому *coll* take *smb's* fancy

полюбова́ться 5 *perf* **1.** на что *or* чем admire *for a while* **2.** *imp.* полюбу́йся!, полюбу́йтесь! *coll iron* just fancy!

полюбопы́тствовать 4 *perf* be curious

поляризова́ть 5 *and* 5a *perf, imperf phys* что polarize

поляризова́ться *perf, imperf phys* polarize

помава́ть 2a *imperf* чем *bookish obs* nod *one's* head

пома́дить *imperf* что *coll* pomade, grease, rouge. — (на-)
pr.   пома́жу, -а́дишь, -а́дят
imp.   пома́дь, ~те
pt.   пома́дил
g.pr.a.   пома́дя
p.pr.a.   пома́дящий
p.pt.a.   пома́дивший

пома́диться *perf* pomade, grease, rouge.— (на-)

пома́зать *perf* кого́-что **1.** oil, grease **2.** *rel* anoint ‖ *imperf* пома́зывать 1 a *with* 2
ft. пома́жу, -жешь, -жут

пома́заться *perf* **1.** oil [grease] oneself **2.** *rel* be anointed ‖ *imperf* пома́зываться *with* 2

пома́зывать[1] 1 a *imperf* кого́-что *or without object coll* oil, grease *from time to time*

пома́зывать[2] *imperf of* пома́зать

пома́зываться *imperf of* пома́заться

помака́ть 1 *perf* что dip *for a while*

пома́лкивать 1 a *imperf coll* keep silent

пома́нивать 1 a *imperf* кого́-что *coll* beckon, wave (to); lure, entice *from time to time*

помани́ть *perf of* мани́ть
ft. поманю́, -а́нишь, -а́нят
imp. помани́, ~те
pt. помани́л
g.pt.a. помани́в
p.pt.a. помани́вший
p.pt.p. пома́ненный *and* поманённый; поманён, -ена́

пома́ргивать 1 a *imperf coll* wink at *smb from time to time*

пома́слить *perf* что *coll* oil, grease *slightly*
ft. пома́слю, -лишь, -лят
imp. пома́сли, ~те
pt. пома́слил
g.pt.a. пома́слив
p.pt.a. пома́сливший
p.pt.p. пома́сленный

помаха́ть *perf* чем wave, wag, flap *several times*
ft. помашу́, -а́шешь, -а́шут *and coll* помаха́ю, -а́ешь, -а́ют
imp. помаши́, ~те *and* помаха́й, ~те
pt. помаха́л
g.pt.a. помаха́в
p.pt.a. помаха́вший

пома́хивать 1 a *imperf* чем wave, wag, flap *slightly, from time to time*

поме́длить *perf* wait, be hesitant
ft. поме́длю, -лишь, -лят
imp. поме́дли, ~те
pt. поме́длил
g.pt.a. поме́длив
p.pt.a. поме́дливший

помеле́ть 3, *1st and 2nd pers not used, perf coll* grow shallow

поменя́ть 2 *perf* кого́-что *coll* **1.** на что exchange (for) **2.** change

поменя́ться *perf* чем с кем-чем change, exchange

помере́ть *perf coll* die ‖ *imperf* помира́ть 2a
ft. помру́, помрёшь, помру́т
imp. помри́, ~те
pt. по́мер, померла́, по́мерло
g.pt.a. померёв
p.pt.a. по́мерший

помере́щиться *perf of* мере́щиться
ft. помере́щусь, -щишься, -щатся
imp. помере́щись, -итесь
pt. помере́щился, -лась
g.pt.a. помере́щившись
p.pt.a. помере́щившийся

помёрзнуть *perf coll* **1.** get frozen **2.** freeze, feel cold, be cold *for a while*
ft. помёрзну, -нешь, -нут
imp. помёрзни, ~те
pt. помёрз, ~ла
g.pt.a. помёрзнув *and* помёрзши
p.pt.a. помёрзший

поме́рить *perf* кого́-что **1.** try on *a dress* **2.** measure *for a while*
ft. поме́рю, -ришь, -рят *and coll* поме́ряю, -яешь, -яют
imp. поме́рь, ~те *and coll* поме́ряй, ~те
pt. поме́рил
g.pt.a. поме́рив
p.pt.a. поме́ривший
p.pt.p. поме́ренный

поме́риться *perf of* ме́риться

поме́ркнуть, *1st and 2nd pers not used, perf* **1.** grow dim **2.** *fig* fade, wane, dwindle
ft. поме́ркнет, -нут
pt. поме́рк *and* поме́ркнул, поме́ркла
g.pt.a. поме́ркнув *and* поме́ркши
p.pt.a. поме́ркший *and* поме́ркнувший

помертве́ть *perf of* мертве́ть

помести́ть *perf* **1.** кого́-что place, put *somewhere* **2.** кого́-что accommodate, lodge **3.** кого́-что во что place [fix up, get] *smb* into *a school, institution etc.* **4.** что invest *money* **5.** что put up, insert *an advertisement* ‖ *imperf* помеща́ть 2a
ft. помещу́, -ести́шь, -естя́т
imp. помести́, ~те
pt. помести́л
g.pt.a. помести́в

p.pt.a. помести́вший
p.pt.p. помещённый; помещён, -ена́

помести́ться *perf* **1.** *of things* find room; go in **2.** be housed; be accommodated, be located ‖ *imperf* помеща́ться

поме́тить *perf* что mark, note; tick off *a date*; поме́тить число́м date ‖ *imperf* помеча́ть 2а
ft. поме́чу, -е́тишь, -е́тят
imp. поме́ть, ~те
pt. поме́тил
g.pt.a. поме́тив
p.pt.a. поме́тивший
p.pt.p. поме́ченный

помеча́ть *imperf of* поме́тить

помечта́ть 2 *perf* dream *a little*

помеша́ть[1] *perf of* меша́ть[1]

помеша́ть[2] 2 *perf* что stir *slowly*

помеша́ться *perf* **1.** go mad, go crazy **2.** *fig* на ком-чём *coll* be mad (on, about)

поме́шивать 1а *imperf* что *or without object* stir slowly *from time to time*

помеща́ть *imperf of* помести́ть

помеща́ться 2а *imperf* **1.** *imperf of* помести́ться **2.** be located; be accommodated

поми́ловать 4 *perf* кого́-что **1.** pardon, forgive **2.** show mercy (to); amnesty **3.** *imp.* поми́луй(те) *coll expression of contradiction* just a minute!, not so fast!

помилосе́рдствовать 4 *perf coll obs* **1.** have pity [mercy] **2.** *imp.* помилосе́рдствуй-(те) *expression of contradiction* just a minute!, not so fast!

помина́ть 2а *imperf* кого́-что **1.** *а.* о ком-чём remember, recall; mention, speak about; commemorate **2.** *rel* pray (for), remember in *one's* prayers **3.** take part in a funeral feast ‖ *perf* помяну́ть 7,*ft.* помяну́, -я́нешь, -я́нут, *p.pt.p.* помя́нутый

помира́ть *imperf of* помере́ть

помири́ть *perf* кого́-что с кем-чем reconcile (with, to)
ft. помирю́, -ри́шь, -ря́т
imp. помири́, ~те
pt. помири́л
g.pt.a. помири́в
p.pt.a. помири́вший
p.pt.p. помирённый; помирён, -ена́

помири́ться *perf* **1.** с кем-чем *or without object* be reconciled (with, to), put it up (with) **2.** с чем resign [reconcile] oneself (to) **3.** на чём content oneself (with)

по́мнить *imperf* кого́-что *or* о ком-чём, про кого́-что remember, recall, think of, bear in mind; не по́мнить себя́ (от чего́-н.) be beside oneself (with *smth*)
pr. по́мню, -нишь, -нят
imp. по́мни, ~те
pt. по́мнил
g.pr.a. по́мня
p.pr.a. по́мнящий
p.pt.a. по́мнивший

по́мниться, *1st and 2nd pers not used*, *imperf* **1.** recall, remember, think of, call to mind **2.** *only 3rd person present* по́мнится as far as I can remember, as far as I know

помножа́ть *imperf of* помно́жить

помно́жить *perf* **1.** что на что multiply (by) **2.** *fig* кого́-что increase ‖ *imperf* помножа́ть 2а
ft. помно́жу, -жишь, -жат
imp. помно́жь, ~те
pt. помно́жил
g.pt.a. помно́жив
p.pt.a. помно́живший
p.pt.p. помно́женный

помога́ть *imperf of* помо́чь

помо́лвить *perf* кого́ с кем *or* кого́ за кого́ *obs*: быть помо́лвленным с кем-н. be engaged (to); be betrothed (to)
ft. помо́лвлю, -вишь, -вят
imp. помо́лви, ~те
pt. помо́лвил
g.pt.a. помо́лвив
p.pt.a. помо́лвивший
p.pt.p. помо́лвленный

помоли́ться *perf* **1.** *perf of* моли́ться **2.** pray *for a while*
ft. помолю́сь, -о́лишься, -о́лятся
imp. помоли́сь, -и́тесь
pt. помоли́лся, -лась
g.pt.a. помоли́вшись
p.pt.a. помоли́вшийся

помолоде́ть 3 *perf* grow [get, feel, look] younger

помоло́ть *perf* что **1.** *а. without object* grind *for some time* **2.** *sub* grind up *everything*
ft. помелю́, -е́лешь, -е́лют
imp. помоли́, ~те
pt. помоло́л
g.pt.a. помоло́в
p.pt.a. помоло́вщий
p.pt.p. помо́лотый

помолча́ть *perf* be silent, keep silent *for a while*

ft.	помолчу́, -чи́шь, -ча́т
imp.	помолчи́, ~те
pt.	помолча́л
g.pt.a.	помолча́в
p.pt.a.	помолча́вший

помори́ть *perf* кого́-что **1.** torment *for a while* **2.** *coll* exterminate, poison *many*

ft.	поморю́, -ри́шь, -ря́т
imp.	помори́, ~те
pt.	помори́л
g.pt.a.	помори́в
p.pt.a.	помори́вший
p.pt.p.	поморённый; поморён, -ена́

поморо́зить *perf* кого́-что freeze, congeal

ft.	поморо́жу, -о́зишь, -о́зят
imp.	поморо́зь, ~те
pt.	поморо́зил
g.pt.a.	поморо́зив
p.pt.a.	поморо́зивший
p.pt.p.	поморо́женный

помо́рщиться *perf* **1.** screw *one's* face into wrinkles, make a wry face

ft.	помо́рщусь, -щишься, -щатся
imp.	помо́рщись, -итесь
pt.	помо́рщился, -лась
g.pt.a.	помо́рщившись
p.pt.a.	помо́рщившийся

помочи́ть *perf* **1.** кого́-что wet, moisten *a little* **2.** wet, moisten *for a while*

ft.	помочу́, -о́чишь, -о́чат
imp.	помочи́, ~те
pt.	помочи́л
g.pt.a.	помочи́в
p.pt.a.	помочи́вший
p.pt.p.	помо́ченный

помочи́ться *perf of* мочи́ться

помо́чь *perf* кому́-чему́ **1.** help, assist, aid **2.** *of a medicine* relieve; help, be of use ‖ *imperf* помога́ть 2a

ft.	помогу́, -о́жешь, -о́гут
imp.	помоги́, ~те
pt.	помо́г, -огла́
g.pt.a.	помо́гши
p.pt.a.	помо́гший

помрача́ть(ся) *imperf of* помрачи́ть(ся)

помрачи́ть, *1st and 2nd pers not used, perf* что **1.** *obs* darken, obscure **2.** *fig poet* cloud *eyes etc.* **3.** *obs* outshine, eclipse ‖ *imperf* помрача́ть 2a

ft.	помрачи́т, -ча́т
pt.	помрачи́л
g.pt.a.	помрачи́в
p.pt.a.	помрачи́вший
p.pt.p.	помрачённый; помрачён, -ена́

помрачи́ться, *1st and 2nd pers not used,*

perf obs grow dark, become obscured ‖ *imperf* помрача́ться

помрачне́ть 3 *perf* grow gloomy

помусли́ть *perf* кого́-что *sub* slobber on, slaver on *slightly*

ft.	помусли́ю, -лишь, -лят
imp.	помусли́, ~те
pt.	помусли́л
g.pt.a.	помусли́в
p.pt.a.	помусли́вший
p.pt.p.	помусленный

помусо́лить *perf* кого́-что *sub* slobber on, slaver on *slightly*

ft.	помусо́лю, -лишь, -лят
imp.	помусо́ль, ~те
pt.	помусо́лил
g.pt.a.	помусо́лив
p.pt.a.	помусо́ливший
p.pt.p.	помусо́ленный

помути́ть *perf* кого́-что **1.** darken **2.** *fig* make dul, deaden

ft.	помучу́, -ути́шь, -утя́т
imp.	помути́, ~те
pt.	помути́л
g.pt.a.	помути́в
p.pt.a.	помути́вший

помути́ться, *1st and 2nd pers not used, perf* **1.** become turbid **2.** *fig* become dul, deaden

помутне́ть 3, *1st and 2nd pers not used, perf* become clouded

помучить *perf* кого́-что torment *for a while*

ft.	помучу́, -чишь, -чат *and coll* помуча́ю, -аешь, -ают
imp.	помучь, ~те *and* помуча́й, ~те
pt.	помучил
g.pt.a.	помучив
p.pt.a.	помучивший
p.pt.p.	помученный

помучиться *perf* suffer *for a while*

помча́ть *perf* **1.** кого́-что rush **2.** *coll* rush [speed, tear] along

ft.	помчу́, -чи́шь, -ча́т
imp.	помчи́, ~те
pt.	помча́л
g.pt.a.	помча́в
p.pt.a.	помча́вший

помча́ться *perf* dash, make a dash

помыка́ть 2a *imperf* кем-чем lord it over *smb*, be absolute master over *smb*

помы́слить *perf of* помышля́ть

ft.	помы́слю, -лишь, -лят
imp.	помы́сли, ~те
pt.	помы́слил

g.pt.a.	помы́слив
p.pt.a.	помы́сливший

помы́ть *perf* кого-что wash

ft.	помо́ю, -о́ешь, -о́ют
imp.	помо́й, ~те
pt.	помы́л
g.pt.a.	помы́в
p.pt.a.	помы́вший
p.pt.p.	помы́тый

помы́ться *perf* wash oneself

помышля́ть 2a *imperf* о ком-чём think (about, of), dream (about, of) ‖ *perf* помы́слить, forms ib.

помяну́ть *perf of* помина́ть

помя́ть *perf* кого-что 1. rumple, crumple 2. crush

ft.	помну́, -нёшь, -ну́т
imp.	помни́, ~те
pt.	помя́л
g.pt.a.	помя́в
p.pt.a.	помя́вший
p.pt.p.	помя́тый

помя́ться *perf* 1. *1st and 2nd pers not used* be crumpled, be rumpled 2. *coll* be hesitant

понабра́ть *perf* кого-что *or* кого-чего *coll* 1. gather, collect *in quantity* 2. recruit *manpower*

ft.	понаберу́, -ерёшь, -еру́т
imp.	понабери́, ~те
pt.	понабра́л, -ала́, -а́ло
g.pt.a.	понабра́в
p.pt.a.	понабра́вший
p.pt.p.	понабранный

понаве́даться 1 *perf* 1. к кому́ *coll* visit, call on 2. о ком-чём *sub* learn; inquire (after, about)

понаде́яться *perf* 1. на что, *with infinitive or with conjunction* что hope (for) *usually in vain* 2. на кого-что rely on *smb usually vainly*

ft.	понаде́юсь, -е́ешься, -е́ются
imp.	понаде́йся, -е́йтесь
pt.	понаде́ялся, -лась
g.pt.a.	понаде́явшись
p.pt.a.	понаде́явшийся

понадобиться *perf* be of use, be called for

ft.	пона́доблюсь, -бишься, -бятся
pt.	пона́добился, -лась
g.pt.a.	пона́добившись
p.pt.a.	пона́добившийся

понату́житься *perf coll* make an effort, strain every nerve

ft.	понату́жусь, -жишься, -жатся
imp.	понату́жься, -жьтесь
pt.	понату́жился, -лась
g.pt.a.	понату́жившись
p.pt.a.	понату́жившийся

понежиться *perf* take *one's* ease, luxuriate, loll

ft.	понежусь, -жишься, -жатся
imp.	понежься, -жьтесь
pt.	понежился, -лась
g.pt.a.	понежившись
p.pt.a.	понежившийся

поне́рвничать 1 *perf* be nervous *for a while*

понести́ *perf* 1. кого-что carry, take 2. кого-что rush off (with), dash off (with); hurry 3. *of horses* run away, bolt 4. *1st and 2nd pers not used* кого-что drive, drift; sweep (along); *of wind* carry away 5. *impers* чем smell (of), spread a smell, reek (of) 6. что bear, suffer, go through 7. что *or without object, coll* talk nonsense

ft.	понесу́, -сёшь, -су́т
imp.	понеси́, ~те
pt.	понёс, -есла́
g.pt.a.	понеся́ *and obs* понёсши
p.pt.a.	понёсший
p.pt.p.	понесённый; понесён, -ена́

понести́сь *perf* 1. dash off, run off, rush (along) 2. sound, resound; *of rumour* spread

понижа́ть(ся) *imperf of* пони́зить(ся)

пони́зить *perf* кого-что 1. lower, reduce *rents, prices, speed*; lower *voice* 2. *coll* demote, degrade 3. *mus* lower *pitch* ‖ *imperf* понижа́ть 2a

ft.	пони́жу, -и́зишь, -и́зят
imp.	пони́зь, ~те
pt.	пони́зил
g.pt.a.	пони́зив
p.pt.a.	пони́зивший
p.pt.p.	пони́женный

пони́зиться, *1st and 2nd pers not used, perf* 1. go down 2. sink 3. deteriorate 4. *of pitch* sink ‖ *imperf* понижа́ться

поника́ть *imperf of* пони́кнуть

пони́кнуть *perf* 1. droop, hang *one's* head 2. чем *of plants* wilt *a. fig* ‖ *imperf* поника́ть 2a

ft.	пони́кну, -нешь, -нут
imp.	пони́кни, ~те
pt.	пони́к *and obs* пони́кнул, пони́кла

g.pt.a.   пони́кнув *and* пони́кши
p.pt.a.   пони́кший *and* пони́кнувший

понима́ть 2a *imperf* **1.** *imperf of* поня́ть **2.** кого́-что *or* в чём be a good judge (of) **3.** о ком (*usu accompanied by* мно́го, пло́хо, хорошо́ *etc.*) *sub* take, grasp, follow, get, savvy

поноси́ть[1] *perf* кого́-что have on
ft.   поношу́, -о́сишь, -о́сят
imp.   поноси́, ~те
pt.   поноси́л
g.pt.a.   поноси́в
p.pt.a.   поноси́вший
p.pt.p.   поно́шенный

поноси́ть[2] *imperf* кого́-что abuse, defame, revile
pr.   поношу́, -о́сишь, -о́сят
imp.   поноси́, ~те
pt.   поноси́л
g.pr.a.   понося́
p.pr.a.   понося́щий
p.pt.a.   поноси́вший

понра́виться *perf of* нра́виться
ft.   понра́влюсь, -вишься, -вятся
imp.   понра́вься, -вьтесь
pt.   понра́вился, -лась
g.pt.a.   понра́вившись
p.pt.a.   понра́вившийся

понти́ровать 4a *imperf cards* bet, punt, stake money ‖ *perf* спонти́ровать 4

пону́дить *perf* кого́-что compel, force, impel ‖ *imperf* понужда́ть 2a
ft.   пону́жу, -у́дишь, -у́дят
imp.   пону́дь, ~те
pt.   пону́дил
g.pt.a.   пону́див
p.pt.a.   пону́дивший
p.pt.p.   понуждённый; понуждён, -ена́

понужда́ть *imperf of* пону́дить

понука́ть 2a *imperf* кого́-что drive on, urge on │ *perf semelf* понукну́ть 7

понукну́ть *perf semelf of* понука́ть

пону́ривать(ся) *imperf of* пону́рить(ся)

пону́рить *perf* что hang *one's* head ‖ *imperf* пону́ривать 1a
ft.   пону́рю, -ришь, -рят
imp.   пону́рь, ~те
pt.   пону́рил
g.pt.a.   пону́рив
p.pt.a.   пону́ривший
p.pt.p.   пону́ренный

пону́риться *perf* hang *one's* head, become gloomy ‖ *imperf* пону́риваться

поню́хать *perf of* ню́хать

поня́ть *perf* кого́-что **1.** understand, comprehend **2.** come to appreciate ‖ *imperf* понима́ть 2a
ft.   пойму́, -мёшь, -му́т
imp.   пойми́, ~те
pt.   по́нял, поняла́, по́няло
g.pt.a.   поня́в
p.pt.a.   поня́вший
p.pt.p.   по́нятый; по́нят, понята́, по́нято

пообе́дать 1 *perf* have dinner [lunch], dine

пообеща́ть 2 *perf* что *or with infinitive* кому́-чему́ *or with conjunction* что promise, consent

пообжи́ться *perf coll* adapt oneself, get accustomed to *one's* new surroundings
ft.   пообживу́сь, -вёшься, -ву́тся
imp.   пообживи́сь, -и́тесь
pt.   пообжи́лся *and coll* пообжился́, пообжила́сь
g.pt.a.   пообжи́вшись
p.pt.a.   пообжи́вшийся

поостри́ть *perf coll* make [crack] jokes *for a while*
ft.   поострю́, -ри́шь, -ря́т
imp.   поостри́, ~те
pt.   поостри́л
g.pt.a.   поостри́в
p.pt.a.   поостри́вший

поо́хать 1 *perf coll* sigh, moan *for a while*

поохо́титься *perf* hunt, spend *some time* hunting
ft.   поохо́чусь, -о́тишься, -о́тятся
imp.   поохо́ться, -тьтесь
pt.   поохо́тился, -лась
g.pt.a.   поохо́тившись
p.pt.a.   поохо́тившийся

поощри́ть *perf of* поощря́ть
ft.   поощрю́, -ри́шь, -ря́т
imp.   поощри́, ~те
pt.   поощри́л
g.pt.a.   поощри́в
p.pt.a.   поощри́вший
p.pt.p.   поощрённый; поощрён, -ена́

поощря́ть 2a *imperf* кого́-что encourage ‖ *perf* поощри́ть, forms ib.

попа́дать 1, *1st and 2nd pers not used*, *perf* fall down progressively [one after another]

попада́ть(ся) *imperf of* попа́сть(ся)

попа́риться *perf* steam, take a steam bath
ft.   попа́рюсь, -ришься, -рятся
imp.   попа́рься, -рьтесь
pt.   попа́рился, -лась
g.pt.a. попа́рившись
p.pt.a. попа́рившийся

попа́сть *perf* 1. в кого́-что hit *a target*
2. чем во что get (into) 3. во что, на
что, подо что get *somewhere*; find oneself unexpectedly *somewhere*, reach *a
place*; catch *train* 4. чем turn up *somewhere* 5. во что, на что go into, join, end
up in *to the navy, army etc.* 6. run into
smb 7. *impers* кому́-чему́ *coll* catch it
hot; ему́ попадёт за э́то he will get it 8.
only pt. singular neuter попа́ло: как попа́ло anyhow, carelessly; где попа́ло anywhere *denoting position* ‖ *imperf* попада́ть 2а
ft.   попаду́, -дёшь, -ду́т
imp.   попади́, ~те
pt.   попа́л
g.pt.a. попа́в
p.pt.a. попа́вший

попа́сться *perf* 1. во что get (into) 2. в
чём be caught, be taken; попа́сться с
поли́чным be caught red-handed 3. кому́
coll come across, run across; run into;
meet; fall into *smb's* hands ‖ *imperf* попада́ться

попа́хивать 1а, *usu impers, imperf* чем
coll smell *a little*

попеня́ть *perf of* пеня́ть

поперхну́ться 7 *perf* чем choke (over)

попе́рчить *perf* что pepper *slightly*
ft.   попе́рчу, -чишь, -чат
imp.   попе́рчи, ~те *and* попе́рчь, ~те
pt.   попе́рчил
g.pt.a. попе́рчив
p.pt.a. попе́рчивший
p.pt.p. попе́рченный

попива́ть 2а *imperf coll* 1. что have a
drink *occasionally* 2. get drunk *from time
to time*

попира́ть 2а *imperf* что violate, trample
(on), flout ‖ *perf* попра́ть, forms ib.

попирова́ть 5 *perf* feast *for a while*

попи́сывать 1а *imperf* что *coll* do an
occasional bit of writing; scribble

попи́ть *perf coll* 1. чего́ *or without object*
drink *for a time* 2. drink *one's* fill
ft.   попью́, попьёшь, попью́т
imp.   попе́й, ~те
pt.   по́пил, попила́, по́пило

g.pt.a. попи́в
p.pt.a. попи́вший
p.pt.p. по́пито

попла́вать 1 *perf* swim *for a while*

попла́кать *perf* cry *for a while*
ft.   попла́чу, -чешь, -чут
imp.   попла́чь, ~те
pt.   попла́кал
g.pt.a. попла́кав
p.pt.a. попла́кавший

поплати́ться *perf* чем (за что) *or without
object coll* pay with *smth* (for)
ft.   поплачу́сь, -а́тишься, -а́тятся
imp.   поплати́сь, -и́тесь
pt.   поплати́лся, -лась
g.pt.a. поплати́вшись
p.pt.a. поплати́вшийся

поплева́ть *perf coll* spit, expectorate *several times*
ft.   поплюю́, -юёшь, -юю́т
imp.   поплю́й, ~те
pt.   поплева́л
g.pt.a. поплева́в
p.pt.a. поплева́вший

поплёвывать 1а *imperf coll* spit *from time
to time*

поплести́сь *perf* drag oneself along, trudge
[toil] along
ft.   поплету́сь, -тёшься, -ту́тся
imp.   поплети́сь, -и́тесь
pt.   поплёлся, -ела́сь
g.pt.a. поплетя́сь
p.pt.a. поплётшийся

поплотне́ть 3 *perf* 1. grow thicker, become
denser 2. get fatter

поплы́ть *perf* begin swimming; begin to
move
ft.   поплыву́, -вёшь, -ву́т
imp.   поплыви́, ~те
pt.   поплы́л, -ыла́, -ы́ло
g.pt.a. поплы́в
p.pt.a. поплы́вший

попляса́ть *perf* что *or without object*
dance *for a while*
ft.   попляшу́, -я́шешь, -я́шут
imp.   попляши́, ~те
pt.   попляса́л
g.pt.a. попляса́в
p.pt.a. попляса́вший

попля́сывать 1а *imperf* что *or without
object coll* dance *occasionally*

поползти́ *perf* begin creeping, begin
crawling
ft.   поползу́, -зёшь, -зу́т

imp.	поползи́, ~те
pt.	попо́лз, -олзла́
g.pt.a.	попо́лзши
p.pt.p.	попо́лзший

пополне́ть 3 *perf* get fatter

попо́лнить *perf* кого-что чем complete; top up (with) ‖ *imperf* пополня́ть 2a
ft.	попо́лню, -нишь, -нят
imp.	попо́лни, ~те
pt.	попо́лнил
g.pt.a.	попо́лнив
p.pt.a.	попо́лнивший
p.pt.p.	попо́лненный

попо́лниться, *1st and 2nd pers not used*, *perf* чем be completed, increase, be replenished ‖ *imperf* пополня́ться

пополня́ть(ся) *imperf of* попо́лнить(ся)

пополоска́ть *perf* что rinse, swill *for a while*
ft.	пополощу́, -о́щешь, -о́щут *and coll* пополоска́ю, -а́ешь, -а́ют
imp.	пополощи́, ~те *and coll* пополоска́й, ~те
pt.	пополоска́л
g.pt.a.	пополоска́в
p.pt.a.	пополоска́вший
p.pt.p.	пополо́сканный

попо́льзоваться 4 *perf* чем *coll* 1. profit (by, from) 2. use *for a while*

попо́мнить *perf* кому-чему что *coll* remember *smth*; repay *smb*, get even with *smb*
ft.	попо́мню, -нишь, -нят
imp.	попо́мни, ~те
pt.	попо́мнил
g.pt.a.	попо́мнив
p.pt.a.	попо́мнивший

попо́ртить *perf* что *coll* mar
ft.	попо́рчу, -ртишь, -ртят
imp.	попо́рти, ~те *and* попо́рть, ~те
pt.	попо́ртил
g.pt.a.	попо́ртив
p.pt.a.	попо́ртивший
p.pt.p.	попо́рченный

попо́ртиться, *1st and 2nd pers not used*, *perf coll* spoil, become spoiled

попо́тчевать *perf of* по́тчевать
ft.	попо́тчую, -уешь, -уют
imp.	попо́тчуй, ~те
pt.	попо́тчевал
g.pt.a.	попо́тчевав
p.pt.a.	попо́тчевавший

поправе́ть 3 *perf pol* become more conservative

попра́вить[1] *perf* кого-что 1. repair, mend 2. set [put] straight; adjust *one's dress*; smoothe *one's hair* 3. restore, recover *one's health* 4. correct *mistakes, a person etc.* ‖ *imperf* поправля́ть 2a
ft.	попра́влю, -вишь, -вят
imp.	попра́вь, ~те
pt.	попра́вил
g.pt.a.	попра́вив
p.pt.a.	попра́вивший
p.pt.p.	попра́вленный

попра́вить[2] *perf* steer, drive *a car for a while* forms as попра́вить[1]

попра́виться *perf* 1. correct oneself 2. *coll* draw oneself up 3. *1st and 2nd pers not used* improve, become better 4. recover and fill out ‖ *imperf* поправля́ться 2a

поправля́ть *imperf of* попра́вить[1]

поправля́ться *imperf of* попра́виться

попра́ть *perf of* попира́ть
ft.	попру́, -рёшь, -ру́т *obs*
imp.	попри́, ~те *obs*
pt.	попра́л
g.pt.a.	попра́в
p.pt.a.	попра́вший
p.pt.p.	по́пранный; по́пран, попрана́, по́прано

попрека́ть *imperf of* попрекну́ть

попрекну́ть 7 *perf* кого-что чем *coll* reproach (with) ‖ *imperf* попрека́ть 2a
p.pt.p.	попрекну́тый

попридержа́ть *perf* кого-что *coll* hold (back), restrain
ft.	попридержу́, -е́ржишь, -е́ржат
imp.	попридержи́, ~те
pt.	попридержа́л
g.pt.a.	попридержа́в
p.pt.a.	попридержа́вший
p.pt.p.	попридержанный

попро́бовать 4 *perf* 1. *perf of* про́бовать 2. *imp.* попро́буй(те) *coll* just you dare!, just you try it on!

попроси́ть *perf of* проси́ть
ft.	попрошу́, -о́сишь, -о́сят
imp.	попроси́, ~те
pt.	попроси́л
g.pt.a.	попроси́в
p.pt.a.	попроси́вший
p.pt.p.	попро́шенный

попроси́ться *perf of* проси́ться

попросте́ть 3 *perf coll* become simpler

попрочне́ть 3, *1st and 2nd pers not used*, *perf coll* become more solid

попроша́йничать 1 а *imperf* **1.** *obs* beg **2.** *coll* beg insistently

попроща́ться 2 *perf* с кем-чем take leave (of)

попры́гать 1 *perf* **1.** jump, hop, scamper **2.** jump one after another

попры́скать 1 *perf coll* sprinkle **2.** *of rain* drizzle

попры́скаться *perf* чем *coll* spray *smth* on oneself

попря́тать *perf* кого́-что *coll* hide *everything*
ft.	попря́чу, -чешь, -чут
imp.	попря́чь, ~те
pt.	попря́тал
g.pt.a.	попря́тав
p.pt.a.	попря́тавший
p.pt.p.	попря́танный

попря́таться, *1st and 2nd pers sg not used*, *perf coll* get hidden

попуга́йничать 1 а *imperf coll* parrot, repeat

попуга́ть 2 *perf* кого́-что frighten *a little*

попу́гивать 1 а *imperf* кого́-что *coll* frighten *from time to time*

попу́дрить *perf* кого́-что powder
ft.	попу́дрю, -ришь, -рят
imp.	попу́дри, ~те
pt.	попу́дрил
g.pt.a.	попу́дрив
p.pt.a.	попу́дривший
p.pt.p.	попу́дренный

попу́дриться *perf* powder one's face

популяризи́ровать 4 *and* 4 а *perf, imperf* что **1.** popularize **2.** disseminate widely

популяризова́ть 5 *and* 5 а *perf, imperf* что **1.** popularize **2.** disseminate widely

попусти́тельствовать 4 а *imperf* кому́-чему́ *bookish* condone, connive (at), shut one's eyes (to)

попу́тать 1 *perf* кого́-что *coll* **1.** delude, dazzle **2.** tangle

попыта́ть 2 *perf* что **1.** *sub* inquire, find out, learn **2.** *a.* чего́ try **3.** torture, torment *for a while*

попыта́ться *perf of* пыта́ться

попы́хивать 1 а *imperf coll* puff *from time to time*

попя́тить *perf of* пя́тить
ft.	попя́чу, -я́тишь, -я́тят
imp.	попя́ть, ~те
pt.	попя́тил
g.pt.a.	попя́тив

p.pt.a.	попя́тивший
p.pt.p.	попя́ченный

попя́титься *perf of* пя́титься

порабо́тать 1 *perf* work *for a while*

порабо́тить *perf* кого́-что *bookish* subdue, enslave ‖ *imperf* порабоща́ть 2 а
ft.	порабощу́, -оти́шь, -отя́т
imp.	поработи́, ~те
pt.	поработи́л
g.pt.a.	поработи́в
p.pt.a.	поработи́вший
p.pt.p.	порабощённый; порабощён, -ена́

порабоща́ть *imperf of* поработи́ть

поравня́ться 2 *perf* с кем-чем come up (to, with), catch up (to, with)

пораде́ть 3 *perf* кому́-чему́ *or* о чём *obs* help *smb*

пора́довать 4 *perf* кого́-что make glad [happy] *for a while*

пора́доваться *perf* (кому́-чему́) be glad, be happy

поража́ть(ся) *imperf of* порази́ть(ся)

поразвле́чь *perf* кого́-что *coll* amuse *a little*
ft.	поразвлеку́, -ечёшь, -еку́т
imp.	поразвлеки́, ~те
pt.	поразвлёк, -екла́
g.pt.a.	поразвлёкши
p.pt.a.	поразвлёкший

поразвле́чься *perf coll* amuse oneself *a little*

пораз ду́мать 1 *perf* о ком-чём *or without object coll* think over, give some thought to

порази́ть *perf* кого́-что **1.** strike *smb with a weapon*; hit *the target etc.* **2.** *bookish* win, conquer **3.** *of an illness* affect, strike **4.** startle; stagger; amaze; impress greatly ‖ *imperf* поража́ть 2 а
ft.	поражу́, -ази́шь, -азя́т
imp.	порази́, ~те
pt.	порази́л
g.pt.a.	порази́в
p.pt.a.	порази́вший
p.pt.p.	поражённый; поражён, -ена́

порази́ться *perf* be startled, be staggered, be flabbergasted, be amazed ‖ *imperf* поража́ться

поразмы́слить *perf* о ком-чём *or without object coll* give some thought to, muse (on), contemplate (on)

ft.	поразмы́слю, -лишь, -лят
imp.	поразмы́сли, ~те
pt.	поразмы́слил
g.pt.a.	поразмы́слив
p.pt.a.	поразмы́сливший

поразмя́ть *perf* что: поразмя́ть но́ги *coll* stretch *one's* legs *a little*

ft.	поразомну́, -нёшь, -ну́т
imp.	поразомни́, ~те
pt.	поразмя́л
g.pt.a.	поразмя́в
p.pt.a.	поразмя́вший
p.pt.p.	поразмя́тый*

поразузна́ть 2 *perf* что *or* о ком-чём *or without object coll* inquire into, find out (about), learn

пора́нить *perf* что *coll* hurt, wound

ft.	пора́ню, -нишь, -нят
imp.	пора́нь, ~те
pt.	пора́нил
g.pt.a.	пора́нив
p.pt.a.	пора́нивший
p.pt.p.	пора́ненный

пора́ниться *perf coll* hurt oneself

пораски́нуть 6 *perf*: пораски́нуть умо́м *coll* give some thought to

порассуди́ть *perf coll* think, consider, decide

ft.	порассужу́, -у́дишь, -у́дят
imp.	порассуди́, ~те
pt.	порассуди́л
g.pt.a.	порассуди́в
p.pt.a.	порассуди́вший

пораста́ть *imperf of* порасти́

порасти́ *perf* 1. grow *for a while* 2. *1st and 2nd pers not used* чем be overgrown (with) ‖ *imperf* пораста́ть 2а

ft.	поползу́, -тёшь, -ту́т
imp.	порасти́, ~те
pt.	поро́с, -осла́
g.pt.a.	поро́сши
p.pt.a.	поро́сший

порва́ть *perf* что 1. tear (off) 2. cut off communication 3. *fig* с кем-чем break off *relations* (with) 4. чего́ *coll* pick, pluck *everything* ‖ *imperf* порыва́ть 2а *with* 3

ft.	порву́, -вёшь, -ву́т
imp.	порви́, ~те
pt.	порва́л, -ала́, -а́ло
g.pt.a.	порва́в
p.pt.a.	порва́вший
p.pt.p.	по́рванный

порва́ться, *1st and 2nd pers not used, perf* 1. tear, be torn 2. stop suddenly, break off 3. *fig coll* break off, sever *relations* ‖ *imperf* порыва́ться *with* 3

pt.	порва́лся, -ала́сь, -а́ло́сь

пореве́ть *perf* cry *a little*

ft.	пореву́, -вёшь, -ву́т
imp.	пореви́, ~те
pt.	пореве́л
g.pt.a.	пореве́в
p.pt.a.	пореве́вший

пореде́ть 3, *1st and 2nd pers not used, perf* get thinner

поре́зать *perf* 1. что cut, hurt 2. кого́-что *coll* slaughter, massacre, butcher 3. что *or* чего́ cut into many pieces 4. что *or without object* cut *for a while*

ft.	поре́жу, -жешь, -жут
imp.	поре́жь, ~те
pt.	поре́зал
g.pt.a.	поре́зав
p.pt.a.	поре́завший
p.pt.p.	поре́занный

поре́заться *perf* cut oneself

порезви́ться *perf* gambol, frisk, romp *a little*

ft.	порезвлю́сь, -ви́шься, -вя́тся
imp.	порезви́сь, -и́тесь
pt.	порезви́лся, -лась
g.pt.a.	порезви́вшись
p.pt.a.	порезви́вшийся

порекомендова́ть *perf of* рекомендова́ть

пореши́ть *perf* 1. что *or* на чём *or with infinitive sub* decide, 2. кого́-что *sub* finish off, kill 3. что *sub obs* finish off, abolish; complete

ft.	порешу́, -ши́шь, -ша́т
imp.	пореши́, ~те
pt.	пореши́л
g.pt.a.	пореши́в
p.pt.a.	пореши́вший
p.pt.p.	порешённый; порешён, -ена́

поржа́веть 3, *stress as infinitive, 1st and 2nd pers not used, perf coll* rust, go rusty

порисова́ть 5 *perf* кого́-что *or without object* draw *for a while, a little*

порисова́ться *perf* pose, show off

порица́ть 2а *imperf* кого́-что blame, reproach, censure

поровня́ть 2 *perf* что *sub* make even, level off

породи́ть *perf* кого́-что 1. *obs poet* bear, give birth (to) 2. engender, cause, give rise (to) ‖ *imperf* порожда́ть 2а

ft.	порожу́, -оди́шь, -одя́т
imp.	породи́, ~те
pt.	породи́л
g.pt.a.	породи́в
p.pt.a.	породи́вший
p.pt.p.	порождённый;
	порождён, -ена́

породни́ть *perf of* родни́ть

ft.	породню́, -ни́шь, -ня́т
imp.	породни́, ~те
pt.	породни́л
g.pt.a.	породни́в
p.pt.a.	породни́вший
p.pt.p.	породнённый; породнён, -ена́

породни́ться *perf of* родни́ться

порожда́ть *imperf of* породи́ть

порозове́ть 3 *perf* turn pink

пороси́ться, *1st and 2nd pers not used, imperf* farrow. — (о-)

pr.	порося́тся, -ся́тся
pt.	порося́лась, -лись
g.pr.a.	порося́сь
p.pr.a.	порося́щаяся
p.pt.a.	пороси́вшаяся

поро́ть[1] *imperf* что **1.** undo; rip, unstitch, unpick **2.** *sub* rip up, rip open *the belly*

pr.	порю́, по́решь, по́рют
imp.	пори́, ~те
pt.	поро́л
g.pr.a.	поря́
p.pr.a.	по́рющий
p.pt.a.	поро́вший
p.pt.p.	по́ротый

поро́ть[2] *imperf* кого́-что *coll* beat up, thrash. — (вы-)
forms as поро́ть[1]

поро́ться, *1st and 2nd pers not used, imperf coll* come apart at the seams. — (рас-)

поро́чить *imperf* кого́-что defame, smear, discredit. — (о-)

pr.	поро́чу, -чишь, -чат
imp.	поро́чь, ~те
pt.	поро́чил
g.pr.a.	поро́ча
p.pr.a.	поро́чащий
p.pt.a.	поро́чивший
p.pr.p.	поро́чимый

пороши́ть, *1st and 2nd pers not used, imperf* **1.** snow fine snow **2.** что cover with a light snow. — (за-, на-)

pr.	пороши́т, -ша́т
pt.	пороши́л
g.pr.a.	пороша́

p.pr.a.	пороша́щий
p.pt.a.	поро́шивший

порска́ть 2а *imperf ven* set *dogs* on | *perf semelf* порскну́ть 7, по *p.pt.p.*

порскну́ть *perf semelf of* порска́ть

по́ртить *imperf* кого́-что **1.** spoil, ruin **2.** make worse **3.** corrupt *a person etc.* — (ис-)

pr.	по́рчу, по́ртишь, по́ртят
imp.	по́рти *and* порть, по́ртите
pt.	по́ртил
g.pr.a.	по́ртя
p.pr.a.	по́ртящий
p.pt.a.	по́ртивший
p.pt.p.	по́рченный

по́ртиться *imperf* **1.** spoil, be ruined; *of foodstuffs* rot, go bad **2.** *of relations* get worse, deteriorate **3.** become corrupt. — (ис-)

портня́жить *imperf sub* be a tailor

pr.	портня́жу, -жишь, -жат
imp.	портня́жь, ~те
pt.	портня́жил
g.pr.a.	портня́жа
p.pr.a.	портня́жащий
p.pt.a.	портня́живший

портня́жничать 1а *imperf coll* be a tailor

поруби́ть *perf* кого́-что **1.** chop, hew, *everything*; fell *trees* **2.** что *or* чего́ mince, chop *meat* **3.** *sub* hurt a part of the body **4.** *a. without object* fell *for a while*

ft.	порублю́, -у́бишь, -у́бят
imp.	поруби́, ~те
pt.	поруби́л
g.pt.a.	поруби́в
p.pt.a.	поруби́вший
p.pt.p.	пору́бленный

поруга́ть 2 *perf* кого́-что **1.** scold, abuse *a little* **2.** *obs bookish* swear at, curse, call names

поруга́ться *perf* **1.** с кем quarrel (with) **2.** have words (with)

поруча́ть *imperf of* поручи́ть

поручи́ть *perf* **1.** кому́-чему́ что *or with infinitive* trust, charge (*smb with smth*) **2.** кому́-чему́ кого́-что entrust (*smb with smth*), have *smb* to care for, be in charge of *smb* ‖ *imperf* поруча́ть 2а

ft.	поручу́, -у́чишь, -у́чат
imp.	поручи́, ~те
pt.	поручи́л
g.pt.a.	поручи́в
p.pt.a.	поручи́вший
p.pt.p.	пору́ченный

поручи́ться *perf of* руча́ться

порха́ть 2а *imperf* flit, flutter; fly about ‖ *perf* порхну́ть 7, no *p.pt.p.*

порхну́ть *perf of* порха́ть

порыва́ть[1] *imperf of* порва́ть

порыва́ть[2] 2а *impers imperf* кого́-что *coll obs* drive, urge on, encourage

порыва́ться[1] *imperf of* порва́ться

порыва́ться[2] 2а *imperf* 1. *coll* jump up, start 2. *with infinitive* strain every nerve to

порыже́ть 3 *perf* become reddish

пopen{порыскать} *perf coll* rove about looking for

ft.	пopen{порыщу}, -ыщешь, -ыщут *and* поры́скаю, -аешь, -ают
imp.	поры́скай, ~те
pt.	поры́скал
g.pt.a.	поры́скав
p.pt.a.	поры́скавший

поры́ться *perf* в чём *coll* dig in, burrow in, rummage *for a while* in

ft.	поро́юсь, -о́ешься, -о́ются
imp.	поро́йся, -о́йтесь
pt.	поры́лся, -лась
g.pt.a.	поры́вшись
p.pt.a.	поры́вшийся

порыхле́ть 3, *1st and 2nd pers not used*, *perf* become loose

порябе́ть 3, *1st and 2nd pers not used*, *perf* 1. become pitted [pocked, pock-marked]; *of water* ripple

поряди́ть *perf of* ряди́ть[2]

ft.	поряжу́, -я́дишь, -я́дят
imp.	поряди́, ~те
pt.	поряди́л
g.pt.a.	поряди́в
p.pt.a.	поряди́вший
p.pt.p.	поря́женный

поряди́ться *perf of* ряди́ться[2]

посади́ть *perf* кого́-что 1. plant 2. offer a seat, seat *smb* 3. за что *or with infinitive* make *smb* do some work, set *to work*, write *etc.* 4. put into prison 5. land *a plane*; run around *a ship* 6. *sub* drive *smb* into a corner 7. put on 8. put into the oven 9. sew on 10. (*only p.pt.p.*) *of eyes, head* be set

ft.	посажу́, -а́дишь, -а́дят
imp.	посади́, ~те
pt.	посади́л
g.pt.a.	посади́в
p.pt.a.	посади́вший
p.pt.p.	поса́женный

поса́пывать 1а *imperf coll* snore *from time to time*

поса́сывать 1а *imperf* что *coll* suck *a little*

поса́харить *perf* что sugar

ft.	поса́харю, -ришь, -рят
imp.	поса́харь, ~те
pt.	поса́харил
g.pt.a.	поса́харив
p.pt.a.	поса́харивший
p.pt.p.	поса́харенный

посва́тать(ся) *perf of* сва́тать(ся)

посвеже́ть 3 *perf* 1. get cooler, freshen 2. freshen up

посвети́ть *perf* 1. shine *for a while* 2. кому́-чему́ give some light

ft.	посвечу́, -е́тишь, -е́тят
imp.	посвети́, ~те
pt.	посвети́л
g.pt.a.	посвети́в
p.pt.a.	посвети́вший

посветле́ть 3, *1st and 2nd pers not used*, *perf* brighten; clear up

посвиста́ть *perf* 1. whistle 2. кого́-что *coll* whistle to *smb*

ft.	посвищу́, -и́щешь, -и́щут
imp.	посвищи́, ~те
pt.	посвиста́л
g.pt.a.	посвиста́в
p.pt.a.	посвиста́вший

посвисте́ть *perf* whistle *a little*

ft.	посвищу́, -исти́шь, -истя́т
imp.	посвисти́, ~те
pt.	посвисте́л
g.pt.a.	посвисте́в
p.pt.a.	посвисте́вший

посви́стывать 1а *imperf* whistle slightly *from time to time*

посвяти́ть *perf* 1. кого́-что во что initiate (into), let (into) 2. что кому́-чему́ devote, dedicate ‖ *imperf* посвяща́ть 2а

ft.	посвящу́, -яти́шь, -ятя́т
imp.	посвяти́, ~те
pt.	посвяти́л
g.pt.a.	посвяти́в
p.pt.a.	посвяти́вший
p.pt.p.	посвящённый; посвящён, -ена́

посвяща́ть *imperf of* посвяти́ть

поседе́ть 3 *perf*, *of hair* turn grey

посекре́тничать 1 *perf coll* mutter, whisper

посели́ть *perf* 1. кого́-что settle, lodge *people* 2. *fig* что inspire, engender ‖ *imperf* поселя́ть 2а

ft. поселю́, -ли́шь, -ля́т
imp. посели́, ~те
pt. посели́л
g.pt.a. посели́в
p.pt.a. посели́вший
p.pt.p. поселённый; поселён, -ена́

посели́ться *perf* **1.** settle, take up *one's* residence **2.** *fig* establish oneself, get a situation ‖ *imperf* поселя́ться

поселя́ть(ся) *imperf of* посели́ть(ся)

посеребри́ть *perf* что silver ‖ *imperf* посеребря́ть 2а
ft. посеребрю́, -ри́шь, -ря́т
imp. посеребри́, ~те
pt. посеребри́л
g.pt.a. посеребри́в
p.pt.a. посеребри́вший
p.pt.p. посеребрённый; посеребрён, -ена́

посеребря́ть *imperf of* посеребри́ть

посере́ть 3 *perf* turn grey

посети́ть *perf* кого́-что **1.** visit, call on **2.** *fig of a feeling* overcome ‖ *imperf* посеща́ть 2а
ft. посещу́, -ети́шь, -етя́т
imp. посети́, ~те
pt. посети́л
g.pt.a. посети́в
p.pt.a. посети́вший
p.pt.p. посещённый; посещён, -ена́

посе́товать *perf of* се́товать

посе́чься *perf of* се́чься
ft. посечётся, посеку́тся
pt. посе́кся, посекла́сь
g.pt.a. посе́кшись
p.pt.a. посе́кшийся

посеща́ть *imperf of* посети́ть

посе́ять *perf of* се́ять
ft. посе́ю, -е́ешь, -е́ют
imp. посе́й, ~те
pt. посе́ял
g.pt.a. посе́яв
p.pt.a. посе́явший
p.pt.p. посе́янный

посиве́ть 3 *perf* turn grey

посиде́ть *perf* **1.** sit *for a while* **2.** be put on a food
ft. посижу́, -иди́шь, -идя́т
imp. посиди́, ~те
pt. посиде́л
g.pt.a. посиде́в
p.pt.a. посиде́вший

поси́живать 1а *imperf coll* spend time sitting

посине́ть 3 *perf* turn blue

поскака́ть *perf* **1.** jump [hop] along **2.** *of horses* gallop off **3.** jump *for a while*
ft. поскачу́, -а́чешь, -а́чут
imp. поскачи́, ~те
pt. поскака́л
g.pt.a. поскака́в
p.pt.a. поскака́вший

поска́льзываться *imperf of* поскользну́ться

посканда́лить *perf coll* brawl, make a row
ft. посканда́лю, -лишь, -лят
imp. посканда́ль, ~те
pt. посканда́лил
g.pt.a. посканда́лив
p.pt.a. посканда́ливший

поскида́ть 2 *perf* что *sub* take off, throw off *clothes*

поскобли́ть *perf* что scrape *for a while*
ft. поскоблю́, -о́бли́шь, -о́бля́т
imp. поскобли́, ~те
pt. поскобли́л
g.pt.a. поскобли́в
p.pt.a. поскобли́вший
p.pt.p. поско́бленный

поскользну́ться 7 *perf* slip ‖ *imperf* поска́льзываться 1а

поскрести́ *perf* что scrape, scratch *a little*
ft. поскребу́, -бёшь, -бу́т
imp. поскреби́, ~те
pt. поскрёб, -ребла́
g.pt.a. поскрёбши
p.pt.a. поскрёбший
p.pt.p. поскребённый*

поскрипе́ть *perf* squeak, creak *a little*
ft. поскриплю́, -пи́шь, -пя́т
imp. поскрипи́, ~те
pt. поскрипе́л
g.pt.a. поскрипе́в
p.pt.a. поскрипе́вший

поскри́пывать 1а *imperf* squeak, creak *from time to time*

поскупи́ться *perf with infinitive or* на что be sparing (in)
ft. поскуплю́сь, -пи́шься, -пя́тся
imp. поскупи́сь, -и́тесь
pt. поскупи́лся, -лась
g.pt.a. поскупи́вшись
p.pt.a. поскупи́вшийся

поскуча́ть 2 *perf* be bored

посластить *perf* что sweeten
ft.	послащу́, -асти́шь, -астя́т
imp.	посласти́, ~те
pt.	посласти́л
g.pt.a.	посласти́в
p.pt.a.	посласти́вший
p.pt.p.	послащённый; послащён, -ена́

посла́ть *perf* 1. кого́-что (за кем-чем) send (for) 2. что send, dispatch *a letter* 3. что drive in, score 4. что send *one's* best regards; blow kisses ‖ *imperf* посыла́ть 2а
ft.	пошлю́, -лёшь, -лю́т
imp.	пошли́, ~те
pt.	посла́л
g.pt.a.	посла́в
p.pt.a.	посла́вший
p.pt.p.	по́сланный

последи́ть *perf* за кем-чем keep an eye on *smb for a while*
ft.	послежу́, -еди́шь, -едя́т
imp.	последи́, ~те
pt.	последи́л
g.pt.a.	последи́в
p.pt.a.	последи́вший

после́довать 4 *perf* 1. за кем-чем follow 2. (за чем) follow immediately after 3. кому́-чему́ follow *smb's* example

послужи́ть *perf* 1. *perf of* служи́ть 2. serve *a while*
ft.	послужу́, -у́жишь, -у́жат
imp.	послужи́, ~те
pt.	послужи́л
g.pt.a.	послужи́в
p.pt.a.	послужи́вший

послу́шать 1 *perf* 1. *perf of* слу́шать 2. кого́-что *or without object* listen (to) *for a while*; *med* auscultate

послу́шаться *perf of* слу́шаться

послы́шаться *perf of* слы́шаться
ft.	послы́шится, -шатся
pt.	послы́шался, -лась
g.pt.a.	послы́шавшись
p.pt.a.	послы́шавшийся

послюни́ть *perf* что wet with saliva
ft.	послюню́, -ни́шь, -ня́т
imp.	послюни́, ~те
pt.	послюни́л
g.pt.a.	послюни́в
p.pt.a.	послюни́вший
p.pt.p.	послюнённый; послюнён, -ена́

посма́тривать 1а *imperf* на кого́-что look at *smb from time to time*

посме́иваться 1а *imperf* 1. laugh inter-

mittently 2. над кем-чем laugh (at), make fun (of)

посме́ть *perf of* сметь

посмеши́ть *perf* кого́-что make *smb* laugh
ft.	посмешу́, -ши́шь, -ша́т
imp.	посмеши́, ~те
pt.	посмеши́л
g.pt.a.	посмеши́в
p.pt.a.	посмеши́вший

посмея́ться *perf* 1. laugh *for a while* 2. над кем-чем make fun (of), laugh (at)
ft.	посмею́сь, -еёшься, -ею́тся
imp.	посме́йся, -е́йтесь
pt.	посмея́лся, -лась
g.pt.a.	посмея́вшись
p.pt.a.	посмея́вшийся

посмотре́ть *perf* 1. *perf of* смотре́ть 2. *only negated* expect, count on 3. *usu only 1. pers pl* we shall see 4. look *for a while*
ft.	посмотрю́, -о́тришь, -о́трят
imp.	посмотри́, ~те
pt.	посмотре́л
g.pt.a.	посмотре́в
p.pt.a.	посмотре́вший

посмотре́ться *perf of* смотре́ться

посмугле́ть 3 *perf* become dark *or* dark-complexioned

поснима́ть 2 *perf* что *coll* take down *everything*

пособи́ть *perf* кому́-чему́ *sub* help *smb* ‖ *imperf* пособля́ть 2а
ft.	пособлю́, -би́шь, -бя́т
imp.	пособи́, ~те
pt.	пособи́л
g.pt.a.	пособи́в
p.pt.a.	пособи́вший

пособля́ть *imperf of* пособи́ть

посо́веститься *perf* кого́-чего́ *or with infinitive* be ashamed (of, to); have *smth* on *one's* conscience
ft.	посо́вещусь, -естишься, -естятся
imp.	посо́вестись, -итесь
pt.	посо́вестился, -лась
g.pt.a.	посо́вестившись
p.pt.a.	посо́вестившийся

посове́товать *perf of* сове́товать

посове́товаться 4 *perf* с кем-чем consult *smb*, seek advice (from)

посоде́йствовать 4 *perf* кому́-чему́ assist *smb*, help *smb*

посоли́ть *perf* что 1. salt 2. preserve in salt solution

ft.	посолю́, -о́лишь, -о́лят
imp.	посоли́, ~те
pt.	посоли́л
g.pt.a.	посоли́в
p.pt.a.	посоли́вший
p.pt.p.	посо́ленный

посолове́ть 3 *perf coll* become weak, become listless; *of eyes* cloud, blear over

пососа́ть *perf* что suck *a little*

ft.	пососу́, -сёшь, -су́т
imp.	пососи́, ~те
pt.	пососа́л
g.pt.a.	пососа́в
p.pt.a.	пососа́вший

посо́хнуть, *1st and 2nd pers not used, perf* **1.** dry up, wither **2.** *coll* dry *for a while*

ft.	посо́хнет, -нут
pt.	посо́х, ~ла
g.pt.a.	посо́хнув *and* посо́хши
p.pt.a.	посо́хший

посочу́вствовать 4 *perf* кому́-чему́ have sympathy (with)

поспа́ть *perf* have a doze, take a nap

ft.	посплю́, -пи́шь, -пя́т
imp.	поспи́, ~те
pt.	поспа́л, -ала́, -а́ло
g.pt.a.	поспа́в
p.pt.a.	поспа́вший

поспева́ть[1,2] *imperf of* поспе́ть[1,2]

поспе́ть[1] 3, *1st and 2nd pers not used, perf* **1.** ripen, get ripe **2.** *coll, of food* be prepared, be cooked **3.** *sub* get ready ‖ *imperf* поспева́ть 2a

поспе́ть[2] 3 *perf coll* be in time ‖ *imperf* поспева́ть 2a

поспеша́ть 2 a *imperf sub* hurry up

поспе́шествовать 4a *imperf* кому́-чему́ *obs* assist *smb*

поспеши́ть *perf of* спеши́ть

ft.	поспешу́, -ши́шь, -ша́т
imp.	поспеши́, ~те
pt.	поспеши́л
g.pt.a.	поспеши́в
p.pt.a.	поспеши́вший

поспле́тничать 1 *perf* gossip *for a while*

поспо́рить *perf* с кем-чем о ком-чём **1.** argue *for a while* **2.** have an argument **3.** *fig* bet, wager; compete (with)

ft.	поспо́рю, -ришь, -рят
imp.	поспо́рь, ~те
pt.	поспо́рил

g.pt.a.	поспо́рив
p.pt.a.	поспо́ривший

поспосо́бствовать *perf of* спосо́бствовать

посрами́ть *perf* кого́-что **1.** disgrace **2.** expose, unmask **3.** *coll* shame, put to shame ‖ *imperf* посрамля́ть 2a

ft.	посрамлю́, -ми́шь, -мя́т
imp.	посрами́, ~те
pt.	посрами́л
g.pt.a.	посрами́в
p.pt.a.	посрами́вший
p.pt.p.	посрамлённый; посрамлён, -ена́

посрами́ться *perf bookish* be disgraced, cover oneself with shame ‖ *imperf* посрамля́ться

посрамля́ть(ся) *imperf of* посрами́ть(ся)

посре́дничать 1 a *imperf coll* mediate, be a go-between

поссо́рить *perf of* ссо́рить

ft.	поссо́рю, -ришь, -рят
imp.	поссо́рь, ~те
pt.	поссо́рил
g.pt.a.	поссо́рив
p.pt.a.	поссо́ривший
p.pt.p.	поссо́ренный

поссо́риться *perf of* ссо́риться

поста́вить[1] *perf* **1.** *perf of* ста́вить **2.** (*only p.pt.p.*) *of eyes etc.* be set

ft.	поста́влю, -вишь, -вят
imp.	поста́вь, ~те
pt.	поста́вил
g.pt.a.	поста́вив
p.pt.a.	поста́вивший
p.pt.p.	поста́вленный

поста́вить[2] *perf* что supply; deliver *goods* ‖ *imperf* поставля́ть 2a
forms as поста́вить[1]

поставля́ть *imperf of* поста́вить[2]

постана́вливать *imperf of* постанови́ть

постанови́ть *perf with infinitive* decide, resolve ‖ *imperf* постановля́ть 2a *and* постана́вливать* 1a

ft.	постановлю́, -о́вишь, -о́вят
imp.	постанови́, ~те
pt.	постанови́л
g.pt.a.	постанови́в
p.pt.a.	постанови́вший
p.pt.p.	постано́вленный

постановля́ть *imperf of* постанови́ть

постара́ться *perf of* стара́ться

постаре́ть 3 *perf obs* grow old(er), get old(er)

постега́ть 2 *perf* кого-что *coll* whip up
p.pt.p. постёганный

постели́ть *perf* что *sub* **1.** spread *a cover etc.*; lay *the cloth* **2.** make the bed *before going to sleep* ‖ *imperf* постила́ть 2a
ft. постелю́, -е́лешь, -е́лют
imp. постели́, ∼те
pt. постла́л *and* постели́л
g.pt.a. постели́в
p.pt.a. постели́вший
p.pt.p. посте́ленный

постере́чь *perf* кого-что *or without object* keep an eye on *smb for a while*
ft. постерегу́, -ежёшь, -егу́т
imp. постереги́, ∼те
pt. постерёг, -егла́
g.pt.a. постерёгши
p.pt.a. постерёгший
p.pt.p. постережённый

постесни́ться *perf obs* **1.** *usu with infinitive* feel [be] shy; hesitate; чего́ be ashamed (of) **2.** be squeezed, sit close, crowd together
ft. постесню́сь, -ни́шься, -ня́тся
imp. постесни́сь, -и́тесь
pt. постесни́лся, -лась
g.pt.a. постесни́вшись
p.pt.a. постесни́вшийся

постесня́ться 2 *perf usu with infinitive* feel [be] shy, feel [be] embarrassed

постига́ть[1] *imperf of* пости́гнуть

постига́ть[2] *imperf of* пости́чь

пости́гнуть *and* **пости́чь** *perf* кого-что **1.** comprehend **2.** *1st and 2nd pers not used* strike, overtake, befall ‖ *imperf* постига́ть 2a
ft. пости́гну, -нешь, -нут
imp. пости́гни, ∼те
pt. пости́г *and obs* пости́гнул, пости́гла
g.pt.a. пости́гнув *and* пости́гши
p.pt.a. пости́гший *and obs* пости́гнувший
p.pt.p. пости́гнутый

постила́ть[1] *imperf of* постла́ть

постила́ть[2] *imperf of* постели́ть

постила́ться *imperf of* постла́ться

постира́ть 2 *perf* что **1.** wash **2.** *a. without object* wash *for a while*

пости́ться *perf* fast, keep a fast
ft. пощу́сь, пости́шься, постя́тся
imp. пости́сь, -и́тесь
pt. пости́лся, -лась

g.pt.a. пости́вшись
p.pt.a. пости́вшийся

пости́чь *s.* пости́гнуть

постла́ть *perf* что **1.** spread *a cover etc.* **2.** make the bed *before going to sleep* ‖ *imperf* постила́ть 2a
ft. постелю́, -е́лешь, -е́лют
imp. постели́, ∼те
pt. постла́л
g.pt.a. постла́в
p.pt.a. постла́вший
p.pt.p. по́стланный

постла́ться *perf sub* make *one's* bed ‖ *imperf* постила́ться

по́стничать 1a *imperf rel* fast, keep a fast

посторожи́ть *perf* кого-что *or without object* keep an eye on *smb for a while*
ft. посторожу́, -жи́шь, -жа́т
imp. посторожи́, ∼те
pt. посторожи́л
g.pt.a. посторожи́в
p.pt.a. посторожи́вший

посторони́ться *perf* stand [step] aside, make way
ft. посторони́сь, -о́нишься, -о́нятся
imp. посторони́сь, -и́тесь
pt. посторони́лся, -лась
g.pt.a. посторони́вшись
p.pt.a. посторони́вшийся

постоя́ть *perf* **1.** stand *for a while* **2.** *imp.* постой(те)! *coll* wait a minute!, wait a bit! **3.** за кого-что stand up (for), defend *smb*, intercede (for)
ft. постою́, -ои́шь, -оя́т
imp. постой, ∼те
pt. постоя́л
g.pt.a. постоя́в
p.pt.a. постоя́вший

пострада́ть 2 *perf* **1.** *perf of* страда́ть **2.** suffer *for a while*

постра́нствовать 4 *perf* travel around *for some time*

постраща́ть 2 *perf* кого-что *sub* frighten, scare *a little*

постре́ливать 1a *imperf* shoot now and then

постреля́ть 2 *perf* **1.** shoot *for some time* **2.** кого-чего *coll* shoot dead *a lot*

пострига́ть(ся) *imperf of* постри́чь(ся)

постри́чь *perf* кого-что **1.** have *one's* hair cut **2.** *rel* consecrate a monk [a nun] ‖ *imperf* пострига́ть 2a *with* 2

ft.	постригу́, -ижёшь, -игу́т
imp.	постриги́, ~те
pt.	постри́г, ~ла
g.pt.a.	постри́гши
p.pt.a.	постри́гший
p.pt.p.	постри́женный

постри́чься *perf* 1. have one's hair cut 2. *rel of man* take monastic vows, *of woman* take the veil ‖ *imperf* пострига́ться *with* 2

постро́ить *perf of* стро́ить

ft.	постро́ю, -о́ишь, -о́ят
imp.	постро́й, ~те
pt.	постро́ил
g.pt.a.	постро́ив
p.pt.a.	постро́ивший
p.pt.p.	постро́енный

постро́иться *perf of* стро́иться

посту́кивать 1a *imperf* knock now and then

постули́ровать 4 *and* 4a *perf, imperf* что *bookish* postulate

поступа́ть(ся) *imperf of* поступи́ть(ся)

поступи́ть *perf* 1. act, behave 2. с кем treat *smb in some way*; с чем deal (with *smth*) 3. *1st and 2nd pers not used* во что, на что enter *university, school etc.*; join *the army etc.*; take on *a job* 4. *1st and 2nd pers not used* (во что, на что) come in, be received ‖ *imperf* поступа́ть 2a

ft.	поступлю́, -у́пишь, -у́пят
imp.	поступи́, ~те
pt.	поступи́л
g.pt.a.	поступи́в
p.pt.a.	поступи́вший

поступи́ться *perf* чем give up, abdicate, renounce ‖ *imperf* поступа́ться

постуча́ть *perf* 1. knock *for a while* 2. knock at the door

ft.	постучу́, -чи́шь, -ча́т
imp.	постучи́, ~те
pt.	постуча́л
g.pt.a.	постуча́в
p.pt.a.	постуча́вший

постуча́ться *perf coll* knock at the door

постыди́ть *perf* кого́-что 1. *coll* shame, put to shame 2. (*usu negated*) *obs* disgrace

ft.	постыжу́, -ыди́шь, -ыдя́т
imp.	постыди́, ~те
pt.	постыди́л
g.pt.a.	постыди́в
p.pt.a.	постыди́вший

постыди́ться *perf* кого́-чего́ *or with infinitive coll* be [feel] ashamed (of)

посуди́ть *perf* 1. *obs* judge 2. что *or* о ком-чём discuss *smth for a while*

ft.	посужу́, -у́дишь, -у́дят
imp.	посуди́, ~те
pt.	посуди́л
g.pt.a.	посуди́в
p.pt.a.	посуди́вший

посули́ть *perf* кого́-что кому́-чему́ *or with infinitive sub* promise

ft.	посулю́, -ли́шь, -ля́т
imp.	посули́, ~те
pt.	посули́л
g.pt.a.	посули́в
p.pt.a.	посули́вший
p.pt.p.	посулённый; посулён, -ена́

посуро́веть 3, *stress as infinitive, perf* become severe

посуши́ть *perf* кого́-что 1. *or* чего́ dry *a lot* 2. dry *a little* 3. *coll* dry up *everything*

ft.	посушу́, -у́шишь, -у́шат
imp.	посуши́, ~те
pt.	посуши́л
g.pt.a.	посуши́в
p.pt.a.	посуши́вший
p.pt.p.	посу́шенный

посчастли́виться *impers perf* кому́ *or without object* be lucky, have the luck (to)

ft.	посчастли́вится
pt.	посчастли́вилось

посчита́ть 2 *perf* 1. кого́-что *or without object* count 2. кого́-что, чем *or* каки́м *with infinitive*; за кого́-что consider *smb* to be, take (for) 3. что count *for a while*

посчита́ться *perf* с кем-чем 1. *coll* settle with 2. *fig* get even with 3. (*usu negated*) take account (of)

посыла́ть *imperf of* посла́ть

посы́пать *perf* 1. что *or* чего́ strew *a little* 2. *fig* что чем (be)strew (with), pour (with) 3. *coll of snow, rain* begin to fall 4. что *or* чем *coll* spout jokes, words etc. 5. *sub* flock out, flock away, leave in great numbers ‖ *imperf* посыпа́ть 2a *with* 1

ft.	посы́плю, -лешь, -лют *and coll* -пешь, -пют
imp.	посы́пь, ~те
pt.	посы́пал
g.pt.a.	посы́пав
p.pt.a.	посы́павший
p.pt.p.	посы́панный

посыпа́ть *imperf of* посы́пать

посы́паться, *1st and 2nd pers not used, perf* begin to fall; rain; *fig* rain down, pour down, shower; forms follow посыпа́ть

посыха́ть* 2a, *1st and 2nd pers not used, imperf* dry up

посяга́ть *imperf of* посягну́ть

посягну́ть 7 *perf* на кого́-что *bookish* encroach (on), infringe (on) ‖ *imperf* посяга́ть 2a no *p.pt.p.*

потаи́ть *perf* что *sub* conceal
ft.	потаю́, -аи́шь, -аи́т
imp.	потаи́, ~те
pt.	потаи́л
g.pt.a.	потаи́в
p.pt.a.	потаи́вший
p.pt.p.	потаённый; потаён, -ена́

потака́ть 2a *imperf* кому́-чему́ в чём *or* чему́ *coll* turn a blind eye to *smb* about *smth*, let *smth* pass, overlook *smth*

потанцева́ть *perf* что *or without object* dance *for a while*
ft.	потанцу́ю, -у́ешь, -у́ют
imp.	потанцу́й, ~те
pt.	потанцева́л
g.pt.a.	потанцева́в
p.pt.a.	потанцева́вший

пота́птывать* 1a *imperf coll* 1. что tread, trample *slightly* 2. trample *from time to time*

потащи́ть *perf* кого́-что drag along, pull along
ft.	потащу́, -а́щишь, -а́щат
imp.	потащи́, ~те
pt.	потащи́л
g.pt.a.	потащи́в
p.pt.a.	потащи́вший
p.pt.p.	пота́щенный

потащи́ться *perf coll* drag oneself along

потво́рствовать 4a *imperf* кому́-чему́ turn a blind eye to *smb* about *smth*, let *smth* pass, overlook *smth*

потемне́ть 3 *perf* 1. *1st and 2nd pers not used* get dark 2. *impers* grow [get] gloomy

потепле́ть 3, *1st and 2nd pers not used, perf* 1. get warm(er) 2. *impers of the weather* get warmer

потере́ть *perf* что 1. rub *for a while* 2. *sub* rub (in, into)
ft.	потру́, -рёшь, -ру́т
imp.	потри́, ~те
pt.	потёр, ~ла
g.pt.a.	потере́в *and* потёрши

p.pt.a.	потёрший
p.pt.p.	потёртый

потере́ться *perf* 1. rub oneself *for a while* 2. *of clothes* be worn

потерпе́ть *perf* 1. что *or without object* be patient, endure *for a time* 2. что suffer, go through *smth* 3. *obs coll* be persecuted 4. (*usu negated*) allow; я не потерплю́ э́того I will not put up with it
ft.	потерплю́, -е́рпишь, -е́рпят
imp.	потерпи́, ~те
pt.	потерпе́л
g.pt.a.	потерпе́в
p.pt.a.	потерпе́вший

потеря́ть(ся) *perf of* теря́ть(ся)

потесни́ть *perf of* тесни́ть
ft.	потесню́, -ни́шь, -ня́т
imp.	потесни́, ~те
pt.	потесни́л
g.pt.a.	потесни́в
p.pt.a.	потесни́вший
p.pt.p.	потеснённый; потеснён, -ена́

потесни́ться *perf* 1. make room 2. huddle together

поте́ть 3a *imperf* 1. sweat 2. *fig* над чем *or without object sub* toil (at), grind (at) 3. *1st and 2nd pers not used coll, of window* cover with condensation. — (вс- *with* 1, за- *with* 3, от- *with* 3)

поте́чь, *1st and 2nd pers not used, perf* begin to run
ft.	потечёт, -еку́т
pt.	потёк, -екла́
g.pt.a.	потёкши
p.pt.a.	потёкший

потеша́ть 2a *imperf* кого́-что amuse

потеша́ться *imperf* 1. чем *or without object obs* amuse oneself 2. над кем-чем make fun (of), laugh (at), make a laughing-stock (of)

поте́шить *perf* кого́-что 1. *coll* amuse 2. entertain *for a while*
ft.	поте́шу, -шишь, -шат
imp.	поте́шь, ~те
pt.	поте́шил
g.pt.a.	поте́шив
p.pt.a.	поте́шивший
p.pt.p.	поте́шенный

поте́шиться *perf* 1. *obs* amuse oneself 2. над кем-чем *coll* laugh (at), make fun (of), make a fool (of)

потира́ть 2a *imperf* что rub *slightly*

потолкова́ть 5 *perf* с кем-чем *coll* talk, chat (with) *for a while*

потоло́чь *perf* что **1.** grind *for a while* **2.** *coll* grind up
ft.	потолку́, -лчёшь, -лку́т
imp.	потолки́, ~те
pt.	потоло́к, -лкла́
g.pt.a.	потоло́кши
p.pt.a.	потоло́кший
p.pt.p.	потолчённый

потолсте́ть 3 *perf* get fatter

потону́ть 7 *perf* sink, go down, drown
ft.	потону́, -о́нешь, -о́нут

no *p.pt.p.*

потонча́ть 2, *1st and 2nd pers not used, perf coll* get thinner

потопи́ть *perf* кого́-что **1.** sink **2.** *fig coll* ruin **3.** drown, flood, overflow ‖ *imperf* потопля́ть 2a
ft.	потоплю́, -о́пишь, -о́пят
imp.	потопи́, ~те
pt.	потопи́л
g.pt.a.	потопи́в
p.pt.a.	потопи́вший
p.pt.p.	пото́пленный

потопля́ть *imperf of* потопи́ть

потопта́ть *perf* **1.** кого́-что trample *everything* down **2.** чем *coll* trample, tread *for a while*
ft.	потопчу́, -о́пчешь, -о́пчут
imp.	потопчи́, ~те
pt.	потопта́л
g.pt.a.	потопта́в
p.pt.a.	потопта́вший
p.pt.p.	пото́птанный

потора́пливать 1a *imperf* кого́-что *coll* urge *smb* on

потора́пливаться *imperf coll* hurry up

поторгова́ться 5 *perf* bargain, haggle, wrangle *for a while*

поторопи́ть *perf* кого́-что *or* кого́-что с чем urge on, hurry up, press (for)
ft.	потороплю́, -о́пишь, -о́пят
imp.	поторопи́, ~те
pt.	поторопи́л
g.pt.a.	поторопи́в
p.pt.a.	поторопи́вший
p.pt.p.	поторо́пленный

поторопи́ться *perf* **1.** с чем be in a hurry, hurry up **2.** hasten, do *smth* hurriedly

поточи́ть *perf* что **1.** grind, whet, strop *a little* **2.** *or without object* sharpen, whet, strop *for a while*

ft.	поточу́, -о́чишь, -о́чат
imp.	поточи́, ~те
pt.	поточи́л
g.pt.a.	поточи́в
p.pt.a.	поточи́вший
p.pt.p.	пото́ченный

потрави́ть *perf* **1.** кого́-что *coll* poison **2.** что trample down, spoil, damage *grass, crops* **3.** кого́-что hunt, chase *for a while*
ft.	потравлю́, -а́вишь, -а́вят
imp.	потрави́, ~те
pt.	потрави́л
g.pt.a.	потрави́в
p.pt.a.	потрави́вший
p.pt.p.	потра́вленный

потра́тить *perf* что spend
ft.	потра́чу, -а́тишь, -а́тят
imp.	потра́ть, ~те
pt.	потра́тил
g.pt.a.	потра́тив
p.pt.a.	потра́тивший
p.pt.p.	потра́ченный

потра́титься *perf* на что spend a lot of money, squander, waste *money*

потра́фить *perf* **1.** кому́-чему *or* на кого́-что *or without object sub* give satisfaction, please *smb* **2.** *coll obs* do it right ‖ *imperf* потрафля́ть 2a
ft.	потра́флю, -фишь, -фят
imp.	потра́фь, ~те
pt.	потра́фил
g.pt.a.	потра́фив
p.pt.a.	потра́фивший

потрафля́ть *imperf of* потра́фить

потреби́ть *perf of* потребля́ть
ft.	потреблю́, -би́шь, -бя́т
imp.	потреби́, ~те
pt.	потреби́л
g.pt.a.	потреби́в
p.pt.a.	потреби́вший
p.pt.p.	потреблённый; потреблён, -ена́

потребля́ть 2a *imperf* что **1.** use, consume **2.** eat ‖ *perf* потреби́ть, forms ib.

потре́бовать(ся) *perf of* тре́бовать(ся)

потрево́жить *perf* кого́-что worry, trouble, disturb
ft.	потрево́жу, -жишь, -жат
imp.	потрево́жь, ~те
pt.	потрево́жил
g.pt.a.	потрево́жив
p.pt.a.	потрево́живший
p.pt.p.	потрево́женный

потрево́житься *perf* worry

потрепа́ть *perf* **1.** что wear out *a dress*
2. кого́-что shake up *for a while*
ft.	потреплю́, -е́плешь, -е́плют *and sub* -е́пешь, -е́пют
imp.	потрепли́, ~те *and* потрепи́, ~те
pt.	потрепа́л
g.pt.a.	потрепа́в
p.pt.a.	потрепа́вший
p.pt.p.	потрёпанный

потрепа́ться *perf* **1.** *1st and 2nd pers not used* get worn out **2.** *sub* twaddle, prattle *for a while*

потре́скаться 1, *1st and 2nd pers not used,* *perf* crack, chap, split

потре́скивать 1а *imperf* crackle *from time to time*

потро́гать 1 *perf* кого́-что touch *slightly or several times*

потроши́ть *imperf* кого́-что **1.** draw, gut **2.** *fig coll* clean out, clear out. — (вы-)
pr.	потрошу́, -ши́шь, -ша́т
imp.	потроши́, ~те
pt.	потроши́л
g.pr.a.	потроша́
p.pr.a.	потроша́щий
p.pt.a.	потроши́вший
p.pr.p.	потроши́мый
p.pt.p.	потрошённый; потрошён, -ена́

потруди́ться *perf* **1.** work *for a while* **2.** *with infinitive* toil (at), grind, endeavour
ft.	потружу́сь, -у́дишься, -у́дятся
imp.	потруди́сь, -и́тесь
pt.	потруди́лся, -лась
g.pt.a.	потруди́вшись
p.pt.a.	потруди́вшийся

потряса́ть(ся) *imperf of* потрясти́(сь)

потрясти́ *perf* **1.** кого́-что *or* чем shake *for a while* **2.** что shake, cause to hesitate **3.** *fig* кого́-что shake, shock ‖ *imperf* потряса́ть 2а *with* 2, 3
ft.	потрясу́, -сёшь, -су́т
imp.	потряси́, ~те
pt.	потря́с, -ясла́
g.pt.a.	потря́сши
p.pt.a.	потря́сший
p.pt.p.	потрясённый; потрясён, -ена́

потрясти́сь *perf* **1.** *coll* be jolted *in a carriage* **2.** *fig obs* tremble, shiver, shake ‖ *imperf* потряса́ться

потря́хивать 1а *imperf* что *or* чем *coll* shake *slightly or from time to time*

потужи́ть *perf coll obs poet* grieve, be sad *for a while*
ft.	потужу́, -у́жишь, -у́жат
imp.	потужи́, ~те
pt.	потужи́л
g.pt.a.	потужи́в
p.pt.a.	потужи́вший

поту́пить *perf* что hang *one's* head; lower *one's* eyes ‖ *imperf* потупля́ть 2а
ft.	поту́плю, -пишь, -пят
imp.	поту́пь, ~те
pt.	поту́пил
g.pt.a.	поту́пив
p.pt.a.	поту́пивший
p.pt.p.	поту́пленный

поту́питься *perf* hang *one's* head; drop *one's* eyes ‖ *imperf* потупля́ться

потупля́ть(ся) *imperf of* поту́пить(ся)

потускне́ть 3, *1st and 2nd pers not used,* *perf* grow dim [dull], lose its lustre

потуха́ть *imperf of* поту́хнуть

поту́хнуть, *1st and 2nd pers not used, perf* **1.** *of fire, lights* go out **2.** *fig* lose its lustre **3.** *fig* cease, die out ‖ *imperf* потуха́ть 2а
ft.	поту́хнет, -нут
pt.	поту́х *and obs* поту́хнул, поту́хла
g.pt.a.	поту́хнув *and* поту́хши
p.pt.a.	поту́хший *and obs* поту́хнувший

потучне́ть 3 *perf* become fat, put on weight

потуши́ть[1] *perf* что put out, extinguish, switch off, turn off
ft.	потушу́, -у́шишь, -у́шат
imp.	потуши́, ~те
pt.	потуши́л
g.pt.a.	потуши́в
p.pt.a.	потуши́вший
p.pt.p.	потуше́нный

потуши́ть[2] *perf* что stew, braise *for some time*
forms as потуши́ть[1]

по́тчевать *imperf* кого́-что чем *sub* regale (with), treat (to) ‖ *perf* попо́тчевать, forms ib.
pr.	по́тчую, -уешь, -уют
imp.	по́тчуй, ~те
pt.	по́тчевал
g.pr.a.	по́тчуя
p.pr.a.	по́тчующий
p.pt.a.	по́тчевавший

потяга́ться 2 *perf* с кем-чем *or without object coll* contend (with), compete (with)

потя́гивать 1 a *imperf* что *or* за что *or without object* coll pull *slightly from time to time*; take a pull at *beverage*

потя́гиваться *imperf of* потяну́ться

потяжеле́ть 3 *perf* get heavy

потяну́ть 7 *perf* кого-что *or* за что *or without object* pull *a little*; pull (at); потяну́ть кого-н. за рука́в pluck (at) *smb's* sleeve
ft.	потяну́, -я́нешь, -я́нут
p.pt.p.	потя́нутый

потяну́ться *perf* 1. stretch oneself 2. к кому́-чему́ reach out (for), stretch *one's* hand (for); turn (towards); все за ним потяну́лись everybody followed him ‖ *imperf* потя́гиваться 1 a

поугомони́ться *perf coll* calm down' *ittle by little*
ft.	поугомоню́сь, -ни́шься, -ня́тся
imp.	поугомони́сь, -и́тесь
pt.	поугомони́лся, -лась
g.pt.a.	поугомони́вшись
p.pt.a.	поугомони́вшийся

поу́жинать 1 *perf* have supper

поумне́ть 3 *perf* become cleverer, grow wiser

поупря́миться *perf coll* be obstinate, persist *for some time*
ft.	поупря́млюсь, -мишься, -мятся
imp.	поупря́мься, -мьтесь
pt.	поупря́мился, -лась
g.pt.a.	поупря́мившись
p.pt.a.	поупря́мившийся

поуха́живать 1 *perf* за кем-чем col court *for a while*, pay *one's* adresses to; cultivate

поуча́ть 2 a *imperf* кого-что чему́ lecture, preach; teach

поучи́ть *perf* кого-что teach *smb for a while*
ft.	поучу́, поу́чишь, поу́чат
imp.	поучи́, ~те
pt.	поучи́л
g.pt.a.	поучи́в
p.pt.a.	поучи́вший
p.pt.p.	поу́ченный

поучи́ться *perf* study *for a while*

поха́живать 1 a *imperf coll* 1. walk up and down, walk to and fro 2. go somewhere *from time to time*

похва́ливать 1 a *imperf* кого-что *coll* praise *smb from time to time*

похвали́ть *perf of* хвали́ть
ft.	похвалю́, -а́лишь, -а́лят
imp.	похвали́, ~те
pt.	похвали́л
g.pt.a.	похвали́в
p.pt.a.	похвали́вший
p.pt.p.	похва́ленный

похвали́ться *perf of* хвали́ться

похваля́ться 1 a *imperf* чем *or with infinitive sub* boast (of), swagger (about)

похва́рывать 1 a *imperf coll* fall ill, be ill *occasionally*

похва́стать(ся) *perf of* хва́стать(ся)

похе́рить *perf* что *sub* 1. *obs* strike out cross out, cancel 2. *fig* eliminate
ft.	похе́рю, -ришь, -рят
imp.	похе́рь, ~те
pt.	похе́рил
g.pt.a.	похе́рив
p.pt.a.	похе́ривший
p.pt.p.	похе́ренный

похи́тить *perf* кого-что steal; kidnap abduct ‖ *imperf* похища́ть 2 a
ft.	похи́щу, -и́тишь, -и́тят
imp.	похи́ть, ~те
pt.	похи́тил
g.pt.a.	похи́тив
p.pt.a.	похи́тивший
p.pt.p.	похи́щенный

похища́ть *imperf of* похи́тить

похлеба́ть 2 *perf sub* что 1. *or* чего́ eat *a little* 2. gulp *for a while* 3. spoon out, eat up *everything*

похло́пать 1 *perf* кого-что *or* чем *or without object* applaud, clap *one's* hands *slightly*

похлопота́ть *perf* 1. *perf of* хлопота́ть 2. be busy doing *smth for some time*
ft.	похлопочу́, -о́чешь, -о́чут
imp.	похлопочи́, ~те
pt.	похлопота́л
g.pt.a.	похлопота́в
p.pt.a.	похлопота́вший

похло́пывать 1 a *imperf* что *or* чем *or without object coll* clap *one's* hands *from time to time*

похмели́ться *perf sub* take a hair of the dog that bit you, take a drop for *one's* bad head ‖ *imperf* похмеля́ться 2 a
ft.	похмелю́сь, -ли́шься, -ля́тся
imp.	похмели́сь, -и́тесь
pt.	похмели́лся, -лась
g.pt.a.	похмели́вшись
p.pt.a.	похмели́вшийся

похмеля́ться *imperf of* похмели́ться

похода́тайствовать *perf of* ходáтайствовать

походи́ть[1] *perf* walk up and down, promenade *for a while*
ft.	похожу́, -о́дишь, -о́дят
imp.	походи́, ~те
pt.	походи́л
g.pt.a.	походи́в
p.pt.a.	походи́вший

походи́ть[2] *imperf* на кого́-что resemble, be like *smb*
pr.	похожу́, -о́дишь, -о́дят
imp.	походи́, ~те
pt.	походи́л
g.pr.a.	походя́
p.pr.a.	походя́щий
p.pt.a.	походи́вший

похозя́йничать 1 *perf* keep house *for some time*

похолода́ть 2 *impers perf coll, of weather* get cooler [colder]

похолоде́ть 3 *perf* 1. *of weather* get colder 2. freeze *with horror*

похолодне́ть 3 *impers perf coll, of weather* get cooler [colder]

похорони́ть *perf of* хорони́ть[1]
ft.	похороню́, -о́нишь, -о́нят
imp.	похорони́, ~те
pt.	похорони́л
g.pt.a.	похорони́в
p.pt.a.	похорони́вший
p.pt.p.	похоро́ненный

похороше́ть 3 *perf* get [become] nicer *or* more beautiful

похохота́ть *perf* laugh *for a while*
ft.	похохочу́, -о́чешь, -о́чут
imp.	похохочи́, ~те
pt.	похохота́л
g.pt.a.	похохота́в
p.pt.a.	похохота́вший

похрабре́ть 3 *perf* become more courageous *or* brave

похра́пывать 1а *imperf* snore *lightly*

похристо́соваться 4 *perf* give an Easter kiss

похуде́ть 3 *perf* grow [get] thinner

поцара́пать 1 *perf* кого́-что 1. scratch, abrade 2. *coll* be *slightly* hurt 3. scratch *several times*

поцара́паться *perf* 1. scratch oneself *a little* 2. *coll* be covered with scratches

[abrasions] 3. scratch each other 4. *coll* scratch oneself *for a while*

поцелова́ть(ся) *perf of* целова́ть(ся)

поцеремо́ниться *perf of* церемо́ниться
ft.	поцеремо́нюсь, -нишься, -нятся
imp.	поцеремо́нься, -ньтесь
pt.	поцеремо́нился, -лась
g.pt.a.	поцеремо́нившись
p.pt.a.	поцеремо́нившийся

почаёвничать 1 *perf coll* spend time drinking tea

поча́хнуть, *1st and 2nd pers not used, perf coll* pine, wither
ft.	поча́хнет, -нут
pt.	поча́х *and obs* поча́хнул, поча́хла
g.pt.a.	поча́хнув *and* поча́хши
p.pt.a.	поча́хший

почерне́ть 3 *perf* get [become] black

почерни́ть *perf* что blacken
ft.	почерню́, -ни́шь, -ня́т
imp.	почерни́, ~те
pt.	почерни́л
g.pt.a.	почерни́в
p.pt.a.	почерни́вший
p.pt.p.	почернённый; почернён, -ена́

почерпа́ть *imperf of* почерпну́ть

почерпну́ть 7 *perf* что *or* чего́ 1. *coll* draw water *up* 2. *fig* acquire, pick up, draw *knowledge* ‖ *imperf* почерпа́ть 2а *with* 2

почерстве́ть 3 *perf* 1. *of bread* get stale 2. *fig* become hardened [callous]

почеса́ть *perf* 1. *perf of* чеса́ть 2. что scratch *for some time*
ft.	почешу́, -е́шешь, -е́шут
imp.	почеши́, ~те
pt.	почеса́л
g.pt.a.	почеса́в
p.pt.a.	почеса́вший
p.pt.p.	почёсанный

почеса́ться *perf* 1. *perf of* чеса́ться 2. itch

поче́сть *perf* кем-чем, каки́м *or* кого́-что, за кого́-что, *a.* каки́м *with infinitive obs* consider to be ‖ *imperf* почита́ть 2а
ft.	почту́, -тёшь, -ту́т
imp.	почти́, ~те
pt.	почёл, почла́
g.pt.a.	почтя́
p.pt.p.	почтённый; почтён, -ена́

почёсывать 1а *imperf* кого́-что *coll* scratch *lightly or from time to time*

почёсываться *imperf coll* scratch oneself *lightly or from time to time*

почива́ть 2a *imperf obs* **1.** sleep, rest **2.** be at rest, lie *in the grave*

починѝть *perf* что **1.** repair **2.** *fig sub, joc* fix, damage, break ‖ *imperf* починя́ть 2a
ft.	починю́, -и́нишь, -и́нят
imp.	почини́, ~те
pt.	почини́л
g.pt.a.	почини́в
p.pt.a.	почини́вший
p.pt.p.	почи́ненный

починя́ть *imperf of* почини́ть

почѝстить *perf* кого́-что **1.** clean, brush **2.** *coll* clean *for some time*
ft.	почи́щу, -и́стишь, -и́стят
imp.	почи́сти *and coll* почи́сть, почи́стите
pt.	почи́стил
g.pt.a.	почи́стив
p.pt.a.	почи́стивший
p.pt.p.	почи́щенный

почѝститься *perf* brush oneself

почита́ть[1] 2 *perf* что **1.** read *for a while* **2.** *coll* read through

почита́ть[2] 2a *imperf* кого́-что respect, hold in esteem

почита́ть[3] *imperf of* поче́сть

почѝтывать 1a *imperf* кого́-что *coll* read *occasionally*

почѝть *perf obs* **1.** fall asleep **2.** die, lie *in the grave*
ft.	почи́ю, -и́ешь, -и́ют
imp.	почи́й, ~те
pt.	почи́л
g.pt.a.	почи́в
p.pt.a.	почи́вший

почиха́ть 2 *perf* sneeze *several times*

почкова́ться 5a, *1st and 2nd pers not used, imperf* bud, gemmate

почтѝть *perf* кого́-что **1.** чем honour (by, with), pay [do] homage (to) **2.** respect, honour
ft.	почту́, -ти́шь, -ту́т *and* -тя́т
imp.	почти́, ~те
pt.	почти́л
g.pt.a.	почти́в
p.pt.a.	почти́вший
p.pt.p.	почтённый; почтён, -ена́

почу́вствовать(ся) *perf of* чу́вствовать(ся)

почуди́ть, *1st pers not used, perf coll* behave strangely *for some time*
ft.	почуди́шь, -дя́т

imp.	почуди́, ~те
pt.	почуди́л
g.pt.a.	почуди́в
p.pt.a.	почуди́вший

почу́диться *perf of* чу́диться
ft.	почу́дишься, -дятся
imp.	почу́дься, -дьтесь
pt.	почу́дился, -лась
g.pt.a.	почу́дившись
p.pt.a	почу́дившийся

почу́ять *perf of* чу́ять
ft.	почу́ю, -у́ешь, -у́ют
imp.	почу́й, ~те
pt.	почу́ял
g.pt.a.	почу́яв
p.pt.a.	почу́явший
p.pt.p.	почу́янный

почу́яться *perf of* чу́яться

пошаба́шить *perf of* шаба́шить
ft.	пошаба́шу, -шишь, -шат
imp.	пошаба́шь, ~те
pt.	пошаба́шил
g.pt.a.	пошаба́шив
p.pt.a.	пошаба́шивший

поша́ливать 1a *imperf coll* **1.** play pranks, romp *from time to time*; у него́ се́рдце поша́ливает his heart is playing him up **2.** steal and rob *now and then*

пошали́ть *perf* gambol, romp, frisk *for a while*
ft.	пошалю́, -ли́шь, -ля́т
imp.	пошали́, ~те
pt.	пошали́л
g.pt.a.	пошали́в
p.pt.a.	пошали́вший

поша́рить *perf coll* feel in *one's* pocket, fumble in, rummage in *for some time*
ft.	поша́рю, -ришь, -рят
imp.	поша́рь, ~те
pt.	поша́рил
g.pt.a.	поша́рив
p.pt.a.	поша́ривший

пошатну́ть 7 *perf* кого́-что **1.** shake *slightly* **2.** *fig* cause to hesitate **3.** ruin *smb's* health
p.pt.p.	поша́тнутый*

пошатну́ться *perf* **1.** be shaken, lose *one's* balance **2.** *fig* hesitate **3.** *of health* be ruined

поша́тывать 1a *imperf* кого́-что sway, rock *now and then*

поша́тываться *imperf* be unsteady, reel, stagger

пошевѐливать 1a *imperf* **1.** что *or* чем touch *slightly or now and then* **2.** *imp.* пошевѐливай! *sub* stir your stumps!

пошевѐливаться *imperf* **1.** move *slightly* **2.** *imp.* пошевѐливайся! *sub* stir your stumps!

пошевели́ть *perf* **1.** что set into motion **2.** чем stir, move *slightly* **3.** кого́-что *fig* cause *smb* to worry [to be excited] | *perf semelf* пошевельну́ть 7, no *p̀.pt.p.*

ft.	пошевелю́, -ели́шь, -еля́т
imp.	пошевели́, ∼те
pt.	пошевели́л
g.pt.a.	пошевели́в
p.pt.a.	пошевели́вший
p.pt.p.	пошевелённый; пошевелён, -ена́

пошевели́ться *perf* stir, move *slightly* | *perf semelf* пошевельну́ться

пошевельну́ть(ся) *perf semelf of* пошевели́ть(ся)

пошепта́ть *perf* что *or without object* whisper *for some time*

ft.	пошепчу́, -е́пчешь, -е́пчут
imp.	пошепчи́, ∼те
pt.	пошепта́л
g.pt.a.	пошепта́в
p.pt.a.	пошепта́вший

пошепта́ться *perf* whisper to each other, talk in whispers

поши́ре́ть 3 *perf sub* get [become] broader

поши́ть *perf* что **1.** sew *for a while* **2.** *sub* sew *smth*

ft.	пошью́, пошьёшь, пошью́т
imp.	поше́й, ∼те
pt.	поши́л
g.pt.a.	поши́в
p.pt.a.	поши́вший
p.pt.p.	поши́тый

пошле́ть 3a *imperf coll* turn coarse. —(o-)

пошуме́ть *perf* make noise

ft.	пошумлю́, -ми́шь, -мя́т
imp.	пошуми́, ∼те
pt.	пошуме́л
g.pt.a.	пошуме́в
p.pt.a.	пошуме́вший

пошути́ть *perf* **1.** joke, jest **2.** над кем-чем make fun (of)

ft.	пошучу́, -у́тишь, -у́тят
imp.	пошути́, ∼те
pt.	пошути́л
g.pt.a.	пошути́в
p.pt.a.	пошути́вший

пощади́ть *perf* кого́-что **1.** have mercy (on) **2.** spare **3.** spare *smb's* feelings [self-respect etc.]

ft.	пощажу́, -ади́шь, -адя́т
imp.	пощади́, ∼те
pt.	пощади́л
g.pt.a.	пощади́в
p.pt.a.	пощади́вший
p.pt.p.	пощажённый; пощажён, -ена́

пощекота́ть *perf* кого́-что tickle *for a while*

ft.	пощекочу́, -о́чешь, -о́чут
imp.	пощекочи́, ∼те
pt.	пощекота́л
g.pt.a.	пощекота́в
p.pt.a.	пощекота́вший

пощипа́ть *perf* **1.** что *or* чего́ nibble; nip, tweak **2.** *fig* кого́-что *sub* rob, fleece **3.** *fig* кого́-что *sub* criticize one another *a little*

ft.	пощиплю́, -и́плешь, -и́плют *and coll* -и́пешь, -и́пют *and coll* пощипа́ю, -а́ешь, -а́ют
imp.	пощипли́, ∼те *and coll* пощипи́, ∼те *and coll* пощипа́й, ∼те
pt.	пощипа́л
g.pt.a.	пощипа́в
p.pt.a.	пощипа́вший
p.pt.p.	пощи́панный *with* 2

пощи́пывать 1a *imperf* что nibble; pinch, tweak *now and then*

пощу́пать *perf of* щу́пать

поэкзаменова́ть 5 *perf* кого́-что *coll* examine *smb for a while*

поэтизи́ровать 4 *and* 4a *perf, imperf* кого́-что poeticize

появи́ться *perf* **1.** show up, appear **2.** appear, emerge || *imperf* появля́ться 2a

ft.	появлю́сь, поя́вишься, поя́вятся
imp.	появи́сь, -и́тесь
pt.	появи́лся, -лась
g.pt.a.	появи́вшись
p.pt.a.	появи́вшийся

появля́ться *imperf of* появи́ться

поясни́ть *perf* что elaborate, elucidate, explain || *imperf* пояснять 2a

ft.	поясню́, -ни́шь, -ня́т
imp.	поясни́, ∼те
pt.	поясни́л
g.pt.a.	поясни́в
p.pt.a.	поясни́вший
p.pt.p.	пояснённый; пояснён, -ена́

поясня́ть *imperf of* поясни́ть

праве́ть 3а *imperf pol* become more conservative. — (по-)

пра́вить[1] *imperf* **1.** кем-чем *or without object* reign, lead, rule, govern **2.** кем-чем *or without object* drive, steer *a car etc.* **3.** что *obs and sub* arrange, organize, hold *meeting etc.*

pr.	пра́влю, -вишь, -вят
imp.	правь, ~те
pt.	пра́вил
g.pr.a.	пра́вя
p.pr.a.	пра́вящий
p.pt.a.	пра́вивший

пра́вить[2] *imperf* что **1.** correct **2.** straighten out; whet, sharpen

p.pt.p.	пра́вленный

other forms as пра́вить[1]

пра́здновать [зн] 4а *imperf* что celebrate, fete. — (от-)

практикова́ть 5а *imperf* **1.** что *bookish* practise **2.** *obs* practise medicine

p.pt.p.	практико́ванный

практикова́ться *imperf* **1.** be practised **2.** в чём practise, train. — (на- *with* 2)

пребыва́ть 2а *imperf* **1.** *imperf of* пребы́ть **2.** *obs* exist **3.** *bookish* sojourn, stay

пребы́ть *perf obs* remain unchanged

ft.	пребу́ду, -дешь, -дут
imp.	пребу́дь, ~те
pt.	пребы́л, пребыла́, пребы́ло
g.pt.a.	пребы́в
p.pt.a.	пребы́вший

превали́ровать 4а *imperf* над кем-чем *or without object bookish* prevail (over)

превзойти́ *perf* **1.** кого-что чем surpass *smb* (in), be superior to *smb* (in) **2.** что surpass, exceed **3.**: превзойти́ самого́ себя́ *bookish* surpass oneself ‖ *imperf* превосходи́ть, forms ib.

ft.	превзойду́, -дёшь, -ду́т
imp.	превзойди́, ~те
pt.	превзошёл, -шла́
g.pt.a.	превзойдя́ *and obs* превзоше́дши
p.pt.a.	превзоше́дший
p.pt.p.	превзойдённый; превзойдён, -ена́

превозвы́сить *perf* кого-что *obs* very greatly appreciate, praise overly, laud, exalt ‖ *imperf* превозвыша́ть 2а

ft.	превозвы́шу, -ы́сишь, -ы́сят
imp.	превозвы́сь, ~те
pt.	превозвы́сил
g.pt.a.	превозвы́сив
p.pt.a.	превозвы́сивший
p.pt.p.	превозвы́шенный

превозвыша́ть *imperf of* превозвы́сить

превозмога́ть *imperf of* превозмо́чь

превозмо́чь *perf* что overcome ‖ *imperf* превозмога́ть 2а

ft.	превозмогу́, -о́жешь, -о́гут
imp.	превозмоги́, ~те
pt.	превозмо́г, -огла́
g.pt.a.	превозмо́гши
p.pt.a.	превозмо́гший

превознести́ *perf* кого-что extol, exalt ‖ *imperf* превозноси́ть, forms ib.

ft.	превознесу́, -сёшь, -су́т
imp.	превознеси́, ~те
pt.	превознёс, -есла́
g.pt.a.	превознеся́ *and obs* превознёсши
p.pt.a.	превознёсший
p.pt.p.	превознесённый; превознесён, -ена́

превознести́сь *perf obs* give oneself airs, get puffed up, be self-conceited, be presumptuous ‖ *imperf* превозноси́ться

превозноси́ть *imperf of* превознести́

pr.	превозношу́, -о́сишь, -о́сят
imp.	превозноси́, ~те
pt.	превозноси́л
g.pr.a.	превознося́
p.pr.a.	превознося́щий
p.pt.a.	превозноси́вший
p.pr.p.	превозноси́мый

превозноси́ться *imperf of* превознести́сь

превосходи́ть *imperf of* превзойти́

pr.	превосхожу́, -о́дишь, -о́дят
imp.	превосходи́, ~те
pt.	превосходи́л
g.pr.a.	превосходя́
p.pr.a.	превосходя́щий
p.pt.a.	превосходи́вший

преврати́ть *perf* кого-что в кого-что change *smb* (into), transform *smb* (into), turn *smb* (into) ‖ *imperf* превраща́ть 2а

ft.	превращу́, -ати́шь, -атя́т
imp.	преврати́, ~те
pt.	преврати́л
g.pt.a.	преврати́в
p.pt.a.	преврати́вший
p.pt.p.	превращённый; превращён, -ена́

преврати́ться *perf* в кого-что **1.** change (into), turn (into) **2.** (*with nouns* зре́ние, слух, внима́тельность) be *all ears etc.* ‖ *imperf* превраща́ться

превраща́ть(ся) *imperf of* преврати́ть(ся)
превы́сить *perf* что **1.** exceed **2.** abuse one's powers ‖ *imperf* превыша́ть 2a
ft.   превы́шу, -ы́сишь, -ы́сят
imp.   превы́сь, ~те
pt.   превы́сил
g.pt.a. превы́сив
p.pt.a. превы́сивший
p.pt.p. превы́шенный

превыша́ть *imperf of* превы́сить

прегради́ть *perf* что кому́-чему́ bar, block *smb's way etc.* ‖ *imperf* прегражда́ть 2a
ft.   прегражу́, -ади́шь, -адя́т
imp.   прегради́, ~те
pt.   прегради́л
g.pt.a. прегради́в
p.pt.a. прегради́вший
p.pt.p. прегражде́нный; прегражде́н, -ена́

прегражда́ть *imperf of* прегради́ть

предава́ть *imperf of* преда́ть
pr.   предаю́, -аёшь, -аю́т
imp.   предава́й, ~те
pt.   предава́л
g.pr.a. предава́я
p.pr.a. предаю́щий
p.pt.a. предава́вший

предава́ться *imperf of* преда́ться

преда́ть *perf* кого́-что **1.** кому́-чему́ betray *to the enemy* **2.** чему́ subject, expose, commit, hand over; преда́ть суду́ bring to trial, hand over to justice; преда́ть сме́рти put to death; преда́ть забве́нию bury in oblivion ‖ *imperf* предава́ть, forms ib.
ft.   преда́м, -а́шь, -а́ст, -ади́м, -ади́те, -аду́т
imp.   предай, ~те
pt.   пре́дал, предала́, пре́дало
g.pt.a. преда́в
p.pt.a. преда́вший
p.pt.p. пре́данный; пре́дан, предана́, пре́дано

преда́ться *perf* **1.** кому́ *obs* give oneself up (to), abandon oneself (to) **2.** чему́ indulge (in) ‖ *imperf* предава́ться
pt.   преда́лся, -ала́сь, -ало́сь

предвари́ть *perf* кого́-что *bookish* **1.** anticipate forestall **2.** о чём forewarn (of), advise (of) ‖ *imperf* предваря́ть 2 a
ft.   предварю́, -ри́шь, ря́т
imp.   предвари́, ~те

pt.   предвари́л
g.pt.a. предвари́в
p.pt.a. предвари́вший
p.pt.p. предваре́нный; предваре́н, -ена́

предваря́ть *imperf of* предвари́ть

предвеща́ть 2a *imperf* что **1.** *bookish obs* foreshadow, betoken, presage **2.** portend; foretell

предви́деть *imperf* что foresee, foreknow
pr.   предви́жу, -и́дишь, -и́дят
imp.   предви́дь, ~те
pt.   предви́дел
g.pr.a. предви́дя
p.pr.a. предви́дящий
p.pt.a. предви́девший
p.pr.p. предви́димый
p.pt.p. предви́денный

предви́деться, *1st and 2nd pers not used,* *imperf* be expected

предвкуси́ть *perf of* предвкуша́ть
ft.   предвкушу́, -у́сишь, -у́сят
imp.   предвкуси́, ~те
pt.   предвкуси́л
g.pt.a. предвкуси́в
p.pt.a. предвкуси́вший
p.pt.p. предвкуше́нный; предвкуше́н, -ена́

предвкуша́ть 2a *imperf* что look forward (to), anticipate (with pleasure), foretaste ‖ *perf* предвкуси́ть, forms ib.

предвозвести́ть *perf* кого́-что *bookish obs* presage ‖ *imperf* предвозвеща́ть 2a
ft.   предвозвещу́, -ести́шь, -естя́т
imp.   предвозвести́, ~те
pt.   предвозвести́л
g.pt.a. предвозвести́в
p.pt.a. предвозвести́вший
p.pt.p. предвозвеще́нный; предвозвеще́н, -ена́

предвозвеща́ть *imperf of* предвозвести́ть

предвосхи́тить *perf* кого́-что *bookish* anticipate, forestall ‖ *imperf* предвосхища́ть 2a
ft.   предвосхи́щу, -и́тишь, -и́тят
imp.   предвосхи́ть, ~те
pt.   предвосхи́тил
g.pt.a. предвосхи́тив
p.pt.a. предвосхи́тивший
p.pt.p. предвосхи́щенный

предвосхища́ть *imperf of* предвосхи́тить
предзнаменова́ть 5a *imperf bookish obs* presage
предлага́ть *imperf of* предложи́ть
предложи́ть *perf* кому́-чему́ **1.** что offer

set before 2. кого́-что *or with infinitive*
propose; suggest 3. что pose *questions*,
set *task* 4. что *or with infinitive* order,
demand ‖ *imperf* предлага́ть 2a

ft.	предложу́, -о́жишь, -о́жат
imp.	предложи́, ~те
pt.	предложи́л
g.pt.a.	предложи́в
p.pt.a.	предложи́вший
p.pt.p.	предло́женный

предназнача́ть *imperf of* предназна́чить

предназна́чить *perf* кого́-что на что *or*
для чего́ destine (for), intend (for), mean
(for); set aside (for), earmark (for) ‖ *imperf* предназнача́ть 2a

ft.	предназна́чу, -чишь, -чат
imp.	предназна́чь, ~те
pt.	предназна́чил
g.pt.a.	предназна́чив
p.pt.a.	предназна́чивший
p.pt.p.	предназна́ченный

предначерта́ть 2 *perf* что кому́-чему́ *elev*
predetermine

предопредели́ть *perf* что кому́-чему́ predetermine, predestine, foreordain ‖ *imperf* предопределя́ть 2a

ft.	предопределю́, -ли́шь, -ля́т
imp.	предопредели́, ~те
pt.	предопредели́л
g.pt.a.	предопредели́в
p.pt.a.	предопредели́вший
p.pt.p.	предопределённый; предопределён, -ена́

предопределя́ть *imperf of* предопреде-
ли́ть

предоста́вить *perf* 1. кого́-что кому́-чему́
give, grant; place at *smb's* disposal
2. кому́-чему́ что *or with infinitive* enable,
leave (to) *smb*, grant ‖ *imperf* предоста-
вля́ть 2a

ft.	предоста́влю, -вишь, -вят
imp.	предоста́вь, ~те
pt.	предоста́вил
g.pt.a.	предоста́вив
p.pt.a.	предоста́вивший
p.pt.p.	предоста́вленный

предоставля́ть *imperf of* предоста́вить

предостерега́ть *imperf of* предостере́чь

предостере́чь *perf* кого́-что (от чего́)
warn (against), caution (against), put *smb*
on his guard (against) ‖ *imperf* предо-
стерега́ть 2a

ft.	предостерегу́, -ежёшь, -егу́т
imp.	предостереги́, ~те

pt.	предостерёг, -егла́
g.pt.a.	предостерёгши
p.pt.a.	предостерёгший
p.pt.p.	предостережённый; предостережён, -ена́

предотврати́ть *perf* что avert, prevent,
stave off ‖ *imperf* предотвраща́ть 2a

ft.	предотвращу́, -ати́шь, -атя́т
imp.	предотврати́, ~те
pt.	предотврати́л
g.pt.a.	предотврати́в
p.pt.a.	предотврати́вший
p.pt.p.	предотвращённый; предотвращён, -ена́

предотвраща́ть *imperf of* предотврати́ть

предохрани́ть *perf* кого́-что от чего́
protect (from, against), preserve (from) ‖
imperf предохраня́ть 2a

ft.	предохраню́, -ни́шь, -ня́т
imp.	предохрани́, ~те
pt.	предохрани́л
g.pt.a.	предохрани́в
p.pt.a.	предохрани́вший
p.pt.p.	предохранённый; предохранён, -ена́

предохраня́ть *imperf of* предохрани́ть

предписа́ть *perf* кому́-чему́ что *or with
infinitive* 1. order, direct 2. prescribe ‖
imperf предпи́сывать 1a

ft.	предпишу́, -и́шешь, -и́шут
imp.	предпиши́, ~те
pt.	предписа́л
g.pt.a.	предписа́в
p.pt.a.	предписа́вший
p.pt.p.	предпи́санный

предпи́сывать *imperf of* предписа́ть

предполага́ть 2a *imperf* 1. *imperf of*
предположи́ть 2. *with infinitive* intend,
contemplate, plan 3. *1st and 2nd pers
not used* assume, presuppose

предполага́ться *impers imperf* be assumed, be supposed

предположи́ть *perf* что *or conjunction*
что suppose, believe, think (that …);
surmise (that…); assume (that…) ‖ *imperf*
предполага́ть 2a

ft.	предположу́, -о́жишь, -о́жат
imp.	предположи́, ~те
pt.	предположи́л
g.pt.a.	предположи́в
p.pt.a.	предположи́вший
p.pt.p.	предположенный

предпосла́ть *perf* что чему́ *bookish* pre-
mise; preface ‖ *imperf* предпосыла́ть 2a

458

ft.	предпошлю́, -лёшь, -лю́т
imp.	предпошли́, ~те
pt.	предпосла́л
g.pt.a.	предпосла́в
p.pt.a.	преспосла́вший
p.pt.p.	предпо́сланный

предпосыла́ть *imperf of* предпосла́ть

предпоче́сть *perf* **1.** *with infinitive* prefer **2.** кого́-что кому́-чему́ like better, prefer, favour (one over another) ‖ *imperf* предпочита́ть 2a

ft.	предпочту́, -тёшь, -ту́т
imp.	предпочти́, ~те
pt.	предпочёл, -чла́
g.pt.a.	предпочтя́
p.pt.a.	предпочёвший*
p.pt.p.	предпочтённый; предпочтён, -ена́

предпочита́ть *imperf of* предпоче́сть

предпринима́ть *imperf of* предприня́ть

предприня́ть *perf* что undertake ‖ *imperf* предпринима́ть 2a

ft.	предприму́, -и́мешь, -и́мут
imp.	предприми́, ~те
pt.	предпри́нял, -иняла́, -и́няло
g.pt.a.	предприня́в
p.pt.a.	предприня́вший
p.pt.p.	предпри́нятый; предпри́нят, -инята́, -и́нято

предрасполага́ть 2a *imperf* **1.** *imperf of* предрасположи́ть **2.** кого́-что *a. without object* predispose

предрасположи́ть *perf* кого́-что gain, win over, win *smb's* favour, prepossess *smb*, interest *smb* in *one's* favour ‖ *imperf* предрасполага́ть 2a

ft.	предрасположу́, -о́жишь, -о́жат
imp.	предрасположи́, ~те
pt.	предрасположи́л
g.pt.a.	предрасположи́в
p.pt.a.	предрасположи́вший
p.pt.p.	предрасполо́женный

предрека́ть *imperf of* предре́чь

предре́чь *perf* что *bookish* foretell, prognosticate ‖ *imperf* предрека́ть 2a

ft.	предреку́, -ечёшь, -еку́т
imp.	предреки́, ~те
pt.	предрёк, -екла́
g.pt.a.	предрёкши
p.pt.a.	предрёкший
p.pt.p.	предречённый; предречён, -ена́

предреша́ть *imperf of* предреши́ть

предреши́ть *perf* что **1.** decide beforehand **2.** predetermine ‖ *imperf* предреша́ть 2a

ft.	предрешу́, -ши́шь, -ша́т
imp.	предреши́, ~те
pt.	предреши́л
g.pt.a.	предреши́в
p.pt.a.	предреши́вший
p.pt.p.	предрешённый; предрешён, -ена́

председа́тельствовать 4a *imperf* на чём preside (over), be in the chair

предсказа́ть *perf* что foretell; predict, prognosticate; forecast ‖ *imperf* предска́зывать 1a

ft.	предскажу́, -а́жешь, -а́жут
imp.	предскажи́, ~те
pt.	предсказа́л
g.pt.a.	предсказа́в
p.pt.a.	предсказа́вший
p.pt.p.	предска́занный

предска́зывать *imperf of* предсказа́ть

представа́ть *imperf of* предста́ть

pr.	представаю́, -аёшь, -аю́т
imp.	представа́й, ~те
pt.	представа́л
g.pr.a.	представа́я
p.pr.a.	представаю́щий
p.pr.a.	представа́вший

предста́вить *perf* кого́-что **1.** submit *for consideration etc.* **2.** produce *evidence, a document*; present, hand in *a document etc.* **3.** кому́-чему́ introduce (*smb to smb*) **4.** к чему́ propose, recommend; предста́вить кого́-н. к награ́де recommend *smb* for a decoration [reward] **5.** present, offer *some difficulty etc.* **6.** *theat* perform **7.** *usu with* себе́ imagine, fancy **8.** *1st and 2nd pers not used* do, cause ‖ *imperf* представля́ть 2a

ft.	предста́влю, -вишь, -вят
imp.	предста́вь, ~те
pt.	предста́вил
g.pt.a.	предста́вив
p.pt.a.	предста́вивший
p.pt.p.	предста́вленный

предста́виться *perf* **1.** introduce oneself **2.** *1st and 2nd pers not used* кому́-чему́ *of an opportunity etc.* show up, appear, present itself, occur, offer itself **3.** кому́-чему́ imagine, fancy, figure **4.** кем-чем pretend (to be), feign ‖ *imperf* представля́ться

представля́ть *imperf* **1.** *imperf of* предста́вить **2.** что, *usu with* собо́й *or* из себя́ represent *smth*; be *smth* **3.** кого́-что́ represent *smb*, act on *smb's* behalf

представля́ться *imperf of* предста́виться

предста́ть *perf* пе́ред кем-чем *or obs* кому́-чему́ occur, present itself, appear (before) ‖ *imperf* представа́ть, forms ib.
ft.	предста́ну, -нешь, -нут
imp.	предста́нь, ∼те
pt.	предста́л
g.pt.a.	предста́в
p.pt.a.	предста́вший

предстоя́ть, *1st and 2nd pers not used, imperf* кому́-чему́ be expected, be in prospect, be coming, will take place; нам [вам и т.д.] предстои́т ... we [you *etc.*] are to *do smth*
pr.	предстои́т, -оя́т
pt.	предстоя́л
g.pr.a.	предстоя́
p.pr.a.	предстоя́щий
p.pt.a.	предстоя́вший

предуве́домить *perf* кого́-что́ (о чём) inform beforehand (about), give advance notice (to of), forewarn (of, about) ‖ *imperf* предуведомля́ть 2а
ft.	предуве́домлю, -мишь, -мят
imp.	предуве́доми, ∼те *and* предуве́домь, ∼те
pt.	предуве́домил
g.pt.a.	предуве́домив
p.pt.a.	предуве́домивший
p.pt.p.	предуве́домленный

предуведомля́ть *imperf of* предуве́домить

предугада́ть 2 *perf* что́ **1.** divine, foresee **2.** foretell ‖ *imperf* предуга́дывать 1а

предуга́дывать *imperf of* предугада́ть

предугото́вить *perf* что́ *bookish obs* prepare in advance ‖ *imperf* предугото-вля́ть 2а
ft.	предугото́влю, -вишь, -вят
imp.	предугото́вь, ∼те
pt.	предугото́вил
g.pt.a.	предугото́вив
p.pt.a.	предугото́вивший
p.pt.p.	предугото́вленный

предуготовля́ть *imperf of* предугото́вить

предузнава́ть *imperf of* предузна́ть
pr.	предузнаю́, -аёшь, -аю́т
imp.	предузнава́й, ∼те
pt.	предузнава́л
g.pr.a.	предузнава́я
p.pr.a.	предузнаю́щий
p.pr.a.	предузнава́вший
p.pr.p.	предузнава́емый

предузна́ть 2 *perf bookish obs* divine ‖ *imperf* предузнава́ть, forms ib.

предупреди́ть *perf* кого́-что́ **1.** о чём warn in advance (of), let know beforehand (of, about); give notice (of) **2.** prevent, avert *an accident etc.* **3.** anticipate, forestall; be courteous, be obliging, be attentive ‖ *imperf* предупрежда́ть 2а
ft.	предупрежу́, -еди́шь, -едя́т
imp.	предупреди́, ∼те
pt.	предупреди́л
g.pt.a.	предупреди́в
p.pt.a.	предупреди́вший
p.pt.p.	предупреждённый; предупреждён, -ена́

предупрежда́ть *imperf of* предупреди́ть

предусма́тривать *imperf of* предусмо-тре́ть

предусмотре́ть *perf* что́ foresee; provide (for), envisage, stipulate ‖ *imperf* предусма́тривать 1а
ft.	предусмотрю́, -о́тришь, -о́трят
imp.	предусмотри́, ∼те
pt.	предусмотре́л
g.pt.a.	предусмотре́в
p.pt.a.	предусмотре́вший
p.pt.p.	предусмо́тренный

предчу́вствовать [уст] 4а *imperf* что́ have a presentiment (of, about)

предше́ствовать 4а *imperf* кому́-чему́ precede, forego

предъяви́ть *perf* что́ **1.** produce, show, present *paper, document etc.* **2.** raise, make *claims, demands* ‖ *imperf* предъявля́ть 2а
ft.	предъявлю́, -я́вишь, -я́вят
imp.	предъяви́, ∼те
pt.	предъяви́л
g.pt.a.	предъяви́в
p.pt.a.	предъяви́вший
p.pt.p.	предъя́вленный

предъявля́ть *imperf of* предъяви́ть

презентова́ть 5 and 5а *perf, imperf* что́ кому́-чему́ *col l obs joc* present (*smb* with *smth*)

презира́ть 2а *imperf* кого́-что́ **1.** despise, scorn, hold in contempt **2.** disdain

презре́ть *perf* кого́-что́ *bookish* disdain
ft.	презрю́, -ри́шь, -ря́т
imp.	презри́, ∼те
pt.	презре́л
g.pt.a.	презре́в
p.pt.a.	презре́вший
p.pt.p.	презре́нный; презре́н, -ена́

преисполнить *perf* кого-что чем *or* чего *bookish* fill (with *a feeling*) ‖ *imperf* преисполнять 2а

ft.	преисполню, -нишь, -нят
imp.	преисполни, ~те
pt.	преисполнил
g.pt.a.	преисполнив
p.pt.a.	преисполнивший
p.pt.p.	преисполненный

преисполниться *perf* чем *or* чего *bookish* be filled (with), be full (of), be fraught (with) *danger etc.* ‖ *imperf* преисполняться

преисполнять(ся) *imperf of* преисполнить(ся)

преклонить *perf* что *elev* bow one's head; *bookish obs* kneel (before), bend down (before) ‖ *imperf* преклонять 2а

ft.	преклоню, -нишь, -нят
imp.	преклони, ~те
pt.	преклонил
g.pt.a.	преклонив
p.pt.a.	преклонивший
p.pt.p.	преклонённый; преклонён, -ена́

преклониться *perf* пе́ред кем-чем **1.** *bookish obs* bend down (before), bow (to, before), kneel (before) **2.** *fig* admire, worship *smb* ‖ *imperf* преклоняться

преклонять(ся) *imperf of* преклонить(ся)

прекословить *imperf* кому-чему *usu negated* contradict *smb*

pr.	прекословлю, -вишь, -вят
imp.	прекословь, ~те
pt.	прекословил
g.pr.a.	прекословя
p.pr.a.	прекословящий
p.pt.a.	прекословивший

прекратить *perf* что *or with infinitive* stop; put an end (to); break off, sever ‖ *imperf* прекращать 2а

ft.	прекращу, -ати́шь, -атя́т
imp.	прекрати, ~те
pt.	прекратил
g.pt.a.	прекратив
p.pt.a.	прекративший
p.pt.p.	прекращённый; прекращён, -ена́

прекратиться, *1st and 2nd pers not used,* *perf* cease, stop, end, come to an end ‖ *imperf* прекращаться

прекращать(ся) *imperf of* прекратить(ся)

преломить *perf* что **1.** *phys* refract *rays* **2.** *fig bookish* interpret ‖ *imperf* преломлять 2а

ft.	преломлю́, -о́мишь, -о́мят
imp.	преломи́, ~те
pt.	преломи́л
g.pt.a.	преломи́в
p.pt.a.	преломи́вший
p.pt.p.	преломлённый; преломлён, -ена́

преломи́ться, *1st and 2nd pers not used,* *perf* **1.** *phys of rays* be refracted **2.** *fig* be reflected, be interpreted ‖ *imperf* преломля́ться

преломля́ть(ся) *imperf of* преломи́ть(ся)

прельсти́ть *perf* кого-что **1.** чем charm, entice, fascinate **2.** tempt, seduce ‖ *imperf* прельща́ть 2а

ft.	прельщу́, -льсти́шь, -льстя́т
imp.	прельсти́, ~те
pt.	прельсти́л
g.pt.a.	прельсти́в
p.pt.a.	прельсти́вший
p.pt.p.	прельщённый; прельщён, -ена́

прельсти́ться *perf* чем be tempted, be seduced ‖ *imperf* прельща́ться

прельща́ть(ся) *imperf of* прельсти́ть(ся)

премину́ть 6 *perf with infinitive, used only with* не *bookish* not fail to

imp.	не преми́нь, ~те

премирова́ть 5 *and* 5а *perf, imperf* кого-что give [award] a bonus *for good work etc.*

пренебрега́ть *imperf of* пренебре́чь

пренебре́чь *perf* **1.** кем-чем disdain, scorn, ignore *smb's opinion, advice etc.* **2.** чем *and obs* что *or with infinitive* neglect, disregard *one's duties etc.* ‖ *imperf* пренебрега́ть 2а

ft.	пренебрегу́, -ежёшь, -егу́т
imp.	пренебреги́, ~те
pt.	пренебрёг, -егла́
g.pt.a.	пренебрёгши
p.pt.a.	пренебрёгший
p.pt.p.	пренебрежённый; пренебрежён, -ена́

преоблада́ть 2а, *1st and 2nd pers not used,* *imperf* над кем-чем, среди кого-чего *or without object* prevail (over), predominate (over)

преобража́ть(ся) *imperf of* преобрази́ть(ся)

преобрази́ть *perf* кого-что change, transform, transfigure ‖ *imperf* преобража́ть 2а

ft.	преображу́, -ази́шь, -азя́т

imp.	преобрази́, ~те
pt.	преобрази́л
g.pt.a.	преобрази́в
p.pt.a.	преобрази́вший
p.pt.p.	преображённый; преображён, -ена́

преобрази́ться *perf* change, be transformed, be transfigured ‖ *imperf* преобража́ться

преобразова́ть 5 *perf* кого́-что́ 1. change, transform; reform, reorganize 2. convert, transform *current* ‖ *imperf* преобразо́вывать 1а

преобразова́ться, *1st and 2nd pers not used*, *perf* 1. undergo radical transformation [changes] 2. be changed, be transformed ‖ *imperf* преобразо́вываться

преобразо́вывать(ся) *imperf of* преобразова́ть(ся)

преодолева́ть *imperf of* преодоле́ть

преодоле́ть 3 *perf* кого́-что́ 1. *obs* win 2. overcome, surmount 3. get over; get the better (of), overcome *feelings* ‖ *imperf* преодолева́ть 2а

p.pt.p.	преодолённый; преодолён, -ена́

препари́ровать 4 *and* 4а *perf, imperf* кого́-что́ 1. prepare 2. *fig* prepare *for publication*

препира́ться 2а *imperf* с кем-чем quarrel (with), altercate (with), wrangle (with), squabble (with)

преподава́ть *imperf* что (кому́) 1. teach 2. *imperf of* препода́ть

pr.	преподаю́, -аёшь, -аю́т
imp.	преподава́й, ~те
pt.	преподава́л
g.pr.a.	преподава́я
p.pr.a.	преподаю́щий
p.pt.a.	преподава́вший
p.pr.p.	преподава́емый

препода́ть *perf bookish* give counsel ‖ *imperf* преподава́ть, forms ib.

ft.	препода́м, -а́шь, -а́ст, -ади́м, -ади́те, -аду́т
imp.	препода́й, ~те
pt.	препо́дал, -одала́, -о́дало
g.pt.a.	препода́в
p.pt.a.	препода́вший
p.pt.p.	препо́данный; препо́дан, препо́дана́, препо́дано

преподнести́ *perf* что кому́-чему́ present smb (with); *fig* give smb a surprise ‖ *imperf* преподноси́ть, forms ib.

ft.	преподнесу́, -сёшь, -су́т

imp.	преподнеси́, ~те
pt.	преподнёс, -есла́
g.pt.a.	преподнеся́ *and obs* преподнёсши
p.pt.a.	преподнёсший
p.pt.p.	преподнесённый; преподнесён, -ена́

преподноси́ть *imperf of* преподнести́

pr.	преподношу́, -о́сишь, -о́сят
imp.	преподноси́, ~те
pt.	преподноси́л
g.pr.a.	преподнося́
p.pr.a.	преподнося́щий
p.pt.a.	преподноси́вший
p.pr.p.	преподноси́мый

препоруча́ть *imperf of* препоручи́ть

препоручи́ть *perf* кого́-что́ кому́-чему́ *obs* entrust smb (with) ‖ *imperf* препоручáть 2а

ft.	препоручу́, -у́чишь, -у́чат
imp.	препоручи́, ~те
pt.	препоручи́л
g.pt.a.	препоручи́в
p.pt.a.	препоручи́вший
p.pt.p.	препору́ченный

препоя́сать *perf* кого́-что́ *bookish obs* gird (with) ‖ *imperf* препоя́сывать 1а

ft.	препоя́шу, -шешь, -шут
imp.	препоя́шь, ~те
pt.	препоя́сал
g.pt.a.	препоя́сав
p.pt.a.	препоя́савший
p.pt.p.	препоя́санный

препоя́сывать *imperf of* препоя́сать

препроводи́ть *perf* что forward, send ‖ *imperf* препровожда́ть 2а

ft.	препровожу́, -о́дишь, -о́дят
imp.	препроводи́, ~те
pt.	препроводи́л
g.pt.a.	препроводи́в
p.pt.a.	препроводи́вший
p.pt.p.	препровождённый; препровождён, -ена́

препровожда́ть *imperf of* препроводи́ть

препя́тствовать 4а *imperf* кому́-чему́ hinder, hamper, be in the way (of). — (вос-)

прерва́ть *perf* 1. что interrupt 2. кого́-что́ *or without object* break off ‖ *imperf* прерыва́ть 2а

ft.	прерву́, -вёшь, -ву́т
imp.	прерви́, ~те
pt.	прерва́л, -ала́, -а́ло
g.pt.a.	прерва́в

p.pt.a.	прерва́вший
p.pt.p.	пре́рванный

прерва́ться, *1st and 2nd pers not used, perf* be interrupted suddenly; *of voice* break down ‖ *imperf* прерыва́ться

pt.	прерва́лся, -ала́сь, -ало́сь

пререка́ться 2a *imperf* с кем-чем altercate (with), wrangle (with), quarrel (with)

прерыва́ть(ся) *imperf of* прерва́ть(ся)

пресека́ть(ся) *imperf of* пресе́чь(ся)

пресе́чь *perf* что *bookish* suppress, cut short ‖ *imperf* пресека́ть 2a

ft.	пресеку́, -ечёшь, -еку́т
imp.	пресеки́, ~те
pt.	пресе́к, пресе́кла́
g.pt.a.	пресе́кши
p.pt.a.	пресе́кший
p.pt.p.	пресечённый; пресечён, -ена́

пресе́чься, *1st and 2nd pers not used, perf* break, cease, stop ‖ *imperf* пресека́ться

пресле́довать 4a *imperf* кого́-что **1.** pursue, chase, be after **2.** *fig* haunt; *of thoughts etc.* persecute; victimize

пресмыка́ться 2a *imperf* **1.** *1st and 2nd pers not used obs* creep, crawl **2.** пе́ред кем-чем grovel (before *smb*)

прессова́ть 5a *imperf* что *tech* press. — (с-, от-)

p.pt.p.	прессо́ванный

преста́виться *perf obs* die, pass away

ft.	преста́влюсь, -вишься, -вятся
imp.	преста́вься, -вьтесь
pt.	преста́вился, -лась
g.pt.a.	преста́вившись
p.pt.a.	преста́вившийся

преступа́ть *imperf of* преступи́ть

преступи́ть *perf* что *bookish obs* overstep, transgress, trespass ‖ *imperf* преступа́ть 2a

ft.	преступлю́, -у́пишь, -у́пят
imp.	преступи́, ~те
pt.	преступи́л
g.pt.a.	преступи́в
p.pt.a.	преступи́вший
p.pt.p.	престу́пленный

пресы́тить *perf* кого́-что satiate; oversaturate ‖ *imperf* пресыща́ть 2a

ft.	пресы́щу, -ы́тишь, -ы́тят
imp.	пресы́ть, ~те
pt.	пресы́тил
g.pt.a.	пресы́тив
p.pt.a.	пресы́тивший
p.pt.p.	пресы́щенный

пресы́титься *perf* чем be satiated; be oversaturated ‖ *imperf* пресыща́ться

g.pt.a.	пресы́тившись *and* пресы́тясь

пресыща́ть(ся) *imperf of* пресы́тить(ся)

претвори́ть *perf* что во что **1.** *bookish* turn (into), change (into) **2.**: претвори́ть в жизнь put into practice, realize ‖ *imperf* претворя́ть 2a

ft.	претворю́, -ри́шь, -ря́т
imp.	претвори́, ~те
pt.	претвори́л
g.pt.a.	претвори́в
p.pt.a.	претвори́вший
p.pt.p.	претворённый; претворён, -ена́

претвори́ться, *1st and 2nd pers not used, perf* во что *bookish* **1.** be turned (into) **2.**: претвори́ться в жизнь be put into practice ‖ *imperf* претворя́ться

претворя́ть(ся) *imperf of* претвори́ть(ся)

претендова́ть 5a *imperf* на кого́-что lay claim (to), have a claim (on), pretend (to)

претерпева́ть *imperf of* претерпе́ть

претерпе́ть *perf* что go through, undergo, suffer, endure ‖ *imperf* претерпева́ть 2a

ft.	претерплю́, -е́рпишь, -е́рпят
imp.	претерпи́, ~те
pt.	претерпе́л
g.pt.a.	претерпе́в
p.pt.a.	претерпе́вший
p.pt.p.	*obs* прете́рпенный *and obs* претерпе́нный; претерпе́н, -ена́

прети́ть, *1st and 2nd pers not used, usu impers imperf* кому́-чему́ sicken, disgust

pr.	прети́т, -тя́т
pt.	прети́ло
p.pr.a.	претя́щий
p.pt.a.	прети́вший

преть 3a *imperf* **1.** rot **2.** become damp [misty] **3.** *of soil* steam **4.** *coll* stew **5.** sweat. — (со- *with* 1, у- *with* 4, взо- *with* 5)

преувели́чивать *imperf of* преувели́чить

преувели́чить *perf* что exaggerate, overstate ‖ *imperf* преувели́чивать 1a

ft.	преувели́чу, -чишь, -чат
imp.	преувели́чь, ~те
pt.	преувели́чил
g.pt.a.	преувели́чив
p.pt.a.	преувели́чивший
p.pt.p.	преувели́ченный

преуменьша́ть *imperf of* преуме́ньши́ть

преуме́ньшить *and* **преуменьши́ть** *perf* что make light of underestimate, belittle ‖ *imperf* преуменьша́ть 2a

ft.	преуме́ньшу, -ме́ньшишь, -ме́ньша́т
imp.	преуме́ньши́, ~те
pt.	преуме́ньши́л
g.pt.a.	преуме́ньши́в
p.pt.a.	преуме́ньши́вший
p.pt.p.	преуме́ньшенный *and* преуменьшённый; преуменьшён, -ена́

преуспева́ть *imperf of* преуспе́ть

преуспе́ть 3 *perf* **1.** в чём advance (in), succeed (in), prosper (in) **2.** *a. without object* flourish, thrive ‖ *imperf* преуспева́ть 2a

приба́вить *perf* **1.** что *or* чего add **2.** что *or* чего increase; приба́вить зарпла́ту raise wages; приба́вить ша́гу hasten *one's* steps, mend *one's* pace **3.** в чём lengthen, make longer *clothes* **4.** *coll:* приба́вить в ве́се put on weight **5.** *fig coll* exaggerate, overdo ‖ *imperf* прибавля́ть 2a

ft.	приба́влю, -вишь, -вят
imp.	приба́вь, ~те
pt.	приба́вил
g.pt.a.	приба́вив
p.pt.a.	приба́вивший
p.pt.p.	приба́вленный

приба́виться *perf* **1.** be added **2.** *usu impers* increase, swell; (a)rise; grow longer **3.** *coll:* приба́виться в ве́се gain weight ‖ *imperf* прибавля́ться

прибавля́ть(ся) *imperf of* приба́вить(ся)

прибега́ть[1] *imperf of* прибежа́ть

прибега́ть[2] *imperf of* прибе́гнуть

прибе́гнуть *perf* к кому́-чему́ resort (to), have recourse (to), resort to the help (of) ‖ *imperf* прибега́ть 2a

ft.	прибе́гну, -нешь, -нут
imp.	прибе́гни, ~те
pt.	прибе́гнул *and* прибе́г, прибе́гла
g.pt.a.	прибе́гнув
p.pt.a.	прибе́гнувший *and* прибе́гший

прибедни́ться *perf of* прибедня́ться

ft.	прибедню́сь, -ни́шься, -ня́тся
imp.	прибедни́сь, -и́тесь
pt.	прибедни́лся, -лась
g.pt.a.	прибедни́вшись
p.pt.a.	прибедни́вшийся

прибедня́ться 2a *imperf coll contp* pretend

to be poorer [humbler] than one is ‖ *perf* прибедни́ться*, forms ib.

прибежа́ть *perf* come running ‖ *imperf* прибега́ть 2a

ft.	прибегу́, -ежи́шь, -егу́т
imp.	прибеги́, ~те
pt.	прибежа́л
g.pt.a.	прибежа́в
p.pt.a.	прибежа́вший

приберега́ть *imperf of* прибере́чь

прибере́чь *perf* что save up, reserve ‖ *imperf* приберега́ть 2a

ft.	приберегу́, -ежёшь, -егу́т
imp.	прибереги́, ~те
pt.	приберёг, -егла́
g.pt.a.	приберёгши
p.pt.a.	приберёгший
p.pt.p.	прибережённый; прибережён, -ена́

прибива́ть *imperf of* приби́ть

прибира́ть(ся) *imperf of* прибра́ть(ся)

приби́ть *perf* кого́-что **1.** nail, fasten with nails **2.** beat (down); *of rain, hail* lay **3.** *usu impers* wash [drive] ashore, throw on to the shore *boat* **4.** *sub* beat up ‖ *imperf* прибива́ть 2a *with* 1—3

ft.	прибью́, -бьёшь, -бью́т
imp.	прибе́й, ~те
pt.	приби́л
g.pt.a.	приби́в
p.pt.a.	приби́вший
p.pt.p.	приби́тый

приближа́ть(ся) *imperf of* прибли́зить(ся)

прибли́зить *perf* **1.** кого́-что move closer **2.** что hasten, shorten, curtail **3.** кого́-что к себе́ *or* к чему́ win over ‖ *imperf* приближа́ть 2a

ft.	прибли́жу, -и́зишь, -и́зят
imp.	прибли́зь, ~те
pt.	прибли́зил
g.pt.a.	прибли́зив
p.pt.a.	прибли́зивший
p.pt.p.	прибли́женный

прибли́зиться *perf* approach, move closer, draw nearer ‖ *imperf* приближа́ться

прибра́ть *perf* **1.** clean up, tidy up **2.** что put away ‖ *imperf* прибира́ть 2a

ft.	приберу́, -рёшь, -ру́т
imp.	прибери́, ~те
pt.	прибра́л, -ала́, -а́ло
g.pt.a.	прибра́в
p.pt.a.	прибра́вший
p.pt.p.	при́бранный

прибра́ться *perf coll* put things in order;

clean oneself up; *sub* smarten oneself
up ‖ *imperf* прибира́ться
pt.   прибра́лся, -ала́сь, -а́ло́сь
прибреда́ть *imperf of* прибрести́
прибрести́ *perf coll* come trudging along ‖
imperf прибреда́ть 2a
ft.   прибреду́, -дёшь, -ду́т
imp.   прибреди́, ᴧте
pt.   прибрёл, -ела́
g.pt.a. прибредя́ *and obs* прибре́дши
p.pt.a. прибре́дший
прибыва́ть *imperf of* прибы́ть
прибы́ть *perf* **1.** *bookish* arrive, come **2.** *1st
and 2nd pers not used* increase, grow; rise;
of water swell ‖ *imperf* прибыва́ть 2a
ft.   прибу́ду, -дешь, -дут
imp.   прибу́дь, ᴧте
pt.   при́был, прибыла́, при́было
g.pt.a. прибы́в
p.pt.a. прибы́вший
прива́дить *perf* кого́-что **1.** *ven* lure with
food **2.** *sub* lure, entice, attract, win over ‖
imperf прива́живать 1a
ft.   прива́жу, -а́дишь, -а́дят
imp.   прива́дь, ᴧте
pt.   прива́дил
g.pt.a. прива́див
p.pt.a. прива́дивший
p.pt.p. прива́женный
прива́живать[1] *imperf of* прива́дить
прива́живать[2] *imperf freq of* приводи́ть
прива́ливать *imperf of* привали́ть
привали́ть *perf* **1.** что к чему́ roll up;
lean (against) **2.** *of ship* come [haul] along-
side **3.** *sub* come in crowds ‖ *imperf*
прива́ливать 1a
ft.   привалю́, -а́лишь, -а́лят
imp.   привали́, ᴧте
pt.   привали́л
g.pt.a. привали́в
p.pt.a. привали́вший
p.pt.p. прива́ленный
прива́ривать *imperf of* привари́ть
привари́ть *perf* что к чему́ weld on (to) ‖
imperf прива́ривать 1a
ft.   приварю́, -а́ришь, -а́рят
imp.   привари́, ᴧте
pt.   привари́л
g.pt.a. привари́в
p.pt.a. привари́вший
p.pt.p. прива́ренный
привезти́ *perf* что deliver, bring ‖ *imperf*
привози́ть, forms ib.
ft.   привезу́, -зёшь, -зу́т
imp.   привези́, ᴧте
pt.   привёз, -езла́
g.pt.a. привезя́ *and obs* привёзши
p.pt.a. привёзший
p.pt.p. привезённый; привезён, -ена́
привере́дничать 1a *imperf coll* fuss, be
fussy
приверну́ть 7 *perf* что *coll* **1.** screw on
2. turn down ‖ *imperf* привёртывать 1a
p.pt.p. привёрнутый
привертёть *perf* что *sub* **1.** screw on
2. bind together ‖ *imperf* приве́рчи-
вать 1a
ft.   приверчу́, -е́ртишь, -е́ртят
imp.   приверти́, ᴧте
pt.   привертёл
g.pt.a. привертёв
p.pt.a. привертёвший
p.pt.p. приве́рченный
привёртывать *imperf of* приверну́ть
приве́рчивать *imperf of* привертёть
приве́сить *perf* что hang (on) ‖ *imperf* при-
ве́шивать 1a
ft.   приве́шу, -е́сишь, -е́сят
imp.   приве́сь, ᴧте
pt.   приве́сил
g.pt.a. приве́сив
p.pt.a. приве́сивший
p.pt.p. приве́шенный
привести́ *perf* **1.** кого́-что take *smb
somewhere, mostly on foot* **2.** кого́-что к
чему́ *fig* lead (to) **3.** кого́-что во что
put, set *in a state of*; drive *mad*; throw
into a rage; reduce *to despair etc.* **4.** что
adduce, cite, quote ‖ *imperf* приводи́ть,
forms ib. | *imperf freq coll* прива́живать
1a *with* 1, *pr. not used*
ft.   приведу́, -дёшь, -ду́т
imp.   приведи́, ᴧте
pt.   привёл, -ела́
g.pt.a. приведя́ *and obs* приве́дши
p.pt.a. приве́дший
p.pt.p. приведённый; приведён, -ена́
привести́сь *impers perf* кому́-чему́ *coll*
happen, chance ‖ *imperf* приводи́ться
ft.   приведётся
pt.   привело́сь
приве́тствовать 4a *imperf* (*pt. a. perf*) ко-
го́-что **1.** greet; welcome **2.** *mil* salute
приве́шивать *imperf of* приве́сить
привива́ть(ся) *imperf of* приви́ть(ся)
приви́деться *perf coll* dream; *impers*
seem; appear *in a dream*
ft.   приви́жусь, -и́дишься, -и́дятся

pt.	приви́делся, -лась
g.pt.a.	приви́девшись
p.pt.a.	приви́девшийся

приви́нти́ть *perf* что screw on ‖ *imperf* приви́нчивать 1 a

ft.	привинчу́, -инти́шь, -интя́т
imp.	привинти́, ~те
pt.	привинти́л
g.pt.a.	привинти́в
p.pt.a.	привинти́вший
p.pt.p.	приви́нченный

приви́нчивать *imperf of* привинти́ть

привира́ть *imperf of* приврать

приви́ть *perf* что 1. чему́ engraft 2. кому́ *med* inoculate, vaccinate 3. кому́ inculcate, impart *a habit, love for, thoughts, convictions* ‖ *imperf* привива́ть 2 a

ft.	привью́, -вьёшь, -вью́т
imp.	приве́й, ~те
pt.	приви́л, -ила́, -и́ло
g.pt.a.	приви́в
p.pt.a.	приви́вший
p.pt.p.	приви́тый *and* привито́й; приви́т, -ита́, -и́то

приви́ться, *1st and 2nd pers not used, perf* 1. *of plant* take 2. *of vaccine* take 3. become established, take root ‖ *imperf* привива́ться

pt.	приви́лся, -ила́сь, -ило́сь

привлека́ть *imperf of* привле́чь

привле́чь *perf* кого́-что 1. draw, attract 2. win over *or* round 3.: привле́чь кого́-н. к отве́тственности call smb to account; привле́чь к суду́ put on trial, bring to trial ‖ *imperf* привлека́ть 2 a

ft.	привлеку́, -ечёшь, -еку́т
imp.	привлеки́, ~те
pt.	привлёк, -екла́
g.pt.a.	привлёкши
p.pt.a.	привлёкший
p.pt.p.	привлечённый; привлечён, -ена́

привнести́ *perf* что во что introduce, add ‖ *imperf* привноси́ть, forms ib.

ft.	привнесу́, -сёшь, -су́т
imp.	привнеси́, ~те
pt.	привнёс, -есла́
g.pt.a.	привнеся́ *and obs* привнёсши
p.pt.a.	привнёсший
p.pt.p.	привнесённый; привнесён, -ена́

привноси́ть *imperf of* привнести́

pr.	привношу́, -о́сишь, -о́сят
imp.	привноси́, ~те
pt.	привноси́л
g.pr.a.	привнося́

p.pr.a.	привнося́щий
p.pt.a.	привноси́вший

приводи́ть *imperf of* привести́

pr.	привожу́, -о́дишь, -о́дят
imp.	приводи́, ~те
pt.	приводи́л
g.pr.a.	приводя́
p.pr.a.	приводя́щий
p.pt.a.	приводи́вший
p.pr.p.	приводи́мый

приводи́ться *imperf coll* 1. *imperf of* привести́сь 2. кому́-чему́ be related (to smb)

привози́ть *imperf of* привезти́

pr.	привожу́, -о́зишь, -о́зят
imp.	привози́, ~те
pt.	привози́л
g.pr.a.	привозя́
p.pr.a.	привозя́щий
p.pt.a.	привози́вший
p.pr.p.	привози́мый

привола́кивать *imperf of* приволо́чь *and* приволочи́ть

привола́киваться[1] *imperf of* приволо́чься *and* приволочи́ться

привола́киваться[2] *imperf of* приволокну́ться

приволокну́ться 7 *perf* за кем-чем *coll obs* flirt (with) ‖ *imperf* привола́киваться 1 a

приволочи́ть *perf* кого́-что *sub* drag along, drag up ‖ *imperf* привола́кивать 1 a

ft.	приволочу́, -о́чишь, -о́чат
imp.	приволочи́, ~те
pt.	приволочи́л
g.pt.a.	приволочи́в
p.pt.a.	приволочи́вший
p.pt.p.	приволо́ченный

приволочи́ться *perf sub* drag oneself along ‖ *imperf* привола́киваться

приволо́чь *perf* кого́-что *coll* drag along ‖ *imperf* привола́кивать 1 a

ft.	приволоку́, -очёшь, -оку́т
imp.	приволоки́, ~те
pt.	приволо́к, -окла́
g.pt.a.	приволоча́ *and* приволо́кши
p.pt.a.	приволо́кший
p.pt.p.	приволочённый; приволочён, -ена́

приволо́чься *perf coll* drag oneself along ‖ *imperf* привола́киваться

привора́живать *imperf of* приворожи́ть

привора́чивать *imperf of* привороти́ть

приворожи́ть *perf* кого-что **1.** *obs* bewitch **2.** *fig coll* charm ‖ *imperf* привора́живать 1 a

ft.	приворожу́, -жи́шь, -жа́т
imp.	приворожи́, ~те
pt.	приворожи́л
g.pt.a.	приворожи́в
p.pt.a.	приворожи́вший
p.pt.p.	приворожённый; приворожён, -ена́

привороти́ть *perf* кого-что *coll* **1.** lean *smth* against **2.** *sub* call on *smb* on the way somewhere ‖ *imperf* привора́чивать 1 a

ft.	приворочу́, -о́тишь, -о́тят
imp.	привороти́, ~те
pt.	привороти́л
g.pt.a.	привороти́в
p.pt.a.	привороти́вший
p.pt.p.	приворо́ченный

приврА́ть *perf* что *or without object* **1.** lie, invent **2.** *fig* exaggerate ‖ *imperf* привира́ть 2 a

ft.	привру́, -рёшь, -ру́т
imp.	приври́, ~те
pt.	привра́л, -ала́, -а́ло
g.pt.a.	привра́в
p.pt.a.	привра́вший
p.pt.p.	при́вранный

привска́кивать[1] *imperf of* привскочи́ть

привска́кивать[2] *imperf of* привскакну́ть

привскакну́ть 7 *perf coll* start, jump up, hop up ‖ *imperf* привска́кивать 1 a
no *p.pt.p.*

привскочи́ть *perf* start, jump up, hop up ‖ *imperf* привска́кивать 1 a

ft.	привскочу́, -о́чишь, -о́чат
imp.	привскочи́, ~те
pt.	привскочи́л
g.pt.a.	привскочи́в
p.pt.a.	привскочи́вший

привстава́ть *imperf of* привста́ть

pr.	привстаю́, -аёшь, -аю́т
imp.	привстава́й, ~те
pt.	привстава́л
g.pr.a.	привстава́я
p.pr.a.	привстаю́щий
p.pt.a.	привстава́вший

привста́ть *perf* raise oneself up *a little* ‖ *imperf* привстава́ть, forms ib.

ft.	привста́ну, -нешь, -нут
imp.	привста́нь, ~те
pt.	привста́л
g.pt.a.	привста́в
p.pt.a.	привста́вший

привыка́ть *imperf of* привы́кнуть

привы́кнуть *perf with infinitive*, к кому́-чему́ *or without object* get accustomed to; be accustomed to ‖ *imperf* привыка́ть 2 a

ft.	привы́кну, -нешь, -нут
imp.	привы́кни, ~те
pt.	привы́к *and obs* привы́кнул, привы́кла
g.pt.a.	привы́кнув *and* привы́кши
p.pt.a.	привы́кший

привяза́ть *perf* кого-что к кому́-чему́ **1.** tie (to), bind (to) **2.** prepossess *smb* in favour of oneself ‖ *imperf* привя́зывать 1 a

ft.	привяжу́, -я́жешь, -я́жут
imp.	привяжи́, ~те
pt.	привяза́л
g.pt.a.	привяза́в
p.pt.a.	привяза́вший
p.pt.p.	привя́занный

привяза́ться *perf* к кому́-чему́ **1.** tie oneself (to) **2.** become attached (to) **3.** bother, pester, badger **4.** *coll derog* find fault (with) ‖ *imperf* привя́зываться

привя́зывать(ся) *imperf of* привяза́ть(ся)

пригвожда́ть *imperf of* пригвозди́ть

пригвозди́ть *perf* кого-что к чему́ **1.** *obs* nail **2.** *fig* pin down ‖ *imperf* пригвожда́ть 2 a

ft.	пригвозжу́, -зди́шь, -здя́т
imp.	пригвозди́, ~те
pt.	пригвозди́л
g.pt.a.	пригвозди́в
p.pt.a.	пригвозди́вший
p.pt.p.	пригвождённый; пригвождён, -ена́

пригиба́ть(ся) *imperf of* пригну́ть(ся)

пригла́дить *perf* что **1.** smooth, sleek *hair* **2.** *fig coll* polish *style* ‖ *imperf* пригла́живать 1 a

ft.	пригла́жу, -а́дишь, -а́дят
imp.	пригла́дь, ~те
pt.	пригла́дил
g.pt.a.	пригла́див
p.pt.a.	пригла́дивший
p.pt.p.	пригла́женный

пригла́живать *imperf of* пригла́дить

пригласи́ть *perf* кого-что **1.** invite, ask *to dinner etc.*; пригласи́ть врача́ call in a doctor **2.** engage *for service*; пригласи́ть на рабо́ту offer work ‖ *imperf* приглаша́ть 2 a

ft.	приглашу́, -аси́шь, -ася́т
imp.	пригласи́, ~те
pt.	пригласи́л

g.pt.a.   приглас́ив
p.pt.a.   приглас́ивший
p.pt.p.   приглашённый; приглашён,
            -ена́

приглаша́ть *imperf of* пригласи́ть

приглуша́ть *imperf of* приглуши́ть

приглуши́ть *perf* кого́-что **1.** damp down
muffle *sound* **2.** *sub* stun, deafen ‖ *imperf*
приглуша́ть 2a
ft.   приглушу́, -ши́шь, -ша́т
imp.   приглуши́, ∼те
pt.   приглуши́л
g.pt.a.   приглуши́в
p.pt.a.   приглуши́вший
p.pt.p.   приглушённый; приглушён,
            -ена́

пригляде́ть *perf coll* **1.** за кем-чем look
after **2.** кого́-что find, seek ‖ *imperf*
пригля́дывать 1a
ft.   пригляжу́, -яди́шь, -яди́т
imp.   пригляди́, ∼те
pt.   пригляде́л
g.pt.a.   пригляде́в
p.pt.a.   пригляде́вший

пригляде́ться *perf coll* к кому́-чему́ *or*
without object **1.** get used to the sight of
smth **2.** be tired of the sigth of *smth* ‖ *imperf* пригля́дываться

пригля́дывать[1] *imperf of* пригляде́ть
пригля́дывать[2] *imperf of* приглянуть
пригля́дываться *imperf of* пригляде́ться

приглянуть* 7 *perf sub* **1.** за кем-чем care
for, look after **2.** кого́-что seek, look for,
find ‖ *imperf* пригля́дывать 1a
ft.   пригляну́, -я́нешь, -я́нут
p.pt.p.   пригля́нутый*

приглянуться *perf* кому́ *coll* like *smb* from
the first glance

пригна́ть *perf* кого́-что **1.** drive home, drive
in **2.** к чему́ fit (on) ‖ *imperf* пригоня́ть 2a
ft.   пригоню́, -о́нишь, -о́нят
imp.   пригони́, ∼те
pt.   пригна́л, -ала́, -а́ло
g.pt.a.   пригна́в
p.pt.a.   пригна́вший
p.pt.p.   при́гнанный

пригнуть 7 *perf* кого́-что bend ‖ *imperf*
пригиба́ть 2a

пригнуться *perf* bend down, lean over ‖
imperf пригиба́ться

пригова́ривать 1a *imperf* **1.** *imperf of*
приговори́ть **2.** keep saying [repeating]

приговори́ть *perf* кого́-что к чему́ sen-

tence (to), condemn (to) ‖ *imperf* пригова́ривать 1a
ft.   приговорю́, -ри́шь, -ря́т
imp.   приговори́, ∼те
pt.   приговори́л
g.pt.a.   приговори́в
p.pt.a.   приговори́вший
p.pt.p.   приговорённый; приговорён,
            -ена́

пригоди́ться *perf* кому́-чему́ be of use,
come in handy, prove useful
ft.   пригожу́сь, -оди́шься, -одя́тся
imp.   пригоди́сь, -и́тесь
pt.   пригоди́лся, -лась
g.pt.a.   пригоди́вшись
p.pt.a.   пригоди́вшийся

приголу́бить *perf* кого́-что *coll poet* fondle
caress, cherish ‖ *imperf* приголу́бливать 1a
ft.   приголу́блю, -бишь, -бят
imp.   приголу́бь, ∼те
pt.   приголу́бил
g.pt.a.   приголу́бив
p.pt.a.   приголу́бивший
p.pt.p.   приголу́бленный

приголу́бливать *imperf of* приголу́бить

пригоня́ть *imperf of* пригна́ть

пригора́ть *imperf of* пригоре́ть

пригоре́ть, *1st and 2nd pers not used, perf
of food* be burned ‖ *imperf* пригора́ть 2a
ft.   пригори́т, -ря́т
pt.   пригоре́л
g.pt.a.   пригоре́в
p.pt.a.   пригоре́вший

пригорю́ниваться *imperf of* пригорю́ниться

пригорю́ниться *perf poet coll* be depressed,
hang *one's* head ‖ *imperf* пригорю́ниваться 1a
ft.   пригорю́нюсь, -нишься,
            -нятся
imp.   пригорю́нься, -ньтесь
pt.   пригорю́нился, -лась
g.pt.a.   пригорю́нясь *and*
            пригорю́нившись
p.pt.a.   пригорю́нившийся

пригота́вливать(ся) *imperf of* пригото́вить(ся)

пригото́вить *perf* **1.** кого́-что к чему́
prepare (for), make ready **2.** что cook
food; make, fix *dinner etc.* ‖ *imperf* пригота́вливать 1a *and* приготовля́ть 2a
ft.   пригото́влю, -вишь, -вят
imp.   пригото́вь, ∼те

pt.	приготовил
g.pt.a.	приготовив
p.pt.a.	приготовивший
p.pt.p.	приготовленный

приготовиться *perf* к чему́, *with infinitive or without object* prepare oneself (for); get ready ‖ *imperf* приготавливаться *and* приготовля́ться

g.pt.a.	приготовившись *and* приготовя́сь

приготовля́ть(ся) *imperf of* приготовить(ся)

пригреба́ть *imperf of* пригрести́

пригрева́ть *imperf of* пригре́ть

пригре́зиться *perf* dream

ft.	пригре́жусь, -е́зишься, -е́зятся
imp.	пригре́зься, -зьтесь
pt.	пригре́зился, -лась
g.pt.a.	пригре́зившись
p.pt.a.	пригре́зившийся

пригрести́ *perf* **1.** что rake together **2.** к чему́ row up *boat* ‖ *imperf* пригрева́ть 2a

ft.	пригребу́, -бёшь, -бу́т
imp.	пригреби́, ~те
pt.	пригрёб, -гребла́
g.pt.a.	пригребя́ *and* пригрёбши
p.pt.a.	пригрёбший
p.pt.p.	пригребённый; пригребён, -ена́

пригре́ть 3 *perf* кого́-что **1.** warm **2.** *coll* shelter, protect ‖ *imperf* пригрева́ть 2a

p.pt.p.	пригре́тый

пригрози́ть *perf* кому́-чему́ чем threaten, menace

ft.	пригрожу́, -ози́шь, -озя́т
imp.	пригрози́, ~те
pt.	пригрози́л
g.pt.a.	пригрози́в
p.pt.a.	пригрози́вший

пригу́бить *perf* что *or* чего́ *or without object* take a sip (of) ‖ *imperf* пригу́бливать 1a

ft.	пригу́блю, -бишь, -бят
imp.	пригу́бь, ~те
pt.	пригу́бил
g.pt.a.	пригу́бив
p.pt.a.	пригу́бивший
p.pt.p.	пригу́бленный

пригу́бливать *imperf of* пригу́бить

придава́ть *imperf of* прида́ть

pr.	придаю́, -аёшь, -аю́т
imp.	придава́й, ~те
pt.	придава́л
g.pr.a.	придава́я
p.pr.a.	придаю́щий
p.pt.a.	придава́вший
p.pr.p.	придава́емый

придави́ть *perf* кого́-что **1.** press down, weigh down **2.** crush; squeeze ‖ *imperf* прида́вливать 1a

ft.	придавлю́, -а́вишь, -а́вят
imp.	придави́, ~те
pt.	придави́л
g.pt.a.	придави́в
p.pt.a.	придави́вший
p.pt.p.	прида́вленный

прида́вливать *imperf of* придави́ть

прида́ть *perf* **1.** кого́-что add, attach **2.** чего́; прида́ть кому́-н. си́лы give *smb* strength; прида́ть кому́-н. сме́лости make *smb* bold, embolden; прида́ть кому́-н. бо́дрости encourage *smb* **3.** что impart *a quality, state* ‖ *imperf* придава́ть, forms ib.

ft.	прида́м, -а́шь, -а́ст, -ади́м, -ади́те, -аду́т
imp.	прида́й, ~те
pt.	при́дал *and coll* прида́л, придала́, при́дало *and coll* прида́ло
g.pt.a.	прида́в
p.pt.a.	прида́вший
p.pt.p.	при́данный; при́дан, придана́ *and coll* придана́, при́дано

придвига́ть(ся) *imperf of* придви́нуть(ся)

придви́нуть 6 *perf* кого́-что move closer ‖ *imperf* придвига́ть 2a

imp.	придви́нь, ~те
p.pt.p.	придви́нутый

придви́нуться *perf* к кому́-чему́ come closer ‖ *imperf* придвига́ться

приде́лать 1 *perf* что к чему́ fix(to) ‖ *imperf* приде́лывать 1a

приде́лывать *imperf of* приде́лать

придержа́ть *perf* кого́-что **1.** hold ast **2.** *coll* hold back ‖ *imperf* приде́рживать 1a

ft.	придержу́, -е́ржишь, -е́ржат
imp.	придержи́, ~те
pt.	придержа́л
g.pt.a.	придержа́в
p.pt.a.	придержа́вший
p.pt.p.	приде́ржанный

придержа́ться *imperf of* приде́рживаться

приде́рживать *imperf of* придержа́ть

приде́рживаться 1a *imperf* **1.** за что hold on (to *smth*) **2.** *fig* чего́ keep (to); stick (to), adhere (to) ‖ *perf* придержа́ться, forms follow придержа́ть

придира́ться *imperf of* придра́ться

придра́ться *perf* **1.** к кому́ find fault (with *smb*) **2.** к чему́ *sub*: придра́ться к слу́чаю seize an opportunity ‖ *imperf* придира́ться 2a

ft.	придеру́сь, -рёшься, -ру́тся
imp.	придери́сь, -и́тесь
pt.	придра́лся, -ала́сь, -а́ло́сь
g.pt.a.	придра́вшись
p.pt.a.	придра́вшийся

приду́мать **1** *perf* что think up, devise, invent ‖ *imperf* приду́мывать 1a

приду́маться, *1st and 2nd pers not used*, *perf coll, of thought* occur ‖ *imperf* приду́мываться

приду́мывать(ся) *imperf of* приду́мать(ся)

придуши́ть *perf* кого́-что *coll* strangle

ft.	придушу́, -у́шишь, -у́шат
imp.	придуши́, ~те
pt.	придуши́л
g.pt.a.	придуши́в
p.pt.a.	придуши́вший
p.pt.p.	приду́шенный

приеда́ться *imperf of* прие́сться

приезжа́ть *imperf of* прие́хать

прие́сться, *1st and 2nd pers not used*, *perf coll* be bored with, be sick of; мне э́то прие́лось I am fed up with it, I am tired of it ‖ *imperf* приеда́ться 2a

ft.	прие́стся, -едя́тся
pt.	прие́лся, -лась
g.pt.a.	прие́вшись
p.pt.a.	прие́вшийся

прие́хать *perf* come, arrive ‖ *imperf* приезжа́ть 2a

ft.	прие́ду, -дешь, -дут
imp.	(приезжа́й, ~те)
pt.	прие́хал
g.pt.a.	прие́хав
p.pt.a.	прие́хавший

прижа́ть *perf* кого́-что **1.** press (to, down) **2.** *fig* set off **3.** *fig* press, oppress ‖ *imperf* прижима́ть 2a

ft.	прижму́, -мёшь, -му́т
imp.	прижми́, ~те
pt.	прижа́л
g.pt.a.	прижа́в
p.pt.a.	прижа́вший
p.pt.p.	прижа́тый

прижа́ться *perf* к кому́-чему́ press oneself (to), cuddle up (to) ‖ *imperf* прижима́ться

прижёчь *perf* что **1.** cauterize, sear **2.** *sub* burn *food* ‖ *imperf* прижига́ть 2a

ft.	прижгу́, -жжёшь, -жгу́т
imp.	прижги́, ~те
pt.	прижёг, -жгла́
g.pt.a.	прижёгши
p.pt.a.	прижёгший
p.pt.p.	прижжённый; прижжён, -ена́

прижива́ть(ся) *imperf of* прижи́ть(ся)

прижига́ть *imperf of* прижёчь

прижима́ть(ся) *imperf of* прижа́ть(ся)

прижи́ть *perf* кого́-что *coll* beget *children*, *usu out of wedlock* ‖ *imperf* прижива́ть 2a

ft.	живу́, -вёшь, -ву́т
imp.	приживи́, ~те
pt.	при́жил *and coll* прижи́л, прижила́, при́жило *and coll* прижи́ло
g.pt.a.	прижи́в
p.pt.a.	прижи́вший
p.pt.p.	при́жи́тый *and* прижито́й; при́жи́т, прижита́, при́жи́то

прижи́ться *perf* get accustomed to, get acclimatized to ‖ *imperf* прижива́ться

pt.	прижи́лся, -ила́сь, -ило́сь

призаду́маться **1** *perf* think over, become thoughtful (about) ‖ *imperf* призаду́мываться 1a

призаду́мываться *imperf of* призаду́маться

призанима́ть *imperf of* призаня́ть

призаня́ть *perf* что *or* чего́ *coll* borrow *for a short time* ‖ *imperf* призанима́ть 2a

ft.	призайму́, -мёшь, -му́т
imp.	призайми́, ~те
pt.	приза́нял, -аняла́, -а́няло
g.pt.a.	призаня́в
p.pt.a.	приза́нявший
p.pt.p.	приза́нятый; приза́нят, -анята́, -а́нято

призва́ть *perf* кого́-что **1.** call **2.** summon; *mil* call up **3.** на кого́-что call for **4.** *only p.pt.p., usu with infinitive or* к чему́ be called (to) ‖ *imperf* призыва́ть 2a *with* 1—3

ft.	призову́, -вёшь, -ву́т
imp.	призови́, ~те
pt.	призва́л, -ала́, -а́ло
g.pt.a.	призва́в
p.pt.a.	призва́вший
p.pt.p.	при́званный; при́зван, призва́на, при́звано

призва́ться *perf coll* be called up *for military service* ‖ *imperf* призыва́ться

pt.	призва́лся, -ала́сь, -а́ло́сь

приземли́ть *perf* что *av* land *plane* ‖ *imperf* приземля́ть 2a

ft.	приземлю́, -ли́шь, -ля́т
imp.	приземли́, ∼те
pt.	приземли́л
g.pt.a.	приземли́в
p.pt.a.	приземли́вший
p.pt.p.	приземлённый; приземлён, -ена́

приземли́ться *perf av* land ‖ *imperf* приземля́ться

приземля́ть(ся) *imperf of* приземли́ть(ся)

призира́ть *imperf of* призре́ть

признава́ть *imperf of* призна́ть

pr.	признаю́, -аёшь, -аю́т
imp.	признава́й, ∼те
pt.	признава́л
g.pr.a.	признава́я
p.pr.a.	признаю́щий
p.pt.a.	признава́вший
p.pr.p.	признава́емый

признава́ться *imperf of* призна́ться

призна́ть 2 *perf* 1. кого́-что recognize *a state, smb's right etc.* 2. кого́-что admit, acknowledge *one's guilt, mistakes etc.* 3. кого́-что кем-чем *or* каки́м consider *smb to be*, vote, pronounce *smth to be* 4. кого́-что в ком-чём *or* кого́-что *coll* know again, identify ‖ *imperf* признава́ть, forms ib.

призна́ться *perf* 1. кому́-чему в чём *or with conjunction* что confess, admit, own (up) 2. *only infinitive* призна́ться *and 1st pers singular* призна́юсь tell the truth, frankly speaking ‖ *imperf* признава́ться

призрева́ть *imperf of* призре́ть

призре́ть *perf* кого́-что *obs* support by charity ‖ *imperf* призрева́ть 2a *and* призира́ть 2a

ft.	призрю́, при́зри́шь, при́зря́т
imp.	призри́, ∼те
pt.	призре́л
g.pt.a.	призре́в
p.pt.a.	призре́вший
p.pt.p.	при́зренный

призыва́ть(ся) *imperf of* призва́ть(ся)

прииска́ть *perf* кого́-что *coll* find, look for ‖ *imperf* прии́скивать 1a

ft.	приищу́, -и́шешь, -и́щут
imp.	приищи́, ∼те
pt.	прииска́л
g.pt.a.	прииска́в
p.pt.a.	прииска́вший
p.pt.p.	прии́сканный

прии́скивать *imperf of* прииска́ть

прийти́ *perf* 1. arrive, come 2. *fig* во что fall, get, fly (into); прийти́ в отча́яние give way to despair; прийти́ в восто́рг go into raptures; прийти́ в у́жас be horrified ‖ *imperf* приходи́ть, forms ib.

ft.	приду́, -дёшь, -ду́т
imp.	приди́, ∼те
pt.	пришёл, -шла́
g.pt.a.	придя́ *and obs* прише́дши
p.pt.a.	прише́дший

прийти́сь *perf* 1. по чему́ suit, fit 2. *1st and 2nd pers not used* во что, на что fall (on) 3. *impers with infinitive* fall to *smb* to do *smth* 4. *1st and 2nd pers not used* на кого́-что: на ка́ждого пришло́сь по десяти́ рубле́й each one had to pay ten roubles 5. *impers* кому́: ему́ тяжело́ пришло́сь it went hard with him, he had a hard time of it ‖ *imperf* приходи́ться

приказа́ть *perf* кому́-чему́ *or with infinitive* order *smb*, command *smb* ‖ *imperf* прика́зывать 1a

ft.	прикажу́, -а́жешь, -а́жут
imp.	прикажи́, ∼те
pt.	приказа́л
g.pt.a.	приказа́в
p.pt.a.	приказа́вший
p.pt.p.	прика́занный

прика́зывать *imperf of* приказа́ть

прика́лывать *imperf of* приколо́ть

прика́нчивать *imperf of* прико́нчить

прика́пливать *imperf of* прикопи́ть

прикарма́нивать *imperf of* прикарма́нить

прикарма́нить *perf* что *sub* pocket ‖ *imperf* прикарма́нивать 1a

ft.	прикарма́ню, -нишь, -нят
imp.	прикарма́нь, ∼те
pt.	прикарма́нил
g.pt.a.	прикарма́нив
p.pt.a.	прикарма́нивший
p.pt.p.	прикарма́ненный

прика́рмливать *imperf* 1. *imperf of* прикорми́ть 2. кого́-что introduce a baby to mixed feeding, wean

прикаса́ться *imperf of* прикосну́ться

прикати́ть *perf* 1. что roll up 2. *sub* come rolling ‖ *imperf* прика́тывать 1a

ft.	прикачу́, -а́тишь, -а́тят
imp.	прикати́, ∼те
pt.	прикати́л
g.pt.a.	прикати́в
p.pt.a.	прикати́вший
p.pt.p.	прика́ченный

прика́тывать *imperf of* прикати́ть

прики́дывать(ся) *imperf of* прики́нуть(ся)

прики́нуть 6 *perf coll* **1.** что *or* чегó throw in, add **2.** что evaluate **3.** что estimate, make a rough calculation of ‖ *imperf* прики́дывать 1a
imp. прики́нь, ∼те
p.pt.p. прики́нутый

прики́нуться *perf* кем-чем *coll* pretend ‖ *imperf* прики́дываться

прикипа́ть *imperf of* прикипе́ть

прикипе́ть, *1st and 2nd pers not used, perf coll, of food* burn ‖ *imperf* прикипа́ть 2a
ft. прикипи́т, -пя́т
pt. прикипе́л
g.pt.a. прикипе́в
p.pt.a. прикипе́вший

прикла́дывать(ся) *imperf of* приложи́ть(ся)

прикле́ивать(ся) *imperf of* прикле́ить(ся)

прикле́ить *perf* что stick on ‖ *imperf* прикле́ивать 1a
ft. прикле́ю, -éишь, -éят
imp. прикле́й, ∼те
pt. прикле́ил
g.pt.a. прикле́ив
p.pt.a. прикле́ивший
p.pt.p. прикле́енный

прикле́иться *perf* stick, adhere ‖ *imperf* прикле́иваться

приклепа́ть 2 *perf* что rivet ‖ *imperf* прикле́пывать 1a
p.pt.p. приклёпанный

прикле́пывать *imperf of* приклепа́ть

приклони́ть *perf* что *coll* incline, bend, bow; не́где гóлову приклони́ть have nowhere to lay *one's* head ‖ *imperf* приклоня́ть 2a
ft. приклоню́, -óнишь, -óнят
imp. приклони́, ∼те
pt. приклони́л
g.pt.a. приклони́в
p.pt.a. приклони́вший
p.pt.p. приклонённый; приклонён, -ена́

приклоня́ть *imperf of* приклони́ть

приключа́ть(ся) *imperf of* приключи́ть(ся)

приключи́ть *perf* что *el* connect up ‖ *imperf* приключа́ть 2a
ft. приключу́, -чи́шь, -ча́т
imp. приключи́, ∼те
pt. приключи́л
g.pt.a. приключи́в

p.pt.a. приключи́вший
p.pt.p. приключённый; приключён, -ена́

приключи́ться, *1st and 2nd pers not used, perf* happen, occur ‖ *imperf* приключа́ться

прикова́ть 5 *perf* когó-что chain; *fig* attract, rivet *attention etc.* ‖ *imperf* прикóвывать 1a
ft. прикую́, -уёшь, -ую́т

прикóвывать *imperf of* прикова́ть

прикола́чивать *imperf of* приколоти́ть

приколоти́ть *perf* что *coll* nail on ‖ *imperf* прикола́чивать 1a
ft. приколочу́, -óтишь, -óтят
imp. приколоти́, ∼те
pt. приколоти́л
g.pt.a. приколоти́в
p.pt.a. приколоти́вший
p.pt.p. приколóченный

приколóть *perf* **1.** что pin, fasten with a pin **2.** когó-что *coll* stab ‖ *imperf* прика́лывать 1a
ft. приколю́, -óлешь, -óлют
imp. приколи́, ∼те
pt. приколóл
g.pt.a. приколóв
p.pt.a. приколóвший
p.pt.p. прикóлотый

прикомандирова́ть 5 *perf* когó-что к комý-чемý attach (to), second (to) ‖ *imperf* прикомандирóвывать 1a

прикомандирóвывать *imperf of* прикомандирова́ть

прикóнчить *perf* когó-что *coll* finish off ‖ *imperf coll* прика́нчивать 1a
ft. прикóнчу, -чишь, -чат
imp. прикóнчи, ∼те
pt. прикóнчил
g.pt.a. прикóнчив
p.pt.a. прикóнчивший
p.pt.p. прикóнченный

прикопи́ть *perf* что *or* чегó *coll* save up ‖ *imperf* прика́пливать 1a
ft. прикоплю́, -óпишь, -óпят
imp. прикопи́, ∼те
pt. прикопи́л
g.pt.a. прикопи́в
p.pt.a. прикопи́вший
p.pt.p. прикóпленный

прикорми́ть *perf* когó-что lure, lay bait for ‖ *imperf* прика́рмливать 1a
ft. прикормлю́, -óрмишь, -óрмят
imp. прикорми́, ∼те

pt.	прикорми́л
g.pt.a.	прикорми́в
p.pt.a.	прикорми́вший
p.pt.p.	прико́рмленный

прикорну́ть 7 *perf coll* have a nap no *p.pt.p.*

прикосну́ться 7 *perf* к кому́-чему́ touch (slightly) *with the hand, a stick etc.* ‖ *imperf* прикаса́ться 2а

прикра́сить *perf* что embellish ‖ *imperf* прикра́шивать 1а

ft.	прикра́шу, -а́сишь, -а́сят
imp.	прикра́сь, ~те
pt.	прикра́сил
g.pt.a.	прикра́сив
p.pt.a.	прикра́сивший
p.pt.p.	прикра́шенный

прикра́шивать *imperf of* прикра́сить

прикрепи́ть *perf* кого́-что к кому́-чему́ 1. fasten (to); attach (to) 2. register (with) ‖ *imperf* прикрепля́ть 2а

ft.	прикреплю́, -пи́шь, -пя́т
imp.	прикрепи́, ~те
pt.	прикрепи́л
g.pt.a.	прикрепи́в
p.pt.a.	прикрепи́вший
p.pt.p.	прикреплённый; прикреплён, -ена́

прикрепи́ться *perf* к чему́ register (with) ‖ *imperf* прикрепля́ться

прикрепля́ть(ся) *imperf of* прикрепи́ть(ся)

прикри́кивать *imperf of* прикри́кнуть

прикри́кнуть 6 *perf* на кого́-что shout (at), raise *one's* voice (at) ‖ *imperf* прикри́кивать 1а

прикрути́ть *perf coll* кого́-что 1. к чему́ tie (to), bind (to), fasten (to) 2. turn down *wick* ‖ *imperf* прикру́чивать 1а

ft.	прикручу́, -у́тишь, -у́тят
imp.	прикрути́, те
pt.	прикрути́л
g.pt.a.	прикрути́в
p.pt.a.	прикрути́вший
p.pt.p.	прикру́ченный

прикру́чивать *imperf of* прикрути́ть

прикрыва́ть(ся) *imperf of* прикры́ть(ся)

прикры́ть *perf* кого́-что 1. кем-чем cover (lightly) 2. close *door*, leave ajar 3. shelter, shield; *mil* cover 4. *fig* conceal, disguise; use as a cover 5. *coll* liquidate, close down *a factory etc.* ‖ *imperf* прикрыва́ть 2а

ft.	прикро́ю, -о́ешь, -о́ют

imp.	прикро́й, ~те
pt.	прикры́л
g.pt.a.	прикры́в
p.pt.a.	прикры́вший
p.pt.p.	прикры́тый

прикры́ться *perf* 1. чем *coll* cover oneself (with) 2. от чего́ protect [shield] oneself (from) 3. *fig* чем *coll* conceal *one's* intentions; use as a cover 4. *coll* close be down; liquidated ‖ *imperf* прикрыва́ться

прикупа́ть *imperf of* прикупи́ть

прикупи́ть *perf* кого́-что buy some more ‖ *imperf* прикупа́ть 2а

ft.	прикуплю́, -у́пишь, -у́пят
imp.	прикупи́, ~те
pt.	прикупи́л
g.pt.a.	прикупи́в
p.pt.a.	прикупи́вший
p.pt.p.	прику́пленный

прику́ривать *imperf of* прикури́ть

прикури́ть *perf* что у кого́ get a light from *smb's* cigarette ‖ *imperf* прику́ривать 1а

ft.	прикурю́, -у́ришь, -у́рят
imp.	прикури́, ~те
pt.	прикури́л
g.pt.a.	прикури́в
p.pt.a.	прикури́вший
p.pt.p.	прику́ренный

прикуси́ть *perf* что 1. bite 2. *fig*: прикуси́ть язы́к keep *one's* mouth shut 3. *coll* have a snack ‖ *imperf* прику́сывать 1а

ft.	прикушу́, -у́сишь, -у́сят
imp.	прикуси́, ~те
pt.	прикуси́л
g.pt.a.	прикуси́в
p.pt.a.	прикуси́вший
p.pt.p.	прику́шенный

прику́сывать *imperf of* прикуси́ть

прилага́ть *imperf of* приложи́ть

прила́дить *perf* что к чему́ fix (to), fit (to) ‖ *imperf* прила́живать 1а

ft.	прила́жу, -а́дишь, -а́дят
imp.	прила́дь, ~те
pt.	прила́дил
g.pt.a.	прила́див
p.pt.a.	прила́дивший
p.pt.p.	прила́женный

прила́живать *imperf of* прила́дить

приласка́ть 2 *perf* кого́-что caress, fondle

приласка́ться *perf* к кому́-чему́ snuggle up (to), make up (to)

прилга́ть *perf* что *or without object* coll stretch, embroider *the truth*

ft.	прилгу́, -лжёшь, -лгу́т
imp.	прилги́, ~те
pt.	прилга́л, -ала́, -а́ло
g.pt.a.	прилга́в
p.pt.a.	прилга́вший
p.pt.p.	при́лганный

прилгну́ть 7 *perf* что *or without object* coll lie in addition, lie some more; fib, stretch

p.pt.p.	при́лгнутый*

прилега́ть 2a, *1st and 2nd pers not used, imperf* к чему́ **1.** *of clothes* fit closely **2.** adjoin, border on **3.** *imperf of* приле́чь

прилежа́ть, *1st and 2nd pers not used, imperf* к чему́ *obs* adjoin, border on

pr.	прилежи́т, -жа́т
pt.	прилежа́л
g.pr.a.	прилежа́
p.pr.a.	прилежа́щий
p.pt.a.	прилежа́вший

прилеза́ть *imperf of* приле́зть

приле́зть *perf coll* creep up ‖ *imperf* прилеза́ть 2a

ft.	приле́зу, -зешь, -зут
imp.	приле́зь, ~те
pt.	приле́з, ~ла
g.pt.a.	приле́зши
p.pt.a.	приле́зший

прилепи́ть *perf* что к чему́ stick (to) ‖ *imperf* прилепля́ть 2a *and* прилеплива́ть 1a

ft.	прилеплю́, -е́пишь, -е́пят
imp.	прилепи́, ~те
pt.	прилепи́л
g.pt.a.	прилепи́в
p.pt.a.	прилепи́вший
p.pt.p.	приле́пленный

прилепи́ться *perf* к чему́ stick (to) ‖ *imperf* прилепля́ться *and* приле́пливаться

приле́пливать(ся) *imperf of* прилепи́ть(ся)

прилепля́ть(ся) *imperf of* прилепи́ть(ся)

прилета́ть *imperf of* прилете́ть

прилете́ть *perf* **1.** fly up, fly in, arrive by air, come flying **2.** *coll* come running, rush in ‖ *imperf* прилета́ть 2a

ft.	прилечу́, -ети́шь, -етя́т
imp.	прилети́, ~те
pt.	прилете́л
g.pt.a.	прилете́в
p.pt.a.	прилете́вший

приле́чь *perf* **1.** lie down *a little*, have a nap **2.** к чему́ lean upon **3.** *1st and 2nd pers not used, of crops* lay; droop; settle ‖ *imperf* прилега́ть 2a

ft.	приля́гу, -я́жешь, -я́гут
imp.	приля́г, ~те
pt.	прилёг, -егла́
g.pt.a.	прилёгши
p.pt.a.	прилёгший

прилива́ть *imperf of* прили́ть

прилиза́ть *perf* кого́-что smoothe [sleek] *one's* hair ‖ *imperf* прили́зывать 1a

ft.	прилижу́, -и́жешь, -и́жут
imp.	прилижи́, ~те
pt.	прилиза́л
g.pt.a.	прилиза́в
p.pt.a.	прилиза́вший
p.pt.p.	прили́занный

прили́зывать *imperf of* прилиза́ть

прилипа́ть *imperf of* прили́пнуть

прили́пнуть *perf* **1.** *1st and 2nd pers not used* к чему́ stick (to), adhere (to) **2.** к кому́ *coll* pester, badger, importune ‖ *imperf* прилипа́ть 2a

ft.	прили́пну, -нешь, -нут
pt.	прили́п *and obs* прили́пнул, прили́пла
g.pt.a.	прили́пнув
p.pt.a.	прили́пший

прили́ть *perf* **1.** что *or* чего́ flow (to) **2.** rush (to) ‖ *imperf* прилива́ть 2a

ft.	прилью́, -льёшь, -лью́т
imp.	прилей, ~те
pt.	прили́л, -ила́, -и́ло
g.pt.a.	прили́в
p.pt.a.	прили́вший

прили́чествовать 4a, *1st and 2nd pers not used, imperf* кому́-чему́ *bookish* become, befit, be fitting

приложи́ть *perf* что к чему́ **1.** apply (to), add (to) **2.** put close (to) **3.** apply (to) **4.** do all in *one's* power ‖ *imperf* прикла́дывать 1a *with* 1 *and* прилага́ть 2a *with* 2—4

ft.	приложу́, -о́жишь, -о́жат
imp.	приложи́, ~те
pt.	приложи́л
g.pt.a.	приложи́в
p.pt.a.	приложи́вший
p.pt.p.	прило́женный

приложи́ться *perf* **1.** к кому́-чему́ press oneself (to), apply (to) **2.** к кому́-чему́ kiss **3.** take aim **4.** *sub* have a drink, drink *a little* ‖ *imperf* прикла́дываться

прилуни́ться *perf* land on the moon

ft.	прилуню́сь, -ни́шься, -ня́тся
imp.	прилуни́сь, -и́тесь
g.p	прилуни́лся, -лась
pt.t.a.	прилуни́вшись
p.pt.a.	прилуни́вшийся

прильну́ть 7 *perf* к кому́-чему́ cling (to) no *p.pt.p.*

прима́заться *perf* **1.** *sub* rub into **2.** к кому́-чему́ *sub* stick (to), hang on (to) ‖ *imperf* прима́зываться 1 a

ft.	прима́жусь, -жешься, -жутся
imp.	прима́жься, -жьтесь
pt.	прима́зался, -лась
g.pt.a.	прима́завшись
p.pt.a.	прима́завшийся

прима́зываться *imperf of* прима́заться

прима́нивать *imperf of* примани́ть

примани́ть *perf* кого́-что *coll* **1.** lure, entice **2.** win over ‖ *imperf* прима́нивать 1 a

ft.	приманю́, -а́нишь, -а́нят
imp.	примани́, ⁓те
pt.	примани́л
g.pt.a.	примани́в
p.pt.a.	примани́вший
p.pt.p.	прима́ненный *and* приманён-ный; приманён, -ена́

прима́чивать *imperf of* примочи́ть

прима́щивать(ся) *imperf of* примости́ть-(ся)

примелька́ться 2 *perf* become familiar (with)

примени́ть *perf* что к кому́-чему́ **1.** apply (to); use, employ **2.** fix (to) ‖ *imperf* применя́ть 2 a

ft.	применю́, -е́нишь, -е́нят
imp.	примени́, ⁓те
pt.	примени́л
g.pt.a.	примени́в
p.pt.a.	примени́вший
p.pt.p.	применённый; применён, -ена́

примени́ться *perf* к кому́-чему́ adapt oneself (to), conform (to) ‖ *imperf* применя́ться

применя́ть(ся) *imperf of* примени́ть(ся)

примерза́ть *imperf of* примёрзнуть

примёрзнуть *perf* к чему́ freeze (to)‖ *imperf* примерза́ть 2 a

ft.	примёрзну, -нешь, -нут
imp.	примёрзни, ⁓те
pt.	примёрз, ⁓ла
g.pt.a.	примёрзнув *and* примёрзши
p.pt.a.	примёрзший

приме́ривать(ся) *imperf of* приме́рить(ся)

приме́рить *perf* что try on; fit ‖ *imperf* примеря́ть 2 a *and* приме́ривать 1 a

ft.	приме́рю, -ришь, -рят *and coll* -ряю, -ряешь
imp.	приме́рь, ⁓те *and coll* при-ме́ряй, ⁓те
pt.	приме́рил
g.pt.a.	приме́рив
p.pt.a.	приме́ривший
p.pt.p.	приме́ренный

приме́риться *perf coll* adapt oneself (to); evaluate ‖ *imperf* примеря́ться *and* приме́риваться

примеря́ть(ся) *imperf of* приме́рить(ся)

примести́ *perf coll* sweep together ‖ *imperf* примета́ть 2 a

ft.	примету́, -тёшь, -ту́т
imp.	примети́, ⁓те
pt.	примёл, -ела́
g.pt.a.	приметя́
p.pt.a.	примётший
p.pt.p.	приметённый; приметён, -ена́

примета́ть[1] *imperf of* примести́

примета́ть[2] 2 *perf* что stitch, tack ‖ *imperf* примётывать 1 a

p.pt.p.	примётанный

приме́тить *perf* кого́-что *coll* notice ‖ *imperf* примеча́ть 2 a

ft.	приме́чу, -е́тишь, -е́тят
imp.	приме́ть, ⁓те
pt.	приме́тил
g.pt.a.	приме́тив
p.pt.a.	приме́тивший
p.pt.p.	приме́ченный

примётывать *imperf of* примета́ть[2]

примеча́ть 2 a *imperf* **1.** *imperf of* приме́тить **2.** за кем-чем *sub* keep an eye on

примеша́ть 2 *perf* что *or* чего́ mix, mingle ‖ *imperf* приме́шивать 1 a

приме́шивать *imperf of* примеша́ть

примина́ть *imperf of* примя́ть

примири́ть *perf* кого́-что reconcile ‖ *imperf* примиря́ть 2 a

ft.	примирю́, -ри́шь, -ря́т
imp.	примири́, ⁓те
pt.	примири́л
g.pt.a.	примири́в
p.pt.a.	примири́вший
p.pt.p.	примирённый; примирён, -ена́

примири́ться *perf* с кем-чем **1.** be reconciled (with), make it up (with) **2.** resign oneself (to) ‖ *imperf* примиря́ться

примиря́ть(ся) *imperf of* примири́ть(ся)

примкну́ть 7 *perf* **1.** что к чему́ draw close (to) **2.** к кому́-чему́ join *smb*, side with *smb* **3.** к кому́-чему́ join ‖ *imperf* примыка́ть 2а

примолка́ть *imperf of* примо́лкнуть

примо́лкнуть *perf coll* keep silent ‖ *imperf* примолка́ть 2а
ft.   примо́лкну, -нешь, -нут
imp.   примо́лкни, ~те
pt.   примо́лк *and obs* примо́лкнул, примо́лкла
g.pt.a.   примо́лкнув *and* примо́лкши
p.pt.a.   примо́лкший *and* примо́лкнувший

примости́ть *perf* что *coll* fix, place ‖ *imperf* прима́шивать 1а
ft.   примощу́, -ости́шь, -остя́т
imp.   примости́, ~те
pt.   примости́л
g.pt.a.   примости́в
p.pt.a.   примости́вший
p.pt.p.   примощённый; примощён, -ена́

примости́ться *perf coll* find room, find a place ‖ *imperf* прима́шиваться

примочи́ть *perf* что *coll* wet, moisten ‖ *imperf* прима́чивать 1а
ft.   примочу́, -о́чишь, -о́чат
imp.   примочи́, ~те
pt.   примочи́л
g.pt.a.   примочи́в
p.pt.a.   примочи́вший
p.pt.p.   примо́ченный

примча́ть *perf* **1.** кого́-что *coll* bring *smb* hurriedly along **2.** *sub* come running [jumping]
ft.   примчу́, -чи́шь, -ча́т
imp.   примчи́, ~те
pt.   примча́л
g.pt.a.   примча́в
p.pt.a.   примча́вший

примча́ться *perf* come running up

примыка́ть 2а *imperf* **1.** *imperf of* примкну́ть **2.** к кому́-чему́ adjoin, border on

примы́слить *perf* что *bookish* embroider, exaggerate *the facts* ‖ *imperf* примышля́ть 2а
ft.   примы́слю, -лишь, -лят
imp.   примы́сли, ~те
pt.   примы́слил
g.pt.a.   примы́слив
p.pt.a.   примы́сливший
p.pt.p.   примы́шленный

примышля́ть *imperf of* примы́слить

примя́ть *perf* что trample [press] down *a little* ‖ *imperf* примина́ть 2а
ft.   примну́, -нёшь, -ну́т
imp.   примни́, ~те
pt.   примя́л
g.pt.a.   примя́в
p.pt.a.   примя́вший
p.pt.p.   примя́тый

принадлежа́ть *imperf* **1.** кому́-чему́ appertain (to), belong (to), be a feature (of); be one (of) **2.** к чему́ belong (to), be a member (of)
pr.   принадлежу́, -жи́шь, -жа́т
imp.   принадлежи́, ~те
pt.   принадлежа́л
g.pr.a.   принадлежа́
p.pr.a.   принадлежа́щий
p.pt.a.   принадлежа́вший

принанима́ть *imperf of* принаня́ть

принаня́ть *perf* кого́-что *coll* hire, rent extra ‖ *imperf* принанима́ть 2а
ft.   принайму́, -мёшь, -му́т
imp.   принайми́, ~те
pt.   принаня́л, -аняла́, -а́няло
g.pt.a.   принаня́в
p.pt.a.   принаня́вший
p.pt.a.   прина́нятый; прина́нят, -анята́, -а́нято

принаряди́ть *perf* кого́-что *coll* dress up, deck out ‖ *imperf* принаряжа́ть 2а
ft.   принаряжу́, -я́дишь, -я́дят
imp.   принаряди́, ~те
pt.   принаряди́л
g.pt.a.   принаряди́в
p.pt.a.   принаряди́вший
p.pt.p.   принаря́женный

принаряди́ться *perf coll* dress oneself up, deck oneself out, smarten oneself up ‖ *imperf* принаряжа́ться

принаряжа́ть(ся) *imperf of* принаряди́ть(ся)

принево́ливать *imperf of* принево́лить

принево́лить *perf* кого́-что *coll* force ‖ *imperf* принево́ливать 1а
ft.   принево́лю, -лишь, -лят
imp.   принево́ль, ~те
pt.   принево́лил
g.pt.a.   принево́лив
p.pt.a.   принево́ливший
p.pt.p.   принево́ленный

принести́ *perf* кого́-что **1.** bring, fetch, carry **2.** *1st and 2nd pers not used, of wind* waft (hither); *of water* wash up, wash ashore **3.** *1st and 2nd pers not used* bring forth *a litter of young*, drop *a litter*; bear *fruits*, yield **4.** *fig* cause, bring about; принести пóльзу be profitable, bring profit, bring in profits **5.** *coll*: зачéм тебé сюдá принеслó? what brings you here? ‖ *imperf* приносить, forms ib.

ft.	принесý, -сёшь, -сýт
imp.	принеси, ∼те
pt.	принёс, -еслá
g.pt.a.	принеся *and obs* принёсши
p.pt.a.	принёсший
p.pt.p.	принесённый; принесён, -енá

принижáть *imperf of* принизить

принизить *perf* когó-что **1.** humble, humiliate, degrade **2.** detract from, disparage ‖ *imperf* принижáть 2а

ft.	принижý, -изишь, -изят
imp.	принизь, ∼те
pt.	принизил
g.pt.a.	принизив
p.pt.a.	принизивший
p.pt.p.	приниженный

приникáть *imperf of* приникнуть

приникнуть *perf* **1.** к комý-чемý cling (to), nestle up (to), cower (against) **2.** *fig coll* pipe down, play possum ‖ *imperf* приникáть 2а

ft.	приникну, -нешь, -нут
imp.	приникни, ∼те
pt.	приник *and obs* приникнул, приникла
g.pt.a.	приникнув *and* приникши
p.pt.a.	приникший *and* приникнувший

принимáть(ся) *imperf of* принять(ся)

приноравливать(ся) *imperf of* приноровить(ся)

приноровить *perf* что к чемý *coll* adapt (to); arrange (for) ‖ *imperf* приноравливать 1а *and* приноровлять 2а

ft.	приноровлю, -вишь, -вят
imp.	приноровй, ∼те
pt.	приноровил
g.pt.a.	приноровив
p.pt.a.	приноровивший
p.pt.p.	приноровленный

приноровиться *perf* к чемý adapt oneself (to), adapt (to), fall in (with); get into, get the hang (of) ‖ *imperf* приноравливаться *and* приноровляться

приноровлять(ся) *imperf of* приноровить(ся)

приносить *imperf of* принести

pr.	приношý, -óсишь, -óсят
imp.	приноси, ∼те

pt.	приносил
g.pr.a.	принося
p.pr.a.	приносящий
p.pt.a.	приносивший
p.pr.p.	приносимый

принýдить *perf* когó-что *with infinitive* force, compel, coerce ‖ *imperf* принуждáть 2а

ft.	принýжу, -ýдишь, -ýдят
imp.	принýдь, ∼те
pt.	принýдил
g.pt.a.	принýдив
p.pt.a.	принýдивший
p.pt.p.	принуждённый; принуждён, -енá

принуждáть *imperf of* принýдить

принюхаться 1 *perf* к чемý *coll* get used to a smell, get used to the smell (of) ‖ *imperf* принюхиваться 1а

принюхиваться *imperf of* принюхаться

принять *perf* **1.** что accept **2.** когó-что receive **3.** когó-что accept, admit, take, take on; принять в университéт take a student, admit a student to the university, enrol a student **4.** что approve, move **5.** *without object* move to one side **6.** *fig* что take, take on, assume; принять другóй оборóт take a different course **7.** что take *bath, measures, medicine etc.* **8.** когó-что за когó-что take (to be, for), regard (as), consider (to be); mistake (for) ‖ *imperf* принимáть 2а

ft.	примý, примешь, примут
imp.	примй, ∼те
pt.	принял, принялá, приняло
g.pt.a.	приняв
p.pt.a.	принявший
p.pt.p.	принятый; принят, принятá, принято

приняться *perf* **1.** за что set about; lay a hand to **2.** за когó *coll* take *smb* to task (for), take up *a matter* with *smb* **3.** take root **4.** *of inoculation* take ‖ *imperf* приниматься

pt.	принялся *and coll* принялся, -ялáсь, -ялóсь

приободрить *perf* когó-что cheer *smb* up ‖ *imperf* приободрять 2а

ft.	приободрю, -ришь, -рят
imp.	приободри, ∼те
pt.	приободрил
g.pt.a.	приободрив
p.pt.a.	приободривший
p.pt.p.	приободрённый; приободрён, -енá

приободри́ться *perf* cheer up, brighten up ‖ *imperf* приободря́ться

приободря́ть(ся) *imperf of* приободри́ть(ся)

приобрести́ *perf* кого́-что **1.** purchase, acquire **2.** *fig* gain; приобрести́ значе́ние gain importance, gain in importance **3.** take, assume *certain characteristics* ‖ *imperf* приобрета́ть 2a

ft.	приобрету́, -тёшь, -ту́т
imp.	приобрети́, ~те
pt.	приобрёл, -ела́
g.pt.a.	приобретя́ *and coll* приобрёвши *and obs* приобре́тши
p.pt.a.	приобре́тший *and coll* приобрёвший
p.pt.p.	приобретённый; приобретён, -ена́

приобрета́ть *imperf of* приобрести́

приобща́ть(ся) *imperf of* приобщи́ть(ся)

приобщи́ть *perf* кого́-что к чему́ **1.** introduce to *the enjoyment of literature, music etc.* **2.** append ‖ *imperf* приобща́ть 2a

ft.	приобщу́, -щи́шь, -ща́т
imp.	приобщи́, ~те
pt.	приобщи́л
g.pt.a.	приобщи́в
p.pt.a.	приобщи́вший
p.pt.p.	приобщённый; приобщён, -ена́

приобщи́ться *perf* к чему́ join ‖ *imperf* приобща́ться

приоде́ть *perf* кого́-что *coll* doll up, tog up

ft.	приоде́ну, -е́нешь, -е́нут
imp.	приоде́нь, ~те
pt.	приоде́л
g.pt.a.	приоде́в
p.pt.a.	приоде́вший
p.pt.p.	приоде́тый

приоде́ться *perf coll* get dolled up, doll oneself up

приоса́ниваться *imperf of* приоса́ниться

приоса́ниться *perf coll* adopt a serious air, assume a dignified manner ‖ *imperf* приоса́ниваться 1a

ft.	приоса́нюсь, -нишься, -нятся
imp.	приоса́нься, -ньтесь
pt.	приоса́нился, -лась
g.pt.a.	приоса́нившись
p.pt.a.	приоса́нившийся

приостана́вливать(ся) *imperf of* приостанови́ть(ся)

приостанови́ть *perf* что suspend *function, action etc.* ‖ *imperf* приостана́вливать 1a

ft.	приостановлю́, -о́вишь, -о́вят
imp.	приостанови́, ~те
pt.	приостанови́л
g.pt.a.	приостанови́в
p.pt.a.	приостанови́вший
p.pt.p.	приостано́вленный

приостанови́ться *perf, of function, action etc.* break off; pause ‖ *imperf* приостана́вливаться

приотвори́ть *perf* что half-open ‖ *imperf* приотворя́ть 2a

ft.	приотворю́, -о́ришь, -о́рят
imp.	приотвори́, ~те
pt.	приотвори́л
g.pt.a.	приотвори́в
p.pt.a.	приотвори́вший
p.pt.p.	приотво́ренный

приотвори́ться, *1st and 2nd pers not used, perf* come slightly open ‖ *imperf* приотворя́ться

приотворя́ть(ся) *imperf of* приотвори́ть(ся)

приоткрыва́ть(ся) *imperf of* приоткры́ть(ся)

приоткры́ть *perf* что half-open ‖ *imperf* приоткрыва́ть 2a

ft.	приоткро́ю, -о́ешь, -о́ют
imp.	приоткро́й, ~те
pt.	приоткры́л
g.pt.a.	приоткры́в
p.pt.a.	приоткры́вший
p.pt.p.	приоткры́тый

приоткры́ться, *1st and 2nd pers not used, perf* come slightly open ‖ *imperf* приоткрыва́ться

приохо́тить *perf* кого́-что к чему́ *coll* encourage an interest in ‖ *imperf* приохо́чивать 1a

ft.	приохо́чу, -тишь, -тят
imp.	приохо́ть, ~те
pt.	приохо́тил
g.pt.a.	приохо́тив
p.pt.a.	приохо́тивший
p.pt.p.	приохо́ченный

приохо́титься *perf* к чему́ *coll* show an interest in, have pleasure in ‖ *imperf* приохо́чиваться

приохо́чивать(ся) *imperf of* приохо́тить(ся)

припада́ть 2a *imperf* **1.** *imperf of* припа́сть **2.** *coll* walk with a slight limp

припа́ивать(ся) *imperf of* припая́ть(ся)

припа́лзывать *imperf of* приползти́

припаса́ть *imperf of* припасти́

припасти́ *perf* что *or* чего́ *coll* save up, stock up, put aside, provide for *a rainy day* ‖ *imperf* припаса́ть 2а

ft.	припасу́, -сёшь, -су́т
imp.	припаси́, ~те
pt.	припа́с, -асла́
g.pt.a.	припа́сши
p.pt.a.	припа́сший
p.pt.p.	припасённый; припасён, -ена́

припа́сть *perf* к кому́-чему́ throw oneself down; cling close to; припа́сть к чьи́м-н. нога́м cast oneself at *smb's* feet ‖ *imperf* припада́ть 2а

ft.	припаду́, -дёшь, -ду́т
imp.	припади́, ~те
pt.	припа́л
g.pt.a.	припа́в
p.pt.a.	припа́вший

припа́хивать 1а, *1st and 2nd pers not used*, *imperf coll* чем smell (of)

припая́ть 2 *perf* что solder on ‖ *imperf* припа́ивать 1а

припева́ть 2а *imperf coll* sing while doing *smth*; припева́ть за рабо́той sing while one works

припека́ть *imperf of* припе́чь

припере́ть *perf* кого́-что *sub* 1. crush crowd, press; squeeze 2. block 3. чем lean to, leave ajar 4. *without object*, *coarse* come ‖ *imperf* припира́ть 2а

ft.	припру́, -рёшь, -ру́т
imp.	припри́, ~те
pt.	припёр, ~ла
g.pt.a.	припере́в *and* припёрши
p.pt.a.	припёрший
p.pt.p.	припёртый

припеча́тать 1 *perf* что 1. stamp on additionally 2. чем *coll* seal, put a seal on, seal up 3. *sub* seal ‖ *imperf* припеча́тывать 1а

припеча́тывать *imperf of* припеча́тать

припе́чь *perf* 1. что *coll* burn *cakes etc.* 2. *1st and 2nd pers not used, of sun* burn ‖ *imperf* припека́ть 2а

ft.	припеку́, -ечёшь, -еку́т
imp.	припеки́, ~те
pt.	припёк, -екла́
g.pt.a.	припёкши
p.pt.a.	припёкший
p.pt.p.	припечённый; припечён, -ена́

припира́ть *imperf of* припере́ть

приписа́ть *perf* 1. что add *to what one has written* 2. что кому́-чему́ attribute (to),

ascribe (to) 3. что register ‖ *imperf* припи́сывать 1а

ft.	припишу́, -и́шешь, -и́шут
imp.	припиши́, ~те
pt.	приписа́л
g.pt.a.	приписа́в
p.pt.a.	приписа́вший
p.pt.p.	припи́санный

приписа́ться *perf* 1. register 2. *coll* regard oneself as, consider oneself (as), think oneself ‖ *imperf* припи́сываться

припи́сывать(ся) *imperf of* приписа́ть(ся)

приплати́ть *perf* что pay extra ‖ *imperf* припла́чивать 1а

ft.	приплачу́, -а́тишь, -а́тят
imp.	приплати́, ~те
pt.	приплати́л
g.pt.a.	приплати́в
p.pt.a.	приплати́вший
p.pt.p.	припла́ченный

припла́чивать *imperf of* приплати́ть

приплести́ *perf* 1. что weave in, plait in 2. *fig* кого́-что *sub* work in, weave in, bring in; implicate, drag in ‖ *imperf* приплета́ть 2а

ft.	приплету́, -тёшь, -ту́т
imp.	приплети́, ~те
pt.	приплёл, -ела́
g.pt.a.	приплетя́ *and sub* приплётши
p.pt.a.	приплётший
p.pt.p.	приплетённый; приплетён, -ена́

приплести́сь *perf sub* drag oneself, trudge ‖ *imperf* приплета́ться

приплета́ть(ся) *imperf of* приплести́(сь)

приплыва́ть *imperf of* приплы́ть

приплы́ть *perf* swim up, swim to; sail to ‖ *imperf* приплыва́ть 2а

ft.	приплыву́, -вёшь, -ву́т
imp.	приплыви́, ~те
pt.	приплы́л, -ыла́, -ы́ло
g.pt.a.	приплы́в
p.pt.a.	приплы́вший

приплю́снуть 6 *perf* что beat flat, press flat, flatten ‖ *imperf* приплю́щивать 1а

p.pt.p. приплю́снутый

приплюсова́ть 5 *perf* что *coll* add in, count in ‖ *imperf* приплюсо́вывать 1а

приплюсо́вывать *imperf of* приплюсова́ть

приплю́щивать *imperf of* приплю́снуть

припляса́ть *perf semelf of* припля́сывать

припля́сывать 1а *imperf* skip about | *perf semelf* припляса́ть 7, но *p.pt.p.*

приподнима́ть(ся) *imperf of* приподня́ть-(ся)

приподня́ть *perf* кого́-что lift [rise] slightly ‖ *imperf* приподнима́ть 2 a *and coll* приподыма́ть 2 a

ft.	приподниму́, -и́мешь, -и́мут
imp.	приподними́, ~те
pt.	припо́днял *and coll* -одня́л, -одняла́, -о́дняло *and coll* -одня́ло
g.pt.a.	приподня́в
p.pt.a.	приподня́вший
p.pt.p.	припо́днятый; припо́днят, -однята́, -о́днято

приподня́ться *perf* lift [rise] slightly ‖ *imperf* приподнима́ться *and coll* приподыма́ться

pt.	приподня́лся, -яла́сь, -яло́сь

приподыма́ть(ся) *imperf of* приподня́ть-(ся)

приполза́ть *imperf of* приползти́

приползти́ *perf* creep up, crawl up ‖ *imperf* приполза́ть 2 a *and* припа́лзывать 1 a

ft.	приползу́, -зёшь, -зу́т
imp.	приползи́, ~те
pt.	припо́лз, -олзла́
g.pt.a.	припо́лзши
p.pt.a.	припо́лзший

припомина́ть(ся) *imperf of* припо́мнить-(ся)

припо́мнить *perf* **1.** кого́-что remember, recollect **2.** что кому́-чему́ *coll* remember, bear a grudge (against *smb* for *smth*) ‖ *imperf* припомина́ть 2 a

ft.	припо́мню, -нишь, -нят
imp.	припо́мни, ~те
pt.	припо́мнил
g.pt.a.	припо́мнив
p.pt.a.	припо́мнивший

припо́мниться *perf* occur to *smb*, be recalled, come to mind ‖ *imperf* припомина́ться

припра́вить *perf* **1.** что чем season **2.** *fig* что чем *coll* spice (with), season (with), sprinkle (with) **3.** что *print* make ready ‖ *imperf* приправля́ть 2 a

ft.	припра́влю, -вишь, -вят
imp.	припра́вь, ~те
pt.	припра́вил
g.pt.a.	припра́вив
p.pt.a.	припра́вивший
p.pt.p.	припра́вленный

приправля́ть *imperf of* припра́вить

припры́гать 1 *perf coll* hop up ‖ *imperf* припры́гивать 1 a

припры́гивать 1 a *imperf coll* **1.** *imperf of* припры́гать *and* припры́гнуть **2.** skip, hop

припры́гнуть 6 *perf coll* hop up ‖ *imperf* припры́гивать 1 a

припряга́ть *imperf of* припря́чь

припря́тать *perf* кого́-что *coll* hide, conceal; put aside ‖ *imperf* припря́тывать 1 a

ft.	припря́чу, -я́чешь, -я́чут
imp.	припря́чь, ~те
pt.	припря́тал
g.pt.a.	припря́тав
p.pt.a.	припря́тавший
p.pt.p.	припря́танный

припря́тывать *imperf of* припря́тать

припря́чь *perf* кого́-что yoke *additional animals*, put between the shafts *more animals* ‖ *imperf* припряга́ть 2 a

ft.	припрягу́, -я́жёшь, -ягу́т
imp.	припряги́, ~те
pt.	припря́г, -ягла́
g.pt.a.	припря́гши
p.pt.a.	припря́гший
p.pt.p.	припряжённый; припряжён, -ена́

припу́гивать *imperf of* припугну́ть

припугну́ть 7 *perf* кого́-что *coll* frighten, scare, put the wind up ‖ *imperf* припу́гивать 1 a

припу́дривать(ся) *imperf of* припу́дрить-(ся)

припу́дрить *perf* что powder, dust, sprinkle with powder ‖ *imperf* припу́дривать 1 a

ft.	припу́дрю, -ришь, -рят
imp.	припу́дри, ~те
pt.	припу́дрил
g.pt.a.	припу́дрив
p.pt.a.	припу́дривший
p.pt.p.	припу́дренный

припу́дриться *perf* powder oneself, apply powder ‖ *imperf* припу́дриваться

припуска́ть *imperf of* припусти́ть

припусти́ть *perf* **1.** кого́-что к кому́-чему́ *coll* admit *smb*, *smth* to *smb*, *smth*, let *e.g.* ' let the dog see the rabbit!' **2.** кого́ к кому́ *agr* lead *stallion to mare etc.*; give suck (to) **3.** что *or without object dressm* let out, lengthen **4.** кого́-что *coll* give *horse* its head **5.** *coll* shoot off, storm off ‖ *imperf* припуска́ть 2 a

ft.	припущу́, -у́стишь, -у́стят
imp.	припусти́, ~те
pt.	припусти́л
g.pt.a.	припусти́в
p.pt.a.	припусти́вший
p.pt.p.	припу́щенный

припу́тать 1 *perf* кого́-что *coll* **1.** add, speak irrelevantly **2.** *fig* к чему́ involve, implicate **3.** tie up ‖ *imperf* припу́тывать 1a

припу́тывать *imperf of* припу́тать

припуха́ть *imperf of* припу́хнуть

припу́хнуть, *1st and 2nd pers not used, perf* swell slightly, come up ‖ *imperf* припуха́ть 2a

ft.	припу́хнет, -нут
pt.	припу́х, ~ла
g.pt.a.	припу́хнув *and* припу́хши
p.pt.a.	припу́хший *and* припу́хнувший

прираба́тывать *imperf of* прирабо́тать

прирабо́тать 1 *perf* что *or* чего́ earn on the side; earn extra ‖ *imperf* прираба́тывать 1a

прира́внивать *imperf of* приравня́ть

приравня́ть 2 *perf* кого́-что к кому́-чему́ **1.** equate (with) **2.** *math* equate ‖ *imperf* прира́внивать 1a

p.pt.p.	прира́вненный

прираста́ть *imperf of* прирасти́

прирасти́, *1st and 2nd pers not used, perf* **1.** к чему́ increase (in) **2.** increase, multiply ‖ *imperf* прираста́ть 2a

ft.	прирастёт, -ту́т
pt.	приро́с, -осла́
g.pt.a.	приро́сши
p.pt.a.	приро́сший

приревнова́ть 5 *perf* кого́-что к кому́ be jealous (of *smb* for), become jealous (of *smb*)

прире́зать *perf* **1.** кого́-что stab; cut *smb's* throat; bump off **2.** кого́-что *coll* slaughter *cattle* **3.** что *or* чего́ apportion, distribute *more of smth, extra*; *coll* appropriate, misappropriate ‖ *imperf* приреза́ть 2a *and* прире́зывать 1a

ft.	прире́жу, -жешь, -жут
imp.	прире́жь, ~те
pt.	прире́зал
g.pt.a.	прире́зав
p.pt.a.	прире́завший
p.pt.p.	прире́занный

приреза́ть *imperf of* прире́зать

прире́зывать *imperf of* прире́зать

прируча́ть(ся) *imperf of* приручи́ть(ся)

приручи́ть *perf* кого́-что **1.** tame, train **2.** *coll* tame, break, break in ‖ *imperf* прируча́ть 2a

ft.	приручу́, -чи́шь, -ча́т
imp.	приручи́, ~те
pt.	приручи́л
g.pt.a.	приручи́в
p.pt.a.	приручи́вший
p.pt.p.	приручённый; приручён, -ена́

приручи́ться *perf* **1.** become tame, be tamed **2.** *coll* be tame ‖ *imperf* прируча́ться

приса́живаться *imperf of* присе́сть

приса́сываться *imperf of* присоса́ться

присва́ивать *imperf of* присво́ить

присва́тать 1 *perf* кого́-что кому́ *coll obs* propose *smb* as spouse ‖ *imperf* присва́тывать 1a

присва́таться *perf* к кому́ *coll obs* pay court (to), press *one's* suit, pay *one's* attentions to ‖ *imperf* присва́тываться

присва́тывать(ся) *imperf of* присва́тать(ся)

присви́стнуть *perf semelf of* присви́стывать

присви́стывать 1a *imperf* whistle away; whistle while one works | *perf semelf* присви́стнуть 6

присво́ить *perf* **1.** кого́-что acquire, obtain, take, appropriate, misappropriate **2.** что кому́-чему́ confer, grant *title, order etc.* ‖ *imperf* присва́ивать 1a *and obs* присвоя́ть 2a

ft.	присво́ю, -о́ишь, -о́ят
imp.	присво́й, ~те
pt.	присво́ил
g.pt.a.	присво́ив
p.pt.a.	присво́ивший
p.pt.p.	присво́енный

присвоя́ть *imperf of* присво́ить

приседа́ть *imperf of* присе́сть

присе́сть *perf* **1.** sit down for a time, take a seat, be seated **2.**: присе́сть (на ко́рточки) squat down ‖ *imperf* приса́живаться 1a *with* 1 *and* приседа́ть 2a *with* 2

ft.	прися́ду, -я́дешь, -я́дут
imp.	прися́дь, ~те
pt.	присе́л
g.pt.a.	присе́в
p.pt.a.	присе́вший

прискака́ть *perf* jump along, come jumping up; gallop up ‖ *imperf* приска́кивать 1a

ft.	прискачу́, -а́чешь, -а́чут
imp.	прискачи́, ~те
pt.	прискака́л
g.pt.a.	прискака́в
p.pt.a.	прискака́вший

приска́кивать *imperf of* прискака́ть

прискучивать *imperf of* прискучить

прискучить *perf* кому́-чему́ *coll* become boring, make *smb* tired, be sickening ‖ *imperf* прискучивать 1 a

ft.	прискучу, -чишь, -чат
imp.	прискучь, ~те
pt.	прискучил
g.pt.a.	прискучив
p.pt.a.	прискучивший

присла́ть *perf* кого́-что send ‖ *imperf* присыла́ть 2 a

ft.	пришлю́, -лёшь, -лю́т
imp.	пришли́, ~те
pt.	присла́л
g.pt.a.	присла́в
p.pt.a.	присла́вший
p.pt.p.	при́сланный

прислони́ть *perf* что к чему́ lean *smth* up against *smth* ‖ *imperf* прислоня́ть 2 a

ft.	прислоню́, -о́нишь, -о́нят
imp.	прислони́, ~те
pt.	прислони́л
g.pt.a.	прислони́в
p.pt.a.	прислони́вший
p.pt.p.	прислонённый; прислонён, -ена́

прислони́ться *perf* к чему́ lean on, lean against ‖ *imperf* прислоня́ться

g.pt.a.	прислоня́сь *and* прислони́вшись

прислоня́ть(ся) *imperf of* прислони́ть(ся)

прислу́живать 1 a *imperf* кому́ 1. *obs* serve, wait on 2. *coll* do *smb* a favour ‖ *perf* прислужи́ть, forms ib.

прислу́живаться *imperf* (к) кому́ be servile ‖ *perf obs* прислужи́ться

прислужи́ть *perf of* прислу́живать

ft.	прислужу́, -у́жишь, -у́жат
imp.	прислужи́, ~те
pt.	прислужи́л
g.pt.a.	прислужи́в
p.pt.a.	прислужи́вший

прислужи́ться *perf of* прислу́живаться

прислу́шаться 1 *perf* к чему́ 1. hearken (to), listen (to, for) 2. *fig* listen (to), give attention (to), heed 3. *coll* get accustomed to *a noise* ‖ *imperf* прислу́шиваться 1 a

прислу́шиваться *imperf of* прислу́шаться

присма́тривать(ся) *imperf of* присмотре́ть(ся)

присмире́ть 3 *perf* quiet down; *of dog* lie

присмотре́ть *perf* 1. за кем-чем look after, take care of, have charge of 2. кого́-что *coll* seek, find, rout out ‖ *imperf* присма́тривать 1 a

ft.	присмотрю́, -о́тришь, -о́трят
imp.	присмотри́, ~те
pt.	присмотре́л
g.pt.a.	присмотре́в
p.pt.a.	присмотре́вший
p.pt.p.	присмо́тренный

присмотре́ться *perf* к кому́-чему́ 1. observe, stare at 2. get *one's* bearings (on, about) 3. accustom *one's* eyes (to) ‖ *imperf* присма́триваться

присни́ться *perf* кому́ dream; мне присни́лось I dreamed

ft.	присню́сь, -ни́шься, -ня́тся
imp.	присни́сь, -и́тесь
pt.	присни́лся, -лась
g.pt.a.	присни́вшись
p.pt.a.	присни́вшийся

присове́товать 4 *perf* кому́ *sub* deliberate, consider

присовокупи́ть *perf* что *bookish* 1. attach, append, enclose *in letter* 2. add ‖ *imperf* присовокупля́ть 2 a

ft.	присовокуплю́, -пи́шь, -пя́т
imp.	присовокупи́, ~те
pt.	присовокупи́л
g.pt.a.	присовокупи́в
p.pt.a.	присовокупи́вший
p.pt.p.	присовокуплённый; присовокуплён, -ена́

присовокупля́ть *imperf of* присовокупи́ть

присоедини́ть *perf* что к чему́ join, connect, annex, add (to) ‖ *imperf* присоединя́ть 2 a

ft.	присоединю́, -ни́шь, -ня́т
imp.	присоедини́, ~те
pt.	присоедини́л
g.pt.a.	присоедини́в
p.pt.a.	присоедини́вший
p.pt.p.	присоединённый; присоединён, -ена́

присоедини́ться *perf* к кому́-чему́ join, support ‖ *imperf* присоединя́ться

присоединя́ть(ся) *imperf of* присоедини́ть(ся)

присоса́ться *perf* к чему́ fasten (on) adhere (to), cling (to) *by suction*; *fig* penetrate ‖ *imperf* приса́сываться 1 a
ft.   присосу́сь, -сёшься, -су́тся
imp.   присоси́сь, -и́тесь
pt.   присоса́лся, -лась
g.pt.a. присоса́вшись
p.pt.a. присоса́вшийся

присосе́диться *perf* к кому́-чему́ *coll* sit down by, sit down beside
ft.   присосе́жусь, -е́дишься, -е́дятся
imp.   присосе́дься, -дьтесь
pt.   присосе́дился, -лась
g.pt.a. присосе́дившись
p.pt.a. присосе́дившийся

присо́хнуть, *1st and 2nd pers not used*, *perf* к чему́ dry on to, dry fast, stick to ‖ *imperf* присыха́ть 2 a
ft.   присо́хнет, -нут
pt.   присо́х, ~ла
g.pt.a. присо́хнув *and* присо́хши
p.pt.a. присо́хший

приспева́ть *imperf of* приспе́ть

приспе́ть 3 *perf* 1. *sub* come up, hurry along, draw near 2. *1st and 2nd pers not used coll, of time* come, arrive ‖ *imperf* приспева́ть 2 a

приспи́чить *impers perf* кому́ *sub* have a mind to, be set on
ft.   приспи́чит
pt.   приспи́чило

приспоса́бливать(ся) *imperf of* приспосо́бить(ся)

приспосо́бить *perf* что adapt, accommodate, adjust (to) ‖ *imperf* приспоса́бливать 1 a *and* приспособля́ть 2 a
ft.   приспосо́блю, -бишь, -бят
imp.   приспосо́бь, ~те
pt.   приспосо́бил
g.pt.a. приспосо́бив
p.pt.a. приспосо́бивший
p.pt.p. приспосо́бленный

приспосо́биться *perf* к чему́ 1. adapt oneself to 2. *contp* turn *one's* coat according to the wind ‖ *imperf* приспоса́бливаться *and* приспособля́ться

приспособля́ть(ся) *imperf of* приспосо́бить(ся)

приспуска́ть *imperf of* приспусти́ть

приспусти́ть *perf* что lower slightly, let down; приспусти́ть флаг lower a flag to half mast, fly a flag at half mast ‖ *imperf* приспуска́ть 2 a

ft.   приспущу́, -у́стишь, -у́стят
imp.   приспусти́, ~те
pt.   приспусти́л
g.pt.a. приспусти́в
p.pt.a. приспусти́вший
p.pt.p. приспу́щенный

приставА́ть *imperf of* приста́ть
pr.   пристаю́, -аёшь, -аю́т
imp.   пристава́й, ~те
pt.   пристава́л
g.pr.a. пристава́я
p.pr.a. пристаю́щий
p.pt.a. пристава́вший

приста́вить *perf* что 1. put, lean (against) 2. к чему́ press (against) 3. sew on 4. build *an annex* 5. кого́ к кому́ *coll* assign *smb* to look after *smb* ‖ *imperf* приставля́ть 2 a
ft.   приста́влю, -вишь, -вят
imp.   приста́вь, ~те
pt.   приста́вил
g.pt.a. приста́вив
p.pt.a. приста́вивший
p.pt.p. приста́вленный

приставля́ть *imperf of* приста́вить

приста́ть *perf* 1. к кому́-чему́ *of animal* come to, come to live with *human being*, 'adopt' *smb* 2. к кому́-чему́ *coll* force *one's* society on, pester, importune 3. к чему́ moor, land, put in (at), come up (to) 4. *1st and 2nd pers not used* к кому́-чему́ stick to 5. *1st and 2nd pers not used* к кому́-чему́ *coll, of infectious disease* attack ‖ *imperf* пристава́ть, forms ib.
ft.   приста́ну, -нешь, -нут
imp.   приста́нь, ~те
pt.   приста́л
g.pt.a. приста́в
p.pt.a. приста́вший

пристега́ть 2 *perf* что к чему́ *dressm* tack on ‖ *imperf* пристёгивать 1 a
p.pt.p. пристёганный

пристёгивать[1] *imperf of* пристега́ть

пристёгивать[2] *imperf of* пристегну́ть

пристегну́ть 7 *perf* что к чему́ 1. fasten on, pin on, buckle on, button on 2. button up 3. *fig coll* add *e.g.* contribute *money*, fit in *to conversation* ‖ *imperf* пристёгивать 1 a
p.pt.p. пристёгнутый

пристра́ивать(ся) *imperf of* пристро́ить(ся)

пристрасти́ть *perf* кого́-что *coll* awake the special interest of, get *smb* interested in ‖ *imperf obs* пристраща́ть 2 a

ft.   пристращу́, -асти́шь, -астя́т
imp.   пристрасти́, ~те
pt.   пристрасти́л
g.pt.a. пристрасти́в
p.pt.a. пристрасти́вший
p.pt.p. пристращённый; пристращён,
           -ена́

пристрасти́ться *perf* к чему́ *coll* be enthusiastic about, be crazy about, be nuts on ‖ *imperf obs* пристраща́ться

пристра́чивать *imperf of* пристрочи́ть

пристраща́ть(ся) *imperf of* пристрасти́ть(ся)

пристре́ливать[1] *imperf of* пристрели́ть

пристре́ливать[2] *imperf of* пристреля́ть

пристре́ливаться *imperf of* пристреля́ться

пристрели́ть *perf* кого́-что mow down, lay low; bump off ‖ *imperf* пристре́ливать 1 a
ft.   пристрелю́, -е́лишь, -е́лят
imp.   пристрели́, ~те
pt.   пристрели́л
g.pt.a. пристрели́в
p.pt.a. пристрели́вший
p.pt.p. пристре́ленный

пристреля́ть 2 *perf* что *mil* range *a gun* ‖ *imperf* пристре́ливать 1 a

пристреля́ться *perf mil* take range, find the range (of target) ‖ *imperf* пристре́ливаться

пристро́ить *perf* 1. что к чему́ build *an annex*, build on 2. кого́-что *coll* accommodate; find a position (for) 3. кого́-что к кому́-чему́ *mil* order to fall in ‖ *imperf* пристра́ивать 1 a
ft.   пристро́ю, -о́ишь, -о́ят
imp.   пристро́й, ~те
pt.   пристро́ил
g.pt.a. пристро́ив
p.pt.a. пристро́ивший
p.pt.p. пристро́енный

пристро́иться *perf coll* 1. find accommodation, find shelter; furnish *one's* accommodation, settle in 2. find a position, find work ‖ *imperf* пристра́иваться

пристрочи́ть *perf* что stitch on *with sewing machine* ‖ *imperf* пристра́чивать 1 a
ft.   пристрочу́, -о́чишь, -о́ча́т
imp.   пристрочи́, ~те
pt.   пристрочи́л
g.pt.a. пристрочи́в

31*

p.pt.a. пристрочи́вший
p.pt.p. пристро́ченный

пристру́нивать *imperf of* приструни́ть

приструни́ть *perf* кого́-что *coll* reprimand, tell off ‖ *imperf* пристру́нивать 1 a
ft.   приструню́, -нишь, -нят
imp.   приструни́, ~те
pt.   приструни́л
g.pt.a. приструни́в
p.pt.a. приструни́вший
p.pt.p. приструне́нный

присту́кивать *imperf of* присту́кнуть

присту́кнуть 6 *perf* 1. чем knock, beat, thump, hit, pound, batter; click *heels* 2. кого́-что *sub* beat to death, batter to death, strike down, strike dead ‖ *imperf* присту́кивать 1 a
p.pt.p. присту́кнутый

приступа́ть(ся) *imperf of* приступи́ть(ся)

приступи́ть *perf* к кому́-чему́ 1. *fig* approach *smb*; приступи́ть к кому́-н. с про́сьбой approach *smb* with a request 2. set about, begin, proceed (to), go over (to) ‖ *imperf* приступа́ть 2 a
ft.   приступлю́, -у́пишь, -у́пят
imp.   приступи́, ~те
pt.   приступи́л
g.pt.a. приступи́в
p.pt.a. приступи́вший

приступи́ться *perf* к кому́-чему́ *coll* approach ‖ *imperf* приступа́ться

пристыди́ть *perf* кого́-что put to shame; embarrass ‖ *imperf* пристыжа́ть 2 a
ft.   пристыжу́, -ыди́шь, -ыдя́т
imp.   пристыди́, ~те
pt.   пристыди́л
g.pt.a. пристыди́в
p.pt.a. пристыди́вший
p.pt.p. пристыжённый; пристыжён,
           -ена́

пристыжа́ть *imperf of* пристыди́ть

присуди́ть *perf* 1. кого́-что к чему́ *leg* sentence (to) 2. кому́ что confer *distinction etc.* on, award (to) ‖ *imperf* присужда́ть 2 a
ft.   присужу́, -у́дишь, -у́дят
imp.   присуди́, ~те
pt.   присуди́л
g.pt.a. присуди́в
p.pt.a. присуди́вший
p.pt.p. присуждённый; присуждён,
           -ена́

присужда́ть *imperf of* присуди́ть

прису́тствовать 4 a *imperf* be present

присуча́ть *imperf of* присучи́ть

присучивать *imperf of* присучи́ть

присучи́ть *perf* что *text* twist to, twist on ‖ *imperf* присучивать 1а *and* присучать 2а
ft.	присучу́, -у́чишь, -у́чат
imp.	присучи́, ~те
pt.	присучи́л
g.pt.a.	присучи́в
p.pt.a.	присучи́вший
p.pt.p.	присученный

присчита́ть [ши] 2 *perf* кого́-что add in, count in ‖ *imperf* присчитывать 1а

присчи́тывать *imperf of* присчита́ть

присыла́ть *imperf of* присла́ть

присы́пать *perf* 1. что *or* чего́ add, pour in 2. что чем powder, dust, sprinkle ‖ *imperf* присыпа́ть 2а
ft.	присы́плю, -лешь, -лют *and* coll -пешь, -пют
imp.	присы́пь, ~те
pt.	присы́пал
g.pt.a.	присы́пав
p.pt.a.	присы́павший
p.pt.p.	присы́панный

присыпа́ть *imperf of* присы́пать

присыха́ть *imperf of* присо́хнуть

присяга́ть *imperf of* присягну́ть

присягну́ть 7 *perf* take an oath, vow, swear ‖ *imperf* присяга́ть 2а
no *p.pt.p.*

прита́иваться *imperf of* притаи́ться

притаи́ться *perf* hide; keep quiet, lie low, play possum ‖ *imperf* прита́иваться 1а
ft.	притаю́сь, -аи́шься, -аю́тся
imp.	притаи́сь, -и́тесь
pt.	притаи́лся, -лась
g.pt.a.	притаи́вшись
p.pt.a.	притаи́вшийся

прита́птывать(ся) *imperf of* притопта́ть(ся)

прита́скивать(ся) *imperf of* притащи́ть(ся)

притача́ть 2 *perf* что *dressm* tack on ‖ *imperf* прита́чивать 1а

прита́чивать *imperf of* притача́ть

притащи́ть *perf* кого́-что drag up, bring ‖ *imperf* прита́скивать 1а
ft.	притащу́, -а́щишь, -а́щат
imp.	притащи́, ~те
pt.	притащи́л
g.pt.a.	притащи́в

p.pt.a.	притащи́вший
p.pt.p.	прита́щенный

притащи́ться *perf coll* drag oneself up, crawl up ‖ *imperf* прита́скиваться

притвори́ть *perf* что leave ajar ‖ *imperf* притворя́ть 2а
ft.	притворю́, -о́ришь, -о́рят
imp.	притвори́, ~те
pt.	притвори́л
g.pt.a.	притвори́в
p.pt.a.	притвори́вший
p.pt.p.	притво́ренный

притвори́ться[1], *1st and 2nd pers not used, perf* be ajar ‖ *imperf* притворя́ться
ft.	притво́рится, -о́рятся

притвори́ться[2] *perf* make like, pretend, sham, feign; притвори́ться больны́м feign sickness, malinger ‖ *imperf* притворя́ться
ft.	притворю́сь, -ри́шься, -ря́тся

притво́рствовать 4а *imperf obs* feign, sham

притворя́ть *imperf of* притвори́ть

притворя́ться[1,2] *imperf of* притвори́ться[1,2]

притека́ть *imperf of* притечь

притере́ть *perf* кого́-что *tech* grind in; press home, *e.g.* stopper ‖ *imperf* притира́ть 2а
ft.	притру́, -рёшь, -ру́т
imp.	притри́, ~те
pt.	притёр, ~ла
g.pt.a.	притере́в *and* притёрши
p.pt.a.	притёрший
p.pt.p.	притёртый

притерпе́ться *perf* к чему́ *coll* get used (to) pain etc., put up (with), come to terms (with), learn to live (with)
ft.	притерплю́сь, -е́рпишься, -е́рпятся
imp.	притерпи́сь, -и́тесь
pt.	притерпе́лся, -лась
g.pt.a.	притерпе́вшись
p.pt.a.	притерпе́вшийся

притесни́ть *perf* кого́-что oppress, persecute ‖ *imperf* притесня́ть 2а
ft.	притесню́, -ни́шь, -ня́т
imp.	притесни́, ~те
pt.	притесни́л
g.pt.a.	притесни́в
p.pt.a.	притесни́вший
p.pt.p.	притеснённый; притеснён, -ена́

притесня́ть *imperf of* притесни́ть

прите́чь, *1st and 2nd pers not used, perf*
1. flow **2.** *fig* roll in, turn up, arrive ‖ *imperf* притека́ть 2a

ft.	притечёт, -еку́т
pt.	притёк, -екла́
g.pt.a.	притёкши
p.pt.a.	притёкший *and* притéкший

притира́ть *imperf of* притере́ть

прити́скивать *imperf of* прити́снуть

прити́снуть 6 *perf* кого́-что *coll* **1.** к чему́ press, squeeze (against) **2.** squeeze, jam ‖ *imperf* прити́скивать 1a

p.pt.p.	прити́снутый

притиха́ть *imperf of* прити́хнуть

прити́хнуть *perf* die down; quiet down; *of wind* drop ‖ *imperf* притиха́ть 2a

ft.	прити́хну, -нешь, -нут
imp.	прити́хни, ～те
pt.	прити́х *and obs* прити́хнул, при-ти́хла
g.pt.a.	прити́хнув *and* прити́хши
p.pt.a.	прити́хший *and* прити́хнувший

приткну́ть 7 *perf sub* **1.** что pin on **2.** что find room for, stow (away) **3.** кого́-что find work for ‖ *imperf* притыка́ть 2a

приткну́ться *perf* **1.** *coll* manage to find room for oneself, squeeze in somewhere **2.** *sub* manage to get a job ‖ *imperf* притыка́ться

притоми́ть *perf* кого́-что *sub* tire, tire out ‖ *imperf* притомля́ть 2a

ft.	притомлю́, -ми́шь, -мя́т
imp.	притоми́, ～те
pt.	притоми́л
g.pt.a.	притоми́в
p.pt.a.	притоми́вший
p.pt.p.	притомлённый; притомлён, -ена́

притоми́ться *perf sub* get tired ‖ *imperf* притомля́ться

притомля́ть(ся) *imperf of* притоми́ть(ся)

прито́пнуть 6 *perf* stamp the foot ‖ *imperf* прито́пывать 1a

притопта́ть *perf* что tread down, trample underfoot ‖ *imperf* притáптывать 1a

ft.	притопчу́, -о́пчешь, -о́пчут
imp.	притопчи́, ～те
pt.	притопта́л
g.pt.a.	притопта́в
p.pt.a.	притопта́вший
p.pt.p.	прито́птанный

притопта́ться *perf* get trodden in; be trodden down ‖ *imperf* притáптываться

прито́пывать *imperf of* прито́пнуть

притора́чивать *imperf of* притороч́ить

приторгова́ть 5 *perf* что *coll* haggle (over) ‖ *imperf* приторго́вывать 1a

приторго́вывать *imperf of* приторгова́ть

притороч́ить *perf* что к чему́ **1.** strap to the saddle **2.** *coll* tie up, tie on ‖ *imperf* притора́чивать 1a

ft.	притороч́у, -оч́ишь, -оч́ат
imp.	притороч́и, ～те
pt.	притороч́ил
g.pt.a.	притороч́ив
p.pt.a.	притороч́ивший
p.pt.p.	приторо́ченный

притра́гиваться *imperf of* притро́нуться

притро́нуться 6 *perf* к кому́-чему́ touch, brush against ‖ *imperf* притра́гиваться 1a

притули́ться *perf sub* **1.** к кому́-чему́ cling (to) **2.** find a pad, find somewhere to stay ‖ *imperf* притуля́ться 2a

ft.	притулю́сь, -ли́шься, -ля́тся
imp.	притули́сь, -и́тесь
pt.	притули́лся, -лась
g.pt.a.	притули́вшись
p.pt.a.	притули́вшийся

притуля́ться *imperf of* притули́ться

притупи́ть *perf* что **1.** blunt somewhat **2.** blunt, deaden, dull ‖ *imperf* притупля́ть 2a

ft.	притуплю́, -у́пишь, -у́пят
imp.	притупи́, ～те
pt.	притупи́л
g.pt.a.	притупи́в
p.pt.a.	притупи́вший
p.pt.p.	приту́пленный

притупи́ться, *1st and 2nd pers not used, perf* **1.** get somewhat blunt, be somewhat blunted **2.** *of sensations* abate, let up; *of powers* get worse ‖ *imperf* притупля́ться

притупля́ть(ся) *imperf of* притупи́ть(ся)

притуши́ть *perf* что *sub* **1.** extinguish, slake **2.** shade *light*

ft.	притушу́, -у́шишь, -у́шат
imp.	притуши́, ～те
pt.	притуши́л
g.pt.a.	притуши́в
p.pt.a.	притуши́вший
p.pt.p.	приту́шенный

притыка́ть(ся) *imperf of* приткну́ть(ся)

притя́гивать *imperf of* притяну́ть

притяза́ть 2a *imperf* на что *bookish* demand, assert *one's* claim (to), put forward a claim (to)

притяну́ть 7 *perf* кого́-что draw up, pull closer; притяну́ть к отве́тственности [к отве́ту] call to account ‖ *imperf* притя́гивать 1a
ft. притяну́, -я́нешь, -я́нут
p.pt.p. притя́нутый

приуда́рить *perf* **1.** что *or* чем tap, hit **2.** *sub* set about *doing smth*, get cracking **3.** *sub* nip, get a move on **4.** за кем *sub* court ‖ *imperf* приударя́ть 2a *with* 1, 2, 4
ft. приуда́рю, -ришь, -рят
imp. приуда́рь, ~те
pt. приуда́рил
g.pt.a. приуда́рив
p.pt.a. приуда́ривший

приударя́ть *imperf of* приуда́рить

приукра́сить *perf* что *coll* **1.** pretty up, decorate **2.** embroider, exaggerate ‖ *imperf* приукра́шивать 1a *and* приукраша́ть 2a
ft. приукра́шу, -а́сишь, -а́сят
imp. приукра́сь, ~те
pt. приукра́сил
g.pt.a. приукра́сив
p.pt.a. приукра́сивший
p.pt.p. приукра́шенный

приукраша́ть *imperf of* приукра́сить

приукра́шивать *imperf of* приукра́сить

приуменьша́ть *imperf of* приуме́ньшить

приуме́ньшить *and* **приуменьши́ть** *perf* что *coll* **1.** reduce **2.** play down ‖ *imperf* приуменьша́ть 2a
ft. приуме́ньшу, -е́ньши́шь, -е́ньша́т
imp. приуме́ньши, ~те
pt. приуме́ньши́л
g.pt.a. приуме́ньши́в
p.pt.a. приуме́ньши́вший
p.pt.p. приуме́ньшенный *and* приуменьшённый; приуменьшён, -ена́

приумножа́ть(ся) *imperf of* приумно́жить(ся)

приумно́жить *perf* что enlarge, increase ‖ *imperf* приумножа́ть 2a
ft. приумно́жу, -жишь, -жат
imp. приумно́жь, ~те
pt. приумно́жил
g.pt.a. приумно́жив

p.pt.a. приумно́живший
p.pt.p. приумно́женный

приумно́житься, *1st and 2nd pers not used,* *perf* increase, multiply, wax ‖ *imperf* приумножа́ться

приумолка́ть *imperf of* приумо́лкнуть

приумо́лкнуть *perf coll* lapse into silence ‖ *imperf* приумолка́ть 2a
ft. приумо́лкну, -нешь, -нут
imp. приумо́лкни, ~те
pt. приумо́лк *and obs* приумо́лкнул, приумо́лкла
g.pt.a. приумо́лкнув *and* приумо́лкши
p.pt.a. приумо́лкший *and* приумо́лкнувший

приуныва́ть *imperf of* приуны́ть

приуны́ть *perf coll* be crestfallen, be down in the mouth ‖ *imperf* приуныва́ть 2a
ft. приуно́ю, -о́ешь, -о́ют *obs*
pt. приуны́л
g.pt.a. приуны́в
p.pt.a. приуны́вший

приуро́чивать *imperf of* приуро́чить

приуро́чить *perf* что к чему́ arrange, fix, fix a date [time] for ‖ *imperf* приуро́чивать 1a
ft. приуро́чу, -чишь, -чат
imp. приуро́чь, ~те
pt. приуро́чил
g.pt.a. приуро́чив
p.pt.a. приуро́чивший
p.pt.p. приуро́ченный

приуста́ть *perf coll* become a little tired
ft. приуста́ну, -нешь, -нут
imp. приуста́нь, ~те
pt. приуста́л
g.pt.a. приуста́в
p.pt.a. приуста́вший

приутиха́ть *imperf of* приути́хнуть

приути́хнуть *perf* **1.** quiet down, be hushed **2.** *1st and 2nd pers not used, of wind* drop **3.** be silent ‖ *imperf* приутиха́ть 2a
ft. приути́хну, -нешь, -нут
imp. приути́хни, ~те
pt. приути́х, ~ла *and obs* приути́хнул, ~а
g.pt.a. приути́хнув *and* приути́хши
p.pt.a. приути́хший

приуча́ть(ся) *imperf of* приучи́ть(ся)

приучи́ть *perf* кого́-что к чему́ *or with infinitive* show, train, school ‖ *imperf* приуча́ть 2a
ft. приучу́, -у́чишь, -у́чат
imp. приучи́, ~те

pt.   приучи́л
g.pt.a.   приучи́в
p.pt.a.   приучи́вший
p.pt.p.   приу́ченный

приучи́ться *perf* к чему́ *or with infinitive* get used (to); learn ‖ *imperf* приуча́ться

прифранти́ться *perf coll* doll oneself up, put on the glad rags, get ponced up ‖ *imperf* прифра́нчиваться 1 а
ft.   прифранчу́сь, -нти́шься, -нтя́тся
imp.   прифрани́сь, -йтесь
pt.   прифранти́лся, -лась
g.pt.a.   прифранти́вшись
p.pt.a.   прифранти́вшийся

прифра́нчиваться *imperf of* прифранти́ться

прихва́рывать 1 а *imperf coll* be sickly, enjoy indifferent health

прихвастну́ть [сн] 7 *perf coll* boast, put it on ‖ *imperf* прихва́стывать 1 а
no *p.pt.p.*

прихва́стывать *imperf of* прихвастну́ть

прихвати́ть *perf coll* 1. кого́-что take along, take with one 2. что *joc* organize, get 3. что fasten, do up, pin 4. *impers* что freeze; *of frost* cause damage (to); цветы́ прихвати́ло моро́зом the plants have got a touch of frost, the plants have been nipped by the frost ‖ *imperf* прихва́тывать 1 а
ft.   прихвачу́, -а́тишь, -а́тят
imp.   прихвати́, ∼те
pt.   прихвати́л
g.pt.a.   прихвати́в
p.pt.a.   прихвати́вший
p.pt.p.   прихва́ченный

прихва́тывать *imperf of* прихвати́ть

прихворну́ть 7 *perf coll* feel out of sorts, be indisposed, be under the weather, take sick, be upset, be poorly
no *p.pt.p.*

прихлебну́ть *perf semelf of* прихлёбывать

прихлёбывать 1 а *imperf coll* sip | *perf semelf* прихлебну́ть 7, no *p.pt.p.*

прихло́пнуть 6 *perf coll* 1. что bang *the door*, slam *the door* to 2. кого́-что jam, wedge 3. *fig* кого́-что put paid to, settle *smb's* hash, make cold meat of, bump off ‖ *imperf* прихло́пывать 1 а
p.pt.p.   прихло́пнутый

прихло́пывать *imperf of* прихло́пнуть

прихлы́нуть 6, *1st and 2nd pers not used*, *perf of waves* roll in; *of people* turn up, roll up, come flocking
imp.   прихлы́нь, ∼те

приходи́ть *imperf of* прийти́
pr.   прихожу́, -о́дишь, -о́дят
imp.   приходи́, ∼те
pt.   приходи́л
g.pr.a.   приходя́
p.pr.a.   приходя́щий
p.pt.a.   приходи́вший

приходи́ться *imperf* 1. *imperf of* прийти́сь 2. кому́ кем be related (to); он мне прихо́дится племя́нником he is my nephew

прихо́довать 4 а *imperf* что *bookkeeping* credit. — (за-)

прихора́шивать 1 а *imperf* кого́-что *coll* spruce up, get up

прихора́шиваться *imperf coll* spruce oneself up, get oneself up ‖ *perf* прихороши́ться, forms ib.

прихороши́ться *perf of* прихора́шиваться
ft.   прихорошу́сь, -ши́шься, -ша́тся
imp.   прихороши́сь, -йтесь
pt.   прихороши́лся, -лась
g.pt.a.   прихороши́вшись
p.pt.a.   прихороши́вшийся

прихра́мывать 1 а *imperf* walk with a slight limp

прице́ливаться *imperf of* прице́литься

прице́литься *perf* в кого́-что aim (at), draw a bead (on) ‖ *imperf* прице́ливаться 1 а
ft.   прице́люсь, -лишься, -лятся
imp.   прице́лься, -льтесь
pt.   прице́лился, -лась
g.pt.a.   прице́лившись
p.pt.a.   прице́лившийся

прице́ниваться *imperf of* прицени́ться

прицени́ться *perf* к чему́ *coll* inquire about the price (of), find out about the price (of) ‖ *imperf* прице́ниваться 1 а
ft.   приценю́сь, -е́нишься, -е́нятся
imp.   прицени́сь, -йтесь
pt.   прицени́лся, -лась
g.pt.a.   прицени́вшись
p.pt.a.   прицени́вшийся

прицепи́ть *perf* что 1. hook on, couple up 2. *coll* fasten, pin on ‖ *imperf* прицепля́ть 2 а
ft.   прицеплю́, -е́пишь, -е́пят
imp.   прицепи́, ∼те
pt.   прицепи́л

g.pt.a.	прицепи́в
p.pt.a.	прицепи́вший
p.pt.p.	прице́пленный

прицепи́ться *perf* к кому́-чему́ **1.** snag up (on), catch against; cling to **2.** *sub* nag, quibble; get at *smb*, find fault with *smb* ‖ *imperf* прицепля́ться

прицепля́ть(ся) *imperf of* прицепи́ть(ся)

прича́ливать *imperf of* прича́лить

прича́лить *perf* **1.** что к чему́ moor (to), make fast (to) **2.** land ‖ *imperf* прича́ливать 1 a

ft.	прича́лю, -лишь, -лят
imp.	прича́ль, ~те
pt.	прича́лил
g.pt.a.	прича́лив
p.pt.a.	прича́ливший
p.pt.p.	прича́ленный

причасти́ть *perf* кого́-что *rel* administer communion ‖ *imperf* причаща́ть 2 a

ft.	причащу́, -асти́шь, -астя́т
imp.	причасти́, ~те
pt.	причасти́л
g.pt.a.	причасти́в
p.pt.a.	причасти́вший
p.pt.p.	причащённый; причащён, -ена́

причасти́ться *perf rel* receive communion ‖ *imperf* причаща́ться

причаща́ть(ся) *imperf of* причасти́ть(ся)

причеса́ть *perf* кого́-что do *smb's* hair, brush [comb] *smb's* hair ‖ *imperf* причёсывать 1 a

ft.	причешу́, -е́шешь, -е́шут
imp.	причеши́, ~те
pt.	причеса́л
g.pt.a.	причеса́в
p.pt.a.	причеса́вший
p.pt.p.	причёсанный

причеса́ться *perf* do *one's* hair, comb [brush] oneself; have *one's* hair done ‖ *imperf* причёсываться

приче́сть *perf* кого́-что к кому́-чему́ *sub* add, count in; *obs* count as, regard as

ft.	причту́, -чтёшь, -чту́т
imp.	причти́, ~те
pt.	причёл, -чла́
g.pt.a.	причтя́ *and obs* причётши
p.pt.a.	причётший
p.pt.p.	причтённый; причтён, -ена́

причёсывать(ся) *imperf of* причеса́ть(ся)

причини́ть *perf* что cause, bring about, occasion ‖ *imperf* причиня́ть 2 a

ft.	причиню́, -ни́шь, -ня́т
imp.	причини́, ~те

pt.	причини́л
g.pt.a.	причини́в
p.pt.a.	причини́вший
p.pt.p.	причинённый; причинён, -ена́

причиня́ть *imperf of* причини́ть

причи́слить *perf* кого́-что к чему́ **1.** add in, count in **2.** detail, tell off **3.** count among, include among ‖ *imperf* причисля́ть 2 a

ft.	причи́слю, -лишь, -лят
imp.	причи́сли, ~те
pt.	причи́слил
g.pt.a.	причи́слив
p.pt.a.	причи́сливший
p.pt.p.	причи́сленный

причисля́ть *imperf of* причи́слить

причита́ть 2 a *imperf* wail and weep, greet

причита́ться, *1st and 2nd pers not used*, *imperf* **1.** be available, be due, be allotted; за рабо́ту мне причита́ется два́дцать рубле́й I have claim on twenty rubles for the work, twenty rubles are due to me for the work **2.** *coll* have to pay; с вас причита́ется пять рубле́й you have to pay five rubles

причи́тывать 1 a *imperf coll* wail and weep, greet

причмо́кивать *imperf of* причмо́кнуть

причмо́кнуть 6 *perf* smack *one's* lips ‖ *imperf* причмо́кивать 1 a

причу́диться, *1st and 2nd pers not used*, *perf* кому́-чему́ *coll* seem to *smb*, be *like this*; мне причу́дилось it seemed to me

ft.	причу́дится, -дятся
pt.	причу́дился, -лась
g.pt.a.	причу́дившись
p.pt.a.	причу́дившийся

пришвартова́ть 5 *perf* что *naut* moor, make fast ‖ *imperf* пришварто́вывать 1 a

пришвартова́ться *perf naut* be moored, berth ‖ *imperf* пришварто́вываться

пришварто́вывать(ся) *imperf of* пришвартова́ть(ся)

пришепётывать 1 a *imperf coll* have a slight lisp, lisp slightly

пришёптывать 1 a *imperf* что *or without object* whisper *during smth*

пришиба́ть *imperf of* пришиби́ть

пришиби́ть *perf* кого́-что *sub* **1.** strike down, strike dead, kill **2.** knock about **3.** be a blow to *smb* ‖ *imperf* пришиба́ть 2 a *with* 1

ft.	пришибу́, -бёшь, -бу́т
imp.	пришиби́, ~те
pt.	приши́б, ~ла
g.pt.a.	пришиби́в
p.pt.a.	пришиби́вший
p.pt.p.	приши́бленный

пришива́ть *imperf of* приши́ть

приши́ть *perf* **1.** что к чему́ sew on (to) **2.** что к чему́ nail on (to) **3.** что кому́-чему́ *fig sub coarse* pin on *smb*, wrongly attribute (to) **4.** кого́-что *sub coarse* bump off, take for a ride ‖ *imperf* пришива́ть 2a

ft.	пришью́, -шьёшь, -шью́т
imp.	пришéй, ~те
pt.	приши́л
g.pt.a.	приши́в
p.pt.a.	приши́вший
p.pt.p.	приши́тый

пришлифова́ть 5 *perf* что grind to size, grind to a fit ‖ *imperf* пришлифо́вывать 1a

пришлифо́вывать *imperf of* пришлифова́ть

пришпи́ливать *imperf of* пришпи́лить

пришпи́лить *perf* что pin on ‖ *imperf* пришпи́ливать 1a

ft.	пришпи́лю, -лишь, -лят
imp.	пришпи́ль, ~те
pt.	пришпи́лил
g.pt.a.	пришпи́лив
p.pt.a.	пришпи́ливший
p.pt.p.	пришпи́ленный

пришпо́ривать *imperf of* пришпо́рить

пришпо́рить *perf* кого́-что **1.** spur **2.** *fig coll* egg on, encourage ‖ *imperf* пришпо́ривать 1a

ft.	пришпо́рю, -ришь, -рят
imp.	пришпо́рь, ~те
pt.	пришпо́рил
g.pt.a.	пришпо́рив
p.pt.a.	пришпо́ривший
p.pt.p.	пришпо́ренный

прищёлкивать *imperf of* прищёлкнуть

прищёлкнуть 6 *perf* **1.** чем snap *fingers*; click (*with*) *tongue*; crack *whip* **2.** что *coll* squash, squeeze, jam ‖ *imperf* прищёлкивать 1a

p.pt.p.	прищёлкнутый

прищеми́ть *perf* что jam, pinch, squeeze ‖ *imperf* прищемля́ть 2a

ft.	прищемлю́, -ми́шь, -мя́т
imp.	прищеми́, ~те
pt.	прищеми́л
g.pt.a.	прищеми́в

p.pt.a.	прищеми́вший
p.pt.p.	прищемлённый; прищемлён, -ена́

прищемля́ть *imperf of* прищеми́ть

прищепи́ть *perf* что graft, bud, oculate ‖ *imperf* прищепля́ть 2a

ft.	прищеплю́, -епи́шь, -епя́т
imp.	прищепи́, ~те
pt.	прищепи́л
g.pt.a.	прищепи́в
p.pt.a.	прищепи́вший
p.pt.p.	прищеплённый; прищеплён, -ена́

прищепля́ть *imperf of* прищепи́ть

прищу́ривать(ся) *imperf of* прищу́рить(ся)

прищу́рить *perf*: прищу́рить глаза́ screw up *one's* eyes ‖ *imperf* прищу́ривать 1a

ft.	прищу́рю, -ришь, -рят
imp.	прищу́рь, ~те
pt.	прищу́рил
g.pt.a.	прищу́рив
p.pt.a.	прищу́ривший
p.pt.p.	прищу́ренный

прищу́риться *perf* screw up *one's* eyes ‖ *imperf* прищу́риваться

g.pt.a.	прищу́рясь *and* прищу́рившись

приюти́ть *perf* кого́-что give shelter (to), put up

ft.	приючу́, -юти́шь, -ютя́т
imp.	приюти́, ~те
pt.	приюти́л
g.pt.a.	приюти́в
p.pt.a.	приюти́вший

приюти́ться *perf* find shelter, find somewhere to stay; take shelter

проанализи́ровать 4 *perf* что analyze

проба́виться *perf of* пробавля́ться

ft.	проба́влюсь, -вишься, -вятся
imp.	проба́вься, -вьтесь
pt.	проба́вился, -лась
g.pt.a.	проба́вившись
p.pt.a.	проба́вившийся

пробавля́ться 2a *imperf* (чем) *coll* make do (with), manage (with, on), eke out an existence (on) ‖ *perf* проба́виться, forms ib.

проба́лтывать(ся)[1,2] *imperf of* проболта́ть(ся)[1,2]

пробега́ть 1 *perf* что **1.** have a run round **2.** *coll* miss *smth* through running about no *p.pt.p.*

пробега́ть *imperf of* пробежа́ть

пробе́гаться 1 *perf coll* run for a time

пробежа́ть *perf* 1. run (through) 2. что cover *distance*, pass, pass through 3. run by, run past 4. что run through, skim, run an eye over ‖ *imperf* пробега́ть 2а
* *ft.*   пробегу́, -еж́ишь, -егу́т
* *imp.*   пробеги́, ~те
* *pt.*   пробежа́л
* *g.pt.a.*   пробежа́в
* *p.pt.a.*   пробежа́вший

пробежа́ться *perf* run about a bit, have a bit of a run

пробива́ть(ся) *imperf of* проби́ть(ся)

пробира́ть(ся) *imperf of* пробра́ть(ся)

проби́ровать 4а *imperf* что assay *metal*; hallmark, stamp with hallmark
* *p.pt.p.*   проби́рованный

проби́ть *perf* что 1. break through *smth*, go through, breach, punch a hole in 2. blaze *a trail* 3. *of clock* strike ‖ *imperf* пробива́ть 2а *with* 1, 2
* *ft.*   пробью́, -бьёшь, -бью́т
* *imp.*   пробе́й, ~те
* *pt.*   проби́л *and with* 3 *also* про́бил, проби́ла, проби́ло *and with* 3 *also* про́било
* *g.pt.a.*   проби́в
* *p.pt.a.*   проби́вший
* *p.pt.p.*   проби́тый

проби́ться *perf* 1. break through 2. burst through, germinate, sprout; *of feelings* burst out 3. *of heart* beat *for a time* 4. *coll* toil and moil 5. *coll* come through, see oneself through, keep *one's* head above water ‖ *imperf* пробива́ться *with* 1, 2, 5
* *pt.*   проби́лся, -и́лась, -и́лось

проблёскивать *and* **проблёскивать** *imperf of* проблесну́ть

проблесну́ть 7, *1st and 2nd pers not used, perf* flare out *through smth* ‖ *imperf* проблёскивать 1а *and* проблёскивать 1а no *p.pt.p.*

проблужда́ть 2 *perf* wander around *for a time*

про́бовать 4а *imperf* 1. что try, try out, test 2. что try, taste, sample 3. *with infinitive* try, attempt ‖ *perf* попро́бовать 4

пробода́ть[1] 2а *imperf* что *med* perforate

пробода́ть[2] 2, *1st and 2nd pers not used, perf* кого́-что *of cattle, boars etc.* gore

проболе́ть[1] 3 *perf* be down with *an illness*

проболе́ть[2], *1st and 2nd pers not used, perf* hurt *for a time*
* *ft.*   проболи́т, -ля́т
* *pt.*   проболе́л
* *g.pt.a.*   проболе́в
* *p.pt.a.*   проболе́вший

проболта́ть[1] 2 *perf* 1. что stir *for a time* 2. чем whisk, beat *eggs etc.*; churn *into butter* 3. что shake up, shake well *medicine etc.* ‖ *imperf* проба́лтывать 1а

проболта́ть[2] 2 *perf coll* 1. chat away 2. что blurt out, reveal ‖ *imperf* проба́лтывать 1а

проболта́ться[1] *perf coll* blurt out, blabber out a secret ‖ *imperf* проба́лтываться

проболта́ться[2] *perf sub* mooch about, knock around ‖ *imperf* проба́лтываться

пробора́нивать *imperf of* проборони́ть

пробормота́ть *perf* что *coll* mumble to oneself, mutter
* *ft.*   пробормочу́, -о́чешь, -о́чут
* *imp.*   пробормочи́, ~те
* *pt.*   пробормота́л
* *g.pt.a.*   пробормота́в
* *p.pt.a.*   пробормота́вший

проборони́ть *perf* что *agr* 1. harrow thoroughly 2. harrow *for a spell*, take a spell at harrowing ‖ *imperf* пробора́нивать 1а *with* 1
* *ft.*   пробороню́, -ни́шь, -ня́т
* *imp.*   пробарони́, ~те
* *pt.*   проборони́л
* *g.pt.a.*   проборони́в
* *p.pt.a.*   проборони́вший
* *p.pt.p.*   проборонённый; проборонён, -ена́

пробра́сывать[1] *imperf of* проброса́ть

пробра́сывать[2] *imperf of* пробро́сить

пробра́ть *perf* кого́-что 1. *1st and 2nd pers not used* penetrate; хо́лод меня́ пробра́л I am pierced with cold 2. pull up weeds 3. *coll* give *smb* a thorough ticking off ‖ *imperf* пробира́ть 2а
* *ft.*   пробер́у, -рёшь, -ру́т
* *imp.*   пробери́, ~те
* *pt.*   пробра́л, -ала́, -а́ло
* *g.pt.a.*   пробра́в
* *p.pt.a.*   пробра́вший
* *p.pt.p.*   про́бранный; про́бран, пробрана́, про́брано

пробра́ться *perf* 1. work *one's* way through, make *one's* way, elbow *one's* way 2. creep in, sneak in ‖ *imperf* пробира́ться
* *pt.*   пробра́лся, -ала́сь, -а́ло́сь

пробривáть *imperf of* пробрить ·

пробри́ть *perf* кого-что **1.** shave *a strip* away, shave *a strip* clean **2.** shave, take a spell at shaving ‖ *imperf* пробивáть 2a with 1

ft.	пробрéю, -éешь, -éют
imp.	пробрéй, ~те
pt.	пробри́л
g.pt.a.	пробри́в
p.pt.a.	пробри́вший
p.pt.p.	пробри́тый

пробросáть 2 *perf* **1.** *coll* chuck down *everything one after the other* **2.** throw down *for a time* ‖ *imperf* пробрáсывать 1a

пробрóсить *perf* что *coll* **1.** throw through **2.** add up on the abacus, count on the abacus **3.** miscalculate on an abacus **4.** miss ‖ *imperf* пробрáсывать 1a

ft.	пробрóшу, -сишь, -сят
imp.	пробрóсь, ~те
pt.	пробрóсил
g.pt.a.	пробрóсив
p.pt.a.	пробрóсивший
p.pt.p.	пробрóшенный

пробубни́ть *perf* что *or without object* **1.** mutter, mumble **2.** mutter *for a time*

ft.	пробубню́, -ни́шь, -ня́т
imp.	пробубни́, ~те
pt.	пробубни́л
g.pt.a.	пробубни́в
p.pt.a.	пробубни́вший

пробуди́ть *perf* кого-что **1.** wake **2.** *fig* alarm, rouse, excite ‖ *imperf* пробуждáть 2a

ft.	пробужу́, -у́дишь, -у́дят *with* 1 *and* -уди́шь, -удя́т *with* 2
imp.	пробуди́, ~те
pt.	пробуди́л
g.pt.a.	пробуди́в
p.pt.a.	пробуди́вший
p.pt.p.	пробуждённый; пробуждён, -енá

пробуди́ться *perf* **1.** wake up **2.** stir; turn up ‖ *imperf* пробуждáться

ft.	пробужу́сь, -у́дишься, -у́дяться *with* 1 *and* -уди́шься, -удя́тся *with* 2

пробуждáть(ся) *imperf of* пробуди́ть(ся)

пробурáвить *perf* что drill ‖ *imperf* пробурáвливать 1a

ft.	пробурáвлю, -вишь, -вят
imp.	пробурáвь, ~те
pt.	пробурáвил

g.pt.a.	пробурáвив
p.pt.a.	пробурáвивший
p.pt.p.	пробурáвленный

пробурáвливать *imperf of* пробурáвить

пробу́ривать *imperf of* пробури́ть

пробури́ть *perf* что drill ‖ *imperf* пробу́ривать 1a

ft.	пробурю́, -ри́шь, -ря́т
imp.	пробури́, ~те
pt.	пробури́л
g.pt.a.	пробури́в
p.pt.a.	пробури́вший
p.pt.p.	пробурённый; пробурён, -енá

пробурчáть *perf coll* **1.** что *or without object* growl, hum **2.** *impers, of stomach* growl, rumble **3.** что hum, growl *for a time*

ft.	пробурчу́, -чи́шь, -чáт
imp.	пробурчи́, ~те
pt.	пробурчáл
g.pt.a.	пробурчáв
p.pt.a.	пробурчáвший

пробывáть *imperf of* пробы́ть

пробы́ть *perf* stop *at a place*, pass, spend time *at a place* ‖ *imperf* пробывáть* 2a

ft.	пробу́ду, -дешь, -дут
imp.	пробу́дь, ~те
pt.	прóбыл *and coll* пробы́л, пробылá, прóбыло *and coll* пробы́ло
g.pt.a.	пробы́в
p.pt.a.	пробы́вший

провáливать 1a *imperf* **1.** *imperf of* провали́ть **2.** *imp.* провáливай! *sub* push off!, buzz off!

провáливаться *imperf of* провали́ться

провали́ть *perf* **1.** что demolish, knock down **2.** что *coll* frustrate, foil, spoil, ruin, destroy, bring to nought **3.** кого-что *coll* fail *a student at an examination*; reject ‖ *imperf* провáливать 1a

ft.	провалю́, -áлишь, -áлят
imp.	провали́, ~те
pt.	провали́л
p.pt.a.	провали́вший
p.pt.p.	провáленный

провали́ться *perf* **1.** fall in, fall through *hole, layer of snow, ice etc.* **2.** *1st and 2nd pers not used* collapse **3.** *coll* fail, not succeed, fall through **4.** fail *an examination* **5.** *fig coll* disappear, vanish, fade ‖ *imperf* провáливаться

провáривать(ся) *imperf of* провари́ть(ся)

проварить *perf* что cook well, do well ‖ *imperf* прова́ривать 1 a
ft.	проварю́, -а́ришь, -а́рят
imp.	провари́, ~те
pt.	провари́л
g.pt.a.	провари́в
p.pt.a.	провари́вший
p.pt.p.	прова́ренный

провари́ться, *1st and 2nd pers not used*, *perf* **1.** cook, be well done **2.** cook *for a time*, be cooking ‖ *imperf* прова́риваться

прова́щивать *imperf of* провощи́ть

провева́ть *imperf of* прове́ять

прове́дать 1 *perf coll* **1.** кого́-что go to see, call on, visit **2.** что *or* о ком-чём learn, hear, discover, find out ‖ *imperf* прове́дывать 1 a

прове́дывать *imperf of* прове́дать

провезти́ *perf* кого́-что **1.** convey, take over **2.** ми́мо кого́-чего́ take past, get *smth* past **3.** have on one, have with one, take with one, carry ‖ *imperf* провози́ть[1], forms ib.
ft.	провезу́, -зёшь, -зу́т
imp.	провези́, ~те
pt.	провёз, -езла́
g.pt.a.	провезя́ *and obs* провёзши
p.pt.a.	провёзший
p.pt.p.	провезённый; провезён, -ена́

прове́ивать *imperf of* прове́ять

провентили́ровать 4 *perf* что ventilate, air

прове́рить *perf* кого́-что **1.** check, verify **2.** check, correct; check, test ‖ *imperf* проверя́ть 2 a
ft.	прове́рю, -ришь, -рят
imp.	прове́рь, ~те
pt.	прове́рил
g.pt.a.	прове́рив
p.pt.a.	прове́ривший
p.pt.p.	прове́ренный

провернуть 7 *perf* что **1.** *coll* drill *hole* **2.** mince, put through mincer ‖ *imperf* провёртывать 1 a
p.pt.p.	провёрнутый

провертеть *perf* что **1.** *coll* drill, make a hole through *with drill* **2.** drill *for a spell* ‖ *imperf* прове́рчивать 1 a
ft.	проверчу́, -е́ртишь, -е́ртят
imp.	проверти́, ~те
pt.	провертёл
g.pt.a.	провертёв
p.pt.a.	провертёвший
p.pt.p.	прове́рченный

провёртывать *imperf of* провернуть

прове́рчивать *imperf of* провертеть

проверя́ть *imperf of* прове́рить

прове́сить *perf* что **1.** weigh up too little **2.** dry, hang out to dry, hang up to dry **3.** *tech* check for true ‖ *imperf* прове́шивать 1 a
ft.	прове́шу, -е́сишь, -е́сят
imp.	прове́сь, ~те
pt.	прове́сил
g.pt.a.	прове́сив
p.pt.a.	прове́сивший
p.pt.p.	прове́шенный

провести́ *perf* **1.** кого́-что lead, accompany, guide (through) **2.** кого́-что ми́мо кого́-чего́ take past, lead past, guide past **3.** что draw *a line* **4.** что lay *line etc.* **5.** что carry out, execute, conduct **6.** чем по чему́ smooth; провести́ руко́й по волоса́м stroke *one's* hair, run *one's* hands over *one's* hair **7.** что spend, pass *time* **8.** что achieve, bring about **9.** кого́-что *coll* lead up the garden, diddle ‖ *imperf* проводи́ть[1], forms ib.
ft.	проведу́, -дёшь, -ду́т
imp.	проведи́, ~те
pt.	провёл, -ела́
g.pt.a.	проведя́ *and obs* прове́дши
p.pt.a.	прове́дший
p.pt.p.	проведённый; проведён, -ена́

прове́тривать(ся) *imperf of* прове́трить-(ся)

прове́трить *perf* что ventilate *room*; air *room, clothes etc.* ‖ *imperf* прове́тривать 1 a
ft.	прове́трю, -ришь, -рят
imp.	прове́три, ~те
pt.	прове́трил
g.pt.a.	прове́трив
p.pt.a.	прове́тривший
p.pt.p.	прове́тренный

прове́триться *perf* **1.** be aired **2.** get a breath of air, get some fresh air **3.** *fig coll* blow the cobwebs from *one's* mind, seek new impressions ‖ *imperf* прове́триваться

прове́шивать *imperf of* прове́сить

прове́ять *perf* что *agr* winnow ‖ *imperf* прове́ивать 1 a *and* провева́ть 2 a
ft.	прове́ю, -е́ешь, -е́ют
imp.	прове́й, ~те
pt.	прове́ял
g.pt.a.	прове́яв
p.pt.a.	прове́явший
p.pt.p.	прове́янный

прови́деть *imperf* что *bookish* foresee
pr.	прови́жу, -и́дишь, -и́дят
imp.	прови́дь, ~те
pt.	прови́дел
g.pr.a.	прови́дя
p.pr.a.	прови́дящий
p.pt.a.	прови́девший

провини́ться *perf* в чём *or* чем пе́ред кем-чем offend against, transgress *law*; insult, injure *smb* ‖ *imperf* провиня́ться 2a
ft.	провиню́сь, -ни́шься, -ня́тся
imp.	провини́сь, -и́тесь
pt.	провини́лся, -лась
g.pt.a.	провини́вшись
p.pt.a.	провини́вшийся

провиня́ться *imperf of* провини́ться

провира́ться *imperf of* провра́ться

провиса́ть *imperf of* прови́снуть

провисе́ть *perf* hang *for a spell*, stay up
ft.	провишу́, -иси́шь, -ися́т
imp.	провиси́, ~те
pt.	провисе́л
g.pt.a.	провисе́в
p.pt.a.	провисе́вший

прови́снуть, *1st and 2nd pers not used*, *perf* sag ‖ *imperf* провиса́ть 2a
ft.	прови́снет, -нут
pt.	прови́с, ~ла
g.pt.a.	прови́снув *and* прови́сши
p.pt.a.	прови́сший

проводи́ть[1] *imperf of* провести́
pr.	провожу́, -о́дишь, -о́дят
imp.	проводи́, ~те
pt.	проводи́л
g.pr.a.	проводя́
p.pr.a.	проводя́щий
p.pt.a.	проводи́вший
p.pr.p.	проводи́мый

проводи́ть[2] *perf* кого-что accompany; проводи́ть кого́-н. на вокза́л see *smb* to the station ‖ *imperf* провожа́ть 2a
ft.	провожу́, -о́дишь, -о́дят
imp.	проводи́, ~те
pt.	проводи́л
g.pt.a.	проводи́в
p.pt.a.	проводи́вший

провожа́ть *imperf of* проводи́ть[2]

провозвести́ть *perf* что *elev* 1. prophesy, foretell 2. announce, make known, herald ‖ *imperf* провозвеща́ть 2a
ft.	провозвещу́, -ести́шь, -естя́т
imp.	провозвести́, ~те
pt.	провозвести́л

g.pt.a.	провозвести́в
p.pt.a.	провозвести́вший
p.pt.p.	провозвещённый; провозве-щён, -ена́

провозвеща́ть *imperf of* провозвести́ть

провозгласи́ть *perf* что announce, proclaim, declare ‖ *imperf* провозглаша́ть 2a
ft.	провозглашу́, -аси́шь, -ася́т
imp.	провозгласи́, ~те
pt.	провозгласи́л
g.pt.a.	провозгласи́в
p.pt.a.	провозгласи́вший
p.pt.p.	провозглашённый; провозгла-шён, -ена́

провозглаша́ть *imperf of* провозгласи́ть

провози́ть[1] *imperf of* провезти́
pr.	провожу́, -о́зишь, -о́зят
imp.	провози́, ~те
pt.	провози́л
g.pr.a.	провозя́
p.pr.a.	провозя́щий
p.pt.a.	провози́вший
p.pr.p.	провози́мый

провози́ть[2] *perf* кого-что convey, carry, transport
ft.	провожу́, -о́зишь, -о́зят
imp.	провози́, ~те
pt.	провози́л
g.pt.a.	провози́в
p.pt.a.	провози́вший

провози́ться *perf* с кем-чем *coll* take trouble over *smth*, take time over *smth*, toil and moil to do *smth*; mess about, muck around, play about forms follow провози́ть[2]

провола́кивать[1] *imperf of* проволочи́ть

провола́кивать[2] *imperf of* проволо́чь

проволочи́ть *perf* 1. кого-что drag 2. *coll*: проволочи́ть вре́мя kill time ‖ *imperf* провола́кивать 1a
ft.	проволочу́, -о́чишь, -о́чат
imp.	проволочи́, ~те
pt.	проволочи́л
g.pt.a.	проволочи́в
p.pt.a.	проволочи́вший
p.pt.p.	проволо́ченный

проволо́чь *perf* кого-что *coll* drag ‖ *imperf* провола́кивать 1a
ft.	проволоку́, -очёшь, -оку́т
imp.	проволоки́, ~те
pt.	проволо́к, -окла́
g.pt.a.	проволоча́ *and* проволо́кши

p.pt.a. проволо́кший
p.pt.p. проволочённый; проволочён, -ена́

провоня́ть 2 *perf* чем *sub* acquire a bad smell, reek of

проворова́ться 5 *perf coll* embezzle, steal, become a thief; be caught stealing ‖ *imperf* проворо́вываться 1a

проворо́вываться *imperf of* проворова́ться

проворо́нивать *imperf of* проворо́нить

проворо́нить *perf* что *sub* miss ‖ *imperf* проворо́нивать 1a
ft. проворо́ню, -нишь, -нят
imp. проворо́нь, ~те
pt. проворо́нил
g.pt.a. проворо́нив
p.pt.a. проворо́нивший
p.pt.p. проворо́ненный

проворча́ть *perf* 1. что *or without object* growl 2. *coll* mutter 3. growl *for a time*
ft. проворчу́, -чишь, -ча́т
imp. проворчи́, ~те
pt. проворча́л
g.pt.a. проворча́в
p.pt.a. проворча́вший

провоци́ровать 4 *and* 4a *perf,* *imperf* кого́-что provoke, be provocative

провощи́ть *perf* что impregnate with wax ‖ *imperf* прова́щивать 1a
ft. провощу́, -щи́шь, -ща́т
imp. провощи́, ~те
pt. провощи́л
g.pt.a. провощи́в
p.pt.a. провощи́вший
p.pt.p. провощённый; провощён, -ена́

провра́ться *perf sub* give oneself away *in a lie*; tell tales out of school ‖ *imperf* провира́ться 2a
ft. провру́сь, -рёшься, -ру́тся
imp. проври́сь, -и́тесь
pt. провра́лся, -ала́сь, -а́ло́сь
g.pt.a. провра́вшись
p.pt.a. провра́вшийся

провя́ливать(ся) *imperf of* провя́лить(ся)

провя́лить *perf* что dry, dessicate ‖ *imperf* провя́ливать 1a
ft. провя́лю, -лишь, -лят
imp. провя́ль, ~те
pt. провя́лил
g.pt.a. провя́лив
p.pt.a. провя́ливший
p.pt.p. провя́ленный

провя́литься, *1st and 2nd pers not used,* *perf* become dried out, shrivel, become shrivelled ‖ *imperf* провя́ливаться

прогада́ть 2 *perf coll* miscalculate, come unstuck ‖ *imperf* прога́дывать 1a

прога́дывать *imperf of* прогада́ть

прога́щивать *imperf of* прогости́ть

прогиба́ть(ся) *imperf of* прогну́ть(ся)

прогла́дить *perf* что 1. iron 2. do some ironing ‖ *imperf* прогла́живать 1a *with* 1
ft. прогла́жу, -а́дишь, -а́дят
imp. прогла́дь, ~те
pt. прогла́дил
g.pt.a. прогла́див
p.pt.a. прогла́дивший
p.pt.p. прогла́женный

прогла́живать *imperf of* прогла́дить

прогла́тывать *imperf of* проглоти́ть

проглоти́ть *perf* 1. кого́-что swallow 2. *fig* что swallow, take *reprimand etc.* 3. что *coll* devour, read quickly ‖ *imperf* прогла́тывать 1a
ft. проглочу́, -о́тишь, -о́тят
imp. проглоти́, ~те
pt. проглоти́л
g.pt.a. проглоти́в
p.pt.a. проглоти́вший
p.pt.p. прогло́ченный

прогляде́ть *perf* кого́-что 1. *coll* overlook, leave out of account 2. *coll* skim, look through; scan 3. have a look at ‖ *imperf* прогля́дывать 1a *with* 2
ft. прогляжу́, -яди́шь, -ядя́т
imp. прогляди́, ~те
pt. прогляде́л
g.pt.a. прогляде́в
p.pt.a. прогляде́вший

прогля́дывать[1] *imperf of* прогляде́ть

прогля́дывать[2] *imperf of* прогляну́ть

прогляну́ть 7, *1st and 2nd pers not used,* *perf, of sun* appear, come out ‖ *imperf* прогля́дывать 1a
ft. прогля́нет, -нут
no *p.pt.p.*

прогна́ть *perf* кого́-что drive off, chase off; sack ‖ *imperf* прогоня́ть 2a
ft. прогоню́, -о́нишь, -о́нят
imp. прогони́, ~те
pt. прогна́л, -ала́, -а́ло
g.pt.a. прогна́в
p.pt.a. прогна́вший
p.pt.p. про́гнанный

прогне́вать 1 *perf* кого́-что *obs* anger

прогне́ваться *perf* на кого́-что *obs* become wroth

прогневи́ть *perf* кого́-что *obs* anger ‖ *imperf* прогневля́ть 2а
ft. прогневлю́, -ви́шь, -вя́т
imp. прогневи́, ~те
pt. прогневи́л
g.pt.a. прогневи́в
p.pt.a. прогневи́вший
p.pt.p. прогневлённый; прогневлён, -ена́

прогневля́ть *imperf of* прогневи́ть

прогнива́ть *imperf of* прогни́ть

прогни́ть, *1st and 2nd pers not used, perf* go rotten; rot ‖ *imperf* прогнива́ть 2а
ft. прогниёт, -ию́т
pt. прогни́л, -ила́, -и́ло
g.pt.a. прогни́в
p.pt.a. прогни́вший

прогну́ть 7 *perf* что bend ‖ *imperf* прогиба́ть 2а

прогну́ться, *1st and 2nd pers not used, perf* sag ‖ *imperf* прогиба́ться

прогова́ривать(ся) *imperf of* проговори́ть(ся)

проговори́ть *perf* что 1. say 2. have a chat ‖ *imperf* прогова́ривать 1а *with* 1
ft. проговорю́, -ри́шь, -ря́т
imp. проговори́, ~те
pt. проговори́л
g.pt.a. проговори́в
p.pt.a. проговори́вший
p.pt.p. проговорённый; проговорён, -ена́

проговори́ться *perf* (о чём) blabber out, give the game away ‖ *imperf* прогова́риваться

проголода́ть 2 *perf* go hungry; eat in moderation, not eat *one's* fill

проголода́ться *perf* get hungry

проголосова́ть 5 *perf* что *or* за кого́-что take a vote (on)

прогоня́ть *imperf of* прогна́ть

прогора́ть *imperf of* прогоре́ть

прогоре́ть *perf* 1. burn 2. burn up, burn out, burn through 3. *coll* go bankrupt 4. *coll* go wrong, fizzle out 5. burn *for a time* ‖ *imperf* прогора́ть 2а *with* 1—4
ft. прогорю́, -ри́шь, -ря́т
imp. прогори́, ~те
pt. прогоре́л
g.pt.a. прогоре́в
p.pt.a. прогоре́вший

прогорка́ть *imperf of* прого́ркнуть

прого́ркнуть, *1st and 2nd pers not used, perf* go rancid ‖ *imperf* прогорка́ть 2а
ft. прого́ркнет, -нут
pt. прого́рк *and obs* прого́ркнул, прого́ркла
g.pt.a. прого́ркнув *and* прого́ркши
p.pt.a. прого́ркший

прогости́ть *perf* be *smb's* guest, be stopping with *smb* ‖ *imperf* прога́щивать* 1а
ft. прогощу́, -ости́шь, -остя́т
imp. прогости́, ~те
pt. прогости́л
g.pt.a. прогости́в
p.pt.a. прогости́вший

программи́ровать 4а *imperf* что program

прогреба́ть *imperf of* прогрести́

прогрева́ть(ся) *imperf of* прогре́ть(ся)

прогреме́ть *perf* 1. чем jingle, rattle *smth* 2. roar by 3. ring out 4. *coll* thunder, roar, bawl 5. *fig* become a big noise, become famous 6. thunder *for a time*
ft. прогремлю́, -ми́шь, -мя́т
imp. прогреми́, ~те
pt. прогреме́л
g.pt.a. прогреме́в
p.pt.a. прогреме́вший

прогресси́ровать 4а *imperf* get on, progress, make progress, advance

прогрести́ *perf* что 1. dig up, turn over *garden etc.* 2. shovel free, dig out 3. shovel *for a spell* 4. row *boat for a spell*, have a row ‖ *imperf* прогреба́ть 2а *with* 1, 2
ft. прогребу́, -бёшь, -бу́т
imp. прогреби́, ~те
pt. прогрёб, -гребла́
g.pt.a. прогребя́ *and* прогрёбши
p.pt.a. прогрёбший
p.pt.p. прогребённый; прогребён, -ена́

прогре́ть 3 *perf* что warm thoroughly, warm through ‖ *imperf* прогрева́ть 2а
p.pt.p. прогре́тый

прогре́ться *perf* be thoroughly warmed ‖ *imperf* прогрева́ться

прогрохота́ть *perf coll* 1. thunder, boom 2. чем crack, bang, slam *smth* 3. thunder by, rattle by, roar by 4. be thundering, be booming *for a time*
ft. прогрохочу́, -о́чешь, -о́чут
imp. прогрохочи́, ~те
pt. прогрохота́л
g.pt.a. прогрохота́в
p.pt.a. прогрохота́вший

прогрыза́ть *imperf of* прогры́зть

прогры́зть *perf* что gnaw [bite] through ‖ *imperf* прогрыза́ть 2а
ft.	прогрызу́, -зёшь, -зу́т
imp.	прогрызи́, ~те
pt.	прогры́з, ~ла
g.pt.a.	прогры́зши
p.pt.a.	прогры́зший
p.pt.p.	прогры́зенный

прогуде́ть *perf* **1.** boom, hum **2.** be booming, be humming *for a time*
ft.	прогужу́, -уди́шь, -удя́т
imp.	прогуди́, ~те
pt.	прогуде́л
g.pt.a.	прогуде́в
p.pt.a.	прогуде́вший

прогу́ливать(ся) *imperf of* прогуля́ть(ся)

прогуля́ть 2 *perf* что **1.** take a walk **2.** *coll* miss *appointment, classes etc.*, cut *classes* **3.** *coll* stay away from work, absent oneself from work **4.** *sub* spend, get through, blue *money* **5.** *sub* carouse, booze, have a booze-up ‖ *imperf* прогу́ливать 1а *with* 2—4

прогуля́ться *perf* go for a walk ‖ *imperf* прогу́ливаться

продава́ть *imperf of* прода́ть
pr.	продаю́, -аёшь, -аю́т
imp.	продава́й, ~те
pt.	продава́л
g.pr.a.	продава́я
p.pr.a.	продаю́щий
p.pt.a.	продава́вший
p.pr.p.	продава́емый

продава́ться *imperf of* прода́ться

продави́ть *perf* что break, smash, squash, crush ‖ *imperf* прода́вливать 1а
ft.	продавлю́, -а́вишь, -а́вят
imp.	продави́, ~те
pt.	продави́л
g.pt.a.	продави́в
p.pt.a.	продави́вший
p.pt.p.	прода́вленный

продави́ться, *1st and 2nd pers not used*, *perf* bend, bow, sag *under a load*; be squashed ‖ *imperf* прода́вливаться

прода́вливать(ся) *imperf of* продави́ть(ся)

прода́лбливать *imperf of* продолби́ть

прода́ть *perf* кого́-что **1.** sell **2.** sell out, betray ‖ *imperf* продава́ть, forms ib.
ft.	прода́м, -а́шь, -а́ст, -ади́м, -ади́те, -аду́т
imp.	прода́й, ~те

pt.	про́дал *and coll* прода́л, продала́, про́дало *and coll* прода́ло
g.pt.a.	прода́в
p.pt.a.	прода́вший
p.pt.p.	про́данный; про́дан, продана́ *and coll* про́дана, про́дано

прода́ться *perf fig* кому́-чему́ defect ‖ *imperf* продава́ться
pt.	прода́лся, -ала́сь, -ало́сь *and coll* -а́лось

продвига́ть(ся) *imperf of* продви́нуть(ся)

продви́нуть 6 *perf* кого́-что **1.** move smth on; *mil* advance *troops* **2.** *fig* bring home (to); продви́нуть литерату́ру в дере́вню take literature to the countryside **3.** advance, promote **4.** *fig coll* accelerate, advance ‖ *imperf* продвига́ть 2а
imp.	продви́нь, ~те
p.pt.p.	продви́нутый

продви́нуться *perf* **1.** move on, advance **2.** advance, move up, be promoted **3.** *1st and 2nd pers not used, fig coll* advance, progress ‖ *imperf* продвига́ться

продева́ть *imperf of* проде́ть

продежу́ривать *imperf of* продежу́рить

продежу́рить *perf* take a turn of duty, do a spell of duty ‖ *imperf* продежу́ривать 1а
ft.	продежу́рю, -ришь, -рят
imp.	продежу́рь, ~те
pt.	продежу́рил
g.pt.a.	продежу́рив
p.pt.a.	продежу́ривший

продеклами́ровать 4 *perf* что *or without object* declaim

проде́лать 1 *perf* что **1.** make a breach **2.** perform *work*, work **3.** *coll* do *smth for a time* ‖ *imperf* проде́лывать 1а *with* 1, 2

проде́лывать *imperf of* проде́лать

продемонстри́ровать 4 *perf* кого́-что demonstrate, show

продёргать 1 *perf* что **1.** *agr* weed **2.** do some weeding ‖ *imperf* продёргивать 1а *with* 1

продёргивать[1] *imperf of* продёрнуть

продёргивать[2] *imperf of* продёргать

продержа́ть *perf* кого́-что keep hold of *for a time*
ft.	продержу́, -е́ржишь, -е́ржат
imp.	продержи́, ~те
pt.	продержа́л
g.pt.a.	продержа́в

p.pt.a.	продержа́вший
p.pt.p.	проде́ржанный

продержа́ться *perf* hold out, hang on *for a time*

продёрнуть 6 *perf* **1.** что *coll* thread, string **2.** *fig* кого́-что *sub* pan, disparage ‖ *imperf* продёргивать 1а

p.pt.p.	продёрнутый

продеть *perf* что thread; pierce *e.g. ears for earings*; put *flower etc.* in buttonhole ‖ *imperf* продева́ть 2а

ft.	проде́ну, -нешь, -нут
imp.	проде́нь, ~те
pt.	проде́л
g.pt.a.	проде́в
p.pt.a.	проде́вший
p.pt.p.	проде́тый

продефили́ровать 4 *perf* defile, march by

продешеви́ть *perf* что sell cheap, "give away" ‖ *imperf* продешевля́ть 2а

ft.	продешевлю́, -ви́шь, -вя́т
imp.	продешеви́, ~те
pt.	продешеви́л
g.pt.a.	продешеви́в
p.pt.p.	продешеви́вший
p.pt.p.	продешевлённый; продеше-влён, -ена́

продешевля́ть *imperf of* продешеви́ть

продиктова́ть 5 *perf* что **1.** dictate *e.g. letter to secretary* **2.** dictate to, force upon **3.** чем (*usu p.pt.p.*) determine

продира́ть(ся) *imperf of* продра́ть(ся)

продлева́ть(ся) *imperf of* продли́ть(ся)

продли́ть *perf* что extend, postpone *deadline* ‖ *imperf* продлева́ть 2а

ft.	продлю́, -ли́шь, -ля́т
imp.	продли́, ~те
pt.	продли́л
g.pt.a.	продли́в
p.pt.a.	продли́вший
p.pt.p.	продлённый; продлён, -ена́

продли́ться, *1st and 2nd pers not used*, *perf* last, take time; drag on ‖ *imperf* продлева́ться

продово́льствовать 4а *imperf* кого́-что *obs* supply, maintain, feed, provide for

продолби́ть *perf* что break a hole in a wall *with a chisel*; hollow out ‖ *imperf* прода́лбливать 1а

ft.	продолблю́, -би́шь, -бя́т
imp.	продолби́, ~те
pt.	продолби́л
g.pt.a.	продолби́в

p.pt.a.	продолби́вший
p.pt.p.	продолблённый; продолблён, -ена́

продолжа́ть(ся) *imperf of* продолжить(ся)

продо́лжить *perf* что **1.** extend *line etc.* **2.** extend *deadline* **3.** continue ‖ *imperf* продолжа́ть 2а *with* 3

ft.	продо́лжу, -жишь, -жат
imp.	продо́лжи, ~те
pt.	продо́лжил
g.pt.a.	продо́лжив
p.pt.a.	продо́лживший
p.pt.p.	продо́лженный

продо́лжиться, *1st and 2nd pers not used*, *perf* continue, be in progress, go ‖ *imperf* продолжа́ться

продохну́ть 7 *perf coll* breathe deeply по *p.pt.p.*

продра́ть *perf* что *coll* tear; wear through *smth* ‖ *imperf* продира́ть 2а

ft.	продеру́, -рёшь, -ру́т
imp.	продери́, ~те
pt.	продра́л, -ала́, -а́ло
g.pt.a.	продра́в
p.pt.a.	продра́вший
p.pt.p.	про́дранный

продра́ться *perf coll* **1.** tear; wear through **2.** force *one's* way through ‖ *imperf* продира́ться

pt.	продра́лся, -ала́сь, -а́лось

продро́гнуть, *perf* be frozen through, shiver with cold

ft.	продро́гну, -нешь, -нут
imp.	продро́гни, ~те
pt.	продро́г *and coll* продро́гнул, продро́гла
g.pt.a.	продро́гнув *and* продро́гши
p.pt.a.	продро́гший *and coll* продро́гнувший

продува́ть(ся) *imperf of* проду́ть(ся)

проду́мать 1 *perf* что think out, think over, weigh up ‖ *imperf* проду́мывать 1а

проду́мывать *imperf of* проду́мать

проду́ть *perf* **1.** что blow through, blow free *of foreign body* **2.** кого́-что *impers:* меня́ проду́ло I have caught a cold from the draught **3.** что *sub* gamble away, lose *money* by gambling **4.** *without object, of wind* blow *for a time* ‖ *imperf* продува́ть 2а *with* 1—3

ft.	проду́ю, -у́ешь, -у́ют
imp.	проду́й, ~те
pt.	проду́л
g.pt.a.	проду́в

p.pt.a. продувший
p.pt.p. продутый

продуться *perf sub* gamble *one's* money away ‖ *imperf* продуваться

продушить *perf* что *coll* fill *smth* with a strong smell
ft. продушу, -ушишь, -ушат
imp. продуши, ~те
pt. продушил
g.pt.a. продушив
p.pt.a. продушивший
p.pt.p. продушенный *and* продушённый; продушён, -ена

продушиться *perf* чем *coll* absorb a smell, become impregnated (with)

продырявить *perf* что *coll* make holes in, wear into holes ‖ *imperf* продырявливать 1a
ft. продырявлю, -вишь, -вят
imp. продырявь, ~те
pt. продырявил
g.pt.a. продырявив
p.pt.a. продырявивший
p.pt.p. продырявленный

продырявиться, *1st and 2nd pers not used*, *perf* be holed, be worn into holes ‖ *imperf* продырявливаться

продырявливать(ся) *imperf of* продырявить(ся)

проедать(ся) *imperf of* проесть(ся)

проездить *perf* что **1.** *coll* use up *money* travelling, travel *one's* money away **2.** travel *for a time* ‖ *imperf* проезжать 2a *with* 1
ft. проезжу, -здишь, -здят
imp. проезди, ~те
pt. проездил
g.pt.a. проездив
p.pt.a. проездивший
p.pt.p. проезженный

проездиться *perf coll* spend all *one's* money on travel

проезжать[1] *imperf of* проехать

проезжать[2] *imperf of* проездить

проезжаться *imperf of* проехаться

проектировать[1] 4a *imperf* что **1.** design **2.** plan, contemplate ‖ *perf* спроектировать 4

проектировать[2] 4a *imperf* что *math, phys* project, *a. on screen* ‖ *perf* спроектировать 4

проесть *perf* что **1.** eat through, gnaw, eat a hole in **2.** *coll* eat through, erode, corrode **3.** *coll:* проесть все деньги spend

all *one's* money on food ‖ *imperf* проедать 2a
ft. проем, -ешь, -ест, -едим, -едите, -едят
imp. проешь, ~те
pt. проел
g.pt.a. проев
p.pt.a. проевший
p.pt.p. проеденный

проесться *perf coll* spend all *one's* money on eatables ‖ *imperf* проедаться

проехать *perf* что **1.** travel through, go through, pass through **2.** мимо кого-чего go past, pass **3.** pass through *without stopping*; miss *one's* stop **4.** cover *distance, route* **5.** travel, ride *for a certain time* ‖ *imperf* проезжать 2a *with* 1—4
ft. проеду, -дешь, -дут
pt. проехал
g.pt.a. проехав
p.pt.a. проехавший

проехаться *perf coll* go for a drive ‖ *imperf* проезжаться

прожаривать(ся) *imperf of* прожарить(ся)

прожарить *perf* что roast well; have well done ‖ *imperf* прожаривать 1a
ft. прожарю, -ришь, -рят
imp. прожарь, ~те
pt. прожарил
g.pt.a. прожарив
p.pt.a. прожаривший
p.pt.p. прожаренный

прожариться *perf* **1.** *1st and 2nd pers not used* be well done **2.** *coll* get properly warm **3.** fry *for a time*, be on the roast *for a time* ‖ *imperf* прожариваться *with* 1, 2

прождать *perf* кого-что *or* чего wait *some time* (for)
ft. прожду, -дёшь, -дут
imp. прожди, ~те
pt. прождал, -ала, -ало
g.pt.a. прождав
p.pt.a. прождавший
p.pt.p. прожданный

прожевать *perf* что chew well ‖ *imperf* прожёвывать 1a
ft. прожую, -уёшь, -уют
imp. прожуй, ~те
pt. прожевал
g.pt.a. прожевав
p.pt.a. прожевавший
p.pt.p. прожёванный

прожёвывать *imperf of* прожевать

прожектёрствовать 4 a *imperf iron* build castles in the air

прожéчь *perf* что **1.** singe, scorch **2.** *coll* waste, burn up, squander *money, possessions* **3.** burn *for a time* ∥ *imperf* прожигáть 2 a *with* 1, 2

ft.	прожгý, -жжёшь, -жгýт
imp.	прожги́, ∼те
pt.	прожёг, -жглá
g.pt.a.	прожёгши
p.pt.a.	прожёгший
p.pt.p.	прожжённый; прожжён, -енá

прожива́ть 2 a *imperf* **1.** *imperf of* прожи́ть **2.** live

прожива́ться *imperf of* прожи́ться

прожига́ть *imperf of* прожéчь

прожи́ть *perf* что **1.** live *e.g. from ... to ...* **2.** live *in a place e.g. from ... to ...* **3.** spend *money* ∥ *imperf* прожива́ть 2 a *with* 3

ft.	проживу́, -вёшь, -вýт
imp.	проживи́, ∼те
pt.	про́жил *and coll* прожи́л, прожила́, про́жило *and coll* прожи́ло
g.pt.a.	прожи́в
p.pt.a.	прожи́вший
p.pt.p.	про́жи́тый; про́жи́т, прожита́, про́жи́то

прожи́ться *perf coll* squander *one's* money ∥ *imperf* прожива́ться

pt.	прожи́лся, -ила́сь, -ило́сь

прожужжа́ть *perf* **1.** buzz by, buzz past **2.** что hum *smth for a time*

ft.	прожужжу́, -жжи́шь, -жжа́т
imp.	прожужжи́, ∼те
pt.	прожужжа́л
g.pt.a.	прожужжа́в
p.pt.a.	прожужжа́вший

прозва́ть *perf* кого́-что nickname, call ∥ *imperf* прозыва́ть 2 a

ft.	прозову́, -вёшь, -вýт
imp.	прозови́, ∼те
pt.	прозва́л, -ала́, -а́ло
g.pt.a.	прозва́в
p.pt.a.	прозва́вший
p.pt.p.	про́званный

прозва́ться *perf of* прозыва́ться

прозвенéть, *1st and 2nd pers not used*, *perf* **1.** sound, ring **2.** ring *for a time*, reverberate, resound

ft.	прозвени́т, -ня́т
pt.	прозвенéл

g.pt.a.	прозвенéв
p.pt.a.	прозвенéвший

прозвони́ть *perf* **1.** ring once **2.** что *or with infinitive* ring (for *smth*), announce by a *ringing signal* **3.** что be ringing, ring *continuously*

ft.	прозвоню́, -ни́шь, -ня́т
imp.	прозвони́, ∼те
pt.	прозвони́л
g.pt.a.	прозвони́в
p.pt.a.	прозвони́вший

прозвуча́ть, *1st and 2nd pers not used*, *perf* sound, ring

ft.	прозвучи́т, -ча́т
pt.	прозвуча́л
g.pt.a.	прозвуча́в
p.pt.a.	прозвуча́вший

прозева́ть 2 *perf* что **1.** miss **2.** yawn *for a time* ∥ *imperf* прозёвывать 1 a *with* 1

прозёвывать *imperf of* прозева́ть

прозимова́ть 5 *perf* winter, spend the winter *in a place*

прознава́ть *imperf of* прозна́ть

pr.	прознаю́, -аёшь, -аю́т
imp.	прознава́й, ∼те
pt.	прознава́л
g.pr.a.	прознава́я
p.pr.a.	прознаю́щий
p.pr.a.	прознава́вший
p.pr.p.	прознава́емый

прозна́ть 2 *perf* что *or* о чём *sub* learn, hear, get wind of ∥ *imperf* прознава́ть, forms ib.

прозрева́ть *imperf of* прозрéть

прозрéть *perf* **1.** regain *one's* eyesight, recover *one's* sight **2.** *fig obs* have the scales fall from *one's* eyes, have *smth* dawn on *one* ∥ *imperf* прозрева́ть 2 a

ft.	прозрю́, -ри́шь, -ря́т
imp.	прозри́, ∼те
pt.	прозрéл
g.pt.a.	прозрéв
p.pt.a.	прозрéвший

прозыва́ть *imperf of* прозва́ть

прозыва́ться 2 a *imperf sub* be called, be known as, have the nickname ∥ *perf obs* прозва́ться, forms follow прозва́ть

прозяба́ть 2 a *imperf* vegetate

прозя́бнуть[1] *perf coll* be frozen, freeze through

ft.	прозя́бну, -нешь, -нут
imp.	прозя́бни, ∼те
pt.	прозя́б, ∼ла

g.pt.a.	прозя́бнув *and* прозя́бши
p.pt.a.	прозя́бший

прозябнуть[2], *1st and 2nd pers not used, perf obs bookish* germinate
forms as прозя́бнуть[1]

проигра́ть 2 *perf* что **1.** lose *game, war etc.*; проигра́ть кому́-н. игру́ lose a game to *smb* **2.** gamble away, lose *one's* stake **3.** *coll* play *a piece of music, a gramophone record etc.* **4.** *fig* от чего́ lose (due to, on account of, because of) **5.** play *for a time* ‖ *imperf* проигрывать 1а *with* 1—4

проигра́ться *perf coll* gamble away all *one's* money ‖ *imperf* проигрываться

проигрывать(ся) *imperf of* проигра́ть(ся)

произвести́ *perf* кого́-что **1.** carry out, execute; perform **2.** produce **3.** cause, produce **4.** *with preposition* в *and accusative plural* promote (to), appoint (as); commission *officer* ‖ *imperf* производи́ть, forms ib.

ft.	произведу́, -дёшь, -ду́т
imp.	произведи́, ~те
pt.	произвёл, -ела́
g.pt.a.	произведя́ *and* произве́дши
p.pt.a.	произве́дший
p.pt.p.	произведённый, произведён, -ена́

производи́ть *imperf of* произвести́

pr.	произвожу́, -о́дишь, -о́дят
imp.	производи́, ~те
pt.	производи́л
g.pr.a.	производя́
p.pr.a.	производя́щий
p.pt.a.	производи́вший
p.pr.p.	производи́мый

произнести́ *perf* что **1.** pronounce, speak, articulate, utter **2.** say; make a speech, speak ‖ *imperf* произноси́ть, forms ib.

ft.	произнесу́, -сёшь, -су́т
imp.	произнеси́, ~те
pt.	произнёс, -есла́
g.pt.a.	произнеся́ *and obs* произнёсши
p.pt.a.	произнёсший
p.pt.p.	произнесённый; произнесён, -ена́

произноси́ть *imperf of* произнести́

pr.	произношу́, -о́сишь, -о́сят
imp.	произноси́, ~те
pt.	произноси́л
g.pr.a.	произнося́
p.pr.a.	произнося́щий
p.pt.a.	произноси́вший
p.pr.p.	произноси́мый

произойти́, *1st and 2nd pers not used, perf* **1.** occur, happen **2.** от кого́-чего́ descend from, be descended from **3.** от чего́ arise from; пожа́р произошёл от неосторо́жности the fire was caused by carelessness, the fire arose out of *smb's* carelessness ‖ *imperf* происходи́ть, forms ib.

ft.	произойдёт, -ду́т
pt.	произошёл, -шла́
g.pt.a.	произойдя́ *and obs* происше́дши
p.pt.a.	происше́дший

произраста́ть 2а, *1st and 2nd pers not used, imperf* **1.** *imperf of* произрасти́ **2.** *of plants* grow, thrive, flourish, be found

произрасти́, *1st and 2nd pers not used, perf, of plants* grow ‖ *imperf* произраста́ть 2а

ft.	произрастёт, -ту́т
pt.	произро́с, -осла́
g.pt.a.	произро́сши
p.pt.a.	произро́сший

проиллюстри́ровать 4 *perf* что illustrate *a. fig*

проинструкти́ровать 4 *perf* кого́-что instruct, give instructions, give directions

проинформи́ровать 4 *perf* кого́-что inform

происка́ть *perf* кого́-что look for ‖ *imperf* про́искивать 1а

ft.	проищу́, -и́щешь, -и́щут
imp.	проищи́, ~те
pt.	происка́л
g.pt.a.	происка́в
p.pt.a.	происка́вший
p.pt.p.	про́исканный

про́искивать *imperf of* происка́ть

проистека́ть *imperf of* происте́чь

происте́чь, *1st and 2nd pers not used, perf* из чего́ *or* от чего́ *bookish* arise (from), result (from) ‖ *imperf* проистека́ть 2а

ft.	проистечёт, -еку́т
pt.	проистёк, -екла́
g.pt.a.	проистёкши
p.pt.a.	проистёкший

происходи́ть *imperf* **1.** *imperf of* произойти́ **2.** *1st and 2nd pers not used* от кого́-чего́ *or* из кого́-чего́ derive from, descend from, be descended from, come from

pr.	происхо́дит, -о́дят
pt.	происходи́л
g.pr.a.	происходя́
p.pr.a.	происходя́щий
p.pt.a.	происходи́вший

пройти́ *perf* **1.** ми́мо кого́-чего́ walk past, walk by; кого́-чего́ ignore, disregard, overlook, pass over **2.** что pass, go through; по́езд прошёл ста́нцию the train went through the station **3.** что cover, traverse *distance* **4.** pass; *of path etc.* lead, pass, pass through **5.** *of time* pass, elapse, slip by, fly by; expire, run out; *of season, illness etc.* be over, pass **6.** go through, permeate; *fig of rumour etc.* spread, be abroad, course, go the rounds **7.** pass through, go through, be small enough to pass through **8.** pass, be passed, be accepted, be successful **9.** pass off; пройти́ с успе́хом go off well **10.** что do, take, deal with **11.** что pass through, go through, experience ‖ *imperf* проходи́ть[1], forms ib.

ft.	пройду́, -дёшь, -ду́т
imp.	пройди́, ~те
pt.	прошёл, -шла́
g.pt.a.	пройдя́ *and obs* проше́дши
p.pt.a.	проше́дший
p.pt.p.	про́йденный *and* пройдённый; пройдён, -ена́

пройти́сь *perf* **1.** take a short walk, take a turn out of doors **2.** по чему́ *coll* run (over, through); пройти́сь щёткой по волоса́м run a brush over the hair ‖ *imperf* проха́живаться 1a

прока́зить *imperf coll* play tricks, get up to mischief

pr.	прока́жу, -а́зишь, -а́зят
imp.	прока́зь, ~те
pt.	прока́зил
g.pt.a.	прока́зя
p.pr.a.	прока́зящий
p.pt.a.	прока́зивший

прока́зничать 1a *imperf coll* play tricks, get up to mischief

прока́ливать(ся) *imperf of* прокали́ть(ся)

прокали́ть *perf* что temper, anneal ‖ *imperf* прока́ливать 1a

ft.	прокалю́, -ли́шь, -ля́т
imp.	прокали́, ~те
pt.	прокали́л
g.pt.a.	прокали́в
p.pt.a.	прокали́вший
p.pt.p.	прокалённый; прокалён, -ена́

прокали́ться, *1st and 2nd pers not used, perf* become red hot ‖ *imperf* прокали́ваться

прока́лывать *imperf of* проколо́ть

прока́пчивать(ся) *imperf of* прокопти́ть(ся)

прока́пывать(ся) *imperf of* прокопа́ть(ся)

прокарау́лить *perf* кого́-что **1.** miss, fail to notice, not see *while on watch* **2.** take a turn of watch duty, do a watch, do a spell on watch

ft.	прокарау́лю, -лишь, -лят
imp.	прокарау́ль, ~те
pt.	прокарау́лил
g.pt.a.	прокарау́лив
p.pt.a.	прокарау́ливший
p.pt.p.	прокарау́ленный

прока́рмливать(ся) *imperf of* прокорми́ть(ся)

проката́ть 2 *perf* **1.** что roll *in rolling mills* **2.** что mangle, put *washing* through the wringer **3.** кого́-что take for a spin ‖ *imperf* прока́тывать 1a *with* 1, 2

проката́ться *perf* **1.** *1st and 2nd pers not used* be mangled, go through the wringer **2.** go for a spin ‖ *imperf* прока́тываться *with* 1

прокати́ть *perf* **1.** кого́-что take for a drive **2.** что roll, trundle **3.** *coll* flit through, flash through **4.** кого́-что *coll* pan, attack, criticize **5.** кого́-что *coll* not elect, reject, blackball ‖ *imperf* прока́тывать 1a *with* 2, 3

ft.	прокачу́, -а́тишь, -а́тят
imp.	прокати́, ~те
pt.	прокати́л
g.pt.a.	прокати́в
p.pt.a.	прокати́вший
p.pt.p.	прока́ченный

прокати́ться *perf* **1.** *1st and 2nd pers not used* roll **2.** *1st and 2nd pers not used, of thunder, gunfire etc.* roll, peal, ring out **3.** go for a drive ‖ *imperf* прока́тываться *with* 1, 2

прока́тывать(ся)[1] *imperf of* проката́ть(ся)

прока́тывать(ся)[2] *imperf of* прокати́ть(ся)

прокача́ть 2 *perf* кого́-что **1.** rock *smb for a time* **2.** pump *smth for a time* ‖ *imperf* прока́чивать 1a

прока́чивать *imperf of* прокача́ть

прока́шивать *imperf of* прокоси́ть

прока́шливать[1] *imperf of* прока́шлять

прока́шливать[2] *imperf of* прока́шлянуть

прока́шливаться *imperf of* прока́шляться

прока́шлянуть 6 *perf coll* **1.** cough slightly **2.** что cough up, expectorate ‖ *imperf* прока́шливать 1a

прока́шлять 1 *perf* **1.** что *coll* cough up, expectorate **2.** *coll* cough **3.** have a fit of coughing, cough *for a time* ‖ *imperf* прокашливать 1 a *with* 1, 2

прока́шляться *perf* clear one's throat ‖ *imperf* прока́шливаться

проква́сить *perf* что sour, leaven ‖ *imperf* проква́шивать 1 a

ft.	проква́шу, -а́сишь, -а́сят
imp.	проква́сь, ~те
pt.	проква́сил
g.pt.a.	проква́сив
p.pt.a.	проква́сивший
p.pt.p.	проква́шенный

проква́ситься, *1st and 2nd pers not used*, *perf* become soured, become leavened ‖ *imperf* проква́шиваться

проква́шивать(ся) *imperf of* проква́сить(ся)

прокида́ть 2 *perf* что 1. *coll* throw down one after the other 2. keep throwing, throw *for a time* ‖ *imperf* проки́дывать 1 a *with* 1

проки́дывать[1] *imperf of* прокида́ть

проки́дывать[2] *imperf of* проки́нуть

проки́нуть 6 *perf* что 1. *coll* throw through 2. *coll* throw one after the other 3. *also without object coll* miss one's aim; *cards* discard the wrong card 4. *sub* leave out, pass over ‖ *imperf* проки́дывать 1 a

imp.	проки́нь, ~те
p.pt.p.	проки́нутый

прокипа́ть *imperf of* прокипе́ть

прокипе́ть, *1st and 2nd pers not used*, *perf* 1. boil thoroughly 2. boil *for a time* ‖ *imperf* прокипа́ть 2 a *with* 1

ft.	прокипи́т, -пя́т
pt.	прокипе́л
g.pt.a.	прокипе́в
p.pt.a.	прокипе́вший

прокипяти́ть *perf* что 1. boil *smth* thoroughly, boil *smth* up 2. boil *smth for a time*

ft.	прокипячу́, -яти́шь, -ятя́т
imp.	прокипяти́, ~те
pt.	прокипяти́л
g.pt.a.	прокипяти́в
p.pt.a.	прокипяти́вший
p.pt.p.	прокипячённый; прокипячён, -ена́

прокиса́ть *imperf of* проки́снуть

проки́снуть, *1st and 2nd pers not used*, *perf* become sour, turn ‖ *imperf* прокиса́ть 2 a

ft.	проки́снет, -нут
pt.	проки́с, ~ла

g.pt.a. проки́снув *and* проки́сши
p.pt.a. проки́сший

прокла́дывать *imperf of* проложи́ть

прокламировать 4 *and* 4 a *perf*, *imperf* что *bookish* proclaim, declare

проклева́ть *perf* что 1. peck through 2. keep hacking, hack *for a time* ‖ *imperf* проклёвывать 1 a *with* 1

ft.	проклюю́, -юёшь, -юю́т
imp.	проклюй, ~те
pt.	проклева́л
g.pt.a.	проклева́в
p.pt.a.	проклева́вший
p.pt.p.	проклёванный

проклёвывать[1] *imperf of* проклева́ть

проклёвывать[2] *imperf of* проклю́нуть

прокле́ивать *imperf of* прокле́ить

прокле́ить *perf* что 1. coat with glue; impregnate with glue, soak in glue 2. glue *for a time*, do some gluing ‖ *imperf* прокле́ивать 1 a *with* 1

ft.	прокле́ю, -е́ишь, -е́ят
imp.	прокле́й, ~те
pt.	прокле́ил
g.pt.a.	прокле́ив
p.pt.a.	прокле́ивший
p.pt.p.	прокле́енный

проклина́ть *imperf of* прокля́сть

проклю́нуть 6, *1st and 2nd pers not used*, *perf* 1. что *coll* peck through 2. *sub* germinate, sprout ‖ *imperf* проклёвывать 1 a *with* 1

прокля́сть *perf* кого́-что *elev* curse, put under a spell ‖ *imperf* проклина́ть 2 a

ft.	прокляну́, -нёшь, -ну́т
imp.	прокляни́, ~те
pt.	про́клял, прокляла́, про́кляло
g.pt.a.	прокля́в
p.pt.a.	прокля́вший
p.pt.p.	про́клятый; про́клят, проклята́, про́клято

проковыля́ть 2 *perf coll* limp, hobble *through, past*

проковы́ривать[1] *imperf of* проковыря́ть

проковы́ривать[2] *imperf of* проковырну́ть

проковырну́ть 7 *perf* что *coll* make a hole in ‖ *imperf* проковы́ривать 1 a

проковыря́ть 2 *perf* что 1. make a hole in 2. *a. without object* keep poking at, keep picking at ‖ *imperf* проковы́ривать 1 a *with* 1

прокола́чивать *imperf of* проколоти́ть

проколоти́ть *perf* **1.** что *coll* break through, make a hole in **2.** что beat *carpet, upholstery etc.* **3.** кого́-что keep thumping, keep striking ‖ *imperf* прокола́чивать 1a with 1, 2

ft.	проколочу́, -о́тишь, -о́тят
imp.	проколоти́, ~те
pt.	проколоти́л
g.pt.a.	проколоти́в
p.pt.a.	проколоти́вший
p.pt.p.	проколо́ченный

проколо́ть *perf* кого́-что make a hole in ‖ *imperf* прока́лывать 1a

ft.	проколю́, -о́лешь, -о́лют
imp.	проколи́, ~те
pt.	проколо́л
g.pt.a.	проколо́в
p.pt.a.	проколо́вший
p.pt.p.	проко́лотый

прокомменти́ровать 4 *perf* что give a commentary to, provide with a commentary

прокомпости́ровать 4 *perf* что punch *ticket*

проконопа́тить *perf* что **1.** caulk, close seams with oakum **2.** do some caulking ‖ *imperf* проконопа́чивать 1a with 1

ft.	проконопа́чу, -а́тишь, -а́тят
imp.	проконопа́ть, ~те
pt.	проконопа́тил
g.pt.a.	проконопа́тив
p.pt.a.	проконопа́тивший
p.pt.p.	проконопа́ченный

проконопа́чивать *imperf of* проконопа́тить

проконспекти́ровать 4 *perf* что summarize, write a summary (of)

проконсульти́ровать 4 *perf* кого́-что advise, counsel

проконсульти́роваться *perf* с кем consult, seek advice (from); receive council (from)

проконтроли́ровать 4 *perf* что check

прокопа́ть 2 *perf* что **1.** dig *ditch* **2.** dig over **3.** do a spot of digging ‖ *imperf* прока́пывать 1a with 1, 2

прокопа́ться *perf* **1.** *coll* dig a way through **2.** *sub* dawdle, waste time ‖ *imperf* прока́пываться with 1

прокопти́ть *perf* что **1.** smoke, cure *bacon etc.* **2.** smoke out, fill with fumes **3.** smoke *bacon for a spell* ‖ *imperf* прока́пчивать 1a with 1, 2

ft.	прокопчу́, -пти́шь, -птя́т

imp.	прокопти́, ~те
pt.	прокопти́л
g.pt.a.	прокопти́в
p.pt.a.	прокопти́вший
p.pt.p.	прокопчённый; прокопчён, -ена́

прокопти́ться, *1st and 2nd pers not used, perf* **1.** be cured, be smoked **2.** become smoky, become coated with soot, become smoke-filled ‖ *imperf* прока́пчиваться

прокорми́ть *perf* кого́-что **1.** support, keep **2.** feed *for a time* ‖ *imperf* прока́рмливать 1a with 1

ft.	прокормлю́, -о́рмишь, -о́рмят
imp.	прокорми́, ~те
pt.	прокорми́л
g.pt.a.	прокорми́в
p.pt.a.	прокорми́вший
p.pt.p.	проко́рмленный

прокорми́ться *perf coll* support oneself, earn a living ‖ *imperf* прока́рмливаться

прокорректи́ровать 4 *perf* что correct, put right

прокоси́ть *perf* что **1.** mow a strip **2.** mow, mow down **3.** do some mowing, take a turn at mowing ‖ *imperf* прока́шивать 1a with 1, 2

ft.	прокошу́, -о́сишь, -о́сят
imp.	прокоси́, ~те
pt.	прокоси́л
g.pt.a.	прокоси́в
p.pt.a.	прокоси́вший
p.pt.p.	проко́шенный with 1, 2

прокра́дываться *imperf of* прокра́сться

покра́сить *perf* что **1.** paint **2.** do some painting ‖ *imperf* прокра́шивать 1a with 1

ft.	прокра́шу, -а́сишь, -а́сят
imp.	прокра́сь, ~те
pt.	прокра́сил
g.pt.a.	прокра́сив
p.pt.a.	прокра́сивший
p.pt.p.	прокра́шенный with 1

прокра́сться *perf* creep in, smuggle oneself in ‖ *imperf* прокра́дываться 1a

ft.	прокраду́сь, -дёшься, -ду́тся
imp.	прокради́сь, -и́тесь
pt.	прокра́лся, -лась
g.pt.a.	прокра́вшись
p.pt.a.	прокра́вшийся

прокрахма́ливать(ся) *imperf of* прокрахма́лить(ся)

прокрахма́лить *perf* что starch, dip in starch ‖ *imperf* прокрахма́ливать 1a

ft.	прокрахма́лю, -лишь, -лят
imp.	прокрахма́ль, ~те
pt.	прокрахма́лил
g.pt.a.	прокрахма́лив
p.pt.a.	прокрахма́ливший
p.pt.p.	прокрахма́ленный

прокрахма́литься, *1st and 2nd pers not used, perf* be starched ‖ *imperf* прокрахма́ливаться

прокра́шивать *imperf of* прокра́сить

прокри́кивать *imperf of* прокрича́ть

прокрича́ть *perf* **1.** utter a cry, cry out **2.** call out, call ‖ *imperf* прокри́кивать 1 a

ft.	прокричу́, -чи́шь, -ча́т
imp.	прокричи́, ~те
pt.	прокрича́л
g.pt.a.	прокрича́в
p.pt.a.	прокрича́вший

прокýривать *imperf of* прокури́ть

прокури́ть *perf* что **1.** *coll* smoke out, fill with fumes **2.** *coll* spend on tobacco **3.** smoke *for a time,* have a smoke ‖ *imperf* прокýривать 1 a *with* 1, 2

ft.	прокурю́, -ýришь, -ýрят
imp.	прокури́, ~те
pt.	прокури́л
g.pt.a.	прокури́в
p.pt.a.	прокури́вший
p.pt.p.	прокýренный

прокуса́ть 2 *perf* **1.** что *coll* bite full of holes **2.** кого́-что bite, sting *for a while* ‖ *imperf* прокýсывать 1 a *with* 1

прокуси́ть *perf* что bite through ‖ *imperf* прокýсывать 1 a

ft.	прокушý, -ýсишь, -ýсят
imp.	прокуси́, ~те
pt.	прокуси́л
g.pt.a.	прокуси́в
p.pt.a.	прокуси́вший
p.pt.p.	прокýшенный

прокýсывать[1] *imperf of* прокуси́ть

прокýсывать[2] *imperf of* прокуса́ть

прокути́ть *perf* что **1.** carouse **2.** booze *one's* money away ‖ *imperf* прокýчивать 1 a *with* 2

ft.	прокучý, -ýтишь, -ýтят
imp.	прокути́, ~те
pt.	прокути́л
g.pt.a.	прокути́в
p.pt.a.	прокути́вший
p.pt.p.	прокýченный

прокути́ться *perf coll* booze *one's* money away ‖ *imperf* прокýчиваться

прокýчивать(ся) *imperf of* прокути́ть(ся)

пролага́ть *imperf of* проложи́ть

прола́мывать(ся)[1] *imperf of* проломáть(ся)

прола́мывать(ся)[2] *imperf of* проломи́ть(ся)

пролáять *perf* **1.** bark **2.** bark *for a certain length of time,* keep barking

ft.	пролáю, -áешь, -áют
imp.	пролáй, ~те
pt.	пролáял
g.pt.a.	пролáяв
p.pt.a.	пролáявший

пролегáть 2a, *1st and 2nd pers not used, imperf, of path* lead past, lead, go

пролежáть *perf* **1.** lie down *for a time* **2.** *1st and 2nd pers not used* be lying, be left lying **3.** что *coll* get a bedsore on *part of body* ‖ *imperf* пролёживать 1 a

ft.	пролежý, -жи́шь, -жáт
imp.	пролежи́, ~те
pt.	пролежáл
g.pt.a.	пролежáв
p.pt.a.	пролежáвший
p.pt.p.	пролёжанный *with* 3

пролёживать *imperf of* пролежáть

пролезáть *imperf of* пролéзть

пролéзть *perf* **1.** creep through, slip through; creep in **2.** *fig coll contp* creep in, crawl in ‖ *imperf* пролезáть 2a

ft.	пролéзу, -зешь, -зут
imp.	пролéзь, ~те
pt.	пролéз, ~ла
g.pt.a.	пролéзши
p.pt.a.	пролéзший

пролепетáть *perf* что stammer out

ft.	пролепечý, -пéчешь, -пéчут
imp.	пролепечи́, ~те
pt.	пролепетáл
g.pt.a.	пролепетáв
p.pt.a.	пролепетáвший

пролетаризи́ровать 4 *and* 4a *perf, imperf* кого́-что proletarianize

пролетаризи́роваться *perf, imperf* be proletarianized

пролетáть[1] *imperf of* пролетéть

пролетáть[2] 2 *perf* fly *for a spell*

пролетéть *perf* **1.** что fly past, overfly, fly over, fly through **2.** что cover *distance, air route* **3.** *coll* fly past, whizz past **4.** что *coll* dash through **5.** *of time* fly ‖ *imperf* пролетáть 2a

ft.	пролечý, -ети́шь, -етя́т

imp.	пролети́, ∼те
pt.	пролете́л
g.pt.a.	пролете́в
p.pt.a.	пролете́вший

проле́чь, *1st and 2nd pers not used, perf* extend

ft.	проля́жет, -я́гут
pt.	проле́г, -егла́
g.pt.a.	пролёгши
p.pt.a.	пролёгший

пролива́ть(ся) *imperf of* проли́ть(ся)

проли́ть *perf* что spill ‖ *imperf* пролива́ть 2a

ft.	пролью́, -льёшь, -лью́т
imp.	проле́й, ∼те
pt.	про́ли́л, пролила́, про́ли́ло
g.pt.a.	проли́в
p.pt.a.	проли́вший
p.pt.p.	про́ли́тый; про́ли́т, пролита́, про́ли́то

проли́ться, *1st and 2nd pers not used, perf* 1. spill over, flow over, overflow 2. *coll of rain* pour, pour down ‖ *imperf* пролива́ться

| *pt.* | проли́лся, -ила́сь, -и́ло́сь |

проложи́ть *perf* что 1. lay *path, line etc.* 2. insert layer *of packing etc.* 3.: проложи́ть себе́ доро́гу make way for oneself, elbow through; проложи́ть курс самолёта [корабля́] plot ship's [aircraft's] intended course ‖ *imperf* прокла́дывать 1a *and* пролага́ть 2a *with* 1, 3

ft.	проложу́, -о́жишь, -о́жат
imp.	проложи́, ∼те
pt.	проложи́л
g.pt.a.	проложи́в
p.pt.a.	проложи́вший
p.pt.p.	проло́женный

пролома́ть 2 *perf* что break through, make a hole in, knock the top in, knock the bottom out ‖ *imperf* пролама́ывать 1a

пролома́ться, *1st and 2nd pers not used, perf sub* collapse, break, give way ‖ *imperf* прола́мываться

проломи́ть *perf* что break through, make a hole in; perforate, make holes in ‖ *imperf* прола́мывать 1a

ft.	проломлю́, -о́мишь, -о́мят
imp.	проломи́, ∼те
pt.	проломи́л
g.pt.a.	проломи́в
p.pt.a.	проломи́вший
p.pt.p.	проло́мленный

проломи́ться, *1st and 2nd pers not used, perf* collapse, break, give way ‖ *imperf* прола́мываться

пролонги́ровать 4 *and* 4a *perf, imperf* что *bookish* extend, prolong

прома́зать *perf* что 1. grease, lubricate, give a coating *of oil etc.* 2. *sub* miss one's aim ‖ *imperf* прома́зывать 1a

ft.	прома́жу, -а́жешь, -а́жут
imp.	прома́жь, ∼те
pt.	прома́зал
g.pt.a.	прома́зав
p.pt.a.	прома́завший
p.pt.p.	прома́занный

прома́зывать *imperf of* прома́зать

прома́лчивать *imperf of* промолча́ть

прома́лывать *imperf of* промоло́ть

прома́ргивать *imperf of* проморга́ть

промаринова́ть 5 *perf* что 1. *or without object* pickle *for a time* 2. hold up; put on the shelf, put on ice

промаринова́ться, *1st and 2nd pers not used, perf* be marinated

прома́сливать(ся) *imperf of* прома́слить(ся)

прома́слить *perf* что soak in oil, put in an oil-bath ‖ *imperf* прома́сливать 1a

ft.	прома́слю, -лишь, -лят
imp.	прома́сли, ∼те
pt.	прома́слил
g.pt.a.	прома́слив
p.pt.a.	прома́сливший
p.pt.p.	прома́сленный

прома́слиться, *1st and 2nd pers not used, perf* be soaked in oil, be impregnated with grease ‖ *imperf* прома́сливаться

прома́тывать(ся) *imperf of* промота́ть(ся)

прома́хиваться *imperf of* промахну́ться

промахну́ться 7 *perf* 1. miss one's aim 2. *coll* make a mistake, boob, goof ‖ *imperf* прома́хиваться 1a

прома́чивать *imperf of* промочи́ть

промая́ться *perf sub* 1. take pains over, labour at *for a time* 2. keep one's head above water *for a time*

ft.	промя́юсь, -а́ешься, -а́ются
imp.	прома́йся, -а́йтесь
pt.	прома́ялся, -лась
g.pt.a.	прома́явшись
p.pt.a.	прома́явшийся

проме́длить *perf* put off doing *smth*, not

make up *one's* mind to act, remain inactive *for a time*

ft.	проме́длю, -лишь, -лят
imp.	проме́дли, ~те
pt.	проме́длил
g.pt.a.	проме́длив
p.pt.a.	проме́дливший

промелькивать *imperf of* промелькну́ть

промелькну́ть 7 *perf* **1.** flit by, fly by, whizz by **2.** *1st and 2nd pers not used, fig* turn up, show up; у меня́ промелкну́ла мысль the thought occurred to me, the thought flashed into my head **3.** *of time* fly **4.** *fig* be present, be just noticeable ‖ *imperf* проме́лькивать 1a no *p.pt.p.*

проме́нивать *imperf of* променя́ть

променя́ть 2 *perf* кого́-что на кого́-что **1.** exchange for **2.** give preference to (over), give precedence to (over); not swap for; ни на кого́ тебя́ не променя́ю I would not part with [swap] you for anybody ‖ *imperf* проме́нивать 1a

промерза́ть *imperf of* промёрзнуть

промёрзнуть *perf* **1.** freeze through **2.** *coll* be frozen (to death), be frozen stiff ‖ *imperf* промерза́ть 2a

ft.	промёрзну, -нешь, -нут
imp.	промёрзни, ~те
pt.	промёрз, ~ла
g.pt.a.	промёрзнув *and* промёрзши
p.pt.a.	промёрзший

проме́ривать *imperf of* проме́рить

проме́рить *perf* что **1.** measure **2.** mismeasure, make a mistake in measuring **3.** do a spot of measuring, measure *for a time* ‖ *imperf* проме́ривать 1a *and* промеря́ть 2a *with* 1, 2

ft.	проме́рю, -ришь, -рят *and coll* проме́ряю, -яешь, -яют
imp.	проме́рь, ~те *and coll* проме́ряй, ~те
pt.	проме́рил
g.pt.a.	проме́рив
p.pt.a.	проме́ривший
p.pt.p.	проме́ренный

промеря́ть *imperf of* проме́рить

промеси́ть *perf* что **1.** knead, pound **2.** give *smth* a kneading, give a pounding to ‖ *imperf* проме́шивать 1a *with* 1

ft.	промешу́, -éсишь, -éсят
imp.	промеси́, ~те
pt.	промеси́л
g.pt.a.	промеси́в

p.pt.a.	промеси́вший
p.pt.p.	проме́шенный

промести́ *perf* что **1.** sweep *room etc.* **2.** *a. without object* do some sweeping, sweep *for a time* ‖ *imperf* промета́ть 2a *with* 1

ft.	промету́, -етёшь, -ету́т
imp.	промети́, ~те
pt.	промёл, -мела́
g.pt.a.	прометя́
p.pt.a.	промётший
p.pt.p.	прометённый; прометён, -ена́

промета́ть[1] *perf* что *or without object* be [keep] throwing

ft.	промечу́, -éчешь, -éчут
imp.	промечи́, ~те
pt.	промета́л
g.pt.a.	промета́в
p.pt.a.	промета́вший
p.pt.p.	промётанный

промета́ть[2] 2 *perf* что tack, stitch ‖ *imperf* промётывать 1a

p.pt.p.	промётанный

промётывать *imperf of* промета́ть[2]

промечта́ть 2 *perf* dream away, be dreaming

промеша́ть 2 *perf* что **1.** stir, stir well, stir up **2.** give a stirring to, be stirring ‖ *imperf* проме́шивать 1a *with* 1

проме́шивать[1] *imperf of* промеша́ть

проме́шивать[2] *imperf of* промеси́ть

промина́ть(ся) *imperf of* промя́ть(ся)

промока́ть[1] 2a *imperf* **1.** *imperf of* промо́кнуть **2.** *1st and 2nd pers not used* let water through, let water in, not be waterproof

промока́ть[2] *imperf of* промокну́ть

промо́кнуть *perf* get wet through, be soaked ‖ *imperf* промока́ть 2a

ft.	промо́кну, -нешь, -нут
imp.	промо́кни, ~те
pt.	промо́к, ~ла
g.pt.a.	промо́кнув *and* промо́кши
p.pt.a.	промо́кший

промокну́ть 7 *perf* что *coll* blot, dry *with blotting paper* ‖ *imperf* промока́ть 2a no *p.pt.p.*

промо́лвить *perf obs*: ни сло́ва не промо́лвить not say a word

ft.	промо́лвлю, -вишь, -вят
imp.	промо́лви, ~те
pt.	промо́лвил
g.pt.a.	промо́лвив

p.pt.a.	промо́лвивший
p.pt.p.	промо́лвленный

промоло́ть *perf* что **1.** grind **2.** do a spell of grinding, do some grinding ‖ *imperf* прома́лывать 1 а *with* 1

ft.	промелю́, -е́лешь, -е́лют
imp.	промели́, ~те
pt.	промоло́л
g.pt.a.	промоло́в
p.pt.a.	промоло́вший
p.pt.p.	промо́лотый

промолча́ть *perf* preserve silence, keep *one's* counsel, decline to reply, not say a thing ‖ *imperf* промо́лчивать 1 а

ft.	промолчу́, -чи́шь, -ча́т
imp.	промолчи́, ~те
pt.	промолча́л
g.pt.a.	промолча́в
p.pt.a.	промолча́вший

промора́живать *imperf of* проморо́зить

проморга́ть 2 *perf* **1.** *coll* keep winking, keep blinking **2.** кого́-что *sub* overlook, miss ‖ *imperf* прома́ргивать 1 а

промори́ть *perf* кого́-что **1.** let go hungry, starve *for a time* **2.** tantalize, torment *for a while*

ft.	проморю́, -ри́шь, -ря́т
imp.	промори́, ~те
pt.	промори́л
g.pt.a.	промори́в
p.pt.a.	промори́вший
p.pt.p.	проморённый; проморён, -ена́

проморо́зить *perf* кого́-что **1.** freeze *smth* thoroughly **2.** *usu impers, of soil* freeze **3.** *coll* cool, let cool, chill **4.** *coll* leave in the cold *for a while* ‖ *imperf* промора́живать 1 а *with* 1—3

ft.	проморо́жу, -о́зишь, -о́зят
imp.	проморо́зь, ~те
pt.	проморо́зил
g.pt.a.	проморо́зив
p.pt.a.	проморо́зивший
p.pt.p.	проморо́женный

промота́ть 2 *perf* что *coll* waste, squander, be wasteful (with) ‖ *imperf* прома́тывать 1 а

промота́ться *perf coll* squander *one's* money, waste *one's* substance ‖ *imperf* прома́тываться

промочи́ть *perf* что soak, wet ‖ *imperf* прома́чивать 1 а

ft.	промочу́, -о́чишь, -о́чат
imp.	промочи́, ~те
pt.	промочи́л

g.pt.a.	промочи́в
p.pt.a.	промочи́вший
p.pt.p.	промо́ченный

прому́чить *perf* кого́-что torment *for a time*

ft.	прому́чу, -чишь, -чат *and coll* прому́чаю, -аешь, -ают
imp.	прому́чь, ~те *and coll* прому́чай, ~те
pt.	прому́чил
g.pt.a.	прому́чив
p.pt.a.	прому́чивший
p.pt.p.	прому́ченный

прому́читься *perf* torment oneself (with) *for a time*

промча́ться *perf* **1.** run by, flit by, flit past **2.** *coll, of (pleasant) time etc.* fly, race

ft.	промчу́сь, -чи́шься, -ча́тся
imp.	промчи́сь, -и́тесь
pt.	промча́лся, -лась
g.pt.a.	промча́вшись
p.pt.a.	промча́вшийся

промыва́ть *imperf of* промы́ть

промы́слить *perf* что *obs* acquire, obtain ‖ *imperf* промышля́ть 2 а

ft.	промы́слю, -лишь, -лят
imp.	промы́сли, ~те
pt.	промы́слил
g.pt.a.	промы́слив
p.pt.a.	промы́сливший
p.pt.p.	промы́сленный

промы́ть *perf* что **1.** *tech* wash **2.** *med* cleanse ‖ *imperf* промыва́ть 2 а

ft.	промо́ю, -о́ешь, -о́ют
imp.	промо́й, ~те
pt.	промы́л
g.pt.a.	промы́в
p.pt.a.	промы́вший
p.pt.p.	промы́тый

промышля́ть 2 а *imperf* **1.** *imperf of* промы́слить **2.** чем carry on, practise *trade* **3.** кого́-что be a trapper

промя́млить *perf* что mumble *smth*

ft.	промя́млю, -лишь, -лят
imp.	промя́мли, ~те
pt.	промя́млил
g.pt.a.	промя́млив
p.pt.a.	промя́мливший
p.pt.p.	промя́мленный

промя́ть *perf* кого́-что **1.** press in, wedge, force in **2.** exercise *limbs that have gone to sleep or have become stiff*; let *animal* out for exercise **3.** knead, massage *for a time* ‖ *imperf* проминать 2 а *with* 1, 2

ft. промну́, -нёшь, -ну́т
imp. промни́, ~те
pt. промя́л
g.pt.a. промя́в
p.pt.a. промя́вший
p.pt.p. промя́тый

промя́ться *perf coll* stretch *one's* legs ‖ *imperf* проминаться

прона́шивать(ся) *imperf of* проноси́ть(ся)²

пронести́ *perf* кого-что **1.** carry, convey *over a certain time or distance* **2.** ми́мо кого́-чего́ hurry past *smth*, hustle past *smth* **3.** *1st and 2nd pers not used* dispel; *of wind, current* race **4.** *fig impers, of danger* pass **5.** *impers sub* suffer from diarrhoea; его́ пронесло́ he has got diarrhoea ‖ *imperf* проноси́ть¹, forms ib.
ft. пронесу́, -сёшь, -су́т
imp. пронеси́, ~те
pt. пронёс, -есла́
g.pt.a. пронеся́ *and obs* пронёсши
p.pt.a. пронёсший
p.pt.p. пронесённый; пронесён, -ена́

пронести́сь *perf* **1.** rush, go quickly; hurry past, hustle past **2.** go quickly, pass quickly; fly **3.** resound; spread like wildfire ‖ *imperf* проноси́ться, forms follow проноси́ть¹

пронза́ть *imperf of* пронзи́ть

пронзи́ть *perf* кого-что pierce, run through, transfix ‖ *imperf* пронза́ть 2а
ft. пронжу́, -нзи́шь, -нзя́т
imp. пронзи́, ~те
pt. пронзи́л
g.pt.a. пронзи́в
p.pt.a. пронзи́вший
p.pt.p. пронзённый; пронзён, -ена́

пронизáть *perf* **1.** что thread, string *beads etc.* **2.** *1st and 2nd pers not used* penetrate, pierce to the root; хо́лод прониза́л меня́ the cold chilled me to the marrow ‖ *imperf* прони́зывать 1а
ft. пронижу́, -и́жешь, -и́жут
imp. пронижи́, ~те
pt. прониза́л
g.pt.a. прониза́в
p.pt.a. прониза́вший
p.pt.p. прони́занный

прони́зывать *imperf of* пронизáть

проника́ть(ся) *imperf of* прони́кнуть(ся)

прони́кнуть *perf* **1.** invade, penetrate, pervade, push forward **2.** spread; seep through **3.** *fig* во что fathom, penetrate,

get to the bottom (of); steep oneself (in), immerse oneself (in); see through *smth* ‖ *imperf* проника́ть 2а
ft. прони́кну, -нешь, -нут
imp. прони́кни, ~те
pt. прони́к *and obs* прони́кнул, прони́кла
g.pt.a. прони́кнув *and* прони́кши
p.pt.a. прони́кший *and* прони́кнувший
p.pt.p. прони́кнутый

прони́кнуться *perf* чем be taken up with, be full of *an idea* ‖ *imperf* проника́ться

пронима́ть *imperf of* проня́ть

проница́ть 2а *imperf* что *or without object obs bookish* **1.** penetrate, pervade **2.** *fig* spread, penetrate

проноси́ть¹ *imperf of* пронести́
pr. проношу́, -о́сишь, -о́сят
imp. проноси́, ~те
pt. проноси́л
g.pr.a. пронося́
p.pr.a. пронося́щий
p.pr.a. проноси́вший
p.pr.p. проноси́мый

проноси́ть² *perf* что **1.** have on, wear *for a time* **2.** *coll* wear out ‖ *imperf* прона́шивать 1а *with* 2
ft. проношу́, -о́сишь, -о́сят
imp. проноси́, ~те
pt. проноси́л
g.pt.a. проноси́в
p.pt.a. проноси́вший
p.pt.p. проно́шенный

проноси́ться¹ *imperf of* пронести́сь

проноси́ться² *1st and 2nd pers not used, perf* **1.** *of clothes* wear, last **2.** wear out, be worn out ‖ *imperf* прона́шиваться 1а *with* 2
forms follow проноси́ть²

пронумерова́ть 5 *perf* что number, paginate ‖ *imperf* пронумеро́вывать 1а

пронумеро́вывать *imperf of* пронумерова́ть

проню́хать 1 *perf* что *or* о чём *sub* get on to, get wind of, get to hear ‖ *imperf* проню́хивать 1а

проню́хивать *imperf of* проню́хать

проня́ть *perf* кого-что *coll* **1.** penetrate **2.** *fig* seize, move, grip ‖ *imperf* пронима́ть 2а
ft. пройму́, -мёшь, -му́т
imp. пройми́, ~те
pt. про́нял, проняла́, про́няло
g.pt.a. проня́в

p.pt.a.   проня́вший
p.pt.p.   про́нятый; про́нят, проня́та, про́нято

пропаганди́ровать 4a *imperf* что make propaganda (for), disseminate

пропада́ть *imperf of* пропа́сть

пропа́ливать *imperf of* пропали́ть[1]

пропали́ть[1] *perf* что *coll* **1.** singe, scorch, burn **2.** burn *smth for a time* ‖ *imperf* пропа́ливать 1a *with* 1
ft.   пропалю́, -ли́шь, -ля́т
imp.   пропали́, ~те
pt.   пропали́л
g.pt.a.   пропали́в
p.pt.a.   пропали́вший
p.pt.p.   про́палённый; пропалён, -ена́

пропали́ть[2] *perf coll obs* **1.** fire, shoot **2.** be shooting
no *p.pt.p.*
other forms as пропали́ть[1]

пропа́лывать *imperf of* прополо́ть

пропа́ривать(ся) *imperf of* пропа́рить(ся)

пропа́рить *perf* что **1.** scald, steam **2.** *tech* clean *pipe* with steam, steam out *pipe* **3.** scald, steam *for a time* ‖ *imperf* пропа́ривать 1a *with* 1, 2
ft.   пропа́рю, -ришь, -рят
imp.   пропа́рь, ~те
pt.   пропа́рил
g.pt.a.   пропа́рив
p.pt.a.   пропа́ривший
p.pt.p.   пропа́ренный

пропа́риться *perf* have a turkish bath ‖ *imperf* пропа́риваться

пропа́рывать *imperf of* пропоро́ть

пропа́сть *perf* **1.** *1st and 2nd pers not used* vanish **2.** have vanished, have gone, have disappeared **3.** go; у меня́ пропа́л аппети́т I have lost my appetite **4.** go for a burton, come to nought ‖ *imperf* пропада́ть 2a
ft.   пропаду́, -дёшь, -ду́т
imp.   пропади́, ~те
pt.   пропа́л
g.pt.a.   пропа́в
p.pt.a.   пропа́вший

пропаха́ть *perf* что **1.** plough (up), cultivate **2.** do some ploughing ‖ *imperf* пропа́хивать 1a *with* 1
ft.   пропашу́, -а́шешь, -а́шут
imp.   пропаши́, ~те
pt.   пропаха́л
g.pt.a.   пропаха́в

p.pt.a.   пропаха́вший
p.pt.p.   пропа́ханный

пропа́хивать *imperf of* пропаха́ть

пропа́хнуть *perf* чем reek (of), have the smell (of)
ft.   пропа́хну, -нешь, -нут
imp.   пропа́хни, ~те
pt.   пропа́х *and obs* пропа́хнул, пропа́хла
g.pt.a.   пропа́хнув *and* пропа́хши
p.pt.a.   пропа́хший *and* пропа́хнувший

пропека́ть(ся) *imperf of* пропе́чь(ся)

пропе́рчивать *imperf of* пропе́рчить

пропе́рчить *perf* что pepper well ‖ *imperf* пропе́рчивать 1a
ft.   пропе́рчу, -чишь, -чат
imp.   пропе́рчи, ~те
pt.   пропе́рчил
g.pt.a.   пропе́рчив
p.pt.a.   пропе́рчивший
p.pt.p.   пропе́рченный

пропе́ть *perf* что **1.** sing **2.** *of cock* crow **3.** *coll:* пропе́ть свой го́лос sing oneself hoarse, lose *one's* voice *from singing* **4.** have a sing, sing *for a while*
ft.   пропою́, -оёшь, -ою́т
imp.   пропо́й, ~те
pt.   пропе́л
g.pt.a.   пропе́в
p.pt.a.   пропе́вший
p.pt.p.   пропе́тый

пропеча́тать 1 *perf* кого-что **1.** *sub* attack, roast, give a roasting to, give *smb* a hot time of it *in the papers* **2.** *sub* print, publish **3.** do some typing ‖ *imperf* пропеча́тывать 1a *with* 1, 2

пропеча́тывать *imperf of* пропеча́тать

пропе́чь *perf* bake through ‖ *imperf* пропека́ть 2a
ft.   пропеку́, -ечёшь, -еку́т
imp.   пропеки́, ~те
pt.   пропёк, -екла́
g.pt.a.   пропёкши
p.pt.a.   пропёкший
p.pt.p.   пропечённый; пропечён, -ена́

пропе́чься, *1st and 2nd pers not used, perf* be baked through ‖ *imperf* пропека́ться

пропива́ть(ся) *imperf of* пропи́ть(ся)

пропи́ливать *imperf of* пропили́ть

пропили́ть *perf* что **1.** saw through **2.** do some sawing ‖ *imperf* пропи́ливать 1a *with* 1
ft.   пропилю́, -и́лишь, -и́лят

imp.	пропили́, ~те
pt.	пропили́л
g.pt.a.	пропили́в
p.pt.a.	пропили́вший
p.pt.p.	пропи́ленный

прописа́ть *perf* **1.** кого́-что report *smth* to the police, register *smth* with the police **2.** что *med* prescribe *medicine*, recommend **3.** *a. without object* do some writing **4.** кому́ что *sub* give it hot to, give *smb* socks **5.** что *sub* write, scribble **6.** кого́-что *sub* attack, make it hot for, give *smb* something to think about *in the papers* ‖ *imperf* пропи́сывать 1a with 1, 2, 4, 6

ft.	пропишу́, -и́шешь, -и́шут
imp.	пропиши́, ~те
pt.	прописа́л
g.pt.a.	прописа́в
p.pt.a.	прописа́вший
p.pt.p.	пропи́санный

прописа́ться *perf* report to the police ‖ *imperf* пропи́сываться

пропи́сывать(ся) *imperf of* прописа́ть(ся)

пропита́ть[1] 2 *perf* кого́-что *coll* support, keep

пропита́ть[2] 2 *perf* что **1.** impregnate, soak; penetrate, saturate **2.** *fig* penetrate, fill, imbue ‖ *imperf* пропи́тывать 1a

пропита́ться[1] *perf coll* earn a living, support oneself

пропита́ться[2] *perf* чем **1.** become damp, get wet; be saturated, be soaked **2.** *fig coll* be filled (with), be imbued (with) ‖ *imperf* пропи́тываться 1a

пропи́тывать(ся) *imperf of* пропита́ть(ся)[2]

пропи́ть *perf* кого́-что **1.** drink away *money, time etc.*, waste on drink **2.** *coll* ruin by drink **3.** booze, have a booze, drink *for a time* ‖ *imperf* пропива́ть 2a with 1, 2

ft.	пропью́, -пьёшь, -пью́т
imp.	пропе́й, ~те
pt.	пропи́л, пропила́, про́пило
g.pt.a.	про́пив
p.pt.a.	пропи́вший
p.pt.p.	пропи́тый; про́пит, пропита́, про́пито

пропи́ться *perf sub* booze away *one's* money, go to the dogs on drink ‖ *imperf* пропива́ться

pt.	пропи́лся, -ила́сь, -ило́сь *and coll* -и́лось

пропиха́ть 2 *perf* кого́-что *sub* ram [force] through ‖ *imperf* пропи́хивать 1a

пропиха́ться *perf sub* force *one's* way through, push through ‖ *imperf* пропи́хиваться

пропи́хивать(ся)[1] *imperf of* пропиха́ть(ся)

пропи́хивать(ся)[2] *imperf of* пропихну́ть(ся)

пропихну́ть 7 *perf* кого́-что *coll* push [force] through ‖ *imperf* пропи́хивать 1a

пропихну́ться *perf sub* force *one's* way through, push through ‖ *imperf* пропи́хиваться

пропла́вать 1 *perf* have a swim; have a sail; пропла́вать матро́сом go to sea, be a seaman

пропла́кать *perf* (что) have a cry, cry *for a time* ‖ *imperf* пропла́кивать 1a

ft.	пропла́чу, -а́чешь, -а́чут
imp.	пропла́чь, ~те
pt.	пропла́кал
g.pt.a.	пропла́кав
p.pt.a.	пропла́кавший

пропла́кивать *imperf of* пропла́кать

проплести́сь *perf coll* stroll; trudge

ft.	проплету́сь, -тёшься, -ту́тся
imp.	проплети́сь, -и́тесь
pt.	проплёлся, -ела́сь
g.pt.a.	проплетя́сь
p.pt.a.	проплётшийся

проплыва́ть *imperf of* проплы́ть

проплы́ть *perf* что **1.** cover *distance by water* **2.** *without object* swim through, swim by; проплы́ть под мо́стом swim [float, drift] under a bridge **3.** ми́мо кого́-чего́ go past *by water* **4.** swim *for a time* ‖ *imperf* проплыва́ть 2a with 1—3

ft.	проплыву́, -вёшь, -ву́т
imp.	проплыви́, ~те
pt.	проплы́л, -ыла́, -ы́ло
g.pt.a.	проплы́в
p.pt.a.	проплы́вший

пропляса́ть *perf* что **1.** dance **2.** have a dance, dance *for a time* ‖ *imperf* пропля́сывать 1a *with* 1

ft.	пропляшу́, -я́шешь, -я́шут
imp.	попляши́, ~те
pt.	пропляса́л
g.pt.a.	пропляса́в
p.pt.a.	пропляса́вший
p.pt.p.	пропля́санный

пропля́сывать *imperf of* пропляса́ть

проповéдовать 4a *imperf* что **1.** *rel* preach, give a sermon **2.** *fig* propagate, spread, disseminate

прополáскивать *imperf of* прополоскáть

проползáть *imperf of* проползти́

проползти́ *perf* **1.** crawl through; creep in **2.** crawl past, creep by **3.** cover *distance by crawling* ‖ *imperf* проползáть 2a
ft.   проползу́, -зёшь, -зу́т
imp.   проползи́, ~те
pt.   пропóлз, -олзлá
g.pt.a.   пропóлзши
p.pt.a.   пропóлзший

прополоскáть *perf* что **1.** rinse *washing etc.* **2.** gargle; rinse out *one's mouth* **3.** do some rinsing ‖ *imperf* прополáскивать 1a *with* 1, 2
ft.   прополощу́, -óщешь, -óщут *and coll* прополоскáю, -áешь, -áют
imp.   прополощи́, ~те *and* прополоскáй, ~те
pt.   прополоскáл
g.pt.a.   прополоскáв
p.pt.a.   прополоскáвший
p.pt.p.   прополóсканный

прополóть *perf* что **1.** weed **2.** do some weeding ‖ *imperf* пропáлывать 1a *with* 1
ft.   прополю́, -óлешь, -óлют
imp.   прополи́, ~те
pt.   прополóл
g.pt.a.   прополóв
p.pt.a.   прополóвший
p.pt.p.   прополóтый

пропорóть *perf* что **1.** *coll* unpick **2.** do some unpicking, be unpicking ‖ *imperf* пропáрывать 1a *with* 1
ft.   пропорю́, -óрешь, -óрют
imp.   пропори́, ~те
pt.   пропорóл
g.pt.a.   пропорóв
p.pt.a.   пропорóвший
p.pt.p.   пропóротый

пропотевáть *imperf of* пропотéть

пропотéть 3 *perf* **1.** sweat hard **2.** *1st and 2nd pers not used, coll* be bathed in sweat **3.** *fig* над чем *sub* sweat over, sweat blood over *a job etc.* ‖ *imperf* пропотевáть 2a

пропускáть *imperf of* пропусти́ть

пропусти́ть *perf* когó-что **1.** let through, let by, make way (for); let in, admit; be pervious **2.** put through a machine;

пропусти́ть чéрез мясорýбку mince, dut through the mincing machine **3.** let out *of room etc.*, release **4.** miss *deadline etc.*; let slip *opportunity etc.*; omit, leave out **5.** attend to, see to; process **6.** *sub* wet *one's* whistle; have *smth* to eat, have a bite (to eat) ‖ *imperf* пропускáть 2a
ft.   пропущý, -ýстишь, -ýстят
imp.   пропусти́, ~те
pt.   пропусти́л
g.pt.a.   пропусти́в
p.pt.a.   пропусти́вший
p.pt.p.   пропýщенный

пропутешéствовать 4 *perf* be on *one's* travels, be travelling

пропы́ливать(ся) *imperf of* пропыли́ть(ся)

пропыли́ть *perf* **1.** что leave to get dusty **2.** *coll* kick up dust in passing, leave a wake of dust ‖ *imperf* пропы́ливать 1a
ft.   пропылю́, -ли́шь, -ля́т
imp.   пропыли́, ~те
pt.   пропыли́л
g.pt.a.   пропыли́в
p.pt.a.   пропыли́вший
p.pt.p.   пропылённый; пропылён, -енá

пропыли́ться *perf* get dusty, collect dust ‖ *imperf* пропы́ливаться

пропья́нствовать 4 *perf* carouse, have a booze

прорабáтывать *imperf of* прорабóтать

прорабóтать 1 *perf* **1.** что *coll* go through, study **2.** когó-что *coll* criticize, attack, give *smth* a going over **3.** do a spell of work, work *from morning till night, through the night etc.* ‖ *imperf* прорабáтывать 1a *with* 1, 2

прорáнивать *imperf of* пророни́ть

прорастáть *imperf of* прорасти́

прорасти́, *1st and 2nd pers not used, perf* **1.** germinate, sprout **2.** grow through, shoot through ‖ *imperf* прорастáть 2a
ft.   прорастёт, -тýт
pt.   проро́с, -ослá
g.pt.a.   проро́сши
p.pt.a.   проро́сший

прорасти́ть *perf* что allow [cause] to germinate ‖ *imperf* прорáщивать 1a
ft.   проращý, -асти́шь, -астя́т
imp.   прорасти́, ~те
pt.   прорасти́л
g.pt.a.   прорасти́в
p.pt.a.   прорасти́вший
p.pt.p.   проращённый; проращён, -енá

прорáщивать *imperf of* прорасти́ть

прорва́ть *perf* что **1.** tear up **2.** *1st and 2nd pers not used, of water* wash through, wash away **3.** *mil* break through, breach **4.** *impers coll* upset; её прорва́ло she went off, she blew her top ‖ *imperf* прорыва́ть 2а

ft.	прорву́, -вёшь, -ву́т
imp.	прорви́, ~те
pt.	прорва́л, -ала́, -а́ло
g.pt.a.	прорва́в
p.pt.a.	прорва́вший
p.pt.p.	про́рванный

прорва́ться *perf* **1.** tear, be torn **2.** *of bubble, blister, dyke, dam etc.* burst **3.** break out, break through; come out, be expressed ‖ *imperf* прорыва́ться

pt.	прорва́лся, -ала́сь, -а́ло́сь

прореве́ть *perf* **1.** yell, roar, bawl **2.** *sub* yell *for a time*, keep yelling

ft.	прореву́, -вёшь, -ву́т
imp.	пореви́, ~те
pt.	пореве́л
g.pt.a.	пореве́в
p.pt.a.	пореве́вший

прореди́ть *perf* что *agr* thin out ‖ *imperf* проре́живать 1а

ft.	прорежу́, -еди́шь, -едя́т
imp.	прореди́, ~те
pt.	прореди́л
g.pt.a.	прореди́в
p.pt.a.	прореди́вший
p.pt.p.	проре́женный; прорежён, -ена́

проре́живать *imperf of* прореди́ть

проре́зать *perf* что **1.** cut through, cut in two; nick, incise **2.** cut *a hole*, make *a hole* **3.** do some cutting ‖ *imperf* проре-за́ть 2а *with* 1, 2 *and* проре́зывать 1а *with* 1, 2

ft.	проре́жу, -е́жешь, -е́жут
imp.	проре́жь, ~те
pt.	проре́зал
g.pt.a.	проре́зав
p.pt.a.	проре́завший
p.pt.p.	проре́занный

прореза́ть *imperf of* проре́зать

проре́заться, *1st and 2nd pers not used, perf, of teeth* be cut, appear, come ‖ *imperf* прореза́ться 2а *and* проре́зывать-ся 1а
forms follow проре́зать

прореза́ться *imperf of* проре́заться

прорези́нивать(ся) *imperf of* прорези́-нить(ся)

прорези́нить *perf* что *text* rubberize ‖ *imperf* прорези́нивать 1а

ft.	прорези́ню, -нишь, -нят
imp.	прорези́нь, ~те
pt.	прорези́нил
g.pt.a.	прорези́нив
p.pt.a.	прорези́нивший
p.pt.p.	прорези́ненный

прорези́ниться, *1st and 2nd pers not used, perf* be rubberized ‖ *imperf* прорези́ни-ваться

проре́зывать(ся) *imperf of* проре́зать(ся)

прорепети́ровать 4 *perf* что rehearse

прорецензи́ровать 4 *perf* что review, write a criticism (of), give a critique (of)

проржа́веть 3, *stress as infinitive, 1st and 2nd pers not used, perf* rust through

проржа́ть, *1st pers not used, perf* whinny, neigh

ft.	проржёшь, -жу́т
imp.	проржи́, ~те
pt.	проржа́л
g.pt.a.	проржа́в
p.pt.a.	проржа́вший

прорисова́ть 5 *perf* что **1.** ink in *lines, outlines* **2.** do some drawing ‖ *imperf* прорисо́вывать 1а *with* 1

прорисо́вывать *imperf of* прорисова́ть

прорица́ть 2а *imperf* что *bookish* prophesy, foretell

пророни́ть *perf*: не пророни́ть ни сло́ва [зву́ка] not say a word, keep *one's* mouth shut ‖ *imperf* пророни́вать 1а

ft.	пророню́, -о́нишь, -о́нят
imp.	пророни́, ~те
pt.	пророни́л
g.pt.a.	пророни́в
p.pt.a.	пророни́вший
p.pt.p.	проро́ненный *and* проронён-ный; проронён, -ена́

проро́чествовать 4а *imperf usu iron* о чём prophesy, soothsay

проро́чить *imperf* что prophesy

pr.	проро́чу, -чишь, -чат
imp.	проро́чь, ~те
pt.	проро́чил
g.pr.a.	проро́ча
p.pr.a.	проро́чащий
p.pt.a.	проро́чивший

проруба́ть *imperf of* проруби́ть

проруби́ть *perf* что **1.** cut through, hack through, make a breach (in) **2.** hack *for a time* ‖ *imperf* проруба́ть 2а *with* 1

ft.	прорублю́, -у́бишь, -у́бят
imp.	проруби́, ~те
pt.	проруби́л
g.pt.a.	проруби́в
p.pt.a.	проруби́вший
p.pt.p.	прору́бленный

прорыва́ть(ся)[1] *imperf of* прорва́ть(ся)

прорыва́ть(ся)[2] *imperf of* проры́ть(ся)

проры́ть *perf* что **1.** burrow, sap, dig *trench, tunnel, canal etc.* **2.** do some digging ‖ *imperf* прорыва́ть 2a *with* 1

ft.	проро́ю, -бешь, -бют
imp.	проро́й, ~те
pt.	проры́л
g.pt.a.	проры́в
p.pt.a.	проры́вший
p.pt.p.	проры́тый

проры́ться *perf* **1.** dig a passage for itself, dig itself a way through **2.** *coll* potter around *for a while* ‖ *imperf* прорыва́ться *with* 1

прорыча́ть *perf* **1.** growl **2.** growl *for a time*

ft.	прорычу́, -чи́шь, -ча́т
imp.	прорычи́, ~те
pt.	прорыча́л
g.pt.a.	прорыча́в
p.pt.a.	прорыча́вший

просади́ть *perf* что *sub* **1.** break through, make a breach (in) **2.** blue *money*; gamble away *money* ‖ *imperf* проса́живать 1a

ft.	просажу́, -а́дишь, -а́дят
imp.	просади́, ~те
pt.	просади́л
g.pt.a.	просади́в
p.pt.a.	просади́вший
p.pt.p.	проса́женный

проса́живать *imperf of* просади́ть

проса́ливать(ся)[1] *imperf of* проса́лить(ся)

проса́ливать(ся)[2] *imperf of* просоли́ть(ся)

проса́лить *perf* что grease ‖ *imperf* проса́ливать 1a

ft.	проса́лю, -лишь, -лят
imp.	проса́ль, ~те
pt.	проса́лил
g.pt.a.	проса́лив
p.pt.a.	проса́ливший
p.pt.p.	проса́ленный

проса́литься, *1st and 2nd pers not used, perf* be greased ‖ *imperf* проса́ливаться

проса́сывать(ся) *imperf of* прососа́ть(ся)

проса́чиваться *imperf of* просочи́ться

просве́рливать *imperf of* просверли́ть

просверли́ть *perf* что **1.** drill, drill a hole (in) **2.** *a. without object* drill *for a time*, do some drilling ‖ *imperf* просве́рливать 1a *with* 1

ft.	просверлю́, -ли́шь, -ля́т
imp.	просверли́, ~те
pt.	просверли́л
g.pt.a.	просверли́в
p.pt.a.	просверли́вший
p.pt.p.	просверлённый; просверлён, -ена́

просвети́ть[1] *perf* **1.** кого́-что x-ray **2.** show through ‖ *imperf* просве́чивать 1a

ft.	просвечу́, -е́тишь, -е́тят
imp.	просвети́, ~те
pt.	просвети́л
g.pt.a.	просвети́в
p.pt.a.	просвети́вший
p.pt.p.	просве́ченный

просвети́ть[2] *perf* кого́-что educate, enlighten ‖ *imperf* просвеща́ть 2a

ft.	просвещу́, -ети́шь, -етя́т
imp.	просвети́, ~те
pt.	просвети́л
g.pt.a.	просвети́в
p.pt.a.	просвети́вший
p.pt.p.	просвещённый; просвещён, -ена́

просвети́ться[1] *perf sub* be x-ráyed, get x-rayed ‖ *imperf* просве́чиваться 1a forms follow просвети́ть[1]

просвети́ться[2] *perf* educate oneself, be enlightened ‖ *imperf* просвеща́ться 2a forms follow просвети́ть[2]

просветле́ть 3 *perf* **1.** grow light; *of weather* clear up **2.** *fig* become more clement; *of thoughts* become clearer

просве́чивать(ся) *imperf of* просвети́ть-(ся)[1]

просвеща́ть(ся) *imperf of* просвети́ть(ся)[2]

просвиста́ть *perf* **1.** whistle **2.** что whistle *a tune* **3.** whistle past, whistle by **4.** whistle *for a time* ‖ *imperf* просви́стывать 1a *with* 2

ft.	просвищу́, -и́щешь, -и́щут
imp.	просвищи́, ~те
pt.	просвиста́л
g.pt.a.	просвиста́в
p.pt.a.	просвиста́вший
p.pt.p.	просви́станный

просвисте́ть *perf* **1.** whistle **2.** что whistle *a tune* **3.** whistle past, whistle by **4.** whistle *for a time* **5.** что *sub* fritter away *money* ‖ *imperf* просви́стывать 1a *with* 2

ft.	просвищу́, -исти́шь, -истя́т
imp.	просвисти́, ~те
pt.	просвисте́л
g.pt.a.	просвисте́в
p.pt.a.	просвисте́вший

просви́стывать[1] *imperf of* просвиста́ть

просви́стывать[2] *imperf of* просвисте́ть

просева́ть(ся) *imperf of* просе́ять(ся)

просе́ивать(ся) *imperf of* просе́ять(ся)

просека́ть(ся) *imperf of* просе́чь(ся)

просе́чь *perf* что **1.** hack through, hack *one's* way through *undergrowth etc.*; cut through **2.** flog, horsewhip, lash ‖ *imperf* просека́ть 2а

ft.	просеку́, -ечёшь, -еку́т
imp.	просеки́, ~те
pt.	просе́к, просекла́
g.pt.a.	просе́кши
p.pt.a.	просе́кший
p.pt.p.	просечённый; просечён, -ена́

просе́чься, *1st and 2nd pers not used*, *perf* tear ‖ *imperf* просека́ться

просе́ять *perf* что **1.** sift, riddle **2.** *a. without object* do some sowing ‖ *imperf* просе́ивать 1а *with* 1 *and* просева́ть 2а *with* 1

ft.	просе́ю, -е́ешь, -е́ют
imp.	просе́й, ~те
pt.	просе́ял
g.pt.a.	просе́яв
p.pt.a.	просе́явший
p.pt.p.	просе́янный

просе́яться, *1st and 2nd pers not used*, *perf* **1.** be sifted, be riddled **2.** pour through *holes* ‖ *imperf* просе́иваться *and coll* просева́ться

просигнализи́ровать 4 *perf* кому́-чему́ чем signal, give a signal

просигна́лить *perf* кому́-чему́ чем signal, give a signal

ft.	просигна́лю, -лишь, -лят
imp.	просигна́ль, ~те
pt.	просигна́лил
g.pt.a.	просигна́лив
p.pt.a.	просигна́ливший
p.pt.p.	просигна́ленный

просиде́ть *perf* что **1.** be sitting down, remain seated *for a while* **2.** *coll* sit a hole in *trousers, chair etc.* ‖ *imperf* проси́живать 1а

ft.	просижу́, -иди́шь, -идя́т
imp.	просиди́, ~те
pt.	просиде́л
g.pt.a.	просиде́в

p.pt.a.	просиде́вший
p.pt.p.	проси́женный

проси́живать *imperf of* просиде́ть

проси́ть *imperf* **1.** кого́-что, кого́-чего́, кого́-что о ком-чём *or with infinitive* ask for, request; invite **2.** кого́-что за кого́-что say a good word (for), intercede (for) **3.** кого́-что на что invite, ask; проси́ть к столу́ announce dinner ‖ *perf* попроси́ть, forms ib.

pr.	прошу́, про́сишь, про́сят
imp.	проси́, ~те
pt.	проси́л
g.pr.a.	прося́
p.pr.a.	прося́щий
p.pt.a.	проси́вший
p.pr.p.	проси́мый
p.pt.p.	про́шенный

проси́ться *imperf* **1.** ask permission; проси́ться в ко́мнату ask permission to enter, ask if one may come in **2.** *of children* ask to leave the room **3.** *1st and 2nd pers not used, fig* be just right (for), suit; э́то про́сится на карти́ну it just begs to be painted, it is crying out to be painted ‖ *perf* попроси́ться *with* 1, 2

просия́ть 2 *perf* **1.** shine **2.** *fig* light up, beam *with joy, pleasure*

проска́бливать *imperf of* проскобли́ть

проскака́ть *perf* **1.** ми́мо кого́-чего́ ride past full pelt **2.** что gallop *horse* past **3.** gallop *for a time* ‖ *imperf* проска́кивать 1а *with* 1, 2

ft.	проскачу́, -а́чешь, -а́чут
imp.	проскачи́, ~те
pt.	проскака́л
g.pt.a.	проскака́в
p.pt.a.	проскака́вший

проска́кивать[1] *imperf of* проскака́ть

проска́кивать[2] *imperf of* проскочи́ть

проска́льзывать *imperf of* проскользну́ть

просква́живать *imperf of* просквози́ть

просквози́ть *perf impers* кого́-что: меня́ просквози́ло I have caught a cold from the draught ‖ *imperf* просква́живать* 1а

ft.	просквози́т
pt.	просквози́ло

проскло́нять 2 *perf* что *gram* decline

проскобли́ть *perf* что **1.** scratch a hole in **2.** scratch *for a time* ‖ *imperf* проска́бливать 1а *with* 1

ft.	проскоблю́, -обли́шь, -обля́т
imp.	проскобли́, ~те

pt.	проскобли́л
g.pt.a.	проскобли́в
p.pt.a.	проскобли́вший
p.pt.p.	проско́бленный

проскользну́ть 7 *perf* **1.** slip through, sneak in **2.** *fig* be detectable, become faintly audible ‖ *imperf* проска́льзывать 1 a
по *p.pt.p.*

проскочи́ть *perf* **1.** ми́мо кого́-чего́ nip past **2.** *coll of time* fly **3.** *coll* slip through, nip through **4.** *coll* fall through, fall down a hole **5.** *fig coll, of error* creep past, remain undetected ‖ *imperf* проска́кивать 1 a

ft.	проскочу́, -о́чишь, -о́чат
imp.	проскочи́, ~те
pt.	проскочи́л
g.pt.a.	проскочи́в
p.pt.a.	проскочи́вший

проскуча́ть 2 *perf* be bored stiff, have a boring time

просла́бить *perf impers*: его́ просла́било he got diarrhoea

ft.	просла́бит
pt.	просла́било

просла́вить *perf* кого́-что **1.** make famous **2.** praise, extol ‖ *imperf* прославля́ть 2 a

ft.	просла́влю, -вишь, -вят
imp.	просла́вь, ~те
pt.	просла́вил
g.pt.a.	просла́вив
p.pt.a.	просла́вивший
p.pt.p.	просла́вленный

просла́виться *perf* become famous, be famed ‖ *imperf* прославля́ться

прославля́ть(ся) *imperf of* просла́вить(ся)

просла́ивать *imperf of* прослои́ть

проследи́ть *perf* кого́-что **1.** trace, turn up **2.** pursue, investigate, study ‖ *imperf* просле́живать 1 a

ft.	прослежу́, -еди́шь, -едя́т
imp.	проследи́, ~те
pt.	проследи́л
g.pt.a.	проследи́в
p.pt.a.	проследи́вший
p.pt.p.	просле́женный

просле́довать 4 *perf bookish* betake oneself

просле́живать *imperf of* проследи́ть

прослези́ться *perf* burst into tears

ft.	прослежу́сь, -ези́шься, -езя́тся
imp.	прослези́сь, -и́тесь
pt.	прослези́лся, -лась

g.pt.a.	прослези́вшись
p.pt.a.	прослези́вшийся

прослои́ть *perf* что чем insert a (protective) layer; прослои́ть торт кре́мом put a layer of cream in a cake; прослои́ть стекло́ бума́гой lay paper between sheets of glass ‖ *imperf* просла́ивать 1 a

ft.	прослою́, -ои́шь, -оя́т
imp.	прослои́, ~те
pt.	прослои́л
g.pt.a.	прослои́в
p.pt.a.	прослои́вший
p.pt.p.	прослоённый; прослоён, -ена́

прослужи́ть *perf* **1.** serve, be in the services for a spell, do *one's military* service **2.** serve, be in use, be in service *for a spell*

ft.	прослужу́, -у́жишь, -у́жат
imp.	прослужи́, ~те
pt.	прослужи́л
g.pt.a.	прослужи́в
p.pt.a.	прослужи́вший

прослу́шать 1 *perf* кого́-что **1.** listen (to); attend *lectures* **2.** *med* auscultate **3.** *coll* overhear, not hear, not catch **4.** listen *for a time* ‖ *imperf* прослу́шивать 1 a *with* 1—3

прослу́шивать *imperf of* прослу́шать

прослыва́ть *imperf of* прослы́ть

прослы́ть *perf* кем-чем count (as), be known (as, for) ‖ *imperf* прослыва́ть 2 a

ft.	прослыву́, -вёшь, -ву́т
imp.	прослыви́, ~те
pt.	прослы́л, -ыла́, -ы́ло
g.pt.a.	прослы́в
p.pt.a.	прослы́вший

прослы́шать *perf* о чём *coll* hear say, hear tell

ft.	прослы́шу, -шишь, -шат
imp.	прослы́шь, ~те
pt.	прослы́шал
g.pt.a.	прослы́шав
p.pt.a.	прослы́шавший

просма́ливать *imperf of* просмоли́ть

просма́тривать *imperf of* просмотре́ть

просмоли́ть *perf* что tar, coat with tar ‖ *imperf* просма́ливать 1 a

ft.	просмолю́, -ли́шь, -ля́т
imp.	просмоли́, ~те
pt.	просмоли́л
g.pt.a.	просмоли́в
p.pt.a.	просмоли́вший
p.pt.p.	просмолённый; просмолён, -ена́

просмотре́ть *perf* кого́-что́ **1.** take a look at, glance through, go through **2.** overlook, fail to notice, let *error* go through **3.** see, look at, view ‖ *imperf* просма́тривать 1 a *with* 1, 2
ft.	просмотрю́, -о́тришь, -о́трят
imp.	просмотри́, ~те
pt.	просмотре́л
g.pt.a.	просмотре́в
p.pt.a.	просмотре́вший
p.pt.p.	просмо́тренный

просну́ться 7 *perf* **1.** wake up **2.** *fig* wake up, awake ‖ *imperf* просыпа́ться 2 a

просо́вывать(ся) *imperf of* просу́нуть(ся)

просоли́ть *perf* что salt ‖ *imperf* проса́ливать 1 a
ft.	просолю́, -о́лишь, -о́лят
imp.	просоли́, ~те
pt.	просоли́л
g.pt.a.	просоли́в
p.pt.a.	просоли́вший
p.pt.p.	просо́ленный *and* просолё́нный; просолё́н, -ена́

просоли́ться, *1st and 2nd pers not used, perf* be preserved in salt ‖ *imperf* проса́ливаться

прососа́ть *perf* что **1.** seep through **2.** suck *for a time* ‖ *imperf* проса́сывать 1 a *with* 1
ft.	прососу́, -сё́шь, -су́т
imp.	прососи́, ~те
pt.	прососа́л
g.pt.a.	прососа́в
p.pt.a.	прососа́вший
p.pt.p.	просо́санный

прососа́ться, *1st and 2nd pers not used, perf* seep through ‖ *imperf* проса́сываться

просо́хнуть *perf* dry, dry up, dry out ‖ *imperf* просыха́ть 2 a
ft.	просо́хну, -нешь, -нут
imp.	просо́хни, ~те
pt.	просо́х, ~ла
g.pt.a.	просо́хнув *and* просо́хши
p.pt.a.	просо́хший

просочи́ться, *1st and 2nd pers not used, perf* **1.** seep through **2.** *fig coll* trickle through, come through the grapevine ‖ *imperf* проса́чиваться 1 a
ft.	просочи́тся, -ча́тся
pt.	просочи́лся, -лась
g.pt.a.	просочи́вшись
p.pt.a.	просочи́вшийся

проспа́ть *perf* **1.** have a sleep **2.** oversleep **3.** что *coll* miss *by oversleeping* ‖ *imperf* просыпа́ть 2 a *with* 2, 3
ft.	просплю́, -пи́шь, -пя́т
imp.	проспи́, ~те
pt.	проспа́л, -ала́, -а́ло
g.pt.a.	проспа́в
p.pt.a.	проспа́вший
p.pt.p.	про́спанный *with* 3

проспа́ться *perf coll* sleep off a hangover

проспиртова́ть 5 *perf* что lay in spirits, impregnate in spirits, pickle in alcohol ‖ *imperf* проспирто́вывать 1 a

проспиртова́ться, *1st and 2nd pers not used, perf* be impregnated in spirits ‖ *imperf* проспирто́вываться

проспирто́вывать(ся) *imperf of* проспиртова́ть(ся)

проспо́ривать *imperf of* проспо́рить

проспо́рить *perf* **1.** что *or without object* wager away, lose *by betting*, lose a bet **2.** argue *for a time* ‖ *imperf* проспо́ривать 1 a *with* 1
ft.	проспо́рю, -ришь, -рят
imp.	проспо́рь, ~те
pt.	проспо́рил
g.pt.a.	проспо́рив
p.pt.a.	проспо́ривший
p.pt.p.	проспо́ренный

проспряга́ть 2 *perf* что *gram* conjugate no *p.pt.p.*

просро́чивать *imperf of* просро́чить

просро́чить *perf* что exceed, fail to meet *deadline*; let lapse ‖ *imperf* просро́чивать 1 a
ft.	просро́чу, -чишь, -чат
imp.	просро́чь, ~те
pt.	просро́чил
g.pt.a.	просро́чив
p.pt.a.	просро́чивший
p.pt.p.	просро́ченный

проста́вить *perf* что insert, fill in *on form* ‖ *imperf* проставля́ть 2 a
ft.	проста́влю, -вишь, -вят
imp.	проста́вь, ~те
pt.	проста́вил
g.pt.a.	проста́вив
p.pt.a.	проста́вивший
p.pt.p.	проста́вленный

проставля́ть *imperf of* проста́вить

проста́ивать *imperf of* простоя́ть

простега́ть 2 *perf* что *bookish* quilt ‖ *imperf* простё́гивать 1 a
p.pt.p.	простё́ганный

простё́гивать *imperf of* простега́ть

простере́ть *perf* что *bookish* **1.** extend, put out *the hands* **2.** *fig* increase, extend *demands* ‖ *imperf* простира́ть 2а
ft. простру́*, -рёшь*, -ру́т*
imp. простри́*, ~те*
pt. простёр, ~ла
g.pt.a. простере́в *and* простёрши
p.pt.a. простёрший
p.pt.p. простёртый

простере́ться, *1st and 2nd pers not used, perf bookish* **1.** extend; reach **2.** extend towards each other, reach out to each other ‖ *imperf* простира́ться

просте́ть 3а *imperf coll* become simpler, become easier. — (по-)

простира́ть[1] 2 *perf* что *coll* **1.** wash *washing* thoroughly **2.** do some washing ‖ *imperf* прости́рывать 1а *with* 1

простира́ть[2] *imperf of* простере́ть

простира́ться *imperf of* простере́ться

простирну́ть 7 *perf* что *sub* wash *washing* hastily [carelessly]

прости́рывать *imperf of* простира́ть[1]

прости́ть *perf* кого-что *or* что кому́ **1.** forgive **2.** remit, cancel *debt* ‖ *imperf* проща́ть 2а
ft. прощу́, прости́шь, простя́т
imp. прости́, ~те
pt. прости́л
g.pt.a. прости́в
p.pt.a. прости́вший
p.pt.p. прощённый; прощён, -ена́

прости́ться *perf* с кем-чем **1.** take *one's* leave (of) **2.** *fig* take *one's* leave (of), give up, forswear ‖ *imperf* проща́ться

простона́ть *perf* что *or without object* **1.** groan, say with a groan **2.** groan *for a time*, keep groaning
ft. простону́* *and* простона́ю*, -о́нешь, -о́нут
imp. простони́, ~те
pt. простона́л
g.pt.a. простона́в
p.pt.a. простона́вший

простоя́ть *perf* **1.** be standing **2.** *of troops* be lying **3.** be at a standstill, not work **4.** have a certain life, last ‖ *imperf* простаивать 1а *with* 1—3
ft. простою́, -ои́шь, -оя́т
imp. простои́, ~те
pt. простоя́л
g.pt.a. простоя́в
p.pt.a. простоя́вший

простра́гивать *imperf of* прострога́ть

простра́нствовать 4 *perf* be travelling *for a certain length of time*

простра́чивать *imperf of* прострочи́ть

простре́ливать[1] *imperf of* прострели́ть

простре́ливать[2] *imperf of* прострелять

прострели́ть *perf* кого-что **1.** perforate with shots **2.** fire on, sweep with fire, rake with fire ‖ *imperf* простре́ливать 1а
ft. прострелю́, -е́лишь, -е́лят
imp. прострели́, ~те
pt. прострели́л
g.pt.a. прострели́в
p.pt.a. прострели́вший
p.pt.p. простре́ленный

простреля́ть 2 *perf* **1.** что *coll* break in *firearms* **2.** be firing, do some firing ‖ *imperf* простре́ливать 1а *with* 1

прострига́ть *imperf of* простри́чь

простри́чь *perf* кого-что **1.** cut out, trim out *a long strip* **2.** do some haircutting, cut some hair ‖ *imperf* прострига́ть 2а *with* 1
ft. простригу́, -ижёшь, -игу́т
imp. простриги́, ~те
pt. простри́г, ~ла
g.pt.a. простри́гши
p.pt.a. простри́гший
p.pt.p. простри́женный

прострога́ть 2 *perf* что **1.** plane off, shave off **2.** plane *a strip* **3.** *a. without object* do some planing ‖ *imperf* простра́гивать 1а *with* 1, 2

прострочи́ть *perf* **1.** что stitch **2.** *coll* fire a burst *from automatic or machine gun* **3.** что *or without object* do some stitching ‖ *imperf* простра́чивать 1а *with* 1, 2
ft. прострочу́, -о́чи́шь, -о́ча́т
imp. прострочи́, ~те
pt. прострочи́л
g.pt.a. прострочи́в
p.pt.a. прострочи́вший
p.pt.p. простро́ченный

простру́гать 2 *perf* что **1.** plane off, shave off **2.** plane *a strip* **3.** *or without object* do some planing ‖ *imperf* простру́гивать 1а *with* 1, 2

простру́гивать *imperf of* простругать

простуди́ть *perf* кого-что **1.** let *smb* catch a cold; get a cold *on the chest etc.* **2.** *sub* let cool, cool ‖ *imperf* простужа́ть 2а
ft. простужу́, -у́дишь, -у́дят
imp. просту́ди, ~те
pt. простуди́л
g.pt.a. простуди́в

p.pt.a.   простуди́вший
p.pt.p.   просту́женный

простуди́ться *perf* catch cold ‖ *imperf*
простужа́ться

простужа́ть(ся) *imperf of* простуди́ть(ся)

просту́кать 1 *perf* 1. *coll* rattle past 2. что
med sound 3. что *or without object* keep
tapping; do some typing ‖ *imperf* про-
сту́кивать 1a *with* 1, 2

просту́кивать *imperf of* просту́кать

проступа́ть *imperf of* проступи́ть

проступи́ть, *1st and 2nd pers not used, perf*
appear, occur ‖ *imperf* проступа́ть 2a
ft.   просту́пит, -пят
pt.   проступи́л
g.pt.a.   проступи́в
p.pt.a.   проступи́вший

простыва́ть[1] *imperf of* просты́ть

простыва́ть[2] *imperf of* просты́нуть

просты́нуть *s.* просты́ть

просты́ть *and sub* **просты́нуть** *perf* 1. *coll*
become cold 2. *sub* catch cold ‖ *imperf*
простыва́ть 2a
ft.   просты́ну, -ы́нешь, -ы́нут
imp.   просты́нь, ~те
pt.   просты́л
g.pt.a.   просты́в
p.pt.a.   просты́вший

просуди́ть *perf* что 1. *sub obs* spend *money*
in litigation, use up *one's money* in litigation 2. *a. without object* serve as a
judge ‖ *imperf* просу́живать 1a *with* 1
ft.   просужу́, -у́дишь, -у́дят
imp.   просуди́, ~те
pt.   просуди́л
g.pt.a.   просуди́в
p.pt.a.   просуди́вший
p.pt.p.   просу́женный

просу́живать *imperf of* просуди́ть

просу́нуть 6 *perf* кого́-что push through,
force through ‖ *imperf* просо́вывать 1a
imp.   просу́нь, ~те
p.pt.p.   просу́нутый

просу́нуться *perf* push through, be forced
through ‖ *imperf* просо́вываться

просу́шивать(ся) *imperf of* просуши́ть(ся)

просуши́ть *perf* что dry out ‖ *imperf* про-
су́шивать 2a
ft.   просушу́, -у́шишь, -у́шат
imp.   просуши́, ~те
pt.   просуши́л
g.pt.a.   просуши́в

p.pt.a.   просуши́вший
p.pt.p.   просу́шенный

просуши́ться *perf* dry ‖ *imperf* просу́ши-
ваться

просуществова́ть 5 *perf* be in existence *for
a certain time*

просчита́ть [щи] 2 *perf* что *coll* 1. count
over 2. *a. without object* miscount, miscalculate (by) 3. *a. without object* be
counting, do some counting ‖ *imperf* про-
счи́тывать 1a *with* 1, 2

просчита́ться [щи] *perf* 1. на что miscount, miscalculate (by) 2. *fig* miscalculate, back the wrong horse, come unstuck
‖ *imperf* просчи́тываться

просчи́тывать(ся) *imperf of* просчита́ть-
(ся)

просы́пать *perf* что spill *granules, powder
etc.* ‖ *imperf* просыпа́ть 2a
ft.   просы́плю, -лешь, -лют *and
            coll* -пешь, -пют
imp.   просы́пь, ~те
pt.   просы́пал
g.pt.a.   просы́пав
p.pt.a.   просы́павший
p.pt.p.   просы́панный

просыпа́ть[1] *imperf of* просы́пать

просыпа́ть[2] *imperf of* проспа́ть

просы́паться, *1st and 2nd pers not used,
perf* spill, be spilled, get spilt ‖ *imperf*
просыпа́ться 2a
forms follow просы́пать

просыпа́ться[1] *imperf of* просну́ться

просыпа́ться[2] *imperf of* просы́паться

просыха́ть *imperf of* просо́хнуть

прота́лкивать(ся)[1] *imperf of* протол-
ка́ть(ся)

прота́лкивать(ся)[2] *imperf of* протол-
кну́ть(ся)

протанцева́ть *perf* что 1. dance 2. *a.
without object* be dancing *e.g. all night*
ft.   протанцу́ю, -у́ешь, -у́ют
imp.   протанцу́й, ~те
pt.   протанцева́л
g.pt.a.   протанцева́в
p.pt.a.   протанцева́вший
p.pt.p.   протанцо́ванный

прота́пливать *imperf of* протопи́ть[2]

прота́пливаться *imperf of* протопи́ться

прота́птывать *imperf of* протопта́ть

протара́нивать *imperf of* протара́нить

протара́нить *perf* что ram ‖ *imperf* протара́нивать 1 а
ft.   протара́ню, -нишь, -нят
imp.   протара́нь, ~те
pt.   протара́нил
g.pt.a.   протара́нив
p.pt.a.   протара́нивший
p.pt.p.   протара́ненный

протарато́рить *perf coll* **1.** что blabber **2.** chatter, keep chattering, be chattering
ft.   протарато́рю, -ришь, -рят
imp.   протарато́рь, ~те
pt.   протарато́рил
g.pt.a.   протарато́рив
p.pt.a.   протарато́ривший
p.pt.p.   протарато́ренный

протаска́ть 2 *perf* что **1.** *coll* drag *for a time* **2.** *sub* have *clothes* on *for a time*, put on *for a time*

протаска́ться *perf sub* **1.** be walking **2.** *of clothes* be worn *for a time*

прота́скивать *imperf of* протащи́ть

прота́чивать *imperf of* проточи́ть

протащи́ть *perf* кого́-что **1.** drag *past* **2.** *fig coll* sneak *smth* through, sneak *smth* in **3.** *sub* attack, criticize ‖ *imperf* прота́скивать 1 а
ft.   протащу́, -а́щишь, -а́щат
imp.   протащи́, ~те
pt.   протащи́л
g.pt.a.   протащи́в
p.pt.a.   протащи́вший
p.pt.p.   прота́щенный

протежи́ровать [тэ] 4 а *imperf* кому́-чему́ *bookish* patronize, protect, show favour to

протези́ровать [тэ] 4 *and* 4 а *perf, imperf* кого́-что fit with a prosthesis

протека́ть *imperf of* проте́чь

протере́ть *perf* что **1.** abrade, fray, wear **2.** clean, wipe clean **3.** rub through grater **4.**: протере́ть глаза́ rub *one's* eyes; wake up ‖ *imperf* протира́ть 2 а
ft.   протру́, -рёшь, -ру́т
imp.   протри́, ~те
pt.   протёр, ~ла
g.pt.a.   протере́в *and* протёрши
p.pt.a.   протёрший
p.pt.p.   протёртый

протере́ться, *1st and 2nd pers not used, perf* wear through ‖ *imperf* протира́ться

протерпе́ть *perf coll* wait patiently, bide *one's* time
ft.   протерплю́, -е́рпишь, -е́рпят
imp.   протерпи́, ~те

pt.   протерпе́л
g.pt.a.   протерпе́в
p.pt.a.   протерпе́вший

протеса́ть *perf* что **1.** hew, hack, trim **2.** cut *a groove* **3.** chop *for a time*, do some chopping *with hatchet* ‖ *imperf* протёсывать 1 а *with* 1, 2
ft.   протешу́, -е́шешь, -е́шут
imp.   протеши́, ~те
pt.   протеса́л
g.pt.a.   протеса́в
p.pt.a.   протеса́вший
p.pt.p.   протёсанный

протестова́ть[1] 5 а *imperf* про́тив чего́ protest (at, against)

протестова́ть[2] 5 *and* 5 а *perf, imperf* что *fin* dispute, protest *bill of exchange.* — (о-)

протёсывать *imperf of* протеса́ть

проте́чь, *1st and 2nd pers not used, perf* **1.** flow, run **2.** flow past **3.** become leaky, leak **4.** *of time* pass **5.** pass off ‖ *imperf* протека́ть 2 а
ft.   протечёт, -еку́т
pt.   протёк, -екла́
g.pt.a.   протёкши
p.pt.a.   протёкший

проти́виться *imperf* кому́-чему́ resist. — (вос-)
pr.   проти́влюсь, -вишься, -вятся
imp.   проти́вься, -вьтесь
pt.   проти́вился, -лась
g.pr.a.   проти́вясь
p.pr.a.   проти́вящийся
p.pt.a.   проти́вившийся

противоде́йствовать 4 а *imperf* кому́-чему́ counteract

противополага́ть *imperf of* противополо-жи́ть

противоположи́ть *perf* кого́-что кому́-чему́ *bookish* juxtapose *two things*; contrast, confront (*smth* with *smth*); oppose (*smth* to *smth*) ‖ *imperf* противополага́ть 2 а
ft.   противоположу́, -о́жишь, -о́жат
imp.   противоположи́, ~те
pt.   противоположи́л
g.pt.a.   противоположи́в
p.pt.a.   противоположи́вший
p.pt.p.   противополо́женный

противопоста́вить *perf* кого́-что кому́-чему́ contrast, confront (*smth* with *smth*); oppose (*smth* to *smth*); compare (*smth*

with *smth*) ‖ *imperf* противопоста-
вля́ть 2 a
ft. противопоста́влю, -вишь, -вят
imp. противопоста́вь, ~те
pt. противопоста́вил
g.pt.a. противопоста́вив
p.pt.a. противопоста́вивший
p.pt.p. противопоста́вленный

противопоставля́ть *imperf of* противопо-
ста́вить

противоре́чить *imperf* кому́-чему́ 1. contradict, gainsay 2. *1st and 2nd pers not
used* contradict, be in contradiction to
pr. противоре́чу, -чишь, -чат
imp. противоре́чь, ~те
pt. противоре́чил
g.pr.a. противоре́ча
p.pr.a. противоре́чащий
p.pt.a. противоре́чивший

противостоя́ть *imperf* кому́-чему́ 1. resist
2. *1st and 2nd pers not used* be contra-
dictory
pr. противостою́, -ои́шь, -оя́т
imp. противосто́й, ~те
pt. противостоя́л
g.pr.a. противостоя́
p.pr.a. противостоя́щий
p.pt.a. противостоя́вший

протира́ть(ся) *imperf of* протере́ть(ся)

проти́скать 1 *perf* что *coll* 1. hammer
through, get through blow by blow, ram
through 2. keep pressing ‖ *imperf* про-
ти́скивать 1 a *with* 1

проти́скаться *perf coll* force a way through
‖ *imperf* проти́скиваться

проти́скивать(ся)¹ *imperf of* проти́скать-
(ся)

проти́скивать(ся)² *imperf of* проти́с-
нуть(ся)

проти́снуть 6 *perf* кого́-что force through ‖
imperf проти́скивать 1 a
p.pt.p. проти́снутый

проти́снуться *perf* force a way through,
force a passage ‖ *imperf* проти́скиваться

протка́ть *perf* 1. чем weave *a thread* in
2. что do some weaving
ft. протку́, -кёшь, -ку́т
imp. протки́, ~те
pt. протка́л, -а́ла, -а́ло
g.pt.a. протка́в
p.pt.a. протка́вший
p.pt.p. про́тканный

проткну́ть 7 *perf* кого́-что *coll* pierce,
penetrate ‖ *imperf* протыка́ть 2 a

протоколи́ровать 4 *and* 4 a *perf, imperf*
что 1. take down *in minutes etc.* 2. *fig*
relate, recount *in sober, matter-of-fact
terms.* — (за- *with* 1)

протолка́ть 2 *perf* кого́-что *coll* pound
through, pound in, ram through, ram
in ‖ *imperf* прота́лкивать 1 a

протолка́ться *perf coll* force a way through
‖ *imperf* прота́лкиваться

протолкну́ть 7 *perf* 1. кого́-что press in,
force in, force through 2. *fig* что *coll*
accelerate, set in motion, set going, get
the wheels turning ‖ *imperf* прота́лки-
вать 1 a

протолкну́ться *perf coll* force *one's* way
through ‖ *imperf* прота́лкиваться

протопа́ть 1 *perf* 1. *coll* tramp past, stamp
past 2. *coll* keep tramping, keep stamping
3. *sub* cover, pound over *a certain
distance*

протопи́ть¹ *perf* что heat up, make warm
room etc.
ft. протоплю́, -о́пишь, -о́пят
imp. протопи́, ~те
pt. протопи́л
g.pt.a. протопи́в
p.pt.a. протопи́вший
p.pt.p. прото́пленный

протопи́ть² *perf* что 1. render *fat* 2. melt
for a time ‖ *imperf* прота́пливать 1 a
forms as протопи́ть¹

протопи́ться, *1st and 2nd pers not used,
perf, of stove* be heated up, get warm ‖ *imperf* прота́пливаться

протопта́ть *perf* что 1. wear, tread *path
etc.* 2. wear out *shoeleather etc.* ‖ *imperf*
прота́птывать 1 a
ft. протопчу́, -о́пчешь, -о́пчут
imp. протопчи́, ~те
pt. протопта́л
g.pt.a. протопта́в
p.pt.a. протопта́вший
p.pt.p. прото́птанный

проторгова́ть 5 *perf* 1. *coll* что lose in
trading, make a loss of *smth* in the course
of business 2. чем *or without object* deal
in, trade in ‖ *imperf* проторго́вывать 1 a
with 1

проторгова́ться *perf coll* 1. suffer business
losses, go bankrupt, go bust, put up the
shutters 2. haggle, bargain *for a time* ‖
imperf проторго́вываться *with* 1

проторго́вывать(ся) *imperf of* проторго-
ва́ть(ся)

проторить *perf* что blaze *trail* ‖ *imperf*
проторя́ть 2а
ft.	проторю́, -ри́шь, -ря́т
imp.	протори́, ~те
pt.	протори́л
g.pt.a.	протори́в
p.pt.a.	протори́вший
p.pt.p.	проторённый; проторён, -ена́

проторча́ть *perf sub* stand about, be
hanging round
ft.	проторчу́, -чи́шь, -ча́т
imp.	проторчи́, ~те
pt.	проторча́л
g.pt.a.	проторча́в
p.pt.a.	проторча́вший

проторя́ть *imperf of* проторить

проточи́ть *perf* что **1.** *of worms, insects*
eat, make holes in **2.** *of water* hollow out,
wash out **3.** *tech* drill **4.** do some drilling ‖
imperf прота́чивать 1а *with* 1—3
ft.	проточу́, -о́чишь, -о́чат
imp.	проточи́, ~те
pt.	проточи́л
g.pt.a.	проточи́в
p.pt.a.	проточи́вший
p.pt.p.	прото́ченный

протрави́ть *perf* что **1.** etch *design* **2.** stain,
varnish **3.** кого́-что *coll* lose, let escape
in hunting, coursing **4.** do some etching;
do some varnishing ‖ *imperf* протра́вли-
вать 1а *with* 1, 2 *and* протравля́ть 2а
with 1, 2
ft.	протравлю́, -а́вишь, -а́вят
imp.	протрави́, ~те
pt.	протрави́л
g.pt.a.	протрави́в
p.pt.a.	протрави́вший
p.pt.p.	протра́вленный

протра́вливать *imperf of* протрави́ть

протравля́ть *imperf of* протрави́ть

протра́ливать *imperf of* протра́лить

протра́лить *perf* что clear of mines ‖
imperf протра́ливать 1а
ft.	протра́лю, -лишь, -лят
imp.	протра́ль, ~те
pt.	протра́лил
g.pt.a.	протра́лив
p.pt.a.	протра́ливший
p.pt.p.	протра́ленный

протрезве́ть 3 *perf coll* sober up

протрезви́ть *perf* кого́-что sober up ‖
imperf протрезвля́ть 2а
| *ft.* | протрезвлю́, -ви́шь, -вя́т |
| *imp.* | протрезви́, ~те |

pt.	протрезви́л
g.pt.a.	протрезви́в
p.pt.a.	протрезви́вший
p.pt.p.	протрезвлённый; протрезвлён, -ена́

протрезви́ться *perf* sober up ‖ *imperf*
протрезвля́ться

протрезвля́ть(ся) *imperf of* протрез-
ви́ть(ся)

протруби́ть *perf* **1.** blow *trumpet* **2.** trumpet
3. что sound, blow, blast *signal etc.*
4. *coll* что trumpet forth, broadcast, shout
from the housetops, advertize **5.** что *or*
without objekt be blowing
ft.	протрублю́, -би́шь, -бя́т
imp.	протруби́, ~те
pt.	протруби́л
g.pt.a.	протруби́в
p.pt.a.	протруби́вший

протури́ть *perf* кого́-что *sub* drive off,
chase off
ft.	протурю́, -ри́шь, -ря́т
imp.	протури́, ~те
pt.	протури́л
g.pt.a.	протури́в
p.pt.a.	протури́вший
p.pt.p.	протурённый; протурён, -ена́

протуха́ть *imperf of* проту́хнуть

проту́хнуть, *1st and 2nd pers not used,*
perf, of victuals spoil, go bad ‖ *imperf*
протуха́ть 2а
| *ft.* | проту́хнет, -нут |
| *pt.* | проту́х *and obs* проту́хнул, про-
ту́хла |
| *g.pt.a.* | проту́хнув *and* проту́хши |
| *p.pt.a.* | проту́хший |

протыка́ть *imperf of* проткну́ть

протя́гивать(ся) *imperf of* протяну́ть(ся)

протяну́ть 7 *perf* что **1.** put up, hang,
stretch *wire etc.*; протяну́ть телефо́н
instal telephone; put up telephone
lines **2.** stretch out, extend, offer **3.** *tech*
draw *wire etc.* **4.** drawl, lengthen *speech*
sound **5.** *coll* protract, drag out, draw out
6. *coll* live on, last out; больно́й недо́лго
протя́нет the patient has not long to live
7. *of birds* flit past, fly by **8.** *sub* pillory,
attack, guy, hold up to ridicule **9.** *sub*
wallop, biff, bang, thump, paste *smb* ‖ *im-*
perf протя́гивать 1а
| *ft.* | протяну́, -я́нешь, -я́нут |
| *p.pt.p.* | протя́нутый |

протяну́ться *perf* **1.** stretch oneself out,
lie at full length **2.** *1st and 2nd pers not*

used, coll drag on **3.** *1st and 2nd pers not used, coll* stretch, extend ‖ *imperf* протя́гивать

проу́чивать(ся) *imperf of* проучи́ть(ся)

проучи́ть *perf* **1.** кого́-что *coll* teach, show *smb*, give *smb* something to think about **2.** что practise, be learning ‖ *imperf* проу́чивать 1а

ft.	проучу́, -у́чишь, -у́чат
imp.	проучи́, ~те
pt.	проучи́л
g.pt.a.	проучи́в
p.pt.a.	проучи́вший
p.pt.p.	проу́ченный

проучи́ться *perf* be learning, do a bit of studying ‖ *imperf* проу́чиваться

профани́ровать 4 *and* 4а *perf, imperf* что *bookish* profane, desecrate

профе́ссорствовать 4а *imperf coll* be a professor

профили́ровать 4 *and* 4а *perf, imperf* что *tech* roll steel sections, pass roll

профильтрова́ть 5 *perf* что filter ‖ *imperf* профильтро́вывать 1а

профильтро́вывать *imperf of* профильтрова́ть

проха́живать *imperf freq of* проходи́ть[2]

проха́живаться *imperf of* пройти́сь

проха́рчиваться *imperf of* прохарчи́ться

прохарчи́ться *perf sub* **1.** spend all *one's* money on grub **2.** keep *one's* head above water, get by ‖ *imperf* проха́рчиваться 1а

ft.	прохарчу́сь, -чи́шься, -ча́тся
imp.	прохарчи́сь, -и́тесь
pt.	прохарчи́лся, -лась
g.pt.a.	прохарчи́вшись
p.pt.a.	прохарчи́вшийся

прохвати́ть *perf* кого́-что **1.** *1st and 2nd pers not used coll, of cold* penetrate, pierce **2.** *1st and 2nd pers not used, sub* bite through **3.** *sub* tear to pieces, pick to pieces, tear holes in ‖ *imperf* прохва́тывать 1а

ft.	прохвачу́, -а́тишь, -а́тят
imp.	прохвати́, ~те
pt.	прохвати́л
g.pt.a.	прохвати́в
p.pt.a.	прохвати́вший
p.pt.p.	прохва́ченный

прохва́тывать *imperf of* прохвати́ть

прохвора́ть 2 *perf coll* be sick *for a time*, have a spell of illness

прохлади́ть *perf* что *coll* cool, let cool, let go cold ‖ *imperf* прохлажда́ть 2а

ft.	прохлажу́, -ади́шь, -адя́т
imp.	прохлади́, ~те
pt.	прохлади́л
g.pt.a.	прохлади́в
p.pt.a.	прохлади́вший
p.pt.p.	прохлаждённый; прохлаждён, -ена́

прохлади́ться *perf coll* go out for a breather ‖ *imperf* прохлажда́ться

прохлажда́ть *imperf of* прохлади́ть

прохлажда́ться 2а *imperf coll* **1.** *imperf of* прохлади́ться **2.** take *one's* time, take it easy, not be in a hurry **3.** sit around at leisure, sit around with nothing to do

проходи́ть[1] *imperf of* пройти́

pr.	прохожу́, -о́дишь, -о́дят
imp.	проходи́, ~те
pt.	проходи́л
g.pr.a.	проходя́
p.pr.a.	проходя́щий
p.pt.a.	проходи́вший
p.pr.p.	проходи́мый

проходи́ть[2] *perf* **1.** have a walk round **2.** go, be working, be running, be going **3.** в чём have *clothes* on, go in, wear *for a time* | *imperf freq coll* проха́живать 1а *with* 1

ft.	прохожу́, -о́дишь, -о́дят
imp.	проходи́, ~те
pt.	проходи́л
g.pt.a.	проходи́в
p.pt.a.	проходи́вший

процвести́ *perf* **1.** *fig* flourish, blossom, come in nicely **2.** be in blossom, be in bloom

ft.	процвету́, -тёшь, -ту́т
imp.	процвети́, ~те
pt.	процвёл, -ела́
g.pt.a.	процветя́ *and* процве́тши
p.pt.a.	процве́тший

процвета́ть 2а *imperf fig* flourish, thrive

процеди́ть *perf* что filtrate ‖ *imperf* проце́живать 1а

ft.	процежу́, -е́дишь, -е́дят
imp.	процеди́, ~те
pt.	процеди́л
g.pt.a.	процеди́в
p.pt.a.	процеди́вший
p.pt.p.	проце́женный

проце́живать *imperf of* процеди́ть

процити́ровать 4 *perf* кого́-что quote

прочёркивать *imperf of* прочеркну́ть

прочеркну́ть 7 *perf* что strike out, cross out *box, space in questionnaire* ‖ *imperf* прочёркивать 1 a
p.pt.p.   прочёркнутый

прочерти́ть *perf* что 1. draw 2. do some mechanical drawing ‖ *imperf* прочёрчивать 1 a *with* 1
ft.   прочерчу́, -е́ртишь, -е́ртят
imp.   прочерти́, ~те
pt.   прочерти́л
g.pt.a.   прочерти́в
p.pt.a.   прочерти́вший
p.pt.p.   проче́рченный

прочёрчивать *imperf of* прочерти́ть

прочеса́ть *perf* что 1. card, comb *wool*; heckle, hatchel *flax* 2. *fig coll mil* comb *area*, search minutely 3. *sub* scratch sore 4. do some combing, do some carding ‖ *imperf* прочёсывать 1 a *with* 1—3
ft.   прочешу́, -е́шешь, -е́шут
imp.   прочеши́, ~те
pt.   прочеса́л
g.pt.a.   прочеса́в
p.pt.a.   прочеса́вший
p.pt.p.   прочёсанный

прочёсть *perf* что *coll* 1. read, read through 2. read out 3. speak, lecture
ft.   прочту́, -тёшь, -ту́т
imp.   прочти́, ~те
pt.   прочёл, -чла́
g.pt.a.   прочтя́
p.pt.p.   прочтённый; прочтён, -ена́

прочёсывать *imperf of* прочеса́ть

прочи́стить *perf* что clean, clean out, clear, unblock, unstop ‖ *imperf* прочища́ть 2 a
ft.   прочи́щу, -и́стишь, -и́стят
imp.   прочи́сти *and* прочи́сть, прочи́стите
pt.   прочи́стил
g.pt.a.   прочи́стив
p.pt.a.   прочи́стивший
p.pt.p.   прочи́щенный

прочита́ть 2 *perf* что 1. read, read through 2. read out 3. speak, lecture ‖ *imperf* прочи́тывать 1 a *with* 1

прочи́тывать *imperf of* прочита́ть

прочиха́ться 2 *perf coll* sneeze

прочища́ть *imperf of* прочи́стить

прочу́вствовать 4 *perf* что 1. get into the spirit of 2. feel keenly

прошага́ть 2 *perf* 1. go, step out, stride out 2. go *for a time*, be striding

прошепта́ть *perf* что whisper (to)
ft.   прошепчу́, -е́пчёшь, -е́пчут
imp.   прошепчи́, ~те
pt.   прошепта́л
g.pt.a.   прошепта́в
p.pt.a.   прошепта́вший
p.pt.p.   прошёптанный

прошиба́ть *imperf of* прошиби́ть

прошиби́ть *perf* кого-что 1. break through 2. *sub* break through, penetrate; пот его́ проши́б he broke into a muck sweat, he was bathed in sweat, the sweat poured from him ‖ *imperf* прошиба́ть 2 a
ft.   прошибу́, -бёшь, -бу́т
imp.   прошиби́, ~те
pt.   проши́б, ~ла
g.pt.a.   прошиби́в* *and* прошибя́*
p.pt.a.   проши́бший
p.pt.p.   проши́бленный

прошива́ть *imperf of* проши́ть

проши́ть *perf* что sew through, stitch through, stitch together ‖ *imperf* прошива́ть 2 a
ft.   прошью́, -шьёшь, -шью́т
imp.   прошей, ~те
pt.   проши́л
g.pt.a.   проши́в
p.pt.a.   проши́вший
p.pt.p.   проши́тый

прошля́пить *perf* что *sub* miss
ft.   прошля́плю, -пишь, -пят
imp.   прошля́пь, ~те
pt.   прошля́пил
g.pt.a.   прошля́пив
p.pt.a.   прошля́пивший
p.pt.p.   прошля́пленный

прошмы́гивать *imperf of* прошмыгну́ть

прошмыгну́ть 7 *perf coll* slip by ‖ *imperf* прошмы́гивать 1 a
no *p.pt.p.*

прошнурова́ть 5 *perf* что thread, lace, string ‖ *imperf* прошнуро́вывать 1 a

прошнуро́вывать *imperf of* прошнурова́ть

прошпаклева́ть *perf* что 1. prime, make good 2. do some priming ‖ *imperf* прошпаклёвывать 1 a *with* 1
ft.   прошпаклю́ю, -ю́ешь, -ю́ют
imp.   прошпаклю́й, ~те
pt.   прошпаклева́л
g.pt.a.   прошпаклева́в
p.pt.a.   прошпаклева́вший
p.pt.p.   прошпаклёванный

прошпаклёвывать *imperf of* прошпаклевáть

прошпиговáть 5 *perf* что lace *meat with fat*, lard ‖ *imperf* прошпигóвывать 1а

прошпигóвывать *imperf of* прошпиговáть

проштрáфиться *perf coll* slip up, let oneself in for trouble

ft.	проштрáфлюсь, -фишься, -фятся
imp.	проштрáфься, -фьтесь
pt.	проштрáфился, -лась
g.pt.a.	проштрáфившись
p.pt.a.	проштрáфившийся

проштудúровать 4 *perf* что study, learn, go into

проштукатýрить *perf* что 1. plaster 2. do some plastering

ft.	проштукатýрю, -ришь, -рят
imp.	проштукатýрь, ~те
pt.	проштукатýрил
g.pt.a.	проштукатýрив
p.pt.a.	проштукатýривший
p.pt.p.	проштукатýренный

прошумéть *perf* 1. sound, resound 2. *fig coll* become a big noise, wake attention 3. make some noise

ft.	прошумлю́, -мúшь, -мя́т
imp.	прошумú, ~те
pt.	прошумéл
g.pt.a.	прошумéв
p.pt.a.	прошумéвший

прощáть 2а *imperf* 1. *imperf of* простúть 2. *imp.* прощáй(те)! farewell!, adieu!

прощáться *imperf of* простúться

прощýпать 1 *perf* 1. что feel, touch 2. *fig* когó-что test, put to the test; probe ‖ *imperf* прощýпывать 1а

прощýпаться, *1st and 2nd pers not used, perf* be felt ‖ *imperf* прощýпываться

прощýпывать(ся) *imperf of* прощýпать(ся)

проэкзаменовáть 5 *perf* когó-что inspect, examine, test ‖ *imperf* проэкзаменóвывать 1а

проэкзаменовáться *perf* be inspected, be checked ‖ *imperf* проэкзаменóвываться

проэкзаменóвывать(ся) *imperf of* проэкзаменовáть(ся)

проявúть *perf* что 1. *phot* develop *film* 2. reveal, show, bring to light ‖ *imperf* проявля́ть 2а

ft.	проявлю́, -я́вишь, -я́вят
imp.	проявú, ~те
pt.	проявúл
g.pt.a.	проявúв
p.pt.a.	проявúвший
p.pt.p.	проя́вленный

проявúться, *1st and 2nd pers not used, perf* be revealed, come to light ‖ *imperf* проявля́ться

проявля́ть(ся) *imperf of* проявúть(ся)

проя́снеть 3, *stress as infinitive, 1st and 2nd pers not used, perf coll, of weather* clear up ‖ *imperf* проя́снивать 1а

прояснéть 3, *1st and 2nd pers not used, perf* lighten, brighten; *of mood etc.* calm down, become settled

проя́снивать *imperf of* проя́снеть

проясни́ться, *1st and 2nd pers not used, perf coll* 1. *of weather* clear up, brighten up 2. *fig* be cleared up, become clear 3. become clear, be distinct ‖ *imperf* проясня́ться 2а

ft.	проясни́тся, -ня́тся
pt.	проясни́лся, -лась
g.pt.a.	проясни́вшись
p.pt.a.	проясни́вшийся

проясня́ться *imperf of* проясни́ться

прудúть *imperf* что dam; collect, accumulate. — (за-)

pr.	пружу́, прýдúшь, прýдя́т
imp.	прудú, ~те
pt.	прудúл
g.pr.a.	прудя́
p.pr.a.	прудя́щий
p.pt.a.	прудúвший
p.pr.p.	прудúмый

пружúнить *imperf* 1. yield, be elastic 2. что flex, ripple *muscles*; make *gait etc.* springy

pr.	пружúню, -нишь, -нят
imp.	пружúнь, ~те
pt.	пружúнил
g.pr.a.	пружúня
p.pr.a.	пружúнящий
p.pt.a.	пружúнивший

пружúниться, *1st and 2nd pers not used, imperf coll* be elastic, yield

пры́гать 1а *imperf* jump, spring ∣ *perf semelf* пры́гнуть 6

пры́гнуть *perf semelf of* пры́гать

пры́скать *imperf of* пры́снуть

пры́скаться 1а *imperf* чем *coll* splash [sprinkle] oneself

пры́снуть 6 *perf* 1. когó-что чем *or* что на что sprinkle, splash (with), splash smth on **2.** *1st and 2nd pers not used* gush forth, bubble **3.**: пры́снуть (со́ смеху) burst out laughing ‖ *imperf* пры́скать 1a

прыща́веть 3a, *stress as infinitive, imperf coll* come out in pimples. — (о-)

пря́дать *imperf of* пря́нуть

пря́нуть 6 *perf obs* spring back, jump aside ‖ *imperf* пря́дать 1a

прясть *imperf* **1.** что spin **2.** *1st and 2nd pers not used*: прясть уша́ми prick up its ears

pr.	пряду́, -дёшь, -ду́т
imp.	пряди́, ~те
pt.	прял, пряла́, пря́ло
g.pr.a.	прядя́
p.pr.a.	пряду́щий
p.pt.a.	пря́дший
p.pr.p.	прядо́мый*
p.pt.p.	пря́денный

пря́тать *imperf* кого́-что **1.** hide, conceal **2.** put in storage ‖ *perf* спря́тать, forms ib.

pr.	пря́чу, -чешь, -чут
imp.	пря́чь, ~те
pt.	пря́тал
g.pr.a.	пря́ча
p.pr.a.	пря́чущий
p.pt.a.	пря́тавший

пря́таться *imperf* hide ‖ *perf* спря́таться

психова́ть 5a *imperf sub* get upset, get into a slate of nerves, get nervy

публикова́ть 5a *imperf* что publicize, make public; publish. — (о-)

пуга́ть 2a *imperf* кого́-что scare, frighten, scare off; intimidate, threaten ‖ *perf semelf* пугну́ть 7, по *p.pt.p.* — (ис-)
p.pt.p. пу́ганный

пуга́ться *imperf* кого́-чего́ be scared, be frightened. — (ис-)

пугну́ть *perf semelf of* пуга́ть

пуделя́ть 2a *imperf sub ven* fail to hit, miss

пудлингова́ть 5 *and* 5a *perf, imperf* что *tech* puddle

пу́дрить *imperf* кого́-что powder. — (на-, по-)

pr.	пу́дрю, -ришь, -рят
imp.	пу́дри, ~те
pt.	пу́дрил
g.pr.a.	пу́дря
p.pr.a.	пу́дрящий
p.pt.a.	пу́дривший
p.pr.p.	пу́дримый*
p.pt.p.	пу́дренный

пу́дриться *imperf* powder oneself, put on powder. — (на-, по-)

пузы́риться *imperf* **1.** *coll* form bubbles, effervesce, fizz **2.** *coll, of dress* swell out, puff out, balloon out **3.** *fig sub* take umbrage, be put out

pr.	пузы́рюсь, -ришься, -рятся
imp.	пузы́рься, -рьтесь
pt.	пузы́рился, -лась
g.pr.a.	пузы́рясь
p.pr.a.	пузы́рящийся
p.pt.a.	пузы́рившийся

пульверизи́ровать 4 *and* 4a *perf, imperf* что pulverize

пульну́ть *perf semelf of* пуля́ть

пульси́ровать 4a, *1st and 2nd pers not used, imperf* throb *a. fig*

пуля́ть 2a *imperf sub* fire ‖ *perf semelf* пульну́ть 7, по *p.pt.p.*

пуска́ть(ся) *imperf of* пусти́ть(ся)

пусте́ть 3a, *1st and 2nd pers not used, imperf* become deserted; become desert. — (о-)

пусти́ть *perf* кого́-что **1.** release **2.** permit *to go somewhere*; пусти́ть дете́й в кино́ let the children go to the pictures **3.** let through, let in **4.** drive to pasture **5.** set going, start up; let off *fireworks*; launch *rocket, missile etc.* **6.** shoot, fire; пусти́ть себе́ пу́лю в лоб blow *one's* brains out **7.** *agr* под что allot, plan *for a crop*; пусти́ть по́ле под овёс put under oats **8.** sprout, shoot; пусти́ть по́чки bud, put forth buds, put out buds **9.** что чем colour, paint; пусти́ть ло́дку зелёной paint a boat green ‖ *imperf* пуска́ть 2a

ft.	пущу́, пу́стишь, пу́стят
imp.	пусти́, ~те
pt.	пусти́л
g.pt.a.	пусти́в
p.pt.a.	пусти́вший
p.pt.p.	пу́щенный

пусти́ться *perf coll* **1.** start out, set out; пусти́ться бежа́ть hurry off **2.** во что *or with infinitive* begin, set about; take up **3.** на что take a chance (on) ‖ *imperf* пуска́ться

пустова́ть 5a, *1st and 2nd pers not used, imperf* be empty; be uninhabited; *agr* lie fallow

пустозво́нить *imperf coll* talk a lot of nonsense, talk drivel, talk rubbish

pr.	пустозво́ню, -нишь, -нят
imp.	пустозво́нь, ~те

pt.	пустозво́нил
g.pr.a.	пустозво́нив
p.pr.a.	пустозво́нящий
p.pt.a.	пустозво́нивший

пустосло́вить *imperf coll* talk a lot of nonsense, talk drivel, talk rubbish

pr.	пустосло́влю, -вишь, -вят
imp.	пустосло́вь, ~те
pt.	пустосло́вил
g.pr.a.	пустосло́вив
p.pr.a.	пустосло́вящий
p.pt.a.	пустосло́вивший

пу́тать 1а *imperf* 1. что mix up, disorder; entangle *wool etc.* 2. кого-что confuse 3. *usu without object* drivel, contradict oneself 4. кого-что (с кем-чем) mistake (for) 5. кого-что во что involve in, implicate (in) 6. кого-что hobble *horse.* — (за- *with* 1—3, в- *with* 5, пере- *with* 1—4, с- *with* 1, 3, 4, 6)

p.pt.p.	пу́танный

пу́таться *imperf* 1. get mixed up *a. fig* 2. *coll* become confused, contradict oneself 3. *coll derog* interfere, have one's say *in what is none of one's business,* be forced to put *one's* oar in 4. *sub* knock about 5. *sub* с кем-чем take up with. — (в- *with* 3, за- *with* 1, 2, пере- *with* 1, с- *with* 1, 2, 5)

путеше́ствовать 4а *imperf* take a (long) trip

пу́хнуть *imperf* swell up, swell. — (вс-, о-)

pr.	пу́хну, -нешь, -нут
imp.	пу́хни, ~те
pt.	пух *and* пу́хнул, пу́хла
g.pt.a.	пу́хнув
p.pr.a.	пу́хнущий
p.pt.a.	пу́хнувший *and* пу́хший

пу́чить *imperf* что 1. *impers coll* distend, blow up; его́ пу́чит *or* у него́ живо́т пу́чит he has wind, he is flatulent 2. *sub:* пу́чить глаза́ goggle, open *one's* eyes wide. — (вы́- *with* 2, вс- *with* 1)

pr.	пу́чу, пу́чишь, пу́чат
imp.	пучь, ~те
pt.	пу́чил
g.pr.a.	пу́ча
p.pr.a.	пу́чащий
p.pt.a.	пу́чивший

пу́читься, *1st and 2nd pers not used, imperf coll* 1. become distended, swell 2. *sub, of eyes* pop out, grow round. — (вс- *with* 1, вы́- *with* 2)

пуши́ть *imperf* 1. что shake up, plump up *cushion* 2. кого-что *coll* give *smb* a shaking up, blow *smb* up. — (рас-)

pr.	пушу́, пуши́шь, пуша́т
imp.	пуши́, ~те
pt.	пуши́л
g.pr.a.	пуша́
p.pr.a.	пуша́щий
p.pt.a.	пуши́вший
p.pr.p.	пуши́мый
p.pt.p.	пушённый

пха́ть *imperf of* пхнуть

пхну́ть 7 *perf* кого-что *sub* shove, give a shove to, prod ‖ *imperf* пха́ть 1а no *p.pt.p.*

пы́житься *imperf coll* 1. make an effort, try hard 2. puff oneself up, be a blowhard

pr.	пы́жусь, -жишься, -жатся
imp.	пы́жься, -жьтесь
pt.	пы́жился, -лась
g.pr.a.	пы́жась
p.pr.a.	пы́жащийся
p.pt.a.	пы́жившийся

пыла́ть 2а *imperf* glow *a. fig*

пыли́ть *imperf* 1. raise dust 2. что make dusty. — (на- *with* 1, за- *with* 2)

pr.	пылю́, пыли́шь, пыля́т
imp.	пыли́, ~те
pt.	пыли́л
g.pr.a.	пыля́
p.pr.a.	пыля́щий
p.pt.a.	пыли́вший

пыли́ться *imperf* become dusty

пырну́ть 7 *perf* кого-что чем *sub* poke, jab, stab at, prod (with) ‖ *imperf* пыря́ть 2а

p.pt.p.	пырну́тый

пыря́ть *imperf of* пырну́ть

пыта́ть 2а *imperf* кого-что 1. torture, torment *a. fig* 2. *reg* quiz, interrogate

пыта́ться *imperf with infinitive* attempt, try ‖ *perf* попыта́ться 2

пы́хать[1] *imperf* чем *coll* 1. *1st and 2nd pers not used* radiate; glow with heat 2. *fig* radiate, ooze, glow with, be bursting with, be full of ‖ *perf semelf* пыхну́ть 7 *with* 1, no *p.pt.p.*

pr.	пы́шу, пы́шешь, пы́шут
pt.	пы́шал
g.pr.a.	пы́ша
p.pr.a.	пы́шущий
p.pt.a.	пы́шавший

пы́хать[2] 1а *imperf* emit, give off *gas etc.; of steam engine* puff ‖ *perf semelf* пыхну́ть 7, no *p.pt.p.*

пыхну́ть[1,2] *perf semelf of* пы́хать[1,2]

пыхте́ть *imperf coll* **1.** pant, gasp, snort, puff, blow **2.** *fig* над чем *coll* sweat blood over, have a hard time (with)

pr.	пыхчу́, пыхти́шь, пыхтя́т
imp.	пыхти́, ~те
pt.	пыхте́л
g.pr.a.	пыхтя́
p.pr.a.	пыхтя́щий
p.pt.a.	пыхте́вший

пьяне́ть 3а *imperf* **1.** get drunk **2.** *fig* become intoxicated [drunk] with *power etc.* — (о-)

пьяни́ть *imperf* кого́-что **1.** от чего́ make drunk, induce state of intoxication **2.** *1st and 2nd pers not used, fig* intoxicate, make drunk, exhilarate. — (о-)

pr.	пьяню́, -ни́шь, -ня́т
imp.	пьяни́, ~те
pt.	пьяни́л
g.pr.a.	пьяня́
p.pr.a.	пьяня́щий
p.pt.a.	пьяни́вший

пьянствовать 4а *imperf* drink, swill, tope

пялить *imperf* что *sub* **1.** put up, open *e.g.* umbrella, spread, stretch **2.** climb into one's clothes, have difficulty in putting one's clothes on, have difficulty getting into one's clothes

pr.	пя́лю, пя́лишь, пя́лят
imp.	пяль, ~те
pt.	пя́лил
g.pr.a.	пя́ля
p.pr.a.	пя́лящий
p.pt.a.	пя́ливший

пялиться *imperf sub* stare at

пя́тить *imperf* кого́-что force back, press back ‖ *perf* попя́тить, forms ib.

pr.	пя́чу, пя́тишь, пя́тят
imp.	пять, ~те
pt.	пя́тил
g.pr.a.	пя́тя
p.pr.a.	пя́тящий
p.pt.a.	пя́тивший

пя́титься *imperf* fall back, retreat, go back ‖ *perf* попя́титься

пятна́ть 2а *imperf* кого́-что **1.** soil, stain *a. fig* **2.** *coll* beat off, repel; knock down with ball. — (за-)

Р

раболе́пствовать 4 а *imperf* пе́ред кем-чем cringe (to), fawn (upon)

рабо́тать 1а *imperf* **1.** work **2.** *of a library, museum etc.* be open **3.** *of engines* run, work

рабо́таться *impers imperf*: сего́дня мне хорошо́ рабо́тается my work is going like a dream to-day

равня́ть 2а *imperf* кого́-что **1.** treat as equal, treat as equals **2.** с кем-чем compare (to), equate (with)

равня́ться *imperf* **1.** с кем-чем *coll* compete (with) **2.** по кому́-чему́ *mil* dress (to, from) **3.** по кому́ *or* на кого́ follow *smb's* example **4.** *1st and 2nd pers not used* чему́ *math* equal, make

раде́ть 3а *imperf* кому́-чему́ *or* о чём take care (of)

радиофици́ровать 4 *and* 4а *perf, imperf* что install radio in

ради́ровать 4 *and* 4а *perf, imperf* radio, wireless, transmit

ра́довать 4а *imperf* кого́-что gladden, please, make glad. — (об-, по-)

ра́доваться *imperf* **1.** be happy **2.** кому́-чему́ rejoice (at, over). — (об-, по-)

разале́ться 3 *perf coll* blush deeply

разба́вить *perf* что dilute ‖ *imperf* разбавля́ть 2а

ft.	разба́влю, -вишь, -вят
imp.	разба́вь, ~те
pt.	разба́вил
g.pt.a.	разба́вив
p.pt.a.	разба́вивший
p.pt.p.	разба́вленный

разбавля́ть *imperf of* разба́вить

разбаза́ривать *imperf of* разбаза́рить

разбаза́рить *perf* кого́-что *coll* waste, squander ‖ *imperf* разбаза́ривать 1а

ft.	разбаза́рю, -ришь, -рят
imp.	разбаза́рь, ~те
pt.	разбаза́рил
g.pt.a.	разбаза́рив
p.pt.a.	разбаза́ривший
p.pt.p.	разбаза́ренный

разба́ливаться[1,2] *imperf of* разболе́ть-ся[1,2]

разбалова́ть 5 *perf* кого́-что *coll* spoil child

разбалова́ться *perf coll* start playing about, indulge in pranks, grow frolic-some

разба́лтывать(ся)[1,2] *imperf of* разболта́ть(ся)[1,2]

разбе́гаться 1 *perf coll* start running about

разбега́ться *imperf of* разбежа́ться

разбежа́ться *perf* 1. take a run 2. *1st and 2nd pers not used* scatter, disperse ‖ *imperf* разбега́ться 2 a

ft.	разбегу́сь, -ежи́шься, -егу́тся
imp.	разбеги́сь, -йтесь
pt.	разбежа́лся, -лась
g.pt.a.	разбежа́вшись
p.pt.a.	разбежа́вшийся

разбереди́ть *perf* что *coll* chafe; reopen sores ‖ *imperf* разбере́живать* 1 a

ft.	разбережу́, -еди́шь, -едя́т
imp.	разбереди́, ~те
pt.	разбереди́л
g.pt.a.	разбереди́в
p.pt.a.	разбереди́вший
p.pt.p.	разбережённый; разбережён, -ена́

разбере́живать *imperf of* разбереди́ть

разбива́ть(ся) *imperf of* разби́ть(ся)

разбинтова́ть 5 *perf* что unbandage ‖ *imperf* разбинто́вывать 1 a

разбинтова́ться *perf coll* 1. take off one's bandage, unbandage oneself 2. *1st and 2nd pers not used, of a bandage* get loose ‖ *imperf* разбинто́вываться

разбинто́вывать(ся) *imperf of* разбинтова́ть(ся)

разбира́ть 2 a *imperf* 1. *imperf of* разобра́ть 2. *coll* examine; брать, не разбира́я take indiscriminately

разбира́ться *imperf of* разобра́ться

разби́ть *perf* кого́-что 1. break (to pieces), smash; hurt (badly) 2. *fig* smash, destroy, shatter *hopes* 3. defeat, beat 4. break up, divide 4. lay out *a garden* ‖ *imperf* разбива́ть 2 a

ft.	разобью́, -бьёшь, -бью́т
imp.	разбе́й, ~те
pt.	разби́л
g.pt.a.	разби́в

p.pt.a.	разби́вший
p.pt.p.	разби́тый

разби́ться *perf* 1. обо что break, get broken; *of a ship* be wrecked (on) 2. hurt oneself badly 3. split, break up, divide ‖ *imperf* разбива́ться

разбла́говестить *perf* что *or without object coll iron* blaze abroad; trumpet forth

ft.	разбла́говещу, -естишь, -естят
imp.	разбла́говести, ~те
pt.	разбла́говестил
g.pt.a.	разбла́говестив
p.pt.a.	разбла́говестивший
p.pt.p.	разбла́говещенный

разблоки́ровать 4 *perf* что lift a blockade

разбогате́ть 3 *perf* become rich

разбо́йничать 1 a *imperf* rob, plunder

разболе́ться[1] 3 *perf coll* fall seriously ill ‖ *imperf* разба́ливаться 1 a

разболе́ться[2], *1st and 2nd pers not used, perf coll* (begin to) ache ‖ *imperf* разба́ливаться 1 a

ft.	разболи́тся, -ля́тся
pt.	разболе́лся, -лась
g.pt.a.	разболе́вшись
p.pt.a.	разболе́вшийся

разболта́ть[1] 2 *perf* что *coll* 1. shake (up), stir up 2. loosen, work *a screw* loose ‖ *imperf* разба́лтывать 1 a

разболта́ть[2] 2 *perf* что *or without object coll* blab (out); let out ‖ *imperf* разба́лтывать 1 a

разболта́ться[1] *perf coll* 1. *1st and 2nd pers not used, of a screw* work loose, get loose 2. get out of hand; become undisciplined ‖ *imperf* разба́лтываться

разболта́ться[2] *perf coll* give free rein to one's tongue ‖ *imperf* разба́лтываться

разбомби́ть *perf* кого́-что bomb to bits, destroy by bombing

ft.	разбомблю́, -би́шь, -бя́т
imp.	разбомби́, ~те
pt.	разбомби́л
g.pt.a.	разбомби́в
p.pt.a.	разбомби́вший
p.pt.p.	разбомблённый; разбомблён, -ена́

разбрани́ть *perf* кого́-что *coll* give *smb* a piece of one's mind, blow *smb* up

ft.	разбраню́, -ни́шь, -ня́т
imp.	разбрани́, ~те
pt.	разбрани́л

g.pt.a.	разбрани́в
p.pt.a.	разбрани́вший
p.pt.p.	разбранённый; разбранён, -ена́

разбрани́ться *perf* с кем-чем *coll* quarrel (with), fall out (with)

разбра́сывать[1] *imperf of* разбро́сить

разбра́сывать[2] *imperf of* разброса́ть

разбра́сываться *imperf of* разброса́ться

разбреда́ться *imperf of* разбрести́сь

разбрести́сь, *1st and 2nd pers sg not used, perf* scatter, disperse ‖ *imperf* разбреда́ться 2а

ft.	разбредётся, -ду́тся
pt.	разбрёлся, -ела́сь
g.pt.a.	разбредя́сь
p.pt.a.	разбрёдшийся

разброни́ровать 4 *perf* кого-что *coll* cancel the reservation of

разброса́ть 2 *perf* что 1. scatter (about), strew 2. *coll* throw about 3. *coll* dissipate, waste, squander *money* ‖ *imperf* разбра́сывать 1а

разброса́ться *perf coll* 1. leave *one's* things scattered all over the place 2. loll about 3. overreach oneself, attempt too much 4. come unfolded; *of hair* fall loose‖ *imperf* разбра́сываться

разбро́сить *perf* кого-что *coll* scatter (about); throw about ‖ *imperf* разбра́сывать 1а

ft.	разбро́шу, -о́сишь, -о́сят
imp.	разбро́сь, ~те
pt.	разбро́сил
g.pt.a.	разбро́сив
p.pt.a.	разбро́сивший
p.pt.p.	разбро́шенный

разбры́згать *perf* что splash, spray ‖ *imperf* разбры́згивать 1а

ft.	разбры́згаю, -аешь, -ают *and* разбры́зжу, -жешь, -жут
imp.	разбры́згай, ~те
pt.	разбры́згал
g.pt.a.	разбры́згав
p.pt.a.	разбры́згавший
p.pt.p.	разбры́зганный

разбры́згаться *perf coll* get sprinkled, get splashed ‖ *imperf* разбры́згиваться

разбры́згивать(ся) *imperf of* разбры́згать(ся)

разбрюзжа́ться *perf coll* become grumpy, start being grumpy

ft.	разбрюзжу́сь, -жи́шься, -жа́тся
imp.	разбрюзжи́сь, -йтесь
pt.	разбрюзжа́лся, -лась
g.pt.a.	разбрюзжа́вшись
p.pt.a.	разбрюзжа́вшийся

разбуди́ть *perf* кого-что 1. (a)wake 2. *fig* (a)rouse

ft.	разбужу́, -у́дишь, -у́дят
imp.	разбуди́, ~те
pt.	разбуди́л
g.pt.a.	разбуди́в
p.pt.a.	разбуди́вший
p.pt.p.	разбу́женный

разбуха́ть *imperf of* разбу́хнуть

разбу́хнуть *perf* 1. swell (with absorbed moisture); *sub* swell (up), expand 2. *fig* puff oneself up, blow hard ‖ *imperf* разбуха́ть 2а

ft.	разбу́хну, -нешь, -нут
imp.	разбу́хни, ~те
pt.	разбу́х, ~ла
g.pt.a.	разбу́хнув *and* разбу́хши
p.pt.a.	разбу́хший

разбушева́ться *perf* 1. *1st and 2nd pers not used, of storm* (begin to) rage; *of the sea* run high 2. *coll* become enraged, fly into a rage

ft.	разбушу́юсь, -у́ешься, -у́ются
imp.	разбушу́йся, -у́йтесь
pt.	разбушева́лся, -лась
g.pt.a.	разбушева́вшись
p.pt.a.	разбушева́вшийся

разбуя́ниться *perf coll* grow violent, go berserk

ft.	разбуя́нюсь, -нишься, -нятся
imp.	разбуя́нься, -ньтесь
pt.	разбуя́нился, -лась
g.pt.a.	разбуя́нившись
p.pt.a.	разбуя́нившийся

разва́жничаться 1 *perf coll* give oneself airs

разва́ливать[1] *imperf of* развали́ть

разва́ливать[2] *imperf of* разваля́ть

разва́ливаться *imperf of* развали́ться

развали́ть *perf* что 1. pull down; destroy 2. *fig* spoil; mess up ‖ *imperf* разва́ливать 1а

ft.	развалю́, -а́лишь, -а́лят
imp.	развали́, ~те
pt.	развали́л
g.pt.a.	развали́в
p.pt.a.	развали́вший
p.pt.p.	разва́ленный

разва́ли́ться *perf* **1.** *1st and 2nd pers not used* collapse; fall to pieces, crumble **2.** *coll* sprawl; loll about, loll around ‖ *imperf* разва́ливаться

развали́ть 2 *perf* что roll out. *dough* ‖ *imperf* разва́ливать 1 a

разва́ривать(ся) *imperf of* развари́ть(ся)

развари́ть *perf* что boil (till) soft ‖ *imperf* разва́ривать 1 a

ft.	разварю́, -а́ришь, -а́рят
imp.	развари́, ~те
pt.	развари́л
g.pt.a.	развари́в
p.pt.a.	развари́вший
p.pt.p.	разва́ренный

развари́ться, *1st and 2nd pers not used*, *perf* be overcooked; be boiled soft ‖ *imperf* разва́риваться

развева́ть 2 a *imperf* что *or* чем blow (about); ве́тер развева́л зна́мя the banner is streaming in the wind

развева́ться, *1st and 2nd pers not used*, *imperf* flutter, wave, be flying

разве́дать 1 *perf* **1.** что, о ком-чём, про кого́-что find out; reconnoitre **2.** что investigate, inquire into, explore; *geol* prospect for ‖ *imperf* разве́дывать 1 a

разве́дывать *imperf of* разве́дать

развезти́ *perf* кого́-что **1.** deliver *goods*; transport **2.** *impers coll* make *a road* impassable **3.** *impers sub* exhaust; enfeeble ‖ *imperf* развози́ть, forms ib.

ft.	развезу́, -зёшь, -зу́т
imp.	развези́, ~те
pt.	развёз, -езла́
g.pt.a.	развезя́ *and obs* развёзши
p.pt.a.	развёзший
p.pt.p.	развезённый; развезён, -ена́

разве́ивать(ся) *imperf of* разве́ять(ся)

развенча́ть 2 *perf* кого́-что destroy *smb's* prestige, dethrone ‖ *imperf* развенчи́вать 1 a

развенчивать *imperf of* развенча́ть

развереди́ть *perf* что *sub* reopen *sores* ‖ *imperf* развере́живать 1 a

ft.	развережу́, -еди́шь, -едя́т
imp.	развереди́, ~те
pt.	развереди́л
g.pt.a.	развереди́в
p.pt.a.	развереди́вший
p.pt.p.	развережённый; развережён, -ена́

развере́живать *imperf of* развереди́ть

разверза́ть(ся) *imperf of* разве́рзнуть(ся)

разве́рзнуть *perf* что *obs* open wide ‖ *imperf* разверза́ть 2 a

ft.	разве́рзну, -нешь, -нут
imp.	разве́рзни, ~те
pt.	разве́рз *and* разве́рзнул, разве́рзла
g.pt.a.	разве́рзнув
p.pt.a.	разве́рзнувший *and* разве́рзший
p.pt.p.	разве́рстый

разве́рзнуться, *1st and 2nd pers not used*, *perf bookish* yawn, gape ‖ *imperf* разверза́ться

разверну́ть 7 *perf* что **1.** unfold; unroll; unwrap **2.** *fig* display, show; develop **3.** *mil* deploy **4.** turn *a car* ‖ *imperf* развёртывать 1 a

p.pt.p.	развёрнутый

разверну́ться *perf* **1.** *1st and 2nd pers not used* unfold; unroll **2.** display oneself, show oneself; develop **3.** *1st and 2nd pers not used mil* be deployed **4.** *of a car* turn ‖ *imperf* развёртываться

разверста́ть 2 *perf* кого́-что apportion, allot ‖ *imperf* развёрстывать 1 a

p.pt.p.	развёрстанный

развёрстывать *imperf of* разверста́ть

разверте́ть *perf* что **1.** turn loose, screw off, unscrew **2.** ream *a hole* ‖ *imperf* разве́рчивать 1 a

ft.	разверчу́, -е́ртишь, -е́ртят
imp.	разверти́, ~те
pt.	разверте́л
g.pt.a.	разверте́в
p.pt.a.	разверте́вший
p.pt.p.	разве́рченный

разверте́ться, *1st and 2nd pers not used*, *perf* **1.** *of screws* get loose **2.** *of a hole* widen **3.** begin to rotate faster and faster ‖ *imperf* разве́рчиваться

развёртывать(ся) *imperf of* разверну́ть(ся)

разве́рчивать(ся) *imperf of* разверте́ть(ся)

развесели́ть *perf* кого́-что enliven, amuse ‖ *imperf* развеселя́ть 2 a

ft.	развеселю́, -ли́шь, -ля́т
imp.	развесели́, ~те
pt.	развесели́л
g.pt.a.	развесели́в
p.pt.a.	развесели́вший
p.pt.p.	развеселённый; развеселён, -ена́

развесели́ться *perf* cheer up ‖ *imperf* развеселя́ться

развеселя́ть(ся) *imperf of* развеселить(ся)

разве́сить[1] *perf* что weigh out ‖ *imperf* развешивать 1a

ft.	разве́шу, -е́сишь, -е́сят
imp.	разве́сь, ~те
pt.	разве́сил
g.pt.a.	разве́сив
p.pt.a.	разве́сивший
p.pt.p.	разве́шенный

разве́сить[2] *perf* что 1. spread *its branches* 2. hang (out, up) *in various places* ‖ *imperf* разве́шивать 1a
forms as разве́сить[1]

развести́ *perf* кого-что 1. take, conduct *to various places* 2. part, separate 3. divorce 4. pull apart; draw, raise *a bridge* 5. breed, rear, cultivate, grow 6. dissolve 7. light, kindle *fire* ‖ *imperf* разводи́ть, forms ib.

ft.	разведу́, -дёшь, -ду́т
imp.	разведи́, ~те
pt.	развёл, -ела́
g.pt.a.	разведя́ *and obs* разве́дши
p.pt.a.	разве́дший
p.pt.p.	разведённый; разведён, -ена́

развести́сь *perf* 1. с кем divorce *one's* spouse, get divorced (from) 2. *1st and 2nd pers not used* multiply, breed ‖ *imperf* разводи́ться

разветви́ть *perf* что divide into several branches ‖ *imperf* разветвля́ть 2a

ft.	разветвлю́, -ви́шь, -вя́т
imp.	разветви́, ~те
pt.	разветви́л
g.pt.a.	разветви́в
p.pt.a.	разветви́вший
p.pt.p.	разветвлённый; разветвлён, -ена́

разветви́ться, *1st and 2nd pers not used*, *perf* branch (out), ramify; *of ways* fork ‖ *imperf* разветвля́ться

разветвля́ть(ся) *imperf of* разветви́ть(ся)

разве́шать 1 *perf* hang (out, up) *in various places* ‖ *imperf* разве́шивать 1a

разве́шивать[1,2] *imperf of* разве́сить[1,2]

разве́шивать[3] *imperf of* разве́шать

разве́ять *perf* что 1. scatter, disperse, dispel 2. *fig* dispel ‖ *imperf* разве́ивать 1a

ft.	разве́ю, -е́ешь, -е́ют
imp.	разве́й, ~те
pt.	разве́ял
g.pt.a.	разве́яв
p.pt.a.	разве́явший
p.pt.p.	разве́янный

разве́яться, *1st and 2nd pers not used, per* 1. be scattered 2. *fig* be dispelled ‖ *imperf* разве́иваться

развива́ть(ся) *imperf of* разви́ть(ся)

развинти́ть *perf* что unscrew ‖ *imperf* разви́нчивать 1a

ft.	развинчу́, -нти́шь, -нтя́т
imp.	развинти́, ~те
pt.	развинти́л
g.pt.a.	развинти́в
p.pt.a.	развинти́вший
p.pt.p.	разви́нченный

развинти́ться *perf* 1. *1st and 2nd pers not used* come unscrewed 2. *fig coll* lose *one's* grip, get unstrung ‖ *imperf* разви́нчиваться

разви́нчивать(ся) *imperf of* развинти́ть(ся)

разви́ть *perf* кого-что 1. unwind; untwist, untwine 2. develop ‖ *imperf* развива́ть 2a

ft.	разовью́, -вьёшь, -вью́т
imp.	разве́й, ~те
pt.	разви́л, -ила́, -и́ло
g.pt.a.	разви́в
p.pt.a.	разви́вший
p.pt.p.	разви́тый; ра́звит, развита́, ра́звито

разви́ться *perf* 1. *1st and 2nd pers not used* unwind; untwist; come untwisted; *of hair* fall loose 1. *1st and 2nd pers not used* develop 3. develop [evolve] mentally ‖ *imperf* развива́ться

pt.	разви́лся, -ила́сь, -ило́сь

развлека́ть(ся) *imperf of* развле́чь(ся)

развле́чь *perf* кого-что 1. entertain, amuse 2. divert ‖ *imperf* развлека́ть 2a

ft.	развлеку́, -ечёшь, -еку́т
imp.	развлеки́, ~те
pt.	развлёк, -екла́
g.pt.a.	развлёкши
p.pt.a.	развлёкши
p.pt.p.	развлечённый; развлечён, -ена́

развле́чься *perf* 1. enjoy oneself; have a good time; amuse oneself ‖ *imperf* развлека́ться

разводи́ть *imperf of* развести́

pr.	развожу́, -о́дишь, -о́дят
imp.	разводи́, ~те
pt.	разводи́л
g.pr.a.	разводя́
p.pr.a.	разводя́щий
p.pt.a.	разводи́вший
p.pr.p.	разводи́мый

разводи́ться *imperf of* развести́сь

развоева́ться *perf coll* kick up a row
ft.   развою́юсь, -ою́ешься,
         -ою́ются
imp.   развою́йся, -ю́йтесь
pt.   развоева́лся, -лась
g.pt.a.   развоева́вшись
p.pt.a.   развоева́вшийся
развози́ть *imperf of* развезти́
pr.   развожу́, -о́зишь, -о́зят
imp.   развози́, ~те
pt.   развози́л
g.pr.a.   развозя́
p.pr.a.   развозя́щий
p.pt.a.   развози́вший
p.pr.p.   развози́мый
развози́ться *perf coll* romp, get out of hand
ft.   развожу́сь, -о́зишься, -о́зятся
imp.   развози́сь, -йтесь
pt.   развози́лся, -лась
g.pt.a.   развози́вшись
p.pt.a.   развози́вшийся
разволнова́ть 5 *perf* кого́-что *coll* excite, agitate
разволнова́ться *perf coll* get excited, get agitated
развопи́ться *perf sub* yell out, sing out; start lamenting
ft.   развоплю́сь, -пи́шься, -пя́тся
imp.   развопи́сь, -йтесь
pt.   развопи́лся, -лась
g.pt.a.   развопи́вшись
p.pt.a.   развопи́вшийся
развора́чивать *imperf of* развороти́ть
развора́чиваться 1а, *1st and 2nd pers not used, imperf* unfold, unroll
развора́шивать *imperf of* разворошить
разворова́ть 5 *perf* что *coll* steal, take *everything*; plunder ‖ *imperf* разворо́вывать 1а
разворо́вывать *imperf of* разворова́ть
развороти́ть *perf* что *coll* turn upside down; pull apart; scatter about *in search of smth* ‖ *imperf* развора́чивать 1а
ft.   разворочу́, -о́тишь, -о́тят
imp.   вороти́, ~те
pt.   развороти́л
g.pt.a.   развороти́в
p.pt.a.   развороти́вший
p.pt.p.   развороченный
разворошить *perf* что *coll* turn upside down; scatter ‖ *imperf* развора́шивать 1а
ft.   разворошу́, -ши́шь, -ша́т
imp.   развороши́, ~те

pt.   разворошил
g.pt.a.   разворошив
p.pt.a.   разворошивший
p.pt.p.   разворошённый; разворошён, -ена́
разворча́ться *perf coll* start grumbling
ft.   разворчу́сь, -чи́шься, -ча́тся
imp.   разворчи́сь, -йтесь
pt.   разворча́лся, -лась
g.pt.a.   разворча́вшись
p.pt.a.   разворча́вшийся
разврати́ть *perf* кого́-что corrupt, debauch, deprave ‖ *imperf* развраща́ть 2а
ft.   развращу́, -ати́шь, -атя́т
imp.   разврати́, ~те
pt.   разврати́л
g.pt.a.   разврати́в
p.pt.a.   разврати́вший
p.pt.p.   развращённый; развращён, -ена́
разврати́ться *perf* become depraved ‖ *imperf* развраща́ться
развра́тничать 1а *imperf coll* lead a dissolute [dissipated] life
развраща́ть(ся) *imperf of* разврати́ть(ся)
развы́ться *perf coll* yell out, sing out; start lamenting
ft.   развою́сь, -о́ешься, -о́ются
imp.   развойся, -о́йтесь
pt.   развы́лся, -лась
g.pt.a.   развы́вшись
p.pt.a.   развы́вшийся
развью́чивать *imperf of* развью́чить
развью́чить *perf* кого́-что unload *beasts of burden* ‖ *imperf* развью́чивать 1а
ft.   развью́чу, -чишь, -чат
imp.   развью́чь, ~те
pt.   развью́чил
g.pt.a.   развью́чив
p.pt.a.   развью́чивший
p.pt.p.   развью́ченный
развяза́ть *perf* кого́-что 1. untie, unbind; undo *a knot* 2. *fig coll* release; unleash *a. war* ‖ *imperf* развя́зывать 1а
ft.   развяжу́, -я́жешь, -я́жут
imp.   развяжи́, ~те
pt.   развяза́л
g.pt.a.   развяза́в
p.pt.a.   развяза́вший
p.pt.p.   развя́занный
развяза́ться *perf* 1. *1st and 2nd pers not used* come undone, come untied 2. с кем-чем *fig coll* get rid (of) ‖ *imperf* развя́зываться

развя́зывать(ся) *imperf of* развяза́ть(ся)

разгада́ть 2 *perf* кого́-что **1.** solve, guess **2.** discover, guess ‖ *imperf* разга́дывать 1 a

разга́дывать *imperf of* разгада́ть

разгиба́ть(ся) *imperf of* разогну́ть(ся)

разгильдя́йничать 1 a *imperf coll* be slovenly

разгла́дить *perf* что iron out; smoothe ‖ *imperf* разгла́живать 1 a

ft.	разгла́жу, -а́дишь, -а́дят
imp.	разгла́дь, ~те
pt.	разгла́дил
g.pt.a.	разгла́див
p.pt.a.	разгла́дивший
p.pt.p.	разгла́женный

разгла́диться, *1st and 2nd pers not used*, *perf* smoothe, become smooth ‖ *imperf* разгла́живаться

разгла́живать(ся) *imperf of* разгла́дить(ся)

разгласи́ть *perf* что divulge, trumpet (forth) ‖ *imperf* разглаша́ть 2 a

ft.	разглашу́, -аси́шь, -ася́т
imp.	разгласи́, ~те
pt.	разгласи́л
g.pt.a.	разгласи́в
p.pt.a.	разгласи́вший
p.pt.p.	разглашённый; разглашён, -ена́

разглаша́ть *imperf of* разгласи́ть

разгляде́ть *perf* кого́-что make out, discern, perceive ‖ *imperf* разгля́дывать 1 a

ft.	разгляжу́, -яди́шь, -адя́т
imp.	разгляди́, ~те
pt.	разгляде́л
g.pt.a.	разгляде́в
p.pt.a.	разгляде́вший

разгля́дывать *imperf of* разгляде́ть

разгне́вать 1 *perf* кого́-что anger, incense, infuriate

разгне́ваться *perf* fly into a passion [rage]

разгова́ривать[1] 1 a *imperf* **1.** talk; speak; converse **2.** *coll* pass the time talking

разгова́ривать[2] *imperf of* разговори́ть

разгове́ться 3 *perf rel* commence to eat meat after Lent, break *one's* fast ‖ *imperf* разговля́ться 2 a

разговля́ться *imperf of* разгове́ться

разговори́ть *perf* кого́-что *sub* **1.** draw *smb* into a conversation **2.** dissuade, talk *smb* out *of doing smth* **3.** distract [amuse, entertain] with conversation ‖ *imperf* разгова́ривать 1 a

ft.	разговорю́, -ри́шь, -ря́т
imp.	разговори́, ~те
pt.	разговори́л
g.pt.a.	разговори́в
p.pt.a.	разговори́вший

разговори́ться *perf coll* **1.** become talkative **2.** с кем-чем *or without object* enter into conversation (with)

разгоня́ть(ся) *imperf of* разогна́ть(ся)

разгора́живать(ся) *imperf of* разгороди́ть(ся)

разгора́ться *imperf of* разгоре́ться

разгоре́ться, *1st and 2nd pers not used*, *perf* **1.** flare up, flame up; kindle **2.** *fig* flush **3.** *of passions* be roused, be excited **4.** *of struggle, fight, argument etc.* flare up ‖ *imperf* разгора́ться 2 a

ft.	разгори́тся, -ря́тся
pt.	разгоре́лся, -лась
g.pt.a.	разгоре́вшись
p.pt.a.	разгоре́вшийся

разгороди́ть *perf* что partition off ‖ *imperf* разгора́живать 1 a

ft.	разгорожу́, -о́дишь, -о́дят
imp.	разгороди́, ~те
pt.	разгороди́л
g.pt.a.	разгороди́в
p.pt.a.	разгороди́вший
p.pt.p.	разгоро́женный

разгороди́ться *perf* с кем-чем be separated by a partition (from) ‖ *imperf* разгора́живаться

разгоряча́ть(ся) *imperf of* разгорячи́ть(ся)

разгорячи́ть *perf* кого́-что heat, make hot; *fig* excite ‖ *imperf* разгоряча́ть 2 a

ft.	разгорячу́, -чи́шь, -ча́т
imp.	разгорячи́, ~те
pt.	разгорячи́л
g.pt.a.	разгорячи́в
p.pt.a.	разгорячи́вший
p.pt.p.	разгорячённый; разгорячён, -ена́

разгорячи́ться *perf* get excited ‖ *imperf* разгоряча́ться

g.pt.a.	разгорячи́вшись *and* разгоряча́сь

разгра́бить *perf* что plunder, pillage, rob ‖ *imperf* разграбля́ть 2 a

ft.	разгра́блю, -бишь, -бят

imp.	разгра́бь, ∼те
pt.	разгра́бил
g.pt.a.	разгра́бив
p.pt.a.	разгра́бивший
p.pt.p.	разгра́бленный

разграбля́ть *imperf of* разгра́бить

разграни́чивать(ся) *imperf of* разграни́-чить(ся)

разграни́чить *perf* что delimit, demarcate ‖ *imperf* разграни́чивать 1a

ft.	разграни́чу, -чишь, -чат
imp.	разграни́чь, ∼те
pt.	разграни́чил
g.pt.a.	разграни́чив
p.pt.a.	разграни́чивший
p.pt.p.	разграни́ченный

разграни́читься, *1st and 2nd pers not used, perf* be differentiated ‖ *imperf* разграни́-чиваться

разграфи́ть *perf* что rule *paper* ‖ *imperf* разграфля́ть 2a

ft.	разграфлю́, -фи́шь, -фя́т
imp.	разграфи́, ∼те
pt.	разграфи́л
g.pt.a.	разграфи́в
p.pt.a.	разграфи́вший
p.pt.p.	разграфлённый; разграфлён, -ена́

разграфля́ть *imperf of* разграфи́ть

разгреба́ть *imperf of* разгрести́

разгрести́ *perf* что rake away; shovel away ‖ *imperf* разгреба́ть 2a

ft.	разгребу́, -бёшь, -бу́т
imp.	разгреби́, ∼те
pt.	разгрёб, -гребла́
g.pt.a.	разгрёбши
p.pt.a.	разгрёбший
p.pt.p.	разгребённый; разгребён, -ена́

разгроми́ть *perf* кого́-что smash (up); defeat

ft.	разгромлю́, -ми́шь, -мя́т
imp.	разгроми́, ∼те
pt.	разгроми́л
g.pt.a.	разгроми́в
p.pt.a.	разгроми́вший
p.pt.p.	разгро́мленный *and* раз-громлённый; разгромлён, -ена́

разгружа́ть(ся) *imperf of* разгрузи́ть(ся)

разгрузи́ть *perf* кого́-что 1. unload, dis-charge 2. *fig* от кого́-чего́ *coll* relieve (of) ‖ *imperf* разгружа́ть 2a

ft.	разгружу́, -у́зи́шь, -у́зя́т
imp.	разгрузи́, ∼те

pt.	разгрузи́л
g.pt.a.	разгрузи́в
p.pt.a.	разгрузи́вший
p.pt.p.	разгру́женный *and* разгру-жённый; разгружён, -ена́

разгрузи́ться *perf* 1. be unloaded 2. *fig* get rid of ‖ *imperf* разгружа́ться

разгруппирова́ть 5 *perf* кого́-что divide into groups, group

разгрыза́ть *imperf of* разгры́зть

разгры́зть *perf* что crack with the teeth ‖ *imperf* разгрыза́ть 2a

ft.	разгрызу́, -зёшь, -зу́т
imp.	разгры́зи, ∼те
pt.	разгры́з, ∼ла
g.pt.a.	разгры́зши
p.pt.a.	разгры́зший
p.pt.p.	разгры́зенный

разгу́ливать[1] 1a *imperf coll* walk about, stroll (about), saunter

разгу́ливать[2] *imperf of* разгуля́ть

разгу́ливаться *imperf of* разгуля́ться

разгуля́ть 2 *perf* кого́-что *coll* 1. walk off *one's grief etc.* 2. cheer up, make lively ‖ *imperf* разгу́ливать 1a

разгуля́ться *perf coll* 1. go on the spree 2. dispel, banish *sleep* 3. *1st and 2nd pers not used, of the weather* clear up ‖ *imperf* разгу́ливаться

разда́бриваться *imperf of* раздо́бриться

раздава́ть[1,2] *imperf of* разда́ть[1,2]

pr.	раздаю́, -аёшь, -аю́т
imp.	раздава́й, ∼те
pt.	раздава́л
g.pr.a.	раздава́я
p.pr.a.	раздаю́щий
p.pt.a.	раздава́вший
p.pr.p.	раздава́емый

раздава́ться[1,2] *imperf of* разда́ться[1,2]

раздави́ть *perf* кого́-что 1. crush; squash; run over 2. overwhelm; defeat; put down, quell *a revolt* 3. oppress ‖ *imperf* разда́вливать 1a

ft.	раздавлю́, -а́вишь, -а́вят
imp.	раздави́, ∼те
pt.	раздави́л
g.pt.a.	раздави́в
p.pt.a.	раздави́вший
p.pt.p.	разда́вленный

разда́вливать *imperf of* раздави́ть

разда́ивать(ся) *imperf of* раздои́ть(ся)

разда́ривать *imperf of* раздари́ть

раздари́ть *perf* что give *everything* away ‖ *imperf* разда́ривать 1a

ft.	раздарю́, -а́ришь, -а́рят
imp.	раздари́, ~те
pt.	раздари́л
g.pt.a.	раздари́в
p.pt.a.	раздари́вший
p.pt.p.	разда́ренный

разда́ть[1] *perf* кого́-что distribute, dispense, give out, hand out ‖ *imperf* раздава́ть, forms ib.

ft.	разда́м, -а́шь, -а́ст, -ади́м, -ади́те, -аду́т
imp.	разда́й, ~те
pt.	ро́здал *and* разда́л, раздала́, ро́здало *and* разда́ло
g.pt.a.	разда́в
p.pt.a.	разда́вший
p.pt.p.	ро́зданный; ро́здан, раздана́, ро́здано

разда́ть[2] *perf* что *sub* stretch *shoes* ‖ *imperf* раздава́ть, forms ib. forms as разда́ть[1]

разда́ться,[1] *1st and 2nd pers not used, perf* resound, be heard ‖ *imperf* раздава́ться

pt.	разда́лся, -ала́сь, -а́лось

разда́ться[2], *1st and 2nd pers not used, perf* 1. make way 2. *coll* expand 3. *coll* put on weight ‖ *imperf* раздава́ться

pt.	разда́лся, -ала́сь, -а́лось

раздва́ивать(ся) *imperf of* раздво́йть(ся)

раздвига́ть(ся) *imperf of* раздви́нуть(ся)

раздви́нуть 6 *perf* что move apart ‖ *imperf* раздвига́ть 2a

imp.	раздви́нь, ~те
p.pt.p.	раздви́нутый

раздви́нуться, *1st and 2nd pers not used, perf* move apart; *of a curtain* be drawn; make way, part ‖ *imperf* раздвига́ться

раздвойть *perf* что divide into two, split in two ‖ *imperf* раздва́ивать 1a

ft.	раздвою́, -ойшь, -оя́т
imp.	раздво́й, ~те
pt.	раздво́йл
g.pt.a.	раздво́йв
p.pt.a.	раздво́йвший
p.pt.p.	раздво́енный *and* раздвоён-ный; раздвоён, -ена́

раздво́йться, *1st and 2nd pers not used, perf* fork, bifurcate ‖ *imperf* раздва́иваться

раздева́ть(ся) *imperf of* разде́ть(ся)

разде́лать 1 *perf* 1. что prepare 2. *fig* кого́-что tear a strip off *smb*, give *smb* a telling off ‖ *imperf* разде́лывать 1a

разде́латься *perf* с кем-чем *coll* 1. settle accounts (with) 2. have done (with); get rid (of) ‖ *imperf* разде́лываться

раздели́ть *perf* кого́-что 1. divide *a. math* 2. separate, part 3. share *an opinion* ‖ *imperf* разделя́ть 2a

ft.	разделю́, -е́лишь, -е́лят
imp.	раздели́, ~те
pt.	раздели́л
g.pt.a.	раздели́в
p.pt.a.	раздели́вший
p.pt.p.	разделённый; разделён, -ена́

раздели́ться *perf* 1. divide; fall; split 2. *of opinions* differ 3. separate, start living apart and divide *property held in common* 4. *math* be divisible, divide *without remainder* ‖ *imperf* разделя́ться

разде́лывать(ся) *imperf of* разде́лать(ся)

разделя́ть(ся) *imperf of* раздели́ть(ся)

раздёргать 1 *perf* что tear up ‖ *imperf* раздёргивать 1a

раздёргивать[1] *imperf of* раздёргать

раздёргивать[2] *imperf of* раздёрнуть

раздёрнуть 6 *perf* что *coll* draw apart, pull apart ‖ *imperf* раздёргивать 1a

p.pt.p.	раздёрнутый

разде́ть *perf* кого́-что undress *smb* ‖ *imperf* раздева́ть 2a

ft.	разде́ну, -нешь, -нут
imp.	разде́нь, ~те
pt.	разде́л
g.pt.a.	разде́в
p.pt.a.	разде́вший
p.pt.p.	разде́тый

разде́ться *perf* undress, strip, take off *one's* clothes ‖ *imperf* раздева́ться

раздира́ть 2a *imperf* 1. *imperf of* разодра́ть 2. *fig* кого́-что rend, lacerate

раздира́ться *imperf of* разодра́ться

раздобре́ть 3 *perf coll* put on weight

раздо́бриться *perf coll* become benevolent [liberal] ‖ *imperf* раздо́бриваться 1a

ft.	раздо́брюсь, -ришься, -рятся
imp.	раздо́брись, -итесь
pt.	раздо́брился, -лась
g.pt.a.	раздо́бривщись
p.pt.a.	раздо́бривщийся

раздобыва́ть *imperf of* раздобы́ть

раздобы́ть *perf* кого́-что *coll* get (hold of), get *one's* hands on ‖ *imperf* раздобыва́ть 2 a

ft.	раздобу́ду, -дешь, -дут
imp.	раздобу́дь, ~те
pt.	раздобы́л
g.pt.a.	раздобы́в
p.pt.a.	раздобы́вший
p.pt.p.	раздобы́тый

раздои́ть *perf* кого́-что ensure greater milk yields ‖ *imperf* разда́ивать 1 a

ft.	раздою́, -о́ишь, -о́ят
imp.	раздой, ~те
pt.	раздои́л
g.pt.a.	раздои́в
p.pt.a.	раздои́вший
p.pt.p.	раздо́енный

раздои́ться, *1st and 2nd pers not used, perf* begin to yield more milk ‖ *imperf* разда́иваться

раздоса́довать 4 *perf* кого́-что annoy, vex

раздража́ть(ся) *imperf of* раздражи́ть(ся)

раздражи́ть *perf* кого́-что irritate *a.* med, exasperate, provoke; annoy ‖ *imperf* раздража́ть 2 a

ft.	раздражу́, -жи́шь, -жа́т
imp.	раздражи́, ~те
pt.	раздражи́л
g.pt.a.	раздражи́в
p.pt.a.	раздражи́вший
p.pt.p.	раздражённый; раздражён, -ена́

раздражи́ться *perf* 1. get annoyed, lose *one's* temper 2. *1st and 2nd pers not used* become inflamed ‖ *imperf* раздража́ться

раздра́знивать *imperf of* раздразни́ть

раздразни́ть *perf* кого́-что *coll* 1. tease 2. provoke; whet, sharpen *appetite* ‖ *imperf* раздра́знивать 1 a

ft.	раздразню́, -а́знишь, -а́знят
imp.	раздразни́, ~те
pt.	раздразни́л
g.pt.a.	раздразни́в
p.pt.a.	раздразни́вший
p.pt.p.	раздразнённый; раздразнён, -ена́

раздроби́ть *perf* что 1. break (to pieces); crush; splinter 2. parcel (out); divide (up); split up ‖ *imperf* раздробля́ть 2 a

ft.	раздроблю́, -би́шь, -бя́т
imp.	раздроби́, ~те
pt.	раздроби́л
g.pt.a.	раздроби́в
p.pt.a.	раздроби́вший

p.pt.p.	раздро́бленный *and* раздроблённый; раздроблён, -ена́

раздроби́ться, *1st and 2nd pers not used, perf* 1. break in pieces, crumble; splinter 2. split up ‖ *imperf* раздробля́ться

раздробля́ть(ся) *imperf of* раздроби́ть(ся)

раздружи́ться *perf* с кем-чем *or without object coll* fall out with

ft.	раздружу́сь, -у́жи́шься, -у́жа́тся
imp.	раздружи́сь, -и́тесь
pt.	раздружи́лся, -лась
g.pt.a.	раздружи́вшись
p.pt.a.	раздружи́вшийся

раздува́ть(ся) *imperf of* разду́ть(ся)

разду́мать 1 *perf, usu with infinitive* change *one's* mind, think better of

разду́маться *perf coll* о ком-чём be absorbed in thought (about) ‖ *imperf* разду́мываться 1 a

разду́мывать 1 a *imperf* meditate; deliberate

разду́мываться *imperf of* разду́маться

разду́ть *perf* что 1. fan, blow *fire* 2. blow up, inflate 3. *fig* inflate; *coll* exaggerate; puff up 4. *1st and 2nd pers not used* blow asunder, disperse, scatter ‖ *imperf* раздува́ть 2 a

ft.	разду́ю, -у́ешь, -у́ют
imp.	разду́й, ~те
pt.	разду́л
g.pt.a.	разду́в
p.pt.a.	разду́вший
p.pt.p.	разду́тый

разду́ться *perf* swell; inflate ‖ *imperf* раздува́ться

раздуши́ть *perf* кого́-что *coll* scent, give a strong smell of perfume to

ft.	раздушу́, -у́шишь, -у́шат
imp.	раздуши́, ~те
pt.	раздуши́л
g.pt.a.	раздуши́в
p.pt.a.	раздуши́вший
p.pt.p.	разду́шенный *and* раздушённый; раздушён, -ена́

развева́ть *imperf of* рази́нуть

разжа́лобить *perf* кого́-что move (to pity) ‖ *imperf* разжа́лобливать 1 a

ft.	разжа́лоблю, -бишь, -бят
imp.	разжа́лоби, ~те
pt.	разжа́лобил
g.pt.a.	разжа́лобив
p.pt.a.	разжа́лобивший
p.pt.p.	разжа́лобленный

разжа́лобиться *perf coll* be moved to pity ‖ *imperf* разжа́лобливаться

разжа́лобливать(ся) *imperf of* разжа́лобить(ся)

разжа́ловать 4 *perf* кого́-что demote, reduce in rank

разжа́ть *perf* что open, undo; release *a catch* ‖ *imperf* разжима́ть 2a

ft.	разожму́, -мёшь, -му́т
imp.	разожми́, ~те
pt.	разжа́л
g.pt.a.	разжа́в
p.pt.a.	разжа́вший
p.pt.p.	разжа́тый

разжа́ться, *1st and 2nd pers not used, perf* open; *of compression spring* expand ‖ *imperf* разжима́ться

разжева́ть *perf* что 1. chew, masticate 2. *fig sub* repeat over and over again, give a longwinded explanation ‖ *imperf* разжёвывать 1a

ft.	разжую́, -уёшь, -ую́т
imp.	разжу́й, ~те
pt.	разжева́л
g.pt.a.	разжева́в
p.pt.a.	разжева́вший
p.pt.p.	разжёванный

разжёвывать *imperf of* разжева́ть

разже́чь *perf* что 1. kindle, light 2. *fig* kindle, rouse, stir up ‖ *imperf* разжига́ть 2a

ft.	разожгу́, -жжёшь, -жгу́т
imp.	разожги́, ~те
pt.	разжёг, разожгла́
g.pt.a.	разжёгши
p.pt.a.	разжёгший
p.pt.p.	разожжённый; разожжён, -ена́

разже́чься, *1st and 2nd pers not used, perf* kindle *a. fig* ‖ *imperf* разжига́ться

разжива́ться *imperf of* разжи́ться

разжига́ть(ся) *imperf of* разже́чь(ся)

разжиди́ть *perf* что *coll* dilute ‖ *imperf* разжижа́ть 2a

ft.	разжижу́, -иди́шь, -идя́т
imp.	разжиди́, ~те
pt.	разжиди́л
g.pt.a.	разжиди́в
p.pt.a.	разжиди́вший
p.pt.p.	разжижённый; разжижён, -ена́

разжиди́ться, *1st and 2nd pers not used, perf, of a liquid* be diluted ‖ *imperf* разжижа́ться

разжижа́ть(ся) *imperf of* разжиди́ть(ся)

разжима́ть(ся) *imperf of* разжа́ть(ся)

разжире́ть 3 *perf* grow fat, grow plump

разжи́ться *perf* 1. *coll* wax fat, make a fortune 2. *usu* чем *sub* get hold of, lay one's hands on ‖ *imperf* разжива́ться 2a

ft.	разживу́сь, -вёшься, -ву́тся
imp.	разживи́сь, -и́тесь
pt.	разжи́лся, -ила́сь
g.pt.a.	разжи́вшись
p.pt.a.	разжи́вшийся

раззадо́ривать(ся) *imperf of* раззадо́рить(ся)

раззадо́рить *perf* кого́-что *coll* incite, excite, stimulate, rouse ‖ *imperf* раззадо́ривать 1a

ft.	раззадо́рю, -ришь, -рят
imp.	раззадо́рь, ~те
pt.	раззадо́рил
g.pt.a.	раззадо́рив
p.pt.a.	раззадо́ривший
p.pt.p.	раззадо́ренный

раззадо́риться *perf coll* get excited, get worked up ‖ *imperf* раззадо́риваться

раззва́нивать *imperf of* раззвони́ть

раззвони́ть *perf* что *or* о чём *sub* blow the gaff (on) ‖ *imperf* раззва́нивать 1a

ft.	раззвоню́, -ни́шь, -ня́т
imp.	раззвони́, ~те
pt.	раззвони́л
g.pt.a.	раззвони́в
p.pt.a.	раззвони́вший
p.pt.p.	раззвонённый; раззвонён, -ена́

раззева́ться 2 *perf coll* begin to yawn one's head off

раззнако́мить *perf* кого́-что (с кем-чем) *coll* alienate, estrange (from); destroy smb's friendly relations ‖ *imperf* раззнако́мливать 1a

ft.	раззнако́млю, -мишь, -мят
imp.	раззнако́мь, ~те
pt.	раззнако́мил
g.pt.a.	раззнако́мив
p.pt.a.	раззнако́мивший
p.pt.p.	раззнако́мленный

раззнако́миться *perf* с кем-чем *coll* break (with), break off *one's* acquaintance (with) ‖ *imperf* раззнако́мливаться

раззнако́мливать(ся) *imperf of* раззнако́мить(ся)

раззуде́ться, *1st and 2nd pers not used, perf sub* start itching

ft.	раззуди́тся, -дя́тся
imp.	раззуди́сь, -и́тесь

рази́нуть 6 *perf* что *coll* open wide ‖ *imperf* разева́ть 2a
imp. рази́нь, ~те
p.pt.p. рази́нутый

рази́ть[1] *imperf* кого́-что *bookish* strike, beat; defeat; destroy
pr. ражу́, рази́шь, разя́т
imp. рази́, ~те
pt. рази́л
g.pr.a. разя́
p.pr.a. разя́щий
p.pt.a. рази́вший

рази́ть[2] *impers imperf* чем от кого́-чего́ *sub* reek (of)
pr. рази́т
pt. рази́ло

разлага́ть(ся) *imperf of* разложи́ть(ся)

разла́дить *perf* что *coll* 1. render unserviceable 2. break up *e.g. arrangements*; disrupt ‖ *imperf* разла́живать 1a
ft. разла́жу, -а́дишь, -а́дят
imp. разла́дь, ~те
pt. разла́дил
g.pt.a. разла́див
p.pt.a. разла́дивший
p.pt.p. разла́женный

разла́диться, *1st and 2nd pers not used*, *perf* 1. become unserviceable 2. miscarry, fail; come to nothing ‖ *imperf* разла́живаться

разла́живать(ся) *imperf of* разла́дить(ся)

разла́комить *perf* кого́-что *coll* make smb's mouth water
ft. разла́комлю, -мишь, -мят
imp. разла́комь, ~те *and* разла́коми, ~те
pt. разла́комил
g.pt.a. разла́комив
p.pt.a. разла́комивший
p.pt.p. разла́комленный

разла́комиться *perf coll* feel like some more

разла́мывать(ся)[1] *imperf of* разлома́ть(ся)

разла́мывать(ся)[2] *imperf of* разломи́ть(ся)

разлежа́ться *perf coll* not want to get up ‖ *imperf* разлёживаться 1a
ft. разлежу́сь, -жи́шься, -жа́тся
imp. разлежи́сь, -и́тесь
pt. разлежа́лся, -лась

g.pt.a. разлежа́вшись
p.pt.a. разлежа́вшийся

разлёживаться *imperf of* разлежа́ться

разлеза́ться *imperf of* разле́зться

разле́зться, *1st and 2nd pers not used, perf sub* 1. *of cloth* ravel out, tear 2. fall to pieces, crumble ‖ *imperf* разлеза́ться 2a
ft. разле́зется, -зутся
pt. разле́зся, -злась
g.pt.a. разле́зшись
p.pt.a. разле́зшийся

разле́ниваться *imperf of* разлени́ться

разлени́ться *perf coll* become lazy ‖ *imperf* разле́ниваться 1a
ft. разленю́сь, -е́нишься, -е́нятся
imp. разлени́сь, -и́тесь
pt. разлени́лся, -лась
g.pt.a. разлени́вшись
p.pt.a. разлени́вшийся

разлепи́ть *perf* что *coll* dissolve, separate, part *smth that was stuck together* ‖ *imperf* разлепля́ть 2a
ft. разлеплю́, -е́пишь, -е́пят
imp. разлепи́, ~те
pt. разлепи́л
g.pt.a. разлепи́в
p.pt.a. разлепи́вший
p.pt.p. разле́пленный

разлепи́ться, *1st and 2nd pers not used, perf sub* part, separate, come apart ‖ *imperf* разлепля́ться

разлепля́ть(ся) *imperf of* разлепи́ть(ся)

разлета́ться *imperf of* разлете́ться

разлете́ться *perf* 1. fly away; fly apart, disperse, scatter 2. *1st and 2nd pers not used* break to pieces, shatter 3. *sub* rush, dash ‖ *imperf* разлета́ться 2a
ft. разлечу́сь, -ети́шься, -етя́тся
imp. разлети́сь, -и́тесь
pt. разлете́лся, -лась
g.pt.a. разлете́вшись
p.pt.a. разлете́вшийся

разле́чься *perf coll* stretch oneself out
ft. разлягу́сь, -я́жешься, -я́гутся
imp. разля́гся, -я́гтесь
pt. разлёгся, -егла́сь
g.pt.a. разлёгшись
p.pt.a. разлёгшийся

разлива́ть(ся) *imperf of* разли́ть(ся)

разлинова́ть 5 *perf* что rule *paper* ‖ *imperf* разлино́вывать 1a

разлино́вывать *imperf of* разлинова́ть

разли́ть *perf* что **1.** pour out; bottle, draw off **2.** spill **3.** spread ‖ разлива́ть 2a

ft.	разолью́, -льёшь, -лью́т
imp.	разле́й, ~те
pt.	разли́л *and sub* ро́злил, -ила́, -и́ло
g.pt.a.	разли́в
p.pt.a.	разли́вший
p.pt.p.	разли́тый; разли́т *and sub* ро́злит, -ита́, -и́то

разли́ться, *1st and 2nd pers not used, perf* **1.** run over, overflow; spill **2.** *of river* burst its banks **3.** spread ‖ *imperf* разлива́ться

pt.	разли́лся, -ила́сь, -и́ло́сь

различа́ть *imperf of* различи́ть

различа́ться 2a *imperf* differ

различи́ть *perf* кого́-что **1.** make out, discern **2.** distinguish ‖ *imperf* различа́ть 2a

ft.	различу́, -чи́шь, -ча́т
imp.	различи́, ~те
pt.	различи́л
g.pt.a.	различи́в
p.pt.a.	различи́вший
p.pt.p.	различённый; различён, -ена́

разложи́ть *perf* что **1.** lay out, put *in various places* **2.** spread (out) **3.** distribute, apportion **4.** make, light *fire* **5.** *chem* decompose; analyse **6.** *math* expand **7.** *fig* кого́-что corrupt ‖ *imperf* разлага́ть 2a *with* 5—7 *and* раскла́дывать 1a *with* 1—4

ft.	разложу́, -о́жишь, -о́жат
imp.	разложи́, ~те
pt.	разложи́л
g.pt.a.	разложи́в
p.pt.a.	разложи́вший
p.pt.p.	разло́женный

разложи́ться *perf* **1.** *coll* unpack *one's* things, arrange *one's* things in an orderly way **2.** *1st and 2nd pers not used* decompose, decay, rot **3.** become corrupted ‖ *imperf* разлага́ться *with* 2, 3 *and* раскла́дываться *with* 1

разлома́ть 2 *perf* что **1.** break, shatter **2.** pull down, demolish ‖ *imperf* разла́мывать 1a

разлома́ться, *1st and 2nd pers not used, perf* break in pieces; fall in, collapse ‖ *imperf* разла́мываться

разломи́ть *perf* кого́-что **1.** break (to pieces) **2.** *impers coll*: меня́ всего́ разломи́ло I am aching all over ‖ *imperf* разла́мывать 1a

ft.	разломлю́, -о́мишь, -о́мят
imp.	разломи́, ~те
pt.	разломи́л
g.pt.a.	разломи́в
p.pt.a.	разломи́вший
p.pt.p.	разло́мленный

разломи́ться, *1st and 2nd pers not used, perf* break (in pieces) ‖ *imperf* разла́мываться

разлуча́ть(ся) *imperf of* разлучи́ть(ся)

разлучи́ть *perf* кого́ с кем-чем *or* кого́-что separate (from), part (from) ‖ *imperf* разлуча́ть 2a

ft.	разлучу́, -чи́шь, -ча́т
imp.	разлучи́, ~те
pt.	разлучи́л
g.pt.a.	разлучи́в
p.pt.a.	разлучи́вший
p.pt.p.	разлучённый; разлучён, -ена́

разлучи́ться *perf* с кем-чем separate (from), part (with) ‖ *imperf* разлуча́ться

разлюби́ть *perf* кого́-что like no longer ‖ *imperf* разлюбля́ть 2a

ft.	разлюблю́, -ю́бишь, -ю́бят
imp.	разлюби́, ~те
pt.	разлюби́л
g.pt.a.	разлюби́в
p.pt.a.	разлюби́вший
p.pt.p.	разлю́бленный

разлюбля́ть *imperf of* разлюби́ть

размагни́тить *perf* что demagnetize ‖ *imperf* размагни́чивать 1a

ft.	размагни́чу, -и́тишь, -и́тят
imp.	размагни́ть, ~те
pt.	размагни́тил
g.pt.a.	размагни́тив
p.pt.a.	размагни́тивший
p.pt.p.	размагни́ченный

размагни́титься *perf* **1.** *1st and 2nd pers not used* become demagnetized **2.** *fig coll* lose *one's* grip, become dilatory ‖ *imperf* размагни́чиваться

размагни́чивать(ся) *imperf of* размагни́тить(ся)

разма́зать *perf* что **1.** smear, spread *dirt* **2.** *fig coll* spread oneself *in talking about smth*, describe at length ‖ *imperf* разма́зывать 1a

ft.	разма́жу, -а́жешь, -а́жут
imp.	разма́жь, ~те
pt.	разма́зал
g.pt.a.	разма́зав

p.pt.a.	разма́завший
p.pt.p.	разма́занный

разма́заться, *1st and 2nd pers not used, perf, of dirt etc.* be smeared [spread] all over the surface ‖ *imperf* разма́зываться

разма́зывать(ся) *imperf of* разма́зать(ся)

разма́ивать(ся) *imperf of* разма́ять(ся)

размалева́ть *perf* кого́-что *coll* daub ‖ *imperf* размалёвывать 1а

ft.	размалю́ю, -лю́ешь, -лю́ют
imp.	размалю́й, ~те
pt.	размалева́л
g.pt.a.	размалева́в
p.pt.a.	размалева́вший
p.pt.p.	размалёванный

размалёвывать *imperf of* размалева́ть
разма́лывать *imperf of* размоло́ть

разма́ривать(ся) *imperf of* размори́ть(ся)

разма́тывать(ся) *imperf of* размота́ть(ся)

размаха́ть 2 *perf* кого́-что *sub* swing, set swinging ‖ *imperf* разма́хивать 1а

рамаха́ться *perf coll* start swinging

ft.	размашу́сь, -а́шешься, -а́шется *and coll* размаха́юсь, -а́ешься, -а́ется
imp.	размаши́сь, -и́тесь *and coll* размаха́йся, -а́йтесь
pt.	размаха́лся, -лась
g.pt.a.	размаха́вшись
p.pt.a.	размаха́вшийся

разма́хивать 1а *imperf* 1. *imperf of* размаха́ть 2. чем brandish; swing, sway

разма́хиваться *imperf of* размахну́ться

размахну́ть 7 *perf* чем raise one's hand, swing one's hand back
no *p.pt.p.*

размахну́ться *perf* 1. raise one's hand, swing one's hand back 2. *coll* undertake smth on a grand scale ‖ *imperf* разма́хиваться 1а

разма́чивать(ся) *imperf of* размочи́ть(ся)

разма́ять *perf* кого́-что *sub* keep smb wide awake ‖ *imperf* разма́ивать 1а

ft.	разма́ю, -а́ешь, -а́ют
imp.	разма́й, ~те
pt.	разма́ял
g.pt.a.	разма́яв
p.pt.a.	разма́явший
p.pt.p.	разма́янный

разма́яться *perf sub* keep moving to stay awake ‖ *imperf* разма́иваться

размежева́ть *perf* что 1. delimit, demarcate, mark off 2. *fig* delimit, define *e.g. functions* ‖ *imperf* размежёвывать 1а

ft.	размежу́ю, -у́ешь, -у́ют
imp.	размежу́й, ~те
pt.	размежева́л
g.pt.a.	размежева́в
p.pt.a.	размежева́вший
p.pt.p.	размежёванный

размежева́ться *perf* 1. fix [define] the boundaries 2. *fig of competences, of functions* be delimited ‖ *imperf* размежёвываться

размежёвывать(ся) *imperf of* размежева́ть(ся)

размельча́ть *imperf of* размельчи́ть

размельчи́ть *perf* что crush (to pieces), pound ‖ *imperf* размельча́ть 2а

ft.	размельчу́, -чи́шь, -ча́т
imp.	размельчи́, ~те
pt.	размельчи́л
g.pt.a.	размельчи́в
p.pt.a.	размельчи́вший
p.pt.p.	размельчённый; размельчён, -ена́

разме́нивать(ся) *imperf of* разменя́ть(ся)

разменя́ть 2 *perf* что change *money* ‖ *imperf* разме́нивать 1а

разменя́ться *perf coll* exchange *in games* ‖ *imperf* разме́ниваться; разме́ниваться на ме́лочи dissipate one's energies (on trifles), fritter away one's strength

разме́рить *perf* что 1. measure (out) 2. size up, establish the degree [volume, dimensions] of ‖ *imperf* размеря́ть 2а

ft.	разме́рю, -ришь, -рят
imp.	разме́рь, ~те
pt.	разме́рил
g.pt.a.	разме́рив
p.pt.a.	разме́ривший
p.pt.p.	разме́ренный

размеря́ть *imperf of* разме́рить

размеси́ть *perf* что knead (thoroughly) ‖ *imperf* разме́шивать 1а

ft.	размешу́, -е́сишь, -е́сят
imp.	размеси́, ~те
pt.	разме́сил
g.pt.a.	разме́сив
p.pt.a.	размеси́вший
p.pt.p.	разме́шенный

размести́ *perf* что sweep (away) ‖ *imperf* размета́ть 2а

ft.	размету́, -тёшь, -ту́т
imp.	размети́, ~те
pt.	размёл, -ела́
g.pt.a.	разметя́
p.pt.a.	размётший
p.pt.p.	разметённый; разметён, -ена́

размести́ть *perf* кого́-что 1. place lodge, accomodate 2. distribute *among many people*; place *orders*; float *a loan* ‖ *imperf* размеща́ть 2a

ft.	размещу́, -ести́шь, -естя́т
imp.	размести́, ~те
pt.	размести́л
g.pt.a.	размести́в
p.pt.a.	размести́вший
p.pt.p.	размещённый; размещён, -ена́

размести́ться *perf* find lodgings, be accomodated; take *one's* seat ‖ *imperf* размеща́ться

размета́ть¹ *imperf of* размести́

размета́ть² *perf* кого́-что disperse, scatter ‖ *imperf* размётывать 1a

ft.	размечу́, -е́чешь, -е́чут
imp.	размечи́, ~те
pt.	размета́л
g.pt.a.	размета́в
p.pt.a.	размета́вший
p.pt.p.	размётанный

размета́ться *perf* toss (about); stretch oneself ‖ *imperf* размётываться
forms follow размета́ть²

разме́тить *perf* что mark ‖ *imperf* разме-ча́ть 2a *and coll* разме́чивать 1a

ft.	разме́чу, -е́тишь, -е́тят
imp.	разме́ть, ~те
pt.	разме́тил
g.pt.a.	разме́тив
p.pt.a.	разме́тивший
p.pt.p.	разме́ченный

размётывать *imperf of* размета́ть²

размётываться *imperf of* размета́ться

размеча́ть *imperf of* разме́тить

разме́чивать *imperf of* разме́тить

размечта́ться 2 *perf coll* give oneself up to dreams, be lost in dreams

размеша́ть 2 *perf* что 1. stir (up) 2. mix ‖ *imperf* разме́шивать 1a

размеша́ться, *1st and 2nd pers not used*, *perf* be thoroughly mixed ‖ *imperf* разме́-шиваться

разме́шивать¹ *imperf of* размеша́ть

разме́шивать² *imperf of* размеси́ть

разме́шиваться *imperf of* размеша́ться

размеща́ть(ся) *imperf of* размести́ть(ся)

размина́ть(ся) *imperf of* размя́ть(ся)

размини́ровать 4 *perf* что clear of mines

размину́ться 7 *perf coll* 1. miss each other 2. pass one another; *of letters* cross *one another*

размножа́ть(ся) *imperf of* размно́жить(ся)

размно́жить *perf* что 1. multiply 2. *biol* cultivate, grow; raise, breed, rear ‖ *imperf* размножа́ть 2a

ft.	размно́жу, -жишь, -жат
imp.	размно́жь, ~те
pt.	размно́жил
g.pt.a.	размно́жив
p.pt.a.	размно́живший
p.pt.p.	размно́женный

размно́житься, *1st and 2nd pers not used*, *perf* 1. multiply; increase 2. propagate itself; multiply breed ‖ *imperf* размножа́ться

размозжи́ть *perf* что smash, crush

ft.	размозжу́, -жи́шь, -жа́т
imp.	размозжи́, ~те
pt.	размозжи́л
g.pt.a.	размозжи́в
p.pt.a.	размозжи́вший
p.pt.p.	размозжённый; размозжён, -ена́

размока́ть *imperf of* размо́кнуть

размо́кнуть, *1st and 2nd pers not used*, *perf* get soaked; become sodden ‖ *imperf* размока́ть 2a

ft.	размо́кнет, -нут
pt.	размо́к, ~ла
g.pt.a.	размо́кнув *and* размо́кши
p.pt.a.	размо́кший

размоло́ть *perf* что grind ‖ *imperf* разма́лывать 1a

ft.	размелю́, -е́лешь, -е́лют
imp.	размели́, ~те
pt.	размоло́л
g.pt a.	размоло́в
p.pt.a.	размоло́вший
p.pt.p.	размо́лотый

размора́живать *imperf of* заморо́зить

размори́ть, *1st and 2nd pers not used*, *perf coll*: жара́ меня́ размори́ла *or* меня́ размори́ло от жары́ the heat has made me quite limp ‖ *imperf* разма́ри-вать 1a

ft.	размори́т, -ря́т
pt.	размори́л
g.pt.a.	размори́в

p.pt.a.	размори́вший
p.pt.p.	разморённый; разморён, -ена́

размори́ться *perf coll* be worn out, be tired out ‖ *imperf* размариваться

разморо́зить *perf* что thaw ‖ *imperf* размора́живать 1а

ft.	разморо́жу, -о́зишь, -о́зят
imp.	разморо́зь, ~те
pt.	разморо́зил
g.pt.a.	разморо́зив
p.pt.a.	разморо́зивший
p.pt.p.	разморо́женный

размота́ть 2 *perf* что unwind, uncoil; reel off ‖ *imperf* разма́тывать 1а

размота́ться, *1st and 2nd pers not used, perf* come unwound, unwind ‖ *imperf* разма́тываться

размоча́ливать(ся) *imperf of* размоча́лить(ся)

размоча́лить *perf* что reduce to threads ‖ *imperf* размоча́ливать 1а

ft.	размоча́лю, -лишь, -лят
imp.	размоча́ль, ~те
pt.	размоча́лил
g.pt.a.	размоча́лив
p.pt.a.	размоча́ливший
p.pt.p.	размоча́ленный

размоча́литься, *1st and 2nd pers not used, perf* fray ‖ *imperf* размоча́ливаться

размочи́ть *perf* что soak, stepe ‖ *imperf* разма́чивать 1а

ft.	размочу́, -о́чишь, -о́чат
imp.	размочи́, ~те
pt.	размочи́л
g.pt.a.	размочи́в
p.pt.a.	размочи́вший
p.pt.p.	размо́ченный

размочи́ться, *1st and 2nd pers not used, perf* dissolve; become soft ‖ *imperf* разма́чиваться

размусо́ливать *imperf of* размусо́лить

размусо́лить *perf* что *sub* wet with saliva ‖ *imperf* размусо́ливать 1а

ft.	размусо́лю, -лишь, -лят
imp.	размусо́ль, ~те
pt.	размусо́лил
g.pt.a.	размусо́лив
p.pt.a.	размусо́ливший
p.pt.p.	размусо́ленный

размыва́ть(ся) *imperf of* размы́ть(ся)

размы́кать 1 *perf* что *coll* banish grief ‖ *imperf* размы́кивать 1а

размыка́ть *imperf of* разомкну́ть

размы́каться 1, *1st and 2nd pers not used, perf coll, of sorrows* pass ‖ *imperf* размы́киваться 1а

размыка́ться *imperf of* разомкну́ться

размы́кивать(ся) *imperf of* размы́кать(ся)

размы́слить *perf* о ком-чём reflect (on), meditate (on), ponder (over); consider ‖ *imperf* размышля́ть 2а

ft.	размы́слю, -лишь, -лят
imp.	размы́сли, ~те
pt.	размы́слил
g.pt.a.	размы́слив
p.pt.a.	размы́сливший

размы́ть, *1st and 2nd pers not used, perf* что wash away ‖ *imperf* размыва́ть 2а

ft.	размо́ет, -о́ют
pt.	размы́л
g.pt.a.	размы́в
p.pt.a.	размы́вший
p.pt.p.	размы́тый

размы́ться, *1st and 2nd pers not used, perf* be eroded, be worn away *by the action of water* ‖ *imperf* размыва́ться

размышля́ть 2а *imperf* 1. *imperf of* размы́слить 2. о ком-чём meditate (on), muse (on), reflect (on)

размягча́ть(ся) *imperf of* размягчи́ть(ся)

размягчи́ть *perf* 1. что soften 2. *fig* кого́-что move (*smb* to pity), touch ‖ *imperf* размягча́ть 2а

ft.	размягчу́, -чи́шь, -ча́т
imp.	размягчи́, ~те
pt.	размягчи́л
g.pt.a.	размягчи́в
p.pt.a.	размягчи́вший
p.pt.p.	размягчённый; размягчён, -ена́

размягчи́ться *perf* 1. *1st and 2nd pers not used* soften 2. *fig* soften, relent ‖ *imperf* размягча́ться

размяка́ть *imperf of* размя́кнуть

размя́кнуть *perf* 1. soften 2. *fig* soften, relent ‖ *imperf* размяка́ть 2а

ft.	размя́кну, -нешь, -нут
imp.	размя́кни, ~те
pt.	размя́к, ~ла
g.pt.a.	размя́кнув *and* размя́кши
p.pt.a.	размя́кший

размя́ть *perf* что knead (well); mash *potatoes* ‖ *imperf* размина́ть 2а

ft.	разомну́, -нёшь, -ну́т
imp.	разомни́, ~те
pt.	размя́л

g.pt.a.	размя́в
p.pt.a.	размя́вший
p.pt.p.	размя́тый

размя́ться *perf* **1.** *1st and 2nd pers not used* become pliant; become supple **2.** take exercise; walk about ‖ *imperf* размина́ться

разна́шивать(ся) *imperf of* разноси́ть(ся)[1]

разне́живать(ся) *imperf of* разне́жить(ся)

разне́жить *perf* кого́-что *coll* **1.** evoke [rouse] tender feelings **2.** coddle, pamper ‖ *imperf* разне́живать 1a

ft.	разне́жу, -жишь, -жат
imp.	разне́жь, ～те
pt.	разне́жил
g.pt.a.	разне́жив
p.pt.a.	разне́живший
p.pt.p.	разне́женный

разне́житься *perf coll* **1.** get into a sentimental [mawkish] mood **2.** luxuriate; indulge in idleness ‖ *imperf* разне́живаться

разне́жничаться 1 *perf coll* display too much fondness (towards each other)

разнемога́ться *imperf of* разнемо́чься

разнемо́чься *perf sub* fall seriously ill; be badly indisposed ‖ *imperf* разнемога́ться 2a

ft.	разнемогу́сь, -о́жешься, -о́гутся
imp.	разнемо́жься, -жьтесь
pt.	разнемо́гся, -огла́сь
g.pt.a.	разнемо́гшись
p.pt.a.	разнемо́гшийся

разнести́ *perf* кого́-что **1.** deliver **2.** *coll* scatter, disperse **3.** *coll* spread *news* **4.** enter; book **5.** smash, shatter; destroy **6.** *coll* give *smb* a dressing down [a good wigging] ‖ *imperf* разноси́ть[2], forms ib.

ft.	разнесу́, -сёшь, -су́т
imp.	разнеси́, ～те
pt.	разнёс, -есла́
g.pt.a.	разнеся́ *and obs* разнёсши
p.pt.a.	разнёсший
p.pt.p.	разнесённый; разнесён, -ена́

разнести́сь, *1st and 2nd pers not used*, *perf, of news* spread ‖ *imperf* разноси́ться, forms follow разноси́ть[2]

разнима́ть *imperf of* разня́ть

ра́зниться *imperf* differ; be different

pr.	ра́знюсь, -нишься, -нятся
imp.	ра́знись, -итесь
pt.	ра́знился, -лась

g.pr.a.	ра́знясь
p.pt.a.	ра́знившийся

разнообра́зить *imperf* что vary, diversify

pr.	разнообра́жу, -а́зишь, -а́зят
imp.	разнообра́зь, ～те
pt.	разнообра́зил
g.pr.a.	разнообра́зя
p.pr.a.	разнообра́зящий
p.pt.a.	разнообра́зивший

разнообра́зиться, *1st and 2nd pers not used*, *imperf* become varied, become diversified

разноси́ть[1] *perf* что wear in, stretch by wearing ‖ *imperf* разна́шивать 1a

ft.	разношу́, -о́сишь, -о́сят
imp.	разноси́, ～те
pt.	разноси́л
g.pt.a.	разноси́в
p.pt.a.	разноси́вший
p.pt.p.	разно́шенный

разноси́ть[2] *imperf of* разнести́

pr.	разношу́, -о́сишь, -о́сят
imp.	разноси́, ～те
pt.	разноси́л
g.pr.a.	разнося́
p.pr.a.	разнося́щий
p.pt.a.	разноси́вший
p.pr.p.	разноси́мый

разноси́ться[1], *1st and 2nd pers not used*, *perf, of shoes* get worn in ‖ *imperf* разна́шиваться 1a
forms follow разноси́ть[1]

разноси́ться[2] *imperf of* разнести́сь

разнузда́ть 2 *perf* кого́-что unbridle *a horse* ‖ *imperf* разну́здывать 1a

разнузда́ться *perf* **1.** throw off the bridled **2.** *fig* be unbridled ‖ *imperf* разну́здываться

разну́здывать(ся) *imperf of* разнузда́ть(ся)

разню́хать 1 *perf* что **1.** sniff, smell **2.** *fig sub* smell out, nose out ‖ *imperf* разню́хивать 1a

разню́хивать *imperf of* разню́хать

разня́ть *perf* кого́-что **1.** take apart, take to pieces, dismantle **2.** *coll* separate, part ‖ *imperf* разнима́ть 2a

ft.	разниму́, -и́мешь, -и́мут
imp.	разними́, ～те
pt.	разня́л *and coll* ро́знял, разняла́, разня́ло *and coll* ро́зняло
g.pt.a.	разня́в
p.pt.a.	разня́вший

p.pt.p. разня́тый; разня́т *and coll* ро́з-
нят, разнята́, разня́то *and coll*
ро́знято

разоби́деть *perf* кого́-что *coll* wound
deeply, offend greatly ‖ *imperf* разоби-
жа́ть 2a
ft. разоби́жу, -и́дишь, -и́дят
imp. разоби́дь, ~те
pt. разоби́дел
g.pt.a. разоби́дев
p.pt.a. разоби́девший
p.pt.p. разоби́женный

разоби́деться *perf coll* be deeply wounded,
be greatly offended

разобижа́ть *imperf of* разоби́деть

разоблача́ть(ся) *imperf of* разоблачи́ть-
(ся)

разоблачи́ть *perf* кого́-что **1.** *joc* undress,
unclothe **2.** unmask, expose ‖ *imperf* разо-
блача́ть 2a
ft. разоблачу́, -чи́шь, -ча́т
imp. разоблачи́, ~те
pt. разоблачи́л
g.pt.a. разоблачи́в
p.pt.a. разоблачи́вший
p.pt.p. разоблачённый; разоблачён,
-ена́

разоблачи́ться *perf* **1.** *joc* undress, disrobe
2. come to light ‖ *imperf* разоблача́ться

разобра́ть *perf* что **1.** take to pieces, take
apart, dismantle **2.** buy up **3.** arrange,
put in order **4.** investigate, inquire into
5. *gram* parse; analyse **6.** understand;
make out, decipher **7.** *1st and 2nd pers
not used* кого́-что *coll, of feelings* seize ‖
imperf разбира́ть 2a
ft. разберу́, -рёшь, -ру́т
imp. разбери́, ~те
pt. разобра́л, -ала́, -а́ло
g.pt.a. разобра́в
p.pt.a. разобра́вший
p.pt.p. разо́бранный

разобра́ться *perf* **1.** unpack **2.** в ком-чём
understand; have [gain] an under-
standing (of) ‖ *imperf* разбира́ться
pt. разобра́лся, -ала́сь, -а́ло́сь

разобща́ть(ся) *imperf of* разобщи́ть(ся)

разобщи́ть *perf* кого́-что **1.** separate,
disunite **2.** *fig* estrange, alienate **3.** *tech*
uncouple, disconnect ‖ *imperf* разоб-
ща́ть 2a
ft. разобщу́, -щи́шь, -ща́т
imp. разобщи́, ~те
pt. разобщи́л

g.pt.a. разобщи́в
p.pt.a. разобщи́вший
p.pt.p. разобщённый; разобщён, -ена́

разобщи́ться *perf* get out of touch ‖ *imperf*
разобща́ться

разогна́ть *perf* кого́-что **1.** disperse, scatter *a crowd*; break up, dissolve *a meeting*
2. dispel *doubts, fears* **3.** speed up, accelerate ‖ *imperf* разгоня́ть 2a
ft. разгоню́, -о́нишь, -о́нят
imp. разгони́, ~те
pt. разогна́л, -ала́, -а́ло
g.pt.a. разогна́в
p.pt.a. разогна́вший
p.pt.p. разо́гнанный

разогна́ться *perf* increase speed ‖ *imperf*
разгоня́ться
pt. разогна́лся, -ала́сь, -а́ло́сь

разогну́ть 7 *perf* кого́-что unbend;
straighten ‖ *imperf* разгиба́ть 2a; ра-
бо́тать не разгиба́я спины́ never look
up from *one's work*

разогну́ться *perf* straighten (up) ‖ *imperf*
разгиба́ться

разогорча́ть(ся) *imperf of* разогорчи́ть(ся)

разогорчи́ть *perf* кого́-что *coll* distress
[grieve] deeply ‖ *imperf* разогорча́ть 2a
ft. разогорчу́, -чи́шь, -ча́т
imp. разогорчи́, ~те
pt. разогорчи́л
g.pt.a. разогорчи́в
p.pt.a. разогорчи́вший
p.pt.p. разогорчённый; разогорчён,
-ена́

разогорчи́ться *perf coll* become deeply
grieved [distressed] ‖ *imperf* разогор-
ча́ться

разогрева́ть(ся) *imperf of* разогре́ть(ся)

разогре́ть 3 *perf* кого́-что warm up; heat
(up), make hot ‖ *imperf* разогрева́ть 2a
p.pt.p. разогре́тый

разогре́ться *perf* (get) warm; get hot ‖ *imperf* разогрева́ться

разоде́ть *perf* кого́-что *coll* doll (up)
ft. разоде́ну, -нешь, -нут
imp. резоде́нь, ~те
pt. разоде́л
g.pt.a. разоде́в
p.pt.a. разоде́вший
p.pt.p. разоде́тый

разоде́ться *perf coll* doll (up)

разодолжа́ть *imperf of* разодолжи́ть

разодолжи́ть *perf* кого́-что *coll* bestow a great favour on ‖ *imperf* разодолжа́ть 2а
ft. разодолжу́, -жи́шь, -жа́т
imp. разодолжи́, ~те
pt. разодолжи́л
g.pt.a. разодолжи́в
p.pt.a. разодолжи́вший
p.pt.p. разодолжённый; разодолжён, -ена́

разодра́ть *perf* что *coll* tear up ‖ *imperf* раздира́ть 2а
ft. раздеру́, -рёшь, -ру́т
imp. раздери́, ~те
pt. разодра́л, -ала́, -а́ло
g.pt.a. разодра́в
p.pt.a. разодра́вший
p.pt.p. разо́дранный

разодра́ться, *1st and 2nd pers not used*, *perf* **1.** tear, be torn (to scraps) **2.** get into a scrap ‖ *imperf* раздира́ться
pt. разодра́лся, -ала́сь, -а́ло́сь

разозли́ть *perf* кого́-что infuriate, irritate, anger
ft. разозлю́, -ли́шь, -ля́т
imp. разозли́, ~те
pt. разозли́л
g.pt.a. разозли́в
p.pt.a. разозли́вший
p.pt.p. разозлённый; разозлён, -ена́

разозли́ться *perf* get angry, get furious

разойти́сь *perf* **1.** *1st and 2nd pers not used* disperse; *of a crowd* break up **2.** *1st and 2nd pers not used, of money* be spent; *of goods* be sold out **3.** *1st and 2nd pers not used* dissolve; melt **4.** miss each other, pass by **5.** с кем-чем part (from), separate (from); get divorced (from) **6.** с кем-чем в чём *of opinions* differ **7.** *coll* get going, get moving ‖ *imperf* расходи́ться², forms ib.
ft. разойду́сь, -дёшься, -ду́тся
imp. разойди́сь, -йтесь
pt. разошёлся, -шла́сь
g.pt.a. разойдя́сь *and obs* разоше́д-
шись
p.pt.a. разоше́дшийся

разомкну́ть 7 *perf* что **1.** open **2.** break, disconnect *circuit* ‖ *imperf* размыка́ть 2а

разомкну́ться, *1st and 2nd pers not used*, *perf* open, come unclasped ‖ *imperf* размыка́ться

разомле́ть 3 *perf coll* languish, grow languid

разопрева́ть *imperf of* разопре́ть

разопре́ть 3 *perf* **1.** *1st and 2nd pers not used* swell; get soft **2.** *sub* become exhausted *with profuse sweating* ‖ *imperf* разопрева́ть 2а

разора́ться *perf sub* scream at the top of one's voice
ft. разору́сь, -рёшься, -ру́тся
imp. разори́сь, -йтесь
pt. разора́лся, -ла́сь
g.pt.a. разора́вшись
p.pt.a. разора́вшийся

разорва́ть *perf* кого́-что **1.** tear up, tear to pieces **2.** *a. impers* blow up **3.** *fig* break off ‖ *imperf* разрыва́ть 2а
ft. разорву́, -вёшь, -ву́т
imp. разорви́, ~те
pt. разорва́л, -ала́, -а́ло
g.pt.a. разорва́в
p.pt.a. разорва́вший
p.pt.p. разо́рванный

разорва́ться, *1st and 2nd pers not used*, *perf* **1.** tear, be torn **2.** explode, burst ‖ *imperf* разрыва́ться
pt. разорва́лся, -ала́сь, -а́ло́сь

разори́ть *perf* кого́-что **1.** destroy; devastate, ravage **2.** ruin ‖ *imperf* разоря́ть 2а
ft. разорю́, -ри́шь, -ря́т
imp. разори́, ~те
pt. разори́л
g.pt.a. разори́в
p.pt.a. разори́вший
p.pt.p. разорённый; разорён, -ена́

разори́ться *perf* be ruined ‖ *imperf* разоря́ться

разоружа́ть(ся) *imperf of* разоружи́ть(ся)

разоружи́ть *perf* кого́-что **1.** disarm **2.** unrig, dismantle *a ship* ‖ *imperf* разоружа́ть 2а
ft. разоружу́, -жи́шь, -жа́т
imp. разоружи́, ~те
pt. разоружи́л
g.pt.a. разоружи́в
p.pt.a. разоружи́вший
p.pt.p. разоружённый; разоружён, -ена́

разоружи́ться *perf* disarm ‖ *imperf* разоружа́ться

разоря́ть(ся) *imperf of* разори́ть(ся)

разосла́ть *perf* кого́-что send (off), dispatch *in various directions* ‖ *imperf* рассыла́ть 2а
ft. разошлю́, -лёшь, -лю́т
imp. разошли́, ~те
pt. разосла́л

g.pt.a.   разосла́в
p.pt.a.   разосла́вший
p.pt.p.   разо́сланный

разоспа́ться *perf coll* sleep long and soundly
ft.   разосплю́сь, -пи́шься, -пя́тся
imp.   разоспи́сь, -йтесь
pt.   разоспа́лся, -ала́сь, -а́ло́сь
g.pt.a.   разоспа́вшись
p.pt.a.   разоспа́вшийся

разостла́ть *perf* что spread (out) *e.g. a carpet* ‖ *imperf* расстила́ть 2a
ft.   расстелю́, -е́лешь, -е́лют
imp.   расстели́, ~те
pt.   разостла́л
g.pt.a.   разостла́в
p.pt.a.   разостла́вший
p.pt.p.   разо́стланный

разостла́ться, *1st and 2nd pers not used*, *perf* spread ‖ *imperf* расстила́ться

разоткáть *perf* что decorate *in many places* with a woven pattern
ft.   разотку́, -кёшь, -ку́т
imp.   разотки́, ~те
pt.   разотка́л, -ала́
g.pt.a.   разотка́в
p.pt.a.   разотка́вший
p.pt.p.   разо́тканный

разоткрове́нничаться 1 *perf coll* be too overspoken, say freely too much of what one really thinks [feels]

разохо́тить *perf* кого́-что evoke in *smb* a strong desire (to do *smth*)
ft.   разохо́чу, -тишь, -тят
imp.   разохо́ть, ~те
pt.   разохо́тил
g.pt.a.   разохо́тив
p.pt.a.   разохо́тивший
p.pt.p.   разохо́ченный

разохо́титься *perf coll* get a longing; take a liking (for)

разочарова́ть 5 *perf* кого́-что в ком-чём disappoint (*smb* in) ‖ *imperf* разочаро́вывать 1a

разочарова́ться *perf* get [be] disappointed ‖ *imperf* разочаро́вываться

разочаро́вывать(ся) *imperf of* разочарова́ть(ся)

разраба́тывать *imperf of* разрабо́тать

разрабо́тать 1 *perf* что 1. cultivate, till 2. work out; elaborate 3. *min* exploit ‖ *imperf* разраба́тывать 1a

разра́внивать *imperf of* разровня́ть

разража́ться *imperf of* разрази́ться

разрази́ться *perf, of thunderstorm, of war* break out ‖ *imperf* разража́ться 2a
ft.   разражу́сь, -ази́шься, -азя́тся
imp.   разрази́сь, -йтесь
pt.   разрази́лся, -лась
g.pt.a.   разрази́вшись
p.pt.a.   разрази́вшийся

разраста́ться *imperf of* разрасти́сь

разрасти́сь, *1st and 2nd pers not used*, *perf* grow thickly, grow luxuriantly; *of plants* grow rapidly ‖ *imperf* разраста́ться 2a
ft.   разрастётся, -ту́тся
pt.   разро́сся, -осла́сь
g.pt.a.   разро́сшись
p.pt.a.   разро́сшийся

разреве́ться *perf coll* 1. start howling 2. burst into tears
ft.   разреву́сь, -вёшься, -ву́тся
imp.   разреви́сь, -йтесь
pt.   разреве́лся, -лась
g.pt.a.   разреве́вшись
p.pt.a.   разреве́вшийся

разреди́ть *perf* что 1. thin out *wood* 2. rarefy *air* ‖ *imperf* разрежа́ть 2a
ft.   разрежу́, -еди́шь, -едя́т
imp.   разреди́, ~те
pt.   разреди́л
g.pt.a.   разреди́в
p.pt.a.   разреди́вший
p.pt.p.   разрежённый; разрежён, -ена́

разреди́ться, *1st and 2nd pers not used*, *perf* 1. *of wood* become sparse 2. *of air* become thin ‖ *imperf* разрежа́ться

разрежа́ть(ся) *imperf of* разреди́ть(ся)

разре́зать *perf* что cut up; slit ‖ *imperf* разреза́ть 2a *and* разре́зывать 1a
ft.   разре́жу, -жешь, -жут
imp.   разре́жь, ~те
pt.   разре́зал
g.pt.a.   разре́зав
p.pt.a.   разре́завший
p.pt.p.   разре́занный

разреза́ть *imperf of* разре́зать

разре́зывать *imperf of* разре́зать

разреклами́ровать 4 *perf* кого́-что *coll* puff *one's products*

разреша́ть *imperf of* разреши́ть

разреша́ться 2a *imperf* 1. *imperf of* разреши́ться 2. *impers* be allowed

разреши́ть *perf* что 1. allow, permit 2. solve *a problem* 3. settle *doubts, a*

dispute ‖ *imperf* разреша́ть 2a
ft. разрешу́, -ши́шь, -ша́т
imp. разреши́, ～те
pt. разреши́л
g.pt.a. разреши́в
p.pt.a. разреши́вший
p.pt.p. разрешённый; разрешён, -ена́

разреши́ться *perf* **1.** *1st and 2nd pers not used, of a problem* be solved; *of a dispute* be settled **2.** кем *or without object* be delivered (of) ‖ *imperf* разреша́ться

разрисова́ть 5 *perf* кого́-что ornament with drawings; draw all over ‖ *imperf* разрисо́вывать 1a

разрисо́вывать *imperf of* разрисова́ть

разровня́ть 2 *perf* что level ‖ *imperf* разра́внивать 1a

разро́знивать(ся) *imperf of* разро́знить(ся)

разро́знить *perf* что break, break up *a set*, render incomplete ‖ *imperf* разро́знивать 1a
ft. разро́зню, -нишь, -нят
imp. разро́зни, ～те
pt. разро́знил
g.pt.a. разро́знив
p.pt.a. разро́знивший
p.pt.p. разро́зненный

разро́зниться *perf, of a set* become incomplete [broken, odd] ‖ *imperf* разро́зниваться

разроня́ть 1 *perf* что *coll* let fall *here and there*

разруба́ть *imperf of* разруби́ть

разруби́ть *perf* кого́-что cut up; split, chop up ‖ *imperf* разруба́ть 2a
ft. разрублю́, -у́бишь, -у́бят
imp. разруби́, ～те
pt. разруби́л
g.pt.a. разруби́в
p.pt.a. разруби́вший
p.pt.p. разру́бленный

разруга́ть 2 *perf* кого́-что *coll* scold

разруга́ться *perf* с кем *or without object coll* quarrel (with)

разрумя́нивать(ся) *imperf of* разрумя́нить(ся)

разрумя́нить *perf* кого́-что redden *face* ‖ *imperf* разрумя́нивать 1a
ft. разрумя́ню, -нишь, -нят
imp. разрумя́нь, ～те
pt. разрумя́нил

g.pt.a. разрумя́нив
p.pt.a. разрумя́нивший
p.pt.p. разрумя́ненный

разрумя́ниться *perf* blush; be flushed ‖ *imperf* разрумя́ниваться

разруша́ть(ся) *imperf of* разру́шить(ся)

разру́шить *perf* что **1.** destroy, demolish, ruin **2.** *fig* ruin, wreck; frustrate ‖ *imperf* разруша́ть 2a
ft. разру́шу, -шишь, -шат
imp. разру́шь, ～те
pt. разру́шил
g.pt.a. разру́шив
p.pt.a. разру́шивший
p.pt.p. разру́шенный

разру́шиться, *1st and 2nd pers not used, perf* **1.** collapse **2.** *fig* fail; be ruined ‖ *imperf* разруша́ться

разрыва́ть[1] *imperf of* разорва́ть

разрыва́ть[2] *imperf of* разры́ть

разрыва́ться *imperf of* разорва́ться

разры́ть *perf* что **1.** dig up **2.** *coll* turn upside down ‖ *imperf* разрыва́ть 2a
ft. разро́ю, -о́ешь, -о́ют
imp. разро́й, ～те
pt. разры́л
g.pt.a. разры́в
p.pt.a. разры́вший
p.pt.p. разры́тый

разрыхли́ть *perf* что turn up *soil* ‖ *imperf* разрыхля́ть 2a
ft. разрыхлю́, -ли́шь, -ля́т
imp. разрыхли́, ～те
pt. разрыхли́л
g.pt.a. разрыхли́в
p.pt.a. разрыхли́вший
p.pt.p. разрыхлённый; разрыхлён, -ена́

разрыхля́ть *imperf of* разрыхли́ть

разряди́ть[1] *perf* кого́-что *coll* dress up ‖ *imperf* разряжа́ть 2a
ft. разряжу́, -я́дишь, -я́дят
imp. разряди́, ～те
pt. разряди́л
g.pt.a. разряди́в
p.pt.a. разряди́вший
p.pt.p. разря́женный

разряди́ть[2] *perf* что **1.** *el* discharge; unload *firearms* **2.** *fig* relieve, relax, reduce *tension* ‖ *imperf* разряжа́ть 2a
ft. разряжу́, -я́ди́шь, -я́дя́т

p.pt.p.   разряжённый; разряжён, -ена
              and разря́женный
other forms as разряди́ть[1]

разряди́ться[1] *perf coll* dress up, doll up ‖
imperf разряжа́ться
ft.   разряжу́сь, -я́дишься, -я́дятся

разряди́ться[2], *1st and 2nd pers not used,*
perf **1.** *el* discharge **2.** *fig* relax ‖ *imperf*
разряжа́ться
ft.   разря́дится, -я́дятся

разряжа́ть(ся)[1,2] *imperf of* разряди́ть-
(ся)[1,2]

разубеди́ть *perf* кого́-что в чём dissuade
(*smb* from) ‖ *imperf* разубежда́ть 2а
ft.   разубежу́, -еди́шь, -едя́т
imp.   разубеди́, ~те
pt.   разубеди́л
g.pt.a.   разубеди́в
p.pt.a.   разубеди́вший
p.pt.p.   разубеждённый;
              разубеждён, -ена́

разубеди́ться *perf* в чём change *one's*
mind (about) ‖ *imperf* разубежда́ться

разубежда́ть(ся) *imperf of* разубеди́ть(ся)

разубра́ть *perf* кого́-что *obs and sub* dress
up, deck out
ft.   разберу́, -рёшь, -ру́т
imp.   разбери́, ~те
pt.   разбра́л, -ала́, -а́ло
g.pt.a.   разбра́в
p.pt.a.   разбра́вший
p.pt.p.   разу́бранный

разува́ть(ся) *imperf of* разу́ть(ся)

разуве́рить *perf* кого́-что в ком-чём
turn (*smb* from *one's faith, one's con-*
viction); undeceive (in), disabuse (of) ‖
imperf разуверя́ть 2а
ft.   разуве́рю, -ришь, -рят
imp.   разуве́рь, ~те
pt.   разуве́рил
g.pt.a.   разуве́рив
p.pt.a.   разуве́ривший
p.pt.p.   разуве́ренный

разуве́риться *perf* в ком-чём lose *one's*
faith (in) ‖ *imperf* разуверя́ться

разуверя́ть(ся) *imperf of* разуве́рить(ся)

разузнава́ть *imperf of* разузна́ть
pr.   разузнаю́, -аёшь, -аю́т
imp.   разузнава́й, ~те
pt.   разузнава́л
g.pr.a.   разузнава́я
p.pr.a.   разузнаю́щий
p.pt.a.   разузнава́вший
p.pr.p.   разузнава́емый

разузна́ть 2 *perf* что *or* о ком-чём find
out (about) ‖ *imperf* разузнава́ть,
forms ib.

разукра́сить *perf* что decorate, embellish ‖
imperf разукра́шивать 1а
ft.   разукра́шу, -а́сишь, -а́сят
imp.   разукра́сь, ~те
pt.   разукра́сил
g.pt.a.   разукра́сив
p.pt.a.   разукра́сивший
p.pt.p.   разукра́шенный

разукра́ситься *perf* decorate oneself ‖ *im-*
perf разукра́шиваться

разукра́шивать(ся) *imperf of* разукра́-
сить(ся)

разукрупни́ть *perf* что break up, divide
into smaller units; decentralize ‖ *imperf*
разукрупня́ть 2а
ft.   разукрупню́, -ни́шь, -ня́т
imp.   разукрупни́, ~те
pt.   разукрупни́л
g.pt.a.   разукрупни́в
p.pt.a.   разукрупни́вший
p.pt.p.   разукрупнённый;
              разукрупнён, -ена́

разукрупни́ться, *1st and 2nd pers not used,*
perf break up *into smaller units*; be
decentralized ‖ *imperf* разукрупня́ться

разукрупни́ть(ся) *imperf of* разукруп-
ни́ть(ся)

разуме́ть 3а *imperf* что *obs* understand

разуме́ться, *1st and 2nd pers not used,*
imperf: под э́тим разуме́ется ... by this
is meant [understood] ...

разу́ть *perf* кого́-что take off *smb's*
shoes ‖ *imperf* разува́ть 2а
ft.   разу́ю, -у́ешь, -у́ют
imp.   разу́й, ~те
pt.   разу́л
g.pt.a.   разу́в
p.pt.a.   разу́вший
p.pt.p.   разу́тый

разу́ться *perf* take off *one's* shoes ‖ *imperf*
разува́ться

разутю́живать *imperf of* разутю́жить

разутю́жить *perf* что iron, smoothe ‖
imperf разутю́живать 1а
ft.   разутю́жу, -жишь, -жат
imp.   разутю́жь, ~те
pt.   разутю́жил
g.pt.a.   разутю́жив
p.pt.a.   разутю́живший
p.pt.p.   разутю́женный

разу́чивать(ся) *imperf of* разучи́ть(ся)

разучи́ть *perf* что study *a part* ‖ *imperf* разу́чивать 1a
ft. разучу́, -у́чишь, -у́чат
imp. разучи́, ~те
pt. разучи́л
g.pt.a. разучи́в
p.pt.a. разучи́вший
p.pt.p. разу́ченный

разучи́ться *perf with infinitive* unlearn, forget ‖ *imperf* разу́чиваться

разъеда́ть(ся) *imperf of* разъе́сть(ся)

разъедини́ть *perf* кого́-что separate, part; *el* disconnect ‖ *imperf* разъединя́ть 2a
ft. разъединю́, -ни́шь, -ня́т
imp. разъедини́, ~те
pt. разъедини́л
g.pt.a. разъедини́в
p.pt.a. разъедини́вший
p.pt.p. разъединённый; разъединён, -ена́

разъедини́ться *perf* separate, part; *el* become disconnected ‖ *imperf* разъединя́ться

разъединя́ть(ся) *imperf of* разъедини́ть-(ся)

разъе́здить *perf* что *coll* wear out the surface of *road* ‖ *imperf* разъе́зживать 1a
ft. разъе́зжу, -здишь, -здят
imp. разъе́зди, ~те
pt. разъе́здил
g.pt.a. разъе́здив
p.pt.a. разъе́здивший
p.pt.p. разъе́зженный

разъезжа́ть 2a *imperf* travel about; drive about

разъезжа́ться *imperf of* разъе́хаться

разъе́зживать *imperf of* разъе́здить

разъе́сть, *1st and 2nd pers not used, perf* что *of rust* eat away; *of acid* corrode ‖ *imperf* разъеда́ть 2a
ft. разъе́ст, -едя́т
pt. разъе́л
g.pt.a. разъе́в
p.pt.a. разъе́вший
p.pt.p. разъе́денный

разъе́сться *perf coll* grow fat, become bloated *with excessive food* ‖ *imperf* разъеда́ться
ft . разъе́мся, -е́шься, -е́стся, -еди́мся, -еди́тесь, -едя́тся

разъе́хаться *perf* 1. *1st and 2nd pers not used* go away; leave; *of guests* depart 2. get out of each other's way 3. miss

each other 4. separate, part ‖ *imperf* разъе-зжа́ться 2a
ft. разъе́дусь, -дешься, -дутся
pt. разъе́хался, -лась
g.pt.a. разъе́хавшись
p.pt.a. разъе́хавшийся

разъяри́ть *perf* кого́-что infuriate, enrage ‖ *imperf* разъяря́ть 2a
ft. разъярю́, -ри́шь, -ря́т
imp. разъяри́, ~те
pt. разъяри́л
g.pt.a. разъяри́в
p.pt.a. разъяри́вший
p.pt.p. разъярённый; разъярён, -ена́

разъяри́ться *perf* become furious, fly into a rage ‖ *imperf* разъяря́ться

разъяря́ть(ся) *imperf of* разъяри́ть(ся)

разъя́сниваться *imperf of* разъя́сниться

разъя́снить *impers perf sub, of the weather* clear up, brighten up
ft. разъя́снит
pt. разъя́снило

разъясни́ть *perf* что explain; elucidate ‖ *imperf* разъясня́ть 2a
ft. разъясню́, -ни́шь, -ня́т
imp. разъясни́, ~те
pt. разъясни́л
g.pt.a. разъясни́в
p.pt.a. разъясни́вший
p.pt.p. разъяснённый; разъяснён, -ена́

разъя́сниться, *1st and 2nd pers not used, perf sub, of the weather* clear up, brighten up ‖ *imperf* разъя́сниваться 1a

разъясни́ться, *1st and 2nd pers not used, perf* become clear ‖ *imperf* разъясня́ться

разъясня́ть(ся) *imperf of* разъясни́ть(ся)

разыгра́ть 2 *perf* кого́-что 1. play, perform 2. play the …, pose (as) 3. *coll* pull smb's leg 4. draw lots for; raffle ‖ *imperf* разы́грывать 1a

разыгра́ться *perf* 1. be engrossed in *one's* games [play] 2. *of actors* warm up, get into *one's* stride 3. *1st and 2nd pers not used, of storm* break out ‖ *imperf* разы́грываться

разы́грывать(ся) *imperf of* разыгра́ть(ся)

разыска́ть *perf* кого́-что search out; find out ‖ *imperf* разы́скивать 1a
ft. разыщу́, -ы́щешь, -ы́щут
imp. разыщи́, ~те
pt. разыска́л
g.pt.a. разыска́в

p.pt.a. разыска́вший
p.pt.p. разы́сканный

разыска́ться *perf* be found, turn up ‖ *imperf* разы́скиваться

разы́скивать(ся) *imperf of* разыска́ть(ся)

райони́ровать 4 *and* 4a *perf, imperf* что divide into districts

ра́нить *perf, imperf* кого́-что wound, injure
pr. and ft. ра́ню, ра́нишь, ра́нят
imp. рань, ~те
pt. ра́нил
g.pr.a. ра́ня
g.pt.a. ра́нив
p.pr.a. ра́нящий
p.pt.a. ра́нивший
p.pr.p. ра́нимый
p.pt.p. ра́ненный

рапортова́ть 5 *and* 5a *perf, imperf* кому́-чему о чём report (*smth* to)

раскабали́ть *perf* кого́-что liberate from bondage ‖ *imperf* раскабаля́ть 2a
ft. раскабалю́, -ли́шь, -ля́т
imp. раскабали́, ~те
pt. раскабали́л
g.pt.a. раскабали́в
p.pt.a. раскабали́вший
p.pt.p. раскабалённый; раскабалён, -ена́

раскабаля́ть *imperf of* раскабали́ть

раска́иваться *imperf of* раска́яться

раскали́ть *perf* что make burning hot [red-hot] ‖ *imperf* раскаля́ть 2a
ft. раскалю́, -ли́шь, -ля́т
imp. раскали́, ~те
pt. раскали́л
g.pt.a. раскали́в
p.pt.a. раскали́вший
p.pt.p. раскалённый; раскалён, -ена́

раскали́ться, *1st and 2nd pers not used, perf* become red-hot ‖ *imperf* раскаля́ться

раска́лывать(ся) *imperf of* расколо́ть(ся)

раскаля́ть(ся) *imperf of* раскали́ть(ся)

раскапри́зничаться 1 *perf* become very capricious

раска́пывать *imperf of* раскопа́ть

раска́рмливать *imperf of* раскорми́ть

раскасси́ровать 4 *perf* кого́-что disband *troops*; liquidate

раската́ть 2 *perf* что 1. unroll 2. roll out *dough* 3. mangle *linen* ‖ *imperf* раска́тывать 1a

раската́ться, *1st and 2nd pers not used, perf* unroll ‖ *imperf* раска́тываться

раскати́ть *perf* что 1. bowl *smth* along 2. put into different places by rolling away *parts that make a whole* ‖ *imperf* раска́тывать 1a
ft. раскачу́, -а́тишь, -а́тят
imp. раскати́, ~те
pt. раскати́л
g.pt.a. раскати́в
p.pt.a. раскати́вший
p.pt.p. раска́ченный

раскати́ться *perf* 1. start rolling 2. *1st and 2nd pers not used* roll asunder ‖ *imperf* раска́тываться

раска́тывать(ся)[1] *imperf of* раската́ть(ся)

раска́тывать(ся)[2] *imperf of* раскати́ть(ся)

раскача́ть 2 *perf* кого́-что 1. swing 2. shake loose 3. *fig coll* (a)rouse, stir (to action) ‖ *imperf* раска́чивать 1a

раскача́ться *perf* 1. swing; rock 2. *1st and 2nd pers not used sub* get loosened up, get shaken loose 3. *fig coll* get started; brace oneself up ‖ *imperf* раска́чиваться

раска́чивать(ся) *imperf of* раскача́ть(ся)

раска́шивать[1,2] *imperf of* раскоси́ть[1,2]

раска́шляться 1 *perf* have a fit of coughing

раска́яться *perf* в чём repent *smth*, repent (of *smth*); regret ‖ *imperf* раска́иваться 1a
ft. раска́юсь, -а́ешься, -а́ются
imp. раска́йся, -а́йтесь
pt. раска́ялся, -лась
g.pt.a. раска́явшись
p.pt.a. раска́явшийся

расквартирова́ть 5 *perf* кого́-что quarter ‖ *imperf* расквартиро́вывать 1a

расквартирова́ться, *1st and 2nd pers not used, perf* take up quarters ‖ *imperf* расквартиро́вываться

расквартиро́вывать(ся) *imperf of* расквартирова́ть(ся)

расква́сить *perf* что *sub* beat to a pulp ‖ *imperf* расква́шивать 1a
ft. расква́шу, -а́сишь, -а́сят
imp. расква́сь, ~те
pt. расква́сил
g.pt.a. расква́сив
p.pt.a. расква́сивший
p.pt.p. расква́шенный

расква́шивать *imperf of* расква́сить

расквита́ться 2 *perf* с кем-чем settle accounts (with)

раскида́ть 2 *perf* кого́-что throw asunder; scatter ‖ *imperf* раски́дывать 1 a

раскида́ться *perf* **1.** scatter about, throw about, fling about **2.** lie down at full length **3.** *1st and 2nd pers not used* extend, spread out ‖ *imperf* раски́дываться

раски́дывать(ся)[1] *imperf of* раскида́ть(ся)

раски́дывать(ся)[2] *imperf of* раски́нуть(ся)

раски́нуть 6 *perf* что **1.** spread (out) *one's arms* **2.** spread (out) *a carpet* **3.** pitch *a tent* ‖ *imperf* раски́дывать 1 a

imp. раски́нь, ~те
p.pt.p. раски́нутый

раски́нуться *perf* **1.** *coll* sprawl **2.** *1st and 2nd pers not used* (be) spread ‖ *imperf* раски́дываться *with* 1

раскипяти́ться *perf coll* lose *one's* temper, get [fly] into a temper

ft. раскипячу́сь, -яти́шься, -яти́тся
imp. раскипяти́сь, -и́тесь
pt. раскипяти́лся, -лась
g.pt.a. раскипяти́вшись
p.pt.a. раскипяти́вшийся

раскиса́ть *imperf of* раски́снуть

раски́снуть *perf* **1.** *1st and 2nd pers not used* (turn) sour; *of dough* rise **2.** *fig coll* become limp [tired] ‖ *imperf* раскиса́ть 2 a

ft. раски́сну, -нешь, -нут
imp. раски́сни, ~те
pt. раски́с, ~ла
g.pt.a. раски́снув *and* раски́сши
p.pt.a. раски́сший

раскла́дывать(ся) *imperf of* разложи́ть(ся)

раскла́ниваться *imperf of* раскла́няться

раскла́няться 1 *perf* bow ‖ *imperf* раскла́ниваться 1 a

расклева́ть, *1st and 2nd pers not used, perf* что make holes in, tear apart *with the beak* ‖ *imperf* расклёвывать 1 a

ft. расклюёт, -ю́ют
pt. расклева́л
g.pt.a. расклева́в
p.pt.a. расклева́вший
p.pt.p. расклёванный

расклёвывать *imperf of* расклева́ть

расклеивать(ся) *imperf of* раскле́ить(ся)

расклеить *perf* что **1.** unglue; unpaste **2.** put up, post *in many places e.g. posters, notices* ‖ *imperf* расклеивать 1 a

ft. расклею, -éишь, -éят
imp. расклей, ~те

pt. расклеил
g.pt.a. расклеив
p.pt.a. расклеивший
p.pt.p. расклеенный

расклеиться *perf* **1.** *1st and 2nd pers not used* come unstuck **2.** *1st and 2nd pers not used* come unstuck, go wrong, come to nothing **3.** *coll* fall ill; be out of sorts ‖ *imperf* расклеиватьсяе

расклепа́ть 2 *perf* что **1.** *tech* unrivet, unclench **2.** flatten, hammer (out) flat ‖ *imperf* расклёпывать 1 a
p.pt.p. расклёпанный

расклепа́ться *perf* fall apart [get loosened up] because of lost [damaged] rivets ‖ *imperf* расклёпываться

расклёпывать(ся) *imperf of* расклепа́ть(ся)

расклинивать(ся) *imperf of* расклини́ть(ся)

расклини́ть *and* **раскли́нить** *perf* что **1.** unkey [loosen] by driving a wedge out **2.** split apart by driving a wedge in ‖ *imperf* расклинивать 1 a

ft. расклиню́, -и́нишь, -и́нят
imp. расклини́, ~те *and* раскли́нь, ~те
pt. расклини́л
g.pt.a. расклини́в
p.pt.a. расклини́вший
p.pt.p. расклинённый; расклинён, -ена́ *and* расклиненный

расклини́ться *and* **раскли́ниться**, *1st and 2nd pers not used, perf* become split with a wedge driven into *smth* ‖ *imperf* расклиниваться

раскова́ть 5 *perf* кого́-что **1.** unshoe *a horse* **2.** unfetter, unshackle ‖ *imperf* раско́вывать 1 a
ft. раскую́, -уёшь, -ую́т

раскова́ться *perf, of horses* cast a shoe ‖ *imperf* раско́вываться

раско́вывать(ся) *imperf of* раскова́ть(ся)

расковы́ривать *imperf of* расковыря́ть

расковыря́ть 2 *perf* что *coll* **1.** pick open; make a large hole by poking **2.** scratch open ‖ *imperf* расковы́ривать 1 a

раско́кать 1 *perf* что *sub* crack, break

расколачивать *imperf of* расколоти́ть

расколдова́ть 5 *perf* кого́-что disenchant

расколоти́ть *perf* что *coll* break (to pieces), smash *vessels*; unnail ‖ *imperf* расколачивать 1 a

ft. расколочу́, -о́тишь, -о́тят
imp. расколоти́, ~те
pt. расколоти́л
g.pt.a. расколоти́в
p.pt.a. расколоти́вший
p.pt.p. расколо́ченный

расколо́ть *perf* **1.** что split, cleave; chop; crack *nuts* **2.** *fig* кого́-что split; disunite ‖ *imperf* раска́лывать 1 a
ft. расколю́, -о́лешь, -о́лют
imp. расколи́, ~те
pt. расколо́л
g.pt.a. расколо́в
p.pt.a. расколо́вший
p.pt.p. раско́лотый

расколо́ться, *1st and 2nd pers not used*, *perf* split *a. fig*, cleave ‖ *imperf* раска́лываться

расколупа́ть 2 *perf* что *sub* **1.** pick open; make a large hole by poking **2.** scratch open ‖ *imperf* расколу́пывать 1 a

расколу́пывать *imperf of* расколупа́ть

расколыха́ть *perf* **1.** что stir up into a swaying [swinging] motion **2.** кого́ stir up, rouse, agitate
ft. расколы́шу, -лы́шешь, -лы́шут *and* расколыха́ю, -а́ешь, -а́ют
imp. расколыха́й, ~те
pt. расколыха́л
g.pt.a. расколыха́в
p.pt.a. расколыха́вший

расконопа́тить *perf* что uncaulk ‖ *imperf* расконопа́чивать 1 a
ft. расконопа́чу, -а́тишь, -а́тят
imp. расконопа́ть, ~те
pt. расконопа́тил
g.pt.a. расконопа́тив
p.pt.a. расконопа́тивший
p.pt.p. расконопа́ченный

расконопа́чивать *imperf of* расконопа́тить

раскопа́ть 2 *perf* кого́-что **1.** dig up *or* out; unearth **2.** *fig coll* unearth; find out ‖ *imperf* раска́пывать 1 a

раскорми́ть *perf* кого́-что fatten, feed up ‖ *imperf* раска́рмливать 1 a
ft. раскормлю́, -о́рмишь, -о́рмят
imp. раскорми́, ~те
pt. раскорми́л
g.pt.a. раскорми́в
p.pt.a. раскорми́вший
p.pt.p. раско́рмленный

раскорчева́ть *perf* что stub up *e.g. tree stumps* ‖ *imperf* раскорчёвывать 1 a

ft. раскорчу́ю, -у́ешь, -у́ют
imp. раскорчу́й, ~те
pt. раскорчева́л
g.pt.a. раскорчева́в
p.pt.a. раскорчева́вший
p.pt.p. раскорчёванный

раскорчёвывать *imperf of* раскорчева́ть

раскоря́чивать(ся) *imperf of* раскоря́чить(ся)

раскоря́чить *perf* что *sub* straddle, spread wide apart ‖ *imperf* раскоря́чивать 1 a
ft. раскоря́чу, -чишь, -чат
imp. раскоря́чь, ~те
pt. раскоря́чил
g.pt.a. раскоря́чив
p.pt.a. раскоря́чивший
p.pt.p. раскоря́ченный

раскоря́читься *perf sub* spread one's legs wide apart ‖ *imperf* раскоря́чиваться

раскоси́ть[1] *perf* что make fast with stays ‖ *imperf* раска́шивать 1 a
ft. раскошу́, -оси́шь, -ося́т
imp. раскоси́, ~те
pt. раскоси́л
g.pt.a. раскоси́в
p.pt.a. раскоси́вший
p.pt.p. раско́шенный

раскоси́ть[2] *perf coll*: раскоси́ть глаза́ squint ‖ *imperf* раска́шивать 1 a
forms as раскоси́ть[1]

раскошёливаться *imperf of* раскошё-литься

раскошё́литься *perf coll* be generous, loosen one's purse-strings ‖ *imperf* раскошё́ливаться 1 a
ft. раскошё́люсь, -лишься, -лятся
imp. раскошё́лься, -льтесь
pt. раскошё́лился, -лась
g.pt.a. раскошё́лившись
p.pt.a. раскошё́лившийся

раскра́дывать *imperf of* раскра́сть

раскра́ивать *imperf of* раскро́йть

раскра́сить *perf* кого́-что colour, paint ‖ *imperf* раска́шивать 1 a
ft. раскра́шу, -а́сишь, -а́сят
imp. раскра́сь, ~те
pt. раскра́сил
g.pt.a. раскра́сив
p.pt.a. раскра́сивший
p.pt.p. раскра́шенный

раскра́ситься, *1st and 2nd pers not used*, *perf* become bright [vivid] with colours ‖ *imperf* раскра́шиваться

раскраснéться 3 *perf* flush; glow; blush *with shame*

раскрáсть *perf* когó-что steal (everything); plunder ‖ *imperf* раскрáдывать 1 a
ft. раскрадý, -дёшь, -дýт
imp. раскради, ~те
pt. раскрáл
g.pt.a. раскрáв
p.pt.a. раскрáвший
p.pt.p. раскрáденный

раскрáшивать(ся)[1] *imperf of* раскрáсить(ся)

раскрáшивать(ся)[2] *imperf of* раскрошить(ся)

раскрепить *perf* что unfasten, make loose *by easing up fastenings* ‖ *imperf* раскреплять 2 a
ft. раскреплю, -пишь, -пят
imp. раскрепи, ~те
pt. раскрепил
g.pt.a. раскрепив
p.pt.a. раскрепивший
p.pt.p. раскреплённый; раскреплён, -енá

раскрепиться, *1st and 2nd pers not used, perf, of a fixture* get unfastened, work loose ‖ *imperf* раскрепляться

раскреплять(ся) *imperf of* раскрепить(ся)

раскрепостить *perf* когó-что 1. *hist* set free, liberate from bondage 2. *fig* liberate; emancipate ‖ *imperf* раскрепощáть 2 a
ft. раскрепощý, -остишь, -остят
imp. раскрепости, ~те
pt. раскрепостил
g.pt.a. раскрепостив
p.pt.a. раскрепостивший
p.pt.p. раскрепощённый; раскрепощён, -енá

раскрепоститься *perf* 1. become free, liberate oneself from bondage 2. liberate oneself ‖ *imperf* раскрепощáться

раскрепощáть(ся) *imperf of* раскрепостить(ся)

раскритиковáть 5 *perf* когó-что criticize severely, scarify ‖ *imperf* раскритикóвывать 1 a

раскритикóвывать *imperf of* раскритиковáть

раскричáть *perf* trumpet forth, shout from the roof tops
ft. раскричý, -чишь, -чáт
imp. раскричи, ~те
pt. раскричáл

g.pt.a. раскричáв
p.pt.a. раскричáвший

раскричáться *perf coll* start shouting, begin to cry

раскроить *perf* что 1. cut out *a dress* 2. *coll* inflict a wide wound; split *smb's skull* ‖ *imperf* раскрáивать 1 a
ft. раскрою, -ойшь, -оят
imp. раскрой, ~те
pt. раскроил
g.pt.a. раскроив
p.pt.a. раскроивший
p.pt.p. раскрóенный

раскрошить *perf* что crumble ‖ *imperf* раскрáшивать 1 a
ft. раскрошý, -óшишь, -óшат
imp. раскроши, ~те
pt. раскрошил
g.pt.a. раскрошив
p.pt.a. раскрошивший
p.pt.p. раскрóшенный

раскрошиться *perf* crumble ‖ *imperf* раскрáшиваться

раскрутить *perf* что 1. untwist, untwine; unscrew 2. *coll* set in a rotatory motion ‖ *imperf* раскрýчивать 1 a
ft. раскручý, -ýтишь, -ýтят
imp. раскрути, ~те
pt. раскрутил
g.pt.a. раскрутив
p.pt.a. раскрутивший
p.pt.p. раскрýченный

раскрутиться, *1st and 2nd pers not used, perf* 1. untwist, come untwisted 2. start rotating faster ‖ *imperf* раскрýчиваться

раскрýчивать(ся) *imperf of* раскрутить(ся)

раскрывáть(ся) *imperf of* раскрыть(ся)

раскрыть *perf* когó-что 1. open 2. expose; uncover *one's head* 3. *fig* reveal, disclose; discover ‖ *imperf* раскрывáть 2 a
ft. раскрою, -óешь, -óют
imp. раскрой, ~те
pt. раскрыл
g.pt.a. раскрыв
p.pt.a. раскрывший
p.pt.p. раскрытый

раскрыться *perf* 1. open 2. *fig* come out, come to light ‖ *imperf* раскрывáться

раскудáхтаться *perf* set up a cackling
ft. раскудáхчусь, -чешься, -чутся
imp. раскудáхтайся, -айтесь
pt. раскудáхтался, -лась
g.pt.a. раскудáхтавшись
p.pt.a. раскудáхтавшийся

раскула́чивать *imperf of* раскула́чить

раскула́чить *perf* кого́-что nationalize kulaks' property ‖ *imperf* раскула́чивать 1 a
ft. | раскула́чу, -чишь, -чат
imp. | раскула́чь, ~те
pt. | раскула́чил
g.pt.a. | раскула́чив
p.pt.a. | раскула́чивший
p.pt.p. | раскула́ченный

раскупа́ть *imperf of* раскупи́ть

раскупа́ться 2a, *1st and 2nd pers not used, imperf* sell (steadily); хорошо́ раскупа́ться meet with a rapid sale

раскупи́ть *perf* buy up, corner ‖ *imperf* раскупа́ть 2a
ft. | раскуплю́, -у́пишь, -у́пят
imp. | раскупи́, ~те
pt. | раскупи́л
g.pt.a. | раскупи́в
p.pt.a. | раскупи́вший
p.pt.p. | раску́пленный

раску́поривать(ся) *imperf of* раску́порить(ся)

раску́порить *perf* что uncork; open ‖ *imperf* раску́поривать 1 a
ft. | раску́порю, -ришь, -рят
imp. | раску́порь, ~те *and* раску́пори, ~те
pt. | раску́порил
g.pt.a. | раску́порив
p.pt.a. | раску́коривший
p.pt.p. | раску́поренный

раску́пориться, *1st and 2nd pers not used, perf* be uncorked ‖ *imperf* раску́пориваться

раску́ривать(ся) *imperf of* раскури́ть(ся)

раскури́ть *perf* что light (up) *a cigarette* ‖ *imperf* раску́ривать 1 a
ft. | раскурю́, -у́ришь, -у́рят
imp. | раскури́, ~те
pt. | раскури́л
g.pt.a. | раскури́в
p.pt.a. | раскури́вший
p.pt.p. | раску́ренный

раскури́ться, *1st and 2nd pers not used, perf, of a cigarette* be lighted up ‖ *imperf* раску́риваться

раскуси́ть *perf* кого́-что 1. bite through; crack *nuts* 2. *coll* see through; understand; get the hang of ‖ *imperf* раску́сывать 1 a
ft. | раскушу́, -у́сишь, -у́сят
imp. | раскуси́, ~те

pt. | раскуси́л
g.pt.a. | раскуси́в
p.pt.a. | раскуси́вший
p.pt.p. | раску́шенный

раску́сывать *imperf of* раскуси́ть

раску́тать 1 *perf* кого́-что unwrap ‖ *imperf* раску́тывать 1 a

раску́таться *perf* unwrap oneself ‖ *imperf* раску́тываться

раскути́ться *perf coll* indulge in carousing
ft. | раскучу́сь, -у́тишься, -у́тятся
imp. | раскути́сь, -и́тесь
pt. | раскути́лся, -лась
g.pt.a. | раскути́вшись
p.pt.a. | раскути́вшийся

раску́тывать(ся) *imperf of* раску́тать(ся)

распада́ться *imperf of* распа́сться

распа́ивать(ся) *imperf of* распая́ть(ся)

распакова́ть 5 *perf* что unpack ‖ *imperf* распако́вывать 1 a

распакова́ться *perf* 1. unpack 2. *1st and 2nd pers not used* come undone ‖ *imperf* распако́вываться

распако́вывать(ся) *imperf of* распакова́ть(ся)

распали́ть *perf* кого́-что *coll* 1. make burning hot, heat strongly 2. *fig* excite ‖ *imperf* распаля́ть 2a
ft. | распалю́, -ли́шь, -ля́т
imp. | распали́, ~те
pt. | распали́л
g.pt.a. | распали́в
p.pt.a. | распали́вший
p.pt.p. | распалённый; распалён, -ена́

распали́ться *perf coll* 1. *1st and 2nd pers not used* get burning hot 2. чем *or without object* be incensed (with, by) ‖ *imperf* распаля́ться

распаля́ть(ся) *imperf of* распали́ть(ся)

распа́ривать(ся) *imperf of* распа́рить(ся)

распа́рить *perf* кого́-что 1. steam; stew (well) 2. *coll* make sweat [perspire] profusely ‖ *imperf* распа́ривать 1 a
ft. | распа́рю, -ришь, -рят
imp. | распа́рь, ~те
pt. | распа́рил
g.pt.a. | распа́рив
p.pt.a. | распа́ривший
p.pt.p. | распа́ренный

распа́риться *perf* 1. *1st and 2nd pers not used, of vegetables* be done 2. break out into perspiration, sweat profusely (with the heat) ‖ *imperf* распа́риваться

распа́рывать(ся) *imperf of* распоро́ть(ся)

распа́сться, *1st and 2nd pers not used*, *perf* **1.** disintegrate; fall to pieces; decay **2.** *fig* break up ‖ *imperf* распада́ться 2a
ft.	распадётся, -ду́тся
pt.	распа́лся, -лась
g.pt.a.	распа́вшись
p.pt.a.	распа́вшийся

распаха́ть *perf* что plough up ‖ *imperf* распа́хивать 1a
ft.	распашу́, -а́шешь, -а́шут
imp.	распаши́, ~те
pt.	распаха́л
g.pt.a.	распаха́в
p.pt.a.	распаха́вший
p.pt.p.	распа́ханный

распа́хивать[1] *imperf of* распаха́ть

распа́хивать[2] *imperf of* распахну́ть

распа́хиваться *imperf of* распахну́ться

распахну́ть 7 *perf* что throw open, fling open ‖ *imperf* распа́хивать 1a

распахну́ться *perf* **1.** *1st and 2nd pers not used* fly open **2.** throw open *one's* coat ‖ *imperf* распа́хиваться

распая́ть 2 *perf* что unsolder ‖ *imperf* распа́ивать 1a

распая́ться, *1st and 2nd pers not used*, *perf* come unsoldered ‖ *imperf* распа́иваться

распева́ть 2a *imperf* **1.** *imperf of* распе́ть **2.** *coll* sing to oneself

распева́ться *imperf of* распе́ться

распека́ть *imperf of* распе́чь

распелена́ть 2 *perf* кого́-что unswaddle, unswathe *infant* ‖ *imperf* распелёны-вать 1a
p.pt.p.	распелёнатый

распелена́ться *perf of infant* kick off its nappies ‖ *imperf* распелёнываться

распелёнывать(ся) *imperf of* распеле-на́ть(ся)

распере́ть, *usu impers perf* что *coll* push apart; open by pressure ‖ *imperf* распи-ра́ть 2a
ft.	разопру́, -рёшь, -ру́т
imp.	разопри́, ~те
pt.	распёр, ~ла
g.pt.a.	распере́в *and* распёрши
p.pt.a.	распёрший
p.pt.p.	распёртый

распетуши́ться *perf coll* get into a rage, fly into a passion

ft.	распетушу́сь, -ши́шься, -ша́тся
imp.	распетуши́сь, -и́тесь
pt.	распетуши́лся, -лась
g.pt.a.	распетуши́вшись
p.pt.a.	распетуши́вшийся

распе́ть *perf* что **1.** *mus* study *a piece* **2.**: распе́ть го́лос get into voice by warming up ‖ *imperf* распева́ть 2a
ft.	распою́, -оёшь, -ою́т
imp.	распо́й, ~те
pt.	распе́л
g.pt.a.	распе́в
p.pt.a.	распе́вший
p.pt.p.	распе́тый

распе́ться *perf* **1.** be carried away with *one's* singing **2.** warm up, get into voice ‖ *imperf* распева́ться

распеча́тать 1 *perf* что unseal, break the seal of; open *a letter* ‖ *imperf* распеча́тывать 1a

распеча́таться, *1st and 2nd pers not used*, *perf* come unsealed ‖ *imperf* распеча́тываться

распеча́тывать(ся) *imperf of* распеча́тать(ся)

распе́чь *perf* кого́-что *coll* give *smb* a good scolding [a dressing down] ‖ *imperf* распекать 2a
ft.	распеку́, -ечёшь, -еку́т
imp.	распеки́, ~те
pt.	распёк, -екла́
g.pt.a.	распёкши
p.pt.a.	распёкший
p.pt.p.	распечённый; распечён, -ена́

распива́ть *imperf of* распи́ть

распи́ливать(ся) *imperf of* распили́ть(ся)

распили́ть *perf* что saw up ‖ *imperf* распи́ливать 1a
ft.	распилю́, -и́лишь, -и́лят
imp.	распили́, ~те
pt.	распили́л
g.pt.a.	распили́в
p.pt.a.	распили́вший
p.pt.p.	распи́ленный

распили́ться, *1st and 2nd pers not used*, *perf* be sawn up ‖ *imperf* распили́ва-ться

распина́ть *imperf of* распя́ть

распина́ться 2a *imperf* за кого́-что *coll* take great pains (for *smb's* sake)

распира́ть *imperf of* распере́ть

расписа́ть *perf* кого́-что **1.** copy (out) **2.** paint, cover with paintings **3.** *fig coll*

describe ‖ *imperf* распи́сывать 1a
ft. распишу́, -и́шешь, -и́шут
imp. распиши́, ~те
pt. расписа́л
g.pt.a. расписа́в
p.pt.a. расписа́вший
p.pt.p. распи́санный

расписа́ться *perf* 1. в чём sign (*one's* name) 2. get into a writing vein 3. с кем *coll* register *one's* marriage ‖ *imperf* распи́сываться

распи́сывать(ся) *imperf of* расписа́ть(ся)

распи́ть *perf* что *coll* drink together ‖ *imperf* распива́ть 2a
ft. разопью́, -пьёшь, -пью́т
imp. распе́й, ~те
pt. распи́л *and coll* ро́спил, распила́, распи́ло *and coll* ро́спило
g.pt.a. распи́в
p.pt.a. распи́вший
p.pt.p. распи́тый; распи́т *and coll* ро́спит, распита́ *and coll* распи́та, распи́то *and coll* ро́спито

распиха́ть 2 кого́-что *sub* 1. push apart 2. bung in *all over the place* ‖ *imperf* распи́хивать 1a

распи́хивать *imperf of* распиха́ть

распла́вить *perf* что melt ‖ *imperf* расплавля́ть 2a
ft. распла́влю, -вишь, -вят
imp. распла́вь, ~те
pt. распла́вил
g.pt.a. распла́вив
p.pt.a. распла́вивший
p.pt.p. распла́вленный

распла́виться, *1st and 2nd pers not used*, *perf* melt ‖ *imperf* расплавля́ться

расплавля́ть(ся) *imperf of* распла́вить(ся)

распла́каться *perf* burst into tears
ft. распла́чусь, -чешься, -чутся
imp. распла́чься, -чьтесь
pt. распла́кался, -лась
g.pt.a. распла́кавшись
p.pt.a. распла́кавшийся

распланирова́ть 5 *and* распла́ни́ровать 4 *perf* что 1. plan in detail 2. lay out *a garden, a park* ‖ *imperf* распланиро́вывать 1a

распланиро́вывать *imperf of* распла́ни́ровать

распласта́ть 2 *perf* кого́-что 1. split (in two) 2. spread ‖ *imperf* распла́стывать 1a

распласта́ться *perf* sprawl ‖ *imperf* распла́стываться

распластова́ть 5 *perf* что split (in two)

распла́стывать(ся) *imperf of* распласта́ть(ся)

расплати́ться *perf* 1. с кем-чем settle (with) 2. *fig* с кем-чем settle accounts (with); get even (with); be quits (with) 3. *fig* за что pay (for) ‖ *imperf* распла́чиваться 1a
ft. расплачу́сь, -а́тишься, -а́тятся
imp. расплати́сь, -и́тесь
pt. расплати́лся, -лась
g.pt.a. расплати́вшись
p.pt.a. расплати́вшийся

распла́чиваться *imperf of* расплати́ться

расплеска́ть *perf* что spill ‖ *imperf* расплёскивать 1a | *perf semelf* расплесну́ть 7, *p.pt.p.* расплёснутый
ft. расплещу́, -е́щешь, -е́щут *and coll* расплеска́ю, -а́ешь, -а́ют
imp. расплещи́, ~те *and* расплеска́й, ~те
pt. расплеска́л
g.pt.a. расплеска́в
p.pt.a. расплеска́вший
p.pt.p. расплёсканный

расплеска́ться, *1st and 2nd pers not used*, *perf* be spilled, spill ‖ *imperf* расплёскиваться | *perf semelf* расплесну́ться

расплёскивать(ся) *imperf of* расплеска́ть(ся)

расплесну́ть(ся) *perf semelf of* расплёскивать(ся)

расплести́ *perf* что untwist, untwine; unbraid, unplait *hair* ‖ *imperf* расплета́ть 2a
ft. расплету́, -тёшь, -ту́т
imp. расплети́, ~те
pt. расплёл, -ела́
g.pt.a. расплетя́ *and* расплётши
p.pt.a. расплётший
p.pt.p. расплетённый; расплетён, -ена́

расплести́сь, *1st and 2nd pers not used*, *perf* untwist; *of hair* get unbraided ‖ *imperf* расплета́ться

расплета́ть(ся) *imperf of* расплести́(сь)

расплоди́ть *perf* кого́-что breed *animals, plants* ‖ *imperf* распложа́ть 2a
ft. распложу́, -оди́шь, -одя́т
imp. расплоди́, ~те
pt. расплоди́л
g.pt.a. расплоди́в
p.pt.a. расплоди́вший

p.pt.p.   распложённый; распложён, -ена́

расплоди́ться, *1st and 2nd pers not used, perf zool* breed ‖ *imperf* распложа́ться

распложа́ть(ся) *imperf of* расплоди́ть(ся)

расплыва́ться *imperf of* расплы́ться

расплы́ться *perf* **1.** *1st and 2nd pers not used, of ink or paint* run, spread **2.** *1st and 2nd pers not used* swell up **3.** *coll* grow fast ‖ *imperf* расплыва́ться 2a
ft.   расплыву́сь, -вёшься, -ву́тся
pt.   расплы́лся, -ыла́сь
g.pt.a.   расплы́вшись
p.pt.a.   расплы́вшийся

расплю́щивать(ся) *imperf of* расплю́-щить(ся)

расплю́щить *perf* что flatten ‖ *imperf* расплю́щивать 1a
ft.   расплю́щу, -щишь, -щат
imp.   расплю́щь, ~те
pt.   расплю́щил
g.pt.a.   расплю́щив
p.pt.a.   расплю́щивший
p.pt.p.   расплю́щенный

расплю́щиться, *1st and 2nd pers not used, perf* become flat ‖ *imperf* расплю́щиваться

распляса́ться *perf coll* be carried away with dancing
ft.   распляшу́сь, -я́шешься, -я́шутся
imp.   распляши́сь, -и́тесь
pt.   распляса́лся, -лась
g.pt.a.   распляса́вшись
p.pt.a.   распляса́вшийся

распознава́ть *imperf of* распозна́ть
pr.   распознаю́, -аёшь, -аю́т
imp.   распознава́й, ~те
pt.   распознава́л
g.pr.a.   распознава́я
p.pr.a.   распознаю́щий
p.pr.a.   распознава́вший
p.pr.p.   распознава́емый

распозна́ть 1 *perf* кого́-что recognize; discern ‖ *imperf* распознава́ть, forms ib.

располага́ть 2a *imperf* **1.** *imperf of* расположи́ть **2.** кем-чем have at *one's* disposal

располага́ться *imperf of* расположи́ться

распо́лзаться 1 *perf coll* creep about, crawl about

располза́ться *imperf of* расползти́сь

расползти́сь, *1st and 2nd pers not used, perf* **1.** crawl away *or* off **2.** *coll* tear, be torn; unravel **3.** fall to pieces ‖ *imperf* располза́ться 2a
ft.   расползётся, -зу́тся
imp.   расползи́тесь
pt.   распо́лзся, -олзла́сь
g.pt.a.   распо́лзшись
p.pt.a.   распо́лзшийся

располне́ть 3 *perf* put on weight, get stout

расположи́ть *perf* кого́-что **1.** dispose, arrange **2.** dispose *smb* (towards), win over ‖ *imperf* располага́ть 2a
ft.   расположу́, -о́жишь, -о́жат
imp.   расположи́, ~те
pt.   расположи́л
g.pt.a.   расположи́в
p.pt.a.   расположи́вший
p.pt.p.   расположе́нный

расположи́ться *perf* **1.** settle (down); make oneself comfortable **2.** *with infinitive coll obs* propose, intend ‖ *imperf* располага́ться
g.pt.a.   расположи́вшись *and* расположа́сь

располосова́ть 5 *perf* что *coll* tear into strips ‖ *imperf* располосо́вывать 1a

располосо́вывать *imperf of* располосо-ва́ть

распоро́ть *perf* что unrip ‖ *imperf* распа́рывать 1a
ft.   распорю́, -о́решь, -о́рют
imp.   распори́, ~те
pt.   распоро́л
g.pt.a.   распоро́в
p.pt.a.   распоро́вший
p.pt.p.   распоро́тый

распоро́ться, *1st and 2nd pers not used, perf* come unstitched ‖ *imperf* распа́рываться

распоряди́ться *perf* **1.** order **2.** чем have at *one's* disposal ‖ *imperf* распоряжа́ться 2a
ft.   распоряжу́сь, -яди́шься, -ядя́тся
imp.   распоряди́сь, -и́тесь
pt.   распоряди́лся, -лась
g.pt.a.   распоряди́вшись
p.pt.a.   распоряди́вшийся

распоряжа́ться 2a *imperf* **1.** *imperf of* распоряди́ться **2.** manage; command; give orders

распоте́шить *perf* кого́-что *coll* divert, keep amused
ft.   распоте́шу, -шишь, -шат

imp.	распотёшь, ~те
pt.	распотёшил
g.pt.a.	распотёшив
p.pt.a.	распотёшивший
p.pt.p.	распотёшенный

распоясать *perf* кого-что remove *smb's* belt ‖ *imperf* распоясывать 1a

ft.	распояшу, -шешь, -шут
imp.	распояшь, ~те
pt.	распоясал
g.pt.a.	распоясав
p.pt.a.	распоясавший
p.pt.p.	распоясанный

распоясаться *perf* **1.** take off one's belt **2.** *coll derog* get out of hand, kick over the traces ‖ *imperf* распоясываться

распоясывать(ся) *imperf of* распоясать(ся)

расправить *perf* что **1.** straighten *wire* **2.** smoothe out *creases* **3.** stretch *one's limbs* ‖ *imperf* расправлять 2a

ft.	расправлю, -вишь, -вят
imp.	расправь, ~те
pt.	расправил
g.pt.a.	расправив
p.pt.a.	расправивший
p.pt.p.	расправленный

расправиться[1], *1st and 2nd pers not used, perf* smoothe out, be smoothed out ‖ *imperf* расправляться

расправиться[2] *perf* с кем-чем deal (with); avenge oneself (on) ‖ *imperf* расправляться

расправлять *imperf of* расправить

расправляться[1,2] *imperf of* расправиться[1,2]

распределить *perf* кого-что distribute, allot; assign ‖ *imperf* распределять 2a

ft.	распределю, -лишь, -лят
imp.	распредели, ~те
pt.	распределил
g.pt.a.	распределив
p.pt.a.	распределивший
p.pt.p.	распределённый; распределён, -ена

распределиться, *1st and 2nd pers not used, perf* be distributed, divide ‖ *imperf* распределяться

распределять(ся) *imperf of* распределить(ся)

распробовать 4 *perf* что *coll* taste (to find out what it tastes of)

распродавать *imperf of* распродать

pr.	распродаю, -аёшь, -ают
imp.	распродавай, ~те
pt.	распродавал
g.pr.a.	распродавая
p.pr.a.	распродающий
p.pt.a.	распродававший
p.pr.p.	распродаваемый

распродать *perf* кого-что sell off *or* out ‖ *imperf* распродавать, forms ib.

ft.	распродам, -ашь, -аст, -адим, -адите, -адут
imp.	распродай, ~те
pt.	распродал, -одала, -одало
g.pt.a.	распродав
p.pt.a.	распродавший
p.pt.p.	распроданный

распропагандировать 4 *perf* кого-что talk *smb* round

распростереть *perf* что **1.** extend, stretch out; spread **2.** *fig* extend *one's influence* ‖ *imperf* распростирать 2a

ft. (*rarely*)	распростру, -рёшь, -рут
imp. (*rarely*)	распростри, ~те
pt.	распростёр, ~ла
g.pt.a.	распростерёв *and* распростёрши
p.pt.a.	распростёрший
p.pt.p.	распростёртый

распростереться *perf* **1.** stretch, extend, spread **2.** *1st and 2nd pers not used fig, of influence* spread, widen ‖ *imperf* распростираться

распростирать(ся) *imperf of* распростереть(ся)

распроститься *perf* с кем-чем *or without object coll* take (final) leave (of); bid farewell (to); *fig* give up

ft.	распрощусь, -остишься, -остятся
imp.	распростись, -йтесь
pt.	распростился, -лась
g.pt.a.	распростившись
p.pt.a.	распростившийся

распространить *perf* кого-что **1.** spread, diffuse **2.** extend, enlarge **3.** popularize; propagate, disseminate *doctrines* ‖ *imperf* распространять 2a

ft.	распространю, -нишь, -нят
imp.	распространи, ~те
pt.	распространил
g.pt.a.	распространив
p.pt.a.	распространивший
p.pt.p.	распространённый; распространён, -ена

распространиться *perf* **1.** stretch, extend

2. *of influence* widen, spread **3.** *of diseases, fire, odours* spread **4.** *coll* dilate, expatiate ‖ *imperf* распространя́ться

распространи́ть(ся) *imperf of* распространи́ть(ся)

распроща́ться 2 *perf* с кем-чем *or without object coll* take (final) leave (of); bid farewell (to); *fig* give up

распры́гаться 1 *perf* be carried away with jumping

распры́скать 1 *perf* что spray (about) ‖ *imperf* распры́скивать 1 а

распры́скивать *imperf of* распры́скать

распряга́ть(ся) *imperf of* распря́чь(ся)

распрями́ть *perf* что straighten; unbend ‖ *imperf* распрямля́ть 2а

ft.	распрямлю́, -ми́шь, -мя́т
imp.	распрями́, ~те
pt.	распрями́л
g.pt.a.	распрями́в
p.pt.a.	распрями́вший
p.pt.p.	распрямлённый; распрямлён, -ена́

распрями́ться *perf* straighten; smoothe out ‖ *imperf* распрямля́ться

распрямля́ть(ся) *imperf of* распрями́ть(ся)

распря́чь [пре] *perf* кого́-что unharness ‖ *imperf* распряга́ть 2а

ft.	распрягу́, -яжёшь, -ягу́т
imp.	распряги́, ~те
pt.	распря́г, -ягла́
g.pt.a.	распря́гши
p.pt.a.	распря́гший
p.pt.p.	распряжённый; распряжён, -ена́

распря́чься, *1st and 2nd pers not used, perf* **1.** break loose from harness **2.** *of harness* come open, come undone ‖ *imperf* распряга́ться

распубликова́ть 5 *perf* что *obs* publish at large, make public ‖ *imperf* распублико́вывать 1 а

распублико́вывать *imperf of* распубликова́ть

распуга́ть 2 *perf* кого́-что scare away ‖ *imperf* распу́гивать 1 а | *perf semelf* распугну́ть 7

распу́гивать *imperf of* распуга́ть

распугну́ть *perf semelf of* распу́гивать

распуска́ть(ся) *imperf of* распусти́ть(ся)

распусти́ть *perf* кого́-что **1.** dismiss **2.** dissolve *a meeting*; dissolve *an organ-*

isation **3.** let down *one's hair*; loosen **4.** melt; dissolve **5.** spoil *children* **6.** *coll* spread *a rumour* ‖ *imperf* распуска́ть 2а

ft.	распущу́, -у́стишь, -у́стят
imp.	распусти́, ~те
pt.	распусти́л
g.pt.a.	распусти́в
p.pt.a.	распусти́вший
p.pt.p.	распу́щенный

распусти́ться *perf* **1.** *1st and 2nd pers not used bot* open, blossom out; come out **2.** *1st and 2nd pers not used* come undone; *of hair* come down **3.** *fig* become undisciplined ‖ *imperf* распуска́ться

распу́тать 1 *perf* кого́-что **1.** unravel, disentangle; untwine **2.** *fig* clear up ‖ распу́тывать 1 а

распу́таться, *1st and 2nd pers not used, perf* **1.** become disentangled [untwined]; come undone **2.** *fig coll* be cleared up, become clear **3.** *of horse* get free of a hobble ‖ *imperf* распу́тываться

распу́тничать 1 а *imperf* lead a dissolute life

распу́тствовать 4а *imperf* lead a dissolute life

распу́тывать(ся) *imperf of* распу́тать(ся)

распуха́ть *imperf of* распу́хнуть

распу́хнуть *perf* swell up; swell out ‖ *imperf* распуха́ть 2а

ft.	распу́хну, -нешь, -нут
imp.	распу́хни, ~те
pt.	распу́х, ~ла
g.pt.a.	распу́хнув *and* распу́хши
p.pt.a.	распу́хший *and* распу́хнувший

распуша́ть *imperf of* распуши́ть

распуши́ть *perf* кого́-что **1.** shake up **2.** *coll* tell off ‖ *imperf* распуша́ть 2а

ft.	распушу́, -ши́шь, -ша́т
imp.	распуши́, ~те
pt.	распуши́л
g.pt.a.	распуши́в
p.pt.a.	распуши́вший
p.pt.p.	распушённый; распушён, -ена́

распыли́ть *perf* что **1.** pulverize; spray, atomize *liquids* **2.** dissipate *one's powers* ‖ *imperf* распыля́ть 2а

ft.	распылю́, -ли́шь, -ля́т
imp.	распыли́, ~те
pt.	распыли́л
g.pt.a.	распыли́в
p.pt.a.	распыли́вший
p.pt.p.	распылённый; распылён, -ена́

распыли́ться, *1st and 2nd pers not used, perf, of powers* be dissipated ‖ *imperf* распыля́ться

распыля́ть(ся) *imperf of* распыли́ть(ся)

распя́ливать *imperf of* распя́лить

распя́лить *perf* что 1. *coll* stretch *e.g.* shoes 2. *sub* open wide ‖ *imperf* распя́ливать 1a

ft.	распя́лю, -лишь, -лят
imp.	распя́ль, ∾те
pt.	распя́лил
g.pt.a.	распя́лив
p.pt.a.	распя́ливший
p.pt.p.	распя́ленный

распя́ть *perf* кого́-что crucify ‖ *imperf* распина́ть 2a

ft.	распну́, -нёшь, -ну́т
imp.	распни́, ∾те
pt.	распя́л
g.pt.a.	распя́в
p.pt.a.	распя́вший
p.pt.p.	распя́тый

рассади́ть *perf* кого́-что 1. seat 2. separate, place apart *e.g.* children 3. plant out, transplant ‖ *imperf* расса́живать 1a

ft.	рассажу́, -а́дишь, -а́дят
imp.	рассади́, ∾те
pt.	рассади́л
g.pt.a.	рассади́в
p.pt.a.	рассади́вший
p.pt.p.	расса́женный

расса́живать *imperf of* рассади́ть

расса́живаться *imperf of* рассе́сться

расса́сывать(ся) *imperf of* рассоса́ть(ся)

рассве́рливать *imperf of* рассверли́ть

рассверли́ть *perf* что drill, bore ‖ *imperf* рассве́рливать 1a

ft.	рассверлю́, -ли́шь, -ля́т
imp.	рассверли́, ∾те
pt.	рассверли́л
g.pt.a.	рассверли́в
p.pt.a.	рассверли́вший
p.pt.p.	рассверлённый; рассверлён, -ена́

рассвести́ *impers perf* dawn ‖ *imperf* рассвета́ть 2a; рассвета́ет day is breaking

ft.	рассветёт
pt.	рассвело́

рассвета́ть *imperf of* рассвести́

рассвирепе́ть 3 *perf* get [fly] into a rage, become furious

рассева́ть *imperf of* рассе́ять

расседла́ть 2 *perf* кого́-что unsaddle ‖ *imperf* рассёдлывать 1a

p.pt.p.	рассёдланный

расседла́ться, *1st and 2nd pers not used, perf, of a horse* get unsaddled ‖ *imperf* рассёдлываться

рассёдлывать(ся) *imperf of* расседла́ть(ся)

рассе́ивать(ся) *imperf of* рассе́ять(ся)

рассека́ть(ся) *imperf of* рассе́чь(ся)

рассели́ть *perf* кого́-что 1. settle *in a new place* 2. separate, settle apart ‖ *imperf* расселя́ть 2a

ft.	расселю́, -ли́шь, -ля́т *and coll* -élишь, -éлят
imp.	рассели́, ∾те
pt.	рассели́л
g.pt.a.	рассели́в
p.pt.a.	рассели́вший
p.pt.p.	расселённый; расселён, -ена́

рассели́ться, *1st and 2nd pers not used, perf* 1. settle (in different places) 2. move away from each other ‖ *imperf* расселя́ться

рассели́ть(ся) *imperf of* рассели́ть(ся)

рассерди́ть *perf* кого́-что anger, make angry

ft.	рассержу́, -éрдишь, -éрдят
imp.	рассерди́, ∾те
pt.	рассерди́л
g.pt.a.	рассерди́в
p.pt.a.	рассерди́вший
p.pt.p.	рассе́рженный

рассерди́ться *perf* become angry

рассерча́ть 2 *perf* become angry

рассе́сться *perf* 1. *1st and 2nd pers not used* sit down, take *one's* seat 2. *sub* sprawl; make oneself comfortable ‖ *imperf* расса́живаться 1a

ft.	расся́дусь, -дешься, -дутся
imp.	расся́дьтесь
pt.	рассе́лся, -лась
g.pt.a.	рассе́вшись
p.pt.a.	рассе́вшийся

рассе́чь *perf* кого́-что 1. cut (up); cleave, split 2. seriously injure, cause grave injury to 3. *fig* cut across ‖ *imperf* рассека́ть 2a

ft.	рассеку́, -ечёшь, -еку́т
imp.	рассеки́, ∾те
pt.	рассе́к, -екла́
g.pt.a.	рассе́кши
p.pt.a.	рассе́кший
p.pt.p.	рассечённый; рассечён, -ена́

рассе́чься *perf of hairs, of threads* split, fray ‖ *imperf* рассека́ться

рассе́ять *perf* кого́-что **1.** sow, disseminate **2.** disperse, scatter *a crowd* **3.** allay *suspicion*; dispel, disperse *doubts* **4.** dispel *care* **5.** divert ‖ *imperf* рассе-ва́ть 2a *with* 1 *and* рассе́ивать 1a *with* 2—5

ft.	рассе́ю, -е́ешь, -е́ют
imp.	рассе́й, ～те
pt.	рассе́ял
g.pt.a.	рассе́яв
p.pt.a.	рассе́явший
p.pt.p.	рассе́янный

рассе́яться *perf* **1.** *1st and 2nd pers not used* disperse, scatter **2.** *1st and 2nd pers not used, of fog* clear, lift **3.** *fig* divert oneself; amuse oneself ‖ *imperf* рассе́и-ваться

рассиде́ться *perf sub* spend too long sitting; remain seated too long ‖ *imperf* расси́живаться 1a

ft.	рассижу́сь, -иди́шься, -идя́тся
imp.	*not used*
pt.	рассиде́лся, -лась
g.pt.a.	рассиде́вшись
p.pt.a.	рассиде́вшийся

расси́живаться *imperf of* рассиде́ться

рассказа́ть *perf* что tell, narrate, relate ‖ *imperf* расска́зывать 1a

ft.	расскажу́, -а́жешь, -а́жут
imp.	расскажи́, ～те
pt.	рассказа́л
g.pt.a.	рассказа́в
p.pt.a.	рассказа́вший
p.pt.p.	расска́занный

расска́зывать *imperf of* рассказа́ть

расскака́ться *perf coll* **1.** go into a gallop **2.** leap, jump *without ceasing*

ft.	расскачу́сь, -а́чешься, -а́чутся
imp.	расскачи́сь, -йтесь
pt.	расскака́лся, -лась
g.pt.a.	расскака́вшись
p.pt.a.	расскака́вшийся

расслабева́ть[1] *imperf of* расслабе́ть

расслабева́ть[2] *imperf of* рассла́бнуть

расслабе́ть 3 *perf coll* grow weak [feeble], weaken ‖ *imperf* расслабева́ть 2a

рассла́бить *perf* кого́-что weaken ‖ *imperf* расслабля́ть 2a

ft.	рассла́блю, -бишь, -бят
imp.	рассла́бь, ～те
pt.	рассла́бил
g.pt.a.	рассла́бив

р.pt.a. рассла́бивший

р.pt.p. рассла́бленный

расслабля́ть *imperf of* рассла́бить

рассла́бнуть *perf coll* grow weak [feeble], weaken ‖ *imperf* расслабева́ть 2a

ft.	рассла́бну, -нешь, -нут
imp.	рассла́бни, ～те
pt.	рассла́б, ～ла
g.pt.a.	рассла́бнув *and* рассла́бши
p.pt.a.	рассла́бший *and* рассла́бнувший
p.pt.p.	рассла́бленный

рассла́вить *perf* кого́-что *coll* trumpet (forth), blaze abroad ‖ *imperf* расславля́ть 2a

ft.	рассла́влю, -вишь, -вят
imp.	рассла́вь, ～те
pt.	рассла́вил
g.pt.a.	рассла́вив
p.pt.a.	рассла́вивший
p.pt.p.	рассла́вленный

расславля́ть *imperf of* рассла́вить

рассла́ивать(ся) *imperf of* расслои́ть(ся)

рассле́довать 4 *and* 4a *perf, imperf* что inquire into, investigate, examine

расслои́ть *perf* что **1.** divide into layers, stratify **2.** *fig socially* stratify; differentiate ‖ *imperf* рассла́ивать 1a

ft.	расслою́, -ои́шь, -оя́т
imp.	расслои́, ～те
pt.	расслои́л
g.pt.a.	расслои́в
p.pt.a.	расслои́вший
p.pt.p.	расслоённый; расслоён, -ена́

расслои́ться *1st and 2nd pers not used, perf* **1.** fall into layers, be stratified **2.** *fig* be *socially* stratified; be differentiated ‖ *imperf* рассла́иваться

расслу́шать 1 *perf* кого́-что *coll* catch, hear

рассл́ышать *perf* кого́-что catch, hear

ft.	рассл́ышу, -ышишь, -ышат
imp.	рассл́ышь, ～те
pt.	рассл́ышал
g.pt.a.	рассл́ышав
p.pt.a.	рассл́ышавший
p.pt.p.	рассл́ышанный

рассма́тривать 1a *imperf* **1.** *imperf of* рассмотре́ть **2.** *followed by* как regard as, consider

рассмеши́ть *perf* кого́-что make laugh

ft.	рассмешу́, -ши́шь, -ша́т
imp.	рассмеши́, ～те
pt.	рассмеши́л

g.pt a.	рассмеши́в
p.pt.a.	рассмеши́вший
p.pt.p.	рассмешённый; рассмешён, -ена́

рассмея́ться *perf* burst out laughing

ft.	рассмею́сь, -еёшься, -ею́тся
imp.	рассме́йся, -е́йтесь
pt.	рассмея́лся, -лась
g.pt.a.	рассмея́вшись
p.pt.a.	рассмея́вшийся

рассмотре́ть *perf* кого́-что 1. discern; make out 2. look at *smth* (closely), examine; scrutinize 3. examine; consider *a matter* ‖ *imperf* рассма́тривать 1 а

ft.	рассмотрю́, -о́тришь, -о́трят
imp.	рассмотри́, ~те
pt.	рассмотре́л
g.pt.a.	рассмотре́в
p.pt.a.	рассмотре́вший
p.pt.p.	рассмо́тренный

рассова́ть 5 *perf* кого́-что *coll* shove, stuff *into different places, e.g. pockets* ‖ *imperf* рассо́вывать 1 а

| ft. | рассую́, -уёшь, -ую́т |

рассо́вывать *imperf of* рассова́ть

рассо́рить *perf* кого́-что *coll* set at variance

ft.	рассо́рю, -ришь, -рят
imp.	рассо́рь, ~те
pt.	рассо́рил
g.pt.a.	рассо́рив
p.pt.a.	рассо́ривший
p.pt.p.	рассо́ренный

рассори́ть *perf* что *coll* strew about; throw about

ft.	рассорю́, -ри́шь, -ря́т
imp.	рассори́, ~те
pt.	рассори́л
g.pt.a.	рассори́в
p.pt.a.	рассори́вший
p.pt p.	рассорённый; рассорён, -ена́

рассо́риться *perf coll* quarrel, fall out
forms follow рассо́рить

рассори́ться, *1st and 2nd pers not used, perf coll* be strewn about
forms follow рассори́ть

рассортирова́ть 5 *perf* кого́-что sort out ‖ *imperf* рассортиро́вывать 1 а

рассортиро́вывать *imperf of* рассортирова́ть

рассоса́ть *perf* что resolve *a tumour* ‖ *imperf* расса́сывать 1 а

| ft. | рассосу́, -осёшь, -осу́т |
| imp. | рассоси́, ~те |

pt.	рассоса́л
g.pt.a.	рассоса́в
p.pt.a.	рассоса́вший
p.pt.p.	рассо́санный

рассоса́ться, *1st and 2nd pers not used, perf, of a tumour* resolve ‖ *imperf* расса́сываться

рассо́хнуться, *1st and 2nd pers not used, perf* craze ‖ *imperf* рассыха́ться 2 а

ft.	рассо́хнется, -нутся
pt.	рассо́хся, -хлась
g.pt.a.	рассо́хшись
p.pt.a.	рассо́хшийся

расспра́шивать *imperf of* расспроси́ть

расспроси́ть *perf* кого́-что о ком-чём question; make inquiries (about) ‖ *imperf* расспра́шивать 1 а

ft.	расспрошу́, -о́сишь, -о́сят
imp.	расспроси́, ~те
pt.	расспроси́л
g.pt.a.	расспроси́в
p.pt.a.	расспроси́вший
p.pt.p.	расспро́шенный

рассредото́чивать(ся) *imperf of* рассредото́чить(ся)

рассредото́чить *perf* кого́-что decentralize; disperse *troops* ‖ *imperf* рассредото́чивать 1 а

ft.	рассредото́чу, -чишь, -чат
imp.	рассредото́чь, ~те
pt.	рассредото́чил
g.pt.a.	рассредото́чив
p.pt.a.	рассредото́чивший
p.pt.p.	рассредото́ченный

рассредото́читься, *1st and 2nd pers sg not used, perf mil* disperse ‖ *imperf* рассредото́чиваться

рассро́чивать *imperf of* рассро́чить

рассро́чить *perf* что spread *one's work* over a certain time; allow to pay back by instalments ‖ *imperf* рассро́чивать 1 а

ft.	рассро́чу, -чишь, -чат
imp.	рассро́чь, ~те
pt.	рассро́чил
g.pt.a.	рассро́чив
p.pt.a.	рассро́чивший
p.pt.p.	рассро́ченный

расстава́ться *imperf of* расста́ться

pr.	расстаю́сь, -аёшься, -аю́тся
imp.	расставай́ся, -ай́тесь
pt.	расстава́лся, -лась
g.pr.a.	расставая́сь
p.pr.a.	расстаю́щийся
p.pt.a.	расстава́вшийся

расста́вить *perf* кого́-что **1.** place, arrange **2.** distribute **3.** move *one's legs* apart **4.** *coll* let out *garment* (by letting a piece of material in) ‖ *imperf* расставля́ть 2a

ft.	расста́влю, -вишь, -вят
imp.	расста́вь, ~те
pt.	расста́вил
g.pt.a.	расста́вив
p.pt.a.	расста́вивший
p.pt.p.	расста́вленный

расста́виться, *1st and 2nd pers not used perf* take *one's* seat; be accommodated ‖ *imperf* расставля́ться

расставля́ть(ся) *imperf of* расста́вить(ся)

расстана́вливать(ся) *imperf of* расстанови́ть(ся)

расстанови́ть *perf* кого́-что *sub* **1.** place, arrange **2.** distribute ‖ *imperf* расстана́вливать 1a

ft.	расстановлю́, -о́вишь, -о́вят
imp.	расстанови́, ~те
pt.	расстанови́л
g.pt.a.	расстанови́в
p.pt.a.	расстанови́вший
p.pt.p.	расстано́вленный

расстанови́ться, *1st and 2nd pers not used, perf sub* take *one's* seat; be accomodated ‖ *imperf* расстана́вливаться

расста́ться *perf* с кем-чем part (with), take leave (of); leave, quit *one's native country* ‖ *imperf* расстава́ться, forms ib.

ft.	расста́нусь, -нешься, -нутся
imp.	расста́нься, -ньтесь
pt.	расста́лся, -лась
g.pt.a.	расста́вшись
p.pt.a.	расста́вшийся

расстёгивать(ся) *imperf of* расстегну́ть-(ся)

расстегну́ть 7 *perf* что unbutton; unbuckle; unhook; undo, unfasten ‖ *imperf* расстёгивать 1a

p.pt.p.	расстёгнутый

расстегну́ться *perf* **1.** *1st and 2nd pers not used* come [get] undone *or* unfastened; come [get] unbuttoned *or* unbuckled *or* unhooked **2.** unbutton *one's* coat [dress etc.] ‖ *imperf* расстёгиваться

расстели́ть *perf* что *sub* spread (out) ‖ *imperf* расстила́ть 2a

ft.	расстелю́, -е́лешь, -е́лют
imp.	расстели́, ~те
pt.	расстели́л
g.pt.a.	расстели́в

p.pt.a.	расстели́вший
p.pt.p.	расстелённый

расстели́ться, *1st and 2nd pers not used, perf sub* spread (out); stretch ‖ *imperf* расстила́ться

расстила́ть[1] *imperf* разостла́ть

расстила́ть[2] *imperf of* расстели́ть

расстила́ться 2a, *1st and 2nd pers not used, imperf* **1.** *imperf of* разостла́ться *and* расстели́ться **2.** spread (out); stretch

расстра́ивать(ся) *imperf of* расстро́ить(ся)

расстре́ливать *imperf of* расстреля́ть

расстреля́ть 2 *perf* кого́-что **1.** shoot **2.** rake with fire **3.** use (up) *ammunition* ‖ *imperf* расстре́ливать 1a

расстрига́ть *imperf of* расстри́чь

расстри́чь *perf* кого́-что **1.** unfrock **2.** *coll* cut with scissors ‖ *imperf* расстрига́ть 2a

ft.	расстригу́, -иже́шь, -игу́т
imp.	расстриги́, ~те
pt.	расстри́г, ~ла
g.pt.a.	расстри́гши
p.pt.a.	расстри́гший
p.pt.p.	расстри́женный

расстро́ить *perf* кого́-что **1.** disturb; throw into confusion; disorganize **2.** ruin, undermine *health* **3.** frustrate, thwart *plans* **4.** *mus* put out of tune **5.** put out; upset ‖ *imperf* расстра́ивать 1a

ft.	расстро́ю, -о́ишь, -о́ят
imp.	расстро́й, ~те
pt.	расстро́ил
g.pt.a.	расстро́ив
p.pt.a.	расстро́ивший
p.pt.p.	расстро́енный

расстро́иться *perf* **1.** get into confusion **2.** *1st and 2nd pers not used* go to pieces; *of health* be ruined, be undermined **3.** *1st and 2nd pers not used, of plans* fail, miscarry, fail **4.** be out of humour, be put out ‖ *imperf* расстра́иваться

расступа́ться *imperf of* расступи́ться

расступи́ться, *1st and 2nd pers not used, perf* make way, part ‖ *imperf* расступа́ться 2a

ft.	расступится, -пятся
imp.	расступи́тесь
pt.	расступи́лся, -лась
g.pt.a.	расступи́вшись
p.pt.a.	расступи́вшийся

рассуди́ть *perf* **1.** кого́-что judge; decide **2.** consider ‖ *imperf* рассу́живать 1a *with* 1

ft.	рассужу́, -у́дишь, -у́дят
imp.	рассуди́, ∼те
pt.	рассуди́л
g.pt.a.	рассуди́в
p.pt.a.	рассуди́вший
p.pt.p.	рассу́женный

рассужда́ть 2 a *imperf* reason; argue

рассу́живать *imperf of* рассуди́ть

рассупо́нивать(ся) *imperf of* рассупо́нить(ся)

рассупо́нить *perf* кого́-что take off [loosen] the ham-strap of ‖ *imperf* рассупо́нивать 1 a

ft.	рассупо́ню, -нишь, -нят
imp.	рассупо́нь, ∼те
pt.	рассупо́нил
g.pt.a.	рассупо́нив
p.pt.a.	рассупо́нивший
p.pt.p.	рассупо́ненный

рассупо́ниться, *1st and 2nd pers not used, perf, of the ham-strap* loosen ‖ *imperf* рассупо́ниваться

рассу́чивать(ся) *imperf of* рассучи́ть(ся)

рассучи́ть *perf* что 1. untwist 2. tuck up, roll up *one's sleeves* ‖ *imperf* рассу́чивать 1 a

ft.	рассучу́, -у́чишь, -у́чат
imp.	рассучи́, ∼те
pt.	рассучи́л
g.pt.a.	рассучи́в
p.pt.a.	рассучи́вший
p.pt.p.	рассу́ченный

рассучи́ться, *1st and 2nd pers not used, perf* come untied; untwist ‖ *imperf* рассу́чиваться

рассчита́ть 2 *perf* кого́-что 1. calculate; rate 2. dismiss; pay off ‖ *imperf* рассчи́тывать 1 a

рассчита́ться *perf* 1. с кем-чем *coll* settle accounts (with) a. *fig*; *fig* get even (with) 2. *coll* leave, give up the job 3. *mil* tell off ‖ *imperf* рассчи́тываться

рассчи́тывать 1 a *imperf* 1. *imperf of* рассчита́ть *and* расче́сть 2. на что *or with infinitive* count (on), depend (on), rely (on)

рассчи́тываться *imperf* 1. *imperf of* рассчита́ться *and* расче́сться 2. за кого́-что be responsible (for), pay (for)

рассыла́ть *imperf of* разосла́ть

рассы́пать *perf* 1. что spill *sugar*; scatter, strew 2. pour (out) *e.g. in sacks* 3. *mil* deploy ‖ *imperf* рассыпа́ть 2 a

ft.	рассы́плю, -лешь, -лют *and coll* -пешь, -пют
imp.	рассы́пь, ∼те
pt.	рассы́пал
g.pt.a.	рассы́пав
p.pt.a.	рассы́павший
p.pt.p.	рассы́панный

рассыпа́ть *imperf of* рассы́пать

рассы́паться, *1st and 2nd pers not used, perf* 1. scatter 2. *mil* crumble; go to pieces ‖ *imperf* рассыпа́ться

рассыпа́ться *imperf of* рассы́паться

рассыха́ться *imperf of* рассо́хнуться

раста́ивать *imperf of* раста́ять

раста́лкивать *imperf of* растолка́ть

раста́пливать(ся)[1,2] *imperf of* растопи́ть(ся)[1,2]

раста́птывать *imperf of* растопта́ть

растаска́ть 2 *perf* что 1. lug off (bit by bit) 2. steal; pilfer; plunder ‖ *imperf* раста́скивать 1 a

раста́скивать[1] *imperf of* растаска́ть

раста́скивать[2] *imperf of* растащи́ть

растасова́ть 5 *perf* что shuffle *cards* ‖ *imperf* растасо́вывать 1 a

растасо́вывать *imperf of* растасова́ть

раста́чивать *imperf of* расточи́ть[1]

раста́чиваться *imperf of* расточи́ться

растащи́ть *perf* кого́-что 1. lug off (bit by bit) 2. *coll* drag [pull] apart; separate ‖ *imperf* раста́скивать 1 a

ft.	растащу́, -а́щишь, -а́щат
imp.	растащи́, ∼те
pt.	растащи́л
g.pt.a.	растащи́в
p.pt.a.	растащи́вший
p.pt.p.	раста́щенный

раста́ять, *1st and 2nd pers not used, perf* 1. thaw; melt 2. *fig* melt away, dwindle ‖ *imperf* раста́ивать 1 a

ft.	растае́т, -а́ют
pt.	раста́ял
g.pt.a.	раста́яв
p.pt.a.	раста́явший

раствори́ть[1] *perf* что open ‖ *imperf* растворя́ть 2 a

ft.	растворю́, -о́ришь, -о́рят
imp.	раствори́, ∼те
pt.	раствори́л
g.pt.a.	раствори́в
p.pt.a.	раствори́вший
p.pt.p.	растворённый

раствори́ть[2] *perf* что **1.** dissolve *in water* **2.** *coll* mix *dough* ‖ *imperf* растворя́ть 2a
ft.   раствору́, -ри́шь, -ря́т
p.pt.p.   раство́ренный; раство́рен, -ена́
other forms as раствори́ть[1]

раствори́ться[1], *1st and 2nd pers not used*, *perf* open ‖ *imperf* растворя́ться
forms follow раствори́ть[1]

раствори́ться[2], *1st and 2nd pers not used*, *perf* dissolve *in water* ‖ *imperf* растворя́ться
forms follow раствори́ть[2]

растворя́ть(ся)[1,2] *imperf of* раствори́ть(ся)[1,2]

растека́ться *imperf of* растечься

растереби́ть *perf* кого́-что *coll* rumple, tousle
ft.   растереблю́, -би́шь, -бя́т
imp.   растереби́, ~те
pt.   растереби́л
g.pt.a.   растереби́в
p.pt.a.   растереби́вший
p.pt.p.   растереблённый; растереблён, -ена́

растере́ть *perf* что **1.** grind *to powder* **2.** spread (by rubbing); rub (in) **3.** rub, massage ‖ *imperf* растира́ть 2a
ft.   разотру́, -рёшь, -ру́т
imp.   разотри́, ~те
pt.   растёр, ~ла
g.pt.a.   растере́в *and* растёрши
p.pt.a.   растёрший
p.pt.p.   растёртый

растере́ться *perf* **1.** *1st and 2nd pers not used* be ground *to powder* **2.** rub *one's arms, shoulders etc. with ointment* **3.** rub oneself down ‖ *imperf* растира́ться

растерза́ть 2 *perf* кого́-что **1.** tear to pieces, lacerate **2.** *fig* rend *smb's heart* ‖ *imperf* растерзывать 1a

растерзывать *imperf of* растерза́ть

растери́вать(ся) *imperf of* растеря́ть(ся)

растеря́ть 2 *perf* кого́-что lose (bit by bit) ‖ *imperf* растеривать 1a

растеря́ться *perf* **1.** *1st and 2nd pers not used* be lost, get lost (bit by bit) **2.** become confused; lose *one's* head ‖ *imperf* растери́ваться

растечься, *1st and 2nd pers not used, perf, of ink etc.* run ‖ *imperf* растека́ться 2a
ft.   растечётся, -еку́тся
pt.   растёкся, -екла́сь

g.pt.a.   растёкшись
p.pt.a.   растёкшийся

расти́ *imperf* **1.** grow **2.** *of children* grow up **3.** *1st and 2nd pers not used fig* increase; gain in strength **4.** *of a talent* grow, develop. — (вы- *with* 1, 3, 4)
pr.   расту́, -тёшь, -ту́т
imp.   расти́, ~те
pt.   рос, ~ла́
g.pt.a.   ро́сши
p.pr.a.   расту́щий
p.pt.a.   ро́сший

растира́ть(ся) *imperf of* растере́ть(ся)

расти́скать 1 *perf* что *sub* bung in *all over the place* ‖ *imperf* расти́скивать 1a

расти́скивать[1] *imperf of* расти́скать

расти́скивать[2] *imperf of* расти́снуть

расти́снуть 6 *perf* что unclench; press apart ‖ *imperf* расти́скивать 1a
p.pt.p.   расти́снутый

расти́ть *imperf* кого́-что **1.** cultivate, grow *flowers* **2.** bring up; train
pr.   ращу́, расти́шь, растя́т
imp.   расти́, ~те
pt.   расти́л
g.pt.a.   растя́
p.pr.a.   растя́щий
p.pt.a.   расти́вший
p.pt.p.   ращённый; ращён, -ена́

растлева́ть(ся) *imperf of* растли́ть(ся)

растли́ть *perf* кого́-что *bookish* **1.** ravish, rape **2.** corrupt ‖ *imperf* растлева́ть 2a
ft.   растлю́, -ли́шь, -ля́т
imp.   растли́, ~те
pt.   растли́л
g.pt.a.   растли́в
p.pt.a.   растли́вший
p.pt.p.   растлённый; растлён, -ена́

растли́ться *perf bookish* become depraved ‖ *imperf* растлева́ться

растолка́ть 2 *perf* кого́-что **1.** push apart **2.** shake (out of slumber) ‖ *imperf* раста́лкивать 1a

растолкова́ть 5 *perf* что explain ‖ *imperf* растолко́вывать 1a

растолко́вывать *imperf of* растолкова́ть

растоло́чь *perf* что pound
ft.   растолку́, -лчёшь, -лку́т
imp.   растолки́, ~те
pt.   растоло́к, -лкла́
g.pt.a.   растоло́кши
p.pt.a.   растоло́кший
p.pt.p.   растолчённый; растолчён, -ена́

растолсте́ть 3 *perf* grow stout, put on weight

растопи́ть[1] *perf* что light, kindle ‖ *imperf* раста́пливать 1 a *and* растопля́ть 2 a

ft.	растоплю́, -о́пишь, -о́пят
imp.	растопи́, ~те
pt.	растопи́л
g.pt.a.	растопи́в
p.pt.a.	растопи́вший
p.pt.p.	расто́пленный

растопи́ть[2] *perf* что melt ‖ *imperf* раста́пливать
forms as растопи́ть[1]

растопи́ться[1], *1st and 2nd pers not used*, *perf* take fire; grow hot ‖ *imperf* раста́пливаться *and* растопля́ться

растопи́ться[2], *1st and 2nd pers not used*, *perf* melt ‖ *imperf* раста́пливаться

растопля́ть(ся) *imperf of* растопи́ть(ся)[1]

растопта́ть *perf* кого́-что crush underfoot, trample ‖ *imperf* раста́птывать 1 a

ft.	растопчу́, -о́пчешь, -о́пчут
imp.	растопчи́, ~те
pt.	растопта́л
g.pt.a.	растопта́в
p.pt.a.	растопта́вший
p.pt.p.	расто́птанный

растопы́ривать(ся) *imperf of* растопы́рить(ся)

растопы́рить *perf* что *coll* spread (out), spread wide *one's fingers, arms* ‖ *imperf* растопы́ривать 1 a

ft.	растопы́рю, -ришь, -рят
imp.	растопы́рь, ~те
pt.	растопы́рил
g.pt.a.	растопы́рив
p.pt.a.	растопы́ривший
p.pt.p.	растопы́ренный

растопы́риться *perf coll of hands* spread ‖ *imperf* растопы́риваться

расторга́ть *imperf of* расто́ргнуть

расто́ргнуть *perf* что annul, cancel ‖ *imperf* расторга́ть 2 a

ft.	расто́ргну, -нешь, -нут
imp.	расто́ргни, ~те
pt.	расто́рг *and* расто́ргнул, расто́ргла
g.pt.a.	расто́ргнув
p.pt.a.	расто́ргший *and* расто́ргнувший
p.pt.p.	расто́ргнутый

расторгова́ться 5 *perf sub* 1. make a profit [a living] from trade 2. sell goods out ‖ *imperf* расторго́вываться 1 a

расторго́вываться *imperf of* расторгова́ться

растормоши́ть *perf* кого́-что *coll* 1. shake (out of slumber) 2. *fig* stir up

ft.	растормошу́, -ши́шь, -ша́т
imp.	растормоши́, ~те
pt.	растормоши́л
g.pt.a.	растормоши́в
p.pt.a.	растормоши́вший
p.pt.p.	растормошённый; растормошён, -ена́

расточа́ть 2 a *imperf* 1. *imperf of* расточи́ть[2] 2. что lavish, shower

расточи́ть[1] *perf* что *tech* bore out ‖ *imperf* раста́чивать 1 a

ft.	расточу́, -о́чишь, -о́чат
imp.	расточи́, ~те
pt.	расточи́л
g.pt.a.	расточи́в
p.pt.a.	расточи́вший
p.pt.p.	расто́ченный

расточи́ть[2] *perf* что *bookish* waste, squander, dissipate ‖ *imperf* расточа́ть 2 a

ft.	расточу́, -чи́шь, -ча́т
p.pt.p.	расточённый; расточён, -ена́

other forms as расточи́ть[1]

расточи́ться, *1st and 2nd pers not used*, *perf* be enlarged by boring, be bored out ‖ *imperf* раста́чиваться 1 a
forms follow расточи́ть[1]

растрави́ть *perf* кого́-что 1. irritate *a wound* 2. *fig coll* revive 3. *sub* provoke 4. *print* etch ‖ *imperf* растра́вливать 1 a *and* растравля́ть 2 a

ft.	растравлю́, -а́вишь, -а́вят
imp.	растрави́, ~те
pt.	растрави́л
g.pt.a.	растрави́в
p.pt.a.	растрави́вший
p.pt.p.	растра́вленный

растра́вливать *imperf of* растрави́ть

растравля́ть *imperf of* растрави́ть

растранжи́ривать *imperf of* растранжи́рить

растранжи́рить *perf* что *coll* squander, waste ‖ *imperf* растранжи́ривать 1 a

ft.	растранжи́рю, -ришь, -рят
imp.	растранжи́рь, ~те
pt.	растранжи́рил
g.pt.a.	растранжи́рив
p.pt.a.	растранжи́ривший
p.pt.p.	растранжи́ренный

растра́тить *perf* что **1.** squander **2.** embezzle ‖ *imperf* растра́чивать 1 a
ft.	растра́чу, -а́тишь, -а́тят
imp.	растра́ть, ~те
pt.	растра́тил
g.pt.a.	растра́тив
p.pt.a.	растра́тивший
p.pt.p.	растра́ченный

растра́чивать *imperf of* растра́тить

растрево́живать(ся) *imperf of* растрево́жить(ся)

растрево́жить *perf* кого-что alarm ‖ *imperf* растрево́живать 1 a
ft.	растрево́жу, -жишь, -жат
imp.	растрево́жь, ~те
pt.	растрево́жил
g.pt.a.	растрево́жив
p.pt.a.	растрево́живший
p.pt.p.	растрево́женный

растрево́житься *perf coll* get anxious, worry ‖ *imperf* растрево́живаться

растрезво́нить *perf* что *sub* spread *tales*, let out
ft.	растрезво́ню, -нишь, -нят
imp.	растрезво́нь, ~те
pt.	растрезво́нил
g.pt.a.	растрезво́нив
p.pt.a.	растрезво́нивший
p.pt.p.	растрезво́ненный

растрепа́ть *perf* что **1.** rumple, tousle, dishevel *hair* **2.** crumple, tear ‖ *imperf* растрёпывать 1 a
ft.	растреплю́, -е́плешь, -е́плют *and sub* -е́пешь, -е́пют
imp.	растрепли́, ~те *and* растрепи́, ~те
pt.	растрепа́л
g.pt.a.	растрепа́в
p.pt.a.	растрепа́вший
p.pt.p.	растрёпанный

растрепа́ться, *1st and 2nd pers not used*, *perf, of hair* be dishevelled; fall apart, come to pieces; get into disorder ‖ *imperf* растрёпываться

растрёпывать(ся) *imperf of* растрепа́ть(ся)

растре́скаться 1, *1st and 2nd pers not used*, *perf, of skin* get chapped; crack, burst ‖ *imperf* растре́скиваться 1 a

растре́скиваться *imperf of* растре́скаться

растро́гать 1 *perf* кого-что move, touch ‖ *imperf* растро́гивать 1 a

растро́гаться *perf* be moved, be touched ‖ *imperf* растро́гиваться

растро́гивать(ся) *imperf of* растро́гать(ся)

раструби́ть *perf* что *or* о ком-чём *coll* trumpet, tell the world
ft.	раструблю́, -би́шь, -бя́т
imp.	раструби́, ~те
pt.	раструби́л
g.pt.a.	раструби́в
p.pt.a.	раструби́вший
p.pt.p.	раструбленный

раструси́ть *perf* что *coll* scatter; strew about ‖ *imperf* раструшивать 1 a
ft.	раструшу́, -уси́шь, -уся́т
imp.	раструси́, ~те
pt.	раструси́л
g.pt.a.	раструси́в
p.pt.a.	раструси́вший
p.pt.p.	раструшенный

раструси́ться, *1st and 2nd pers not used*, *perf coll* be scattered ‖ *imperf* раструшиваться

раструшивать(ся) *imperf of* раструси́ть(ся)

растряса́ть *imperf of* растрясти́

растрясти́ *perf* **1.** что ted *hay* **2.** кого-что *coll* jolt about *in a vehicle*, shake up ‖ *imperf* растряса́ть 2 a *and* растря́сывать 1 a
ft.	растрясу́, -сёшь, -су́т
imp.	растряси́, ~те
pt.	растря́с, -ясла́
g.pt.a.	растря́сши
p.pt.a.	растря́сший
p.pt.p.	растрясённый; растрясён, -ена́

растря́сывать *imperf of* растрясти́

растушева́ть *perf* что shade *a drawing* ‖ *imperf* растушёвывать 1 a
ft.	растушу́ю, -у́ешь, -у́ют
imp.	растушу́й, ~те
pt.	растушева́л
g.pt.a.	растушева́в
p.pt.a.	растушева́вший
p.pt.p.	растушёванный

растушёвывать *imperf of* растушева́ть

растя́гивать(ся) *imperf of* растяну́ть(ся)

растяну́ть 7 *perf* что **1.** stretch *shoes, gloves etc.* **2.** stretch **3.** strain, pull *a muscle* **4.** *fig* prolong; protract ‖ *imperf* растя́гивать 1 a
ft.	растяну́, -я́нешь, -я́нут
p.pt.p.	растя́нутый

растяну́ться *perf* **1.** stretch oneself (out) **2.** fall at full length, measure *one's* length

3. *1st and 2nd pers not used, of gloves etc.* stretch ‖ *imperf* растя́гиваться

расфасова́ть 5 *perf* что pack [package] in units of weight ‖ *imperf* расфасо́вывать 1а

расфасо́вывать *imperf of* расфасова́ть

расформирова́ть 5 *perf* что disband, break up *troops* ‖ *imperf* расформиро́вывать 1а

расформиро́вывать *imperf of* расформирова́ть

расфранти́ться *perf coll* dress up, doll up
ft.	расфранчу́сь, -нти́шься, -нтя́тся
imp.	расфранти́сь, -и́тесь
pt.	расфранти́лся, -лась
g.pt.a.	расфранти́вшись
p.pt.a.	расфранти́вшийся

расфуфы́риться *perf sub* tog up
ft.	расфуфы́рюсь, -ришься, -рятся
imp.	расфуфы́рься, -рьтесь
pt.	расфуфы́рился, -лась
g.pt.a.	расфуфы́рившись *and* расфуфы́рясь
p.pt.a.	расфуфы́рившийся

расха́живать 1а *imperf* walk about, stroll about

расхва́ливать *imperf of* расхвали́ть

расхвали́ть *perf* кого́-что praise highly ‖ *imperf* расхва́ливать 1а
ft.	расхвалю́, -а́лишь, -а́лят
imp.	расхвали́, -те
pt.	расхвали́л
g.pt.a.	расхвали́в
p.pt.a.	расхвали́вший
p.pt.p.	расхва́ленный

расхва́рываться *imperf of* расхвора́ться

расхва́статься 1 *perf coll* boast [brag] excessively

расхвата́ть 2 *perf* кого́-что *coll* snatch *everything* up *or* away; buy up *completely* ‖ *imperf* расхва́тывать 1а

расхвати́ть *perf* кого́-что *coll* snatch *everything* up *or* away; buy up *completely* ‖ *imperf* расхва́тывать 1а
ft.	расхвачу́, -а́тишь, -а́тят
imp.	расхвати́, -те
pt.	расхвати́л
g.pt.a.	расхвати́в
p.pt.a.	расхвати́вший
p.pt.p.	расхва́ченный

расхва́тывать *imperf of* расхвата́ть *and* расхвати́ть

расхвора́ться 2 *perf coll* fall (seriously) ill ‖ *imperf* расхва́рываться 2а

расхи́тить *perf* что steal; plunder, ransack; rob ‖ *imperf* расхища́ть 2а
ft.	расхи́щу, -и́тишь, -и́тят
imp.	расхи́ть, -те
pt.	расхи́тил
g.pt.a.	расхи́тив
p.pt.a.	расхи́тивший
p.pt.p.	расхи́щенный

расхища́ть *imperf of* расхи́тить

расхлеба́ть 2 *perf* что *sub* **1.** spoon up **2.** *coll* clear up ‖ *imperf* расхлёбывать 1а
| *p.pt.p.* | расхлёбанный |

расхлёбывать *imperf of* расхлеба́ть

расхлеста́ть *perf* что *sub* whip to pieces ‖ *imperf* расхлёстывать 1а
ft.	расхлещу́, -е́шешь, -е́щут
imp.	расхлещи́, -те
pt.	расхлеста́л
g.pt.a.	расхлеста́в
p.pt.a.	расхлеста́вший
p.pt.p.	расхлёстанный

расхлёстывать *imperf of* расхлеста́ть

расхлопота́ться *perf coll* begin to take much trouble
ft.	расхлопочу́сь, -о́чешься, -о́чутся
imp.	расхлопочи́сь, -и́тесь
pt.	расхлопота́лся, -лась
g.pt.a.	расхлопота́вшись
p.pt.a.	расхлопота́вшийся

расходи́ться[1] *perf* **1.** begin to go to and fro **2.** get used to walking
ft.	расхожу́сь, -о́дишься, -о́дятся
imp.	расходи́сь, -и́тесь
pt.	расходи́лся, -лась
g.pt.a.	расходи́вшись
p.pt.a.	расходи́вшийся

расходи́ться[2] *imperf of* разойти́сь
pr.	расхожу́сь, -о́дишься, -о́дятся
imp.	расходи́сь,- и́тесь
pt.	расходи́лся, -лась
g.pr.a.	расходя́сь
p.pr.a.	расходя́щийся
p.pt.a.	расходи́вшийся

расхо́довать 4а *imperf* что **1.** spend, expend **2.** *1st and 2nd pers not used coll* use up

расхо́доваться *imperf* **1.** *of money* run short **2.** be spent

расхола́живать *imperf of* расхолоди́ть

расхолоди́ть *perf* кого́-что damp *smb's* ardour; disenchant, disillusion ‖ *imperf* расхола́живать 1 a

ft.	расхоложу́, -оди́шь, -одя́т
imp.	расхолоди́, ~те
pt.	расхолоди́л
g.pt.a.	расхолоди́в
p.pt.a.	расхолоди́вший
p.pt.p.	расхоло́женный; расхоло́жён, -ена́

расхорохо́риться *perf coll* begin to swagger [boast]

ft.	расхорохо́рюсь, -ришься, -рятся
imp.	расхорохо́рься, -рьтесь
pt.	расхорохо́рился, -лась
g.pt.a.	расхорохо́рившись
p.pt.a.	расхорохо́рившийся

расхоте́ть *perf* чего́ *or with infinitive, coll* lose all desire (for *smth*, to *with infinitive*), not want (*to do smth*) any more

ft.	расхочу́, -о́чешь, -о́чет, -оти́м, -оти́те, -отя́т
imp.	расхоти́, ~те
pt.	расхоте́л
g.pt.a.	расхоте́в
p.pt.a.	расхоте́вший

расхоте́ться *impers perf coll* not want any more; be in no mood for; мне расхоте́лось спать I don't want to sleep any more, I am not sleepy any more

ft.	расхо́чется
pt.	расхоте́лось

расхохота́ться *perf* burst out laughing, burst into laughter

ft.	расхохочу́сь, -о́чешься, -о́чутся
imp.	расхохочи́сь, -и́тесь
pt.	расхохота́лся, -лась
g.pt.a.	расхохота́вшись
p.pt.a.	расхохота́вшийся

расхрабри́ться *perf coll* take heart

ft.	расхрабрю́сь, -ри́шься, -ря́тся
imp.	расхрабри́сь, -и́тесь
pt.	расхрабри́лся, -лась
g.pt.a.	расхрабри́вшись
p.pt.a.	расхрабри́вшийся

расцара́пать 1 *perf* кого́-что scratch ‖ *imperf* расцара́пывать 1 a

расцара́паться *perf coll* scratch oneself ‖ *imperf* расцара́пываться

расцара́пывать(ся) *imperf of* расцара́пать(ся)

расцвести́ *perf* **1.** *1st and 2nd pers not used* bloom, blossom **2.** *fig* flourish, prosper; blossom out ‖ *imperf* расцвета́ть 2 a

ft.	расцвету́, -тёшь, -ту́т
imp.	расцвети́, ~те
pt.	расцвёл, -ела́
g.pt.a.	расцветя́ *and* расцве́тши
p.pt.a.	расцве́тший

расцвета́ть *imperf of* расцвести́

расцвети́ть *perf* что cover with paint ‖ *imperf* расцве́чивать 1 a

ft.	расцвечу́, -ети́шь, -етя́т
imp.	расцвети́, ~те
pt.	расцвети́л
g.pt.a.	расцвети́в
p.pt.a.	расцвети́вший
p.pt.p.	расцве́ченный

расцве́чивать *imperf of* расцвети́ть

расцелова́ть 5 *perf* кого́-что cover with kisses, kiss ‖ *imperf* расцело́вывать 1 a

расцелова́ться *perf* kiss each other ‖ *imperf* расцело́вываться

расцело́вывать(ся) *imperf of* расцелова́ть(ся)

расце́нивать *imperf of* расцени́ть

расцени́ть *perf* кого́-что **1.** estimate, value; price *goods* **2.** *fig* regard, consider ‖ *imperf* расце́нивать 1 a

ft.	расценю́, -е́нишь, -е́нят
imp.	расцени́, ~те
pt.	расцени́л
g.pt.a.	расцени́в
p.pt.a.	расцени́вший
p.pt.p.	расценённый; расценён, -ена́

расцепи́ть *perf* что unhook; uncouple *waggons* ‖ *imperf* расцепля́ть 2 a

ft.	расцеплю́, -е́пишь, -е́пят
imp.	расцепи́, ~те
pt.	расцепи́л
g.pt.a.	расцепи́в
p.pt.a.	расцепи́вший
p.pt.p.	расце́пленный

расцепи́ться *1st and 2nd pers not used, perf* get [come] unhooked ‖ *imperf* расцепля́ться

расцепля́ть(ся) *imperf of* расцепи́ть(ся)

расчека́нивать *imperf of* расчека́нить

расчека́нить *perf* что carve, chase ‖ *imperf* расчека́нивать 1 a

ft.	расчека́ню, -нишь, -нят
imp.	расчека́нь, ~те
pt.	расчека́нил
g.pt.a.	расчека́нив

p.pt.a.	расчека́нивший
p.pt.p.	расчека́ненный

расчерти́ть *perf* что rule *paper* ‖ *imperf* расче́рчивать 1a

ft.	расчерчу́, -е́ртишь, -е́ртят
imp.	расчерти́, ～те
pt.	расчерти́л
g.pt.a.	расчерти́в
p.pt.a.	расчерти́вший
p.pt.p.	расче́рченный

расче́рчивать *imperf of* расчерти́ть

расчеса́ть *perf* что **1.** comb (thoroughly) **2.** scratch raw *skin* ‖ *imperf* расчёсывать 1a

ft.	расчешу́, -е́шешь, -е́шут
imp.	расчеши́, ～те
pt.	расчеса́л
g.pt.a.	расчеса́в
p.pt.a.	расчеса́вший
p.pt.p.	расчёсанный

расчеса́ться *perf* comb *one's* hair ‖ *imperf* расчёсываться

расче́сть *perf* кого́-что **1.** calculate, rate **2.** dismiss, pay off ‖ *imperf* рассчи́тывать 1a

ft.	разочту́, -тёшь, -ту́т
imp.	разочти́, ～те
pt.	расчёл, разочла́
g.pt.a.	разочтя́
p.pt.p.	разочтённый; разочтён, -ена́

расче́сться *perf coll* **1.** с кем-чем settle accounts (with) *a.fig* **2.** tell off ‖ *imperf* рассчи́тываться

расчёсывать(ся) *imperf of* расчеса́ть(ся)

расчи́слить *perf* что *coll* break down costs ‖ *imperf* расчисля́ть 2a

ft.	расчи́слю, -лишь, -лят
imp.	расчи́сли, ～те
pt.	расчи́слил
g.pt.a.	расчи́слив
p.pt.a.	расчи́сливший
p.pt.p.	расчи́сленный

расчисля́ть *imperf of* расчи́слить

расчи́стить *perf* что tidy up; clear *a forest* ‖ *imperf* расчища́ть 2a

ft.	расчи́щу, -и́стишь, -и́стят
imp.	расчи́сти *and* расчи́сть, расчи́стите
pt.	расчи́стил
g.pt.a.	расчи́стив
p.pt.a.	расчи́стивший
p.pt.p.	расчи́щенный

расчи́ститься, *1st and 2nd pers not used, perf, of sky* clear up; *of street* be cleared *of people, of traffic* ‖ *imperf* расчища́ться

расчиха́ться 1 *perf coll* sneeze incessantly

расчища́ть(ся) *imperf of* расчи́стить(ся)

расчлени́ть *perf* что dismember; divide ‖ *imperf* расчленя́ть 2a

ft.	расчленю́, -ни́шь, -ня́т
imp.	расчлени́, ～те
pt.	расчлени́л
g.pt.a.	расчлени́в
p.pt.a.	расчлени́вший
p.pt.p.	расчленённый; расчленён, -ена́

расчлени́ться, *1st and 2nd pers not used, perf* be dismembered, be divided ‖ *imperf* расчленя́ться

расчленя́ть(ся) *imperf of* расчлени́ть(ся)

расчу́хать 1 *perf* что *sub* scent, smell

расшали́ться *perf* get very naughty; start playing pranks

ft.	расшалю́сь, -ли́шься, -ля́тся
imp.	расшали́сь, -и́тесь
pt.	расшали́лся, -лась
g.pt.a.	расшали́вшись
p.pt.a.	расшали́вшийся

расша́ркаться 1 *perf* пе́ред кем-чем **1.** bow (to), touch *one's* forelock **2.** *fig coll* bow and scrape (to), fawn (upon), cringe (to) ‖ *imperf* расша́ркиваться 1a

расша́ркиваться *imperf of* расша́ркаться

расшата́ть 2 *perf* что **1.** shake loose, loosen **2.** *fig* undermine, shatter; weaken ‖ *imperf* расша́тывать 1a

расшата́ться, *1st and 2nd pers not used, perf* **1.** get loose; *of furniture* get rickety **2.** *fig* be undermined, be shattered, be weakened; *of discipline* become lax ‖ *imperf* расша́тываться

расша́тывать(ся) *imperf of* расшата́ть(ся)

расшвы́ривать *imperf of* расшвыря́ть

расшвыря́ть 2 *perf* кого́-что *coll* throw right and left, throw about ‖ *imperf* расшвы́ривать 1a

расшеве́ливать(ся) *imperf of* расшевели́ть(ся)

расшевели́ть *perf* кого́-что *coll* **1.** rouse; stir **2.** *fig* stir up ‖ *imperf* расшеве́ливать 1a

ft.	расшевелю́, -е́ли́шь, -е́ля́т
imp.	расшевели́, ～те
pt.	расшевели́л
g.pt.a.	расшевели́в

p.pt.a.   расшевели́вший
p.pt.p.   расшевелённый; расшевелён, -ена́

расшевели́ться *perf* begin to move [stir] ‖ *imperf* расшеве́ливаться

расшиба́ть(ся) *imperf of* расшиби́ть(ся)

расшиби́ть *perf* кого́-что **1.** *coll* hurt, injure **2.** *sub* break to pieces, smash ‖ *imperf* расшиба́ть 2a
ft.   расшибу́, -бёшь, -бу́т
imp.   расшиби́, ~те
pt.   расши́б, ~ла
g.pt.a.   расшиби́в* *and* расшибя́*
p.pt.a.   расши́бший*
p.pt.p.   расши́бленный

расшиби́ться *perf coll* hurt oneself ‖ *imperf* расшиба́ться
g.pt.a.   расши́бшись* *and* расшибя́сь*

расшива́ть(ся) *imperf of* расши́ть(ся)

расши́рить *perf* что **1.** widen *a road* **2.** increase, enlarge, expand *e.g.* trade **3.** *fig* extend; widen ‖ *imperf* расширя́ть 2a
ft.   расши́рю, -ришь, -рят
imp.   расши́рь, ~те
pt.   расши́рил
g.pt.a.   расши́рив
p.pt.a.   расши́ривший
p.pt.p.   расши́ренный

расши́риться, *1st and 2nd pers not used, perf* **1.** widen; broaden **2.** be enlarged, be expanded **3.** *fig* increase; broaden ‖ *imperf* расширя́ться

расширя́ть(ся) *imperf of* расши́рить(ся)

расши́ть *perf* что **1.** *coll* unpick, unsew, unstitch **2.** embroider ‖ *imperf* расшива́ть 2a
ft.   разошью́, -шьёшь, -шью́т
imp.   расше́й, ~те
pt.   расши́л
g.pt.a.   расши́в
p.pt.a.   расши́вший
p.pt.p.   расши́тый

расши́ться, *1st and 2nd pers not used, perf, of sewing* come unstitched ‖ *imperf* расшива́ться

расшифрова́ть 5 *perf* что decipher, decode; *coll* make out ‖ *imperf* расшифро́вывать 1a

расшифро́вывать *imperf of* расшифрова́ть

расшнурова́ть 5 *perf* что unlace ‖ *imperf* расшнуро́вывать 1a

расшнурова́ться, *1st and 2nd pers not used, perf* come unlaced ‖ *imperf* расшнуро́вываться

расшнуро́вывать(ся) *imperf of* расшнурова́ть(ся)

расшуме́ться *perf coll* get noisy
ft.   расшумлю́сь, -ми́шься, -мя́тся
imp.   расшуми́сь, -и́тесь
pt.   расшуме́лся, -лась
g.pt.a.   расшуме́вшись
p.pt.a.   расшуме́вшийся

расще́дриваться *imperf of* расще́дриться

расще́дриться *perf coll* become generous ‖ *imperf* расще́дриваться 1a
ft.   расще́дрюсь, -ришься, -рятся
imp.   расще́дрись, -итесь
pt.   расще́дрился, -лась
g.pt.a.   расще́дрившись
p.pt.a.   расще́дрившийся

расщёлкивать *imperf of* расщёлкнуть

расщёлкнуть 6 *perf* что *coll* crack *nuts* ‖ *imperf* расщёлкивать 1a
p.pt.p.   расщёлкнутый

расщеми́ть *perf* что *coll* release *e.g. a pair of tongs* ‖ *imperf* расщемля́ть 2a
ft.   расщемлю́, -ми́шь, -мя́т
imp.   расщеми́, ~те
pt.   расщеми́л
g.pt.a.   расщеми́в
p.pt.a.   расщеми́вший
p.pt.p.   расщемлённый; расщемлён, -ена́

расщемля́ть *imperf of* расщеми́ть

расщепа́ть *perf* что *coll* split (up); shred
ft.   расщеплю́, -е́плешь, -е́плют *and coll* расщепа́ю, -а́ешь, -а́ют
imp.   расщепли́, ~те *and* расщепи́, ~те *and coll* расщепа́й, ~те
pt.   расщепа́л
g.pt.a.   расщепа́в
p.pt.a.   расщепа́вший
p.pt.p.   расще́панный

расщепи́ть *perf* что **1.** split, splinter **2.** *chem* decompose; *phys* split ‖ *imperf* расщепля́ть 2a
ft.   расщеплю́, -епи́шь, -епя́т
imp.   расщепи́, ~те
pt.   расщепи́л
g.pt.a.   расщепи́в
p.pt.a.   расщепи́вший
p.pt.p.   расщеплённый; расщеплён, -ена́

расщепиться, *1st and 2nd pers not used,* *perf* **1.** split; splinter **2.** *chem* decompose; *phys* split ‖ *imperf* расщепляться

расщеплять(ся) *imperf of* расщепить(ся)

расщипáть *perf* что unravel ‖ *imperf* расщипывать 1 a

ft.	расщиплю́, -и́плешь, -и́плют *and* -и́пешь, -и́пют *and coll* расщипа́ю, -áешь, -áют
imp.	расщипли́, ∼те *and* расщипи́, ∼те *and coll* расщипáй, ∼те
pt.	расщипáл
g.pt.a.	расщипáв
p.pt.a.	расщипáвший
p.pt.p.	расщи́панный

расщи́пывать *imperf of* расщипáть

ратифици́ровать 4 *and* 4a *perf, imperf* что ratify

рáтовать 4a *imperf* **1.** *obs* fight **2.** за кого́-что *bookish* support; про́тив кого́-чего́ oppose

рафини́ровать 4 *and* 4a *perf, imperf* что **1.** *tech* refine **2.** turn into lump sugar

рационализи́ровать 4 *and* 4a *perf, imperf* что rationalize *machines, labour*

рационализовáть* 5 *and* 5a *perf, imperf* что rationalize *machines, labour*

рванýть 7 *perf* **1.** кого́-что *or without object* jerk **2.** *1st and 2nd pers not used coll* start with a jerk; dart

p.pt.p.	рванýтый*

рванýться *perf coll* dart, rush

рвать[1] *imperf* что **1.** pull out; extract *teeth* **2.** pluck, pick **3.** tear, rend **4.** *coll* blow up **5.** break off *relations*

pr.	рву, рвёшь, рвут
imp.	рви, ∼те
pt.	рвал, рвалá, рвáло
g.pt.a.	рвав
p.pr.a.	рвýщий
p.pt.a.	рвáвший

рвать[2] *impers imperf* кого́-что *coll* vomit. — (вы-)

pr.	рвёт
pt.	рвáло

рвáться, *1st and 2nd pers not used, imperf* **1.** tear; break **2.** *of shells* burst **3.** *of relations* be broken off **4.** strive (for), be longing (for)

pt.	рвáлся, рвалáсь, рвáлóсь other forms as рвать[1]

рдеть 3a, *1st and 2nd pers not used, imperf* glow

рдéться, *1st and 2nd pers not used, imperf* glow

реабилити́ровать 4 *and* 4a *perf, imperf* кого́-что rehabilitate

реабилити́роваться *perf, imperf* be rehabilitated

реаги́ровать 4a *imperf* на что react (to), respond (to)

реализовáть 5 *and* 5a *perf, imperf* что **1.** accomplish, bring about **2.** *econ* realize

реализовáться, *1st and 2nd pers not used, perf, imperf* **1.** be brought about **2.** *econ* be realized

ребя́читься *imperf coll* be childish, behave like a child

pr.	ребя́чусь, -чишься, -чатся
imp.	ребя́чься, -чьтесь
pt.	ребя́чился, -лась
g.pr.a.	ребя́чась
p.pr.a.	ребя́чащийся
p.pr.a.	ребя́чившийся

ревéть *imperf* **1.** roar *a. of wind or sea* **2.** *coll* howl

pr.	ревý, ревёшь, ревýт
imp.	реви́, ∼те
pt.	ревёл
g.pr.a.	ревя́
p.pr.a.	ревýщий
p.pt.a.	ревéвший

ревизовáть 5 *and* 5a *perf, imperf* кого́-что inspect; revise

ревновáть 5a *imperf* кого́-что к кому́-чему́ be jealous (of). — (при-)

революциони́зировать 4 *and* 4a *perf, imperf* кого́-что **1.** disseminate revolutionary ideas **2.** revolutionize

революциони́зироваться *perf, imperf* be enthused for revolutionary ideas

регистри́ровать 4a *imperf* кого́-что register. — (за-)

регистри́роваться *imperf* **1.** register **2.** register *one's* marriage, get married at a registry office. — (за-)

регламенти́ровать 4 *and* 4a *perf, imperf* что regulate

регресси́ровать 4a *imperf* retrogress

регули́ровать 4a *imperf* что regulate; adjust. — (у-, от-)

редакти́ровать 4 *and* 4a *perf, imperf* что **1.** edit *a manuscript* **2.** *imperf only* preside over the editorship of *a newspaper* **3.** word. — (от- *with* 1) реда́кторствовать 4a *imperf coll* act as a sub-editor

реде́ть 3a, *1st and 2nd pers not used, imperf, of forest* thin; *of hair* get thinner. — (по-)

редуци́ровать 4 *and* 4a *perf, imperf* что reduce

редуци́роваться *perf, imperf* be reduced

режиссёрствовать 4a *imperf coll* act as a producer [director]

режисси́ровать 4a *imperf* что produce *a play*, direct *a film*

резану́ть *perf semelf of* ре́зать

ре́зать *imperf* **1.** что cut **2.** что operate **3.** кого-что kill; slaughter *cattle* **4.** *1st and 2nd pers not used* что *of a string* cut *the finger*; у меня́ ре́жет в желу́дке I have griping pains in the stomach **5.** *1st and 2nd pers not used* что irritate *the eye*; grate on *the ear* **6.** по чему́ engrave (on); carve (in, on) | *perf semelf coll* резну́ть 7 *with* 4, 5, no *p.pt.p. and sub* резану́ть 7 *with* 1, 4, 5, *p.pt.p.* реза́нутый*. — (за- *with* 3, раз- *with* 1, 2)

pr.	ре́жу, ре́жешь, ре́жут
imp.	режь, ~те
pt.	ре́зал
g.pt.a.	ре́зав
p.pr.a.	ре́жущий
p.pt.a.	ре́завший
p.pt.p.	ре́занный *with* 1, 2

ре́заться *imperf* **1.** *coll*: у ребёнка ре́жутся зу́бы the baby is cutting its teeth **2.** *coll* fight with swords one against the other **3.** во что play *smth* passionately

резви́ться *imperf* sport, romp

pr.	резвлю́сь, -ви́шься, -вя́тся
imp.	резви́сь, -и́тесь
pt.	резви́лся, -лась
g.pr.a.	резвя́сь
p.pr.a.	резвя́щийся
p.pt.a.	резви́вшийся

резерви́ровать 4 *and* 4a *perf, imperf* что reserve. — (за-)

резну́ть *perf semelf of* ре́зать

резонёрствовать 4a *imperf* argue, reason

резони́ровать 4a, *1st and 2nd pers not used, imperf* resound

резюми́ровать 4 *and* 4a *perf, imperf* что summarize

реквизи́ровать 4 *and* 4a *perf, imperf* кого-что requisition

реклами́ровать[1] 4 *and* 4a *perf, imperf* кого-что advertise; boost

реклами́ровать[2] 4 *and* 4a *perf, imperf* что make a complaint about *an article's quality*; demand compensation for *faulty goods*

рекогносци́ровать 4 *and* 4a *perf, imperf* что reconnoitre

рекомендова́ть 5 *and* 5a *perf, imperf* кого-что **1.** recommend; speak in favour (of) **2.** recommend, advise **3.** *obs* introduce *smb* ‖ *perf a.* порекомендова́ть 5 *with* 1, 2. — (от- *with* 1, 3)

рекомендова́ться *perf, imperf* introduce oneself. — (от-)

реконструи́ровать 4 *and* 4a *perf, imperf* что reconstruct

реконструи́роваться, *1st and 2nd pers not used, perf, imperf* be reconstructed

рекрути́ровать 4 *and* 4a *perf, imperf* кого-что *bookish* recruit

ректифици́ровать 4 *and* 4a *perf, imperf* что *chem* rectify

ре́кторствовать 4a *imperf coll* hold office as a university vice-chancellor

реми́зить *imperf* кого-что *chess* force a draw with *smb*. — (об-)

pr.	реми́жу, -и́зишь, -и́зят
imp.	реми́зь, ~те
pt.	реми́зил
g.pr.a.	реми́зя
p.pr.a.	реми́зящий
p.pt.a.	реми́зивший

реми́зиться *imperf cards* be bested, lose. — (об-)

ремилитаризи́ровать 4 *and* 4a *perf, imperf* что remilitarize

ремилитаризова́ть 5 *and* 5a *perf, imperf* что remilitarize

ремонти́ровать 4 *and* 4a *perf, imperf* что repair. — (от-)

ренатурализова́ть 5 *and* 5a *perf, imperf* кого-что restore *smb's* citizenship

ренатурализова́ться *perf, imperf* have one's citizenship restored

реорганизова́ть 5 *and* 5a *perf, imperf* что reorganize

реорганизо́вывать 1a *imperf* что reorganize

репатрии́ровать 4 *and* 4a *perf, imperf* кого-что repatriate

репатрии́роваться *perf, imperf* be repatriated

репети́ровать 4а *imperf* **1.** что *or without object theat* rehearse **2.** кого-что *obs* coach. — (про- *with* 1, с- *with* 1)

репети́торствовать 4а *imperf obs* give (private) coaching

репетова́ть 5 *and* 5а *perf, imperf* что repeat *signals in confirmation*

репортёрствовать 4а *imperf coll* be reporter, act as a reporter

репресси́ровать 4 *and* 4а *perf, imperf* кого-что subject to repression

репродуци́ровать 4 *and* 4а *perf, imperf* что *phot* reproduce

реставри́ровать 4 *and* 4а *perf, imperf* что restore

ретирова́ться 5 *and* 5а *perf, imperf* retire, withdraw

ретуши́ровать 4 *and* 4а *perf, imperf* что retouch. — (*perf a.* от-)

рефери́ровать[1] 4 *and* 4а *perf, imperf* что read a paper, report

рефери́ровать[2] 4а *imperf* be an arbitrator

рефлекти́ровать 4а *imperf* на что have in view

реформи́ровать 4 *and* 4а *perf, imperf* что reform

рехну́ться 7 *perf sub* go mad

рецензи́ровать 4а *imperf* что review *a book*. — (про-)

реша́ть(ся) *imperf of* реши́ть(ся)

реши́ть *perf* **1.** что solve *a problem*; settle *a question* **2.** что *or with infinitive* decide; make up *one's* mind, resolve ‖ *imperf* реша́ть 2а

ft.	решу́, реши́шь, реша́т
imp.	реши́, ～те
pt.	реши́л
g.pt.a.	реши́в
p.pt.a.	реши́вший
p.pt.p.	решённый; решён, -ена́

реши́ться *perf* **1.** на что *or with infinitive* decide (on *smth or* to *with infinitive*), make up *one's* mind (to *with infinitive*) **2.** *1st and 2nd pers not used* be decided ‖ *imperf* реша́ться

реэвакуи́ровать 4 *and* 4а *perf, imperf* кого-что re-evacuate

реэвакуи́роваться *perf, imperf* be re-evacuated

ре́ять *imperf* **1.** hover; soar **2.** flutter, stream

pr.	ре́ю, ре́ешь, ре́ют
imp.	рей, ～те
pt.	ре́ял
g.pr.a.	ре́я
p.pr.a.	ре́ющий
p.pt.a.	ре́явший

ржа́веть 3а, *stress as infinitive, 1st and 2nd pers not used, imperf* rust. — (за-)

ржа́вить, *1st and 2nd pers not used, imperf* что rust, make rusty

pr.	ржа́вит, ржа́вят
pt.	ржа́вил
g.pr.a.	ржа́вя
p.pr.a.	ржа́вящий
p.pt.a.	ржа́вивший

ржать *imperf* neigh; *fig* give a neighing laugh

pr.	ржу, ржёшь, ржут
imp.	ржи, ～те
pt.	ржал
g.pr.a.	ржав*
p.pr.a.	ржу́щий
p.pt.a.	ржа́вший

ри́нуться 6 *perf* rush, dash, dart

imp.	ри́нься, ри́ньтесь

рискну́ть 7 *perf with infinitive* на что *or without object* venture; risk
no *p.pt.p.*

рискова́ть 5а *imperf* **1.** чем risk; dare **2.** *with infinitive* run the risk of

рисова́ть 5а *imperf* кого-что **1.** draw; paint **2.** *fig* depict; paint; portray.— (на-)

p.pt.p.	рисо́ванный

рисова́ться *imperf* **1.** *1st and 2nd pers not used* be outlined, be silhouetted **2.** imagine, see in *one's* imagination **3.** *derog* show off

ритмизи́ровать 4 *and* 4а *perf, imperf* что give rhythmic form to

ри́торствовать 4а *imperf bookish obs* rant

рифмова́ть 5а *imperf* **1.** *1st and 2nd pers not used, obs* rhyme (with) **2.** что rhyme. — (с- *with* 2)

p.pt.p.	рифмо́ванный

рифмова́ться, *1st and 2nd pers not used, imperf* rhyme

робе́ть 3а *imperf* be timid, be shy; пе́ред кем squail (before). — (о-)

ровня́ть 2а *imperf* что make even, level (off), plane. — (с-)

роди́ть *perf, imperf* кого́-что **1.** give birth to **2.** *fig* give rise to **3.** *1st and 2nd pers not used* bear (fruit) ‖ *imperf a.* рожда́ть 2a *with 1, 2 and coll* рожа́ть 2a *with 1, 3 ft. and pr.* рожу́, роди́шь, родя́т

imp.	роди́, ~те
pt.	роди́л, *perf* родила́ *and imperf* роди́ла, роди́ло
g.pt.a.	роди́в
p.pr.a.	родя́щий
p.pt.a.	роди́вший
p.pt.p.	рождённый; рождён, -ена́

роди́ться *perf, imperf* **1.** be born **2.** *1st and 2nd pers not used* arise; come into being **3.** *1st and 2nd pers not used* grow, thrive ‖ *imperf a.* рожда́ться *with 1, 2*

pt.	*perf, imperf* роди́лся *and perf* родился́, *perf, imperf* роди́лась *and perf* родила́сь, *perf, imperf* роди́лось *and perf* родило́сь

родни́ть *imperf* кого́-что **1.** make related **2.** *1st and 2nd pers not used* с кем-чем make similar (to), make alike (to) | *perf* породни́ть, forms ib.

pr.	родню́, -ни́шь, -ня́т
imp.	родни́, ~те
pt.	родни́л
g.pr.a.	родня́
p.pr.a.	родня́щий
p.pt.a.	родни́вший

родни́ться *imperf* become related ‖ *perf* породни́ться

рожа́ть *imperf of* роди́ть

рожда́ть(ся) *imperf of* роди́ть(ся)

ро́знить *imperf* что *obs sub* separate, part, tear apart. — (раз-)

pr.	ро́зню, -нишь, -нят
imp.	ро́зни, ~те
pt.	ро́знил
g.pr.a.	ро́зня
p.pr.a.	ро́знящий
p.pt.a.	ро́знивший

розове́ть 3a *imperf* turn pink. — (по-)

ро́йть *imperf* кого́-что form a swarm

pr.	ро́ю, ро́йшь, роя́т
imp.	ро́й, ~те
pt.	ро́йл
g.pr.a.	роя́
p.pr.a.	роя́щий
p.pt.a.	ро́йвший
p.pr.p.	ро́ймый

ро́йться, *1st and 2nd pers not used*, *imperf* **1.** swarm, form a swarm **2.** *of snowflakes* whirl; *fig of thoughts* crowd

рокирова́ть 5 *and* 5a *perf, imperf chess* castle

рокирова́ться *perf, imperf chess* castle

рокота́ть, *1st and 2nd pers not used, imperf* roar

pr.	роко́чет, -чут
pt.	рокота́л
g.pr.a.	рокоча́
p.pr.a.	роко́чущий
p.pt.a.	рокота́вший

романизи́ровать 4 *and* 4a *perf, imperf* кого́-что Romanize

романизова́ть 5 *and* 5a *perf, imperf* кого́-что Romanize

рони́ть *imperf* что *reg* fell *trees*

pr.	роню́, ро́нишь, ро́нят
imp.	рони́, ~те
pt.	рони́л
g.pr.a.	роня́
p.pr.a.	роня́щий
p.pt.a.	рони́вший

роня́ть 2a *imperf* кого́-что **1.** drop; let fall *a. one's head*; shed **2.** *fig* injure; humble, humiliate ‖ *perf* урони́ть, forms ib.

ропта́ть *imperf* murmur, grumble

pr.	ропщу́, ро́пщешь, ро́пщут
imp.	ропщи́, ~те
pt.	ропта́л
g.pr.a.	ропща́
p.pr.a.	ро́пщущий
p.pt.a.	ропта́вший

роско́шествовать 4a *imperf* lead a luxurious life

роско́шничать 1a *imperf coll* lead a luxurious life

рубану́ть(ся) *perf semelf of* руби́ть(ся)

руби́ть *imperf* кого́-что **1.** fell *trees*; mince; chop **2.** timber| *perf semelf* руб-ну́ть 7 *with 1, no p.pt.p. and* рубану́ть 7 *with 1, no p.pt.p.*

pr.	рублю́, ру́бишь, ру́бят
imp.	руби́, ~те
pt.	руби́л
g.pr.a.	рубя́
p.pr.a.	ру́бящий
p.pt.a.	руби́вший
p.pt.p.	ру́бленный

руби́ться *imperf* slash each other; fight with swords | *perf semelf* рубану́ться

рубну́ть *perf semelf of* руби́ть

рубцева́ться, *1st and 2nd pers not used*, *imperf* cicatrize. — (за-)

pr.	рубцу́ется, -у́ются
pt.	рубцева́лся, -лась
g.pr.a.	рубцу́ясь
p.pr.a.	рубцу́ющийся
p.pt.a.	рубцева́вшийся

руга́ть 2a *imperf* кого́-что **1.** scold, rail at; swear (at) **2.** abuse; severely criticize | *perf* semelf ругну́ть 7, no *p.pt.p.* — (вы́-, из-, об-, от-)

| *p.pt.p.* | ру́ганный |

руга́ться *imperf* **1.** curse, swear **2.** с кем *or without object* call each other names, abuse each other; quarrel (bitterly) | *perf* semelf ругну́ться *with* 1. — (по-)

ругну́ть(ся) *perf semelf of* руга́ть(ся)

руководи́ть *imperf* кем-чем lead, guide

pr.	руковожу́, -оди́шь, -одя́т
imp.	руководи́, ~те
pt.	руководи́л
g.pr.a.	руководя́
p.pr.a.	руководя́щий
p.pt.a.	руководи́вший
p.pr.p.	руководи́мый

руководи́ться *imperf* чем be guided (by)

руково́дствоваться 4a *imperf* кем-чем be guided (by)

рукоде́льничать 1a *imperf* do needlework

рукоплеска́ть *imperf* кому́-чему́ applaud smb

pr.	рукоплещу́, -е́шешь, -е́щут
imp.	рукоплещи́, ~те
pt.	рукоплеска́л
g.pr.a.	рукоплеща́
p.pr.a.	рукопле́щущий
p.pt.a.	рукоплеска́вший

рули́ть *imperf av* taxi

pr.	рулю́, рули́шь, руля́т
imp.	рули́, ~те
pt.	рули́л
g.pr.a.	руля́
p.pr.a.	руля́щий
p.pt.a.	рули́вший

румя́нить *imperf* кого́-что **1.** *1st and 2nd pers not used* redden, flush **2.** rouge. — (за- *with* 1, на- *with* 2)

pr.	румя́ню, -нишь, -нят
imp.	румя́нь, ~те
pt.	румя́нил
g.pr.a.	румя́ня
p.pr.a.	румя́нящий
p.pt.a.	румя́нивший

румя́ниться *imperf* **1.** flush **2.** use rouge, rouge **3.** turn red, be suffused with red. — (за- *with* 1, 3, на- *with* 2)

русе́ть[1] 3a *imperf* become completely Russified

русе́ть[2] 3a *imperf coll* turn russet, turn light brown

русифици́ровать 4 *and* 4a *perf, imperf* кого́-что Russify, Russianize

ру́хнуть 6 *perf* **1.** collapse, fall in **2.** *fig* be destroyed; collapse, fall to the ground

ру́хнуться *perf coll* fall down; fall in

руча́ться 2a *imperf* за кого́-что answer (for); guarantee smth ‖ *perf* поручи́ться, forms follow поручи́ть

ру́шить *imperf* что pull down. — (об-)

pr.	ру́шу, ру́шишь, ру́шат
imp.	руши, ~те
pt.	ру́шил
g.pr.a.	ру́ша
p.pr.a.	ру́шащий
p.pt.a.	ру́шивший

ру́шиться, *1st and 2nd pers not used, imperf* **1.** fall in; collapse **2.** *fig* collapse, be shattered. — (об- *with* 1)

рыба́чить *imperf* fish

pr.	рыба́чу, -чишь, -чат
imp.	рыба́чь, ~те
pt.	рыба́чил
g.pr.a.	рыба́ча
p.pr.a.	рыба́чащий
p.pt.a.	рыба́чивший

рыга́ть 2a *imperf* belch | *perf semelf* рыгну́ть 7 no *p.pt.p.*

рыгну́ть *perf semelf of* рыга́ть

рыда́ть 2a *imperf* sob

рыже́ть 3a *imperf* turn reddish(-brown). — (по-)

рыка́ть 2a, *1st and 2nd pers not used, imperf* roar | *perf semelf* рыкну́ть 7, no *p.pt.p.*

рыкну́ть *perf semelf of* рыка́ть

рыси́ть, *1st pers not used, imperf* trot

pr.	рыси́шь, -ся́т
imp.	рыси́, ~те
pt.	рыси́л
g.pr.a.	рыся́
p.pr.a.	рыся́щий
p.pt.a.	рыси́вший

ры́скать *imperf* **1.** *coll* rove, roam; **2.** *1st and 2nd pers not used, naut* yaw | *perf semelf* ры́скнуть 6 *with* 2

pr.	ры́щу, ры́щешь, ры́щут *and* ры́скаю, -аешь, -ают
imp.	ры́скай, ~те *and* ры́щи, ~те
pt.	ры́скал

g.pr.a.	ры́ская *and* ры́ща
p.pr.a.	ры́скающий *and* ры́щущий
p.pt.a.	ры́скавший

ры́скнуть *perf semelf of* ры́скать

рыть *imperf* что dig; root, paw *the soil.*
— (вы́-, от-)

pr.	ро́ю, ро́ешь, ро́ют
imp.	рой, ~те
pt.	рыл
g.pr.a.	ро́я
p.pr.a.	ро́ющий
p.pt.a.	ры́вший
p.pt.p.	ры́тый

ры́ться *imperf* dig; rummage

рыхле́ть 3а *imperf* become friable. —
(по-)

рыхли́ть *imperf* что loosen, make light *soil.*
— (вз-, раз-)

pr.	рыхлю́, -ли́шь, -ля́т
imp.	рыхли́, ~те
pt.	рыхли́л
g.pr.a.	рыхля́
p.pr.a.	рыхля́щий
p.pt.a.	рыхли́вший
p.pr.p.	рыхли́мый

рыча́ть *imperf* **1.** *1st pers not used* growl,
snarl **2.** *sub* growl, grumble

pr.	рычу́, рычи́шь, рыча́т
imp.	рычи́, ~те
pt.	рыча́л
g.pr.a.	рыча́
p.pr.a.	рыча́щий
p.pt.a.	рыча́вший

рябе́ть 3а *imperf* **1.** become pitted **2.** *1st*
and 2nd pers not used ripple *of the surface*
of the water. — (по-)

ряби́ть, *1st and 2nd pers not used*, *imperf*
1. cover *the face* with pits; ripple *the*
surface of the water **2.** *impers*: у меня́
ряби́т в глаза́х I am dazzled

pr.	ряби́т, рябя́т
pt.	ряби́л
g.pr.a.	рябя́
p.pr.a.	рябя́щий
p.pt.a.	ряби́вший

ря́вкать 1а *imperf* на кого́-что shout at |
perf semelf ря́вкнуть 6

ря́вкнуть *perf semelf of* ря́вкать

ряди́ть[1] *imperf* кого́-что *sub* disguise,
mask

pr.	ряжу́, ря́дишь, ря́дят
imp.	ряди́, ~те
pt.	ряди́л
g.pr.a.	рядя́
p.pr.a.	рядя́щий
p.pt.a.	ряди́вший
p.pr.p.	ряди́мый
p.pt.p.	ря́женный

ряди́ть[2] *imperf* кого́-что *obs* **1.** order
2. hire, engage ‖ *perf* поряди́ть, forms ib.

pr.	ряжу́, ря́дишь, ря́дят

other forms as ряди́ть[1]

ряди́ться[1] *imperf sub* **1.** dress up, smarten
up **2.** dress up
forms follow ряди́ть[1]

ряди́ться[2] *imperf obs* **1.** negotiate; come
to an agreement **2.** hire oneself out ‖
perf поряди́ться, forms follow поряди́ть
forms follow ряди́ть[2]

С

сабота́жничать 1а *imperf coll* engage in
sabotage

саботи́ровать 4 *and* 4а *perf* (*obs*), *imperf*
1. что sabotage **2.** *imperf only* engage in
sabotage

сагити́ровать *perf of* агити́ровать

садану́ть 7 *perf and semelf*, *sub* **1.** что
poke **2.** кого́-что hit, beat, strike
p.pt.p.   садану́тый*

сади́ть *imperf* **1.** кого́-что *sub* show to a
seat, usher to a seat **2.** за кого́-что, на
что *or with infinitive sub* get smb to work
3. кого́-что *sub* put, plant; lock up,
imprison **4.** что *agr coll* plant **5.** что *sub*
put in the oven **6.** *sub* strike, knock, beat;
fire, shoot **7.** *sub* tear, tear along, get a
move on, fly | *imperf freq coll* са́жи-
вать 1а. — (по-)

pr.	сажу́, са́дишь, са́дят
imp.	сади́, ~те
pt.	сади́л
g.pr.a.	садя́
p.pr.a.	садя́щий
p.pt.a.	сади́вший

садиться 578

p.pr.p. (сажа́емый)
p.pt.p. са́женный

сади́ться imperf of сесть
pr. сажу́сь, сади́шься, садя́ться

са́днеть 3а, 1st and 2nd pers not used, imperf coll, of a sore itch, scratch

са́днить, 1st and 2nd pers not used, imperf 1. что graze, irritate skin etc. 2. usu impers, of a sore itch, scratch; у меня́ са́днит в го́рле my throat tickles
pr. са́днит, -нят
pt. са́днил
g.pr.a. са́дня
p.pr.a. са́днящий
p.pt.a. са́днивший

садо́вничать 1а imperf coll 1. be a gardener 2. garden

сажа́ть 2а imperf кого́-что 1. seat, show to a seat; сажа́ть госте́й за стол announce dinner, announce that dinner is served 2. av land 3. за что, на что or with infinitive set smb to work 4. на что or кем-чем appoint (to), employ (as) 5. put somewhere; imprison 6. plant 7. put in the oven 8. embark, entrain troops etc. | imperf freq coll са́живать 1а. — (посади́ть)

са́живать[1] imperf freq of сади́ть

са́живать[2] imperf freq of сажа́ть

са́живаться imperf freq of сади́ться

саккомпани́ровать 4 perf кому́-чему́ coll mus accompany on piano, musical instrument

са́лить imperf кого́-что grease. — (за-)
pr. са́лю, са́лишь, са́лят
imp. саль, ~те
pt. са́лил
g.pr.a. са́ля
p.pr.a. са́лящий
p.pt.a. са́ливший

са́литься imperf 1. be soaked in fat 2. coll get fat over oneself, get grease over oneself. — (за-)

салютова́ть 5 and 5а perf, imperf кому́-чему́ salute, hoist a flag in salute, fire a salute. — (от-)

самовозгора́ться imperf of самовозгоре́ться

самовозгоре́ться, 1st and 2nd pers not used, perf combust [ignite] spontaneously || imperf самовозгора́ться 2а
ft. самовозгори́тся, -ря́тся
pt. самовозгоре́лся, -лась

g.pt.a. самовозгоре́вшись
p.pt.a. самовозгоре́вшийся

самово́льничать 1а imperf coll act on one's own say-so, take matters into one's own hands

самоду́рничать 1а imperf coll be self-willed about smth, behave in a self-willed way

самоду́рствовать 4а imperf act in a self-willed way

самоопредели́ться perf 1. acquire autonomy, acquire home rule, acquire independence 2. find one's position in life || imperf самоопределя́ться 2а
ft. самоопределю́сь, -ли́шься, -ля́тся
imp. самоопредели́сь, -и́тесь
pt. самоопредели́лся, -лась
g.pt.a. самоопредели́вшись
p.pt.a. самоопредели́вшийся

самоопределя́ться imperf of самоопредели́ться

самоопыля́ться 2а, 1st and 2nd pers not used, imperf bot be self-pollinating, pollinate itself

самоуплотни́ться perf cut down one's living space, give up living space || imperf самоуплотня́ться 2а
ft. самоуплотню́сь, -ни́шься, -ня́тся
imp. самоуплотни́сь, -и́тесь
pt. самоуплотни́лся, -лась
g.pt.a. самоуплотни́вшись
p.pt.a. самоуплотни́вшийся

самоуплотня́ться imperf of самоуплотни́ться

самоуправля́ться 2а, 1st and 2nd pers not used, imperf exercise autonomy, practise home rule

самоупра́вничать 1а imperf coll take the law into one's own hands, deliberately go against the law

самоупра́вствовать 4а imperf act off one's own bat, do a thing deliberately

самоуспока́иваться imperf of самоуспоко́иться

самоуспоко́иться perf be pleased with oneself, be smug about oneself, be self-satisfied || imperf самоуспока́иваться 1а
ft. самоуспоко́юсь, -о́ишься, -о́ятся
imp. самоуспоко́йся*, -о́йтесь*
pt. самоуспоко́ился, -лась

g.pt.a.	самоуспоко́ившись
p.pt.a.	самоуспоко́ившийся

самоустрани́ться *perf* от чего́ neglect *a duty*, hold back (from) ‖ *imperf* самоустраня́ться 2а

ft.	самоустраню́сь, -ни́шься, -ня́тся
imp.	самоустрани́сь, -и́тесь
pt.	самоустрани́лся, -лась
g.pt.a.	самоустрани́вшись
p.pt.a.	самоустрани́вшийся

самоустраня́ться *imperf of* самоустрани́ться

самочи́нствовать 4а *imperf* act on *one's* own, do *smth* off *one's* own bat

сани́ровать 4 *and* 4а *perf, imperf* что put on a sound basis, restore, reorganize; provide with salubrious conditions

санкциони́ровать 4 *and* 4а *perf, imperf* что *bookish* sanction

сапо́жничать 1а *imperf coll* be a shoemaker

сатане́ть 3а *imperf sub* get hopping mad. — (о-)

са́харить *imperf* что *coll* sweeten, add sugar, sprinkle with sugar. — (по-)

pr.	са́харю, -ришь, -рят
imp.	са́харь, ~те
pt.	са́харил
g.pr.a.	са́харя
p.pr.a.	са́харящий
p.pt.a.	са́харивший

сба́вить *perf* **1.** что с чего́ deduct; reduce **2.** что *or* чего́ reduce, lower *price* **3.** в чём: сба́вить в ве́се lose flesh, emaciate ‖ *imperf* сбавля́ть 2а

ft.	сба́влю, -вишь, -вят
imp.	сбавь, ~те
pt.	сба́вил
g.pt.a.	сба́вив
p.pt.a.	сба́вивший
p.pt.p.	сба́вленный

сбавля́ть *imperf of* сба́вить

сба́грить *perf* что *sub* get shut of

ft.	сба́грю, -ришь, -рят
imp.	сба́гри, ~те
pt.	сба́грил
g.pt.a.	сба́грив
p.pt.a.	сба́гривший
p.pt.p.	сба́гренный

сбаланси́ровать 4 *perf* что **1.** *bookkeeping* balance **2.** compensate **3.** balance, put in equilibrium **4.** *tech* counterbalance *weights*; balance *wheel*

сба́лтывать *imperf of* сболта́ть

сбега́ть 1 *perf* за кем-чем *coll* nip off (for), nip along and fetch

сбега́ть *imperf of* сбежа́ть

сбега́ться 2а *imperf* **1.** *imperf of* сбежа́ться **2.** *1st and 2nd pers not used, of paths etc.* converge, come together, meet

сбежа́ть *perf* **1.** с чего́ run down (from) **2.** escape, flee, run away (from) **3.** *of water etc.* escape down *a drain etc.* ‖ *imperf* сбега́ть 2а

ft.	сбегу́, сбежи́шь, сбегу́т
imp.	сбеги́, ~те
pt.	сбежа́л
g.pt.a.	сбежа́в
p.pt.a.	сбежа́вший

сбежа́ться, *1st and 2nd pers not used, perf* flock ‖ *imperf* сбега́ться

сберега́ть(ся) *imperf of* сбере́чь(ся)

сбере́чь *perf* кого́-что keep, store, save; save up ‖ *imperf* сберега́ть 2а

ft.	сберегу́, -ежёшь,-егу́т
imp.	сбереги́, ~те
pt.	сберёг, -егла́
g.pt.a.	сберёгши
p.pt.a.	сберёгший
p.pt.p.	сбережённый; сбережён, -ена́

сбере́чься, *1st and 2nd pers not used, perf* **1.** *coll* be preserved **2.** be saved *through economies* ‖ *imperf* сберега́ться

сбива́ть(ся) *imperf of* сби́ть(ся)

сбира́ть 2а *imperf* кого́-что *coll* **1.** summon, assemble **2.** collect **3.** pluck, pick, gather, harvest **4.** equip, make ready **5.** *tech* fit, fit up **6.** gather, pleat

сбира́ться *imperf coll* **1.** assemble, gather, collect **2.** collect, accumulate, be accumulated **3.** make oneself ready, prepare; make ready (for, to), set about (*doing*) *smth*, be about to do *smth* **4.** wrinkle **5.** *fig* с чем gather, collect *strength, one's wits etc.*

сбить *perf* кого́-что **1.** tear down, pull down, knock down **2.** upset, overturn, knock down **3.** shoot down *aircraft* **4.** wear down *shoe heels* **5.** кого́ с чего́ dissuade, put off **6.** confuse, put out, upset **7.** knock together, nail together **8.** beat, whisk, whip *eggs etc.* **9.** displace, drive out *opponent* **10.** round up **11.** *coll* drum up, drum together ‖ *imperf* сбива́ть 2а

ft.	собью́, собьёшь, собью́т
imp.	сбей, ~те

pt.	сбил
g.pt.a.	сбив
p.pt.a.	сби́вший
p.pt.p.	сби́тый

сби́ться *perf* **1.** slip, become displaced **2.** *coll, of heels* get worn down **3.** с чего́ digress, depart (from) *plan etc.* **4.** become confused, lose the thread, lose the track **5.** huddle together, bunch together ‖ *imperf* сбива́ться

сближа́ть(ся) *imperf of* сбли́зить(ся)

сбли́зить *perf* кого́-что **1.** bring together **2.** *fig* bring closer together, unite **3.** с кем-чем adapt *smth to conform with smth else*, adapt *smth to smth else* ‖ *imperf* сближа́ть 2a

ft.	сбли́жу, -и́зишь, -и́зят
imp.	сбли́зь, ~те
pt.	сбли́зил
g.pt.a.	сбли́зив
p.pt.a.	сбли́зивший
p.pt.p.	сбли́женный

сбли́зиться *perf* **1.** approach, draw closer; *of opinions, viewpoints etc.* approach each other, come closer together **2.** draw closer to each other, become intimate with each other, make friends with each other **3.** (с кем-чем) adapt oneself to ‖ *imperf* сближа́ться

сблоки́ровать 4 *perf* что *tech* assemble to a unit, build up a unit (of, with, from), combine into a unit

сблоки́роваться *perf of* блоки́роваться

сболта́ть 2 *perf* что с чем shake, shake up, stir *liquid* ‖ *imperf* сба́лтывать 1a

сболтну́ть 7 *perf* что *coll* blabber out, blab, blurt out

сбори́ть *perf* что *text* gather, pleat

ft.	сборю́, -ри́шь, -ря́т
imp.	сбори́, ~те
pt.	сбори́л
g.pt.a.	сбори́в
p.pt.a.	сбори́вший
p.pt.p.	сборённый; сборён, -ена́

сбра́сывать[1] *imperf of* сброса́ть

сбра́сывать[2] *imperf of* сбро́сить

сбра́сываться *imperf of* сбро́ситься

сбреда́ться *imperf of* сбрести́сь

сбрести́сь, *1st and 2nd pers sg not used*, *perf coll* gradually assemble, assemble bit by bit, arrive, turn up ‖ *imperf* сбреда́ться 2a

ft.	сбредётся, -ду́тся

imp.	сбреди́тесь
pt.	сбрёлся, -ела́сь
g.pt.a.	сбредя́сь
p.pt.a.	сбре́дшийся

сбрехну́ть 7 *perf* что tell a lie; talk nonsense

p.pt.p.	сбрёхнутый

сбрива́ть *imperf of* сбрить

сбрить *perf* что shave off ‖ *imperf* сбрива́ть 2a

ft.	сбре́ю, -е́ешь, -е́ют
imp.	сбрей, ~те
pt.	сбрил
g.pt.a.	сбрив
p.pt.a.	сбри́вший
p.pt.p.	сбри́тый

сброса́ть 2 *perf* что *coll* **1.** throw down one after the other **2.** throw *everything* together, tumble together, bundle together ‖ *imperf* сбра́сывать 1a

сбро́сить *perf* кого́-что **1.** throw down; shed **2.** *fig* shake off, throw off **3.** *coll* take off, throw off *clothes*; kick off *shoes* **4.** reduce **5.** throw away, discard *playing card* ‖ *imperf* сбра́сывать 1a

ft.	сбро́шу, -о́сишь, -о́сят
imp.	сбро́сь, ~те
pt.	сбро́сил
g.pt.a.	сбро́сив
p.pt.a.	сбро́сивший
p.pt.p.	сбро́шенный

сбро́ситься *perf* plunge down, jump down ‖ *imperf* сбра́сываться

сброшюрова́ть 5 *perf* что *bookbinding* stitch

сбры́згивать *imperf of* сбры́знуть

сбры́знуть 6 *perf* что sprinkle, spray ‖ *imperf* сбры́згивать 1a

p.pt.p.	сбры́знутый

сбыва́ть(ся) *imperf of* сбыть(ся)

сбыть *perf* **1.** что sell, *goods* **2.** кого́-что *coll* get rid of **3.** *1st and 2nd pers not used, without object, of water level* fall, go down, sink ‖ *imperf* сбыва́ть 2a

ft.	сбу́ду, -дешь, -дут
imp.	сбудь, ~те
pt.	сбыл, сбыла́, сбы́ло
g.pt.a.	сбыв
p.pt.a.	сбы́вший
p.pt.p.	сбы́тый

сбы́ться, *1st and 2nd pers not used, perf* come true, really happen ‖ *imperf* сбыва́ться

pt.	сбы́лся, сбыла́сь, сбы́лось

сбы́читься *perf sub* get maungy, turn sullen
ft.   сбы́чусь, сбы́чишься, сбы́чатся
imp.   сбы́чься, -чьтесь
pt.   сбы́чился, -лась
g.pt.a.   сбы́чившись *and* сбы́чась
p.pt.a.   сбы́чившийся

сва́ливать(ся)[1,2] *imperf of* свали́ть(ся)[1,2]

свали́ть[1] *perf* что 1. overturn; *coll* overthrow 2. dump, unload 3. *fig* pass the buck 4. pile up, pile ‖ *imperf* сва́ливать 1 a
ft.   свалю́, сва́лишь, сва́лят
imp.   свали́, ~те
pt.   свали́л
g.pt.a.   свали́в
p.pt.a.   свали́вший
p.pt.p.   сва́ленный

свали́ть[2], *1st and 2nd pers not used, perf coll* 1. abate 2. flood back, overflow ‖ *imperf* сва́ливать 1 a
no *p.pt.p.*
other forms as свали́ть[1]

свали́ться[1] *perf* 1. fall, plunge 2. *coll* turn up, pop up, bob up 3. *fig coll* на кого́-что be shifted (on to) 4. *coll* fall ill, be in bed with an illness, be laid up 5. *coll* lean ‖ *imperf* сва́ливаться

свали́ться[2], *1st and 2nd pers not used, perf sub, of clouds* pass ‖ *imperf* сва́ливаться

сваля́ть 2 *perf* что full *cloth*

сваля́ться, *1st and 2nd pers not used, perf* become matted

сва́ривать(ся) *imperf of* свари́ть(ся)

свари́ть *perf* что 1. cook *till done* 2. weld, weld together ‖ *imperf* сва́ривать 1 a
ft.   сварю́, сва́ришь, сва́рят
imp.   свари́, ~те
pt.   свари́л
g.pt.a.   свари́в
p.pt.a.   свари́вший
p.pt.p.   сва́ренный

свари́ться, *1st and 2nd pers not used, perf* 1. be cooked 2. be welded ‖ *imperf* сва́риваться

сва́риться *imperf sub* row, argy-bargy, have a row, have an argy-bargy
pr.   сва́рюсь, -ришься, -рятся
imp.   сва́рься, сва́рьтесь
pt.   сва́рился, -лась
g.pr.a.   сва́рясь
p.pt.a.   сва́рившийся

сва́тать 1 a *imperf* 1. кого́ кому́ *or* кого́

за кого́ propose *smb* as marriage partner 2. кого́ *or* кого́ у кого́ propose marriage, woo ‖ *perf* посва́тать 1 *with* 1, 2 *and* сосва́тать 1 *with* 1

сва́таться *imperf* к кому́ *or* за кого́ woo, press *one's* suit ‖ *perf* посва́таться

свева́ть *imperf of* све́ять

свежева́ть *imperf of* кого́-что skin, flay; gut. — (о-)
pr.   свежу́ю, -у́ешь, -у́ют
imp.   свежу́й, ~те
pt.   свежева́л
g.pt.a.   свежева́в
p.pr.a.   свежу́ющий
p.pt.a.   свежева́вший
p.pt.p.   свежёванный

свеже́ть 3а *imperf* 1. become cooler 2. *of wind* freshen, rise 3. get better; improve *in health*. — (по-)

свезти́ *perf* кого́-что 1. *coll* get *smb* there, drive, take, cart 2. drive away; drive 3. bring together ‖ *imperf* свози́ть[2], forms ib.
ft.   свезу́, -зёшь, -зу́т
imp.   свези́, ~те
pt.   свёз, свезла́
g.pt.a.   свезя́ *and obs* свёзши
p.pt.a.   свёзший
p.pt.p.   свезённый; свезён, -ена́

све́ивать *imperf of* све́ять

свеликоду́шничать 1 *perf coll derog* play the bountiful, be unwarrantably big-hearted

свербе́ть, *1st and 2nd pers not used, imperf sub* itch
pr.   сверби́т, -бя́т
pt.   свербе́л
g.pr.a.   свербя́
p.pr.a.   свербя́щий
p.pt.a.   сверби́вший

сверга́ть *imperf of* све́ргнуть

сверга́ться 2а *imperf* 1. *imperf of* све́ргнуться 2. *bookish, of force, waterfall* cascade

све́ргнуть *perf* кого́-что 1. *obs* throw down 2. *fig* overthrow, overcome ‖ *imperf* сверга́ть 2а
ft.   све́ргну, -нешь, -нут
imp.   све́ргни, ~те
pt.   свёрг *and obs* свёргнул, све́ргла
g.pt.a.   све́ргнув
p.pt.a.   све́ргший *and obs* све́ргнувший
p.pt.p.   све́ргнутый *and obs* све́рженный

све́ргнуться *perf obs* fall ‖ *imperf* сверга́ться

све́рзиться *perf sub* stumble, trip, fall unluckily

ft.	све́ржусь, -рзишься, -рзятся
imp.	све́рзись, -итесь
pt.	све́рзился, -лась
g.pt.a.	све́рзившись
p.pt.a.	све́рзившийся

све́рить *perf* что с чем compare, check ‖ *imperf* сверя́ть 2а

ft.	све́рю, -ришь, -рят
imp.	сверь, ~те
pt.	све́рил
g.pt.a.	све́рив
p.pt.a.	све́ривший
p.pt.p.	све́ренный

све́риться *perf* с чем assure oneself (of), ascertain; check (that) ‖ *imperf* сверя́ться

сверка́ть 2а *imperf* sparkle, glitter | *perf semelf* сверкну́ть 7

сверкну́ть 7 *perf* 1. *semelf of* сверка́ть 2. *fig, of thoughts* flash upon *smb*, flash through *smb's* mind

no *p.pt.p.*

сверли́ть *imperf* что 1. *tech* bore, drill 2. *fig, usu impers* rack, bore, bore through; prey on *one's* mind; haunt. — (про- *with* 1)

pr.	сверлю́, сверли́шь, сверля́т
imp.	сверли́, ~те
pt.	сверли́л
g.pr.a.	сверля́
p.pr.a.	сверля́щий
p.pt.a.	сверли́вший
p.pr.p.	сверли́мый

сверну́ть 7 *perf* 1. что roll up, fold up 2. *fig* что restrict, reduce 3. что break camp, fold up *one's* tents 4. *without object* turn *left, right, off, in etc.* 5. что twist off; turn too far ‖ *imperf* свёртывать 1а *and coll* свора́чивать 1а

p.pt.p.	свёрнутый

сверну́ться *perf* 1. roll itself up, curl up 2. *1st and 2nd pers not used* coagulate, clot, curdle; *of milk* turn 3. *1st and 2nd pers not used* be restricted, be reduced 4. *1st and 2nd pers not used, coll* be twisted off; be turned too far ‖ *imperf* свёртываться *and coll* свора́чиваться

сверста́ть 2 *perf* что *print* make up *into pages* ‖ *imperf* свёрстывать 1а

p.pt.p.	свёрстанный

свёрстывать *imperf of* сверста́ть

сверте́ть *perf* что 1. *coll* roll up; roll *cigarette* 2. *sub* screw off, twist off 3. *coll* twist until unserviceable ‖ *imperf* свёртывать 1а

ft.	сверчу́, све́ртишь, све́ртят
imp.	сверти́, ~те
pt.	сверте́л
g.pt.a.	сверте́в
p.pt.a.	сверте́вший
p.pt.p.	све́рченный

сверте́ться, *1st and 2nd pers not used, perf sub* be worn down, be worn out, be jiggered ‖ *imperf* свёртываться

свёртывать(ся)[1] *imperf of* сверну́ть(ся)

свёртывать(ся)[2] *imperf of* сверте́ть(ся)

сверша́ть(ся) *imperf of* сверши́ть(ся)

сверши́ть *perf* что *bookish* accomplish, achieve ‖ *imperf* сверша́ть 2а

ft.	свершу́, -ши́шь, -ша́т
imp.	сверши́, ~те
pt.	сверши́л
g.pt.a.	сверши́в
p.pt.a.	сверши́вший
p.pt.p.	свершённый; свершён, -ена́

сверши́ться, *1st and 2nd pers not used, perf bookish* occur, be accomplished ‖ *imperf* сверша́ться

сверя́ть(ся) *imperf of* све́рить(ся)

све́сить[1] *perf* кого-что let dangle, let down *rope etc.* ‖ *imperf* све́шивать 1а

ft.	све́шу, све́сишь, све́сят
imp.	све́сь, ~те
pt.	све́сил
g.pt.a.	све́сив
p.pt.a.	све́сивший
p.pt.p.	све́шенный

све́сить[2] *perf coll* weigh, weigh out forms as све́сить[1]

све́ситься *perf* 1. lean out, lean over 2. *1st and 2nd pers not used* hang down, sag ‖ *imperf* све́шиваться

свести́ *perf* кого-что 1. lead down; lead away, lead off 2. remove *a stain etc.* 3. bring together 4. во что unite 5. к чему, до чего, на что attribute to; reduce to 6. *usu impers* convulse, cramp, go cramped ‖ *imperf* своди́ть[2], forms ib.

ft.	сведу́, -дёшь, -ду́т
imp.	сведи́, ~те
pt.	свёл, свела́
g.pt.a.	сведя́ *and obs* све́дши
p.pt.a.	све́дший
p.pt.p.	сведённый; сведён, -ена́

свести́сь, *1st and 2nd pers not used, perf*
к чему́ *or* (*obs*) на что be attributable
(to); amount (to) ‖ *imperf* своди́ться

света́ть 2а *impers imperf* dawn, grow light

свети́ть *imperf* **1.** shine **2.** hold a lamp,
light the way

pr.	свечу́, све́тишь, све́тят
imp.	свети́, ~те
pt.	свети́л
g.pr.a.	светя́
p.pr.a.	све́тящий
p.pt.a.	свети́вший

свети́ться, *1st and 2nd pers not used, imperf* shine, shimmer

светле́ть 3а *imperf* **1.** get brighter; clear
up **2.** *impers* dawn, grow light **3.** shine,
shimmer. — (по- *with* 1)

светле́ться, *1st and 2nd pers not used,*
imperf gleam, shimmer

све́шать 1 *perf* кого́-что *coll* weigh, weigh
out

све́шаться *perf sub* weigh oneself, get
weighed

све́шивать *imperf of* све́сить[1]

све́шиваться *imperf of* све́ситься

све́ять *perf* что **1.** blow down **2.** blow
together **3.** winnow ‖ *imperf* све́ивать 1а
with 1, 2 *and* свева́ть 2а *with* 1, 2

ft.	све́ю, све́ешь, све́ют
imp.	свей, ~те
pt.	све́ял
g.pt.a.	све́яв
p.pt.a.	све́явший
p.pt.p.	све́янный

свива́ть(ся) *imperf of* сви́ть(ся)

свиде́тельствовать 4а *imperf* **1.** что *or*
о чём testify (to) **2.** о чём prove, demonstrate **3.** что certify, write a testimony,
confirm in writing; certify, authenticate,
witness *a signature* **4.** кого́-что *med* make
a thorough examination of, examine
rigorously. — (за- *with* 3, о- *with* 4)

свиде́тельствоваться *imperf* кем *obs*
refer to, call on *smb as a witness*

сви́деться *perf coll* meet, meet again

ft.	сви́жусь, сви́дишься, сви́дятся
pt.	сви́делся, -лась
g.pt.a.	сви́девшись
p.pt.a.	сви́девшийся

свинти́ть *perf* что **1.** screw up, screw
together **2.** *coll* screw off **3.** *coll* screw too
tight ‖ *imperf* сви́нчивать 1а

ft.	свинчу́, -нти́шь, -нтя́т

imp.	свинти́, ~те
pt.	свинти́л
g.pt.a.	свинти́в
p.pt.a.	свинти́вший
p.pt.p.	сви́нченный

свинти́ться, *1st and 2nd pers not used, perf*
coll, of thread be screwed too far ‖ *im-*
perf сви́нчиваться

сви́нчивать(ся) *imperf of* свинти́ть(ся)

свирепе́ть 3а *imperf* fly into a rage, get
into an ungovernable temper. — (рас-)

свире́пствовать 4а *imperf* rage, storm;
act brutally

свиристе́ть *imperf* shriek

pr.	свирищу́, -исти́шь, -истя́т
imp.	свиристи́, ~те
pt.	свиристе́л
g.pr.a.	свиристя́
p.pr.a.	свиристя́щий
p.pt.a.	свиристе́вший

свиса́ть *imperf of* сви́снуть

сви́снуть, *1st and 2nd pers not used, perf*
dangle ‖ *imperf* свиса́ть 2а

ft.	сви́снет, -нут
pt.	свис *and* сви́снул*, сви́сла
g.pt.a.	сви́сши
p.pt.a.	сви́сший

свиста́ть *imperf* **1.** что whistle; give a
whistle ‖ *perf semelf* сви́стнуть 6

pr.	свищу́, сви́щешь, сви́щут
imp.	свищи́, ~те
pt.	свиста́л
g.pr.a.	свистя́
p.pr.a.	сви́щущий
p.pt.a.	свиста́вший

свисте́ть *imperf* **1.** что whistle **2.** give a
whistle ‖ *perf semelf* сви́стнуть 6

pr.	свищу́, свисти́шь, свистя́т
imp.	свисти́, ~те
pt.	свисте́л
g.pr.a.	свистя́
p.pr.a.	свистя́щий
p.pt.a.	свисте́вший

сви́стнуть [сн] 6 *perf* **1.** *semelf of* сви-
ста́ть *and* свисте́ть **2.** кого́-что *sub*
clout, fetch *smb* a clout **3.** что *sub* nick,
whip, snaffle, knock off

свить *perf* что **1.** turn, wind; roll up
2. unroll, unwind, unreel ‖ *imperf* сви-
ва́ть 2а

ft.	совью́, совьёшь, совью́т
imp.	свей, ~те
pt.	сви́л, свила́, сви́ло
g.pt.a.	сви́в

p.pt.a.	сви́вший
p.pt.p.	сви́тый; свит, свита́, сви́то

сви́ться *perf* roll up ‖ *imperf* свива́ться
pt. свился, свила́сь, свило́сь

свихну́ть 7 *perf* что *coll* stub *foot etc.*; twist, wrench *ankle etc.*

свихну́ться *perf coll* **1.** become unhinged **2.** *obs*: свихну́ться (с пути́) leave the straight and narrow path

своди́ть[1] *perf* кого́-что take out *to theatre etc.*, escort

ft.	свожу́, сво́дишь, сво́дят
imp.	своди́, ~те
pt.	своди́л
g.pt.a.	своди́в
p.pt.a.	своди́вший
p.pt.p.	сво́женный

своди́ть[2] *imperf of* свести́

pr.	свожу́, сво́дишь, сво́дят
imp.	своди́, ~те
pt.	своди́л
g.pr.a.	сводя́
p.pr.a.	сводя́щий
p.pt.a.	своди́вший
p.pr.p.	своди́мый

своди́ться *imperf of* свести́сь

сво́дничать 1а *imperf* pimp, procure

своево́льничать 1а *imperf coll* act on one's own say-so, be self-willed

свози́ть[1] *perf* кого́-что *coll* take *for a drive*

ft.	свожу́, сво́зишь, сво́зят
imp.	свози́, ~те
pt.	свози́л
g.pt.a.	свози́в
p.pt.a.	свози́вший
p.pt.p.	сво́женный

свози́ть[2] *imperf of* свезти́

pr.	свожу́, сво́зишь, сво́зят
imp.	свози́, ~те
pt.	свози́л
g.pr.a.	свозя́
p.pr.a.	свозя́щий
p.pt.a.	свози́вший
p.pr.p.	свози́мый

свола́кивать *imperf of* своло́чь

своло́чь *perf* кого́-что **1.** *coll* drag away **2.** *coll* drag together **3.** *sub* nick, whip, snaffle, knock off ‖ *imperf* свола́кивать 1а

ft.	сволоку́, -очёшь, -оку́т
imp.	сволоки́, ~те
pt.	своло́к, -окла́
g.pt.a.	сволоча́ *and* своло́кши

p.pt.a.	своло́кший
p.pt.p.	сволочённый; сволочён, -ена́

свора́чивать[1] *imperf of* свороти́ть

свора́чивать[2] *imperf of* сверну́ть

свора́чиваться *imperf of* сверну́ться

сворова́ть 5 *perf coll* что pinch, whip, nick, snaffle

свороти́ть *perf* **1.** кого́-что *coll* roll aside, remove **2.** что кому́-чему́ *coll* jar, jolt, damage through impact; distort; wrench **3.** что на кого́-что *sub* pass the buck (to), saddle *smb* with **4.** *without object sub* turn off *path etc.*, turn in *drive etc.* **5.** что на кого́-что *sub* steer *conversation* away from ‖ *imperf* свора́чивать 1а

ft.	свороч у́, -о́тишь, -о́тят
imp.	свороти́, ~те
pt.	свороти́л
g.pt.a.	свороти́в
p.pt.a.	свороти́вший
p.pt.p.	своро́ченный

свыка́ться *imperf of* свы́кнуться

свы́кнуться *perf* с кем-чем get used to ‖ *imperf* свыка́ться 2а

ft.	свы́кнусь, -нешься, -нутся
imp.	свы́кнись, -итесь
pt.	свы́кся, -клась
g.pt.a.	свы́кшись
p.pt.a.	свы́кшийся

связа́ть *perf* кого́-что **1.** tie, tie up **2.** *fig* connect, tie in (with), relate (to), link **3.** *fig* be binding, have a binding effect, create an obligation **4.** piece together **5.** crochet; knit ‖ *imperf* свя́зывать 1а *with* 1—4

ft.	свяжу́, свя́жешь, свя́жут
imp.	свяжи́, ~те
pt.	связа́л
g.pt.a.	связа́в
p.pt.a.	связа́вший
p.pt.p.	свя́занный

связа́ться *perf* с кем-чем **1.** be tied together **2.** make contact (with), take up contact (with) **3.** *coll* have to do (with) **4.** *coll* saddle oneself (with), land oneself (with) ‖ *imperf* свя́зываться

свя́зывать(ся) *imperf of* связа́ть(ся)

святи́ть *imperf* что consecrate. — (о-)

pr.	свячу́, святи́шь, святя́т
imp.	святи́, ~те
pt.	святи́л
g.pr.a.	святя́
p.pr.a.	святя́щий
p.pt.a.	святи́вший

p.pt.p. свячённый; свячён, -ена́ *and obs* священный; свящён, -ена́

святота́тствовать 4а *imperf* **1.** *rel* blaspheme, commit blasphemy **2.** *fig* commit an outrage

священноде́йствовать 4а *imperf* **1.** hold a church service, celebrate a religious office **2.** *fig iron* carry out *with pomp and circumstance*

сгиба́ть(ся) *imperf of* согну́ть(ся)

сги́нуть 6 *perf* **1.** *coll* disappear **2.** *sub* go west

imp. сгинь, ~те

сгла́дить *perf* что **1.** plane, smoothe, straighten **2.** *fig* even out, reduce, blur, wipe out ‖ *imperf* сгла́живать 1 а
ft. сгла́жу, -а́дишь, -а́дят
imp. сгладь, ~те
pt. сгла́дил
g.pt.a. сгла́див
p.pt.a. сгла́дивший
p.pt.p. сгла́женный

сгла́диться, *1st and 2nd pers not used*, *perf* **1.** become smooth **2.** *fig* disappear, be wiped out, be blurred ‖ *imperf* сгла́живаться

сгла́живать(ся) *imperf of* сгла́дить(ся)

сгла́зить *perf* кого́-что *or without object coll* put the evil eye on; damn with praise, lay on *praise so* thick *that it has a detrimental effect*
ft. сгла́жу, -а́зишь, -а́зят
imp. сгла́зь, ~те
pt. сгла́зил
g.pt.a. сгла́зив
p.pt.a. сгла́зивший
p.pt.p. сгла́женный

сглупи́ть *perf coll* do something silly, do something wrong
ft. сглуплю́, -пи́шь, -пя́т
imp. сглупи́, ~те
pt. сглупи́л
g.pt.a. сглупи́в
p.pt.a. сглупи́вший

сгна́ивать *imperf of* сгнои́ть

сгнива́ть *imperf of* сгнить

сгнить *perf* **1.** rot, go bad **2.** go to the dogs *from a life of privations* ‖ *imperf* сгнива́ть 2а
ft. сгнию́, -иёшь, -ию́т
pt. сгнил, сгнила́, сгни́ло
g.pt.a. сгнив
p.pt.a. сгни́вший

сгнои́ть *perf* что *coll* let go bad, let spoil, let rot ‖ *imperf* сгна́ивать 1 а
ft. сгною́, -ои́шь, -оя́т
pt. сгнои́л
g.pt.a. сгнои́в
p.pt.a. сгнои́вший
p.pt.p. сгноённый; сгноён, -ена́

сгова́ривать(ся) *imperf of* сговори́ть(ся)

сговори́ть *perf* **1.** кого́-что *obs* promise in marriage **2.** с кем *sub* make a date, arrange to meet, make an appointment ‖ *imperf* сгова́ривать 1 а
ft. сговорю́, -ри́шь, -ря́т
imp. сговори́, ~те
pt. сговори́л
g.pt.a. сговори́в
p.pt.a. сговори́вший
p.pt.p. сговорённый; сговорён, -ена́

сговори́ться *perf* с кем-чем make an arrangement, settle *a matter*, come to an agreement ‖ *imperf* сгова́риваться

сгоня́ть[1] *imperf of* согна́ть

сгоня́ть[2] 2 *perf* **1.** кого́-что *coll* drive *animals* to pasture and back, graze, pasture **2.** *without object coll* dash, rush, nip **3.** что *sub* play *a game*

сгора́ть *imperf of* сгоре́ть

сгорбить *perf* что crook, bend
ft. сго́рблю, -бишь, -бят
imp. сго́рби, ~те
pt. сго́рбил
g.pt.a. сго́рбив
p.pt.a. сго́рбивший
p.pt.p. сго́рбленный

сго́рбиться *perf* **1.** bend **2.** *of back* become crooked, be bent
g.pt.a. сго́рбившись *and* сго́рбясь

сгоре́ть *perf* **1.** burn, be consumed in flames **2.** burn up; expend *one's* powers, exhaust *one's* energy **3.** *fig* от чего́ burn (with), glow (with), be consumed (with) *passion, ardour, enthusiasm, shame etc.* ‖ *imperf* сгора́ть 2а
ft. сгорю́, -ри́шь, -ря́т
imp. сгори́, ~те
pt. сгоре́л
g.pt.a. сгоре́в
p.pt.a. сгоре́вший

сгото́вить *perf* что **1.** *coll* cook, make **2.** *sub* make
ft. сгото́влю, -вишь, -вят
imp. сгото́вь, ~те
pt. сгото́вил
g.pt.a. сгото́вив

p.pt.a. сгото́вивший
p.pt.p. сгото́вленный

сграба́стать 1 *perf* кого́-что *sub* grab, seize

сгреба́ть *imperf of* сгрести́

сгрести́ *perf* что 1. shovel together, rake together 2. *coll* throw down, sweep down 3. *sub* seize, grasp, grip ‖ *imperf* сгреба́ть 2a

ft. сгребу́, -бёшь, -бу́т
imp. сгреби́, ~те
pt. сгрёб, сгребла́
g.pt.a. сгребя́ *and* сгрёбши
p.pt.a. сгрёбший
p.pt.p. сгребённый; сгребён, -ена́

сгружа́ть *imperf of* сгрузи́ть

сгрузи́ть *perf* что unload ‖ *imperf* сгружа́ть 2a

ft. сгружу́, -у́зишь, -у́зят
imp. сгрузи́, ~те
pt. сгрузи́л
g.pt.a. сгрузи́в
p.pt.a. сгрузи́вший
p.pt.p. сгру́женный *and* сгружённый; сгружён, -ена́

сгруппирова́ть 5 *perf* кого́-что group, put together ‖ *imperf* сгруппиро́вывать 1a

сгруппирова́ться *perf* form a group, group ‖ *imperf* сгруппиро́вываться

сгруппиро́вывать(ся) *imperf of* сгруппирова́ть(ся)

сгрыза́ть *imperf of* сгрызть

сгрызть *perf* 1. что gnaw, chew 2. *fig* кого́-что gnaw at, torment, torture ‖ *imperf* сгрыза́ть 2a

ft. сгрызу́, -зёшь, -зу́т
imp. сгрызи́, ~те
pt. сгрыз, ~ла
g.pt.a. сгры́зши
p.pt.a. сгры́зший
p.pt.p. сгры́зенный

сгуби́ть *perf* кого́-что *coll* ruin
ft. сгублю́, сгу́бишь, сгу́бят
imp. сгуби́, ~те
pt. сгуби́л
g.pt.a. сгуби́в
p.pt.a. сгуби́вший
p.pt.p. сгу́бленный

сгусти́ть *perf* что 1. thicken, condense 2. concentrate ‖ *imperf* сгуща́ть 2a

ft. сгущу́, сгусти́шь, сгустя́т
imp. сгусти́, ~те
pt. сгусти́л
g.pt.a. сгусти́в

p.pt.a. сгусти́вший
p.pt.p. сгущённый; сгущён, -ена́

сгусти́ться, *1st and 2nd pers not used, perf* 1. become thick, thicken, become viscous 2. *of clouds* gather ‖ *imperf* сгуща́ться

сгуща́ть(ся) *imperf of* сгусти́ть(ся)

сда́бривать *imperf of* сдо́брить

сдава́ть *imperf of* сдать
pr. сдаю́, сдаёшь, сдаю́т
imp. сдава́й, ~те
pt. сдава́л
g.pr.a. сдава́я
p.pr.a. сдаю́щий
p.pt.a. сдава́вший
p.pr.p. сдава́емый

сдава́ться *imperf of* сда́ться

сдави́ть *perf* кого́-что crush, squeeze ‖ *imperf* сда́вливать 1a

ft. сдавлю́, сда́вишь, сда́вят
imp. сдави́, ~те
pt. сдави́л
g.pt.a. сдави́в
p.pt.a. сдави́вший
p.pt.p. сда́вленный

сда́вливать *imperf of* сдави́ть

сдать *perf* что 1. hand over; deliver 2. let for rent 3. deal *cards* 4. give *change* 5. pass *examination* 6. *without object* abate, recede 7. *without object coll* lose one's faculties, be getting old ‖ *imperf* сдава́ть, forms ib.

ft. сдам, сдашь, сдаст, сдади́м, сдади́те, сдаду́т
imp. сдай, ~те
pt. сдал, сдала́, сда́ло
g.pt.a. сдав
p.pt.a. сда́вший
p.pt.p. сда́нный; сдан, сдана́, сдано́

сда́ться *perf* 1. give up, surrender, lay down one's arms 2. yield, give in, give ‖ *imperf* сдава́ться

pt. сда́лся, сдала́сь, сда́ло́сь

сдва́ивать(ся) *imperf of* сдвои́ть(ся)

сдвига́ть(ся) *imperf of* сдви́нуть(ся)

сдви́нуть 6 *perf* кого́-что 1. push out of the way, move aside, move 2. *fig coll* get *smth* moving, get *smth* started 3. move [put] together ‖ *imperf* сдвига́ть 2a

imp. сдвинь, ~те
p.pt.p. сдви́нутый

сдви́нуться *perf* 1. become displaced, shift; start moving 2. *phot* be blurred 3. gather [move, come] together ‖ *imperf* сдвига́ться

сдвои́ть *perf* что double ‖ *imperf* сдва́ивать 1а
ft. сдвою́, -ои́шь, -ои́т
imp. сдвой, ~те
pt. сдвои́л
g.pt.a. сдвои́в
p.pt.a. сдвои́вший
p.pt.p. сдвоенный

сдвои́ться, *1st and 2nd pers not used, perf* **1.** be double, be doubled **2.** *mil* form twos ‖ *imperf* сдва́иваться

сде́лать(ся) *perf of* де́лать(ся)

сдёргивать *imperf of* сдёрнуть

сдержа́ть *perf* кого́-что **1.** restrain; rein in **2.** keep *one's* word, keep to *one's* promise **3.** hold down, repress ‖ *imperf* сде́рживать 1а
ft. сдержу́, сде́ржишь, сде́ржат
imp. сдержи́, ~те
pt. сдержа́л
g.pt.a. сдержа́в
p.pt.a. сдержа́вший
p.pt.p. сде́ржанный

сдержа́ться *perf* control oneself ‖ *imperf* сде́рживаться

сде́рживать(ся) *imperf of* сдержа́ть(ся)

сдёрнуть 6 *perf* что tear off, tug off, peel off, strip off ‖ *imperf* сдёргивать 1а
p.pt.p. сдёрнутый

сдира́ть(ся) *imperf of* содра́ть(ся)

сдо́бить *imperf* что *coll* make pastry
pr. сдо́блю, -бишь, -бят
imp. сдо́бь, ~те
pt. сдо́бил
g.pr.a. сдо́бя
p.pr.a. сдо́бящий
p.pt.a. сдо́бивший
p.pt.p. сдо́бленный

сдо́брить *perf* что чем *coll* season; *fig* spice ‖ *imperf* сда́бривать 1а
ft. сдо́брю, -ришь, -рят
imp. сдо́бри, ~те
pt. сдо́брил
g.pt.a. сдо́брив
p.pt.a. сдо́бривший
p.pt.p. сдо́бренный

сдо́хнуть *perf* **1.** *of animals* die **2.** *sub* snuff it, peg out ‖ *imperf* сдыха́ть 2а
ft. сдо́хну, -нешь, -нут
imp. сдо́хни, ~те
pt. сдох, ~ла
g.pt.a. сдо́хши
p.pt.a. сдо́хший

сдре́йфить *perf sub derog* shy
ft. сдре́йфлю, -фишь, -фят
imp. сдрейфь, ~те
pt. сдре́йфил
g.pt.a. сдре́йфив
p.pt.a. сдре́йфивший

сдружа́ть(ся) *imperf of* сдружи́ть(ся)

сдружи́ть *perf* кого́-что acquaint *smb* with *smb* ‖ *imperf* сдружа́ть 2а
ft. сдружу́, -у́жишь, -у́жа́т
imp. сдружи́, ~те
pt. сдружи́л
g.pt.a. сдружи́в
p.pt.a. сдружи́вший
p.pt.p. сдружённый; сдружён, -ена́

сдружи́ться *perf* с кем-чем become friends (with), make friends (with) ‖ *imperf* сдружа́ться

сдува́ть[1] *imperf of* сдуть

сдува́ть[2] *imperf of* сду́нуть

сду́нуть 6 *perf and semelf* что *coll* blow *smth* away, blow *smth* off ‖ *imperf* сдува́ть 2а
imp. сдунь, ~те
p.pt.p. сду́нутый

сдуть *perf* что **1.** blow *smth* away, blow *smth* off **2.** blow *smth* together **3.** *sub* copy, crib *from smb* ‖ *imperf* сдува́ть 2а
ft. сду́ю, сду́ешь, сду́ют
imp. сдуй, ~те
pt. сдул
g.pt.a. сдув
p.pt.a. сду́вший
p.pt.p. сду́тый

сдыха́ть *imperf of* сдо́хнуть

седе́ть 3а *imperf* **1.** turn gray **2.** show up gray. — (по- *with* 1)

седла́ть 2а *imperf* кого́-что saddle. — (о-)

секвестри́ровать 4 *and* 4а *perf, imperf* что *leg* sequestrate, confiscate, seize

секвестрова́ть 5 *and* 5а *perf, imperf* что *leg* sequestrate, confiscate, seize

секрета́рствовать 4а *imperf coll* **1.** be a secretary **2.** act as secretary, be the minute taker

секре́тничать 1а *imperf coll* keep secret, preserve secrecy (about, on;) hush up; make a mystery of *smth*

секуляризи́ровать 4 *and* 4а *perf, imperf* что to secularize *church property*, transfer *church property* to temporal ownership; disestablish

секуляризова́ть 5 *and* 5a *perf, imperf*
что secularize *church property*, transfer
church property to temporal ownership;
disestablish

сели́ть *imperf* кого́-что settle. — (по-)

pr.	селю́, сели́шь, селя́т
imp.	сели́, ~те
pt.	сели́л
g.pr.a.	селя́
p.pr.a.	селя́щий
p.pt.a.	сели́вший
p.pr.p.	сели́мый

сели́ться *imperf* settle, establish oneself. —
(по-)

семени́ть *imperf coll* trip, move trippingly,
trip along

pr.	семеню́, -ни́шь, -ня́т
imp.	семени́, ~те
pt.	семени́л
g.pr.a.	семеня́
p.pr.a.	семеня́щий
p.pt.a.	семени́вший

семени́ться, *1st and 2nd pers not used,*
imperf bot be spermophore, be seed-
bearing

сентимента́льничать [сэ] 1a *imperf derog*
be over-sensitive

сепари́ровать 4 *and* 4a *perf, imperf* что
extract, separate *with centrifuge*

сервирова́ть 5 *and* 5a *perf, imperf* что
serve *a meal*; lay table

серди́ть *imperf* кого́-что irritate, annoy,
anger. — (рас-)

pr.	сержу́, се́рдишь, се́рдят
imp.	серди́, ~те
pt.	серди́л
g.pr.a.	сердя́
p.pr.a.	сердя́щий
p.pt.a.	серди́вший

серди́ться *imperf* на кого́-что be annoyed,
be excited, be angry. — (рас-)

сердобо́льничать 1a *imperf coll* be too
sympathetic, be oversympathetic, show
too much sympathy (with)

серебри́ть *imperf* что silver, silver-plate. —
(вы́-, по-)

pr.	серебрю́, -ри́шь, -ря́т
imp.	серебри́, ~те
pt.	серебри́л
g.pr.a.	серебря́
p.pr.a.	серебря́щий
p.pt.a.	серебри́вший
p.pt.p.	серебрённый; серебрён, -ена́

серебри́ться, *1st and 2nd pers not used,*
imperf show up silver

сере́ть 3a, *1st and 2nd pers not used, imperf*
1. become gray 2. show up gray. — (по-
with 1)

серча́ть 2a *imperf* (на кого́-что) *sub* be mad
(at), be sore (at, about), be vexed (about)

серьёзничать 1a *imperf coll* take things
too seriously; be precocious

сесть *perf* 1. sit down *from standing*
position; sit up *from reclining position*
2. во что *or* на что climb aboard, get in,
get on; go on board *ship*, embark 3. за
что set about *a job* 4. на что settle,
establish oneself; land, go on shore
5. *of heavenly bodies* set 6. shrink ‖ *imperf*
сади́ться, forms ib. | *imperf freq coll*
са́живаться 1a

ft.	ся́ду, ся́дешь, ся́дут
imp.	сядь, ~те
pt.	сел
g.pt.a.	сев
p.pt.a.	се́вший

се́товать 4a *imperf* на кого́-что moan
(about), wail (about) ‖ *perf* посе́то-
вать 4

сечь *imperf* кого́-что 1. whip, flog 2. slash,
cut to ribbons; *mil* cut *enemy forces* to
pieces 3. trim, dress, hew 4. *1st and 2nd*
pers not used beat *e.g. rain on window*
pane. — (вы́- *with* 1)

pr.	секу́, сечёшь, секу́т
imp.	секи́, ~те
pt.	сек, секла́
g.pr.a.	сеча́*
p.pr.a.	секу́щий
p.pt.a.	се́кший
p.pt.p.	се́ченный

се́чься *imperf, of hair, silk etc.* split, fray ‖
perf посе́чься, forms ib.

pt.	се́кся, секла́сь

се́ять *imperf* что 1. sow 2. *fig* sow *discon-*
tent etc.; disseminate *knowledge etc.*
3. sieve, sift, riddle, filter; bolt *flour* ‖
perf посе́ять, forms ib.

pr.	се́ю, се́ешь, се́ют
imp.	сей, ~те
pt.	се́ял
g.pr.a.	се́я
p.pr.a.	се́ющий
p.pt.a.	се́явший
p.pt.p.	се́янный

сжа́литься *perf* над кем-чем have compassion (on, for)

ft.	сжа́люсь, -лишься, -лятся
imp.	сжа́лься, -льтесь
pt.	сжа́лился, -лась
g.pt.a.	сжа́лившись
p.pt.a.	сжа́лившийся

сжа́рить *perf* кого́-что *sub* roast, fry

ft.	сжа́рю, -ришь, -рят
imp.	сжарь, ~те
pt.	сжа́рил
g.pt.a.	сжа́рив
p.pt.a.	сжа́ривший
p.pt.p.	сжа́ренный

сжа́риться *perf sub* 1. roast, fry, be roasted, be fried 2. *fig* be exposed to severe heat; сжа́риться на со́лнце roast in the sun

сжать[1] *perf* кого́-что 1. press together, compress, squeeze 2. *tech* compress 3. condense, digest *book etc.* ‖ *imperf* сжима́ть 2a

ft.	сожму́, -мёшь, -му́т
imp.	сожми́, ~те
pt.	сжал
g.pt.a.	сжав
p.pt.a.	сжа́вший
p.pt.p.	сжа́тый

сжать[2] *perf* что mow, reap, harvest ‖ *imperf* сжина́ть 2a

ft.	сожну́, -нёшь, -ну́т
imp.	сожни́, ~те
pt.	сжал
g.pt.a.	сжав
p.pt.a.	сжа́вший
p.pt.p.	сжа́тый

сжа́ться *perf* 1. be compressed; *of fist* clench; contract 2. *tech* be compressed ‖ *imperf* сжима́ться 2a
forms follow сжать[1]

сжева́ть *perf* что *coll* chew up, chew on a straw etc.; chew gum, a quid of tobacco etc.

ft.	сжую́, сжуёшь, сжую́т
imp.	сжуй, ~те
pt.	сжева́л
g.pt.a.	сжева́в
p.pt.a.	сжева́вший
p.pt.p.	сжёванный

сжечь *perf* кого́-что burn, burn down, burn out ‖ *imperf* сжига́ть 2a

ft.	сожгу́, сожжёшь, сожгу́т
imp.	сожги́, ~те
pt.	сжёг, сожгла́
g.pt.a.	сжёгши
p.pt.a.	сжёгший
p.pt.p.	сожжённый; сожжён, -ена́

сже́чься *perf* 1. burn oneself to death 2. *coll* get a sunburn ‖ *imperf* сжига́ться

сжива́ть(ся) *imperf of* сжи́ть(ся)

сжига́ть(ся) *imperf of* сжечь(ся)

сжиди́ть *perf* что make fluid, liquefy; condense; *chem* dilute ‖ *imperf* сжижа́ть 2a

ft.	сжижу́, сжиди́шь, сжидя́т
imp.	сжиди́, ~те
pt.	сжиди́л
g.pt.a.	сжиди́в
p.pt.a.	сжиди́вший
p.pt.p.	сжи́женный

сжижа́ть *imperf of* сжиди́ть

сжима́ть *imperf of* сжать[1]

сжима́ться *imperf of* сжа́ться

сжина́ть *imperf of* сжать[2]

сжира́ть *imperf of* сожра́ть

сжить *perf*: сжить кого́ с кварти́ры hound *smb* out of his house; сжить кого́ со све́та [со́ света] drive *smb* to his death ‖ *imperf* сжива́ть 2a

ft.	сживу́, -вёшь, -ву́т
imp.	сживи́, ~те
pt.	сжил, сжила́, сжи́ло
g.pt.a.	сжив
p.pt.a.	сжи́вший
p.pt.p.	сжи́тый; сжит, сжита́, сжи́то

сжи́ться *perf* 1. с кем-чем *coll* get used to, become familiar (with) 2. с чем become familiar (with); learn to put up (with) ‖ *imperf* сжива́ться

pt.	сжи́лся, -ила́сь, -ило́сь

сжу́льничать 1 *perf coll* twist

сзыва́ть *imperf of* созва́ть

сибари́тничать 1a *imperf* live the life of a sybarite, live a sybaritic life

сибари́тствовать 4a *imperf* lead a good-for-nothing life

сиве́ть 3a *imperf, of hair* turn gray. — (по-)

сигану́ть 7 *perf semelf sub* jump
no *p.pt.p.*

сигнализи́ровать 4 *and* 4a *perf, imperf* 1. кому́-чему́ чем signal, make signals 2. что *or* о чём warn (of, about). — (про- *with* 1)

сигна́лить *imperf* кому́-чему́ чем signal. — (про-)

pr.	сигна́лю, -лишь, -лят
imp.	сигна́ль, ~те
pt.	сигна́лил
g.pr.a.	сигна́ля

p.pr.a.	сигна́лящий
p.pt.a.	сигна́ливший

сиде́ть *imperf* **1.** be sitting down, be sitting **2.** *1st and 2nd pers not used* fit, be the right size **3.** за чем, на чём, с чем, над чем work at, be at work on, sit over | *imperf freq* си́живать 1 a, *pr. not used coll with 1 and 3*

pr.	сижу́, сиди́шь, сидя́т
imp.	сиди́, ~те
pt.	сиде́л
g.pr.a.	си́дя
g.pt.a.	сиде́в
p.pr.a.	сидя́щий
p.pt.a.	сиде́вший

сиде́ться *impers, imperf* кому́ (*usu negated*) *coll*: ему́ не сиди́тся (на ме́сте) he is fidgety, he is always on the go

си́живать *imperf freq of* сиде́ть

сизе́ть 3a *imperf* **1.** become bluish-gray **2.** *1st and 2nd pers not used* show up bluish-gray

си́литься *imperf with infinitive, coll* take pains

pr.	си́люсь, си́лишься, си́лятся
imp.	си́лься, си́льтесь
pt.	си́лился, -лась
g.pr.a.	си́лясь
p.pr.a.	си́лящийся
p.pt.a.	си́лившийся

силосова́ть 5 *and* 5a *perf, imperf* что make silage

символизи́ровать 4 *and* 4a *perf, imperf* что symbolize

симпатизи́ровать 4a *imperf* кому́-чему́ feel drawn to, like

симули́ровать 4 *and* 4a *perf, imperf* что simulate, pretend, sham, feign

синдици́ровать 4 *and* 4a *perf, imperf* что *bookish* make into a syndicate, form into a syndicate

сине́ть 3a *imperf* **1.** become blue **2.** show up blue. — (по- *with* 1)

сини́ть *imperf* что **1.** dye blue **2.** blue linen. — (под- *with* 2)

pr.	синю́, сини́шь, синя́т
imp.	сини́, ~те
pt.	сини́л
g.pr.a.	синя́
p.pr.a.	синя́щий
p.pt.a.	сини́вший
p.pt.p.	синённый; синён, -ена́

синтези́ровать [тэ] 4 *and* 4a *perf, imperf* **1.** *chem* synthesize **2.** put together, synthesize; generalize

синхронизи́ровать 4 *and* 4a *perf, imperf* что *tech* bring into step, bring into phase

сипе́ть *imperf* caw, croak; speak with a hoarse voice, croak

pr.	сиплю́, -пи́шь, -пя́т
imp.	сипи́, ~те
pt.	сипе́л
g.pr.a.	сипя́
p.pr.a.	сипя́щий
p.pt.a.	сипе́вший

си́пнуть *imperf* become hoarse. — (о-)

pr.	си́пну, -нешь, -нут
imp.	си́пни, ~те
pt.	сип *and* си́пнул, си́пла
g.pt.a.	си́пнув
p.pr.a.	си́пнущий
p.pt.a.	си́пнувший

сироте́ть 3a *imperf* **1.** lose one's parents, become an orphan **2.** *fig* become deserted, become desolate. — (о-)

системати́зи́ровать 4 *and* 4a *perf, imperf* что systematize

сия́ть 2a *imperf* shine, gleam, beam, light up *a. fig*

сказану́ть 7 *perf* что *or without object* *sub* boob, open one's mouth and put one's foot in it
no *p.pt.p.*

сказа́ть *perf* что **1.** say, speak **2.** order command, give an order

ft.	скажу́, ска́жешь, ска́жут
imp.	скажи́, ~те
pt.	сказа́л
g.pt.a.	сказа́в
p.pt.a.	сказа́вший
p.pt.p.	ска́занный

сказа́ться *perf* **1.** на ком-чём, в ком-чём tell on; take effect **2.** кем-чем report sick *etc.*; claim to be **3.** кому́ *sub* inform, say | *imperf* ска́зываться 1 a

ска́зывать 1 a *imperf* что *or without object, obs and sub* **1.** say **2.** narrate

ска́зываться *imperf of* сказа́ться

скака́ть *imperf* **1.** jump, skip, hop **2.** gallop | *perf semelf* скакну́ть 7 *with* 1, no *p.pt.p.*

pr.	скачу́, ска́чешь, ска́чут
imp.	скачи́, ~те
pt.	скака́л
g.pr.a.	скача́

p.pr.a.	ска́чущий
p.pt.a.	скака́вший

скакну́ть *perf semelf of* скака́ть

скаламбу́рить *perf* make puns, indulge in calembours

ft.	скаламбу́рю, -ришь, -рят
imp.	скаламбу́рь, ~те
pt.	скаламбу́рил
g.pt.a.	скаламбу́рив
p.pt.a.	скаламбу́ривший

ска́лить *imperf* **1.**: ска́лить зу́бы bare its fangs; show *one's* teeth **2.** *sub* laugh, grin. — (o- *with* 1)

pr.	ска́лю, -лишь, -лят
imp.	скаль, ~те
pt.	ска́лил
g.pr.a.	ска́ля
p.pr.a.	ска́лящий
p.pt.a.	ска́ливший

ска́литься *imperf* **1.** bare its fangs; show *one's* teeth **2.** *sub* laugh, grin. — (o-)

ска́лывать *imperf of* сколо́ть

скальки́ровать 4 *perf* что **1.** trace **2.** translate with a translation loan-word, translate with a calque

скалькули́ровать *perf of* калькули́ровать

скальпи́ровать 4 *and* 4a *perf, imperf* кого́-что scalp

скандализи́ровать 4 *and* 4a *perf, imperf* кого́-что *bookish* cause annoyance, give offence; put *smb* in an embarrassing position

скандализова́ть 5 *and* 5a *perf, imperf* кого́-что *bookish* put *smb* in an embarrassing position, disconcert

сканда́лить *imperf* **1.** make a row, kick up a shindy **2.** с кем have a row (with) **3.** кого́ *obs* put *smb* in an embarrassing position. — (на- *with* 1, o- *with* 3)

pr.	сканда́лю, -лишь, -лят
imp.	сканда́ль, ~те
pt.	сканда́лил
g.pr.a.	сканда́ля
p.pr.a.	сканда́лящий
p.pt.a.	сканда́ливший

сканда́литься *imperf coll* make a fool of oneself, disgrace oneself. — (o-)

сканди́ровать 4a *imperf* что utter with (full) metrical effect, scan

ска́пливать *imperf of* скопи́ть[2]

ска́пливаться *imperf of* скопи́ться

скапу́титься *perf sub* go west, drop off the hooks, kick the bucket

ft.	скапу́чусь, -у́тишься, -у́тятся
imp.	скапу́ться, -ться, -ться
pt.	скапу́тился, -лась

ска́пывать *imperf of* скопа́ть

ска́редничать 1a *imperf coll* be stingy, be tightfisted

скарифици́ровать 4 *and* 4a *perf, imperf* что *agr* turn over the soil with a cultivator

ска́рмливать *imperf of* скорми́ть

ската́ть 2 *perf* что roll up; *coll* copy, crib ‖ *imperf* ска́тывать 1a

скати́ть[1] *perf* кого́-что roll down ‖ *imperf* ска́тывать 1a

ft.	скачу́, ска́тишь, ска́тят
imp.	скати́, ~те
pt.	скати́л
g.pt.a.	скати́в
p.pt.a.	скати́вший
p.pt.p.	ска́ченный

скати́ть[2] *perf* что *coll* wash down; water ‖ *imperf* ска́тывать 1a *and* ска́чивать 1a forms as скати́ть[1]

скати́ться *perf* roll down; *fig* incline towards a negative position ‖ *imperf* ска́тываться

ска́тывать[1] *imperf of* ската́ть

ска́тывать[2,3] *imperf of* скати́ть[1,2]

ска́тываться *imperf of* скати́ться

ска́чивать *imperf of* скати́ть[2]

ска́шивать[1,2] *imperf of* скоси́ть[1,2]

ска́щивать *imperf of* скости́ть

скверносло́вить *imperf* tell dirty stories; use filthy language

pr.	скверносло́влю, -вишь, -вят
imp.	скверносло́вь, ~те
pt.	скверносло́вил
g.pr.a.	скверносло́вя
p.pr.a.	скверносло́вящий
p.pt.a.	скверносло́вивший

сквита́ться 2 *perf* с кем-чем *coll* settle an account (with); *fig* settle a score (with); be quits (with), square accounts (with), be even (with), pay back, pay out

сквози́ть, *1st and 2nd pers not used, imperf* **1.** *of wind* blow, cause a draught; *impers* сквози́т there is a draught **2.** shimmer, shine through *fig* be perceptible **3.** be sparse enough to see through

pr.	сквози́т, -зя́т
pt.	сквози́л

g.pr.a. сквозя́
p.pr.a. сквозя́щий
p.pt.a. сквози́вший

скида́ть 2 *perf* что *coll* **1.** keep throwing down, throw down *repeatedly* **2.** throw together ‖ *imperf* скидывать 1 a

ски́дывать[1] *imperf of* скида́ть

ски́дывать[2] *imperf of* ски́нуть

ски́нуть 6 *perf* кого-что *coll* **1.** throw down **2.** shake off; overthrow **3.** take off *clothes* **4.** что *or* в чём reduce *price etc.* ‖ *imperf* ски́дывать 1 a
imp. скинь, ~те
p.pt.p. ски́нутый

скипа́ться *imperf of* скипе́ться

скипе́ться, *1st and 2nd pers not used*, *perf* **1.** bake **2.** *fig coll* cake ‖ *imperf* скипа́ться 2 a
ft. скипи́тся, -пя́тся
pt. скипе́лся, -ла́сь
g.pt.a. скипе́вшись
p.pt.a. скипе́вшийся

скирдова́ть 5a *imperf* что stack *hay etc.*
p.pt.p. скирдо́ванный

скиса́ть *imperf of* ски́снуть

ски́снуть *perf* **1.** turn sour **2.** *fig coll* be downcast ‖ *imperf* скиса́ть 2 a
ft. ски́сну, -нешь, -нут
imp. ски́сни, ~те
pt. скис, ~ла
g.pt.a. ски́снув *and* ски́сши
p.pt.a. ски́сший

скита́ться 2a *imperf* **1.** wander about, roam **2.** *coll* hang about, knock around

склади́ровать 4 *and* 4a *perf, imperf* что stock, store, lay in

скла́дывать(ся) *imperf of* сложи́ть(ся)

скласть *perf* что *sub* pile up, stack
ft. складу́, -дёшь, -ду́т
imp. склади́, ~те
pt. склал
g.pt.a. склав
p.pt.a. скла́вший
p.pt.p. скла́денный

склева́ть *perf* кого-что *of birds* peck; *of fish* take, swallow *bait, prey* ‖ *imperf* склёвывать 1 a
ft. склюю́, -юёшь, -юю́т
imp. склюй, ~те
pt. склева́л
g.pt.a. склева́в

p.pt.a. склева́вший
p.pt.p. склёванный

склёвывать *imperf of* склева́ть

скле́ивать(ся) *imperf of* скле́ить(ся)

скле́ить *perf* что **1.** stick [glue] together **2.** *chem* break *smth* down into a glue-like substance ‖ *imperf* скле́ивать 1 a
ft. скле́ю, -е́ишь, -е́ят
imp. склей, ~те
pt. скле́ил
g.pt.a. скле́ив
p.pt.a. скле́ивший
p.pt.p. скле́енный

скле́иться, *1st and 2nd pers not used*, *perf* **1.** stick together, stick **2.** *chem* break down into a glue-like substance **3.** *fig coll* come off, succeed ‖ *imperf* скле́иваться

склепа́ть *perf* что rivet ‖ *imperf* склёпывать 1 a
ft. склепа́ю, -а́ешь, -а́ют *and* склеплю́, -е́плешь, -е́плют
imp. склепа́й, ~те *and* склепли́, ~те *and* склепи́, ~те
pt. склепа́л
g.pt.a. склепа́в
p.pt.a. склепа́вший
p.pt.p. склёпанный

склёпывать *imperf of* склепа́ть

скли́кать *perf* кого-что *coll* call together ‖ *imperf* склика́ть 2 a
ft. скли́чу, скли́чешь, скли́чут
imp. скли́чь, ~те
pt. скли́кал
g.pt.a. скли́кав
p.pt.a. скли́кавший

склика́ть *imperf of* скли́кать

склони́ть *perf* **1.** что incline, bow *head etc.* **2.** кого-что к чему *or* на что *or with infinitive* make inclined; talk round, persuade ‖ *imperf* склоня́ть 2 a
ft. склоню́, -о́нишь, -о́нят
imp. склони́, ~те
pt. склони́л
g.pt.a. склони́в
p.pt.a. склони́вший
p.pt.p. склонённый; склонён, -ена́

склони́ться *perf* **1.** incline, bend, bow **2.** be inclined **3.** *coll* be persuaded, agree ‖ *imperf* склоня́ться

склоня́ть 2a *imperf* **1.** *imperf of* склони́ть **2.** что *gram* decline. — (про- *with* 2)

склоня́ться *imperf* **1.** *imperf of* склони́ться **2.** *gram* be declined

склочничать 1 a *imperf coll* scheme, plot, intrigue

скоблить *imperf* кого-что scrape off, scrape; *coll* scrape *smb's* chin, shave
pr.	скоблю, скоблишь, скоблят
imp.	скобли, ~те
pt.	скоблил
g.pr.a.	скобля
p.pr.a.	скоблящий
p.pt.a.	скоблив ший
p.pt.p.	скобленный

сковать 5 *perf* кого-что **1.** forge together **2.** fetter together **3.** *fig* weld together, forge a bond between **4.** *fig* fetter, bind, spellbind; hobble, inhibit **5.** cover with a coat of ice ‖ *imperf* сковывать 1 a
ft.	скую, скуёшь, скуют

сковывать *imperf of* сковать

сковыривать[1] *imperf of* сковырнуть

сковыривать[2] *imperf of* сковырять

сковырнуть 7 *perf* **1.** что *coll* scrape off with *one's* nails **2.** кого-что *sub* overthrow, bring down ‖ *imperf* сковыривать 1 a

сковырять 2 *perf* что *sub* scratch off with *one's* nails ‖ *imperf* сковыривать 1 a

скалачивать *imperf of* сколотить

сколотить *perf* что **1.** knock together **2.** *fig coll* get together; scrape together **3.** *coll* knock down, take apart, take down‖ *imperf* скалачивать 1 a
ft.	сколочу, -отишь, -отят
imp.	сколоти, ~те
pt.	сколотил
g.pt.a.	сколотив
p.pt.a.	сколотив ший
p.pt.p.	сколоченный

сколоть *perf* что **1.** chip off *ice etc.* **2.** pin together ‖ *imperf* скалывать 1 a
ft.	сколю, сколешь, сколют
imp.	сколи, ~те
pt.	сколол
g.pt.a.	сколов
p.pt.a.	сколовший
p.pt.p.	сколотый

сколупать 2 *perf* что *sub* scratch away, scrape off ‖ *imperf* сколупывать 1 a

сколупнуть 7 *perf* что *coll* scrape off with *one's* nails ‖ *imperf* сколупывать 1 a

сколупывать[1] *imperf of* сколупать

сколупывать[2] *imperf of* сколупнуть

скользить *imperf* **1.** slip; slip out, escape **2.** *fig* slip, flit, glide; *of glance* flit, rove,

wander ‖ *perf semelf* скользнуть 7, no *p.pt.p.*
pr.	скольжу, -льзишь, -льзят
imp.	скользи, ~те
pt.	скользил
g.pr.a.	скользя
p.pr.a.	скользящий
p.pt.a.	скользивший

скользнуть *perf semelf of* скользить

скомандовать 4 *perf* issue an order; command, order about

скомбинировать *perf of* комбинировать

скомкать 1 *perf* что **1.** crush, crumple **2.** *coll* cut short, finish off in a hurry ‖ *imperf* скомкивать 1 a

скомкивать *imperf of* скомкать

скоморошничать 1 a *imperf coll* play pranks

скомпилировать 4 *perf* что compile

скомплектовать *perf of* комплектовать

скомпоновать *perf of* компоновать

скомпрометировать 4 *perf* кого-что bring into disrepute, compromise

сконструировать *perf of* конструировать

сконфузить *perf of* конфузить
ft.	сконфужу, -узишь, -узят
imp.	сконфузь, ~те
pt.	сконфузил
g.pt.a.	сконфузив
p.pt.a.	сконфузивший
p.pt.p.	сконфуженный

сконфузиться *perf of* конфузиться

сконцентрировать(ся) *imperf of* концентрировать(ся)

скончаться 2 *perf* die

скопать 2 *perf* что excavate ‖ *imperf* скапывать 1 a

скопидомничать 1 a *imperf coll* be stingy, be tightfisted

скопировать *perf of* копировать

скопить[1] *imperf* кого-что castrate, geld. — (о-)
pr.	скоплю, -пишь, -пят
imp.	скопи, ~те
pt.	скопил
g.pr.a.	скопя
p.pr.a.	скопящий
p.pt.a.	скопивший
p.pr.p.	скопимый

скопить[2] *perf* что *or* чего scrape together *money*; accumulate, heap up, pile up

savings ‖ imperf скáпливать 1a and coll
скоплять 2a

ft.	скоплю́, скóпишь, скóпят
imp.	скопи́, ~те
pt.	скопи́л
g.pt.a.	скопи́в
p.pt.a.	скопи́вший
p.pt.p.	скóпленный

скопи́ться, *1st and 2nd pers not used, perf*
1. gather, collect, accumulate 2. assemble,
gather, come together ‖ *imperf* скáпли-
ваться *and* скопля́ться
forms follow скопи́ть[2]

скопля́ть *imperf of* скопи́ть[2]

скопля́ться *imperf of* скопи́ться

скопни́ть *perf* что stook *corn*

ft.	скопню́, -ни́шь, -ня́т
imp.	скопни́, ~те
pt.	скопни́л
g.pt.a.	скопни́в
p.pt.a.	скопни́вший
p.pt.p.	скопнённый; скопнён, -енá

скорбе́ть *imperf bookish* grieve

pr.	скорблю́, -би́шь, -бя́т
imp.	скорби́, ~те
pt.	скорбе́л
g.pr.a.	скорбя́
p.pr.a.	скорбя́щий
p.pt.a.	скорбе́вший

скорёжить *perf of* корёжить

ft.	скорёжу, -жишь, -жат
imp.	скорёжь, ~те
pt.	скорёжил
g.pt.a.	скорёжив
p.pt.a.	скорёживший
p.pt.p.	скорёженный

скорёжиться *perf of* корёжиться

скорми́ть *perf* кого-что кому feed *smth*
to ‖ *imperf* скáрмливать 1a

ft.	скормлю́, скóрмишь, скóрмят
imp.	скорми́, ~те
pt.	скорми́л
g.pt.a.	скорми́в
p.pt.a.	скорми́вший
p.pt.p.	скóрмленный

скорóбить *perf of* корóбить

ft.	скорóбит, -бят
pt.	скорóбил
g.pt.a.	скорóбив
p.pt.a.	скорóбивший
p.pt.p.	скорóбленный

скорóбиться *perf of* корóбиться

скорóмиться *imperf rel* enjoy forbidden
foods *e.g. during Lent*

pr.	скорóмлюсь, -мишься, -мятся
imp.	скорóмься, -мьтесь
pt.	скорóмился, -лась
g.pr.a.	скорóмясь
p.pr.a.	скорóмящийся
p.pt.a.	скорóмившийся

скорóмничать 1a *imperf rel* enjoy forbidden foods *e.g. during Lent*

скоротáть *perf of* коротáть

скорректи́ровать *perf of* корректи́ровать

скóрчить *perf* кого-что 1. *perf of* кóрчить
2. *sub* pretend, make like; скóрчить
дуракá play the innocent, feign simple-
ness, pretend not to understand

ft.	скóрчу, -чишь, -чат
imp.	скóрчи, ~те
pt.	скóрчил
g.pt.a.	скóрчив
p.pt.a.	скóрчивший
p.pt.p.	скóрченный

скóрчиться *perf of* кóрчиться

скоси́ть[1] *perf* 1. что mow down 2. *fig*
кого-что *of disease* take, seize; *of fire
from firearms* cut down, mow down ‖
imperf скáшивать 1a

ft.	скошу́, скóсишь, скóсят
imp.	скоси́, ~те
pt.	скоси́л
g.pt.a.	скоси́в
p.pt.a.	скоси́вший
p.pt.p.	скóшенный

скоси́ть[2] *perf* что 1. bevel 2. turn *smth* to
one side; скоси́ть глазá [глазáми]
squint ‖ *imperf* скáшивать 1a
ft. скошу́, скоси́шь, скося́т
p.pt.p. *also* скóшенный; скошён, -енá
other forms as скоси́ть[1]

скости́ть *perf* что sub reduce, run down,
cut ‖ *imperf* скáщивать 1a

ft.	скощу́, скости́шь, скостя́т
imp.	скости́, ~те
pt.	скости́л
g.pt.a.	скости́в
p.pt.a.	скости́вший
p.pt.p.	скощённый; скошён, -енá

скрáдывать 1a, *1st and 2nd pers not used,*
imperf hide, disguise

скрáдываться, *1st and 2nd pers not used,*
imperf not be obvious, not be visible;
be hidden, be disguised

скрáсить *perf of* скрáшивать

ft.	скрáшу, -áсишь, -áсят
imp.	скрáсь, ~те

pt.	скра́сил
g.pt.a.	скра́сив
p.pt.a.	скра́сивший
p.pt.p.	скра́шенный

скра́ситься *perf of* скра́шиваться

скра́шивать 1 a *imperf* что improve, beautify; make bearable, put in a favorable light ‖ *perf* скра́сить, forms ib.

скра́шиваться, *1st and 2nd pers not used*, *imperf* become more acceptable; be put in a more favorable light ‖ *perf* скра́ситься

скрежета́ть *imperf* чем crunch, grind; скрежета́ть зуба́ми grind *one's* teeth, gnash *one's* teeth

pr.	скрежещу́, -е́шешь, -е́щут
imp.	скрежещи́, ~те
pt.	скрежета́л
g.pr.a.	скрежеща́
p.pr.a.	скреже́щущий
p.pt.a.	скрежета́вший

скрепи́ть *perf* что *or* что чем 1. fasten together 2. *fig* confirm, seal *e.g. with a handshake* 3. countersign ‖ *imperf* скрепля́ть 2 a

ft.	скреплю́, -пи́шь, -пя́т
imp.	скрепи́, ~те
pt.	скрепи́л
g.pt.a.	скрепи́в
p.pt.a.	скрепи́вший
p.pt.p.	скреплённый; скреплён, -ена́

скрепи́ться *perf* 1. stick together, hold fast 2. *coll* hold fast, keep a grip on oneself ‖ *imperf* скрепля́ться

скрепля́ть(ся) *imperf of* скрепи́ть(ся)

скрести́ *imperf* кого-что 1. scrape, scrape off, scour 2. *1st and 2nd pers not used* disturb, worry, torment; у него́ скребёт на душе́ he is disquieted

pr.	скребу́, -бёшь, -бу́т
imp.	скреби́, ~те
pt.	скрёб, скребла́
g.pr.a.	скребя́
p.pr.a.	скребу́щий
p.pt.a.	скрёбший

скрести́сь *imperf* scratch oneself; gnaw, nibble

скрести́ть *perf* 1. что cross, cross *one's* arms 2. кого-что с кем-чем *biol* cross *smth* (with *smth*) ‖ *imperf* скре́щивать 1 a

ft.	скрещу́, -ести́шь, -естя́т
imp.	скрести́, ~те
pt.	скрести́л
g.pt.a.	скрести́в

p.pt.a.	скрести́вший
p.pt.p.	скрещённый; скрещён, -ена́

скрести́ться, *1st and 2nd pers not used*, *perf* cross *a.fig*; *biol* interbreed ‖ *imperf* скре́щиваться

скре́щивать(ся) *imperf of* скрести́ть(ся)

скриви́ть *perf of* криви́ть

ft.	скривлю́, -ви́шь, -вя́т
imp.	скриви́, ~те
pt.	скриви́л
g.pt.a.	скриви́в
p.pt.a.	скриви́вший
p.pt.p.	скривлённый; скривлён, -ена́

скриви́ться *perf of* криви́ться

скрипе́ть *imperf* 1. squeak, creak, crunch 2. *fig coll joc* vegetate, exist, eke out *one's* existence | *perf semelf* скри́пнуть 6

pr.	скриплю́, -пи́шь, -пя́т
imp.	скрипи́, ~те
pt.	скрипе́л
g.pr.a.	скрипя́
p.pr.a.	скрипя́щий
p.pt.a.	скрипе́вший

скри́пнуть *perf semelf of* скрипе́ть

скро́ить *perf* что 1. *perf of* крои́ть 2. *fig coll* do, manage, pull off, busy oneself with 3. *fig coll* pull faces, make a face, grimace

ft.	скрою́, -ои́шь, -оя́т
imp.	скрой, ~те
pt.	скрои́л
g.pt.a.	скрои́в
p.pt.a.	скрои́вший
p.pt.p.	скро́енный

скро́мничать 1 a *imperf* pretend [affect] modesty

скропа́ть *perf of* кропа́ть

скрути́ть *perf* 1. что twist together *rope, thread,* roll *cigarette* 2. что tie, tie up 3. *fig* кого-что *coll, of illness etc.* tell on ‖ *imperf* скру́чивать 1 a

ft.	скручу́, -у́тишь, -у́тят
imp.	скрути́, ~те
pt.	скрути́л
g.pt.a.	скрути́в
p.pt.a.	скрути́вший
p.pt.p.	скру́ченный

скру́чивать *imperf of* скрути́ть

скрыва́ть *imperf of* скрыть

скрыва́ться 2 a *imperf* 1. *imperf of* скры́ться 2. в чём be at the bottom of *smth*, be behind *smth i.e. be the cause of or be responsible for smth*

скры́тничать 1a *imperf coll* be secretive

скрыть *perf* 1. кого́-что hide, conceal 2. что (от кого́-чего́) conceal *information etc.* (about) ‖ *imperf* скрыва́ть 2a
ft. скро́ю, -о́ешь, -о́ют
imp. скрой, ~те
pt. скрыл
g.pt.a. скрыв
p.pt.a. скры́вший
p.pt.p. скры́тый

скры́ться *perf* 1. hide [conceal] oneself 2. *coll* steal away, slip away, make off 3. disappear, vanish ‖ *imperf* скрыва́ться

скрю́чивать(ся) *imperf of* скрю́чить(ся)

скрю́чить *perf* кого́-что *coll* double, double up *with pain* ‖ *imperf* скрю́чивать 1a
ft. скрю́чу, -чишь, -чат
imp. скрю́чь, ~те
pt. скрю́чил
g.pt.a. скрю́чив
p.pt.a. скрю́чивший
p.pt.p. скрю́ченный

скрю́читься *perf coll* bend double, double over; get bent, get twisted, warp ‖ *imperf* скрю́чиваться

скря́жничать 1a *imperf coll* be stingy, be tightfisted

скуде́ть 3a *imperf* 1. become scarce, be reduced 2. кем-чем become deprived (of). — (о-)

скудне́ть 3a *imperf* become scarce, be reduced

скули́ть *imperf* 1. *of dog* whine 2. *fig coll* whine, whimper
pr. скулю́, -ли́шь, -ля́т
imp. скули́, ~те
pt. скули́л
g.pr.a. скуля́
p.pr.a. скуля́щий
p.pt.a. скули́вший

скупа́ть *imperf of* скупи́ть

скупи́ть *perf* кого́-что buy up ‖ *imperf* скупа́ть 2a
ft. скуплю́, ску́пишь, ску́пят
imp. скупи́, ~те
pt. скупи́л
g.pt.a. скупи́в
p.pt.a. скупи́вший
p.pt.p. ску́пленный

скупи́ться *imperf* 1. be stingy, be tightfisted 2. на что be sparing (with), be miserly

(with); скупи́ться на слова́ be sparing with *one's* words. — (по-)
pr. скуплю́сь, -пи́шься, -пя́тся
imp. скупи́сь, -и́тесь
pt. скупи́лся, -лась
g.pr.a. скупя́сь
p.pr.a. скупя́щийся
p.pt.a. скупи́вшийся

скуча́ть 2a *imperf* 1. *without object* be bored 2. по ком-чём *or* по кому́-чему́ *and* о ком-чём long for, miss

ску́чивать(ся) *imperf of* ску́чить(ся)

ску́чить *perf* кого́-что 1. heap up, pile up 2. *coll* crowd *people, animals* together, pack in ‖ *imperf* ску́чивать 1a
ft. ску́чу, -чишь, -чат
imp. ску́чь, ~те
pt. ску́чил
g.pt.a. ску́чив
p.pt.a. ску́чивший
p.pt.p. ску́ченный

ску́читься *perf* 1. *1st and 2nd pers not used* pile up, be piled up 2. be crowded [be huddled, be packed] together ‖ *imperf* ску́чиваться

ску́шать 1 *perf* что 1. eat up 2. *coll* swallow *insult, indignity etc.*

слабе́ть 3a *imperf* weaken, become weaker. — (о-)

сла́бить, *1st and 2nd pers not used, imperf* 1. *med* purge, have a laxative effect, act as a laxative 2. *impers*: больно́го сла́бит the patient is suffering an attack of diarrhoea
pr. сла́бит, -бят
pt. сла́било
g.pr.a. сла́бя
p.pr.a. сла́бящий
p.pt.a. сла́бивший

сла́бнуть *imperf sub* 1. get weaker 2. *of rope etc.* get slack. — (о-)
pr. сла́бну, -нешь, -нут
imp. сла́бни, ~те
pt. сла́бнул *and* слаб, сла́бла
g.pt.a. сла́бнув
p.pr.a. сла́бнущий
p.pt.a. сла́бнувший

сла́вить *imperf* кого́-что 1. honour, praise 2. *sub* knock, disparage. — (о- *with* 2)
pr. сла́влю, -вишь, -вят
imp. сла́вь, ~те
pt. сла́вил
g.pr.a. сла́вя

p.pr.a.   сла́вящий
p.pt.a.   сла́вивший

сла́виться *imperf* чем be well known (for)

славосло́вить *imperf* кого́-что extol, praise, panegyrize
pr.   славосло́влю, -вишь, -вят
imp.   славосло́вь, ~те
pt.   славосло́вил
g.pr.a.   славосло́вя
p.pr.a.   славосло́вящий
p.pt.a.   славосло́вивший
p.pt.p.   славосло́вленный

слага́ть(ся) *imperf of* сложи́ть(ся)

сла́дить *perf* **1.** что *sub* fix, fix up, put straight, set right **2.** с кем-чем *coll* cope (with), deal (with), get on (with) ‖ *imperf* сла́живать 1a *with* 1
ft.   сла́жу, сла́дишь, сла́дят
imp.   сладь, ~те
pt.   сла́дил
g.pt.a.   сла́див
p.pt.a.   сла́дивший
p.pt.p.   сла́женный *with* 1

сла́диться, *1st and 2nd pers not used, perf coll* adapt, adjust *oneself to circumstances* ‖ *imperf* сла́живаться

сла́живать(ся) *imperf of* сла́дить(ся)

сла́зить *perf coll* **1.** climb up and back; climb down and back **2.** put *one's* hand in
ft.   сла́жу, сла́зишь, сла́зят *and coll* сла́заю, -аешь, -ают
imp.   слазь, ~те *and* сла́зай, ~те
pt.   сла́зил
g.pt.a.   сла́зив
p.pt.a.   сла́зивший

сла́мывать(ся) *imperf of* сломи́ть(ся)

сласти́ть *imperf* **1.** что *coll* sweeten **2.** taste sweet
pr.   слащу́, сласти́шь, сластя́т
imp.   сласти́, ~те
pt.   сласти́л
g.pr.a.   сластя́
p.pr.a.   сластя́щий
p.pt.a.   сласти́вший
p.pt.p.   слащённый; слащён, -ена́

слать *imperf* кого́-что send, dispatch
pr.   шлю, шлёшь, шлют
imp.   шли, ~те
pt.   слал, сла́ла, сла́ло
g.pr.a.   (посыла́я)
p.pr.a.   (посыла́ющий)
p.pt.p.   сла́вший
p.pr.p.   (посыла́емый)

сла́ться *imperf* на кого́-что *obs* refer (to), appeal (to), call as *one's* witness

следи́ть[1] *imperf* **1.** за кем-чем watch, observe, follow **2.** за кем-чем *and with conjunction* чтобы take care of, look after, take care that, watch that, see that **3.** за кем-чем spy on **4.** кого́-что *ven* scent, nose out, smell out
pr.   слежу́, следи́шь, следя́т
imp.   следи́, ~те
pt.   следи́л
g.pr.a.   следя́
p.pr.a.   следя́щий
p.pt.a.   следи́вший

следи́ть[2] *imperf* чем *or without object coll* leave a trail of dirt, leave footmarks. — (на-) forms as следи́ть[1]

сле́довать 4a *imperf* **1.** за кем-чем follow *smb* **2.** кому́-чему́ observe *rules etc.*, follow *example* **3.** *bookish* go to, be bound for *a particular destination* **4.** *1st and 2nd pers not used* из чего́ follow from, arise out of **5.** *impers* кому́-чему́ с кого́-чего́ be due; ско́лько вам с нас сле́дует? how much do we owe you? **6.** *impers, usu with infinitive* be fit and proper; сле́дует сказа́ть, что it must be said that; как сле́дует comme il faut, as is only right and proper. — (по- *with* 1, 2, 6)

слежа́ться, *1st and 2nd pers not used, perf* be compacted ‖ *imperf* слёживаться 1a
ft.   слежи́тся, слежа́тся
pt.   слежа́лся, -лась
g.pt.a.   слежа́вшись
p.pt.a.   слежа́вшийся

слёживаться *imperf of* слежа́ться

слеза́ть *imperf of* слезть

слези́ться, *1st and 2nd pers not used, imperf* **1.** *of eye* water **2.** drip
pr.   слези́тся, -зя́тся
pt.   слези́лся, -лась
p.pr.a.   слезя́щийся
p.pt.a.   слези́вшийся

слезоточи́ть, *1st and 2nd pers not used, imperf, of eye* water
pr.   слезоточи́т, -ча́т
pt.   слезоточи́л
g.pr.a.   слезоточа́
p.pr.a.   слезоточа́щий
p.pt.a.   слезоточи́вший

слезть *perf* **1.** climb down, get down

2. *coll* get out, get off **3.** *coll* come away, come off ‖ *imperf* слеза́ть 2a

ft.	сле́зу, -зешь, -зут
imp.	слезь, ~те
pt.	слез, ~ла
g.pt.a.	сле́зши
p.pt.a.	сле́зший

слепи́ть[1] *imperf* **1.** кого́-что *obs* blind, put out *smb's* eyes **2.** что blind, dazzle

pr.	слеплю́, слепи́шь, слепя́т
imp.	слепи́, ~те
pt.	слепи́л
g.pr.a.	слепя́
p.pr.a.	слепя́щий
p.pt.a.	слепи́вший

слепи́ть[2] *perf* **1.** кого́-что mould, shape, model **2.** что *coll* stick together; *fig* knock together ‖ *imperf* слепля́ть 2a *and* сле́пливать 1a

ft.	слеплю́, слепи́шь, сле́пят
imp.	слепи́, ~те
pt.	слепи́л
g.pt.a.	слепи́в
p.pt.a.	слепи́вший
p.pt.p.	сле́пленный

слепи́ться, *1st and 2nd pers not used, perf* stick [be stuck] together ‖ *imperf* слепля́ться *and* сле́пливаться

сле́пливать *imperf of* слепи́ть[2]

сле́пливаться *imperf of* слепи́ться

слепля́ть *imperf of* слепи́ть[2]

слепля́ться *imperf of* слепи́ться

слепну́ть *imperf* go blind. — (о-)

pr.	сле́пну, -нешь, -нут
imp.	сле́пни, ~те
pt.	слеп *and* сле́пнул, сле́пла
p.pr.a.	сле́пнущий
p.pt.a.	сле́пнувший *and* сле́пший

слеса́рничать 1a *imperf coll* work as a fitter

слета́ть[1] *imperf of* слете́ть

слета́ть[2] 2 *perf* **1.** fly there and back **2.** *coll* nip, fly *somewhere and back*

слета́ться[1] *perf av* accustom oneself to formation flying

слета́ться[2] *imperf of* слете́ться

слете́ть *perf* с кого́-чего́ **1.** fly down; *fig* break in upon **2.** fly off; *fig* vanish **3.** fall off, fall down ‖ *imperf* слета́ть 2a

ft.	слечу́, слети́шь, слетя́т
imp.	слети́, ~те
pt.	слете́л

g.pt.a.	слете́в
p.pt.a.	слете́вший

слете́ться, *1st and 2nd pers not used, perf* **1.** fly up *from all round*; assemble **2.** *fig* gather, assemble ‖ *imperf* слета́ться

слечь *perf* **1.** take to *one's* bed with an illness **2.** *coll, of grain* be beaten down, be laid flat, lodge

ft.	сля́гу, сля́жешь, сля́гут
imp.	сляг, ~те
pt.	слёг, слегла́
g.pt.a.	слёгши
p.pt.a.	слёгший

слибера́льничать 1 *perf* с кем-чем *coll* be too indulgent; be over-tolerant

слива́ть(ся) *imperf of* сли́ть(ся)

слиза́ть *perf* что lick, lick off ‖ *imperf* сли́зывать 1a | *perf semelf* слизну́ть 7

ft.	слижу́, сли́жешь, сли́жут
imp.	слижи́, ~те
pt.	слиза́л
g.pt.a.	слиза́в
p.pt.a.	слиза́вший
p.pt.p.	сли́занный

слизну́ть *perf semelf of* сли́зывать

сли́зывать *imperf of* слиза́ть

слиня́ть 2, *1st and 2nd pers not used, perf* **1.** *coll* fade **2.** *of animal's fur, feathers, skin* be shed

слипа́ться *imperf of* сли́пнуться

сли́пнуться, *1st and 2nd pers not used, perf* stick together; у него́ глаза́ сли́плись his eyes closed, his lids fell ‖ *imperf* слипа́ться 2a

ft.	сли́пнется, -нутся
pt.	сли́пся, -плась
g.pt.a.	сли́пшись
p.pt.a.	сли́пшийся

слить *perf* что **1.** pour, pour out, pour off **2.** pour together, mix **3.** *fig* merge, amalgamate *societies etc.* ‖ *imperf* слива́ть 2a

ft.	солью́, сольёшь, солью́т
imp.	слей, ~те
pt.	слил, слила́, сли́ло
g.pt.a.	слив
p.pt.a.	сли́вший
p.pt.p.	сли́тый; слит, слита́, сли́то

сли́ться *perf* **1.** *1st and 2nd pers not used* flow together, be confluent **2.** *coll* flow off, flow away **3.** *fig* unite, merge, amalgamate ‖ *imperf* слива́ться

pt.	сли́лся, слила́сь, сли́ло́сь

сличать *imperf of* сличить

сличить *perf* кого-что compare, collate ‖ *imperf* сличать 2a

ft.	сличу́, -чи́шь, -ча́т
imp.	сличи́, ~те
pt.	сличи́л
g.pt.a.	сличи́в
p.pt.a.	сличи́вший
p.pt.p.	сличённый; сличён, -ена́

словить *perf* кого-что *coll* catch

ft.	словлю́, сло́вишь, сло́вят
imp.	слови́, ~те
pt.	слови́л
g.pt.a.	слови́в
p.pt.a.	слови́вший
p.pt.p.	сло́вленный

сложить *perf* что 1. stack, pile, pile up 2. *math* add 3. compose *poetry, music etc.* 4. fold up, fold, fold together *newspaper etc., folding chair etc.* 5. *coll* unload; take off 6. *fig* give up, relinquish *office etc.*; сложи́ть с себя́ отве́тственность wash *one's* hands of responsibility 7. lay *bricks, masonry etc.* ‖ *imperf* скла́дывать 1a *with* 1—5, слага́ть 2a *with* 6 *and bookish with* 2, 3, 5

ft.	сложу́, сло́жишь, сло́жат
imp.	сложи́, ~те
pt.	сложи́л
g.pt.a.	сложи́в
p.pt.a.	сложи́вший
p.pt.p.	сло́женный

сложиться *perf* 1. *1st and 2nd pers not used* form, take shape, come about 2. *1st and 2nd pers not used* mature, come about 3. *coll* make a (money) collection; club together, pool *one's money* ‖ *imperf* скла́дываться *and bookish* слага́ться *with* 1, 2

слоить *imperf* что make layers; make puff *pastry*

pr.	слою́, слои́шь, слоя́т
imp.	слои́, ~те
pt.	слои́л
g.pr.a.	слоя́
p.pr.a.	слоя́щий
p.pt.a.	слои́вший
p.pt.p.	слоённый

слоиться, *1st and 2nd pers not used, imperf* form layers, be deposited in layers

сломать 2 *perf* 1. *perf of* лома́ть 2. кого́-что *coll* overcome, conquer; break

сломаться *perf* 1. *perf of* лома́ться 2. *1st and 2nd pers not used, coll fig* go to pieces, break down

сломить *perf* 1. что *coll* break 2. *fig* кого́-что break, break in, break the spirit (of) ‖ *imperf* сла́мывать 1a

ft.	сломлю́, сло́мишь, сло́мят
imp.	сломи́, ~те
pt.	сломи́л
g.pt.a.	сломи́в
p.pt.a.	сломи́вший
p.pt.p.	сло́мленный

сломиться *perf* 1. *coll* break, come apart, fall apart 2. *fig* submit, be broken (in) ‖ *imperf* сла́мываться

слоняться 2a *imperf coll* knock about

служить *imperf* 1. кому́-чему́ serve, be subordinate (to) *a.fig*, carry out orders 2. кем *or* в чём serve (as), be occupied (as), be employed (as) 3. *1st and 2nd pers not used* чем *or* для чего́ serve (for), be suitable (for) 4. *1st and 2nd pers not used* кому́-чему́ *or without object* serve (as), be used (as), serve a purpose 5. что *or without object* rel conduct a church service 6. *without object* sit up and beg ‖ *perf* послужи́ть *with* 3, 4, forms ib.

pr.	служу́, слу́жишь, слу́жат
imp.	служи́, ~те
pt.	служи́л
g.pr.a.	служа́
p.pr.a.	слу́жащий
p.pt.a.	служи́вший

слукавить *perf coll* feign, sham, be cunning, be deceitful

ft.	слука́влю, -вишь, -вят
imp.	слука́вь, ~те
pt.	слука́вил
g.pt.a.	слука́вив
p.pt.a.	слука́вивший

слупить *perf sub* 1. что peel 2. кого́-что fleece, part *smb* from his money ‖ *imperf* слу́пливать 1a

ft.	слуплю́, слу́пишь, слу́пят
imp.	слупи́, ~те
pt.	слупи́л
g.pt.a.	слупи́в
p.pt.a.	слупи́вший
p.pt.p.	слу́пленный

слупливать *imperf of* слупить

случать *imperf of* случить

случаться[1,2] *imperf of* случиться[1,2]

случить *perf* кого́-что *agr, of stallion, bull* serve, cover ‖ *imperf* случа́ть 2a

ft.	случу́, -чи́шь, -ча́т
imp.	случи́, ~те
pt.	случи́л

g.pt.a.   случи́в
p.pt.a.   случи́вший
p.pt.p.   случённый; случён, -ена́

случи́ться[1], *1st and 2nd pers not used, perf*
1. happen, occur **2.** *impers so* happen;
мне случи́лось прожи́ть там две неде́ли
it so happened that I had to spend two
weeks there **3.** *coll* just happen to be
there, chance to be present, happen
along ‖ *imperf* случа́ться

случи́ться[2], *1st and 2nd pers not used, perf,
of animals* mate ‖ *imperf* случа́ться

слу́шать 1a *imperf* **1.** кого́-что listen (to)
2. кого́-что be obedient (to) **3.** что *leg*
hear a case **4.** что attend *a lecture*
5. кого́-что *coll* obey ‖ *perf* послу́шать 1
with 2, 5. — (про- *with* 4)

слу́шаться *imperf* **1.** кого́-чего́ obey;
follow, listen to *advice etc.* **2.** *without
object leg* be up for hearing ‖ *perf* послу́-
шаться

слыть *imperf* кем-чем *or* за кого́-что
have a reputation (for, as), have a name
(for, as). — (про-)
pr.   слыву́, -вёшь, -ву́т
imp.   слыви́, ~те
pt.   слыл, слыла́, слы́ло
g.pr.a. слывя́
p.pr.a. слыву́щий
p.pt.a. слы́вший

слыха́ть *imperf* кого́-что *coll* hear, get
to know, learn
pt.   слыха́л
g.pt.a. слыха́в
p.pt.a. слыха́вший
p.pt.p. слы́ханный

слы́шать *imperf* кого́-что **1.** hear **2.** что,
о ком-чём, про кого́-что *or with conjunction* что learn, discover, get to know,
hear **3.** feel, notice **4.** hear *well etc.* —
(у- *with* 1, 2)
pr.   слы́шу, -шишь, -шат
pt.   слы́шал
g.pr.a. слы́ша
p.pr.a. слы́шащий
p.pt.a. слы́шавший
p.pr.p. слы́шимый
p.pt.p. слы́шанный

слы́шаться, *1st and 2nd pers not used,
imperf* **1.** sound, resound, be audible
2. be noticeable, be felt ‖ *perf* послы́-
шаться, forms ib.

слюби́ться *perf sub* grow fond of each
other ‖ *imperf* слюбля́ться 2a

ft.   слюблю́сь, слюби́шься,
           слю́бятся
imp.   слюби́сь, -и́тесь
pt.   слюби́лся, -лась
g.pt.a. слюби́вшись
p.pt.a. слюби́вшийся

слюбля́ться *imperf of* слюби́ться

слюни́ть *imperf* что **1.** moisten with saliva
2. slobber (on). — (на-, по- *with* 1,
за- *with* 2)
pr.   слюню́, -ни́шь, -ня́т
imp.   слюни́, ~те
pt.   слюни́л
g.pr.a. слюня́
p.pr.a. слюня́щий
p.pt.a. слюни́вший
p.pt.p. слюнённый; слюнён, -ена́

слюня́вить *imperf* что *coll* lick, moisten
with saliva. — (за-)
pr.   слюня́влю, -вишь, -вят
imp.   слюня́вь, ~те
pt.   слюня́вил
g.pr.a. слюня́вя
p.pr.a. слюня́вящий
p.pt.a. слюня́вивший
p.pt.p. слюня́вленный

сма́зать *perf* **1.** что grease, lubricate, oil
2. что с чего́ smudge **3.** *fig* кого́-что
coll grease *smb's* palm, bribe **4.** кого́-что
по чему́ *sub* wallop, hit, clout ‖ *imperf*
сма́зывать 1a
ft.   сма́жу, -жешь, -жут
imp.   сма́жь, ~те
pt.   сма́зал
g.pt.a. сма́зав
p.pt.a. сма́завший
p.pt.p. сма́занный

сма́заться, *1st and 2nd pers not used, perf*
become blurred; *of paint etc.* become
smudged ‖ *imperf* сма́зываться

сма́зывать(ся) *imperf of* сма́зать(ся)

смакова́ть 5a *imperf* что *coll* **1.** enjoy
food or drink, eat [drink] with relish
2. *fig* savour, relish, enjoy, make the
most of
p.pt.p. смако́ванный

смалоду́шествовать *perf of* малоду́ше-
ствовать

смалоду́шничать *perf of* малоду́шничать

сма́лывать *imperf of* смоло́ть

сманеври́ровать *perf of* маневри́ровать

сма́нивать *imperf of* смани́ть

сманить *perf* кого-что *coll* lure, lure away; poach *workpeople*; entice, steal *smb's* customers ‖ *imperf* сманивать 1 a
ft.	сманю, сманишь, сманят
imp.	смани, ~те
pt.	сманил
g.pt.a.	сманив
p.pt.a.	сманивший
p.pt.p.	сманенный *and* сманённый; сманён, -ена

смаргивать *imperf of* сморгнуть

смастерить *perf of* мастерить
ft.	смастерю, -ришь, -рят
imp.	смастери, ~те
pt.	смастерил
g.pt.a.	смастерив
p.pt.a.	смастеривший
p.pt.p.	смастерённый; смастерён, -ена

сматывать *imperf of* смотать

смахивать[1] *imperf of* смахнуть

смахивать[2] 1 a *imperf* на кого-что *coll* remind (of), look like

смахнуть 7 *perf* кого-что shake off; shoo away *insects* ‖ *imperf* смахивать 1 a

смачивать *imperf of* смочить

смежать(ся) *imperf of* смежить(ся)

смежить *perf* что close *the eyes* ‖ *imperf* смежать 2 a
ft.	смежу, -жишь, -жат
imp.	смежи, ~те
pt.	смежил
g.pt.a.	смежив
p.pt.a.	смеживший
p.pt.p.	смежённый; смежён, -ена

смежиться, *1st and 2nd pers not used*, *perf*, *of eyes* close ‖ *imperf* смежаться

смекать *imperf of* смекнуть

смекнуть 7 *perf* в чём *or* что *sub* 1. savvy, get, cotton on (to) 2. think over ‖ *imperf* смекать 2 a
по *p.pt.p.*

смелеть 3 a *imperf* grow bolder, grow bold, become emboldened. — (о-)

сменить *perf* кого-что 1. change, exchange, replace 2. relieve, take *one's* turn ‖ *imperf* сменять 2 a
ft.	сменю, сменишь, сменят
imp.	смени, ~те
pt.	сменил
g.pt.a.	сменив
p.pt.a.	сменивший
p.pt.p.	сменённый; сменён, -ена

смениться *perf* 1. take turn and turn about, relieve each other 2. be relieved, come off *duty, shift etc.* 3. *1st and 2nd pers not used* change, be transformed ‖ *imperf* сменяться

сменять(ся) *imperf of* сменить(ся)

смердеть *imperf* stink, smell
pr.	смержу, -рдишь ,-рдят
imp.	смердй, ~те
pt.	смердел
g.pr.a.	смердя
p.pr.a.	смердящий
p.pt.a.	смердевший

смерзать(ся) *imperf of* смёрзнуть(ся)

смёрзнуть *perf sub* freeze; turn to ice ‖ *imperf* смерзать 2 a
ft.	смёрзну, -нешь, -нут
imp.	смёрзни, ~те
pt.	смёрз, ~ла
g.pt.a.	смёрзнув *and* смёрзши
p.pt.a.	смёрзший

смёрзнуться, *1st and 2nd pers not used*, *perf* 1. freeze together 2. turn to ice ‖ *imperf* смерзаться
g.pt.a.	смёрзшись

смерить *and sub* **смерять** *perf* кого-что *coll* measure, measure out; смерить кого-н. взглядом weigh *smb* up, measure *smb* up
ft.	смерю, -ришь, -рят *and coll* смеряю, -яешь, -яют
imp.	смерь, ~те *and coll* смеряй, ~те
pt.	смерил
g.pt.a.	смерив
p.pt.a.	смеривший
p.pt.p.	смеренный

смеркаться *imperf of* смеркнуться

смеркнуться *perf coll* 1. *1st and 2nd pers not used* become dark, grow dusk 2. *impers* darken ‖ *imperf* смеркаться 2 a
ft.	смеркнется, -нутся
pt.	смеркся, -клась *and* смеркнулся, -лась
g.pt.a.	смеркнувшись
p.pt.a.	смеркнувшийся

смерять *s.* смерить

смесить *perf* что *coll* knead
ft.	смешу, смесишь, смесят
imp.	смеси, ~те
pt.	смесил
g.pt.a.	смесив
p.pt.a.	смесивший
p.pt.p.	смешенный

смести *perf* 1. что sweep away 2. кого-что sweep aside 3. что sweep up, sweep together ‖ *imperf* сметать 2a
ft. смету́, -тёшь, -ту́т
imp. смети́, ~те
pt. смёл, смела́
g.pt.a. сметя́
p.pt.a. смётший
p.pt.p. сметённый; сметён, -ена́

смести́ть *perf* 1. что displace 2. кого-что dismiss, discharge, depose ‖ *imperf* смеща́ть 2a
ft. смещу́, смести́шь, смести́т
imp. смести́, ~те
pt. смести́л
g.pt.a. смести́в
p.pt.a. смести́вший
p.pt.p. смещённый; смещён, -ена́

смести́ться *perf* become displaced, shift ‖ *imperf* смеща́ться

сметать[1] *imperf of* смести

сметать[2] 2 *perf* что *dressm* baste ‖ *imperf* смётывать 1a
p.pt.p. смётанный

сметать[3] *perf* что heap up, pile up *hay, straw* ‖ *imperf* смётывать 1a
ft. смечу́, сме́чешь, сме́чут
imp. смечи́, ~те
pt. смета́л
g.pt.a. смета́в
p.pt.a. смета́вший
p.pt.p. смётанный

смётывать[1,2] *imperf of* сметать[2,3]

сметь 3a *imperf with infinitive* 1. dare to 2. be allowed to ‖ *perf* посме́ть 3

смеша́ть 2 *perf* кого-что 1. mix 2. throw into confusion, upset 3. mistake, mix up, confuse ‖ *imperf* сме́шивать 1a

смеша́ться *perf* 1. mingle; melt 2. be disordered, be upset, be turned upside down 3. be mistaken (for), be confused (with) 4. *coll* be in confusion, be put out ‖ *imperf* сме́шиваться *with* 1—3

сме́шивать(ся) *imperf of* смеша́ть(ся)

смеши́ть *imperf* кого-что make *smb* laugh. — (на-, рас-)
pr. смешу́, -ши́шь, -ша́т
imp. смеши́, ~те
pt. смеши́л
g.pt.a. смеши́в
p.pr.a. смеша́щий
p.pt.a. смеши́вший

смеща́ть(ся) *imperf of* смести́ть(ся)

смея́ться *imperf* 1. laugh; chuckle 2. над кем-чем laugh (at, about); make fun of 3. *coll* be kidding, not be serious about
pr. смею́сь, смеёшься, смею́тся
imp. сме́йся, сме́йтесь
pt. смея́лся, -лась
p.pr.a. смею́щийся
p.pt.a. смея́вшийся

сми́ловаться 4 *perf coll* have pity

сми́лостивиться *perf* have pity
ft. сми́лостивлюсь, -вишься, -вятся
imp. сми́лостивься, -вьтесь
pt. сми́лостивился, -лась
g.pt.a. сми́лостивившись
p.pt.a. сми́лостивившийся

смина́ть(ся) *imperf of* смя́ть(ся)

смире́нничать 1a *imperf coll, usu iron* be humble, act in all humility

смири́ть *perf* кого-что 1. *obs sub* break, subjugate 2. suppress *emotion* ‖ *imperf* смиря́ть 2a
ft. смирю́, -ри́шь, -ря́т
imp. смири́, ~те
pt. смири́л
g.pt.a. смири́в
p.pt.a. смири́вший
p.pt.p. смирённый; смирён, -ена́

смири́ться *perf* 1. *sub* humble oneself, submit 2. calm down 3. yield, subordinate oneself 4. с чем resign oneself (to), be resigned (to), learn to live with ‖ *imperf* смиря́ться

смиря́ть(ся) *imperf of* смири́ть(ся)

смока́ть *imperf of* смо́кнуть

смо́кнуть *perf sub* get wet ‖ *imperf* смока́ть 2a
ft. смо́кну, -нешь, -нут
imp. смо́кни, ~те
pt. смок, ~ла
g.pt.a. смо́кнув *and* смо́кши
p.pt.a. смо́кший

смола́чивать *imperf of* смолоти́ть

смоли́ть *imperf* что tar, pitch. — (вы-, о-)
pr. смолю́, -ли́шь, -ля́т
imp. смоли́, ~те
pt. смоли́л
g.pr.a. смоля́
p.pr.a. смоля́щий
p.pt.a. смоли́вший
p.pt.p. смолённый; смолён, -ена́

смолка́ть *imperf of* смо́лкнуть

смо́лкнуть *perf* die away; stop talking, become silent, fall silent ‖ *imperf* смолка́ть 2a

ft.	смо́лкну, -нешь, -нут
imp.	смо́лкни, ~те
pt.	смолк *and obs* смо́лкнул, смо́лкла
g.pt.a.	смо́лкнув *and* смо́лкши
p.pt.a.	смо́лкший *and* смо́лкнувший

смолоти́ть *perf* что thresh out ‖ *imperf* смола́чивать 1a

ft.	смолочу́, -о́тишь, -о́тят
imp.	смолоти́, ~ те
pt.	смолоти́л
g.pt.a.	смолоти́в
p.pt.a.	смолоти́вший
p.pt.p.	смоло́ченный

смоло́ть *perf* что grind *corn*; mince *meat etc.*; put through the mincer ‖ *imperf* сма́лывать 1a

ft.	смелю́, -е́лешь, -е́лют
imp.	смели́, ~те
pt.	смоло́л
g.pt.a.	смоло́в
p.pt.a.	смоло́вший
p.pt.p.	смо́лотый

смолча́ть *perf coll* be silent

ft.	смолчу́, -чи́шь, -ча́т
imp.	смолчи́, ~те
pt.	смолча́л
g.pt.a.	смолча́в
p.pt.a.	смолча́вший

смонти́ровать *perf of* монти́ровать

смора́живать *imperf of* сморо́зить[2]

сморгну́ть 7 *perf and semelf* 1. что blink out of the eye 2. *sub* wink ‖ *imperf* сма́ргивать 1 a по *p.pt.p.*

сморка́ть 2a *imperf:* сморка́ть нос wipe *one's* nose, blow *one's* nose | *perf semelf coll* сморкну́ть 7, no *p.pt.p.* — (вы-)

сморка́ться *imperf* blow *one's* nose | *perf semelf* сморкну́ться. — (вы-)

сморкну́ть(ся) *perf semelf of* сморка́ть(ся)

сморо́зить[1] *perf* что *sub* talk a lot of nonsense, talk tripe

ft.	сморо́жу, -о́зишь, -о́зят
imp.	сморо́зь, ~те
pt.	сморо́зил
g.pt.a.	сморо́зив
p.pt.a.	сморо́зивший

сморо́зить[2] *perf* что freeze *smth* together ‖ *imperf* сморо́живать 1a

p.pt.p. сморо́женный

other forms as сморо́зить[1]

смо́рщивать(ся) *imperf of* смо́рщить(ся)

смо́рщить *perf* что 1. wrinkle *brow etc.* 2. *of clothes* hang in folds *due to bad fit* ‖ *imperf coll* смо́рщивать 1a

ft.	смо́рщу, -щишь, -щат
imp.	смо́рщи *and* сморщь, смо́рщите
pt.	смо́рщил
g.pt.a.	смо́рщив
p.pt.a.	смо́рщивший
p.pt.p.	смо́рщенный

смо́рщиться *perf* 1. wrinkle, become wrinkled, become furrowed 2. make faces ‖ *coll imperf* смо́рщиваться

смота́ть 2 *perf* что 1. wind up 2. wind out, pay out, wind off ‖ *imperf* сма́тывать 1a

смотре́ть *imperf* 1. на кого-что look (at), observe 2. что look through *magazine etc.* 3. что see, watch *film etc.* 4. кого-что *med* look at [over], examine 5. за кем-чем *or with conjunction* чтобы look after 6. кем-чем *obs sub* look like 7. *no perf* на что, во что *of window etc.* look on [into] ‖ *perf* посмотре́ть, forms ib.

pr.	смотрю́, смо́тришь, смо́трят
imp.	смотри́, ~те
pt.	смотре́л
g.pr.a.	смотря́
p.pr.a.	смотря́щий
p.pt.a.	смотре́вший
p.pt.p.	смо́тренный

смотре́ться *imperf* 1.: смотре́ться (в зе́ркало) look at oneself in the mirror 2. *impers:* пье́са хорошо́ смо́трится the show is worth seeing ‖ *perf* посмотре́ться

смочи́ть *perf* кого-что moisten, wet ‖ *imperf* сма́чивать 1a

ft.	смочу́, смо́чишь, смо́чат
imp.	смочи́, ~те
pt.	смочи́л
g.pt.a.	смочи́в
p.pt.a.	смочи́вший
p.pt.p.	смо́ченный

смочь *perf with infinitive* be able to

ft.	смогу́, смо́жешь, смо́гут
pt.	смог, ~ла́
g.pt.a.	смо́гши
p.pt.a.	смо́гший

смоше́нничать 1 *perf* cheat, swindle

смугле́ть 3a *imperf* get brown, become suntanned. — (по-)

смудри́ть *perf coll derog* work out, think out, hatch out, hatch
ft. смудрю́, -ри́шь, -ря́т
imp. смудри́, ~те
pt. смудри́л
g.pt.a. смудри́в
p.pt.a. смудри́вший

смути́ть *perf* кого́-что 1. confuse; make suspicious 2. *obs* incite ‖ *imperf* смуща́ть 2a
ft. смущу́, смути́шь, смутя́т
imp. смути́, ~те
pt. смути́л
g.pt.a. смути́в
p.pt.a. смути́вший
p.pt.p. смущённый; смущён, -ена́

смути́ться *perf* 1. become confused, not know what to do 2. *obs* rise, start a rebellion ‖ *imperf* смуща́ться

смутья́нить *imperf* кого́-что *or without object sub* incite, rouse
pr. смутья́ню, -нишь, -нят
imp. смутья́нь, ~те
pt. смутья́нил
g.pr.a. смутья́ня
p.pr.a. смутья́нящий
p.pt.a. смутья́нивший

смуща́ть(ся) *imperf of* смути́ть(ся)

смыва́ть(ся) *imperf of* смы́ть(ся)

смыка́ть(ся) *imperf of* сомкну́ть(ся)

смы́слить *imperf coll* 1. have the power of reason, have the faculty of reasoning 2. в чём be versed (in), be experienced (in), be experienced (at), be familiar (with), be at home (in), be at home (with)
pr. смы́слю, -лишь, -лят
imp. смы́сли, ~те
pt. смы́слил
g.pr.a. смы́сля
p.pr.a. смы́слящий
p.pt.a. смы́сливший

смыть *perf* что 1. wash off 2. *1st and 2nd pers not used* wash away ‖ *imperf* смыва́ть 2a
ft. смо́ю, смо́ешь, смо́ют
imp. смой, ~те
pt. смыл
g.pt.a. смыв
p.pt.a. смы́вший
p.pt.p. смы́тый

смы́ться *perf* 1. come off, be washed off, wash off 2. *sub* evaporate, fade, push off, hop it ‖ *imperf* смыва́ться

смягча́ть(ся) *imperf of* смягчи́ть(ся)

смягчи́ть *perf* кого́-что 1. soften 2. alleviate *sufferings*, *blow* 3. calm down, pacify, mollify 4. *ling* palatalize ‖ *imperf* смагча́ть 2a
ft. смягчу́, -чи́шь, -ча́т
imp. смягчи́, ~те
pt. смягчи́л
g.pt.a. смягчи́в
p.pt.a. смягчи́вший
p.pt.p. смягчённый; смягчён, -ена́

смягчи́ться *perf* 1. *1st and 2nd pers not used* become soft 2. *1st and 2nd pers not used, of pain* abate 3. give way, weaken ‖ *imperf* смагча́ться

смяка́ть *imperf of* смя́кнуть

смя́кнуть *perf sub* 1. become soft; become soggy 2. *fig* give way, weaken, soften ‖ *imperf* смяка́ть 2a
ft. смя́кну, -нешь, -нут
imp. смя́кни, ~те
pt. смяк, ~ла
g.pt.a. смя́кнув *and* смя́кши
p.pt.a. смя́кший

смять *perf* 1. что screw up, crumple, crush 2. что trample down, crush 3. кого́-что crush, overrun ‖ *imperf* сминать 2a
ft. сомну́, -нёшь, -ну́т
imp. сомни́, ~те
pt. смял
g.pt.a. смяв
p.pt.a. смя́вший
p.pt.p. смя́тый

смя́ться, *1st and 2nd pers not used, perf* become creased [crumpled] ‖ *imperf* сминаться

снабди́ть *perf* кого́-что чем supply (with), equip ‖ *imperf* снабжа́ть 2a
ft. снабжу́, -ди́шь, -дя́т
imp. снабди́, ~те
pt. снабди́л
g.pt.a. снабди́в
p.pt.a. снабди́вший
p.pt.p. снабжённый; снабжён, -ена́

снабди́ться *perf* чем *coll* stock up (with), lay on, lay in ‖ *imperf* снабжа́ться

снабжа́ть(ся) *imperf of* снабди́ть(ся)

снаряди́ть *perf* кого́-что 1. equip 2. чем *coll* arm 3. *coll* send *smb* about his business, send *smb* on his way ‖ *imperf* снаряжа́ть 2a

ft.	снаряжу́, -яди́шь, -ядя́т
imp.	снаряди́, ~те
pt.	снаряди́л
g.pt.a.	снаряди́в
p.pt.a.	снаряди́вший
p.pt.p.	снаряжённый; снаряжён, -ена́

снаряди́ться *perf coll* 1. equip, fit oneself out 2. get a gait, get about *one's* business ‖ *imperf* снаряжа́ться

снаряжа́ть(ся) *imperf of* снаряди́ть(ся)

сна́шивать(ся) *imperf of* сноси́ть(ся)[1]

снеда́ть 2a *imperf fig* кого́-что *bookish, of emotions etc.* consume, devour, into eat

снести́ *perf* кого́-что 1. take (to), carry (to) 2. bring *downstairs etc.*, take *downstairs etc.* 3. blow away, carry away, wash away 4. pull down, demolish *building etc.* 5. discard *cards* 6. bring together, round up 7. *fig* suffer, put up with 8. *perf of* нести́ ‖ *imperf* сноси́ть[2] *with* 2—5, 7, forms ib.

ft.	снесу́, -сёшь, -су́т
imp.	снеси́, ~те
pt.	снёс, снесла́
g.pt.a.	снеся́ *and obs* снёсши
p.pt.a.	снёсший
p.pt.p.	снесённый; снесён, -ена́

снести́сь[1] *perf* с кем-чем contact, get in touch (with) ‖ *imperf* сноси́ться forms follow сноси́ть[2]

снести́сь[2] *perf of* нести́сь

снижа́ть(ся) *imperf of* сни́зить(ся)

сни́зить *perf* кого́-что 1. reduce, lower *expenditure, prices, wages, speed etc.*; demote 2. *av* fly lower *plane*, land *plane*; force to land ‖ *imperf* снижа́ть 2a

ft.	сни́жу, сни́зишь, сни́зят
imp.	сни́зь, ~те
pt.	сни́зил
g.pt.a.	сни́зив
p.pt.a.	сни́зивший
p.pt.p.	сни́женный

сни́зиться *perf* 1. sink; come down, be reduced; *of prices* fall 2. *av* fly lower, prepare to land ‖ *imperf* снижа́ться

снизойти́ *perf bookish* 1. condescend 2. к кому́-чему́ be considerate, show leniency ‖ *imperf* снисходи́ть, forms ib.

ft.	снизойду́, -дёшь, -ду́т
imp.	снизойди́, ~те
pt.	снизошёл *and obs* снисшёл, снизошла́, снизошло́

g.pt.a.	снизойдя́ *and obs* снизоше́дши *and* снисше́дши
p.pt.a.	снизоше́дший *and obs* снисше́дший

сника́ть *imperf of* сни́кнуть

сни́кнуть *perf* 1. wilt 2. *fig coll* be dispirited, be down in the mouth 3. *fig* d'e down, become silent; *of wind* die down, abate ‖ *imperf* сника́ть 2a

ft.	сни́кну, -нешь, -нут
imp.	сни́кни, ~те
pt.	сник *and obs* сни́кнул, сни́кла
g.pt.a.	сни́кнув *and* сни́кши
p.pt.a.	сни́кший *and* сни́кнувший

снима́ть(ся) *imperf of* сня́ть(ся)

сниска́ть *perf* что *bookish* acquire, obtain ‖ *imperf* сни́скивать 1a

ft.	снищу́, сни́щешь, сни́щут
imp.	сни́щи, ~те
pt.	сниска́л
g.pt.a.	сниска́в
p.pt.a.	сниска́вший
p.pt.p.	сни́сканный

сни́скивать *imperf of* сниска́ть

снисходи́ть *imperf of* снизойти́

pr.	снисхожу́, -о́дишь, -о́дят
imp.	снисходи́, ~те
pt.	снисходи́л
g.pr.a.	снисходя́
p.pr.a.	снисходя́щий
p.pt.a.	снисходи́вший

сни́ться *imperf* кому́ be in *smb's* dream; ты мне ча́сто сни́шься I often dream of you

pr.	сню́сь, сни́шься, сня́тся
imp.	снись, сни́тесь
pt.	сни́лся, -лась
g.pt.a.	сни́вшись
p.pr.a.	сня́щийся
p.pt.a.	сни́вшийся

снова́ть *imperf* 1. что *text* warp *weaving* 2. shuttle to and fro, scuttle hither and thither

pr.	сную́, снуёшь, сную́т
imp.	снуй, ~те
pt.	снова́л
g.pr.a.	снуя́
p.pr.a.	сную́щий
p.pr.p.	*not used*

сноси́ть[1] *perf* что *coll* wear, wear *smth* out, give wear to ‖ *imperf* сна́шивать 1a

ft.	сношу́, сно́сишь, сно́сят
imp.	сноси́, ~те
pt.	сноси́л

g.pt.a.	сноси́в
p.pt.a.	сноси́вший
p.pt.p.	сно́шенный

сноси́ть² *imperf of* снести́

pr.	сношу́, сно́сишь, сно́сят
imp.	сноси́, ~те
pt.	сноси́л
g.pr.a.	снося́
p.pr.a.	снося́щий
p.pt.a.	сноси́вший
p.pr.p.	сноси́мый

сноси́ться¹, *1st and 2nd pers not used, perf coll* be worn down, wear out || *imperf* сна́шиваться 1 a
forms follow сноси́ть¹

сноси́ться² *imperf of* снести́сь¹

снюха́ться 1 *perf* 1. *only 3rd pers used, of dogs* recognize each other by smell 2. *sub contp* с кем have to do with *smb*, take up with *smb* || *imperf* снюхивать-ся 1 a

снюхиваться *imperf of* снюха́ться

снять *perf* 1. кого́-что с кого́-чего́ take down 2. *fig* remove, lift; снять с кого́-н. отве́тственность relieve of responsibility 3. что take off *clothes* 4. *fig* что с чего́ withdraw, recall; depose 5. кого́-что с чего́ dismiss; recall 6. что harvest, reap 7. кого́-что take a photograph 8. что take, rent *rooms* 9. что cut *cards* || *imperf* снима́ть 2а

ft.	сниму́, сни́мешь, сни́мут *and sub* сыму́, сы́мешь, сы́мут
imp.	сними́, ~те *and sub* сыми́, ~те
pt.	снял, сняла́, сня́ло *and sub* сняло́, сня́ли
g.pt.a.	сняв
p.pt.a.	сня́вший
p.pt.p.	сня́тый; снят, снята́, сня́то

сня́ться *perf* 1. come off 2. set out; сня́ться с я́коря raise anchor 3. have *one's* photograph taken || *imperf* снима́ться

pt.	сня́лся, сняла́сь, сняло́сь *and coll* сня́лось

собезья́нничать *perf of* обезья́нничать

собира́ть(ся) *imperf of* собра́ть(ся)

соблаговоли́ть *perf with infinitive obs, now iron* deign to, be so gracious as to, be pleased to, condescend to || *imperf* соблаговоля́ть 2а

ft.	соблаговолю́, -ли́шь, -ля́т
imp.	соблаговоли́, ~те
pt.	соблаговоли́л

g.pt.a.	соблаговоли́в
p.pt.a.	соблаговоли́вший

соблаговоля́ть *imperf of* соблаговоли́ть

соблазни́ть *perf* кого́-что 1. lead into temptation, seduce 2. *obs* seduce || *imperf* соблазня́ть 2а

ft.	соблазню́, -ни́шь, -ня́т
imp.	соблазни́, ~те
pt.	соблазни́л
g.pt.a.	соблазни́в
p.pt.a.	соблазни́вший
p.pt.p.	соблазнённый; соблазнён, -ена́

соблазни́ться *perf* чем *or with infinitive or without object* be led into temptation, be led astray || *imperf* соблазня́ться

соблазня́ть(ся) *imperf of* соблазни́ть(ся)

соблюда́ть 2а *imperf* что 1. observe *instructions*, *rules* to the letter, follow closely *directions*, keep *a promise, one's word* religiously 2. guard *one's interests, dignity* || *perf* соблюсти́, forms ib.

соблюсти́ *perf of* соблюда́ть

ft.	соблюду́, -дёшь, -ду́т
imp.	соблюди́, ~те
pt.	соблю́л, -юла́
g.pt.a.	соблюдя́ *and obs* соблю́дши
p.pt.a.	соблю́дший
p.pt.p.	соблюдённый; соблюдён, -ена́

соболе́зновать 4а *imperf* кому́-чему́ express sympathy, convey *one's* condolences

собо́ровать 4 *and* 4а *perf, imperf* кого́-что *rel* give extreme unction

собо́роваться *perf, imperf rel* receive extreme unction

собра́ть *perf* кого́-что 1. assemble, call a meeting 2. gather, collect *data, taxes, stamps etc.* 3. harvest, pluck, pick, gather 4. *coll* equip, get *smb, smth* ready 5. *tech* fit, erect, assemble 6. braid, plait; pleat; gather || *imperf* собира́ть 2а

ft.	соберу́, -рёшь, -ру́т
imp.	собери́, ~те
pt.	собра́л, -ала́, -а́ло
g.pt.a.	собра́в
p.pt.a.	собра́вший
p.pt.p.	со́бранный; со́бран, собрана́, со́брано

собра́ться *perf* 1. collect, gather, assemble, meet 2. gather, collect, accumulate 3. prepare, get ready; *with infinitive* intend to 4. hang in folds, not fit properly 5. *fig* с чем pull together; собра́ться с мы́слями collect *one's* thoughts, gather *one's* wits ‖ *imperf* собира́ться

pt.   собра́лся, -ала́сь, -ало́сь

сова́ть *imperf* что *coll* **1.** stuff in **2.** push into *smb's* hand, slip into *smb's* hand ‖ *perf and semelf* су́нуть 6, *imp.* сунь, ~те, *p.pt.p.* су́нутый

pr.   сую́, суёшь, сую́т
imp.   суй, ~те
pt.   сова́л
g.pr.a.   суя́
p.pr.a.   сую́щий

сова́ться *imperf coll* thrust oneself forward, intrude; interfere, stick *one's* nose in ‖ *perf* су́нуться

соверша́ть(ся) *imperf of* соверши́ть(ся)

соверше́нствовать 4a *imperf* кого́-что perfect ‖ *perf* усоверше́нствовать 4

соверше́нствоваться *imperf* perfect oneself, perfect itself ‖ *perf* усоверше́нствоваться

соверши́ть *perf* что **1.** accomplish; *leg* commit *offence* **2.** draw up, draft *document in legal form* ‖ *imperf* соверша́ть 2a

ft.   совершу́, -ши́шь, -ша́т
imp.   соверши́, ~те
pt.   соверши́л
g.pt.a.   соверши́в
p.pt.a.   соверши́вший
p.pt.p.   совершённый; совершён, -ена́

соверши́ться, *1st and 2nd pers not used*, *perf* come about, occur ‖ *imperf* соверша́ться

со́вестить *imperf* кого́-что *coll* put to shame, appeal to *smb's* conscience, appeal to *smb's* better nature. — (у-)

pr.   со́вещу, -естишь, -естят
imp.   со́вести, ~те
pt.   со́вестил
g.pr.a.   со́вестя
p.pr.a.   со́вестящий
p.pt.a.   со́вестивший
p.pr.p.   совести́мый

со́веститься *imperf* кого́-чего́ *or with infinitive coll* feel remorse, feel pangs of conscience, feel ashamed, be ashamed of oneself. — (по-)

советизи́ровать 4 *and* 4a *perf, imperf* что establish soviet power

сове́товать 4a *imperf* кому́-чему́ что *or with infinitive* advise, recommend ‖ *perf* посове́товать 4

сове́товаться *imperf* с кем-чем consult with. — (по-)

совеща́ться 2a *imperf* о чём deliberate on, confer about, talk over

совлада́ть 2 *perf* с кем-чем *coll* cope with, manage

совлека́ть *imperf of* совле́чь

совле́чь *perf* кого́-что *bookish* **1.** dissuade, turn aside; совле́чь с пути́ lead astray, put on the wrong track **2.** take off *clothes* ‖ *imperf* совлека́ть 2a

ft.   совлеку́, -ечёшь, -еку́т
imp.   совлеки́, ~те
pt.   совлёк, -екла́
g.pt.a.   совлёкши
p.pt.a.   совлёкший
p.pt.p.   совлечённый; совлечён, -ена́

совмести́тельствовать 4a *imperf* hold several offices at the same time

совмести́ть *perf of* совмеща́ть

ft.   совмещу́, -ести́шь, -естя́т
imp.   совмести́, ~те
pt.   совмести́л
g.pt.a.   совмести́в
p.pt.a.   совмести́вший
p.pt.p.   совмещённый; совмещён, -ена́

совмести́ться *perf of* совмеща́ться

совмеща́ть 2a *imperf* что **1.** join, combine; agree **2.** *math* superpose ‖ *perf* совмести́ть, forms ib.

совмеща́ться, *1st and 2nd pers not used*, *imperf* **1.** unite, join together **2.** fuse, merge, coincide **3.** *math* be superposable, be congruent, be congruous ‖ *perf* совмести́ться

совокупи́ть *perf* кого́-что *bookish obs* unite, combine ‖ *imperf* совокупля́ть 2a

ft.   совокуплю́, -пи́шь, -пя́т
imp.   совокупи́, ~те
pt.   совокупи́л
g.pt.a.   совокупи́в
p.pt.a.   совокупи́вший
p.pt.p.   совокуплённый; совокуплён, -ена́

совокупи́ться *perf bookish obs* **1.** unite, coalesce, combine **2.** copulate ‖ *imperf* совокупля́ться

совокупля́ть(ся) *imperf of* совокупи́ть(ся)

совпада́ть *imperf of* совпа́сть

совпа́сть, *1st and 2nd pers not used, perf* с чем **1.** coincide **2.** agree, concur, be in concord **3.** *math* be superposable, be congruent, be congruous ‖ *imperf* совпада́ть 2a

ft.   совпадёт, -ду́т
pt.   совпа́л
g.pt.a.   совпа́в
p.pt.a.   совпа́вший

соврати́ть *perf* кого́-что lead astray; seduce ‖ *imperf* совраща́ть 2a

ft.	совращу́, -ати́шь, -атя́т
imp.	соврати́, ~те
pt.	соврати́л
g.pt.a.	соврати́в
p.pt.a.	соврати́вший
p.pt.p.	совращённый; совращён, -ена́

соврати́ться *perf* be led astray, go astray; be seduced ‖ *imperf* совраща́ться

совра́ть *perf of* врать

ft.	совру́, -рёшь, -ру́т
imp.	соври́, ~те
pt.	совра́л, -ала́, -а́ло
g.pt.a.	совра́в
p.pt.a.	совра́вший
p.pt.p.	со́вранный

совраща́ть(ся) *imperf of* соврати́ть(ся)

согласи́ть *perf obs and bookish* bring into agreement [concord, harmony] ‖ *imperf* соглаша́ть 2a

ft.	соглашу́, -аси́шь, -ася́т
imp.	согласи́, ~те
pt.	согласи́л
g.pt.a.	согласи́в
p.pt.a.	согласи́вший
p.pt.p.	соглашённый; соглашён, -ена́

согласи́ться *perf* 1. на что have no objection(s) to, approve of, agree to, consent to 2. с кем-чем agree (with), support, concur (with); admit, concede 3. *coll* arrive at an agreement ‖ *imperf* соглаша́ться

согласова́ть 5 *perf* что с кем-чем 1. collate, check *reports etc.* against each other, bring into harmony with each other; mediate 2. agree, make out 3. *gram* bring into concord, bring into grammatical agreement ‖ *imperf* согласо́вывать 1a

согласова́ться 5 *and* 5a, *1st and 2nd pers not used, perf, imperf* с чем 1. be in agreement, correspond to each other 2. *perf coll* reach an agreement 3. *imperf gram* be in concord, be in grammatical agreement

согласо́вывать *imperf of* согласова́ть

соглаша́ть(ся) *imperf of* согласи́ть(ся)

согна́ть *perf* кого́-что 1. drive off, expel 2. remove, get rid of 3. drive together, round up ‖ *imperf* сгоня́ть 2a

ft.	сгоню́, сго́нишь, сго́нят
imp.	сгони́, ~те
pt.	согна́л, -ала́, -а́ло
g.pt.a.	согна́в

p.pt.a.	согна́вший
p.pt.p.	со́гнанный

согну́ть 7 *perf* кого́-что 1. bend, crook, fold; twist 2. bend ‖ *imperf* сгиба́ть 2a

согну́ться *perf* 1. be bent, twist, sag 2. bend, bow, stoop; become bent; duck, dodge ‖ *imperf* сгиба́ться

согрева́ть(ся) *imperf of* согре́ть(ся)

согре́ть 3 *perf* кого́-что 1. warm, heat, warm up 2. *fig* comfort, cheer up ‖ *imperf* согрева́ть 2a

p.pt.p.	согре́тый

согре́ться *perf* get warm ‖ *imperf* согрева́ться

согреши́ть *perf of* греши́ть

ft.	согрешу́, -ши́шь, -ша́т
imp.	согреши́, ~те
pt.	согреши́л
g.pt.a.	согреши́в
p.pt.a.	согреши́вший

соде́йствовать 4 *and* 4a *perf, imperf* кому́-чему́ foster, promote, make for, contribute to

содержа́ть *imperf* кого́-что 1. *1st and 2nd pers not used* contain, hold 2. maintain, keep up, provide sustenance for 3. keep, preserve; содержа́ть в та́йне preserve secrecy about 4. keep *animals* 5. *obs* keep, run *boarding house etc.*

pr.	содержу́, -е́ржишь, -е́ржат
imp.	содержи́, ~те
pt.	содержа́л
g.pr.a.	содержа́
p.pr.a.	содержа́щий
p.pt.a.	содержа́вший
p.pr.p.	содержи́мый
p.pt.p.	соде́ржанный

содержа́ться *imperf* 1. в чём *1st and 2nd pers not used* be found (in), be contained (in) 2. be supported, be maintained

соде́ять *perf* что *bookish obs* commit

ft.	соде́ю, -е́ешь, -е́ют
imp.	соде́й, ~те
pt.	соде́ял
g.pt.a.	соде́яв
p.pt.a.	соде́явший
p.pt.p.	соде́янный

соде́яться, *1st and 2nd pers not used, perf bookish obs* occur, come to pass

содра́ть *perf* что 1. peel off, strip off, tug off, tear off 2. *coll* tear down ‖ *imperf* сдира́ть 2a

ft.	сдеру́, -рёшь, -ру́т
imp.	сдери́, ~те

pt.	содра́л, -ала́, -а́ло
g.pt.a.	содра́в
p.pt.a.	содра́вший
p.pt.p.	со́дранный

содра́ться, *1st and 2nd pers not used, perf of fur* come away, come off ‖ *imperf* сдира́ться

pt.	содра́лся, -ала́сь, -а́ло́сь

содрога́ться 2a *imperf* quake; shudder, shiver │ *perf semelf* содрогну́ться 7

содрогну́ться *perf semelf of* содрога́ться

соедини́ть *perf* кого́-что unite, join *smth* together ‖ *imperf* соединя́ть 2a

ft.	соединю́, -ни́шь, -ня́т
imp.	соедини́, ~те
pt.	соедини́л
g.pt.a.	соедини́в
p.pt.a.	соедини́вший
p.pt.p.	соединённый; соединён, -ена́

соедини́ться *perf* unite, combine; enter into chemical combination ‖ *imperf* соединя́ться

соединя́ть(ся) *imperf of* соедини́ть(ся)

сожале́ть 3a *imperf* о ком-чём regret, be sorry about

сожи́тельствовать 4a *imperf* с кем-чем room together (with); live (with), cohabit (with)

сожра́ть *perf* кого́-что *sub* gobble up, wolf down ‖ *imperf* сжира́ть 2a

ft.	сожру́, -рёшь, -ру́т
imp.	сожри́, ~те
pt.	сожра́л, -ала́, -а́ло
g.pt.a.	сожра́в
p.pt.a.	сожра́вший
p.pt.p.	со́жранный; со́жран, со́жрана́, со́жрано

созва́ниваться *imperf of* созвони́ться

созва́ть *perf* кого́-что **1.** invite **2.** convoke, call together, summon ‖ *imperf* созыва́ть 2a *and* сзыва́ть 2a *with* 1

ft.	созову́, -вёшь, -ву́т
imp.	созови́, ~те
pt.	созва́л, -ала́, -а́ло
g.pt.a.	созва́в
p.pt.a.	созва́вший
p.pt.p.	со́званный; со́зван, со́звана́, со́звано

созвони́ться *perf* с кем-чем *coll* ring *smb* up ‖ *imperf* созва́ниваться 2a

ft.	созвоню́сь, -ни́шься, -ня́тся
imp.	созвони́сь, -и́тесь
pt.	созвони́лся, -лась

g.pt.a.	созвони́вшись
p.pt.a.	созвони́вшийся

создава́ть *imperf of* созда́ть

pr.	создаю́, -аёшь, -аю́т
imp.	создава́й, ~те
pt.	создава́л
g.pr.a.	создава́я
p.pr.a.	создаю́щий
p.pt.a.	создава́вший
p.pr.p.	создава́емый

создава́ться *imperf of* созда́ться

созда́ть *perf* кого́-что make, create; found, establish; bring about ‖ *imperf* создава́ть, forms ib.

ft.	созда́м, -а́шь, -а́ст, -ади́м, -ади́те, -аду́т
imp.	созда́й, ~те
pt.	со́здал *and coll* созда́л, создала́, со́здало *and coll* созда́ло
g.pt.a.	созда́в
p.pt.a.	созда́вший
p.pt.p.	со́зданный; со́здан, со́здана́, со́здано

созда́ться, *1st and 2nd pers not used, perf* come into being, arise ‖ *imperf* создава́ться

pt.	созда́лся, -ала́сь, -а́ло́сь

созерца́ть 2a *imperf* кого́-что *bookish* contemplate, regard, consider

созида́ть 2a *imperf* что *bookish* create; establish; cause

сознава́ть *imperf* что become aware of, recognize, acknowledge, own to ‖ *perf* созна́ть 2

pr.	сознаю́, -аёшь, -аю́т
imp.	сознава́й, ~те
pt.	сознава́л
g.pr.a.	сознава́я
p.pr.a.	сознаю́щий
p.pt.a.	сознава́вший
p.pr.p.	сознава́емый

сознава́ться *imperf* кому́-чему в чём **1.** admit, confess, acknowledge, own **2.** be recognized, be acknowledged ‖ *imperf* созна́ться

созна́ть(ся) *perf of* сознава́ть(ся)

созорнича́ть 2 *perf* что *or without object coll* play pranks, do silly things

созрева́ть *imperf of* созре́ть

созре́ть 3 *perf* mature, ripen *a.fig* ‖ *imperf* созрева́ть 2a

созыва́ть *imperf of* созва́ть

соизво́лить *perf, with infinitive, bookish obs, now iron* condescend to, be so gracious as to, be pleased to, deign to ‖ *imperf* соизволя́ть 2a

ft.	соизво́лю, -лишь, -лят
imp.	соизво́ль, ∼те
pt.	соизво́лил
g.pt.a.	соизво́лив
p.pt.a.	соизво́ливший

соизволя́ть *imperf of* соизво́лить

сойти́ *perf* 1. с чего́ на что descend; get off 2. с чего́ leave, go away (from) 3. с чего́ come off, crumble off, peel off 4. за кого́-что *coll* be regarded as, pass for, be taken for 5. *coll* go off well, come off, pass without a hitch ‖ *imperf* сходи́ть[1], forms ib.

ft.	сойду́, -дёшь, -ду́т
imp.	сойди́, ∼те
pt.	сошёл, сошла́
g.pt.a.	сойдя́ *and obs* соше́дши *and obs* сше́дши
p.pt.a.	соше́дший *and obs* сше́дший

сойти́сь *perf* 1. gather, come together, assemble 2. meet 3. become friends; *coll* have an affair, cohabit 4. agree, coincide, tally 5. в чём *or* чем *or* на чём *coll* be in agreement, reach agreement (about) ‖ *imperf* сходи́ться

сократи́ть *perf* кого́-что 1. shorten 2. reduce 3. *math* cancel, reduce *a fraction* to its lowest terms 4. *coll* lay off, make redundant, sack *part of labour force* 5. *phys* contract ‖ *imperf* сокраща́ть 2a

ft.	сокращу́, -ати́шь, -атя́т
imp.	сократи́, ∼те
pt.	сократи́л
g.pt.a.	сократи́в
p.pt.a.	сократи́вший
p.pt.p.	сокращённый; сокращён, -ена́

сократи́ться, *1st and 2nd pers not used, perf* 1. get shorter 2. be reduced 3. *math* cancel, be cancelled 4. *phys* contract 5. *coll* draw in *one's* horns ‖ *imperf* сокраща́ться

сокраща́ть(ся) *imperf of* сократи́ть(ся)

сокруша́ть *imperf of* сокруши́ть

сокруша́ться 2a *imperf* be saddened, grieve

сокруши́ть *perf* кого́-что *bookish* 1. demolish, devastate; shatter; *fig* annihilate, shatter, crush 2. grieve, distress, sadden ‖ *imperf* сокруша́ть 2a

ft.	сокрушу́, -ши́шь, -ша́т
imp.	сокруши́, ∼те
pt.	сокруши́л
g.pt.a.	сокруши́в
p.pt.a.	сокруши́вший
p.pt.p.	сокрушённый; сокрушён, -ена́

сокры́ть *perf* что *obs and bookish* conceal

ft.	сокро́ю, -о́ешь, -о́ют
imp.	сокро́й, ∼те
pt.	сокры́л
g.pt.a.	сокры́в
p.pt.a.	сокры́вший
p.pt.p.	сокры́тый

солга́ть *perf of* лгать

ft.	солгу́, солжёшь, солгу́т
imp.	солги́, ∼те
pt.	солга́л, -ала́, -а́ло
g.pt.a.	солга́в
p.pt.a.	солга́вший
p.pt.p.	со́лганный

солидаризи́роваться 4 *and* 4a *perf, imperf* с кем-чем *bookish* declare *one's* solidarity (with)

солидаризова́ться 5 *and* 5a *perf, imperf* с кем-чем *bookish* declare *one's* solidarity (with)

соли́ровать 4 *and* 4a *perf, imperf mus* sing solo, play a solo instrument, be a soloist

соли́ть *imperf* 1. что salt 2. что pickle 3. *fig* кому́ *coll* get *smb* in a pickle, land *smb* in a nice kettle of fish. — (по- *with* 1, 2, за- *with* 2)

pr.	солю́, со́лишь, со́лят
imp.	соли́, ∼те
pt.	соли́л
g.pr.a.	соля́
p.pr.a.	соля́щий
p.pt.a.	соли́вший
p.pr.p.	соли́мый
p.pt.p.	со́ленный

солове́ть 3a *imperf sub* get sleepy, grow sleepy. — (о-, по-)

солоди́ть *imperf* что malt

pr.	соложу́, -оди́шь, -одя́т
imp.	солоди́, ∼те
pt.	солоди́л
g.pr.a.	солодя́
p.pr.a.	солодя́щий
p.pt.a.	солоди́вший
p.pt.p.	соложённый; соложён, -ена́

сомкну́ть 7 *perf* что close; *fig* connect, join, close up ‖ *imperf* смыка́ть 2a

сомкну́ться, *1st and 2nd pers not used, perf* 1. close up, close ranks; *fig* rally round **2.** unite, join together **3.** *of eyes* close ‖ *imperf* смыка́ться

сомнева́ться 2a *imperf* в ком-чём doubt, have doubts (about)

сообража́ть 2a *imperf* что **1.** understand, grasp **2.** *obs* consider, think over **3.** *obs* connect, compare ‖ *perf* сообрази́ть *with* 3, forms ib.

сообрази́ть *perf* что **1.** grasp, see **2.** consider, come to a decision (on) **3.** *perf of* сообража́ть

ft.	соображу́, -ази́шь, -азя́т
imp.	сообрази́, ~те
pt.	сообрази́л
g.pt.a.	сообрази́в
p.pt.a.	сообрази́вший
p.pt.p.	соображённый; соображён, -ена́

сообразова́ть 5 *and* 5a *perf, imperf* что с чем *bookish* co-ordinate ‖ *imperf a.* сообразо́вывать 1a

сообразова́ться *perf, imperf* с чем *bookish* conform (with), be guided (by) ‖ *imperf a.* сообразо́вываться

сообразо́вывать(ся) *imperf of* сообразова́ть(ся)

сообща́ть *imperf of* сообщи́ть

сообща́ться 2a *imperf* **1.** *imperf of* сообщи́ться **2.** о ком-чём *or with conjunction* что be informed, be announced **3.** с кем-чем be in communication (with); be communicated

сообщи́ть *perf* **1.** что *or* о чём announce, inform about **2.** что кому́-чему́ *bookish* convey (to) ‖ *imperf* сообща́ть 2a

ft.	сообщу́, -щи́шь, -ща́т
imp.	сообщи́, ~те
pt.	сообщи́л
g.pt.a.	сообщи́в
p.pt.a.	сообщи́вший
p.pt.p.	сообщённый; сообщён, -ена́

сообщи́ться, *1st and 2nd pers not used, perf* кому́-чему́ pass to, be transmitted to, be communicated to ‖ *imperf* сообща́ться

сооруди́ть *perf* что **1.** construct, erect **2.** *coll, usu joc* arrange, contrive ‖ *imperf* сооружа́ть 2a

ft.	сооружу́, -уди́шь, -удя́т
imp.	сооруди́, ~те
pt.	сооруди́л
g.pt.a.	сооруди́в
p.pt.a.	сооруди́вший
p.pt.p.	сооружённый; сооружён, -ена́

сооружа́ть *imperf of* сооруди́ть

соотве́тствовать 4a *imperf* кому́-чему́ be in agreement

соотнести́ *perf* что interrelate, correlate, bring into correlation ‖ *imperf* соотноси́ть, forms ib.

ft.	соотнесу́, -сёшь, -су́т
imp.	соотнеси́, ~те
pt.	соотнёс, -есла́
g.pt.a.	соотнеся́ *and obs* соотнёсши
p.pt.a.	соотнёсший
p.pt.p.	соотнесённый; соотнесён, -ена́

соотнести́сь, *1st and 2nd pers not used, perf* be in relation to each other ‖ *imperf* соотноси́ться

соотноси́ть *imperf of* соотнести́

pr.	соотношу́, -о́сишь, -о́сят
imp.	соотноси́, ~те
pt.	соотноси́л
g.pr.a.	соотнося́
p.pr.a.	соотнося́щий
p.pt.a.	соотноси́вший

соотноси́ться *imperf of* соотнести́сь

сопе́рничать 1a *imperf* с кем-чем в чём **1.** compete (with, in, against) **2.** *fig* be up to, be equally matched (with *or* to)

соподчини́ть *perf* что чему́ *bookish* co-ordinate ‖ *imperf* соподчиня́ть 2a

ft.	соподчиню́, -ни́шь, -ня́т
imp.	соподчини́, ~те
pt.	соподчини́л
g.pt.a.	соподчини́в
p.pt.a.	соподчини́вший
p.pt.p.	соподчинённый; соподчинён, -ена́

соподчиня́ть *imperf of* соподчини́ть

сопоста́вить *perf* кого́-что *or* кого́-что с кем-чем compare, contrast, juxtapose ‖ *imperf* сопоставля́ть 2a

ft.	сопоста́влю, -вишь, -вят
imp.	сопоста́вь, ~те
pt.	сопоста́вил
g.pt.a.	сопоста́вив
p.pt.a.	сопоста́вивший
p.pt.p.	сопоста́вленный

сопоставля́ть *imperf of* сопоста́вить

сопрева́ть *imperf of* сопре́ть

сопре́ть 3, *1st and 2nd pers not used, perf coll* go bad, rot, become mouldy ‖ *imperf* сопрева́ть 2a

соприкаса́ться 2a *imperf* с кем-чем *or without object* **1.** be contiguous **2.** *fig* come into contact, (with) touch | *per semelf* соприкосну́ться 7

соприкосну́ться *perf semelf of* соприкаса́ться

сопроводи́ть *perf of* сопровожда́ть
ft.	сопровожу́, -оди́шь, -одя́т
imp.	сопроводи́, ~те
pt.	сопроводи́л
g.pt.a.	сопроводи́в
p.pt.a.	сопроводи́вший
p.pt.p.	сопровождённый; сопровожде́н, -ена́

сопровожда́ть 2а *imperf* **1.** что чем annex, join, add, enclose *with letter* **2.** кого́-что accompany *a.fig*, escort, convoy ‖ *perf* сопроводи́ть, forms ib.

сопровожда́ться, *1st and 2nd pers not used*, *imperf* чем **1.** be accompanied (by) **2.** have the consequence that, be followed by, result in **3.** be provided (with), be equipped (with)

сопротивля́ться 2а *imperf* кому́-чему́ offer resistance; resist, oppose

сопряга́ть 2а *imperf* что **1.** *fig bookish* associate, couple, knit, join, link **2.** *tech* connect, tie *mechanical parts* ‖ *perf* сопря́чь *with* 1, forms ib.

сопря́чь *perf of* сопряга́ть
ft.	сопрягу́, -яжёшь, -ягу́т
imp.	сопряги́, ~те
pt.	сопря́г, -ягла́
g.pt.a.	сопря́гши
p.pt.a.	сопря́гший
p.pt.p.	сопряжённый; сопряжён, -ена́

сопу́тствовать 4а *imperf* кому́-чему́ accompany *a.fig*

соразме́рить *perf* что с чем adjust, adapt ‖ *imperf* соразмеря́ть 2а
ft.	соразме́рю, -ришь, -рят
imp.	соразме́рь, ~те
pt.	соразме́рил
g.pt.a.	соразме́рив
p.pt.a.	соразме́ривший
p.pt.p.	соразме́ренный

соразмеря́ть *imperf of* соразме́рить

сорва́ть *perf* что **1.** tear down, tear off **2.** pluck **3.** *fig* frustrate, dash **4.** *fig* wheedle, wring, extract, extort ‖ *imperf* срыва́ть 2а
ft.	сорву́, -вёшь, -ву́т
imp.	сорви́, ~те
pt.	сорва́л, -ала́, -а́ло
g.pt.a.	сорва́в
p.pt.a.	сорва́вший
p.pt.p.	со́рванный

сорва́ться *perf* **1.** break loose, fall **2.** *fig coll* fail ‖ *imperf* срыва́ться
pt.	сорва́лся, -ала́сь, -а́лось

сorganizова́ть 5 *perf* что *coll* arrange, organize; accomplish; unite, join, organize ‖ *imperf* соргани́зо́вывать 1а

соргани́зова́ться, *1st and 2nd pers sg not used*, *perf* form, come into being; get organized, organize ‖ *imperf* соргани́зо́вываться

соргани́зо́вывать(ся) *imperf of* соргани́зова́ть(ся)

соревнова́ть 5а *imperf* кому́ *obs* compete (against, with)

соревнова́ться *imperf* с кем-чем в чём **1.** be in competition (with in) **2.** compete (against in); compete (with in)

соригина́льничать 1 *perf coll* be eccentric

сори́ть *imperf* что *or* чем make dust, cause dust; make litter, make a mess
pr.	сорю́, сори́шь, соря́т
imp.	сори́, ~те
pt.	сори́л
g.pr.a.	соря́
p.pr.a.	соря́щий
p.pt.a.	сори́вший

сортирова́ть 5а *imperf* что **1.** select, sort; separate *ore from impurities*; screen *coal* **2.** shunt *rolling stock.* — (рас-)
p.pt.p.	сортиро́ванный

соса́ть *imperf* кого́-что **1.** draw by suction **2.** suck **3.** *fig* gnaw at, torment
pr.	сосу́, сосёшь, сосу́т
imp.	соси́, ~те
pt.	соса́л
g.pr.a.	сося́
p.pr.a.	сосу́щий
p.pt.a.	соса́вший
p.pt.p.	со́санный

сосва́тать *perf of* сва́тать

сосе́дить, *1st pers sg not used*, *imperf* be adjacent, be neighbours, live next door to each other
pr.	сосе́дишь, -дят
pt.	сосе́дил
g.pr.a.	сосе́дя
p.pr.a.	сосе́дящий
p.pt.a.	сосе́дивший

соска́бливать *imperf of* соскобли́ть

соска́кивать *imperf of* соскочи́ть

соска́льзывать *imperf of* соскользну́ть

соскобли́ть *perf* что scrape off ‖ *imperf* соска́бливать 1а

ft.	соскоблю́, -о́блишь, -о́бля́т
imp.	соскобли́, ~те
pt.	соскобли́л
g.pt.a.	соскобли́в
p.pt.a.	соскобли́вший
p.pt.p.	соско́бленный

соскользну́ть 7 *perf* **1.** slide down; slip, slip down **2.** *coll* pass, ebb, wane **3.** на что *or* во что fall victim to ‖ *imperf* соска́льзывать 1 a
по *p.pt.p.*

соскочи́ть *perf* **1.** jump down, jump off **2.** *1st and 2nd pers not used* fall to the ground; *fig coll* come off ‖ *imperf* соска́кивать 1 a

ft.	соскочу́, -о́чишь, -о́чат
imp.	соскочи́, ~те
pt.	соскочи́л
g.pt.a.	соскочи́в
p.pt.a.	соскочи́вший

соскреба́ть *imperf of* соскрести́

соскрести́ *perf* что scrape off ‖ *imperf* соскреба́ть 2 a

ft.	соскребу́, -бёшь, -бу́т
imp.	соскреби́, ~те
pt.	соскрёб, -скребла́
g.pt.a.	соскрёбши
p.pt.a.	соскрёбший
p.pt.p.	соскребённый; соскребён, -ена́

соску́читься *perf* **1.** be bored **2.** о ком-чём *or* по кому́-чему́ want, miss, pine for

ft.	соску́чусь, -чишься, -чатся
imp.	соску́чься, -чьтесь
pt.	соску́чился, -лась
g.pt.a.	соску́чившись
p.pt.a.	соску́чившийся

сосла́ть *perf* кого́-что deport, exile, banish ‖ *imperf* ссыла́ть 2 a

ft.	сошлю́, -лёшь, -лю́т
imp.	сошли́, ~те
pt.	сосла́л
g.pt.a.	сосла́в
p.pt.a.	сосла́вший
p.pt.p.	со́сланный

сосла́ться *perf* на кого́-что refer to, base one's argument on; plead, have recourse to *an excuse* ‖ *imperf* ссыла́ться

сослужи́ть *perf*: сослужи́ть слу́жбу кому́-чему́ a) be of service to, perform a service for; b) be of use to, be profitable to

ft.	сослужу́, -у́жишь, -у́жат
imp.	сослужи́, ~те
pt.	сослужи́л
g.pt.a.	сослужи́в

p.pt.a.	сослужи́вший
p.pt.p.	сослу́женный

сосну́ть 7 *perf coll* have a spot of shut-eye
по *p.pt.p.*

сосредото́чивать(ся) *imperf of* сосредото́чить(ся)

сосредото́чить *perf* кого́-что (на чём) concentrate *attention, glance etc.* (on) ‖ *imperf* сосредото́чивать 1 a

ft.	сосредото́чу, -чишь, -чат
imp.	сосредото́чь, ~те
pt.	сосредото́чил
g.pt.a.	сосредото́чив
p.pt.a.	сосредото́чивший
p.pt.p.	сосредото́ченный

сосредото́читься *perf without object or* на ком-чём concentrate (on) ‖ *imperf* сосредото́чиваться

соста́вить *perf* что **1.** put together; form **2.** draft *document, plan etc.*; compose *literature etc.* **3.** amount to **4.** *fig* gain; соста́вить себе́ и́мя make a name for oneself, gain a reputation ‖ *imperf* составля́ть 2 a

ft.	соста́влю, -вишь, -вят
imp.	соста́вь, ~те
pt.	соста́вил
g.pt.a.	соста́вив
p.pt.a.	соста́вивший
p.pt.p.	соста́вленный

соста́виться, *1st and 2nd pers not used*, *perf* **1.** be composed of, consist of **2.** collect, accumulate **3.** form, arise ‖ *imperf* составля́ться

составля́ть(ся) *imperf of* соста́вить(ся)

соста́рить *perf* кого́-что *obs* make old, make look old

ft.	соста́рю, -ришь, -рят
imp.	соста́рь, ~те
pt.	соста́рил
g.pt.a.	соста́рив
p.pt.a.	соста́ривший
p.pt.p.	соста́ренный

соста́риться *perf* **1.** age, become old **2.** *coll* become old and unserviceable, wear out

состоя́ть *imperf* **1.** *1st and 2nd pers not used* из кого́-чего́ consist of, be composed of **2.** *1st and 2nd pers not used* в чём consist in **3.** в чём be in *an organization* **4.** кем-чем при ком-чём *or* в чём, на чём be, find oneself

pr.	состою́, -ои́шь, -оя́т
pt.	состоя́л

g.pr.a.   состоя́
p.pr.a.   состоя́щий
p.pt.a.   состоя́вший

состоя́ться, *1st and 2nd pers not used, imperf* take place

состра́гивать *imperf of* сострога́ть

сострада́ть 2a *imperf* кому́-чему́ *or without object, bookish* feel for, have compassion with

состига́ть *imperf of* состри́чь

состри́ть *perf* tell jokes
ft.   сострю́, -ри́шь, -ря́т
imp.   остри́, ~те
pt.   состри́л
g.pt.a.   состри́в
p.pt.a.   состри́вший

состри́чь *perf* что cut off, shear off, clip off ‖ *imperf* состига́ть 2a
ft.   остригу́, -ижёшь, -игу́т
imp.   состриги́, ~те
pt.   состри́г, ~ла
g.pt.a.   состри́гши
p.pt.a.   состри́гший
p.pt.p.   состри́женный

сострога́ть 2 *perf* что plane down ‖ *imperf* состра́гивать 1a

состро́ить *perf*: состро́ить лицо́ *coll* pull a face, make a face, grimace
ft.   состро́ю, -о́ишь, -о́ят
imp.   состро́й, ~те
pt.   состро́ил
g.pt.a.   состро́ив
p.pt.a.   состро́ивший
p.pt.p.   состро́енный

construга́ть 2 *perf* что plane down, smooth ‖ *imperf* состру́гивать 1a

состру́гивать *imperf of* conструга́ть

состря́пать *perf of* стря́пать

состяза́ться 2a *imperf* с кем-чем в чём compete against

сосуществова́ть 5a *imperf* co-exist

сосчита́ть *perf of* счита́ть[1]

сосчита́ться *perf of* счита́ться

сотвори́ть *perf of* твори́ть[1]
ft.   сотворю́, -ри́шь, -ря́т
imp.   сотвори́, ~те
pt.   сотвори́л
g.pt.a.   сотвори́в
p.pt.a.   сотвори́вший
p.pt.p.   сотворённый; сотворён, -ена́

сотвори́ться *perf of* твори́ться

сотка́ть *perf* что weave *a.fig (usu p.pt.p.)*
ft.   сотку́, -кёшь, -ку́т
imp.   сотки́, ~те
pt.   сотка́л, -ала́, -а́ло
g.pt.a.   сотка́в
p.pt.a.   сотка́вший
p.pt.p.   со́тканный

сотру́дничать 1a *imperf* 1. с кем-чем collaborate (with) 2. в чём collaborate on, contribute to *a periodical etc.*

сотряса́ть(ся) *imperf of* сотрясти́(сь)

сотрясти́ *perf* что shake *a.fig* ‖ *imperf* сотряса́ть 2a
ft.   сотрясу́, -сёшь, -су́т
imp.   сотряси́, ~те
pt.   сотря́с, -ясла́
g.pt.a.   сотря́сши
p.pt.a.   сотря́сший
p.pt.p.   сотрясённый; сотрясён, -ена́

сотрясти́сь *perf* shake, quake, quiver, tremble; *fig obs* be shaken ‖ *imperf* сотряса́ться

со́хнуть *imperf* 1. dry out; become dry, dry, parch, become parched 2. *fig coll* waste away.- (вы-, за- *with* 1, про- *with* 2)
pr.   со́хну, -нешь, -нут
imp.   со́хни, ~те
pt.   сох *and obs* со́хнул, со́хла
g.pt.a.   со́хнув
p.pr.a.   со́хнущий
p.pt.a.   со́хнувший *and* со́хший

сохрани́ть *perf* кого́-что 1. keep, preserve, maintain 2. keep, save ‖ *imperf* сохраня́ть 2a
ft.   сохраню́, -ни́шь, -ня́т
imp.   сохрани́, ~те
pt.   сохрани́л
g.pt.a.   сохрани́в
p.pt.a.   сохрани́вший
p.pt.p.   сохранённый; сохранён, -ена́

сохрани́ться *perf* 1. be preserved, be maintained, remain *in memory, possession etc.* 2. *coll* be well-preserved, be hale and hearty ‖ *imperf* сохраня́ться

сохраня́ть(ся) *imperf of* сохрани́ть(ся)

социализи́ровать 4 *and* 4a *perf, imperf* что nationalize

социализи́роваться, *1st and 2nd pers not used, perf, imperf* be nationalized

сочета́ть 2 *and* 2a *perf, imperf* что с чем combine, join, unite
no *p.pt.p.*

сочета́ться *perf, imperf* unite, join together, merge, combine

сочини́ть *perf* что **1.** compose *poetry, music etc.*; *usu joc, coll* pen, compose, draw up, draft **2.** *coll* make up, invent; draw the long bow; pretend ‖ *imperf* сочиня́ть 2a

ft.	сочиню́, -ни́шь, -ня́т
imp.	сочини́, ~те
pt.	сочини́л
g.pt.a.	сочини́в
p.pt.a.	сочини́вший
p.pt.p.	сочинённый; сочинён, -ена́

сочиня́ть *imperf of* сочини́ть

сочи́ть *imperf* что **1.** drip, secrete **2.** tap *trees*

pr.	сочу́, сочи́шь, соча́т
imp.	сочи́, ~те
pt.	сочи́л
g.pr.a.	соча́
p.pr.a.	соча́щий
p.pt.a.	сочи́вший

сочи́ться, *1st and 2nd pers not used, imperf* **1.** drip, trickle **2.** чем *or without object, of sore* run

сочлени́ть *perf* что *bookish* combine ‖ *imperf* сочленя́ть 2a

ft.	сочленю́, -ни́шь, -ня́т
imp.	сочлени́, ~те
pt.	сочлени́л
g.pt.a.	сочлени́в
p.pt.a.	сочлени́вший
p.pt.p.	сочленённый; сочленён, -ена́

сочленя́ть *imperf of* сочлени́ть

сочу́вствовать 4a *imperf* кому́-чему́ feel (for), sympathize (with); have sympathy (for)

сощу́ривать(ся) *imperf of* сощу́рить(ся)

сощу́рить *perf*: сощу́рить глаз [глаза́] screw up the eyes ‖ *imperf* сощу́ривать 1a

ft.	сощу́рю, -ришь, -рят
imp.	сощу́рь, ~те
pt.	сощу́рил
g.pt.a.	сощу́рив
p.pt.a.	сощу́ривший
p.pt.p.	сощу́ренный

сощу́риться *perf* screw up the eyes ‖ *imperf* сощу́риваться

спада́ть *imperf of* спасть

спа́ивать[1] *imperf of* спои́ть

спа́ивать[2] *imperf of* спая́ть

спа́иваться *imperf of* спая́ться

спали́ть *perf* что *coll* singe, scorch, burn; burn down

ft.	спалю́, -ли́шь, -ля́т
imp.	спали́, ~те
pt.	спали́л
g.pt.a.	спали́в
p.pt.a.	спали́вший
p.pt.p.	спалённый; спалён, -ена́

спарашюти́ровать 4 *perf av* doodle, fly very slowly

спа́ривать[1,2] *imperf of* спа́рить[1,2]

спа́рить[1] *perf* кого́-что **1.** yoke together, yoke up **2.** *agr* mate, put together ‖ *imperf* спа́ривать 1a

ft.	спа́рю, -ришь, -рят
imp.	спа́рь, ~те
pt.	спа́рил
g.pt.a.	спа́рив
p.pt.a.	спа́ривший
p.pt.p.	спа́ренный

спа́рить[2] *perf* что *sub* let rot, let go mouldy ‖ *imperf* спа́ривать 1a forms as спа́рить[1]

спа́рхивать *imperf of* спорхну́ть

спа́рывать *imperf of* спороть

спаса́ть(ся) *imperf of* спасти́(сь)

спасова́ть *perf of* пасова́ть[1]

спасти́ *perf* кого́-что save, rescue ‖ *imperf* спаса́ть 2a

ft.	спасу́, -сёшь, -су́т
imp.	спаси́, ~те
pt.	спас, ~ла́
g.pt.a.	спа́сши
p.pt.a.	спа́сший
p.pt.p.	спасённый; спасён, -ена́

спасти́сь *perf* от кого́-чего́ save oneself, escape ‖ *imperf* спаса́ться

спасть, *1st and 2nd pers not used, perf* **1.** fall, fall down **2.** fall, sink, abate, recede ‖ *imperf* спада́ть 2a

ft.	спадёт, -ду́т
pt.	спал
g.pt.a.	спав
p.pt.a.	спа́вший

спать *imperf* sleep

pr.	сплю, спишь, спят
imp.	спи, ~те
pt.	спал, спала́, спа́ло
g.pt.a.	спав
p.pr.a.	спя́щий
p.pt.a.	спа́вший

спа́ться *impers imperf* кому́-чему́ *coll* be able to sleep; мне не спи́тся [спало́сь] I cannot sleep [I could not sleep] I cannot get to sleep [I could not get to sleep]

pr.	спи́тся
pt.	спало́сь

спая́ть 2 *perf* **1.** что connect *with solder*, solder together **2.** *fig* кого́-что weld together ‖ *imperf* спа́ивать 1а

спая́ться *perf* **1.** be solderable **2.** *fig* be welded together, be closely knit ‖ *imperf* спа́иваться

спева́ться *imperf of* спе́ться

спека́ть(ся) *imperf of* спе́чь(ся)

спекули́ровать 4а *imperf* **1.** чем *or* на чём speculate (in), gamble (in), profiteer, make black-market deals **2.** *fig* на чём count (on), gamble (on), reckon (with), rely (on)

спелена́ть 2 *perf* кого́-что put diapers on, pin nappies on ‖ *imperf* спелёнывать 1а

p.pt.p.	спелёнатый

спелёнывать *imperf of* спелена́ть

спере́ть *perf sub* что **1.** *1st and 2nd pers not used* compress; take one's breath away **2.** take away, get rid of **3.** whip, nick, snaffle ‖ *imperf* спира́ть 2а *with* 1

ft.	сопру́, -рёшь, -ру́т
imp.	сопри́, ~те
pt.	спёр, ~ла
g.pt.a.	спере́в *and* спёрши
p.pt.a.	спёрший
p.pt.p.	спёртый

спеси́виться *imperf obs* be stuck up, be hoity toity

pr.	спеси́влюсь, -вишься, -вятся
imp.	спеси́вься, -вьтесь
pt.	спеси́вился, -лась
g.pr.a.	спеси́вясь
p.pr.a.	спеси́вящийся
p.pt.a.	спеси́вившийся

спеть[1] *perf of* петь

ft.	спою́, споёшь, спою́т
imp.	спой, ~те
pt.	спел
g.pt.a.	спев
p.pt.a.	спе́вший
p.pt.p.	спе́тый

спеть[2] 3а, *1st and 2nd pers not used, imperf* ripen. — (по-)

спе́ться *perf* **1.** practice singing together **2.** *fig coll* come to an understanding, reach an agreement ‖ *imperf* спева́ться 2а
forms follow спеть[1]

специализи́ровать 4 *and* 4а *perf, imperf*

кого́-что **1.** give specialized training **2.** concentrate *smth* on

специализи́роваться *perf, imperf* по чему́, на чём *or* в чём specialize (in)

специфици́ровать 4 *and* 4а *perf, imperf* что draw up a list of parts

спечь* *perf* **1.** что *and* чего́ *sub* bake, bake through **2.** что *tech* slag ‖ *imperf* спека́ть 2а *with* 2

ft.	спеку́, спечёшь, спеку́т
imp.	спеки́, ~те
pt.	спёк, спекла́, спекло́
g.pt.a.	спёкши
p.pt.a.	спёкший
p.pt.p.	спечённый; спечён, -ена́

спе́чься*, *1st and 2nd pers not used, perf* **1.** *coll* curdle, clot **2.** cake, solidify ‖ *imperf* спека́ться

спе́шивать(ся) *imperf of* спе́шить(ся)

спе́шить *perf* кого́-что give command to dismount ‖ *imperf* спе́шивать 1а

ft.	спе́шу, -шишь, -шат
imp.	спе́ши, ~те
pt.	спе́шил
g.pt.a.	спе́шив
p.pt.a.	спе́шивший
p.pt.p.	спе́шенный

спеши́ть *imperf* **1.** *with infinitive*, с чем *or without object* hurry, make haste **2.** *of clock* be fast; gain ‖ *perf* поспеши́ть, forms ib.

pr.	спешу́, -ши́шь, -ша́т
imp.	спеши́, ~те
pt.	спеши́л
g.pr.a.	спеша́
p.pr.a.	спеша́щий
p.pt.a.	спеши́вший

спе́шиться *perf* dismount ‖ *imperf* спе́шиваться 1а
forms follow спе́шить

спива́ться *imperf of* спи́ться

спики́ровать 4 *perf av* nose-dive

спи́ливать *imperf of* спили́ть

спили́ть *perf* что saw off; file down ‖ *imperf* спи́ливать 1а

ft.	спилю́, спи́лишь, спи́лят
imp.	спили́, ~те
pt.	спили́л
g.pt.a.	спили́в
p.pt.a.	спили́вший
p.pt.p.	спи́ленный

спира́ть *imperf of* спере́ть

списа́ть *perf* **1.** что (с чего́) copy (from)

2. что с чего́ copy, copy from, make a copy of **3.** что у кого́ copy from *another person* **4.** что *bookkeeping* write off **5.** что credit **6.** кого́-что discharge, sign off *seaman* ‖ *imperf* спи́сывать 1a

ft.	спишу́, спи́шешь, спи́шут
imp.	спиши́, ~те
pt.	списа́л
g.pt.a.	списа́в
p.pt.a.	списа́вший
p.pt.p.	спи́санный

списа́ться *perf* с кем чем write to ‖ *imperf* спи́сываться

спи́сывать(ся) *imperf of* списа́ть(ся)

спи́ться *perf* take to drink ‖ *imperf* спива́ться 2a

ft.	сопью́сь, сопьёшься, сопью́тся
imp.	спе́йся, спе́йтесь
pt.	спи́лся, спила́сь, спи́ло́сь
g.pt.a.	спи́вшись
p.pt.a.	спи́вшийся

спи́хивать *imperf of* спихну́ть

спихну́ть 7 *perf* кого́-что **1.** *coll* push down, knock down **2.** *sub* dismiss, sack, boot out, give *smb* the push **3.** *fig sub* get shut of; спихну́ть в солда́ты put in uniform, foist on to the army ‖ *imperf* спи́хивать 1a

спла́вить[1] *perf* что **1.** *tech* alloy **2.** *fig* unite, weld together ‖ *imperf* сплавля́ть 2a

ft.	спла́влю, -вишь, -вят
imp.	спла́вь, ~те
pt.	спла́вил
g.pt.a.	спла́вив
p.pt.a.	спла́вивший
p.pt.p.	спла́вленный

спла́вить[2] *perf* **1.** что transport by raft, float, raft **2.** *fig* кого́-что *sub* get rid of, get shut of ‖ *imperf* сплавля́ть 2a forms as спла́вить[1]

спла́виться, *1st and 2nd pers not used, perf* **1.** be alloyed **2.** *fig* be inseparably linked, be inextricably connected ‖ *imperf* сплавля́ться

сплавля́ть[1,2] *imperf of* спла́вить[1,2]

сплавля́ться *imperf of* спла́виться

сплани́ровать[1] *perf of* плани́ровать[2]

сплани́ровать[2] 4 *perf* что *or without object* glide, sail, plane

спла́чивать(ся) *imperf of* сплоти́ть(ся)

сплёвывать *imperf of* сплю́нуть

сплёскивать *imperf of* сплесну́ть

сплесну́ть 7 *perf* что *coll* wash away, swill off; swill, rinse ‖ *imperf* сплёскивать 1a

p.pt.p. сплёснутый

сплести́ *perf* что **1.** weave together, braid, plait **2.** *fig* tie in, tie up, connect **3.** *coll* talk a lot of nonsense, talk tripe ‖ *imperf* сплета́ть 2a

ft.	сплету́, -тёшь, -ту́т
imp.	сплети́, ~те
pt.	сплёл, -ела́
g.pt.a.	сплетя́
p.pt.a.	сплётший
p.pt.p.	сплетённый; сплетён, -ена́

сплести́сь *perf* become interwoven; *fig* become interweaved ‖ *imperf* сплета́ться

сплета́ть(ся) *imperf of* сплести́(сь)

сплѐтничать 1a *imperf* gossip, spread tales. — (на-)

сплоти́ть *perf* **1.** что join, put together **2.** кого́-что unite, form a group; close up *ranks etc.* ‖ *imperf* спла́чивать 1a

ft.	сплочу́, -оти́шь, -отя́т
imp.	сплоти́, ~те
pt.	сплоти́л
g.pt.a.	сплоти́в
p.pt.a.	сплоти́вший
p.pt.p.	сплочённый; сплочён, -ена́

сплоти́ться, *1st and 2nd pers not used, perf* вокру́г кого́-чего́ unite (around, about), rally round ‖ *imperf* спла́чиваться

сплохова́ть 5 *perf coll* make a bloomer, *put one's* foot in it

сплоша́ть 2 *perf sub* put *one's* foot in it, drop a clanger

сплутова́ть 5 *perf coll* twist, cheat

сплыва́ть(ся) *imperf of* сплы́ть(ся)

сплы́ть *perf coll* **1.** float downstream **2.** overflow ‖ *imperf* сплыва́ть 2a

ft.	сплыву́, -вёшь, -ву́т
imp.	сплыви́, ~те
pt.	сплыл, -ыла́ -ы́ло
g.pt.a.	сплыв
p.pt.a.	сплы́вший

сплы́ться *perf coll* dissolve, melt, merge, run ‖ *imperf* сплыва́ться

pt. сплы́лся, -ыла́сь, -ыло́сь

сплю́нуть 6 *perf* **1.** spit **2.** что spit *smth* out ‖ *imperf* сплёвывать 2a

imp.	сплю́нь, ~те
p.pt.p.	сплю́нутый

сплю́снуть 6 *perf* что *coll* flatten, flatten
out
p.pt.p. сплю́снутый

сплю́снуться *perf coll* be flattened

сплю́щивать(ся) *imperf of* сплю́щить(ся)

сплю́щить *perf* что flatten, flatten out ‖ *imperf* сплю́щивать 1 a
ft. сплю́щу, -щишь, -щат
imp. сплю́щи, ~те
pt. сплю́щил
g.pt.a. сплю́щив
p.pt.a. сплю́щивший
p.pt.p. сплю́щенный

сплю́щиться *perf* be flattened, become flat
‖ *imperf* сплю́щиваться

спляса́ть *perf of* пляса́ть
ft. спляшу́, -я́шешь, -я́шут
imp. спляши́, ~те
pt. спляса́л
g.pt.a. спляса́в
p.pt.a. спляса́вший
p.pt.p. спля́санный

спо́дличать 1 *perf coll* act mean

сподо́бить, *1st and 2nd pers not used, perf*
кого́-что 1. *obs* find fit, find proper
2. *usu impers, sub iron* bring about
(that), bring it to ‖ *imperf* сподобля́ть 2 a
ft. сподо́бит, -бят
pt. сподо́бил
g.pt.a. сподо́бив
p.pt.a. сподо́бивший

сподо́биться *perf* чего́ *or with infinitive
obs, now iron* be found worthy (of), be
honoured (with) ‖ *imperf* сподобля́ться

сподобля́ть(ся) *imperf of* сподо́бить(ся)

спознава́ться *imperf of* спозна́ться
pr. спознаю́сь, -аёшься, -аю́тся
imp. спознава́йся, -а́йтесь
pt. спознава́лся, -лась
g.pr.a. спознава́ясь
p.pr.a. спознаю́щийся
p.pt.a. спознава́вшийся

спозна́ться 2 *perf* с кем-чем *sub* get to
know, become acquainted (with) ‖ *imperf*
спознава́ться, forms ib.

спои́ть *perf* 1. кому́ что *sub* give to drink
2. кого́-что *coll* get *smb* drunk 3. ко-
го́-что *coll* turn *smb* into a drinker ‖ *imperf* спа́ивать 1 a
ft. спою́, спои́шь, споя́т
imp. спой, ~те
pt. спои́л
g.pt.a. спои́в

p.pt.a. спои́вший
p.pt.p. спо́енный

спола́скивать *imperf of* сполосну́ть

сполза́ть(ся) *imperf of* сползти́(сь)

сползти́ *perf* 1. crawl underneath 2. slip
down, slip 3. *fig coll* fade away 4. *fig*
к чему́ slide down (into), descend (to) ‖
imperf сполза́ть 2 a
ft. сползу́, -зёшь, -зу́т
imp. сползи́, ~те
pt. сполз, ~ла́
g.pt.a. спо́лзши
p.pt.a. спо́лзший

сползти́сь, *1st and 2nd pers not used, perf*
creep together ‖ *imperf* сполза́ться

сполосну́ть 7 *perf* что rinse ‖ *imperf*
спола́скивать 1 a

спонти́ровать *perf of* понти́ровать

спо́рить *imperf* с кем-чем о ком-чём
1. argue, dispute 2. *coll* wager, bet 3. contest, compete. — (по-)
pr. спо́рю, -ришь, -рят
imp. спорь, ~те
pt. спо́рил
g.pr.a. спо́ря
p.pr.a. спо́рящий
p.pt.a. спо́ривший

спо́риться *imperf* (кому́) *sub* have a row,
quarrel

спори́ться, *1st and 2nd pers not used, imperf
coll* come off, succeed
pr. спори́тся, -ря́тся
pt. спори́лся, -лась
p.pt.a. спори́вшийся

споро́ть *perf* что *dressm* unpick ‖ *imperf*
спа́рывать 1 a
ft. спорю́, спо́решь, спо́рют
imp. спори́, ~те
pt. споро́л
g.pt.a. споро́в
p.pt.a. споро́вший
p.pt.p. спо́ротый

спорхну́ть 7 *perf* flutter down ‖ *imperf*
спа́рхивать 1 a
no *p.pt.p.*

спосо́бствовать 4 a *imperf* 1. кому́-чему́
в чём assist (in) 2. чему́ promote, further,
foster ‖ *perf* поспосо́бствовать 4

споткну́ться 7 *perf* 1. *with or without* обо
что stumble (over), trip (over) 2. *fig*
на чём *coll* falter, hesitate, come to a
halt ‖ *imperf* спотыка́ться 2 a

спотыка́ться[1] *imperf of* споткну́ться

спотыка́ться[2] *imperf of* спотыкну́ться

спотыкну́ться 7 *perf obs and sub* **1.** *with or without* обо что stumble (over), trip (over) **2.** *fig* на чём *coll* falter, hesitate, come to a halt ‖ *imperf* спотыка́ться 2 a

спохвати́ться *perf coll* suddenly think (of); *of thought* occur to *smb* ‖ *imperf* спохва́тываться 1 a

ft.	спохвачу́сь, -а́тишься, -а́тятся
imp.	спохвати́сь, -и́тесь
pt.	спохвати́лся, -лась
g.pt.a.	спохвати́вшись
p.pt.a.	спохвати́вшийся

спохва́тываться *imperf of* спохвати́ться

спра́вить *perf* что **1.** *coll* mark, celebrate **2.** *sub* lay on, buy ‖ *imperf* справля́ть 2 a

ft.	спра́влю, -вишь, -вят
imp.	справь, ~те
pt.	спра́вил
g.pt.a.	спра́вив
p.pt.a.	спра́вивший
p.pt.p.	спра́вленный

спра́виться *perf* **1.** с чем *or without object* cope with, manage; conquer, overcome **2.** о ком-чём inquire about ‖ *imperf* справля́ться

справля́ть(ся) *imperf of* спра́вить(ся)

спра́шивать(ся) *imperf of* спроси́ть(ся)

спрессова́ть 5 *perf* что press, compress ‖ *imperf* спрессо́вывать 1 a

спрессова́ться, *1st and 2nd pers not used*, *perf* be compressed ‖ *imperf* спрессо́вываться

спрессо́вывать(ся) *imperf of* спрессова́ть(ся)

спринцева́ть *imperf* что *med* syringe

pr.	спринцу́ю, -цу́ешь, -цу́ют
imp.	спринцу́й, ~те
pt.	спринцева́л
g.pr.a.	спринцу́я
p.pr.a.	спринцу́ющий
p.pt.a.	спринцева́вший
p.pt.p.	спринцо́ванный

спрова́дить *perf* кого́-что *sub* get rid of, show *smb* the door ‖ *imperf* спрова́живать 1 a

ft.	спрова́жу, -а́дишь, -а́дят
imp.	спрова́дь, ~те
pt.	спрова́дил
g.pt.a.	спрова́див
p.pt.a.	спрова́дивший
p.pt.p.	спрова́женный

спрова́живать *imperf of* спрова́дить

спровоци́ровать 4 *perf* **1.** кого́-что provoke **2.** *med, agr* induce, produce *a condition*

спроекти́ровать[1,2] *perf of* проекти́ровать[1,2]

спроси́ть *perf* **1.** кого́-что ask **2.** что *or* чего́ ask (for *smth*), ask *pardon etc.*, beg *indulgence* **3.** кого́-что ask for, ask to see **4.** с кого́-чего́ ask, charge; call to account ‖ *imperf* спра́шивать 1 a

ft.	спрошу́, -о́сишь, -о́сят
imp.	спроси́, ~те
pt.	спроси́л
g.pt.a.	спроси́в
p.pt.a.	спроси́вший
p.pt.p.	спро́шенный

спроси́ться *perf* **1.** кого́-чего́ *or* у кого́-чего́ *coll* ask permission **2.** *impers coll*: за э́то с тебя́ спро́сится you will be called to account for that ‖ *imperf* спра́шиваться

спры́гивать *imperf of* спры́гнуть

спры́гнуть 6 *perf* с чего́ jump down ‖ *imperf* спры́гивать 1 a

спры́скивать *imperf of* спры́снуть

спры́снуть 6 *perf* кого́-что **1.** *coll* sprinkle **2.** *fig sub joc* celebrate, *e.g.* wet the baby's head ‖ *imperf* спры́скивать 1 a

p.pt.p.	спры́снутый

спряга́ть 2 a *imperf* что *gram* conjugate

спряга́ться, *1st and 2nd pers not used*, *imperf gram* be conjugable, be conjugated

спрями́ть *perf* что straighten ‖ *imperf* спрямля́ть 2 a

ft.	спрямлю́, -ми́шь, -мя́т
imp.	спрями́, ~те
pt.	спрями́л
g.pt.a.	спрями́в
p.pt.a.	спрями́вший
p.pt.p.	спрямлённый; спрямлён, -ена́

спрямля́ть *imperf of* спрями́ть

спрясть *perf* что spin *flax etc.*

ft.	спряду́, -дёшь, -ду́т
imp.	спряди́, ~те
pt.	спрял, спряла́, спря́ло
g.pt.a.	спрядя́ *and* спря́дши
p.pt.a.	спря́дший
p.pt.p.	спрядённый; спрядён, -ена́

спря́тать *perf of* пря́тать

ft.	спря́чу, -чешь, -чут
imp.	спрячь, ~те
pt.	спря́тал
g.pt.a.	спря́тав
p.pt.a.	спря́тавший
p.pt.p.	спря́танный

спря́таться *perf of* пря́таться

спу́гивать *imperf of* спугну́ть

спугну́ть 7 *perf* кого́-что *coll* disturb, start, rouse, rout o ut ‖ *imperf* спу́гивать 1 a

спуска́ть(ся) *imperf of* спусти́ть(ся)

спусти́ть *perf* кого́-что 1. lower 2. release 3. let off *liquid, steam etc.* 4. reduce; *coll* lose *weight* 5. *coll* let *smth* pass, let *smb* off, forgive 6. *coll* sell, vend 7. *coll* waste, get through, squander 8. launch *a ship,* lower *a boat* ‖ *imperf* спуска́ть 2 a

ft.	спущу́, спу́стишь, спу́стят
imp.	спусти́, ~те
pt.	спусти́л
g.pt.a.	спусти́в
p.pt.a.	спусти́вший
p.pt.p.	спу́щенный

спусти́ться *perf* 1. get down, descend; спусти́ться по реке́ go downstream, float downstream, be carried with the current 2. *fig* decline *morally* 3. на что go down, sink, set; *av* land; *of fog, night etc.* fall 4. go down, be reduced ‖ *imperf* спуска́ться

спу́тать 1 *perf* 1. что mix up 2. кого́-что *coll* confuse 3. кого́-что с кем-чем mistake 4. кого́-что hobble, tie ‖ *imperf* спу́тывать 1 a

спу́таться *perf* 1. become entangled 2. *coll* be confused 3. *coll* mistake 4. с кем *sub* take up with ‖ *imperf* спу́тываться

спу́тывать(ся) *imperf of* спу́тать(ся)

спя́тить *perf sub*: спя́тить с ума́ go off *one's* rocker

ft.	спя́чу, спя́тишь, спя́тят
imp.	спять, ~те
pt.	спя́тил
g.pt.a.	спя́тив
p.pt.a.	спя́тивший

сраба́тывать *imperf of* срабо́тать

сраба́тываться[1,2] *imperf of* срабо́таться[1,2]

срабо́тать 1 *perf* 1. work, go; *of relay* draw 2. что *coll* produce ‖ *imperf* сраба́тывать 1 a

срабо́таться[1] *perf* work harmoniously, work well together, get used to working with each other ‖ *imperf* сраба́тываться

срабо́таться[2], *1st and 2nd pers not used, perf* wear down, suffer wear and tear ‖ *imperf* сраба́тываться

сра́внивать(ся)[1] *imperf of* сравни́ть(ся)

сра́внивать(ся)[2] *imperf of* сравня́ть(ся)

сра́внивать(ся)[3] *imperf of* сровня́ть(ся)

сравни́ть *perf* кого́-что с кем-чем compare; juxtapose ‖ *imperf* сра́внивать 1 a

ft.	сравню́, -ни́шь, -ня́т
imp.	сравни́, ~те
pt.	сравни́л
g.pt.a.	сравни́в
p.pt.a.	сравни́вший
p.pr.p.	сравни́мый
p.pt.p.	сравнённый; сравнён, -ена́

сравни́ться *perf* с кем-чем в чём compare oneself with *smb* (in), measure oneself against *smb* (in); be comparable (with) ‖ *imperf* сра́вниваться

сравня́ть 2 *perf* кого́-что с кем-чем equate; level up, equalize ‖ *imperf* сра́внивать 1 a

p.pt.p.	сра́вненный

сравня́ться *perf* с кем-чем compare oneself with, measure oneself against; be comparable (with) ‖ *imperf* сра́вниваться

сража́ть(ся) *imperf of* срази́ть(ся)

срази́ть *perf* кого́-что 1. slay 2. conquer 3. *fig* shake, cast down ‖ *imperf* сража́ть 2 a

ft.	сражу́, срази́шь, срази́т
imp.	срази́, ~те
pt.	срази́л
g.pt.a.	срази́в
p.pt.p.	сражённый; сражён, -ена́

срази́ться *perf* с кем-чем 1. begin hostilities; fight 2. во что *coll joc* play, do battle ‖ *imperf* сража́ться

срами́ть *imperf* кого́-что 1. *sub* revile, abuse, insult; dishonour 2. *coll* embarrass. — (о-)

pr.	срамлю́, -ми́шь, -мя́т
imp.	срами́, ~те
pt.	срами́л
g.pr.a.	срамя́
p.pr.a.	срамя́щий
p.pt.a.	срами́вший

срами́ться *imperf coll* make a fool of oneself, make oneself look ridiculous, disgrace oneself. — (о-)

сраста́ться *imperf of* срасти́сь

срасти́сь *perf* 1. grow over, form a scar, heal 2. *fig* с кем-чем grow accustomed (to); become one (with) ‖ *imperf* сраста́ться 2 a

ft.	срасту́сь, -тёшься, -ту́тся
imp.	срасти́сь, -и́тесь
pt.	сро́сся, сросла́сь

g.pt.a. сро́сшись
p.pt.p. сро́сшийся

срасти́ть *perf* что **1.** allow to heal, set **2.** splice, join **3.** с кем-чем inextricably link (with) ‖ *imperf* сра́щивать 1 a
ft. сращу́, срасти́шь, срастя́т
imp. срасти́, ~те
pt. срасти́л
g.pt.a. срасти́в
p.pt.a. срасти́вший
p.pt.p. сращённый; срашён, -ена́

сра́щивать *imperf of* срасти́ть

сре́зать *perf* **1.** что cut off; *fig coll* shorten **2.** кого-что slay, cut down **3.** кого-что cut *smb* short **4.** кого-что *sub* plough *smb in an examination* ‖ *imperf* срезá́ть 2 a *and* сре́зывать 1 a
ft. сре́жу, -жешь, -жут
imp. срежь, ~те
pt. сре́зал
g.pt.a. сре́зав
p.pt.a. сре́завший
p.pt.p. сре́занный

среза́ть *imperf of* сре́зать

сре́заться *perf sub* **1.** fail *an examination* **2.** с кем *or without object* fight, brawl; *joc* have a game, play a game **3.** be cut off ‖ *imperf* среза́ться 2 a *and* сре́зываться 1 a
forms follow сре́зать

среза́ться *imperf of* сре́заться

сре́зывать(ся) *imperf of* сре́зать(ся)

срепети́ровать 4 *perf* что *theat* rehearse

срисова́ть 5 *perf* кого-что sketch a copy ‖ *imperf* срисо́вывать 1 a

срисо́вывать *imperf of* срисова́ть

срифмова́ть 5 *perf* что rhyme, form a rhyme, rhyme with each other

сробе́ть 3 *perf coll* fight shy of

сровня́ть 2 *perf* что level out, flatten ‖ *imperf* сра́внивать 1 a
p.pt.p. сро́вненный

сровня́ться *perf* с кем-чем *of snow, flood water etc.* reach the same level (as), become indistinguishable (from); *coll* draw level with *in a car etc.* ‖ *imperf* сра́вниваться

сродни́ть *perf fig* кого-что с кем-чем relate, bring together; bring together, make acquainted with each other
ft. сродню́, -ни́шь, -ня́т
imp. сродни́, ~те
pt. сродни́л

g.pt.a. сродни́в
p.pt.a. сродни́вший
p.pt.p. сроднённый; сроднён, -ена́

сродни́ться *perf* с кем-чем **1.** become acquainted, make friends **2.** get accustomed to

сруба́ть *imperf of* сруби́ть

сруби́ть *perf* что **1.** chop off; fell *timber*; clear *a wood* **2.** frame, build with wood ‖ *imperf* сруба́ть 2 a
ft. срублю́, сру́бишь, сру́бят
imp. сруби́, ~те
pt. сруби́л
g.pt.a. сруби́в
p.pt.a. сруби́вший
p.pt.p. сру́бленный

срыва́ть[1] *imperf of* сорва́ть

срыва́ть[2] *imperf of* срыть

срыва́ться *imperf of* сорва́ться

срыть *perf* что raze *fortifications* ‖ *imperf* срыва́ть 2 a
ft. сро́ю, сро́ешь, сро́ют
imp. срой, ~те
pt. срыл
g.pt.a. срыв
p.pt.a. сры́вший
p.pt.p. сры́тый

ссади́ть *perf* кого-что **1.** help down, help out; set down, put off *passenger* **2.** graze ‖ *imperf* сса́живать 1 a
ft. ссажу́, сса́дишь, сса́дят
imp. ссади́, ~те
pt. ссади́л
g.pt.a. ссади́в
p.pt.a. ссади́вший
p.pt.p. сса́женный

сса́живать *imperf of* ссади́ть

сседа́ться *imperf of* ссе́сться

ссека́ть *imperf of* ссечь

ссели́ть *perf* кого-что settle *people from various quarters* ‖ *imperf* сселя́ть 2 a
ft. сселю́, -ли́шь, -ля́т
imp. ссели́, ~те
pt. ссели́л
g.pt.a. ссели́в
p.pt.p. ссели́вший
p.pt.p. сселённый; сселён, -ена́

ссели́ться *perf* settle *from various quarters* ‖ *imperf* сселя́ться

сселя́ть(ся) *imperf of* ссели́ть(ся)

ссе́сться, *1st and 2nd pers not used, perf coll* shrink, contract ‖ *imperf* сседа́ться 2 a

ft.	ссядется, -дутся
pt.	ссёлся, -лась
g.pt.a.	ссёвшись
p.pt.a.	ссёвшийся

ссечь *perf* что chop off, hack off, saw off ‖ *imperf* ссекать 2a

ft.	ссеку, ссечёшь, ссекут
imp.	ссеки, ~те
pt.	ссек, ссекла
g.pt.a.	ссёкши
p.pt.a.	ссёкший
p.pt.p.	ссечённый; ссечён, -ена

ссорить *imperf* кого-что (с кем-чем) come between, split, set at variance with each other, sow enmity between ‖ *perf* поссорить, forms ib.

pr.	ссорю, -ришь, -рят
imp.	ссорь, ~те
pt.	ссорил
g.pr.a.	ссоря
p.pr.a.	ссорящий
p.pt.a.	ссоривший

ссориться *imperf* с кем-чем quarrel (with); dissociate oneself (from) ‖ *perf* поссориться

ссохнуться *perf* dry out, shrivel; warp; shrink; grow lean ‖ *imperf* ссыхаться 2a

ft.	ссохнусь, -нешься, -нутся
pt.	ссохся, ссохлась
g.pt.a.	ссохшись
p.pt.a.	ссохшийся

ссудить *perf* кого-что чем *or* кому-чему что lend; я ссудил его рублём *or* я ссудил ему рубль I lent him one ruble ‖ *imperf* ссужать 2a

ft.	ссужу, ссудишь, ссудят
imp.	ссуди, ~те
pt.	ссудил
g.pt.a.	ссудив
p.pt.a.	ссудивший
p.pt.p.	ссуженный

ссужать *imperf of* ссудить

ссутулить *perf of* сутулить

ft.	ссутулю, -лишь, -лят
imp.	ссутуль, ~те
pt.	ссутулил
g.pt.a.	ссутулив
p.pt.a.	ссутуливший
p.pt.p.	ссутуленный

ссутулиться *perf of* сутулиться

ссучивать *imperf of* ссучить

ссучить *perf* что twist *yarn*; twine *thread*; throw *silk* ‖ *imperf* ссучивать 1a

ft.	ссучу, ссучишь, ссучат

imp.	ссучи, ~те
pt.	ссучил
g.pt.a.	ссучив
p.pt.a.	ссучивший
p.pt.p.	ссученный

ссылать(ся) *imperf of* сослать(ся)

ссыпать *perf* что 1. fill, heap, pile up 2. store *grain* ‖ *imperf* ссыпать 2a

ft.	ссыплю, ссыплешь, ссыплют
imp.	ссыпь, ~те
pt.	ссыпал
g.pt.a.	ссыпав
p.pt.a.	ссыпавший
p.pt.p.	ссыпанный

ссыпать *imperf of* ссыпать

ссыхаться *imperf of* ссохнуться

стабилизировать 4 *and* 4a *perf, imperf* что stabilize

стабилизироваться, *1st and 2nd pers not used, perf, imperf* become stable

стабилизовать 5 *and* 5a *perf, imperf* что stabilize

стабилизоваться, *1st and 2nd pers not used, perf, imperf* become stabilized

ставить *imperf* что 1. put somewhere, put down 2. кого-что *coll* appoint 3. *theat* play, show, perform; stage, arrange, organize; produce; direct 4. stake ‖ *perf* поставить[1], forms ib.

pr.	ставлю, -вишь, -вят
imp.	ставь, ~те
pt.	ставил
g.pr.a.	ставя
p.pr.a.	ставящий
p.pt.a.	ставивший
p.pt.p.	ставленный

стажировать 4a *imperf* go through a probationership

стажироваться *imperf* go through a probationership

ставать *imperf of* стаять

сталкивать(ся) *imperf of* столкнуть(ся)

стандартизировать 4 *and* 4a *perf, imperf* что standardize

стандартизовать 5 *and* 5a *perf, imperf* что standardize

становиться[1,2] *imperf of* стать[1,2]

pr.	становлюсь, -овишься, -овятся
imp.	становись, -итесь
pt.	становился, -лась
g.pr.a.	становясь
p.pr.a.	становящийся
p.pt.a.	становившийся

станцева́ть *perf of* танцева́ть
ft.   станцу́ю, -у́ешь, -у́ют
imp.   станцу́й, ~те
pt.   станцева́л
g.pt.a.   станцева́в
p.pt.a.   станцева́вший
p.pt.p.   станцо́ванный

ста́пливать *imperf of* стопи́ть[2]

ста́птывать(ся) *imperf of* стопта́ть(ся)

стара́ться 2a *imperf* attempt (to), take pains (to), make an effort (to), endeavour (to), seek (to) ‖ *perf* постара́ться 2

старе́ть 3a *imperf* **1.** get old, get older **2.** age **3.** become obsolete. — (по- *with* 1, 2, у- *with* 3)

ста́рить *imperf* кого-что make older [old]. — (со-)
pr.   ста́рю, -ришь, -рят
imp.   ста́рь, ~те
pt.   ста́рил
g.pr.a.   ста́ря
p.pr.a.   ста́рящий
p.pt.a.   ста́ривший

ста́риться *imperf* become older [old]. — (со-)

стартова́ть 5 *and* 5a *perf, imperf av* take off

стаска́ть 2 *perf* что *coll* gather *in one place*, bring together ‖ *imperf* ста́скивать 1a

ста́скивать[1] *imperf of* стащи́ть

ста́скивать[2] *imperf of* стаска́ть

стасова́ть 5 *perf* что shuffle *cards* ‖ *imperf* стасо́вывать 1a

стасо́вывать *imperf of* стасова́ть

стать[1] *perf* **1.** take up a position **2.** stop, come to a standstill **3.** *sub* cost ‖ *imperf* станови́ться *with* 1, forms ib.
ft.   ста́ну, -нешь, -нут
imp.   стань, ~те
pt.   стал
g.pt.a.   став
p.pt.a.   ста́вший

стать[2] *perf* **1.** *auxiliary verb, with infinitive* start to **2.** (кем-чем) become, get, grow ‖ *imperf* станови́ться *with* 2, forms ib. forms as стать[1]

ста́ться, *usu impers, perf coll* occur, happen, be up
ft.   ста́нется
pt.   ста́лось

стача́ть 2 *perf* что quilt; *coll* stitch together ‖ *imperf* ста́чивать 1a

ста́чивать[1] *imperf of* стача́ть

ста́чивать[2] *imperf of* сточи́ть

ста́чиваться *imperf of* сточи́ться

стащи́ть *perf* **1.** кого-что pull down; pull off; draw away, pull away **2.** что drag up, drag together **3.** что *coll* pinch, nick, swipe ‖ *imperf* ста́скивать 1a
ft.   стащу́, ста́щишь, ста́щат
imp.   стащи́, ~те
pt.   стащи́л
g.pt.a.   стащи́в
p.pt.a.   стащи́вший
p.pt.p.   ста́щенный

ста́ять, *1st and 2nd pers not used, perf* thaw, melt ‖ *imperf* ста́ивать 1a
ft.   ста́ет, ста́ют
pt.   ста́ял
g.pt.a.   ста́яв
p.pt.a.   ста́явший

створа́живать(ся) *imperf of* створо́жить(ся)

створо́жить *perf* что cause to curd; cause to curdle ‖ *imperf* створа́живать 1a
ft.   створо́жу, -жишь, -жат
imp.   створо́жь, ~те
pt.   створо́жил
g.pt.a.   створо́жив
p.pt.a.   створо́живший
p.pt.p.   створо́женный

створо́житься, *1st and 2nd pers not used, perf* curd; curdle ‖ *imperf* створа́живаться

стега́ть[1] 2a *imperf* кого-что *and* по чему *or without object* whip, lash | *perf semelf* стегну́ть 7, *p.pt.p.* стёгнутый

стега́ть[2] 2a *imperf* quilt, stitch. — (вы-, про-)
p.pt.p.   стёганный

стегну́ть *perf semelf of* стега́ть[1]

стека́ть(ся) *imperf of* сте́чь(ся)

стекле́не́ть 3a, *1st and 2nd pers not used, imperf* become brittle. — (о-)

стеклографи́ровать 4 *and* 4a *perf, imperf* что hectograph *using glass plates*

стели́ть *imperf* что *sub* spread, lay *cloth*; стели́ть посте́ль make a bed. — (по-)
pr.   стелю́, сте́лешь, сте́лют
imp.   стели́, ~те
pt.   стлал *and* стели́л
g.pr.a.   стеля́
p.pr.a.   сте́лющий
p.pt.a.   стели́вший

стели́ться *imperf sub* **1.** spread, expand **2.**: стели́ться на́ ночь make *one's* bed for the night

стемне́ть 3 *impers perf* grow dark, get dark, grow dusk

стена́ть 2a *imperf bookish* groan, moan
g.pr.a. стена́я *and* стеня́
p.pr.a. стена́ющий *and* стеня́щий

стенографи́ровать 4a *imperf* что take down in shorthand, take down *shorthand.* — (за-)

стервене́ть 3a *imperf* rage like a wild beast, become furious, become enraged. — (о-)

стереотипи́ровать 4 *and* 4a *perf, imperf print* cast a stereo plate *from flong*, make a stereo plate *from type*

стере́ть *perf* что **1.** wipe off **2.** *fig* wipe out, wipe away, erase; erase *magnetic recording*; erase *with indiarubber* **3.** rub to shreds, pulverize **4.** abrade, chafe ‖ *imperf* стира́ть 2a
ft. сотру́, -рёшь, -ру́т
imp. сотри́, ~те
pt. стёр, ~ла
g.pt.a. стере́в *and* стёрши
p.pt.a. стёрший
p.pt.p. стёртый

стере́ться *1st and 2nd pers not used, perf* **1.** become blurred, become indistinct, wear off **2.** become worn *from constant use* ‖ *imperf* стира́ться

стере́чь *imperf* кого́-что **1.** guard, watch over; watch out, look out **2.** be on the watch for
pr. стерегу́, -ежёшь, -егу́т
imp. стереги́, ~те
pt. стерёг, -егла́
p.pr.a. стерегу́щий
p.pt.a. стерёгший

стере́чься *imperf* кого́-чего́ *sub* be on *one's* guard against

стерилизова́ть 5 *and* 5a *perf, imperf* кого́-что sterilize

стерпе́ть *perf* что **1.** suffer, bear **2.** *without object, usu negated* control oneself, keep a grip on oneself
ft. стерплю́, сте́рпишь, сте́рпят
imp. стерпи́, ~те
pt. стерпе́л
g.pt.a. стерпе́в
p.pt.a. стерпе́вший

стерпе́ться, *1st and 2nd pers not used, perf coll* с чем *or without object* learn to live with, put up with, get used to

стеса́ть *perf* что hack off, chop off, strike off ‖ *imperf* стёсывать 1a
ft. стешу́, сте́шешь, сте́шут
imp. стеши́, ~те
pt. стеса́л
g.pt.a. стеса́в
p.pt.a. стеса́вший
p.pt.p. стёсанный

стесни́ть *perf* кого́-что **1.** limit, hem in; cramp, restrict; *fig* crowd **2.** be a burden, be burdensome, be tiresome **3.** cause confusion, embarrass ‖ *imperf* стесня́ть 2a
ft. стесню́, -ни́шь, -ня́т
imp. стесни́, ~те
pt. стесни́л
g.pt.a. стесни́в
p.pt.a. стесни́вший
p.pt.p. стеснённый; стеснён, -ена́

стесни́ться *perf* **1.** crowd together, throng **2.** *coll* draw in *one's* horns, economize, cut down **3.** grow difficult; у меня́ стесни́лось дыха́ние I found difficulty in breathing ‖ *imperf* стесня́ться

стесня́ть *imperf of* стесни́ть

стесня́ться 2a *imperf* **1.** *imperf of* стесни́ться **2.** кого́-чего́ *or without object or with infinitive* be embarrassed, be shy. — (по-)

стёсывать *imperf of* стеса́ть

стечь, *1st and 2nd pers not used, perf* drip; flow out; seep out ‖ *imperf* стека́ть 2a
ft. стечёт, стеку́т
pt. стёк, стекла́
g.pt.a. стёкши
p.pt.a. стёкший

сте́чься, *1st and 2nd pers not used, perf* **1.** flow together, be confluent **2.** *fig* come together, roll up, turn up ‖ *imperf* стека́ться

сти́брить *perf* что *sub* pinch, nick
ft. сти́брю, -ришь, -рят
imp. сти́бри, ~те
pt. сти́брил
g.pt.a. сти́брив
p.pt.a. сти́бривший
p.pt.p. сти́бренный

стилизова́ть 5 *and* 5a *perf, imperf* что stylize

стимули́ровать 4 *and* 4а *perf, imperf* stimulate, encourage, egg on; encourage, promote, foster

стира́ть[1] 2а *imperf* что *or without object* launder, wash. — (вы́-)
p.pt.p. сти́ранный

стира́ть[2] *imperf of* стере́ть

стира́ться[1] *imperf of* стере́ться

стира́ться[2] 2а, *1st and 2nd pers not used, imperf* 1. *coll* be laundered, be in the wash, be in the laundry 2. come out, wash out

сти́скивать(ся) *imperf of* сти́снуть(ся)

сти́снуть 6 *perf* кого́-что press together; force, force in ‖ *imperf* сти́скивать 1а
p.pt.p. сти́снутый

сти́снуться, *1st and 2nd pers not used, perf* be compacted ‖ *imperf* сти́скиваться

стиха́ть *imperf of* сти́хнуть

сти́хнуть *perf* 1. fall silent 2. abate, cease; *of wind* drop ‖ *imperf* стиха́ть 2а
ft.	сти́хну, -нешь, -нут
imp.	сти́хни, ~те
pt.	стих *and obs* сти́хнул, сти́хла
g.pt.a.	сти́хнув *and obs* сти́хши
p.pt.a.	сти́хший *and* сти́хнувший

стлать [сл] *imperf* что spread, lay *cloth*; стлать посте́ль make a bed; стлать пол lay a floor. — (по-)
pr.	стелю́, сте́лешь, сте́лют
imp.	стели́, ~те
pt.	стлал
g.pr.a.	стеля́
p.pr.a.	сте́лющий
p.pt.a.	стла́вший

стла́ться [сл], *1st and 2nd pers not used, imperf* 1. spread; drift, hang *in the air* 2.: стла́ться на́ ночь make *one's* bed for the night

сто́ить *imperf* 1. что *and* чего́ cost 2 .*impers* чего́ pay off, be worth while 3. *impers with infinitive* it needs but; сто́ит то́лько сказа́ть одно́ сло́во it needs but a single word, you need only say the word
pr.	сто́ю, сто́ишь, сто́ят
pt.	сто́ил
g.pr.a.	сто́я
p.pr.a.	сто́ящий
p.pt.a.	сто́ивший

столбене́ть 3а *imperf coll* stiffen, go rigid *with shock*. — (о-)

столкну́ть 7 *perf* кого́-что 1. knock down, poke down, push away 2. knock together 3. с кем-чем bring into contact (with) ‖ *imperf* ста́лкивать 1а

столкну́ться *perf* с кем-чем 1. collide; *fig* clash 2. hit, meet; *fig* come into contact (with), run across, meet up (with) ‖ *imperf* ста́лкиваться

столкова́ться 5 *perf* с кем-чем *coll* reach agreement ‖ *imperf* столко́вываться 1а

столко́вываться *imperf of* столкова́ться

столова́ться 5а *imperf* у кого́-н. be in board, board (with); be a boarder

столо́чь *perf* что *coll* break up, pound, grind *e.g. with mortar and pestle*
ft.	столку́, -лчёшь, -лку́т
imp.	столки́, ~те
pt.	столо́к, -лкла́
g.pt.a.	столо́кши
p.pt.a.	столо́кший
p.pt.p.	столчённый; столчён, -ена́

столпи́ть *perf* кого́-что crowd *smth* together
ft.	столплю́, -пи́шь, -пя́т
imp.	столпи́, ~те
pt.	столпи́л
g.pt.a.	столпи́в
p.pt.a.	столпи́вший
p.pt.p.	столплённый; столплён, -ена́

столпи́ться, *1st and 2nd pers sg not used, perf* crowd together, assemble, accumulate

столя́рить *imperf sub* work as a carpenter, carpenter
pr.	столя́рю, -ришь, -рят
imp.	столя́рь, ~те
pt.	столя́рил
g.pr.a.	столя́ря
p.pr.a.	столя́рящий
p.pt.a.	столя́ривший

столя́рничать 1а *imperf* be a carpenter

стона́ть *imperf* groan, moan, sigh
pr.	стону́ *and* стона́ю, сто́нешь, сто́нут
imp.	стони́, ~те
pt.	стона́л
g.pr.a.	стона́я
p.pr.a.	сто́нущий
p.pt.a.	стона́вший

стопи́ть[1] *perf* что *sub* use as fuel, feed *furnace* with, burn up
ft.	стоплю́, сто́пишь, сто́пят
imp.	стопи́, ~те
pt.	стопи́л

g.pt.a.   стопи́в
p.pt.a.   стопи́вший
p.pt.p.   сто́пленный

стопи́ть[2] *perf* что **1.** melt down **2.** *sub* render down, melt ‖ *imperf* ста́пливать 1a
forms as стопи́ть[1]

сто́порить *imperf* что **1.** brake, pull up **2.** lock, bolt, fasten **3.** *fig coll* brake, hold back, put the brake on. — (за-)
pr.   сто́порю, -ришь, -рят
imp.   сто́пори, ~те
pt.   сто́порил
g.pr.a.   сто́поря
p.pr.a.   сто́порящий
p.pt.a.   сто́поривший

сто́пориться, *1st and 2nd pers not used, imperf* **1.** stop going **2.** *fig coll* hesitate, falter, break down

стопта́ть *perf* что **1.** wear down *shoes* **2.** *coll* trample down ‖ *imperf* ста́птывать 1a
ft.   стопчу́, сто́пчешь, сто́пчут
imp.   стопчи́, ~те
pt.   стопта́л
g.pt.a.   стопта́в
p.pt.a.   стопта́вший
p.pt.p.   сто́птанный

стопта́ться, *1st and 2nd pers not used, perf, of shoes* become worn, be down at the heels ‖ *imperf* ста́птываться

сторгова́ть 5 *perf* что *sub* haggle *one's* way to, obtain by haggling ‖ *imperf* сторго́вывать* 1a

сторгова́ться *perf* с кем-чем **1.** agree on a deal, reach terms, make a deal **2.** *coll* agree, arrange ‖ *imperf* сторго́вываться

сторго́вывать(ся) *imperf of* сторгова́ть(ся)

сторнова́ть 5a *imperf* что thresh without untying the sheaves, thresh from the sheaf
p.pt.p.   сторно́ванный

сторожи́ть *imperf* кого-что **1.** guard, be a watchman **2.** keep watch on, keep under observation
pr.   сторожу́, -жи́шь, -жа́т
imp.   сторожи́, ~те
pt.   сторожи́л
g.pr.a.   сторожа́
p.pr.a.   сторожа́щий
p.pt.a.   сторожи́вший

сторони́ться *imperf* **1.** step aside **2.** кого-чего *or sub* от кого-чего avoid

pr.   стороню́сь, -о́нишься, -о́нятся
imp.   сторони́сь, -и́тесь
pt.   сторони́лся, -лась
g.pr.a.   сторони́сь
p.pr.a.   сторони́щийся
p.pt.a.   сторони́вшийся

стоскова́ться 5 *perf* по ком-чём, по кому́-чему *coll* long for; be bored

сточи́ть *perf* что grind off ‖ *imperf* ста́чивать 1a
ft.   сточу́, сто́чишь, сто́чат
imp.   сточи́, ~те
pt.   сточи́л
g.pt.a.   сточи́в
p.pt.a.   сточи́вший
p.pt.p.   сто́ченный

сточи́ться, *1st and 2nd pers not used, perf* be ground off ‖ *imperf* ста́чиваться

стошни́ть *impers perf* кого-что *of contents of stomach* come up; меня́ стошни́ло I had to bring up the contents of my stomach, I had to vomit
ft.   стошни́т
pt.   стошни́ло

стоя́ть *imperf* **1.** stand, be **2.** make no progress, stand still, come to a halt **3.** prevail, obtain **4.** *mil* lie **5.** за кого-что champion, intercede for, take the part of, stick up for, stand up for
pr.   стою́, стои́шь, стоя́т
imp.   стой, ~те
pt.   стоя́л
g.pr.a.   сто́я *and* стоя́* *and sub* сто́ючи
p.pr.a.   стоя́щий
p.pt.a.   стоя́вший

страви́ть[1] *perf* **1.** кого-что set on each other, set at each other's throats **2.** что *agr* graze *pasture*; overgraze *pasture*, strip *pasture* bare; feed, give fodder (to) ‖ *imperf* стра́вливать 1a *and coll* стравля́ть 2a
ft.   стравлю́, стра́вишь, стра́вят
imp.   страви́, ~те
pt.   страви́л
g.pt.a.   страви́в
p.pt.a.   страви́вший
p.pt.p.   стра́вленный

страви́ть[2] *perf* что **1.** *naut* slacken *line, anchor chain etc.* **2.** let off *air, steam etc.* ‖ *imperf* стра́вливать 1a *and* стравля́ть 2a
forms as страви́ть[1]

стра́вливать[1,2] *imperf of* страви́ть[1,2]

стравля́ть[1,2] *imperf of* страви́ть[1,2]

стра́гивать(ся) *imperf of* стро́нуть(ся)

страда́ть 2a *imperf* **1.** чем suffer *from illness*; от чего *or* за что suffer *for beliefs etc.*, suffer *fate* **2.** *coll* be wanting, have deteriorated; у него страда́ет орфогра́фия his spelling leaves much to be desired ‖ *perf* пострада́ть 2

стра́ивать *imperf of* стро́ить

стра́нничать 1a *imperf coll* rove, roam, live a wanderer's life

стра́нствовать 4a *imperf* **1.** travel, peregrinate, live a wandering life; visit, "do" *a country* **2.** *obs* make a pilgrimage

страхова́ть 5a *imperf* кого́-что **1.** insure, take out an insurance policy for **2.** *fig* take precautions for. — (за- *with* 1)
p.pt.p. страхо́ванный

страхова́ться *imperf* **1.** take out insurance, insure oneself **2.** secure oneself (against). — (за-)

страши́ть *imperf* кого́-что frighten
pr.	страшу́, -ши́шь, -ша́т
imp.	страши́, ~те
pt.	страши́л
g.pr.a.	страша́
p.pr.a.	страша́щий
p.pt.a.	страши́вший
p.pr.p.	страши́мый

страши́ться *imperf* кого́-что be afraid of

страща́ть 2a *imperf* кого́-что *sub* put the wind up; dismay. — (по-)

стрекота́ть *imperf, of insect, bird etc.* chirp, chirrup, chatter, screech; *of motor* chug; *coll* chatter
pr.	стрекочу́, -о́чешь, -о́чут
imp.	стрекочи́, ~те
pt.	стрекота́л
g.pr.a.	стрекоча́
p.pr.a.	стреко́чущий
p.pt.a.	стрекота́вший

стре́ливать *imperf freq of* стреля́ть

стрели́ть *perf reg* **1.** fire a shot **2.** кого́-что shoot, kill
ft.	стрелю́, -е́лишь, -е́лят
imp.	стрели́, ~те
pt.	стрели́л
g.pt.a.	стрели́в
p.pt.a.	стрели́вший

стрельну́ть 7 *perf* **1.** *semelf of* стреля́ть **2.** *coll* take to *one's* heels, make off
p.pt.p. on

стреля́ть 2a *imperf* **1.** в кого́-что shoot (at) **2.** кого́-что shoot, kill, bring down **3.** *impers* sting; у меня́ стреля́ет в пра́-

вом у́хе I have stinging pains in my right ear, my right ear stings **4.** make eyes at, ogle ‖ *perf semelf* стрельну́ть 7 *with* 1, 3 ‖ *imperf freq coll* стре́ливать 1a

стреля́ться *imperf* **1.** shoot oneself **2.** с кем *or without object obs* fight a duel (with each other)

стреми́ть *imperf* кого́-что *bookish* **1.** sweep away **2.** *fig* guide towards, steer towards
pr.	стремлю́, -ми́шь, -мя́т
imp.	стреми́, ~те
pt.	стреми́л
g.pr.a.	стремя́
p.pr.a.	стремя́щий
p.pt.a.	стреми́вший

стреми́ться *imperf* **1.** к чему́ aim for, aim at, strive for, strive towards **2.** make for, hurry towards

стрено́живать *imperf of* стрено́жить

стрено́жить *perf* кого́-что fetter; hobble *horse* ‖ *imperf* стрено́живать 1a
ft.	стрено́жу, -жишь, -жат
imp.	стрено́жь, ~те
pt.	стрено́жил
g.pt.a.	стрено́жив
p.pt.a.	стрено́живший
p.pt.p.	стрено́женный

стричь *imperf* кого́-что shear, trim; cut; prune. — (о-, об-)
pr.	стригу́, -ижёшь, -игу́т
imp.	стриги́, ~те
pt.	стриг, ~ла
p.pr.a.	стригу́щий
p.pt.a.	стри́гший
p.pt.p.	стри́женный

стри́чься *imperf* **1.** get a haircut **2.** wear *one's* hair short. — (о-, об-)

строга́ть 2a *and coll* **струга́ть** 2a *imperf* что plane, plane down; plane off, smooth. — (вы-)
p.pt.p. стро́ганный *and coll* стру́ганный

стро́ить *imperf* что **1.** build, construct, erect **2.** *fig* build up, create; plan, build *e.g.* castles in the air **3.** на чём build up on, found on **4.** arrange, organize **5.** кого́-что *mil* draw up, marshall; form up **6.** *math* construct *with ruler and compasses*; plot *graph* **7.** *coll*: стро́ить грима́сы pull a face, make a face ‖ *perf* постро́ить, forms ib. — (вы- *with* 1, 5, со- *with* 7)
pr.	стро́ю, -о́ишь, -о́ят
imp.	строй, ~те
pt.	стро́ил

g.pr.a.	стро́я
p.pr.a.	стро́ящий
p.pt.a.	стро́ивший
p.pr.p.	стро́имый
p.pt.p.	стро́енный*

стро́ить *perf* что **1.** triple, treble; join three together; take three at a time **2.** repeat three times ‖ *imperf* стра́ивать 1 a

ft.	строю́, -о́ишь, -о́ят
imp.	строй, ～те
pt.	строи́л
g.pt.a.	строи́в
p.pt.a.	строи́вший
p.pt.p.	строённый; строён, -ена́

стро́иться *imperf* **1.** build oneself a house **2.** *mil* fall in ‖ *perf* постро́иться, forms follow постро́ить. — (вы- *with* 2) forms follow стро́ить

стро́нуть 6 *perf* кого́-что *coll* **1.** move *smth* to one side **2.** start, rouse *an animal* ‖ *imperf* стра́гивать 1 a

imp.	стронь, ～те
p.pt.p.	стро́нутый

стро́нуться *perf coll* move aside ‖ *imperf* стра́гиваться

строчи́ть *imperf* что **1.** stitch, quilt **2.** *coll* run up on the sewing machine **3.** *coll* scribble **4.** *without object, coll, of machine gun, automatic* go rattat **5.** *without object coll* grouse, grumble. — (вы- *with* 1, на- *with* 3, про- *with* 1, 3)

pr.	строчу́, стро́чишь, стро́ча́т
imp.	строчи́, ～те
pt.	строчи́л
g.pr.a.	строча́
p.pr.a.	строча́щий
p.pt.a.	строчи́вший
p.pr.p.	строчи́мый
p.pt.p.	строчённый; строчён, -ена́

струга́ть *s.* строга́ть

струи́ть, *1st and 2nd pers not used, imperf* что *bookish* exude, radiate, shed, breathe

pr.	струи́т, струя́т
pt.	струи́л
g.pr.a.	струя́
p.pr.a.	струя́щий
p.pt.a.	струи́вший
p.pr.p.	струи́мый

струи́ться, *1st and 2nd pers not used, imperf* ooze, dribble, trickle; pour, run, gush

стру́сить *perf* **1.** get frightened **2.** пе́ред кем-чем *or obs* кого́-чего́ be afraid (of)

ft.	стру́шу, -у́сишь, -у́сят
imp.	струсь, ～те
pt.	стру́сил
g.pt.a.	стру́сив
p.pt.a.	стру́сивший

струхну́ть 7 *perf coll* get the wind up по *p.pt.p.*

стря́пать 1 a *imperf* что **1.** cook *a meal*, get *a meal* ready **2.** *fig, usu iron* cook up; concoct; fabricate ‖ *perf* состря́пать 1

стряса́ть(ся) *imperf of* стрясти́(сь)

стрясти́ *perf* что shake down, shake off ‖ *imperf* стряса́ть 2 a

ft.	стрясу́, -сёшь, -су́т
imp.	стряси́, ～те
pt.	стряс, ～ла́
g.pt.a.	стря́сши
p.pt.a.	стря́сший
p.pt.p.	стрясённый; стрясён, -ена́

стрясти́сь, *1st and 2nd pers not used, perf coll* befall, come about ‖ *imperf* стряса́ться

стря́хивать *imperf of* стряхну́ть

стряхну́ть 7 *perf* кого́-что shake off, throw off ‖ *imperf* стря́хивать 1 a

студене́ть 3 a, *1st and 2nd pers not used, imperf coll* gel. — (за-)

студи́ть *imperf* что *coll* cool, let go cold. — (о-)

pr.	стужу́, сту́дишь, сту́дят
imp.	студи́, ～те
pt.	студи́л
g.pr.a.	студя́
p.pr.a.	студя́щий
p.pt.a.	студи́вший
p.pt.p.	сту́женный

сту́кать(ся) *imperf of* сту́кнуть(ся)

сту́кнуть 6 *perf* **1.** bang, knock, clatter, rattle **2.** кого́-что *coll* hit, strike **3.** *coll* be, reach, touch, hit *the age of*; ему́ со́рок сту́кнуло he has reached forty ‖ *imperf* сту́кать 1 a

p.pt.p. сту́кнутый

сту́кнуться *perf* о что hit (against), bump (against), bump oneself (on) ‖ *imperf* сту́каться

ступа́ть 2 a *imperf* **1.** *imperf of* ступи́ть **2.** walk, step

ступи́ть *perf* **1.** step, stride **2.** land in ‖ *imperf* ступа́ть 2 a *with* 1

ft.	ступлю́, сту́пишь, сту́пят
imp.	ступи́, ～те
pt.	ступи́л

g.pt.a.	ступи́в
p.pt.a.	ступи́вший

стуча́ть *imperf* bang, clatter, knock, pound. — (по-)

pr.	стучу́, -чи́шь, -ча́т
imp.	стучи́, ~те
pt.	стуча́л
g.pr.a.	стуча́
p.pr.a.	стуча́щий
p.pt.a.	стуча́вший

стуча́ться *imperf* **1.** *coll* bump oneself **2.** knock at the door. — (по-)

стушева́ться *perf* **1.** become effaced **2.** efface oneself, take a back seat, step out of the limelight **3.** *fig coll* turn shy, get embarrassed ‖ *imperf* стушёвываться 1 a

ft.	стушу́юсь, -у́ешься, -у́ются
imp.	стушу́йся, -у́йтесь
pt.	стушева́лся, -лась
g.pt.a.	стушева́вшись
p.pt.a.	стушева́вшийся

стушёвываться *imperf of* стушева́ться

стуши́ть *perf of* туши́ть²

ft.	стушу́, сту́шишь, сту́шат
imp.	стуши́, ~те
pt.	стуши́л
g.pt.a.	стуши́в
p.pt.a.	стуши́вший
p.pt.p.	сту́шенный

стыди́ть *imperf* кого́-что **1.** reproach, appeal to *smb's* conscience **2.** *coll* dishonour, abuse. — (при-)

pr.	стыжу́, стыди́шь, стыдя́т
imp.	стыди́, ~те
pt.	стыди́л
g.pr.a.	стыдя́
p.pr.a.	стыдя́щий
p.pt.a.	стыди́вший

стыди́ться *imperf* кого́-чего́ *or with infinitive* be ashamed. — (по-)

сты́нуть *see.* стыть

стыть *and* **сты́нуть** *imperf* get cold, cool; *fig* cool down, cool off. — (о-)

pr.	сты́ну, -нешь, -нут
imp.	стынь, ~те
pt.	стыл *and obs* сты́нул, сты́ла
p.pr.a.	сты́нущий
p.pt.a.	сты́вший *and* сты́нувший

стя́гивать(ся) *imperf of* стяну́ть(ся)

стяжа́ть 2 *and* 2а *perf, imperf* что *bookish* **1.** *a. without object* rake in *possessions etc*; amass riches **2.** *fig* acquire

p.pt.p.	стяжа́нный

стяну́ть 7 *perf* что **1.** tie up, knot **2.** gather, draw up *e.g. troops* **3.** pull down, pull off *clothes* **4.** *coll* pinch ‖ *imperf* стя́гивать 1 a *with* 1—3

ft.	стяну́, стя́нешь, стя́нут
p.pt.p.	стя́нутый

стяну́ться *perf* **1.** contract **2.** *coll* tighten *one's* belt **3.** pull oneself together, collect *one's* wits, concentrate ‖ *imperf* стя́гиваться

сублими́ровать 4 and 4а *perf, imperf* что *chem* sublimate

субсиди́ровать 4 *and* 4а *perf, imperf* кого́-что subsidize

суда́чить *imperf coll* gossip

pr.	суда́чу, -чишь, -чат
imp.	суда́чь, ~те
pt.	суда́чил
g.pr.a.	суда́ча
p.pr.a.	суда́чащий
p.pt.a.	суда́чивший

суди́ть *imperf* **1.** о ком-чём *or without object* pass judgment (on); judge of; judge from **2.** кого́-что judge **3.** что *or without object sports* referee **4.**: ему́ не́ было суждено́ he was not destined to

pr.	сужу́, су́дишь, су́дят
imp.	суди́, ~те
pt.	суди́л
g.pr.a.	судя́ *and in certain expressions* су́дя
p.pr.a.	судя́щий
p.pt.a.	суди́вший
p.pr.p.	суди́мый
p.pt:p.	суждённый; сужде́н, -ена́

суди́ться *imperf* с кем-чем **1.** litigate (with), take *smb* to court, take proceedings (against) **2.** have a criminal record, have previous convictions

суети́ться *imperf* scurry about

pr.	суечу́сь, суети́шься, суетя́тся
imp.	суети́сь, -и́тесь
pt.	суети́лся, -лась
g.pr.a.	суетя́сь
p.pr.a.	суетя́щийся
p.pt.a.	суети́вшийся

сужа́ть(ся) *imperf of* су́зить(ся)

су́живать(ся) *imperf of* су́зить(ся)

су́зить *perf* что **1.** make narrower, constrict **2.** *tech* taper **3.** *fig.* reduce, restrict ‖ *imperf* су́живать 1 a *and* сужа́ть 2а

ft.	су́жу, су́зишь, су́зят
imp.	су́зи, ~те
pt.	су́зил

g.pt.a.	су́зив
p.pt.a.	су́зивший
p.pt.p.	су́женный

су́зиться, *1st and 2nd pers not used, perf*
1. taper, become narrower **2.** be reduced ‖
imperf су́живаться *and* сужа́ться

сули́ть *imperf* кого́-что кому́-чему́ *or with infinitive* **1.** promise, herald, hold promise of **2.** *sub* promise, make a promise. — (по- *with* 2)

pr.	сулю́, сули́шь, суля́т
imp.	сули́, ~те
pt.	сули́л
g.pr.a.	суля́
p.pr.a.	суля́щий
p.pt.a.	сули́вший
p.pr.p.	сули́мый
p.pt.p.	сулённый; сулён, -ена́

сумасбро́дить *imperf coll* act overhastily, act without stopping to think

pr.	сумасбро́жу, -о́дишь, -о́дят
imp.	сумасбро́дь, ~те
pt.	сумасбро́дил
g.pr.a.	сумасбро́дя
p.pr.a.	сумасбро́дящий
p.pt.a.	сумасбро́дивший

сумасбро́дничать *1a imperf* act overhastily, act without stopping to think

сумасбро́дствовать *4a imperf* act overhastily, act without stopping to think

сумасше́ствовать *4a imperf coll* act like a mad thing, behave crazily

су́мерничать *1a imperf coll* enjoy the twilight hour, sit at *one's* ease at dusk

суме́ть *3 perf with infinitive* be able to

сумми́ровать *4 and 4a perf, imperf* что **1.** add together **2.** generalize, summarize

су́мничать *1 perf coll iron* speak words of wisdom

су́нуть *6 perf and semelf* **1.** *perf of* сова́ть **2.** что кому́ *or without object sub* bribe

imp.	сунь, ~те
p.pt.p.	су́нутый

су́нуться *perf* **1.** *perf of* сова́ться **2.** *coll* thrust, bury *e.g. head in or under blankets etc.*

су́пить *imperf* что *coll* knit *the brow.* — (на-)

pr.	су́плю, су́пишь, су́пят
imp.	супь, ~те
pt.	су́пил
g.pr.a.	су́пя

p.pr.a.	су́пящий
p.pt.a.	су́пивший

су́питься *imperf coll* wrinkle *one's* forehead. — (на-)

суро́веть *3a imperf* become tough [severe]. — (по-)

сурьми́ть *imperf* что *obs* dye black *hair*; apply mascara to *the eyelashes.* — (на-)

pr.	сурьмлю́, -ми́шь, -мя́т
imp.	сурьми́, ~те
pt.	сурьми́л
g.pr.a.	сурьмя́
p.pr.a.	сурьмя́щий
p.pt.a.	сурьми́вший
p.pt.p.	сурьмлённый; сурьмлён, -ена́

сурьми́ться *imperf obs* dye *one's* eyebrows *etc.* black, apply mascara to the eyebrows *etc.* — (на-)

су́слить *imperf* что *sub* **1.** sip, sup, drink [eat] slowly **2.** slobber on. — (за- *with* 2)

pr.	су́слю, -лишь, -лят
imp.	су́сли, ~те
pt.	су́слил
g.pr.a.	су́сля
p.pr.a.	су́слящий
p.pt.a.	су́сливший

сусо́лить *imperf* что *sub* **1.** sip, sup, drink [eat] slowly **2.** slobber on, smear **3.** с кем make a fuss of, slobber all over. — (за- *with* 2)

pr.	сусо́лю, -лишь, -лят
imp.	сусо́ль, ~те
pt.	сусо́лил
g.pr.a.	сусо́ля
p.pr.a.	сусо́лящий
p.pt.a.	сусо́ливший

суту́лить *imperf* что *of back* become hunched ‖ *perf* ссуту́лить, forms ib.

pr.	суту́лю, -лишь, -лят
imp.	суту́ль, ~те
pt.	суту́лил
g.pr.a.	суту́ля
p.pr.a.	суту́лящий
p.pt.a.	суту́ливший

суту́литься *imperf* stoop ‖ *perf* ссуту́-
литься

сутя́жничать *1a imperf coll* sue *smb* for *his* last penny

суфли́ровать *4a imperf* кому́ *theat* prompt

сучи́ть *imperf* **1.** что twine, twist **2.** что roll out *dough* **3.** чем *coll* flail, flounder *with arms or legs.* — (с- *with* 1)

pr.	сучу́, су́чи́шь, су́ча́т
imp.	сучи́, ~те

pt.	сучи́л
g.pr.a.	суча́
p.pr.a.	суча́щий
p.pt.a.	сучи́вший
p.pt.p.	су́ченный

суши́ть *imperf* кого́-что **1.** dry *wet clothes etc.* **2.** *fig* devitalize, debilitate **3.** *fig* make unfeeling, harden *smb's* heart. — (вы́-)

pr.	сушу́, су́шишь, су́шат
imp.	суши́, ~те
pt.	суши́л
g.pr.a.	суша́
g.pt.a.	суши́в
p.pr.a.	су́шащий
p.pt.a.	суши́вший
p.pr.p.	суши́мый
p.pt.p.	су́шенный

суши́ться *imperf* **1.** dry, wither, parch **2.** be dryable. — (вы́-*with* 1)

существова́ть 5а *imperf* **1.** exist, be there, be **2.** чем *or* на что live (on)

сфабрикова́ть *perf of* фабрикова́ть

сфальцева́ть *perf of* фальцева́ть

ft.	сфальцу́ю, -у́ешь, -у́ют
imp.	сфальцу́й, ~те
pt.	сфальцева́л
g.pt.a.	сфальцева́в
p.pt.a.	сфальцева́вший
p.pt.p.	сфальцо́ванный

сфальши́вить *perf of* фальши́вить

ft.	сфальши́влю, -вишь, -вят
imp.	сфальши́вь, ~те
pt.	сфальши́вил
g.pt.a.	сфальши́вив
p.pt.a.	сфальши́вивший

сфантази́ровать *perf of* фантази́ровать

сфиска́лить *perf of* фиска́лить

ft.	сфиска́лю, -лишь, -лят
imp.	сфиска́ль, ~те
pt.	сфиска́лил
g.pt.a.	сфиска́лив
p.pt.a.	сфиска́ливший

сфокуси́ровать *perf of* фокуси́ровать

сфо́кусничать *perf of* фо́кусничать

сформирова́ть 5 *perf* что **1.** create, shape, mould, coin **2.** compose ‖ *imperf* сформиро́вывать 1 а

сформирова́ться *perf* form, develop ‖ *imperf* сформиро́вываться

сформиро́вывать(ся) *imperf of* сформирова́ть(ся)

сформова́ть 5 *perf* что **1.** shape, mould, model **2.** *foundry* make a mould

сформули́ровать 4 *perf* что formulate

сформули́роваться, *1st and 2nd pers not used*, *perf* be formulated

сфотографи́ровать(ся) *perf of* фотографи́ровать(ся)

сфугова́ть 5 *perf* что joint ‖ *imperf* сфуго́вывать 1 а

сфуго́вывать *imperf of* сфугова́ть

схвати́ть *perf* **1.** кого́-что seize **2.** что *coll* catch *an illness* **3.** *fig* что *coll* grasp, comprehend **4.** что *tech* fasten, hold ‖ *imperf* схва́тывать 1 а

ft.	схвачу́, -а́тишь, -а́тят
imp.	схвати́, ~те
pt.	схвати́л
g.pt.a.	схвати́в
p.pt.a.	схвати́вший
p.pt.p.	схва́ченный

схвати́ться *perf* **1.** за кого́-что grasp at; *fig* cling to **2.** clash (with each other); come to blows **3.** *coll* think of, remember **4.** *of glue etc.* set ‖ *imperf* схва́тываться

g.pt.a.	схватя́сь *and* схвати́вшись

схва́тывать(ся) *imperf of* схвати́ть(ся)

схематизи́ровать 4 *and* 4а *perf, imperf* что schematize

схитри́ть *perf* resort to a trick

ft.	схитрю́, -ри́шь, -ря́т
imp.	схитри́, ~те
pt.	схитри́л
g.pt.a.	схитри́в
p.pt.a.	схитри́вший

схлы́нуть 6, *1st and 2nd pers not used*, *perf* **1.** flow back, recede **2.** disperse, break up; abate, die

imp.	схлынь, ~те

сходи́ть[1] *imperf of* сойти́

pr.	схожу́, схо́дишь, схо́дят
imp.	сходи́, ~те
pt.	сходи́л
g.pr.a.	сходя́
p.pr.a.	сходя́щий
p.pt.a.	сходи́вший

сходи́ть[2] *perf* **1.** go there and back, go and come back; fetch **2.** *coll* leave the room, go to answer nature's call

ft.	схожу́, схо́дишь, схо́дят
imp.	сходи́, ~те
pt.	сходи́л
g.pt.a.	сходи́в
p.pt.a.	сходи́вший

сходи́ться *imperf of* сойти́сь
forms follow сходи́ть[1]

сходствовать 4a *imperf* с кем-чем *obs* resemble *smb*

схорони́ть[1] *perf* кого́-что *coll* bury

ft.	схороню́, -о́нишь, -о́нят
imp.	схорони́, ~те
pt.	схорони́л
g.pt.a.	схорони́в
p.pt.a.	схорони́вший
p.pt.p.	схоро́ненный

схорони́ть[2] *perf of* хорони́ть[2] forms as схорони́ть[1]

схорони́ться *perf of* хорони́ться

сца́пать 1 *perf* кого́-что *sub* 1. lay hands on, seize 2. get 3. cop, nab, get

сцара́пать 1 *perf* что *coll* scratch off ‖ *imperf* сцара́пывать 1a | *perf semelf* сцара́пнуть 6

p.pt.p.	сцара́пнутый

сцара́пнуть *perf semelf of* сцара́пывать

сцара́пывать *imperf of* сцара́пать

сцеди́ть *perf* что pour off, decant; tap, broach ‖ *imperf* сце́живать 1a

ft.	сцежу́, сце́дишь, сце́дят
imp.	сцеди́, ~те
pt.	сцеди́л
g.pt.a.	сцеди́в
p.pt.a.	сцеди́вший
p.pt.p.	сце́женный

сце́живать *imperf of* сцеди́ть

сцементи́ровать 4 *perf* что 1. cement 2. *fig* cement, bind, join together

сцепи́ть *perf* что couple, hook together ‖ *imperf* сцепля́ть 2a

ft.	сцеплю́, сце́пишь, сце́пят
imp.	сцепи́, ~те
pt.	сцепи́л
g.pt.a.	сцепи́в
p.pt.a.	сцепи́вший
p.pt.p.	сце́пленный

сцепи́ться *perf* 1. become hooked together, catch 2. *coll* clash ‖ *imperf* сцепля́ться

сцепля́ть(ся) *imperf of* сцепи́ть(ся)

сча́ливать *imperf of* сча́лить

сча́лить *perf* что *naut* connect with a line ‖ *imperf* сча́ливать 1a

ft.	сча́лю, -лишь, -лят
imp.	счаль, ~те
pt.	сча́лил
g.pt.a.	сча́лив
p.pt.a.	сча́ливший
p.pt.p.	сча́ленный

сче́рпать 1 *perf* что *or* чего́ *coll* skim ‖ *imperf* сче́рпывать 1a

счерпну́ть 7 *perf and semelf* что *or* чего́ *coll* skim ‖ *imperf* сче́рпывать 1a

сче́рпывать[1] *imperf of* сче́рпать

сче́рпывать[2] *imperf of* счерпну́ть

счерти́ть *perf* что *coll tech* copy ‖ *imperf* сче́рчивать 1a

ft.	счерчу́, сче́ртишь, сче́ртят
imp.	счерти́, ~те
pt.	счерти́л
g.pt.a.	счерти́в
p.pt.a.	счерти́вший
p.pt.p.	сче́рченный

сче́рчивать *imperf of* счерти́ть

счеса́ть *perf* что 1. *coll* scrape off, scrape away, scratch off 2. *coll* comb to one side, comb aside, comb out of the way 3. comb out 4. hackle, heckle, hatchle *flax, hemp* ‖ *imperf* сче́сывать 1a

ft.	счешу́, сче́шешь, сче́шут
imp.	счеши́, ~те
pt.	счеса́л
g.pt.a.	счеса́в
p.pt.a.	счеса́вший
p.pt.p.	чёсанный

счесть *perf of* счита́ть[1]

ft.	сочту́, -тёшь, -ту́т
imp.	сочти́, ~те
pt.	счёл, сочла́
g.pt.a.	сочтя́
p.pt.a.	счётший*
p.pt.p.	сочтённый; сочтён, -ена́

счёсться *perf of* счита́ться

сче́сывать *imperf of* счеса́ть

счетвери́ть *perf* что connect four *of smth* together

ft.	счетверю́, -ри́шь, -ря́т
imp.	счетвери́, ~те
pt.	счетвери́л
g.pt.a.	счетвери́в
p.pt.a.	счетвери́вший
p.pt.p.	счетверённый; счетверён, -ена́

счи́стить *perf* что clean; peel ‖ *imperf* счища́ть 2a

ft.	счи́щу, счи́стишь, счи́стят
imp.	счи́сти *and* счисть, счи́стите
pt.	счи́стил
g.pt.a.	счи́стив
p.pt.a.	счи́стивший
p.pt.p.	счи́щенный

счи́ститься, *1st and 2nd pers not used*, *perf* be cleaned off, come off ‖ *imperf* счища́ться

счита́ть[1] 2a *imperf* 1. кого́-что add up 2. кого́-что кем-чем *or* за кого́-что

regard (as), take for ‖ *perf* сосчита́ть 2
with 1, счесть *with* 2, forms ib.

p.pt.p.   счи́танный

счита́ть² 2 *perf* что compare, collate ‖
imperf счи́тывать 1 a

счита́ться 2 a *imperf* **1.** *coll* settle *money matters* **2.** с кем-чем take into account; think of, be considerate of, show consideration for; count on, reckon with **3.** кем-чем *or* за кого́-что count as, be taken for ‖ *perf* сосчита́ться 2 *with* 1, сче́сться *with* 1, forms follow счесть

счи́тывать *imperf of* счита́ть²

счища́ть(ся) *imperf of* счи́стить(ся)

сшиба́ть(ся) *imperf of* сшиби́ть(ся)

сшиби́ть *perf* кого́-что *coll* **1.** knock down, upset **2.** knock together, bump together ‖ *imperf* сшиба́ть 2 a

ft.	сшибу́, -бёшь, -бу́т
imp.	сшиби́, ~те
pt.	сши́б, ~ла
g.pt.a.	сшиби́в* *and* сшибя́*
p.pt.a.	сши́бший*
p.pt.p.	сши́бленный

сшиби́ться *perf coll* **1.** collide **2.** start a conflict, clash, open hostilities ‖ *imperf* сшиба́ться

сшива́ть *imperf of* сшить

сшинкова́ть *perf of* шинкова́ть

сшить *perf* что **1.** sew, stitch, sew together; have made **2.** *tech* connect, join ‖ *imperf* сшива́ть 2 a

ft.	сошью́, сошьёшь, сошью́т
imp.	сшей, ~те
pt.	сшил
g.pt.a.	сшив
p.pt.a.	сши́вший
p.pt.p.	сши́тый

съеда́ть *imperf of* съесть

съёживать(ся) *imperf of* съёжить(ся)

съёжить *perf* что purse, tighten *lips*; hunch *shoulders* ‖ *imperf* съёживать 1 a

ft.	съёжу, -жишь, -жат
imp.	съёжь, ~те
pt.	съёжил
g.pt.a.	съёжив
p.pt.a.	съёживший
p.pt.p.	съёженный

съёжиться *perf* roll up, curl up ‖ *imperf* съёживаться

съе́здить *perf* go there and back, take a trip

ft.	съе́зжу, -здишь, -здят

imp.	съе́зди, ~те
pt.	съе́здил
g.pt.a.	съе́здив
p.pt.a.	съе́здивший
p.pt.p.	съе́зженный

съезжа́ть(ся) *imperf of* съе́хать(ся)

съесть *perf* кого́-что **1.** consume, eat, eat up **2.** *fig* gulp down, swallow, wolf, wolf down ‖ *imperf* съеда́ть 2 a

ft.	съем, съешь, съест, съеди́м, съеди́те, съедя́т
imp.	съешь, ~те
pt.	съел
g.pt.a.	съев
p.pt.a.	съе́вший
p.pt.p.	съе́денный

съе́хать *perf* **1.** drive down **2.** turn in *drive, entrance, lay-by etc.* **3.** *coll* move house, move, remove **4.** slip down ‖ *imperf* съезжа́ть 2 a

ft.	съе́ду, -дешь, -дут
pt.	съе́хал
g.pt.a.	съе́хав
p.pt.a.	съе́хавший

съе́хаться *perf* arrive from all around, arrive from all points of the compass; meet, gather, assemble ‖ *imperf* съезжа́ться

съехи́дничать 1 *perf coll* speak badly of *smb*, defame *smb*

съязви́ть *perf coll* niggle

ft.	съязвлю́, -ви́шь, -вя́т
imp.	съязви́, ~те
pt.	съязви́л
g.pt.a.	съязви́в
p.pt.a.	съязви́вший

сыгра́ть 2 *perf* **1.** во что play a game **2.** на чём play *an instrument* **3.** что *theat* perform *a play*, present, play *a part*

сыгра́ться *perf* get used to playing together, practise together ‖ *imperf* сыгры́ваться 1 a

сыгры́ваться *imperf of* сыгра́ться

сымпровизи́ровать 4 *perf* что *or without object* improvise *a.mus*

сы́пать *imperf* **1.** что spill, scatter, strew **2.** *fig* чем cover, deck; spread around, shower, cover oneself (with) **3.** *fig* что *or* чем speak without pausing for breath, spout, pour out words

pr.	сы́плю, -лешь, -лют *and coll* -пешь, -пют
imp.	сыпь, ~те
pt.	сы́пал

сыпаться 634

g.pr.a.	сы́пля
p.pr.a.	сы́плющий
p.pt.a.	сы́павший
p.pt.p.	сы́панный

сы́паться, *1st and 2nd pers not used, imperf*
1. rain down, pour **2.** spread *like dust, powder,* flake **3.** *fig* rain down, hail down **4.** *coll* get ragged, fray, wear at the edges; wear out

сыре́ть 3a *imperf, of walls* become damp, sweat. — (от-)

сыска́ть *perf* кого́-что **1.** *coll* find **2.** *obs* get on the track (of), discover ‖ *imperf* сы́скивать 1a

ft.	сыщу́, сы́щешь, сы́щут
imp.	сыщи́, ~те

pt.	сыска́л
g.pt.a.	сыска́в
p.pt.a.	сыска́вший
p.pt.p.	сы́сканный

сыска́ться *perf coll* be found

сы́скивать *imperf of* сыска́ть

сэконо́мить *perf of* эконо́мить

ft.	сэконо́млю, -мишь, -мят
imp.	сэконо́мь, ~те
pt.	сэконо́мил
g.pt.a.	сэконо́мив
p.pt.a.	сэконо́мивший
p.pt.p.	сэконо́мленный

сюсю́кать 1a *imperf coll* **1.** lisp **2.** *fig* с кем treat *smb* like a child, be patronizing (to)

Т

таба́нить *imperf naut* back water

pr.	таба́ню, -нишь, -нят
imp.	таба́нь, ~те
pt.	таба́нил
g.pr.a.	таба́ня
p.pr.a.	таба́нящий
p.pt.a.	таба́нивший

таври́ть *imperf* кого́-что brand, mark cattle. — (за-)

pr.	таврю́, -ри́шь, -ря́т
imp.	таври́, ~те
pt.	таври́л
g.pr.a.	тавря́
p.pr.a.	тавря́щий
p.pt.a.	таври́вший
p.pt.p.	таврённый; таврён, -ена́

тайть *imperf* что conceal, hide

pr.	таю́, таи́шь, тая́т
imp.	тай, ~те
pt.	таи́л
g.pr.a.	тая́
p.pr.a.	тая́щий
p.pt.a.	таи́вший
p.pr.p.	таи́мый

тайться *imperf* hide

¹та́кать 1a *imperf sub* say "quite so", be a yes-man

²та́кать 1a, *1st and 2nd pers not used, imperf coll* rattle

такси́ровать 4 *and* 4a *perf, imperf* что assess the statutory price (of), rate

тампони́ровать 4 *and* 4a *perf, imperf* что tampon, plug with a tampon

танцева́ть *imperf* что dance ‖ *perf* станцева́ть, forms ib.

pr.	танцу́ю, -у́ешь, -у́ют
imp.	танцу́й, ~те
pt.	танцева́л
g.pr.a.	танцу́я
p.pr.a.	танцу́ющий
p.pt.a.	танцева́вший
p.pr.p.	танцу́емый

танцева́ться, *1st and 2nd pers not used, imperf* **1.** *of dance, steps* be danced **2.** *impers* feel like dancing

тараба́нить *imperf coll* clatter

pr.	тараба́ню, -нишь, -нят
imp.	тараба́нь, ~те
pt.	тараба́нил
g.pr.a.	тараба́ня
p.pr.a.	тараба́нящий
p.pt.a.	тараба́нивший

тара́нить *imperf* что ram. — (про-)

pr. and ft.	тара́ню, -нишь, -нят
imp.	тара́нь, ~те
pt.	тара́нил
g.pr.a.	тара́ня
g.pt.a.	тара́нив
p.pr.a.	тара́нящий
p.pt.a.	тара́нивший
p.pr.p.	тара́нимый

таранти́ть *imperf sub* chatter, rattle on

pr.	таранчу́, -нти́шь, -нтя́т

imp.	таранти́, ~те
pt.	таранти́л

тарато́рить *imperf coll* chatter, rattle on
pr.	тарато́рю, -ришь, -рят
imp.	тарато́рь, ~те
pt.	тарато́рил
g.pr.a.	тарато́ря
p.pr.a.	тарато́рящий
p.pt.a.	тарато́ривший

тарахте́ть *imperf coll* rattle, rumble
pr.	тарахчу́, -хти́шь, -хтя́т
imp.	тарахти́, ~те
pt.	тарахте́л
g.pr.a.	тарахтя́
p.pr.a.	тарахтя́щий
p.pt.a.	тарахте́вший

тара́щить *imperf* что *coll* open *one's* eyes wide; тара́щить глаза́ на кого́-н. stare at *smb.* — (вы́-)
pr.	тара́щу, -щишь, -щат
imp.	тара́щи, ~те
pt.	тара́щил
g.pr.a.	тара́ща
p.pr.a.	тара́щащий
p.pt.a.	тара́щивший

тара́щиться *imperf coll* **1.** open *one's* eyes very wide **2.** на кого́-что stare (at), goggle. — (вы́-)

тари́ровать 4 *and* 4a *perf, imperf* что tare; gauge, calibrate

тарифици́ровать 4 *and* 4a *perf, imperf* что tariff

таска́ть 2a *imperf* **1.** *indef of* тащи́ть; таска́ть всю́ду с собо́й drag all over the place **2.** кого́-что за что *coll* pull, drag **3.** что *coll* be wearing, have on *clothes* **4.** что *coll* steal, pilfer. — (от- *with* 2)
p.pt.p.	та́сканный

таска́ться *imperf coll* roam, wander; gad about; hang about

тасова́ть 5a *imperf* что shuffle *cards.* — (с-)
p.pt.p.	тасо́ванный

татуи́ровать 4 *and* 4a *perf, imperf* кого́-что tattoo

татуи́роваться *perf, imperf* tattoo oneself

тача́ть 2a *imperf* что stitch, sew, seam, quilt. — (вы́-, с-)
p.pt.p.	та́чанный

тащи́ть *imperf def* кого́-что **1.** carry *a sack of coal etc.*; drag, lug, pull *a heavy object over the ground* **2.** *coll* carry, take *things somewhere* **3.** pull out **4.** *coll* drag *smb*; invite *smb to the theatre etc.*; urge

smb to come along etc. **5.** *coll* steal, pilfer | *indef* таска́ть 2a. — (вы- *with* 1—4, с- *with* 5)
pr.	тащу́, та́щишь, та́щат
imp.	тащи́, ~те
pt.	тащи́л
g.pr.a.	таща́
p.pr.a.	та́щащий
p.pt.a.	тащи́вший
p.pr.p.	тащи́мый

тащи́ться *imperf* **1.** drag [trail] along **2.** *coll* proceed slowly; trudge, totter

та́ять *imperf* **1.** *1st and 2nd pers not used* melt; thaw; та́ет it is thawing **2.** *1st and 2nd pers not used, fig* melt away; dwindle; fade; waste away **3.** *fig* от чего́ melt (with) **4.** *fig* languish, pine. — (рас-*with* 1-3)
pr.	та́ю, та́ешь, та́ют
imp.	тай, ~те
pt.	та́ял
g.pr.a.	та́я
p.pr.a.	та́ющий
p.pt.a.	та́явший

тверде́ть 3a, *1st and 2nd pers not used imperf* harden, become hard. — (за-)

тверди́ть *imperf* **1.** что *or* о чём *or with conjunction* что say [repeat] over and over again, reiterate, keep saying **2.** что learn by heart, memorize. — (вы́- *with* 2, за- *with* 2)
pr.	твержу́, -рди́шь, -рдя́т
imp.	тверди́, ~те
pt.	тверди́л
g.pr.a.	твердя́
p.pr.a.	твердя́щий
p.pt.a.	тверди́вший
p.pt.p.	твержённый; твержён, -ена́ *with* 1

твори́ть[1] *imperf* что **1.** create, produce **2.** do; perform ‖ *perf* сотвори́ть, forms ib.
pr.	творю́, -ри́шь, -ря́т
imp.	твори́, ~те
pt.	твори́л
g.pr.a.	творя́
p.pr.a.	творя́щий
p.pt.a.	твори́вший
p.pr.p.	твори́мый

твори́ть[2] *imperf* что mix; твори́ть и́звесть slake lime. — (за-)
p.pt.p.	творённый, творён, -ена́ other forms as твори́ть[1]

твори́ться, *1st and 2nd pers not used, imperf coll* happen, go on, be going on, take place ‖ *perf* сотвори́ться

театрализова́ть 5 and 5a perf, imperf что dramatize

телеграфи́ровать 4 and 4a perf, imperf что or о чём telegraph, wire

телефони́ровать 4 and 4a perf, imperf что or о чём telephone

тели́ться, 1st and 2nd pers not used, imperf calve. — (о-)

pr.	те́лится, те́лятся
pt.	тели́лась, -лись
g.pr.a.	теля́сь
p.pr.a.	теля́щаяся
p.pt.a.	тели́вшаяся

темне́ть 3a, 1st and 2nd pers not used, imperf **1.** darken, become dark **2.** impers get dark **3.** of some dark object loom, be visible. — (по- with 1, 2, с- with 2)

темне́ться, 1st and 2nd pers not used, imperf coll appear [show] dark; get dark

темни́ть imperf кого́-что darken, obscure

pr.	темню́, -ни́шь, -ня́т
imp.	темни́, ~те
pt.	темни́л
g.pr.a.	темня́
p.pr.a.	темня́щий
p.pt.a.	темни́вший
p.pr.p.	темни́мый

температу́рить imperf coll have a temperature

pr.	температу́рю, -ришь, -рят
imp.	температу́рь, ~те
pt.	температу́рил
g.pr.a.	температу́ря
p.pr.a.	температу́рящий
p.pt.a.	температу́ривший

теоретизи́ровать 4a imperf theorize

тепле́ть 3a, 1st and 2nd pers not used, imperf grow warm. — (по-)

те́плиться, 1st and 2nd pers not used, imperf burn; glimmer, gleam

pr.	те́плится, -лятся
pt.	те́плился, -лась
g.pr.a.	те́плясь
p.pr.a.	те́плящийся
p.pt.a.	те́плившийся

теплофици́ровать 4 and 4a perf, imperf что provide for [install] a heating system

тереби́ть imperf **1.** что pull (at, about), keep pulling (at), pluck (at); tug (at); tousle **2.** fig кого́-что coll pester, worry, bother **3.** что agr: тереби́ть лён pull flax. — (вы- with 1)

pr.	тереблю́, -би́шь, -бя́т
imp.	тереби́, ~те
pt.	тереби́л
g.pr.a.	теребя́
p.pr.a.	теребя́щий
p.pt.a.	тереби́вший
p.pr.p.	тереби́мый

тере́ть imperf **1.** кого́-что rub **2.** что rub, polish **3.** что grind, grate **4.** 1st and 2nd pers not used что, a. without object rub sore, chafe

pr.	тру, трёшь, трут
imp.	три, ~те
pt.	тёр, ~ла
g.pr.a.	(растира́я)
g.pt.a.	тёрши
p.pr.a.	тру́щий
p.pt.a.	тёрший
p.pt.p.	тёртый

тере́ться imperf coll **1.** rub oneself **2.** rub, chafe **3.** rub up against **4.** coll hang round, be in constant relation with. — (по- with 1, 4)

терза́ть 2a imperf кого́-что **1.** tear [pull] to pieces **2.** fig torment, torture, prey on one's mind

терза́ться imperf torment oneself, be in torment, suffer torments

терпе́ть imperf **1.** что suffer, endure, undergo **2.** что have patience **3.** кого́-что bear, tolerate, stand, suffer, put up with

pr.	терплю́, те́рпишь, те́рпят
imp.	терпи́, ~те
pt.	терпе́л
g.pr.a.	терпя́
p.pr.a.	те́рпящий
p.pt.a.	терпе́вший
p.pr.p.	терпи́мый

терпе́ться impers, usu negated, imperf кому́ or without object: ему́ не те́рпится ... he is impatient [eager] for...

те́рпнуть, 1st and 2nd pers not used, imperf coll grow stiff, become numb. — (за-)

pr.	те́рпнет, -нут
pt.	те́рпнул, те́рпла
g.pt.a.	те́рпнув
p.pr.a.	те́рпнущий
p.pt.a.	те́рпнувший

террори́ровать [тэ] 4 and 4a perf, imperf кого́-что terrorize

терроризова́ть [тэ] 5 and 5a perf, imperf кого́-что terrorize

теря́ть 2a imperf кого́-что **1.** lose a book, money etc., one's sense of humour, pa-

tience etc.; give up *hope*; waste *time*;
shed *leaves* **2.** в чём lose *weight* ‖ *perf*
потеря́ть **2.** — (у- *with* 1)

теря́ться *imperf* **1.** be [get] lost; disappear
2. *1st and 2nd pers not used* fail, flag, give
out **3.** be at a loss; lose *one's* presence of
mind get flustered ‖ *perf* потеря́ться
with 1—3

теса́ть *imperf* что hew, cut. — (вы-)

pr.	тешу́, те́шешь, те́шут
imp.	теши́, ~те
pt.	теса́л
g.pt.a.	теса́в
p.pr.a.	те́шущий
p.pt.a.	теса́вший
p.pt.p.	тёсанный

тесни́ть *imperf* кого́-что **1.** restrict, crowd
2. drive back, press *the enemy* **3.** squeeze;
be too tight **4.:** мне тесни́т грудь I feel
a tightness in the chest ‖ *perf* потес-
ни́ть *with* 2, forms ib. — (с- *with* 1)

pr.	тесню́, -ни́шь, -ня́т
imp.	тесни́, ~те
pt.	тесни́л
g.pr.a.	тесня́
p.pr.a.	тесня́щий
p.pt.a.	тесни́вший
p.pr.p.	тесни́мый
p.pt.p.	теснённый; теснён, -ена́

тесни́ться *imperf* **1.** crowd, throng **2.** be
crowded together, be overcrowded, endure
a lack of space; sit close **3.** jostle each
other **4.** seethe. — (по- *with* 2, с- *with* 1)

течь, *1st and 2nd pers not used, imperf*
1. flow, run, stream; gush, pour **2.** leak,
be leaky **3.** *fig, of time* pass

pr.	течёт, теку́т
pt.	тёк, текла́
g.pt.a.	тёкши
p.pr.a.	теку́щий
p.pt.a.	тёкший

те́шить *imperf* кого́-что **1.** *coll* amuse,
entertain **2.** flatter, please, gratify **3.** console, soothe. — (по-)

pr.	те́шу, те́шишь, те́шат
imp.	тешь, ~те
pt.	те́шил
g.pr.a.	те́ша
p.pr.a.	те́шащий
p.pt.a.	те́шивший
p.pr.p.	те́шимый

те́шиться *imperf coll* **1.** чем *or without
object* amuse oneself (with, at), enjoy
(*smth*) **2.** над кем-чем make fun (of)
3. чем console oneself (with). — (по-)

ти́кать **1**a, *1st and 2nd pers not used,
imperf, of a watch* tick

типизи́ровать **4** *and* **4**a *perf, imperf* что
typify

тиражи́ровать **4** *and* **4**a *perf, imperf* что
determine the print, set the number of
copies

тира́нить *imperf* кого́-что *coll* tyrannize
(over); bully, torment

pr.	тира́ню, -нишь, -нят
imp.	тира́нь, ~те
pt.	тира́нил
g.pr.a.	тира́ня
p.pr.a.	тира́нящий
p.pt.a.	тира́нивший

тира́нствовать **4**a *imperf* над кем-чем *coll*
tyrannize, be a tyrant (to)

ти́скать **1**a *imperf* **1.** кого́-что *coll*
squeeze, press **2.** что print, pull ‖ *perf*
ти́снуть **6** *with* 2 *and semelf with* 1

ти́скаться *imperf sub* crowd, throng;
hustle; squeeze (oneself) through, shoulder
one's way

тисни́ть *imperf* что (*usu p.pt.p.*) print;
impress, stamp, coin. — (вы-)

pr.	тисню́, -ни́шь, -ня́т
imp.	тисни́, ~те
pt.	тисни́л
g.pr.a.	тисня́
p.pr.a.	тисня́щий
p.pt.a.	тисни́вший
p.pr.p.	тисни́мый
p.pt.p.	тиснённый; тиснён, -ена́

ти́снуть *perf and semelf of* ти́скать

титрова́ть **5** *and* **5**a *perf, imperf* что *chem*
titrate

титулова́ть **5** *and* **5**a *perf, imperf* кого́-что
address *smb* with his correct title

ткать *imperf* что weave *a cloth, threads*. —
(со-)

pr.	тку, ткёшь, ткут
imp.	тки, ~те
pt.	ткал, ткала́, тка́ло
g.pt.a.	ткав
p.pr.a.	тку́щий
p.pt.a.	тка́вший
p.pt.p.	тка́нный; ткан, ткана́, тка́но

ткну́ть *perf semelf of* [1]ты́кать

ткну́ться *perf semelf of* ты́каться

тлеть **3**a *imperf* **1.** decay, rot, putrefy
2. smoulder *a.fig*

тле́ться, *1st and 2nd pers not used, imperf
coll* smoulder; *a. fig*

тока́рничать 1a *imperf coll* be a turner, work as a turner

токова́ть 5a, *1st and 2nd pers not used, imperf, of birds* utter a mating-call

толка́ть 2a *imperf* кого́-что 1. push, shove, thrust; give a push [shove] 2. *fig* на что, к чему́ *or with infinitive* instigate (to), incite (to) 3. put the shot ‖ *perf* толкну́ть 7

толка́ться *imperf* 1. push; push one another, jostle 2. во что *coll* knock (at) 3. *coll* hang about ‖ *perf* толкну́ться with 2

толкну́ть(ся) *perf of* толка́ть(ся)

толкова́ть 5a *imperf* 1. что interpret, give an interpretation 2. что кому́-чему́ *coll* explain (to), make clear (to) 3. с кем-чем о ком-чём *coll* talk (with *smb* about), discuss (with); converse

толо́чь *imperf* что pound, grind. -- (ис-, рас-)
pr.	толку́, толчёшь, толку́т
imp.	толки́, ~те
pt.	толо́к, толкла́
g.pr.a.	толча́
p.pr.a.	толку́щий
p.pt.a.	толо́кший
p.pt.p.	толчённый; толчён, -ена́

толо́чься *imperf coll* 1. crowd, throng 2. hang about; gad about

толпи́ться, *1st and 2nd pers not used, imperf* crowd, throng; mob; swarm
pr.	толпи́тся, -пя́тся
imp.	толпи́тесь
pt.	толпи́лся, -лась
g.pr.a.	толпя́сь
p.pr.a.	толпя́щийся
p.pt.a.	толпи́вшийся

толсте́ть 3a *imperf* grow fat [stout]. -- (по-)

толсти́ть, *1st and 2nd pers not used, imperf* кого́-что *coll* make look fat
pr.	толсти́т, -тя́т
pt.	толсти́л
g.pr.a.	толстя́
p.pr.a.	толстя́щий
p.pt.a.	толсти́вший

томи́ть *imperf* кого́-что 1. torment, plague, torture; oppress 2. *tech* temper, anneal, 3. braise 4. stain *wood*. -- (ис- with 1)
pr.	томлю́, томи́шь, томя́т
imp.	томи́, ~те
pt.	томи́л

томя́
g.pr.a.	томя́
p.pr.a.	томя́щий
p.pt.a.	томи́вший
p.pr.p.	томи́мый
p.pt.p.	томлённый; томлён, -ена́

томи́ться *imperf* 1. pine (for); languish; be tormented; томи́ться жа́ждой a) be parched with thirst b) *fig* thirst (for) 2. *1st and 2nd pers not used* stew. — (ис- with 1)

тонизи́ровать 4 *and* 4a *perf, imperf* кого́-что *med* tone up

тону́ть *imperf* 1. sink, go down 2. drown, get drowned 3. *fig* в чём be plunged (in), sink (in), be lost (in). — (за- *with* 1, по-, у-)
pr.	тону́, то́нешь, то́нут
imp.	тони́, ~те
pt.	тону́л
g.pt.a.	тону́в
p.pr.a.	то́нущий
p.pt.a.	тону́вший

тонча́ть 2a, *1st and 2nd pers not used, imperf coll* grow thin, slim. — (по-)

то́пать 1a *imperf* 1. чем stamp 2. *sub* tramp, go, walk ‖ *perf semelf* то́пнуть 6

топи́ть[1] *imperf* что heat; light a fire
pr.	топлю́, то́пишь, то́пят
imp.	топи́, ~те
pt.	топи́л
g.pr.a.	топя́
p.pr.a.	топя́щий
p.pt.a.	топи́вший
p.pr.p.	топи́мый
p.pt.p.	то́пленный

топи́ть[2] *imperf* что 1. melt, render (down) 2.: топи́ть молоко́ heat milk in the oven forms as топи́ть[1]

топи́ть[3] *imperf* кого́-что 1. sink *a boat etc.*; drown *a person, animal* 2. *fig coll* ruin. — (за- *with* 1, по-, у-)
no *p.pt.p.*
other forms as топи́ть[1]

топи́ься[1], *1st and 2nd pers not used, imperf, of fuel in a stove* burn

топи́ться[2], *1st and 2nd pers not used, imperf* melt

топи́ться[3] *imperf coll* drown oneself. — (у-)

то́пнуть[1] *perf semelf of* то́пать

то́пнуть[2] 6 *perf sub* sink, go down

топо́рщить, *1st and 2nd pers not used,* *imperf* что bristle. — (вс-)
pr.	топо́рщит, -щат
pt.	топо́рщил
g.pr.a.	топо́рща
p.pr.a.	топо́рщащий
p.pt.a.	топо́рщивший

топо́рщиться *imperf* **1.** bristle; puff up *or* out; pucker **2.** *coll* resist, oppose. — (вс-)

топота́ть *imperf coll* **1.** stamp vigorously; patter **2.** tramp, make a clatter
pr.	топочу́, -о́чешь, -о́чут
imp.	топочи́, ∼те
pt.	топота́л
g.pr.a.	топо́ча
p.pr.a.	топо́чущий
p.pt.a.	топота́вший

топта́ть *imperf* кого́-что **1.** trample down; tread under foot **2.** *coll* make dirty *with one's feet* **3.** *fig* trample, ride rough-shod over. — (по-)
pr.	топчу́, то́пчешь, то́пчут
imp.	топчи́, ∼те
pt.	топта́л
g.pr.a.	топча́
p.pr.a.	то́пчущий
p.pt.a.	топта́вший
p.pt.p.	то́птанный

топта́ться *imperf* shift *one's* feet; stamp, trample; топта́ться на ме́сте mark time *a.fig*

топы́рить *imperf* что *sub* spread wide [out] *one's* hands etc.; open *one's* arms, *fingers*; ruffle *the feathers*; bristle up. — (рас-)
pr.	топы́рю, -ришь, -рят
imp.	топы́рь, ∼те
pt.	топы́рил
g.pr.a.	топы́ря
p.pr.a.	топы́рящий
p.pt.a.	топы́ривший

топы́риться *imperf sub* **1.** stretch, spread; bristle **2.** resist, oppose. — (рас-)

торгова́ть 5а *imperf* **1.** кем-чем deal (in), trade (in); с кем-чем trade (with); sell *goods* **2.** buy and sell, trade **3.** be open; магази́н торгу́ет до семи́ (часо́в) the shop is open until seven p. m. — (при- *with* 2, с- *with* 2)

торгова́ться *imperf* **1.** с кем-чем bargain (with), haggle over the price (with) **2.** *coll* argue, wrangle. — (с-)

торжествова́ть 5а *imperf* **1.** что *obs* celebrate **2.** над кем-чем *or without object* triumph (over); exult (over), crow (over)

то́ркать 1а *imperf* кого́-что *sub* knock violently, shake [push] violently | *perf semelf* то́ркнуть 6

то́ркаться *imperf sub* bang, knock [push] violently | *perf semelf* то́ркнуться

то́ркнуть(ся) *perf semelf of* то́ркать(ся)

тормози́ть *imperf* что **1.** brake, apply the brake **2.** *fig* hamper, hinder, impede. — (за-)
pr.	торможу́, -ози́шь, -озя́т
imp.	тормози́, ∼те
pt.	тормози́л
g.pr.a.	тормозя́
p.pr.a.	тормозя́щий
p.pt.a.	тормози́вший
p.pr.p.	тормози́мый
p.pt.p.	торможённый; торможён, -ена́

тормози́ться, *1st and 2nd pers not used,* *imperf* **1.** be braked, be slowed down **2.** *fig* be hampered, be hindered. — (за-)

тормоши́ть *imperf* кого́-что *coll* **1.** pull (at, about), tug (at), tousle **2.** *fig* bother, pester, worry
pr.	тормошу́, -ши́шь, -ша́т
imp.	тормоши́, ∼те
pt.	тормоши́л
g.pr.a.	тормоша́
p.pr.a.	тормоша́щий
p.pt.a.	тормоши́вший

торопи́ть *imperf* **1.** кого́-что hurry, hasten, urge on; кого́-что с чем hurry (for), press (for) **2.** что precipitate, expedite. — (по- *with* 1)
pr.	тороплю́, -о́пишь, -о́пят
imp.	торопи́, ∼те
pt.	торопи́л
g.pr.a.	торопя́
p.pr.a.	торопя́щий
p.pt.a.	торопи́вший
p.pr.p.	торопи́мый*

торопи́ться *imperf with infinitive,* с чем *or without object* be in a hurry, hasten. — (по-)

тороси́ть *and* **то́росить**, *1st and 2nd pers not used, imperf* что form into hummocks
pr.	то́роси́т, то́рося́т
pt.	то́роси́л
g.pr.a.	то́рося́
p.pr.a.	то́рося́щий
p.pt.a.	то́роси́вший
p.pr.p.	то́роси́мый
p.pt.p.	торошённый *and* торо́шенный

тороси́ться *and* **то́роситься**, *1st and 2nd pers not used, imperf* form (into) hummocks

торпеди́ровать 4 *and* 4а *perf, imperf* что torpedo

торцева́ть *imperf* что **1.** cut square blocks of wood for paving **2.** pave with small blocks of wood

pr.	торцу́ю, -у́ешь, -у́ют
imp.	торцу́й, ~те
pt.	торцева́л
g.pr.a.	торцу́я
p.pr.a.	торцу́ющий
p.pt.a.	торцева́вший
p.pr.p.	торцу́емый
p.pt.p.	торцо́ванный

торча́ть *imperf* **1.** stick out, stand out; jut out, protrude; show, be seen **2.** *coll* stick *at home etc.*, hang about

pr.	торчу́, -чи́шь, -ча́т
imp.	торчи́, ~те
pt.	торча́л
g.pr.a.	торча́
p.pr.a.	торча́щий
p.pt.a.	торча́вший

тоскова́ть 5а *imperf* **1.** be sad, be melancholy, feel sad [lonely] **2.** be [feel] bored **3.** по кому́-чему́ *or* по ком-чём *coll* long (for), pine (for); тоскова́ть по ро́дине be homesick

точи́ть *imperf* что **1.** sharpen, whet; grind; strop **2.** turn on a lathe, shape on a lathe **3.** *1st and 2nd pers not used* eat [gnaw] away; corrode **4.** *1st and 2nd pers not used*, *fig* gnaw, prey upon, wear out. — (вы- *with* 2, на- *with* 1)

pr.	точу́, то́чишь, то́чат
imp.	точи́, ~те
pt.	точи́л
g.pr.a.	точа́
p.pr.a.	точа́щий
p.pt.a.	точи́вший
p.pr.p.	точи́мый
p.pt.p.	то́ченный

тошни́ть *impers imperf* кого́-что: меня́ тошни́т I feel sick; I loathe

pr.	тошни́т
pt.	тошни́ло

тоща́ть 2а *imperf coll* become gaunt [emaciated, thin]; waste away. — (о-)

трави́ть[1] *imperf* **1.** кого́-что poison, exterminate with poison, destroy **2.** что *tech* etch; stain **3.** что graze *a field*; trample down, damage *grass, crops etc.* **4.** кого́-что hunt *with horses, hounds etc.*; bait *bears etc.* **5.** *fig* кого́-что persecute, hound. — (вы- *with* 1, 2, за- *with* 4, 5, по- *with* 3)

pr.	травлю́, тра́вишь, тра́вят
imp.	трави́, ~те
pt.	трави́л
g.pr.a.	травя́
p.pr.a.	травя́щий
p.pt.a.	трави́вший
p.pr.p.	трави́мый
p.pt.p.	тра́вленный

трави́ть[2] *imperf* что *naut* ease out, slacken out, slack away, loosen. — (вы-) forms as трави́ть[1]

трави́ться *imperf coll* poison oneself, take poison

трактова́ть 5а *imperf* **1.** о чём *or obs* что treat (of), deal (with); discuss **2.** кого́-что consider, regard as **3.** что interpret

p.pt.p.	тракто́ванный

трактова́ться *imperf bookish* be treated, be discussed

тра́лить *imperf* что **1.** trawl **2.** *mil* sweep. — (про- *with* 2)

pr.	тра́лю, -лишь, -лят
imp.	траль, ~те
pt.	тра́лил
g.pr.a.	тра́ля
p.pr.a.	тра́лящий
p.pt.a.	тра́ливший
p.pr.p.	тра́лимый

трамбова́ть 5а *imperf* что ram. — (у-)

транжи́рить *imperf* что *coll* squander, waste. — (рас-)

pr.	транжи́рю, -ришь, -рят
imp.	транжи́рь, ~те
pt.	транжи́рил
g.pr.a.	транжи́ря
p.pr.a.	транжи́рящий
p.pt.a.	транжи́ривший

транскриби́ровать 4 *and* 4а *perf, imperf* что *ling* transcribe

трансли́ровать 4 *and* 4а *perf, imperf* что *wrl* transmit; relay

транспони́ровать 4 *and* 4а *perf, imperf* что *mus* transpose

транспорти́ровать 4 *and* 4а *perf, imperf* что transport; convey

трансформи́ровать 4 *and* 4а *perf, imperf* кого́-что transform, convert

трансформи́роваться, *1st and 2nd pers not used, perf, imperf* be [become] transformed

трапе́зовать 4а *imperf obs* feast

трасси́ровать 4 *and* 4а *perf, imperf* что mark out, trace

тра́тить *imperf* что spend, expend; waste one's time etc. — (ис-, по-)
pr. тра́чу, тра́тишь, тра́тят
imp. трать, ~те
pt. тра́тил
g.pr.a. тра́тя
p.pr.a. тра́тящий
p.pt.a. тра́тивший
p.pt.p. тра́ченный

тра́титься *imperf* на что 1. spend money 2. be spent, be used. — (по-)

тра́хать(ся) *imperf of* тра́хнуть(ся)

тра́хнуть 6 *perf and semelf* кого́-что 1. *coll* crash, bang, knock 2. *a. without object* biff, wallop ‖ *imperf* тра́хать 1 а

тра́хнуться *perf sub* 1. tumble down, topple down *noisily* 2. обо что hit, strike violently (against) ‖ *imperf* тра́хаться

тре́бовать 4а *imperf* 1. что, чего́, *with conjunction* что́бы, *with infinitive or without object* demand (from, of), claim (from), require (of); чего́ от кого́-чего́ expect (from) 2. *1st and 2nd pers not used* чего́ need, require, call for 3. кого́-что summon ‖ *perf* потре́бовать 4 *with* 2, 3

тре́боваться, *1st and 2nd pers not used, imperf* need, require *time, attention etc.*; be required [wanted]; be necessary ‖ *perf* потре́боваться

трево́жить *imperf* кого́-что 1. alarm, disquiet, worry, trouble 2. disturb, bother. — (вс- *with* 1, по- *with* 2)
pr. трево́жу, -жишь, -жат
imp. трево́жь, ~те
pt. трево́жил
g.pr.a. трево́жа
p.pr.a. трево́жащий
p.pt.a. трево́живший
p.pr.p. трево́жимый

трево́житься *imperf* 1. be [get] anxious *or* nervous; be worried about 2. trouble [worry] oneself. — (вс- *with* 1, по- *with* 2)

трезве́ть 3а *imperf* sober up; *fig* be sobered. — (о-)

трезви́ть *imperf* кого́-что *or without object* sober. — (вы-, о-, про-)
pr. трезвлю́, -ви́шь, -вя́т
imp. трезви́, ~те
pt. трезви́л
g.pr.a. трезвя́

p.pr.a. трезвя́щий
p.pt.a. трезви́вший
p.pr.p. трезви́мый

трезво́нить *imperf* 1. peal, ring 2. что *or without object coll* 1 spread (abroad), trumpet *rumours*
pr. трезво́ню, -нишь, -нят
imp. трезво́нь, ~те
pt. трезво́нил
g.pr.a. трезво́ня
p.pr.a. трезво́нящий
p.pt.a. трезво́нивший

тренирова́ть 5а *imperf* кого́-что train; coach. — (на-)
p.pt.p. трениро́ванный

тренирова́ться *imperf* в чём train oneself (in), be in training, practise. — (на-)

трено́жить *imperf* кого́-что hobble. — (с-)
pr. трено́жу, -жишь, -жат
imp. трено́жь, ~те
pt. трено́жил
g.pr.a. трено́жа
p.pr.a. трено́жащий
p.pt.a. трено́живший
p.pr.p. трено́жимый

тре́нькать 1а *imperf coll* strum

трепани́ровать 4 *and* 4а *perf, imperf* кого́-что *med* trepan

трепану́ть *perf semelf of* трепа́ть

трепа́ть *imperf* 1. кого́-что pull about, rumple, tumble; twitch; blow about, flutter; tousle 2. кого́-что *coll*: его́ тре́плет лихора́дка he is feverish, he is shivering with fever 3. по чему́ *coll* pat *smb on the shoulder ect.* 4. что scutch, swingle 5. что *coll* wear out; fray, tear ‖ *perf semelf sub* трепану́ть 7 *with* 1, 2. — (ис- *with* 5, по- *with* 1, 3, 5)
pr. треплю́, тре́плешь, тре́плют *and sub* тре́пешь, тре́пют
imp. трепли́, ~те *and* трепи́, ~те
pt. трепа́л
g.pr.a. трепля́
p.pr.a. тре́плющий
p.pt.a. трепа́вший
p.pt.p. трёпанный

трепа́ться *imperf* 1. *1st and 2nd pers not used* flutter, wave 2. *1st and 2nd pers not used, coll* wear out; be tattered 3. *sub* roam; gad about 4. *coarse sub* twaddle, prattle; talk nonsense. — (ис- *with* 2, по- *with* 2)

трепета́ть *imperf* 1. flutter, quiver; twitch, be convulsed; palpitate 2. flicker 3. от

чего thrill (with), tremble (with), quiver (with) **4.** перед кем-чем, при ком-чём tremble (before; for); трепетать при мысли о чём-н. tremble at the thought of *smth*

pr.	трепещу, -ещешь, -ещут
imp.	трепещи, ~те
pt.	трепетал
g.pr.a.	трепеща
p.pr.a.	трепещущий
p.pt.a.	трепетавший

трепыхаться 2а *imperf coll* flutter, quiver; glimmer, gleam, twinkle; flicker | *perf semelf* трепыхнуться 7

трепыхнуться *perf semelf of* трепыхаться

трескать[1] *imperf of* треснуть

трескать[2] 1а *imperf* что *coarse sub* guzzle, gobble

трескаться[1] 1а, *1st and 2nd pers not used, imperf* burst; crack, split; chap. — (по-)

трескаться[2] *imperf of* треснуться

треснуть 6 *perf* **1.** *semelf of* трещать **2.** crack; burst **3.** чем по чему *or* кого-что по чему *or without object sub* hit hard, strike | *imperf* трескать 1а *with* 3

треснуться *perf* чем обо что *sub* knock (against), bang (against), strike (against) | *imperf* трескаться

трестировать 4 *and* 4а *perf, imperf* что combine into a trust

третировать 4а *imperf* кого-что slight, treat slightingly

трещать *imperf* **1.** *1st and 2nd pers not used* crack; crackle; rattle; *of wheels, shoes etc.* creak **2.** *1st and 2nd pers not used, of crickets* chirp **3.** *coll* chatter, jabber, prattle **4.** *coll* be on the point of collapse | *perf semelf* треснуть 6 *with* 1

pr.	трещу, -щишь, -щат
imp.	трещи, ~те
pt.	трещал
g.pr.a.	треща
p.pr.a.	трещащий
p.pt.a.	трещавший

триеровать 5а *imperf* что screen, separate, sift *grain*

p.pt.p.	триерованный

трогать 1а *imperf* кого-что **1.** touch *with the hand* **2.** disturb, bother, trouble **3.** *fig* touch, move, affect **4.** start, begin to move | *perf* тронуть, forms ib.

трогаться *imperf* **1.** start, begin to move; трогаться в путь set out, start on a

journey; он не тронулся с места he did not budge **2.** *fig* be touched, be moved | *perf* тронуться

троить *imperf* что **1.** divide into three **2.** *obs* increase threefold, triple, treble

pr.	трою, троишь, троят
imp.	трой, ~те
pt.	троил
g.pr.a.	троя
p.pr.a.	троящий
p.pt.a.	троивший
p.pr.p.	троимый

троиться *imperf* increase threefold, treble; see treble

тронуть 6 *perf* **1.** *perf of* трогать **2.** *1st and 2nd pers not used,* affect; морозом тронуло цветы the flowers have been touched [nipped] by the frost

imp.	тронь, ~те
p.pt.p.	тронутый

тронуться *perf* **1.** *perf of* трогаться **2.** *coll* be touched, go mad **3.** *1st and 2nd pers not used sub* turn, go off, go bad

трубить *imperf* **1.** во что blow, trumpet, sound **2.** *fig* о ком-чём *coll* trumpet, proclaim from the house-tops

pr.	трублю, -бишь, -бят
imp.	труби, ~те
pt.	трубил
g.pr.a.	трубя
p.pr.a.	трубящий
p.pt.a.	трубивший

трудиться *imperf* **1.** work; toil, labour; над кем-чем work (at), labour (at), be working (on) **2.** *with infinitive or without object coll* bother, take the trouble

pr.	тружусь, трудишься, трудятся
imp.	трудись, -йтесь
pt.	трудился, -лась
g.pr.a.	трудясь
p.pr.a.	трудящийся
p.pt.a.	трудившийся

трунить *imperf* над кем-чем *coll* make fun (of), chaff, tease, kid

pr.	труню, -нишь, -нят
imp.	труни, ~те
pt.	трунил
g.pr.a.	труня
p.pr.a.	трунящий
p.pt.a.	трунивший

трусить *imperf* **1.** be afraid, be frightened, have the jitters **2.** перед кем-чем *or* кого-чего *coll* be afraid (of), fear, dread, be scared (of). — (с-)

pr.	тру́шу, тру́сишь, тру́сят
imp.	трусь, ~те
pt.	тру́сил
g.pr.a.	тру́ся
p.pr.a.	тру́сящий
p.pt.a.	тру́сивший

труси́ть[1] *imperf* что *sub* shake, strew, scatter. — (на-)

pr.	трушу́, труси́шь, трy ся́т
imp.	труси́, ~те
pt.	труси́л
g.pr.a.	труся́
p.pr.a.	труся́щий
p.pt.a.	труси́вший

труси́ть[2] *imperf coll* trot; jog along forms as труси́ть[1]

труси́ться, *1st and 2nd pers not used, imperf* spill, scatter. — (на-)

трухля́веть 3a, *1st and 2nd pers not used, imperf* become [grow] rotten, rot, decay

трясти́ *imperf* 1. кого́-что shake *a tree, one's head etc.*; трясти́ кому́-н. ру́ку shake *smb's* hand; чем: трясти́ голово́й shake *one's* head 2. что shake out, dust 3. *of a wagon etc.* jolt, give a shaking 4. *impers*: его́ трясёт от хо́лода he is shaking with cold | *perf semelf* тряхну́ть 7. — (вы- *with* 2)

pr.	трясу́, -сёшь, -су́т
imp.	тряси́, ~те
pt.	тряс, ~ла́
g.pr.a.	тряся́
p.pr.a.	трясу́щий
p.pt.a.	тря́сший

трясти́сь *imperf* 1. shake; от чего́ tremble (with); shiver (with) 2. be jolted, be shaken up 3. *fig* над кем-чем dote (upon), tremble (over), watch 4. пе́ред кем-чем *or without object coll* tremble (before), live in fear (of), dread | *perf semelf* тряхну́ться *with* 1

тряхну́ть 7 *perf* 1. *semelf of* трясти́ 2. *fig* чем: тряхну́ть старино́й do as one used to as a young man [woman]

тряхну́ться *perf semelf of* трясти́сь

тужи́ть *imperf* по ком-чём, о ком-чём *poet, coll* grieve (for, over), mourn (for); long (for)

pr.	тужу́, ту́жишь, ту́жат
imp.	тужи́, ~те
pt.	тужи́л
g.pr.a.	тужа́
p.pr.a.	тужа́щий
p.pt.a.	тужи́вший

ту́житься *imperf coll* exert oneself

pr.	ту́жусь, ту́жишься, ту́жатся
imp.	ту́жься, ту́жьтесь
pt.	ту́жился, -лась
g.pr.a.	ту́жась
p.pr.a.	ту́жащийся
p.pt.a.	ту́жившийся

тузи́ть *imperf coll* кого́-что thrash; punch. — (от-)

pr.	тужу́, тузи́шь, тузя́т
imp.	тузи́, ~те
pt.	тузи́л
g.pr.a.	тузя́
p.pr.a.	тузя́щий
p.pt.a.	тузи́вший

ту́кать 1a *imperf* кого́-что *or without object coll* strike, hit; punch *with the fist*; knock, rap; rattle | *perf semelf* ту́кнуть 6, *p.pt.p.* ту́кнутый*

ту́каться *imperf* обо что *sub* strike (against), knock (against) | *perf semelf* ту́кнуться

ту́кнуть(ся) *perf semelf of* ту́кать(ся)

тума́нить, *1st and 2nd pers not used, imperf* что 1. smudge, obscure 2. dim; *fig* befog. — (за-)

pr.	тума́нит, -нят
pt.	тума́нил
g.pr.a.	тума́ня
p.pr.a.	тума́нящий
p.pt.a.	тума́нивший
p.pr.p.	тума́нимый

тума́ниться, *1st and 2nd pers not used, imperf* 1. be dimmed, be obscured, become [grow] misty *or* hazy; loom 2. be dimmed; *fig* be confused, be gloomy. — (за-)

тунея́дствовать 4a *imperf contp* live as a parasite; idle

тупе́ть 3a *imperf* 1. get blunt 2. become dull [sluggish], become stupid. — (о-)

тупи́ть *imperf* что blunt; dull. — (за-, ис-)

pr.	туплю́, ту́пишь, ту́пят
imp.	тупи́, ~те
pt.	тупи́л
g.pr.a.	тупя́
p.pr.a.	тупя́щий
p.pt.a.	тупи́вший
p.pr.p.	тупи́мый

тупи́ться, *1st and 2nd pers not used, imperf* blunt, be blunted, get blunt. — (за-, ис-)

тури́ть *imperf* кого́-что *sub* drive away, turn out | *perf semelf* турну́ть 7, *p.pt.p.* турну́тый*. — (вы-, про-)

pr.	турю́, тури́шь, туря́т

imp.	турӣ, ~те
pt.	турӣл
g.pr.a.	туря́
p.pr.a.	туря́щий
p.pt.a.	турӣвший

турну́ть *perf semelf of* турӣть

тускне́ть 3а, *1st and 2nd pers not used*, *imperf* **1.** dim, grow dim [dull]; *fig* wane, lose its lustre **2.** pale. — (по-)

ту́скнуть, *1st and 2nd pers not used, imperf* **1.** dim, grow dim [dull]; *fig* wane, lose its lustre **2.** pale

pr.	ту́скнет, -нут
pt.	туск *and* ту́скнул, ту́скла*
g.pt.a.	ту́скнув
p.pr.a.	ту́скнущий
p.pt.a.	ту́скнувший

ту́хнуть[1], *1st and 2nd pers not used, imperf*, *of fire, lights* go out. — (по-)

pr.	ту́хнет, -нут
pt.	тух *and* ту́хнул, ту́хла
g.pt.a.	ту́хнув
p.pr.a.	ту́хнущий
p.pt.a.	ту́хнувший

ту́хнуть[2], *1st and 2nd pers not used, imperf* go bad, rot, spoil. — (про-)

pt.	тух, ~ла

other forms as ту́хнуть[1]

тучне́ть 3а *imperf* **1.** grow fat, put on flesh **2.** *agr* become fertile. — (по-)

тушева́ть *imperf* что shade; *fig* tone down. — (за-)

pr.	тушу́ю, -у́ешь, -у́ют
imp.	тушу́й, ~те
pt.	тушева́л
g.pr.a.	тушу́я
p.pr.a.	тушу́ющий
p.pt.a.	тушева́вший
p.pr.p.	тушу́емый
p.pt.p.	тушёванный

тушева́ться *imperf coll* be shy, be hesitant. — (с-)

туши́ть[1] *imperf* что put out, extinguish; turn off *the light*. — (за-, по-)

pr.	тушу́, ту́шишь, ту́шат
imp.	туши́, ~те
pt.	туши́л
g.pr.a.	туша́
p.pr.a.	ту́шащий
p.pt.a.	туши́вший
p.pr.p.	туши́мый
p.pt.p.	ту́шенный

туши́ть[2] *imperf* что stew ‖ *perf* стуши́ть, forms ib.

p.pt.p.	тушённый; тушён, -ена́

other forms as туши́ть[1]

ты́кать[1] *imperf coll* **1.** что *or* чем во что thrust (into), poke (into); stick (into); jab (at, into) **2.**: ты́кать па́льцем в кого́-н. *or* на кого́-н. point *one's* finger at *smb* | *perf semelf* ткнуть 7 *and sub* ты́кнуть 6

pr.	ты́чу, ты́чешь, ты́чут *and sub* ты́каю, -аешь, -ают
imp.	тычь, ~те *and sub* ты́кай, ~те
pt.	ты́кал
g.pr.a.	ты́ча *and sub* ты́кая
p.pr.a.	ты́чущий

ты́кать[2] 1а *imperf* кого-что *sub* use the familiar form of address ("ты„) to *smb*

ты́каться *imperf coll* **1.** во что knock (against) **2.** *coll* bustle [fuss] about | *perf semelf* ткну́ться 7
forms follow ты́кать[1]

ты́кнуть *perf semelf of* ты́кать[1]

тю́кать 1а *imperf* кого-что *coll* tap, rap gently | *perf semelf* тю́кнуть 6, *p.pt.p.* тю́кнутый

тю́кнуть *perf semelf of* тю́кать

тю́тькаться 1а *imperf* с кем-чем *sub* spend too much time on *smb*, have trouble with

тя́вкать 1а *imperf* yelp, yap | *perf semelf* тя́вкнуть 6

тя́вкнуть *perf semelf of* тя́вкать

тяга́ть 2а *imperf* кого-что **1.** *tech and reg* pull, draw; haul **2.** *sub* carry, drag, lug

тяга́ться *imperf* с кем-чем **1.** *coll* be a match (for), vie (with), compete (with), measure *one's* strength (against) **2.** *obs* be at law (with), litigate (with). — (по-)

p.pr.a.	тя́жущийся

тяготе́ть 3а *imperf* **1.** к чему́ gravitate (towards) **2.** к кому́-чему́ be drawn to, have a propensity (towards) **3.** над кем-чем weigh (upon), hang (over)

тяготи́ть *imperf* кого-что be a burden (on), weigh heavily (on), oppress, be irksome (to)

pr.	тягощу́, -оти́шь, -отя́т
imp.	тяготи́, ~те
pt.	тяготи́л
g.pr.a.	тяготя́
p.pr.a.	тяготя́щий

p.pt.a.	тяготи́вший
p.pr.p.	тяготи́мый

тяготи́ться *imperf* кем-чем feel the burden (of), feel something as a burden, be oppressed (by)

тяжеле́ть 3а *imperf* grow heavy; put on weight; get stout; become heavy with sleep. — (о-, по-)

тяну́ть *imperf* **1.** кого́-что pull, draw; drag, haul; *naut* tow **2.** что lay *a cable etc.* **3.** что *tech* draw **4.** *1st and 2nd pers not used, of chimney* draw; от две́ри тя́нет хо́лодом there is a cold draught from the door **5.** что drawl (out); intone, drag out **6.** с чем *or* что delay, protract, procrastinate **7.** *1st and 2nd pers not used* weigh **8.** кого́-что *coll* make go, force to go **9.** кого́-что *coll* squeeze; extort (from) **10.** *impers*: long (for), feel an inclination (towards); be attracted to; have a mind to; меня́ тя́нет к нему́ I am longing to see him

pr.	тяну́, тя́нешь, тя́нут
imp.	тяни́, ~те
pt.	тяну́л
g.pt.a.	тяну́в
p.pr.a.	тя́нущий
p.pt.a.	тяну́вший
p.pt.p.	тя́нутый

тяну́ться *imperf* **1.** *of rubber* stretch *etc.* **2.** *1st and 2nd pers not used* extend, stretch (out) **3.** stretch oneself **4.** *1st and 2nd pers not used* drag on, last a long time; *of time* hang heavy **5.** к кому́-чему́ reach out (for), stretch *one's* hand (for) **6.** move slowly; drift **7.** *fig* за кем-чем strive (after), aspire (to); try to keep up (with). — (по- *with* 2)

тя́пать 1а *imperf* кого́-что *coll* **1.** hew, hack, chop, cut; hit, strike **2.** grab, snatch |*perf semelf* тя́пнуть 6, *p.pt.p.* тя́пнутый

тя́пнуть *perf semelf of* тя́пать

У

уба́вить *perf* **1.** что *or* чего́ diminish, lessen; reduce **2.** в чём *coll* lose weight || *imperf* убавля́ть 2а

ft.	уба́влю, -вишь, -вят
imp.	уба́вь, ~те
pt.	уба́вил
g.pt.a.	уба́вив
p.pt.a.	уба́вивший
p.pt.p.	уба́вленный

уба́виться, *1st and 2nd pers not used, perf usu impers* diminish, decrease; grow less || *imperf* убавля́ться

убавля́ть(ся) *imperf of* уба́вить(ся)

убаю́кать 1 *perf* кого́-что sing to sleep || *imperf* убаю́кивать 1а

убаю́кивать *imperf of* убаю́кать

убега́ть *imperf of* убежа́ть

убе́гаться 1 *perf coll* get tired with (prolonged) running (about)

убеди́ть, *1st pers not used, perf* кого́-что **1.** в чём convince (of) **2.** *with infinitive* persuade || *imperf* убежда́ть 2а

ft.	убеди́шь, -дя́т
imp.	убеди́, ~те
pt.	убеди́л
g.pt.a.	убеди́в

p.pt.a.	убеди́вший
p.pt.p.	убеждённый; убеждён, -ена́

убеди́ться, *1st pers not used, perf* в чём satisfy oneself (about), make sure (of) || *imperf* убежда́ться

убежа́ть *perf* **1.** run away **2.** escape, flee **3.** *1st and 2nd pers not used* boil over || *imperf* убега́ть 2а

ft.	убегу́, убежи́шь, убегу́т
imp.	убеги́, ~те
pt.	убежа́л
g.pt.a.	убежа́в
p.pt.a.	убежа́вший

убежда́ть(ся) *imperf of* убеди́ть(ся)

убели́ть *perf* кого́-что whiten, make quite white; bleach *hair* || *imperf* убеля́ть 2а

ft.	убелю́, -ли́шь, -ля́т
imp.	убели́, ~те
pt.	убели́л
g.pt.a.	убели́в
p.pt.a.	убели́вший
p.pt.p.	убелённый; убелён, -ена́

убеля́ть *imperf of* убели́ть

уберега́ть(ся) *imperf of* убере́чь(ся)

уберечь *perf* кого-что от кого-чего gurad (against); preserve (from), keep (from); protect (from) ‖ *imperf* уберегать 2a

ft.	уберегу, -ежёшь, -егут
imp.	убереги, ~те
pt.	уберёг, -егла
g.pt.a.	уберёгши
p.pt.a.	уберёгший
p.pt.p.	убережённый; убережён, -ена

уберечься *perf* от кого-чего protect oneself (from, against); guard (against) ‖ *imperf* уберегаться

убивать(ся) *imperf of* убить(ся)

убирать(ся) *imperf of* убрать(ся)

убить *perf* 1. кого-что kill; murder; assassinate 2. *fig* что destroy, blight 3. *fig* кого-что crush, drive to despair 4. что take, beat *a card* 5. kill *time*; waste *money* ‖ *imperf* убивать 2a

ft.	убью, убьёшь, убьют
imp.	убей, ~те
pt.	убил
g.pt.a.	убив
p.pt.a.	убивший
p.pt.p.	убитый

убиться *perf* 1. *coll* have a fatal accident 2. *sub* hurt oneself ‖ *imperf* убиваться

ублаготворить *perf* кого-что *obs, now joc* give satisfaction ‖ *imperf* ублаготворять 2a

ft.	ублаготворю, -ришь, -рят
imp.	ублаготвори, ~те
pt.	ублаготворил
g.pt.a.	ублаготворив
p.pt.a.	ублаготворивший
p.pt.p.	ублаготворённый; ублаготворён, -ена

ублаготворять *imperf of* ублаготворить

ублажать *imperf of* ублажить

ублажить *perf* кого-что *coll* anticipate *smb's* every wish; study *smb* ‖ *imperf* ублажать 2a

ft.	ублажу, -жишь, -жат
imp.	ублажи, ~те
pt.	ублажил
g.pt.a.	ублажив
p.pt.a.	ублаживший
p.pt.p.	ублажённый; ублажён, -ена

убояться *perf* кого-чего *or without object obs, now joc* take fright (at)

ft.	убоюсь, -ойшься, -оятся
imp.	убойся, убойтесь
pt.	убоялся, -лась
g.pt.a.	убоявшись
p.pt.a.	убоявшийся

убрать *perf* 1. что clear away; remove, take away; put away 2. что harvest, gather in 3. что do, tidy (up) *a room*; put in order 4. кого-что чем decorate (with), adorn (with) ‖ *imperf* убирать 2a

ft.	уберу, -рёшь, -рут
imp.	убери, ~те
pt.	убрал, -ала, -ало
g.pt.a.	убрав
p.pt.a.	убравший
p.pt.p.	убранный

убраться *perf* 1. *coll* make off, decamp 2. *coll* tidy (up), clean (up); put in order 3. dress oneself up, deck oneself out; adorn oneself ‖ *imperf* убираться

pt.	убрался, -алась, -алось

убрести *perf coll* go away slowly

ft.	убреду, -дёшь, -дут
imp.	убреди, ~те
pt.	убрёл, убрела
g.pt.a.	убредя *and obs* убредши
p.pt.a.	убредший

убывать *imperf of* убыть

убыстрить *perf* что *coll* accelerate, increase the speed (of) ‖ *imperf* убыстрять 2a

ft.	убыстрю, -ришь, -рят
imp.	убыстри, ~те
pt.	убыстрил
g.pt.a.	убыстрив
p.pt.a.	убыстривший
p.pt.p.	убыстрённый; убыстрён, -ена

убыстрять *imperf of* убыстрить

убыть *perf* 1. decrease, diminish; *of the moon* wane; *of water* sink; 2. leave 3. кого-что от чего *usu negated*: тебя не убудет от этого *sub* that is not going to hurt you any ‖ *imperf* убывать 2a

ft.	убуду, -дешь, -дут
imp.	убудь, ~те
pt.	убыл, убыла, убыло
g.pt.a.	убыв
p.pt.a.	убывший

уважать 2a *imperf* кого-что hold in respect, esteem, honour

уважить *perf coll* 1. comply with *a request* 2. кого-что do *smb* a favour [a good turn]

ft.	уважу, -жишь, -жат
imp.	уважь, ~те
pt.	уважил
g.pt.a.	уважив

p.pt.a. уважи́вший
p.pt.p. ува́женный

ува́ливать *imperf of* ували́ть

ували́ть *perf* что **1.** *sub* pile crooked **2.** *naut* veer ‖ *imperf* ува́ливать 1 a
ft. увалю́, ува́лишь, ува́лят
imp. ували́, ~те
pt. ували́л
g.pt.a. ували́в
p.pt.a. ували́вший
p.pt.p. ува́ленный

ува́ривать(ся) *imperf of* увари́ть(ся)

увари́ть *perf* что **1.** *coll* cook well *or* till done, well do **2.** let boil away *or* down, let evaporate *e.g. liquids* ‖ *imperf* ува́ривать 1 a
ft. уварю́, ува́ришь, ува́рят
imp. увари́, ~те
pt. увари́л
g.pt.a. увари́в
p.pt.a. увари́вший
p.pt.p. ува́ренный

увари́ться, *1st and 2nd pers not used, perf* boil away *or* down ‖ *imperf* ува́риваться

уве́домить *perf* кого́-что о чём notify (of), inform (of) ‖ *imperf* уведомля́ть 2 a
ft. уве́домлю, -мишь, -мят
imp. уве́доми, ~те *and* уве́домь, ~те
pt. уве́домил
g.pt.a. уве́домив
p.pt.a. уве́домивший
p.pt.p. уве́домленный

уведомля́ть *imperf of* уве́домить

увезти́ *perf* кого́-что **1.** take away, carry away **2.** abduct; kidnap ‖ *imperf* увози́ть, forms ib.
ft. увезу́, -зёшь, -зу́т
imp. увези́, ~те
pt. увёз, увезла́
g.pt.a. увезя́ *and obs* увёзши
p.pt.a. увёзший
p.pt.p. увезённый; увезён, -ена́

увекове́чивать *imperf of* увекове́чить

увекове́чить *perf* кого́-что immortalize; perpetuate *a state* ‖ *imperf* увекове́чивать 1 a
ft. увекове́чу, -чишь, -чат
imp. увекове́чь, ~те
pt. увекове́чил
g.pt.a. увекове́чив
p.pt.a. увекове́чивший
p.pt.p. увекове́ченный

увели́чивать(ся) *imperf of* увели́чить(ся)

увели́чить *perf* кого́-что increase; augment; *phot* enlarge; magnify *with a lens* ‖ *imperf* увели́чивать 1 a
ft. увели́чу, -чишь, -чат
imp. увели́чь, ~те
pt. увели́чил
g.pt.a. увели́чив
p.pt.a. увели́чивший
p.pt.p. увели́ченный

увели́читься, *1st and 2nd pers not used, perf* increase; augment ‖ *imperf* увели́чиваться

увенча́ть 2 *perf* кого́-что crown ‖ *imperf* увенчивать 1 a

увенча́ться, *1st and 2nd pers not used, perf fig* чем be crowned (with) ‖ *imperf* увенчиваться

уве́нчивать(ся) *imperf of* увенча́ть(ся)

уве́рить *perf* кого́-что в чём *or with conjunction* что assure (of *or* that), make believe (that); convince (of) ‖ *imperf* уверя́ть 2 a
ft. уве́рю, -ришь, -рят
imp. уве́рь, ~те
pt. уве́рил
g.pt.a. уве́рив
p.pt.a. уве́ривший
p.pt.p. уве́ренный

уве́риться *perf* в чём *or with conjunction* что make sure (of), satisfy oneself (as to *or* that), be convinced (of) ‖ *imperf* уверя́ться

уверну́ть 7 *perf* кого́-что *coll* wrap (up) ‖ *imperf* увёртывать 1 a
p.pt.p. увёрнутый

уверну́ться *perf* **1.** dodge, evade, avoid **2.** *fig coll* dodge, prevaricate, shuffle ‖ *imperf* увёртываться

уве́ровать 4 *perf* в кого́-что (come to) believe (in)

уверста́ть 2 *perf* что *print* make up *into pages*; overrun ‖ *imperf* увёрстывать 1 a
p.pt.p. увёрстанный

увёрстывать *imperf of* уверста́ть

увёртывать(ся) *imperf of* уверну́ть(ся)

уверя́ть(ся) *imperf of* уве́рить(ся)

увесели́ть *perf of* увеселя́ть
ft. увеселю́, -ли́шь, -ля́т
imp. увесели́, ~те
pt. увесели́л
g.pt.a. увесели́в
p.pt.a. увесели́вший
p.pt.p. увеселённый

увеселиться 648

увеселиться *perf of* увеселяться

увеселять 2a *imperf* кого-что amuse, divert ‖ *perf* увеселить, forms ib.

увеселяться *imperf* enjoy oneself ‖ *perf* увеселиться

увести *perf* кого-что 1. take away *or* off, lead away *or* off 2. steal ‖ *imperf* уводить, forms ib.

ft.	уведу, -дёшь, -дут
imp.	уведи, ~те
pt.	увёл, увела
g.pt.a.	уведя *and obs* уведши
p.pt.a.	уведший
p.pt.p.	уведённый; уведён, -ена

увечить *imperf* кого-что maim, mutilate, cripple

pr.	увечу, -чишь, -чат
imp.	увечь, ~те
pt.	увечил
g.pt.a.	увеча
p.pr.a.	увечащий
p.pt.a.	увечивший

увечиться *imperf* cripple oneself

увешать 1 *perf* кого-что чем hang (with) ‖ *imperf* увешивать 1a

увешаться *perf* чем hang *smth* all over one's body ‖ *imperf* увешиваться

увешивать(ся) *imperf of* увешать(ся)

увещать 2a *imperf* кого-что admonish, exhort

увещевать 2a *imperf* кого-что *bookish* admonish, exhort

увивать *imperf of* увить

увиваться 2a *imperf* 1. *imperf of* увиться 2. *coll* court

увидать 2 *perf* кого-что *coll* see, perceive

ft. not used

p.pt.p. увиденный

увидаться *perf* с кем *coll* see each other; meet (with)

ft. not used

увидеть *perf* кого-что see, perceive

ft.	увижу, увидишь, увидят
pt.	увидел
g.pt.a.	увидев
p.pt.a.	увидевший
p.pt.p.	увиденный

увидеться *perf* с кем see each other; meet (with)

увиливать *imperf of* увильнуть

увильнуть 7 *perf* от кого-чего *coll* evade; elude; dodge; shirk ‖ *imperf* увиливать 1a

увить *perf* кого-что 1. *coll* bind round; wrap around 2. *coll* wind (on) 3. *of ivy, vine etc.* twine round, entwine ‖ *imperf* увивать 2a

ft.	увью, увьёшь, увьют
imp.	увей, ~те
pt.	увил, увила, увило
g.pt.a.	увив
p.pt.a.	увивший
p.pt.p.	увитый; увит, увита, увито

увиться, *1st and 2nd pers not used, perf coll* wind, twine ‖ *imperf* увиваться

pt. увился, увилась, увилось

увлажнить *perf* что moisten, damp ‖ *imperf* увлажнять 2a

ft.	увлажню, -нишь, -нят
imp.	увлажни, ~те
pt.	увлажнил
g.pt.a.	увлажнив
p.pt.a.	увлажнивший
p.pt.p.	увлажнённый; увлажнён, -ена

увлажниться, *1st and 2nd pers not used, perf* become moist, damp ‖ *imperf* увлажняться

увлажнять(ся) *imperf of* увлажнить(ся)

увлекать(ся) *imperf of* увлечь(ся)

увлечь *perf* кого-что 1. carry away, draw along 2. *fig, of a book* carry away; fascinate, captivate ‖ *imperf* увлекать 2a

ft.	увлеку, -ечёшь, -екут
imp.	увлеки, ~те
pt.	увлёк, -екла
g.pt.a.	увлёкши
p.pt.a.	увлёкший
p.pt.p.	увлечённый; увлечён, -ена

увлечься *perf* кем-чем 1. be enthusiastic (for); be carried away (by) 2. fall in love (with), fall (for) ‖ *imperf* увлекаться

уводить *imperf of* увести

pr.	увожу, уводишь, уводят
imp.	уводи, ~те
pt.	уводил
g.pr.a.	уводя
p.pr.a.	уводящий
p.pt.a.	уводивший
p.pr.p.	уводимый

увозить *imperf of* увезти

pr.	увожу, увозишь, увозят
imp.	увози, ~те
pt.	увозил
g.pr.a.	увозя
p.pr.a.	увозящий

p.pt.a.   увози́вший
p.pr.p.   увози́мый
увола́кивать[1] *imperf of* уволо́чь
увола́кивать[2] *imperf of* уволочи́ть
уво́лить *perf* кого́-что 1. dismiss, discharge 2. *usu imp.* spare ‖ *imperf* уволь-
ня́ть 2а
ft.   уво́лю, -лишь, -лят
imp.   уво́ль, ~те
pt.   уво́лил
g.pt.a.   уво́лив
p.pt.a.   уво́ливший
p.pt.p.   уво́ленный
уво́литься *perf* leave the service ‖ *imperf*
увольня́ться
уволочи́ть *perf* кого́-что *sub* drag away ‖
imperf увола́кивать 1а
ft.   уволочу́, -ло́чишь, -ло́чат
imp.   уволочи́, ~те
pt.   уволочи́л
g.pt.a.   уволочи́в
p.pt.a.   уволочи́вший
p.pt.p.   уволо́ченный
уволо́чь *perf* кого́-что *coll* drag away ‖
imperf увола́кивать 1а
ft.   уволоку́, -лочёшь, -локу́т
pt.   уволо́к, -локла́
g.pt.a.   уволоча́ *and* уволо́кши
p.pt.a.   уволо́кший
p.pt.p.   уволочённый; уволочён, -ена́
увольня́ть(ся) *imperf of* уво́лить(ся)
уворова́ть 5 *perf* что *coll* pilfer, filch ‖
imperf уворо́вывать 1а
уворо́вывать *imperf of* уворова́ть
уврачева́ть *perf* кого́-что *obs* cure, heal
ft.   уврачу́ю, -у́ешь, -у́ют
imp.   уврачу́й, ~те
pt.   уврачева́л
g.pt.a.   уврачева́в
p.pt.a.   уврачева́вший
p.pt.p.   уврачёванный
увяда́ть *imperf of* увя́нуть
увяза́ть[1] *imperf of* увя́знуть
увяза́ть[2] *perf* что 1. pack (up); tie up
2. *fig* co-ordinate ‖ *imperf* увя́зывать 1а
ft.   увяжу́, увя́жешь, увя́жут
imp.   увяжи́, ~те
pt.   увяза́л
g.pt.a.   увяза́в
p.pt.a.   увяза́вший
p.pt.p.   увя́занный
увяза́ться *perf* 1. *sub* pack, do *one's*
packing 2. за кем-чем *or* с кем-чем *coll*

cling (to); tag (after) ‖ *imperf* увя́зы-
ваться
forms follow увяза́ть[2]
увя́знуть *perf* get stuck, stick (fast) ‖
imperf увяза́ть 2а
ft.   увя́зну, -нешь, -нут
imp.   увя́зни, ~те
pt.   увя́з, ~ла
g.pt.a.   увя́знув *and* увя́зши
p.pt.a.   увя́зший *and* увя́знувший
увя́зывать *imperf of* увяза́ть[2]
увя́зываться *imperf of* увяза́ться
увя́нуть *perf* fade, wither ‖ *imperf* увя-
да́ть 2а
ft.   увя́ну, -нешь, -нут
imp.   увя́нь, ~те
pt.   увя́л
g.pt.a.   увя́нув
p.pt.a.   увя́нувший *and* увя́дший
угада́ть 2 *perf* что guess ‖ *imperf* угáдывать 1а
угáдывать *imperf of* угадáть
угáдываться 1а, *1st and 2nd pers not used,*
imperf be guessed, seem *when no definite*
information is available on the subject
угасáть *imperf of* угáснуть
угаси́ть *perf* что *bookish* 1. snuff
candle 2. suppress, stifle *development,*
progress etc. ‖ *imperf* угашáть 2а
ft.   угашу́, угáсишь, угáсят
imp.   угаси́, ~те
pt.   угаси́л
g.pt.a.   угаси́в
p.pt.a.   угаси́вший
p.pt.p.   угáшенный
угáснуть, *1st and 2nd pers not used, perf*
1. go out, be extinguished **2.** *fig* die away ‖
imperf угасáть 2а
ft.   угáснет, -нут
pt.   угáс *and obs* угáснул, угáсла
g.pt.a.   угáснув *and* угáсши
p.pt.a.   угáсший *and* угáснувший
угашáть *imperf of* угаси́ть
угибáть *imperf of* угну́ть
углуби́ть *perf* что deepen, make deeper ‖
imperf углубля́ть 2а
ft.   углублю́, -би́шь, -бя́т
imp.   углуби́, ~те
pt.   углуби́л
g.pt.a.   углуби́в
p.pt.a.   углуби́вший
p.pt.p.   углублённый; углублён, -ена́
углуби́ться *perf* 1. *1st and 2nd pers not used*

deepen, become deeper 2. во что go deep (into), get deeper (into) *the forest* ‖ *imperf* углубля́ться

углубля́ть(ся) *imperf of* углуби́ть(ся)

угляде́ть *perf* 1. кого́-что *sub* discern, make out; notice *as a result of gazing into smth* 2. *coll* за кем-чем *usu negated* take (proper) care (of), look (after)

ft.	угляжу́, -яди́шь, -ядя́т
imp.	угляди́, ~те
pt.	угляде́л
g.pt.a.	угляде́в
p.pt.a.	угляде́вший

угна́ть *perf* кого́-что 1. drive away *or* off 2. *coll* steal 3. send [dispatch] somewhere far away (against *smb's* will) ‖ *imperf* угоня́ть 2a

ft.	угоню́, уго́нишь, уго́нят
imp.	угони́, ~те
pt.	угна́л, -ала́, -а́ло
g.pt.a.	угна́в
p.pt.a.	угна́вший
p.pt.p.	у́гнанный

угна́ться *perf* за кем-чем *usu negated* 1. overtake, catch up (with) 2. *fig coll* equal; keep up (with) ‖ *imperf* угоня́ться

угнезди́ться, *1st pers not used*, *perf coll* nestle

ft.	угнезди́шься, -дя́тся
imp.	угнезди́сь, -йтесь
pt.	угнезди́лся, -лась
g.pt.a.	угнезди́вшись
p.pt.a.	угнезди́вшийся

угнести́ *perf of* угнета́ть

ft.	угнету́, -тёшь, -ту́т
imp.	угнети́, ~те
pt.	угнёл*, -ела́*
p.pt.p.	угнетённый; угнетён, -ена́

угнета́ть 2a *imperf* кого́-что 1. oppress; exploit 2. *fig* afflict; depress ‖ *imperf* угнести́, forms ib.

угну́ть *perf* кого́-что *sub* bend down; bend, bow *one's head* ‖ *imperf* угиба́ть 2a

ft.	угну́, угнёшь, угну́т
imp.	угни́, ~те
pt.	угну́л
g.pt.a.	угну́в
p.pt.a.	угну́вший
p.pt.p.	угну́тый

угова́ривать(ся) *imperf of* уговори́ть(ся)

уговори́ть *perf* кого́-что *with infinitive* persuade, prevail upon, induce ‖ *imperf* угова́ривать 1a

ft.	уговорю́, -ри́шь, -ря́т

imp.	уговори́, ~те
pt.	уговори́л
g.pt.a.	уговори́в
p.pt.a.	уговори́вший
p.pt.p.	уговорённый; уговорён, -ена́

уговори́ться *perf* с кем-чем *or with infinitive coll* come to an agreement, arrange, agree ‖ *imperf* угова́риваться

угоди́ть *perf* 1. кому́-чему́ *or* на кого́-что please, gratify, satisfy 2. в кого́-что *or* кому́-чему́ в что hit *with a missile* ‖ *imperf* угожда́ть 2a

ft.	угожу́, -оди́шь, -одя́т
imp.	угоди́, ~те
pt.	угоди́л
g.pt.a.	угоди́в
p.pt.a.	угоди́вший

угожда́ть *imperf of* угоди́ть

угомони́ть *perf* кого́-что *coll* calm, soothe ‖ *imperf* угомоня́ть 2a

ft.	угомоню́, -ни́шь, -ня́т
imp.	угомони́, ~те
pt.	угомони́л
g.pt.a.	угомони́в
p.pt.a.	угомони́вший
p.pt.p.	угомонённый; угомонён, -ена́

угомони́ться *perf coll* calm down, become quiet ‖ *imperf* угомоня́ться

угомоня́ть(ся) *imperf of* угомони́ть(ся)

угоня́ть(ся) *imperf of* угна́ть(ся)

угора́здить *impers perf* кого́-что *with infinitive coll* urge, induce; как э́то вас угора́здило пойти́ туда́? why on earth did you go there?, what on earth made you go there?

ft.	угора́здит
pt.	угора́здило

угора́ть[1,2] *imperf of* угоре́ть[1,2]

угоре́ть[1] *perf* 1. be affected by carbon monoxid 2. *fig sub* go mad ‖ *imperf* угора́ть 2a *with* 1

ft.	угорю́, -ри́шь, -ря́т
imp.	угори́, ~те
pt.	угоре́л
g.pt.a.	угоре́в
p.pt.a.	угоре́вший

угоре́ть[2], *1st and 2nd pers not used*, *perf* burn away *or* down ‖ *imperf* угора́ть 2a forms ib угоре́ть[1]

угости́ть *perf* кого́-что чем entertain (with), treat (to), regale (with) ‖ *imperf* угоща́ть 2a

ft.	угощу́, угости́шь, угостя́т
imp.	угости́, ~те

pt.	угости́л
g.pt.a.	угости́в
p.pt.a.	угости́вший
p.pt.p.	угощённый; угощён, -ена́

угости́ться *perf coll* чем eat [drink] with relish ‖ *imperf* угоща́ться

угота́вливать *imperf of* уготовить

угото́вить *perf* что *bookish* prepare ‖ *imperf* угота́вливать 1a *and* уготовля́ть 2a

ft.	угото́влю, -вишь, -вят
imp.	угото́вь, ~те
pt.	угото́вил
g.pt.a.	угото́вив
p.pt.a.	угото́вивший
p.pt.p.	угото́вленный

уготовля́ть *imperf of* уготовить

угоща́ть(ся) *imperf of* угости́ть(ся)

угрева́ть *imperf of* угреть

угре́ть 3 *perf* что *sub* warm up ‖ *imperf* угрева́ть 2a

угро́бить *perf* кого-что 1. *coarse, sub* measure for a wooden overcoat, murder 2. *sub* bugger up, make a mess of

ft.	угро́блю, -бишь, -бят
imp.	угро́бь, ~те
pt.	угро́бил
g.pt.a.	угро́бив
p.pt.a.	угро́бивший
p.pt.p.	угро́бленный

угрожа́ть 2a *imperf* 1. кому-чему чем threaten (with), menace (with) 2. impend, be imminent

угрыза́ть 2a *imperf* 1. *imperf of* угры́зть 2. *obs* torment, torture

угры́зть *perf* что *coll* bite; gnaw (off) ‖ *imperf* угрыза́ть 2a

ft.	угрызу́, -зёшь, -зу́т
imp.	угрызи́, ~те
pt.	угры́з
g.pt.a.	угры́зши
p.pt.a.	угры́зший
p.pt.p.	угры́зенный

уда́бривать *imperf of* удо́брить

удава́ться *imperf of* уда́ться

pr.	удаётся, удаю́тся
pt.	удава́лся, -лась
g.pr.a.	удава́ясь
p.pr.a.	удаю́щийся
p.pr.a.	удава́вшийся

удави́ть *perf* кого-что strangle, throttle ‖ *imperf* уда́вливать 1a

ft.	удавлю́, уда́вишь, уда́вят
imp.	удави́, ~те

pt.	удави́л
g.pt.a.	удави́в
p.pt.a.	удави́вший
p.pt.p.	уда́вленный

удави́ться *perf coll* hang oneself ‖ *imperf* уда́вливаться

уда́вливать(ся) *imperf of* удави́ть(ся)

удали́ть *perf* кого-что 1. take further away 2. remove; extract *a tooth* ‖ *imperf* удаля́ть 2a

ft.	удалю́, -ли́шь, -ля́т
imp.	удали́, ~те
pt.	удали́л
g.pt.a.	удали́в
p.pt.a.	удали́вший
p.pt.p.	удалённый; удалён, -ена́

удали́ться *perf* move off, go away; retire, withdraw ‖ *imperf* удаля́ться

удаля́ть(ся) *imperf of* удали́ть(ся)

уда́рить *perf* 1. кого-что по чему́ *or* во что strike (on), hit; beat; punch *with the fist* 2. *mil* fire 3. во что begin (to do *smth* with energy 4. *fig* по кому́-чему́ *coll* put a stop (to), do away (with) 5. на кого-что *or* по кому́-чему́ attack, fall (on, upon) ‖ *imperf* ударя́ть 2a

ft.	уда́рю, -ришь, -рят
imp.	уда́рь, ~те
pt.	уда́рил
g.pt.a.	уда́рив
p.pt.a.	уда́ривший
p.pt.p.	уда́ренный

уда́риться *perf* 1. обо что strike (against), hit (against), knock (against) 2. во что run up (against), bump (against) 3. во что *fig coll* become enthusiastic (for); plunge (into); abandon oneself (to) ‖ *imperf* ударя́ться

ударя́ть(ся) *imperf of* уда́рить(ся)

уда́ться *1st and 2nd pers not used, perf* 1. be a success, turn out well 2. кому *with infinitive impers:* ему́ (не) удало́сь найти́ кни́гу he managed (failed) to find the book ‖ *imperf* удава́ться, forms ib.

ft.	уда́стся, удаду́тся
pt.	уда́лся, удала́сь
g.pt.a.	уда́вшись
p.pt.a.	уда́вшийся

удва́ивать(ся) *imperf of* удво́ить(ся)

удво́ить *perf* что double; redouble *efforts* ‖ *imperf* удва́ивать 1a

ft.	удво́ю, -о́ишь, -о́ят
imp.	удво́й, ~те

pt.	удвоил
g.pt.a.	удвоив
p.pt.a.	удвоивший
p.pt.p.	удвоенный

удвоиться, *1st and 2nd pers not used, perf* double ‖ *imperf* удваиваться

уделить *perf* что allot, apportion ‖ *imperf* уделять 2a

ft.	уделю, -лишь, -лят
imp.	удели, ~те
pt.	уделил
g.pt.a.	уделив
p.pt.a.	уделивший
p.pt.p.	уделённый; уделён, -ена

уделять *imperf of* уделить

удержать *perf* 1. кого-что hold (up); keep back; not let go 2. кого-что от чего hold back (from), withhold (from), keep (from) 3. что restrain 4. что keep; retain *in memory* 5. что deduct, keep back, withhold ‖ *imperf* удерживать 1a

ft.	удержу, удержишь, удержат
imp.	удержи, ~те
pt.	удержал
g.pt.a.	удержав
p.pt.a.	удержавший
p.pt.p.	удержанный

удержаться *perf* 1. hold [stand] *one's* ground, hold out 2. от чего refrain (from), abstain (from) ‖ *imperf* удерживаться

удерживать(ся) *imperf of* удержать(ся)

удесятерить *perf* что decuple, increase tenfold ‖ *imperf* удесятерять 2a

ft.	удесятерю, -ришь, -рят
imp.	удесятери, ~те
pt.	удесятерил
g.pt.a.	удесятерив
p.pt.a.	удесятеривший
p.pt.p.	удесятерённый; удесятерён, -ена

удесятериться, *1st and 2nd pers not used, perf* increase tenfold ‖ *imperf* удесятеряться

удесятерять(ся) *imperf of* удесятерить(ся)

удешевить *perf* что reduce in price ‖ *imperf* удешевлять 2a

ft.	удешевлю, -вишь, -вят
imp.	удешеви, ~те
pt.	удешевил
g.pt.a.	удешевив
p.pt.a.	удешевивший
p.pt.p.	удешевлённый; удешевлён, -ена

удешевиться, *1st and 2nd pers not used,*
perf become cheaper ‖ *imperf* удешевляться

удешевлять(ся) *imperf of* удешевить(ся)

удивить *perf* кого-что astonish, amaze, surprise ‖ *imperf* удивлять 2a

ft.	удивлю,-вишь, -вят
imp.	удиви, ~те
pt.	удивил
g.pt.a.	удивив
p.pt.a.	удививший
p.pt.p.	удивлённый; удивлён, -ена

удивиться *perf* чему be astonished (at), be surprised (at), wonder (at) ‖ *imperf* удивляться

g.pt.a.	удивившись *and* удивясь

удивлять(ся) *imperf of* удивить(ся)

удирать *imperf of* удрать

удить *imperf* кого-что fish for

pr.	ужу, удишь, удят
imp.	уди, ~те
pt.	удил
g.pr.a.	удя
p.pr.a.	удящий
p.pt.a.	удивший
p.pt.p.	уженный

удиться, *1st and 2nd pers not used, imperf* be caught by angling, be biting

удлинить *perf* что lengthen, make longer; extend; prolong *a term* ‖ *imperf* удлинять 2a

ft.	удлиню, -нишь, -нят
imp.	удлини, ~те
pt.	удлинил
g.pt.a.	удлинив
p.pt.a.	удлинивший
p.pt.p.	удлинённый; удлинён, -ена

удлиниться, *1st and 2nd pers not used, perf* lengthen, become longer ‖ *imperf* удлиняться

удлинять(ся) *imperf of* удлинить(ся)

удобрить *perf* что manure, dung ‖ *imperf* удобрять 2a *and* удабривать 1a

ft.	удобрю, -ришь, -рят
imp.	удобри, ~те
pt.	удобрил
g.pt.a.	удобрив
p.pt.a.	удобривший
p.pt.p.	удобренный

удобрять *imperf of* удобрить

удовлетворить *perf* 1. кого-что satisfy, content 2. чему comply with *a request*; meet, satisfy *requirements* 3. кого-что чем supply sufficiently (with) 4. кого-что

obs compensate; give what is due to, satisfy ‖ *imperf* удовлетворя́ть 2a
ft.   удовлетворю́, -ри́шь, -ря́т
imp.   удовлетвори́, ~те
pt.   удовлетвори́л
g.pt.a.   удовлетвори́в
p.pt.a.   удовлетвори́вший
p.pt.p.   удовлетворённый; удовлет-
            ворён, -ена́

удовлетвори́ться *perf* чем be satisfied (with), rest content (with), content oneself (with) ‖ *imperf* удовлетворя́ться

удовлетворя́ть(ся) *imperf of* удовлет-вори́ть(ся)

удово́льствоваться 4 *perf* чем be satisfied (with), content oneself (with)

удорожа́ть(ся) *imperf of* удорожи́ть(ся)

удорожи́ть *perf* что raise in price, raise the price of ‖ *imperf* удорожа́ть 2a
ft.   удорожу́, -жи́шь, -жа́т
imp.   удорожи́, ~те
pt.   удорожи́л
g.pt.a.   удорожи́в
p.pt.a.   удорожи́вший
p.pt.p.   удорожённый; удорожён, -ена́

удорожи́ться, *1st and 2nd pers not used, perf* rise in price ‖ *imperf* удорожа́ться

удоста́ивать(ся) *imperf of* удосто́ить(ся)

удостове́рить *perf* что certify, attest ‖ *imperf* удостоверя́ть 2a
ft.   удостове́рю, -ришь, -рят
imp.   удостове́рь, ~те
pt.   удостове́рил
g.pt.a.   удостове́рив
p.pt.a.   удостове́ривший
p.pt.p.   удостове́ренный

удостове́риться *perf* в чём make sure (of), ascertain ‖ *imperf* удостоверя́ться

удостоверя́ть(ся) *imperf of* удостове́рить(ся)

удосто́ить *perf* кого-что **1.** чего confer smth on; award smth to **2.** чем *usu iron* favour (with), honour (with) ‖ *imperf* удоста́ивать 1a
ft.   удосто́ю, -о́ишь, -о́ят
imp.   удосто́й, ~те
pt.   удосто́ил
g.pt.a.   удосто́ив
p.pt.a.   удосто́ивший
p.pt.p.   удосто́енный

удосто́иться *perf* **1.** чего be worthy (of) **2.** чего *or with infinitive, usu iron* be honoured (with) ‖ *imperf* удоста́иваться

удосу́живаться *imperf of* удосу́житься

удосу́житься *perf coll* find [have] time ‖ *imperf* удосу́живаться 1a
ft.   удосу́жусь, -жишься, -жатся
imp.   удосу́жься, -жьтесь
pt.   удосу́жился, -лась
g.pt.a.   удосу́жившись
p.pt.a.   удосу́жившийся

удочери́ть *perf* кого-что adopt a girl ‖ *imperf* удочеря́ть 2a
ft.   удочерю́, -ри́шь, -ря́т
imp.   удочери́, ~те
pt.   удочери́л
g.pt.a.   удочери́в
p.pt.a.   удочери́вший
p.pt.p.   удочерённый; удочерён, -ена́

удочеря́ть *imperf of* удочери́ть

удра́ть *perf* run away, bolt; take to one's heels ‖ *imperf* удира́ть 2a
ft.   удеру́, -рёшь, -ру́т
imp.   удери́, ~те
pt.   удра́л, -ала́, -а́ло
g.pt.a.   удра́в
p.pt.a.   удра́вший

удружа́ть *imperf of* удружи́ть

удружи́ть *perf* кому-чему *coll* **1.** do smb a good turn [a favour] **2.** *iron* do smb a disservice ‖ *imperf* удружа́ть 2a
ft.   удружу́, -жи́шь, -жа́т
imp.   удружи́, ~те
pt.   удружи́л
g.pt.a.   удружи́в
p.pt.a.   удружи́вший

удруча́ть *imperf of* удручи́ть

удручи́ть *perf* кого-что чем **1.** depress **2.** *obs* burden, cast down ‖ *imperf* удруча́ть 2a
ft.   удручу́, -чи́шь, -ча́т
imp.   удручи́, ~те
pt.   удручи́л
g.pt.a.   удручи́в
p.pt.a.   удручи́вший
p.pt.p.   удручённый; удручён, -ена́

уду́мать 1 *perf* что *or with infinitive sub* devise ‖ *imperf* уду́мывать 1a

уду́мывать *imperf of* уду́мать

удуша́ть *imperf of* удуши́ть

удуши́ть *perf* кого-что **1.** strangle, throttle, choke **2.** *fig bookish* suppress, choke ‖ *imperf* удуша́ть 2a
ft.   удушу́, уду́шишь, уду́шат
imp.   удуши́, ~те
pt.   удуши́л

g.pt.a. удуши́в
p.pt.a. удуши́вший
p.pt.p. уду́шенный

удуши́ться *perf sub* hang oneself

уедини́ть *perf* кого́-что seclude (from company), isolate ‖ *imperf* уединя́ть 2a
ft. уединю́, -ни́шь, -ня́т
imp. уедини́, ~те
pt. уедини́л
g.pt.a. уедини́в
p.pt.a. уедини́вший
p.pt.p. уединённый; уединён, -ена́

уедини́ться *perf* seclude oneself; retire ‖ *imperf* уединя́ться

уединя́ть(ся) *imperf of* уедини́ть(ся)

уезжа́ть *imperf of* уе́хать

уе́хать *perf* go away, leave, depart ‖ *imperf* уезжа́ть 2a
ft. уе́ду, уе́дешь, уе́дут
imp. (уезжа́й, ~те)
pt. уе́хал
g.pt.a. уе́хав
p.pt.a. уе́хавший

ужа́лить *perf of* жа́лить
ft. ужа́лю, -лишь, -лят
imp. ужа́ль, ~те
pt. ужа́лил
g.pt.a. ужа́лив
p.pt.a. ужа́ливший
p.pt.p. ужа́ленный

ужа́ривать(ся) *imperf of* ужа́рить(ся)

ужа́рить *perf* что *coll* roast well, roast enough (until quite ready) ‖ *imperf* ужа́ривать 1a
ft. ужа́рю, -ришь, -рят
imp. ужа́рь, ~те
pt. ужа́рил
g.pt.a. ужа́рив
p.pt.a. ужа́ривший
p.pt.p. ужа́ренный

ужа́риться, *1st and 2nd pers not used*, *perf coll* 1. be completely roasted 2. roast away ‖ *imperf* ужа́риваться

ужаса́ть(ся) *imperf of* ужасну́ть(ся)

ужасну́ть 7 *perf* кого́-что terrify, horrify, appal ‖ *imperf* ужаса́ть 2a
no *p.pt.p.*

ужасну́ться *perf* be terrified, be horrified ‖ *imperf* ужаса́ться

ужива́ться *imperf of* ужи́ться

у́жинать 1a *imperf* have supper. — (по-)

ужи́ться *perf* 1. get accustomed to living at a certain place 2. с кем-чем get on (with), live in harmony (with) ‖ *imperf* ужива́ться 2a
ft. уживу́сь, -вёшься, -ву́тся
imp. уживи́сь, -йтесь
pt. ужи́лся, -ла́сь
g.pt.a. ужи́вшись
p.pt.p. ужи́вшийся

узако́нивать *imperf of* узако́нить

узако́нить *perf* что legalize, legitimate ‖ *imperf* узако́нивать 1a *and* узаконя́ть 2a
ft. узако́ню, -нишь, -нят
imp. узако́нь, ~те
pt. узако́нил
g.pt.a. узако́нив
p.pt.a. узако́нивший
p.pt.p. узако́ненный

узаконя́ть *imperf of* узако́нить

у́зить *imperf* кого́-что *coll* make too narrow; make too tight
pr. у́жу, у́зишь, у́зят
imp. узь, ~те
pt. у́зил
g.pr.a. у́зя
p.pr.a. у́зящий
p.pt.a. у́зивший
p.pt.p. у́женный

узнава́ть *imperf of* узна́ть
pr. узнаю́, -аёшь, -аю́т
imp. узнава́й, ~те
pt. узнава́л
g.pr.a. узнава́я
p.pr.a. узнаю́щий
p.pt.a. узнава́вший
p.pr.p. узнава́емый

узна́ть 2 *perf* 1. что *or* о чём learn, hear; find out 2. кого́-что get to know 3. кого́-что recognize ‖ *imperf* узнава́ть, forms ib.

узре́ть *perf* кого́-что *obs* behold
ft. узрю́, узришь, узрят
imp. узри́, ~те
pt. узре́л
g.pt.a. узре́в
p.pt.a. узре́вший
p.pt.p. у́зренный

узурпи́ровать 4 *and* 4a *perf, imperf* что *bookish* usurp

уйти́ *perf* 1. go (away); depart 2. от кого́-чего́ escape, get away (from) 3. от чего́, с чего́ leave; retire (from); resign *a post* 4. *of time* pass, elapse 5. на что be spent (on) 6. *1st and 2nd pers not used, coll* boil over 7. во. что give oneself up (to), devote oneself (to) ‖ *imperf* уходи́ть[1], forms ib.

ft.   уйду́, уйдёшь, уйду́т
imp.   уйди́, ~те
pt.   ушёл, ушла́
g.pt.a.   уйдя́ *and sub* уше́дши
p.pt.a.   уше́дший

указа́ть *perf* **1.** на кого́-что show, indicate; point out **2.** на кого́-что refer (to); point (to, at) **3.** (что) give instructions, instruct, inform; point out (*how to do smth*) ‖ *imperf* ука́зывать 1 a
ft.   укажу́, ука́жешь, ука́жут
imp.   укажи́, ~те
pt.   указа́л
g.pt.a.   указа́в
p.pt.a.   указа́вший
p.pt.p.   ука́занный

ука́зывать *imperf of* указа́ть

ука́зываться 1 a, *1st and 2nd pers not used, imperf* be indicated, be pointed out

ука́лывать(ся) *imperf of* уколо́ть(ся)

укарау́лить *perf* кого́-что *coll* guard; watch
ft.   укарау́лю, -лишь, -лят
imp.   укарау́ль, ~те
pt.   укарау́лил
g.pt.a.   укарау́лив
p.pt.a.   укарау́ливший
p.pt.p.   укарау́ленный

уката́ть 2 *perf* что roll smooth; level ‖ *imperf* ука́тывать 1 a

уката́ться, *1st and 2nd pers not used, perf* become smooth ‖ *imperf* ука́тываться

укати́ть *perf* **1.** кого́-что roll away **2.** *coll* drive off ‖ *imperf* ука́тывать 1 a
ft.   укачу́, ука́тишь, ука́тят
imp.   укати́, ~те
pt.   укати́л
g.pt.a.   укати́в
p.pt.a.   укати́вший
p.pt.p.   ука́ченный

укати́ться, *1st and 2nd pers not used, perf* roll away ‖ *imperf* ука́тываться

ука́тывать(ся)[1] *imperf of* уката́ть(ся)

ука́тывать(ся)[2] *imperf of* укати́ть(ся)

укача́ть 2 *perf* кого́-что rock to sleep ‖ *imperf* ука́чивать 1 a

ука́чивать *imperf of* укача́ть

ука́шивать *imperf of* укоси́ть

укипа́ть *imperf of* укипе́ть

укипе́ть, *1st and 2nd pers not used, perf coll* boil down ‖ *imperf* укипа́ть 2 a
ft.   укипи́т, -пя́т

pt.   укипе́л
g.pt.a.   укипе́в
p.pt.a.   укипе́вший

укиса́ть *imperf of* уки́снуть

уки́снуть, *1st and 2nd pers not used, perf coll* turn sour enough, become sufficiently sour ‖ *imperf* укиса́ть 2 a
ft.   уки́снет, -нут
pt.   уки́с, ~ла
g.pt.a.   уки́снув *and* уки́сши
p.pt.a.   уки́сший

уклада́ть *imperf of* укла́сть

укла́дывать *imperf of* уложи́ть

укла́дываться[1] *imperf of* уложи́ться

укла́дываться[2] *imperf of* уле́чься

укла́сть *perf* кого́-что *obs sub* put away; pack (up); lay down; put to bed ‖ *imperf* уклада́ть 2 a
ft.   укладу́, -дёшь, -ду́т
imp.   уклади́, ~те
pt.   укла́л
g.pt.a.   укла́в
p.pt.a.   укла́вший
p.pt.p.   укла́денный

укле́ивать *imperf of* укле́ить

укле́ить *perf* что paste over ‖ *imperf* укле́ивать 1 a
ft.   укле́ю, -е́ишь, -е́ят
imp.   укле́й, ~те
pt.   укле́ил
g.pt.a.   укле́ив
p.pt.a.   укле́ивший
p.pt.p.   укле́енный

уклони́ться *perf* **1.** evade, dodge *a blow* **2.** *fig* evade, avoid; elude **3.** deviate, digress ‖ *imperf* уклоня́ться 2 a
ft.   уклоню́сь, -о́нишься, -о́нятся
imp.   уклони́сь, -и́тесь
pt.   уклони́лся, -ла́сь
g.pt.a.   уклони́вшись
p.pt.a.   уклони́вшийся

уклоня́ться *imperf of* уклони́ться

укоко́шить *perf* кого́-что *sub* kill
ft.   укоко́шу, -шишь, -шат
imp.   укоко́шь, ~те
pt.   укоко́шил
g.pt.a.   укоко́шив
p.pt.a.   укоко́шивший
p.pt.p.   укоко́шенный

укола́чивать *imperf of* уколоти́ть

уколоти́ть *perf* что *coll* tread down *with one's feet* ‖ *imperf* укола́чивать 1 a
ft.   уколочу́, -о́тишь, -о́тят

imp.	уколоти, ~те
pt.	уколотил
g.pt.a.	уколотив
p.pt.a.	уколотивший
p.pt.p.	уколоченный

уколоть *perf* кого-что **1.** prick; stab **2.** *fig* sting ‖ *imperf* укалывать 1 a

ft.	уколю, уколешь, уколют
imp.	уколи, ~те
pt.	уколол
g.pt.a.	уколов
p.pt.a.	уколовший
p.pt.p.	уколотый

уколоться *perf* prick oneself ‖ *imperf* укалываться

укомплектовать 5 *perf* что complete ‖ *imperf* укомплектовывать 1 a

укомплектоваться, *1st and 2nd pers sg not used*, *perf* become complete ‖ *imperf* укомплектовываться

укомплектовывать(ся) *imperf of* укомплектова́ть(ся)

уконопатить *perf* что *coll* caulk well ‖ *imperf* уконопачивать 1 a

ft.	уконопачу, -атишь, -атят
imp.	уконопать, ~те
pt.	уконопатил
g.pt.a.	уконопатив
p.pt.a.	уконопативший
p.pt.p.	уконопаченный

уконопачивать *imperf of* уконопатить

укорачивать(ся) *imperf of* укоротить(ся)

укоренить *perf* что **1.** let take root **2.** introduce *e.g. a custom* ‖ *imperf* укоренять 2 a

ft.	укореню, -нишь, -нят
imp.	укорени, ~те
pt.	укоренил
g.pt.a.	укоренив
p.pt.a.	укоренивший
p.pt.p.	укоренённый; укоренён, -ена

укорениться, *1st and 2nd pers not used*, *perf* **1.** take [strike] root, root **2.** take root; settle down; become common practice ‖ *imperf* укореняться

укоренять(ся) *imperf of* укоренить(ся)

укорить *perf* кого-что reproach, upbraid ‖ *imperf* укорять 2 a

ft.	укорю, -ришь, -рят
imp.	укори, ~те
pt.	укорил
g.pt.a.	укорив
p.pt.a.	укоривший
p.pt.p.	укорённый; укорён, -ена

укоротить *perf* что shorten ‖ *imperf* укорачивать 1 a

ft.	укорочу, -отишь, -отят
imp.	укороти, ~те
pt.	укоротил
g.pt.a.	укоротив
p.pt.a.	укоротивший
p.pt.p.	укороченный

укоротиться *perf* get shorter ‖ *imperf* укорачиваться

укорять *imperf of* укорить

укосить *perf* что *coll* mow down, finish mowing ‖ *imperf* укашивать 1 a

ft.	укошу, укосишь, укосят
imp.	укоси, ~те
pt.	укосил
g.pt.a.	укосив
p.pt.a.	укосивший
p.pt.p.	укошенный

украсить *perf* кого-что (чем) adorn, decorate, beautify; *fig* enrich ‖ *imperf* украшать 2 a

ft.	украшу, -асишь, -асят
imp.	укрась, ~те
pt.	украсил
g.pt.a.	украсив
p.pt.a.	украсивший
p.pt.p.	украшенный

украситься, *1st and 2nd pers not used*, *perf* be decorated ‖ *imperf* украшаться

украсть *perf of* красть

ft.	украду, -дёшь, -дут
imp.	укради, ~те
pt.	украл
g.pt.a.	украв
p.pt.a.	укравший
p.pt.p.	украденный

украшать(ся) *imperf of* украсить(ся)

укрепить *perf* **1.** что strengthen; consolidate *power* **2.** кого-что invigorate **3.** что *mil* fortify ‖ *imperf* укреплять 2 a

ft.	укреплю, -пишь, -пят
imp.	укрепи, ~те
pt.	укрепил
g.pt.a.	укрепив
p.pt.a.	укрепивший
p.pt.p.	укреплённый; укреплён, -ена

укрепиться *perf* **1.** become stronger, strengthen; be consolidated **2.** be fixed, fasten **3.** *mil* entrench oneself ‖ *imperf* укрепляться

укреплять(ся) *imperf of* укрепить(ся)

укротить *perf* **1.** кого- что tame; break

a horse 2. что curb, subdue, restrain ‖
imperf укрощáть 2a

ft.	укрощý, -отишь, -отя́т
imp.	укроти́, ~те
pt.	укроти́л
g.pt.a.	укроти́в
p.pt.a.	укроти́вший
p.pt.p.	укрощённый; укрощён, -енá

укроти́ться *perf* **1.** become tame **2.** *1st and 2nd pers not used* calm (down) ‖ *imperf* укрощáться

укрощáть(ся) *imperf of* укроти́ть(ся)

укрупни́ть *perf* что enlarge, extend ‖ *imperf* укрупня́ть 2a

ft.	укрупню́, -ни́шь, -ня́т
imp.	укрупни́, ~те
pt.	укрупни́л
g.pt.a.	укрупни́в
p.pt.a.	укрупни́вший
p.pt.p.	укрупнённый; укрупнён, -енá

укрупня́ть *imperf of* укрупни́ть

укрывáть(ся) *imperf of* укры́ть(ся)

укры́ть *perf* когó-что **1.** cover **2.** conceal, hide; shelter, harbour ‖ *imperf* укрывáть 2a

ft.	укрóю, -óешь, -óют
imp.	укрóй, ~те
pt.	укры́л
g.pt.a.	укры́в
p.pt.a.	укры́вший
p.pt.p.	укры́тый

укры́ться *perf* **1.** cover oneself, wrap oneself up **2.** take shelter, hide, shelter ‖ *imperf* укрывáться

укýпоривать *imperf of* укýпорить

укýпорить *perf* что cork (up) ‖ *imperf* укýпоривать 1a

ft.	укýпорю, -ришь, -рят
imp.	укýпори, ~те *and* укýпорь, ~те
pt.	укýпорил
g.pt.a.	укýпорив
p.pt.a.	укýпоривший
p.pt.p.	укýпоренный

укуси́ть *perf* когó-что bite; sting

ft.	укушý, укýсишь, укýсят
imp.	укуси́, ~те
pt.	укуси́л
g.pt.a.	укуси́в
p.pt.a.	укуси́вший
p.pt.p.	укýшенный

укýтать 1 *perf* когó-что wrap up ‖ *imperf* укýтывать 1a

укýтаться *perf* wrap oneself up ‖ *imperf* укýтываться

укýтывать(ся) *imperf of* укýтать(ся)

улáвливать *imperf of* улови́ть

улáдить *perf* что settle, arrange ‖ *imperf* улáживать 1a

ft.	улáжу, улáдишь, улáдят
imp.	улáдь, ~те
pt.	улáдил
g.pt.a.	улáдив
p.pt.a.	улáдивший
p.pt.p.	улáженный

улáдиться, *1st and 2nd pers not used, perf* get settled ‖ *imperf* улáживаться

улáживать(ся) *imperf of* улáдить(ся)

улáмывать *imperf of* уломáть

улежáть *perf coll* remain lying *for a while*

ft.	улежý, -жи́шь, -жáт
imp.	улежи́, ~те
pt.	улежáл
g.pt.a.	улежáв
p.pt.a.	улежáвший

улепетнýть *perf of* улепётывать

улепётывать 1a *imperf sub* bolt, take to *one's* heels ‖ *perf* улепетнýть 7, no *p.pt.p.*

улести́ть *perf* когó-что *sub* entice [win over] by flattery and promise ‖ *imperf* улещáть 2a *and* улéщивать 1a

ft.	улещý, улести́шь, улестя́т
imp.	улести́, ~те
pt.	улести́л
g.pt.a.	улести́в
p.pt.a.	улести́вший
p.pt.p.	улещённый; улещён, -енá

улетáть *imperf of* улетéть

улетéть *perf* **1.** fly away **2.** *of time* pass, fly ‖ *imperf* улетáть 2a

ft.	улечý, улети́шь, улетя́т
imp.	улети́, ~те
pt.	улетéл
g.pt.a.	улетéв
p.pt.a.	улетéвший

улетýчиваться *imperf of* улетýчиться

улетýчиться *perf* **1.** *1st and 2nd pers not used* volatilize, evaporate **2.** *fig coll* fade, evaporate, go away ‖ *imperf* улетýчиваться 1a

ft.	улетýчусь, -чишься, -чатся
imp.	улетýчься, -чьтесь
pt.	улетýчился
g.pt.a.	улетýчившись
p.pt.a.	улетýчившийся

улéчься *perf* **1.** lie down **2.** go *in a trunk*; find room **3.** *1st and 2nd pers not used fig*

subside, abate, calm down ‖ *imperf*
укла́дываться 1 a *with* 1, 2
ft. уля́гусь, уля́жешься, уля́гутся
imp. уля́гся, -гтесь
pt. улёгся, улегла́сь
g.pt.a. улёгшись
p.pt.a. улёгшийся

улеща́ть *imperf of* улести́ть

уле́щивать *imperf of* улести́ть

улизну́ть 7 *perf coll* make off, get away
no p.pt.p.

улицезре́ть *perf of* лицезре́ть
ft. улицезрю́, -ри́шь, -ря́т
imp. улицезри́, ~те
pt. улицезре́л
g.pt.a. улицезре́в
p.pt.a. улицезре́вший
p.pt.p. улицезрённый

улича́ть *imperf of* уличи́ть

уличи́ть *perf* кого́-что в чём catch (in), detect (in) ‖ *imperf* улича́ть 2 a
ft. уличу́, -чи́шь, -ча́т
imp. уличи́, ~те
pt. уличи́л
g.pt.a. уличи́в
p.pt.a. уличи́вший
p.pt.p. уличённый; уличён, -ена́

улови́ть *perf* что 1. catch *a likeness, the
meaning* 2. *coll* catch *a moment* ‖ *imperf*
ула́вливать 1 a
ft. уловлю́, уло́вишь, уло́вят
imp. улови́, ~те
pt. улови́л
g.pt.a. улови́в
p.pt.a. улови́вший
p.pt.p. уло́вленный

уложи́ть *perf* 1. кого́-что put to bed
2. кого́-что *coll* kill, murder 3. что lay,
put, place; arrange 4. что во что pack
(in), pack up (in); stow 5. что чем cover
(with) ‖ *imperf* укла́дывать 1 a
ft. уложу́, уло́жишь, уло́жат
imp. уложи́, ~те
pt. уложи́л
g.pt.a. уложи́в
p.pt.a. уложи́вший
p.pt.p. уло́женный

уложи́ться *perf* 1. *coll* pack up, pack (*one's*
things) 2. *1st and 2nd pers not used* fit in;
go in ‖ *imperf* укла́дываться

улома́ть 2 *perf* кого́-что *coll* prevail upon,
persuade (with difficulty) ‖ *imperf* ула́-
мывать 1 a

улуча́ть *imperf of* улучи́ть

улучи́ть *perf* что find *time*; catch *a moment*
‖ *imperf* улуча́ть 2 a
ft. улучу́, -чи́шь, -ча́т
imp. улучи́, ~те
pt. улучи́л
g.pt.a. улучи́в
p.pt.a. улучи́вший
p.pt.p. улучённый; улучён, -ена́

улучша́ть(ся) *imperf of* улу́чшить(ся)

улу́чшить *perf* что improve; *sports* better ‖
imperf улучша́ть 2 a
ft. улу́чшу, -шишь, -шат
imp. улу́чши, ~те
pt. улу́чшил
g.pt.a. улу́чшив
p.pt.a. улу́чшивший
p.pt.p. улу́чшенный

улу́чшиться, *1st and 2nd pers not used, perf*
improve ‖ *imperf* улучша́ться

улыба́ться 2 a *imperf* 1. smile 2. *1st and
2nd pers not used* кому́-чему́ *of fortune*
smile at *or* on 3. *1st and 2nd pers not
used* кому́-чему́ *fig coll* appeal to ‖ *imperf* улыбну́ться 7

улыбну́ться *perf of* улыба́ться

улюлю́кать 1 a *imperf coll* hoot with mirth

ума́ивать(ся) *imperf of* ума́ять(ся)

ума́ливать *imperf of* умоли́ть

умали́ть *perf* что 1. belittle; disparage;
curtail 2. *obs* diminish, decrease ‖ *imperf*
умаля́ть 2 a
ft. умалю́, -ли́шь, -ля́т
imp. умали́, ~те
pt. умали́л
g.pt.a. умали́в
p.pt.a. умали́вший
p.pt.p. умалённый; умалён, -ена́

умали́ться *perf* 1. *obs* diminish, lessen,
decrease 2. become less significant; become more humble ‖ *imperf* умаля́ться

ума́лчивать *imperf of* умолча́ть

ума́лчиваться 1 a *impers imperf* о ком-чём
be passed over in silence

умаля́ть(ся) *imperf of* умали́ться

ума́сливать *imperf of* ума́слить

ума́слить *perf* кого́-что *coll* butter *smb*
up, get round *smb* ‖ *imperf* ума́сливать 1 a
ft. ума́слю, -лишь, -лят
imp. ума́сли, ~те
pt. ума́слил
g.pt.a. ума́слив
p.pt.a. ума́сливший
p.pt.p. ума́сленный

умасти́ть *perf* кого́-что *obs* anoint with fragrant oil ‖ *imperf* умаща́ть 2a
ft.   умащу́, умасти́шь, умастя́т
imp.   умасти́, ∼те
pt.   умасти́л
g.pt.a.   умасти́в
p.pt.a.   умасти́вший
p.pt.p.   умащённый; умашён, -ена́

ума́тывать *imperf of* умота́ть

умаща́ть *imperf of* умасти́ть

ума́ять *perf* кого́-что *sub* tire out, fatigue ‖ *imperf* ума́ивать 1a
ft.   ума́ю, ума́ешь, ума́ют
imp.   ума́й, ∼те
pt.   ума́ял
g.pt.a.   ума́яв
p.pt.a.   ума́явший
p.pt.p.   ума́янный

ума́яться *perf sub* be tired out, get tired; be exhausted ‖ *imperf* ума́иваться

уме́длить *perf* что *coll* slow down; slow one's steps ‖ *imperf* умедля́ть 2a
ft.   уме́длю, -лишь, -лят
imp.   уме́дли, ∼те
pt.   уме́длил
g.pt.a.   уме́длив
p.pt.a.   уме́дливший
p.pt.p.   уме́дленный

умедля́ть *imperf of* уме́длить

умельча́ть *imperf of* умельчи́ть

умельчи́ть *perf* что *coll* make less in size [volume]; render more fine in structure ‖ *imperf* умельча́ть 2a
ft.   умельчу́, -чи́шь, -ча́т
imp.   умельчи́, ∼те
pt.   умельчи́л
g.pt.a.   умельчи́в
p.pt.a.   умельчи́вший
p.pt.p.   умельчённый; умельчён, -ена́

уменьша́ть(ся) *imperf of* уме́ньши́ть(ся)

уме́ньшить *and* уменьши́ть *perf* что diminish, lessen, decrease; reduce *price*, *speed* ‖ *imperf* уменьша́ть 2a
ft.   уме́ньшу, уме́ньши́шь, уме́ньша́т
imp.   уме́ньши, ∼те
pt.   уме́ньши́л
g.pt.a.   уме́ньши́в
p.pt.a.   уме́ньши́вший
p.pt.p.   уме́ньшенный *and* уменьшён-ный; уменьшён, -ена́

уме́ньшиться *and* уменьши́ться *perf* diminish, decrease; *of wind* abate, drop ‖ *imperf* уменьша́ться

умере́ть *perf* 1. die 2. *fig* die away; disappear, vanish ‖ *imperf* умира́ть 2a
ft.   умру́, умрёшь, умру́т
imp.   умри́, ∼те
pt.   у́мер, умерла́, у́мерло
g.pt.a.   умере́в *and* уме́рши
p.pt.a.   уме́рший

уме́ривать *imperf of* уме́рить

уме́рить *perf* что moderate; restrain *one's ardour* ‖ *imperf* уме́ривать 1a *and* умеря́ть 2a
ft.   уме́рю, -ришь, -рят
imp.   уме́рь, ∼те
pt.   уме́рил
g.pt.a.   уме́рив
p.pt.a.   уме́ривший
p.pt.p.   уме́ренный

умертви́ть *perf* 1. кого́-что kill, murder, do away with 2. *fig* что choke, stifle ‖ *imperf* умерщвля́ть 2a
ft.   умерщвлю́, умертви́шь, умертвя́т
imp.   умертви́, ∼те
pt.   умертви́л
g.pt.a.   умертви́в
p.pt.a.   умертви́вший
p.pt.p.   умерщвлённый; умерщвлён, -ена́

умерщвля́ть *imperf of* умертви́ть

умеря́ть *imperf of* уме́рить

умести́ть *perf* кого́-что find room for, make *smth* go in ‖ *imperf* умеща́ть 2a
ft.   умещу́, умести́шь, умостя́т *and* *sub* уме́стишь, уме́стят
imp.   умести́, ∼те
pt.   умести́л
g.pt.a.   умести́в
p.pt.a.   умести́вший
p.pt.p.   умещённый; умещён, -ена́

умести́ться *perf* go in; fit in; find room ‖ *imperf* умеща́ться

уме́ть 3a *imperf* be able *to do smth*, know (how *with infinitive*)

умеща́ть(ся) *imperf of* умести́ть(ся)

умили́ть *perf* кого́-что touch, move ‖ *imperf* умиля́ть 2a
ft.   умилю́, -ли́шь, -ля́т
imp.   умили́, ∼те
pt.   умили́л
g.pt.a.   умили́в
p.pt.a.   умили́вший
p.pt.p.   умилённый; умилён, -ена́

умили́ться *perf* be touched, be moved ‖ *imperf* умиля́ться

умилостивить *perf* кого-что propitiate ‖
imperf умилостивлять 2а
ft.	умилостивлю, -вишь, -вят
imp.	умилостивь, ~те
pt.	умилостивил
g.pt.a.	умилостивив
p.pt.a.	умилостививший
p.pt.p.	умилостивленный

умилостивлять *imperf of* умилостивить

умилять(ся) *imperf of* умилить(ся)

уминать(ся) *imperf of* умять(ся)

умирать 2а *imperf* **1.** *imperf of* умереть
2. с чего *or* от чего die (of, from)

умиротворить *perf* кого-что pacify; appease ‖ *imperf* умиротворять 2а
ft.	умиротворю, -ришь, -рят
imp.	умиротвори, ~те
pt.	умиротворил
g.pt.a.	умиротворив
p.pt.a.	умиротворивший
p.pt.p.	умиротворённый; умиротворён, -ена

умиротвориться *perf* make one's peace;
be [become] reconciled ‖ *imperf* умиро-
творяться

умиротворять(ся) *imperf of* умиротво-
рить(ся)

умнеть 3а *imperf* grow wise(r)

умничать 1а *imperf coll* subtilize

умножать(ся) *imperf of* умножить(ся)

умножить *perf* **1.** что increase; augment;
2. что на что *math* multiply (by) ‖ *imperf*
умножать 2а
ft.	умножу, -жишь, -жат
imp.	умножь, ~те
pt.	умножил
g.pt.a.	умножив
p.pt.a.	умноживший
p.pt.p.	умноженный

умножиться, *1st and 2nd pers not used*,
perf increase; multiply ‖ *imperf* умно-
жаться

умозаключать *imperf of* умозаключить

умозаключить *perf* что *or without object*
bookish conclude, deduce ‖ *imperf* умозаключать 2а
ft.	умозаключу, -чишь, -чат
imp.	умозаключи, ~те
pt.	умозаключил
g.pt.a.	умозаключив
p.pt.p.	умозаключивший
p.pt.p.	умозаключённый; умозаключён, -ена

умолить *perf* кого-что entreat, implore,
beseech ‖ *imperf* умаливать 1а *and*
умолять 2 а
ft.	умолю, умолишь, умолят
imp.	умоли, ~те
pt.	умолил
g.pt.a.	умолив
p.pt.a.	умоливший
p.pt.p.	умолённый; умолён, -ена

умолкать *imperf of* умолкнуть

умолкнуть *perf* **1.** become silent; *of voices*
stop **2.** *of excitement* subside ‖ *imperf*
умолкать 2а
ft.	умолкну, -нешь, -нут
imp.	умолкни, ~те
pt.	умолк *and obs* умолкнул, умолкла
g.pt.a.	умолкнув *and* умолкши
p.pt.a.	умолкший *and* умолкнувший

умолчать *perf* о ком-чём pass over in
silence ‖ *imperf* умалчивать 1а
ft.	умолчу, -чишь, -чат
imp.	умолчи, ~те
pt.	умолчал
g.pt.a.	умолчав
p.pt.a.	умолчавший

умолять *imperf of* умолить

уморить *perf* кого-что *coll* **1.** kill (by
slow torture); уморить голодом starve
to death **2.** exhaust, tire out
ft.	уморю, -ришь, -рят
imp.	умори, ~те
pt.	уморил
g.pt.a.	уморив
p.pt.a.	уморивший
p.pt.p.	уморённый; уморён, -ена

умориться *perf coll* be tired out, be exhausted

умотать 2 *perf coll* wind up; coil up ‖
imperf уматывать 1а

умствовать 4а *imperf coll derog* philosophize, subtilize

умудрить *perf* кого-что make wise(r) ‖
imperf умудрять 2а
ft.	умудрю, -ришь, -рят
imp.	умудри, ~те
pt.	умудрил
g.pt.a.	умудрив
p.pt.a.	умудривший
p.pt.p.	умудрённый; умудрён, -ена

умудриться *perf* **1.** grow wise; learn **2.** *coll*
manage ‖ *imperf* умудряться

умудрять(ся) *imperf of* умудрить(ся)

умча́ть *perf* кого-что carry (rapidly) away *or* off
ft.	умчу́, умчи́шь, умча́т
imp.	умчи́, ~те
pt.	умча́л
g.pt.a.	умча́в
p.pt.a.	умча́вший

умча́ться *perf* **1.** dash away **2.** *of time* fly past

умыва́ть(ся) *imperf of* умы́ть(ся)

умыка́ть *imperf of* умыкну́ть

умыкну́ть 7 *perf* кого-что *obs* abduct ‖ *imperf* умыка́ть 2а

умы́слить *perf* что на кого-что *obs* plot (against) ‖ *imperf* умышля́ть 2а
ft.	умы́слю, -лишь, -лят
imp.	умы́сли, ~те
pt.	умы́слил
g.pt.a.	умы́слив
p.pt.a.	умы́сливший
p.pt.p.	умы́шленный

умы́ть *perf* кого-что wash ‖ *imperf* умыва́ть 2а
ft.	умо́ю, умо́ешь, умо́ют
imp.	умо́й, ~те
pt.	умы́л
g.pt.a.	умы́в
p.pt.a.	умы́вший
p.pt.p.	умы́тый

умы́ться *perf* wash, get washed ‖ *imperf* умыва́ться

умышля́ть *imperf of* умы́слить

умягча́ть(ся) *imperf of* умягчи́ть(ся)

умягчи́ть *perf* кого-что *obs* **1.** soften *water* **2.** *fig* soften; soothe ‖ *imperf* умягча́ть 2а
ft.	умягчу́, -чи́шь, -ча́т
imp.	умягчи́, ~те
pt.	умягчи́л
g.pt.a.	умягчи́в
p.pt.a.	умягчи́вший
p.pt.p.	умягчённый; умягчён, -ена́

умягчи́ться, *1st and 2nd pers not used*, *perf* **1.** soften **2.** be mollified; *of wind* subside, abate ‖ *imperf* умягча́ться

умя́ть *perf* что **1.** *coll* knead; tread down; **2.** *sub* wolf down *food* ‖ *imperf* умина́ть 2а
ft.	умну́, умнёшь, умну́т
imp.	умни́, ~те
pt.	умя́л
g.pt.a.	умя́в
p.pt.a.	умя́вший
p.pt.p.	умя́тый

умя́ться, *1st and 2nd pers not used*, *perf* be pressed together *from lying* ‖ *imperf* умина́ться

унаво́живать *imperf of* унаво́зить

унаво́зить *perf* что dung, manure ‖ *imperf* унаво́живать 1а
ft.	унаво́жу, -о́зишь, -о́зят
imp.	унаво́зь, ~те
pt.	унаво́зил
g.pt.a.	унаво́зив
p.pt.a.	унаво́зивший
p.pt.p.	унаво́женный

унасле́довать 4 *perf* что inherit *a. fig*

унести́ *perf* кого-что **1.** take away, carry away **2.** *coll* steal, rob ‖ *imperf* уноси́ть, forms ib.
ft.	унесу́, -сёшь, -су́т
imp.	унеси́, ~те
pt.	унёс, унесла́
g.pt.a.	унеся́ *and obs* унёсши
p.pt.a.	унёсший
p.pt.p.	унесённый; унесён, -ена́

унести́сь *perf* **1.** speed away **2.** *1st and 2nd pers not used, of time* fly, pass **3.** *fig* put [place, imagine] oneself *in a position*; *of thoughts* go back ‖ *imperf* уноси́ться

унижа́ть(ся) *imperf of* уни́зить(ся)

униза́ть *perf* что stud completely *e.g. with pearls* ‖ *imperf* уни́зывать 1а
ft.	унижу́, уни́жешь, уни́жут
imp.	унижи́, ~те
pt.	униза́л
g.pt.a.	униза́в
p.pt.a.	униза́вший
p.pt.p.	уни́занный

уни́зить *perf* кого-что humble, humiliate, abase; depreciate, degrade ‖ *imperf* унижа́ть 2а
ft.	уни́жу, уни́зишь, уни́зят
imp.	уни́зь, ~те
pt.	уни́зил
g.pt.a.	уни́зив
p.pt.a.	уни́зивший
p.pt.p.	уни́женный

уни́зиться *perf* abase [humble, humiliate] oneself ‖ *imperf* унижа́ться

уни́зывать *imperf of* униза́ть

унима́ть(ся) *imperf of* уня́ть(ся)

унифици́ровать 4 *and* 4а *perf, imperf* что unify

уничижа́ть 2а *imperf* кого-что *obs* humiliate; degrade ‖ *perf* уничижи́ть, forms ib.

уничижи́ть *perf of* уничижа́ть
ft.	уничижу́, -жи́шь, -жа́т
imp.	уничижи́, ~те
pt.	уничижи́л
g.pt.a.	уничижи́в
p.pt.a.	уничижи́вший
p.pt.p.	уничижённый; уничижён, -ена́

уничтожа́ть(ся) *imperf of* уничто́жить(ся)

уничто́жить *perf* кого́-что destroy; annihilate; abolish, annul ‖ *imperf* уничтожа́ть 2а
ft.	уничто́жу, -жишь, -жат
imp.	уничто́жь, ~те
pt.	уничто́жил
g.pt.a.	уничто́жив
p.pt.a.	уничто́живший
p.pt.p.	уничто́женный

уничто́житься, *1st and 2nd pers not used*, *perf* be destroyed, be abolished; stop functioning ‖ *imperf* уничтожа́ться

уноси́ть *imperf of* унести́
pr.	уношу́, уно́сишь, уно́сят
imp.	уноси́, ~те
pt.	уноси́л
g.pr.a.	унося́
p.pr.a.	унося́щий
p.pr.a.	уноси́вший
p.pr.p.	уноси́мый

уноси́ться *imperf of* унести́сь

унына́ть 2а *imperf* despond, lose courage [heart]

унырну́ть 7 *perf coll* plunge, dive

уню́хать 1 *perf* кого́-что smell, sniff out

уня́ть *perf* **1.** кого́-что soothe, appease; quiet, calm **2.** что stop, check; restrain *tears*; stop, sta(u)nch *blood* ‖ *imperf* унима́ть 2а
ft.	уйму́, уймёшь, уйму́т
imp.	уйми́, ~те
pt.	уня́л, уняла́, уня́ло
g.pt.a.	уня́в
p.pt.a.	уня́вший
p.pt.p.	уня́тый; уня́т, унята́, уня́то

уня́ться *perf* **1.** quiet [calm] down **2.** *1st and 2nd pers not used* cease, subside; *of wind* abate ‖ *imperf* унима́ться
pt.	уня́лся, уняла́сь, уняло́сь

упа́ивать *imperf of* упои́ть

упакова́ть 5 *perf* что pack, pack up ‖ *imperf* упако́вывать 1а

упакова́ться *perf* pack, do *one's* packing ‖ *imperf* упако́вываться

упако́вывать(ся) *imperf of* упакова́ть(ся)

упасти́ *perf* кого́-что *obs and sub* keep, preserve; save, guard *from danger*
ft.	упасу́, -сёшь, -су́т
imp.	упаси́, ~те
pt.	упа́с, ~ла
g.pt.a.	упа́сши
p.pt.a.	упа́сший
p.pt.p.	упасённый; упасён, -ена́

упа́сть *perf of* па́дать
ft.	упаду́, -дёшь, -ду́т
imp.	упади́, ~те
pt.	упа́л
g.pt.a.	упа́в
p.pt.a.	упа́вший *and obs* упа́дший

упека́ть *imperf of* упе́чь

упелена́ть 2 *perf* кого́-что *coll* swaddle; swathe ‖ *imperf* упелёнывать 1а
p.pt.p.	упелёнатый

упелёнывать *imperf of* упелена́ть

упере́ть *perf* **1.** что во что lean (upon, against); stay, prop **2.** что *sub* pilfer, filch ‖ *imperf* упира́ть 2а
ft.	упру́, упрёшь, упру́т
imp.	упри́, ~те
pt.	упёр, ~ла
g.pt.a.	упере́в *and* упёрши
p.pt.a.	упёрший
p.pt.p.	упёртый

упере́ться *perf* **1.** чем во что lean, rest, set (*smth* against); plant *one's feet* (against) **2.** во что come up (against), land (in), end (in) **3.** *fig coll* resist ‖ *imperf* упира́ться
g.pt.a.	упёршись *and* упёршись

упестри́ть *perf* что *coll* make particoloured, make variegated ‖ *imperf* упестря́ть 2а
ft.	упестрю́, -ри́шь, -ря́т
imp.	упестри́, ~те
pt.	упестри́л
g.pt.a.	упестри́в
p.pt.a.	упестри́вший
p.pt.p.	упестрённый; упестрён, -ена́

упестря́ть *imperf of* упестри́ть

упеча́тать 1 *perf* что *coll* print *a page* ‖ *imperf* упеча́тывать 1а

упеча́тывать *imperf of* упеча́тать

упе́чь *perf* **1.** что *coll* bake thoroughly **2.** кого́-что *sub* send away *or* off (against *one's* will); get rid of ‖ *imperf* упека́ть 2а
ft.	упеку́, упечёшь, упеку́т
imp.	упеки́, ~те
pt.	упёк, упекла́
g.pt.a.	упёкши

p.pt.a.   упёкший
p.pt.p.   упечённый; упечён, -ена́

упива́ться *imperf of* упи́ться

упира́ть(ся) *imperf of* упере́ть(ся)

describe упи́сать *perf* что **1.** *coll* get *writing into a given space*, fit in **2.** *coll* write all over **3.** *sub* gobble (up), eat greedily ‖ *imperf* упи́сывать 1 a
ft.   упишу́, упи́шешь, упи́шут
imp.   упиши́, ~те
pt.   уписа́л
g.pt.a.   уписа́в
p.pt.a.   уписа́вший
p.pt.p.   упи́санный

упи́саться, *1st and 2nd pers not used, perf coll, of writing* take up *a given amount of space*, occupy *a certain amount of space* ‖ *imperf* упи́сываться

упи́сывать(ся) *imperf of* уписа́ть(ся)

упита́ть 2 *perf* кого́-что (*usu only p.pt.p.*) fatten ‖ *imperf* упи́тывать 1 a

упи́тывать *imperf of* упита́ть

упи́ться *perf* **1.** get drunk **2.** чем *bookish* be intoxicated (with), revel (in), be drunk (with) ‖ *imperf* упива́ться 2 a
ft.   упью́сь, упьёшься, упью́тся
imp.   упе́йся, упе́йтесь
pt.   упи́лся, упила́сь
g.pt.a.   упи́вшись
p.pt.a.   упи́вшийся

уплати́ть *perf* что *or without object* pay ‖ *imperf* упла́чивать 1 a
ft.   уплачу́, -а́тишь, -а́тят
imp.   уплати́, ~те
pt.   уплати́л
g.pt.a.   уплати́в
p.pt.a.   уплати́вший
p.pt.p.   упла́ченный

упла́чивать *imperf of* уплати́ть

уплести́ *perf* что **1.** *coll* plait together; twine round; entwine **2.** *sub* wolf down *food* ‖ *imperf* уплета́ть 2 a
ft.   уплету́, -тёшь, -ту́т
imp.   уплети́, ~те
pt.   уплёл, -ела́
g.pt.a.   уплетя́ *and* уплётши
p.pt.a.   уплётший
p.pt.p.   уплетённый; уплетён, -ена́

уплета́ть *imperf of* уплести́

уплотни́ть *perf* кого́-что **1.** condense, compress; compact **2.** *coll* reduce *under-occupation of living-space* **3.** make

full use of *working day* ‖ *imperf* уплотня́ть 2 a
ft.   уплотню́, -ни́шь, -ня́т
imp.   уплотни́, ~те
pt.   уплотни́л
g.pt.a.   уплотни́в
p.pt.a.   уплотни́вший
p.pt.p.   уплотнённый; уплотнён, -ена́

уплотни́ться *perf* **1.** *1st and 2nd pers not used* become more compact, settle denser **2.** double up *in living accommodation* ‖ *imperf* уплотня́ться

уплотня́ть(ся) *imperf of* уплотни́ть(ся)

уплыва́ть *imperf of* уплы́ть

уплы́ть *perf* **1.** swim away *or* off; float away; sail away **2.** *1st and 2nd pers not used coll, of time* fly ‖ *imperf* уплыва́ть 2 a
ft.   уплыву́, -вёшь, -ву́т
imp.   уплыви́, ~те
pt.   уплы́л, -ыла́, -ы́ло
g.pt.a.   уплы́в
p.pt.a.   уплы́вший

упова́ть 2 a *imperf* на кого́-что *or with infinitive obs* rely (on), trust, count (on)

уподо́бить *perf* кого́-что кому́-чему́ liken (to) ‖ *imperf* уподобля́ть 2 a
ft.   уподо́блю, -бишь, -бят
imp.   уподо́бь, ~те
pt.   уподо́бил
g.pt.a.   уподо́бив
p.pt.a.   уподо́бивший
p.pt.p.   уподо́бленный

уподо́биться *perf* кому́-чему́ **1.** be like **2.** *ling* assimilate (to, with) ‖ *imperf* уподобля́ться

уподобля́ть(ся) *imperf of* уподо́бить(ся)

упо́йть *perf* кого́-что *sub* make drunk ‖ *imperf* упа́ивать 1 a
ft.   упою́, упои́шь, упоя́т
imp.   упо́й, ~те
pt.   упои́л
g.pt.a.   упои́в
p.pt.a.   упои́вший
p.pt.p.   упоённый; упоён, -ена́

упоко́ить *perf* кого́-что *obs* provide for *smb's* complete peace and quiet
ft.   упоко́ю, -о́ишь, -о́ят
imp.   упоко́й, ~те
pt.   упоко́ил
g.pt.a.   упоко́ив
p.pt.a.   упоко́ивший
p.pt.p.   упоко́енный

уполза́ть *imperf of* уползти́

уползти *perf* creep [crawl] away ‖ *imperf* уползать 2а
- *ft.* уползу, -зёшь, -зут
- *imp.* уползи, ~те
- *pt.* уполз, уползла
- *g.pt.a.* уползши
- *p.pt.a.* уползший

уполномочивать *imperf of* уполномочить

уполномочить *perf* кого-что на что authorize (to), empower (to) ‖ *imperf* уполномочивать 1а
- *ft.* уполномочу, -чишь, -чат
- *imp.* уполномочь, ~те
- *pt.* уполномочил
- *g.pt.a.* уполномочив
- *p.pt.a.* уполномочивший
- *p.pt.p.* уполномоченный

упоминать *imperf of* упомянуть

упомнить *perf* кого-что *coll* remember, keep in mind
- *ft.* упомню, -нишь, -нят
- *imp.* упомни, ~те
- *pt.* упомнил
- *g.pt.a.* упомнив
- *p.pt.a.* упомнивший
- *p.pt.p.* упомненный

упомянуть 7 *perf* о ком-чём *or* про кого-что mention ‖ *imperf* упоминать 2а
- *ft.* упомяну, -янешь, -янут
- *p.pt.p.* упомянутый

упорствовать 4а *imperf* в чём persist (in)

упорядочивать(ся) *imperf of* упорядочить(ся)

упорядочить *perf* что regulate, put in order, put straight ‖ *imperf* упорядочивать 1а
- *ft.* упорядочу, -чишь, -чат
- *imp.* упорядочи, ~те
- *pt.* упорядочил
- *g.pt.a.* упорядочив
- *p.pt.a.* упорядочивший
- *p.pt.p.* упорядоченный

упорядочиться, *1st and 2nd pers not used, perf* come right ‖ *imperf* упорядочиваться

употребить *perf* кого-что use, make use of; employ; take *medicine* ‖ *imperf* употреблять 2а
- *ft.* употреблю, -бишь, -бят
- *imp.* употреби, ~те
- *pt.* употребил
- *g.pt.a.* употребив
- *p.pt.a.* употребивший
- *p.pt.p.* употреблённый; употреблён, -ена

употребиться, *1st and 2nd pers not used, perf* be in use, be used ‖ *imperf* употребляться

употреблять(ся) *imperf of* употребить(ся)

управить *perf of* управлять
- *ft.* управлю, -вишь, -вят
- *imp.* управь, ~те
- *pt.* управил
- *g.pt.a.* управив
- *p.pt.a.* управивший

управиться *perf* с кем-чем *coll* manage; finish ‖ *imperf* управляться 2а

управлять 2а *imperf* кем-чем 1. drive *a car*; steer *a ship*; operate *a machine* 2. manage, direct; govern, rule 3. *gram* govern ‖ *imperf* управить *with* 2, forms ib.

управляться *imperf of* управиться

упражнять 2а *imperf* что exercise

упражняться *imperf* в чём *or* на чём 1. practise 2. *coll joc* occupy oneself (with)

упразднить *perf* что abolish; abrogate; annul ‖ *imperf* упразднять 2а
- *ft.* упраздню, -нишь, -нят
- *imp.* упраздни, ~те
- *pt.* упразднил
- *g.pt.a.* упразднив
- *p.pt.a.* упразднивший
- *p.pt.p.* упразднённый; упразднён, -ена

упразднять *imperf of* упразднить

упрашивать *imperf of* упросить

упревать *imperf of* упреть

упредить *perf* кого-что forestall ‖ *imperf* упреждать 2а
- *ft.* упрежу, -едишь, -едят
- *imp.* упреди, ~те
- *pt.* упредил
- *g.pt.a.* упредив
- *p.pt.a.* упредивший
- *p.pt.p.* упреждённый; упреждён, -ена

упреждать *imperf of* упредить

упрекать 2а *imperf* кого-что reproach, blame ‖ *perf* упрекнуть 7, *p.pt.p.* упрекнутый

упрекнуть *perf of* упрекать

упрессовать 5 *perf* что *coll* tamp down ‖ *imperf* упрессовывать 1а

упрессовывать *imperf of* упрессовать

упреть 3 *perf* 1. *coll* be well stewed 2. *sub* sweat ‖ *imperf* упревать 2а

упросить *perf* кого-что *with infinitive* beg,

entreat, beseech; move *with entreaties* ‖
imperf упра́шивать 1 a
ft. упрошу́, -о́сишь, -о́сят
imp. упроси́, ~те
pt.   упроси́л
g.pt.a. упроси́в
p.pt.a. упроси́вший
p.pt.p. упро́шенный

упрости́ть *perf* что simplify ‖ *imperf*
упроща́ть 2 a
ft. упрощу́, -ости́шь, -остя́т
imp. упрости́, ~те
pt.   упрости́л
g.pt.a. упрости́в
p.pt.a. упрости́вший
p.pt.p. упрощённый; упрощён, -ена́

упрости́ться *perf* become simpler, be
simplified ‖ *imperf* упроща́ться

упро́чивать(ся) *imperf of* упро́чить(ся)

упро́чить *perf* что *bookish* 1. consolidate,
strengthen 2. за кем-чем secure, procure
for ever ‖ *imperf* упро́чивать 1 a
ft. упро́чу, -чишь, -чат
imp. упро́чь, ~те
pt.   упро́чил
g.pt.a. упро́чив
p.pt.a. упро́чивший
p.pt.p. упро́ченный

упро́читься *perf bookish* 1. strengthen,
gain strength; become consolidated 2. *1st
and 2nd pers not used* become lodged, take
up [adopt] a permanent position 3. *1st
and 2nd pers not used* за кем-чем be
secured, be consolidated *of possessions*;
be [become] enhanced *of reputation* ‖ *imperf* упро́чиваться

упроща́ть(ся) *imperf of* упрости́ть(ся)

упру́жить, *1st and 2nd pers not used, imperf
coll* be elastic, be resilient
pr.   упру́жит, -жат
pt.   упру́жил
g.pr.a. упру́жа
p.pr.a. упру́жащий
p.pr.a. упру́живший

упры́гать 1 *perf coll* jump away ‖ *imperf*
упры́гивать 1 a

упры́гивать *imperf of* упры́гать

упры́гнуть 6 *perf and semelf coll* jump
back

упри́мствовать 4 a *imperf* be obstinate, be
stubborn

упря́тать *perf coll* 1. что hide; put away
safely 2. кого-что imprison ‖ *imperf*
упря́тывать 1 a

ft. упря́чу, -я́чешь, -я́чут
imp. упря́чь, ~те
pt.   упря́тал
g.pt.a. упря́тав
p.pt.a. упря́тавший
p.pt.p. упря́танный

упря́тывать *imperf of* упря́тать

упуска́ть *imperf of* упусти́ть

упусти́ть *perf* 1. кого-что let go, let slip;
let escape 2. что miss, let pass ‖ *imperf*
упуска́ть 2 a
ft. упущу́, упу́стишь, упу́стят
imp. упусти́, ~те
pt.   упусти́л
g.pt.a. упусти́в
p.pt.a. упусти́вший
p.pt.p. упу́щенный

упятери́ть *perf* что increase fivefold ‖ *imperf* упятеря́ть 2 a
ft. упятерю́, -ри́шь, -ря́т
imp. упятери́, ~те
pt.   упятери́л
g.pt.a. упятери́в
p.pt.a. упятери́вший
p.pt.p. упятерённый; упятерён, -ена́

упятеря́ть *imperf of* упятери́ть

ура́внивать(ся)[1] *imperf of* уравня́ть(ся)

ура́внивать(ся)[2] *imperf of* уровня́ть(ся)

уравнове́сить *perf* что 1. balance 2. *fig*
counterbalance 3. *tech* counterbalance ‖
imperf уравнове́шивать 1 a
ft. уравнове́шу, -е́сишь, -е́сят
imp. уравнове́сь, ~те
pt.   уравнове́сил
g.pt.a. уравнове́сив
p.pt.a. уравнове́сивший
p.pt.p. уравнове́шенный

уравнове́ситься, *1st and 2nd pers not used,
perf* 1. counterbalance each other 2. be
balanced, be poised ‖ *imperf* уравнове́-
шиваться

уравнове́шивать(ся) *imperf of* уравнове́-
сить(ся)

уравня́ть 2 *perf* что equalize, level; put
[place] on a par with ‖ *imperf* ура́вни-
вать 1 a
p.pt.p. уравнённый; уравнён, -ена́

уравня́ться *perf* be equalized ‖ *imperf*
ура́вниваться

уразумева́ть *imperf of* уразуме́ть

уразуме́ть 3 *perf* что understand, comprehend ‖ *imperf* уразумева́ть 2 a

урва́ть *perf* что 1. *coll* tear off 2. *fig* snatch,

seize; snatch *a moment's leisure* ‖ *imperf*
урыва́ть 2а

ft.	урву́, урвёшь, урву́т
imp.	урви́, ~те
pt.	урва́л, -ала́, -а́ло
g.pt.a.	урва́в
p.pt.a.	урва́вший
p.pt.p.	у́рванный

урва́ться *perf sub* seize *a few minutes* off ‖ *imperf* урыва́ться

pt.	урва́лся, -ала́сь, -а́ло́сь

урегули́ровать 4 *perf* что regulate; settle *a matter*

урегули́роваться, *1st and 2nd pers not used, perf* be regulated; *of a matter* be settled

уре́зать *perf* что **1.** cut off; shorten **2.** *fig* reduce; curtail *rights* ‖ *imperf* урезáть 2а *and* уре́зывать 1а

ft.	уре́жу, уре́жешь, уре́жут
imp.	уре́жь, ~те
pt.	уре́зал
g.pt.a.	уре́зав
p.pt.a.	уре́завший
p.pt.p.	уре́занный

урезáть *imperf of* уре́зать

уре́зонивать *imperf of* урезóнить

урезóнить *perf* кого́-что *coll* bring to reason [to *one's* senses], make listen to reason ‖ *imperf* урезóнивать 1а

ft.	урезóню, -нишь, -нят
imp.	урезóнь, ~те
pt.	урезóнил
g.pt.a.	урезóнив
p.pt.a.	урезóнивший
p.pt.p.	урезóненный

уре́зывать *imperf of* уре́зать

уровня́ть 2 *perf* что level, even ‖ *imperf* урáвнивать 1а

p.pt.p.	урóвненный

уровня́ться, *1st and 2nd pers not used, perf* become even and smooth ‖ *imperf* урáвниваться

уроди́ть *perf* **1.** что *agr* yield, produce **2.** кого́-что *sub* give birth to ‖ *imperf* урождáть 2а

ft.	урожу́, уроди́шь, уродя́т
imp.	уроди́, ~те
pt.	уроди́л
g.pt.a.	уроди́в
p.pt.a.	уроди́вший
p.pt.p.	урождённый; урождён, -ена́

уроди́ться *perf* **1.** *agr* thrive; ripen **2.** *coll* be born ‖ *imperf* урождáться

уро́довать 4а *imperf* кого́-что disfigure, deform; mutilate, maim; demoralize, corrupt

уро́доваться, *1st and 2nd pers not used, imperf* mutilate oneself

урождáть(ся) *imperf of* уроди́ть(ся)

урони́ть *perf of* роня́ть

ft.	уроню́, уро́нишь, уро́нят
imp.	урони́, ~те
pt.	урони́л
g.pt.a.	урони́в
p.pt.a.	урони́вший
p.pt.p.	уро́ненный

урчáть *imperf, of the stomach* rumble; *of water* gurgle

pr.	урчу́, урчи́шь, урчáт
imp.	урчи́, ~те
pt.	урчáл
g.pr.a.	урчá
p.pr.a.	урчáщий
p.pt.a.	урчáвший

урывáть(ся) *imperf of* урвáть(ся)

усади́ть *perf* **1.** кого́-что make sit down; seat, show *smb* to a seat **2.** кого́-что за что set *smb* to do *smth*, make *smb* do *smth* **3.** что чем plant (with) **4.** что чем cover (with) ‖ *imperf* усáживать 1а

ft.	усажу́, усáдишь, усáдят
imp.	усади́, ~те
pt.	усади́л
g.pt.a.	усади́в
p.pt.a.	усади́вший
p.pt.p.	усáженный

усáживать *imperf of* усади́ть

усáживаться *imperf of* усéсться

усвáивать *imperf of* усвóить

усвóить *perf* что **1.** acquire, adopt, appropriate to oneself **2.** master, learn **3.** assimilate, digest ‖ *imperf* усвáивать 1а *and* усвоя́ть 2а

ft.	усвóю, -óишь, -óят
imp.	усвóй, ~те
pt.	усвóил
g.pt.a.	усвóив
p.pt.a.	усвóивший
p.pt.p.	усвóенный

усвоя́ть *imperf of* усвóить

усевáть(ся) *imperf of* усéять(ся)

усéивать(ся) *imperf of* усéять(ся)

усекáть *imperf of* усéчь

усéрдствовать 4а *imperf* be zealous; strive

усéсться *perf* **1.** take a seat, sit down, seat

oneself **2.** за что set to, get down to ‖ *imperf* усаживаться 1 a

ft.	уся́дусь, -дешься, -дутся
imp.	уся́дься, -дьтесь
pt.	усе́лся, -лась
g.pt.a.	усе́вшись
p.pt.a.	усе́вшийся

усе́чь *perf* что *bookish* cut off ‖ *imperf* усека́ть 2 a

ft.	усеку́, усечёшь, усеку́т
imp.	усеки́, ∼те
pt.	усе́к, усекла́ *and obs* усе́кла
g.pt.a.	усе́кши
p.pt.a.	усе́кший
p.pt.p.	усечённый; усечён, -ена́ *and obs* усе́ченный

усе́ять *perf* что stud, strew ‖ *imperf* усе́ивать 1 a *and* усева́ть 2 a

ft.	усе́ю, усе́ешь, усе́ют
imp.	усе́й, ∼те
pt.	усе́ял
g.pt.a.	усе́яв
p.pt.a.	усе́явший
p.pt.p.	усе́янный

усе́яться, *1st and 2nd pers not used, perf* be studded, be strewn ‖ *imperf* усе́иваться *and* усева́ться

усиде́ть *perf* **1.** sit still, remain seated; keep *one's* place [seat] **2.** *fig coll* hold out, hold *one's* ground ‖ *imperf* уси́живать 1 a

ft.	усижу́, усиди́шь, усидя́т
imp.	усиди́, ∼те
pt.	усиде́л
g.pt.a.	усиде́в
p.pt.a.	усиде́вший
p.pt.p.	уси́женный

уси́живать *imperf of* усиде́ть

уси́ливать *imperf of* уси́лить

уси́ливаться 1 a *imperf* **1.** *imperf of* уси́литься **2.** *obs* exert oneself; endeavour, try

уси́лить *perf* что strengthen, reinforce; intensify ‖ *imperf* уси́ливать 1 a

ft.	уси́лю, -лишь, -лят
imp.	уси́ль, ∼те
pt.	уси́лил
g.pt.a.	уси́лив
p.pt.a.	уси́ливший
p.pt.p.	уси́ленный

уси́литься, *1st and 2nd pers not used, perf* increase, intensify ‖ *imperf* уси́ливаться

ускака́ть *perf* **1.** hop away; skip away **2.** gallop away ‖ *imperf* ускáкивать 1 a

ft.	ускачу́, -а́чешь, -а́чут
imp.	ускачи́, ∼те
pt.	ускака́л
g.pt.a.	ускака́в
p.pt.a.	ускака́вший

ускáкивать *imperf of* ускака́ть

ускакну́ть 7 *perf sub* skip away; hop away

уска́льзывать *imperf of* ускользну́ть

ускольза́ть *imperf of* ускользну́ть

ускользну́ть 7 *perf* **1.** slip (away, off) **2.** steal away **3.** disappear, vanish **4.** от кого-чего *fig* escape ‖ *imperf* ускольза́ть 2 a *and* уска́льзывать 1 a

уско́рить *perf* что speed up, accelerate; hasten ‖ *imperf* ускоря́ть 2 a

ft.	уско́рю, -ришь, -рят
imp.	уско́рь, ∼те
pt.	уско́рил
g.pt.a.	уско́рив
p.pt.a.	уско́ривший
p.pt.p.	уско́ренный

уско́риться, *1st and 2nd pers not used, perf* **1.** quicken, move faster **2.** be hastened, be precipitated ‖ *imperf* ускоря́ться

ускоря́ть(ся) *imperf of* уско́рить(ся)

усла́вливаться *s.* усло́вливаться

услади́ть *perf* кого-что **1.** delight, charm **2.** alleviate, soften ‖ *imperf* услажда́ть 2 a

ft.	услажу́, -ади́шь, -адя́т
imp.	услади́, ∼те
pt.	услади́л
g.pt.a.	услади́в
p.pt.a.	услади́вший
p.pt.p.	услаждённый; услаждён, -ена́

услади́ться *perf* кем-чем *bookish* delight (in), rejoice (in) ‖ *imperf* услажда́ться

услажда́ть(ся) *imperf of* услади́ть(ся)

усла́ть *perf* кого-что send away ‖ *imperf* усыла́ть 2 a

ft.	ушлю́, ушлёшь, ушлю́т
imp.	ушли́, ∼те
pt.	усла́л
g.pt.a.	усла́в
p.pt.a.	усла́вший
p.pt.p.	у́сланный

уследи́ть *perf* **1.** за кем-чем keep an eye (on) **2.** *coll* notice, observe; follow *one's* thoughts, arguments ‖ *imperf* усле́живать 1 a

ft.	услежу́, -еди́шь, -едя́т
imp.	уследи́, ∼те
pt.	уследи́л
g.pt.a.	уследи́в

p.pt.a. уследи́вший
p.pt.p. услёженный

услёживать *imperf of* уследи́ть

усло́виться *perf* с кем-чем agree (with), come to an agreement (about) ‖ *imperf* усла́вливаться 1 a *and* усло́вливаться 1 a
ft. усло́влюсь, -вишься, -вятся
imp. усло́вься, -о́вьтесь
pt. усло́вился, -лась
g.pt.a. усло́вившись
p.pt.a. усло́вившийся

усло́вливаться *and coll* усла́вливаться *imperf of* усло́виться

усложни́ть *perf* что complicate ‖ *imperf* усложня́ть 2 a
ft. усложню́, -ни́шь, -ня́т
imp. усложни́, ∼те
pt. усложни́л
g.pt.a. усложни́в
p.pt.a. усложни́вший
p.pt.p. усложнённый; усложнён, -ена́

усложни́ться, *1st and 2nd pers not used*, *perf* become (more) complicated ‖ *imperf* усложня́ться

усложня́ть(ся) *imperf of* усложни́ть(ся)

услу́живать 1 a *imperf* 1. *imperf of* услужи́ть 2. *obs* act as a servant

услужи́ть *perf* кому́ do *smb* a service, do *smb* a good turn ‖ *imperf* услу́живать 1 a
ft. услужу́, -у́жишь, -у́жат
imp. услужи́, ∼те
pt. услужи́л
g.pt.a. услужи́в
p.pt.a. услужи́вший

услыха́ть *perf* что 1. hear; perceive, notice 2. hear, learn 3. feel, notice; smell
ft. услы́шу, -шишь, -шат
pt. услыха́л
g.pt.a. услыха́в
p.pt.a. услыха́вший
p.pt.p. услы́шанный

услы́шать *perf* что 1. hear; perceive, notice 2. hear, learn 3. feel, notice; smell
ft. услы́шу, -шишь, -шат
imp. услы́шь, ∼те
pt. услы́шал
g.pt.a. услы́шав *and* услы́ша*
p.pt.a. услы́шавший
p.pt.p. услы́шанный

усма́тривать *imperf of* усмотре́ть

усмеха́ться *imperf of* усмехну́ться

усмехну́ться 7 *perf* smile ironically, smirk ‖ *imperf* усмеха́ться 2 a

усмири́ть *perf* кого́-что 1. pacify; restrain 2. suppress, put down, quell ‖ *imperf* усмиря́ть 2 a
ft. усмирю́, -ри́шь, -ря́т
imp. усмири́, ∼те
pt. усмири́л
g.pt.a. усмири́в
p.pt.a. усмири́вший
p.pt.p. усмирённый; усмирён, -ена́

усмири́ться *perf* quiet down ‖ *imperf* усмиря́ться

усмиря́ть(ся) *imperf of* усмири́ть(ся)

усмотре́ть *perf* 1. за кем-чем look (after), attend (to) 2. что *coll* notice, perceive; observe 3. что в чём understand (as *or* to be), make out (as *or* to be) ‖ *imperf* усма́тривать 1 a
ft. усмотрю́, -о́тришь, -о́трят
imp. усмотри́, ∼те
pt. усмотре́л
g.pt.a. усмотре́в
p.pt.a. усмотре́вший
p.pt.p. усмо́тренный

уснасти́ть *perf* что чем 1. rig out, equip, provide (with) *a quantity of* 2. *fig* embellish (with) ‖ *imperf* уснаща́ть 2 a *and* уснащивать 1 a
ft. уснащу́, -асти́шь, -астя́т
imp. уснасти́, ∼те
pt. уснасти́л
g.pt.a. уснасти́в
p.pt.a. уснасти́вший
p.pt.p. уснащённый; уснащён, -ена́

уснаща́ть *imperf of* уснасти́ть

усна́щивать *imperf of* уснасти́ть

усну́ть 7 *perf* 1. fall asleep; *fig* die away *or* down 2. *of fishes* die

усоверше́нствовать(ся) *imperf of* соверше́нствовать(ся)

усо́вестить *perf* кого́-что *coll* appeal to *smb's* conscience, exhort ‖ *imperf* усо́вещивать 1 a
ft. усо́вещу, -естишь, -естят
imp. усо́вести, ∼те
pt. усо́вестил
g.pt.a. усо́вестив
p.pt.a. усо́вестивший
p.pt.p. усо́вещенный

усо́вещивать *imperf of* усо́вестить

усомни́ться *perf* в ком-чём doubt
ft. усомню́сь, -ни́шься, -ня́тся
imp. усомни́сь, -и́тесь
pt. усомни́лся, -лась

g.pt.a.	усомни́вшись
p.pt.a.	усомни́вшийся

усо́хнуть *perf* **1.** dry up, shrivel (up) **2.** *coll* wither, dry up ‖ *imperf* усыха́ть 2a

ft.	усо́хну, -нешь, -нут
imp.	усо́хни, ~те
pt.	усо́х, ~ла
g.pt.a.	усо́хнув *and* усо́хши
p.pt.a.	усо́хший

успева́ть *imperf of* успе́ть

успе́ть 3 *perf* **1.** к чему́ *or* на что be in time (for) **2.** в чём *obs* succeed (in), be successful (in); get on (in), make progress (in) ‖ *imperf* успева́ть 2a

успока́ивать(ся) *imperf of* успоко́ить(ся)

успоко́ить *perf* **1.** кого́-что soothe, calm, quiet, appease **2.** что assuage, soothe, relieve ‖ *imperf* успока́ивать 1a

ft.	успоко́ю, -о́ишь, -о́ят
imp.	успоко́й, ~те
pt.	успоко́ил
g.pt.a.	успоко́ив
p.pt.a.	успоко́ивший
p.pt.p.	успоко́енный

успоко́иться *perf* **1.** calm down, quiet down **2.** *1st and 2nd pers not used, of wind* abate, subside ‖ *imperf* успока́иваться

устава́ть *imperf of* уста́ть

pr.	устаю́, -аёшь, -аю́т
imp.	устава́й, ~те
pt.	устава́л
g.pr.a.	устава́я
p.pr.a.	устаю́щий
p.pt.a.	устава́вший

уста́вить *perf* **1.** кого́-что place **2.** что чем cover (with); fill (with) **3.** что на кого́-что *coll* fix *one's* eyes (on) ‖ *imperf* уставля́ть 2a

ft.	уста́влю, -вишь, -вят
imp.	уста́вь, ~те
pt.	уста́вил
g.pt.a.	уста́вив
p.pt.a.	уста́вивший
p.pt.p.	уста́вленный

уста́виться *perf coll* **1.** find room; fit in, go in **2.** на кого́-что stare (at) ‖ *imperf* уставля́ться

уставля́ть(ся) *imperf of* уста́вить(ся)

уста́ивать(ся) *imperf of* устоя́ть(ся)

устана́вливать(ся) *imperf of* установи́ть(ся)

установи́ть *perf* что **1.** set (up), put (up),

place; *tech* mount *also a gun*, install **2.** establish *a connection, relations* **3.** determine *time*; fix *prices* **4.** ascertain, find out ‖ *imperf* устана́вливать 1a *and sub* установля́ть 2a

ft.	установлю́, -о́вишь, -о́вят
imp.	установи́, ~те
pt.	установи́л
g.pt.a.	установи́в
p.pt.a.	установи́вший
p.pt.p.	устано́вленный

установи́ться, *1st and 2nd pers not used*, *perf* **1.** take shape; be settled **2.** be established, set in; *of weather* settle ‖ *imperf* устана́вливаться *and sub* установля́ться

установля́ть(ся) *imperf of* установи́ть(ся)

устарева́ть *imperf of* устаре́ть

устаре́ть 3 *perf* become antiquated, become obsolete ‖ *imperf* устарева́ть 2a

уста́ть *perf* get tired, be tired; *fig* get tired, tire; lose patience ‖ *imperf* устава́ть, forms ib.

ft.	уста́ну, -нешь, -нут
imp.	уста́нь, ~те
pt.	уста́л
g.pt.a.	уста́в
p.pt.a.	уста́вший

устели́ть *perf* что cover (completely), lay out ‖ *imperf* устила́ть 2a

ft.	устелю́, -е́лешь, -е́лют
imp.	устели́, ~те
pt.	устели́л
g.pt.a.	устели́в
p.pt.a.	устели́вший
p.pt.p.	усте́ленный

устерега́ть(ся) *imperf of* устере́чь(ся)

устере́чь *perf* кого́-что preserve, guard ‖ *imperf* устерега́ть 2a

ft.	устерегу́, -ежёшь, -егу́т
imp.	устереги́, ~те
pt.	устерёг, -егла́
g.pt.a.	устерёгши
p.pt.a.	устерёгший
p.pt.p.	устережённый; устережён, -ена́

устере́чься *perf coll* от кого́-чего́ take care (of), be on *one's* guard (against), beware (of) ‖ *imperf* устерега́ться

устила́ть[1] *imperf of* устла́ть

устила́ть[2] *imperf of* устели́ть

устла́ть *perf* что cover *completely*, lay out ‖ *imperf* устила́ть 2a

ft.	устелю́, -е́лешь, -е́лют
imp.	устели́, ~те

pt. устла́л
g.pt.a. устла́в
p.pt.a. устла́вший
p.pt.p. у́стланный

устоя́ть *perf* **1.** keep *one's* balance [feet] **2.** *fig* hold *one's* ground; resist, withstand ‖ *imperf* уста́ивать 1 a
ft. устою́, -о́йшь, -оя́т
imp. усто́й, ~те
pt. устоя́л
g.pt.a. устоя́в
p.pt.a. устоя́вший

устоя́ться, *1st and 2nd pers not used, perf* **1.** *of liquids* settle **2.** *fig* become regular ‖ *imperf* уста́иваться

устра́ивать(ся) *imperf of* устро́ить(ся)

устрани́ть *perf* кого́-что **1.** remove; eliminate *errors* **2.** discharge, dismiss, remove (from a post) ‖ *imperf* устраня́ть 2 a
ft. устраню́, -ни́шь, -ня́т
imp. устрани́, ~те
pt. устрани́л
g.pt.a. устрани́в
p.pt.a. устрани́вший
p.pt.p. устранённый; устранён, -ена́

устрани́ться *perf* **1.** stand aloof, stand aside; remove **2.** disappear, vanish ‖ *imperf* устраня́ться

устраня́ть(ся) *imperf of* устрани́ть(ся)

устраша́ть(ся) *imperf of* устраши́ть(ся)

устраши́ть *perf* кого́-что frighten; intimidate, overawe ‖ *imperf* устраша́ть 2 a
ft. устрашу́, -ши́шь, -ша́т
imp. устраши́, ~те
pt. устраши́л
g.pt.a. устраши́в
p.pt.a. устраши́вший
p.pt.p. устрашённый; устрашён, -ена́

устраши́ться *perf* кого́-чего́ fear, be afraid of ‖ *imperf* устраша́ться

устреми́ть *perf* что direct, turn, fix ‖ *imperf* устремля́ть 2 a
ft. устремлю́, -ми́шь, -мя́т
imp. устреми́, ~те
pt. устреми́л
g.pt.a. устреми́в
p.pt.a. устреми́вший
p.pt.p. устремлённый; устремлён, ена́

устреми́ться *perf* **1.** be directed (towards), be turned (to); *fig* на кого́–что be concentrated (on), concentrate (on) **2.** на кого́-что rush (on); swoop down (on ‖ *imperf* устремля́ться

устремля́ть(ся) *imperf of* устреми́ть(ся)

устро́ить *perf* **1.** что organize, arrange **2.** что settle, arrange, put in order **3.** кого́-что place; устро́ить кого́-н. на рабо́ту provide a place [a job] for *smb* **4.** *coll* suit; be convenient ‖ *imperf* устра́ивать 1 a
ft. устро́ю, -о́ишь, -о́ят
imp. устро́й, ~те
pt. устро́ил
g.pt.a. устро́ив
p.pt.a. устро́ивший
p.pt.p. устро́енный

устро́иться *perf* **1.** be put in order; come right, be settled **2.** settle, establish oneself **3.** find a situation, get a job ‖ *imperf* устра́иваться

уступа́ть *imperf of* уступи́ть

уступи́ть *perf* **1.** кого́-что кому́-чему́ yield; cede **2.** кому́ в чём give way; yield (to) **3.** кому́ в чём be inferior (to *smb* in) **4.** что *coll* abate, take off; let have, sell ‖ *imperf* уступа́ть 2 a
ft. уступлю́, -у́пишь, -у́пят
imp. уступи́, ~те
pt. уступи́л
g.pt.a. уступи́в
p.pt.a. уступи́вший
p.pt.p. усту́пленный

устыди́ть *perf* кого́-что put to shame, make ashamed ‖ *imperf* устыжа́ть 2 a
ft. устыжу́, -ыди́шь, -ыдя́т
imp. устыди́, ~те
pt. устыди́л
g.pt.a. устыди́в
p.pt.a. устыди́вший
p.pt.p. устыжённый; устыжён, -ена́

устыди́ться *perf* кого́-чего́ *or without object* be ashamed (of) ‖ *imperf* устыжа́ться

устыжа́ть(ся) *imperf of* устыди́ть(ся)

усугуби́ть *and* **усугуби́ть** *perf* что *bookish* increase, redouble, intensify ‖ *imperf* усугубля́ть 2 a
ft. усугублю́, -у́бишь, -у́бят
imp. усугуби́, ~те *and* усугу́бь, ~те
pt. усугуби́л
g.pt.a. усугуби́в
p.pt.a. усугуби́вший
p.pt.p. усугублённый; усугублён, -ена́ *and* усугу́бленный

усугу́биться *and* **усугуби́ться**, *1st and 2nd pers not used, perf bookish* increase, redouble, intensify ‖ *imperf* усугубля́ться

усугубля́ть(ся) *imperf of* усугу́би́ть(ся)

усуша́ть *imperf of* усуши́ть

усуши́ть *perf* что *coll* make [render] too dry ‖ *imperf* усуша́ть 2а
ft.	усушу́, усу́шишь, усу́шат
imp.	усуши́, ~те
pt.	усуши́л
g.pt.a.	усуши́в
p.pt.a.	усуши́вший
p.pt.p.	усу́шенный

усыла́ть *imperf of* усла́ть

усынови́ть *perf* кого́-что adopt *a child* ‖ *imperf* усыновля́ть 2а
ft.	усыновлю́, -ви́шь, -вя́т
imp.	усынови́, ~те
pt.	усынови́л
g.pt.a.	усынови́в
p.pt.a.	усынови́вший
p.pt.p.	усыновлённый; усыновлён, -ена́

усыновля́ть *imperf of* усынови́ть

усы́пать *perf* что **1.** strew **2.** *fig* stud, spangle ‖ *imperf* усыпа́ть 2а
ft.	усы́плю, -лешь, -лют
imp.	усы́пь, ~те
pt.	усы́пал
g.pt.a.	усы́пав
p.pt.a.	усы́павший
p.pt.p.	усы́панный

усыпа́ть *imperf of* усы́пать

усыпи́ть *perf* кого́-что **1.** send to sleep; *med* anesthetize **2.** *fig* diminish, reduce; dull **3.** poison *animals* ‖ *imperf* усыпля́ть 2а
ft.	усыплю́, -пи́шь, -пя́т
imp.	усыпи́, ~те
pt.	усыпи́л
g.pt.a.	усыпи́в
p.pt.a.	усыпи́вший
p.pt.p.	усыплённый; усыплён, -ена́

усыпля́ть *imperf of* усыпи́ть

усыха́ть *imperf of* усо́хнуть

у́ськать 1а *imperf* кого́-что *or without object coll* set dogs on

ута́ивать *imperf of* утаи́ть

утаи́ть *perf* что **1 .** conceal, hide **2.** pocket, take *other people's property*, embezzle ‖ *imperf* ута́ивать 1а
ft.	утаю́, утаи́шь, утая́т
imp.	утай, ~те
pt.	утаи́л
g.pt.a.	утаи́в

p.pt.a.	утаи́вший
p.pt.p.	утаённый; утаён, -ена́

ута́птывать *imperf of* утопта́ть

ута́скивать *imperf of* утащи́ть

утача́ть 2 *perf* shorten *a garment* by broadening *or* doubling the hem ‖ *imperf* ута́чивать 1а

ута́чивать[1] *imperf of* утача́ть

ута́чивать[2] *imperf of* уточи́ть

утащи́ть *perf* кого́-что **1.** carry off *or* away, drag off *or* away **2.** *coll* steal ‖ *imperf* ута́скивать 1а
ft.	утащу́, ута́щишь, ута́щат
imp.	утащи́, ~те
pt.	утащи́л
g.pt.a.	утащи́в
p.pt.a.	утащи́вший
p.pt.p.	ута́щенный

утверди́ть *perf* **1.** что consolidate, strengthen **2.** кого́-что confirm, corroborate; sanction **3.** кого́-что в чём strengthen (in); confirm (in) *an opinion* **4.** за кем-чем bestow (upon), grant (to ‖ *imperf* утвержда́ть 2а
ft.	утвержу́, -рди́шь, -рдя́т
imp.	утверди́, ~те
pt.	утверди́л
g.pt.a.	утверди́в
p.pt.a.	утверди́вший
p.pt.p.	утверждённый; утверждён, -ена́

утверди́ться *perf* **1.** *fig coll* gain a firm footing **2.** become firmly established; become consolidated **3.** в чём be confirmed (in) *one's opinion, intentions* ‖ *imperf* утвержда́ться

утвержда́ть 2а *imperf* **1.** *imperf of* утверди́ть **2.** что assert, affirm, maintain

утвержда́ться *imperf of* утверди́ться

утека́ть *imperf of* уте́чь

утепли́ть *perf* что warm; insulate ‖ *im perf* утепля́ть 2а
ft.	утеплю́, -ли́шь, -ля́т
imp.	утепли́, ~те
pt.	утепли́л
g.pt.a.	утепли́в
p.pt.a.	утепли́вший
p.pt.p.	утеплённый; утеплён, -ена́

утепля́ть *imperf of* утепли́ть

утере́ть *perf* кого́-что wipe, dry ‖ *imperf* утира́ть 2а
ft.	утру́, утрёшь, утру́т
imp.	утри́, ~те

pt.	утёр, ~ла
g.pt.a.	утерёв *and* утёрши
p.pt.a.	утёрший
p.pt.p.	утёртый

утере́ться *perf* wipe oneself dry, dry oneself ‖ *imperf* утира́ться

g.pt.a.	утёршись

уте́ривать *imperf of* утеря́ть

утерпе́ть *perf* endure, bear; restrain oneself

ft.	утерплю́, уте́рпишь, уте́рпят
imp.	утерпи́, ~те
pt.	утерпе́л
g.pt.a.	утерпе́в
p.pt.a.	утерпе́вший

утеря́ть 2 *perf* кого́-что lose; forfeit ‖ *imperf* уте́ривать* 1 а

утеря́ться, *1st and 2nd pers not used, perf* be lost, get lost

утеса́ть *perf* что dress, trim *wood with axe* ‖ *imperf* утёсывать 1 а

ft.	утешу́, уте́шешь, уте́шут
imp.	утеши́, ~те
pt.	утеса́л
g.pt.a.	утеса́в
p.pt.a.	утеса́вший
p.pt.p.	утёсанный

утёсывать *imperf of* утеса́ть

уте́чь, *1st and 2nd pers not used, perf* **1.** flow away; *of gas* escape **2.** *coll, of time* pass, fly ‖ *imperf* утека́ть 2 а

ft.	утечёт, утеку́т
pt.	утёк, утекла́
g.pt.a.	утёкши
p.pt.a.	утёкший

утеша́ть(ся) *imperf of* уте́шить(ся)

уте́шить *perf* кого́-что **1.** comfort, console **2.** *coll* delight; cheer ‖ *imperf* утеша́ть 2 а

ft.	уте́шу, -шишь, -шат
imp.	уте́шь, ~те
pt.	уте́шил
g.pt.a.	уте́шив
p.pt.a.	уте́шивший
p.pt.p.	уте́шенный

уте́шиться *perf* чем take comfort (in), console oneself ‖ *imperf* утеша́ться

утилизи́ровать 4 *and* 4а *perf, imperf* что utilize

утира́ть(ся) *imperf of* утере́ть(ся)

ути́скать 1 *perf* что *sub* press in, squeeze in; cram in ‖ *imperf* ути́скивать 1 а

ути́скивать *imperf of* ути́скать

утиха́ть *imperf of* ути́хнуть

ути́хнуть *perf* **1.** cease; *of noise* die away **2.** become quiet, quiet down **3.** *1st and 2nd pers not used fig, of wind, of pains* abate, subside ‖ *imperf* утиха́ть 2 а

ft.	ути́хну, -нешь, -нут
imp.	ути́хни, ~те
pt.	ути́х *and obs* ути́хнул, ути́хла
g.pt.a.	ути́хнув *and* ути́хши
p.pt.a.	ути́хший *and* ути́хнувший

утихоми́ривать(ся) *imperf of* утихоми́рить(ся)

утихоми́рить *perf* кого́-что *coll* calm (down), pacify ‖ *imperf* утихоми́ривать 1 а

ft.	утихоми́рю, -ришь, -рят
imp.	утихоми́рь, ~те
pt.	утихоми́рил
g.pt.a.	утихоми́рив
p.pt.a.	утихоми́ривший
p.pt.p.	утихоми́ренный

утихоми́риться *perf coll* calm down ‖ *imperf* утихоми́риваться

утка́ть *perf* что чем *coll* weave *a pattern* into

ft.	утку́, уткёшь, утку́т
imp.	утки́, ~те
pt.	утка́л
g.pt.a.	утка́в
p.pt.a.	утка́вший
p.pt.p.	у́тканный

уткну́ть 7 *perf* что во что thrust (into), shove (into); bury (in), hide (in) ‖ *imperf* утыка́ть 2 а

уткну́ться *perf* чем во что *coll* **1.** bury *e.g. one's face* in *a pillow* **2.** *fig* bury oneself (in), become engrossed (in)

утоли́ть *perf* что quench, slake *thurst*; appease, satisfy *hunger*; alleviate, allay, soothe *pain* ‖ *imperf* утоля́ть 2 а

ft.	утолю́, -ли́шь, -ля́т
imp.	утоли́, ~те
pt.	утоли́л
g.pt.a.	утоли́в
p.pt.a.	утоли́вший
p.pt.p.	утолённый; утолён, -ена́

утоли́ться, *1st and 2nd pers not used, perf, of pains* subside, be assuaged ‖ *imperf* утоля́ться

утолсти́ть *perf* что make thicker, thicken ‖ *imperf* утолща́ть 2 а

ft.	утолщу́, -лсти́шь, -лстя́т
imp.	утолщи́, ~те
pt.	утолсти́л
g.pt.a.	утолсти́в

p.pt.a.	утолсти́вший
p.pt.p.	утолщённый; утолщён, -ена́

утолсти́ться, *1st and 2nd pers not used, perf* thicken, become thicker ‖ *imperf* утолща́ться

утолща́ть(ся) *imperf of* утолсти́ть(ся)

утоля́ть(ся) *imperf of* утоли́ть(ся)

утоми́ть *perf* кого́-что tire, fatigue, weary ‖ *imperf* утомля́ть 2a

ft.	утомлю́, -ми́шь, -мя́т
imp.	утоми́, ∾те
pt.	утоми́л
g.pt.a.	утоми́в
p.pt.a.	утоми́вший
p.pt.p.	утомлённый; утомлён, -ена́

утоми́ться *perf* get tired, tire ‖ *imperf* утомля́ться

g.pt.a.	утомя́сь *and* утоми́вшись

утомля́ть(ся) *imperf of* утоми́ть(ся)

утону́ть 7 *perf* drown, be drowned; *of a ship* sink, founder ‖ *imperf* утопа́ть 2a

ft.	утону́, уто́нешь, уто́нут

утонча́ть(ся) *imperf of* утончи́ть(ся)

утончи́ть *perf* что 1. thin, make thinner; *tech* taper 2. refine *taste, emotions* ‖ *imperf* утонча́ть 2a

ft.	утончу́, -чи́шь, -ча́т
imp.	утончи́, ∾те
pt.	утончи́л
g.pt.a.	утончи́в
p.pt.a.	утончи́вший
p.pt.p.	утончённый; утончён, -ена́

утончи́ться *perf* 1. become thin(ner) 2. *of taste, emotions* become refined, refine ‖ *imperf* утонча́ться

уто́пать 1 *perf* что *sub* stamp flat

утопа́ть *imperf of* утону́ть

утопи́ть *perf* кого́-что 1. drown 2. *fig coll* ruin

ft.	утоплю́, уто́пишь, уто́пят
imp.	утопи́, ∾те
pt.	утопи́л
g.pt.a.	утопи́в
p.pt.a.	утопи́вший
p.pt.p.	уто́пленный

утопи́ться *perf* drown oneself

утопта́ть *perf* что trample down ‖ *imperf* ута́птывать 1a

ft.	утопчу́, уто́пчешь, уто́пчут
imp.	утопчи́, ∾те
pt.	утопта́л
g.pt.a.	утопта́в
p.pt.a.	утопта́вший

p.pt.p.	уто́птанный

утора́пливать *imperf of* утороли́ть

утороли́ть *perf* что *coll* speed up, accelerate, quicken ‖ *imperf* утора́пливать 1a

ft.	утороплю́, -о́пишь, -о́пят
imp.	утороли́, ∾те
pt.	утороли́л
g.pt.a.	утороли́в
p.pt.a.	утороли́вший
p.pt.p.	уторо́пленный

уточи́ть *perf* что grind off ‖ *imperf* ута́чивать 1a

ft.	уточу́, уто́чишь, уто́чат
imp.	уточи́, ∾те
pt.	уточи́л
g.pt.a.	уточи́в
p.pt.a.	уточи́вший
p.pt.p.	уто́ченный

уточни́ть *perf* что specify; define more exactly [accurately] ‖ *imperf* уточня́ть 2a

ft.	уточню́, -ни́шь, -ня́т
imp.	уточни́, ∾те
pt.	уточни́л
g.pt.a.	уточни́в
p.pt.a.	уточни́вший
p.pt.p.	уточнённый; уточнён, -ена́

уточни́ться, *1st and 2nd pers not used, perf* become more accurate ‖ *imperf* уточня́ться

уточня́ть(ся) *imperf of* уточни́ть(ся)

утра́ивать(ся) *imperf of* утро́ить(ся)

утрамбова́ть 5 *perf* что stamp down, tread down; ram ‖ *imperf* утрамбо́вывать 1a

утрамбова́ться, *1st and 2nd pers not used, perf* be stamped down ‖ *imperf* утрамбо́вываться

утрамбо́вывать(ся) *imperf of* утрамбова́ть(ся)

утра́тить *perf* кого́-что lose, forfeit ‖ *imperf* утра́чивать 1a

ft.	утра́чу, -а́тишь, -а́тят
imp.	утра́ть, ∾те
pt.	утра́тил
g.pt.a.	утра́тив
p.pt.a.	утра́тивший
p.pt.p.	утра́ченный

утра́титься, *1st and 2nd pers not used, perf bookish* be lost ‖ *imperf* утра́чиваться

утра́чивать(ся) *imperf of* утра́тить(ся)

утри́ровать 4 *and* 4a *perf, imperf* что exaggerate

утро́ить *perf* что treble ‖ *imperf* утра́ивать 1 a

ft.	утро́ю, -о́ишь, -о́ят
imp.	утро́й, ~те
pt.	утро́ил
g.pt.a.	утро́ив
p.pt.a.	утро́ивший
p.pt.p.	утро́енный

утро́иться, *1st and 2nd pers not used, perf* treble ‖ *imperf* утра́иваться

утруди́ть *perf* кого́-что *obs* trouble, bother ‖ *imperf* утружда́ть 2 a

ft.	утружу́, утруди́шь, утрудя́т
imp.	утруди́, ~те
pt.	утруди́л
g.pt.a.	утруди́в
p.pt.a.	утруди́вший
p.pt.p.	утруждённый; утруждён, -ена́

утруди́ться *perf obs* get tired, get weary ‖ *imperf* утружда́ться

утрудни́ть *perf* 1. что render more difficult; aggravate, complicate 2. кого́-что be a source of trouble (to) ‖ *imperf* утрудня́ть 2 a

ft.	утрудню́, -ни́шь, -ня́т
imp.	утрудни́, ~те
pt.	утрудни́л
g.pt.a.	утрудни́в
p.pt.a.	утрудни́вший
p.pt.p.	утруднённый; утруднён, -ена́

утрудня́ть *imperf of* утрудни́ть

утружда́ть(ся) *imperf of* утруди́ть(ся)

утряса́ть(ся) *imperf of* утрясти́(сь)

утрясти́ *perf* кого́-что 1. *coll* shake together 2. *sub* shake up, jolt 3. *sub* settle, arrange ‖ *imperf* утряса́ть 2 a

ft.	утрясу́, -сёшь, -су́т
imp.	утряси́, ~те
pt.	утря́с, -ясла́
g.pt.a.	утря́сши
p.pt.a.	утря́сший
p.pt.p.	утрясённый; утрясён, -ена́

утрясти́сь *perf* 1. *coll* get in by shaking 2. *fig sub* work out ‖ *imperf* утряса́ться

утучни́ть *perf* что dung, manure ‖ *imperf* утучня́ть 2 a

ft.	утучню́, -ни́шь, -ня́т
imp.	утучни́, ~те
pt.	утучни́л
g.pt.a.	утучни́в
p.pt.a.	утучни́вший
p.pt.p.	утучнённый; утучнён, -ена́

утучни́ться, *1st and 2nd pers not used, perf*

1. fatten 2. become more fertile *due to the effect of fertilizers* ‖ *imperf* утучня́ться

утучня́ть(ся) *imperf of* утучни́ть(ся)

утуша́ть *imperf of* утуши́ть[1]

утуши́ть[1] *perf* что *sub* 1. put out, extinguish 2. suppress, calm down *passions* ‖ *imperf* утуша́ть 2 a

ft.	утушу́, уту́шишь, уту́шат
imp.	утуши́, ~те
pt.	утуши́л
g.pt.a.	утуши́в
p.pt.a.	утуши́вший
p.pt.p.	уту́шенный

утуши́ть[2] *perf* что *coll* stew thoroughly

p.pt.p. утушённый; утушён, -ена́ other forms as утуши́ть[1]

уты́кать 1 *perf* что чем *coll* embroider with; stick *flags* in *map* ‖ *imperf* утыка́ть 2 a *and* уты́кивать 1 a

утыка́ть[1] *imperf of* уткну́ть

утыка́ть[2] *imperf of* уты́кать

уты́кивать *imperf of* уты́кать

утю́жить *imperf* что iron. — (вы́-, от-)

pr.	утю́жу, -жишь, -жат
imp.	утю́жь, ~те
pt.	утю́жил
g.pr.a.	утю́жа
p.pr.a.	утю́жащий
p.pt.a.	утю́живший
p.pt.p.	утю́женный

утя́гивать *imperf of* утяну́ть

утяжели́ть *perf* что increase the weight (of) ‖ *imperf* утяжеля́ть 2 a

ft.	утяжелю́, -ли́шь, -ля́т
imp.	утяжели́, ~те
pt.	утяжели́л
g.pt.a.	утяжели́в
p.pt.a.	утяжели́вший
p.pt.p.	утяжелённый; утяжелён, -ена́

утяжели́ться, *1st and 2nd pers not used, perf* become heavier ‖ *imperf* утяжеля́ться

утяжеля́ть(ся) *imperf of* утяжели́ть(ся)

утяну́ть 7 *perf* кого́-что 1. *coll* pull, drag, haul *behind oneself* 2. *sub* steal; pilfer, pinch ‖ *imperf* утя́гивать 1 a

ft.	утяну́, утя́нешь, утя́нут
p.pt.p.	утя́нутый

уха́живать 1 a *imperf* за кем-чем 1. nurse, tend; look after 2. pay court (to), woo, court

у́харствовать 4 a *imperf derog* cut a dash, be a dare-devil

у́хать(ся) *imperf of* у́хнуть(ся)

ухвати́ть *perf* кого́-что **1.** lay hold of, seize, grasp **2.** *fig coll* grasp (the meaning of), catch ‖ *imperf* ухва́тывать 1a
ft. ухвачу́, -а́тишь, -а́тят
imp. ухвати́, ~те
pt. ухвати́л
g.pt.a. ухвати́в
p.pt.a. ухвати́вший
p.pt.p. ухва́ченный

ухвати́ться *perf* за кого́-что **1.** cling (to) **2.** *fig coll* set (to, about) ‖ *imperf* ухва́тываться

ухва́тывать(ся) *imperf of* ухвати́ть(ся)

ухитри́ться *perf with infinitive coll* manage, contrive ‖ *imperf* ухитря́ться 2a
ft. ухитрю́сь, -ри́шься, -ря́тся
imp. ухитри́сь, -и́тесь
pt. ухитри́лся, -лась
g.pt.a. ухитри́вшись
p.pt.a. ухитри́вшийся

ухитря́ться *imperf of* ухитри́ться

ухищря́ться 2a *imperf* contrive, scheme

ухло́пать 1 *perf sub* **1.** кого́-что bump off, murder **2.** что waste, squander ‖ *imperf* ухло́пывать 1a

ухло́пывать *imperf of* ухло́пать

ухмыльну́ться 7 *perf coll* grin ‖ *imperf* ухмыля́ться 2a

ухмыля́ться *imperf of* ухмыльну́ться

у́хнуть 6 *perf and semelf sub* **1.** plop down, plump down **2.** let fall; что waste, squander *money* ‖ *imperf sub* у́хать 1a
p.pt.p. у́хнутый

у́хнуться *perf semelf sub* flop down, plop down, plump down ‖ *imperf* у́хаться

уходи́ть[1] *imperf* **1.** *imperf of* уйти́ **2.** *1st and 2nd pers not used* stretch, reach
pr. ухожу́, ухо́дишь, ухо́дят
imp. уходи́, ~те
pt. уходи́л
g.pr.a. уходя́
p.pr.a. уходя́щий
p.pt.a. уходи́вший

уходи́ть[2] *perf* кого́-что *sub* tire out, exhaust
ft. ухожу́, ухо́дишь, ухо́дят
imp. уходи́, ~те
pt. уходи́л
g.pt.a. уходи́в
p.pt.a. уходи́вший
p.pt.p. ухо́женный

уходи́ться *perf sub* **1.** grow calm **2.** get tired, exhaust oneself
forms follow уходи́ть[2]

ухудша́ть(ся) *imperf of* уху́дшить(ся)

уху́дшить *perf* что make worse, aggravate; deteriorate ‖ *imperf* ухудша́ть 2a
ft. уху́дшу, -шишь, -шат
imp. уху́дши, ~те
pt. уху́дшил
g.pt.a. уху́дшив
p.pt.a. уху́дшивший
p.pt.p. уху́дшенный

уху́дшиться, *1st and 2nd pers not used, perf* get worse, worsen; *of quality* deteriorate ‖ *imperf* ухудша́ться

уцеле́ть 3 *perf* be spared, survive, escape

уце́нивать *imperf of* уцени́ть

уцени́ть *perf,* что mark down, reduce in price ‖ *imperf* уце́нивать 1a
ft. уценю́, уце́нишь, уце́нят
imp. уцени́, ~те
pt. уцени́л
g.pt.a. уцени́в
p.pt.a. уцени́вший
p.pt.p. уценённый; уценён, -ена́

уцепи́ть *perf* что *coll* hook (on) ‖ *imperf* уцепля́ть 2a
ft. уцеплю́, уце́пишь, уце́пят
imp. уцепи́, ~те
pt. уцепи́л
g.pt.a. уцепи́в
p.pt.a. уцепи́вший
p.pt.p. уце́пленный

уцепи́ться *perf* за кого́-что cling (to), hold on (to) ‖ *imperf* уцепля́ться

уцепля́ть(ся) *imperf of* уцепи́ть(ся)

уча́ствовать 4a *imperf* в чём **1.** take part (in), participate (in) **2.** have [take] a share (in)

участи́ть *perf* что make more frequent ‖ *imperf* учаща́ть 2a
ft. учащу́, участи́шь, участя́т
imp. участи́, ~те
pt. участи́л
g.pt.a. участи́в
p.pt.a. участи́вший
p.pt.p. учащённый; учащён, -ена́

участи́ться, *1st and 2nd pers not used, perf* become more frequent, increase in frequency ‖ *imperf* учаща́ться

учаща́ть(ся) *imperf of* участи́ть(ся)

уче́сть *perf* кого́-что **1.** calculate; register **2.** take into consideration [account], con-

sider **3.** discount *a bill* ‖ *imperf* учи́ты-
вать 1 a
ft.   учту́, учтёшь, учту́т
imp.   учти́, ∼те
pt.   учёл, учла́
g.pt.a.   учтя́
p.pt.p.   учтённый; учтён, -ена́

учетвери́ть *perf* что quadruple ‖ *imperf*
учетверя́ть 2 a
ft.   учетверю́, -ри́шь, -ря́т
imp.   учетвери́, ∼те
pt.   учетвери́л
g.pt.a.   учетвери́в
p.pt.a.   учетвери́вший
p.pt.p.   учетверённый; учетверён, -ена́

учетвери́ть *imperf of* учетвери́ть

учини́ть *perf* что commit, perpetrate ‖ *imperf* учиня́ть 2 a
ft.   учиню́, -ни́шь, -ня́т
imp.   учини́, ∼те
pt.   учини́л
g.pt.a.   учини́в
p.pt.a.   учини́вший
p.pt.p.   учинённый; учинён, -ена́

учиня́ть *imperf of* учини́ть

учи́тельствовать 4 a *imperf* be a teacher,
teach

учи́тывать *imperf of* уче́сть

учи́ть *imperf* **1.** кого́-что чему́ teach,
instruct **2.** be a teacher **3.** что study; learn
4. кого́-что *coll* punish *by beating.* —
(вы́-, на-, об- *with* 1)
pr.   учу́, у́чишь, у́чат
imp.   учи́, ∼те
pt.   учи́л
g.pr.a.   уча́
p.pr.a.   уча́щий
p.pt.a.   учи́вший
p.pr.p.   учи́мый*
p.pt.p.   у́ченный

учи́ться *imperf* чему́ learn; study. — (вы́-,
на-, об-)

учреди́ть *perf* что found; set up, establish;
institute, introduce ‖ *imperf* учрежда́ть 2 a
ft.   учрежу́, -еди́шь, -едя́т
imp.   учреди́, ∼те
pt.   учреди́л
g.pt.a.   учреди́в
p.pt.a.   учреди́вший
p.pt.p.   учреждённый; учреждён, -ена́

учрежда́ть *imperf of* учреди́ть

учу́ивать *imperf of* учу́ять

учу́ять *perf* что *coll* scent, smell ‖ *imperf*
учу́ивать 1 a

ft.   учу́ю, учу́ешь, учу́ют
imp.   учу́й, ∼те
pt.   учу́ял
g.pt.a.   учу́яв
p.pt.a.   учу́явший
p.pt.p.   учу́янный

ушестери́ть *perf* что increase sixfold,
sextuple ‖ *imperf* ушестеря́ть 2 a
ft.   ушестерю́, -ри́шь, -ря́т
imp.   ушестери́, ∼те
pt.   ушестери́л
g.pt.a.   ушестери́в
p.pt.a.   ушестери́вший
p.pt.p.   ушестерённый; ушестерён,
              -ена́

ушестеря́ть *imperf of* ушестери́ть

ушиба́ть(ся) *imperf of* ушиби́ть(ся)

ушиби́ть *perf* кого́-что strike, hurt ‖ *imperf* ушиба́ть 2 a
ft.   ушибу́, -бёшь, -бу́т
imp.   ушиби́, ∼те
pt.   уши́б, ∼ла
g.pt.a.   ушиби́в
p.pt.a.   уши́бший
p.pt.p.   уши́бленный *and obs*
              уши́бенный

ушиби́ться *perf* knock oneself sore ‖ *imperf*
ушиба́ться
g.pt.a.   уши́бшись

ушива́ть *imperf of* уши́ть

ушири́ть *perf* что broaden, widen ‖ *imperf*
уширя́ть 2 a
ft.   уши́рю, -ришь, -рят
imp.   уши́рь, ∼те
pt.   уши́рил
g.pt.a.   уши́рив
p.pt.a.   уши́ривший
p.pt.p.   уши́ренный

уширя́ть *imperf of* ушири́ть

уши́ть *perf* что **1.** take in *in sewing* **2.** *med*
suture **3.** trim, embroider ‖ *imperf* уши-
ва́ть 2 a
ft.   ушью́, ушьёшь, ушью́т
imp.   уше́й, ∼те
pt.   уши́л
g.pt.a.   уши́в
p.pt.a.   уши́вший
p.pt.p.   уши́тый

ущеми́ть *perf* **1.** что pinch, jam, squeeze,
2. *fig* кого́-что wound, hurt; offend,
insult **3.** *fig* кого́-что curtail; restrict ‖
imperf ущемля́ть 2 a
ft.   ущемлю́, -ми́шь, -мя́т
imp.   ущеми́, ∼те

pt.	ущеми́л
g.pt.a.	ущеми́в
p.pt.a.	ущеми́вший
p.pt.p.	ущемлённый; ущемлён, -ена́

ущемля́ть *imperf of* ущеми́ть

ущипну́ть 7 *perf* кого́-что **1.** pinch, tweak **2.** *fig coll* wound, hurt, offend

уязви́ть *perf* кого́-что hurt, offend ‖ *imperf* уязвля́ть 2a

ft.	уязвлю́, -ви́шь, -вя́т
imp.	уязви́, ~те
pt.	уязви́л
g.pt.a.	уязви́в

p.pt.p.	уязви́вший
p.pt.p.	уязвлённый; уязвлён, -ена́

уязвля́ть *imperf of* уязви́ть

уясни́ть *perf* что *or with subordinate clause* comprehend; size up *the situation* ‖ *imperf* уясня́ть 2a

ft.	уясню́, -ни́шь, -ня́т
imp.	уясни́, ~те
pt.	уясни́л
g.pt.a.	уясни́в
p.pt.a.	уясни́вший
p.pt.p.	уяснённый; уяснён, -ена́

уясня́ть *imperf of* уясни́ть

Ф

фабрикова́ть 5a *imperf* что **1.** *obs* produce **2.** *coll iron* fabricate ‖ *perf* сфабрикова́ть 5

p.pt.p.	фабрико́ванный

фа́брить *imperf* что *obs* dye. — (на-)

pr.	фа́брю, -ришь, -рят
imp.	фа́бри, ~те
pt.	фа́брил
g.pr.a.	фа́бря
p.pr.a.	фа́брящий
p.pt.a.	фа́бривший
p.pt.p.	фа́бренный

фа́бриться *imperf obs* dye *one's* beard black. — (на-)

фалди́ть, *1st and 2nd pers not used, imperf coll* hang in folds

pr.	фалди́т, -дя́т
pt.	фалди́л
g.pr.a.	фалдя́
p.pr.a.	фалдя́щий
p.pt.a.	фалди́вший

фальсифици́ровать 4 *and* 4a *perf, imperf* что falsify

фальцева́ть *imperf* что fold ‖ *perf* сфальцева́ть, forms ib.

pr.	фальцу́ю, -у́ешь, -у́ют
imp.	фальцу́й, ~те
pt.	фальцева́л
g.pr.a.	фальцу́я
p.pr.a.	фальцу́ющий

p.pr.p.	фальцу́емый
p.pt.p.	фальцо́ванный

фальши́вить *imperf* **1.** be false; dissemble **2.** *mus* sing out of tune; play out of tune ‖ *perf* сфальши́вить, forms ib.

pr.	фальши́влю, -вишь, -вят
imp.	фальши́вь, ~те
pt.	фальши́вил
g.pr.a.	фальши́вя
p.pr.a.	фальши́вящий
p.pt.a.	фальши́вивший

фамилья́рничать 1a *imperf* с кем-чем *or without object* adopt an informal tone

фанерова́ть 5a *imperf* что чем veneer (with)

p.pt.p.	фанеро́ванный

фантази́ровать 4a *imperf* **1.** dream; invent **2.** *mus* improvise ‖ *perf* сфантази́ровать 4

фанфаро́нить *imperf coll* talk big, shoot a line

pr.	фанфаро́ню, -нишь, -нят
imp.	фанфаро́нь, ~те
pt.	фанфаро́нил
g.pr.a.	фанфаро́ня
p.pr.a.	фанфаро́нящий
p.pt.a.	фанфаро́нивший

фарисе́йствовать 4a *imperf* dissemble

фарширова́ть 5a *imperf* stuff, fill *turkey etc.* with stuffing. — (за-)
p.pt.p.   фарширо́ванный
фасова́ть 5a *imperf* что pack up. — (рас-)
p.pt.p.   фасо́ванный
ферменти́ровать 4a *imperf* что ferment
фетишизи́ровать 4a *imperf* что make a fetish (of)
фехтова́ть 5a *imperf sports* fence
фигля́рить *imperf coll* buffoon
pr.   фигля́рю, -ришь, -рят
imp.   фигля́рь, ~те
pt.   фигля́рил
g.pr.a. фигля́ря
p.pr.a. фигля́рящий
p.pt.a. фигля́ривший
фигля́рничать 1a *imperf coll* play the fool
фигля́рствовать 4a *imperf* play the fool
фигури́ровать 4a *imperf* figure
фикси́ровать 4 *and* 4a *perf, imperf* что fix *a.phot.* — (за-)
филосо́фствовать 4a *imperf* philosophize
фильтрова́ть 5a *imperf* что filter. — (про-)
p.pt.p.   фильтро́ванный
финанси́ровать 4 *and* 4a *perf, imperf* кого́-что finance
финиши́ровать 4 *and* 4a *perf, imperf* finish
финти́ть *imperf coll* 1. fib, prevaricate; get up to tricks 2. fawn, grovel
pr.   финчу́, финти́шь, финтя́т
imp.   финти́, ~те
pt.   финти́л
g.pr.a. финтя́
p.pr.a. финтя́щий
p.pt.a. финти́вший
фиска́лить *imperf coll* sneak ‖ *perf* сфиска́лить, forms ib.
pr.   фиска́лю, -лишь, -лят
imp.   фиска́ль, ~те
pt.   фиска́лил
g.pr.a. фиска́ля
p.pr.a. фиска́лящий
p.pt.a. фиска́ливший
фиска́льничать 1a *imperf coll* lay information
фланёрствовать 4a *imperf coll obs* stroll about
флани́ровать 4a *imperf coll* stroll about
фланки́ровать 4 *and* 4a *perf, imperf mil* flank

флиртова́ть 5a *imperf* с кем *or without object* flirt (with)
флуоресци́ровать 4a *and* флюоресци́ровать 4a, *1st and 2nd pers not used, imperf* fluoresce
флюсова́ть 5a *imperf* flux
p.pt.p.   флюсо́ванный
фокуси́ровать 4a *imperf* что focus ‖ *perf* сфокуси́ровать 4
фо́кусничать 1a *imperf* 1. *obs* conjure, juggle 2. *fig coll* be capricious ‖ *perf* сфо́кусничать 1 *with* 2
фонди́ровать 4a *imperf* что set up a fund
фонтани́ровать 4a, *1st and 2nd pers not used, imperf* gush
фордыба́чить *imperf sub* brazen *smth* out
pr.   фордыба́чу, -чишь, -чат
imp.   фордыба́чь, ~те
pt.   фордыба́чил
g.pr.a. фордыба́ча
p.pr.a. фордыба́чащий
p.pt.a. фордыба́чивший
формирова́ть 5a *imperf* что 1. form; model, mould 2. make up *a train.* — (с-)
p.pt.p.   формиро́ванный
формирова́ться *imperf* 1. form 2. grow up; take shape 3. be formed. — (с-)
формова́ть 5a *imperf* что mould, model
p.pt.p.   формо́ванный
формули́ровать 4 *and* 4a *perf, imperf* formulate
форси́ровать 4 *and* 4a *perf, imperf* что force, accelerate
форси́ть *imperf sub* 1. titivate oneself 2. show off, talk big
pr.   форшу́*, форси́шь, форся́т
imp.   форси́, ~те
pt.   форси́л
g.pr.a. форся́
p.pr.a. форся́щий
p.pt.a. форси́вший
фосфоресци́ровать 4a *imperf* phosphoresce
фотографи́ровать 4a *imperf* кого́-что photograph ‖ *perf* сфотографи́ровать 4
фотографи́роваться *imperf* be photographed, have *one's* picture taken ‖ *perf* сфотографи́роваться
фразёрствовать 4a *imperf* talk in empty phrases
фрази́ровать 4a *imperf* что *mus* phrase
фракциони́ровать 4 *and* 4a *perf, imperf* что fractionate

франки́ровать 4 *and* 4a *perf, imperf* что stamp, prepay

фр анти́ть *imperf coll* play the dandy
pr.	франчу́, -нти́шь, -нтя́т
imp.	франти́, ~те
pt.	франти́л
g.pr.a.	франтя́
p.pr.a.	франтя́щий
p.pt.a.	франти́вший

фраппи́ровать 4 *and* 4a *perf, imperf* ко-го́-что take aback

фрахтова́ть 5a *imperf* что freight. — (за-)
p.pt.p.	фрахто́ванный

фрезерова́ть 5 *and* 5a *perf, imperf* что **1.** mill **2.** go over *land* with a soil miller

фронди́ровать 4a *imperf* find fault

фугова́ть 5a *imperf* что *tech* joint. — (с-)
p.pt.p.	фуго́ванный

фу́кать *imperf of* фу́кнуть

фу́кнуть 6 *perf* что blow out ǁ *imperf* фу́кать 1a
p.pt.p.	фу́кнутый

функциони́ровать 4a *imperf* function

футерова́ть 5a *imperf tech* line
p.pt.p.	футеро́ванный

фы́ркать 1a *imperf* **1.** snort **2.** *coll* burst out laughing ǀ *perf semelf* фы́ркнуть 6

фы́ркнуть *perf semelf of* фы́ркать

фырча́ть *imperf* grumble
pr.	фырчу́, -чи́шь, -ча́т
imp.	фырчи́, ~те
pt.	фырча́л
g.pr.a.	фырча́
p.pr.a.	фырча́щий
p.pt.a.	фырча́вший

X

ха́живать *imperf freq of* ходи́ть

халту́рить *imperf coll contp* **1.** moonlight; do hack work **2.** do careless work, work in a slipshod manner
pr.	халту́рю, -ришь, -рят
imp.	халту́рь, ~те
pt.	халту́рил
g.pr.a.	халту́ря
p.pr.a.	халту́рящий
p.pt.a.	халту́ривший

хами́ть *imperf sub* make a nuisance of oneself
pr.	хамлю́, хами́шь, хамя́т
imp.	хами́, ~те
pt.	хами́л
g.pr.a.	хамя́
p.pr.a.	хамя́щий
p.pt.a.	хами́вший

хандри́ть *imperf* mope, have a fit of depression, be in the blues
pr.	хандрю́, -ри́шь, -ря́т
imp.	хандри́, ~те
pt.	хандри́л
g.pr.a.	хандря́
p.pr.a.	хандря́щий
p.pt.a.	хандри́вший

ханжи́ть *imperf coll* play the hypocrite, affect piety
pr.	ханжу́, -жи́шь, -жа́т
imp.	ханжи́, ~те
pt.	ханжи́л
g.pr.a.	ханжа́
p.pr.a.	ханжа́щий
p.pt.a.	ханжи́вший

ха́пать *imperf of* ха́пнуть

ха́пнуть 6 *perf* что *or without object sub* **1.** grab, snatch, seize **2.** filch ǁ*imperf* ха́пать 1a
p.pt.p.	ха́пнутый

характеризова́ть 5 *and* 5a *perf, imperf* кого́-что **1.** characterize, be characteristic (of) **2.** define, describe. — (о-)

характеризова́ться 5a *imperf* чем be characterized (by)

ха́ркать 1a *imperf coll* spit ǀ *perf semelf* ха́ркнуть 6

ха́ркнуть *perf semelf of* ха́ркать

харчи́ться *imperf obs and sub* cook for oneself; spend *money* on food
pr.	харчу́сь, -чи́шься, -ча́тся
imp.	харчи́сь, -йтесь
pt.	харчи́лся, -лась
g.pr.a.	харча́сь
p.pr.a.	харча́щийся
p.pt.p.	харчи́вшийся

ха́ять *imperf* кого́-что *sub* run

down, find fault (with), blame, scold. — (о-)

pr.   хáю, хáешь, хáют
imp.   хай, ~те
pt.   хáял
g.pt.a.   хáяв
p.pt.a.   хáявший
p.pt.p.   хáянный

хвáливать (ся) *imperf freq of* хвалúть(ся)

хвалúть *imperf* когó-что praise; за что commend (for) ‖ *perf* похвалúть, forms ib. | *imperf coll freq* хвáливать 1a, *pr. not used*

pr.   хвалю́, хвáлишь, хвáлят
imp.   хвали́, ~те
pt.   хвали́л
g.pr.a.   хваля́
p.pr.a.   хваля́щий
p.pt.a.   хвали́вший
p.pr.p.   хвали́мый

хвалúться *imperf* кем-чем *or with infinitive* boast (of), brag (of) ‖ *perf* похвали́ться | *imperf coll freq* хвáливаться, *pr. not used*

хвáрывать *imperf freq of* хворáть

хвáстать 1a *imperf* кем-чем *coll* boast (of), brag (of) ‖ *perf* похвáстать 1 | *perf semelf* хвастну́ть 7, по *p.pt.p.*

хвáстаться *imperf coll* кем-чем boast (of), brag (of) ‖ *perf* похвáстаться

хвастну́ть *perf semelf of* хвáстать

хватáть 2a *imperf* 1. когó-что snatch, seize, grasp, grip; snap 2. когó-что *coll* stop, grab, seize 3. *impers* чегó suffice, be sufficient; last (out) *a certain period of time* 4. *impers* когó на что *coll*: на э́то меня́ хвáтит I can stand that ‖ *perf coll* хвати́ть *with* 1, forms ib. — (схвати́ть *with* 1)

хватáться *imperf* 1. за когó-что *coll* snatch (at), catch (at) 2. за что take up eagerly *work, reading etc.* ‖ *perf sub* хвати́ться. — (схвати́ться *with* 1)

хвати́ть *perf* 1. *coll perf of* хватáть 2. когó-что чем *or* что обо что *or* чем обо что *sub* hit (with), knock, strike 3. когó-что *coll, of illnes* attack 4. чегó *coll* go through, have to put up with, endure, suffer, stand 5. *coll* go too far 6. *impers* чегó suffice, be sufficient, be enough; last (out) *a certain period of time* 7. *impers* когó на что *coll* be capable of (doing), be able to (do) 8. *impers* хвáтит! *coll*

that will do!; stop it!, enough of that!; с меня́ хвáтит! I have had enough!

ft.   хвачу́, хвáтишь, хвáтят
imp.   хвати́, ~те
pt.   хвати́л
g.pt.a.   хвати́в
p.pt.a.   хвати́вший
p.pt.p.   хвáченный

хвати́ться *perf* 1. когó-чегó *or without object coll* (suddenly) miss; notice the absence (of) 2. обо что *sub* strike (against), knock (against) 3. *perf of* хватáться

хворáть 2a *imperf coll* be sick, be ill, be ailing | *imperf freq* хвáрывать 1a, *pr. not used*

хилéть 3a *imperf coll* weaken, sicken; languish. — (за-)

химизи́ровать 4 *and* 4a *perf, imperf* что introduce chemical processes, treat with chemicals .

хирéть 3a *imperf coll* 1. grow sickly, weaken, lose *one's* health 2. *fig* fall into decay. — (за-)

хитри́ть *imperf* 1. be cunning, fox; quibble; dodge 2. *coll* manoeuvre, contrive, be ingenious. — (с- *with* 1)

pr.   хитрю́, -ри́шь, -ря́т
imp.   хитри́, ~те
pt.   хитри́л
g.pr.a.   хитря́
p.pr.a.   хитря́щий
p.pt.a.   хитри́вший

хихи́кать 1a *imperf* giggle, chuckle, titter ‖ *perf and semelf* хихи́кнуть 6

хихи́кнуть *perf and semelf of* хихи́кать

хи́щничать 1a *imperf* plunder, rob; prey

хлебáть 2a *imperf* что *or without object* 1. sup, sip audibly, drink noisily 2. *sub* ladle out | *perf semelf* хлебну́ть 7 *p.pt.p.* хлёбанный

хлебну́ть 7 *perf* 1. *semelf of* хлебáть 2. что *or* чегó *coll* drink, have a drink; have a drop 3. *fig* чегó *coll*: хлебну́ть гóря have known much sorrow по *p.pt.p.*

хлебопáшествовать 4a *imperf* be engaged in agriculture

хлестáть *imperf* 1. когó-что чем *or* чем по комý-чемý lash, whip, beat, switch; во что beat (against), lash (against) 2. *1st and 2nd pers not used* gush, spurt, pour 3. что *sub* swill | *perf semelf* хлестну́ть 7 *with* 1, 2, *p.pt.p.* хлёстнутый

pr.	хлещу́, хле́щешь, хле́щут
imp.	хлещи́, ∼те
pt.	хлеста́л
g.pr.a.	хлеща́
p.pr.a.	хле́щущий
p.pt.a.	хлеста́вший
p.pt.p.	хлёстанный *with* 1

хлеста́ться *imperf* **1.** switch oneself *in steam bath* **2.** *sub* have a punch-up, have a dust-up | *perf semelf* хлестну́ться *with* 1

хлестну́ть(ся) *perf semelf of* хлеста́ть(ся)

хли́пать 1 a *imperf sub* sob

хлобыста́ть *imperf* кого́-что *sub* lash, whip, beat, hit | *perf semelf* хлобыстну́ть 7, но *p.pt.p.*

pr.	хлобыщу́, -ы́щешь, -ы́щут
imp.	хлобыщи́, ∼те
pt.	хлобыста́л
g.pr.a.	хлобыща́
p.pr.a.	хлобы́щущий
p.pt.a.	хлобыста́вший

хлобыстну́ть *perf semelf of* хлобыста́ть

хло́пать 1 a *imperf* **1.** кого́-что чем по чему́ *or* чем по чему́ slap, clap, bang; tap **2.** чем flap *the wings etc.*; slam, bang *the door*; crack *whip* **3.** clap *at a concert etc.* **4.** что *sub* wet *one's* whistle | *perf semelf* хло́пнуть 6 *with* 1, 2, *p.pt.p.* хло́пнутый

хло́паться *imperf coll* flop down | *perf semelf* хло́пнуться

хло́пнуть(ся) *perf semelf of* хло́пать(ся)

хлопота́ть *imperf* **1.** bustle [hustle] about **2.** о чём *or with conjunction* чтобы strive (for), endeavour; solicit; make arrangements (for) **3.** о ком *or* за кого́ plead (for), put in a word (for) ‖ *perf* похлопота́ть *with* 2, 3, forms ib.

pr.	хлопочу́, -о́чешь, -о́чут
imp.	хлопочи́, ∼те
pt.	хлопота́л
g.pr.a.	хлопоча́
p.pr.a.	хлопо́чущий
p.pt.a.	хлопота́вший

хлори́ровать 4 *and* 4 a *perf, imperf* что chlorinate

хлороформи́ровать 4 *and* 4 a *perf, imperf* кого́-что chloroform. — (за-)

хлы́нуть 6 *perf* **1.** gush out; spout; (begin to) pou r in torrents **2.** pour, rush; толпа́

хлы́нула к вы́ходу the crowd rushed to the exit

imp.	хлынь, ∼те

хлю́пать 1 a *imperf coll* plop, glug; bubble; babble | *perf semelf* хлю́пнуть 6

хлю́паться *imperf of* хлю́пнуться

хлю́пнуть *perf semelf of* хлю́пать

хлю́пнуться 6 *perf sub* plop, squelch ‖ *imperf* хлю́паться 1 a

хля́бать 1 a, *1st and 2nd pers not used, imperf sub* be a loose fit, sit loosely

хмеле́ть 3 a *imperf coll* get drunk. — (за-, о-)

хмели́ть, *1st and 2nd pers not used, imperf* кого́-что *coll* make drunk, intoxicate

pr.	хмели́т, -ля́т
pt.	хмели́л
g.pr.a.	хмеля́
p.pr.a.	хмеля́щий
p.pt.a.	хмели́вший

хму́рить *imperf* что knit *the brow*; хму́рить лоб frown. — (на-)

pr.	хму́рю, -ришь, -рят
imp.	хмурь, ∼те
pt.	хму́рил
g.pr.a.	хму́ря
p.pr.a.	хму́рящий
p.pt.a.	хму́ривший

хму́риться *imperf* **1.** frown, scowl **2.** be overcast, grow cloudy. — (на-)

хмы́кать 1 a *imperf coll* go "hmm" *in wonderment, annoyance etc.* | *perf semelf* хмы́кнуть 6

хмы́кнуть *perf semelf of* хмы́кать

хны́кать *imperf coll* whimper, whine, snivel; *fig* complain

pr.	хны́чу, хны́чешь, хны́чут *and* хны́каю, -аешь, -ают
imp.	хнычь, ∼те *and* хны́кай, ∼те
pt.	хны́кал
g.pr.a.	хны́ча *and* хны́кая
p.pr.a.	хны́чущий *and* хны́кающий
p.pt.a.	хны́кавший

хода́тайствовать 4 a *imperf, pt.a. perf* **1.** о ком-чём apply (for), petition (for), solicit **2.** за кого́-что intercede (for) ‖ *perf* похода́тайствовать 4

ходи́ть *imperf* **1.** *indef of* идти́ **2.** go, walk, move; *of ships* sail **3.** во что, на что go (to); attend; к кому́-чему́ visit, go to see **4.** за кем-чем take care of, look after, nurse; tend **5.** *of a bus etc.* go, run

6. play *card*; move, make a move *in chess etc.* **7.** в чём wear *clothes* **8.** *coll* leave the room, go and wash *one's* hands ‖ *imperf coll freq* хáживать 1а *with* 1, 2, 5, *pr. not used.* — (с- *with* 8)

pr.	хожý, хóдишь, хóдят
imp.	ходи́, ～те
pt.	ходи́л
g.pr.a.	хóдя*
g.pt.a.	ходи́в
p.pr.a.	ходя́щий
p.pt.a.	ходи́вший

хозя́йничать 1а *imperf* **1.** keep house, manage a household **2.** play the master, boss the show, do as one likes

хозя́йствовать 4а *imperf* **1.** keep house, manage a household **2.** play the master, boss the show, do as one likes

холми́ться, *1st and 2nd pers not used, imperf* rise in hillocks; rise up

pr.	холми́тся, -мя́тся
pt.	холми́лся, -лась
g.pr.a.	холмя́сь
p.pr.a.	холмя́щийся
p.pt.a.	холми́вшийся

холодáть 2а *imperf impers* grow cold. — (по-)

холодéть 3а *imperf* grow cold; freeze. — (по-)

холоди́ть *imperf* **1.** что *coll* make cold, chill, cool **2.** freeze, chill. — (на- *with* 1)

pr.	холожý, -оди́шь, -одя́т
imp.	холоди́, ～те
pt.	холоди́л
g.pr.a.	холодя́
p.pr.a.	холодя́щий
p.pt.a.	холоди́вший

холоднéть 3а *impers imperf coll, of the weather* grow colder. — (по-)

холóпствовать 4а *imperf* (пéред) cringe (to)

холости́ть *imperf* когó-что castrate. — (вы́-)

pr.	холощý, -ости́шь, -остя́т
imp.	холости́, ～те
pt.	холости́л
g.pr.a.	холостя́
p.pr.a.	холостя́щий
p.pt.a.	холости́вший
p.pt.p.	холощённый; холощён, -енá

холýйствовать 4а *imperf* (пéред) cringe (to), fawn (on)

хороводи́ться *imperf* с кем-чем *sub* engage (in), concern onself (with); associate (with)

pr.	хоровожýсь, -óдишься, -óдятся
imp.	хоровóдься, -дьтесь
pt.	хоровóдился, -лась
g.pr.a.	хоровóдясь
p.pr.a.	хоровóдящийся
p.pt.a.	хоровóдившийся

хорони́ть[1] *imperf* когó-что bury *a. fig* ‖ *perf* похорони́ть, forms ib. — (за-, с-)

pr.	хороню́, -óнишь, -óнят
imp.	херони́, ～те
pt.	херони́л
g.pr.a.	хороня́
p.pr.a.	хороня́щий
p.pt.a.	хорони́вший

хорони́ть[2] *imperf* когó-что *obs and sub* hide, conceal ‖ *perf* схорони́ть[2], forms ib. forms as хорони́ть[1]

хорони́ться *imperf sub* hide [conceal] oneself ‖ *perf* схорони́ться

хорохóриться *imperf coll* swagger, bluster

pr.	хорохóрюсь, -ришься, -рятся
imp.	хорохóрься, -рьтесь
pt.	хорохóрился, -лась
g.pr.a.	хорохóрясь
p.pr.a.	хорохóрящийся
p.pt.a.	хорохóрившийся

хорошéть 3а *imperf* grow more beautiful; get prettier. — (по-)

хотéть *imperf* чегó *or with infinitive or with conjunction* чтóбы want, wish. — (за-)

pr.	хочý, хóчешь, хóчет, хоти́м, хоти́те, хотя́т
imp.	хоти́, ～те *coll*
pt.	хотéл
g.pt.a.	хотéв
p.pr.a.	хотя́щий
p.pt.a.	хотéвший

хотéться *impers imperf* want, like; мнé хóчется I want, I would like; мнé хóчется спать I want to sleep

pr.	хóчется
pt.	хотéлось

хóхлить *imperf* что dishevel *hair*; bristle, touse. — (на-)

pr.	хóхлю, -лишь, -лят
imp.	хóхли, ～те
pt.	хóхлил
g.pr.a.	хóхля
p.pr.a.	хóхлящий
p.pt.a.	хóхливший

хóхлиться *imperf* **1.** *of bird* ruffle up its

feathers **2.** *fig coll* have a gloomy expression. — (на-)

хохота́ть *imperf* roar [scream] with laughter, laugh loudly
pr.	хохочу́, -о́чешь, -о́чут
imp.	хохочи́, ~те
pt.	хохота́л
g.pr.a.	хохоча́
p.pr.a.	хохо́чущий
p.pt.a.	хохота́вший

храбре́ть 3a *imperf coll* become brave [courageous]. — (по-)

храбри́ться *imperf coll* put a bold face on things, pretend to be brave; summon up courage
pr.	храбрю́сь, -ри́шься, -ря́тся
imp.	храбри́сь, -и́тесь
pt.	храбри́лся, -лась
g.pr.a.	храбря́сь
p.pr.a.	храбря́щийся
p.pt.a.	храбри́вшийся

храни́ть *imperf* что **1.** keep *old letters, money in a savings-bank etc., smth in one's memory*; store; preserve **2.** safeguard, guard
pr.	храню́, -ни́шь, -ня́т
imp.	храни́, ~те
pt.	храни́л
g.pr.a.	храня́
p.pr.a.	храня́щий
p.pt.a.	храни́вший
p.pr.p.	храни́мый

храни́ться, *1st and 2nd pers not used, imperf* be kept; be stored; be preserved

храпе́ть *imperf* **1.** snore **2.** *of a horse* snort
pr.	храплю́, -пи́шь, -пя́т
imp.	храпи́, ~те
pt.	храпе́л
g.pr.a.	храпя́
p.pr.a.	храпя́щий
p.pt.a.	храпе́вший

хрипе́ть *imperf* **1.** rattle **2.** *coll* speak hoarsely, be hoarse
pr.	хриплю́, -пи́шь, -пя́т
imp.	хрипи́, ~те
pt.	хрипе́л
g.pr.a.	хрипя́
p.pr.a.	хрипя́щий
p.pt.a.	хрипе́вший

хри́пнуть *imperf* become [grow, get] hoarse. — (о-)
pr.	хри́пну, -нешь, -нут
imp.	хри́пни, ~те

pt.	хрип *and* хри́пнул, хри́пла
g.pt.a.	хри́пнув
p.pr.a.	хри́пнущий
p.pt.a.	хри́пнувший

христо́соваться 4a *imperf rel* kiss one another at Easter. — (по-)

хрома́ть 2a *imperf* **1.** limp, be lame **2.** *fig coll* not come up to scratch, leave much to be desired

хроме́ть 3a *imperf coll* become lame. — (о-)

хроми́ровать 4 *and* 4a *perf, imperf* что chromium-plate, plate with chromium

хронометри́ровать 4 *and* 4a *perf, imperf* что time

хру́пать 1a *imperf* что *coll* crunch | *perf semelf* хру́пнуть 6

хру́пнуть *perf semelf of* хру́пать

хрусте́ть *imperf* crunch, grit; crackle | *perf semelf* хру́стнуть 6
pr.	хрущу́, хрусти́шь, хрустя́т
pt.	хрусте́л
g.pr.a.	хрустя́
p.pr.a.	хрустя́щий
p.pt.a.	хрусте́вший

хру́стнуть *perf semelf of* хрусте́ть

хрю́кать 1a *imperf* grunt | *perf semelf* хрю́кнуть 6

хрю́кнуть *perf semelf of* хрю́кать

хря́стнуть 6 *perf* **1.** *1st and 2nd pers not used reg* break, crack, burst **2.** кого-что *sub* wallop

худе́ть 3a *imperf* grow thin, lose flesh, lose weight. — (по-)

хулига́нить *imperf* act like a hooligan; make a row
pr.	хулига́ню, -нишь, -нят
imp.	хулига́нь, ~те
pt.	хулига́нил
g.pr.a.	хулига́ня
p.pr.a.	хулига́нящий
p.pt.a.	хулига́нивший

хули́ть *imperf* кого-что abuse, decry, revile
pr.	хулю́, хули́шь, хуля́т
imp.	хули́, ~те
pt.	хули́л
g.pr.a.	хуля́
p.pr.a.	хуля́щий
p.pt.a.	хули́вший

Ц

цáпать 1a *imperf* когó-что *sub* snatch, seize | *perf semelf* цáпнуть 6. — (с-)

цáпнуть *perf semelf of* цáпать

царáпать 1a *imperf* когó-что **1.** scratch, bruise **2.** *coll* scratch, scribble | *perf semelf* царáпнуть 6 *with* 1. — (на- *with* 2, о- *with* 1)

царáпаться *imperf* scratch, scrape; scratch oneself

царáпнуть *perf semelf of* царáпать

царúть *imperf* reign *a. fig*
pr.	царю́, царúшь, царя́т
imp.	царú, ~те
pt.	царúл
g.pr.a.	царя́
p.pr.a.	царя́щий
p.pt.a.	царúвший

цáрствовать 4a *imperf* reign *a. fig*

цáцкаться 1a *imperf* с кем *sub* coddle, pamper; dance attention on, pay too much attention (to)

цвестú *imperf* **1.** *1st and 2nd pers not used* bloom, flower, blossom **2.** flourish **3.** be in blooming health **4.** *1st and 2nd pers not used, of a pond etc.*, be overgrown [be covered] with weed
pr.	цвету́, -тёшь, -ту́т
imp.	цветú, ~те
pt.	цвёл, цвелá
g.pr.a.	цветя́
p.pr.a.	цвету́щий
p.pt.a.	цвéтший

цветúть *imperf* что *coll* colour, paint, dye, tinge with different colours
pr.	цвечу́, цветúшь, цветя́т
imp.	цветú, ~те
pt.	цветúл
g.pr.a.	цветя́
p.pr.a.	цветя́щий
p.pt.a.	цветúвший

цедúть *imperf* что **1.** strain; filter **2.** pour drop by drop; sip. — (про- *with* 1)
pr.	цежу́, цéдишь, цéдят
imp.	цедú, ~те
pt.	цедúл
g.pr.a.	цедя́
p.pr.a.	цедя́щий
p.pt.a.	цедúвший
p.pr.p.	цедúмый
p.pt.p.	цéженный

цéлить *imperf* **1.** во что aim (at), take aim (at) **2.** *obs* allude (to), hint (at), drive at. — (на-)
pr.	цéлю, цéлишь, цéлят
imp.	цель, ~те
pt.	цéлил
g.pr.a.	цéля
p.pr.a.	цéлящий
p.pt.a.	цéливший

целúть *imperf* когó-что *bookish obs* cure, heal
pr.	целю́, целúшь, целя́т
imp.	целú, ~те
pt.	целúл
g.pr.a.	целя́
p.pr.a.	целя́щий
p.pt.a.	целúвший

цéлиться *imperf* во что aim (at), take aim (at). — (на-)
forms follow цéлить

целовáть 5a *imperf* когó-что kiss ‖ *perf* поцеловáть 5
| *p.pt.p.* | целóванный |

целовáться *imperf* kiss ‖ *perf* поцеловáться

цементúровать 4 *and* 4a *perf, imperf* что cement *a. fig*

цензуровáть 5a *imperf* что *obs* censor
| *p.pt.p.* | цензурóванный |

ценúть *imperf* когó-что **1.** *sub* value, estimate **2.** *fig* appreciate
pr.	ценю́, цéнишь, цéнят
imp.	ценú, ~те
pt.	ценúл
g.pr.a.	ценя́
p.pr.a.	цéнящий
p.pt.a.	ценúвший
p.pr.p.	ценúмый

ценúться, *1st and 2nd pers not used, imperf* be valued (at), be estimated (at); be valued be esteemed

централизовáть 5 *and* 5a *perf, imperf* что centralize

централизовáться *perf, imperf* be centralized

центрúровать 4 *and* 4a *perf, imperf* что *tech* centre

цепенéть 3a *imperf* grow numb, stiffen. — (о-)

цепля́ться 2a *imperf* за кого́-что cling (to) *a.fig*

церемо́ниться *imperf* 1. *usu negated* stand on ceremony, be ceremonious 2. с кем-чем *or without object* treat with lenience, indulge ‖ *perf* поцеремо́ниться, forms ib.
pr. церемо́нюсь, -нишься, -нятся
imp. церемо́нься, -ньтесь
pt. церемо́нился, -лась
g.pr.a. церемо́нясь
p.pr.a. церемо́нящийся
p.pt.a. церемо́нившийся

церемо́нничать 1a *imperf coll* 1. stand on ceremony, be ceremonious 2. с кем-чем treat with lenience, indulge

цивилизова́ть 5 *and* 5a *perf, imperf* кого́-что civilize

цивилизова́ться *perf, imperf* become civilized

цинкова́ть 5a *imperf* что zinc, zincify. — (о-)
p.pt.p. цинко́ванный

циркули́ровать 4a, *1st and 2nd pers not used, imperf* circulate

цити́ровать 4a *imperf* кого́-что quote. — (про-)

цифрова́ть 5a *imperf* что number, code with numbers
p.pt.p. цифро́ванный

цо́кать[1] 1a *imperf* click, clatter, rattle ‖ *perf semelf* цо́кнуть 6

цо́кать[2] 1a *imperf ling* have the "ts" pronunciation *pronounce "ts" in place of "tʃ"*

цо́кнуть *perf semelf of* цо́кать[1]

цокота́ть *imperf coll* click, clatter, rattle
pr. цокочу́, -о́чешь, -о́чут
imp. цокочи́, ~те
pt. цокота́л
g.pr.a. цокоча́
p.pr.a. цоко́чущий
p.pt.a. цокота́вший

цы́кать 1a *imperf* на кого́-что *sub* hush, silence ‖ *perf semelf* цы́кнуть 6

цы́кнуть *perf semelf of* цы́кать

Ч

ча́вкать 1a *imperf* chaw, munch ‖ *perf semelf* ча́вкнуть 6

ча́вкнуть *perf semelf of* ча́вкать

чади́ть *imperf* smoke, give off smoke. — (на-)
pr. чажу́, чади́шь, чадя́т
imp. чади́, ~те
pt. чади́л
g.pr.a. чадя́
p.pr.a. чадя́щий
p.pt.a. чади́вший

чаёвничать 1a *imperf coll* make a pleasant tea, have a good old tea

ча́йничать 1a *imperf coll* make a pleasant tea, have a good old tea

ча́лить *imperf* что *naut* moor
pr. ча́лю, ча́лишь, ча́лят
imp. чаль, ~те
pt. ча́лил
g.pr.a. ча́ля
p.pr.a. ча́лящий
p.pt.a. ча́ливший

чарова́ть 5a *imperf* кого́-что 1. *obs* enchant, put a spell on, put under a spell 2. *bookish* charm, captivate, transport, enchant, cast a spell on

части́ть *imperf coll* 1. be too ready about *doing a thing*, do too often; make haste 2. visit frequently
pr. чащу́, части́шь, частя́т
imp. части́, ~те
pt. части́л
g.pr.a. частя́
p.pr.a. частя́щий
p.pt.a. части́вший

ча́хнуть *imperf* 1. wilt, wither, die 2. become sickly, waste away. — (за-)
pr. ча́хну, -нешь, -нут
imp. ча́хни, ~те
pt. чах *and* ча́хнул, ча́хла
g.pt.a. ча́хнув
p.pr.a. ча́хнущий
p.pt.a. ча́хнувший

ча́ять *imperf obs and sub* кого́-что *or* чего́ *or with infinitive* await, expect, hope (for)

pr.   ча́ю, ча́ешь, ча́ют
pt.   ча́ял
g.pr.a.   ча́я
p.pr.a.   ча́ющий
p.pt.a.   ча́явший
p.pr.p.   ча́емый
p.pt.p.   ча́янный

чва́ниться *imperf* чем boast (of), swank (with), be stuck up (about)
pr.   чва́нюсь, -нишься, -нятся
imp.   чва́нься, -ньтесь
pt.   чва́нился, -лась
g.pr.a.   чва́нясь
p.pr.a.   чва́нящийся
p.pt.a.   чва́нившийся

чебура́хнуть 6 *perf* кого́-что *sub* give a hefty clout; clatter *a thing* down
p.pt.p.   чебура́хнутый

чебура́хнуться *perf sub* come clattering down

чека́нить *imperf* что 1. coin; чека́нить моне́ту mint *coin*, coin *money* 2. *tech* chase, engrave 3.: чека́нить слова́ mouth *one's* words distinctly 4. *agr* top, cut off, lop off. — (вы- *with* 1, от- *with* 1, 3, рас- *with* 2)
pr.   чека́ню, -нишь, -нят
imp.   чека́нь, ~те
pt.   чека́нил
g.pr.a.   чека́ня
p.pr.a.   чека́нящий
p.pt.a.   чека́нивший
p.pt.p.   чека́ненный

черви́веть 3а, *stress as infinitive, 1st and 2nd pers not used, imperf* become worm-eaten. — (за-, о-)

чередова́ть 5а *imperf* кого́-что с кем-чем alternate (with)

чередова́ться *imperf* take turns, take it in turn *to do a thing*, alternate *of day and night etc.*

черенкова́ть 5а *imperf* что *agr* graft; plant *runners*. — (от-)

черка́ть 2а *and* **чёркать** 1а *imperf coll* 1. *imperf of* черкну́ть 2. что *or without object* cross out, strike out, strike off *list*

черкну́ть 7 *perf and semelf* что *coll* 1. *a.* по чему́, обо что draw lines; scribble; scratch 2. jot down ‖ *imperf* черка́ть 2а *with* 1 *and* чёркать 1а *with* 1 по *p.pt.p.*

черне́ть 3а *imperf* 1. turn black, become darker 2. *1st and 2nd pers not used* show up black. — (по- *with* 1)

черне́ться, *1st and 2nd pers not used, imperf* show up black

черни́ть *imperf* кого́-что 1. *obs* blacken, paint black 2. *fig* blacken *character*, defame. — (за- *with* 1, на- *with* 1, о- *with* 2)
pr.   черню́, -ни́шь, -ня́т
imp.   черни́, ~те
pt.   черни́л
g.pr.a.   черня́
p.pr.a.   черня́щий
p.pt.a.   черни́вший
p.pt.p.   чернённый; чернён, -ена́

че́рпать 1а *imperf* что 1. *a.* чего́ scoop, dredge, excavate, draw *water* 2. *fig* gather, come to, draw; че́рпать си́лы gather strength, derive strength ‖ *perf semelf* черпну́ть 7 *with* 1, no *p.pt.p.*

черпну́ть *perf semelf of* че́рпать

черстве́ть 3 *perf* 1. become stale 2. *fig* harden *one's* heart, become case-hardened. — (за- *with* 1, о- *with* 2, по-)

черстви́ть, *1st and 2nd pers not used, imperf* кого́-что harden *smb's* heart, case-harden
pr.   черстви́т, -вя́т
pt.   черстви́л
g.pr.a.   черствя́
p.pr.a.   черствя́щий
p.pt.a.   черстви́вший

черти́ть *imperf* что 1. draw, delineate, sketch 2. draw a mechanical drawing; draft. — (на-)
pr.   черчу́, че́ртишь, че́ртят
imp.   черти́, ~те
pt.   черти́л
g.pr.a.   чертя́
p.pr.a.   че́ртящий
p.pt.a.   черти́вший
p.pr.p.   черти́мый
p.pt.p.   че́рченный

чертыха́ться 2а *imperf coll* cuss, swear ‖ *perf semelf* чертыхну́ться 7

чертыхну́ться *perf semelf of* чертыха́ться

чеса́ть *perf semelf of* чеса́ть

чеса́ть *imperf* 1. что scratch, scratch at 2. кого́-что comb 3. что card, comb *wool etc.*, heckle *flax, hemp* 4. *sub* carry out *an action* deftly, dash off ‖ *perf* по-чеса́ть *with* 1, forms ib. ‖ *perf semelf* чесану́ть 7 *with* 1, 2, 4, no *p.pt.p.*
pr.   чешу́, че́шешь, че́шут
imp.   чеши́, ~те

pt.	чеса́л
g.pr.a.	чеша́*
p.pr.a.	че́шущий
p.pt.a.	чеса́вший
p.pt.p.	чёсанный *with* 1, 2

чеса́ться *imperf* **1.** *coll* comb oneself, get combed **2.** scratch oneself **3.** *1st and 2nd pers not used* itch; у меня́ че́шется нос my nose is itching, my nose itches ‖ *perf* почеса́ться *with* 2 no *g.pr.a.*

че́ствовать 4a *imperf* кого́-что honour, fete

чести́ть *imperf* кого́-что **1.** *obs* honour **2.** *coll* call names, attack, abuse

pr.	чещу́, чести́шь, честя́т
imp.	чести́, ~те
pt.	чести́л
g.pr.a.	честя́
p.pr.a.	честя́щий
p.pt.a.	чести́вший

четвертова́ть 5 *and* 5a *perf, imperf* кого́-что *hist* quarter *as in 'hung, drawn, and quartered'*

чехли́ть *imperf* что cover, provide with a cover. — (за-)

pr.	чехлю́, -ли́шь, -ля́т
imp.	чехли́, ~те
pt.	чехли́л
g.pr.a.	чехля́
p.pr.a.	чехля́щий
p.pt.a.	чехли́вший

чи́кать 1a *imperf* **1.** *coll* tick, tap, click; часы́ чи́кают the clock ticks **2.** *coll* что *or without object* snip, snip off **3.** кого́-что *sub* bump off, do, injure ‖ *perf semelf* чи́кнуть 6 *with* 1

чи́каться *imperf sub* с кем чем dally (with), waste *one's* time (on)

чи́кнуть *perf semelf of* чи́кать

чили́кать 1a *imperf coll* chirrup, twitter ‖ *perf semelf* чили́кнуть 6

чили́кнуть *perf semelf of* чили́кать

чини́ть[1] *imperf* что **1.** repair, mend **2.** point, sharpen *a pencil.* — (по- *with* 1, о- *with* 2)

pr.	чиню́, чи́нишь, чи́нят
imp.	чини́, ~те
pt.	чини́л
g.pr.a.	чиня́
p.pr.a.	чи́нящий
p.pt.a.	чини́вший
p.pt.p.	чи́ненный

чини́ть[2] *imperf* что *bookish* execute, cause;

чини́ть препя́тствия кому́ make obstacles for *smb*, put obstacles in *smb's* way. — (у-)

pr.	чиню́, чини́шь, чиня́т
p.pr.a.	чиня́щий

no *p.pt.p.*
other forms as чини́ть[1]

чини́ться *imperf obs* be affected, behave affectedly
forms follow чини́ть[2]

чири́кать 1a *imperf* chirrup, twitter ‖ *perf semelf* чири́кнуть 6

чири́кнуть *perf semelf of* чири́кать

чи́ркать 1a *imperf* чем strike *a match* ‖ *perf semelf* чи́ркнуть 6

чи́ркнуть *perf semelf of* чи́ркать

чи́слить *imperf* кого́-что кем-чем count (as), regard (as), include (among)

pr.	чи́слю, -лишь, -лят
imp.	чи́сли, ~те
pt.	чи́слил
g.pr.a.	чи́сля
p.pr.a.	чи́слящий
p.pt.a.	чи́сливший

чи́слиться *imperf* (кем-чем) be regarded (as), belong (to), count (among)

чи́стить *imperf* кого́-что **1.** clean **2.** peel *vegetables fruit*; core *fruit*; scale *fish* **3.** *sub* cuss, swear. — (вы- *with* 1, о- *with* 2, по- *with* 1)

pr.	чи́щу, чи́стишь, чи́стят
imp.	чи́сти, ~те
pt.	чи́стил
g.pr.a.	чи́стя
p.pr.a.	чи́стящий
p.pt.a.	чи́стивший
p.pr.p.	чи́стимый
p.pt.p.	чи́щенный

чи́ститься *imperf* preen itself; tidy oneself, brush oneself down

чита́ть 2a *imperf* кого́-что **1.** read **2.** lecture, speak; чита́ть ле́кцию give a lecture ‖ *imperf freq* чи́тывать 1a, *only pt. used.* — (про-)

p.pt.p.	чи́танный

чита́ться *1st and 2nd pers not used, imperf* be readable

чи́тывать *imperf freq of* чита́ть

чиха́ть 2a *imperf* **1.** sneeze **2.** *fig* на кого́-что *sub* flout, hold in low esteem, not give twopence for ‖ *perf semelf* чихну́ть 7 *with* 1, no *p.pt.p.*

чихну́ть *perf semelf of* чиха́ть

членить *imperf* что divide, articulate. — (рас-)
pr.	членю́, -ни́шь, -ня́т
imp.	члени́, ~те
pt.	члени́л
g.pr.a.	членя́
p.pr.a.	членя́щий
p.pt.a.	члени́вший

члени́ться, *1st and 2nd pers not used, imperf* be articulated. — (рас-)

чмо́кать 1a *imperf* **1.** smack *one's* lips, make a clicking noise **2.** *sub joc* give *smb* a smacker *i.e.* kiss | *perf semelf* чмо́кнуть 6

чмо́каться *imperf sub* give each other a smacking kiss | *perf semelf* чмо́кнуться

чмо́кнуть(ся) *perf semelf of* чмо́кать(ся)

чо́каться 1a *imperf* чем с кем clink glasses (with), raise *one's* glass (to); clink glasses (to), raise *one's* glass (to) || *perf* чо́кнуться 6

чо́кнуться *perf of* чо́каться

чревовеща́ть 2a *imperf* ventriloquize

чтить *imperf* кого́-что *bookish* honour, esteem
pr.	чту, чтишь, чтят *and* чтут
imp.	чти, ~те
pt.	чтил
g.pr.a.	чтя
p.pr.a.	чтя́щий
p.pt.a.	чти́вший
p.pr.p.	чти́мый

чу́вствовать [уст] 4a *imperf* что **1.** feel, sense **2.** absorb, take in, be aware of || *perf* почу́вствовать 4

чу́вствоваться [уст] *imperf* be noticeable, be palpable, be felt || *perf* почу́вствоваться

чуда́чествовать 4a *imperf* behave peculiarly, be eccentric

чуда́чить *imperf coll* be peculiar, be eccentric
pr.	чуда́чу, -чишь, -чат
imp.	чуда́чь, ~те
pt.	чуда́чил
g.pr.a.	чуда́ча
p.pr.a.	чуда́чащий
p.pt.a.	чуда́чивший

чуди́ть, *1st pers not used, imperf coll* behave queerly, be peculiar, have peculiar ways; play silly pranks
pr.	чуди́шь, чудя́т
imp.	чуди́, ~те
pt.	чуди́л
g.pr.a.	чудя́
p.pr.a.	чудя́щий
p.pt.a.	чуди́вший

чу́диться, *1st pers not used, usu impers, imperf* кому́-чему́ seem, appear, occur || *perf* почу́диться, forms ib. — (при-)
pr.	чу́дишься, чу́дятся
imp.	чу́дься, чу́дьтесь
pt.	чу́дился, -лась
g.pt.a.	чу́дившись
p.pr.a.	чу́дящийся
p.pt.a.	чу́дившийся

чужда́ться 2a *imperf* кого́-чего́ **1.** avoid **2.** not know, be innocent of

чура́ться 2a *imperf* кого́-чего́ *coll* avoid, steer clear of

чу́ять *imperf* **1.** кого́-что smell, scent **2.** *fig* что *coll* smell, feel sense, suspect || *perf* почу́ять, forms ib.
pr.	чу́ю, чу́ешь, чу́ют
imp.	чуй, ~те
pt.	чу́ял
g.pr.a.	чу́я
p.pr.a.	чу́ющий
p.pt.a.	чу́явший

чу́яться, *1st and 2nd pers not used, imperf coll* be noticeable, be palpable, be felt; *impers* кому́ seem to || *perf* почу́яться

Ш

шаба́шить *imperf* что (что) *or without object sub* leave off *work* || *perf* пошаба́шить, forms ib.
pr.	шаба́шу, -шишь, -шат
imp.	шаба́шь, ~те
pt.	шаба́шил
p.pr.a.	шаба́шащий
p.pt.a.	шаба́шивший

шага́ть 2a *imperf* **1.** step; stride; pace **2.** че́рез кого́-что step across | *perf semelf* шагну́ть 7, no *p.pt.p.*

шагну́ть *perf semelf of* шага́ть

шале́ть 3a *imperf* forget oneself, be abandoned, kick over the traces. — (о-)

шали́ть *imperf* 1. be naughty 2. *coll obs* play pranks 3. *1st and 2nd pers not used* give trouble
pr.	шалю́, шали́шь, шаля́т
imp.	шали́, ~те
pt.	шали́л
g.pr.a.	шаля́
p.pr.a.	шаля́щий
p.pt.a.	шали́вший

шалопа́йничать 1a *imperf coll* loaf about

ша́мкать 1a *imperf coll* mumble

шантажи́ровать 4a *imperf* кого́-что blackmail

шара́хать(ся) *imperf of* шара́хнуть(ся)

шара́хнуть 6 *perf and semelf* чем *sub* wallop ‖ *imperf* шара́хать 1a

шара́хнуться *perf* 1. *coll* recoil; shy 2. *sub* обо что dash ‖ *imperf* шара́хаться

шаржи́ровать 4a *imperf* кого́-что *or without object* caricature, exaggerate

ша́рить *imperf* fumble. — (по-)
pr.	ша́рю, ша́ришь, ша́рят
imp.	шарь, ~те
pt.	ша́рил
g.pr.a.	ша́ря
p.pr.a.	ша́рящий
p.pt.a.	ша́ривший

ша́ркать 1a *imperf* shuffle ‖ *perf semelf* ша́ркнуть 6

ша́ркнуть *perf semelf of* ша́ркать

шарлата́нить *imperf coll* be a charlatan
pr.	шарлата́ню, -нишь, -нят
imp.	шарлата́нь, ~те
pt.	шарлата́нил
g.pr.a.	шарлата́ня
p.pr.a.	шарлата́нящий
p.pt.a.	шарлата́нивший

шаромы́жничать 1a *imperf sub* be a dodgy customer

ша́стать 1a *imperf sub* stroll

шата́ть 2a *imperf* кого́-что shake; sway ‖ *perf semelf* шатну́ть 7, *p.pt.p.* шатну́тый

шата́ться *imperf* 1. sway, swing; rock 2. *sub* lounge (about), loaf ‖ *perf semelf* шатну́ться *with* 1

шатну́ть(ся) *perf semelf of* шата́ть(ся)

швартова́ть 5a *imperf* что moor. — (при-)

швырну́ть(ся) *perf semelf of* швыря́ть(ся)

швыря́ть 2a *imperf* кого́-что *or* кем-чем 1. fling, hurl 2. squander ‖ *perf semelf* швырну́ть 7, *p.pt.p.* швырну́тый

швыря́ться *imperf* кем-чем 1. *coll* fling (at one another) 2. *fig coll* squander ‖ *perf semelf* швырну́ться

шевели́ть *imperf* 1. чем stir, move 2. что *agr* turn over *hay* ‖ *perf semelf* шевельну́ть 7, *p.pt.p.* шеве́льнутый. — (по-)
pr.	шевелю́, -е́лишь, -е́лят
imp.	шевели́, ~те
pt.	шевели́л
g.pr.a.	шевеля́
p.pr.a.	шевеля́щий
p.pt.a.	шевели́вший

шевели́ться *imperf* stir, move; stir [move] oneself, get a move on ‖ *perf semelf* шевельну́ться. — (по-)

шевельну́ть(ся) *perf semelf of* шевели́ть(ся)

шелесте́ть, *1st pers not used, imperf* rustle
pr.	шелести́шь, -тя́т
imp.	шелести́, ~те
pt.	шелесте́л
g.pr.a.	шелестя́
p.pr.a.	шелестя́щий
p.pt.a.	шелесте́вший

шелохну́ть 7 *perf* что *or* чем stir
p.pt.p. шело́хнутый*

шелохну́ться *perf* stir

шелуди́веть 3a, *stress as infinitive, imperf* get the mange. — (за-, о-)

шелуши́ть *imperf* что hull, shell
pr.	шелушу́, -ши́шь, -ша́т
imp.	шелуши́, ~те
pt.	шелуши́л
g.pr.a.	шелуша́
p.pr.a.	шелуша́щий
p.pt.a.	шелуши́вший

шелуши́ться, *1st and 2nd pers not used, imperf* 1. peel 2. *of paint* peel off

шельмова́ть 5a *imperf* кого́-что 1. *coll* dishonour 2. *hist* pillory. — (о-)
p.pt.p. шельмо́ванный

шепеля́вить *imperf* lisp
pr.	шепеля́влю, -вишь, -вят
imp.	шепеля́вь, ~те
pt.	шепеля́вил
g.pr.a.	шепеля́вя
p.pr.a.	шепеля́вящий
p.pt.a.	шепеля́вивший

шепну́ть *perf semelf of* шепта́ть

шепта́ть *imperf* что *or without object* whisper | *perf semelf* шепну́ть 7, no *p.pt.p.*
pr. шепчу́, ше́пчешь, ше́пчут
imp. шепчи́, ~те
pt. шепта́л
g.pr.a. шепча́
p.pr.a. ше́пчущий
p.pt.a. шепта́вший

шепта́ться *imperf* whisper

шерсти́ть, *1st and 2nd pers not used, imperf* что *or without object, of wool* scratch, make *skin* itch
pr. шерсти́т, ~тя́т
pt. шерсти́л
g.pr.a. шерстя́
p.pr.a. шерстя́щий
p.pt.a. шерсти́вший

шерша́веть 3a, *stress as infinitive, 1st and 2nd pers not used, imperf* roughen, become rough. — (за-)

шерша́вить *imperf* что *coll* roughen, make rough
pr. шерша́влю, -вишь, -вят
imp. шерша́вь, ~те
pt. шерша́вил
g.pr.a. шерша́вя
p.pr.a. шерша́вящий
p.pt.a. шерша́вивший

ше́ствовать 4a *imperf bookish* stalk, step, stride

ше́фствовать 4a *imperf* над кем-чем foster

ши́кать 1a *imperf coll* 1. на кого́-что shoosh, shush *smb* 2. кому́-чему́ hiss (at) | *perf semelf* ши́кнуть 6

ши́кнуть *perf semelf of* ши́кать

шикну́ть *perf semelf of* шикова́ть

шикова́ть 5a *imperf* чем *or without object coll* show style, show class | *perf semelf* шикну́ть 7, no *p.pt.p.*

шинкова́ть 5a *imperf* что shred, chop ‖ *perf* сшинкова́ть 5

шипе́ть *imperf* hiss; spit
pr. шиплю́, шипи́шь, шипя́т
imp. шипи́, ~те
pt. шипе́л
g.pr.a. шипя́
p.pr.a. шипя́щий
p.pt.a. шипе́вший

ши́рить *imperf* что *coll* widen, spread
pr. ши́рю, ши́ришь, ши́рят
imp. ширь, ~те
pt. ши́рил

g.pr.a. ши́ря
p.pr.a. ши́рящий
p.pt.a. ши́ривший

ши́риться, *1st and 2nd pers not used, imperf* widen, spread

ши́ркать 1a *imperf sub* scrape, drag *one's* feet

шить *imperf* 1. что sew 2. чем *or* по чему́ embroider. — (с-)
pr. шью, шьёшь, шьют
imp. шей, ~те
pt. шил
g.pr.a. ши́в
p.pr.a. шью́щий
p.pt.a. ши́вший
p.pt.p. ши́тый

шифрова́ть 5a *imperf* что cipher, code. — (за-)
p.pt.p. шифро́ванный

шко́дить, *1st pers not used, imperf sub* be boisterous, be obstreperous
pr. шко́дишь, шко́дят
pt. шко́дил
g.pr.a. шко́дя
p.pr.a. шко́дящий
p.pt.a. шко́дивший

шко́лить *imperf* кого́-что *coll* school; discipline. — (вы-)
pr. шко́лю, -лишь, -лят
imp. шко́ль, ~те
pt. шко́лил
g.pr.a. шко́ля
p.pr.a. шко́лящий
p.pt.a. шко́ливший

шлёпать 1a *imperf* 1. кого́-что чем *or* чем по чему́ *coll* slap, smack 2. *sub* drag 3. по чему́ *coll* splash | *perf semelf* шлёпнуть 6 *with* 1, 2, *p.pt.p.* шлёпнутый

шлёпаться *imperf coll* flop down | *perf semelf* шлёпнуться

шлёпнуть(ся) *perf coll of* шлёпать(ся)

шлифова́ть 5a *imperf* что 1. *tech* grind, polish 2. *fig* polish. — (от-)
p.pt.p. шлифо́ванный

шлифова́ться, *1st and 2nd pers not used, imperf* 1. *tech* be finishable 2. *fig* improve

шлихтова́ть 5a *imperf* что *tech* size
p.pt.p. шлихто́ванный

шлюзова́ть 5 *and* 5a *perf, imperf* что 1. build a lock *on canal etc.* 2. pass *ship* through a lock

шля́ться 2a *imperf sub* loaf, gad about

шмы́гать 1а *imperf coll* **1.** run to and fro **2.** чем chafe, slip | *perf semelf* шмыгну́ть 7, по *p.pt.p.*

шмыгну́ть *perf semelf of* шмы́гать

шмя́кать 1а *imperf* что *sub* drop with a smack, smack down, slap down | *perf semelf* шмя́кнуть 6, *p.pt.p.* шмя́кнутый

шмя́каться *imperf* fall down | *perf semelf* шмя́кнуться

шмя́кнуть(ся) *perf semelf of* шмя́кать(ся)

шнурова́ть 5а *imperf* что tie up *a parcel.* — (за-, про-)
p.pt.p.   шнуро́ванный

шныря́ть 2а *imperf coll* dart about

шо́рничать 1а *imperf* work as a saddler

шосси́ровать 4 *and* 4а *perf, imperf* что metall, macadamize *road*; ballast *railroad tracks*

шпаклева́ть *and* **шпатлева́ть** *imperf* что putty, fill *hole.* — (за-)
pr.	шпаклю́ю, -лю́ешь, -лю́ют *and* шпатлю́ю, -лю́ешь, -лю́ют
imp.	шпаклю́й, ~те *and* шпатлю́й, ~те
pt.	шпаклева́л *and* шпатлева́л
g.pr.a.	шпаклю́я *and* шпатлю́я
p.pr.a.	шпаклю́ющий *and* шпатлю́ющий
p.pt.a.	шпаклева́вший *and* шпатлева́вший
p.pr.p.	шпаклю́емый *and* шпатлю́емый
p.pt.p.	шпаклёванный *and* шпатлёванный

шпа́рить *imperf* кого́-что scald. — (о-)
pr.	шпа́рю, -ришь, -рят
imp.	шпарь, ~те
pt.	шпа́рил
g.pr.a.	шпа́ря
p.pr.a.	шпа́рящий
p.pt.a.	шпа́ривший

шпа́риться *imperf coll* scald oneself, get scalded

шпатлева́ть *s.* шпаклева́ть

шпигова́ть 5а *imperf* кого́-что lard. — (на-)
p.pt.p.   шпиго́ванный

шпио́нить *imperf* spy
pr.	шпио́ню, -нишь, -нят
imp.	шпио́нь, ~те
pt.	шпио́нил
g.pr.a.	шпио́ня

p.pr.a.   шпио́нящий
p.pt.a.   шпио́нивший

шпо́рить *imperf* кого́-что spur
pr.	шпо́рю, -ришь, -рят
imp.	шпо́рь, ~те
pt.	шпо́рил
g.pr.a.	шпо́ря
p.pr.a.	шпо́рящий
p.pt.a.	шпо́ривший

шпунтова́ть 5а *imperf* что *tech* groove (and tongue)
p.pt.p.   шпунто́ванный

шпыня́ть 2а *imperf* кого́-что *sub* take a rise out of, get at *smb*

штабели́ровать 4 and 4а *perf, imperf* что pile up

штампова́ть 5а *imperf* что **1.** stamp **2.** *tech* press, stamp out *smth*
p.pt.p.   штампо́ванный

штемпелева́ть *imperf* что stamp. — (за-)
pr.	штемпелю́ю, -лю́ешь, -лю́ют
imp.	штемпелю́й, ~те
pt.	штемпелева́л
g.pr.a.	штемпелю́я
p.pr.a.	штемпелю́ющий
p.pr.a.	штемпеелва́вший
p.pt.p.	штемпелёванный

што́пать 1а *imperf* что darn. — (за-)
p.pt.p.   што́панный

што́порить *imperf* spin *of aircraft*
pr.	што́порю, -ришь, -рят
imp.	што́порь, ~те *and* што́пори, ~те
pt.	што́порил
g.pr.a.	што́поря
p.pr.a.	што́порящий
p.pt.a.	што́поривший

шторми́ть, *1st and 2nd pers not used, imperf* be stormy
pr.	шторми́т, -мя́т
pt.	шторми́л
g.pr.a.	штормя́
p.pr.a.	штормя́щий
p.pr.a.	штормя́вший

штормова́ть 5а *imperf* weather a storm *at sea*

штрафова́ть 5а *imperf* кого́-что fine. — (о-)
p.pt.p.   штрафо́ванный

штрихова́ть 5а *imperf* что hatch, shade. — (за-)
p.pt.p.   штрихо́ванный

штуди́ровать 4a *imperf* что study. — (про-)

штука́рить *imperf sub* horse around
pr.	штука́рю, -ришь, -рят
imp.	штука́рь, ~те
pt.	штука́рил
g.pr.a.	штука́ря
p.pr.a.	штука́рящий
p.pt.a.	штука́ривший

штукату́рить *imperf* что plaster. — (о-, от-)
pr.	штукату́рю, -ришь, -рят
imp.	штукату́рь, ~те
pt.	штукату́рил
g.pr.a.	штукату́ря
p.pr.a.	штукату́рящий
p.pt.a.	штукату́ривший
p.pt.p.	штукату́ренный

штукова́ть 5a *imperf* что mend, do invisible mending. — (за-)
p.pt.p.	штуко́ванный

штурмова́ть 5a *imperf* что *mil* storm

штыкова́ть 5a *imperf* что turn over *soil*
p.pt.p.	штыко́ванный

шуме́ть *imperf* 1. make a noise 2. *coll* kick up a row 3. *coll* о чём cause a stir, make a sensation
pr.	шумлю́, шуми́шь, шумя́т
imp.	шуми́, ~те
pt.	шуме́л
g.pr.a.	шумя́
p.pr.a.	шумя́щий
p.pt.a.	шуме́вший

шурова́ть 5a *imperf* что stir, poke *fire*
p.pt.p.	шуро́ванный

шурфова́ть 5a *imperf* что *or without object* prospect (for); open *mine*; dig

шурша́ть *imperf* rustle
pr.	шуршу́, -ши́шь, -ша́т
imp.	шурши́, ~те
pt.	шурша́л
g.pr.a.	шурша́
p.pr.a.	шурша́щий
p.pt.a.	шурша́вший

шути́ть *imperf* 1. joke 2. над кем-чем make fun (of)
pr.	шучу́, шу́тишь, шу́тят
imp.	шути́, ~те
pt.	шути́л
g.pr.a.	шутя́
p.pr.a.	шутя́щий
p.pt.a.	шути́вший

шушу́кать 1a *imperf sub* be secretive, whisper

шушу́каться *imperf coll* be secretive, whisper

Щ

щади́ть *imperf* кого́-что spare, protect
pr.	щажу́, щади́шь, щадя́т
imp.	щади́, ~те
pt.	щади́л
g.pr.a.	щадя́
p.pr.a.	щадя́щий
p.pt.a.	щади́вший
p.pr.p.	щади́мый

щебета́ть *imperf* 1. *1st and 2nd pers not used* chirp, twitter 2. chatter
pr.	щебечу́, -е́чешь, -е́чут
imp.	щебечи́, ~те
pt.	щебета́л
g.pr.a.	щебеча́
p.pr.a.	щебе́чущий
p.pt.a.	щебета́вший

щегольну́ть *perf semelf of* щеголя́ть

щеголя́ть 2a *imperf* 1. be a dandy 2. чем *fig* flaunt, parade | *perf semelf* щегольну́ть 7, no *p.pt.p.*

щекота́ть *imperf* 1. кого́-что tickle 2. *impers*: у меня́ щеко́чет в носу́ there is a tickling in my nose. — (по-)
pr.	щекочу́, -о́чешь, -о́чут
imp.	щекочи́, ~те
pt.	щекота́л
g.pr.a.	щекоча́
p.pr.a.	щеко́чущий
p.pt.a.	щекота́вший

щёлкать 1a *imperf* 1. кого́-что flick *smth* 2. чем jingle; click *the tongue* 3. *of lock* snap home 4. что crack *nuts* | *perf semelf* щёлкнуть 6 *with* 2

щёлкнуть *perf semelf of* щёлкать

щеми́ть *1st and 2nd pers not used, imperf* 1. что press, jam 2. *impers*: у меня́ се́рдце щеми́т I am ill at ease
pr.	щеми́т, щемя́т
pt.	щеми́л
g.pr.a.	щемя́

p.pr.a.	щемя́щий
p.pt.a.	щеми́вший

щени́ться, *1st and 2nd pers not used, imperf* whelp. — (о-)

pr.	щени́тся, -ня́тся
pt.	щени́лась, -лись
g.pr.a.	щеня́сь
p.pr.a.	щеня́щаяся
p.pt.a.	щени́вшаяся

щепа́ть *imperf* что splinter

pr.	щеплю́, ще́плешь, ще́плют *and coll* ще́пешь, ще́пют *and coll* щепа́ю, -а́ешь, -а́ют
imp.	щепли́, ~те *and coll* щепи́, ~те *and coll* щепа́й, ~те
pt.	щепа́л
g.pr.a.	щепля́ *and coll* щепя́ *and coll* щепа́я
g.pt.a.	щепа́в
p.pr.a.	ще́плющий *and coll* щепа́ющий
p.pt.a.	щепа́вший
p.pt.p.	ще́панный

ще́рить *imperf* что *sub* 1. bristle 2. show its *teeth.* — (о-)

pr.	ще́рю, ще́ришь, ще́рят
imp.	щерь, ~те
pt.	ще́рил
g.pr.a.	ще́ря
p.pr.a.	ще́рящий
p.pt.a.	ще́ривший

ще́риться *imperf sub* 1. show *one's* teeth 2. *1st and 2nd pers not used* stand on end, bristle. — (о-)

щети́нить, *1st and 2nd pers not used, imperf* что bristle. — (о-)

pr.	щети́нит, -нят
pt.	щети́нил

g.pr.a.	щети́ня
p.pr.a.	щети́нящий
p.pt.a.	щети́нивший

щети́ниться, *1st and 2nd pers not used, imperf* bristle. — (о-)

щипа́ть *imperf* кого́-что 1. nip, pinch 2. *fig* bite 3. pluck | *perf semelf* щипну́ть 7, *p.pt.p.* щи́пнутый*. — (об-, о- *with* 3)

pr.	щиплю́, щи́плешь, щи́плют *and coll* щи́пешь, щи́пют *and coll* щипа́ю, -а́ешь, -а́ют
imp.	щипли́, ~те *and coll* щипи́, ~те *and coll* щипа́й, ~те
pt.	щипа́л
g.pr.a.	щипля́ *and coll* щипя́ *and coll* щипа́я
p.pr.p.	щи́плющий *and coll* щипа́ющий
p.pt.a.	щипа́вший
p.pt.p.	щи́панный

щипа́ться *imperf* 1. pinch 2. pinch each other

щипну́ть *perf semelf of* щипа́ть

щуня́ть 2а *imperf* кого́-что за что blame (for), reproach (with)

щу́пать 1а *imperf* кого́-что feel, touch || *perf* пощу́пать 1

щу́рить *imperf* что screw up *one's eyes.* — (со-)

pr.	щу́рю, щу́ришь, щу́рят
imp.	щурь, ~те
pt.	щу́рил
g.pr.a.	щу́ря
p.pr.a.	щу́рящий
p.pt.a.	щу́ривший

щу́риться *imperf* screw up *one's* eyes. — (со-)

Э

эвакуи́ровать 4 *and* 4а *perf, imperf* кого́-что evacuate; store elsewhere, evacuate *national treasures*

эвакуи́роваться *perf, imperf* be evacuated

эволюциони́ровать 4 *and* 4а *perf, imperf bookish* evolve

эквилибри́ровать 4а *imperf* balance, be an equilibrist

экзаменова́ть 5а *imperf* кого́-что examine, test *an examinee in a subject.* — (про-)

p.pt.p.	экзамено́ванный

экзаменова́ться *imperf* take an examination, be examined *in a subject.* — (про-)

экипирова́ть 5 *and* 5а *perf, imperf* кого́-что equip, fit out; *coll* fit up with shoes and clothes, clothe and shoe экипирова́ться *perf, imperf* fit oneself out; *coll* fit oneself up with shoes and clothes

эконо́мить *imperf* что *or* на чём save, have at *one's* disposal by making economies ‖ *perf* сэконо́мить, forms ib.

pr.	эконо́млю, -мишь, -мят
imp.	эконо́мь, ~те
pt.	эконо́мил
g.pr.a.	эконо́мя
p.pr.a.	эконо́мящий
p.pt.a.	эконо́мивший

эконо́миться, *1st and 2nd pers not used, imperf* be saved

эконо́мничать 1а *imperf coll* be over-economical, make economies where they are not called for

экранизи́ровать 4 *and* 4а *perf, imperf* что film, make into a film, make a film version of, translate to the screen

экрани́ровать 4 *and* 4а *perf, imperf* что screen *wireless valves, leads etc.*

экспатрии́ровать 4 *and* 4а *perf, imperf* кого́-что expatriate

экспеди́ровать 4 *and* 4а *perf, imperf* что dispatch

эксперименти́ровать 4а *imperf* над кем-чем *or* с кем-чем experiment (with); experiment (on)

эксплуати́ровать 4а *imperf* 1. кого́-что exploit *workers* 2. что *econ* exploit, utilize, run; work

экспони́ровать 4 *and* 4а *perf, imperf* кого́-что 1. exhibit *at an exhibition* 2. expose *film, photographic paper*

экспорти́ровать 4 *and* 4а *perf, imperf* что export

экспроприи́ровать 4 *and* 4а *perf, imperf* кого́-что expropriate, dispossess

экстраги́ровать 4 *and* 4а *perf, imperf* что *chem, med* extract

электризова́ть 5 *and* 5а *perf, imperf* кого́-что 1. electrify, charge with electricity, make electric 2. *fig* electrify, make electric, charge with tension

электризова́ться, *1st and 2nd pers not used, perf, imperf* become electrified; be electrified, be charged with tension

электрифици́ровать 4 *and* 4а *perf, imperf* что electrify, turn over to electric running

электрифици́роваться, *1st and 2nd pers not used, perf, imperf* be electrified

элими́ровать 4 *and* 4а *perf, imperf* кого́-что *bookish* eliminate

эмалирова́ть 5а *imperf* что enamel
p.pt.p. эмалиро́ванный

эмансипи́ровать 4 *and* 4а *perf, imperf* кого́-что *bookish* emancipate

эмигри́ровать 4 *and* 4а *perf, imperf* emigrate

эскарпи́ровать 4 *and* 4а *perf, imperf* что *mil* (e)scarp (glacis), provide with a scarp

эскорти́ровать 4 *and* 4а *perf, imperf* escort

эшелони́ровать 4 *and* 4а *perf, imperf* что *mil* form in echelon order

Ю

юли́ть *imperf coll* 1. spin like a top 2. twist and turn 3. пе́ред кем-чем *or* о́коло кого́-чего́ worm *one's* way into *smb's* good books

pr.	юлю́, юли́шь, юля́т
imp.	юли́, ~те
pt.	юли́л
g.pr.a.	юля́
p.pr.a.	юля́щий
p.pt.a.	юли́вший

юне́ть 3а *imperf* get younger

ю́ркать *imperf of* юркну́ть

ю́ркнуть 6 *and* юркну́ть 7 *perf* whip off, flit

away; slip into hiding ‖ *imperf* ю́ркать 1а по *p.pt.p.*

юро́дствовать 4а *imperf play* the imbecile; behave as if mentally deranged; beg for alms

юстирова́ть 5 *and* 5а *perf, imperf* что *tech* adjust, set

юти́ться *imperf* find shelter; roost

pr.	ючу́сь, юти́шься, ютя́тся
imp.	юти́сь, юти́тесь
pt.	юти́лся, -лась
g.pr.a.	ютя́сь
p.pr.a.	ютя́щийся
p.pt.a.	юти́вшийся

Я

я́бедничать 1a *imperf* на кого́-что *or without object* *coll* tell on, inform on. — (на-)

яви́ть *perf* кого́-что reveal, show, be ‖ *imperf* явля́ть 2a
ft.	явлю́, я́вишь, я́вят
imp.	яви́, ~те
pt.	яви́л
g.pt.a.	яви́в
p.pt.a.	яви́вший
p.pt.p.	я́вленный

яви́ться *perf* 1. appear, report *for duty etc.*, arrive 2. arise, occur 3. кем-чем prove to be, turn out to be ‖ *imperf* явля́ться

явля́ть(ся) *imperf of* яви́ть(ся)

я́вствовать 4a, *1st and 2nd pers not used, imperf bookish* be evident, follow

ягни́ться, *1st and 2nd pers not used, imperf* lamb, yean
pr.	ягни́тся, -ня́тся
pt.	ягни́лась, -ли́сь
g.pr.a.	ягня́сь
p.pr.a.	ягня́щаяся
p.pt.a.	ягни́вшаяся

язви́ть *imperf* 1. кого́-что *obs* wound, injure, hurt *a.fig* 2. mock, gibe, speak scathingly. — (съязви́ть)
pr.	язвлю́, язви́шь, язвя́т
imp.	язви́, ~те
pt.	язви́л
g.pr.a.	язвя́
p.pr.a.	язвя́щий
p.pt.a.	язви́вший

якша́ться 2a *imperf* с кем-чем *sub* knock about with

я́ловеть 3a, *stress as infinitive, 1st and 2nd pers not used, imperf, of cow* dry up, go dry, be dry

яри́ться *imperf* 1. *obs and sub* get into a rage 2. *fig, of natural forces* rage, storm
pr.	ярю́сь, яри́шься, аря́тся
imp.	яри́сь, яри́тесь
pt.	яри́лся, -лась
g.pr.a.	аря́сь
p.pr.a.	яря́щийся
p.pt.a.	яри́вшийся

яровизи́ровать 4 *and* 4a *perf, imperf* что *agr* vernalize, jarovize

ясне́ть 3a, *1st and 2nd pers not used, imperf, of sky, weather* clear up, clear, become clear *a.fig*

On the syntax and semantics of the verb in present-day Russian

by Rudolf Růžička

0. Introduction

The information in this dictionary makes accessible to the reader in a convenient way the word forms of nearly all the verbs of modern Russian, but does not contain everything one ought to know about each verb in order to be able to construct Russian sentences correctly. The information on the morphology of Russian verbs, in graphic form, is nearly complete. The syntactic and semantic notes are — according to the natur of the reference work — not so extensive as to ensure correct handling of Russian verbs. *Semantic* information is restricted to English translations, *syntactic* information is limited to statements on so-called government, whereas it should be based, strictly speaking, expressly on Russian grammar (syntax) in clear, unequivocal rules. Apart form the fact that the present state of research does not permit of such an ideal form of a syntactic description, it would unnecessarily complicate a reference work intended for practical purposes. However, some examples of the link between the semantics and syntax of verbs would appear to us a sensible addition to the information contained in the index of verbs, since they can stand as a model of an analogous consideration of, and insight into, the inherent syntactic properties of all verbs. It goes without saying that an essay so concise in character can deal with only a small number of verbs. Its main aim is to show and discuss the connections between syntactic and semantic properties of verbs.

Purpose of the essay

I. Description of the interrelations between syntactic restrictions, i. e. construction possibilities of *an individual* verb.
II. Description of common features, similarities and differences of syntactic restrictions of *classes of verbs*; a brief outline of approaches to a systematic syntactic classification of some verbs and verb classes.
More general semantic properties of verbs will be explained with a view to their syntactic properties. Moreover, some aspects of meaning will be discussed in relation to the verbs treated herein affording an insight into broader and deeper semantic interrelations.

Exposition

As to the exposition of the essay, it may briefly be stated that the detailed introduction (1.) is followed by a description of a number of syntactic-semantic verb classes and sub-classes (2.), and that it deals under 3. with selected exemplificatory relations between syntax and semantics of Russian verbs to give a clear picture of some principles underlying the interdependence between meaning and construction.[1]

1. Symbolism and syntactic categories

1.1. It is inevitable to use a certain number of symbols if we want to extend conclusions and rules both easily and clearly to a broader scope of validity. The very few symbols serve to simplify representation and will be explained each:

1.2.1. "NP" stands for *nominal group* or *noun phrase*; this being a syntactic *category* which can carry several syntactic *functions* in the sentence, e. g. *subject* and *object*, in which case it takes in Russian a corresponding case form, e. g. nominative, accusative, instrumental. However, the noun phrase as a syntactic category must be understood to be independent of case although it has to take on a certain case in Russian sentences. Noun phrases have a *noun* (*substantive*) or *pronoun* as their independent head [ядро] and other parts dependent on it, namely *nouns*; *pronouns*; *adjectives*; *relative clauses*; *prepositional groups*, i. e. *preposition* + noun phrase. In this somewhat rough characterization we shall have first to explain what we understand by the term "independent" head. The head of an "NP" indicates by its case form, preposition, word order or some other way what grammatical relationships exist with elements outside the "NP", which thus determine the formation of the head: брат сочу́вствовал [дру́гу]$_{NP}$. The square brackets contain a noun phrase, that is a noun phrase consisting of a noun in the dative. To the right of the bracket we find the (symbolic) description of the syntactic category to which the elements within the brackets are assigned. The syntactic form of the *dependent* parts of the "NP" is determined within the "NP" itself:

(1)   Ба́бы и де́вки ... сочу́вствовали [безви́нно гони́мому ма́льчику]$_{NP}$
(2)   Бори́с чита́ет [о́чень хорошо́ изве́стную нове́ллу]$_{NP}$

1.2.2. As shown in the sentence

(3)   [посеще́ния ро́дственников]$_{NP}$ мо́гут быть неприя́тны

the noun phrase may be *ambiguous* (*polysemic*). In this sentence the relationship between its two nouns can be taken as equal to that between subject and verb in the sentence:

(3′)   Ро́дственники посеща́ют нас

[1] I have been able to make use in this section (3.) mainly of t he results of investigations carried out by Ю. Д. Апресян: Экспериментальное исследование семантики русского глагола, Moscow, 1967. I have quoted numerous examples from this remarkable book; cf. also R. Růžička, Studien zur Theorie der russischen Syntax, Sitzungsberichte der Deutschen Akademie der Wissenschaften zu Berlin, Klasse für Sprachen, Literatur und Kunst, 1966, No. 1, p. 64 ff. and by the same author: Versuch einer Modellierung des genus verbi moderner slawischer Sprachen im Rahmen der generativen Transformationsgrammatik, in: "Zeitschrift für Slawistik", Vol. XIII (1968), No. 2, p .137—178, (contributions to the 6th International Congress of Slavicists in Prague, 1968). Many examples are taken from the Словарь современного русского литературного языка, Vols. 1—17, of the Soviet Academy of Sciences, 1950—1965. I would like to thank Dr. K. V. Arkhangelskaya (Moscow) for her advice in judging the grammaticality and the stylistic value of the example sentences.

It can also be interpreted otherwise, namely as illustrated with the help of the sentence:

(3″)   мы посеща́ем ро́дственников

1.2.3. In noun phrases the government of the verb is retained:

(4)   И́збранный **в** почётные акаде́мики, Че́хов написа́л … [ре́зкий **отка́з от** э́того почётного зва́ния]$_{NP}$, когда́ узна́л, что Го́рький … в э́том зва́нии не утверждён ца́рским прави́тельством: — Че́хов написа́л, что категори́чески **отка́зывается от** э́того почётного зва́ния …

Hence, the government of the verb, with the exception of the *accusative government*, is transferred to derived verbal nouns. *Accusative* government changes to genitive government (of the object), whereas the nominative NP takes the instrumental case:

(5)   Бори́с посеща́ет А́нну → [посеще́ние А́нны Бори́сом]$_{NP}$

Note such special cases as:

(6)   Бори́с лю́бит теа́тр → [любо́вь Бори́са к теа́тру]$_{NP}$

1.2.4. The head of an "NP" is necessary, and in most cases sufficient, to constitute a grammatical "NP":

(7)   Брат чита́ет [кни́гу]$_{NP}$
               брат чита́ет [интере́сную кни́гу]$_{NP}$, but
               *брат чита́ет интере́сную

Grammatically incorrect sentences or sentences which in some way deviate more or less from the rules of the language have been marked with a preceding asterisk *. A bracketed asterisk (*) in front of a sentence denotes that correct uses of this sentence appear possible.

It is important to notice such cases, where the attribute to the head noun is indispensable:

(8)   Весь он был худоща́в, [хоро́шего ро́ста]$_{NP}$
(9)   Га́ля [о́чень ма́ленького ро́ста]$_{NP}$

Unless determined by an adjective, genitival noun phrases of this type would produce ungrammatical sentences:

(10)   *Весь он был худоща́в, ро́ста; *Га́ля ро́ста; Краси́вый молодо́й челове́к (высо́кого) ро́сту, в мунди́ре, вошёл в ко́мнату. (Пу́шкин)
This sentence would be incorrect without высо́кого.

1.2.5. A noun phrase can, theoretically, be of unlimited length, i.e., it can consist of an unlimited number of words, since it may be progressively expanded by adjectives or e.g. genitive nouns, cf. for example:

(11)   [наблюде́ния за просожде́нием экза́менов выпускника́ми Моско́вской фи́зико-математи́ческой шко́лы]$_{NP}$

This string of words is a noun phrase just like [они]$_{NP}$, representing, it is true, a borderline case of the practical *use* of noun phrases. The length of noun phrases is controlled by the capacity of our short-term memory and by practical considerations of language use.

1.2.6. We have now come to a point where a closer consideration of noun phrases is required, since they in fact make up the main part of the syntactic environment of the verb. Before going any further, we shall need to introduce a category that is closely related to the "NP", the *prepositional phrase*, which we are going to represent by the symbol "PP". It consists of preposition and noun phrase: [P + NP]$_{PP}$, where symbol "P" stands for any given preposition. We can illustrate this by a so-called *tree diagram*:

The close relationships between "NP" and "PP" show, for example, in alternating government: *to wait for s. o.: to await s. o.* If we *replace* (for *replace* we use the symbol "→") "P" by a given preposition, we state the case determined by the "P" only if several cases go with this preposition: "P → в$_4$" or "P → в$_6$" (ехать в город: находиться в городе), but "P" → к: ехать к брату.

1.2.7. It will now prove to be of particular importance that *sentences* too may be noun phrases given a certain syntactic formation. Such sentence noun phrases are well known as subject or object sentences functioning as subject or object. If we now have sentences inside the prepositional phrase, their nominal character becomes particularly transparent, because their structure is marked by the pronoun то, which together with the conjunction что represents a syntactic "treatment" which a sentence undergoes if it is a noun phrase. This pronoun makes it possible to *decline* sentence noun phrases in the same way as substantives:

(12) отец говорил $\left[о_6 \left\{ \begin{array}{l} [\text{несправедливом распределении богатств}]_{NP} \\ \left[\text{том, (что)} \left[\begin{array}{l} \text{богатства распределены} \\ \text{несправедливо} \end{array} \right]_S \right]_{NP} \end{array} \right\} \right]_{PP}$

(13) учитель был уверен $\left[в_6 \left\{ \begin{array}{l} [\text{откровенности ученика} \quad]_{NP} \\ [\text{том, (что) ученик откровенен}]_S \quad]_{NP} \end{array} \right\} \right]_{PP}$

(14) Борис Андреич настоял $\left[\text{на}_6 \left\{ \begin{array}{l} \left[\begin{array}{l} \text{необходимости} \\ \text{возвратиться домой} \end{array} \right]_{NP} \\ \left[\text{том, (что) [необходимо} \\ \text{возвратиться домой]}_S \right]_{NP} \end{array} \right\} \right]_{PP}$

In (12), (13) and (14) one prepositional phrase occurs in each of the sentences, namely the part enclosed by "[ ]$_{PP}$". Each of the three prepositional phrases contains two variants of a noun phrase framed by "[ ]$_{NP}$". Stated more accurately, this is a *disjunction* of two noun phrases which we may choose alternatively. We shall enclose disjunctions in braces "{ }". The lower of each two "NP"'s in (12), (13) and (14) contains a "sentence" which is the part enclosed by "[ ]$_S$"; this "sentence", it will be readily understood, has been syntactically modified by the pronoun то(м) and the conjunction что and is thus given the status of a noun phrase. Both noun phrases, the lower as much as the upper, in all three examples have been conjoined in the same way by a preposition to a prepositional phrase.

The pronoun то, which together with the conjunction transforms a sentence into a noun phrase, occurs not only after prepositions:

(15)   осо́бенно бы́ло стра́шно $\begin{bmatrix} \text{то, что} \begin{bmatrix} \text{над огнём, в дыму́} \\ \text{лета́ли го́луби} \end{bmatrix}_S \end{bmatrix}_{NP}$

(16)   я зна́ю и [то, что [она́ не придёт]$_S$]$_{NP}$

(17)   оказа́лось пра́вильным $\begin{bmatrix} \text{то, что} \begin{bmatrix} \text{он отказа́лся от} \\ \text{по́мощи Бори́са} \end{bmatrix}_S \end{bmatrix}_{NP}$

Hence, "то" represents a typical feature of sentence noun phrases, so that it appears justified to proceed for their syntactic description, as a rule, from this union "то + S". For some constructions, however, the assumption of the pronoun "то" serves merely as an abstract aid in the theoretical description of noun phrases to ensure uniformity of explanation and representation:

(18)   я зна́ю [(то), что [он не прав]$_S$]$_{NP}$

"то" in (18) is out of place and must therefore, and to obtain a correct sentence, be "deleted" again. Yet, in the very similar (19) — following a preposition — it is indispensable:

(19)   я зна́ю [о [том, что [он не прав]$_S$]$_{NP}$]$_{PP}$

If we agree to apply the pronoun "то" in the description of *every* noun phrase containing a sentence, the result would be a higher level generalisation in another respect as well: Let us assume that the *syntactic rewriting rules*

(a) $NP \rightarrow NP + S; \ NP \rightarrow \begin{Bmatrix} : \\ N \\ : \end{Bmatrix}$; "$\begin{Bmatrix} : \\ : \end{Bmatrix}$" means there are more rewriting posibilities for "NP"

are needed for the grammatical description of sentence noun phrases. "N" represents a noun or a pronoun. Now it is possible to replace category "N" by our (abstract) pronoun "то" and "S" by any sentence we choose:

(b)
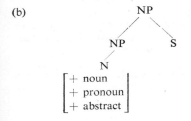

Under the symbol of the category "noun" ("N") in (b), which we replaced by "то" as the lexical item, another two features are stated which characterise this "noun" as an abstract pronoun.

Where "то" in our examples occurs in parentheses "(то)" it means that the presence of "то" in the sentence in question is either optional, non obligatory, or that "то" has been inserted only in the abstract meaning mentioned above.

For noun phrases with relative clause we may proceed analogously:

(20)   [кни́га, [кото́рую Бори́с прочита́л]ₛ]ₙₚ

The underlying structure of this noun phrase according to rule (a) is:

(c)

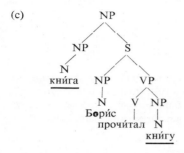

In this case "N" is not represented by a pronoun but by the noun (substantive) кни́га. Since the two underlined noun phrases are identical, we can transform the part under "S" into the corresponding relative pronoun which we place at the beginning of the sentence, of "S", to yield (20).

In (c) we come across two new symbols: "VP" stands for *verbal group* or *verb phrase*, and "V" = *verb*.

There are noun phrases with relative clauses which appear very similar to the type of sentence noun phrases illustrated by (15), but are of an altogether different structure:

(21)   Одна́ко поро́й [то, [что на пе́рвый взгляд вы́глядело просты́м и случа́й-ным]ₛ]ₙₚ ока́зывалось проду́манным до мѐлочей.

то in (21) is a pronoun to which что as relative pronoun refers (that which ...), so that it cannot be a conjunction here. This accounts for the different composition of the sentence "[ ]ₛ" inside noun phrase (21), namely *with* the relative pronoun "что", analogous to (20) containing the relative pronoun "кото́рую".

1.2.8.1. While the pronoun то can be considered a constant item, though not retained in every case of actual sentences of certain types of sentence noun phrases, the syntactic structure of the sentence inside the noun phrase is variable. Apart from the conjunction что, we may have the conjunctions "что́бы" and also "бу́дто (бы)" as well as "как бу́дто" in it.

(22)   По его́ ви́ду нельзя́ бы́ло сказа́ть [(то), что́бы [он осо́бенно волно-ва́лся]ₛ]ₙₚ

(23)   Я ещё никогда́ не слы́шал [(то), что́бы [он сказа́л ли́шнее сло́во]$_S$]$_{NP}$

(24)   Дире́ктор сказа́л [(то), что́бы [ты неме́для в райко́м е́хал]$_S$]$_{NP}$

(25)   целесообра́зным оказа́лось [то, что́бы [учёные ста́ли иска́ть но́вое ре-ше́ние]$_S$]$_{NP}$

(26)   Ей сни́тся [(то) бу́дто бы [она́ идёт по снегово́й поля́не]$_S$]$_{NP}$ (Пу́шкин)

In (22) to (25) we note that the conjunction что́бы affects the *modal* interpretation of the embedded sentence, which attaches to (22) a hypothetical, to (23) an unreal, to (24) an imperatival, and to (25) an intentional nuance.

1.2.8.2. Interrogative sentences which are characterized by a question word or particle have automatically the structure required for sentence noun phrases; therefore, to become noun phrases, they do not need a conjunction, in fact, no further syntactic "treatment" at all.

(27)   [(то), [почему́ она́ не пришла́]S^q]$_{NP}$ нам оста́лось не изве́стным

We shall mark interrogative sentences with the modified sentence symbol "S^q".

(28)   Но [(то) [пусто́й ли он (блинда́ж), и́ли в нём кто́-нибудь есть]S^q]$_{NP}$ бы́ло неизве́стно

(29)   До сих пор оконча́тельно не устано́влено [(то) [существу́ет ли на Ма́рсе жизнь]S^q]$_{NP}$

(30)   Здесь смея́лись ма́ло, и не всегда́ бы́ло я́сно [(то), [над чем смею́тся]S^q]$_{NP}$

1.2.8.3. We shall interpret as noun phrases also such sentences which have been transformed into an *infinitive* (group). The infinitive can be bound up with the conjunction **что́бы**; again the structure forming element will be the pronoun то, although it is retained in the final structure of the sentence only if it follows a preposition.

(31)   Всё располага́ло [к [тому́ что́бы [окружи́ть таи́нственностью ... звездо-чёта]S^{inf}]$_{NP}$]$_{PP}$

Sentences transformed into an infinitive group shall be symbolised by "S^{inf}":

(32)   [(то) [ката́ться на лы́жах]S^{inf}]$_{NP}$ прия́тно

Symbolisation by "S^{inf}" is not quite correct for, in the case of infinitive groups like "ката́ться на лы́жах" we are dealing only with a verb phrase "VP", since the subject of the sentence which has been transformed into an infinitival group, as a general principle, never occurs in the "surface" structure of the sentence. Cf.:

(33)   Бори́с не лю́бит ката́ться на лы́жах

1.3.1. When, in the following, we state syntactic contexts for verbs or verb classes, the following conventions apply: The horizontal line in the context formula indicates the verb with whose context we are concerned: for example, "$-[(что)S]_{NP}$". This means that a given verb has the context "sentence noun phrase" and that the conjunction "что" serves for the syntactic "arrangement" of the sentence to yield a noun phrase. If the same result can be produced by using the conjunction "чтобы", we shall indicate this in parentheses: чтó(бы). If a particular syntactic configuration of the sentence to form a noun phrase proves impossible, we shall impose corresponding restrictions upon context formulas containing for example "$[...S]_{NP}$", as follows: $S \neq S^q$; or $S \neq S^{inf}$. This indicates that the sentence constituting the noun phrase cannot be an interrogative sentence (cf. 1.2.8.2.) or an infinitiv sentence (cf. 1.2.8.3.). It shall hold finally that a noun phrase, given as the context, represents a part of the "verb phrase": "$-[...[]_{NP}...]_{VP}$". This implies that the context symbol is assigned a definite place in the syntactic arrangement of the sentence, that is in the so-called "*constituent structure (phrase structure)*" of the sentence. The place assigned in the given case is generally considered to define the *object function*. For all other statements on context, i. e. for contexts outside the verb phrase, the constituent structure will be specially marked, for example for adverb phrases.

1.3.2. The verbs select nouns of a particular class or of particular classes as heads of the nominal groups which function as their subjects and objects. The verb "envy" selects as subject and object nouns designating human beings. This restriction is valid in the case of the verb "admire" only for the subject, while the object can be represented by nouns which are not marked by the feature "human". We shall call the rules which describe these inherent features *selectional rules*. The *selectional* context of a verb will be indicated by stating inside the brackets surrounding the noun phrase the required feature which defines the semantic category of the nouns determined (selected) by this verb, for instance:

d)
$$[[+ \text{human}]]_{NP} \text{ завидовать} \begin{cases} [[+\text{human}] \ [-\text{abstract}]]_{NP_3} \\ [[-\text{human}] \ [+\text{abstract}]]_{NP_3} \end{cases}$$

An abstract noun is generally associated with a noun denoting a human being (cf. успехам Бориса).

(34)   он завидовал Борису
        он завидовал успехам Бориса
        придворные завидовали друг другу

Завидовать (envy) takes as dative objects also nouns which do not have the feature "human", but the feature "abstract". This is symbolised by the disjunctive brackets. The subscript numeral which appears to the right of symbol "NP" indicates the case which the head noun of the noun phrase must have (2 = genitive; 3 = dative; 5 = instrumental; 6 = prepositional). The absence of the numeral denotes that the accusative is required. The convention under 1.2.6. holds for verbs choosing prepositions (prepositional government), e. g.

(e) $[[+\text{human}]]_{NP} - [\text{на}_6 \ [[+\text{abstract}]]_{NP}]_{PP}$,

where the horizontal line ($-$) stands for the verb настаивать/настоять which requires human subjects and non-human (prepositional) objects, including sentence noun phrases which are on principle marked with the feature $[+\text{abstract}]$.

1.3.3. Some verbs require specific abstract nouns, namely those derived from verbs or adjectives, as object, that is to say, may allow only such substantives as head of the noun phrase which carries the object function. Abstract nouns of this type represent a modification, a compression of a sentence, e. g.:

(35)   настаивать на **прекращении** ...
       настаивать на том, чтобы они прекратили ...
       предполагать **близость** смерти
       предполагать, что смерть близка

In such cases the feature [+abstract] is specified: $\left[+\text{abstract}\begin{Bmatrix}V\\A\end{Bmatrix}\right]$, where V represents the verb and A the adjective.

2. Selected semantic classes of Russian verbs and their syntactic properties

2.1. This part of our description centres on a number of verbs belonging to a semantic subclass of the "verba cogitandi", verbs referring to mental activity. They have been selected because of their particular suitability for demonstrating how the verb determines the syntactic composition of a sentence and the above mentioned selection of noun phrases. These are, moreover, verbs which frequently appear in scientific and journalistic texts.

The verb entry takes the following form: stated left is the imperfective aspect, with the perfective aspect to the right. A dash to the left or right of the oblique means that the corresponding aspect form of the verb does not exist. In cases where this appeared appropriate, a synonymous analytical expression is given in brackets below the verb (cf. 2.2.5.1., p. 711).

2.2. Verba cogitandi and communicandi

2.2.1.1. **считать/счесть** to assume, believe, consider; to regard ... as $[[+\text{human}]]_{NP}-$ $[(\text{то}) \text{ что } S]_{NP}$; $S \neq S^q$, S^{inf}.

According to our convention, the formula means that считать/счесть is a transitive verb, that it can take *nothing but* a sentence noun phrase as its object, that any sentences[1], with the exception of interrogatives, may constitute this noun phrase, and finally that a syntactic treatment of the sentence inside the "NP" is possible by way of the conjunction

---

[1] Note: imperative sentences like приезжай завтра! cannot be (part of) a noun phrase; though they may become one when transformed into an infinitive group. This means, in other words, that the infinitive group in sentences like командир приказал ему приехать завтра is understood to be a transformation of the above mentioned imperative sentence, to be precise: its structural representation, into a noun group.
Hence, the restriction "S $\neq$ S^{inf}" refers to the syntactic form of the "treated" sentence noun-phrase, irrespective of its original form, while "S $\neq$ S^q" with the symbol "S^q" also relates to the structure of the original (interrogative) sentence, which, being a noun phrase by way of its being embedded in a "higher" sentence requires no particular "treatment". Naturally yes-no questions as "NP" containing whether ... or do not have the same intonation as autonomous interrogative sentences.

"что", but not by transforming of the verb into the infinitive. As a general rule, this verb does not keep "то".

(36) Тогда́ я счёл [(то) что [с мое́й стороны́ долг гостеприи́мства уже́ испо́лнен]$_s$]$_{NP}$

2.2.1.2. If, now, the embedded sentence of the object noun phrase is a copula sentence in the present tense or with a so-called *zero* copula, it is possible to vary the construction:

(37) мы счита́ли [(то) что [ты арти́ст]$_s$]$_{NP}$

Such sentences may be syntactically transformed by letting the subject of the embedded sentence assume the form of the accusative, and the predicate noun the form of the instrumental, provided it is declinable. This, by necessity, eliminates the conjunction что, the new accusative NP being raised to the function of object of счита́ли:

(37′) мы счита́ли тебя́ арти́стом

(38) ... я то́тчас же перестаю́ тебя́ сестро́й счита́ть   (Достоевский)

(39) мы счита́ем [(то) что [он умён]$_s$]$_{NP}$

(39′) мы счита́ем его́ у́мным

(40) мы благополу́чно дое́хали до Ки́ева, где счита́ли нас уже́ мёртвыми
                                                                          (Карамзин)

Instead of taking the instrumental form, the declinable predicate noun can be transformed into a prepositional phrase with за$_4$, i. e. за + *accusative*:

(41) мо́жно быть у́мным челове́ком и не понима́ть поэ́зии‘
       счита́ть **её за вздор, за побряку́шку**   (Белинский)
       = счита́ть, что она́ (поэ́зия) вздор

Hence we have three variants:

(42) Лев Степа́нович не счита́л [(то), что [сде́рживать себя́ ну́жно]$_s$]$_{NP}$

(42′) Лев Степа́нович не счита́л ну́жным сде́рживать себя́

(42″) Лев Степа́нович не счита́л за ну́жное сде́рживать себя́

As is shown most clearly by (42), the subject noun phrase of the embedded object sentence has again been replaced by a sentence transformed into an infinitive group. The possibility of repeatedly *embedding* sentences in other sentences of which they then represent a part or a constituent, is a typical and extremely significant feature of natural languages; it is a manifestation of the *recursive property* of language. A clearer representation of the structure of (42) is given in the simplified diagram (f) below:

(f)

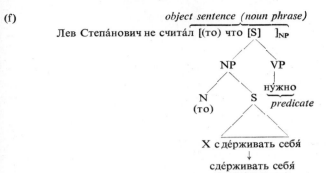

object sentence (noun phrase)

Лев Степа́нович не счита́л [(то) что [S]]ₙₚ

subject   sentenec (noun   phrase)

The following two sentences are analogous to (42) and (42″):

(43)   го́сти сочли́, [(то) что [лу́чше всего́ заночева́ть здесь]ₛ]ₙₚ

(43′)   го́сти сочли́ за лу́чшее заночева́ть здесь в гости́нице

2.2.1.3. If that part of the predicate of the embedded object sentence which is joined to the copula is not declinable, a fully analogous syntactic variant is possible, without, of course, transforming into the instrumental.

(44)   пу́блика счита́ет [(то), что [она́ **впра́ве** тре́бовать отчёта …]ₛ]ₙₚ

(44′)   пу́блика счита́ет **себя́** впра́ве тре́бовать …

In (44′) we have to take care that every accusative object, including the one above, which in the initial form (44) of the entire sentence functions as subject of the embedded sentence, is changed to a reflexive pronoun, if it is identical with the subject of the (embedding) sentence (пу́блика). Not every copulative construction can be treated in this way:

(45)   мы счита́ли, что он не тако́го высо́кого ро́ста

has no grammatical counterpart

(45′)   *мы счита́ли его́ не тако́го высо́кого ро́ста

Not all who are familiar with the Russian language accept (46′), beside the correct (46), as being correct.

(46)   мы счита́ли, что он в лу́чшем настрое́нии

(46′)   (*)мы счита́ли его́ в лу́чшем настрое́нии

Let us now compare the following two sentences, (47) and (48):

(47)   ты счита́ешь [(то), что [ты в долгу́ пе́ред ним]ₛ]ₙₚ

(48)   мы счита́ли [(то), что [её брат в Ки́еве]ₛ]ₙₚ

It is true that both embedded sentences appear very similar syntactically, but only the one in (47) permits of the same syntactic variation as represented by (44′) against (44):

(47′)   … ты … в долгу́ пе́ред ним себя́ счита́ешь   (Са́янов)

45*

We have changed the word order without touching the underlying structure. But (48′) is an anomalous sentence:

(48′)   *мы счита́ли её бра́та в Ки́еве

It follows, then, that the embedded sentences in (44) and (47) on the one hand, and in (48) on the other hand, have after all, and in spite of their similarity, a different structure. This diversity can be brought to light by comparing them with the corresponding negative sentences:

(49)   её брат в Ки́еве: её бра́та нет в Ки́еве
              ты пе́ред ним в долгу́: *тебя́ нет пе́ред ним в долгу́
              пу́блика впра́ве тре́бовать …: * пу́блики нет впра́ве тре́бовать

The transformation into this form of negation is only possible for the embedded sentence in (48); but, where this genitival negation is possible the syntactical variation in question [cf. (44): (44′)] cannot be carried out. In such cases, where it can be done, negation as shown by (49) is impossible. Let us therefore assume that in the case of "быть" we are confronted with two different verbs "to be", which both occur in the present in zero form. The same applies naturally to other tenses:

(50)   её брат был в Ки́еве: её бра́та не́ было в Ки́еве
              пу́блика была́ впра́ве тре́бовать …: *пу́блики не́ было впра́ве …

In (44) and (47) we have the *copula* verb "быть" while in (48) the verb "быть"carries a local relation.

2.2.1.4. If we interprete, as we did above, sentences — given a certain syntactic formation — as noun phrases we are able to attain further generalisations and simplifications in the description of syntactic constructions, such as the passive. As shown by (51) the passive sentence is also formed by changing the order (*permutation*) of noun phrases, which then assume a different function as elements of the sentence and, consequently, different cases.

(51)   [рабо́чие]$_{NP}$ стро́или [дом]$_{NP}$ → [дом]$_{NP}$ стро́ился [рабо́чими]$_{NP5}$

We may proceed quite analogously with sentence noun phrases, if we treat sentences as noun phrases.

(52)   [мы]$_{NP}$ счита́ли [(то) что [ты инжене́р]$_S$]$_{NP}$ →
              [(то) что [ты инжене́р]$_S$]$_{NP}$ счита́лось [на́ми]$_{NP5}$
                                                          (у нас)$_{PP}$

We shall now move the sentence noun phrase to the end of the sentence, "то" is eliminated, and after permutation of на́ми (у нас) we obtain the correct sentence (53) with the semantically not quite synonymous variants "на́ми" and "у нас".

(53)   (на́ми) (у нас) счита́лось [что ты инжене́р]$_{NP}$

In the same way as we form variants (37′) and (39′) as against (37), (39) and similar types of sentences by "removing" the subject of the embedded sentence from this sentence and "raising" it to the status of accusative object, we have variants as against (53) and similar types of sentences, which result by "removal" of the subject of the embedded sentence from the respective sentence. It stands to reason that this subject cannot become an accusative object in a passive sentence, but will take the form every accusative object assumes in a passive sentence, that is it functions as subject. The formation of the predicate noun as instrumental is the same in both (37′), (39′) and (53′).

(53′)   ты считáлся у нас инженéром

Since there is regularly agreement of the verbal form with the subject of the sentence, ты (if it refers to a male person) has to take the form **считáлся**. When a sentence noun phrase functions as subject, the verb has as a rule the agreement form *neuter* (53) or the *third person singular* (считáется).

2.2.2.1. полагáть[1]/ — to think, believe, assume; to take ... for
$$[[+\text{human}]]_{NP} - [(\text{то}), \text{что S}]_{NP} \; S \neq S^a, S^{inf}$$

(54)   ... ты ... полагáешь [(то, что [у тебя́ был сам Дубрóвский]$_S$]$_{NP}$ (Пушкин)

(55)   мы полагáли [(то), что [ты арти́ст]$_S$]$_{NP}$

(56)   полагáю [(то), что [вникáть в настоя́щие причи́ны нáшего столкновéния неумéстно]$_S$]$_{NP}$

(55) and (56) have embedded copula sentences, the syntactic variation, however, which we explained at length with regard to считáть/счесть and illustrated by (37), (37′), (39), (39′), (42), (42′), goes for полагáть only if the predicate noun is an adjective, but then again only for a small class of adjectives which includes, among others, возмóжный, необходи́мый, полéзный, неумéстный, целесообрáзный. Hence the transformation of (55) into (55′) does not yield a fully correct sentence:

(55′)   *мы полагáли тебя́ арти́стом

(57) is just as little suited to be transformed into a fully grammatical sentence (57′).

(57)   врач полагáет, что егó смерть близкá

(57′)   *врач полагáет егó смерть бли́зкой

The semantic character of the few adjectives mentioned above which allow for such a transformation, suggests the syntactic character of the subjects of such embedded copula sentences: the subjects in question are sentence noun phrases; they have predominantly infinitival form. Thus, sentence (56) — with an infinitival subject in the embedded sentence — can be transformed into (56′):

(56′)   полагáю тáкже неумéстным вникáть в настоя́щие причи́ны нáшего стол-
          кновéния   (Тургенев)

The following sentence (58) by Turgenev contains the above syntactic variations of embedded copula sentences for both считáть/счесть and полагáть:

(58)   Мáрья Дми́триевна не **считáла** егó **гóстем** и не **полагáла ну́жным зани-
         мáть рóдственника, почти́ домáшнего человéка**

If we were to exchange the two verbs, we would be able to see the differences in the syntactic possibilities of constructing считáть and полагáть:* **полагáла егó гóстем** would be wrong, while ... **считáла ну́жным занимáть** ... would be correct.
We said that the class of adjectives (необходи́мый, целесообрáзный etc.) suggests the

syntactic character of the subject. Apart from the subject noun phrase which is formed by a sentence in the form of an infinitive group (56), it is also possible for a verbal noun to function as subject of such copula sentences. A verbal noun may likewise be conceived as a transformation, as a syntactic contraction or "condensation" of a sentence: (59)

(59) Генера́л принадлежа́л к ти́пу учёных вое́нных, полага́ющих, что
  ⎰примири́ть ⎱ либера́льност/и/ь и гума́ннност/и/ь с его́ профе́ссией воз-
  ⎱**примире́ние**⎰ мо́жно

shows the well-known syntactic variation:

(59′) Генера́л принадлежа́л к ти́пу учёных вое́нных, полага́ющих возмо́жным
  ⎰примири́ть ⎱
  ⎱**примире́ние**⎰ либера́льност/и/ь и гума́ннност/и/ь с свое́ю профе́ссией

(Л. Н. Толсто́й)

However, we can observe a slight tendency to extend the domain of these syntactic constructions: There are two examples I would like to offer:

a) И́ли, прости́те, полага́ем журнали́ста — **развя́зным,** а он — скро́мен (Неделя 1973, н-р 21)

b) пе́рвый подхо́д **полага́ет существу́ющими** но́рмы теорети́ческого констру-и́рования и и́щет их.

In example (b) the instrumental form is taken by the verb (participle) существова́ть (. . . подхо́д полага́ет, что существу́ют но́рмы . . .)

2.2.2.2. A typical, although archaic, peculiarity of the verb полага́ть is that it permits of syntactic variations of embedded sentence noun phrases (object sentences), which contain the verb быть even in such cases where this verb may not be interpreted as a copula.

(60) Фе́денька ... полага́л [(то), что [Саха́ра на грани́це Тамбо́вской и Сара́-товской губе́рний]s]NP

(60′) Фе́денька ... полага́л **Саха́ру** на грани́це Тамбо́вской и Сара́товской гу-бе́рний (Салтыков-Щедрин)

(61) Полага́ем [(то), что [сча́стье на́шей страны́ в успе́хах морско́й торго́-вли]s]NP

(61′) Полага́ем сча́стье на́шей страны́ в успе́хах морско́й торго́вли
(А. Н. Толсто́й)

(62) Полага́ли, что он в о́тпуске

(62′) полага́ли его́ в о́тпуске

2.2.2.3. Passive constructions like those dealt with under 2.2.1.4. for счита́ть are to a limited extent permissible for полага́ть. When we undertake the variation as pointed out under 2.2.2.2., a corresponding passive construction will be possible which is similar in structure to the sentence (53′):

(63) полага́лось, что гла́вное значе́ние моли́твы не в серде́чном просветле́нии,

а в тех веще́ственных результа́тах, кото́рые она́, по о́бщему коры́стному убежде́нию, приноси́ла за собо́й.

(63′)   гла́вное значе́ние моли́твы полага́лось не в серде́чном просветле́нии, а в тех веще́ственных результа́тах, кото́рые она́ ... приноси́ла за собо́й
                                                                        (Салтыков-Щедрин)

2.2.3.1. полага́тъ^2/—to intend
$$[[+ \text{human}]]_{NP} - [(\text{то}) \ S^{\text{inf}}]_{NP}$$
The explicit statement "S^{inf}" means that only the infinitival embedding is possible.

(64)   мы полага́ли [(то) [к четырём часа́м стать на я́корь]$_S$]$_{NP}$
                         (мы ста́нем к четырём часа́м на я́корь)

2.2.3.2. полага́ть^2 belongs to the class of transitives with deletable object:
cf., for example: он чита́ет кни́ги: он чита́ет; лю́ди полага́ют versus
                 он берёт газе́ту: *он берёт

2.2.4. находи́ть/найти́ to find (that ...)
$$[[+ \text{human}]]_{NP} - [(\text{то}), \text{что} \ S]_{NP}; \ S \neq S^q, S^{\text{inf}}$$

(65)   не нахо́дите ли вы ... [(то), что [я́сень по-ру́сски о́чень хорошо́ на́зван]$_S$]$_{NP}$

(66)   Ле́вин ... нашёл [(то), что (они́ (поко́сы R. R.) стоя́т доро́же]$_S$]$_{NP}$
                                                                        (Л. Н. Толсто́й)

(67)   Кручи́нина нахо́дит [(то), что [у вас е́сть тала́нт]$_S$]$_{NP}$

The syntactical variation of the embedded copula sentences by way of construction with accusative object and instrumental of the (declinable) predicate noun is analogous to that carried out in счита́ть/счесть:

(68)   ... до́ктора, кото́рый нахо́дит [(то), что [зде́шний во́здух для меня́ поле́зен]$_S$]$_{NP}$

(68′)   ... до́ктора, кото́рый нахо́дит для меня́ поле́зным зде́шний во́здух

(69)   нача́льство и това́рищи нашли́ [(то), что [брак мой несовмести́м с до-сто́инством офице́ра]$_S$]$_{NP}$

(69′)   нача́льство и това́рищи нашли́ брак мой несовмести́мым с досто́инством офице́ра
                                                                        (Чехов)

(70)   кри́тика нахо́дит пя́тый акт ... соверше́нно изли́шним

(71)   молодёжь была́ в за́дних ко́мнатах, не находя́ ну́жным уча́ствовать в приёме визи́тов   (Л. Н. Толсто́й)

Such passive constructions as have been described under 2.2.1.4. are not possible for находи́ть/найти́. This fact may be due to the special meaning of находи́ться.

2.2.5.1. предполага́ть^1/предположи́ть to suppose, assume, presume (де́лать предположе́ние)

$$[[+ \text{human}]]_{NP} - \left[\left\{ \begin{array}{l} (\text{то}) \ \text{что(бы)} \\ + \text{abstract (V, A)} \end{array} \right\} \right]_{NP} S \neq S^q$$

This verb differs in spite of the similarity of meanings considerably from verbs 2.2.1. to 2.2.4. The object or the sentence noun phrase, if in a copula sentence, cannot be transformed into an accusative-instrumental construction (cf. 2.2.1.2.). предполагáть/предположи́ть shares this restriction with полагáть[1] and it allows also certain similar condensations of sentence embeddings with the local verb быть (cf. 2.2.2.2.).

(72)   я предполагáл, [(то), что [продолжéние гóрода налéво]$_S$]$_{NP}$

(73)   налéво, где я предполагáл продолжéние гóрода, ничегó нé было

(Гончаров)

(72) is embedded in (73) as a relative clause, yet the transformation remains just as apparent as in (72′).

(72′)   я предполагáл налéво продолжéние гóрода

(74)   врач предположи́л [(то), что [у ребёнка скарлати́на]$_S$]$_{NP}$

(74′)   врач предположи́л у ребёнка скарлати́ну

2.2.5.2. However, in contrast to all the other verbs so far described, this verb can take noun phrases as object whose head word is derived from the predicate of the object sentence.

This construction is a particular condensing transformation of a sentence noun phrase. The corresponding transformation is different from that in (72′), (73), (74′) and that illustrated by (60′), (61′) and (62′) (cf. 2.2.2.2. and 2.2.5.1.).

(75)   знакóмый дóктор предположи́л [(то), что смерть близкá]$_S$]$_{NP}$

(75′)   знакóмый дóктор предположи́л [бли́зость смéрти]$_{NP}$

cf.:

(76)   знакóмый дóктор $\begin{Bmatrix} считáл \\ полагáл \end{Bmatrix}$ (то), что смерть близкá

(76′)   *знакóмый дóктор $\begin{Bmatrix} считáл \\ полагáл \end{Bmatrix}$ бли́зость смерти́

(77)   дóктор предположи́л, что смерть приближáется

(77′)   дóктор предположи́л приближéние смéрти

2.2.5.3. Examples with **что(бы)**

(78)   ужé по одномý собáчьему лáю ... мóжно бы́ло предположи́ть что деревýшка былá поря́дочная   (Гоголь)

(79)   я не могý предположи́ть, чтóбы вы, любя́ сво́ю дочь и желáя ей счáстья, отказáли мне   (А. Островский)

2.2.5.4. предполагáть[1] belongs to the class of verbs with deletable object:

(80)   стáли ... разгáдывать, предполагáть   (Пушкин)

2.2.5.5. The sentence noun phrase permits also of passive-reflexive constructions, in which it assumes subject function instead of object function (cf. 2.2.1.4.).

(81)   предполага́ется, что делега́ция прибу́дет сего́дня ве́чером

(82)   предполага́ется, что чу́вственный аппара́т отраже́ния необходи́м для получе́ния, хране́ния и использова́ния зна́ний

(83)   всё накопля́лись ме́лкие, почти́ забыва́ющиеся впечатле́ния слов и посту́пков Кирса́нова, ... кото́рые е́ю са́мою (Ве́рой, Па́вловной) почти́ не́ были ви́димы, а то́лько предполага́лись, подозрева́лись (Чернышевский) *cf.*: предполага́ла, что испы́тывает впечатле́ния (see 2.2.5.2.)

2.2.6.1. предполага́ть²/—to intend, plan (име́ть наме́рение, план)
$$[[+\text{human}]]_{NP} - [(\text{то})\ S^{inf}]$$

(84)   что предполага́ете де́лать?

(85)   Бори́с предполага́ет [(то), [не до́лго отсу́тствовать]$_S$]$_{NP}$
        (Бори́с не до́лго бу́дет отсу́тствовать)

2.2.6.2. Passive version:

(86)   на друго́й день предполага́лось встать ра́но

It shows in the following passive sentences (87), (88) that предполага́ть(ся)² may also have the syntactic environments " — [(то) что S]$_{NP}$" and " — [+ abstract(V)]$_{NP}$":

(87)   предполага́лось, что в бою́ команди́р бу́дет находи́ться о́коло дальноме́ра
        it has been (was) planned to ...

(88)   по́сле обе́да предполага́ется ката́нье на конька́х   (Писемский)

2.2.7.1. подозрева́ть¹/—to suspect, have an inkling

$$[[+\text{human}]]_{NP} - \left\{ \begin{array}{l} \left[(\text{то})\ \left\{\begin{array}{l}\text{как}\\\text{что}\end{array}\right\}S\right]_{NP} \\ \left[_{O_6}\left[\text{том}\left\{\begin{array}{l}\text{как}\\\text{что}\end{array}\right\}S\right]_{NP}\right]_{PP} \end{array} \right\}$$

(89)   Ага́фья Ка́рповна подозрева́ла $\left\{\begin{array}{l}(\text{то})\\ \text{о том}\end{array}\right\}$ что [Ли́за несчастли́ва с Ви́ктором]$_S$

(90)   вы и не подозрева́ете $\left\{\begin{array}{l}(\text{то})\\ \text{о том}\end{array}\right\}$ [как бли́зко мы коснёмся де́ла]$_S$

When the embedded sentence contains **быть** as the verb which establishes a local relation or as an existential verb, the transformation as described in 2.2.2.2. is possible:

(91)   мы подозрева́ли [(то), что [здесь заса́да и обма́н]$_S$]$_{NP}$

(91′)   мы подозрева́ли здесь заса́ду и обма́н   (Фурманов)

(92)   мы подозрева́ли $\left\{\begin{array}{l}\text{в нём тала́нт}\\ \left[\left[\begin{array}{l}\text{что у него́ есть тала́нт}\\ \text{что в нём есть тала́нт}\end{array}\right]\right]\end{array}\right\}$

2.2.7.2. Embedded copula sentences permit of a special transformation:

(93) ка́ждый подозрева́л в друго́м возмо́жного врага́

which can be related approximately to (93′) as a variant thereof:

(93′) ка́ждый подозрева́л, что $\begin{Bmatrix} \text{друго́й (ему́) возмо́жный враг} \\ \text{друго́й мо́жет стать ему́ враго́м} \end{Bmatrix}$

This modification differs from the one we are used to as discussed under 2.2.1.2.: the predicate noun becomes an accusative object, and the subject of the copula construction a prepositional phrase (cf. the similar *he sees in him his enemy*). Hence, construction (93) is fundamentally different from the apparently very similar construction in (92). The type (93) construction is common to a larger class of verbs:

(94) я ви́жу в нём прее́мника себе́

The similarity of meaning between ви́деть in (94) and счита́ть/счесть (2.2.) is obvious.

2.2.8.1. подозрева́ть^2/— to suspect (be suspicious)

$$[[+\text{human}]]_{NP} - [[+\text{human}]]_{NP} \left(\left[_{B_6} \begin{Bmatrix} [+ \text{ abstract (V, A)}]_{NP} \\ [\text{том что S}]_{NP} \end{Bmatrix} \right]_{PP} \middle/ S \neq S^q, S^{inf} \right)$$

By surrounding the prepositional phrase with parentheses we indicate that its presence is optional: *to suspect somebody (of smth.), to suspect somebody (to).*

(95) все подозрева́ли [друг дру́га]$_{NP}$

(96) ты подозрева́л [Ки́ршу]$_{NP}$ [в [изме́не]$_{NP}$]$_{PP}$

(97) есть основа́ния подозрева́ть [её]$_{NP}$ [в [знако́мстве с охра́нкой]$_{NP}$]$_{PP}$

(Го́рький)

(96′) ты подозрева́л [Ки́ршу]$_{NP}$ [в [том, что [она́ тебе́ измени́ла]$_S$]$_{NP}$]$_{PP}$

2.2.8.2. The personal object, too, can be eliminated, which requires the absence of the prepositional object.

(98) он всегда́ подозрева́ет, ко всем отно́сится недове́рчиво

2.2.8.3. подозрева́ть^2 permits a reflexive passive:

(99) ... консерва́тор, | кото́рый подозрева́лся | в та́йных
сноше́ниях с
станову́м при́ставом
(Салтыко́в-Ще́дрин)

active = | кото́рого подозрева́ли | в ...

(100) воше́дшая го́рничная, та, что подозрева́лась в кра́же бриллиа́нта ...

2.2.9.1. сомнева́ться/усомни́ться to doubt
(испы́тывать сомне́ние)

$$[[+\text{human}]]_{NP} - \left[_{B_6} \left[\begin{Bmatrix} [(\text{том}), \text{что(бы) S}] \\ [+ \text{ abstract (V,A)}] \\ [+ \text{ human}] \end{Bmatrix} \right]_{NP} \right]_{PP}$$

(101)   Борис сомнева́ется [(в [том), что [его́ расска́з правди́в]$_s$]$_{NP}$]$_{PP}$

(101′)   Борис сомнева́ется в правди́вости его́ расска́за

(101) and (101′) have the same meaning; they demonstrate the two possible syntactic constructions shown above in the formula for the verb. (101′) is a modified form of (101): the adjective becomes an abstract noun, the subject in the nominative is converted to its genitive form. The parentheses are to indicate that "в том" can be omitted.

(102)   Но все о́чень усомни́лись (в том), что́бы Чи́чиков был капита́н Копей-
            кин ...   (Го́голь)

"S" can also be "S^q" so that the conjunction "что(бы)" of the formula will of course not be used in this situation. Still it is, although not quite correctly, stated as the only one since it represents the main syntactic "treatment" of the embedded sentence:

(103)   Корреспонде́нты усомни́лись (в том), [уда́стся ли им найти́ ночле́г] S^q
                                                            (Гончаро́в)

2.2.9.2. Context "— [[+ human]]$_{NP}$":

(104)   неуже́ли ты сомнева́ешься во мне?
            неуже́ли ты сомнева́ешься в само́м себе́?

2.2.9.3. The context "— [[+ abstract]]$_{NP}$" also covers metalinguistic expressions, an expression in terms of language used as a statement:

(105)   он всё ещё сомнева́ется в
$$\left[\begin{array}{l} \text{слова́х Матве́я;} \\ \text{том, что говори́л Матве́й о но́вой кни́ге} \end{array} \right]_{NP}$$

2.2.10.1. **признава́ть/призна́ть** to recognize, admit
$$\left[\left\{ \begin{array}{l} [+ \text{ human}] \\ [+ \text{ institution}] \end{array} \right\} \right] - \left[\left\{ \begin{array}{l} (\text{то}) \text{ что S} \\ [+ \text{ abstract}]_N \end{array} \right\} \right]_{NP} \text{ S} \neq S^q, S^{inf}$$

"[+ institution]" denotes that the head nouns of the (subject) noun phrase can describe institutions and/or corporate bodies.

2.2.10.2. Pairs of sentences with sentence noun phrase and abstract noun; meaning: recognize.

(106)   призна́ли [(то), что [страна́ нейтра́льна]$_s$]$_{NP}$
            призна́ли [нейтралите́т страны́]$_{NP}$

(107)   це́рковь не призна́ла брак его́ роди́телей
            це́рковь не призна́ла, что его́ роди́тели состоя́т в бра́ке

Correspondingly, we have two passive constructions to each of (106) and (107):

(106′)   [нейтралите́т]$_{NP}$ страны́ был при́знан
            бы́ло при́знано [(то), что [страна́ нейтра́льна]$_s$]$_{NP}$

(107′)   брак его́ роди́телей не́ был при́знан це́рковью
            це́рковью не́ было при́знано, что его́ роди́тели состоя́т в бра́ке

(108) признáть бытиé каки́х-то тáйных и непознавáемых сил вне себя́, вне своéй энéргии рабóчий не мóжет и не дóлжен (Горький)

(108′) признáть, что каки́е-то тáйные и непознавáемые си́лы существу́ют вне егó, ... рабóчий не мóжет ...

(109) не признáли [(тогó) что [у поэ́та Грибоéдова талáнт]ₛ]ₙₚ

(109′) не признáли талáнта поэ́та Грибоéдова

(109″) не признáли в поэ́те Грибоéдове талáнта

Passive:

(110) нé было при́знано [(то), что [у поэ́та Грибоéдова талáнт]ₛ]ₙₚ

(110′) талáнт поэ́та Грибоéдова нé был при́знан

(111) ЦИКу Северокавкáзской респу́блики оставáлось тóлько официáльно признáть за ним (Сорóкиным) главéнство в воéнных операциях

(А. Н. Толстой)

(111′) ... признáть, что главéнство в воéнных операциях за Сорóкиным

2.2.10.3. Pairs of sentences with sentence noun phrase and accusative-instrumental construction (cf. 2.2.1.2.); **meaning:** to admit

(112) он срáзу же признáл, что он винóвен

(112′) он срáзу же признáл себя́ винóвным (pleaded guilty)

(113) он признáл, что кóмната Никóновой настоя́щий тёплый, егó дом

(113′) настоя́щим, тёплым, свои́м дóмом он признáл кóмнату Никóновой

(114) они́ признáли, что причи́на нея́вки неуважи́тельна

(114′) они́ признáли причи́ну нея́вки неуважи́тельной

(115) они́ признáли, что ну́жно поторопи́ться с рабóтой

(115′) они́ признáли ну́жным поторопи́ться с рабóтой

cf. Discussion on (42′), p. 706.

2.2.10.4. The parallelism of sentence noun phrases and noun phrases, of course, does not hold throughout (*cf.* 2.2.1.2.). There are no corresponding synonymous parallel sentences to (116) and (117):

(116) $\left.\begin{cases}\text{бы́ло при́знано}\\\text{призна́ли}\end{cases}\right\}$ [(то), что [я уби́л защища́ясь]ₛ]ₙₚ

(117) существу́ющую грани́цу мéжду э́тими страна́ми призна́ли

2.2.11.1. объясня́ть/объясни́ть to explain

$$\left[\begin{cases}[+\text{ human}]\\[+\text{ theory}]\end{cases}\right]_{\text{NP}}\!\!-\![[+\text{human}]]_{\text{NP}_3}\left[\begin{cases}(\text{то})\text{ S}\\[\pm\text{ abstract}]\end{cases}\right]_{\text{NP}}\left(\left[\begin{cases}(\text{то})\text{ S}'\\[+\text{ abstract}]\end{cases}\right]_{\text{NP}_5}\right)$$

$S \neq S^{inf}$, if $S^{inf} \neq S^q$, cf. example (120); $S' \neq S^q$, S^{inf}

"[+ theory]" denotes that the head nouns of "NP" represent theories, hypotheses, or similar scientific explanatory systems.

(118)   Борис объяснил [ей]$_{NP_3}$ $\left[\text{(то)}\,\left[\begin{Bmatrix}\text{что}\\\text{почему}\end{Bmatrix}\,\text{он переезжает на дачу}\right]_S\right]_{NP}$

(119)   он не умел [себе]$_{NP_3}$ объяснить [(то) [зачем люди в гости ходят]$_S{}^q$]$_{NP}$

                                                           (Добролюбов)

(120)   обрадованный колхозник проводил её на вокзал и объяснил [(то) [как добраться от станции до места]$_S{}^q$]$_{NP}$

(121)   Гончаров признавал, что ... Добролюбов верно объяснил [ему]$_{NP_3}$ [значение его собственного творчества]$_{NP}$

                                                            (Короленко)

(122)   [современная теория полярных сияний ...]$_{NP}$ объясняет [их происхождение]$_{NP}$ [проникновением в верхние слои газовой оболочки земли электрически заряжённых частичек ...]$_{NP_5}$

2.2.11.2.

(123)   он объяснял [нам]$_{NP_3}$ [это]$_{NP}$ [цензурными условиями]$_{NP_5}$

The (object) noun phrase, which stands in the accusative when a subject is present, can assume subject function; the sentence will then need to be rearranged in its reflexive form [cf. (123) and (124)]:

(124)   это объяснялось цензурными условиями

(125)   (многими) это объясняется объективными трудностями

(125), without **многими**, has the same (two) meanings as (124): "this explain editself by objective difficulties (censorship)" or "this is (was) explained by objective difficulties (of censorship)". When (125) (with **многими**) has a passive structure, i. e. "this is explained by many as due to objective difficulties", it is related to the active sentence:

(125′)   это многие объясняют объективными трудностями

(126)   женщины бегают (с каторги) несравненно реже, чем мужчины, и это объясняется трудностями, какими обставлен для женщины побег

                                                            (Чехов)

2.11.3. In the perfective aspect the reflexive объясниться carries — though slightly archaic — a somewhat different meaning: *to become clear*

(127)   тогда только вполне объяснилось для меня положение матери ...

                                                            (Аксаков)

2.2.11.4. Perfective passive of объяснить:

(128)   учитель объяснил студенту это недоразумение тем, что [S]

(128′)   это недоразумение было объяснено студенту учителем тем, что [S]

2.2.11.5. Consequently, объяснять/объяснить if interpreted as a logical predicate has four arguments: who (1) explains to whom (2) what (3) by what (4).

2.2.12.1. объявля́ть/овбъяви́ть (also *in official language*) to declare, inform

$$\left[\left.\begin{cases}[+\text{human}] \\ [+\text{institution}]\end{cases}\right]_{NP}\right.\!\!\!\!- \;([+\text{human}]_{NP_3})\;\left\{\left[\begin{cases}(\text{то}) \text{ что S} \\ [+\text{abstract}]\end{cases}\right]_{NP}\;\right\} \\ \left[\begin{matrix}o_6 \left[\begin{cases}(\text{том, что S}) \\ [+\text{abstract}]\end{cases}\right]_{NP}\end{matrix}\right]_{PP}\right\}$$

The outer alternative brackets denote that either a prepositional phrase with the preposition "о" or pure noun phrases can constitute the "right" context; cf. examples.

(129)   А́нна Васи́льевна внеза́пно объяви́ла [(то), что она́ послеза́втра наме́рена
        éхать в Цари́цыно]ₛ]ₙₚ   (Тургенев)

(130)   Никола́й объяви́л ма́тери [о [свое́й любви́ к Со́не]ₙₚ]ₚₚ

                                                                    (Л. Н. Толсто́й)

(131)   объяви́ли ⎰ко́нкурс на замеше́ние вака́нтной до́лж-⎱
                  ⎱ности ста́ршего нау́чного сотру́дника⎰
                   ⎰о ко́нкурсе в газе́те⎱

(132)   объяви́ли о том, что ко́нкурс не состои́тся

(133)   председа́тель объяви́л, что собра́ние откры́то

2.2.12.2. объявля́ть/объяви́ть permits transformation according to 2.2.1.2. so that (133)
can be modified to (133'):

(133') председа́тель объяви́л собра́ние откры́тым

(134)   он объявля́ет, что он покло́нник Эпику́ра →

(134') он объявля́ет себя́ покло́нником Эпику́ра

(135)   объяви́ли, что докуме́нты недействи́тельны →

(135') объяви́ли докуме́нты недействи́тельными

(136)   комнда́нт Владивосто́ка уже́ объяви́л [(то), что [кре́пость на вое́нном
        положе́нии]ₛ]ₙₚ →

(136') он уже́ объяви́л кре́пость на вое́нном положе́нии   (Степанов)

2.2.12.3. to state officially, declare, pronounce

(137)   объяви́ть войну́, мобилиза́цию, забасто́вку, подпи́ску на газе́ту; объяви́ть
        пригово́р, прика́з

(138)   бы́ло недоста́точно объяви́ть, что ба́нковский капита́л — со́бственность
        госуда́рства

(138') бы́ло недоста́точно объяви́ть ба́нковский капита́л со́бственностью го-
        суда́рства   (Федин)

cf. 2.2.12.2.

2.2.12.4. Passive constructions:

(139)   бы́ло объя́влено переми́рие

(140)   был объя́влен ко́нкурс
о ко́нкурсе бы́ло объя́влено (в газе́те)

(141)   и о том бы́ло объя́влено, что ко́нкурс не состои́тся

With constructions changeable according to 2.2.12.2. we have to consider the syntactic changes which we discussed under 2.2.1.4.:

(142)   бы́ло объя́влено, что собра́ние откры́то

(142′)   собра́ние бы́ло объя́влено откры́тым

reflexive passive:

(143)   объявля́лись бойко́ты и забасто́вки (were announced)

(144)   объявля́лось в газе́те $\left\{ \begin{matrix} \text{(то)} \\ \text{о том} \end{matrix} \right\}$, что рабо́чие забастова́ли
(was published)

2.2.13. Numerous common features of syntactic behaviour which are a typical feature of the verbs under Section 2.2. are quite obvious. They have been discussed by way of examples to illustrate analogous syntactic regularities determined by verb classes other than these. In the next Section (2.3.), which deals with verbs of various syntactic-semantic verb classes, we shall see how one of the decisive insights of modern grammar is reflected in the syntax of the verb, namely the realisation that superficially similar syntactic constructions may veil fundamental distinctions.

2.3.1. Under 2.2.1.2. we met the construction

(37′)   мы счита́ли тебя́ арти́стом

as a modification of (37). Вы́брать, сде́лать, по́мнить, напра́вить, for example, permit of a—superficially—, similar construction:

(145)   мы вы́брали тебя́ председа́телем

(146)   он сде́лал тебя́ челове́ком   (Паустовский)

(147)   мы по́мнили тебя́ арти́стом

(148)   мы напра́вили тебя́ учи́телем в дере́вню

However, while (37′) has the synonymous (37) beside it, (145) has no

(145′)   *мы вы́брали, что ты председа́тель
and (146) no

(146′)   *мы сде́лали, что ты челове́к

It is true that (147) has

(147′)   мы по́мнили, что ты арти́ст,

but sentence (147′) is considerably different in meaning from (147). Hence, the relationship between (147) and (147′) is quite unlike that of (37) and (37′). As a directional verb of (loco-)motion in (148) "напра́вить" holds a very special status since it will not go without an indication of direction such as "в дере́вню". Thus to begin with, it would appear reasonable to assign вы́брать and сде́лать to one common verb class. It could be provisionally labelled as a semantic-syntactic class of *property-assigning* verbs for, the property of "acting as the chairman" develops only from the action described by the verb.

The qualification "property-assigning" is supported by the fact that e. g. председа́телем cannot have modifiers or determiners:

(145″)   *мы вы́брали его́ $\left\{ \begin{matrix} \text{э́тим} \\ \text{превосхо́дным} \end{matrix} \right\}$ председа́телем

(145‴)   *мы вы́брали его́ председа́телем, кото́рого у нас ещё нè было

2.3.2. выбира́ть/вы́брать to choose, elect

$$\left[\left[\begin{matrix} +\text{human} \\ +\text{institution} \end{matrix} \right] \right]_{NP} - [[+\text{human}]]_{NP} \left[\left[\begin{matrix} +\text{function} \\ +\text{quality} \end{matrix} \right] \right]_{NP_5}$$

The instrumental noun phrase "NP_5" in (145) and (146) derives from the base sentence:

(149)   (ты стал) председа́телем
         (ты стал) челове́ком

The instrumental noun phrase in (145) can appear as accusative while the original accusative phrase may be missing.

(150)   мы вы́брали председа́теля

(150) and (145) have the passives:

(150′)   председа́тель был вы́бран на́ми

(145′)   ты был вы́бран на́ми председа́телем

Reflexive passive:

(151)   он нéсколько раз подря́д выбира́лся председа́телем

(151), unlike (53′), which is related to (53), has no corresponding synonymous construction:

(151′)   *нéсколько раз подря́д выбира́лось, что он председа́тель

2.3.3.1. дéлать/сдéлать to make (to cause to be)

There is for this verb a context formula similar to 2.3.2. The only difference is that the feature [+human] is for both verb forms given the value [±human].

(152)   (с)дéлали его́ дурако́м, посмéшищем

(153)   она́ (с)дéлала его́ счастли́вым

(154)   со́лнце сдéлало шéрсть чи́стой, лёгкой и сухо́й
         ра́дость сдéлала его́ лицо́ краси́вым

As a variant to type (152) we may construct (155):

(155)   (с)дéлали **из негó** посмéшище

Hence, the accusative noun phrase is converted to a prepositional phrase with the preposition из, and the instrumental phrase to an accusative one.

(156)   э́тот педагóг дéлал из отъя́вленных лентя́ев примéрных и прилéжных
             ученикóв

(157)   дéлать из мýхи слонá

2.3.3.2. (с)дéлать unlike вы́брать does not permit of a construction with a pure accusative noun phrase (object) of the person, cf. (150).

(158)   *мы (с)дéлали председáтеля

2.3.3.3. The reflexive (с)дéлаться reduces, in contrast to выбирáться, to the meaning "становúться" *to become.*

(159)   при встрéче со мной он всегдá дéлался злым
             он сдéлался инженéром

2.4.1. There is another class of verbs, including пóмнить (2.4.2.), which we might call *verbs of mental reproduction.* This class, too, has common syntactic properties. Let us designate them provisionally as *reproductive-restrictive* verbs. The restriction (limitation) can refer to certain aspects or biological periods of life of the totality of the person.

2.4.2.1. пóмнить to remember, recall

        вспоминáть/вспóмнить

$$[[+\text{human}]]_{NP}-\left\{\begin{matrix}\left[\begin{matrix}(\text{то})\begin{Bmatrix}\text{что}\\\text{как}\end{Bmatrix}_{S}\\ {[\pm\text{human}]}\end{matrix}\right]_{NP}\\ \left[O_{6}\begin{matrix}\text{том}\begin{Bmatrix}\text{что}\\\text{как}\end{Bmatrix}_{S}\\ {[\pm\text{human}]}\end{matrix}\right]_{NP}\end{matrix}\right\}_{PP}\left(\left[\begin{Bmatrix}[\pm\text{human}]\\ {[+\text{property}]}\end{Bmatrix}\right]_{NP_{5}}\right)$$

The optional instrumental noun phrase may only be used provided the bottom alternative, i. e. [±human]$_{NP}$, is chosen in the preceding (accusative) noun phrase, cf. (165)—(168). The characterisation of the optional instrumental noun-phrase as [+property] relates to adjectives and participles expressing a property or a state. We regard them as condensed noun phrases in the instrumental whose noun has been eliminated. Strictly speaking, we are dealing with the exceptional case of a noun phrase "[±human]$_{NP}$" which contains an adjective or participle, but is deprived of its head word (noun); cf. example (170).

(160)   я пóмню вас хорошó

(161)   пóмнил как их водúл к отцý, с рукáми, свя́занными зá спину

                                                                    (Пýшкин)

(162)   он пóмнил обо мнé в чуждáльней сторонé

(163)   он не по́мнил (того́) $\begin{Bmatrix} \text{что} \\ \text{почему́} \end{Bmatrix}$ он тогда́ при́нял тако́е реше́ние

(164)   я не по́мнил о том, что ты мне́ говори́л

As mentioned above, (147) and (147′) have quite different meanings, but if we were to replace по́мнили by счита́ли the result would be two sentences of the same meaning:

(147′)   мы по́мнили, что ты арти́ст: мы счита́ли, что ты арти́ст

(147)   мы по́мнили тебя́ арти́стом: мы счита́ли тебя́ арти́стом

We may approximately describe the meaning of (147′) by the sentence

(147″)   мы по́мнили тебя́ таки́м, каки́м ты был, когда́ ты был арти́ст(ом)

Hence (147) is an "abbreviatory" form of (147″).

(165)   он по́мнил её ещё де́вочкой

(165′)   он по́мнил её тако́й, како́й она́ была́, когда́ она́ была́ ещё де́вочкой

The finite verb запо́мнить is quite similar in syntactic behaviour to по́мнить. In the headline of a newspaper article

(166)   "Ла́ндау, **каки́м** мы его́ запо́мним"

we have to wait for the text under the head to provide the pronoun каки́м with semantic content and to allow its interpretation:

(166′)   Ла́ндау (как) тако́й, каки́м мы его́ запо́мним

The relative pronoun "тако́й", which is implied although not present in (166), is the pronominal representative of the text specifying certain aspects and qualities, in fact, those which we recall by preference in this personality when we think of him. Thus here too the reproductive-restrictive nature of (за)по́мнить is perfectly evident.

(167)   Ники́та Ю́рьевич с тех пор, с кото́рых он был в состоя́нии себя́ по́мнить, по́мнил себя́ (Ники́ту Ю́рьевича) кру́глым сирото́ю   (Лесков)

(168)   я по́мню э́тот го́род ещё ма́леньким месте́чком

2.4.2.2. Reflexive forms

According to the familiar general rule, the accusative noun phrase assumes subject function and thus nominative form; the original subject noun phrase takes the dative form. The instrumental noun-phrase remains unchanged:

(169)   ты нам запо́мнился арти́стом

cf. (147)

(170)   Ла́ндау ча́сто вспомина́лся мне **окружённым** гру́ппой молоды́х блестя́щих теоре́тиков, ве́дших вме́сте с ним борьбу́ за но́вый подхо́д к преподава́нию теорети́ческой фи́зики.

cf. (170′):

(170′)   я ча́сто вспомина́л Ла́ндау окружённым гру́ппой ...

2.4.3.1. рисова́ть/— to picture, imagine

$$\begin{bmatrix} \begin{Bmatrix} +\text{human} \\ +\text{psych} \\ +\text{abstract} \end{Bmatrix} \end{bmatrix}_{NP} - [[\pm\text{human}]]_{NP} \quad ([[\pm\text{human}]])_{NP_5}$$

[+property] has not been separately mentioned in the above context formula; cf. explanation in 2.4.2.1. "[+psych]" is to characterise a class of substantives as head words of an "NP" which describe psychic objects such as воображе́ние, фанта́зия, па́мять. These are mostly nominalizations of psychological predicates.

(171)   ма́льчик рисова́л себе́ своего́ геро́я отва́жным лётчиком

(172)   ты рису́ешь его́ отъя́вленным негодя́ем

        она́ **рисова́ла** себе́ Же́ню ребёнком, ху́денькой шу́строй длинноно́гой шко́льницей ..., но ника́к не могла́ **предста́вить её инжене́ром** на огро́мном строи́тельстве

(173)   ты рису́ешь её я́ркой и зама́нчивой   (Федин)

Instead of the instrumental we may have the idiom "в ка́честве + NP₂" or a prepositiona phrase "в₆ + NP".

(174)   ... глубины́ ана́лиза, кото́рую они́ рисова́ли (себе́) в ка́честве идеа́ла

(175)   э́тот слепо́й и я́ростный поры́в ре́вности рису́ет ваш хара́ктер соверше́нно в но́вом для меня́ ви́де

The restrictive character of the reproduction becomes particularly evident in (175) When there is no noun "[+human]" to appear as head of the subject noun-phrase the subject of the psychic action occurs in a different form [для меня́ in (175)] or, a psychic object like па́мять, воображе́ние is taken as part of the subject or as a characterisation of the psychic action of the subject.

2.4.3.2. Reflexive forms

(174′)   они́ не дости́гли той глубины́ ана́лиза, кото́рая рисова́лась им в ка́честве идеа́ла

(176)   цыга́не рисова́лись нам чуть ли не разбо́йниками

(177)   Неви́димый и далёкий, он рисова́лся в воображе́нии необыкнове́нным го́родом

The modifications as against non-reflexive constructions are analogous to those described for по́мнить, вспомина́ть, вспо́мнить.

2.4.3.3. This class of verbs includes **изобража́ть/изобрази́ть, представля́ть/предста́вить.** It does not, however, cover the verb вообража́ть/вообрази́ть:

(178)   Чи́чиков вообража́л, что он уже́ настоя́щий херсо́нский поме́щик
        Tchitchikov imagined that ...

(178′)   Чи́чиков вообража́л себя́ уже́ настоя́щим херсо́нским поме́щиком (Гоголь)

(179)   писа́тель изобража́л его́ херсо́нским поме́щиком
            The writer described him as a squire ...

(179′)   *писа́тель изобража́л, что он херсо́нский поме́щик

The difference between изобража́ть and вообража́ть is laid open by the difference in relation between (178) and (178′), on the one hand, and (179) and (179′) on the other, of which (179′) is hardly quite acceptable.

2.5. We shall use the verbs ока́зываться/оказа́ться and каза́ться/показа́ться as further illustration of verbal syntax and its connections with semantics.

2.5.1.1. ока́зываться[1]/оказа́ться to prove, turn out (to be)
         [+reflexive]

The verb may have neither accusative nor dative objects in its context; the first being excluded by reason of its reflexivity. The basic structure may be shown by the formula

$$
[(\text{то}) \text{ что } S]_{NP}
\begin{bmatrix}
\begin{Bmatrix}
\text{ока́зывалось (бы)} \\
\text{бу́дет ока́зываться} \\
\text{ока́зывается} \\
\text{ока́жется} \\
\text{оказа́лось (бы)}
\end{Bmatrix}
\end{bmatrix}_{VP}
S \neq S^q; S^{inf}
$$

The verb phrase "VP" serves as predicate, and "NP" as subject. Yet, the "VP" and "NP" come principally in reverse order: "VP NP":

(180)   оказа́лось, что э́та бума́жка запи́ска от дру́га

(181)   оказа́лось, что вся э́та исто́рия са́мый глу́пый вздо́р

(182)   оказа́лось, что сре́дства соверше́нно него́дны

(183)   оказа́лось, что он не тот, за кого́ мы его́ принима́ли

2.5.1.2.1. The embedded sentences are copula sentences. Now we may modify analogously to the familiar transformation described in 2.2.1.4. (vgl. (53): (53′))

(180′)   э́та бума́жка оказа́лась запи́ской от дру́га

(181′)   вся э́та исто́рия оказа́лась са́мым глу́пым вздо́ром

(182′)   сре́дства оказа́лись соверше́нно него́дными

(183′)   он оказа́лся не тем, за кого́ мы его́ принима́ли

Analogous transformation may take place even if the predicate noun in the embedded copula sentence cannot be changed to an instrumental group:

(184)   оказа́лось, что вино́ не тако́го вку́са

(184′)   вино́ оказа́лось не тако́го вку́са

(185)   оказа́лось, что здесь э́то не совсе́м кста́ти

(185′)   здесь э́то оказа́лось не совсе́м кста́ти

(186)   оказа́лось, что сосе́д (был) си́льно навеселе́

(186′)   сосе́д оказа́лся си́льно навеселе́

2.5.1.2.2. There is sometimes the possibility of transforming in a similar way embedded **non-copula** sentences, by using the participle.

(187)   ока́жется, что ка́ждое предложе́ние выража́ет зако́нченную мысль

(187′)   ка́ждое предложе́ние ока́жется выража́ющим зако́нченную мысль

(188)   че́рез не́которое вре́мя ока́зывается, что глы́ба стои́т на ледяно́й коло́нне

(188′)   че́рез не́которое вре́мя глы́ба ока́зывается стоя́щей на ледяно́й коло́нне

Sentences with **стать** like (189), whose embedded subject sentence corresponds to the "subject-NP" of the embedded sentence in (190′), cannot be transformed in this way:

(189)   оказа́лось, что учёные ста́ли иска́ть но́вое реше́ние

(189′)   *учёные оказа́лись ста́вшими иска́ть но́вое реше́ние

This restriction holds good for many other verbs.

2.5.1.3. In case the subject of the embedded sentence is itself a sentence which has been syntactically treated by means of "что" or "чтобы", i. e. which is inserted as a constituent in a larger sentence entity, we obtain a correct construction of the initial form "оказа́лось, (то) что S" only if the sequence "NP + VP" is reversed in the *embedded sentence* to "VP + NP".

Hence the corresponding sentence to

(190)   оказа́лось целесообра́зным, чтобы учёные ста́ли иска́ть дру́гое реше́ние

is not the incorrect sentence (190′)

(190′)   *оказа́лось, (что)/чтобы учёные ста́ли иска́ть но́вое реше́ние — целесо-
         обра́зно

but

(190″)   оказа́лось, что [целесообра́зно, что́(бы) [учёные ста́ли иска́ть но́вое ре-
         ше́ние]$_s$]$_s$

2.5.2.1. ока́зываться²/оказа́ться to be, find oneself (in a certain position), to get into a certain position)

(191)   благодаря́ э́тому сестра́ ока́зывается в бо́лее вы́годном положе́нии

(192)   ока́зывается, что благодаря́ э́тому сестра́ в бо́лее вы́годном положе́нии

(193)   брат оказа́лся без рабо́ты

(194)   оказа́лось, что брат без рабо́ты

The relationship of sentences (180)—(188) on the one hand and (180′)—(188′) on the other is altogether different from the one between (191) and (192) and that between (193) and (194). While the meaning of the sentence pairs (180) and (180′) to (188) and (188′) is in all cases identical, (191), (192) and (193), (194) have a different semantic content. In (192) and (194) ока́з(ыв)а́ться has the same meaning as in (180)—(188). In (191) it means "to be", it is a different verb; in (193) its meaning is "to get into", that is "to lose one's job" (to get into a situation where one is without a job).

2.5.2.2. The semantic relationship of such pairs of sentences is somewhat more complex where the embedded sentence does not contain the verb быть as a copula but as a verb with the meaning "to be present (somewhere)" (cf. 2.2.1.3., p. 700).

(195)   оказáлось, что ребёнок (был) дóма

(195′)   ребёнок оказáлся дóма

In a situation where the child has been looked for and where it turned out that he was at home, (195) and (195′) would be synonymous, that is carry the same meaning. The same applies to sentences (196) and (196′):

(196)   оказáлось, что в нóвой гостúнице (бы́ли) свобóдные номерá

(196′)   в нóвой гостúнице оказáлись свобóдные номерá

Let us take a different context:

(197)   весь день он бродúл по незнакóмой мéстности на горáх.
            Вдруг он оказáлся пéред гóрной хúжиной

(198)   вдрýг оказáлось, что он был пéред гóрной хúжиной

The meaning of (198) is not identical with that of the second sentence in (197).
The embedded sentences with non-copulative быть have negatives which correspond to those outlined in 2.2.1.3. (p. 701). Beside (196′) there exists (196″)

(196″)   в нóвой гостúнице не оказáлось свобóдных номерóв

Cf. also:

(199)   кнúги оказáлись на дивáне

(199′)   оказáлось, что кнúги на дивáне

(199) and the synonymous (199′) have (199″) as their common negative

199″)   книг на дивáне не оказáлось
(

2.5.3.1. казáться/показáться to appear, seem
            [+reflexive]
The initial fram is similar to that of окáзываться:

$$[(\text{то}) \text{ что } S]_{NP} \left[\left[\left\{\begin{matrix} \text{бýдет казáться} \\ \text{кáжеться} \\ \text{казáлось} \end{matrix}\right\}\right] [[+\text{human}]]_{NP_3}\right]_{VP}$$

Here, too, it is obligatory to reverse the order:

(200)   вам, должнó быть, кáжется, что он учёный

In case the embedded sentence contains a copula, the transformation proceeds according to the rule mentioned above:

(200′)   он дóлжен вам казáться учёным
            казáлось, что кáменный бéрег безлю́ден
            кáменный бéрег безлю́дным казáлся

(201) (ему́) показа́лось что всё, что он там встре́тил, знако́мо

(201′) всё, что он там встре́тил, показа́лось ему́ знако́мо

(202) каза́лось, что вино́ не тако́го вку́са

(202′) вино́ каза́лось не тако́го вку́са

(203) каза́лось, что сестра́ в вы́годном положе́нии

(203′) сестра́ каза́лась в вы́годном положе́нии

(204) каза́лось, что господа́-люби́тели си́льно навеселе́

(204′) господа́-люби́тели каза́лись си́льно навеселе́

2.5.3.2. Analogous transformation is out of the question, when the embedded sentence is constructed with *non*-copulative быть:

(205) каза́лось, что кни́ги на дива́не

(205′) *кни́ги каза́лись на дива́не

Cf., however, correct (206):

(206) кни́ги оказа́лись на диване́

(207) *книг на дива́не не каза́лось

Cf. (199″).

2.6. Let us cite one last example of verbal syntax for the situation where two sentences containing the same verb with identical meaning in both sentences, and of superficially identical construction, in other words, apparently fully identical sentences differ in meaning and—on further consideration—also in their syntactic structure. Let us first look at (208):

(208) он обыкнове́нно заставля́ет себя́ ждать
   he usually keeps one waiting

Disregarding tense, aspect and adverbial qualification, we find the same meaning and construction in (209):

(209) он заста́вил себя́ ждать
   he kept *smb* waiting

i. e. он заста́вил кого́-то ждать его́

Constructions (208), (209) have been given a slightly idiomatic turn in this meaning. Compare the beginning of "Евге́ний Оне́гин":

(210) "Мой дя́дя са́мых че́стных пра́вил,
   Когда́ не в шу́тку занемо́г,
   Он уважа́ть себя́ заста́вил
   И лу́чше вы́думать не мог".

The meaning of the third line is: он заста́вил други́х уважа́ть его́, where он and его́ have identical referents.

But sentence (209) has yet another meaning and syntactic structure in which себя́ rep-

resents the direct object of the verb заста́вил, not of ждать and уважа́ть as in (208)
and (209), and in (210), respectively:

> "he forced himself to wait"

"wait", in this interpretation, has no object. In this meaning, the sentence may also
contain the verb variant подожда́ть:

(211)   он заста́вил себя́ подожда́ть дру́га (пятна́дцать мину́т)

For подожда́ть to stand in the meaning of (209), which coincides with that of (208), is
not so easy since this meaning does not agree with the temporal specification of по-
дожда́ть in every case and without a particular context:

(212)   (*) он заста́вил себя́ подожда́ть

(213)   он обыкнове́нно заставля́ет себя́ подожда́ть, пока́ не уберёт посте́ль

The fundamental syntactic and semantic difference shows phonetically merely in the
slight pause in the first meaning of e. g.(209) in front of the reflexive pronoun, a caesura
in phrasing.

These constructions, too, tend to demonstrate that "deep" structural differences are not
always readily visible, that they may be hidden away and only reflected by hypotheses
substantiated by facts based on experience.

3. Valency, government and selection and their connection with transformations in semantic classes of Russian verbs

3.1.1. On closer consideration of Russian sentences, we notice that much in the way
they are constructed depends on the verb; in other words, once we know which verb to
use in the sentence we can predict the configuration of the sentence in threefold respect:

(I)   how many noun phrases and/or prepositional phrases the verb "requires" in
        correct sentence structures; how many "vacant positions" it provides which
        need to be filled in (*valency*);

(II)   in which case and/or with which preposition and case these noun or preposi-
        tional phrases occur in Russian sentences (*government*);

(III)   with respect to *selectional* restrictions (cf. 1.3.2.).

In the following I shall refer to these three notions (valency, government, selection)
merely by stating the Roman figures (I), (II), and (III). We shall here deal mainly with
the inherent laws of (I) and (II). We must not overlook the fact that there is a fundamental difference between (I) and (II): By "government" we are to understand *language
particular* facts. Individual natural languages differ from each other in government:
благодарю́ вас (accusative): ich danke *Ihnen* (dative). The laws governing valency are of
a general nature. The "vacant positions" of valency depend on the meaning of the corresponding verb, so that verbs of the same meaning have the same valency in different
languages: Essentially statement of valency requires a metalanguage.

(1)
$$x \begin{Bmatrix} \text{имеет} \\ \text{has} \end{Bmatrix} y; \quad x \begin{Bmatrix} \text{берёт} \\ \text{takes} \end{Bmatrix} y \begin{Bmatrix} y \\ \text{from} \end{Bmatrix} z;$$

$$x \begin{Bmatrix} \text{даёт} \\ \text{gives} \end{Bmatrix} y\ z; \quad x \begin{Bmatrix} \text{говорит} \\ \text{talks} \end{Bmatrix} \begin{Bmatrix} \text{с} \\ \text{with} \end{Bmatrix} y \begin{Bmatrix} \text{о} \\ \text{about} \end{Bmatrix} z.$$

In other words: Verbs and noun phrases and/or prepositional phrases determined by them may be represented as *predicates* of degree *n* depending on the number of (*n*) arguments who find expression by so-called *individual variables* (... x, y, z) and are filled in in natural languages by noun phrases and/or prepositional phrases, such as shown by examples (1). Hence, "x", "y", "z" stand for noun phrases and/or prepositional phrases, which, except for constraint (III), can be any:

(2)   Борис имеет книгу
             Борис берёт книгу у Ивана
             Борис даёт Ивану книгу
             Борис говорит с Иваном о книге

As we shall see later on, some verbs allow one and the same vacant position to be filled in by either noun phrases *or* prepositional phrases.

3.1.2.1. We shall first investigate the relationship between the semantic and syntactic properties or features of *one* verb, where the verb is assumed to be determined by its phonologic or graphic identity. The various meanings of a verb (its *polysemy*) have always a certain context [(I), (II), (III)], so that a given meaning of a number of meanings of *one* verb is (only) realised within a certain syntactic construction. Thus, the meaning "to fall" of the verb идти (3), for example, is bound by valency and selection:

(3)   дождь идёт; снег идёт

In the meaning "to suit", as shown in (4), идти is determined in a different way respecting (I), (II), and (III):

(4)   шляпа идёт ему

Such differences in the syntactic and selective environments may be called differences of *distribution*.

Just as in its distribution, the various meanings of a verb may also be reflected syntactically in its different possibilities of transforming sentences, containing the verb in question, into other sentences or word groups of equivalent meaning (synonymous sentences or word groups);

содержать as *to support*:

(5)   отец содержит семью → семья содержится отцом

содержать as *to contain*:

(6)   письмо содержит намёк → в письме содержится намёк

Incorrect, however, are

(7)   *намёк содержится письмом

and

(8)   *семья содержится в отце

3.1.2.2.1. The connections between semantics and syntax, however, as they exist in the individual word are only the symptomatic special case of relationships covering the total number of verbs as demonstrated by way of examples in the first part. We talk about an extreme case of such relationships when verbs of like or similar meaning require a certain syntactic construction, a construction which no other single verb may have:

(9)
$$\text{мне} \begin{Bmatrix} \text{влете́ло} \\ \text{попа́ло} \\ \text{доста́лось} \end{Bmatrix} \text{от отца́}$$

3.1.2.2.2. One should not of course think of the relation between semantics and syntax of the verb as being straight-forward and simple. The large class of verbs, which "govern" the dative, for example, is quite dissimilar semantically:

(10)   ве́рить дру́гу; возража́ть докла́дчику; подража́ть актёру; сочу́вствовать дру́гу, сочу́вствовать чужо́му го́рю; препя́тствовать наме́рениям; соде́й-ствовать а́рмии; мстить королю́; отвеча́ть отцу́; льсти́ть самолю́бию; соотве́тствовать пра́вде; учи́ться му́зыке ...

Equally many-sided semantically is the class of verbs which "govern" the prepositional phrase "$в_6$ NP":

(11)   сомнева́ться в себе́ ;... в его́ слова́х; уча́ствовать в конце́рте; понима́ть в му́зыке; нужда́ться в деньга́х ...

The class of those verbs, however, which combine a valency of three (subject noun-phrase included) noun groups or prepositional groups with government (10) *and* (11) is far more uniform semantically: [$-NP_3$ $в_6$ NP]

(12)   испове́даться кому́-л. в свои́х прегреше́ниях; признава́ться дру́гу в свои́х оши́бках; открыва́ться дру́гу во всём; противоре́чить ста́ршим во всём; сле́довать сове́там врача́ во всём; уступа́ть кому́-л. в хра́брости; усту-па́ть кому́-л. в спо́ре...

If we were to take out of the totality of verbs permitting of such a construction (12) only those which allow in addition a synonymous construction with [$-$пе́ред$_5$ NP $в_6$ NP], then we obtain a sub-class of verbs with far-reaching common semantic properties:

(13)   испове́даться пе́ред кем-л. в свои́х прегреше́ниях; отчи́тываться пе́ред кем-л. в свои́х де́йствиях; признава́ться пе́ред дру́гом в свои́х оши́бках; вини́ться пе́ред кем-л. во всём.

3.1.2.3. In the recent history of the Russian language we may notice occasionally that verbs tend to change government on the analogy of other verbs of the same or a similar meaning which may be considered their most frequent and strongest representatives in this meaning: дари́ть was used as late as in the 19th century with the government [$- NP_4 NP_5$]:

(14)   Ба́рыни дари́ли её, та плато́чком, та серёжками   (Пушкин)

In present-day Russian, it is used according to the government of verbs дава́ть, от-дава́ть... ...with the syntactic context [$-NP_3 NP_4$]:

(15)   он дари́л сестре́ плато́чки

наблюда́ть today is constructed on the analogy of гляде́ть, надзира́ть, следи́ть and
смотре́ть with the prepositional phrase [—за₅ NP], and not with [—над NP] as
it used to be. Руководи́ть and пра́вить today govern the instrumental like владе́ть,
кома́ндовать, распоряжа́ться and управля́ть, not the accusative as before:
In Бели́нский we still read

(16)   ... руководи́ть жену́

свиде́тельствовать is constructed with the prepositional group [—о₆ NP], not as until
the 19th century with the accusative object. The same goes for сожале́ть.

3.1.3.1. The following facts are illuminating for the relationships between verbal semantics and syntax. In verbs with three-place valency (subject and two objects) to fill in just
one (object) vacant position will in some cases yield correct and in other incorrect sentences.

(17)   он жа́луется мне на сы́на;
            он жа́луется мне

But:

(18)   он дал мне кни́гу;
            *он дал мне
            (*) он дал кни́гу

3.1.3.2. One and the same vacant position in a verb allows multiple filling in; the individual entries are then co-ordinated or/and juxtaposed. For example, in case of directional
verbs, a statement on direction, mostly in terms of a prepositional group, belongs to the
obligatory context. This vacant position of directional statement is occupied fourfold;
the sentence is somewhat awkward but, according to Ю. Д. Апреся́н, grammatically
correct:

(19)   от уста́лости он ва́лится **со сту́ла на́взничь в грязь на́ землю**

3.1.3.3. When the different meanings of *one* verb are linked with distinct valency or
government (cf. 3.1.2.1.), it will of course not be possible to join these differently formed
noun groups or/and prepositional groups by conjunction or sequence under one verbal
group:

(20)   она́ бои́тся соба́ки   (she is afraid of the dog)
            она́ бои́тся за сы́на   (she fears for her son)
            *она́ бои́тся соба́ки и за сы́на
соба́ки and за сы́на are interchangeable (*commutable*), but not combinable.

3.2.1. One of the most remarkable facts of the syntactic mechanism of Russian and other
languages is the set of regularities according to which the noun groups, which manifest
the valency in accordance with (I) of one and the same verb, may be distributed in various
ways among the positions and functions of the sentence structure. Hence the valency (I)
of a verb is constant, as is its selection; whereas the syntactic positions and functions
of the noun groups determined by (I) and consequently government are variable. This

variability follows, to a certain extent, universal laws and may imply certain alterations of the verb form. The one that is most familiar is the rearrangement of noun phrases when the verb takes the passive form:

(21) Знаменитый архитектор построил новый университет

(21′) новый университет был построен знаменитым архитектором

(22) мы несколько раз возвращали книги библиотеке

(22′) книги несколько раз возвращались нами библиотеке

3.2.2.1.1. Such structural rearrangements, as we shall see, go far beyond passive constructions. A considerable number of them are connected with the reflexive suffix -ся/-сь. In other words if certain verbs appear in their reflexive form, noun groups in the sentence are of a different structure, they are distributed in a different way than with the corresponding non-reflexive form and, consequently, have a different case form.

(23) **атеизм** здесь **никого** не удивляет

(23′) **никто** здесь не удивляется **атеизму**

Generally:

$$NP_1' \ V \ NP_4'' \ [+ \text{human}] \longrightarrow NP_1'' \ [+ \text{human}] \ V - \text{-ся} \ NP_3'$$

Under 3.2.2. I shall deal now with syntactic construction variants, i.e. with the inherent regularities and/or rules of transformation, which also include the transition to the reflexive verb form. In 3.2.3. and the sections to follow we shall discuss constructional variations which are not associated with a change into the reflexive verb.

3.2.2.1.2. Concerning the semantic identity of the variants, say (23) and (23′), we have to make a qualification: rearrangement of order amounts in most cases to a redistribution of the communicative weight of the elements in question, to a change of the so-called "functional sentence perspective".

3.2.2.1.3. In sentence structures with reflexive verbs it is principally the noun group which has the function of accusative object in the corresponding sentence with non-reflexive verb, that takes over the function of subject. This is shown in example (23), (23′) together with a further alteration: the subject in the non-reflexive verb sentence becomes the dative object of the reflexive verb. The reflexive verb "governs" the dative. This last mentioned alteration is of a "special" nature. It holds good only for a small class of verbs which includes, among others, **радоваться:**

(24) успехи сына радуют отца

(24′) отец радуется успехам сына

The alteration concerning the accusative object is, on the other hand, of fundamental importance; it has wide validity. A rule applies whereby *with a reflexive verb form no noun group may take the function of the direct (accusative) object.* It further applies that a noun group which takes the function of dative object in case of the non-reflexive form retains this function with the verb in its reflexive form [cf. (22) and (22′)].

3.2.2.1.4. Specific alterations analogous to the one described for the verb **радовать(ся)** in (24), (24′), that is alterations as to the function occupied by the subject of the non-reflexive sentence in the corresponding reflexive sentence, affect also genitive and instrumental noun groups: in a small class of verbs, the subject noun phrase of the non-reflexive structure is placed in a position where it carries the function of genitive object in the reflexive structure:

(25)   ответственность страшит его

(25′)   он страшится ответственности

(26)   крутизна обрыва пугает её

(26′)   она пугается крутизны обрыва

(27)   твои мысли ужасают его

(27′)   он ужасается твоих мыслей *obs*

In (27′) the dative is in more general use.
Hence, generally:

$$NP_1' \; V \; NP_4'' \; [+ \text{ animate}] \longrightarrow NP_1'' \; [+ \text{ animate}] \; V\text{-ся} \; NP_2'$$

In another semantically likewise fairly uniform and somewhat larger class of verbs we find with the reflexive variant of the verb an analogous transformation of the subject noun-phrase to an instrumental group. At the same time, this redistribution of syntactic functions places the accusative object of the non-reflexive construction automatically and according to the above mentioned general rule into subject position:

(28)   книга $\begin{Bmatrix} \text{увлекает} \\ \text{увлекла} \end{Bmatrix}$ Бориса

(28′)   Борис $\begin{Bmatrix} \text{увлекается} \\ \text{увлёкся} \end{Bmatrix}$ книгой

(29)   его манеры $\begin{Bmatrix} \text{восхитили} \\ \text{восхищали} \end{Bmatrix}$ её

(29′)   она $\begin{Bmatrix} \text{восхитилась} \\ \text{восхищалась} \end{Bmatrix}$ его манерами

(30)   твои концерты восторгали нас

(30′)   мы восторгались твоими концертами

(31)   русская литература вас $\begin{Bmatrix} \text{интересует} \\ \text{заинтересовала} \end{Bmatrix}$

(31′)   вы $\begin{Bmatrix} \text{интересуетесь} \\ \text{заинтересовались} \end{Bmatrix}$ русской литературой

Hence, generally:

$$NP_1' \; V \; NP_4'' \; [+ \text{ human}] \longrightarrow NP_1'' \; [+ \text{ human}] \; V\text{-ся} \; NP_5'$$

When the subject noun-phrase of the non-reflexive variant contains a possessive genitive or a possessive pronoun, we get another variant with non-reflexive verb for all three cases:
to type (24) and (24′):

(24'') сын (об)ра́довал отца́ свои́ми успе́хами

to (27) and (27'):

(27'') ты ужаса́л его́ свои́ми мы́слями

to (29) and (29') and to (30) and (30'):

(29'') он $\begin{Bmatrix} \text{восхити́л} \\ \text{восхища́л} \end{Bmatrix}$ её свои́ми мане́рами

(30'') ты восторга́л нас свои́ми конце́ртами

The variants (transforms) (28)—(31) to (28')—(31') are similar to the passive transform (22)—(22'), from which they must, however, be strictly distinguished since they are also permissible with the perfective aspect of the verb which as we know will not go with the reflexive passive. Variants (28'), (29'), and (31') with perfective verb have nearly the same meaning as the passive constructions

(28'') Бори́с увлечён кни́гой

(29''') она́ восхищена́ его́ ре́чью

(31'') вы заинтересо́ваны ру́сской литерату́рой

These constructions have the same functional distribution of noun groups as the reflexive ones.

3.2.2.2. The regularities of transformation which are associated with the reflexive form are very far-reaching. I shall cite a few more of these series of transformations.

$$\text{NP}_1' \text{ V NP}_4'' \longrightarrow \text{NP}_1'' \text{ V-ся к NP}'$$

(32) нау́ка влечёт его́ $\longrightarrow$

(32') он влечётся к нау́ке

(33) его́ тя́нут к себе́ лю́ди иску́сства $\longrightarrow$

(33') он тя́нется к лю́дям иску́сства

(34) магни́т притя́гивает желе́зо $\longrightarrow$

(34') желе́зо притя́гивается к магни́ту

The meaning of the two variants in the following two pairs of sentences is not absolutely equivalent:

(35) дире́ктор приглаша́ет рабо́тников $\longrightarrow$

(35') рабо́тники приглаша́ются к дире́ктору

(36) дире́ктор вызыва́ет ученико́в $\longrightarrow$

(36') ученики́ вызыва́ются к дире́ктору

Equivalents of meaning to (35) and (36) would be (35'') and (36'')

(35'') рабо́тники приглаша́ются дире́ктором

(36'') ученики́ вызыва́ются дире́ктором

3.2.2.3. Occasionally, passive transformations are also possible when the verb in the non-passive sentence has not an accusative but a *genitive* or *instrumental* object:

$$NP_1' \ V \ NP_2'' \longrightarrow NP_1'' \ V\text{-ся} \ NP_5'$$

(37)	он достига́ет хоро́ших результа́тов $\longrightarrow$
(37′)	хоро́шие результа́ты достига́ются им
(38)	они́ избега́ли расспро́сов $\longrightarrow$
(38′)	расспро́сы избега́лись и́ми
(39)	он и́щет рабо́ты $\longrightarrow$
(39′)	рабо́та и́щется им
(40)	мы ожида́ем определённых результа́тов $\longrightarrow$
(40′)	на́ми ожида́ются определённые результа́ты

$$NP_1' \ V \ NP_5'' \longrightarrow NP_1'' \ V\text{-ся} \ NP_5'$$

Here we have, as far as the formal change goes, a mere exchange of the noun phrases besides the change of the verb to the reflexive.

(41)	он пра́вит госуда́рством $\longrightarrow$
(41′)	госуда́рство пра́вится им
(42)	он пренебрега́л интере́сными дета́лями $\longrightarrow$
(42′)	интере́сные дета́ли пренебрега́лись им
(43)	что управля́ет э́той систе́мой $\longrightarrow$
(43′)	чем управля́ется э́та систе́ма

3.2.2.4. NP_1' [+ human] V $NP_4'' \longrightarrow NP_1''$ V-ся NP_3' [+ human]

(44)	он $\begin{Bmatrix} \text{вспомина́ет} \\ \text{по́мнит} \end{Bmatrix}$ э́тот ве́чер $\longrightarrow$
(44′)	э́тот ве́чер $\begin{Bmatrix} \text{вспомина́ется} \\ \text{по́мнится} \end{Bmatrix}$ ему́
(45)	он представля́ет карти́ну бо́я $\longrightarrow$
(45′)	карти́на бо́я представля́ется ему́
(46)	он рису́ет бу́дущее $\longrightarrow$
(46′)	бу́дущее рису́ется ему́

The same changes in case form occur in the transformational rule (p. 732) given for «(23) → (23′)» and «(24) → (24′)». Only the *selection* (III) of the relevant verbs in (44) to (46) is different from, e.g. (23) and (24) or the following two pairs of sentences (47), (47′) and (48), (48′):

(47)	сме́тливость ма́льчика изумля́ет его́ $\longrightarrow$
(47′)	он изумля́ется сме́тливости ма́льчика

(48)   чистота́ не́ба порази́ла меня́ ⟶

(48′)   я порази́лся чистоте́ не́ба

3.2.2.5.1. The subject noun phrase in the following transformations is changed to a prepositional phrase.

3.2.2.5.2. NP_1' V $NP_4'' \longrightarrow NP_1''$ V-ся в$_6$ NP′

(49)   револю́ция воплоща́ет во́лю рабо́чего кла́сса ⟶

(49′)   во́ля рабо́чего кла́сса воплоща́ется в револю́ции

(50)   произведе́ния (писа́теля) выража́ют его́ хара́ктер ⟶

(50′)   хара́ктер писа́теля выража́ется в его́ произведе́ниях

(51)   иску́сство отража́ет жизнь ⟶

(51′)   жизнь отража́ется в иску́сстве

(52)   письмо́ соде́ржит намёк ⟶

(52′)   в письме́ соде́ржится намёк

(53)   вода́ растворя́ет соль ⟶

(53′)   соль растворя́ется в воде́

(54)   кише́чник перева́ривает пи́щу ⟶

(54′)   пи́ща перева́ривается в кише́чнике

(55)   желу́док перераба́тывает пи́щу ⟶

(55′)   пи́ща перераба́тывается в желу́дке

The common, also figurative, meaning of the local determiner or/and "container' in the (prepositional) noun phrase is easily recognized. Yet this transformation may also be of an idiomatic nature:

(56)   либерали́зм разочарова́л его́ ⟶

(56′)   он разочарова́лся в либерали́зме

3.2.2.5.3. Which preposition we choose is in most cases clearly defined by the semantics of the verb and/or can, as the following examples show, be indicated by the prefix of the verb.

For this we have to know that prefix вы- and prefix or preposition из(-), resp., are equivalent : из(-) being the South Slavic variant which has been absorbed into Russian.

$$NP_1' \left(\begin{Bmatrix} \text{из-} \\ \text{вы-} \end{Bmatrix} \right) - V\ NP_4'' \longrightarrow NP_1'' \begin{Bmatrix} \text{из-} \\ \text{вы-} \end{Bmatrix} - V\text{-ся из } NP'$$

(57)   о́бщество изгоня́ет его́ ⟶

(57′)   он изгоня́ется из о́бщества

(58)   соедине́ние выделя́ет се́ру ⟶

(58′)   céра выделя́ется из соедине́ния

(59)   институ́т выпуска́ет студе́нтов ——→

(59′)   студе́нты выпуска́ются из институ́та

(60)   он так и сы́плет цита́ты ——→

(60′)   цита́ты так и сы́плются из него́

(61)   ра́на сочи́т кровь ——→

(61′)   кровь сочи́тся из ра́ны

In verbs of the meaning "to form, to constitute ..."

(62)   полки́ образу́ют во́льные кома́нды ——→

(62′)   во́льные кома́нды образу́ются из полко́в

Again examples (57)—(62) show that the reflexive form of a verb transfers the noun group functioning as accusative object to the function of subject.

3.2.2.5.4. NP₁′ V NP$_{\{5\}}^{\{4\}}$″ ——→ NP₁″ V-ся у NP′

The head of a noun group functioning as accusative or instrumental object identifies in a non-reflexive base sentence part(s) of the body or a physical, psychological or intellectual state or properties of the living being described in the subject noun phrase. With the accusative:

(63)   он $\begin{Bmatrix} \text{кло́нит} \\ \text{опуска́ет} \end{Bmatrix}$ го́лову ——→

(63′)   голова́ у него́ $\begin{Bmatrix} \text{кло́нится} \\ \text{опуска́ется} \end{Bmatrix}$

(64)   ло́шадь раздува́ет но́здри ——→

(64′)   но́здри у ло́шади раздува́ются

(65)   он сдвига́ет бро́ви ——→

(65′)   бро́ви у него́ сдвига́ются

(66)   он $\begin{Bmatrix} \text{сти́скивает} \\ \text{сжима́ет} \end{Bmatrix}$ зу́бы ——→

(66′)   зу́бы у него́ $\begin{Bmatrix} \text{сти́скиваются} \\ \text{сжима́ются} \end{Bmatrix}$

(67)   он восстана́вливает здоро́вье ——→

(67′)   здоро́вье у него́ восстана́вливается

(68)   он меня́ет при́нципы ——→

(68′)   при́нципы меня́ются у него́

With the instrumental:

(69)   он кача́ет нога́ми ——→

(69′) у негó качáются нóги

(70) он болтáет рукáми ——→

(70′) у негó болтáются рýки

(71) он двúгает бровя́ми ——→

(71′) у негó двúгаются брóви

(72) он $\begin{Bmatrix}\text{шевéлúт}\\\text{дёргает}\end{Bmatrix}$ губáми ——→

(72′) у негó $\begin{Bmatrix}\text{шевéлятся}\\\text{дёргаются}\end{Bmatrix}$ гýбы

(73) он $\begin{Bmatrix}\text{трясёт}\\\text{крýтит}\end{Bmatrix}$ головóй ——→

(73′) у негó $\begin{Bmatrix}\text{трясётся}\\\text{крýтится}\end{Bmatrix}$ головá

3.2.2.5.5. A semantically quite different class of verbs allows of the same syntactic vaiation (with accusative in the base sentence). These are verbs of "having", "occurring", "existing".

$$NP_1' \; V \; NP_4'' \longrightarrow NP_1'' \; \text{V-ся у } NP'$$

(74) он имéет друзéй ——→

(74′) у негó имéются друзья́

(75) он нахóдит свобóдную минýту ——→

(75′) у негó нахóдится свобóдная минýта

(76) он обнарýживает спосóбность писáть ——→

(76′) у негó обнарýживается спосóбность писáть

(77) он проявля́ет изобретáтельность ——→

(77′) у негó проявля́ется изобретáтельность

3.2.2.5.6. The following variation in syntactic structure occurs with verbs which describe a change in the physical or psychological state of an object named in the accusative noun phrase of the base sentence. Since the description of the object which undergoes this change is contained in the accusative phrase, the subject function is open for noun phrases which can describe the cause, reason, acting physical force or psychic motive of the change. On transformation the noun phrase which describes the object affected by the change is moved into subject function, and the noun phrase which originally occupied this function is transformed into a prepositional phrase with the preposition "от" so that its position becomes syntactically more peripheral, but semantically explicit by virtue of this "causal" preposition. Here we are confronted with complexities of the valency notion on which I cannot enlarge.

$$NP_1' \; V \; NP_4'' \longrightarrow NP_1'' \; \text{V-ся от } NP'$$

(78)   ве́тер гнёт дере́вья ⟶

(78′)   дере́вья гну́тся от ве́тра

(79)   со́лнце нагрева́ет зе́млю ⟶

(79′)   земля́ нагрева́ется от со́лнца

(80)   до́ждь меня́ет вид берего́в ⟶

(80′)   вид берего́в меня́ется от дождя́

(81)   не́нависть искази́ла его́ лицо́ ⟶

(81′)   его́ лицо́ искази́лось от не́нависти

(82)   ожида́ние томи́т её ⟶

(82′)   она́ томи́тся от ожида́ния

(83)   гнёт бу́дит самосозна́ние ⟶

(83′)   самосозна́ние пробужда́ется от гнёта

(83′) shows, apart from the syntactic transformation, a variation of the verbal stem.

3.2.2.6. In syntactic "conversions", as the transformations illustrated under 3.2. are called by И. А. Мельчук, А. К. Жолковский[1] and Ю. Д. Апресян, the semantic relations of the noun groups in question to the verb are not always unambiguous. A class of verbs, to be roughly and in the broadest possible sense characterised by, say, the feature "(loco-)motion", permits of two syntactic and semantic interpretations of the reflexive construction. Let us take the verb остана́вливать(ся), signifying the completion of the "motion", that is "stop", "come to a halt":

(84)   пассажи́ры остана́вливают по́езд ⟶

(84′)   по́езд остана́вливается пассажи́рами
          = the train is stopped by the passengers

(85)   по́езд остана́вливается по тре́бованию пассажи́ров

(85), as В. В. Виноградов points out, is syntactically ambiguous:

(85′)   the train was stopped at the request of the passengers

(85″)   the train stopped at the request of the passengers

The possibility of alternative interpretation depends on the semantic features of the noun "train":

[+ physical object], [+ selfpropelled], [− animate being]

The stated values ("+" or "−") of the three features allow passive interpretation (85′). The non-passive interpretation (85″) is possible in spite of the negative value [− animate being], since the feature [+ selfpropelled] has a positive value. A train stops in (85″), but not a pram. The following syntactic interpretations result when nouns provided with the se-

[1]cf. А. К. Жолковский, И. А. Мельчук, О семантическом синтезе, in: Проблемы кибернетики, выпуск 19, Москва 1967 г. , p. 177 ff.

mantic feature [+ animate being], with the verb appearing in the reflexive form, occur in subject function:

(86)   поли́ция возвраща́ла дете́й роди́телям

(86′)   де́ти возвраща́лись роди́телям поли́цией
        the children were returned (handed back) to their parents by the police

(87)   де́ти возвраща́лись к роди́телям
        the children returned to their parents

When the head of the subject noun-phrase describes an animate being and the verb appears in its reflexive form, passive interpretation is only possible in case of certain contexts as in (86′). Finally, there is the *causative* interpretation for sentences like

(88)   команди́р $\begin{Bmatrix} \text{возврати́л} \\ \text{верну́л} \end{Bmatrix}$ ро́ту (= заста́вил верну́ться)

The facts of selection (III) are given great syntactic weight here.

3.2.3.1. The regular change of syntactic functions undergone by the noun phrases of a verb, which are fixed by valency (I), is not necessarily bound up with the change of reflexive and non-reflexive forms. There are regularities of functional change which apply even if there is no change, that is with unvarying non-reflexive or reflexive form of the verb. The exchange of noun phrases or prepositional phrases, resp., may occur *within the verbal phrase*, if the meaning of the verb signifies a relation which can be performed or established by an "agent" (cf. 3.2.3.2.2.2., 3.2.3.2.3., 3.2.3.3.2.).

3.2.3.2.1. Straightforward are transformations in which the noun phrases simply exchange their syntactic places, since the meaning of the verb implies a two-place symmetric relation.

3.2.3.2.2.1.

(89)   он $\begin{Bmatrix} \text{бесе́дует} \\ \text{спо́рит} \end{Bmatrix}$ с дру́гом $\longrightarrow$

(89′)   дру́г $\begin{Bmatrix} \text{бесе́дует} \\ \text{спо́рит} \end{Bmatrix}$ с ним

(90)   он перепи́сывается с друзья́ми $\longrightarrow$

(90′)   друзья́ перепи́сываются с ним

(91)   Татья́на расстаётся с Бори́сом $\longrightarrow$

(91′)   Бори́с расстаётся с Татья́ной

(92)   Ива́н танцу́ет с Ни́ной $\longrightarrow$

(92′)   Ни́на танцу́ет с Ива́ном

(93)   това́рищ меня́ется места́ми с ним $\longrightarrow$

(93′)   он меня́ется места́ми с това́рищем

(94)   он обме́нивается о́пытом с инжене́ром $\longrightarrow$

(94′)   инжене́р обме́нивается о́пытом с ним

3.2.3.2.2.2.

(95)   он знако́мил коллекти́в с но́вым сотру́дником ⟶

(95′)   он знако́мил но́вого сотру́дника с коллекти́вом

(96)   меша́ть во́ду с вино́м ⟶

(96′)   меша́ть вино́ с водо́й

(97)   разводи́ть му́жа с жено́й ⟶

(97′)   разводи́ть жену́ с му́жем

(98)   соединя́ть тео́рию с пра́ктикой ⟶

(98′)   соединя́ть пра́ктику с тео́рией

(99)   свя́зывать учёбу с рабо́той ⟶

(99′)   свя́зывать рабо́ту с учёбой

3.2.3.2.3.

(100)   к двум приба́вить три ⟶

(100′)   к трём приба́вить два

(101)   прицепля́ть парово́з к соста́ву ⟶

(101′)   прицепля́ть соста́в к парово́зу

(102)   нельзя́ противопоставля́ть тео́рию пра́ктике ⟶

(102′)   нельзя́ противопоставля́ть пра́ктику тео́рии

(103)   уподобля́ть мо́лодость весне́ ⟶

(103′)   уподобля́ть весну́ мо́лодости

(104)   э́то $\left\{\begin{array}{l}\text{противоре́чит} \\ \text{соотве́тствует}\end{array}\right\}$ фа́ктам ⟶

(104′)   фа́кты $\left\{\begin{array}{l}\text{противоре́чат} \\ \text{соотве́тствуют}\end{array}\right\}$ э́тому

(105)   он $\left\{\begin{array}{l}\text{похо́дит} \\ \text{сма́хивает}\end{array}\right\}$ на бра́та ⟶

(105′)   брат $\left\{\begin{array}{l}\text{похо́дит} \\ \text{сма́хивает}\end{array}\right\}$ на него́

3.2.3.3.1. When the meaning of the verb does not include a two-place symmetric relation (it could here also be a three-place relation within which there is a symmetric relation between two object (frame)s [cf. 3.2.3.2.2.2.]), the "conversion" "x V(erb) y → y V x" cannot result in a mere exchange of the noun phrases "x" and "y" while otherwise the syntactic structure is preserved (cf. 3.2.3.2.).

3.2.3.3.2.

(106)   гру́ппа организова́лась из студе́нтов ⟶

(106′)   студе́нты организова́лись в гру́ппу

Analogously, with all valency variables "occupied", i. e. including an agent:

(107)   мы организова́ли втору́ю гру́ппу из мла́дших студе́нтов ⟶

(107′)   мы организова́ли мла́дших студе́нтов во втору́ю гру́ппу

Since the function of the direct (accusative) object in (106) is blocked with *reflexive* verb, requiring the noun phrase "гру́ппа" to appear in *subject function*, this in turn is blocked for the noun phrase which identifies an "agent", the acting person. In (107) the agent can then occur in subject function.

3.2.3.3.3.1. The relation of the two noun phrases, which describe a *part* and the *whole*, above all a part of the body and a whole, yields numerous variants of construction:

(108)   он блужда́ет взгля́дом ⟶

(108′)   взгляд у него́ блужда́ет

(109)   соба́ка виля́ет хвосто́м ⟶

(109′)   у соба́ки виля́ет хвост

(110)   он скрипи́т зуба́ми ⟶

(110′)   у него́ скрипя́т зу́бы

with *verbs referring to noise*:

(111)   он бряца́ет шпо́рами ⟶

(111′)   у него́ бряца́ют шпо́ры

(111″)   шпо́ры бря́цают на нём

(112)   он звени́т ордена́ми ⟶

(112′)   у него́ звеня́т ордена́

(112″)   ордена́ звеня́т на нём

(113)   она́ шуми́т пла́тьем ⟶

(113′)   у неё шуми́т пла́тье

(113″)   пла́тье шуми́т на ней

3.2.3.3.3.2. The constructional variants "part and whole" may also be limited to the domain of the verbal phrase:

(114)   врач вы́резал ему́ о́пухоль ⟶

(114′)   у него́ врач вы́резал о́пухоль

(115)   ма́льчик отрыва́л стрекозе́ кры́лья ⟶

(115′)   ма́льчик отрыва́л кры́лья стрекозы́

(116) пу́ля проби́ла ему́ плечо́ ———→

(116′) пу́ля проби́ла у него́ плечо́

(117) они́ связа́ли ему́ ру́ки ———→

(117′) у него́ они́ связа́ли ру́ки

(118) врач дёргал ему́ зу́бы ———→

(118′) у него́ врач дёргал зу́бы

(119) ребёнку он гла́дит го́лову ———→

(119′) он гла́дит ребёнка по голове́

(120) скакуну́ он тре́плет ше́ю ———→

(120′) он тре́плет скакуна́ по ше́е

(121) со́лнце печёт ему́ спи́ну ———→

(121′) со́лнце печёт его́ в спи́ну

(122) соба́ка укуси́ла ему́ но́гу ———→

(122′) соба́ка укуси́ла его́ в но́гу

(123) он поцелова́л ба́бушке ру́ку ———→

(123′) он поцелова́л ба́бушку в ру́ку

(124) пу́ля ра́нила ему́ но́гу ———→

(124′) пу́ля ра́нила его́ в но́гу

(125) она́ дёргала мне рука́в ———→

(125′) она́ дёргала меня́ за рука́в

(126) он драл ему́ у́ши ———→

(126′) он драл его́ за́ уши

3.2.3.3.3.3. When properties and/or actions are interpreted as part and the person(s) to whom these properties and/or actions belong are understood as the whole, similar syntactic variations of noun groups occur:

(127) он $\begin{Bmatrix}\text{прости́л}\\\text{извини́л}\end{Bmatrix}$ нам э́тот посту́пок ———→

(127′) он $\begin{Bmatrix}\text{прости́л}\\\text{извини́л}\end{Bmatrix}$ нас за э́тот посту́пок

3.2.4.1. When the noun phrase in subject function describes an elemental force, a physical or psychological object through which events or circumstances are initiated or effected, it is possible to carry out a syntactic transformation in which the subject function is abandoned altogether and the noun phrase, with the case "instrumental", delegated to a syntactically peripheral position. The abandonment of the subject function involves automatically, according to a very general rule, the neuter ending on preterital verb forms, and the ending of the third person singular on others:

(128)   пу́ля уби́ла его́ ——→

(128′)   его́ уби́ло пу́лей

We must distinguish between sentences (128′) and (129):

(129)   его́ уби́ли пу́лей

Apparently (129) as well as (128′) has no subject without, however, featuring the neuter form of the verb. In actual fact this is an "indefinite personal" or "anonymous" subject ("one"), which in the Russian "*surface*" structure, that is in the final sentence, e. g. (129), is expressed by the third person plural (говоря́т) or, in the preterite, by the plural form (говори́ли). Hence the subject is very much present in the so-called "deep" structure of such sentences, in the sense that anyone versed in the language will automatically understand this non-definite anonymous personal subject in sentences like (129). He would not be able to do this if there was no signalling whatever in the sentence for it.

3.2.4.2. More examples of the type (128) ——→ (128′); cf. also variations using the reflexive verb in 3.2.2.5.6.

(130)   ве́тер $\begin{Bmatrix} \text{ва́лит} \\ \text{гнёт} \end{Bmatrix}$ дере́вья ——→

(130′)   дере́вья $\begin{Bmatrix} \text{ва́лит} \\ \text{гнёт} \end{Bmatrix}$ ве́тром

(131)   сугро́бы зано́сят и́збы ——→

(131′)   и́збы зано́сит сугро́бами

(132)   тече́ние $\begin{Bmatrix} \text{выно́сит} \\ \text{несёт} \end{Bmatrix}$ кора́бль ——→

(132′)   кора́бль $\begin{Bmatrix} \text{выно́сит} \\ \text{несёт} \end{Bmatrix}$ тече́нием

(133)   вода́ выки́дывала брёвна ——→

(133′)   брёвна выки́дывало водо́й

(134)   ве́тер гнал ту́чу ——→

(134′)   ту́чи гна́ло ве́тром

(135)   ве́тер $\begin{Bmatrix} \text{крени́л} \\ \text{клони́л} \end{Bmatrix}$ су́дно ——→

(135′)   су́дно $\begin{Bmatrix} \text{крени́ло} \\ \text{клони́ло} \end{Bmatrix}$ ве́тром

(136)   ве́тер надува́л паруса́ ——→

(136′)   паруса́ надува́ло ве́тром

(137)   бу́ря снесла́ кры́шу ——→

(137′)   кры́шу снесло́ бу́рей

(138)   пла́мя охва́тывает зда́ние ———→

(138′)   зда́ние охва́тывает пла́менем

(139)   ту́чи заволаќивают не́бо ———→

(139′)   не́бо заволаќивает ту́чами

(140)   сорня́к забива́ет всхо́ды ———→

(140′)   всхо́ды забива́ет сорняко́м

(141)   пу́ля проби́ла плечо́ ———→

(141′)   плечо́ проби́ло пу́лей

3.2.4.3. The subject nounphrase is changed to prepositional phrase which corresponds to the government of the verb with respect to the directional qualification:

(142)   нау́ка влекла́ его́ ——→

(142′)   его́ влекло́ к нау́ке

(143)   магни́т притя́гивает була́вку ———→

(143′)   була́вку притя́гивает к магни́ту

(144)   зе́лень мани́ла его́ ———→

(144′)   его́ манило́ к зе́лени

3.2.4.4. The subject nounphrase is transformed into a prepositional phrase with causal preposition:

(145)   его́ слова́ взорва́ли меня́ ———→

(145′)   меня́ взорва́ло от его́ слов

(146)   взрыв кача́ет дере́вья ———→

(146′)   дере́вья кача́ет от взры́ва

(147)   ве́тер мо́рщит во́ду ———→

(147′)   во́ду мо́рщит от ве́тра

3.2.5. The syntactic exchange of noun phrases of verbs whose meaning implies a two-place relation ("conversion") will also proceed when such verbs can be replaced by means of a synonymous combination of verb and noun. The dash in the following stands for the noun of this combination.

внуша́ть —NP$_3$

(148)   он бои́тся ма́тери ———→

(148′)   ма́ть внуша́ет ему́ боя́знь

(149)   он жале́ет сироту́ ———→

(149′)   сирота́ внуша́ет ему́ жа́лость

(150)   он лю́бит дете́й ———→

(150′)   де́ти внуша́ют ему́ любо́вь

(151)   он благогове́ет пе́ред творе́ниями иску́сства ———→

(151′)   творе́ния иску́сства внуша́ют ему́ благогове́ние

вызыва́ть — у NP

(152)   он зави́дует тала́нтливым лю́дям ———→

(152′)   тала́нтливые лю́ди вызыва́ют у него́ за́висть

(153)   они́ протесту́ют про́тив ра́бства ———→

(153′)   ра́бство вызыва́ет у них проте́ст

по́льзоваться [—]₅

(154)   он доверя́ет дру́гу ———→

(154′)   дру́г по́льзуется его́ дове́рием

(155)   он помога́ет дру́гу ———→

(155′)   дру́г по́льзуется его́ по́мощью

(156)   избира́тели $\begin{Bmatrix} \text{подде́рживают} \\ \text{уважа́ют} \end{Bmatrix}$ кандида́та———→

(156′)   кандида́т по́льзуется $\begin{Bmatrix} \text{подде́ржкой} \\ \text{уваже́нием} \end{Bmatrix}$ избира́телей

испы́тывать — $\begin{Bmatrix} \text{к} \\ \text{от} \end{Bmatrix}$ NP

(157)   нау́ка влечёт его́ ———→

(157′)   он испы́тывает влече́ние к нау́ке

(158)   те́хника интересу́ет его́ ———→

(158′)   он испы́тывает интере́с к те́хнике

(159)   отве́тственность страши́т его́ ———→

(159′)   он испы́тывает страх пе́ред отве́тственностью

(160)   вино́ возбужда́ет его́ ———→

(160′)   он испы́тывает возбужде́ние от вина́

(161)   неуда́чи потряса́ют его́ ———→

(161′)   он испы́тывает потрясе́ние от неуда́ч

получа́ть — $\begin{Bmatrix} \text{от} \\ \text{в}_6 \end{Bmatrix}$ NP

(162)   дире́ктор $\begin{Bmatrix} \text{поощря́ет} \\ \text{благодари́т} \end{Bmatrix}$ рабо́тников ———→

(162′)   рабо́тники получа́ют $\begin{Bmatrix} \text{поощре́ние} \\ \text{благода́рность} \end{Bmatrix}$ от дире́ктора

(163)   команди́р награжда́ет бойцо́в ——→

(163′)   бойцы́ получа́ют награжде́ние от команди́ра

(164)   судья́ извеща́ет его́ о дне заседа́ния ——→

(164′)   он получа́ет от судьи́ извеще́ние о дне заседа́ния

(165)   иску́сство отража́ет жизнь ——→

(165′)   жизнь получа́ет отраже́ние в иску́сстве

(166)   револю́ция воплоща́ет во́лю передово́го кла́сса ——→

(166′)   во́ля передово́го кла́сса получа́ет воплоще́ние в револю́ции

(167)   му́зыка утеша́ет его́ ——→

(167′)   он нахо́дит утеше́ние в му́зыке

быть   —

(168)   он изобрёл но́вую маши́ну ——→

(168′)   но́вая маши́на — его́ изобрете́ние

быть под —

(169)   пулемётный взвод прикрыва́ет наступле́ние ——→

(169′)   наступле́ние-под прикры́тием пулемётного взво́да

быть в$_6$ — от NP

(170)   его́ поведе́ние возмуща́ет меня́ ——→

(170′)   я в возмуще́нии от его́ поведе́ния

(171)   похвала́ смуща́ет её ——→

(171′)   она́ в смуще́нии от похвалы́

быть [—]$_5$ в$_4$ NP

(172)   ры́ба ве́сит три килогра́мма ——→

(172′)   ры́ба ве́сом в три килогра́мма

(173)   бассе́йн вмеща́ет 1000 кубоме́тров ——→

(173′)   бассе́йн вмещ е́нием в 1000 кубоме́тров

3.2.6.1. The decomposition of verbs, shown in 3.2.5., into complexes of verb and accusative noun phrase or prepositional group (with быть), that is, into phrases in which the deverbal noun takes over essential semantic features of the corresponding verb, is linked up with "conversion": In constructions with the analytical verbal phrase, the noun group in subject function always differs from the one in the structures taken as the base sentence (cf. (148)—(171)). However, "conversion" is not necessarily bound to such paired phrases. The subject noun-phrase may be the same in both phrases (cf. (172)—(173′). This opens up another large field of syntactic synonymy of the verb, cf. (174)—(194′).

3.2.6.2 In conclusion I shall mention just a few examples. A more detailed representation can be found in Ю. Д. Апресян's book p. 140ff., mentioned earlier.

ока́зывать (NP$_4$)

(174)   он $\begin{Bmatrix} \text{помога́ет} \\ \text{доверя́ет} \end{Bmatrix}$ дру́гу ⟶

(174′)   он ока́зывает $\begin{Bmatrix} \text{по́мощь} \\ \text{дове́рие} \end{Bmatrix}$ дру́гу

(175)   они́ сопротивля́лись на́тиску ⟶

(175′)   они́ ока́зывали сопротивле́ние на́тиску

подверга́ть — (NP$_3$)

(176)   она́ анализи́ровала свои́ чу́вства ⟶

(176′)   она́ подверга́ла ана́лизу свои́ чу́вства

The combinations with подверга́ть are particularly widespread, e. g.:

осужда́ть кого́-л.	⟶ подверга́ть осужде́нию
нака́зывать ребёнка	⟶ подверга́ть ребёнка наказа́нию
разбира́ть предложе́ние	⟶ подверга́ть предложе́ние разбо́ру
экзаменова́ть студе́нтов	⟶ подверга́ть студе́нтов экза́мену
расслѐдовать полу́ченные да́нные	⟶ подверга́ть расследо́ванию полу́ченные да́нные
рассма́тривать вопро́с	⟶ подверга́ть вопро́с рассмотре́нию

быть в$_6$ —

(177)   зако́н де́йствует

(177′)   зако́н в де́йствии

(178)   дере́вья цвету́т ⟶

(178′)   дере́вья в цвету́

(179)   де́ньги обраща́ются ⟶

(179′)   де́ньги в обраще́нии

(180)   он дру́жит с Петро́м ⟶

(180′)   он в дру́жбе с Петро́м

быть в$_6$—с$_5$ NP

(181)   э́то $\begin{Bmatrix} \text{противоре́чит} \\ \text{соотве́тствует} \end{Bmatrix}$ фа́ктам ⟶

(181′)   э́то в $\begin{Bmatrix} \text{противоре́чии} \\ \text{соотве́тствии} \end{Bmatrix}$ с фа́ктами

вызыва́ть —

(182)   сме́тливость ма́льчика изумля́ет его́ ⟶

(182′)   сме́тливость ма́льчика вызыва́ет у него́ изумле́ние

испы́тывать —

(183)   люби́ть дете́й ⟶

(183′)   испы́тывать любо́вь к де́тям

дава́ть —

(184)   отчи́тываться кому́-л. –– ⟶

(184′)   дава́ть отчёт кому́-л.

брать — в$_4$ —

(185)   занима́ть рубль ⟶

(185′)   брать рубль взаймы́

(186)   окружа́ть проти́вника ⟶

(186′)   брать проти́вника в окруже́ние

брать (взять) — под$_4$ —

(187)   защища́ть бра́та ⟶

(187′)   брать бра́та под защи́ту

(188)   покрови́тельствовать кому́-л. ⟶

(188′)   взять кого́-л. под своё покрови́тельство

вводи́ть — в$_4$ —

(189) $\begin{Bmatrix} \text{искуша́ть} \\ \text{соблазня́ть} \end{Bmatrix}$ кого́-л. ⟶

(189′)   вводи́ть кого́-л. в $\begin{Bmatrix} \text{искуше́ние} \\ \text{собла́зн} \end{Bmatrix}$

приводи́ть — в$_4$ —

(190)   вода́ враща́ет турби́ну ⟶

(190′)   вода́ приво́дит турби́ну во враще́ние

(191)   они́ исполня́ют пригово́р ⟶

(191′)   они́ приво́дят пригово́р в исполне́ние

вноси́ть — в$_4$ —

(192)   дополня́ть конститу́цию ⟶

(192′)   вноси́ть дополне́ния в конститу́цию

(193)   удобря́ть зе́млю ⟶

(193′)   вноси́ть удобре́ния в зе́млю

вселя́ть — в$_4$ —

(194)   отсу́тствие пи́сем тревóжит егó ——→

(194′)   отсу́тствие пи́сем вселя́ет в негó тревóгу